Johann Friedrich Böhmer, Wilhelm Altmann

Die Urkunden Kaiser Sigmunds

Johann Friedrich Böhmer, Wilhelm Altmann

Die Urkunden Kaiser Sigmunds

ISBN/EAN: 9783743459762

Hergestellt in Europa, USA, Kanada, Australien, Japan

Cover: Foto ©ninafisch / pixelio.de

Manufactured and distributed by brebook publishing software (www.brebook.com)

Johann Friedrich Böhmer, Wilhelm Altmann

Die Urkunden Kaiser Sigmunds

REGESTA IMPERII XI.

DIE

URKUNDEN KAISER SIGMUNDS

(1410—1437)

VERZEICHNET

VON

WILHELM ALTMANN.

I. BAND.

(1410—1424.)

.

INNSBRUCK.

VERLAG DER WAGNER'SCHEN UNIVERSITÄTS-BUCHHANDLUNG

1896-1897.

Vorwort.

Indem ich hiermit die erste Abteilung der „Regesten K. Sigmunds" der Öffentlichkeit übergebe, bemerke ich, dass ich es nur für meine Aufgabe gehalten habe die Thätigkeit Sigmunds[1] für das römisch-deutsche Reich[2] zu veranschaulichen; darum sind die Urkunden, welche Sigmund als König von Ungarn ausgestellt hat, obgleich sie vielfach für das Itinerar von Bedeutung gewesen wären, nicht berücksichtigt[3]; ich glaubte dies um so eher thun zu dürfen, als die Budapester Akademie schon seit längerer Zeit einen umfassenden „Codex diplomaticus Sigismundianus" vorbereitet. Mein Regestenwerk beginnt daher mit 1410 Aug. 5, mit welchem Tag Sigmunds Bemühungen um die römische Königskrone anfangen.

Auf die gedruckte Litteratur mich zu beschränken, erschien mir ungenügend; mein Bestreben war darauf gerichtet das vorhandene handschriftliche Material, trotzdem es sehr zerstreut ist, in möglichster Vollständigkeit heranzuziehen. Wenn ich hinter dem Ziele, das ich mir gestellt hatte, weiter als mir lieb ist, zurückgeblieben bin, so trifft mich persönlich die Schuld am wenigsten, obgleich ich bei mehr Musse und bei grösseren Geldmitteln wohl noch manches Archiv hätte aufsuchen können. Hauptgrund ist der Zustand, in dem sich viele Archive befinden, ein Zustand, bei dem nie mit Sicherheit darauf gerechnet werden kann, dass alle vorhandenen Urkk. (Sigmunds) aufzufinden sind. Auch war ich in den meisten Fällen auf die Urkunden angewiesen, welche mir von den Archivaren[4] vorgelegt wurden; bei einigen Archiven habe ich vergebens angepocht, weil sie geordnet wurden, oder weil der einzige Beamte gerade verreist war; von manchem Archive habe ich auf die Frage, ob Sigmund-Urkk. vorhanden wären, nicht einmal Antwort erhalten. Insbesondere dürften mir manche „Briefe" Sigmunds entgangen sein; dagegen dürfte ich für die mir entgangenen Diplome, namentlich für die etwa in Oberitalien und dem Arelat

---

[1] Um jedem Missverständnisse vorzubeugen, bemerke ich, dass ich nur diejenigen Urkunden und Briefe aufgenommen, welche sich durch den Anfang »(Wir) Sigmund« bezw. »Sigismundus« als Urkunden Sigmunds im strengsten Sinne kennzeichnen; Urkunden, welche in seinem Auftrag (so z. B. vom Reichshofrichter) erlassen sind, habe ich nur gelegentlich berücksichtigt. Die kleine Anzahl der von Sigmunds Gemahlin Barbara ausgestellten Urkunden, welche mir bekannt geworden sind, habe ich natürlich verzeichnet.

[2] Selbstverständlich rechne ich auch Böhmen und Mähren dazu; die meisten Regesten der in čechischer Sprache erlassenen Urkunden verdanke ich Herrn Dr. Adalbert Nováček in Prag, dessen Arbeitsanteil in jedem einzelnen Falle kenntlich gemacht ist.

[3] Wenn mitunter eine Urkunde verzeichnet ist, die strenggenommen nicht eine Angelegenheit des römisch-deutschen Reichs betrifft, so war für mich der Umstand bestimmend, dass diese Urkunde in einem »Reichsregisterbuch« enthalten ist.

[4] In einem Archive sind mir, obwohl meine Ankunft seit längerer Zeit in Aussicht gestellt war, mehr als 100 Urkunden, die ich aus Drucken kannte, nicht vorgelegt worden; doch liegt es mir fern, dem betreffenden Archivar einen Vorwurf daraus zu machen. Ich habe mir aus Drucken bekannte Urkunden, die mir nicht vorgelegt wurden, mit einem * bezeichnet.

befindlichen in den meisten Fällen Ersatz in den Reichsregistratur-Büchern[5]) gefunden haben, welche ein immenses Material geliefert haben, sowie auch in dem Achtbuche[6]) Sigmunds.

Ohne die wirksame Förderung, welche meine Arbeit von vielen Seiten erfahren hat, hätte ich sie wohl nie vollenden können. Vor allem schulde ich Dank dem Kgl. Preuss. Cultus-Ministerium, das mir auf Grund der Befürwortung meines Vorgesetzten des Herrn Bibliotheksdirektors Prof. Dr. Gilbert in den Jahren 1894 und 1895 zu den mir „zur Erholung" zustehenden 2 Monaten Urlaub noch 7 weitere Monate bewilligt hat, ferner der Königl. Akademie der Wissenschaften zu Berlin und der Kaiserlichen Akademie der Wissenschaften zu Wien, welche mir eine Subvention von 1500 Mark, bezw. 500 Gulden gegeben und mir so die Reisen und den längeren Aufenthalt in Wien ermöglicht haben. Grossen Dank schulde ich auch den vielen Archiven, welche mir ihre Urkunden Sigmunds an meinen Wohnort geschickt haben. Auch Regesten und Notizen habe ich von einzelnen Forschern zugesandt erhalten; ich habe bei der betreffenden Stelle den Namen des gütigen Spenders in Kursivdruck hinzugefügt, werde am Schlusse der Regesten auch eine alphabetische Liste dieser Herren geben; besonders erwähnen muss ich auch die Beihilfe von Rud. Thommen-Basel, der nicht nur sämtliche Baseler Regesten geliefert, sondern mir auch eine Anzahl Kollektaneen zur Verfügung gestellt hat, aus denen ich so manchen Druck kennen lernte, der mir vielleicht sonst entgangen wäre. Ebenso hat mir Th. Lindner-Halle eine grosse Anzahl Notizen über Urkunden gesandt, welche mir häufig als Kontrolle für die Vollständigkeit der mir in den Archiven vorgelegten Urkunden dienten. Dank sage ich auch allen den Herrn Archivaren, welche für mich die Urkunden ausgehoben und, was eine noch umständlichere Arbeit ist, sie wieder eingelegt haben, vor allen auch denen, welche mir die oft nur kurz bemessenen[7]) offiziellen Arbeitsstunden ohne weiteres verlängert und mir manche Stunde ihrer Zeit auch ausserhalb des Archivs geopfert haben. Auf die Gefahr hin, den einen oder andern Herrn, der mir besonders freundlich entgegengekommen ist, zu vergessen, möchte ich auch an dieser Stelle noch folgenden Herren besonders danken: v. Alberti-Stuttgart, Bohl-St. Gallen, v. Čelakowski-Prag, Euler-Prag, Glasschröder-Speier, Hansen-München, Lampel-Wien, Markgraf-Breslau, Nováček-Prag, Pfannenschmid-Colmar, Eug. Schneider-Stuttgart, Schrauf-Wien, Winkelmann-Strassburg, Winter-Magdeburg, Winter-Wien. Auch muss ich des anhaltenden Interesses gedenken, das Heinrich von Sybel (†) und Excellenz v. Arneth-Wien meiner Arbeit entgegengebracht haben.

Meine Sigmund-Regesten tragen die Nebenbezeichnung „Regesta imperii XI", da sie gewissermassen als Fortsetzung der im gleichen Verlage erschienenen Böhmer'schen Reichsregesten gelten dürfen; jedoch ist

[5]) Über die im Wiener Haus- Hof- und Staatsarchive befindlichen Reichs-Registraturbücher Sigmunds vgl. die treffliche Arbeit Seeliger's »Die Registerführung am deutschen Königshof bis 1493 sim 1. Ergänzungsbande der »Mittheilungen des Instituts für österr. Geschichtsforschung«. Es sind dies die Bände E F G H I K L (von mir citirt: RR. E, RR. F u. s. w.) Der Band D ist kein Registraturbuch, nach Seeliger ein Sammelband verschiedener Kanzleiformulare; ich halte ihn für eine Privatsammlung des in der Kanzlei Sigmunds thätigen Sekretärs Simon Amman von Aspern, in die aber bisweilen Eintragungen sei es aus Versehen, sei es als vorläufig-Niederschrift gemacht worden sind, welche in die Registraturbücher gehörten (in einem besonderen Verzeichnisse werde ich die aus D entnommenen Stücke zusammenstellen). Ein ähnliches Verhältnis muss auch bei der grösstenteils von J. Caro im 59. Bde. des »Archivs für österreichische Geschichte« publicierten Hds. 22 des Wiener Staats-Archivs angenommen werden; sie bezw. ihre Vorlage muss im J. 1417 geradezu als Registraturbuch Verwendung gefunden haben; vgl. z. B. unsere nr. 2183, 2598, 2629, 2654, 2762, 2769.

Das einzige erhaltene Registraturbuch der böhmischen Kanzlei Sigmunds (von mir mit RR. L¹ bezeichnet), welches im Fürstl. Lobkowitzschen Archive zu Raudnitz aufbewahrt wird und Seeliger unbekannt geblieben ist (im Prager Museum einzelne Abschriften daraus) ist in Regestenform 1890 durch Jaromir Čelakovsky veröffentlicht worden und zwar haben die Regesten genau dieselbe Reihenfolge und dieselbe Sprache (meist latein.), wie die in jenes Registraturbuch eingetragen sind. Leider ist diese Publikation in Deutschland wenig bekannt geworden, da sie in der in čechischer Sprache geschriebenen Abhandlung »De veracolla et extracola restitia, praecipue do his, quae ad Bohemiram et alias Austriacas aulas cancellarias pertinent« (Kozprary kral. česk společnosti nauk. — VII. řada, 2. svazek. V Praze, Fr. Řivnáč) enthalten ist. Eine deutsche Bearbeitung dieser überaus wichtigen Abhandlung wird hoffentlich bald erscheinen.

[6]) Über das »Achtbuch K. Sigmunds«, welches hinter ein Achtbuch K. Friedrichs III. geheftet ist, vgl. die kurze Notiz bei Const. v. Böhm, Die Handschriften des kaiserl. und königl. Haus-, Hof- und Staats-Archivs (Wien 1873) unter Nr. 50. Dieses Acht- und Abercht-Buch enthält meist ganz kurze Notizen; es hat offenbar zur bequemen Übersicht gedient; die Namen derjenigen, welche sich aus der Acht gelöst haben, sind durchgestrichen. Vollständig ist es nicht; einzelne Achterklärungen sind sogar in vollständigem Wortlaute mitunter in die Reichsregistraturbücher eingetragen worden. Die Ausbeute, welche mir dieses Achtbuch geliefert hat, ist eine zum beträchtliche.

[7]) Wer, wie ich, darauf angewiesen ist, seine Zeit möglichst auszunutzen, wird mir recht geben, dass selbst 5 Benutzungs-Stunden, was von vielen Archivaren schon als eine grosse Konzession angesehen wird, nicht genügen (eine rühmliche Ausnahme bildet das Dresdner Haupt-

meine Arbeit ganz ohne Zusammenhang mit der Böhmer-Stiftung *) entstanden; deren Leitung hat aber in Anbetracht der Gleichmässigkeit des Stoffes gegen die Weitererzählung „Regesta imperii XI" keinen Widerspruch erhoben unter der Bedingung, dass dieser Sachverhalt von mir klargelegt und der Name Böhmers auf dem Titelblatt nicht genannt wird.

Bei der Anfertigung der Regesten K. Sigmunds sind für mich natürlich die Grundsätze Böhmers im allgemeinen massgebend gewesen. „Urkundenregesten", bemerkt derselbe (Friedmanns Zeitschrift für die Archive Deutschlands II. 131, wieder abgedr. bei Janssen, J. Fr. Böhmers Leben III, 461 vgl. 466), „sollen den wesentlichen Inhalt der Urkunde wiedergeben, aber doch nicht allzu weitläufig sein, weil dadurch einerseits die Übersicht erschwert wird, welche den eigentümlichen Vorzug der Regesten bildet, und weil es andererseits zweckmässiger wäre, noch einen Schritt weiterzugehen und die Urkunden abzudrucken." Billigung wird es wohl finden, dass ich die Regesten von Urkunden, welche in bequem zugänglichen Werken abgedruckt sind, kürzer gefasst habe als die von noch ungedruckten Urkunden; bei diesen habe ich vielleicht des Guten manchmal zu viel gethan; doch wird auch der oft recht ausführliche Auszug die Urkunden nicht vollständig ersetzen. Auch die Personen niederen Standes, welche in den Urkunden vorkommen, habe ich in der Regel in das Regest aufgenommen, obwohl sie für die Reichsgeschichte doch belanglos sind.

Soweit mir dies möglich war, gebe ich in den Regesten die modernen Ortsnamen; obwohl ich keine Mühe gescheut habe mit Hilfe von Spezialkarten, Ortslexiken, Urkundenbüchern die Orte *) zu bestimmen — eine Aufgabe, welche nach der Ansicht vieler Forscher ausserhalb der Pflicht des Regestenverfertigers liegt —, so bin ich doch häufig zu keinem Resultat gelangt, werde gewiss in manchen Fällen schwere Irrtümer begangen haben; da ich die alte Bezeichnung in runden Klammern beigefügt habe, so ist die Kontrolle nicht zu sehr erschwert. Die näheren Angaben über die Lage der einzelnen Orte sind mit ganz geringen Ausnahmen dem Register vorbehalten worden, das hoffentlich auch noch für manche alte Ortsangabe die moderne Bezeichnung bringen wird. „Es mag störend sein, dass im selben Regest alte lateinische und moderne Namensformen zusammen auftreten, doch es ist dies nicht zu vermeiden, sobald die einen Orte unbestimmbar oder verschollen u abgegangen, die andern bestimmbar sind." Wie die Ortsnamen sind auch die Personennamen behandelt worden.

Die handschriftliche Überlieferung [10] der Urkunden habe ich in möglichster Vollständigkeit zu geben gesucht, doch glaubte ich von Urkunden, die im Originale oder in Vidimus vorliegen, nicht sämtliche modernen Abschriften oder Eintragungen in Kopialbüchern verzeichnen zu brauchen. Wo kein Druck vorliegt, sind die Regesten stets nach dem Original bezw. wo dieses fehlt, nach der ältesten Kopie bezw. der Eintragung in den Registraturbüchern gearbeitet.

Die Angabe der Quelle der Drucke festzustellen war leider nicht immer möglich, erscheint mir auch nicht nötig; fast allen älteren Drucken liegen ja nur schlechte Abschriften zu Grunde, während die modernen Urkundenbücher in der Regel doch zuverlässige Drucke nach dem Or. bezw. der besten handschriftlichen Vorlage enthalten.

„Vollständigkeit der Druckangaben wurde angestrebt, sie in allen Fällen zu erreichen war kaum möglich." Absichtlich weggelassen ist bei Urkunden, die in den Deutschen Reichstags-Akten enthalten sind, die Angabe der älteren Drucke. Sehr viel Ausbeute lieferte mir die Kgl. Bibliothek in Berlin; manches dort vermisste Buch habe ich in München, Prag, Stuttgart, Wien einsehen können; manches lieferten auch die kleinen Biblio-

---

Staats-Archiv, wo man von 9—1 und von 2—6 arbeiten darf*). Was soll man aber dazu sagen, wenn man in einem Archive, das nach gedruckter Angabe von 9—12 geöffnet sein will, um 9 Uhr weggeschickt wird mit dem Bemerken: »die Arbeitszeit beginne erst 10 Min. nach 9«. Noch mehr aber stieg mein Erstaunen, als ich in demselben Archive bereits um ⁹/₄12 Uhr aufgefordert werde mich zu entfernen, da nun geschlossen würde! — Sehr zu beklagen ist auch, dass man in vielen Archiven noch immer nicht, selbst für Arbeiten auf dem Gebiet des MA. die Repertorien vorgelegt erhält.

*) Wenn ich recht unterrichtet bin, so hat die Leitung der Böhmer-Stiftung, weil Böhmer selbe Sammlungen nur bis auf die Zeit Wenzels erstreckt hat, nur die Absicht, das Böhmer'sche Regestenwerk bis auf Kg. Wenzel heraufzuführen. Ich habe bei meiner Arbeit es bedauert, dass die »Regesten Wenzels« noch immer nicht vorliegen.

*) Es wäre Aufgabe einer Akademie endlich einmal die Herstellung eines allgemeinen Ortslexikons wenigstens für Deutschland im MA ins Auge zu fassen.

[10]) Ich beabsichtige ein Register der benützten Archive und der daraus entnommenen Stücke zu geben; mit Hilfe dieses Registers soll man sofort erkennen, ob ich z. B. das Stadtarchiv zu Sorau und welche von den dort aufbewahrten Urkunden ich benutzt habe.

theken der verschiedenen von mir besuchten Archive, so z. B. die des Staatsarchivs zu Luzern, dessen Vorstand (Herr v. Liebenau) mich freundlichst auf einige Drucke aufmerksam machte, die mir sonst sicherlich entgangen wären. Auch Bücher und Aufsätze, welche nur Regesten enthalten, habe ich berücksichtigt; dagegen sind nur in Ausnahmsfällen Bücher und Aufsätze, in denen Urkunden Sigmunds gelegentlich citiert sind, angeführt.[11])

Die Urkundenbücher u. s. w. bieten häufig das Datum der Urkunden falsch reduziert: ich habe auch diese Daten (durch Einrücken kenntlich gemacht, vgl. z. B. nr. 433ª) aufgenommen und auf das richtige Datum verwiesen. Ebenso ist auch in den Fällen verfahren worden, wo das Datum des Registraturbuchs von dem Datum des Or. abweicht.

Das unaufgelöste Tagesdatum habe ich bei den zum ersten Mal verzeichneten Urkunden hinzugefügt, nicht nur um die Möglichkeit zu bieten die Auflösung zu kontrollieren, sondern auch um die Sprache der betr. Urkunde erkennen zu lassen; ich bedaure aus letzterem Grunde sehr, dass ich mich habe bestimmen lassen, auch bei den bereits verzeichneten oder gedruckten Urkunden das ursprüngliche Datum nicht hinzuzufügen.

„Die mangelhaft datierten oder undatierten Stücke sind, wenn das Jahr gesichert war und für nähere Bestimmung kein Anhalt vorlag, an den Schluss dieses Jahres, wenn nur weitere Grenzen gezogen werden konnten, an den Schluss des festzustellenden Zeitraumes verwiesen worden."

Auf Beschreibung oder Angabe der Besiegelung habe ich mich in den seltensten Fällen eingelassen; den Standort der Urkunden in den einzelnen Archiven habe ich mit Rücksicht auf Raumersparnis und den so wie so grossen Umfang des Werkes nicht angegeben.

Billigung dürfte es wohl finden, dass ich jede erhaltene Kanzlei-Unterfertigung[12]), soweit mir diese bekannt[13]) geworden, dem Regest hinzugefügt habe; wenn in den meisten Fällen in der KU. auch nur gesagt wird, dass die Ausstellung der Urkunde im Auftrage des Königs durch den und den Kanzleibeamten erfolgt ist, so finden sich doch manche Urkunden, welche einen andern Auftraggeber als den König nennen, giebt es noch mehr Urkunden, in denen die Namen der Personen genannt sind, welche beim König den Ausstellungsbefehl der Urk. veranlasst haben: es leuchtet ein, dass wir aus diesen Kanzleiunterfertigungen erfahren, welche Personen an Sigmunds Hofe von besonderem Einflusse waren; ebenso wird der Anteil, welchen diese Männer an einzelnen Regierungsakten genommen haben, klargelegt. Eine Zusammenstellung dieser Personen werde ich am Schlusse der Regesten geben.

Ebenso wird es sicherlich Billigung finden, dass ich den etwaigen Registraturvermerk[14]), soweit er mir bekannt wurde, stets hinzugefügt habe; da gleichzeitig auch immer die etwaigen Eintragungen in die Registraturbücher angegeben sind, so lässt sich die Thätigkeit des Registrators genau controllieren: wir erkennen, dass Urkunden, die keinen Registraturvermerk haben, mitunter doch in den Registraturbüchern stehen; häufiger aber ist der Fall, dass Urkunden, die den Vermerk haben, in den Registraturbüchern fehlen: dies auf Nachlässigkeit der Kanzlei allein zurückzuführen, wäre verfehlt; muss diese auch in vielen Fällen[15]) angenommen werden, so werden wir doch meist zu dem Schlusse kommen, dass es noch andere Registraturbücher ausser den uns er-

---

[11]) Eine Anzahl Urkunden, die ich demnächst in dem 5. Ergänzungsbande der »Mittheilungen des Instituts für österreichische Geschichtsforschung« veröffentlichen werde, geben schon dieser Druck an.

[12]) Breslau, Handbuch d. Urkundenlehre I, 757 hat dafür die Bezeichnung »Beurkundungsbefehl«. Statt »Ad mandatum domini regis« drucke ich immer: Ad m. d. r. Auch kürze ich die KU. möglichst ab. Mitunter weicht die KU. des Originals von der in den RB. ab: vgl. z. B. nr. 2604, 2861, 2861.

[13]) Wenn dieselbe in eckigen Klammern steht, so bedeutet dies, dass der Druck der betr. Urkunde die KU. nicht enthält. Überhaupt habe ich alle Zusätze zu dem Drucke in eckige Klammern eingeschlossen.

[14]) Als solcher begegnet uns: R, Rth, R. Heinricus Fije oder Fye [vgl. nr. 9776], Rth Marquardus Brisacher in den Urkk. Sigmunds. Manchmal sieht das R vor Fije so aus, als ob noch ein o oder u hinzugefügt wäre. Auf den Registraturvermerk wird in den Urkundenbüchern noch immer zu wenig Wert gelegt. — Im allgemeinen sind die Mandate sowie alle auf Papier geschriebenen Urkunden nicht registriert worden, aber auch Belehnungen werden mitunter (vgl. nr. 1708) nicht registriert. — o. R ??? ohne Registraturvermerk habe ich häufig hinzugefügt, obgleich dem Regest ein Mandat zu Grunde liegt.

[15]) Vgl. Seeliger a. a. O. S. 275 A. 2.

VII

haltenen gegeben hat; so solche für Ungarn[16]); böhmische Registraturbücher[17]) müssen gleich, als Sigmund 1420 nach Breslau kam, eingerichtet sein.

Bei der Menge der verzeichneten Urkunden[18]) würde die Übersichtlichkeit noch mehr erschwert worden sein, wenn ich die erzählenden Quellen in ausgiebiger Weise herangezogen hätte; ursprünglich wollte ich sie ganz hinweglassen, doch glaubte ich später auf einzelne nicht ganz verzichten zu können: hat doch auch Böhmer „die auf die Regenten bezüglichen Zeit- und Ortsangaben" der Annalen und Chroniken mit aufgenommen; jedenfalls bitte ich mir nicht vorzuwerfen, dass ich die eine oder andere historiographische Quelle nicht kenne, weil ich sie nicht aufgenommen habe.

Die von mir gebrauchten Abkürzungen werden, soweit sie nicht in diesem Vorwort erklärt sind, wohl zu keinem Missverständnisse Anlass geben.

Das viele neue und sehr mannigfaltige Material, über welches die Regesten Auskunft bieten, kommt der allgemeinen Reichsgeschichte weit weniger zu Gute, als der Geschichte der einzelnen Territorien und Orte: hier wird der Forschung ein weites Feld geöffnet; ich würde es als einen ausreichenden Lohn für meine jahrelange und — wie ich wohl behaupten darf — mühevolle und dabei undankbare Arbeit, deren Notwendigkeit freilich von niemandem geleugnet werden wird, ansehen, wenn meine Regesten recht fleissig benutzt und zu mancher historischen Arbeit die Anregung geben würden.

Zum Schluss bemerke ich noch, dass die Veröffentlichung meiner im Juli 1895 abgeschlossenen Sammlung so schnell erfolgen soll, als es mir bei meiner sonstigen ziemlich angestrengten Thätigkeit möglich ist.

---

[16]) Vgl. z. B. nr. 1—5, 7, 9 u. auch Seeliger S. 350.

[17]) Über das einzige erhaltene vgl. oben S. IV A. 5.

[18]) Das einzelne Regest setzt sich bei mir aus folgenden Bestandteilen zusammen, von denen naturgemäss einzelne mitunter fehlen: Text — Zeugen — KC. — Registraturvermerk — Angabe des Fundortes, bezw. der Eintragung in das Registraturbuch. — Drucke. — Datum.

Greifswald, im Februar 1896.

Dr. Wilh. Altmann,
Bibliothekar und Privatdocent an der Universität.

1410		
Aug. 5	Ofen	verspricht für den Fall und nach seiner Wahl zum römischen König Bestätigung aller Regierungshandlungen des Kg. Ruprecht. Mitsiegler Burggraf Friedrich VI von Nürnberg. — o. KU. — R^a. [Ungar. Registraturbuch? vgl. übrigens nr. 44].

für **Kurpfalz**. Or. u. Vid. v. 1520 Sept. 14 Münch. Geh. St.-A.; Kop. Karlsruhe.
für **Kurtrier**. Or. Berlin Geh. St.-A.
RTA. 7, 18 f.   **1.2**

| | » | » | verspricht dem Kurfürsten Ludwig von der **Pfalz** für den Fall, dass er dessen Stimme bei der Königswahl erhalte, 21 Städten (Strassburg Hagenau Weissenburg Colmar Schlettstadt Mülhausen Kaysersberg Türkheim Ober-Ehnheim Münster Rosheim Sels Esslingen Reutlingen Nördlingen Hall Rottweil Weil Heilbronn Wimpfen Weinsberg) — vorausgesetzt dass sie ihn im Laufe des nächsten halben Jahres, nachdem er die Wahl angenommen, anerkennen — ihre Privilegien als röm. König und einst als Kaiser zu bestätigen. Mitsiegler Burggraf Friedrich VI v. Nürnberg — o. KU. — R^a. — Or. Münch. Geh. St.-A.; Kop. Karlsruhe — RTA. 7, 19 f.   **3** |

» | » | verspricht dem Kurfürsten Ludwig von der **Pfalz** für dessen allenfallsige Wahlstimme ihm alle seine Privilegien Reichspfandschaften (Oppenheim, Gaoodernheim, Ober- u. Nieder-Ingelheim, Winterheim, Dexheim, Nierstein, Schwabsburg, Kaiserslautern, Barr, Ortenberg, Offenburg, Gengenbach, Zell, Sels) u. s. w. zu bestätigen. Mitsiegler Burggraf Friedrich VI v. Nürnberg — o. KU. — R^a. — Or. München Geh. St.-A.; Kop. Karlsruhe — RTA. 7, 20 ff.   **4**

» | » | verspricht im Falle seiner Erhebung auf den römischen König- oder Kaiserthron für Beseitigung des Schisma's in der Kirche zu sorgen und Feindseligkeiten gegen P. Gregor XII und dessen Anhänger weder sich noch anderen zu erlauben. Mitsiegler w. v. — o. KU. — R^a. — Or. Koblenz; Kop. Karlsruhe. — RTA. 7, 24 f.   **5**

» | » | sendet Burggraf Friedrich VI v. **Nürnberg** als seinen Vertrauensmann zu Kurfürst Ludwig von der Pfalz auf den Tag nach Frankfurt. — KU? — Alt. Reg. Karlsruhe. — Reg. RTA. 7, 39.   **6**

» | » | giebt Burggraf Friedrich VI von **Nürnberg** die Vollmacht, dass derselbe ihn als Mrkgrf. v. Brandenburg auf dem Tage zu Frankfurt bei den Verhandlungen über Königswahl und anderes vertrete. — o. KU. — R^a. — Or. Stuttgart. — Mitteil. d. Inst. f. österr. Gesch. F. Erg. Bd. 5 Heft 1; nach altem Reg. in Karlsruhe Reg. RTA. 7, 39.   **7**

» | 6 | » | bevollmächtigt Burggraf Friedrich VI. v. **Nürnberg**, dass derselbe ihn als Mrkgrf. v. Brandenburg auf dem Tage zu Frankfurt vertrete, ihn zum römischen König mitwähle und für ihn die Wahl annehme. — Alt. Reg. Karlsruhe. — Reg. RTA. 7, 40.   **8**

» | » | verspricht dem Kurfürsten Ludwig von der **Pfalz** für den Fall, dass er dessen Stimme bei der Königswahl erhalte, einer grossen Zahl genannter und ungenannter Fürsten, Grafen, Herren, Rittern, Stiftern und Klöstern — vorausgesetzt, dass sie ihn binnen Jahresfrist, nachdem er die Wahl angenommen, anerkennen — ihre Lehen und Privilegien als römischer König und einst als Kaiser zu bestätigen. (dem Pfalzgrafen Johann v. Neumarkt, dem Pfalzgrafen Stefan v. Simmern-Zweibrücken, dem Pfalzgrafen Otto v. Mosbach, den Herzögen v. Baiern Stefan II v. Ingolstadt, Ludwig VII v. Ingolstadt, Ernst u. Wilhelm III v. München, Heinrich IV v. Landshut, Wilhelm II u. Johann v. Straubing-Holland, dem Herzog Karl v. Lothringen, dem Herzog Rainald v. Jülich-Geldern, dem Herzog Heinrich v. Braunschweig-Lüneburg, dem Herzog Adolf v. Berg u. Grafen zu Ravensberg, dem Landgrafen Hermann v. Hessen; den Bischöfen Albrecht v. Bamberg, Johann v. Würzburg, Friedrich v. Eichstädt, Raban v. Speier, Johann v. Worms, Johann v. Hildesheim, Ulrich v. Verden; den Grafen Eberhart v. Würtemberg, Friedrich v. Öttingen, Simon u. Johann v. Sponheim, Friedrich v. Leiningen, Friedrich v. Veldenz, Johann v. Katzenellenbogen, Johann v. Wertheim, Thomas v. Rieneck, Hanman v. Bitsch; den Herren v. Hanau, Isenburg, Limburg, Runkel, Weinsberg, Ochsenstein, Lichtenberg, Schenk v. Erbach) — Mitsiegler wie in nr. 4 — o. KU. — R^a. — Or. München Geh. St.-A.; Kop. Karlsruhe. — RTA. 7, 22 f.   **9**

» | 8 | » | fordert, betrübt über das Unglück, welches der Deutschorden im Streite mit den Ungläubigen erlitten, die Landleute, Ritter und Knechte in **Preussen** und die Stadt **Danzig** auf im Vertrauen auf die Hilfe, welche er binnen kurzem bringen werde, treu zum Orden zu halten. — o. KU. — o. R. — Or. (beschädigt) Danzig.   (fritag vor Lorenz tag).   **10**

1410		
Aug. 9	Ofen?	giebt als Kurfürst von Brandenburg seinen Willebrief zur Verpfändung der Reichssteuer von Heilbronn u. Wimpfen [an den Ritter Eberhard von Hirschhorn; Chmel, Reg. Ruperti nr. 1792] — Vgl. (Vorlage?) Jäger, Gesch. der Stadt Heilbronn I, 177 = RTA. 7, 41 A. 4. — Vgl. auch nr. 91 u. 119. **11**
» 14	Rail	giebt dem Grafen Johann von Sponheim einen Schutzbrief. — KU? — Mod. Abschr. Koblenz Becker. **12**
» 20	Ofen	ersucht (auch als sacri Romani imperii vicarius generalis) allgemein um Hilfe gegen den Polenkönig, der den Deutschorden niedergeworfen [Schlacht bei Tannenberg 1410 Juli 15] — KU? — Kop. Frankf. St.-A.; vgl. Invent. 3, 224. — Scriptores rer. Pruss. 3, 403 f. **13**
		Sept. 20 wird in Frankfurt durch EB. Werner v. Trier, Pfalzgr. Ludwig von der Pfalz u. dem von ihm zur Führung der Brandenburgischen Kurstimme bevollmächtigten Burggrafen Friedrich VI von Nürnberg zum römischen König gewählt. Vgl. RTA. 7, 41 ff., sowie die modernen Darstellungen von A. Kaufmann, Die Wahl Kg. Sigmunds: Mitteil. d. Ver. f. Gesch. der Deutschen in Böhmen Bd. 17 (auch Diss. Göttingen 1879), H. Finke, König Sigmunds reichsstädt. Politik (Diss. Tübingen 1880), L. Quidde, Kg. Sigmund u. das deutsche Reich v. 1410 bis 1419 (I. Diss. Göttingen 1881) u. Th. Lindner, Deutsche Gesch. unter den Habsburgern u. Luxemburgern Bd. 2 (1893). **13a**
		Sept. 20. Frankfurt. Burggraf Friedrich VI v. Nürnberg bekennt u. s., dass er für Sigmund die Wahl zum Römischen Könige angenommen habe. — RTA. 7, 47. **13b**
		Sept. 20. Erzbischof Werner v. Trier, Kurfürst Ludwig von der Pfalz u. Burggraf Friedrich v. Nürnberg verkündigen, dass sie Sigmund zum römischen Könige gewählt und verlangen dessen Anerkennung. — RTA. 7, 47 ff. **13c**
		Sept. 23 Koblenz: gelobt den Reichsstädten im Elsass sie niemals zu veräussern u. s. w. Lünig, R. A. P. spec. Cont. 4 T. I, 46 f. = Reg. Schöpflin, Als. dipl. 2, 318. falsch statt 1414 Aug. 23. **13d**
		Dez. 14. Diakovar. Burggraf Friedrich VI v. Nürnberg an die Stadt Nürnberg: Kg. Sigmund nehme die Wahl an, es sei Aussicht auf ein gütliches Übereinkommen mit Mkgr. Jost vorhanden, P. Johann XXIII stehe auf Seite Sigmunds. — RTA. 7, 52 f. **13e**
Dez. 25	Diakovar	feiert das Weihnachtsfest. Aschbach, Gesch. K. Sigmunds 1, 334 nach Katona, Epitome 2, 212. **13f**
		Jan. 11. Nachweis von der Rechtmässigkeit der Wahl Sigmunds und dem ungesetzlichen Vorgehen der EBB. Johann v. Mainz u. Friedrich III v. Köln 1410 Okt. 1 bei der Wahl Josts v. Mähren. — RTA. 7, 75 ff. **13g**
1411		
Jan. 12	Ofen	schreibt dem EB. Werner v. Trier, dass er die Wahl annehme, dankt für dessen Unterstützung u. begehrt, dass er auch ferner für ihn, den König und das Reich wirke. — Ad mandatum domini regis Georgius vicecancellarius. — Kop. Frankf. — RTA. 7, 53 ff. (Ungar. 22?) **14**
» 15	»	bittet den Hrz. Bolko v. Oppeln die in seinem (Sigmunds) Königreiche gefangenen Prager loszulassen; er habe die Breslauer gebeten seinen (Bolkos) gefangenen Bruder den B. Johann v. Lesslau gegen Bürgschaft freizulassen; beide Brüder sollten zu ihm kommen, er wolle dann ihren Streit mit der Stadt Breslau beilegen. — KU? — Gleichz. Kop. (o. J.; Beilage zu einem Schreiben von 1411 Jan. 17.) Breslau Stadt-A. (do. v. Anton.) **15**
» 21	»	fordert, entschlossen die ihm durch seine Wahl gegen Kirche und Reich auferlegten schweren Pflichten zu erfüllen, von verschiedenen Reichsstädten Unterstützung und schreibt, er habe sie, bis er komme, den von ihm mit der Wahrung der öffentlichen Sicherheit beauftragten Fürsten (EB. Werner v. Trier, Pfalzgr. Ludwig, Burggr. Johann u. Friedrich v. Nürnberg, Gr. Eberhard v. Würtemberg) zur Beschirmung empfohlen. — Ad m. d. r. Georgius vicecanc. — [o. R.]
		a) an Frankfurt. — Or. ib. Stadt-A. **16**
		b) an Nürnberg (bei dieser Stadt beglaubigte er zugleich den Rat des Pfalzgrafen Ludwig III Joh. Kirchheim). — Or. ib. Kr.-A. **17**
		c) an Rothenburg. — Or. Bamberg Kr.-A. **18**
		d) an Strassburg. — Or. Strassb. Stadt-A. **19**

1411			
Jan. 21	Ofen	e) an Speier — Alte Drucke. Vorlage?	**20**
		f) an Heilbronn (?)	**21**
		RTA. 7, 55 f. (Ungar. 22! Die ungar. Jahre sind bis 1414 zu niedrig berechnet!)	

» | » | erklärt einem ungenannten **F ü r s t e n** (Hrz. Heinrich v. Braunschweig), dass er die Wahl zum römischen König angenommen, baldmöglichst vor Frankfurt lagern, sich krönen lassen und in Kirche u. Reich Ordnung schaffen wolle, fordert pflichtmässige Unterstützung. — KU. w. v. — Kop. Hannover. — RTA. 7, 57 ff. (Ungar. 22!) **22**

» | » | desgl. dem Landgrafen Johann v. **L e u c h t e n b e r g.** — KU. w. v. — o. R. — Or. Wittingau. (Angnete t.) *Marei.* **23**

» | » | befiehlt der Stadt **F r a n k f u r t** die 1410 Nov. 11 fällig gewordene Reichssteuer erst auszuzahlen, nachdem er in Deutschland eingetroffen, ihnen Weisung darüber gegeben. — KU. w. v. — Kop. Frankf. — RTA. 7, 59. (Ungar. 22!) **24**

» | » | beglaubigt, in der Absicht sein königliches Lager vor Frankfurt zu halten und sich krönen zu lassen, bei **F r a n k f u r t** die von Kurfürst Ludwig von der Pfalz an sie zu schickende Gesandtschaft. — KU. w. v. — Or. u. Kop. ib. — RTA. 7, 60. (Ungar. 22!) **25**

» | » | verspricht seinen Wählern dem EB. Werner v. **T r i e r** und Kurfürst Ludwig von der **P f a l z** Fortbesitz ihrer Ehren u. Würden, Schutz gegen etwaige Anfeindungen wegen der Wahl u. Erneuerung dieser Urkunde nach seiner Krönung. — Ad m. d. r. Petrus de Wlaschim. — [o. R.] — Or. Münch. G. St.-A.; Kop. Karlsruhe. — RTA. 7, 58 f. (Ungar. 22!) **26**

» | » | schreibt Heinrich v. **P l a u e n,** dem Hochmeister des Deutschordens, dass er die ihm durch Jobst' Tod [Jobst † 1411 Jan. 18: RTA. 7, 131 A. 2.] heimgefallene Mark Brandenburg ermahnt habe den Orden zu unterstützen, und fordert ihn auf, den Krieg mit den Polen weiter zu führen. — [De m. d. r. Georgius vicecancell. — o. R. — Or.] Königsberg. — Vgl. Voigt, Gesch. Preussens 7, 137; Aschbach I, 312; Reg.: Monum. med. aevi hist. res gest. Polon. illustr. 11, 73. **27**

Jan. 24 | » | ernennt den Gr. Friedrich v. **O r t e n b u r g** zum Reichsvikar in Friaul u. in dem Patriarchat v. Aquileja (dem er u. P. Johann XXIII demnächst einen neuen Patriarchen geben werden) mit dem Auftrag Frieden in diesen Provinzen herzustellen. — Ad m. d. r. Georgius vicecanc. — o. R. — Or. Wien H. H. u. St.-A. (die vicesima quarta jan.). **28**

» | » | ersucht die Bewohner v. **F r i a u l** u. **A q u i l e j a** dem von ihm zum Reichsvikar ernannten Gr. Friedrich v. Ortenburg Gehorsam zu leisten. — KU. w. v? — Kop. S. Daniele Gemeinde-Bibl. Abt. Fontaniniana Hds. 18 f. 88 u. 44, 225. — Not. Beiträge z. Kunde steiermärk. Geschichtsquellen 9 (1872), 94. **29**

» 31 | in unserm jag-hofe zu dem warmen brunnen | fordert Hrz. Heinrich v. **B r a u n s c h w e i g**-Lüneburg auf, den Einwohnern der durch den Tod des Jobst v. Mähren an ihn gefallenen Mark Brandenburg günstig und förderlich zu sein. — De m. d. r. Petrus de Blaschim. — o. R. — Or. Hannover. (sa. vor frawon t. purific.) *Janicke* **30**

Febr. 17 | Ofen | empfiehlt dem Bürgermeister u. Rat der St. **W i e n** den Ofener Bürger Johann Weissenstein, welcher in Österreich für ihn Bauholz kaufen soll. — De mandato d. r. Petrus de Wlaschim. — o. R. — Or. Wien Stadt-A. (di. nach Valentini.) **31**

» | » | März 11. Erzbischof Werner v. **T r i e r** u. Kurfürst **L u d w i g v o n d e r P f a l z** an Frankfurt: führen aus, dass der von ihnen gewählte Kg. Sigmund v. Ungarn rechtmässiger römischer König, die von der Gegenpartei beabsichtigte Neuwahl daher ungesetzlich sei. — RTA. 7, 134 ff. **31 a**

April 19 | Kaschau | belehnt als Mkgr. v. Brandenburg Engelhard v. **W e i n s b e r g** u. dessen Sohn Konrad, zugleich für ihr Geschlecht, mit dem Unterkammermeisteramte des römischen Reiches, welches bisher die [nunmehr ausgestorbenen] Herren v. Münzenberg u. v. Falkenstein innegehabt haben. [Ad m. d. r. Petr. de Wlaschim.] — R^te — Or. Öhringen; Kop. Wien H. H. u. St.-A.] — Hansselmann, Diplomat. Beweis, dass d. Hause Hohenlohe die Landeshoheit...479 == Riedel, Cod. dipl. Brand. 2, 3, 177. (Ungar. 23 statt 25!) **32**

Mai 4 | Wardein | bewilligt dem Gr. Hans v. **L u p f e n** für dessen treue und ausgezeichnete Dienste 600 »rote« Gulden. — [Ad m. d. r. Petr. de Wlaschem.] — Kopialb. v. Stühlingen 14, 4: Stuttgart. — Reg. Zschr. d. Ges. f. Bef. d. Geschichtsk. v. Freiburg, dem Breisgau etc. 3, 342. **33**

1411

Mai	4	Wardein	bestätigt der St. Rottweil ihre Rechte, Privilegien, Gerichte, Zölle, Jahrmärkte. — [Ad m. d. r. Petr. de Wlaschin. — R². — Or. Stuttgart;] Vid. v. 1417 Okt. 19 u. Kop. Rottweil; vgl. Reg. Neue Mitteil. d. archäol. Ver. zu Rottweil 1873, 67. — Senckenberg, v. d. kayserl. höchst. Gerichtsbarkeit. Beyl. 44 ff. **34**
»	»	»	erteilt der St. Rottweil das Recht, alle Armen, Waisen, verstossene u. elende Kinder, die jetzt u. in Zukunft in dem Spital erzogen und ernährt werden, als desselben Spitals eigene Leute ewiglich zu besitzen. — [KU. w. v. — R². — Or. Stuttgart;] Vid. v. 1752 Jan. 21 Rottweil; vgl. Reg. Neue Mitteil. d. archäol. Ver. zu Rottweil 1873, 67. — Lünig, R. A. P. spec. Cont. 4, T. 2, 370 = Ausz. Moser, Reichsst. Hdb. 2,643 f. [fälschl. zu Mai 10] (mo. noch d. h. creuz t. invene.) (Ungar. 23 f.) **35**
Juni	4	Temesvar	teilt dem Pfalzgrafen Ludwig bei Rhein mit, dass ihn Krankheit bisher verhindert habe, nach Deutschland zu kommen; er wolle dahin baldigst aufbrechen. — Auszug in e. Briefe Johann Winheims RTA. 7, 123 f.; vgl. jedoch ib. 126. **36**
			Juni 11. Abschlägiger Bescheid des Frankfurter Rats auf den durch Friedrich v. Sachsenhausen u. Ritter Johann Romleun v. Kobern vorgebrachten Wunsch Kg. Sigmunds, die Wappen des Reiches u. Ungarns in Frankfurt aufzuhängen u. seine beiden Quartierhäuser durch eine bauliche Veränderung am Römer mit einander verbunden zu sehen. — RTA. 7, 141. **36a**
»	13	(Themes-pruck)	belobt die Bewohner v. Cividale, dass sie dem General-Reichsvikar des Patriarchats Aquileja dem Gr. Friedrich v. Ortenburg-Sternberg bisher gehorsam gewesen sind, u. fordert sie auf dies weiter zu sein, bis der Papst [Johann XXIII] einen neuen Patriarchen erwählt. — KU ? — Kop. Venedig. Markus-Bibl. — Reg. Abhandl. d. hist. Kl. d. Münch. Akad. 9, 482. **37**
»	14	»	überträgt dem Gr. Friedrich v. Ortenburg-Sternberg (nochmals, vgl. 1411 Jan. 24 nr. 28) das Reichsvikariat in Friaul u. dem Patriarchat Aquileja. — o. KU ? — o. R. — Or. Wien H. H. u. St. A. (14. junii.) **38**
»	30	Ofen	bestellt Caspar Gans v. Putlitz zu seinem Amtmann in der Priegnitz: ausser dem, was diese einbringt, soll er noch jährlich 100 Schock böhm. Groschen Gehalt haben; auch werden Bestimmungen getroffen für den Fall, dass Putlitz zurücktritt. — [Per d. Frid. burggravium Nurenbergens. Joh. Kirchen. — o. R. — Or. (mit Einschnitten) Berlin Geh. St. A.] — Nach Kop. (m. Dat: di. vor Mich!) Riedel, Cod. dipl. Brand. 1, 3, 412. (di. vor Ulrich). **39**
»		»	verpfändet Lenzen an Caspar Gans v. Putlitz u. Hartwig v. Bülow für 1500 Schock böhmische Groschen und verleiht ihnen einen Zoll daselbst in derselben Weise, wie ihn einst die Herzöge von Mecklenburg zu Schnackenburg [an der Elbe] erhoben haben. — KU. w. v. — o. R. — Or. ib. — Riedel 1, 3, 411 f. **40**
»		»	verschreibt dem Caspar Gans Edlen zu Putlitz auf das Schloss Lenzen noch [vgl. nr. 40] 540 Schock böhmische Groschen. — KU. w. v. — o. R. — Or. ib. — Riedel 1, 3, 413. **41**
»		»	bestätigt (als Mkgr. v. Brandenburg) Reimar v. Güthersberg, dem Meister des Johanniterordens in der Mark, in Sachsen, in Wendenland und Sternberg die ihm vom Mkgr. Jobst um 2700 Schock Prager Groschen überwiesenen Pfandschaften, das Schloss Zantoch (Czancach), die St. Keppen mit der Vogtei des Landes Sternberg nebst allem Zubehör, u. 24 Schock Prager Groschen auf Drossen. — KU. w. v. — o. R. — Or. ib. (di. vor Ulrich.) **42**
»		»	verpfändet Fritz von der Schulenburg, dessen Vater Bernhard u. seinen Erben für schuldige 500 Mark Stendalscher Währung die Vogtei Salzwedel. — KU. w. v. — o. R. — Or. (mit Einschnitt) ib. (id. dat.) **43**
Juli	3	»	verschreibt dem Burggr. Friedrich v. Nürnberg seinem Rate für dessen treue Dienste alle ihm als römischen Kg. zustehenden Abgaben der Juden und die Reichssteuern der Reichsstädte, welche vergangene Martini fällig waren und nächste Martini fällig werden, und befiehlt seiner Kanzlei jenem die nötigen Anweisungen auszustellen. — Ad m. d. r. Johannes Kirchen — [R.] — Or. Bamberg: [RII. E 3²_] — Minutoli, Friedrich I Kurf. v. Brand. 60 f.; Monum. Zoll. 6, 662. Älteste im Reichsregistraturbuche eingetragene Urk. **44**
»		»	erhält die Unterwerfung (den Anschluss) des Despoten Stefan Lazarewitsch v. Serbien. RTA. 7, 126. **44a**

1411		
Juli 3	Ofen	bestätigt (als Mkgr. v. Brandenburg) die Rechte und Privilegien folgender Städte

Belitz — Nach Kop.* Dresden Bibl. u. Leipzig Ratsbibl. Riedel, Cod. dipl. Brand. 1, 9, 484. **45**

Berlin u. Köln a. Spree — Nach Or.* in Berlin Stadt-A. ib. Suppl. 268. **46**

Bernau — Nach Or.* in Bernau ib. 1, 12, 169. **47**

Brandenburg-Altstadt — Nach Or. [?] ib. 1, 9, 86 f. **48**

Brandenburg-Neustadt — Vgl. ib. 87. **49**

Frankfurt a. O. — Nach Or.* in Frankf. ib. 1, 23, 152. **50**

Kyritz u. der Ritterschaft der Umgegend (in der Vormark) — Nach Kop. [wo?] ib. 1, 1, 378 f. **51**

Müncheberg — Nach Or.* in Müncheberg ib. 1, 20, 153. **52**

Potsdam — Nach Or. [?] ib. 1, 11, 158. **53**

Salzwedel-Altstadt — Nach Or.* in Salzwedel ib. 1, 14, 219. **54**

Salzwedel-Neustadt — Or.* ib. Vgl. ib. **55**

Stendal sowie des Domes daselbst u. der ganzen Altmark — Nach Or.* in Stendal ib. 1, 15, 204. **56**

Strausberg — Nach Or.* in Strausberg ib. 1, 12, 81. **57**

Per d. Frid. burggr. Nürenberg. Joh. Kirchen. — [R. ?] (Ungar. 23!) **45/57**

» 8	»	bestellt mit Rückzicht auf den verwirrten Zustand der Mark Brandenburg u. die Entlegenheit derselben von seinen übrigen Ländern den Burggr. Friedrich v. Nürnberg zum Verweser u. obersten Hauptmann der Mark mit vollen Rechten abgesehen vom Kurrecht, das er sich vorbehält, u. verschreibt ihm darauf als Beitrag zu den Kosten für die Herstellung geordneter Zustände 100000 ungarische Gulden — Mitsiegler: Königin Barbara Sigmunds Gemahlin, Johannes EB. zu Gran, päbstl. Legat u. Kanzler, Eberhard B. v. Agram. — Ad m. d. r. Joh. Kirchen. — [o. R!] — Or. Berl. Haus-A.; [RR. E 2 u. 3°.] — Riedel, Cod. dipl. Brand. 2, 3, 178 ff.; Minutoli, Friedrich I v. Brand. 273 ff.; Mon. Zollerana 7, 1 ff. **58**
» 9	» (o. O.)	bekennt mit seinem Bruder Kg. Wenzel dahin übereingekommen zu sein, dass letzterem die kaiserliche Würde übertragen u. Böhmen verbleiben, er selbst aber als Römischer Kg. anerkannt werden, dass jedem der beiden eine Hälfte der Reichseinkünfte — soweit sie nicht für Reichszwecke verwendet werden — und der ans Reich gefallenen Lande gehören, der luxemburgischen Dynastie die deutsche Krone erhalten, der Papst für die Verleihung der Kaiserwürde an Wenzel, die Kurfürsten eben dafür und die bisherigen Gegner Sigmunds im Kurfürsten-Kollegium für dessen römisches Königtum gewonnen, die Reichsheiligtümer im Besitz Wenzels für dessen Lebzeit gelassen werden, endlich jeder der beiden Paciscenten seine Anhänger mit dem andern versöhnen wolle. [vgl. 1416 Juni 14]. — Mitsiegler: Johann EB. v. Gran, Andreas EB. v. Spalato, Johann B. v. Raab, Stibor B. v. Erlau, Philipp B. v. Waitzen, Hinko B. v. Neutra, Nikolaus v. Gara Grossgr. zu Ungarn, Stibor Woiwode zu Siebenbürgen, Simon Franke v. Szecsen (Zeechen), Hofmeister Johann Heinrichs Sohn, Philipp v. Ozora Gr. zu Temesvar, der Truchsess Johann Gr. v. Corbavia, der Marschall der Königin Barbara Des5 v. Gara, Paul Chupor v. Monoszlo Banus a. Gr. zu Windischen Landen, Sigmund v. Loszoncz, Johann Harapk der Szekler-Gr., David v. Albens Gr. im Sohl, Johann v. Rozgon Gr. zu Saros, Petrus Sohn des Heinrich Berzewiche Gr. aus dem Zips, Matthäus v. Palocz Kastellan v. Diosgyör, die Bürgermeister der Städte Ofen Stuhlweissenburg Tirnau Pressburg u. Oedenburg. — Ad m. d. r. Joh. Kirchen. — RR. E 193° u. 194. — RTA. 7, 102 ff. **59**
Juli 9	Frankfurt.	Burggraf Johann v. Nürnberg wird als Bevollmächtigter Kg. Sigmunds (in dessen Eigenschaft als Mkgr. v. Brandenburg) zur bevorstehenden Königswahl vom Frankfurter Rat empfangen. — RTA. 7, 146 f. **59a**
» 11	Ofen	teilt der Ritterschaft u. den Bewohnern der Lande Barnim, Teltow, Havelland u. Glien die Einsetzung des Burggr. Friedrich v. Nürnberg zum Verweser der Mark Brandenburg mit. — Ad m. d. r. Joh. Kirchen — [o. R.] — Or. Berl. Haus-A. — Riedel, Cod. dipl. Brand. 2, 3, 181 ff. (Ungar. 23!) **60**
» »	»	desgl. den Ständen der Mark Brandenburg. — KU. w. v. — o. R. — Or. ib. — Mon. Zoller. 7, 5 ff. **61**

1411

Juli 14	Ofen	nimmt Hartung v. C l u x zu seinem »familiaris u. miles« an gegen ein Gehalt v. 500 ung. Gulden. — Ad m. d. r. Joh. Kirchen. — RR. E 3ᵛ. (14. d. julii.)	62
» 21	Wissegrad	(Blindenburg) nimmt den Neapolitaner Loisius de T o r c e l l i s, einen Nepoten des P. Johann XXIII, in die S. Georgs-Gesellschaft (Drachenorden) auf und giebt ihm einen allgemeinen Geleitsbrief. — KU. w. v. — RR. E 3 (21. die julii).	63
» »	»	(zu der Burg) bestätigt die v. Mkgr. Jobst vollzogene Belehnung der Brüder Dietrich u. Hans v. Q u i t z o w mit Friesack. — Per d. burggravium Joh. Kirchen. — RR. E 3ᵛ. (in vigil. b. Mar. Magd., doch dtsch. Urk.)	64
		Juli 21 wird zu Frankfurt v. den EBB. Johann II v. Mainz u. Friedrich III v. Köln, den Bevollmächtigten Kg. Wenzels v. Böhmen (B. Johann v. Würzburg, Hrz. Ernst v. Baiern, Mkgr. Bernhard v. Baden), Albrecht Schenk v. Landsberg dem Vertreter Rudolfs v. Sachsen u. Burggr. Johann v. Nürnberg, dem Vertreter Sigmunds als Mkgr. v. Brandenburg (jedoch nicht nochmals v. Kurtrier u. Kurpfalz) zum römischen Könige gewählt. — Vgl. RTA. 7, 90 ff. sowie die unter nr. 13ᵃ angegebenen modernen Darstellungen.	64a
» 22	o. O.	bekennt, dass er zum Danke für die auf ihn gefallene Kurstimme des EB. Johann II v. M a i n z demselben bestimmte Versprechungen (u. a. Bestätigung der Privilegien der St. Mainz, des B. Albrecht v. Bamberg, des Hrz. Stefan v. Baiern; Friedrich u. Wilhelm v. Thüringen-Meissen; Reivindikation v. Mailand für das Reich; keine neuen Rheinzölle) gemacht habe. — KU? — Kop. Würzb. u. Frankf. — RTA. 7, 106 ff.	65
» »	»	bekennt das Gleiche für Friedrich v. K ö l n (u. a. Widerrufung des Zolles zu Düsseldorf, Bestätigung der Pfandschaft v. Dortmund.) — KU? — Kop. Düsseldorf. — RTA. 7, 109 f.	66
	Wissegrad= Blindenburg	(zu der Burg) fordert die Hrz. Johann u. Ulrich v. M e c k e l n b u r g auf, der Befehdung der Einwohner der Mark Brandenburg durch ihre Unterthanen entgegenzutreten. — Ad m. d. r. Joh. Kirchen. — o. R. — Or. [nicht ausgeliefert?] Berlin Haus-A. — Riedel, Cod. dipl. Brand. 2, 3, 183.	67
Aug. 9	Warmbrunn	(zu dem warmen brunn; vgl. nr. 30) nimmt den Gr. Albrecht v. M a n s f e l d zu seinem Diener gegen ein Jahresgehalt v. 400 ung. Gulden an. — KU. w. v. — RR. E 4ᵛ. (in vig. s. Laurenci, aber dtsch. Urk.)	68
» »	»	desgl. den Gr. Fulhart v. M a n s f e l d. — KU. w. v. — Not. ib.	69
» »	»	desgl. den Gr. Botho v. S t o l l b e r g. — W. v.	70
» »	»	desgl. Johann v. Q u e r f u r t. — Not. ib. 4ᵛ.	71
» 24	Wissegrad	(zu de Bürge) versichert der St. F r a n k f u r t, dass er nur für Frieden u. Wohlfart im Reiche sorgen u. sie im ungeschmälerten Besitz ihrer Freiheiten schirmen werde. — Ad m. d. r. Joh. Kirchen. — Or. Frankf. — RTA. 7, 163 f. (Ungar. 24!)	72
» 25	»	bevollmächtigt den Hrz. Rudolf zu S a c h s e n u. den Burggr. Friedrich v. N ü r n b e r g mit den benachbarten Fürsten zur Wiederherstellung der Ruhe in der Mark Brandenburg sich zu verbinden. — [KU. w. v.] — RR. E 5ᵛ u. 6ᵛ. — Reg. Mon. Zoll. 7, 12.	73
» 25	»	verlobt des Burggr. Friedrich v. Nürnberg Sohn Johann u. des Hrz. Rudolf v. Sachsen Tochter Barbara (beide noch unter 7 Jahren) mit einander u. verschreibt ihnen je 25000 Gulden Heiratsgut auf die Mark Brandenburg. Diese Verschreibung soll ungiltig sein, wenn die Ehe, besonders wegen Todesfalls nicht zu Stande kommt; dagegen soll im Fall des Todes eines der Gatten die ganze Summe dem andern zufallen. — KU. w. v. — R — Or. Berlin Haus-A.; RR. E 4ᵛ u. 5. — Cod. dipl. Brand. 2, 3, 184 ff.; Minutoli, Friedrich I v. Brand. 61 ff.; Mon. Zoll. 7, 12 ff.	74
» »	»	legitimiert die Margarete, die Tochter des † Stephan M u s t i g, eines Bürgers v. Tragur. — Per d. Philippum de Ozora comitem Themesiensem Joh. Kirchen. — RR. E 3ᵛ u. 4ᵛ. (25. d. aug.)	75
» 26	»	überträgt dem B. Raban v. S p e i e r, da derselbe sein volles Vertrauen besitzt, auf dessen Lebenszeit die Besetzung der beiden kgl. Präbenden der Speierer Kirche, bestimmt aber, dass die erste freiwerdende dem Magister Heinrich v. Hessen (Baccalaureus der heiligen Schrift) übertragen werden soll. — Per d. Frid. burggrav. Nürnberg. Joh. Kirchen. — R — Or. Karls-	

1411		
		ruhe; [RR. E. 5².] — Remling, Urkb. z. G. d. Bischöfe v. Speyer 2, 151 f.; vgl. Reg. Ztsch. f. G. d. Oberrh. N. F. 3, 436 (26. d. aug.) **76**
Aug. 28	Wissegrad	nimmt Benesch v. Camenz gegen ein Jahrgeld v. 300 ung. Gulden zu seinem Diener an. — Ad m. d. r. Joh. Kirchen. — Not. RR. E 4ᵛ. (28. d. aug.) **77**
»	»	desgl. den Hrz. Johann v. Troppau-Ratibor gegen ein Jahrgeld v. 2000 ung. Gulden. — Per d. burggr. Nuremb. Joh. Kirchen. — RR. E 6ᵛ. (fer. 6 post Barthol: aber dtsch. Urk.) **78**
»	»	desgl. den Hrz. Konrad gen. Kentner v. Öls. — KU? — Not. ib. **79**
» 31	»	(zu der Burge) gebietet allen Reichsstädten in Schwaben Franken Baiern im Elsass am Rhein und in der Wetterau die halbe Judensteuer und den goldenen Opferpfennig der Juden — und zwar sowohl die im vergangenen Jahre (Martini bezw. Weihnachten) fällig gewesen als auch die im laufenden Jahr (Martini bezw. Weihnachten) fällig werdenden — an den Burggr. Friedrich v. Nürnberg zu zahlen, dem er befohlen habe ,etliche unsers kunigtlichen hofs notdurfte in Tutschen landen zu bestellen'. — Ad m. d. r. Joh. Kirchen. — [R] — Or. Nürnberg Kr. A. u. Bamberg: RR. E 8ᵛ — Minutoli, Friedrich I 65 f.; Mon. Zoll. 7, 19. **80**
»	»	gebietet dasselbe der St. Nürnberg. — KU. w. v. — RR. E 6ᵛ. — NB. Wahrscheinlich sind noch diesbezügliche Einzelbefehle an alle Reichsstädte ergangen. **81**
»	»	setzt alle Juden u. Jüdinnen im Reich v. seiner Verfügung nr. 80 in Kenntnis u. befiehlt ihnen unweigerlich Zahlung zu leisten. — KU. w. v. — [R — Or. Nürnberg Kr. A. u. Bamberg; RR. E 7ᵛ] — Minutoli, Friedrich I 64. **82**
»	»	gebietet der St. Augsburg die vergangenen Martinstag fällig gewesene Reichssteuer an den Burggr. Friedrich v. Nürnberg zu zahlen. — Ad. m. d. r. Joh. Kirchen. — R [vgl. nr. 91.] — Or. Augsburg. (letzten tag des aug̈t mondes.) **83**
»	»	desgl. der St. Konstanz. — KU. w. v. — R [vgl. nr. 91] — Or. Karlsruhe. — Reg. Mon. Zoll. 8, 350; Zschr. f. G. d. Oberrh. N. F. 3, 436. **84**
»	»	desgl. der St. Lindau. — KU. w. v. — R [vgl. nr. 91] — Or. München R.-A. — Mon. Zoll. 7, 20 = Würdinger, Urkk.-Ausz. z. G. der St. Lindau 59. **85**
»	»	desgl. der St. Memmingen. — [KU. w. v?—R?— Or. Memmingen *Magistr.*] — Reg. Boic. 12. 101. **86**
»	»	desgl. der St. Reutlingen. — KU. w. v. — R [vgl. nr. 91] — Or. Stuttgart. **87**
»	»	desgl. der St. Rottweil. — W. v. **88**
»	»	desgl. der St. Sankt-Gallen. — KU. w. v. — R. [vgl. nr. 91] — Or. St. Gallen Stadt-A. **89**
»	»	desgl. der St. Weil (Wyle). — KU. w. v. — RR. E 7. **90**
»	»	Item in simili forma date sunt quittancie [d. h. Zahlungsanweisungen, die erst nach Auslieferung zur Quittung wurden; vgl. nr. 93] ad omnes civitates Suevie Franconie Alsacie et Wedervie nullis preter Heilbrunn u. Wimpfen exceptis, RR. E 7ᵛ. Wahrscheinlich werden noch mehr als die in nr. 83—89 [nr. 90 liegt nicht im Or. vor] genannten Städte dem Zahlungsbefehle nachgekommen sein; vgl. auch nr. 92—118, in welcher Liste übrigens Konstanz (vgl. nr. 84) fehlt, weil das Or. nicht erhalten. **91**
»	»	befiehlt folgenden Reichsstädten die nächste Martini fällig werdende Reichssteuer an den Burggr. Friedrich v. Nürnberg zu zahlen (mo. vor Egidien). — Ad m. d. r. Joh. Kirchen, die Orr. sämtl. mit R. [vgl. nr. 119] — Vgl. auch Minutoli, Friedrich I v. Brand. 67.
»	»	Augsburg. — Or. Augsburg. **92**
»	»	Buchau. — Or. Bamberg [nicht ausgeliefert?] **93**
»	»	Buchhorn. — W. v. **94**
»	»	Colmar. — Or. * Bamberg [nicht ausgel?] — Minutoli, Friedr. I v. Brand. 67. **95**
»	»	Friedberg. — Or. ib. [nicht ausgel?] **96**
»	»	Gelnhausen. — Or. ib. [desgl.] **97**
»	»	Giengen. — Or. ib. [desgl.] **98**
»	»	Hagenau. — Or.* ib. [desgl.] **99**
»	»	Hall. — RR. E 7ᵛ. **100**

1411	Wissegrad—		
Aug. 31	Blindenburg	Isny. — Or. Bamberg [nicht ausgelief.?]	101
»	»	Kaysersberg. — W. v.	102
»	»	Lindau. — Or. München R.-A.	103
»	»	Memmingen. — Or. München R.-A.	104
»	»	Mülhausen i. Els. — Or.° Bamberg. [nicht ausgel.?]	105
»	»	Münster im Gregorienthal. — Or. ib. [nicht ausgel.?]	106
»	»	Nürnberg. — Or. Nürnberg Kr. A. — Mon. Zoller. 7, 21.	107
»	»	Oberehnheim. — Or. Bamberg [nicht ausgel?]	108
»	»	Pfullendorf — Or. Karlsruhe. — Reg. Zschr. f. Gesch. d. Oberrh. N. F. 3, 436.	109
»	»	Reutlingen. — Or. Stuttgart.	110
»	»	Rosheim. — Or. Bamberg [nicht ausgel?]	111
»	»	Rottweil. — Or. Rottweil Stadt-A. — Reg. Neue Mitteil. d. archäol. Ver. zu Rottweil 1873, 67.	111 A
»	»	Sankt-Gallen. — Or. St. Gallen. Stadt-A.	112
»	»	Schlettstadt. — Or. Bamberg [nicht ausgel?]	113
»	»	Sels. — W. v.	114
»	»	Türkheim (Dornikheim). — W. v.	115
»	»	Wangen. — W. v.	116
»	»	Weissenburg [ohne Zusatz, wohl im Els.] — W. v.	117
»	»	Wetzlar. — W. v.	118
»	»	Date sunt consimiles quittancie ad omnes civitates Suerie Franconie Alsancie et Wedravie, Heilprunne et Wimpfen civitatibus dumtaxat exceptis. — RR. E 7°	119
»	»	befiehlt der St. Lübeck, die 1410 Sept. 8 fällig gewesene Reichssteuer an den Kurfürsten Rudolf v. Sachsen zu entrichten. — Per d. Fr. burggravium Nürnbergensem Joh. Kirchen. — [R] — Or. Dresden; [RR. E 8°.] — Urkb. d. St. Lübeck 6, 779 f. (Ungar. 24?)	120
»	»	ernennt den Magister Albert [Fleischmann], Pfarrer der Sebalduskirche zu Nürnberg, zum Protonotar seiner Kanzlei u. giebt ihm einen Geleitsbrief. [Derselbe scheint aber in der Kanzlei gar nicht thätig gewesen zu sein]. — Ad m. d. r. Joh. Kirchen. — Not. RR. E 7°. (ultima d. aug.)	121
Sept. 4	»	unterredet sich mit den Abgesandten der St. Nürnberg (Peter Haller, Jacob Grolant u. Sebald Pfinzing) über die Huldigung seitens der St. u. Bestätigung ihrer Privilegien. («und gab in darauf die antwort: er het noch kein majestat, und wer noch nicht gemachet. so sigelt er auch damit nicht, bis er gekrönt wird. wenn das geschehe, so wolt er uns unser bestätigung gerne geben als das pilleich were....»). RTA 7, 164 f.	121a
» 6	»	giebt seinem Sekretär Johann aus Aussig (Usk), Probst zu Fünfkirchen u. Pfarrer zu Ofen, Generalvollmacht zu Unterhandlungen mit P. Johann XXIII u. Venedig. — Ad m. d. r. Joh. Kirchen. — RR. E 6° (sexta die sept.)	122
» 7	»	(zu der Burg) fordert den Deutschordens-Hochmeister Heinrich v. Plagen auf, seinem Rate Christof v. Gerysdorf (Gerenst.), dem er 1000 Schock Prager Groschen zu seinem u. des Ordens Nutzen angewiesen, diese Summe zu zahlen. — KU. w. v. — o. R. — Or. Königsb. — Vgl. auch Voigt, Gesch. Preuss. 7, 156 — Aschbach 1, 313.	123
» »	»	schlägt 1000 Schock Groschen, die ihm der Deutschorden geliehen, auf die Pfandschaft der Neumark. — KU. w. v. — RR. E. 6° (in vig. nativ. Marie, aber dtsch. Urk.)	124
» 12	»	ernennt Simon Dänemark (Tenne-) zum Herold (seu servus armorum) u. erteilt ihm Geleit. — KU. w. v. — Not. RR E 9° (die 12. sept.) — Über den Gebrauch den Herolden die Namen v. Ländern oder Herrschaften als Amtsnamen zuzulegen vgl. Seyler, Gesch. der Heraldik 29.	125
		Septb. 22 (?) Ofen: bestellt Caspar Gans Edlen zu Putlitz zum Hauptmann der Priegnitz. — Riedel, Cod. dipl. Brand. 1, 3, 412 falsch statt 1411 Juni 30. [nr. 39]	125a
» 28	Pressburg	ersucht alle Unterthanen, dem Heinrich v. Schellenberg, den er beauftragt die Venediger, die Reichsfeinde, wo er sie träfe, anzugreifen, dabei behilflich zu sein. — Per d. burggr. de Noremb. Joh. Kirchen. — RR. E 8° (for. sec. ante Mich., aber dtsch. Urk.)	126

1411		
Sept. 29	Pressburg	nimmt den Gr. Emich (VI) v. Leiningen zu seinem Rat u. Diener an gegen ein Martini fälliges Jahresgehalt v. 1000 Gulden. — Per d. Fr. burggravium Nürnberg. Joh. Kirchen. — R — Or. Amorbach; Not. RR. E. 11ʳ (relator et notarius id.) (Michels t.) **127**
„	„	desgl. den Gr. Adolf v. Nassau unter derselben Bedingung. — [KU. w. v.] Not. RR. ib. **128**
„	„	desgl. den Gr. Philipp zu Nassau-Saarbrücken unter derselben Bedingung. — KU. w. v. — R — Or. Weilburg Nass. Haus-A.; Kopialb. 16 f. 423ʳ Wiesbaden; [Not. RR. E. 11ʳ] — Quidde, K. Sigmund u. d. dsch. Reich 1 (1881), 29 f. **129**
„	„	desgl. Konrad v. Bickenbach, Burggrafen zu Miltenberg, mit einem Gehalt v. 500 Gulden. — KU. w. v. — Not. RR. ib. (relator et not. id.) **130**
„	„	desgl. Kuno v. Scharfenstein den jüng. mit demselben Gehalt. — W. v. **131**
Okt. 2	„	nimmt Filippo del Bene aus Florenz unter sein Hofgesinde (familiaris) auf u. erteilt ihm Geleit. — Ad m. d. r. Joh. Kirchen. — Not. RR. E. 8ʳ. **132**
„	„	desgl. den Magister u. Dr. med. Dietrich Ram. — W. v. **133**
„	„	desgl. Lodovicus de Cavallis, comes s. Ursi. — W. v. **134**
„	„	nimmt Franciscus de Serazonis aus Mailand zum Familiaris u. Notar an u. erteilt ihm Geleit. — W. v. **135**
„ 5	„	schliesst mit Hz. Albrecht V v. Österreich einen Vertrag über die Grenzen zwischen Ungarn u. Österreich, die Regelung v. Grenz- u. anderen Streitigkeiten zwischen den Angehörigen beider Länder. — Ad m. d. r. Joh. Kirchen. — RR. E. 8ʳ u. 9. (mo. nach Franciscen). **136**
„ 7	„	erklärt Hz. Albrecht V v. Österreich zum künftigen Gemahl seiner Tochter Elisabeth: falls eine Partei das Vermählungsversprechen zurücknehmen würde, so soll sie der andern binnen eines Monats 20000 Dukaten zahlen. — KU. w. v. — [R — Or. Wien Haus-A.; RR E. 9ʳ u. 10ʳ; Kop. Wien ib. Hds. nr. 51 f. 21] — Frz. Kurz, Österreich unter K. Albrecht II. Bd. 1 (1835) 302 ff. **137**
„ 12	„	bestellt den Hz. Karl v. Lothringen zum Reichsverweser mit umfassender Vollmacht in den Distrikten Metz Verdun u. Toul. — KU. w. v. — RR. E. 6ʳ u. 7ʳ. (12. die octob.) **138**
„ 17	„	bestätigt dem Albrecht v. Colditz die dessen Vorfahren Thimo v. Karl IV [vgl. Böhmer-Huber n. 4962, 5164, 5387, 5441, 5493, 5557, 5676, 5755, 5794, 5889] u. Sigmund v. Colditz v. Kg. Wenzel verschriebenen 200 Gulden auf die Steuer der Nürnberger Juden. — KU. w. v. — RR. E. 10. (prox. sabb. post Galli, aber dtsch. Urk.) **139**
„ 19	„	erlaubt dem Woiwoden v. Siebenbürgen Stibor v. Stiborwitz die von ihm an Lessel Hering verpfändeten Schlösser Theben u. Scharfenstein einzulösen. — Per d. Erenfrid [de Seckendorf] magistrum curie burggravii Nürnberg. Joh. Kirchen. — RR. E. 10ʳ (fer. sec. post Galli, aber dtsch. Urk.) **140**
„ 30	Blindenburg	(zu der Burge) erklärt, dass Hz. Albrecht V v. Österreich mündig sei u. daher Hz. Ernst v. der Vormundschaft abzutreten habe. — [Ad m. d. r. Joh. Kirchen. — R — 2 Or. Wien, Staats-A.; RR. E. 11ʳ — 14bʳ] — Herrgott, Mon. ang. domus Habsburg. 3, 1, 18 ff.; Rauch, Script. rer. Austr. 3, 491 ff.; Lünig, R. A. P. spec. Cont. 1. Forts. 2, 19 ff.; Reg. Lichnowsky. G. d. Hauß. Habsburg 5 n. 1234; vgl. Altmann 1, 322 f. **141**
„ 31	„	(zu der Burge) befiehlt dem Gr. Hermann v. Sulz das Reichslandgericht zu Rottweil, das sitz- und lange zite stille gelegen si und noch liget, zum Wohle des Reichs wieder ins Leben zu rufen. — KU. w. v. — RR. E. 10ʳ u. 11ʳ (sabb. ante omnium sanct., aber dtsch. Urk.) **142**
„	„	meldet den Städten Krems u. Stein, dass er seine Tochter Elisabeth dem Hz. Albrecht v. Österreich zur Gemahlin versprochen habe [vgl. nr. 137], u. fordert zur treuen Ergebenheit gegen den Hz. auf. — Ad m. d. r. Joh. Kirchen. — [o. R — Or.* Krems St. A.] — Kurz, Österreich unter K. Albrecht II Bd. 1, 326 ff. (fälschl. zu 1412 Okt. 20). **143**
Nov. 3	„ (Wissegrad)	beauftragt den Gr. Friedrich v. Ortenburg, Stibor v. Stiborwitz u. Philipp v. Ozora mit der Wahrnehmung der Reichsgeschäfte in Aquileja u. Friaul [vgl. nr. 145.] — Ad m. d. r. Joh. Kirchen. — Not. RR. E 11ʳ — [O. Wenzel, Stibor Wajda 145. *Lindner*]. (tercia die nvbr.) **144**

1411

Nov. 8 — Blindenburg (Wissegrad) — erteilt dem Gr. Friedrich v. Ortenburg, dem Reichsvikar in Aquileja u. Friaul, sowie dem Philipp v. Ozora eine Generalvollmacht für die Ausübung der Reichsgeschäfte in Aquileja u. Friaul [vgl. nr. 144]. — Ad m. d. r. Joh. Kirchen. — RR. E. 15. (die 8. nov.) **145**

» 11 » — sendet Philipp v. Ozora, Gr. v. Temesvar, nach Friaul, um die Venetianer zu bekriegen. — RTA. 7, 182. **145a**

Nov. 19 lässt zu Altofen einen Vertrag mit dem König v. Polen abschliessen; vgl. nr. 150. **145b**

» 20 » — nimmt Horueck v. Hornberg mit einem Gehalt v. 300 Gulden zu seinem Diener an. — Relator et notarius Idem [i. e. Ad m. d. r. Joh. Kirchen.] — Not. RR. E. 11'. (fer. sexta ante Kather.) **146**

» 25 » — (zu der Burge) spricht dem Hz. Friedrich v. Österreich seinen Unwillen darüber aus, dass er die St. Udine u. sonstiges Reichsgut in Friaul an sich gebracht habe, verlangt, dass er alles zurückstelle u. sich mit ihm gegen die reichsfeindlichen Venetianer verbinde; wünscht eine Zusammenkunft mit ihm n. dem Hz. Ernst v. Österreich. — Ad m. d. r. Johannes Kirchen. — Kop. Frankf. St.-A., vgl. Invent. 3, 229; Kop. Köln, vgl. Mitteil. a. d. Stadt-A. v. Köln Heft 24, 117. — Janssen, Frankfurts Reichskorr. 1, 235 ff. **147**

Dez. 2 » — an Burggr. Friedrich v. Nürnberg: soll bei Kg. Wenzel v. Böhmen dahin wirken, dass aus dessen Ländern die Polen keine weitere Hülfe gegen den deutschen Orden erhalten. — Ad m. d. r. Joh. Kirchen. — Kop. Königsberg; Kop. Frankfurt Stadt-A. — Aschbach 1, 426-30 = Riedel, Cod. dipl. Brand. 2, 4, 1 ff.; Janssen, Frankfurts Reichskorr. 1, 238 ff. **148**

» » — an denselben: soll das Gleiche auch bei den Fürsten u. Grossen in Böhmen, Mähren u. Schlesien erwirken. — KU'. w. v. — Kop. Königsberg. — Vgl. Voigt, Gesch. Preussens 7, 166. **149**

» 10 » — bestätigt den (inser.) v. seinen u. den Bevollmächtigten des Kg. v. Polen abgeschlossenen Vertrag v. 1411 Nov. 19; vgl. Aschbach 1, 316 f. — Ad m. d. r. Jo. prep. a. Stephani. — RR. E. 14 b u. 15'. (decimo die decbr.) **150**

» 15 — Totis — fordert den Ritter Nickel v. Reibnitz (Ryb-) u. dessen Gesellschaft auf die dem schwer bedrängten Deutschorden angesagte Fehde bis 1412 Juni 24 zu suspendieren; an diesem Termin soll ein Ausgleich versucht werden; die Bereitwilligkeit des Ordens sei ihm von dessen oberstem Marschall Michael Küchenmeister mitgeteilt worden. — Ad m. d. r. Joh. Kirchen. — Gleichz. Kop. Königsb. (di. nach Lucie.) **151**

» 23 — Ofen — nimmt Jakob Hrz. v. Carrara u. Gr. v. Anguillara in die Georgs-Gesellschaft (Drachenorden) auf u. erteilt ihm allgemeines Geleit. — KU. w. v. — RR. E. 15' u. 16'. (23. d. dec.) **152**

» 25 » — ermahnt den Hrz. Johann v. Glogau sich bereit zu halten, um im Falle eines Krieges den Deutschorden gegen die Polen zu unterstützen [vgl. nr. 158]. — KU? — Kop. Königsberg. — Vgl. Voigt, Gesch. Preussens 7, 164 = Aschbach 1, 315; Reg.: Mon. med. aevi hist. res gest. Polon. illustr. 11, 78. (fr. am weihnachtst.) **153**

1412

Jan. 4 » — bestätigt Jacob u. Marsilio v. Carrara, den Reichsvikaren v. Padua, ausführlich ihre Privilegien. — [Ad m. d. r. Joh. Kirchen.] — R? — Or. Lucca; vgl. Inventario del r. archivio di stato in Lucca 1, 69; [RR. E. 16, am Rande »non emanavit« Unten: »Hec littera duplicata est et cuilibet predictorum data fuit una«]. **154**

» » — schliesst ein Bündnis ab mit dem Deutschorden gegen Kg. Wladislav v. Polen u. Hz. Witold v. Litthauen. — [KU. w. v. — RR. E. 18; Kop. (Entwurf?) Königsb.] — (Celichowski) Lites ac res gestae inter Polonos ordinemque cruciferorum. Ed. 2. (1892) Bd. 2, 33 ff. **155**

» » — verspricht dem Deutschorden (Vertreter der Marschall Mich. Küchenmeister), wenn er Polen unterworfen haben würde, die Länder Dobrin u. Kujavien abzutreten. [KU. w. v. — R. —] Or. Königsb.; [RR. E. 18'] — A. v. Kotzebue, Preussens ältere Gesch. 3 (1808), 382; Celichowski a. a. O. 35 f. **156**

» 8 » — bittet den Kg. Erich v. Dänemark, welcher auf frühere Briefe entgegenkommend geantwortet, nochmals dem Deutschorden gegen Kg. Wladislav v. Polen zu Hilfe zu kommen. — KU? — [Kop. Königsb.] — Reg.: Mon. med. aevi hist. res gest. Polon. illustr. 12, 49. **157**

1412		
Jan. 8	Ofen	fordert den Hrz. Hans v. Glogau auf dem Deutschorden zu Hilfe zu kommen, falls der Polenkönig sich nicht zum Frieden verstände. [vgl. nr. 153.] — KU? — Kop. ibid. (fr. nach d. obersten t.) **158**
» 11	»	nimmt Brunoro della Scala, Reichsvikar v. Verona u. Vicenza, in die S. Georgs-Gesellschaft (Drachenorden) auf u. erteilt ihm überallhin Geleit. — Ad m. d. r. Joh. Kirchen. — RR. E. 17ᵛ. (11. d. Jan.) **159**
» 12	»	nimmt Nikolaus de Portis aus Cividale unter sein Hofgesinde auf u. erteilt ihm Geleit. — KU. w. v. — Not. RR. E. 15ᵛ. (duodec. d. jan.) **160**
»	»	desgl. den Ritter Conradus de Boyanis aus Cividale. — W. v. **161**
» 14	»	befiehlt folgenden Herren u. Städten, welchen Schlösser u. s. w. der Mark Brandenburg verpfändet sind, die Auslösung derselben seitens des zum obersten Hauptmann u. Verweser der Mark v. ihm ernannten Burggr. Friedrich v. Nürnberg zu gestatten. — Ad m. d. r. Joh. Kirchen. — o. R. — 10 Orr. (nr. 162—171) Berlin Haus-A.
		Gerke v. Arnim die Auslösung des Zolles zu Liebenberg. — Nach Kop. [wo?] Riedel, Cod. dipl. 1, 20, 251 f. **162**
		Lütke v. Arnim die Auslösung v. Liebenwalde — ib. 1, 12, 264 f. **163**
		der St. Berlin die Auslösung des Schlosses Köpenik — ib. 1, 12, 13. **164**
		Hincke Berken v. Hohenstein die Auslösung des Schlosses Oderberg. — Nach Kop. [wo?] ib. 1, 12, 359. **165**
		Poppo v. Holzendorf die Auslösung der Schlösser Bötzow u. Liebenwalde. — Nach Kop. [wo?] ib. 1, 12, 239. **166**
		Dietrich v. Quitzow die Auslösung sämtlicher ihm verpfändeten (nicht genannten) Schlösser. — Nach Kop. [wo?] ib. 2, 3, 194 f. **167**
		Hans v. Quitzow desgl. — Nach Kop. [wo?] ib. 1, 10, 17. **168**
		Wichard v. Rochow desgl. — ib. 1, 11, 159. **169**
		Wichard v. Rochow die Auslösung des Schlosses Potsdam. — ib. 1, 11, 159 f. **170**
		Hans v. Torgau die Auslösung des Schlosses Trebbin. — Nach Kop. [wo?] ib. 1, 10, 492 f. **171**
»	»	fordert die Stände u. alle Einwohner der Mark Brandenburg auf, da der zum Verweser der Mark ernannte Burggr. Friedrich v. Nürnberg noch nicht selbst in die Mark kommen könne, demen Unterhauptmann Wend v. Eulenburg den Gehorsam nicht länger zu verweigern u. ermahnt besonders die, welche eigenmächtig den Htg. Swantibor zu Stettin zu ihrem Hauptmann erwählt hatten, von diesem abzustehen. — KU. w. v. — o. R — Or. Berlin Haus-A. — Riedel. ib. 2, 3, 192 ff. **172**
»	»	richtet die gleiche Aufforderung an die St. Neuruppin. — KU. w. v. — Or. Berlin Geb. St.-A. — ib. 1, 4, 316. **173**
»	»	desgl. an die St. Strasburg [Ukermark; oder = Straussberg?] — KU. w. v. — Or. Berlin Haus-A. — Vgl. ib. 2, 3, 194. **174**
»	»	desgl. an die St. Trebbin. — KU. w. v. — Or. Berlin Haus-A. — Nach Kop. [wo?] ib. 1, 10, 493 f. **175**
» 22	»	ernennt Brunoro della Scala, den Sohn Wilhelms, zum Reichsvikar von Verona u. Vicenza mit umfassender Vollmacht. — [Ad m. d. r. Joh. Kirchen — RR. E 17]; vgl. auch 1433 Juni 8; Vid. Sigmunds v. 1434 Sept. 8: [RR. K 199ᵛ u. 200ʳ], auch Vid. Friedrichs III v. 1441 Jan. 7 (vgl. Chmel n. 204): RR. O 35. — Nach Sigm. Vid. v. 1434 Goldast, Collect. constit. imper. 1 (1615), 395 ff. = Verci, Storia d. marca Trivig. 19. Dec. 49 ff. (22. die jan.) **176**
» 23	»	erklärt dem Otto v. Kittlitz (Kyt-), dass er das Schloss Tankow (Tanco) nicht mit der Neumark an den Deutschorden verkauft habe; er habe überhaupt nur seine Rechte an der Neumark verkauft; betr. des Schlosses Tankow habe er bereits den Marschalk des Deutschordens Michael Küchenmeister beauftragt mit seinen Ordensbrüdern zu sprechen. — KU. w. v.

1412			
Jan. 23	Ofen	RR. E. 18ᵛ u. 19ʳ. (sampest. nach Vincentii); gleichz. Kop. Königsberg mit Dat.: sonntag nach Vinc. = Jan. 24. **177**	

» 26   »   bestätigt Ludwig v. Rössel (de Cavallis), Gr. zu S. Urs, seinem Hofgesinde (familiaris), alle Privilegien. — Ad m. d. r. Joh. Kirchen. — RR. E 19ʳ.   (26. d. jan.)   **178**

   verweist den Burggrafen v. Nürnberg auf die Reichssteuer der fränk. Städte. Minutoli, Friedrich I S. 66 falsch statt Jan. 29.

» 28   »   fordert den Hochmeister des Deutschordens Heinrich v. Plauen auf, dafür zu sorgen, dass dem Temmichin v. Burgyne, dem der Orden Zinsen gesperrt hat (Dorf Beneskow im Leslauer Bistum) sein Recht würde. — KU. w. v. — o. R — Or. Königsbg.   (do. vor fraw. t. purif.)   **179**

» 29   »   fordert denselben auf, auch seinerseits dem B. Johann v. Leslau, der die Citation des Ordens nach Rom zurücknehmen u. sich mit ihm vertragen wolle, entgegen zu kommen. — KU. w. v. — o. R. — Or. ibid. — Vgl. Voigt, Gesch. Preussens 7, 168 — Aschbach 1, 317.   **180**

»   »   verweist für das dem Burggrafen Friedrich v. Nürnberg ausgesetzte Jahrgeld v. 4000 ung. Gulden denselben auf die Reichssteuern der fränkischen Städte (Nürnberg, Rothenburg, Hall, Nördlingen, Schweinfurt, Dinkelsbühl, Windsheim, Weissenburg) u. die halbe Judensteuer v. Nürnberg. — Ad m. d. r. Joh. Kirchen. — [R] — Or. Bamberg Kr. A.; [RR. E 19ᵛ.] — Falkenstein, Antiquit. Nordgav. 4, 240 f.; Riedel, Cod. dipl. Brand. 2, 4, 3 f. [falsch zu Febr. 1]; Minutoli, Friedrich I 66 (falsch zu Jan. 28); Mon. Zoller. 7, 48 f.   **181**

»   »   verschreibt dem Johann v. Hohenlohe sein Jahrgeld v. 800 Gulden auf die Steuer von Frankfurt. — Relator et notarius qui pridem. — Notiz RR. E 19ʳ.   **182**

»   »   desgl. seinem Rate dem Ritter Ehrenfried v. Seckendorf sein Jahrgeld v. 500 Gulden auf die Steuer v. Ulm. — W. v.   **183**

» 30   »   berichtet allen Reichsunterthanen v. dem gänzlichen Verfall des Reiches; v. dem Krieg mit Venedig; von den Streitigkeiten zwischen dem Deutschorden u. Polen, seinem Versuch zwischen beiden zu vermitteln u. der Eventualität seiner kriegerischen Intervention gegen Polen; v. der reichsfeindlichen Haltung der Hrz. v. Österreich; fordert treue Pflege des Gemeinwohls, bis er zur Krönung nach Deutschland komme. — KU. w. v. — Kop. Frankf. [Innsbruck, Köln]. — RTA 7, 181 ff; vgl. Mittel. a. d. Stadtarch. zu Köln Heft 24. 117.   **184**

» ?   »   legt die Differenzen bei zwischen Jakob v. Carrara, seinem Reichsvikar in Padua, und Brunoro della Scala, dem Sohne Wilhelms, seinem Reichsvikar in Verona u. Vicenza. — Ad m. d. r. Joh. prep. s. Stephani.   (die — jan.) Vgl. nr. 154, 159, 176.   **185**

Febr. 1: verweist Bggr. Friedrich v. Nürnberg wegen seines Jahrgelds auf die Reichssteuern der fränk. Städte. — Riedel, Cod. dipl. Brand. 2, 4, 3, falsch statt Jan. 29.   **185a**

Febr. 3   »   weist dem Ritter Rumilian v. Kobern (Kov-) sein Jahrgeld v. 600 Gulden auf die Stadtsteuer v. Friedberg an. — Ad m. d. r. Joh. Kirchen. — Not. RR. E 19ʳ.   (fer. quarta post purif.)   **186**

»   »   verspricht dem Hauptmann ob der Enns Reinprecht v. Wallsee seinen besondern Schutz wegen der seinem künftigen Schwiegersohne Hrz. Albrecht V v. Österreich treu geleisteten Dienste. — KU. w. v. — RR. E 19ᵛ u. 20ʳ   (mittw. nach frawent. purific.)   **187**

» 6   »   schreibt dem obersten Marschall des Deutschordens Michael Küchenmeister, der ihm im Namen des Hochmeisters Heinrich v. Plauen versprochen, 15000 ung. Gulden auf Pfingsten in Breslau oder Thorn zu bezahlen, dass er diese Summe dem Ofner Bürger Hans Stadler angewiesen, u. bittet, sie diesem auszuzahlen. — KU. w. v. — RR. E 20ʳ.   (sabbat. post purif. doch dtsch. Urk.)   **188**

» 8   »   nimmt den EB. Johann v. Riga zu seinem Diener u. Rat an u. erteilt ihm Geleit. — Relator et notarius idem ut supra [i. e. Ad m. d. r. Joh. Kirchen]. — RR. E 17ᵛ (n. die febr.).   **189**

» 9   »   nimmt den Abt Nikolaus des Benedictiner-Klosters bei Gran zu seinem Diener u. Kaplan an. — KU. w. v. — RR. ib.   (die nona febr.)   **190**

» 12   »   giebt dem Friedrich Horl [= Hörl?] aus Kottschach [= Görtschach?] im Patriarchat Aquileja, der dem Reichsvikar in Friaul Gr. Friedrich v. Ortenburg treue Dienste geleistet hat, ein Wappen. — KU? — RR. E 20ʳ   (feria sexta ante Valent.)   **191**

1412		
Febr. 12	Ofen	untersagt den Hansestädten allen Verkehr mit Venedig, welche St. sich widerrechtlich der Besitzungen des Reiches bemächtigt u. gegen welche er Hauptleute u. Volk nach Friaul u. der Lombardei ausgeschickt habe: wer meint, dass er den Verkehr mit Venedig nicht entbehren könne, soll einige sachverständige Kaufleute zu ihm schicken, da er hoffe, dass er ihnen andere Handelswege nachweisen könne. — Ad m. d. r. Joh. Kirchen. — [o. R] — Or. Lüneburg. — Stieda, Hansisch-Venetian. Handelsbezieh. (1894) 139 ff; Reg. Hanserecesse 6, 93. **192**
»	»	fordert die sämmtlichen deutschen Hansestädte auf, zum 25. Juli Abgeordnete an seinen Hof zu senden, um ihm die Zwistigkeit zwischen dem alten u. neuen Rat in Lübeck entscheiden zu helfen. — [KU. w. v. — o. R.] — Or. Lüneburg. — Lübeck. Urk. vgl. Hanserecesse 6, 95. **193**
»	»	sendet dem Rate v. Lüneburg eine Ladung des Rates v. Lübeck an seinen Hof [nr. 195] mit dem Auftrage, den Brief nach Lübeck zu schicken. — KU. w. v. — Or. Lüneburg. — Lübeck. Urk.-B. Bd. 5 No. 398 S. 437; vgl. Hanserecesse 6, 95. **194**
»	»	fordert den neuen Rat in Lübeck auf, am 25. Juli an seinem Hofe zu erscheinen, da er den Zwist mit dem alten Rate schlichten wolle, u. bemerkt, dass der alte Rat eine gleiche Ladung erhalten hat. — KU. w. v. — Or. Lübeck — ibid. No. 399 S. 437; vgl. Hanserecesse 6, 94. **195**
»	»	desgl. den alten Rat in Lübeck: vgl. nr. 195. — Nicht erhalten. **196**
»	»	erteilt den v. ihm an seinen Hof berufenen Abgeordneten der Stadt Lübeck Geleit. — [KU?] Vid. v. 1412 Juli 13 Lübeck. — Lübeck Urk.-B. 5, 439; vgl. Hanserecesse 7, 24. **197**
»?		lässt durch Gr. Hermann v. Cilly, den Palatin Nikolaus v. Gara u. den Kardinal Branda den König Wladislaw von Polen zu einer Zusammenkunft einladen. Vgl. RTA 7, 186 A. 1. **197a**
März 9	Lublau (Liblau)	giebt dem Kg. Wladislaw v. Polen, mit dem er zur Beilegung v. Differenzen zusammenkommen will, nebst Gefolge Geleit. — KU? — RR. E 22ᵛ [ib. f. 22 ein Geleitsbrief an die ungarischen Grossen, an die Spitze Kardinallegat Branda für den Polenkönig desselben Datums]. (feria quarta post oculi). **198**
		März 15 Neustadt. Hrz. Ernst v. Österreich schliesst einen Waffenstillstand mit K. Sigmund bis April 23. Reg. Lichnowsky, G. d. Haus. Habsburg 5 n. 1288. — Gegennrk. Sigmunds? **198a**
» 15	»	schliesst Frieden mit Kg. Wladislaw von Polen u. Grossfürz. Alexander Witold v. Litthauen, (u. z. erkennt S. die Lehenshuldigung des Woywoden der Moldau an Polen an, doch soll derselbe S. Heeresfolge gegen die Türken leisten; so lange Sigmund Wladislaw u. Witold leben, sollen die russische. Lande u. Podolien in polnischem Besitz bleiben; Festsetzung der Grenzen) [erneuert 1415 April 20]. Viele Zeugen (darunter keine Deutschen): Johann EB. v. Gran, Philipp v. Ozora u. a. w. — [Ad m. d. r. Joh. prep. s. Stephani — Or.? RR. E 22ᵛ u. 23]. — Dlugosz, Hist. Polon. lib. 11, 321 ff. — Dumont, Corps dipl. du droit des gens 2, 1, 346 f; Dogiel, Cod. dipl. regni Pol. 1, 46 ff; Lünig, Cod. Germ. dipl. 1, 405 ff. Vgl. Caro. Gesch. Polens 3, 380 ff. **199**
		teilt dem Deutsch-Ordensmeister Heinrich v. Plauen mit, dass er in einer Zusammenkunft mit dem Kg. Wladislaw von Polen eine Einigung, die auch dem Orden genügen könne, erzielt habe; dieser möge sich nun aller Feindseligkeiten enthalten. — Ad m. d. r. Joh. Kirchen. — o. R. — Or. Königsb. — Raczynski, Cod. dipl. Lithuan. 152 f; (Celichowski) Lites ac res gestae inter Polonos ordinemque cruciferorum. Ed. 2 Bd. 2 (1892), 36 f. **200**
» 16	»	beschwört den Frieden mit Kg. Wladislaw v. Polen [an Witold v. Litthauen wurde der Treueid erst 1415 April 20 geleistet]. — [Ad m. d. r. Jo. prep. s. Stephani vicecanc. — RR. E 38ᵛ]. — Dogiel, Cod. dipl. regni Polon. 1, 49. **201**
» 25	Kaschau	erklärt dem Kg. Wladislaw v. Polen und dem Grossfürz. Witold v. Litthauen, dass der Deutschorden ihm in bestimmter Zeit die Entscheidung seiner Streitigkeiten mit ihnen übertragen würde. — KU? — R? — Or.* Warschau; [RR. E 23ᵛ]. — Dogiel, Cod. dipl. regni Polon.

1412		

4, 87; (Celichowski) Lites ac res gestae inter Polonos ordinemque cruciferorum. Ed. 2 Tom. 2 (1892), 39. **202**

Mārz 28　Kaschau beauftragt den Gr. Heinrich v. Görz u. Tirol, dem neuernannten Patriarchen Ludwig v. Aquileja statt seiner die Regalien zu verleihen u. v. ihm den Lehenseid zu empfangen. — Ad m. d. r. Joh. Kirchen. — RR. E 1. 　(mo. nach d. palmt.) **203**

　　》　　　》 schreibt dem B. Georg v. Passau, der seinen Kaplan Heinrich zu ihm geschickt, dass er nach seinem Wunsche an den Hrz. Albrecht v. Österreich geschrieben habe, dankt ihm für seine Entbietung betreffs des Hrz. Ernst v. Österreich; er werde mit diesem auf Begehr des Kg. v. Polen, mit dem er einen Friedensvertrag geschlossen, auf Mai 22 einen Tag halten, u. habe auch den polnischen Kg. u. den Deutschorden zu diesem Termin zu einem Tage nach Ofen beschieden, wo er sie mit einander auszugleichen hoffe. — KU. w. v. — Kop. Frankf. — Aschbach 1, 437 f.; vgl. Janssen, Frankfurts Reichskorr. 1, 248 u. RTA 7, 184 A. 1. **204**

　　》 29　　》 giebt Heidlin Gumpeller, Pfarrer in Wynitz, erste Bitten auf das Patriarchat Aquileja (Patriarch Ludwig). — Ad m. d. r. Joh. Kirchen. — Not. RR. E 24ʳ. 　(29. d. martii.) **205**

　　》 31　　》 giebt Friedrich della Torre (de Turri), dem Sohne des Joh. de Pinzano, sein von Philipp v. Ozora eingenommenes Schloss Torre zurück und nimmt ihn zu Gnaden an. — Per B. propositum Albensem Jo. prop. et vicecanc. etc. — RR. E 1ʳ. 　(ult. d. marcii.) **206**

Mārz　《 Verhandlungen der Nürnberger Gesandten Albrecht Fleischmann, Erhard Schürstab u. Sebold Pfintzig mit K. Sigmund behufs Erlangung der königlichen Bestätigung der städtischen Privilegien. — RTA 7, 167 ff. **206a**

April 5　《 beglaubigt bei dem Hochmeister des Deutschordens Heinrich von Plauen seine Räte Albr. Schenk v. Landsberg Herrn v. Seida u. Peter Keppeler. — Ad m. d. r. Joh. Kirchen. — o. R. — Or. Königsbg. 　(di. nach ostern). **207**

　　》 6　　》 kann, um die endliche Beilegung der Streitigkeiten zwischen dem Deutschorden und Polen angegangen, erst auf nächsten Herbst zur Krönung nach Deutschland kommen, verlangt Beschickung eines Tages in Frankfurt auf Nov. 11, berichtet über die günstigen Aussichten für eine grosse Koalition wider die Ungläubigen. — KU. w. v. — o. R.
　　　　an Frankfurt Friedberg Gelnhausen u. Wetzlar. Or. Frkf. **208**
　　　　an Strassburg. Or. Str. St.-A. (KU. abgeschnitten) — RTA 7, 186 f. **209**

　　》 8　　》 macht bekannt, dass er den Juden Michel von Koblenz (Covelentz) beauftragt habe, alle ihm zustehenden Judenabgaben aus den letzten 2 Jahren einzuziehen. — Ad m. d. r. Joh. Kirchen. — o. R! — Or. Bamberg; RR. E 1ʳ. 　(fri. nach Ambrosi t.) **210**

　　》　　　》 item data est executiva super premissis. — RR. ib. **211**

　　》　　　》 verbietet den Einwohnern des Landes Luxemburg und der Grafschaft Chiny, dem Hrz. Anton von Burgund und dessen Gemahlin Elisabet zu huldigen, da diese mit Verletzung der Rechte des königlichen Hauses von Böhmen in den Besitz des Landes gekommen seien; schon zweimal habe er sich in dieser Angelegenheit an sie, die Luxemburger, gewandt, aber ohne Erfolg; nun sollen sie auf Nov. 11 Gesandte nach Frankfurt schicken, wo er auf der Reise zur Krönung verweilen werde. — KU.? — Kop. Luxemb. Arch. gouv. — Reg.: Publications de la section hist. de l'institut de Luxembourg 25, 162 — u. RTA 7, 177. **212**

　　》 26　　》 nimmt den Ritter Wilhelm v. Milberg v. Hamm zu seinem Diener an gegen ein Jahrgeld v. 500 rhein. Gulden. — Ad m. d. r. Joh. Kirchen. — RR. E 1. 　(di. vor Philipps u. Jacobs t.) **213**

　　》　　　》 desgl. den Edlen Bernhard v. Burtscheid (Burscheit). — KU. w. v.? — Not. ib. **214**

Mai　2　Inus-Győr befiehlt der Stadt Bellano, 6000 Denare, welche die Venediger bei einem Bürger v. Bellano hinterlegt haben, in Beschlag zu nehmen. — Relator et notarius ut supra [i. e. Ad m. d. r. Joh. Kirchen]. — Not. RR. E 24ʳ. 　(2. mai). **215**

　　》　　　》 item consimilis littera missa fuit civitati Feltri. — ibid. **216**

　　》　　　》 fordert alle Reichsunterthanen auf, seinem Reichsvikar in Verona u. Vicenza, Brunoro della Scala, der von ihm zum Feldhauptmann ernannt sei u. der die Reichsfahne führe, als Waffenträger zuzuziehen. — Ad m. d. r. Franc. Saxonus. — RR. E 34ʳ. 　(secunda d. mai). **217**

1412			
Mai 3	Dios-Györ	präsentiert bei der Kirche von Aquileja für die Vikarstelle (beneficium manuale), deren Besetzung dem Römischen Kg. zusteht, den Gallarius, einen Sohn des Bartholomäus von Savorgniano, einen Priester jener Diözese. — Ad m. d. r. Joh. Kirchen. — Not. RR. E 24ʳ. (3. d. mai data, actum 2. mai). **218**
» 5	»	bestätigt der Gräfin Blanka v. Genf (Gebenensis), der Tochter des Gr. Amadeus v. Savoyen, alle Privilegien der Grafschaft Genf, besonders die von Karl IV [1358 Mai 5 Böhmer-Huber nr. 2781] erhaltenen. — KU. w. v. — RR. E 29ʳ. (quinta die maji). **219**
»	»	hebt alle von früheren Kg. u. K. den Reichsvikaren verliehenen Supremastrechte auf, vermöge derer dieselben Appellationen v. Klerikern u. überhaupt Kirchensachen vor ihren Stuhl ziehen können, wie dergl. z. B. Karl IV Hrz. v. Savoyen verliehen hat. — KU. w. v. — [RR. E 29ʳ n. 30ʳ]. Nach Hds. 22 d. Wien. Staats-A. Arch. f. österr. Gesch. 59, 69 ff. **220**
»	»	erklärt die von den Äbten Hermann v. Doberan u. Dietrich v. Reinfeld verbreitete Bulle des P. Johann XXIII, wonach alle kgl. Achtbriefe in Sachen des alten u. neuen Rats zu Lübeck aufgehoben seien, für null u. nichtig u. bemerkt, dass er dem P. mitgeteilt habe, dass jene Bulle auf irrigen Voraussetzungen beruhe. — KU. w. v.
		an alle Reichsunterthanen. — Nach Kop. in Lübeck Lübeck. Urk.-B. 5, 436 f. **221**
		an Hrz. Erich [IV] v. Sachsen-Lauenburg. — Or. Schleswig. *Hille* (fünft. t. d. meyen). **222**
»	»	schreibt in dieser Angelegenheit an P. Johann XXIII. — Nicht erhalten; ergiebt sich aus nr. 221/2. **223**
»	»	beauftragt Nikolaus v. Marzali, Woywoden v. Siebenbürgen, jetzt Gr. v. Zengg (Sinigensis), u. Johann v. Marothi, Ban v. Machovien, mit der Wahrnehmung der Reichsgeschäfte in Aquileja, Friaul, Toscana u. Lombardien. — Ad m. d. r. Joh. Kirchen. — Not. RR. E 24ʳ. (die 5. mai). **224**
»	»	bestätigt dem Johann v. Doglioni (Deyano), Bürger v. Belluno, die (inser.) Urk. des Reichsprokurators in Friaul Treviso u. der Lombardei Pipo v. Ozora v. 1412 Jan. 3 betr. die Bestätigung eines Hauses, welches die Wittwe des Joh. Galeazzo dem Dogliani vermacht hat. — KU. w. v. — RR. E 26ʳ. **225**
» 6	»	beauftragt wegen der Schandthaten des Hrz. Friedrich v. Österreich-Tirol (Einnahme v. Pontenstein, Udine u. anderer Orte in Friaul, Gefangennahme der RR. Georg v. Trient, Hartmann v. Chur u. [Ulrich] v. Brixen u. des Heinrich v. Potenborg, früher Hofmeister in Tirol, jetzt †; Vorenthaltung des Erbes n. s. w. der Agnes, Barbara u. Elsbet v. Potenborg) die Hrz. Stefan, Ernst u. Wilhelm in Baiern, sowie Heinrich u. Johann Meinhart Gr. v. Görz, mit Repressalien gegen den Hrz. Friedrich u. Abstellung der durch diesen geschaffenen Missstände. — KU. w. v. — R — Or. München R.A.; RR. E 24ʳ n. 25ʳ. (sechst. t. d. meyen). **226**
» 8	Erlau (Agria)	giebt seinem Diener Bartholomäus Czothon aus Bagovis [— Rackowa in Galizien?] einen Geleitsbrief. — Ad m. d. r. Franc. Sazonus. — Not. RR. E 24ʳ. (oct. d. mai). **227**
» 16	Ofen	fordert alle Mitglieder der Georgs-Gesellschaft [des Drachenordens, nicht des Ritterbundes von St. Georgen Schild] auf, im Kriege gegen Hrz. Friedrich v. Österreich, dessen Führung er dem Pfalzgrafen Ludwig bei Rhein übertragen, sich zu beteiligen; verspricht die Orte, welche sie dem Hrz. abnahmen, ihnen für eine von dem Pfalzgrafen festzustellende Summe zu verpfänden. — Ad m. d. r. Joh. Kirchen. — RR. E 29ʳ. (sechszehend. t. des meyen). **228**
» 21	»	nimmt Ludwig, den natürlichen Sohn des Hrz. Ludwig v. Savoyen u. Fürsten v. Achaja, unter sein Hofgesinde auf u. giebt ihm Geleit. — KU. w. v. — Not. RR. E 25ʳ. (21. maji). **229**
»	»	desgl. Petrus Beyanus. — W. v. **230**
»	»	desgl. Andreas de Persignis, Bürger v. Belluno. — W. v. **230 A**
»	»	ernennt Johann Antonius [v. Miari], Bürger v. Belluno, zum comes palatinus, giebt ihm das Recht, durch das ganze römische Reich Notare zu ernennen, Unechliche (mit Ausnahme der v. Fürsten u. Grafen herstammenden) zu legitimieren. — W. v. **231**

1412

Mai 21	Ofen	nimmt Johannes Antonius Miari zum familiaris an. — [Ad m. d. r. Joh. Kirchen] — Kop. Belluno Museo civ.: [Not. RR. E 25ʳ]. — Reg. Forsch. z. deutsch. Gesch. 18, 219. **232**
»	»	verleiht den Belluneser Adelsfamilien Miari, Doglioni u. Foro das Recht, den Adler im obern Schild ihres Wappens zu führen. — KU? — Kop. im Besitz des Prof. Pellegrini in Belluno. [?] — Reg. ib. **233**
» 22	»	weist seinem Diener Hans v. Friedingen für sein Jahrgeld die Stadtsteuern von Konstanz u. St. Gallen an. — Relator et notarius ut supra. [i. e. Ad m. d. r. Joh. Kirchen]. — RR. E 25ᵛ. (die 22 maji, aber dtsch. Urk.) **234**
» 23	»	nimmt den Ritter Beringer von Lainberg mit einem Gehalt v. 500 Gulden zu seinem Diener an. — KU. w. v. — Not. ib. (23. die maji). **235**
»	»	nimmt die Edlen Galeazzo Spinola (Gealacius de Spinulis de Luebulo) u. Braschus de Franchis olim de Magnetis zu seinen Dienern an u. erteilt ihnen Geleit. — W. v. **236**
»	»	desgl. Philippus de Vivaldis. — W. v. **237**
»	»	desgl. den Johanniter-Präceptor zu Savona Johannes Homodei. — W. v. **237 A**
»	»	nimmt den B. Peter v. Cremona zu seinem Rat an u. erteilt ihm Geleit. **237 B**
»	»	präsentiert dem EB. v. Trier den Peter Heltprug für die Propststelle der Wetzlarer Kirche, die durch Resignation des Otto v. Milz, Pr. zu Würzburg, erledigt ist. — Relator et notarius ut supra [i. e. Ad m. d. r. Joh. Kirchen.] — Not. RR. E 27ᵛ. (die 23. maji). **238**
»	»	verleiht Hieronymus u. Michael Miari (Miliari), den Söhnen des einstigen Kastellan v. Montagnana Bartholomäus M., dem Johann Antonius M. u. den Söhnen des Kastellan v. Lazisium (bei Verona) Wilhelm (Doyono) Doglioni in Belluno das Recht der Repressalien gegen Venedig. — Ad m. d. r. Joh. prep. s. Stephani. — [RR. E 26ʳ]. — Nach Or. [?] Verci, Storia d. marca Trivig. 19, 56'; vgl. Reg.: Forsch. 18, 219. **239**
24	»	bestätigt die Privilegien, Ordnungen u. Statuten v. Belluno. — [KU. w. v. — RR. E 25ᵛ u. u. 26ʳ]; Kop. Belluno: Atti del notajo Barcelloni mss. 1, 118. — G. Piloni, Historia della città di Belluno (1607) f. 203 f.; vgl. Reg.: Forsch. z. dtsch. Gesch. 18, 219. **240**
»	»	erlaubt allgemein, unter dem Reichsbanner, dessen Führung er dem Philippus de Vivaldis übertragen, die Venetianer, die Feinde seines Reiches u. die Begünstiger des Gegenkönigs Ladislaus [v. Neapel-Ungarn], anzugreifen. — KU. w. v. — RR. E 26ʳ u. 27ᵛ. (24. die maji). **241**
» 25	«	weist dem Ritter Nikolaus v. Reibnitz (Ri-) einen Jahrgehalt von 500 Gulden an. — Ad m. d. r. Joh. Kirchen. — Not. RR. E 27ᶜ (ipso die s. Urbani). **242**
» 27	»	beauftragt den Gr. Nikolaus v. Veglia, Modruš u. Zengg mit der Wahrnehmung der Reichsgeschäfte in Dalmatien u. Croatien. — Ad m. d. r. Joh. prep. s. Stephani. — Not. RR. E 27ᵛ. (die 27. mai). **243**
»	»	ernennt Ottobonus de Bellonis aus Valence, Dr. iur. u. päpstlichen Auditor, sowie dessen Bruder Dr. iur. Galeazzinus de Bellonis zu Pfalzgrafen, mit dem Rechte, Notare zu ernennen, Uneheliche zu legitimieren u. s. w. — Ad m. d. r. Joh. Kirchen. — Not. ib. (id. dat.). **244**
» 29	«	bestätigt auf Bitten des Gr. v. Testone, jetzt Moncalieri (Montistallerii) einige Kaufkontrakte (nicht inser.), die zwischen diesem u. den Edlen v. Monfalcone abgeschlossen sind, ferner einen Schiedsspruch des B. Thomas v. Turino, des damaligen Reichsvikars, zwischen den Edlen v. Revigliasco (Rivigl-) u. Trofarello (Trapharelli) einer- u. den Leuten des Testone andererseits. — KU. w. v. — RR. E 27ᵛ. (die 29. maji). **245**
» 30	«	nimmt Ludwig v. Savoyen [-Piemont], Fürsten v. Achaja, zu seinem Rat an und erteilt ihm Geleit. — KU. w. v. — Not. ib. (die penultima maji). **246**
» 31	»	belehnt den Gr. Amadeus v. Savoyen (Boten: Gaspard de Montemajori, Marschall v. Savoyen, u. Dr. Joh. de Belloforti) mit seiner Grafschaft u. s. w. u. bestätigt ihm alle Handfesten u. s. w. — KU. w. v. — RR. E 27. (ultima die maji). **247**
Juni 6	»	schliesst mit Hrz. Albrecht v. Österreich ein Schutz- u. Trutzbündnis ab, das besonders gegen Hrz. Ernst v. Österreich gerichtet ist. — [Ad m. d. r. Joh. Kirchen. — R — Or. Wien Staats-A.; ein 2. Or., aber o. R., Prag Landes-A.; [RR. E 27ᵛ u. 28ʳ; ib. 19ᵛ ein Entwurf mit dem

1412		
		Zusatz: »non transivit, sed postea vide in forma laciori]. — Ausz.: Kurz, Österreich unter Kg. Albrecht II Bd. 1, 173 ff. **248**
Juni 9	Ofen	bestätigt die Privilegien der St. Reutlingen. — KU. w. v. — RR. E 29ʳ (feria quinta ante Viti, aber dtsch. Urk.) — Vgl. den Huldigungseid der St. Reutlingen: RTA. 7, 170. **249**
» 10	»	erlaubt den Rittern Nikolaus v. Raibnltz u. Johann Chlum die Venetianer, wo sie dieselben treffen, anzugreifen, sich ihrer Güter zu bemächtigen u. s. w. — KU. w. v. — Not. RR. E 28ʳ. (die 10. junii.) **250**
» 21	»	gewährt den an seinen Hof entbotenen Abgeordneten der deutschen Hanseastädte sicheres Geleit. — KU. w. v. — o. R — Or. Lüneburg—Lübeck. Urk.-B. Bd. 5, 458; vgl. Hanserecesse 6, 97. **251**
» 22	»	weist dem Ritter Frischans [v. Bodman] seinen Jahrgehalt auf die Stadtsteuern v. Lindau Ravensburg Meinmingen u. Biberach an. — KU. w. v. — RR. E 29ʳ. (fer. quarta ante Joh. Bapt.) 4 Urkk. 7 **252**
» 25	»	ernennt den B. Georg v. Trient zu seinem Rate u. verspricht ihm Vertaidigung seines Bistums. — KU. w. v. — [R?] — Or. Trient; Not. RR. E 29ʳ, aber zum 27. Juni. [sic!] — Warmbrand) Collectanea genealog. hist. (1705) 203 ff.; Brandis, Tirol unter Friedrich v. Österreich 379 ff. **253**
»	»	erlaubt Richard Sak aus Breslau die Venetianer, wo er sie trifft, anzuhalten, ihrer Güter zu berauben u. s. w. — KU. w. v. — Not. RR. E 29ʳ. (sabb. post Joh. Bapt.) **254**
»	»	erklärt auf Bitte des Reinprecht v. Wallsee (Wald-), dass derselbe zu dem wegen seines Streites mit Hans v. Stubenberg angesetzten Tage (Mai 22) erschienen, während sein Gegner ausgeblieben sei. — W. v. **255**
» 27	»	weist von der ihm zustehenden halben Judensteuer v. Nürnberg (Sept. 8 fällig) dem Albrecht v. Colditz 200 Gulden an. — Ad m. d. r. Joh. Kirchen. — Not. RR. E 31ʳ (fer. sec. post Joh. Bapt.) **256**
		f. B. Georg v. Trient RR. E 29ʳ s. nr. 253.
» 30	»	giebt dem Grfn. Etzel v. Ortenburg einen Jahresgehalt v. 600 Gulden bis auf Widerruf. — KU. w. v. — Not. RR. E 29ʳ. (fer. quinta ante Udalrici.) **257**
		März-Juni o. O.: schreibt an den EB. v. Mainz (Celichowski) Lites ac res gestae inter Polonos ordinemque cruciferorum Ed. 2 Tom. 2 (1892) S. 42 — sicherlich kein Brief Sigmunds, wohl ein Brief des Kurfürsten v. Köln. **257 a**
Juli 1	»	erlaubt Ludwig v. Savoyen, Fürsten v. Achaja (Boten: Ottobonus de Bellanis aus Valence u. Petrus Beyanns aus Savigliano) in Turin eine Universität (studium generale) einzurichten, der er die Privilegien v. Paris, Bologna u. s. w. verleiht, regelt die Promotion u. erlaubt, die Universität eventuell an einen andern Ort zu verlegen. — [Ad m. d. r. Joh. Kirchen.] — Or. wo? — RR. E 28.] — Statuta collegii jurisconsultorum Augustae Taurinorum (1614) 59 [=?] Lünig, Cod. Ital. dipl. 3, 1085 ff. — Vgl. Dtsch. Ztschr. f. Geschichtswiss. 1, 129 f. **258**
»	»	bestätigt dem Ludwig v. Savoyen (Gesandte wie vorh.) seine Privilegien. — KU. w. v. — RR. E 30ʳ. (prim. jul.) **259**
»	»	überträgt Ludwig v. Savoyen, Fürsten v. Achaja, das Reichsvikariat in Piemont — [KU. w. v. — RR. E 28ʳ, aber die secunda julii] — Leibniz, Cod. jur. gent. 1, 305 ff. = Rousset, Suppl. au corps dipl. du droit des gens 1, 2, 329; Lünig, R.-A. P. spec. Cont. 2 Forts. 3, 24 f; Lünig, Cod. Italiae dipl. 1, 682 ff. **260**
»	»	ernennt Wilhelm v. Challant, B. v. Lausanne, zu seinem Rate u. erteilt ihm Geleit. — KU. w. v. — Not. RR. E 30ʳ. (prima jul.) **261**
» 2	»	bestätigt die Privilegien u. Besitzungen des B. Johann v. Würzburg. — [Ad m. d. r. Joh. Kirchen. — R — Or. u. Vid. v. 1440 April 22 Würzburg Kr.-A.; RR. E 30, doch dominica proxima ante Udalrici — Juli 3, aber dtsch. Urk.]: Lünig, R.-A. P. spec. Cont. 1 Forts. 3, 231 f. (sa. für s. Olrichs t.) **262**
»	»	ernennt Antonius Visconti (Vicecomes) zu seinem Rate u. Diener u. erteilt ihm Geleit. — KU. w. v. — Not. RR. E 30ʳ. (secunda jul.) **263**

1412		
Juli 5	Ofen	überträgt Friedrich v. Graveneck, dem Albert aus Sassari (Sazariensis), Anton Visconti aus Mailand, dem Ritter Hugo v. Hervorst seinen Räten, sowie Johann v. Friedingen u. Franciscus de Seinchonibus die Wahrnehmung der Reichsgeschäfte in der Lombardei. [vgl. nr. 269] — Ad m. d. r. Joh. Kirchen. — Not. RR. E 30. (quinta julii.) **264**
» 8	»	macht bekannt, dass er den Persevanten Hans Weinsberg zu seinem Heerrufer ernannt habe, u. fordert auf, denselben gütlich zu behandeln, wo er hinkommt. — KU. w. v. — RR. E 31ᵛ. (fer. sexta post Udalrici, aber dtsch. Urk.) **265**
»	»	ernennt auf Veranlassung des EB. Dietrich v. Köln den Johann Kunigsberg, dem er jetzt den Namen Ungerland giebt, zum Wappenkönig über alle Herolde u. Persefanten in Ungarn. — W. v. — Vgl. nr. 125. **266**
» 9	»	giebt seine Zustimmung dass, falls Gr. Günther [XXVII] zu Schwarzburg ohne Leibeserben sterbe, dessen Besitz u. Reichslehen das Schloss Schwarzburg zur Hälfte an die Grafen Heinrich [XXIV] Albrecht [IV] Günther [XXXII] u. Sighart [IV] v. Schwarzburg, Herren zu Leutenberg, u. zur Hälfte an Gr. Günther v. Schwarzburg Herrn zu Ranis fallen soll. — Ad m. d. r. Joh. Kirchen. — R — Or. Rudolstadt; RR. E 31ᵛ. (m. vor Margrethen.) **267**
»	»	verpflichtet sich dem Sigmund v. Wartenberg bis nächsten Kiliansstag (Juli 8) die ihm schuldigen 300 Schock Prager Groschen zu bezahlen. — KU. w. v. — RR. E 30ᵛ. (sabbato ante Margar., aber dtsch. Urk.) **268**
» 10	»	ernennt den Gr. Amadeus VIII v. Savoyen zum Reichsvikar in der Lombardei [vgl. aber nr. 264] mit umfassender Vollmacht unbeschadet der Rechte des Brunoro della Scala, Reichsvikars in Verona und Vicenza. — KU. w. v. — RR. E 32. (10. die julii.) **269**
» 15	»	weist dem Ritter Erkinger v. Seinsheim ein Gehalt v. 500 rhein. Gulden an. — KU. w. v. — Not. RR. E 30ᵛ. (fer. sexta post Margar.) **270**
» 29	»	weist dem Burggr. Friedrich v. Nürnberg die nächste Martini fälligen Reichssteuern folgender Städte an:
		Dinkelsbühl **271**
		Hall-, Schwäb. **272**
		Nördlingen **273**
		Nürnberg (2000 Gulden) — [R?] — Or.* Nürnberg Kr.-A. — Mon. Zoll. 7, 119 **274**
		Rothenburg — [R?] — Or.* ib.; vgl. Reg. Boic. 12, 122 **275**
		Schweinfurt **276**
		Weissenburg **277**
		Windsheim **278**
		KU. w. v. — (Lat.) Not. RR. E 31ᵛ. (fer. sexta post Jacobi, doch dtsch. Urk.)
»	»	weist dem Burggr. Friedrich v. Nürnberg die halbe Steuer der Juden v. Nürnberg mit Ausnahme der an Albrecht v. Colditz [vgl. 1412 Juni 27 nr. 256] verpfändeten 200 Gulden an. — KU. w. v. — Not. w. v. **279**
»	»	weist Bernhard v. Eberstein die nächste Martini fälligen Reichssteuern der Städte
		Buchhorn **280**
		Isny **281**
		Leutkirch **282**
		Pfullendorf **283**
		Ravensburg **284**
		Wangen **285**
		an. — W. v.
»	»	weist dem Gr. Johann v. Hohenlohe die Martini fällige Reichssteuer der St. Frankfurt an — W. v. **286**
»	»	desgl. dem Ehrenfried v. Seckendorf die Reichssteuer der St. Ulm. — W. v. **287**
» 30	»	ernennt in seinem Streite mit den Hrz. Ernst u. Friedrich v. Österreich den Kg. Wladislaw v. Polen zum Schiedsrichter, mit Ausnahme in der Angelegenheit des B. Georg v. Trient. —

1412		
		[Ad m. d. r. Joh. Kirchen. — Or? — RR. E 31ᵛ.] — Dogiel, Cod. dipl. regni Polon. 1, 154. vgl. Mon. med. aevi hist. res gest. Poloniae illustr. 11, 82. **288**
Aug. 5	Ofen	setzt Sbigneus v. Brzieße [RTA. 7: Zbygniew v. Brzenie], dem Marschall des Polenkönigs, für treue Dienste einen Jahresgehalt v. 500 roten ungar. Gulden aus. — KU. w. v. — RR. E 31ᵛ. (fer. sexta ante Sixti, aber dtsch. Urk.) **289**
		befiehlt dem Verweser der Mark Brandenburg, Burggr. Friedrich v. Nürnberg zur Unterdrückung der Fehden in der Mark einen allgemeinen Landfrieden zu errichten u. gehörig verbriefen zu lassen. — KU. w. v. — o. R — Or. Berl. Haus-A. — Riedel, Cod. dipl. Brand. 2, 3, 195 f. **290**
„ 6	„	nimmt den Peter Spinola (de Spinolis), den Sohn Balthasars, zu seinem familiaris an u. erteilt ihm Geleit. — KU. w. v. — Not. RR. E 32ᶜ. (die 8. angusti.) **291**
„ „	„	erteilt Peter Spinola Erlaubnis, wo er Venetianer trifft, diese anzufallen, ihrer Güter zu berauben u. s. w. — KU. w. v. — Not. ib. (die 8. aug.) **292**
„ 12	„	ernennt den Ritter Heinrich v. Sickingen zu seinem Diener mit einem Jahresgehalt v. 500 Kammergulden. — Ad m. d. r. Joh. Kirchen etc. — RR. E 31ᵛ u. ib. Notiz. (fer. sexta post Laurencii, aber dtsch. Urk.) **293**
„ „	„	desgl. den Gr. Wilhelm v. Eberstein mit einem Jahresgehalt v. 600 Kammergulden. — KU? — Not. ib. **294**
„ „	„	verweist der Altmark u. Priegnitz u. insbesondere dem Hauptmann Gans v. Putlitz u. den Schlossherren Fritz v. der Schulenborg, Gebhard v. Alvensleben u. Dietrich v. Rintdorf ihre Weigerung, den Burggr. Friedrich v. Nürnberg als Verweser der Mark anzuerkennen. — Ad m. d. r. Joh. Kirchen. — o. R — Or. Berlin Haus-A. — Riedel, Cod. dipl. Brand. 1, 3, 414 ff. **295**
„ „	„	desgl. (in kürzerer Fassung) den Städten Stendal Salzwedel Tangermünde Seehausen Osterburg Werben u. Gardelegen. — [KU. w. v. — Or. ib.] — Nach Kop. [wo?] ib. 2, 3, 197. **296**
„ „	„	desgl. den Ständen v. Barnim. — KU. w. v. — Or. ib. — Nach Kop. [wo?] 2, 3, 198. **297**
„ „	„	desgl. den Ständen v. Glien. — KU. w. v. — Or. ib. — Nach Kop. [wo?] ib. 2, 3, 198 f. **298**
„ „	„	beauftragt den Verweser der Mark Brandenburg den Burggr. Friedrich v. Nürnberg die zur Mark gehörigen, aber verpfändeten Schlösser, Städte u. s. w. wieder einzulösen. — KU. w. v. — [R] — Or. ib.; [RR. E 32ᵛ] — Riedel 2, 3, 196 f.; Minutoli, Friedrich I 277 f.; Mon. Zoll. 7, 122 f. — Vgl. nr. 162 ff. **299**
„ „	„	setzt die Stände der Mark Brandenburg hiervon in Kenntnis u. befiehlt ihnen keine Schwierigkeiten bei der Einlösung zu bereiten. — KU. w. v. — RR. E 32ᵛ u. 33ᶜ. (fr. nach Laur.) **300**
„ 13	„	befiehlt Wichard v. Rochow dem Burggr. Friedrich v. Nürnberg die Auslösung des Schlosses Potsdam zu gestatten. — KU. w. v. — o. R — Or. Berl. Geh. St.-A. — Riedel, Cod. dipl. Brand. 1, 10, 136 f. (fälschl. zu Aug. 14) u. 1, 11, 159 (fälschl. zu Aug. 12.) **301**
„ „	„	schreibt dem B. v. Havolberg betr. der Anerkennung des Burggr. Friedrich u. Hauptmann u. Verweser der Mark. — KU. w. v. — o. R — Or. ib. (za. nach Laur.) **302**
„ 24	„	legt die Irrungen bei zwischen Kg. Wladislav v. Polen, dem Grossfürsten Witold v. Litthanen, den Herzögen Ziemovit u. Johann v. Masovien, Bogislav v. Stolp einer- u. dem Deutschorden (Hochmeister Heinrich v. Plauen) andererseits (berücksicht. auch die BB. v. Ermeland u. Kujawien; inser. die Urk. Wladislavs u. Gen. v. 1412 Juni 24 u. die Urk. des Deutschordens-Hochmeisters v. 1412 Mai 18. — Viele Zeugen (keine Deutschen), u. a. der Kanzler EB. Johann v. Gran, der Vicekanzler Propst Johann v. Gran. — KU? — Or? [RR. E 33ᵛ — 35ᵛ; Vid. v. 1421 Nov. 5 u. 2 Kop. Königsberg] — Dogiel, Cod. dipl. regni Polon. 4, 88 ff.; (Celichowski) Lites ac res gestae inter Polonos ordinemque cruciferorum Ed. 2. T. 2 (1892), 52 ff.; vgl. Ausz.: Mon. hist. Warmiens. 5, 488 f. u. Caro, Gesch. Polens 3, 395. **303**
„ 29	„	dankt den Hansestädten für die Sendung zweier Abgeordneten (Ritter Albrecht v. Molen u. Tobias Gildenhausen) u. zeigt ihnen an, dass er für den alten Rat der St. Lübeck sich entschieden habe, mit der Aufforderung denselben auch ihrerseits zu unterstützen. — [Ad m. d. r. Joh. Kirchen. — o. R] — Or. Lüneburg; [Vid. v. 1412 Okt. 7. Berlin Geh. St.-A.] — Lübeck. Urk.-B. 5, 462 f.; vgl. Hanserecesse 6, 98. **304**

3*

1412		
Aug. 29	Ofen	dankt der St. Lüneburg für Duldung u. freundliche Behandlung des alten Rats v. Lübeck u. fordert auf damit fortzufahren. — KU. w. v. — Or. Lüneburg. — Reg. Hanserecesse 6, 98. **305**
» 30	»	nimmt den Gr. zu Pavie Philipp Maria in seinen u. des Reiches Schutz u. befiehlt dem Gr. Amadeus v. Savoyen denselben zu schützen. — Ad m. d. r. Joh. propos. a. Stephani Strigon. — RR. E 33ʳ. (penult. aug.) **306**
»	»	beauftragt seine Räte Brunoro della Scala, Nikolaus Marcaly (früher Woywode v. Siebenbürgen) u. den Mischko v. Jemenitz (Gemmischtz), mit den Herzögen Ernst u. Friedrich v. Österreich ein Bündnis abzuschliessen. — Ad m. d. r. Joh. Kirchen. — Not. ib. (id. dat.) **307**
»	»	EB. Johann v. Riga verhandelt mit dem Deutschorden (Vertreter: Heinrich v. Planen [nicht der Meister], Michael Küchenmeister, Werner v. Tettingen Komthur zu Elbing, Friedrich v. Welden Komthur zu Christburg, Eberhart v. Wallenfels Komthur zu Thorn), dass dieser an Kg. Sigmund die 50000 Schock Prager Groschen zahlt, welche er (der Orden) dem Kg. v. Polen schuldig ist. Or. Königsberg. (Celichowski) Lites ac res gestae inter Polonos ordinemque cruciferorum Ed. 2 Tom. 2 (1892) 69 f.; vgl. Reg. Mon. med. aevi hist. res gest. Polon. illustr. 11, 64. **307a**
» 31	»	weist seinem Protonotar Johannes Kirchen die nächste Martini fällige Reichssteuer folgender Städte an:
		Aalen **308**
		Bopfingen **309**
		Esslingen **310**
		Gelnhausen **311**
		Giengen **312**
		Gmünd **313**
		Kempten **314**
		Reutlingen — R — Or. Stuttgart. **315**
		Überlingen **316**
		Weil **317**
		Weinsberg **318**
		— Ad m. d. r. Mich. de Priest. — Not. RR. E 35ʳ. (mitw. vor Egidii, bezw. feria 4. ante Egidii.)
		befiehlt der St. Rottweil die nächste Martini fällige Reichssteuer an Johann Ladebom, Domherrn zu Worms, zu zahlen. — KU. w. v. — R — Or. Stuttgart. (NB. Nach RR. E 35ʳ erhielt auch die Rottweiler Steuer Joh. Kirchen.) (mitw. vor Egidii.) **319**
	»	nimmt den Edlen Hermann Hak(en) zum familiaris an u. erteilt ihm Geleit. — Ad m. d. r. Joh. Kirchen. — Not. RR. E 33ʳ. (ultima aug.) **320**
Sept. 1	»	desgl. den Franciscus Barbavaria Visconti (de Vicecomitibus). — KU. w. v. — Not. ib. (prima sept.) **321**
» 2	»	belehnt Heinrich den Ältern, Herrn zu Plauen, für den kinderlosen Todesfall seiner Schwiegertochter Margarete mit dem Markte Meerane, den seiner Zeit Kg. Wenzel der letzteren verliehen. — KU. w. v. — RR. E 33 u. 152. — Thüring. Geschichtsquellen 5 (NF. 2), 2 (1892), 484 f. **322**
		bestätigt demselben den Pfandbesitz der Dörfer Heiligkreuz u. Neundorf (vgl. nr. 328). — KU. w. v. — RR. E 33ʳ u. 154. — ib. 486 f. **323**
» 3	»	nimmt den Mailänder Johannes de capitanis de Figino zum familiaris an u. erteilt ihm Geleit. — KU. w. v. — Not. RR. E 35ʳ. (die 3. sept.) **324**
» 4	»	bestätigt der Familie Fiesco (Flisco) alle v. seinen Vorgängern erteilten Privilegien. — Ad m. d. r. Joh. Kirchen (gedr. Kirchem?) — [RR. E 36ʳ.] — Lünig, Cod. Ital. dipl. 2, 2463 ff. [Vorlage?] **325**
»	»	bestätigt wegen der grossen Verdienste des Kardinalpresbyters Branda, des apostolischen Gesandten in Ungarn, dessen Familie, den Castiglioni (Castellioni), alle Privilegien u. Rechte, befreit sie von allen Abgaben u. s. w. — KU. w. v. — RR. E 36ʳ. (4. die sept.) **326**

1412		
Sept. 4	Ofen	verleiht aus dem gleichen Grunde dem Edlen Johannes Germanus Zanonus Franciscus u. Jacobus Castiglioni die Feste Brescello (Brescellum, am Po, Diözese Parma), die zur Zeit im Besitze der Venetianer ist, als Mannlehen. — W. v. **327**
„	„	bestätigt als Erbe der Krone Böhmen auf Bitten des Sigmund v. Pogrel (Pogerell) diesem die Verpfändung der Dörfer Heiligkreuz u. Neundorf, sowie die Zusicherung v. jährlich 100 Schock böhm. Groschen seitens Kg. Wenzels. — Ad m. d. r. Joh. Kirchen. — RR. E 36ᵛ, aber durchgestrichen; vgl. nr. 323 u. 333. (sant. vor nativit. Marie.) **328**
„ 5	„	verspricht sich dem Schiedsspruch des Kg. Wladislaw v. Polen in seinen Streitigkeiten mit seinem Bruder Kg. Wenzel v. Böhmen zu unterwerfen. [vgl. nr. 356] — KU. w. v. — RR. E 36. (quinta die sept.) **329**
„	„	beurkundet, dass Heinrich der Ältere, Herr zu Plauen, da er den zwischen Polen u. dem deutschen Orden geschlossenen Frieden zu Thorn halten wolle, auch im Ofener Schiedsspruch [nr. 303] miteinbegriffen sei. — KU. w. v. — [R?] — Or. Schleiz H.-A.; RR. E 37ᵛ. — Thüring. Geschichtsquellen 5 (NF. 2), 2 (1892), 485. **330**
„	„	setzt dem Heinrich v. Plauen bis auf Widerruf ein Jahrgeld v. 500 Gulden aus. — KU. w. v. — Not. RR. E 33ᵛ. (feria sec. ante nat. Marie.) **331**
„	„	bestätigt als Erbe der Krone v. Böhmen auf Bitten des Breslauer Bürgers Nikolaus Bunzlau Verschreibungen Kg. Wenzels, nämlich des Breslauer Kanzleiamtes, das Nikolaus a. sein Onkel Peter Bunzlau v. Bohuslaw Zazek u. den Brüdern Sobierherd an sich gebracht haben, sowie des Geschosses u. Münzgeldes in den Dörfern Bogenau u. Leuthen, das Nikolaus u. seine Frau Veronika auf Lebzeit verschrieben ist. — KU. w. v. — RR. E 36ᵛ. (mo. vor nativ. Marie.) **332**
„ 6	„	bestätigt als Erbe der Krone v. Böhmen Sigmund v. Pogrel die ihm v. Kg. Wenzel verschriebenen Gefälle u. Rechte (u. a. das Hofgericht u. die Landvogtei in Reichenbach). — KU. w. v. — R nicht erkennbar. — Or. Breslau Staats-A.; RR. E 36ᵛ. (di. vor frow t. Marie.) **333**
„	„	desgl. seinem Diener Johann v. Chlum, gesessen zu Koschumborg (Koszom-), die Verschreibung v. 100 Schock Prager Münze auf die Abtei Wilemow seitens Kg. Wenzels. — KU. w. v. — Not. RR. E 36ᵛ. **334**
„	„	überträgt die Entscheidung der Streitigkeiten zwischen dem Kg. v. Polen u. den Herren v. Preussen (dem Deutschorden) mit Ausnahme der Angelegenheit des B. v. Ermeland dem Hrz. Johann v. Oppeln, B. v. Kujavien (Wladislavia). — KU? — Not. RR. E 37ᵛ. [Entwurf? vgl. nr. 303]; (Dat. zweifelhaft; »item data est littera« steht nur da.) **335**
„ 7	„	fordert den Hrz. Ziemovit v. Mazovien auf, dem Kardinal Branda, dem der Pabst das Bistum Vesprim gegeben, die v. seinen Leuten eingenommenen Schlösser u. Güter dieses Bistums zurustellen; zugleich widerruft er, da er nach Friaul, um die Venediger zu bekriegen, u. auch nach Deutschland zur Königskrönung zu ziehen beabsichtigt, also viel Geld braucht, den dem Hz. bisher widerruflich verliehenen Jahressold. — Ad m. d. r. Joh. Kirchen. — RR. E 37ᵛ. (in vig. nativ. beate virg.; aber dtsch. Urk.) **336**
„	„	item consimilis effectus emanavit una ad eundem in Latino. — Per d. Jo. prep. a. Stephani Strigon. notarius [i. e. Jo. Kirchen] — ib. **337**
„	„	verpflichtet sich Johann v. Wartenberg v. Ralsko, gesessen zu Wartenberg, die ihm schuldigen 200 Schock Prager Groschen bis nächste Pfingsten zu bezahlen. — Ad m. d. r. Joh. Kirchen. — RR. E 37ᵛ. (in vigil. nativ. b. virg., aber dtsch. Urk.) **338**
„ 10	„	bestätigt als Erbe der Krone Böhmen der Königin Sophie, der Gemahlin Kg. Wenzels, dass derselbe auf die ihr bereits verpfändeten Städte Königgrätz (Gretz) Chrudim Hohenmauth Jaromierz (Jermier) Politz Melnik Drahanow (Truchnow) u. Königinhof (zu dem Hove) 100000 ung. Gulden verschrieben hat. — KU. w. v. — RR. E 37ᵛ. (sunnabends nach frawn t. nativ.) **339**
„ 10	„	desgl. derselben den Zuschlag v. 1000 Schock Prager Groschen auf den Pfandbesitz v. Pottenstein. — KU. w. v. — Not. ib. **340**
„ 13	„	befiehlt den Ständen der Altmark (den Edlen v. Schulenburg, Alvensleben, Jagow, Wartensleben, Knesebeck, Bismarck; den Städten Stendal Salzwedel Gardelegen Seehausen Tanger-

1412		
Sept. 13	Ofen	münde Osterburg Werben) nochmals [vgl. nr. 295] den Burggr. Friedrich v. Nürnberg als obersten Hauptmann u. Verweser der Mark aufzunehmen u. ihm zu huldigen. — Ad m. d. r. Joh. Kirchen. — [R] — Or. Berlin Haus-A.; [Not. RR. E 38ᵛ.] — Riedel, Cod. dipl. Brand. 2, 3, 199. **341**
"	"	desgl. den Ständen der Priegnitz. — KU. w. v. — [R] — Or. ib.; [RR. E 38ᵛ] — Riedel 1, 3, 413 f.; Minutoli, Friedrich I 278. **342**
"	"	befiehlt folgenden Herren der Mark dem zum Verweser derselben bestellten Burggr. Friedrich v. Nürnberg unverzüglich zu huldigen u. diesem die Auslösung der an sie verpfändeten landesherrlichen Städte u. Schlösser zu gestatten. — KU. w. v. (di. nach fraw. t. nat.)
		Gebhard v. Alvensleben. — [R] — Or. Berlin Haus-A.; [Not. RR. E 38ᵛ] — Nach alter Kop. Riedel 1, 17, 100 f. (fälschl. zu Sept. 12.) **343**
		Achim v. Bredow. — Not. RR. ib. **344**
		Peter v. Bredow. — [R] — Or. Berlin Haus-A.; [Not. RR. ib.] — Riedel 1, 7, 139 ff.; Minutoli, Friedrich I 27 f. **345**
		Albert v. Holtzendorf. — Not. RR. ib. **346**
		Werner v. Holtzendorf. — W. v. **347**
		Kaspar Gans v. Putlitz (Podlist). — W. v. **348**
		Dietrich v. Quitzow. — W. v. **349**
		Hans v. Quitzow. — RR. E 38ᵛ. **350**
		Dietrich v. Rintdorf (Run-). — Not. RR. ib. **351**
		Wichard v. Rochow. — W. v. **352**
		Fritz v. Schulenburg. — W. v. **353**
		Johann v. Uchtenhagen. — W. v. **354**
"	"	verspricht dem Ritter Nikolaus Stebitz ein Jahrsgehalt v. 500 Kammergulden. — KU. w. v. — Not. RR. E 37ᵛ. (fer. terc. ante Lamperti.) **355**
" 16	"	verständigt sich mit seinem Bruder Kg. Wenzel, dass sie den Kg. Wladislav v. Polen über alle ihre Streitigkeiten entscheiden lassen wollen [vgl. nr. 329. — Ad m. d. r. Jo. prep. s. Stephani vicecanc. — RR. E 37ᵛ u. 38ᵛ.] — Pelzel, Lebensgesch. Kg. Wenzelaus 2, Urkb. 153 f.; vgl. Reg. nach Hds. 22 d. Wien. St.-A. Arch. f. östr. Gesch. 59, 14. **356**
		Sept. 19. o. O. Hrz. Rudolf v. Sachsen u. Burggr. Friedrich v. Nürnberg nehmen den Hrz. Bernhard v. Braunschweig-Lüneburg im Auftrage des Kg. Sigmund unter dessen Hofgesinde auf. — Nach Kop. Riedel, Cod. dipl. Brand. 2, 3, 202 f. **356a**
" 22	"	nimmt die Familie v. [Grignano?] Krikano (Gerlald, Gabriel, Johann, Anton, Johann u. Rizard), welche sich zeitweilig den Venetianern angeschlossen hatten, wieder zu Gnaden an. — Ad m. d. r. Joh. Kirchen. — RR. E 38ᵛ. (die vicesima secunda sept.) **357**
" 26	"	bittet den Hochmeister des Deutschordens Heinrich v. Planen dem Schreiber des Joh. v. Wartenberg v. Tetzin Lorenz v. Budowitz, dem er einen Anfall gegeben, zur Erlangung desselben behilflich zu sein. — KU. w. v. — o. R. — Or. Königsb. (mo. vor Mich.) **358**
		nimmt den „comes palatinus u. princeps" Berthold Orsini in die von ihm gestiftete St. Georgs-Gesellschaft (Drachenorden) auf, nachdem derselbe mit seinem Kanzler Johann EB. v. Gran u. dem Kardinal Brancz, dem apostol. Legaten in Ungarn, über die Principien der Gesellschaft genügend gesprochen. — Ad m. d. r. Jo. prep. s. Stephani vicecanc. etc. — RR. E 39ᵛ u. 40ᵛ; Kop. Wien H. H. u. St.-A.; auch in Hds. 22 ib.; vgl. Arch. f. österr. Gesch. 59, 15. (26. die sept.) **359**
" 27	"	bestätigt die Privilegien der St. Esslingen sowie den Kauf des halben Teiles von Blochingen (Reichslehen), welche die Stadt für das Katharinenspital v. Konrad v. Randeck erworben. — Ad m. d. r. Joh. Kirchen. — RR. E 39ᵛ. — Vgl. den Huldigungseid der Esslinger: RTA. 7, 170. (fer. tercia ante Mich., aber dtsch. Urk.) **360**
		bestätigt dem Hermann v. Preitenstein die (inser.) Urkunde Kg. Wenzels v. 1376 Aug. 15 über die Verpfändung der Lindauer Reichssteuer. — KU. w. v. — Vid. v. 1417 Febr. 3 München R.-A.; RR. E 39. (di. vor Michaelst.) **361**

1412		
Sept. 27	Ofen	antwortet den Bewohnern v. Cividale auf ihren durch einen Boten vorgebrachten Wunsch dass er nach Friaul kommen möchte, er werde vorläufig zu ihrem Schutze Truppen senden; sie möchten ausharren u. den Einflüsterungen des Tristan v. Savorgnano u. dessen Genossen kein Gehör schenken. — [KU?] — Hds. d. Markus-Bibl. Venedig. — Reg.: Abh. d. hist. Kl. d. Münch. Akad. 9, 483 f. (falschl. zu 1413.) **362**
Okt. 1	„	ernennt Benedictus de Macra zum Vollstrecker seines Ausspruchs v. 1412 Aug. 24 [nr. 303] über die Streitigkeiten zwischen dem Deutschorden u Polen. — KU? — Kop. Königsberg; Vid. Sigmunds v. 1418 Jan. 24: RR. F. 91ʳ. — Mon. med. aevi hist. res gest. Polon. illustr. 12, 59 f.; (Celichowski) Lites ac res gestae inter Polonos ordinemque cruciferorum. Ed 2. Tom. 2 (1892), 70 f. **363**
„ 2	„	meldet diese Ernennung dem Hochmeister des Deutschordens Heinrich v. Plauen, den er zugleich zur Einigung mit den Polen ermahnt. — [o. KU! — o. R — Or. Königsberg. „quas propter absenciam sigilli nostri imperialis sigillo nostroquo ut rex Hungariae fecimus consiguari'] — (Celichowski) Lites a. a. O. 71 f. **364**
[Okt.]	Wissegrad	beauftragt nicht genannte Personen [den EB. v. Gran u. den Vogt der Neumark] mit Kg. Wladislaw v. Polen einen Vertrag über die Verpfändung des Landes Zips abzuschliessen, sich die dem Kg. Wladislaw übergebenen Urkunden des Hochmeisters Heinrich v. Plauen betr. Zahlung v. 100000 Schock Groschen wiedergeben zu lassen u. sie dem Deutschorden auszuliefern. — Ad m. d. r. etc. Jo. prepos. s. Stephani vicecanc. — RR. F 37ᵛ. — Vgl. Aschbach 1, 344 sowie unten nr. 346. (sine die.) **365**
Okt. 27	Agram	befiehlt der St. Strassburg, dem Gr. Hans v. Lupfen, Landgrafen v. Stühlingen, der, wie er gehört, mit Krieg überzogen werden soll, beizustehen. — o. KU! — o. R — Or. Strassburg St.-A. (Simon u. Judas ab.) **366**
„ 29	o. O.	ladet auf Veranlassung des Verwesers der Mark Brandenburg des Burggr. Friedrich v. Nürnberg wegen verweigerter Huldigung folgende Brandenburgische Herren auf 1413 Jan. 17 vor sein Hofgericht zur Verantwortung; — [Ad m. d. r. Joh. Kirchen. — o. R — 7 Orr. Berlin Haus-A.]
		Achim v. Bredow. — Nach Kop. Riedel, Cod. dipl. Brand. 1, 7, 140 f. **367**
		Peter v. Bredow. — Nach Kop. ib. 149. **368**
		Albert v. Holtzendorf. — Nach Kop. ib. 1, 12, 239 f. **369**
		Werner v. Holtzendorf. **370**
		Hans v. Quitzow. — Nach Kop. ib. 2, 3, 203. **371**
		Wichard v. Rochow. — Nach Or. ib. 1, 10, 137. **372**
		Hans v. Uchtentagen. **373**
		(aa. vor allerheiligen 1412, röm. 2!; bei Riedel fälschl. zu Okt. 30.)
		Okt. 29 zu der Burg: zeigt den St. Krems u. Stein an, dass er Hrz. Albrecht von Österreich seine Tochter zur Gemahlin versprochen u. fordert sie auf ihm treu zu sein. Kurz, K. Albrecht II 1, 326 ff. — Reg. Lichnowsky, O. d. Haus Habsburg 5 n. 1347: falsch statt 1411 Okt. 31 (nr. 143.) **373a**
„ 31	Agram	fordert die St. Konstanz auf die nächste Reichssteuer (auf Martini) an Hans v. Friedingen zu entrichten. — Ad m. d. r. Joh. Kirchen. — R — Or. Karlsruhe; [Not. RR. E 3Nᵛ.] — Reg. Ztschr. f. G. d. Oberrheins NF. 3, 436. **374**
„	„	desgl. die Stadt St. Gallen. — KU. w. v. — B — Or. St. Gallen Stadt-A.; [Not. RR. ib.] (allerheiligen ab.) **375**
„	„	weist dem Joh. Kirchen die Martini fällige Steuer eines Schulzenamts (de quadam scultecia) in Zürich an. — Ad m. d. r. Mich. de Priest. — Not. RR. E 38ᵛ. (eodem die — in vig. omnium sanct.) **376**
„	„	nimmt den Gr. Wilhelm v. Pratta (Prata) zu seinem Rat an u. erteilt ihm Geleit. — Ad m. d. r. Joh. Kirchen. — Not. ib. **377**
„	„	erteilt dem Mailänder Franz de Serazonibus, dessen Brüdern u. Erben das Recht auf die Mailänder Maasse u. Gewichte Bullen aufzudrücken u. die Gebühren dafür einzunehmen (»officium

1412		
		bullarum quas mensuris ac ponderibus civitatis Mediolan. solitam est imprimi«). — Ad. m. d. r. Joh. Kirchen. — Not. RR. E 38ᵛ. [»proviso tamen quod nulla detur ipsis littera desuper, vero de novo et expresso mandato domini regis predicti.«) **374**
Okt. 31	Agram	erteilt **denselben** Befreiung v. allen Abgaben u. Lasten für das ganze römische Reich. — KU. w. v. — RR. E 41ᵛ. (ultima die oct.) **379**
Nov. 8	»	verpfändet dem Kg. Wladislaw v. **Polen** Lublau u. 13 Städte im Zipser Gebiet für 37000 Schock Groschen [vgl. nr. 365.] — Mitbesiegler: ungar. Grosse, u. a. EB. Johann v. Gran u. Nikolaus Gara. — KU? — [RR. G 184ᵛ; Kop. Prag Statth.-A.] — Pray, Annal. vet. Hunuor., Avar. et Hung. 2, 238; Katona, hist. crit. reg. Hung. stirp. mixtae 12, 127; Rousset, Suppl. au corps dipl. du droit des gens 1, 2, 331 f. **380**
» 19	Beckeyg [— ?]	teilt den Ständen der **Neumark** mit, dass die Beilegung der Streitigkeiten des Kg. Wladislaw v. Polen u. Grossherzogs Alexander Witold v. Litthauen mit dem Deutschorden (Hochmeister Heinrich v. Plauen) durch seinen Kanzler den EB. Johann v. Gran erzielt sei, in dessen Umgebung Michael Küchenmeister oberster Marschalk des Ordens u. die Komture Friedrich v. Welden u. Eberhard v. Walenfels sich befunden hätten; fordert die Stände auf, dem Deutschorden, dem die Neumark v. ihm verpfändet sei, Lehenshuldigung zu leisten. — KU? — RR. E 40ᵛ. (19. nov.) **381**
» 20	Brynnye [Brine, Kr. Neustadt, Krain?]	bestätigt, dass Heinrich v. **Plauen**, der Hochmeister des **Deutschordens**, für seinen Orden die Hälfte v. 25000 Schock Böhm. Groschen, welche an den Kg. Wladislaw v. Polen dem Abkommen gemäss zu zahlen sind, an ihm bezahlt hat [vgl. nr. 383]. — Ad m. d. r. Jo. prep. s. Stephani vicecanc. — Or. Königsberg St.-A.; [RR. E 40ᵛ: 2 Ausfert. kgl u. Majestäts-Siegel.] — (Celichowski) Lites ac res gestae inter Polonos ordinemque cruciferorum Ed. 2. T. 2 (1892), 471 f. **382**
» [20?]	vor Laibach	versucht vergeblich in **Laibach** einzudringen. Windecke 10. **382 a**
Dez. 10	Görz	bestätigt, dass der Hochmeister des **Deutschordens**, Heinrich v. Plauen, für seinen Orden die zweite Hälfte der 25000 Schock böhm. Groschen, welche an den Kg. Wladislaw v. Polen zu zahlen sind, an ihn bezahlt hat [vgl. nr. 382.] — KU.? — RR. E 40ᵛ (2 Ausfert.: kgl u. Majestäts-Siegel). (10. die dcbris.) **383**
» 16	Udine	nimmt Beltramolo **Castiglioni** (de Castelliono) aus Mailand zum familiaris an u. erteilt ihm Geleit. — KU? — Not. RR. E 40ᵛ. (16. die dcbr.) **384**
» 17	» (Weiden)	belehnt den Friedrich Schenk Herrn zu **Limburg** mit den Reichslehen seiner Vorfahren u. seines † Schwagers Hans v. Hohenlohe. — Ad m. d. r. Joh. Kirchen. — [RR. E 41ᵛ.] — [Nach Or.?] Lünig, Corp. jur. feud. 1, 1015 ff. **385**
» »	»	macht bekannt, dass er den Friedrich Schenk v. **Limburg** beauftragt habe, die durch den Tod des Hans v. Hohenlohe frei gewordenen Reichslehen einzunehmen u. zu besitzen, befiehlt ihm dabei nicht hinderlich zu sein. — [KU. w. v. — RR. E 40ᵛ.] — Lünig, R.-A. P. spec. Cont. 2. Grafen u. Herren 572 f. **386**
» »	»	befiehlt den Städten Hagenau Colmar Schlettstadt Mülhausen [Ober-]Ehnheim Kaysersberg Sels Türkheim Rosheim u. den anderen **Reichsstädten** des Elsass die Martini fällig gewesene Reichssteuer an Ludwig Pfalzgr. bei Rhein u. Landvogt im Elsass zu zahlen. — KU. w. v. — R — Or. Colmar Stadt-A.; [Not. RR. E 40ᵛ] — Mossmann, Cartulaire de Mulhouse 1, 454. — Die Einzelnurkk. (Quittungen) sind vielleicht sämmtlich erst 1413 Sept. 4 [vgl. nr. 710] ausgestellt. **387**
» 20	Im Felde vor Savorgnano	verbietet dem Hrz. Amadeus v. **Savoyen**, da bereits Karl IV seine frühere Verfügung, dass die Bischöfe v. Turin Lausanne Genf Sitten u. s. w. statt dem Reiche dem jeweiligen Grafen v. Savoyen als Reichsvikar huldigen sollten, aufgehoben [nicht bei Böhmer-Huber] habe (»sicut hoc in registris cancellarie sue cernitur clarissime comprehensum«), diese Huldigung weiter zu beanspruchen; verlangt, dass die Verleihung der Regalien v. den Bischöfen Savoyens bei ihm nachgesucht werde. — KU. w. v. — Nach Or. [wo?] Spon, Hist. de Genéve 2 (1730). 126 ff. **388**
» 23	Udine	ernennt auf Bitten der St. Windsheim den Erkinger v. **Seinsheim** zum Amtmann daselbst. — KU. w. v. — RR. E 42ᵛ. (frit. vor wihnachten.) **389**

1412		
Dez. 29	Udine	befiehlt seinem Vikar in Belluno, den eingekerkerten Christoph di Agrone, den er mit kgl. Geleitsbrief versehen, in Freiheit zu setzen. — KU.? — Kop. Belluno Arch. comm. — Reg. Forsch. z. dtsch. Gesch. 18, 219. **390**
» 31	»	ernennt den B. Heinrich v. Feltre u. Belluno zu seinem Rat. — KU.? — Not. RR. E 43ʳ. (1413 ultima die dec.) **391**
		u. d. et l.: ersucht den Pabst die Venetianer zur Räumung der in Dalmatien widerrechtlich besetzten Plätze zu bewegen, klagt über die Hussiten u. s. w, Martene u. Durand, Thesaurus novus anecdotorum 1, 1743/5 (vgl. Aschbach 1, 34ᴺ); gehört nach Finke, Forsch. u. Quellen z. G. d. Konst. Konzils S. 7 in den April 1429. **391 a**
		schreibt an Grossfürst Witold v. Litthauen betr. seinen zu Breslau gethanen Ausspruch in den Streitigkeiten des Deutschordens mit Polen u. Litthauen. Reg. Inv. d. Frankf. Stadtarch. 2, 190 = 1420 Mai 10? **391 b**
1413		
Jan. 1	»	beglaubigt Misko v. Jemenitz (Milso di Gemirze), Hauptmann v. Sohl, bei dem Rat der Edeln v. Belluno. — KU.? — Reg. nach Kop. z. dtsch. Gesch. 18, 220. **392**
» »	»	beauftragt Misko v. Jemenitz die Güter der Venetianer u. ihrer Anhänger im Gebiet v. Belluno zu konfiszieren. — W. v. **393**
» 2	»	befiehlt den Städten Belluno u. Feltre (Gesandte v. Feltre: Dr. iur. Laurencius de Goslinis, Victor de Thenxonibus, Stephanus de Laporta u. Philippus de Flamena), ihrem B. Heinrich Scarampi die ihm seit alters zustehende Hälfte aller Bussen zu zahlen — [Ad m. d. r. Joh. prep. s. Stephani vicecanc. — RR. E 41ᵛ] — vgl. Reg. (nach Kop. Belluno) Forsch. z. dtsch. Gesch. 18, 220. **394**
» »	»	bestätigt dem Mkgrf. Theoderich v. Montferrat (Gesandter: Johannes Forestas de Stazoxiis aus Castelleto) alle Privilegien. — Ad m. d. r. Joh. Kirchen. — RR. E 43. (secunda die jan.) **395**
» »	»	belehnt denselben bezw. seinen Gesandten mit den Regalien. — KU. w. v. — ib. 43ᵛ. (id. dat.) **396**
» 3	»	befiehlt der St. Belluno ihrem B. Heinrich, den er als Gesandten anderswohin bestimmt hat, 200 Dukaten in Gold zu zahlen. — KU. w. v. — Kop. Belluno. — Verci, Storia della marca Trivig. 19 Doc. 62 f; vgl. Reg. Forsch. z. dtsch. Gesch. 18, 220. **397**
» 4	»	befreit Johannes Forestas de Stazoxiis aus Castelleto v. allen Steuern u. Abgaben in der Markgrafschaft Montferrat. — KU. w. v. — RR. E 41ᵛ. (quarta die jan.) **398**
» »	Belluno	soll nach Belluno gekommen u. daselbst einige Tage geblieben sein. Aschbach 1, 347 A. 33.
» 9	Udine	(zu der Weiden) gebietet der St. Lindau die vergangenen Martinstag fällig gewesene Reichssteuer an Ritter Frisch Hans v. Bodman zu zahlen. — [Ad m. d. r. Joh. Kirchen — o. R. — Or. München R.-A.] — Reg. Boic. 12, 131. **399**
		desgl. der St. Memmingen. — KU.? — Or. [?] Memmingen, *Magistrat*. **400**
» 15	»	compromittiert wegen seines Streites mit Hrz. Ernst von Österreich auf den Ausspruch Hrz. Friedrichs v. Tirol (Sigmunds Räte: Ludwig v. Teck Patriarch v. Aquileja, Gr. Heinr. v. Görz u. Gr. Friedr. v. Ortenburg) — [Ad m. d. r. Mich. de Priest — o. R —] Or. Wien Staats-A.; [Kop. ib. Hds. nr. 13 f. 77ᵛ u. 78ʳ]; Kop. Innsbruck; [Kop. Strassburg St.-A.] — Brandis, Tirol unter Friedrich v. Österreich 382 ff.; vgl. Kurz, Österreich unter K. Albrecht II Bd. 1, 183 ff. **401**
» 18	»	gebietet allen Juden u. Jüdinnen im Reiche den vergangene Weihnachten fällig gewesenen goldenen Opferpfennig ohne Verzug an seinen Protonotar u. Hofschreiber Joh. Kirchen bezw. dessen Bevollmächtigten zu zahlen. — Ad m. d. r. Joh. Kirchen! [nach Or. nr. 410 Mich. de Priest; Urkk. für einen Kanzleibeamten (Protonotar) sind stets von einem andern unterzeichnet] — RR. E 43ʳ. **402**
» »	»	desgl. den Juden in
		Augsburg (Stadt u. Bistum) **403**
		Bamberg (Stadt u. Bistum) **404**
		Bern im Üchtland **405**
		Corvey (Cobie) **406**

1413			
Jan. 18	Udine	Eichstädt (Stadt u. Bistum)	407
		d. Elsass	408
		Frankfurt	409
		Hall [Schwäbisch-] u. Rothenburg a. T. — [Ad m. d. r. Mich. de Priest — o. R! — Or. Nürnberg Kr. A.] — Reg. Boic. 12. 152	410
		Mainz (Stadt)	411
		Mainz (Stift)	412
		Nürnberg	413
		Oppenheim	414
		Rothenburg a. T. s. Hall [nr. 410]	
		Speier	415
		Strassburg	416
		Trier	417
		Ulm	418
		Worms	419
		Würzburg	420
		Zürich	421
		Not. RR. E 43ʳ o. KU, doch vgl. nr. 410.	
Jan. 24	im Felde v. Capo d'Istria (Capitisistrie)	nimmt die Brüder Andreas u. Imperialis de Lomellino unter seine »nobiles familiares« auf u. erteilt ihnen allgemein Geleit. — Ad m. d. r. Johes. Kirchen. — RR. E 42ᵛ (24. die Jan.)	422
» 25	«	verleiht den Brüdern Andreas u. Imperialis de Lomellino [nicht Lancellino] das Recht, die kaiserl. Flagge im Krieg gegen die Reichsfeinde, besonders gegen die Venetianer zu führen u. räumt ihnen volle kaiserliche Gewalt ein. — [Ad m. d. r. Jo. prep. s. Stephani. vicecanc. — RR. E 42ʳ]. — Nach Hds. 22 d. Wien. Staats.-A. Arch. f. österr. Gesch. 59, 84 ff.	423
März 10	Triest	teilt dem Landrichter zu Rottweil und allen Landrichtern mit, dass Hrz. Friedrich von Österreich sich wegen Vorladung seiner Unterthanen vor das Reichshofgericht u. andere fremde Gerichte beschwert habe. Da er (der König) die Privilegienbestätigungen bis zu seiner Rückkehr nach Deutschland und bis zu seiner Krönung verschoben habe, aber deswegen niemand in seinem Rechte geschmälert werden solle, so gebietet er einstweilen die bezüglich der Gerichtsstandes des Herzogs bestehenden Privilegien zu beachten. — [Ad m. d. r. Joh. Kirchen — o. R.] — Or. Wien H. H. u. St. A.; Vid. v. 1413 Mai 2 Breisach. — Reg. Lichnowsky, G. d. Haus. Habsburg 5, n. 1383; Mitteil. d. bad. hist. Komm. 11, 14.	424
» 12	Monfalcone	befreit die St. Konstanz von fremden Gerichten; stellt die feierliche Bestätigung nach erfolgter Ankunft in Deutschland in Aussicht. [vgl. nr. 636]. — o. R. — Or. Karlsruhe [nicht in RR]. — Reg. Ztschr. f. G. d. Oberrheins NF. 3, 436.	425
» 13	bei Triest	(in descensu nostro campestri juxta Tergestum) giebt dem Laurentius Jacobus de Gentelottis aus Perusia ein Wappen und nimmt ihn zum familiaris an. — Jo. prep. Strigon. — Not. RR. E 43ʳ. (13. die martii).	426
» 20	vor Ariis (Aries)i.Friaul	erlaubt dem B. Albrecht v. Bamberg den Gr. Hermann v. Henneberg als Koadjutor des Bamberger Stifts anzunehmen. — KU.? — Schannat, Sammlung alt. histor. Schriften 1, 119 f. (Vorlage?)	427
»	»	bestätigt den Gr. v. Henneberg als Koadjutor des Bamberger Stifts. — KU.? — Schannat 120 f.	428
» 26	»	weist die Stadt Überlingen an, die [nächste Martini fällige?] Reichssteuer an Wilhelm v. Homburg zu zahlen. — KU.? — Not. RR. E 44ʳ. (sunt. nach fraw. t. annunc.)	429
» 27	»	verpfändet für treue Dienste dem Ritter Burkard v. Mannsberg, dem Landvogte in Schwaben des Hrz. Friedrich v. Österreich, bis auf Widerruf die Stadtsteuer v. Weil und den Rest der Stadtsteuer v. Rottweil, von der Mannsberg bereits 50 Gulden zu Lehen hat. — Ad m. d. r. Joh. Kirchen. — RR. E 44ʳ. (mo. nach fraw. t. annunc.)	430

1413		
März 27	vor Ariis	befiehlt der St. Rottweil, die nächsten Martinstag fällige Reichssteuer an Burghard v. Manns- berg zu zahlen. — KU. w. v. — B — Or. Stuttgart; vgl. RR. E 44ʳ. (id. dat.). **431**
» »	»	desgl. der Stadt Weil. — [KU. w. v.] — Not. RR. E ib. **432**
» 30	»	weist dem Hrz. Ulrich v. Teck die nächste Martini fällige Stadtsteuer v. Augsburg an. — KU. w. v. — Not. RR. E 44ʳ. (quinta fer. post f. annunc. Marie). **433**
		März 31 Meran: bestätigt Memmingen alle Privilegien. — Reg. Boic. 12, 137 falsch statt 1413 Aug. 4. **433a**
April 1	Udine	ernennt Johannes Franciscus Gonzaga, Reichsvikar v. Mantua, zum Befehlshaber (capi- taneus) der Schlösser Montichiari (Montisclarum), Carpenedolo, Visano, Calvisano, Isorella (Isobella), Ostiano (Ustianum), Gottolengo (Gotelengum), Pavone [del Mella], Porzano, Seniga, Virle Treponti (Virole), Algisum, Pralboino (Pratawoyni), Alfianello, Basiano, Manerbio, Verolavecchia (Virulaveteris), Longhena, Faverzano, Cignano, Capriolo, Castrezzato (Casterzagi) Quinzano [d'Oglio], Adro (Adriri), Paratico, Clusane sul Lago (Cluzani) und fordert die Be- satzung dieser Schlösser auf, jenem gehorsam zu sein. — Ad m. d. r. Joh. Chirchen! — RR. E 44ʳ. (prima die aprilis). — Ibid. noch die Notiz: ‚Item cuilibet castro de hic insertis scripta est specialis missiva, ut accepteent capitaneum nominatum et obediant sibi etc. — Ad m. d. r. Jo. Kirchen': doch vgl. nr. 435 ff. — Nach Hda. 22 d. Wien. Staats.-A. [nur Auss.] Arch. f. österr. Gesch. 59, 89 f. (s. d.) **434**
» 3	»	fordert die in nr. 434 einzeln genannten 26 Schlösser auf, dem zu ihrem Befehlshaber ernannten Reichsvikar v. Mantua Johann Franciscus de Gonzaga gehorsam zu sein. — Ad m. d. r. Joh. Kirchen — RR. E 46ʳ; vgl. die Not. zu nr. 434. — Die Aufforderung an Montichiari [nicht Montechiaro] nach Hds. 22 d. Wien. Staats.-A. Arch. f. österr. Gesch. 59, 91 f. (s. d.) (terc. die apr.) **435/460**
» 4	vor Ariis	ernennt Philipp v. Heimgarten (Platea) zum familiaris. — KU. w. v. — Not. RR. E 44ʳ. (quarta die aprilis). **461**
» 6	»	verspricht seinem Schwiegervater, dem Gr. Hermann v. Cilly, sowie dessen Söhnen Hermann u. Ludwig, welche ihm ihre Hilfe zugesagt, falls er mit den Hrz. Ernst u. Friedrich v. Öster- reich in Krieg käme, auch seinerseits Beistand. — KU. ? — RR. E 45ʳ mit der Rand- bemerkung: non transivit. (sechst. t. des aberellen). **461a**
» »	»	bestätigt dem Frauenkloster Sonnenburg (Sunnb-) die Privilegien. — Ad m d. r. Joh. Kirchen. — R — Or. Innsbr.; RR. E 45ʳ. (achtenden t. des aberellen). **462**
» 12	Udine	‚Feria quarta ante diem palmarum ... quando reversus fuit de campis ad Utinum in propria Fori Julii revocavit et cassavit omnes annuas pensiones et litteras usque ad predictam feriam desuper datas principibus comitibus baronibus nobilibus militibus et aliis quibuscunque: nullus enim illorum eo per totam hiemem in campo manente sibi servire gentibus subvenire aut in aliquo assistere aut se saltem per litterarii studuit exhibere seu renuntiare.' — KU. w. v. — RR. E 43ʳ. -- Vgl. Seeliger, d. dtsch. Hofmeisteramt 84. — [Einzelurkk?] **463**
» 17	bei Castelleto	schließt (auf Veranlassung des Kardinallegaten Branda u. der Gesandten des P. Johann XXIII., des ‚comes palatinus' Berthold Orsini u. Philippo Johannes del Bene aus Florenz) mit Vene- dig einen Waffenstillstand auf 5 Jahre, in den eingeschlossen werden der Patriarch Ludwig v. Aquileja, die Provinzen Aquileja u. Gr. Heinrich u. Johann Meinhard v. Görz u. Tirol, Gr. Friedrich v. Ortenburg, Johann Franz [v. Gonzaga] Reichsvikar in Mantua, Reinprecht v. Waisse, die Anhänger Sigmunds u. eine grosse Anzahl genannter Parteigänger der Venetianer. — [KU. w. v. — RR. E 44ʳ]. — Verci, Storia della marca Trivig. 19 Doc. 64 ff. (ex archivio episc. Canetensi); vgl. Aschbach I, 349 f. **464**
» »	«	verkündigt dem Rat v. Belluno den fünfjähr. Waffenstillstand mit Venedig. — KU. w. v. — Kop. Belluno. — Verci ib. Doc. 66; vgl. Reg. Forsch. z. dtsch. Gesch. 18, 220. **465**
» 21	Udine	ernennt den Edlen Ludwig de Crignotis aus Udine zum »sacri Lateranensis palacii et aule nostre et imperialis consistorii comitem« u. erteilt ihm das damit verbundene Vollmacht, No- tare zu ernennen, Unebliche zu legitimieren u. s. w. — KU. w. v. — RR. E 45. (21. die aprilis). **466**
» »	»	ändert demselben sein Wappen. — KU. w. v. — Not. ib. 45ʳ. **467**

4*

1413		
April 21	Udine (Wyden)	ernennt den Damianus M u l a c i u s alias de Valpono, Bürger zu Asti, zum comes palatinus. — W. v. **468**
»	»	desgl. den Mailänder Petrus de B o s u c i o. — W. v. **469**
Mai 2	»	verleiht dem Oswald v F r i t s a c h (Fres-), Hauptmann zu Tolmezzo (Schönfeld) u. zu Pieve di Cadore (Pleyff), wegen dessen treuer Dienste, die dieser im Kriege gegen Venedig ihm sowie dem Patriarchen Ludwig v. Aquileja u. dem Gr. Friedrich v. Ortenburg geleistet, ein Wappen. — Per Joh. Kirchen. — RR. E 47. (dinst. nach Phil. u. Jacob). **470**
» 3	»	nimmt Christoph R ü k e r s, Bürger zu Pordenone (Portus Naonis), unter seine familiares auf. — Ad m. d. r. Joh. Kirchen. — Not. RR. E 48ᵛ. (quinta mai). **471**
» 6	»	nimmt den »Knecht« seines verstorbenen Vaters und seines Bruders Wenzel Klaus Karlstein »marschalk der wapen« gleichfalls zu seinem Knecht an u. verleiht ihm Geleit u. Zollfreiheit. - Per Jo. Kirchen. — RR. E 47ᵛ. (sampst. nach Phil. u. Jacobi t.) **472**
» »	»	desgl. den Knecht seines Bruders Wenzel, den Herold Konrad L ü t z e m b u r g. — KU. w. v. — Not. ib. (id. dat.) **473**
» »	»	bestätigt den Brüdern Martin, Benvenuto, Franz u. Jacob de P e c c o r i n i s aus Mantua die Grafschaft Medole (Medularum) in der Brixener Diözese samt dem Hofe Cassano. — Jo. Kirchen. — RR. E 63ᵛ. (8. die maji). **474**
» 11	»	schenkt seinem familiaris Mandolus de F r a n c h i s aus Padua das Schloss G a b i a n o in der Brixener Diözese. — Ad m. d. r. Joh. Kirchen. — RR. E 54ᵛ. (11. d. mai). **475**
» 12	»	nimmt die Brüder Ludwig u. Ubert de S t r o c i i s unter seine familiares auf. — KU. w. v. — Not. RR. E 48ᵛ. (12. d. mai). **476**
» 13	»	ermahnt die V e n e t i a n e r, den Waffenstillstand treu zu halten, besonders weil er gehört, dass Pandulf Malatesta, [Herr v. Rimini] nach der Lombardei gezogen sei, um von hier aus die Herrschaft Brixen anzugreifen. — KU. ? — Venedig St. A.: Deliberazioni 5, f. 130. — Vgl. Finke, Forschungen u. Quellen z. G. d. Konst. Konzils 10. **477**
» 14	»	nimmt die St. G e n u a, welche sich, da die Reichsgewalt sich nicht regte, in den Schutz des Kg. Karl v. Frankreich begeben hatte, wieder für das Reich in Anspruch u. erklärt alle ohne seine Zustimmung v. Genua abgeschlossenen Verträge, Verkäufe u. s. w. für ungiltig. — Ad m. d. r. Joh. Kirchen. — RR. E 55ᵛ. (14. d. mai). **478**
» »	»	bestätigt Nicolaus de S o l d o n e r i i s eine [nicht näher bezeichnete] Urkunde des Pipo v. Ozora, verzeiht ihm seine [politischen] Vergehen u. nimmt ihn wieder zu Gnaden an. — KU. w. v. — Not. RR. E 54ᵛ. (14. d. mai). **479**
» »	»	verzeiht dem Articus v. C a s t e l l o in Frisul, da derselbe sich sonst um das Reich u. die Kirche zu Aquileja grosse Verdienste erworben, sowie dessen Komplizen gegen Zahlung v. 20000 Dukaten eine Anzahl Übelthaten (Überfälle, Morde) u. giebt ihm seine Besitzungen mit Ausnahme des Schlosses Trecenta wieder. — Ad m. d. r. Joh. prep. etc. vicecanc. — RR. E 54. (id. dat.) **480**
» 15	»	nimmt die Gr. v. P o r c i l e (de Porcellis, »quos necessitas olim in rebellione tenuerat potius quam voluntas«) wieder zu Gnaden an u. giebt ihnen ihre Besitzungen wieder zurück. — Ad m. d. r. Joh. Kirchen. — RR. E 54ᵛ; am Rande: hec littera non est extracta. [= non transivit?] (15. die mai). **481**
» 16	»	setzt dem natürlichen Sohne des Gr. Ludwig v. Savoyen u. Fürsten zu Achaja, Ludwig, Herrn zu P a n c a l i e r i (-lerum) für seine Dienste ein Jahrgeld v. 500 ungar. Gulden aus. — KU. w. v. — RR. E 54ᵛ. (16. die mai). **482**
» »	»	desgl. dem Petrus B o i a n i, dem Herrn des Schlosses S. Arbani [= Arba?] ein Jahrgehalt v. 200 Gulden. — KU. w. v. — Not. ib. (id. dat.) **483**
» »	»	verpfändet dem Nicolaus u. Ludwig v. S t r a s s a l d o um 500 Dukaten den Turm Zone (Zonus, am Rande: Zoyns) nebst allem Zubehör. — KU. w. v. — RR. E 54ᵛ u. 55ᵛ. (16. d. mai). **484**
» 17	»	nimmt unter seine familiares auf:
		den Christoferus de A r i f a b e n i s, Secretär des Herrn v. Mantua **485**
		den Mandolus F r a n c h i (de Frankis) **486**

1413			
Mai 17	Udine (Wyden)	den Ritter Antonius de Lanfrankis	487
		den Dr. med. Martinus de Pectorialis u. dessen Bruder Benvenuto	488
		den Cyprianus Spinola (de Spinellis)	489
		den Ritter Amoratus de Torellis.	490

— KU. w. v. — Not. RR. E 48ᵛ. (17. d. mai).

» » macht dem Deutschordens-Hochmeister Vorwürfe, dass der Meister v. deutschen Landen ihm nicht, wie verabredet, am 2. April in Frankfurt 12500 Schock böhm. Groschen bezahlt hat, welche Summe er zu seiner Krönung hätte verwenden wollen, u. beauftragt ihn, diese Summe nunmehr an Anton Front aus Florenz, von welchem er sie »nicht mit kleinem unserm schaden« geliehen, zu bezahlen. — KU. w. v. — o. R. doch vgl. nr. 496. — Or. Königsb. — (künft.) Mitteil. d. Inst. f. österr. Gesch. Erg.-Bd. 5. (sibezusch. t. d. meyen). **491**

» 18 » ernennt den Franciscus Giustiniani (de Justiniano) aus Genua sowie dessen Nachkommen zu lateranensischen Pfalzgr. mit den üblichen Befugnissen. — KU. w. v. — RR. E 46ᵛ. (die mai 18). **492**

» 19 » desgl. den Dr. iur. Johannes de Silvaticis aus Genua. — KU. w. v. — Not. lb. (19. die mai). **493**

» » desgl. die Brüder Paul Raphael u. Baptist de Montaldo aus Genua. — W. v. **494**

» » verleibt der St. Gemona (Cle-) die Verwaltung (castaldia) des Dorfes Buja u. die Herrschaft Garitis (=?) mit allem Zubehör, wie sie dem jetzigen Rebellen Tristan v. Savorgnano einst durch den Patriarchen v. Aquileja verpfändet war. — Ad m. d. r. Jo. prep. a. Stephani vicecanc. — RR. E 49. (19. die mai). **495**

» 20 » macht dem Deutschordens-Hochmeister Vorwürfe ... wie nr. 491 (ident. bis auf d. Dat.; 2 Ausfert.?) — RR. E 49ᵛ. (20. t. d. meyen). **496**

» 23 » verleiht dem Ritter Wenzel v. Spilimbergo (Spennin- agri Aquilegie) das obere u. untere Backhaus (Gasthaus) an der Strasse durch Carnien (furnum superiorem et inferiorem contrate Carnee) nebst allen Rechten, welche früher die Rebellen Tristan u. Franz v. Savorgnano besessen haben, sowie alle Güter in dem Bezirk (gastaldia) Sacile. — Per Joh. prepos. — RR. E 48ᵛ. (23. d. mai). **497**

» 24 » schenkt der St. Udine zum Lohne für ihre treuen Dienste die in ihrem Gebiet gelegenen, v. ihm eingezogenen Güter der Rebellen Tristan u. Franz v. Savorgnano, soweit sie den Wert v. 3000 Dukaten nicht übersteigen, u. ernevert die v. ihm gegen die Rebellen erlassenen Sentenzen. — Ad m. d. r. Jo. prep. a. Stephani vicecanc. — RR. E 47ᵛ u. 48ᵛ. (24. die mai). **498**

» » stellt dem Carlo de Albertinis, Gr. v. Prato, der dem Bertold Orsini, Gr. v. Suana, zum Unterhalt der königl. Truppen 6600 Dukaten geliehen, einen Schuldbrief aus. — KU. w. v. — ib. 48ᵛ. (id. dat.) **499**

» » verpfändet das den Rebellen abgenommene Schloss Trecenta um 2000 Dukaten an Ulrich, Articus, Rizard, Odericus, Doymus u. Jacobus v. Porpetto. — Per Joh. prepos. — RR. E 48ᵛ. (id. dat.) **500**

» » nimmt den Galassius de Piis aus Carpi unter seine familiares auf. — Per Joh. Kirchen. — Not. ib. (id. dat.) **501**

» » desgl. den »honorabilis« Grasso. — W. v. **502**

[Mai] » ernennt den Georg de Benczoninus, Gr. v. Pandino, zum Reichsvikar v. Crema. — KU? — RR. E 55ᵛ. (s. die); am Rande: non transivit, aber wieder ausgestrichen; unter dem Text steht: „Et ista littera cum comitatu castri Pandini et littera armorum pro eodem fuerunt expedita Placentie penultima die februarii anno domini etc. 14, sed principales, datam Utini; postea vero portate fuerunt de Placentia ad Cremonam per d. Bertoldum de Ursinis et d. Cremonensem, sed per eosdem in pecias lacerate etc.' **503**

? ? belehnt die Gr. Ugolino u. Roberto v. Planaui mit Planani u. den andern dazu gehörigen Gütern. — KU? — [nicht in RR] Nach Hds. 22 d. Wiener Staats-A. Arch. f. österr. Gesch. 59, 88 f. (s. d. et l.) **504**

1413		
Mai?	?	beschränkt die von der Communität v. Friaul an den Podesta zu zahlende Steuer auf 70 Livres. — KU? — [Nicht in BR] Nach ders. Hds. ib. 92. (s. d. et l.) **505**
Mai 27	Feltre	belehnt die Brüder Francesco, Bartolomeo u. Antonio v. Savorgnano in Friaul mit den von ihren Oheimen Tristan u. Franz v. S. wegen deren Rebellion heimgefallenen Gütern. — KU? — [Nicht in BR] Nach ders. Hds. ib. 86 ff. **506**
» 30	Serravalle (Prov. Venedig)	empfiehlt die Brüder Anton, Franz, Johann u. Bartholomäus, Söhne des Nicolaus de Baldana u. Bürger zu Udine, welchen er Güter der Rebellen Tristan u. Franz de Savorgnano um 680 Dukaten verpfändet hat, dem Schutze der St. Udine betr. dieser Güter. — Ad m. d. r. Jo. prep. s. Stephani vicecanc. — RR. E 51ʳ. (penultima mai). **507**
» 31	»	erteilt dem Scholaren Wolfgang, dem Sohne des Johannes aus Lack (Lok), erste Bitten an den Patriarchen v. Aquileja. — Ad m. d. r. Petr. Wacker. — Not. RR. E 48ʳ. **508**
» »	»	nimmt den Johannes Bellus aus Padua unter seine familiares auf. — W. v. **509**
Juni 1	Udine	nimmt Johannes Skilling aus England gegen ein Jahrgehalt v. 300 Goldgulden unter seine familiares auf. — Ad m. d. r. Joh. Kirchen. — Not. RR. E 48ʳ (prima jun.) **510**
» 4	Belluno (civitatbellum)	befreit den Andreas u. Miniginius, Söhne des † Sigifredus Caretti aus Serravalle, von der Zahlung eines jährlichen Zinses, der auf den ihrem Vater vom Reiche verliebenen Besitzungen zu Serravalle lastete. — Ad m. d. r. Jo. prep. s. Stephani vicecanc. — RR. E 51ʳ. (quarta junii). **511**
		Juni 4: nimmt den Johannes Miari (de Miliari), Bürger zu Belluno, unter seine familiares auf. — KU? — Not. ib. (id. dat.) s. no. 515. **511 a**
» »	»	befiehlt dem B. u. Kapitel zu Feltre, dem Clemens, Sohn des Paul Miari, Canonicus zu Belluno, eine Pfründe zu verleihen. — [Ad m. d. r. Jo. prep. s. Stephani vicec. — Not. RR. E 50ʳ]. — Nach Hds. im Mus. zu Belluno Reg.: Forsch. z. dtsch. Gesch. 18, 220. **512**
» »	»	desgl. dem B. u. Kapitel zu Belluno für Nicolaus Mariul. — KU. w. v. — Not. RR. ib. (quarta d. jun.) **513**
		Juni 5: verpfändet dem Gr. Heinrich v. Görz u. Tirol sowie dessen Kindern die Hauptmannschaft über Belluno, Feltre, Serravalle u. s. w. — Ad m. d. r. Michel de Priest. — RR. E 49ʳ. (mo. vor pfingst.) Ist nach Or. am 23. Juni ausgestellt. **513a**
» 5	»	bestätigt Zanobius Gerardi aus Florenz die Schenkung eines einem Rebellen abgenommenen Hauses zu Serravalle durch Pipo v. Ozora. — KU. w. v. — Not. ib. (5. die jun.) **514**
» »	»	ernennt Johann, Sohn des Paul Miari, zu seinem familiaris. — [Ad m. d. r. Mich. de Priest. — Not. RR. E 50ʳ; vgl. nr. 511a]. — Nach Hds. des Mus. zu Belluno Reg.: Forsch. z. dtsch. Gesch. 18, S. 220, no. 12. **515**
» »	»	spricht dem Pfalzgrafen bei Rhein Ludwig sein Befremden darüber aus, dass geistliche u. weltliche Unterthanen in seinen Gebieten u. der in ihm unterstellten Landvogtei Elsass, besonders die Klöster Maulbronn u. Selz, vielfach beschwert werden, u. Kaufleute, die den Rhein zwischen Strassburg u. Speier befahren, höhere Zölle u. Geleitsgelder, als bisher üblich gewesen, zahlen müssen; befiehlt, diese Uebelstände abzustellen. — [Ad m. d. r. Petr. Wacker. — RR. E 53ʳ.] — Reg.: (auch?) Janssen, Frankfurts Reichskorr. 1, 453. **516**
» 6	»	belehnt den Haman Erlin aus Colmar mit Renten im Dorfe Sigolsheim (Sygolczen) bei Kiensheim (Kunß-). — Ad m. d. r. Mich. de Priest — Not. RR. E 51ʳ. (fer. terc. ante pentecostes). **517**
» »	»	belehnt den Dietrich Weitmühl (Wytenmöle) mit allen in seinem Besitz befindlichen [nicht näher bezeichneten] Reichslehen. — W. v. **518**
» »	»	verzeiht einem Ungarn namens Sigmund einen verübten Raub. — KU? — RR. E 58ʳ. (6. die junii) **519**
» »	»	quittiert der St. Serravalle den Empfang des seit Weihnachten erhaltenen Weines. — Ad m. d. r. Jo. prep. etc. — Not. ib. 49ʳ. (6. die jun.) **520**
» »	»	bestätigt den Guilelmus de Topalicho den Kauf einer Wiese, die einst dem Tristan v. Savorgnano gehört hatte. — Ad m. d. r. Mich. de Priest. — Not. ib. (id. dat.) **521**
» 7	»	nimmt Rainaldus de Fremo unter seine familiares auf. — Ad m. d. r. Jo. prep. s. Stephani vicecanc. — Not. RR. E 50ʳ. (7. d. jun.) **522**

1413		
Juni 7	Bellano	schenkt Andreas v. Sbrojavacca (Sbrogla-), Kanonicus zu Udine, das Dorf Bodrio u. einige kleinere Besitzungen, die einst dem [Rebellen] Tristan v. Savorgnano gehört haben. — Ad m. d. r. Jo. prep. etc. — Not. ib. 54ʳ. (7. die jun.) **523**
» 10	Feltre	bestätigt dem Burkart v. Mansberg die Urkunde Kg. Ruprechts v. 1406 Nov. 9. [50 Gulden der Rottweiler Reichssteuer; vgl. Chmel, Regesta Ruperti nr. 2214], durch welche er ein Jahrgehalt ausgesetzt erhalten. — Ad m. d. r. Petr. Waker. — RR. E 53ʳ u. 54ʳ bezw. Not. 49ʳ. (sampst. vor Veit bezw. sabbato ante Viti.) **524**
» 15	Bellano	bestätigt der St. Serravalle ihre Privilegien u. Besitzungen. — Ad m. d. r. Jo. prep. s. Stephani. — RR. 51ᵛ u 52ʳ. (die 15. jun.) **525**
		Juni 17 Cremona: beglaubigt bei Hagenau, Colmar, Weissenburg, Schlettstadt, Kaisersberg u. s. w. seinen Protonotar u. Secretär Johannes Kirchheim. — Schaab, Rhein. Städtebund 2, 377 ff. falsch statt 1414 Jan. 20. **525a**
» 18	Feltre	nimmt den Ritter Johann v. Heudorf unter seine familiares auf. — Ad m. d. r. Jo. prep. s. Stephani vicecanc. — Not. RR. E 50ʳ. (1ʰ. d. jun.) **526**
»	»	bestätigt dem Ludwig, Sohn des Rizard, v. St. Bonifacio, Gr. zu Verona, alle Lehen, Rechte u. Privilegien. — KU. w. v. — Not. ib. 53ʳ. (id. dat.) **527**
»	»	macht dem Hochmeister des Deutschordens Heinrich v. Plauen nochmals [vgl. nr. 491] Vorwürfe, dass gegen sein Versprechen der Deutschmeister das ihm zukommende Geld in Frankfurt nicht bezahlt habe, trotzdem er (Sigmund) soviel für den Orden gethan; bittet um baldige Zahlung u. Ersatz der Unkosten. — o. KU! — Or. Königsberg. — Ausz. Voigt, Gesch. Preussens 7 (1836), 203. **528**
» 20	»	bestätigt Marcellus u. Rafetus Gr. v. Ripa (Ripa) ihre Privilegien. — Ad m. d. r. Jo. prep. s. Stephani etc. — Not. RR. E 53ʳ. (20. d. jun.) **529**
»	»	desgl. dem Victor u. Modestus v. Cesana (di Brianza? Czesana). — KU. w. v. — Not. ib. 53ʳ. (id. dat.) **530**
»	»	erhebt den Julius, den Sohn des Guilelmus Sozagno de Romandellis aus Orta, Diözese Novara, zum ,comes palatinus'. — KU. w. v. — Not. ib. 50ʳ. (20. d. jun.) **531**
»	»	schenkt dem Hauptmann v. Udine Christophorus Valentini de Valentinis einige Güter [der Rebellen] Tristan u. Franz v. Savorgnano. — KU. w. v. — Not. ib. 55ʳ. (20. d. jun.) **532**
» 21	»	teilt dem Patriarchen Ludwig v. Aquileja mit, dass er dem Prager Kaufmann Johann Öttlinger, bezw. dessen Untergebenen erlaubt habe mit Waaren, die sie in Venedig erworben, auch in den Aquileja benachbarten Häfen und zwar zollfrei zu landen, und ersucht dieses Privileg zu beachten. — Ad m. d. r. Mich. de Priest. — RR. E 53ʳ. (21. d. jun.) **533**
»	»	schenkt den Brüdern Anton u. Jakob de Crignotis einige Besitzungen [des Rebellen] Tristan v. Savorgnano zu Mogliano (Muglano), Monfalcone u. s. w. — Ad m. d. r. Jo. prep. etc. — Not. RR. E 55ʳ. (21. d. jun.) **534**
»	»	schenkt dem Wilhelm v. Prata in Firmano [=— Frisano?] gelegene Güter der Rebellen Tristan u. Franz v. Savorgnano. — Ad m. d. r. Jo. prep. s. Stephani. — Not. RR. E 51ᵛ. (21. d. jun.) **535**
» 22	»	bestätigt den Verkauf der den Venetianern weggenommenen Saline zu Feltre durch Mixo v. Jemenitz, (Gemyst), Hauptmann zu Sohl (Solien), an Philippinus de Flammea u. den Notar Balthasar de Lusia, Bürger zu Feltre, welche ihm 55 bezw. 70 Dukaten dafür gezahlt. — Ad m. d. r. M. de Priest. — RR. E 55ʳ. (22. d. jun.) **536**
»	»	verpfändet seinem Schwager dem Grafen Heinrich v. Görz u. Tirol sowie dessen Kindern für sein Guthaben v. 16000 Goldflorinen die Hauptmannschaft u. volle Gerichtsbarkeit über Belluno, Feltre, Cordignano, Serravalle u. die Grafschaft Zimella (Gymmel). — [Ad m. d. r. Pe. Wacker — R — Or. Wien H. H. u. St.-A.; RR. E 49ᵛ z. 5. Juni u. mit anderer KU.; vgl. nr. 513ᵃ] — Verci, Storia d. marca Trivig. 19, Doc. 67 ff. (nach Vidimus v. 1414 Jan. 16); vgl. auch Reg. (nach Kop. Bellano) Forsch. z. dtsch. Gesch. 18, 220. **537**
»	»	bestätigt der Familie de Ponte zu Belluno ein Privileg Karls IV [nicht bei Böhmer-Huber]. — Ad m. d. r. Mich. de Priest. — Not. RR. E 49ᵛ. (23. d. jun.) **538**

1413			
		Juni 23: bestätigt dem Kaspar v. Cliugenberg seine Privilegien [vgl. Juni 26.] — Ad m. d. r. Pe. Wacker. — Not. RR. E 57ʳ (in vigil. Joh. Bapt.) — nach Or. am 19. Aug. zu Chur ausgestellt.	538a
Juni 23	Feltre	bestätigt dem Johann Truchsess v. Diessenhofen gen. Molli, dessen Gemahlin Ursula sowie [deren Schwestern?] Adelheid Beatrice u. Anna v. Hohenfels ihre Privilegien. — KU. w. v. — Not. ib. 53ʳ. (id. dat.)	539
» 25	Trient	schreibt dem Rat der Edeln v. Feltre zu Gunsten der Villa Primolano. — KU. ? — Verci. Storia della marca Trivig. 19, Anh. 69 ff.	540
» 26	»	erneuert das Familien-Bündnis mit Frankreich. Aschbach 1, 357 s. 1414 Juni 25.	540a
»	»	ernennt den Otto v. Milch, Pr. zu Würzburg, zu seinem Rat u. Hofgesind. — Ad m. d. r. Petr. Wacker. — 2malige Not. RR. E 50ʳ. (26. d. jun. a. 25†)	541
»	»	nimmt den Kaspar Schlesser, Hauptmann zu Feltre, unter sein Hofgesinde mit einem Jahresgehalt v. 100 Gulden auf. — Ad relat. d. Mixonis de Gemyst Mich. de Priest. — Not. ib. (die lune ante Petri et Pauli.)	542
»	»	desgl. den Gr. Johann v. Pratta mit einem Gehalt v. 500 Dukaten. — Ad m. d. r. Joh. prep. etc. — Not. ib. (26. die jun.)	543
»	Feltre	desgl. den Ludwig de s. Bonifacio, Gr. zu Verona, mit demselben Gehalt. — Per Joh. prep. etc. — Not. ih. (ib. dat.)	544
		Juni 26: bestätigt Kaspar v. Klingenberg alle Privilegien. [vgl. Juni 23] — Not. RR. E 51ʳ (fer. sec. ante Petri et Pauli) — nach Or. am 19. Aug. in Chur ausgestellt.	544a
»	»	nimmt den Gr. Johann Meinhard von Görz u. Tirol zu seinem Rat u. Diener gegen ein Jahrgehalt v. 2000 Gulden an. — Ad m. d. r. Pe. Wacker. — R — Or. Wien H. H. u. St.-A.; Not. RR. E 51ʳ. (mont. vor Peters u. Pauls t.)	545
» 27	Trient	bevollmächtigt den B. Georg v. Trient u. den Dr. iur. Ottobonus de Bellonis zur Abschliessung v. Verträgen u. s. w. in seinem u. des Reichs Namen in Italien u. besonders in der Lombardei. — Ad m. d. r. Joh. prep. s. Stephani vicecanc. etc. — o. R — Or. ib. (die vigea. sepi. jun.)	546
» 29	»	verleiht den Brüdern Erculus u. Busardus de Camino, Gr. zu Ceneda, das Schloss Costa [di Rovigo] u. giebt ihnen die Besitzungen (Schloss Fregona) wieder, welche ihr Vater Gerhard besass, als der Krieg zw. Kg. Ludwig v. Ungarn u. den Venetianern ausbrach. — Ad m. d. r. Jo. prep. s. Stephani. — RR. E 52ʳ. (penultima jun.)	547
» 30	»	verleiht den Brüdern Franz, Bartholomäus u. Anton v. Savorgnano die Güter der Rebellen Nikolaus, Colantus (der Söhne Tristans) u. Franz v. Savorguano. — KU. w. v. — RR. E 52ʳ. (ultima jun.)	548
»		verleiht dem Wilhelm v. Pratta das Schloss Flagogna (Flagone), ein Haus in Udine u. Güter u. Zehnten zu S. Vito, früher sämtlich im Besitze der Rebellen Tristan u. Franz v. Savorgnano bzw. des Gnarnerius v. S. Daniele. — W. v.	549
		Juni 30 Prenzlau: vereinigt sich wie Friedrich v. Nürnberg als Verweser v. Brandenburg mit Hrz. Otto II. u. Casimir V. zu Stettin behufs Ausgleichung ihrer Streitigkeiten zu einem Kompromiss durch Hrz. Rudolf v. Sachsen u. Hrz. Bogislaw VIII v. Pommern. — Or.* Stettin. Stadt-A. — Reg. Mon. Zollerana 8, 379 — wohl Urk. des Nürnberger Burggr.	549a
[Juni]	?	bestätigt dem Schenken des Hrz. Friedrich v. Österreich Georg Kurz sein Wappen. — Ad m. d. r. Pet. Wacker. — Not. RR. E 50ʳ. (s. d. et l.)	550
Juli 2	Trient	verleiht den Söhnen des Victor de Mercato aus Feltre Stefan Johann u. Franz verschiedenen Rebellen abgenommene Güter im Gebiet von Belluno. — Ad m. d. r. Jo. prep. s. Steph. vicec. — Not. RR. E 53ʳ. (sec. jul.)	551
		Ist Kg. Sigmund v. Trient nach Salzburg gezogen, wie Aschbach 1, 357 annimmt auf Grund v. Windecke s. 27 u. der Urk. bei Kurz, Österreich unter Kg. Albrecht II. 1, 189? In letzterer ist aber von einer Anwesenheit Sigmunds in Salzburg gar nicht die Rede. — In den Juli muss übrigens der Besuch Sigmunds bei Hrz. Friedrich v. Tyrol in Innsbruck fallen; vgl. Windecke 49 f. Nach diesem soll S. von Innsbruck nach Brixen gezogen sein.	551a

1413

Juli 12: Bern schreibt an Basel, dass Kg. Sigmund „unsern ... eitgenossen u. úns ver-
schriben u. sin ... botschaft bi uns gehabt hat, nemlich denen v. Zürich v. Lazern v. Solotron
v. Ure v. Switz v. Underwalden u. uns (Bern) u. hatt an úns alle gar ernstlich gevordret, das
wir ime fürderlichen unser hilffe mit macht senden u. tün wellen wider Lamparten u. wider
den herren v. Meylant.' Die Eidgenossen zeigen wenig Lust zu reisen u. wollen deshalb sowie
wegen Bestätigung ihrer Privilegien durch eine bes. Botschaft beim Kg. vorstellig werden.
Bern empfiehlt den Boten. Orig. Basel. *Thommen.*   **551b**

» 22   Botzen   teilt den **S c h w e i z e r** Eidgenossen (den Städten u. Thälern Zürich, Bern, Lazern, Solothurn,
        (Bolsano,   Uri, Schwyz, Unterwalden ob u. nid dem Kernwald) mit, dass, nachdem sie durch seinen Boten
        Pulsan)   Philipp v. Heimgarten v. dem Zuge, den er nach Lamparten zur Sicherung der Strassen unter-
                   nehme, in Kenntnis gesetzt worden seien u. ihre Boten hierauf am 21. Juni in Lazern u.
                   wieder am 5. Juli getagt hätten, er am 2. August in Chur sein u. den Zug ordnen werde. Er
                   bietet sie auf diesen Tag nach Chur auf, indem er sie an ihre Zugehörigkeit zum Reich, die
                   Dienste ihrer Vorderen u. die vom Hrz. v. Mailand zugefügten Gewaltthaten erinnert. — Ad m.
                   d. r. Joh. Kirchen. — Or. Bern. *Türler.*   **552**

» 24   »   gebietet der St. **L i n d a u**, die am nächsten Martinstage fällige Reichssteuer an Ritter Hermann
                   v. Breitenstein oder dessen Bevollmächtigte zu zahlen. — [KU. w. v. — R — Or. München
                   R.-A.; Not. RR. E 50⁷] — Reg. Boic. 12, 143.   **553**

»   »   gebietet der St. **W e i n s b e r g** ihre am nächsten Martinstag fällige Reichssteuer an Engelhard
                   u. Konrad v. Weinsberg zu zahlen. — KU. w. v. — Not. RR. ib.   (fer. sec. ante Jacobi.)
                                                                                  554

» 25   Meran   empfängt in Meran (Ameron) die Gesandten der St. Bern u. Zürich: Justinger, Berner Chronik
                   213. Richtig? — Vgl. nr. 565 u. 567.   **554a**

» 28   Botzen   befiehlt der St. **N ü r n b e r g** die am Martinstag fällige Reichssteuer (2000 Gulden) dem Burggr.
                   Friedrich v. Nürnberg zu entrichten. — [Ad m. d. r. Joh. Kirchen] — R? — Or.ᵃ Nürnb.
                   Kr.-A.; [Not. RR. E 50⁷] — Reg. Boic. 12, 143; Mon. Zoll. 7, 192.   **555**

                        desgl. **D i n k e l s b ü h l**   **556**
                           H a l l   **557**
                           N ö r d l i n g e n   **558**
                           R o t h e n b u r g a. T.   **559**
                           S c h w e i n f u r t   **560**
                           W e i s s e n b u r g   **561**
                           W i n d s h e i m   **562**
                        — KU. w. v. — Not. RR. ib.   (fer. sexta post Jacobi.)

»   »   befiehlt der St. **U l m** ihre nächste Martini fällige Reichssteuer an Ehrenfried v. Seckendorf zu
                   zahlen. — KU. w. v. — Not. RR. ib.   (id. dat.)   **563**

»   Brixen   belehnt den B. Ulrich v. **B r i x e n** mit den Regalien. — [KU. w. v. — R — Or. Innsbr.; Not.
                   RR. E 59⁷.] — Vgl. Sinnacher, Beitr. z. G. d. bisch. Kirche v. Säben u. Brixen 6, 45 sowie
                   zum Brixener Aufenthalt Windecke 50 f.   **564**

» 31   Meran   verleiht dem Hans Pyencznower das Schloss Kempnaten [?] — KU. w. v. — Not. RR. E 57⁷.
                   (mo. vor Pet. ad vinc.)   **565**

Aug. 1   Botzen   nimmt Johann **K i r c h h o f** unter seine familiares auf. — Ad relat. d. Myzonis [de Gemyat]
                   Jo. Kirchen. — Not. RR. E 50⁷.   (prima d. aug.)   **566**

»   »   entsetzt den Urz. Hervoya v. **S p a l a t o** seiner Würden wegen seiner Untreue, nimmt die treue
                   St. Spalato in das Königreich Ungarn auf u. verspricht sie niemals wieder davon loszulösen.
                   — KU? — (Jo. Lucius, de regno Dalmatiae libr. 5, p. 267 ⸗) Dumont, Corps dipl. du droit
                   des gens 2, 1, 357 f.   (die römischen Jahre falsch.)   **566a**
                   Aug. 2: wollte an diesem Tage in Chur sein; vgl. nr. 552.   **566b**

» 3   Meran   verleiht dem Hans v. **K ö n i g s e g g** (Kunigseck) u. dessen Frau Elsbet Wiesen bei Schwabeck
                   (Swabek) die Vogtei zu Schwabmünchausen u. Kitzighofen (Kytzin-). — Ad m. d. r. Joh.
                   Kirchen. — Not. RR. E 55⁷.   (dat. zweifelhaft.)   **567**

1413		
Aug. 3	Meran	bestätigt (demselben?) den Zoll zu Marstetten (Mor-). — KÜ. w. v. — Not. lb. (don. nach Peters t. ad vinc.) **568**

Aug. 3: bestätigt die Privilegien der St. Aalen Biberach Bopfingen Giengen Gmünd Kaufbeuren Kempten Memmingen Pfullendorf Ravensburg Wangen Weil Weissenburg. — Not. RR. E 56ʳ; dsgl. der St. Ulm RR. E 56 (3. aug., aber dtsch. Urk.) — Soweit die Originale erhalten sind, tragen sie das Datum 4. Aug.; voraussichtlich werden die nicht im Or. erhaltenen Urk. dieses Datum auch getragen haben. **568a**

Aug. 3: desgl. der St. Bern Solothurn u. Zürich. — RR. E 56 = Reg. Samml. d. ält. eidg. Abschiede 1², 138. — Das Dat. der Orr. ist 7. Aug. **568b**

bestätigt der St. Rothenburg a. T. alle Rechte u. Privilegien u. verleiht ihr die (einzeln aufgeführten) Reichslehen Dottenheim, die beiden Nesselbach u. a. Dörfer, Weiler, Leute u. Güter, die sie v. Gerlach u. Gottfried v. Hohenlohe überkommen hat, dann auch die Lehen zu Eibelstadt. — Ad m. d. r. Joh. Kirchen. — R? — Or.° Nürnberg Kr.-A.; [RR. E 56ʳ dritten Tage des angsten.) — Reg. Boic. 12, 202. (falschl. zu 1415 Aug. 4.) **569**

| | 4 | » | bestätigt den folgenden schwäbischen u. elsässischen Reichsstädten ihre Privilegien — Ad m. d. r. Joh. Kirchen. (fr. vor Sixten.) |

Aalen — Not. RR. E 56ʳ; vgl. nr. 568a. **570**

Biberach — R — Or. Stuttgart; Not. RR. w. v. **571**

Bopfingen — Not. RR. w. v. **572**

Buchhorn — [R — Or. Stuttgart;] Vid. v. 1413 Aug. 26 Buchhorn; vgl. Schriften d. Ver. f. den Bodensee 14. Anhang Buchh. Reg. 11; [Not. RR. E 56ʳ z. 6. Aug.) — Lünig R. Arch. P. spec. Cont. 4. T. 1, 311. **573**

Ebenheim s. Oberehnheim

Giengen — [R — Or. Stuttgart; Not. RR. E 56ʳ; vgl. nr. 568ª] — Lünig. R. A. P. spec. Cont. 4 T. 1, 834. **574**

Gmünd — Not. RR. w. v. **575**

Hagenau — [R — Or. Hagenau, *Hanauer*]; Not. RR. E 57ʳ z. 9. Aug. **576**

Kaisersberg — Not. RR. w. v. **577**

Kaufbeuren — [R — Or. München K.-A.; Not. RR. E 56ʳ z. 3. Aug.] — Reg. Boic. 12, 145. **578**

Kempten — [R — Or. ib; Not. RR. w. v.] — Reg. ib. **579**

Lindau — [R — Or. u. Vid. v. 1415 Aug. 29 ib.; Not. RR. E 56ʳ z. 6. Aug.;] Kop. bei Jak. Lins, Aufzeichnungen: Lindau St.-A. — Reg. Würdinger, Urkk.-Auszüge z. G. d. St. Lindau 60. **580**

Memmingen [o. KÜ! — R — Or., Vid. des Abtes Nikolaus v. Ochsenhausen v. 1414 Juli 24 ib. u. Vid. des Jäck Hewt Landrichters in der Grafschaft Marstetten v. 1417 Mai 24 ib; Kop. Memmingen *Magistr.*; Not. RR. E 56ʳ z. 3. Aug.] — Reg. Boic. 12, 145 u. 137. (falschl. zu März 31.) **581**

Mülhausen — R — Or. Mülhausen; [Not. RR. E 57ʳ z. 9. Aug.] — Mossmann, Cartulaire de Mulhouse 1, 455 f. **582**

Münster im Gregorienthale. — R — Or. u. 2 Abschr. (Privilegienbücher). Münster i. Ober-Els.: Not. RR. w. v. **583**

Oberehnheim. — Kop. [vorgel. 1433 Nov. 2 zur Bestätigung dat. Nov. 4] eingeheftet in RR. J zᵛ 98ᵛ u. 99ᵛ; Not. RR. E w. v. **584**

Pfullendorf — R — Or. Karlsruhe; [Not. RR. E 56ʳ z. 3. Aug.] — Reg. Ztsch. f. G. d. Oberrheins 31, 40 u. NF. 3, 436. **585**

Ravensburg. — [Vid. des Heinr. Höwdorfer, Landrichters im Hegau, im Name d. Gr. Eberhard v. Nellenburg v. 1414 Febr. 1; Vid. des Egloff v. Wartenberg gen. v. Wildenstein als Stellvertreter des Rottweiler Hofrichters Joh. v. Sulz v. 1414 Mai 4 u. Vid. des Rottweiler Hofrichters Joh. v. Sulz v. 1435 Dez. 1 Stuttgart; Not. RR. E w. v.] — Lünig, RA. P. spec. Cont. 4. T. 2, 220 f. **586**

1413			
Aug. 4	Meran	Rorheim. — Not. RR. E 57ᵛ z. 9. Aug.	587
		Schlettstadt. — [R — Or. Schlettstadt *Geny;*] Not. RR. w. v.	588
		Selz — Not. RR. w. v.	589
		Türkheim — W. v.	590
		Überlingen — R — Or. Karlsruhe; [Not. RR. E 56ᵛ z. 6. Aug.] — Reg. Ztschr. f. G. d. Oberrheins 22, 23 u. NF. 3, 436.	591
		Ulm. — RR. E 56. (3. augusti, dtsch. Urk.); vgl. wegen des Dat. nr. 56ˣᵃ.	592
		Waugen (verleiht auf Bitten der schwäbischen Städte der St. W., deren Privilegien sämtlich verbrannt waren, die Privilegien der St. Überlingen, denen die v. W. immer gleich gewesen waren.) — R — Or. Stuttgart; RR. E 57ᵛ; vgl. auch Not. RR. E 56ᵛ z. 3. Aug.	593
		Weil. — [Or.? Not. RR. E 56ᵛ z. 3. Aug.] — Lünig, R. A. P. spec. Cont. 4. T. 2, 594. (im Drucke mit falsch. Incarnationsj. u. dem Orte Mainz.)	594
		Weissenburg [am Sande oder im Nordgau] — R — Or. München. R.-A.; Not. RR. w. v.] — Reg. Boic. 12, 145.	595
		Weissenburg [i. Els.] — o. Rl [in verso: dirre brief hört gen Wissenburg, hat geworben Johannus Cleinmütze v. Hagenowe.] — Or. Weissenburg i. Els.; Not. RR. E 57ᵛ u. 57ᵛ z. 9. Aug.	596
"	"	bestätigt der St. Mülhausen i. Els. den ihr v. K. Ruprecht verschriebenen Pfandbesitz des dortigen Schultheissenamtes nebst allen Abgaben (u. a. „banwin‘). — KU. w. v. — R — Or. Mülhausen; [nicht in RR]. — Mossmann, Cartulaire de Mulhouse 1, 456 f.	597
"	"	bestätigt der St. Schlettstadt das ihr v. Kg. Ruprecht [vgl. Chmel, Reg. Ruperti nr. 1842] verpfändete städtische Schultheissenamt u. halbe Ungeld mit Vorbehalt der Wiedereinlösung durch das Reich. — KU. w. v. — R — Or. Schlettstadt; [RR. E 59ᵛ z. 7. Aug.] (fr. vor Laur.) *Geny.*	598
"	"	verleiht den Schlettstadter Bürgern den Brüdern Wilhelm u. Michel Boczen einige Renten auf die St. Schlettstadt. — Ad m. d. r. Joh. Kirchen. — Not. RR. E 55ᵛ. (fr. vor Laur.)	599
"	"	verleiht dem Hrz. Ulrich v. Teck das Halsgericht zu Mindelheim u. den Zoll daselbst u. zu Günzburg. — [KU. w. v. — R — Or. München R.-A.; Not. RR. E 57f.]	600
"	"	befreit den Hrz. Ulrich v. Teck v. allen Landgerichten: Klagen gegen denselben sind nur beim Hofgerichte vorzubringen. — KU. w. v. — RR. E 60ᵛ; vgl. auch nr. 627. (fr. vor Laurencii.)	601
"	"	verleiht auf Bitten des Hans Truchsess v. Waldburg dem Orte Wurzach (Wurzen) einen Wochenmarkt u. zwei Jahrmärkte. — Id. not. [Ad m. d. r. Joh. Kirchen.] — RR. E 61ᵛ. (id. dat.)	602
"	"	verleiht Hans Truchsess v. Waldburg die Feste Waldburg, alle Forste, die er im Besitz hat, item die Ych u. den Mißuber u. den Raiff zu Lyndow in der stat, item den wiltpann, der do anfahet in dem Kesselbrunnen u. get hinnber in die Aschach die Achach alle bis gen Huntznang u. v. Huncznang gein Rynpach in die Letze u. als die Letze get hinüber gen Merhartshoven bis in die Argen u. daselben dannen, als die Letze get v. der Argen hinder dem Yssenarzt hin. daselben hinüber an den Swinperg, v. dem Swynperg an den Inberg, v. dem Inberg an die Rottenfüchte v. der Rotenfüchte gen dem Hellengerst v. dem Hellengerst wider in den Kesselbrunnen; auch darf Waldburg den Blutbann seinen Amtleuten verleihen. — W. v.	603
"	5	bekennt den Gebrüdern Heinrich u. Kaspar v. Slandersberg 2000 Dukaten schuldig zu sein u. verspricht auf Sept. 8 diese Schuld in Ulm zu bezahlen. Bürgen: B. Hartmann v. Chur, Gr. Johann v. Lupfen, Burkart v. Maunsberg, [Miro v. Gennicz — Jemenitz. — KU. w. v.] — RR. E 50ᵛ. — Reg. Ztschr. d. Ges. f. Beförd. d. Geschichtsk. v. Freiburg, dem Breisgau etc. 3, 345.	604
"	"	verspricht dem B. Hartmann v. Chur, dass seine Bürgschaft gegen die Brüder v. Slandersberg ihm u. seinem Stifte keinen Schaden bringen soll. — KU. w. v. — RR. ib. (sa. vor Laurenzien.)	605

1413		
Aug. 5	Meran	desgl. dem Gr. Johann v. Lupfen. — KU. w. v. — Not. RR. ib. **606**
" 5	"	desgl. dem Burkart v. Mannsberg. — W. v. **607**
" 5	"	desgl. dem Misko v. Jemenitz. — W. v. **608**

Aug. 5 Chur: giebt der St. Buchau einen Wochenmarkt u. erteilt ihr die Privilegien der St. Biberach. — Ad m. d. r. Michael de Priest (gedr. Dempriess!) — Lünig, R.-A. P. spec. Cont. 4. T. 1, 300 f. — Ausz.: Moser, reichsstädt. Hdb. 1, 260 f. Nicht Samstag vor Laurent., sondern Sa. vor Lamperti — Sept. 16. **608a**

Aug. 6 Meran: bestätigt die Privilegien der St. Bern Buchhorn Lindau Solothurn Überlingen Zürich. Not. RR. E 56ᵛ s. nr. 609, 573, 580, 610, 591 u. 611. **608b**

" 7	"	bestätigt der St. Bern im Uechtland auf die Bitte ihrer Botschaft alle ihre Gnaden, Freiheiten, Briefe u. s. w. [Vgl. Justinger, Berner Chronik 213] — Ad m. d. r. Joh. Kirchen. — R — Or. Bern; [RR. E 56 z. 3. u. 6. Aug.] (Mo. vor Laurentii tag.) *Türler.* **609**
" 7	"	desgl. der St. Solothurn — Ad m. d. r. Joh. Kirchen. — R — Or. Vidim. v. 1416 (1417) Dez. 28 (an der heiligen kindlein tag ze winnechten des jares als man anvieng zellen . . . . 1417) Solothurn; RR. E 56 z. 3. u. 6. Aug. —[Solothurner Wochenbl. 1814, 413 *Thommen.*] (id. dat.) **610**
" 7	"	desgl. der St. Zürich. — KU. w. v. — R — Or. Zürich; [RR. E w. v.] (id. dat.) *P. Schweizer.* **611**
" 7	"	verleiht dem Gr. Bernhard v. Eberstein, Landvogt im Elsass, die v. dem verstorbenen Friedrich v. Gundelfingen hinterlassene Mannschaft, so lange des letzteren Söhne noch unmündig sind, u. fordert die Edlen auf ihre Lehen, bis die Söhne Friedrichs mündig sind, v. Gr. Bernhard zu empfangen. — [KU. w. v.] — RR. E 58ᵛ. — Reg. Fürstenb. Urk.-B. 6, 256. **612**
" 7	"	erlaubt demselben die v. früheren Königen an die St. Strassburg verpfändeten Reichsdörfer Grafenstaden Illkirch u. Illwickersheim einzulösen. — KU. w. v. — RR. ib. (mo. vor Laurenzen.) **613**
" 7	"	befiehlt der St. Strassburg diejenigen ihrer Mitbürger die im Besitze jener Dörfer sind, anzuhalten, dass sie in die Einlösung willigen. — W. v. (Datum zweifelhaft; geben zu Meran ut supra, das vorhergehende Datum ist Aug. 11.) **614**
" 7	"	bestätigt auf Bitten des B. Ulrich dem Hochstift Brixen die Privilegien. — [KU. w. v. — R — Or. Innsbruck; RR. E 59ʳ]; — Vgl. (nicht richtig) Sinnacher, Beitr. z.G. d. bischöfl. Kirche v. Säben u. Brixen 6, 45. **615**
" 7	"	befiehlt den Brüdern Articus Rizzard u. Wolrich v. Tercento, dass sie das ihnen verpfändete Schloss Tercento dem Patriarchen Ludwig v. Aquileja gegen Zahlung v. 2000 Dukaten übergeben sollen. — KU.? — Hds. d. Markus-Bibl. Venedig. — Reg. (s. l.) Abhandl. d. hist. Kl. d. Münch. Akad. 9, 483. Vgl. nr. 500. **616**
" 7	"	Aug. 7: bestätigt der St. Schlettstadt die Verpfändung des dortigen Schultheissenamts seitens Kg. Ruprechts. — RR. E 59ᵛ (mo. vor Laurenzen) — Ist nach Or. am 4. Aug. [nr. 598] ausgestellt. **616a**
" 8	"	befiehlt dem Dogen v. Genua (Georg. Adurnus) den Paulus Guinigi (de Giwinisiis) u. dessen Erben zu Reichsvikaren in Lucca zu ernennen. — Ad m. d. r. Jo. prepos. s. Stephani vicec. — Not. RR. E 58ᵛ. (S. die aug.) — Erw. Invent. del r. Archiv. di stato in Lucca 1, 69 z. 31. Aug. o. O. **617**
" 8	"	überträgt den Schutz des hart bedrängten Bistums Brixen, dessen B. Ulrich schon sehr betagt ist, dem Ritter Peter v. Spaur, Hauptmann an der Etsch; derselbe soll über alle Bedränger des Bistums zu Gericht sitzen. — Ad m. d. r. Joh. Kirchen. — RR. E 59. (dl. vor Laurenzen.) **618**
" 8	"	überträgt dem B. Ulrich v. Brixen als Lohn für seine Dienste sein königliches Besetzungsrecht der beiden kgl. Präbenden beim Brixener Domkapitel. — KU. w. v. — RR. E 59ʳ. (8. augusti). **619**
" 9	"	verleiht den Hagenauer Bürgern Johann Kleinkunz u. Klaus Rosenbaum 16 Matten u. 5 Hühner in dem Dorfe Schweighausen u. 10 Viertel Korngelts in dem Banne zu Kossendorf.

1413		

[?] — KU. w. v. — Not. RR. F 26ᵛ. (Laorencien ab.; o. J., mitten unter Urkk. d. J. 1417.)　　**620**

Aug. 9: bestätigt die Privilegien der Städte Hagenau Kaisersberg Mülhausen Münster Oberehnheim Rosheim Schlettstadt Selz Türkheim Weissenburg. — Not. RR. E 57ʳ. (nona die aug.) — Die Orr. (soweit sie erhalten sind) sind am 4. Aug. ausgestellt.　　**620a**

Aug. 10 | Meran | gestattet dem Hrz. Friedrich v. Österreich v. den Städten Schaffhausen Rheinfelden Neuenburg u. Breisach eine Steuer zu erheben. — Id not. [i. e. Ad m. d. r. Joh. Kirchen]. — Not. RR. E 61ʳ.　　**621**

» | » | erlaubt der St. Schlettstadt zur Ausbesserung der Stadtmauer Erde aus der Wiese, die dem dortigen Schultheissenamt gehört, zu nehmen. — KU. w. v. — RR. E 57ʳ. (Lorenzen L.) **622**

» 11 | » | giebt dem Dr. iur. Nicolaus de Montigulo, dem Guido Manfredi de Petrasancta u. dem Nicolaus Janini do Arnolfinis Geleit (littera passus). — Per Jo. Kirchen. — Not. RR. E 51ʳ. (11. d. aug.)　　**623**

» | » | nimmt Rupert Stör unter seine familiares auf. — W. v.　　**624**

Aug. 11: bestätigt die Privilegien der St. Kempten. Erw. Haggenmüller, Gesch. d. St. Kempten 1, 242 falsch statt Aug. 4; s. nr. 579.　　**624a**

» | » | befiehlt der St. Reutlingen die nächsten Martinstag fällige Reichssteuer an seinen Rat Wigleis Schenk v. Geiern zu zahlen. — Ad m. d. r. Joh. Kirchen. — B — Or. Stuttgart; Not. RR. E 51ʳ. (fr. nach Laurenzen.)　　**625**

» | » | desgl. der St. Frankfurt. — KU. w. v. — Not. RR. ib. (d. 11. aug.)　　**626**

» | » | bestätigt dem Hrz. Ulrich v. Teck die Verpfändung der Augsburger Stadtsteuer, welche Karl IV. dem Friedrich v. Teck, dem Vater Ulrichs um 1000 Mark Silber verschrieben [wann? doch vgl. Böhmer-Huber nr. 4674, 4795, 4871, 4980, 5227, 5390, 5519, 5540, 5816, 6661, 6673, 6695, 6729] hatte. — KU. w. v. — RR. E 57ʳ. (fr. nach Lorenzen; doch vielleicht fr. vor L.; vgl. Aug. 4 nr. 600/1.)　　**627**

Aug. 12 Chur: f. Disentis: v. Mohr, Reg. d. Arch. in der Schweiz. Eidg. 2, 4 nr. 167 falsch statt 1413 Aug. 19.　　**627a**

» 17 | Chur | erhöht die Pfandsumme, welche Ritter Merk v. Schellenberg auf den Hofgütern (Kellnhöfen) vor Lindau stehen hat, um weitere 200 Gulden u. bestätigt ihm die Briefe, die er v. den Kgn. Wenzel u. Ruprecht darüber hat. [vgl. nr. 640] — KU? — Aus der Chronik eines Ung. im Lindauer Arch. Würdinger, Urkk.-Auszüge z. G. d. St. Lindau 61.　　**628**

» | » | bestätigt dem Hans Truchsess v. Waldburg die Pfandschaft der Veste zu Zeil (Zile). — Ad m. d. r. Joh. Kirchen. — Not. RR. E 57ʳ. (fer. quinta ante Barthol.)　　**629**

» | » | belehnt den Gr. v. Werdenberg mit Heiligenberg. — Not. RR. E 57ʳ — s. nr. 644. **629a**

» 18 | » | bestätigt die Privilegien der Städte

　Feldkirch　　**630**

　Reutlingen　　**631**

　Sulgen [Ober-] — KU?　　**632**

Not. RR. E 57ʳ. (fer. sexta ante Barthol.)

desgl. der St. Isny. — W. v.; Or. am 26. Aug. ausgestellt [vgl. nr. 651].　　**632a**

» 19 | » | bestätigt dem Stift Disentis (Abt Peter) das Privileg Kg. Ruprechts v. 1408 Juli 6 [Kauf der Kloster-Vogtei v. den Gr. v. Werdenberg; Chmel, Reg. Ruperti nr. 2598] u. nimmt es in des Reiches Schutz. — KU? — [Not. RR. E 58ᵛ s. d.] — v. Mohr, Reg. d. Arch. in d. Schweiz. Eidgen. 2, 4 (Disentis) nr. 167 (falschl. zu Aug. 12.) (sab. post Mariae assumpt.) **633**

» | » | verleiht dem Hans v. Heudorf, dem Sohn des Benz v. Heudorf, „ein gut zu Mettenbuch u. den zehent daselbs zu dem wiler die zwei teil u. daneben zu einem hof genant Eichberg nahen bei Pfullendorf gelegen, ouch die zwei teil, item ein gut zu Sernatingen gelegen an dem see u. zwei teil des zehendes des wilers zum Sol [= Söhl], die da gehört in den hof zum Sol, die v. erbschaft wegen nach tode Heinrichs Reynalts burger zu Überling an in gefallen sind." — Ad m. d. r. Joh. Kirchen. — Not. RR. E 57ʳ. (sabb. ante Barthol.)　　**634**

1413		
Aug. 19	Chur	bestätigt die Privilegien Kaspars v. Clingenberg. — KU. w. v. — o. R! — Or. Karlsruhe; [Not. RR. E 57ʳ z. 24. Juni u. ib. 51ᵛ z. 26. Juni mit KU; P. Wacker!] — Reg. Ztsch. f. G. d. Oberrh. N. F. 3, 436. **635**
»	»	desgl. der St. Konstanz [vgl. nr. 425 März 12] — KU. w. v. — R — Or. ib.; [Not. RR. E 57ʳ feria 4. ante nat. Mar. = Sept. 6!] — Reg. ib. **636**
»	»	desgl. dem Frauenkloster zu Lindau. — [KU. w. v. — R — Or. München R.-A.; Reg. RR. E 58ʳ] — Reg. Boic. 12, 144 — Würdinger, Urk.-Auszüge z. G. d. St. Lindau 61. **637**
»	»	erteilt dem Loterius Rusca u. dessen Nachkommen das Reichsvikariat in Como. — Ad m. d. r. Joh. propos. s. Stephani etc. — Not. RR. E 63ᵛ. — Appendice alle memorie storiche dal casato Rusca o Rusconi (1877) 24. **638**
»		Aug. 21: für Basel u. Strassburg. — RR. E 57ᶠ z. Aug. 28. **638a**
» 22	»	befiehlt der St. Kaufbeuren das fällige Ammanamptgeld sogleich an Gr. Rudolf v. Montfort zu zahlen. — Per Joh. Kirchen. — Not. RR. E 51ᵛ. (fer. tercia ante Barthol.) **639**
»	»	bestätigt dem Ritter Merck v. Schellenberg u. den Rittern Tolzer u. Max v. Sch. gen. v. Kissleg (Kiseleke) ihre Reichspfandschaften: die Mühlen bei Leutkirch u. die Hofgüter (Kelnhöfe) bei Lindau [vgl. nr. 628]. — Ad m. d. r. Joh. Kirchen. — R — Or. Innsbr.; Not. RR. E 57ᵛ. (di. vor Barthol.) **640**
»	»	bestätigt dem Kloster Salem die (inser.) Urk. Kg. Wenzels v. 1381 Okt. 16, welche wiederum die Bestätigung der Urk. Karls IV v. 1354 Febr. 24 (Schutz des Klosters durch die Städte Oberschwabens ist.) — KU. w. v. — R — Or. Karlsruhe; [nicht in RR]. — Vgl. Reg. Ztsch. f. G. d. Oberrheins N. F. 3, 436; Cod. dipl. Salemit. 3, 421. **641**
»	»	bestätigt der Stadt St. Gallen ihre Privilegien. — KU. w. v. — R — Or. St. Gallen Stadt-A.; Not. RR. E 57ᵛ. (di. vor Barthol.) **642**
»	»	desgl. dem Kloster Weingarten (Konstanzer Bistum) — KU. w. v. — R — Or. Stuttgart; RR. E 58ᵛ. (di. vor Barthol.) **643**
»	»	verleiht dem Gr. Hugo v. Werdenberg die Veste u. Grafschaft Heiligenberg, auf die derselbe wegen seiner Vorfahren u. Dienste Anspruch erhoben hat. — [KU. w. v. — R. *Baumann*] Or. Donaueschingen; [Not. RR. E 57ᶠ fer. 5. ante Barthol. = Aug. 17.] — Erwähnt Vanotti, G. d. Gr. v. Montfort 269 = Mitteil. z. vaterl. Gesch. St. Gallen 22 Beg. n. 746; Fürstenberg. Urkb. 6, 233. **644**
» 23	»	bestätigt der St. Bregenz die ihr 1408 März 28 [Chmel, Reg. Ruperti nr. 2526] v. Kg. Ruprecht erteilten Freiheiten. — KU. w. v. — [R?] — Or. Bregenz; Not. RR. E 61ᵛ. — Reg. Vanotti, Gesch. d. Gr. v. Montfort (1845) 493; vgl. Schriften z. Ver. f. d. Bodensee 14. Anhang 20. **645**
»	»	bestätigt dem Abt Friedrich v. Kempten u. dessen Kloster alle Rechte u. Privilegien. — [KU. w. v. — R — Or. München R.-A.; Not. RR. E 58ᵛ z. d.] — Reg. Boic. 12, 147. **646**
»	»	verleiht demselben die Regalien. — [KU. w. v. — R — Or. ib; RR. E 57ᵛ]. — Reg. ibid. **647**
»	»	bestätigt dem Kloster Salem die Urk. Karls IV v. 1348 Jan. 27 [Böhmer-Huber nr. 583; allg. Privilegienbestätigung] u. Wenzels v. 1381 Okt. 22. — KU. w. v. — R — Or. Karlsruhe; [RR. E 60ᵛ] — Reg. wie nr. 641. **648**
»	»	bestätigt dem Kloster Weingarten (Konstanzer Bistum) das inser. Privileg Kg. Ruprechts v. 1408 März 18 [Chmel, Reg. Ruperti nr. 2496; dem Landvogt in Schwaben wird verboten im dem Kloster W. gehörigen Flecken Altdorf einen Ammann zu setzen, der nicht mindestens 6 Jahre daselbst ansässig ist] u. bestimmt, dass das Kloster heute nur vor seinem Gerichte oder dem des Landvogtes in Schwaben belangt werden könne. — KU. w. v. — R — Or. Stuttgart St.-A.; [nicht in RR] (Bartholomees abend.) **649**
»	»	bestätigt der St. Zürich das Privileg Karls IV de non evocando v. 1353 Okt. 14 [Böhmer-Huber nr. 1627] — KU. w. v. — [R — Or. Zürich P. *Schweizer*]; Not. RR. E 61ᵛ. (mi. an Bartholomees ab.) **650**
» 24	»	verhandelt mit den Eidgenossen wegen Hilfe gegen den Hrz. v. Mailand. Justinger, Berner Chronik 213f. **650a**
»	»	Aug. 26: f. d. B. v. Chur. Sinnacher 6, 46 u. Vanotti 303 z. nr. 661. **650b**

1413		
Aug. 26	Chur	bestätigt die Privilegien der St. Isny. — [Ad m. d. r. Joh. Kirchen. — B] — Or. Stuttgart; [Not. RR. E 57ʳ zu Aug. 18!] — Reg. Würtemberg. Vierteljahrshefte 10, 134. **651**
» 27	»	bestätigt dem B. [Hartmann] v. Chur die Grafschaft im Wallgau. — KU? — Not. RR. E 60ʳ — Trug das Or. das Dat. 28 Aug.? vgl. nr. 661/3. (27. aug.) **652**
» 28	»	bestätigt der St. Basel alle Privilegien u. Freiheiten. — [Ad m. d. r. Joh. Kirchen. — R. Thommen: Not. RR. E 57ʳ: fer. sec. ante Barthol. — Aug. 21!] — Or. Basel St.-A.; vgl. Ochs, Gesch. der Stadt u. Landschaft Basel 3, 102 (die St. Basel bezahlte dafür an die Kanzlei 1100 Gulden.) **653**
»		bestätigt der St. Basel die Urk. Wenzels v. 1379 Okt. 16 u. Ruprechts v. 1401 Aug. 28 betr. Execution v. fremden Gerichten u. Befugnis Ächter zu beherbergen. — KU. — R — Or. u. Vid. v. 1413 Okt. 12 u. 1430 März 30 Basel St.-A.; vgl. Heusler, Verfassungsg. d. Stadt Basel 332. *Thommen.* **654**
»	»	bestätigt der St. Strassburg alle Privilegien. — KU. w. v. — R — Or. Strassburg St.-A.; [Not. RR. E 57ʳ fer. sec. ante Barth. = Aug. 21!] (mo. nach Bartholomes.) **655**
»	»	desgl. der St. Strassburg das (inser.) Privileg Kg. Wenzels v. 1379 Okt. 24 über den 4 wöchentl. Jahrmarkt um Martini. — W. v., doch nicht in RR. **656**
»	»	bestätigt der St. Strassburg das (inser.) Privileg Kg. Wenzels über die Rheinbrücke v. 1393 Juni 5. — W. v. **657**
»	»	bestätigt der St. Strassburg das (inser.) Privileg Kg. Ruprechts über den Rheinzoll v. 1400 Nov. 7 [Chmel, Reg. Ruperti nr. 20] — W. v. **658**
»	»	bestätigt der St. Strassburg das (inser.) Privileg Kg. Ruprechts v. 1400 Nov. 6 [Chmel nr. 21] — W. v. — Auch Vid. v. 1414 Aug. 21. **659**
»	»	befiehlt dem Hochmeister des Deutschordens Heinrich v. Plauen, das ihm schuldige Geld trotz des Ungehorsams des Deutschmeisters u. der Armut in Preussen u. Livland den Boten seiner Gläubiger [der Fronten v. Florenz] auszuzahlen. — [Ad m. d. r. Joh. Kirchen. — o. R — Or. Königsb.] — Reg.: Liv.-Esth. u. Curl. Urkb. 4, 117. **660**
»	»	belehnt den B. Hartmann v. Chur mit den Regalien. — [KU. w. v. — R? — Or. Chur. Bischöfl. A. *Thuor*]: Not. RR. E 60ʳ z. 27. Aug. — Vgl. Sinnacher, Beitr. z. G. d. bischöfl. Kirche v. Säben 6, 46 (fälschl. zu Aug. 26); Vanotti, Gesch. der Gr. v. Montfort 303 (dsgl.) **661**
»	»	bestätigt demselben alle Privilegien seines Hochstiftes. — KU. w. v. — R? — [Or. ib. *Thuor*]: Not. RR. ib. — Vgl. Vanotti. **662**
»	»	nimmt das Bistum Chur (B. Hartmann) in seinen u. des Reiches besonderen Schutz u. befiehlt den Reichsstädten am See u. in Oberschwaben, so oft es verlangt würde, zum Schutze des Bistums auszuziehen [vgl. nr. 746]. — KU. w. v. — Not. RR. E 60ʳ. Vgl. [Vorlage?] Vanotti 303 (26. Aug.) (die luna ante Egidii.) **663**
		Aug. 28: befiehlt den Glarnern die schwebenden Streitigkeiten mit Räzüns beizulegen. Vgl. Vanotti 303. falsch statt Sept. 2. **663a**
		Aug. 28.: bestätigt die Privilegien des Johanniter-Ordens. — RR. E 63ʳ (mo. vor Egidii.) s. 1413 Sept. 4 nr. 684. **663b**
»	»	verpfändet dem Eberhard v. Ramswag den Hof Kriessern, die Fähre zu Platten u. die Vogtei zu Waldkirch (-kilchen) — Jo. Kirchen. — RR. E 62ʳ. (fer. secunda post Bartolomei.) **664**
»		bestätigt den Brüdern Georg u. Josef v. Andelfingen die Vogtei zu Mittelbiberach u. Oberndorf. — W. v. **665**
» 30	»	will den Streit schlichten zwischen B. Hartmann v. Chur u. seinem Kapitel einer-, den Vögten v. Matsch u. Gr. Friedrich v. Toggenburg andererseits durch Gr. Eberhard v. Nellenburg, Gr. Rudolf v. Montfort kgl. Landvogt in Schwaben u. Gr. Hans v. Lupfen. — Ad. m. d. r. Joh. Kirchen. (gedr. Kurher!) — R? — Or. Chur Bischöfl. A. [RR. E 60]. — Foffa, Das bündn. Münsterthal (1864), 74 ff. = Ausz. Zeitschr. d. Ferdinand. 3. Folge 17. Heft, 82 f. **666**
»	»	bestätigt die Privilegien der St. Luzern. — KU. w. v. — [R] — Or. Luzern Stadt-A.; [nicht in RR!] — Reg.: Geschichtsfreund 1.7 f.; Segesser, Rechtsg. d. St. L. 1,299. **667**

1413		
Aug. 31	Chur	desgl. der St. Radolfszell. — KU. w. v. — R — Or. Karlsruhe; [RR. E 57ʳ u. 1. Sept.] — Fr. v. Weech, Das Arch. d. St. Radolfszell (1883). 36 ff. = Ztschr. f. d. G. d. Oberrh. 37, 36 ff.; Reg. ib. N. F. 3, 436. **668**
"	"	erlaubt dem Gr. Wilhelm v. Montfort seine halbe Herrschaft Bregenz seiner Tochter Elisabet, der Gemahlin des Gr. Eberhard v. Nellenburg, vermachen zu dürfen. — [Ad m. d. r. Joh. Kirchen. — RR. E 63ʳ] — Reg. Vanotti, G. d. Gr. v. Montfort 495 = Reg. Mitteil. d. Ver. f. Gesch. in Hohenzollern 5, 35. **669**
"	"	bestätigt dem Gr. Eberhard v. Nellenburg alle Privilegien. — KU. w. v. — Not. RR. E 57ʳ. (fer. quinta ante Egidii.) **670**
"	"	belehnt den Theodorich v. Coconate (Kokonato) u. dessen Familie mit der Grafschaft Radicate — idem not. [i. e. Ad m. d. r. Joh. Kirchen] — Not. RR. E 63ʳ. (ultima die angusti.) **671**
"	"	belehnt die Gr. Franciscinus Abelonius u. Guidetus v. Chablais (Cabaliacha) mit dieser Grafschaft. — W. v. **672**
		Aug. 31: befiehlt dem Dogen v. Genua den Paolo Guinigi, dessen Söhne u. Nachkommen zu Reichsvikaren v. Lucca zu ernennen. Erw. Inventario del R. Archivio di stato in Lucca 1, 69 s. nr. 617. **672a**
		Aug. 31: bestätigt die Privilegien v. Nördlingen. — Not. RR. E 57ʳ. (fer. quinta ante Egidi) — nach Or. am 5. Sept. **672b**
		Aug. 31: belehnt den Gr. Friedrich v. Toggenburg. — Not. ib. — nach Or. am 1. Sept. **672c**
Sept. 1	"	fordert den Hochmeister des Deutschordens Heinrich v. Plauen [vgl. nr. 660] nochmals auf die 12500 Schock Groschen an die Fronten v. Florenz zu zahlen. — Ad m. d. r. Joh. Kirchen. — o. R. — Or. Königsb. (fr. s. Gilgens tag.) **673**
"	"	bestätigt den Botschaften der St. Schaffhausen, Rheinfelden, Neuenburg u. Breisach alle ihre verbrieften Freiheiten etc. — KU. w. v. — R — 3 Or. in Breisach, Neuenburg a. R., Schaffhausen [das 4. in Rheinfelden?]; Not. RR. E 57ʳ. — Huggle, Gesch. d. St. Neuenburg 228; vgl. Mitteil. d. bad. hist. Komm. 7, 2 u. 11, 14. **674?**
"	"	desgl. der St. Freiburg im Breisgau. — KU. w. v. — [R — Or. u. Vid. v. 1417 April 13 Freiburg. Albert; Not. RR. E 57ʳ]. — Schreiber, Urkb. v. Freiburg 2, 248 ff. **678**
		Sept. 1: desgl. der St. Zell am See d. i. Radolfszell. — KU. w. v. — RR. E 57ʳ. (in die Egidii) — ist nach Or. am 31. Aug. ausgestellt. **678a**
"	"	belehnt den Gr. Friedrich v. Toggenburg mit der Grafschaft Toggenburg. — [KU. w. v. — R — Or. St. Gallen Stifts-A.; Not. RR. E57ʳ z. 31. Aug.] — Rettung d. Ehren u. Rechten des fürstl. Stift St. Gallen (1710). Urk. 1 = Dumont, Corps dipl. du droit des gens 2, 1, 358. Kop. St. Gallen Stadt-A.; vgl. Auszug: Mitteil. d. vaterl. Gesch.-Ver. zu St. Gallen. 3. F. 2, 105. **679**
" 2	"	bestellt Schiedsrichter (u. a. die v. Glarus u. den Gr. Hans v. Lupfen) über die Händel des B. Hartmann v. Chur mit den Herren v. Räzüns. — KU? — Or? — Vgl. Zeitschrift d. Ferdinandeums 2. Folge 4, 30 — Reg. Ztschr. d. Ges. f. Geschichtsk. v. Freiburg 3, 345; Vanotti, Gesch. d. Gr. v. Montfort 303 (fälschl. zu Aug. 26.) **680**
"	"	verpfändet dem Ritter Düring v. Ramstein, seinem täglichen »Hofgesind«, für treue Dienste, besonders für die, welche er kürzlich »gen Frankrich« gethan hat, die Stadtsteuer v. Frankfurt, welche für 1414 u. 1415 noch an Wigleis Schenk [v. Geiern] verpfändet ist, v. 1416 ab. — Ad m. d. r. Jo. Kirchen. — RR. E 63ʳ. (sa. nach Egidii.) **681**
" 3	"	verleiht auf Bitten der Stadt St. Gallen dem Domkapitel zu Chur 12 rhein. Gulden v. der jährlichen Martini fälligen Reichssteuer der Stadt St. Gallen, wofür das Kapitel, so lange er lebt, am 30. Nov. u. 1. Mai 12 Messen abhalten soll. — KU. w. v. — RR. E 57ʳ. (3. die sept.) **682**
" 4	"	erhebt den Vinziguerra Gr. zu Arco zum Reichsgrafen. — KU? — Or? [nicht in RR.] — Erw.: Sinnacher, Beitr. z. G. d. bischöfl. Kirche v. Säben 6, 46 [Fälschung?] **683**
	"	bestätigt [auf Bitten des Grossmeisters Hugo v. Montfort] die Privilegien des Johanniter-Ordens. — Ad m. d. r. Joh. Kirchen. — R — Or. Karlsruhe; [Kop. Colmar Bez.-A.; RR. E 63ʳ zu Aug. 28] — Reg. Ztschr. f. G. d. Oberrh. N. F. 3, 436. **684**

1413		
Sept. 4	Chur	verpfändet seinem Protonotar Joh. Kirchen (der »uns u. dem reiche in Tutschen landen in Fryaul in Isterrych in Lampertan u. anderswo ... unverdrossenlich u. ouch costlich mit schribern knechten u. pferden zu hand drew jar gedienet hat«) zur Befriedigung seiner Forderungen v. 4000 ung. Gulden die Stadtsteuer v. Esslingen. — Ad m. d. r. Michael de Priest — R — Or. Stuttgart; [Kop. Esslingen St.-A. *Pfaff*]; RR. E 62ʳ. (mo. vor uns. frawent. nativit.) **685**
»	»	befiehlt allen Juden im Reiche den guldenen Opferpfennig, der Weihnachten fällig gewesen, sowie den nächste Weihnachten fälligen an Joh. Kirchen zu zahlen. — Ad m. d. r. Mich. de Priest. — Not. RR. E 51ʳ. (fer. sec. ante nat. Mar.) **686**
»	»	weist die Reichsstädte in Schwaben Franken Baiern im Elsass am Rhein u. in der Wetterau an, die halbe Judensteuer pro 1412 u. 1413 (Martini fällig) an Joh. Kirchen zu zahlen. — W. v. (auch Einzelurkk.?) **687**
»	»	befiehlt den Reichsstädten
		Aalen **688**
		Bopfingen **689**
		Buchhorn **690**
		Esslingen **691**
		Gmünd — R — Or. Stuttgart. **692**
		Isny **693**
		Kaufbeuern **694**
		Kempten **695**
		Leutkirch **696**
		Pfullendorf **697**
		Wangen **698**
		die nächste Martini fällige Reichssteuer an seinen Protonotar Joh. Kirchen zu zahlen. — KU. w. v. — Not. ib. (mo. nach Egidii, bezw. for. sec. ante nat. Mar.)
»	»	beglaubigt bei Strassburg seinen Protonotar Joh. Kirchen, der mit der St. betr. Sigmunds Diener Claus Zorn reden soll. — Ad m. d. r. Michael de Priest. — o. R — Or. Strassb. St.-A. (AA 147.) (mo. nach Gilgen.) **699**
		befiehlt den Reichsstädten
		Colmar — R — Or. Colmar St.-A. **700**
		Hagenau — [R — Or. Hagenau *Hanauer.*] **701**
		Kaysersberg **702**
		Mülhausen **703**
		Münster **704**
		Oberehnheim **705**
		Rosheim — R — Or. Rosheim **706**
		Schlettstadt **707**
		Selz **708**
		Türkheim **709**
		ihre nächste Martini fällige Reichssteuer dem Pfalzgrafen bei Rhein Ludwig zu entrichten. — Ad m. d. r. Joh. Kirchen. — Not. RR. E 51ʳ. (mo. vor fraw. t. nat.)
»	»	befiehlt der St. Hagenau die vergangene Martini [vgl. aber nr. 387] fällig gewesene Reichssteuer an den Pfalzgrafen Ludwig zu zahlen. — KU. w. v. — R — Or. Hagenau; [nicht in RR.; vergessen?] *Hanauer.* (mo. nach Egidii.) **710**
»	»	verleiht seinen Räten B. Georg v. Trident u. Ottobonus de Bellunis aus Valence Gewalt, in ganz Arelat, Savoyen u. Piemont den Bischöfen u. Äbten Regalien u. Lehen zu erteilen u. deren Huldigung entgegenzunehmen. — KU. w. v. — o. R! — Or. Wien Staats-A.; Not RR. E 63ʳ. (quarta die sept.) **711**

1413		

Sept. 4: verleiht der St. **Neuenburg** noch einen zweiten Jahrmarkt. — KU. w. v. — RR.
E 61ʳ mit der Randbemerkung: uon transiuit.   (mo. nach Gilgen.)   **711 a**

Sept. 4	Chur	bestätigt die Privilegien der St. **Nördlingen**. — [Ad m. d. r. Joh. Kirchen. — R — Or. Nördlingen; Not. RR. E 57ʳ z. 31. Aug.] — Lünig, RA. P. Spec. Cont. 4 T. 2, 15. **712**
» 5	»	erlaubt der St. **Nördlingen** das ihr zeitweilig verliehene Ungeld, das nur noch 4 Jahre erhoben werden darf, noch weitere 4 Jahre zu erheben. — KU. w. v. — R — Or. ib; RR. E 61ʳ. (di. vor unser frawen tag nativitatis.) **713**

Sept. 5: weist die St. **Konstanz** an, die am Martinitag fällige Reichssteuer an Johann Fridinger zuzahlen. — Ad m. d. r. Joh. Gerße. — Not. RR. E 64ʳ (die Martis ante nativ. Marie) — ist nach Or. [mit anderer KU nr. 729] am 12. Sept. ausgestellt.   **713 a**

»	»	desgl. die Stadt St. **Gallen**. — W. v. [Or. auch am 12. Sept. ausgestellt?] **714**
» 6	»	bestätigt der St. **Augsburg** ihre Privilegien. — [Ad m. d. r. Joh. Kirchen. — o. R! — Or. München R.-A.: Kop. Collect. Herwart. 3, Augsburg St.-A.; Not. RR. E 57ʳ.] — Reg. Boic. 12, 148; vgl. Chronik. d. dtsch. Städte 5, 339. **715**
»	»	desgl. der St. **Nürnberg** (wiederholt 1414 Nov. 6 u. 1433 Mai 31). — KU. w. v. — R — Or. Nürnberg Kr.-A.: Not. RR ib. — (Wölcker) Hist. Norimb. dipl. 530 f.: vgl. Reg. Boic. 12, 148. **716**
»	»	erhält die Huldigung der St. **Nürnberg** (Gesandte Sebald Pfinzing u. Peter Volkmeir.) — RTA. 7, 169. **716 a**

Sept. 6: bestätigt die Privilegien der St. **Konstanz**. — Not. RR. E 57ʳ — s. nr. 636.   **716 b**

»	»	bevollmächtigt seinen Diener Philipp v. **Heimgarten** (de Platea) alljährlich den goldenen Opferpfennig einzuziehen, den alle Juden u. Jüdinnen zu Zürich, Bern u. Solothurn dem Könige auf Weihnachten zu geben haben. — [Ad m. d. r. Jo. Kirchen.] — RR. E 63ʳ. — Samml. d. alt. Eidg. Abschl. 1, (2. Aufl.) 138. **717**
»	»	verpfändet dem Pfalzgrafen bei Rhein Ludwig u. dessen Erben die Landvogtei im Elsass nebst allen Gefällen u. der Reichssteuer, die die elsässischen Städte zahlen müssen, um 25000 rhein. Gulden u. zwar soll, auch wenn diese Summe dem Pfalzgrafen zurückgezahlt wird, dieser die Landvogtei doch, so lange er lebt, behalten: befiehlt den St. Hagenau Kolmar Schlettstadt Weissenburg Ober-Ehnheim Kaisersberg Türkheim Rosheim Mülhausen Münster i. Gregorienthal den Pfalzgrafen als Landvogt anzunehmen. — [KU. w. v. — RR. E 66ʳ; gleichz. Kop. Mainz.] — Nach Kop. Colmar Bez.-A. Mossmann, Cartulaire de Mulhouse 1, 458 ff. **718**
»	»	teilt den in nr. 718 genannten St. die Verpfändung der elsäss. Landvogtei an Pfalzgraf Ludwig mit u. befiehlt ihnen demselben gehorsam zu sein. — [KU. w. v. — Kop. Mainz.] — Nach Kop. Colmar Bez.-A. Mossmann 1, 460 f. — Die Anzeige an die einzelnen Städte am 27. Nov. 1413. **719**
» 7	»	erinnert alle Einwohner v. **Luxemburg** an das fortgesetzte Bestreben Antons v. Burgand, das Herzogtum Luxemburg v. seinem Verband mit der böhmischen Krone loszulösen, beklagt die Bedrängnis Howards v. Elter u. anderer Ritter durch den Usurpator u. verbietet dieser seiner getreuen Ritterschaft in dem v. ihm befohlenen Widerstand irgendwie zu hindern; macht bekannt, dass er den v. Elter als Hauptmann bestellt u. ihm befohlen habe »unser u. des reichs banier aufzuwerfen u. zu furen.« — [KU. w. v. — RR. E 61ʳ mit der Randbemerkung: ,uf den brief ist graf Philipps v. Nassow etc. zum houbtman verschriben u. gesatzt mit dem reichs banyr uffewerffen'.]: Kop. Luxemburg Arch. gouv. — Dynter, Chronica ducum Lotharingiae et Brabantiae ed. de Ram 3 (1857), 242 f.; vgl. Publications de la sect. hist. de l'institut de Luxembourg 25, 181 u. RTA. 7, 177. **720**
»	»	verleiht dem **Juden** Samuel zu Lindau, dessen Weibe Gutta, ihren Kindern, den Juden Moses Islin u. Leo zu Lindau, Salman zu Ravensburg, Liebermann u. Anselm zu Überlingen, welche sich, wie wir iz in der stat ze Kore u. in dem lande zu Curwalhen unser u. des richs sachen u. notdurft gen Lamparten mit merklichem gelte u. costen zu bestellen gewest sin, underteniklich u. williklich erboten u. mit den werken bewiset haben«, folgende Freiheiten. sie sollen 1.) im Reichsschutz sein u. überall des Reichs Frieden u. Geleit haben, 2.) keinen

1413		

goldenen Opferpfennig u. keine halbe Judensteuer mehr entrichten, 3.) überhaupt keine den Juden aufzulegende Steuer entrichten, 4.) nur in den Städten, wo sie wohnen, zu Recht stehen, 5.) von keinem Judenmeister in den »jüdischen« Bann gelegt werden dürfen. Der Schutz dieser Privilegien wird dem Landvogt in Schwaben, sowie den Städten in Schwaben u. am Bodensee übertragen. — Ad m. d. r. Michael de Priest. — RR. E 62ᵛ.   (do. vor d. h. krüz t. exaltac.)   721

| Sept. 8 | Chur | nimmt Anton v. Savorgnano unter seine familiares auf. — KU. w. v. — Not. RR. E 51ᵛ. (d. oct. sept.)   722 |

| » 10 | » | bestätigt dem Heinrich v. Randeck alle seine Reichslehen, die Feste Hinterstoffeln, den Kirchensatz zu Welterdingen (Witterlingen) u. einen Weingarten zu Allensbach (Alas-) — Mich. de Priest. — Not. RR. E 62ᵛ.   (sunt. nach frowen t. nativit.)   723 |

| » | » | nimmt denselben unter sein Hofgesinde auf und bestimmt, dass derselbe nur von dem Hofgericht belangt werden dürfe, eine Gnade, die Randecks Vater bereits von Karl IV [nicht bei Böhmer-Huber] erhalten. — W. v.   724 |

| » | » | nimmt Johann Wacker zum Notar und Familiaris an und erteilt ihm Geleit. — Ad m. d. r. Joh. Kirchen. — Not. RR. E 69ᵛ.   (die 10. sept.)   725 |

| » | » | desgl. Johann Metzumpfenning. — W. v.   726 |

| ? | ? | desgl. Henmann Offenburg aus Basel. — KU? — Nach d. Chronik Offenburgs: Basler Chroniken 5, 225; doch vgl. 1414 Juli 10.   727 |

| » 11 | » | bestätigt dem Konrad Gremlich das Ammanamt in Pfullendorf. — Ad m. d. r. Joh. Kirchen. — R   Or. Karlsruhe; [Not. RR. E 72ᵛ]. — G. W. Hugo, Mediatisierung der Reichsstädte 86 (falsch 10. Sept.) — Reg.: Ztschr. f. G. d. Oberrh. 31, 40 u. N. F. 3, 436.   728 |

| » 12 | » | fordert Konstanz auf, die nächste Martini fällige Reichssteuer an Johann v. Fridingen zu entrichten. — Ad m. d. r. Michael de Priest. — R — Or. ib.; [Not. RR. E 64ᵛ z. 5. Sept. mit anderer KU; vgl. nr. 713ᵃ]. — Reg.: ib. N. F. 3, 436.   729 |

| » | » | nimmt den Minoriten Kaspar aus Mantua, Professor der Theologie, unter seine vertrauten Räte auf u. erteilt ihm Geleit. — Ad m. d. r. Joh. Gerße. — Not. RR. E 62ᵛ.   (12. die sept.)   730 |

| » | » | nimmt den Antonius Bartolomei Franchi (Franki) aus Pisa unter sein Hofgesinde auf u. erteilt ihm Geleit. — W. v.   731 |

| » 14 | » | fordert Strassburg auf, ihre Heisigen von heut über drei Wochen zu ihm nach Feldkirch zu schicken [u. beglaubigt seinen Diener Claus Zorn. — Ad m. d. r. Michael de Priest. — o. R.] — Or. Strassburg. St.-A. — Reg.: RTA 7, 188.   732 |

| » | » | desgl. Basel. — KU. w. v? — Kop. Strassburg. St.-A. — Reg.: ib.   733 |

| » 15 | » | verlängert der St. Konstanz die (durch Kg. Ruprecht erfolgte) Reichssteuerermässigung um 300 Pfund Heller auf weitere 12 Jahre. — Ad m. d. r. Michael de Priest. — R — Or. Karlsruhe; [RR. E 63ᵛ] — Reg. Ztschr. f. G. d. Oberrheins N. F. 3, 436.   734 |

| » | » | gestattet der St. Konstanz die Verleihung des Bannes an den jeweiligen Reichsvogt, so lange die Reichsvogtei an die Stadt verpfändet ist. — KU. w. v. — R — Or. ib.; [RR. ib.] — Reg.: ibid. — Ausz. aus der sog. Tafel im Konst. St.-A. Marmor, geocb. Topographie der St. Konstanz (1860) 159 f. (Gengler, cod. iur. munic. 1, 845].   735 |

| » | » | nimmt der St. Konstanz zu Liebe, welche im Appenzeller Kriege grossen Schaden erlitten, die dortigen Juden Ismak Hyel Gottlieb Salman Lazarus Gutlen Löwe Abraham Samuel Kirsman Aaron, die Jüdin Rösel u. deren Familien, welche sich »in in unsern u. des richs diensten undertonikclichen bewiset haben,« in den Reichsschutz, erlässt ihnen auf 12 Jahre den goldenen Opferpfennig u. die halbe Judensteuer, doch unschädlich der Rechte der St. Konstanz: auch sollen sie von anderen Steuern frei sein, von den Judenmeistern nicht gebannt werden, nur vor dem Gericht zu K. zu Recht stehen dürfen; ihr Schutz wird dem Landvogt in Schwaben übertragen. — KU. w. v. — RR. E 62ᵛ u. 63ᵛ.   (frit. nach cruz t. exalt.) 736 |

| » | » | bestätigt die Privilegien der St. Meersburg. — [KU. w. v. — Not. RR. E 57ᵛ]; Kop. (Meersburg. Kopialb. 2, 17) Karlsruhe; Vid. in Meersburg. — Reg.: Ztschr. f. G. d. Oberrhein 27, 16; vgl. Mitteil. d. bad. hist. Komm. 8, 81.   737 |

1413		
Sept. 15	Chur	ermächtigt den Niclas Schrimpf u. dessen Vetter Erhard, welchen Gr. Heinrich v. Görz ihre Kaufmannswaaren genommen hatte, sich an den Gütern des gen. Grafen, wo man sie fände, zu entschädigen. — KU. w. v. — Aus (neuerer) Hds. 815, fol. 183 Graz Landes-A. (freit. nach h. kreuz exalt.) v. Zahn. **738**
» 16	»	giebt der St. Buchau, deren Privilegien durch Feuer vernichtet sind, dieselben Privilegien, welche Biberach hat, u. verleiht ihr einen Wochenmarkt. — Ad m. d. r. Mich. de Priest. [Not. RU. E 61ᵛ]. — Nach? Lünig, R. A. P. spec. Cont. 4 T. 1, 300 L — Ausz. Moser, reichsstädt. Hdb. 1, 260 f. (mit falschem Dat. sa. vor Laurent.) (sabbato ante Lamperti). **739**
»	»	bestätigt dem Kl. St. Lucius in Chur alle Privilegien. — [KU. w. v. — R? — Or. Chur bischöfl. A.; Not. RR. E 60ᵛ dat. etc.!] Tinor. **740**
»	»	desgl. den freien Leuten auf der Leutkircher (Lokilcher) Haide. — D. r. Mich. de Priest. — Not. RR. E 57ᵛ. (sabb. ante Mathei). **741**
» 17	»	desgl. der St. Wyl. — Ad m. d. r. Mich. de Priest. — [R?] — Nach Or. Wyl St.-A. Kop. St. Gallen Stifts-A. (Lampertus t.); nach Not. RR. E 58ᵛ (die Martis ante Mathei = Sept. 19!) **742**
» 18	»	desgl. der Gemeinde Eglofs (Me-). — KU. w. v. — Not. RR. E 58ᵛ. (die lune ante Mathei). **743**
»	»	desgl. dem Kl. Kurwalden. — KU. w. v. — Not. ib. (die Martis ante Mathei). **744**
»	»	desgl. der St. Stein im Thurgau. — W. v. **745**
»	»	Sept. 18: desgl. der St. Wyl. — W. v. — s. nr. 742. **745a**
»	»	nimmt den B. Hartmann v. Chur u. dessen Hochstift in des Reiches Schutz u. befiehlt den St. in Oberschwaben, ferner Zürich, Bern, Solothurn, Luzern u. s. w., dem B. getreuen Beistand zu leisten. [Vgl. nr. 663]. — Ad m. d. r. Michael de Priest. — [R?] — Or. Chur bischöfl. Arch.; [Not. RR. E 58ᵛ.] — Geschichtsfreund 3, 262 f; v. Mont u. Plattner, Das Hochstift Chur (1860) S. XXIII. **746**
» 20	»	verleiht dem Gr. Wilhelm v. Montfort, Herrn zu Tettnang, alle Lehen u. die Reichspfandschaft über die freien Leute auf der [Leutkircher] Haide u. bestätigt ihm alle Reichspfandschaften mit Ausnahme der über die St. Wangen. — KU. w. v. — Not. RR. E 60ᵛ. (Matheus abent). **747**
»	»	ersucht den Pfalzgrafen bei Rhein Ludwig, dem Gr. Rudolf v. Werdenberg-Sargans, Domprobst zu Chur, der »ettwas infell von einem burger u. chorherrn zu Strassburg in ettlichen lehengütern hat«, zu seinem Rechte zu verhelfen. — KU. w. v. — o. R — Or. Strassburg St.-A.) (Matheus abend, Röm. 4.) **748**
»	»	desgl. die Strassburger. — W. v. **749**
» 21	»	gestattet der St. Chur auf Bitte des B. Hartmann u. wegen ihrer treuen Dienste, ein Kaufhaus zu bauen u. darin eine Niederlage von aller »kaufmanschaft« nach dem Vorbild in Konstanz zu haben. — KU. w. v. — RR. E 61ᵛ. (Matheus t.) **750**
» 22	»	befiehlt dem Rat der Edeln v. Belluno bei Strafe v. 4000 Dukaten, die Brücke von Capodiponte wieder herzustellen. — KU? — Kop. Belluno Arch. comm. — Reg.: Forsch. z. dtsch. Gesch. 18, 220. **751**
» 26	»	belehnt den Gr. Walraf v. Tierstein mit dem v. Gr. Friedrich v. Toggenburg ihm abgetretenen Thale Schanfigg (-fick). — Ad m. d. r. M. de Priest. — Not. RR. Q [?] 61ᵛ. (mo. vor Mich.) **752**
[Sept. 26, 29]	»	kommt nach Italien auf dem Wege über Lucernaguo, cf. Bolletino storico della Svizzera ital. 1, 257. 4, 125. 12, 115. — Öhlmann: Jahrb. f. schweiz. Gesch. 4, 257 bezw. 315 hatte S. über den Bernhardin ziehen lassen. **752a**
		Sept. 27 Ofen: antwortet den Bewohnern v. Cividale. — Reg.: Abhandl. d. hist. Kl. d. Münch. Akad. 9, 483 falsch statt 1412 Sept. 27. **752b**
» 29	Bellinzona (Berentzon)	bestätigt die Privilegien des Kl. zu Königsbronn. — Ad m. d. r. Michael de Priest. — R — Or. Stuttgart. (Michels t.) — Not. RR. E 63ᵛ an samt Jeronimus = 30. Sept. **753**

1413		
Okt. 4		ist in Windsheim nach Schirmer, Gesch. Windsheims S. 88, doch falsch statt 1414 Okt. 6. **758a**
» 5	Bellinzona	befreit Ottobonus de Bellonis, sowie dessen Brüder Salezzinus, Johann, Franz u. Bonifazius von allen fremden Gerichten. — idem not. [i. s. Ad m. d. r. Michael de Priest.] — Not. RR. E 63ʳ. (5. die octob.) **754**
» 6	»	bestätigt der St. Mainbernheim ihre Privilegien. — KU. abgerissen; nach Not. RR. E 63ʳ: Ad m. d. r. Michael de Priest. — R — Or. Würzburg Kr. A. (frit. nach Francisci); nach RR. ib. feria secunda ante Galli — Okt. 9! **755**
» 9	»	desgl. der St. Heidingsfeld. — KU. w. v. — Not. RR. E 63ʳ. (feria secunda ante Galli). — Wahrscheinlich war das Or. (auch wie die betr. Urk. für Mainbernheim) Okt. 6 datiert **756**
» 11	»	desgl. der St. Dinkelsbühl. — KU. w. v. — [Not. RR. E 63ʳ] — Lünig, R. A. P. spec. Cont. 4 T. 1, 468. **757**
»	»	desgl. der St. Schwäbisch-Hall. — KU. w. v. — R — Or. Stuttgart; Not. RR. ib. (mittw. vor Gallen L.) **758**
»	»	verpfändet derselben St. das Schultheissenamt daselbst. — Not. RR. ib. **759**
»	»	giebt derselben St. ein Ungeld auf Wein für 12 Jahre. — W. v. **760**
» ?	»	erhält eine Gesandtschaft u. Truppen v. den Eidgenossen, die aber weglaufen, weil sie nicht besoldet werden. Justinger, Berner Chronik 215 f. **760a**
» 16	Tesserete (Tessere)	verleiht dem Gizard v. Ragogna (Baroungnia), Amtmann zu Valeggio (bailino Walesii) die Grafschaft Biandrate (Blan-). — Ad m. d. r. Joh. Kirchen. — Not. RR. E 71ʳ. (16. oct.) **761**
» 23	bei Sala Diöz. Como	erhält von der Gesandtschaft (Führer B. Bartholomäus v. Cremona) des Filippo Maria Visconti v. Mailand nach Eidesleistung bestimmte Zusicherungen über dessen Haltung. Zeugen: die Kardinäle Anton v. Chalant, Franz [Zarabella] v. Florenz, Ritter Manuel Chrysaloras aus Konstantinopel, B. Hartmann v. Chur, Gr. Wilhelm v. Raguum, Gr. Wilhelm v. Montfort. — Finke, Forsch. u. Quellen z. G. d. Konst. Konzils 311 ff. **761a**
»	Tesserete	giebt der Gemeinde zu Sala eine „libertacio ut in communi forma.' — Jo. prep. s. Stephani. — Not. RR. E 64ʳ. (die Jovis ante Simonis u. Jude). **762**
»	»	verleiht dem Büpplin v. Ellerbach (Erlb-) das Gut genannt »die lantgarb vor dem Altorfferwald gen Neggenfurter strank bis gen Waltpürg das drittail was da wirdet unser walde.« — M. de Priest. — Not. ibid. (id. dat.) **763**
»	»	bestätigt dem Heinrich Beyer v. Boppard u. dessen Bruder Dietrich Beyer eine Urk. Karls IV. [Bömer-Huber nr. 3060?] u. Wenzels über 200 Gulden »uff dem zoll« [zu Boppard]. — W. v. **764**
» 24	»	bestätigt dem Kl. zu St. Gallen alle Privilegien. — Ad m. d. r. Michael de Priest.' — R — Or. (u. alter Druck) St. Gallen Stifts-A.; Not. RR. E 63ʳ. (dinstags vor Simon u. Judas). **765**
»	»	belehnt den Abt Heinrich v. St. Gallen, für den Heinrich v. Gundolfingen den Lehnseid geleistet, mit den Regalien. — KU. w. v. — R — Or. u. alt. Druck ib.; Not. RR. ib. (vicesima quarta die octobr.) **766**
»	»	giebt an Gerung v. Lenxingen u. dessen Eidam Heinrich v. Ringgenberg einige Reichslehen u. a. die, welche das Geschlecht Lobing innegehabt. — KU. w. v. — R — Or. Bern; [nicht in RR!] — v. Mohr, Reg. d. Arch. in d. Schweiz. Eidgen. 1, 2 nr. 483 falschl. zu Okt. 31. (dinst. vor Simon u. Judo). **767**
» 25	»	verleiht denselben die Lehen, welche Heinrichs v. Rinkenberg Vater v. Berthold v. Lenxingen u. Berthold Pawngarter gekauft hat (»si sin gelegen uf Mörn oder uf Gymmelwald, der ein teil heisst Miesch lehen«), ferner die Lehen »in der wergstat ze Ysolt wald,« die Walther v. Kyen an des Rinkenbergs Vater gebracht hat, endlich die Weissenbarger Lehen »in der Lappen oder uf Swanden u. uf den Halffluben.« — Mich. de Priest. — Not. RR. E 64ʳ. (mittwoch. vor Symonis u. Jude). **768**
»	»	bestätigt auf Bitten des Albertolus de Rusconi der Familie Rusconi in Bellinzona u. Giubiasco die Freiheitsbriefe. — Ad m. d. r. Mich. de Priest. — [R] — Or. Luzern Stadt-A. (Familien-A. der Rusconi); [Not. RR. E 64ʳ]. — Der Geschichtsfreund 33, 363 ff. **769**

1413		
Okt. 25	Tesserete	bestätigt die Privilegien der St. Vils (Fyls). — Ad m. d. r. Joh. Kirchen. — Not. RR. E 65ᵛ. (feria quarta ante Simon. et Jude). 770
»	»	verleiht der St. Vils einen Jahrmarkt. — W. v. 771
»	»	bestätigt dem Peter v. Hohenegg alle seine Reichslehen u. Reichspfandschaften mit Ausnahme des Zolls u. Geleits auf der offenen Strasse v. Otterswang (Oytterwang) bis zur Rottach u. der freien Leute in der Grafschaft zu Eglofs, da sich dieselben über die Iller ziehen. — W. v. (id. dat., aber dtsch. Urk.) 772
» 30	Viglud (Vegni) Diöc. Como	beruft in Übereinstimmung mit P. Johann XXIII ein Konzil nach Konstanz auf 1414 Nov. 1 u. verspricht allen Besuchern desselben Sicherheit. — KU? — v. d. Hardt, rerum Constant. concil. 6, 5 f. = Dumont, Corps dipl. du droit des gens 2, 1, 363; Lünig, R. A. Spic. eccles. 1, 201 (fälschl. z. J. 1414); Mansi, Conc. collect. 28 (1785), 1. 773
»	Lodi	ladet P. Gregor XII auf das Konstanzer Konzil u. verspricht ihm Geleit u. Sicherheit. — KU? — v. d. Hardt s. a. O. 6 f. = Dumont 365; Mansi 3. 774
» ?	?	ladet Kg. Karl VI v. Frankreich zur Beteiligung am Konstanzer Konzil ein. — KU? — v. d. Hardt 6, 7 — Goldast, Const. imp. 1, 386 == Dumont 364 == Mansi 3 ff. 775
		Okt. 31 Tesserete: giebt Reichslehen an Gerung v. Lenzingen u. Heinrich v. Ringgenberg. — v. Mohr, Reg. d. Arch. in der Schweiz. Eidgen. 1, 2 nr. 483 falsch statt Okt. 24. 775 a
Nov. 4	Como	erhebt zur Würde eines comes palatinus
		Peter Scalpipe 776
		Jacob de Esculo; vgl. Nov. 6.
		den Dr. iur. Bertrand Adgerli, 777
		die vertrauten Diener der Kardinäle [Anton] v. Chalant (de Czalanco) u. [Franz Zarabella] v. Florenz. — Ad m. d. r. Joh. prep. etc. — Not. RR. E 64ᵛ. (4. et sexta dienus nov.)
» 6	»	desgl. den Jakob, den Sohn des Leonhardus de Esculo. — Ju. prep. et vicecanc. — Not. RR. E 66ᵛ. (sexta die nov.); vgl. auch Nov. 4. 778
» 7	»	ernennt den Johannes Turlach zu seinem »familiaris« u. erteilt ihm Geleit. — Ad m. d. r. Michel de Priest. — Not. RR. E 64ᵛ. (7. die nov.) 779
» 10	»	erteilt dem Bernardus de Synernatis u. dessen Familie eine »exemptio« (Befreiung von fremden Gerichten?) — Ad m. d. r. Joh. Kirchen. — Not. RR. E 65ᵛ. (decima die novbr.) 780
» 11	»	bestätigt die Privilegien der St. Heilbronn. — KU. w. v. — R — Or. Stuttgart; Not. RR. E 64ᵛ. (Martins t.) 781
»	»	desgl. der St. Weinsberg. — KU. w. v. — Kop. Augsb. St.-A.; Not. RR. ib. (id. dat.) 782
»	»	desgl. der St. Wimpfen. — [KU. w. v. — R] — Or. [u. Vid. des Deutschordensmeisters Eberhart v. Seinsheim v. 1432 Okt. 16] Darmstadt; Not. RR ib. — Ausz.: L. Baur, Hessische Urkk. 4, 39. 783
		Nov. 11 Köln: bestätigt d. St. Köln alle Privilegien. Lünig, R. A. P. spec. Cont. 4, 1478 f. (1413, Röm. 18, Krön. 1!) s. 1414 Nov. 21. 783 a
» 13	»	verleiht Claus u. Althaus v. Groffstein 60 Gulden auf die Steuern der St. Kaysersberg. — Ad m. d. r. Joh. Kirchen. — R — Or. Colmar Bez.-A.; Not. RR. E 64ᵛ. (montags nach s. Martins t.) 784
»	»	belehnt den Ritter Klaus Zorn sowie den Klaus, Bernhart, Hugo, Rudolf u. Hans Zorn mit dem Dorf Osthausen (Otsthus) an der Ill, zwischen Erstein (Erschein) u. Matzenheim im Strassburger Bistum gelegen »mit der grundrür daselbs uf dem waser in dem banne des vorgen. dorfs, macht von iedem scheff 30 ß. Straßburger pfennig u. einen halbling umb einen sokl.« — KU. w. v. — Not. RR. ib. (id. dat.) 785
» 15	«	befiehlt den Bellonesen abermals, die Piavebrücke von Plaspruck (Capodiponte) ohne Verzug herzustellen. — KU? — Kop. Belluno — Reg.: Forsch. z. dtsch. Gesch. 18, 220. 786
«	Lodi	bestätigt dem Johann Reich seine Privilegien. [vgl. 1414 Jan. 16]. — Ad m. d. r. Joh. Kirchen. — Not. RR. E 69ᵛ. (feria quarta ante Elizabet). 787

1413			
Nov. 15	Como	desgl. dem Wilhelm v. H o m b u r g. — W. v.	788
» 16	«	verleiht dem Hans C z o b l den Teil des (Reichslehen) Dorfes E i b e l s t a d t (Yfelstatt), den die früher damit belehnte St. Rothenburg a. T. demselben verkauft hat. — KU. w. v. — Not. RR. E 64ʳ. (do. vor Elizabet).	789
» 17	»	belehnt den Walther v. der H o h e n - K l i n g e n, Herrn zu Stein [Kant. Schaffhausen], mit der Mannschaft u. den Lehen der v. der Alten-Klingen [bei Weinfelden im Thurgau] u. dem Zoll unter der Brücke zu Stein. — KU. w. v. — Not. RR. E 64ʳ. (feria sexta ante Elizab.)	790
» 20	»	befiehlt den B e l l u n e s e n, dem Gr. Heinrich v. Görz zu gehorchen. — KU ? — Kop. Belluno: vgl. Reg.: Forsch. z. dtsch. Gesch. 18, 220. — Verci, Storia d. marca Trivig. 19, Anh. 75.	791
»	Lodi	ernennt Bernhardus de S y n e r n a t i s u. dessen eheliche männliche Nachkommen zu comites palatini. — Ad m. d. r. Joh. Kirchen. — Not. RR. E 65ʳ. (20. die novbr.)	792
		Zu den Verhandlungen in Lodi [c. Nov. 20] zwischen Kg. Sigmund u. P. Johann XXIII vgl. Ulrich v. Richental, Chronik d. Konst. Konz. 17 f.	792a
» 22	»	nimmt den Thomas M a l a s p i n a aus Cormorino [— Camerino?] zu seinem familiaris an u. erteilt ihm Geleit. — Ad m. d. r. Joh. Kirchen. — Not. RR. E 64ʳ. (22. nov.)	793
» 23	»	weist das Landgericht zu R o t t w e i l an, den Streit des Georg v. Rudberg [— Rudenberg, BA. Neustadt?] gen. Vogt mit Eberhart Rynk, Bürger zu Feldkirch, um etliche Güter zu entscheiden, da er nebst »durch ander unser u. des richs grosser u. anliegender sache willen« keine Zeit dafür habe u. es auch beiden Parteien schwer fallen würde »ir sache in disen Welischen landen vor uns ußetragen.« — KU. w. v. — RR. E 64. (Clementi L)	794
» 25	»	weist die St.	
		B i b e r a c h	795
		M e m m i n g e n — [Or. Memmingen *Magistr.*]	796
		R a v e n s b u r g	797
		an, ihre am vergangenen Martinstag fällig gewesenen Reichssteuern an den Ritter Frischhans v. Bodman zu zahlen. — [KU. w. v. — Not. RR. E 64ʳ] — vgl. Reg.: Schriften d. Ver. f. d. Bodensee 12, Anh. 59.	
» 26	»	bestätigt die Privilegien des Cistercienser-Klosters P ä r i s (Parisiens., Baseler Diözese) u. nimmt es in den Reiches Schutz. — KU. w. v. — Not. RR. E 65ʳ.	798
		desgl. des Domkapitels (nicht des Hochstifts) zu S p e i e r. — Ad m. d. r. Joh. Kirchen. — R — Or. Karlsruhe; [Kop. Speyer Kr. A; Not. RR. E 64ʳ] — Remling, Urk. B. z. G. d. DB. zu Speyer 2, 79 f; Reg.: Ztschr. f. G. d. Oberrheins N. F. 3, 436.	799
		desgl. des Domkapitels (nicht des Bistums) zu W o r m s. — [KU. w. v. — R] — Or. (Gatterers Lehrapparat) Lazern Staats-A.; [Not. RR. ib.] — Vgl. Reg.: Archival. Ztschr. 2, 214.	800
» 27	»	weist die St. F r a n k f u r t an, die Martini 1412 fällig gewesene Reichssteuer an Johann Happolt zu zahlen. — KU. w. v. — Not. RR. E 65ʳ. (die Lune post Katerine).	801
»	»	nimmt den Ritter Matthäus v. O z o r a zum familiaris an u. erteilt ihm Geleit. — KU. w. v. — Not. RR. E 64ʳ. (27. die nov.)	802
»	»	desgl. den Johannes Franciaci de H e r r i c i s aus Florenz. — W. v.	803
»	»	teilt der St. M ü l h a u s e n mit, dass er die Landvogtei des Elsass für 25000 rheinische Gulden dem Pfalzgrafen Ludwig b. Rhein [vgl. Sept. 6 nr. 718] unter Vorbehalt der Wiedereinlösung verschrieben habe; befiehlt demselben zu gehorchen u. die Reichssteuer zu zahlen. — KU. w. v. — o. R! — Or. Mülhausen; [RR. E 66ʳ] — Moesmann, Cartulaire de Mulhouse 1, 461 L	804
»	»	desgleichen den St.	
		C o l m a r	805
		H a g e n a u	806
		K a y s e r s b e r g	807
		M ü n s t e r im Gregorienthal	808

1413			
		Oberehnheim	809
		Rosheim	810
		Schlettstadt	811
		Türkheim	812
		Weissenburg.	813

Ad m. d. r. Joh. Kirchen. — RR. E 66ᵛ.   (mo. nach Kathrein).

Nov. 29	Lodi	bestätigt dem Konrad v. Egloffstein, Meister Deutschen Ordens in Alemannien u. Italien, seine Privilegien u. nimmt ihn in des Reiches Schutz. — KU. w. v. — RR. E 101 (Andres abend), vgl. Not. ib. 64ᵛ (in vigilia s. Andree). 814
»	»	bestätigt dem Benediktinerkloster zu Kastl (Castell, Abt Georg, Eichstädter Diözese) alle Rechte u. Freiheiten. — [KU. w. v. — Vid. des Abtes Ludwig zu Ensdorf v. 1434 Juni 30 München R.-A.; Not. RR. E 64ᵛ]. — Reg. Boic. 12, 152. 815
»	»	desgl. der St. Colmar. — KU. w. v. — Or., Vid. v. 1457 Okt. 20 u. Kop. Colmar Stadt-A.; Not. RR. E 65ᵛ. (Andres abend). 816
»	»	desgl. der St. Schweinfurt. — [KU. w. v. — R] — Or. Würzburg; [Not. RR. ib.] — Reg.: F. Stein, Mon. Suinfurtens. hist. 193 (fälschl. Nov. 30). (Andres abend). 817
Dec. 1	»	teilt dem Frauenkloster der h. Gertrud zu Nivelles (Lütticher Diözese) mit, dass er die Präbende, deren Besetzung ihm als römischem Kg. zusteht, dem Dr. jur. Johannes v. Noet verliehen, u. befiehlt demgemäss, an diesen die Erträge der Präbende zu zahlen. — KU. w. v. — RR. E 65ᵛ. (prima die dec.) — Nach Hds. 22 d. Wien. Staats-A. (s. d. et L) Reg.: Arch. f. österr. G. 59, 8. 818
» 2	»	giebt als Mkgr. v. Brandenburg seinen Willebrief zu der Verpfändung der Landvogtei im Elsass, welche er [Sept. 6] dem Pfalzgrafen Ludwig verschrieben. — KU. w. v. — R — Or. Strassb. Bez.-A.; RR. E 66ᵛ. (sammt. vor Barbare). 819
»	»	belehnt Marcus de Piis mit der Feste Carpi, dem Dorfe Fossolum (Diözese Reggio = Foppulo?), dem Dorfe Gorgatellum [= Gargallo] mit dem dort befindlichen königl. Schlosse, mit der Feste de Nonis [= Nonio?] nebst Zubehör, mit dem Dörfern Roveredo u. Campacio [= Capiago?] nebst allen Rechten. — KU. w. v. — Not. RR. E 66ᵛ. (sec. dec.) 820
» 4	»	erklärt [auf Veranlassung des Konrad v. Egloffstein], dass niemand, der freiwillig, ohne vom Deutschmeister aufgefordert zu sein, den letzten Krieg zwischen dem Deutschorden in Preussen u. der Krone Polen mitmachte, irgend einen Sold oder eine Entschädigung von dem reichsunmittelbaren Orden anzusprechen habe; wer dies mit Gewalt durchsetzen will, soll mit Gewalt daran gehindert werden [vgl. auch 1415 Febr. 27.] — KU. w. v. — [R] — Or. Wien. Deutsch-Ordens-Centralarch.; [RR. E 64ᵛ u. 65ᵛ]. — Reg.: Pettenegg, die Urkk. d. Deutsch-Ordens-Centralarch. 1, 452. 821
»	»	überträgt das Ammannamt zu Schweinfurt widerruflich dem Arnold v. Rosenberg. — KU. w. v. — Not. RR. 65ᵛ. (Barbare). 822
» 5	»	setzt den Pfalzgrafen bei Rhein Ludwig als Vogt über das Kl. Kastl (Bistum Eichstädt). — [Id. not. (i. e. Ad m. d. r. Joh. Kirchen) RR. E 64ᵛ; Vid. des Notars Johann Erbstad v. Wonnerk, Klerikers der Mainzer Diözese v. 1414 März 16 München R-A; Vid. des Notars Konrad Frost v. Lichtenau, Klerikers der Augsburger Diözese v. 1414 Jan. 25 ib.] — Vgl. Reg. Boic. 12, 152. 823
»	»	bestätigt dem Mkgr. Roland v. Palavicino u. Borgo S. Donnino alle Rechte u. Besitzungen. — Ad m. d. r. Joh. Kirchen. — Not. RR. E 66ᵛ. (5. die dec.) 824
»	»	belehnt denselben mit Palavicino, Borgo S. Donnino, Busseto, Varano, Olcio u. Besitzungen in der Diöz. Cremona. — W. v. 825
»	»	bestätigt dem Mkgr. Thomas v. Malaspina das (inser.) Privileg Karls IV. v. 1369 Juni 15 [nicht bei Böhmer-Huber]. — KU. w. v. — Not. RR. E 66ᵛ. (5. die dec.) 826
» 6	»	nimmt Friedrich Parsperger zum familiaris an u. erteilt ihm Geleit. — KU. w. v. — Not. RR. E 66ᵛ. (6. die decbr.) 827
»	»	desgl. Georg Parsperger. — W. v. 828

1413			
Dec. 7	Lodi	ernennt Sigmund Leonroder zu seinem Kaplan. — W. v. (7. decb.)	829
» 8	»	ernennt Johann Grymmen zum Notar. — KU? — Nicht in RR! — Inseriert in einem fragm. Instrument eines Utrechter Notars in der Hds. nr. 134 der (Amplonianischen) Bibliothek zu Erfurt. — Vgl. den Katalog v. Schum (1887) S. 395 n. 999.	830
» 10	»	ernennt Johannes Kirchheim (Kirchen) d. jüng. zum »familiaris« u. erteilt ihm Geleit. — Ad m. d. r. Jo. prep. vicecanc. — Not. RR. E 66ᵛ. (10. die dec.)	830 A
» 11	»	desgl. den Johann Tremosnitz. — Ad m. d. r. Joh. Kirchen. — Not. RR. ib. (11. d. dec.)	831
»	»	legitimiert Johannes, den Sohn des Paulus de Zanebonis aus Lodi. — Not. RR. E 65ᵛ. (11. die dec.)	832
» 12	»	ernennt Michael, den Sohn des Johannes de Hengramis, u. dessen eheliche Nachkommen zu lateranensischen Pfalzgrafen (sacri Lateranensis pallacii et regalis aule nostre ac imperialis consistorii comites) mit dem Recht, Notare zu ernennen u. s. w. — KU. w. v. — RR. E 65ᵛ. (12. decbr.)	833
»	»	erteilt demselben ein Wappen. — Not. ib.	834
» 13	Cremona	beauftragt seinen Protonotar Johann Kirchheim, die halbe Judensteuer u. den goldenen Opferpfennig der Juden (fällig Dez. 25) des vergangenen u. künftigen Jahres zu erheben. — Ad m. d. r. Mich. de Priest. — Not. RR. E 70ᵛ. (in die Lucie.)	835
»	Lodi	bestätigt dem Ritter Konrad v. Freiberg (Frib-) das ihm v. Kg. Ruprecht verliehene Ammannamt zu Gmünd u. bestimmt widerruflich, dass demselben darin seine ehelichen Söhne nachfolgen sollen. — Ad m. d. r. Joh. Kirchen. — Not. RR. E 65ᵛ. (Lucient.)	836
»	»	bestätigt dem Jacobinus gen. Stengelin de Palude u. dessen Bruder Bertilinus das Schloss Cronaria an der Grenze der Diözese Reggio u. Dörfer in der Diözese Parma mit allen Gerechtsamen. — KU. w. v. — Not. RR. E 66ᵛ. (13. die dec.)	837
»	»	bestätigt den Söhnen des † Lazarinus de Carreto Galeotto Karl Georg u. Artuzius (ex marchionibus Savone) ihre Privilegien. — KU. w. v. — Not. RR. E 71ᵛ. (13. dec.)	838
»	»	belehnt dieselben mit der Markgrafschaft Savona. — W. v.	839
»	»	widerruft auf Bitten derselben (Bote: Nikolaus de Carreto, Archidiakonus zu Bosna) die Privilegien der Bewohner v. Final (Finarium), da sich dieselben gegen Galeazzo u. dessen minderjährige Brüder nach dem Tode ihres Vaters Lazarinus (Aug. 1412) empört haben. — Ad m. d. r. Joh. prep. vicecanc. — RR. E 71ᵛ u. 72ᵛ. (id. dat.)	840
» 15	»	ernennt Simeon aus Perugia (»legum doctor advocatus sacri consistorii et fisci in Romana curia familiaris«) zum »advocatus promotor u. director« der Angelegenheiten des Reichs u. des Königreichs Ungarn, sowie der Unterthanen dieser Reiche bei der römischen Kurie. — Ad m. d. r. Joh. Kirchen. — RR. E 67ᵛ. (15. dec.)	841
» 16	»	bestätigt dem Mkgr. Nikolaus Malaspina v. Verrucola (Veracula) alle Privilegien u. Besitzungen. — Ad m. d. r. Joh. Kirchen. — Not. RR. E 67ᵛ. (16. die dec.)	842
»	»	belehnt denselben mit Verrucola, Fivizzano, Monsclarus, Sassalbum, Comanum u. s. w. [im nordwestl. Tuscien]. — W. v.	843
» 17	»	ernennt Ludovicus de Tizionibus, Bürger zu Vercelli, (aber nicht dessen Erben) zum comes palatinus. — KU. w. v. — Not. RR. E 65ᵗ u. auch 65ᵛ. (17. dec.)	844
»	»	schenkt demselben den Ort (locus) Burgusdiaxe in der St. Vercelli. — W. v.	845
»	»	bestätigt dem B. Jakob v. Luna u. dessen Bruder Petrus de Rubeis Privilegien Ottos IV, Karls IV, des Kg. Johann v. Böhmen u. das Friedrichs II für Guido de Rugeriis, Bürger zu Parma u. Vorfahr der Rubei. — Ad m. d. r. Joh. Kirchen. — Not. RR. E 71ᵛ. (17. die dec.)	846
»	»	bestätigt denselben ihre Besitzungen (mehr als 100 kleine Orte). — KU. w. v. — RR. ib. (id dat.)	847
» 18	»	beauftragt den Dr. jur. u. päbstlichen Protonotar Hermann Dwerg, die Reichsgerechtsamen in der St. Herford (Paderborner Diözese), welche in Vergessenheit geraten sind, wieder zu eruiren u. wahrzunehmen. — KU. w. v. — RR. E 67ᵛ. (18. die dec.)	848

1413		
Dec. 20	Lodi	beauftragt den Patriarchen Ludwig v. Aquileja dafür zu sorgen, dass die St. Gemona (Gle-) gemäss dem Spruche seiner Hofauditoren des B. Georg v. Trident u. des Ottobonus de Bellunis aus Valence dem Heinrich Trefflinger u. Degenhard Ganegthnung leistet. — KU. w. v. — RR. E 67ᵛ. (22. die dec.) 849
» 21	»	interveniert beim Rat v. Bellano zu Gunsten des Gebannten Mario di Pam. — KU? — Kop. Bellumo Arch. comm. — Reg. Forsch. z. dtsch. Gesch. 18, 220. 850
» 23	»	verpfändet dem Wigleis Schenk [v. Geiern] für schuldiges Jahrgeld die Martini fälligen Stadtsteuern v. Reutlingen u. Kempten bis auf Widerruf. — Ad m. d. r. Joh. Kirchen. — Not. RR. E 65ᵛ. (nabb. ante nativit. domini.) 851
» 26	»	bestätigt den Brüdern Razoninus u. Guilerminus de Asinariis, Bürgern v. Asti, u. deren Erben den Besitz des ihnen v. Karl IV [nicht bei Böhmer-Huber] verliehenen Schlosses u. Dorfes Camerano (Casasco; Camayranum Diözese Asti) u. giebt ihnen das Privileg, dass sie sich bei Klagen, die diesen Besitz betreffen, vor seinem Hofgericht oder vor einem v. ihm besonders beauftragten Richter zu verantworten brauchen. — KU. w. v. — RR. E 67ᵛ. (26. die dec.) 852
» 27	»	bestätigt dem Walther v. Klingen alle Privilegien. — KU. w. v. — Not. RR. E 67ᵛ. (in die s. Joh. ewang. et apostoli 1414.) 853
»	»	ernennt seinen Herold Paulus Eomrich zum Kg. aller Herolde u. Trabanten im Römischen Reich, erlaubt ihm über die Geschenke, die er erhält frei, zu verfügen, u. befreit ihn v. allen Zöllen. — KU. w. v. — RR. ib. — Mitt. d. Inst. f. österr. Geschichtsf. Erg.-Bd. 5. (27. die dec.) 854
s. d. et l. [wohl 1414 Jan. ?]		giebt der in Cremona zu errichtenden Universität ein Privileg. — KU? [nicht in RR!] — Nach ? Lünig, Cod. Ital. dipl. 1, 437 ff. 855
1414		
Jan. 4	Cremona	giebt Thedesinus de Clarastis aus Soncino (Diözese Cremona), Kastellan des Schlosses (Pizzaleonis) Pizzighettone, u. dessen Bruder Bartholomäus eine Exemption (Befreiung v. fremden Gerichten?) — Ad m. d. r. Joh. Kirchen. — Not. RR. E 68ᵛ. (4. jan.) 856
» 7	»	bestätigt Vassinus de Malabilis, Bürger v. Asti, die Verleihung des Schlosses Trenezola (Diözese Asti, jetzt = ?) seitens Karls IV [nicht bei Böhmer-Huber.] — KU. w. v. — Not. RR. E 67ᵛ. (7. jan.) 857
» 9	»	giebt dem B. Franz v. Arezzo das Recht Notare zu ernennen u. Unehliche zu legitimieren u. nimmt die Kirche v. Arezzo in seinen u. des Reiches Schutz. — o. KU. — Ughelli, Italia sacra 2. Aufl. 1, 429 f. [Fälschung: In Christi nomine amen. Sigismundus Romanorum imperator!] 857a
» 10	»	verweist Kaspar Klingenberg wegen seines Jahrgelds v. 500 rhein. Gulden auf die Stadtsteuer v. Hall. — Ad m. d. r. Joh. Kirchen. — Not. RR. E 67ᵛ. (fer. quarta post Erhardi.) 858
»	»	beglaubigt bei Nürnberg Rothenburg Windsheim Weissenburg Schweinfurt seine Boten Wigulais Schenk v. Geiern u. Ehrenfried v. Seckendorf in Betreff der Nachrichten über Kirche u. Reich, seinen Aufenthalt in Italien u. die Festsetzung des Konzils zu Konstanz auf 1. Nov. 1414 [vgl. 1414 Jan. 20]. — Ad m. d. r. Joh. Kircheim. — Kop. Schweinfurt. — RTA 7, 189. 859
»	»	beglaubigt bei dem Deutschmeister Konrad v. Egloffstein Ehrenfried v. Seckendorf zu demselben Zwecke. — KU. w. v. — Gleichz. Kop. Königsberg. (mi. nach Erhartz tag.) 860
»	»	bestätigt die Privilegien, Handfesten, Besitzungen u. s. w. der St. Savona, welche ihm durch ihre Gesandte (Markus Vergerius, B. v. Noli u. Jacobus de Gambarana) hat huldigen lassen, u. giebt ihr auch das Recht Münzen zu schlagen. — [Ad m. d. r. Jo. prep. vicecanc.] — Vid. v. 1415 Juni 18, Juli 18 u. Nov. 5 Savona Arch. communale: [RR. E 68 mit Dat. 16 jan.!] — Atti e memorie della società storica Savonese 3, 22 ff. 861
»	»	erklärt alle Verträge, welche die St. Savona eingegangen war, als sie sich aus Furcht an den Kg. Karl VII v. Frankreich zum Schaden des Reichs angeschlossen, für ungiltig. — [KU. w. v.] — Or. [R?] ib; [RR. E 68ᵛ mit Dat. 16. jan.!] — Atti 3, 19 ff. 862

1414		
Jan. 12	Cremona	ernennt Albertus de Scottis, Gr. v. Duglessum [?] u. Vigoleno, zu seinem Rat u. familiaris, sowie Peter u. Johann de Scottis zu familiares u. erteilt ihnen Geleit. — Ad m. d. Joh. Kirchen. — Not. RR. E 69ᵛ. (12. die jan.) **863**
"	"	bestätigt dem Leonhard v. Jungingen [seine Privilegien oder Besitzungen?] — KU. w. v. — Not. E 69ᵛ. (12. jan.) **864**
"	"	desgl. dem Molli Truchsess [v. Diessenhofen]. — W. v. **865**
" 13	"	verspricht Johannes de Vignate, der die St. Piacenza mit allen Schlössern ihm freiwillig auf 12 Monate eingeräumt hat, dieselbe innerhalb dieses Termins wieder zu übergeben. — Ad m. d. r. Joh. prepos. etc. vicecanc. — RR. E 69ᵛ. (13. die jan.) **866**
"	"	ernennt Marcus Vergerius, B. v. Noli, Bürger zu Savona, zum familiaris u. erteilt ihm Geleit. — Ad m. d. r. Joh. Kirchen. — Not. RR. E 67ᵛ. (13. die jan.) **867**
"	"	desgl. den Dr. iur. Jacobus de Camberana, Bürger zu Savona. — W. v. **868**
" 15	"	erhebt die Familie v. Sack, (welche »friedel« gewesen, aber nicht mehr dazu gerechnet wurde, seitdem einer ein Edelweib v. Schellenberg geheiratet), da Eberhard v. Sack die Gräfin Elsbet v. Sargans zur Frau hat (Kinder: Ulrich Hans Diepold Rudolf Gerold Albrecht Else Trute Ursel Liese Adelheid u. Anna) u. beide Familien ihm u. dem Reiche treue Dienste geleistet, wieder zu freien Edeln. — KU. w. v. — RR. E 69ᵛ. (mo. vor Antonien). **869**
		beruft den Kg. Wladislaw v. Polen u. den Grossfürsten Witold v. Litthauen einerseits, den Meister des Deutschordens Heinrich v. Plauen andererseits selbst oder ihre Vertreter zur schiedsrichterlichen Entscheidung durch seine Bevollmächtigten den EB. Johannes v. Gran u. Nicolaus v. Gara auf 1414 April 10 nach Ofen. — Ad m. d. r. etc. Johannes prep. sancti Stephani vicecancell. — Kop. Königsb. — Raczynski, Cod. dipl. Lithuan. 175 ff. **870**
		Jan. 15: besfiehlt dem EB. v. Trier ... Scriba, Regest. d. Urkk. z. G. d. Grossherz. Hessen 1, 136 falsch statt 1414 Febr. 19. **870a**
		Jan. 16: giebt der St. Savona 2 Privilegien: RR. E 68 s. nr. 861/2. **870b**
" 16	"	weist die St. Gmünd an die Martini fällig gewesene Reichssteuer an Wigleis Schenk zu zahlen. — Ad m. d. r. Joh. Kirchen. — Not. RR. E 67ᵛ. (16. die jan.) **871**
"	"	desgl. die St. Reutlingen. — W. v. **872**
"	"	weist dem Ehrenfried v. Seckendorf 100 Pfund Heller auf das Martini fällig gewesene Ulmer Ammanamt-Geld an. — W. v. **873**
"	"	weist die St. Augsburg an dem Hrz. Ulrich v. Teck 800 Pfund Heller [v. ihrer Reichssteuer] zu entrichten. — KU. w. v. — Not. RR. E 70ᵛ. (fer. 3. ante Antoni.) **874**
		gebietet einer Anzahl v. Reichsstädten an genannte Personen ihre am nächsten Martinstag fällige Reichssteuer zu entrichten, nämlich
		Biberach an Frischhans v. Bodman **875**
		Bopfingen an Heinrich v. Sickingen **876**
		Kaufbeuren an Frischhans v. Bodman **877**
		Leutkirch an denselben **878**
		Memmingen an denselben. — [Or. Memmingen *Magistr.*] **879**
		Nürnberg an Hrz. Ulrich v. Teck u. die Gr. Eberhard v. Nellenburg, Konrad v. Freiburg u. Hans v. Lupfen **880**
		St. Gallen vgl. Jan. 18.	
		Wangen an Konrad Hans v. Bodman **881**
		Weissenburg [im Nordgau] an Hans Konrad [sic!] v. Bodman **882**
		Windsheim an Konrad Hans v. Bodman **883**
		— KU. w. v. — Not. RR. E 70ᵛ. (fer. tercia ante Antoni; die Urkk. sind aber dtsch. gewesen.)
"	"	weist dem Burggr. Friedrich v. Nürnberg die Sept. x fällig gewesene halbe Judensteuer v. Nürnberg an. — KU. w. v. — Not. RR. E 67ᵛ. (16. die jan.) **884**

1414			
Jan. 16	Cremona	verspricht dem Wilhelm Haas ihm schuldige 1000 Dukaten bis Okt. 16 zu zahlen. — Ad m. d. r. Michel de Priest. — Not. RR. E 69ᵛ. (16. jan.)	885
»	»	verspricht demselben ein Jahresgehalt v. 600 Gulden. — KU. w. v.	886
»	»	bestätigt dem Johann Reich u. dessen Bruder Petermann ihre Lehen in Augst (Ou-) Kirchen (Kilchen) Eimeldingen (Elmitingen) u. Efringen (Everin-). — KU? — Not. RR. E 69ᵛ. (datum ut supra; zweifelhaft ob auf Jan. 16 oder 1413 Nov. 15 zu beziehen.)	887
»	»	verschreibt den Brüdern Wilhelm Burkard u. Albert v. Homburg u. deren Onkel Heinrich die jährliche Reichssteuer der St. Überlingen. — W. v.	888
» 17	»	ernennt den Albert Plarer aus Konstanz zu seinem Kaplan u. erteilt ihm Geleit. — Ad m. d. r. Joh. Kirchen. — Not. RR. E 69ᵛ am Rande: non transivit. (17. jan.)	888a
» 18	»	verweist den Hans Konrad v. Bodman wegen seines Jahrgeldes auf die alljährlich zu Martini fälligen Stadtsteuern v. Windsheim Weissenburg Kempten Wangen Aalen bis auf Widerruf. — KU. w. v. — Not. RR. E 70ᵛ. (do. nach Antoni.)	889
»	»	desgl. den Frischhans v. Bodman auf die Steuern von Kaufbeuren Leutkirch u. Buchhorn. — W. v.	890
»	»	desgl. den Hans v. Friedingen auf die Steuern v. Pfullendorf u. Isny. — W. v.	891
»	»	desgl. den Heinrich v. Sickingen (Syking-) auf die Steuern v. Nördlingen Dinkelsbühl u. Bopfingen. — W. v.	892
»	»	desgl. den Hrz. Ulrich v. Teck, den Gr. Eberhard v. Nellenburg, Gr. Konrad v. Freiburg u. Gr. Hans v. Lupfen wegen Jahresgeld im Betrage v. 2400 rhein. Gulden auf die Steuern v. Nürnberg u. Rothenburg a. T. — W. v.	893
»	»	weist dem Düring v. Ramstein 500 Gulden auf die Steuer v. Frankfurt an. — W. v.	894
»	»	gebietet einer Anzahl v. Reichsstädten an genannte Personen ihre am nächsten Martinstag fällige Reichssteuer zu entrichten, nämlich	
		Aalen an Konrad Hans v. Bodman	895
		Buchhorn an Frischhans v. Bodman	896
		Dinkelsbühl an Heinrich v. Sickingen	897
		Frankfurt an Düring Ramstein	898
		Hall an Kaspar v. Klingenberg	899
		Isny an Johann v. Fridingen	900
		Kempten an Konrad Hans v. Bodman	901
		Konstanz an Hans Frydinger. — Or. Karlsruhe: Ad m. d. r. Mich. de Priest. — R; vgl. Reg.: Ztsch. f. G. d. Oberrheins N. F. 3, 436.	902
		Nördlingen an Heinrich v. Sickingen (Siking)	903
		Pfullendorf an Johann Fridinger	904
		Ravensburg an Frischhans v. Bodman	905
		Rothenburg a. T. an Hrz. Ulrich v. Teck u. Genossen [die Gr. Eberhard v. Nellenburg, Konrad v. Freiburg u. Hans v. Lupfen]	906
		St. Gallen. — Or. St. Gallen Stadt-A. — R — (nach RR. fer. terc. ante Antonii!) Ad m. d. r. Joh. Kirchen. — Not. RR. E 70ᵛ. (do. nach Antonii, bezw. feria quinta post Antoni.)	907
»	»	bestätigt der St. Genua alle Privilegien, Handfesten u. Besitzungen. — KU. w. v. — Not. ib. 70ᵛ. (d. 18 jan)	908
»	»	erhebt den Johannes Baptista de Czigalis aus Genua u. seine Erben zu comites palatini. — W. v.	909
«	»	nimmt denselben zu seinem Rat u. Hofgesinde an u. erteilt ihm Geleit. — W. v.	910
» 19	»	bestätigt der St. Nürnberg die Urkunde Karls IV v. 1355 [April 5; Böhmer-Huber nr. 2027], wonach alle v. ihm ausgestellten Brief- u. Urkunden, die den Nürnbergern Schaden bringen könnten, ungiltig sein sollten — [KU. w. v. — E — Or. u. Vid. Sigmunds v. 1433 Mai 1 (vgl. auch 1414 Nov. 8) Nürnberg Kr.-A.; RR. E 69.] — Reg. Boic. 12, 156.	911

1414		
Jan. 19	**Cremona**	bekennt, dass ihm v. Friedrich Schenk Herren zu Limburg u. Lienhart Gr. zu Castell ein Brief vorgebracht, wonach Kg. Karl IV an Lutz v. Hohenlohe den Zoll u. das Geleit in den 2 Dörfern Geilichsheim bei Aub u. zu Eimersheim unter Speckfeld verliehen habe [1349 Sept. 15, Böhmer-Huber nr. 1152]; nachdem nun an die obgenannten, welche Schwestern des † Gr. Hans v. Hohenlohe zu Frauen hätten, Zoll u. Geleit als Erbschaft gefallen, bestätigt ihnen Sigmund dieses Privileg, doch unschädlich ihm, dem Reiche u. jedermann (vornehmlich dem deutschen Orden zu Geilichsheim) an seinen Rechten. — KU. w. v. — RR. E 71ʳ. — Auszug Wittmann, Monumenta Castellana (1890), 230. **912**
ˮ 20	ˮ	hebt aus königlicher Machtvollkommenheit das v. dem Kardinal Jordan Orsini über Roland Mrkgr. zu Palavicino u. Borgo-S. Donnino (den bezw. dessen Gesandten Egidinus de Ripariis er kürzlich in Lodi belehnt hatte) u. über Petrus de Sipiono verhängte Interdikt auf. — KU. w. v. — RR. E 71ʳ. (20. die Jan.) **913**
ˮ	ˮ	beglaubigt bei der St. Strassburg seinen Protonotar u. Sekretär Johann Kirchheim in betreff der Nachrichten über Kirche u. Reich, seinen Aufenthalt in Italien u. die Festsetzung des Konzils zu Konstanz auf 1414 Nov. 1 [vgl. 1414 Jan. 10 nr. 859] — Ad m. d. r. Michel de Priest. — o. R — Or. Strassburg St.-A. — RTA. 7, 189 f. **914**
ˮ	ˮ	desgl. bei Hagenau Colmar Weissenburg Schlettstadt Kaysersberg [Ober-] Ehnheim Türkheim Rosheim Mülhausen u. Münster. — KU. w. v. — o. R — Or. Mainz St.-Bibl. — K. A. Schaab, Gesch. d. rhein. Städtebundes 2, 377 ff. (fälschlich zu 1413 Juni 17); vgl. Reg. Cartulaire de Mulhouse 2, 545. **915**
ˮ 21	ˮ	bestätigt dem Friedrich Schenk v. Limburg, dem Schenken des Reichs, alle Privilegien, Zölle, Geleite u. s. w. — Ad m. d. r. Joh. Kirchen. — Not. RR. E 69ʳ. (in die s. Angnetis.) **916**
ˮ	ˮ	weist die St. Gelnhausen an ihre Martini fällig gewesene Reichssteuer an den Gr. Eberhard v. Nellenburg u. Johann Kirchen zu zahlen. — Ad m. d. r. Michel de Priest. — Not. ib. (id. dat.) s. 1414 Febr. 1 nr. 927. **916a**
ˮ	ˮ	verleiht dem Johannes Kirchen ein Wappen. — Ad m. d. r. Jo. prep. vicecanc. — Not. ib. **917**
ˮ	ˮ	ernennt denselben, dessen Sohn Johann u. seine Nachkommen zu »comites palatini.« — W. v. **918**
ˮ	ˮ	schlägt zu der seinem Protonotar Johann Kirchen zur Befriedigung seiner Ansprüche v. 4000 ungar. Gulden versetzten Esslinger Stadtsteuer [vgl. nr. 685] noch 2000 Venetianische Dukaten, da dieser seitdem ihm »u. dem riche in Italien u. anderswo so flißlich u. kostlich gedient hat.« — Ad m. d. r. Michael de Priest. — R — Or. Stuttgart; [Kop. Esslingen Pfaff]; RR. E 70ᵛ mit KU.; Ad m. d. r. Jo. prepos. vicecanc. (Agnete l.) **919**
ˮ 22	ˮ	weist die St. Friedberg an, ihre Reichssteuern an seinen Diener den Ritter Romlian v. Kobern (Covern), Amtmann des EB. Werner v. Trier, zu zahlen. — Jo. Kirchen. — RR. E 73ᵛ. (Vincentii l.) **920**
ˮ	ˮ	bestätigt der St. Basel die (inser.) Urk. Karls IV v. 1377 Aug. 6 [Böhmer-Huber nr. 5796] u. giebt den Baslern als Schirmer ihres Gerichtsstandes den Mrkgr. Rudolf v. Hachberg. — [Ad m. d. r. Joh. Kirchen. — R — Thommen.] — Or. Basel St.-A.; [Not. RR. E 69ʳ.] — vgl. Heusler, Verfassungsg. d. St. Basel 332. **921**
ˮ 29	ˮ	bestätigt die Privilegien des Kl. Ebrach, Würzburger Diözese. — Ad m. d. r. Jo. Kirchen. — Not. RR. E 68ᵛ. (fer. secunda ante f. purific. Marie.) **922**
ˮ	ˮ	befreit das Kl. Ebrach, da es sich in Not befindet, auf drei Jahre »ab omni hospitalitate et alio onere.« — W. v. **923**
		Jan. 29 Konstanz: bestätigt die Privilegien des Öttingischen Marktes Bissingen. — Reg. nach Kop. Material. z. Ötting. Gesch. 2, 64 (mo. nach Vincenz) falsch statt 1418 Jan. 24. **923a**
ˮ 30	ˮ	befiehlt Johann Pfalzgrafen b. Rhein das Kl. Waldsassen u. dessen Leute zu schützen. — KC? — Or.* Nürnberg Kr.-A. — Reg. Boic. 12, 157. **924**
ˮ	ˮ	bestätigt die Privilegien der St. Windsheim. — Ad m. d. r. Joh. Kirchen. — R — Or. Nürnberg Kr.-A.; Not. RR. E 69: ultima die jan.! (di. vor. fraw. t. purif.) **925**

1414			
Jan. 31	Cremona	bestätigt die Privilegien genannten weiblichen Mitgliedern des Geschlechtes v. H o h e n f e l s u. deren Ehemännern. — Ad m. d. r. Petrus Wacker. — R — Or. Karlsruhe [nicht in RR, vgl. aber nr. 539]. — Reg.: Ztschr. f. G. d. Oberrheins N. F. 3, 436.	926
Febr. 1	„	weist die St. G e l n h a u s e n an ihre vergangenen Martinstag fällig gewesene Reichssteuer an Gr. Eberhard v. Nellenburg u. seinen Protonotar Joh. Kirchen zu zahlen. — [Ad m. d. r. Michel de Priest. — Not. RR. E 70ʳ (u. 69ʳ u. 21. Jan.!)] — Lünig, R. A. P. spec. Cont. 4. T. 1, 804.	927
„ 3	„	stellt dem Johann v. C h l u m (Klum) einen Schuldschein aus über 1840 u. 480 Gulden. — Ad m. d. r. Michel de Priest. — Not. RR. E 69ᵛ.	928
„	„	belehnt den Peter Mrkgr. v. P a l a v i c i n o mit dem Schlosse Sipiam [Zibello?] nebst Zubehör u. erteilt ihm eine (nicht näher bezeichnete) Exemption. — Ad m. d. r. Joh. Kirchen. — Not. ib. (3. die febr.)	929
„	„	giebt dem Johann Massardi D a y n e aus Canroy [?] in der Diöz. Cambray dem »magister hospicii« des Hrz. Karl v. Orleans (Aurelian.) u. dessen Erben das Privileg, dass sie die Erträge ihrer Besitzungen zollfrei nach Cambray einführen u. daselbst, ohne irgend welche Abgaben zu zahlen, verkaufen dürfen. — KU. w. v. — RR. E 70ᵛ. (tercia die febr.)	930
„ 4	„	fordert den Gr. Heinrich v. G ö r z auf, die Rechte v. Belluno zu respektieren. — KU. w. v. — Kop. Belluno. — Verci, Storia della marca Trivigiana 19. Anhg. 79 f.; vgl. Reg.: Forsch. z. dtsch. Gesch. 18, 221.	931
„ 5	„	bestätigt einen Schiedsspruch des Mrkgr. Theodor v. Montferrat, durch welchen dem Jakob M a l a s p i n i u. Anton d. j., dem Sohne Antons Malaspini, gegen die Ansprüche des Thomas Malaspini, des Sohnes des Innanius, der Besitz der Schlösser Morbello (Mo-) Molare (Moleria) Cassinelle (Cax-) Gorgaardum [?] in der Diöz. Acqui zugesprochen wird. — KU. w. v. — Not. RR. E 70ᵛ. (quinta die febr.)	932
„	„	nimmt Damianus de Valpone zum familiaris an u. erteilt ihm Geleit. — Ad m. d. r. Jo. prep. u. Stephani etc. — Not. RR. E 69ᵛ. (die febr. quinta.)	933
„	„	desgl. Johannes R o t a r i i aus Asti. — W. v.	934
„	„	desgl. Dominicus G u t n a r i i aus Asti. — W. v.	935
„	„	belehnt den Hrz. Karl v. O r l e a n s (Aurelianensis) mit der St. u. dem Gebiet v. Asti. — Ad m. d. r. prepos. vicecanc. — Not. RR. E 71ᵛ.	936
„	„	gestattet d e m s e l b e n in der St. Asti eine Universität (studium generale) zu errichten. — W. v.	937
„	„	belehnt Jakob v. B e s o z z o (de Besocio) Schildträger des Hrz. Karl v. Orleans mit Dörfern in der Mailander Diözese. — Ad m. d. r. Joh. Kirchen. — Not. RR. E 70ᵛ. (5. die febr.)	938
„ 6	„	giebt als Mrkgr. v. Brandenburg seinen Willebrief zu der v. ihm als Kg. vollzogenen Verpfändung der Stadtsteuer v. E s s l i n g e n [vgl. nr. 688] an seinen Protonotar Joh. Kirchen. — Ad m. d. r. Michel de Priest. — R — Or. Stuttgart; RR. E 73ᵛ. (Dorothee t.)	939
„	„	giebt seine Zustimmung dazu, dass sein Protonotar Johannes Kirchen, dem er zur Befriedigung seiner Ansprüche (6000 ungar. Guld.) eine Anweisung auf die 800 Pfund Heller betragende Esslinger Stadtsteuer gegeben, diese an die St. E. wieder versetzt hat. (vgl. Jan. 21.) — KU. w. v. [— R — Or. ib; RR. E 70ᵛ; Kop. Esslingen. *Pfaff*]. — Lünig, R. A. P. spec. Cont. 4. T. 1, 504 f. — Moser, reichsstätt. Hdb. 1, 434 f.	940
„ 7	„	verleiht dem M a f f e u s aus Cremona die Grafschaft über die Dörfer Farfengo u. Rodengo (comitatus ville Varfenghii et Rodiani diœcesis Brix.) — Ad m. d. r. Jo. prep. vicecanc. — Not. RR. E 70ᵛ. (7. febr.)	941
„ 10	„	erlaubt Odo R o t a r i i, Bürger zu Asti, u. dessen Erben in dem Orte Monticello Mühlen zu errichten u. den Fluss ungehindert zum Transporte zu benutzen. — Ad m. d. r. Michel de Priest. — Not. RR. E 71ᵛ.	942
„ 19	„	fordert den EB. Werner v. T r i e r auf, es mit dem Malding zu Langen im Wildbann Dreieichen wie bisher zu halten [vgl. Febr. 22] u. die St. Frankfurt gegen die Strassenräuber zu schützen. — Ad m. d. r. Michel de Priest. — Kop. Frankf.; vgl. Invent. 3, 66. — Buri, Vorrechte d. alt. kgl. Bannforste (1744) Beil. 151 f.; vgl. Reg.: Janssen, Frankf. Reichskorr. 1, 287.	943

1414			
Febr. 20	Piacenza	bestätigt dem Sohne des † Ritters Otto de T e r c i l s Nikolaus Guererius u. dem Sohne des † Jakob de Tercils, namens Jakob Gr. v. Tizzano dal Parma (Tizanum) ihre Privilegien. — Idem notarius [i. e. Joh. Kirchen, obwohl direkt vorher steht: Ad m. d. r. Joh. prep. vicecanc.] — Not. RR. E 72ᵛ. (20. febr.)	944
„	„	belehnt dieselben mit Tizzano. — W. v.	945
„	„	legitimiert einen unehlichen Sohn des Otto de T e r c i l s namens Nikolaus. — W. v.	946
„ 21	„	belehnt die Brüder Albert u. Peter de S c o t t i s mit dem Schlosse Vigoleno (Diöz. Piacenza), befreit sie v. der Unterordnung unter die St. Piacenza u. gestattet ihnen in Vigoleno einen Wochenmarkt zu halten. — Ad m. d. r. Joh. prepos. vicecanc. — Not. RR. E 71ᵛ. (21. die febr.)	947
„	„	belehnt dieselben mit dem Schlosse [Castellnovo di Sotto?] „Novum Scottorum.‘ — Idem notarius [i. e. Ad m. d. r. Joh. Kirchen.] — Not. ib.	948
„	„	belehnt d i e s e l b e n mit dem Schlosse Fiorenzuola d' Arda (Fiorenzola) u. dessen Gebiet vom Flusse Clavene bis zum Gebiet v. Parma u. Cremona u. bis zom Po. — W. v.	949
„	„	belehnt d i e s e l b e n u. den Johannes de Scottis mit Castellarquato, den Thälern Clavene u. Arda. — W. v.	950
„	„	belehnt den Johannes de S c o t t i s mit dem Schlosse Agazzano u. gestattet ihm daselbst einen Wochenmarkt zu halten. — W. v.	951
„	„	belehnt den Manfred de S c o t t i s mit dem Schlosse Caorso (Canurium) u. den Dörfern Strinazarium u. Ronzaro (Roncharoh.) — W. v.	952
„ 22	„	teilt der St. F r a n k f u r t mit, dass er in Sachen des Maidings zu Langen dem EB. Wernher v. Trier schriftl. Vollmacht [nr. 943] erteilt habe u. wünscht, dass es bis zu seiner Rückkehr nach Deutschland mit dem Maiding wie bisher gehalten werde. — Ad m. d. r. Michel de Priest. — Abschr. Frankf. — Buri, Vorrechte d. alt. kgl. Bannforste (1744) Beil. 152; vgl. Janssen, Reichskorr. 1, 251.	953
„	„	befiehlt dem obersten Gr. u. den anderen Gr. u. Lehnsherren seines u. des Reiches freien Keuchergerichts die St. Frankfurt, die des Kg. u. des Reichs Kammer sei, bei allen Gnaden u. Freiheiten, die sie v. frühern K. u. Kg. erhalten habe, zu belassen. — KU? — Reg. [Vorlage?] Frankf. Reichskorr. 1, 251; vgl. auch Invent. d. Frankf. Stadt-A. 1,83.	954
„ 23	„	befiehlt den B e l l u n e s e n nochmals die Wiederherstellung der Brücke v. Capodiponte; widrigenfalls der Gr. v. Görz die angedrohte Strafe einziehen werde. — KU? Kop. Belluno. — Reg.: Forsch. z. dtsch. Gesch. 18, 221.	955
„ 26	„	bestätigt den Brüdern Bernhard u. Galvanus de A n g u z o l i s die Grafschaft Bobbio. — Not. RR. E 71ᵛ. (26. febr.)	956
„	„	ändert d e r e n Wappen. — W. v.	957
„	„	belehnt den Bernhard de A n g u z o l i s, Bürger zu Piacenza, mit einigen Schlössern — W. v.	958
„	„	belehnt den Bartholomäus de A n g u z o l i s, Bürger zu Piacenza, mit Schlössern in der Diözese Piacenza. — W. v.	959
„	„	belehnt den Anton Richard u. Peter de A n g u z o l i s, Bürger zu Piacenza, mit Vigolzone u. anderen Schlössern. — W. v.	960
		Febr. 27: erteilt dem Georgius de Bensonibus ein Wappen s. nr. 503.	960a
„ 28		bestätigt dem Petrus de A n g u z o l i s, Bürger zu Piacenza, zwei Privilegien Karls IV für den B. Johann v. Vicenza, Peters Onkel, u. für Ludovicus Antonii de Surdis aus Piacenza, Peters Grossvater mütterlicherseits [Böhmer-Huber nr. 553] sowie ein Privileg K. Ludwigs [d. B.] für den Ritter Antonius de Surdis. — Ad m. d. r. Joh. Kirchen. — Not. RR. E 72ᵛ. (ultima febr.)	961
„	„	stellt dem nach Deutschland reisenden Magister Oswald v. M e n g e r s r e u t h (literarum apostolicarum abreviator capellanus et fidelis noster) einen Empfehlungsbrief aus. — KU? — Or. Augsburg? — Erwähnt Chronik. d. dtsch. Städte 5, 59 A. 2.	962
März 1	„	fordert die R a g u s a n e r auf zugleich mit seinen Gesandten Ladislaus Jakch u. Johann Chalnak Gesandte an den Woywoden Sandal zu richten. — KU? — Vorlage? — Reg.: Monum. spect. histor. Slavorum meridional. 23, 98. (1413 Druckfehler.)	963

1414		
März 5	Acqui (Aquis calli-dis)	erneuert den Gr. v. Massino (Magnus Johannes Odorinus et Bartolomeus fratres filii quondam Petri, Petrus et Catellanus fratres filii Jacobi, Antoninus Jacobus et Bertoldus fratres filii quondam Martini, Petrus et Ibletus fratres filii quondam Marci et Petrus filius Ludovici) die Privilegien Friedrichs II v. 1230 Aug. 6 [nicht bei Böhmer] Karls IV v. 1357 Juli 2 u. 1368 März 4 [desgl.] u. Wenzels v. 1384 Jan. 17. — Ad m. d. r. Joh. prepos. s. Stephani vicecanc. — RR. E 72 mit der Überschrift: item revocatoria pro comitibus de Massino, quam servavit copiam d. Jo. prepositus. (5. die marcii.) **964**
» 13	Serravalle [Scrivia]	verleiht dem Gizard de Rarongnia u. dessen Erben die Regalien (Jus temporale, mixtum et merum imperium, gladii potestatem) in dem Thale u. der Provinz Valaggio. — Ad m. d. r. Michael de Priest. — Not. RR. E 172ʳ. (13. marc.) **965**
»	»	schenkt (donacio seu infeodacio) demselben die Schlösser Vigonia [Vigevano?] u. Ferrera Erbognone (Ferrara), jetzt im Besitz des Rebellen Filippo Maria Angelo [v. Mailand.] — W. v. **966**
» 14	»	beglückwünscht den neugewählten Deutschordensmeister Michael Küchenmeister zu seiner Wahl. — Ad m. d. r. Michael de Priest. — o. R — Or. Königsberg St.-A. — Mittheil. d. Inst. f. österr. Geschichtsf. Erg.-Bd. 5 Heft 1. **967**
» 15	»	befiehlt demselben seinem Diener Lorenz das ihm verliehene Niedergericht zu Newemberlein zu verabfolgen. — KU. w. v. — o. R — Or. ibid. (do. vor letare.) — Von Serravalle zog Kg. Sigmund über Gavi bei Genua in das Gebiet des Mrkgr. v. Montferrat; Muratori, SS. 17, 1251. **968**
» 24	Teplici bei Ferrere	schreibt an Czenko v. Wartenberg, Burggr. v. Prag. — Archiv Cesky 1, 1. **969**
April 2	Acqui (aquis callidis Montisferrati	bestätigt auf Wunsch des Hrz. Ulrich v. Teck die Privilegien der St. Mindelheim »cum illis addicionibus, quod cives ibidem possint recipere cives alios, quod eciam cives ibidem non teneantur alicui respondere in iudicio nisi coram eorum advocato in ipsa civitate deputato.« — Ad m. d. r. Mich. de Priest. — Not. RR. E 72ʳ. (die luno post palmarum.) **970**
April		verhandelt mit dem Gr. Amadeus VIII v. Savoyen, dem Mrkgr. v. Montferrat, dem Fürsten Ludwig v. Savoyen-Piemont, Herrn v. Achaja u. Morea, sowie dem Mrkgr. v. Saluzzo über Unterstützung seines italienischen Feldzugs. — Aschbach 1, 382 vgl. auch RTA. 7, 192. **970a**
» 28	Asti	verspricht dem Dogen v. Genua Georg Adurnus den treuen Anhänger des Reiches in seiner Würde zu erhalten u. nicht zu dulden, dass ihm Schwierigkeiten gemacht werden. — Ad m. d. r. Mich. de Priest. — RR. E 72ᵛ. (28. apr.) **971**
» 29	»	nimmt Maufredus Canis unter sein Hofgesinde auf u. erteilt ihm Geleit. — Ad m. d. r. Joh. prepos. vicecanc. — Not. RR. E 73ʳ. (penultima apr.) **972**
Mai 1	»	verwendet sich bei dem Hauptmann u. Vikar zu Belluno zu Gunsten des B. Heinrich v. Belluno. — KU? — Kop. Belluno. — Reg.: Forsch. z. dtsch. Gesch. 18, 221. **973**
» [1]	»	wird hier überfallen. — Justinger, Berner Chronik 216 f.; Windecke 51 f. **973a**
		Mai 4 Konstanz: nimmt die Abtei Bellelay in seinen und des Reiches Schutz. — Trouillat, Mon. de l'hist. de l'évêché de Bâle 5, 240 ff. falsch statt 1417 Mai 4. **973b**
» 8	Pontestura	verlegt auf Ansuchen der St. Strassburg den Martins-Jahrmarkt daselbst auf den Tag Johannes Baptista. — [Ad m. d. r. Mich. de Priest. — R — Or. Strassburg St.-A.; RR.E 73ᵛ.] RR. O 91: Vidimus Friedrichs III v. 1441 Aug. 7; vgl. Chmel, Reg. Friderici IV n. 352. **974**
» 9	»	verleiht dem Bechtolf Kern v. Dirmstein u. Friedrich v. Montfort den halben Zehnten zu Orinsheim [— Harxheim?] — Ad m. d. r. Pe. Wacker. — Not. RR. E 73ᵛ. (mi. nach Joh. ante port. Lat.) **975**
		erhebt Jacobus de Cerrotanis (litterarum apostolicarum scriptor), dessen Nepoten Marius de C. sowie dessen eheliche Nachkommen zu comites palatini. — Ad m. d. r. Joh. prepos. etc. vicecanc. — Not. RR. E 73ʳ. (die nona maji.) **976**
» 19	»	gebietet Strassburg, da er neben der Hilfe seiner italienischen Verbündeten (Gr. Amadeus v. Savoyen, Fürst Ludwig v. Savoyen-Piemont, Herr v. Achaja u. Morea, Mrkgr. Theodor v. Montferrat, der Mrkgr. v. Saluzzo; in Stich gelassen habe ihn der v. Mailand) gegen seine Feinde daselbst auch deutsches Kriegsvolk haben möchte, solches unverzüglich nach der

1414		
		Lombardei zu senden. — Ad m. d. r. Petrus Wacker. — o. R — Or. Strassburg Stadt-A. — RTA 7, 192. **977**
Mai 27	Moncalvo (Montec-)	giebt dem Johannes de Balina u. dem Johannes de Campagniola (1 Urk. für beide?) »littera familiaritatis cum salvo conductu.« — Ad m. d. r. Michel de Priest. — Not. RR. E 73ʳ. (27. maji.) **978**
Juni 8	» (Montkatrell)	bestätigt dem Epp v. Hattstadt die (inser.) Urk. Kg. Ruprechts v. 1407 März 23 [nicht bei Chmel], durch welche ihm das Schultheissenamt zu Colmar versetzt wird. — Ad m. d. r. Petr. Wacker. — R — Or., Vid. v. 1478 Juli 3 u. Juli 22 u. Kop. Colmar Stadt-A.; RR. E 73ᵛ u. 74ᶠ mit KU.: Jo. Kirchen. (fr. vor Vita t.) **979**
» 11	Trino (Trydin)	befiehlt Ulm u. seinen Verbündeten des St. Augsburg, falls diese des B. Friedrichs v. Grafeneck wegen angegriffen werden sollte, zusammen mit dem schwäbischen Landvogt Gr. Rudolf v. Montfort zu unterstützen. — [Ad m. d. r. Michael de Priest. — o. R. — Or. Augsburg St.-A.] = ibid. Kop. (1. Suppl.-Bd. zu Stettens Nachlese v. Urk. 361 f.) — Erw.: Chroniken d. dtsch. Städte 5, 342. **980**
		Juni 11 Konstanz: ächtet die Vögte Wilhelm u. Ulrich v. Matsch; erw. Neue Ztschr. d. Ferdinand. 4, 30 falsch statt 1415 Juni 3. **980a**
» 15	Pontestura	erteilt dem Ritter Johannes Chrysaloras (Cryssol-) aus Konstantinopel u. dessen Nachkommen die Würde eines comes palatinus — idem notarius [i. e. l'o. Wacker, direkt vorher: Ad m. d. r. Jo. prepos. etc. vicecanc.] — Not. RR. E 73ᶠ. (15. die junii.) **981**
»	»	nimmt denselben unter sein Hofgesinde auf u. erteilt ihm Geleit. — W. v. **982**
»	»	desgl. Mannel Crysaloras. — W. v. **983**
» 16	»	teilt Frankfurt mit, dass er Juli ᴹ in Speier sein will zur Beilegung der Streitigkeiten im Reich, besonders am Rhein; die St. solle Gesandte dorthin schicken; beglaubigt Gr. Hans v. Lupfen u. Ritter Heinrich v. Sickingen. — Ad m. d. r. Joh. Kirchen. — Or. Frankfurt A. — RTA 7, 194. **984**
»	»	desgl. Nürnberg. — Ergiebt sich aus RTA 7, 195. **985**
» 17	»	schlägt 1000 rhein. Gulden, die ihm die St. Schlettstadt baar gezahlt hat, zu der Summe, um welche die dortige Stadtsteuer u. das halbe Ungeld der St. v. Kg. Ruprecht [vgl. Chmel, Regesta Ruperti nr. 1842] verpfändet ist [vgl. 1413 Aug. 4 nr. 598.] — Ad m. d. r. Joh. Kirchen. — RR. E 79ᵛ. (sunt. nach Veit.) **986**
»	»	verleiht den Brüdern Peter u. Anton de Bertoldinis aus Bugella [?] in der Diözese Vercelli sowie deren Nachkommen die Würde eines comes palatinus. — Ad m. d. r. Jo. prep. etc. viceanc. — Not. RR. E 73ᶠ. (17. die junii.) **987**
»	»	schreibt dem Rat v. Belluno zu Gunsten v. Francesco da Ponte u. Mario da Passa. — KU? — Kop. Belluno. — Reg.: Forsch. z. dtsch. Gesch. 18, 221. **988**
» 22	»	nimmt den Baccalaureus der Rechte Alexander, Sohn des Saignetus, zu seinem Rat an u. erteilt ihm Geleit. — Ad m. d. r. Joh. Kirchen. — Not. RR. E 73ᶠ. (22. die jun.) **989**
»	»	nimmt Hugo, den Sohn des Saignetus, unter sein Hofgesinde auf u. erteilt ihm Geleit. — W. v. **990**
»	»	desgl. Johannes de Aleprandis aus Mailand. — W. v. **991**
» 25	Trino	verspricht der Wittwe des Castellino Beccaria u. dem Lancellotto Beccaria für die Verteidigung der Schlösser, welche sie in seinem Namen innehaben, jährlich 6000 Dukaten zu zahlen.— KU? — Ausz. Robolino, Notizie storiche di Pavia 5, 1, (1834) 89; vgl. Aschbach 1, 386. **992**
»	» (Tridin.)	erneuert das alte Familien-Bündnis mit (Kg. Karl VI) v. Frankreich, (besonders gegen Hrz. Johann v. Burgund gerichtet.) — [Ad m. d. r. Joh. Kirchen. — R — Or. Paris Arch. nat. Courtemult; nicht in RR.] — Leibnitz, Cod. jur. gent. 1, 307 ff.; Lünig, R. A. P. spec. Cont. 1, 580 ff. **993**
Ende Juni	Romanel (Romont)	wird hier v. einer Gesandtschaft der St. Bern erreicht, welche ihn zu sich einladet. Justinger, Berner Chronik 217. — S. war v. Turin, über Ivrea, Aosta, den grossen St. Bernhard, das Rhonethal durch Waadt nach Romanel gekommen, zog über Freiburg im Üchtland nach Bern. Vgl. Jahrb. f. schweiz. G. 4, 315; Windecke 52. **993a**

1414		

Juli 1 Ofen: bestätigt dem B. Johann v. Würzburg die Privilegien. Erw. bei Ludewig, Geschicht-
Schreiber v. d. Bischoftum Wirtzburg 697 = 1412 Juli 2 nr. 262.   **993b**

» 4   Bern   bestätigt die Privilegien des Ammann u. der Landleute zu U r i. — Ad m. d. r. Johannes Kirchen.
— Or? [Not. RR. E 73ʳ] — Tschudi, Chronic. Helvet. 1, 677; Der Geschichtsfreund 42, 74 ff.   **994**

»   »   bestätigt die Freiheiten der St. F r e i b u r g im Üchtland. — KU. w. v. — [R?] — Or. Freiburg
i. d. Schw. [nicht in RR.; doch vgl. nr. 997] — Rec. dipl. du ct. de Fribourg 7, 46 ff. (vgl.
ibid. 42 ff. Dépenses faites à l'occasion du passage de l'empereur S. par Friburg.)   **995**

» 5   »   nimmt Johannes de M l o d a w i n o (can. Wladislaviensis — Domherr zu Kujavien) unter sein
Hofgesinde auf. — Ad m. d. r. Jo. prep. vicecanc. — Not. RR. E 73ʳ.   (quinta die julii.)   **996**

»   »   bestätigt der St. F r e i b u r g im Üchtland ein nicht näher bezeichnetes Privileg Karls IV [wohl
v. 1365 Mai 6 Böhmer-Huber nr 4167 mit der inser. Urk. Kg. Rudolfs v. 1289 Juni 11.]
— KU. w. v. — Auszug RR. E 74ʳ [vgl. nr. 995.]   **997**

» 6   »   erlaubt dem Kunz v. A u f s e s s u. dessen Erben in ihre Schlösser u. Gebiete Juden aufzunehmen.
— Joh. Kirchen. — RR. E 74ʳ.   (fr. nach Ulrich.)   **998**

»   »   bestätigt der St. B e r n den Kauf des Schlosses Wangen u. der Hälfte des Schlosses Aarberg
wovon die St. die andere Hälfte schon früher gekauft u. v. Karl IV zu Lehen erhalten hat.
Er belehnt den Schultheissen v. Bern als Lehenträger der St. mit dem Schloss Aarberg u.
ermächtigt ihn die Reichslehen im Gebiete der St. mit Ausnahme der Fürsten-, Grafen-,
Freien-, Ritter- u. Knechtelehen in des Reichs Namen zu leihen. — Ad m. d. r. Joh. Kirchen.
— R — Or. Bern Staats-A. [RR. E 74ʳ u. 75ʳ.]   (des nehsten fr. nach sant Ulrichs
tag.) *Türler.*   **999**

»   »   erklärt, dass der Dienst gegen Hrz. Filippo Maria v. Mailand der St. B e r n an ihren Frei-
heiten u. Rechten keinen Schaden bringen solle. — KU. w. v. — [R *Türler.*] — Or. Bern
Staats-A.; [RR. E 74] — Arch. f. schweiz. Gesch. 18, 251.   **1000**

»   »   desgl. für Solothurn. — KU. w. v. — R — Or. Solothurn; nicht in RR — [Solot. Wochenbl.
1814, 416. *Thommen.*]   **1001**

»   »   erneuert u. bestätigt der Probstei I n t e r l a k e n auf Bitte ihres Probstes Ulrich die v. Friedrich I
u. Karl IV [1354 April 26 Böhmer-Huber nr. 1829 mit der Urk. Friedrichs II v. 1220
Febr. 10?] erhaltenen Privilegien. — [KU. w. v. — R *Türler.*] — Or. Bern; [Not. RR. E
74ʳ] — v. Mohr, Regest. d. Arch. in der Schw. Eidg. 1, 2 nr. 486.   **1002**

»   »   bestätigt die Probstei I n t e r l a k e n im Besitze der ihr v. Rudolf v. Baldegg u. seiner Frau Beatrix
v. Ringgenberg geschenkten Hälfte v. Schloss u. Herrschaft Ringgenberg, die Reichslehen
sind. — [KU. w. v. — R *Türler*] — Or. ib.; [RR. E 74ʳ] — v. Mohr ib. nr. 487.   **1003**

»   »   fordert die Hrz. Elisabet v. L u x e m b u r g, welche zu ihm den Karthäuserprior Goswin v. Diest
gesandt hatte, auf mit ihrem Gemahl Hrz. Anton v. Brabant oder allein auf dem Tage zu
Speier, wo er Juli 8 oder 9 eintreffen wolle, zu erscheinen oder sich durch eine Gesandtschaft ver-
treten zu lassen; er habe dahin auch Huwart v. Elter beschieden, um die Streitigkeiten
zu entscheiden. — KU. w. v. — Dynter, Chronica ducum Lotharingiae et Brabantiae ed. de
Ram 3 (1857), 261; vgl. Publicat. de la sect. hist. de l'inst. de Luxemb. 25, 191 u. BTA
7, 179.   **1004**

»   »   bestätigt dem Karthäuserpriorat T h o r b e r g alle Privilegien u. Briefe, die seinem Stifter, dem
edlen Peter v. Thorberg, u. dessen Vorfahren v. Kaisern u. Königen erteilt worden sind, u.
giebt dem Priorat das Recht, Reichslehen, die höchstens einen Wert v. 500 Mark Silber
haben, zu erwerben u. zu besitzen, ohne damit dem Reiche dienen oder sie durch einen Lehens-
träger empfangen zu müssen. — KU. w. v. — R — Or. Bern; [RR. E 73]   (fr. nach
sand Ulrichstag.) *Türler.*   **1005**

»   »   verlässt Bern u. reitet nach Solothurn. Justinger, Berner Chronik 219. Über die Kosten des
Aufenthalts Sigmunds für die St. ib. 220.   **1005 a**

Juli 6 : bestätigt die Rechte der Abtei des Heiligen Gregorius zu M ü n s t e r. — Reg.: Trouillat,
Mon. de l'évêché de Bâle 5, 738 falsch statt 1414 Juli 14 (nr. 1021).   **1005 b**

Juli 7 : desgl. — Reg.: Schöpflin, Als. dipl. 2, 322 falsch statt 1414 Juli 14.   **1005 c**

1414		
		Juli 7 Bern: bestätigt die Privilegien des Kl. St. Blasien. — RR. E 74ᵣ (sa. nach Ulrich) — nach dem Or. ausgestellt Juli 9 zu Basel. **1005 d**
Juli 7	Solothurn	verleiht dem Schultheim v. Solothurn den Blutbann. — Joh. Kirchen. — RR. E 74ᵣ; Vid. v. 1417 April 15 Solothurn. — [Solot. Wochenbl. 1812, 446; vgl. ibid. 1814, 417 *Thommen.*] (sa. nach Ulrich.) **1006**
» 8		zieht v. Solothurn nach Basel. — Justinger, Berner Chronik 219. — Über die Kosten, welche der St. Basel infolge Sigmunds Aufenthalt erwuchsen, vgl. Ochs, Gesch. d. St. Basel 3, 105. — Am 8. Juli wollte Sigmund eigentlich in Speier sein; vgl. nr. 984 u. 1004. **1006 a**
» 9	Basel	befiehlt der St. Ulm die nächsten Martinstag fällige Reichssteuer an Ehrenfried v. Seckendorf zu zahlen. — Ad m. d. r. Joh. Kirchen. — Not. RR. E 73ᵣ n. 80ᵣ. (die lune, bezw. feria sec. ante Margarete.) **1007**
»	»	bestätigt die Privilegien des Kl. St. Blasien. — KU. w. v. — R — Or. Karlsruhe; [RR. E 74ᵣ Juli 7 Bern!] — Reg.: Ztschr. f. G. d. Oberrh. N. F. 3, 436. **1008**
o. T. Juli 9 oder 10	»	verleiht dem B. Otto v. Konstanz die Regalien Lehen u. Gerichte. — Ad m. d. r. Michael can. Wratislav. — R — Or. Karlsruhe; [nicht in RR.] — Reg.: Ztschr. f. G. d. Oberrheins N. F. 3, 436. **1009**
Juli 10	»	teidingt zwischen Mrkgr. Rudolf v. Hachberg, Herrn zu Rötteln u. Sausenberg, u. Gr. Konrad v. Freiburg, Herrn zu Neuenburg (Lausanner Bistum), dass ihre Feindseligkeiten ruhen sollen, bis dieselbe Nov. 2 zu Konstanz beigelegt werden. — Ad m. d. r. Joh. Kirchen. — RR. E 75ᵣ. (di. v. Margareth.) **1010**
»	»	belehnt den B. Humbert v. Basel nach Leistung des Huldigungseides mit den Regalien. — KU. w. v. — Not. RR. E 73ᵣ. — Reg.: Trouillat, Mon. de l'évêqué de Bâle 5, 738. s. d. (10. die jul.) **1011**
»	»	bestätigt dem B. Humbert v. Basel alle Rechte u. Privilegien. — KU. w. v. — Not. RR. ib. — Reg.: Trouillat 5, 739. s. d. (id. dat.) **1012**
»	»	giebt seine Zustimmung dazu, dass Hüglin v. Löfen aus Basel die ihm v. den Gr. Bernhard u. Hans v. Thierstein verpfändete Vogtei (Dorsalnotiz: Beinweiler) u. andere Güter, welche Reichslehen sind, in pfandweisem Besitz haben darf. — KU. w. v. — R — Or. Solothurn; RR. E 91ᵣ zu mittwoch. nach Ulrichs t. — Juli 11) (zinstags vor Margrethen.) **1013**
»	»	nimmt Nikolaus Murer, Bürger zu Basel, unter sein Hofgesinde auf u. erteilt ihm Geleit. — KU. w. v. — Not. RR. E 73ᵣ. (fer. tercia ante Margarete.) **1014**
»	»	desgl. Johannes [= Hennmann?] Offenburg, Bürger zu Basel [doch vgl. nr. 727.] — W. v. **1015**
» 11	Strassburg	kommt hierher: Bericht Eigils v. Sassen: RTA 7, 195. — Zum Strassburger Aufenthalte Sigmunds vgl. auch Heinbold Slechts Chronik: Ztschr. f. G. d. Oberrh. N. F. 9, 103 f. — Die Datierung der in Strassburg am Margareten-Tag ausgestellten Urkunden bietet Schwierigkeit: die Reichskanzlei scheint Margarete meist nach dem in Strassburg üblichen Brauche — 15. Juli [vgl. nr. 1027 ff.] gesetzt zu haben; dagegen ist in den Samstags nach Margarete ausgestellten Urkk. [nr. 1019 ff.] wohl der sonst übliche 13. Juli gerechnet. **1015 a**
		Juli 11: für die Abtei Münster. Aschbach 2, 460 falsch statt Juli 14. (nr. 1021). **1015 b**
» 12	»	bestätigt dem Gerwig Vener v. Gmünd das ihm v. Kg. Ruprecht [1407 Sept. 20: Chmel, Reg. Ruperti nr. 2359] verliehene Aich- u. Ladeamt daselbst. — Ad m. d. r. Joh. Kirchen. — RR. E 80ᵣ. (do. vor Margarete.) **1016**
»	»	nimmt Johannes Leonis aus Laudenburg unter sein Hofgesinde auf u. erteilt ihm Geleit. — KU. w. v. — Not. RR. E 80ᵣ. (12. juli.) **1017**
»	»	desgl. Albert Sapientis aus Baden. — W. v. **1018**
		Juli 12: bestätigt dem Kl. Niedermünster zu Hohenburg die Privilegien. — Not. RR. E 79ᵣ (do. vor Margreten) — ist nach Or. am 15. Juli ausgestellt (nr. 1034). **1018 a**
» 13	»	empfängt eine Gesandtschaft der St. Friedberg (u. a. Eigil v. Sassen): RTA 7, 195. **1018 b**
» 14	»	bestätigt dem Mrkgr. Rudolf v. Hachberg das Geleitsrecht in der Herrschaft Rötteln. — Ad m. d. r. Joh. Kirchen. — R — Or. Karlsruhe; [nicht in RR] — Lünig, R. A. P. spec. Cont. 2.

1414		
		Suppl. ulteriora 138; Schöpflin 6, 75 f.; Reg.: Ztschr. f. d. G. d. Oberrh. N. F. 3, 437. (samst. nach Marg.) **1019**
Juli 14	Strassburg	erlaubt Brun Wernher v. Hornberg seiner Gemahlin Margarete v. Blumeneck 2000 Gulden auf Hornberg zu verwidmen. — KU. w. v. — R — Or. ib.; [nicht in RR!] — Reg.: (z. 21. Juli) Ztschr. f. G. d. Oberrh. N. F. 3, 437. (sa. nach Marg.) **1020**
„	„	bestätigt dem Kl. St. Gregor in Münster (im Els.) alle Rechte u. Freiheiten. — KU. w. v. — [R — Or. Colmar Bez.-A.; Not. RR. E 80ʳ z. 15. Juli.] — Lünig R.-A. spicil. eccl. cont. 1, 110 n f. (Sabb. ante fest. Marg.) **1021**
„	„	belehnt die Brüder Egenolf u. Johann v. Ratsamhausen (Rad-) mit 4 Fuder Wein u. 4 Pfund Strassburger Münze auf dem Dorfe Bonckelsheim [— Ulotzheim?] — KU? — Französ. Übers. d. 18. Jhdts. Strassburg Bez.-A.; [nicht im RR.] (samedi apres . . . s. Marguerithe.) **1022**
„	„	bestätigt dem Kl. Selz die Urk. K. Ottos III 994 Dez. 26. [Mon. Germ. hist. DD. 2, 572 f.] — Ad m. d. r. Joh. Kirchen. — R — Or. Karlsruhe; [Not. RR. E 75ʳ.] — Reg.: Ztschr. f. G. d. Oberrh. N. F. 3, 437. **1023**
„	„	bestätigt die Privilegien der St. Speyer (vgl. nr. 1040) — Unter dem Bug links: Sigismundus rex scripsi I. — KU. w. v. — R — Or. Speyer Stadt-A.; [nicht in RR!] (quarta decima julii.) **1024**
„ 15	„	bestätigt dem Burkard Elrbach einen nicht näher bezeichneten Kauf. — KU? — Not. RR. E 80ʳ. (15. julii.) **1025**
„	„	bestätigt dem Kl. S. Fides [zu Schlettstadt oder Speier?] die Privilegien. — Ad m. d. r. Joh. Kirchen. — Not. RR. E 80ʳ. (die 15. julii.) **1026**
„	„	desgl. dem Friedrich v. Fleckenstein u. dessen Vater Heinrich. — KU. w. v. — [R?] — Or. Ebnet; [Not. RR. E 80ʳ 15. die julii.] Reg.: Mitteilungen der bad. hist. Kommiss. 10, 21. (Margarete.) **1027**
„	„	desgl. dem Kl. Gengenbach bes. das (ins.) Priv. Karls IV v. 1366 Jan. 1 [Böhmer-Huber nr. 4250.] — KU. w. v. — R — Or. Karlsruhe; [Not. RR. E 80ʳ die 15. julii]. — Vgl. Reg.: Ztschr. f. G. d. Oberrh. N. F. 3, 437. (Margarete.) **1028**
„	„	desgl. der St. Gengenbach. — KU. w. v. — R — Or. ib.; [Not. RR. E 75ʳ 15. die julii]. — Reg. ib. **1029**
„	„	belehnt Heinrich Herrn v. Geroldseck mit den Reichslehen (Mahlberg, Kippenheim u. s. w.) [KU. w. v. — R — Or. Wiesbaden; nicht in RR] — (Joh. Jac. Reinhard) Pragmat. Gesch. d. Hauses Geroldseck (1766) 107 f. (Margarete.) **1030**
„	„	bestätigt dem Gr. Johann v. Helfenstein alle Rechte u. Freiheiten — [KU. w. v. — Or. Stuttgart; Not. RR. E 75ʳ 15. die julii]. — Reg. Boic. 12, 167. (Margarete.) **1031**
„	„	desgl. dem Mrkgr. Rudolf v. Hachberg. — KU. w. v. — R — Or. Karlsruhe; [Not. RR. E 75ʳ] — Lünig, R. A. P. spec. Cont. 2. Suppl. ulter. 137 f; Schöpflin, historia Zaringo-Bad. 6, 70 ff. Reg.: Ztschr. f. G. d. Oberrh. N. F. 3, 434. (Margareten.) **1032**
„	„	belehnt den Mrkgr. Rudolf v. Hachberg mit der Landgrafschaft im Breisgau. — Per d. Johannem prepos. de Strigonio vicecancellarium Michael canon. Wratislav. — R — Or. Karlsruhe; [RR. E 109ʳ] — Schöpflin, hist. Zaringo-Bad. 6, 73 f. Reg.: Ztschr. f. Gesch. d. Oberrh. N. F. 3, 437. (Margarete.) **1033**
„	„	bestätigt dem Frauenkloster (Äbtissin Susanna v. Ratsamhausen) Niedermünster zu Hohenburg (Strassburger Bistum) alle Privilegien u. Besitzungen, insbesondere den Selhof zu Ober-Ehnheim mit dem Kirchensatze daselbst u. den Mannschaften zu dem Berge zu Hohenburg. — Ad m. d. r. Joh. Kirchen. — R — Or. Strassburg Bez.-A.; Not. RR. E 79ʳ z. 12. Juli! (Margreten.) **1034**
„	„	belehnt Brun Wernher v. Hornberg sowie Heinrich u. Ludwig v. Blumeneck mit Veste u. St. Hornberg. — KU. w. v. — R — Or. Karlsruhe [nicht RR!] — Reg.: Ztschr. f. Gesch. d. Oberrh. N. F. 3, 437. **1035**
„	„	belehnt den Hug v. Kleuheim (Kunhim) dessen Neffen Volmar u. Vetter Volmar v. K. in Gemeinschaft mit einem Viertel des Zehnten im Banne zu Bossendorf, 30 Vierteln Roggen-

1414		
		gelds auf der S. Georg-Mühle zu Hagenau u. mit dem »satz« u. der »lehnunge« dieser Mühle. — KU? — Kop. v. 1756 Strassburg Bez.-A.; nicht in RR! (Margareten.) **1036**
Juli 15	Strassburg	bestätigt die Privilegien der St. Offenburg. — Ad m. d. r. Joh. Kirchen. — R — Or. Karlsruhe; [Not. RR. E 75ʳ 15. die julii] — K. Walter, Beitr. zu e. G. d. St. Offenburg 1, (1880) 11 ff.: Reg.: Ztschr. f. G. d. Oberrh. N. F. 3, 437. (Margarete.) **1037**
"	"	giebt dem Goss Schob u. Schochmann Maler 7½ Fuder Weingülte zu Ballbronn (Baldeburn), das halbe Dorf Tränheim (Tren-) u. ein Fischwasser zu Roppenheim zu Lehen. — KU. w. v. — R — Or. Heidelberg Univers.-Bibl.; Kop. v. 1757 Strassburg Bez.-A.; nicht in RR! (Margarete.) **1038**
"	"	bestätigt dem Kl. Selz alle Privilegien. — KU. w. v. — R — Or. Karlsruhe; Not. RR. E 75ʳ — Reg.: Ztschr. f. d. G. d. Oberrh. N. F. 3, 437. **1039**
"	"	desgl. der St. Speier [vgl. nr. 1024 u. 1414 Nov. 19.] — Ad m. d. r. Joh. Kyrchen. — R — Or. Speyer St.-A.; Not. RR. E 75ʳ. — Erwähnt Christ. Lehmann, Chronica d. Reichsstadt Speyr (1612) 871. (Margrete t.) **1040**
"	"	belehnt den Hans von Wittersheim und dessen Nachk. mit einigen Burglehen (»acht mannes matten genant pützmatten, sechs mannes matten dabi, auch pützematten genant, die do ziehen uf die Motter zwischen Kaltenhusen u. des Huges fürtt gelegen, dri mannes matten zu Kaltenhusen hinder Diemar Bognars hof genant die tormatten, acht unze geltes hinder dem gewer zu Hagenow, da Reysers Kuntz sitzt, ein huse hofe u. hofrath mit allen sinen rechten u. zugehorungen gelegen in der burg zu Hagenow gegen der neuen münze über, dorinnen Hans Koben frawn des hafners sitzet, u. drew achtteil rocken gelts in dem banne des dorfes zu Scheffelßheim [Schäffolsheim] genant s. Bryden zehenden, die von dem heiligen reiche zu lehen rüren.) — Ad m. d. r. Joh. Kirchen. — Kop. v. 1756 Strassburg Bez.-A.; nicht in RR! (Margareten.) **1041**
"	"	bestätigt die Privilegien der St. Czelle [= Zell am Harmersbach in Baden] — KU? — Not. RR. E 75ʳ. (15. die julii.) **1042**
" 16	"	belehnt Otman zum Haubt (Höubt) mit dem Zehnten im Banne zu Möhlin (Mely.) — Ad m. d. r. Joh. Kirchen. — R — Or. Aarau Staats-A.; [nicht in RR.] (mo. nach Margrethen) Herzug., **1043**
"	"	bestätigt die Privilegien der Abtei Murbath (Abt Wilhelm.) — [o. KU! — R — Or. Colmar Bez.-A.; Not. RR. E 80ᵛ] — Lünig, R.-A. Spic. eccl. Cont. 1, 985 f. **1044**
"	"	belehnt den Abt Wilhelm v. Marbach mit den Regalien [vgl. 1414 Aug. 14] — Ad m. d. r. Joh. Kirchen. — R — Or. ib.; RR. ib. (mo. nach Margareten.) **1045**
"	"	bestätigt die Privilegien des S. Stephans-Kl. zu Strassburg. — KU. w. v. — Vid. v. 1414 Aug. 9 Strassburg Bez.-A.; Not. RR. E 73ʳ (id. dat.) **1046**
"	"	belehnt den Ritter Reinbold zum Träbel als Lehnsträger des minorennen Hans Ludwig v. Stülle mit vier Fuder Wein-Geld auf dem halben Zehnten des Dorfes Ballbronn (Baldeburnen) u. einem Burglehen zu Hagenau. — KU. w. v. — Kop. v. 1757 Strassb. Bez. A.; [nicht in RR] (mo. nach Margreten.) **1047**
" 17	"	belehnt die Familie v. Andlau (anwesend Heinrich d. Ältere gen. Stolzmann v. A.) mit der Burg A., dem Thale A., den Dörfern Bergheim u. Bliensweiler nebst allem Zubehör; verleiht ihr die Vogtei zu A. u. Bergheim u. bestätigt ihr alle Privilegien. — KU. w. v. — Kop. d. 15. Jh. u. v. 1757 Strassb. Bez.-A.; [nicht in RR!] (di. nach Margarethen.) **1048**
" 19	Speier	kommt hierher: RTA 7, 195, vgl. auch Janssen, Frankf. Reichskorr. 1, 257 f. **1048a**
" 20	"	nimmt Konrad Aichorn aus Aachen unter sein Hofgesinde auf u. erteilt ihm Geleit. — Ad m. d. r. Joh. Kirchen. — Not. RR. E 80ᵛ. (20. julii.) **1049**
"	"	bestätigt den Burggr. v. Gelnhausen ihre Privilegien. — W. v. **1050**
"	"	bestätigt der St. Schwabach einen ihr v. Kg. Ruprecht [Chmel, Reg. Experti nr. 1813] verliehenen Zoll. — W. v. **1051**
		Juli 20: bestätigt der Burg Friedberg die Privilegien. Reg.: Scriba, Regesten 2, 156 — falsch statt 1414 Juli 27 [nr. 1092]. **1051a**

1414 Juli 20	Speier	bestätigt der St. Worms alle ihre Privilegien [vgl. Juli 27]. — Ad m. d. r. Joh. Kirchen. — R — Or. Worms St.-A.; [ibid. Vidim. v. 1417 April 5. *Weckerling*; Not. RR. E 80ʳ. 28. die julii!] — Roos, Quellen z. G. d. St. Worms 3, 279 f; vgl. Zorn, Wormser Chronik hrsg. v. Arnold 181. **1052**
		Juli 21 (sa. nach Margarete) Strassburg s. Juli 14 nr. 1020 ff. **1052a**
» 21	»	giebt auf Bitte des Mrkgr. Rudolf v. Hachberg u. seines Dieners Ulrich Boner Vogtes zu Landskron dem letzteren das dem Reiche heimgefallene Lehen bestehend aus Häusern in Basel, welches vordem die v. Fricke innegehabt, zum rechten Mannslehen. — KU? — Kop. Basel St.-A. *Thommen.* **1053**
»	»	nimmt Reinbold Slecht [Kantor v. Jung-St. Peter in Strassberg] unter sein Hofgesinde auf u. erteilt ihm Geleit. — Ad m. d. r. Joh. Kirchen. — Not. RR. E 80ʳ. (21. julii.) — Diese Thatsache ist in Slechts Chronik (Zeitschr. f. G. d. Oberrh. N. F. v, 79 ff.) nicht erwähnt. **1054**
»	»	bestätigt die Privilegien der St. Nierstein (Ner-). — KU. w. v. — Not. RR. E 79ʳ. (Marien Magdalen abend.) **1055**
»	»	desgl. der St. Odernheim. — W. v. **1056**
»	»	Juli 21: desgl. der St. Oppenheim. — W. v., doch nach Or. Juli 23 [nr. 1069]. **1056a**
»	»	erteilt dem Gr. Linhart zu Castell die Erlaubnis Grosslangheim mit Mauern u. Gräben zu umgeben, sowie einen Wochenmarkt u. 2 Jahrmärkte daselbst abzuhalten. — KU. w. v. — R — Or. Castell; [nicht in RR]. — Lünig, R. A. Spic. sec. 1, 64 f.; Wittmann, Monumenta Castellana 230 f. **1057**
»	»	ermahnt den Deutschordensmeister Michael Küchenmeister alles zu thun, um den Krieg mit dem Polenkönig zu vermeiden, sowie Boten zum Konzil nach Konstanz auf Nov. 2 zu schicken; er habe in gleichem Sinne auch an den Kg. v. Polen, auf dessen Entgegenkommen er rechne, geschrieben. — KU. w. v. — o. R — Or. Königsberg. (sa. vor Marie Magdalene tag.) **1058**
»	»	beglaubigt ausserdem bei demselben den Konrad v. Egloffstein, Meister Deutschen Ordens in deutschen u. wälschen Landen, mit geheimer Botschaft. — KU. w. v. — o. R — Or. ib. (sa. vor s. Jacobstag.) **1059**
»	»	bestätigt dem Ritter Eberhard v. Hirschhorn (Hirzshorn) u. dessen Familie alle Privilegien sowie auch den Pfandbesitz der Stadtsteuern v. Heilbronn u. Wimpfen. — KU. w. v. — R — Or. Stuttgart St.-A.; Not. RR. E 79ʳ. (sa. vor Marien Magdal.) **1060**
» 22	»	giebt Konrad Hurnheim eine »confirmatio generalis«. — KU. w. v. — Not. RR. E 76ʳ. (Marie Magdal.) **1061**
» 23	»	bestätigt die Privilegien des Fleckens Altdorf (Altorf). — [KU. w. v. — Not. RR. E 76ʳ, aber an Marien Magdalenen t. — Juli 22]. — Wegelin, Landvogtei in Schwaben 2, 146 f. **1062**
»	»	bestätigt die Privilegien des alten Hospitals St. Nikolaus (Prämonstratenser) zu Hagenau auf Bitten des Probstes Gottfried, seines Kaplans: inser. die Urk. Karls IV. v. 1347 Dez. 13 für dieses Spital [fehlt bei Böhmer-Huber]. — KU. w. v. — Vid. v. 1416 Sept. 24 Strassburg Bez.-A.; Not. RR. E 80ʳ. (mo. vor Jakobs t.) **1063**
»	»	giebt seine Zustimmung, dass Ritter Hans v. Kageneck, der Hofmeister des Mrkgr. Bernhard v. Baden, den Hans Zorn gen. Lappe, seinen Tochtermann in das »Gelehen« auf der Burg zu Hagenau u. die 8 Mark Silber, die er auf des Reichs »bede« zu Oberehnheim hat, »in gemeinschaft genomen.« — KU. w. v. — RR. E 81ʳ. (mo. vor Jacobs t.) **1064**
»	»	bestätigt die Privilegien des Prämonstratenser-Stifts zu Kaiserslautern. — KU. w. v. — Vid. v. c. 1550 Speyer Kr.-A. (mo. vor Jacobs t.); nach Not. RR. E 80ʳ die 28 julii! **1065**
»	»	desgl. der St. Neustadt [a. H.] im allgemeinen. — KU. w. v. — [R?] — Or. u. Kop. Neustadt a. H; [Not. RR. E 80ʳ; 25. julii!] — Reg.: Pfälz. Museum 11 (1894), 11. **1066**
»	»	desgl. derselben St. unter Insertion der Urk. Karls IV v. 1349 Sept. 15 [Böhmer-Huber nr. 1154]. — W. v. **1067**
»	»	bestätigt dem Nikolaus v. Oberstein seine Lehen zu Gundheim u. seine Privilegien. — KU. w. v. — Not. RR. E 80ʳ u. nochmals 81ʳ. (fer. 2. ante Jacobi.) **1068**

1414		
Juli 23	Speier	bestätigt der Reichsstadt O p p e n h e i m ihre Privilegien. — [Ad m. d. r. Joh. Kirchen. — R — Or. u. Vidim. v. 1430 Darmstadt; Not. RR. E 79ʳ zu Juli 21.] — W. Franck, G. d. Reichsstadt Oppenheim 410 ff. **1069**
»	»	desgl. dem Gr. Ludwig v. Ö t t i n g e n. — KU. w. v. — [Or. nicht in Wallerstein; Not. RR. E 75ʳ aber in vigilia s. Jacobi] — Fünfzig Oetting. Hauptarkk. (1777. unpaginiert); vgl. Reg.: Material. z. Ötting. Gesch. 2, 64; Der Geschichtsforscher hrsg. v. Meusel 7 (1779), 232 ff. **1070**
»	»	desgl. dem Kl. S c h w a r z a c h. — KU. w. v. — R — Or. Karlsruhe; [Not. RR. E 75ʳ.] — Reg. Ztschr. f. G. d. Oberrh. N. F. 3, 437. **1071**
» 24	»	giebt Diemar B o g n e r eine »confirmatio generalis«. — KU? — Not. RR. E 80ʳ. (24. julii.) **1072**
»	»	bestätigt dem Kl. E u s s e r t h a l (vallis Uterine sive Ußertal) die Privilegien. — Ad m. d. r. Joh. Kirchen — Not. RR. E 80ʳ. (24 jul.) **1073**
»	»	desgl. der St. K a i s e r s l a u t e r n. — KU. w. v. — Vid. v. 1772 Febr. 15 Speier Kr.-A. (Jacobs abend); nach Not. RR. E 79ʳ sa. nach Jacobs L — Juli 28. **1074**
»	»	erteilt den Gr. Ludwig u. Friedrich v. Ö t t i n g e n bezw. ihren Unterthanen Befreiung v. fremden Gerichten, insb. v. dem Hofgericht zu Rottweil. — KU. w. v. — [R — Or. Wallerstein Fürstl. Otting.-Wallerstein'sch. A.; RR. E 76ʳ.] — Material. z. Ötting. Gesch. 2, 250 ff.; Fünfzig Ötting. Hauptarkk. (1777; unpag.); Der Geschichtsforsch. hrsg. v. Meusel 7 (1779) 234 ff. **1075**
»	»	bestätigt dem Reichs-Untermarschalk Haupt v. P a p p e n h e i m die Privilegien. — KU. w. v. — R — Or. Pappenheim A.; Not. RR. E 75ʳ. (Jacobs abend.) **1076**
»	»	bestätigt den Stiftskapiteln St. Guido u. Allerheiligen in S p e i e r ihr altes Recht an u. auf dem Bach, der durch Speier fliesst, samt allen Mühlrechten u. Gülten [2. Ausfert. s. Juli 26] — KU. w. v. — [R — Or. Speyer Kr.-A. Glaszkröler]; RR. E 76ʳ. (Jacobs abend.) **1077**
»	»	bestätigt Johann B o r e n d e r l i n genannt Schenken-Hans eine [im Or. inser.] Urk. Karls IV [d. d.? nicht bei Böhmer-Huber] in welcher dieser dem Walter R. gestattet seiner Frau Agnes (Nesen), der Mutter Johanns, 100 Mark Silber als Wittum auf einige ihm verliehene Reichslehen zu verschreiben. [vgl. Chmel, Regesta Ruperti nr. 660] — KU. w. v. — RR. E 80ʳ. (Jacobs ab.) **1078**
»	»	entbindet Klaus W a l s p e r g, Bürger zu Weissenburg [i. Els.], auf dessen Bitten v. der Verpflichtung Schöffe zu sein. — KU. w. v. — RR. E 79ʳ. (24. die julii, aber dtsch. Urk.) **1079**
» 25	»	bestätigt dem Dorfe G o d r a m s t e i n (Goderm-) die Privilegien. — KU. w. v. — Not. RR. E 80ʳ. (in die b. Jacobi.) **1080**
»	»	bestätigt den Gemeinden zu [O b e r-] I n g e l h e i m [N i e d e r-] I n g e l h e i m u. W i n t e r h e i m ihre Privilegien. — KU. w. v. — Not. RR. E 79ʳ. (Jacobs t.) **1081**
»	»	Juli 25: bestätigt die Privilegien der St. Neustadt. RR. E 80ʳ s. nr. 1066 f. **1081a**
»	»	legitimiert Johann S c h u l t h e i s s. — Ad m. d. r. Joh. Kirchen. — Not. RR. E 80ʳ. (25. die julii.) **1082**
»	»	nimmt Ivo V e n e r, Kanonikus zu Jung-St. Peter in Strassburg, zum familiaris an u. erteilt ihm Geleit. — KU. w. v. — Not. RR. E 80ʳ. (25. die julii.) **1083**
» 26	»	giebt Heinrich B e y e r einen Jahresgehalt. — KU. w. v. — Not. RR. E 80ʳ. (26. julii.) **1084**
»	»	bestätigt dem Frankfurter Bürger Johann in dem H o f u. dessen Frau Gela eine [im Or. inser.] Urk. Kg. Ruprechts [d. d.?] — KU. w. v. — RR. E 79ʳ. (de. nach Jacobs t.) **1085**
»	»	bestätigt dem Augustiner-Kl. zu N i e d e r - I n g e l h e i m seine Privilegien; inseriert die Urkk. Karls IV v. 1354 Jan. 14 u. 1357 Febr. 23 [Böhmer-Huber nr. 1752 u. 2616. — KU. w. v. — R — Or. Wien H. H. u. St.-A.; RR. E 79ʳ, aber 25. die julii] — (Würdtwein) Monasticon Palat. 2, 213 ff. **1086**
·· »	»	befiehlt den L ü n e b u r g e r n, dafür zu sorgen, dass der in ihrer St. gelegene Hof des schon längere Zeit abwesenden B. Ulrich v. Verden, der ihn um Beistand ersucht habe, nicht angegriffen werde. — KU. w. v. — [o. R — Or. Lüneburg.] — Scheidt, Cod. diplom. (1759) 803 ff. — Reg.: Hempel, Invent. dipl. hist. Sax. inf. 3, 43 f. **1087**

1414		
Juli 26	Speier	bestätigt die Privilegien des Benedictiner-Kl. Mirmelberg bei Sala (Strassburger Diöcese). — KU. w. v. — R — Or. Karlsruhe; [Not. RR. E 79ʳ a. d.] — vgl. Reg.: Ztschr. f. G. d. Oberrh. N. F. 3, 437. **1088**
"	"	bestätigt den Stiftskapiteln St. Guido u. Allerheiligen in Speier ihr altes Recht an u. auf den Bach, der durch Speier fliesst, samt allen Mühlrechten u. Gülten. (1. Ausfertig. s. nr. 1077) — KU. w. v. — R — Or. Speier Kr.-A.; [nicht in RR.] (do. nach Jacobs t.) *Glasschröder*. **1089**
"	"	erlaubt dem Ritter Hans Zorn das Dorf Plobsheim (Blopes-) v. den gegenwärtigen Pfandinhabern einzulösen [vgl. 1415 Jan. 25] — [KU. w. v.?] — RR. E 100ʳ. (do. nach Jacobs t.) **1090**
" 27	"	bestätigt die Revokation Kg. Wenzels [v. 1389 Nov. 3] wegen der v. ihm früher getroffenen Übertragung der Lehensherrlichkeit über die Ganerben des Buseckerthales an Landgr. Hermann v. Hessen, u. weist solche an nur ihm u. dem Reiche unterthänig zu sein. — Ad m. d. r. Joh. Kirchen. — [RR. E 79ʳ.] — Memoriale an die Reichsvers. zu Regensburg in Sachen der Unterthanen des Busecker Thals (1707) Beil. 87 f. [Incarnationsj. 1440, Regierungsj. falsch]; W. Wettermann, Wetteravia illustrata (1731) Urk. 86 f. u. 89 f.; Lünig, R. A. P. spec. Cont. 3, Abs. 3, 166; vgl. Scriba, Regesten d. bis jetzt gedr. Urkk. s.... G. des Grossherz. Hessen 2, 156 u. 173 (1440 Juli 29!!) **1091**
"	"	bestätigt der Burg Friedberg die Privilegien. — [KU. w. v. — R — Or. Darmstadt; RR. E 80ʳ.] — Erw.: Mader, Nachricht. v. d. Burg Friedberg 1, 281. (Scriba, Reg. d. ... Urkk. z. G. d. Grossherzgt. Hessen 2, 156 hat fälschl. das Dat. Juli 20.) **1092**
"	"	giebt Heinrich Hexstat ein Wappen. — KU. w. v. — RR. E 76ʳ. (27. Juli!) **1093**
"	"	bestätigt den Rittern u. Knechten zu [Ober-] Ingelheim, [Nieder-] Ingelheim u. Winterheim ihre Privilegien. — KU. w. v. — RR. E 76ʳ. (fr. nach Jacobs t.) **1094**
"	"	erweist Billung zu der Megde, Burgmann zu Hagenau, die Gnade, dass seine Burg- u. Mannlehen, die vom Reiche zu Lehen rühren, in Ermangelung v. Söhnen auf seine Tochter Ede, die Frau Wendelings v. Eschenau [Eschau?], übergehen sollen. (ein hus ein hof ein turn u. ein garten uf der burg zu Hagenow ..., ein garten inwendig derselben stat genant des Schribers gart, ein gut zu Olungen [= Ohlungen] mit acher matten u. ander zugehörunge, ein hof vor der stat ze Hagenow des Stolczers hof genant ..., ein matten die do heisset die Wieg, ain matten die do heisset Erlach ..., ein mül zu Sweigbusen [= Schweighausen], ain mülstaden in der stat zu Hagnow u. kapponzins u. pfenningzins.) — KU. w. v. — RR. E 79ʳ. (fr. nach Jacobs t.) **1095**
"	"	bestätigt der St. Worms im allgemeinen die ihnen v. den Kg. bezw. K. Friedrich II, Wilhelm, Rudolf, Albrecht, Adolf, Heinrich VII, Karl IV u. Ruprecht bewilligten Privilegien (vgl. nr. 1052] — KU. w. v. — R — Or. Worms; [ibid. Vidimus v. 1417 April 5. *Weckerling*; Not. RR. E 79ʳ.] — Boos, Quellen z. G. d. St. Worms 3, 280 f. **1096**
" 28	"	nimmt Konrad Dyel, Bürger zu Speier, unter sein Hofgesinde auf u. erteilt ihm Geleit. — KU. w. v. — Not. RR. E 80ʳ. (sabbat. post Jacobi.) **1097**
"	"	bestätigt die Privilegien des Frauenkl. Himmelkron bei Hochheim. — KU. w. v. — R — Or. Heidelberg Univ.-Bibl.; Not. RR. E 76ʳ. (m. nach Jacobs t.) **1098**
"	"	benachrichtigt Johann Kämmerer (Cemerer) v. Dalburg sowie dessen Brüder Hans u. Dietrich Kämmerer, dass er das Frauenkl. Himmelkron in seinen u. des Reiches Schutz genommen hat. — [KU. w. v. — o. R] — Or. Luzern Staats-A. (Gatterers Lehrapp.) — Vgl. Reg.: Arch. f. hess. Gesch. 2, 432; Archiv. Ztschr. 2, 214. **1098 A**
"	"	benachrichtigt seinen Rat den Gr. Hans v. Lupfen, dass er Henman Brulle v. Colmar wegen seiner Klage gegen den Rat v. Colmar, welcher dessen Rechte am Bache schmälern wolle, vor sein Gericht geladen habe. — [KU. w. v.] — RR. E 76ʳ. — Reg.: Ztschr. d. Gesellsch. f. ... Geschichtskunde v. Freiburg 3, 348. **1099**
"	"	giebt Klaus v. Ringenberg (Rink-), Bürger zu Speier, ein gemein bestättung eins konfbriefs. — KU. w. v. — Not. RR. E 79ʳ. (m. nach Jacobs t.) **1100**
"	"	bestätigt dem Kl. Schwarzach die Zollfreiheit. — KU. w. v. — o. R — Or. Karlsruhe [nicht in RR.] — Reg.: Ztschr. f. G. des Oberrh. N. F. 3, 437. **1101**

1414		

Juli 28: betr. **Kaiserslautern**. RR. E 80ᵛ s. nr. 1068 u. 1074. **1101 a**

Juli 28: betr. **Worms** RR. E 80ᵛ nr. 1052. **1101 b**

Juli 28 — Speier — bestätigt den Kollegiatkirchen zur heiligen Fides u. zu Allerheiligen in **Speier** ihre Privilegien. KU. w. v. — Not. RR. E 80ᵛ. (subb. post Jacobi.) **1102**

„ 29 „ — belehnt die Edlen Ludwig u. Johann v. **Lichtenberg** mit ihren Reichslehen (Zoll u. Geleit zu Ingweiler, Neuweiler, Zoll zu Lichtenau u. Willstätt u. s. w.) u. bestätigt ihnen ihre Privilegien. — [Ad m. d. r. Joh. Kirchen. — Kop. v. 1757 Strassburg Bez.-A.] — Senckenberg, Selecta juris 5, 573 ff. **1103**

„ „ — verspricht dem **Pfalzgrafen bei Rhein** Ludwig, dem er die Landgrafschaft Elsass mit allen Einnahmen um 25000 Gulden verpfändet, dass ihm die elsässischen Reichsstädte (Hagenau, Colmar, Weissenburg, Schlettstadt, Oberehnheim, Kaysersberg, Mülhausen, Münster, Türkheim, Rosheim) bis Martini in Speier 21000 Gulden zahlen, bezw. wenn sie dies nicht thun, ihre Reichssteuer bis zur Deckung dieser Summe zu ihm abführen sollen; die nächste Martini fällige Reichssteuer der elsäss. St. stehe übrigens dem Pfalzgr. auf jeden Fall zu. — KU. w. v. — R — Or. Strassburg Bez.-A.; [RR. E 75ᵛ u. 76ᵛ] — Mossmann, Cartulaire de Mulhouse 1, 464 ff.; nach Karlsruher Kopb. G. W. Hugo, die Mediatis. d. Reichsstädte 221 ff.; vgl. auch Reg.: Janssen, Frankf. Reichskorr. 1, 256. **1104**

„ 30 „ — bestätigt der St. **Amberg** die Privilegien. — KU. w. v. — [R? — Or.? Not. RR. E 80ᵛ] — v. Löwenthal, G. d. St. Amberg (1801) Urkb. 43 f.; Reg. Boic. 12, 169; Gengler, cod. jur. municip. 1, 39. **1105**

„ „ — befiehlt der St. **Lindau** die am nächsten Martinstage fällige Reichssteuer an den Ritter Hermann v. Breitenstein zu zahlen. — KU. w. v. — R — Or. München R.-A.; [Not. RR. E 80ᵛ] — Reg. Boic. 12, 169. **1106**

„ „ — bestätigt der St. **Regensburg** im allgemeinen ihre Privilegien, besonders die der Könige u. Kaiser Konrad, Adolf, Albrecht, Heinrich, Karl IV u. Ruprecht. — Ad m. d. r. Joh. Kyrchen. — R — Or. u. Vid. v. 1414 Sept. 20 München R.-A.; Not. RR. E 80ᵛ. (mo. nach Jacobi t.) — Über die Summe, welche die St. R. für die Privilegienbestätigung zahlen musste, vgl. Gemeiner, Regensb. Chronik 2, 406. **1107**

„ „ — bestätigt derselben St. ihre Privilegien im einzelnen. — [Ad m. d. r. Joh. Kirchen. — R — Or. ib.; nicht in RR] — Vgl. (ausführl.) Reg. Boic. 12, 168. **1108**

„ „ — bestimmt, dass alle, welchen v. der St. **Regensburg** Recht verweigert worden sei, wieder an die dortigen Gerichte gewiesen werden sollen, sobald der dortige Rat schwöre, dass er jenen nach Stadtrecht Gerechtigkeit widerfahren lassen wolle. — [KU. w. v. — R — Or. ib; nicht in RR] — Reg. Boic. 12, 169. **1109**

„ „ — befiehlt allgemein die Bürger v. **Regensburg** im Genusse des Rechtes, nur vor ihrem Stadtgericht zu erscheinen, insbesondere nicht zu dulden, dass sie wegen Urteile des burggräflich-nürnbergischen Landgerichte angegriffen würden. — [KU. w. v. — R — Or. u. Vid. v. 1414 Sept. 20 ib.; nicht in RR.] — Ausz. Gemeiner 2, 107; Reg. ib. **1110**

„ „ — bestätigt den **Juden** in **Regensburg** ihre Privilegien, wonach sie um Schuld, Geld u. Schäden nur zu Regensburg belangt werden dürfen, doch unbeschadet der Rechte der Hrz. v. Bayern, denen ihre gewöhnliche Steuer zur Zeit verpfändet ist. — [KU. w. v. — R — Or. ib; Not. RR. E 80ᵛ — Reg. Boic. 12, 169. **1111**

„ „ — weist die St. **Rottweil** an, ihre Reichssteuer pro 1414 an Burkart v. Mannsberg, Hrz. Friedrichs v. Österreich Landvogt in Schwaben, zu bezahlen. — [KU. w. v. — R?] — Or. Rottweil; [Not. RR. E 80ᵛ] — Reg.: Neue Mitteil. d. archäolog. Ver. zu Rottweil 1873, 69. **1112**

„ „ — dsgl. die St. **Weil**. — KU. w. v. — Not. RR. ib. (penultima die junii.) **1113**

„ „ — bestätigt die Privilegien des St. German-Stiftes [in **Speier**; es steht da: Germarshofen, doch ist »hofen« getilgt] — KU. w. v. — Not. RR. E 80ᵛ. (fer. 2. post Jacobi.) **1114**

„ 31 „ — bestätigt dem Burkart u. Walter **Seckendorfer** ihre Privilegien u. Lehen. — KU. w. v. — Not. RR. E 80ᵛ. (fer. tercia post Jacobi.) **1115**

„ „ — gebietet den **Strassburgern**, die Amberger, welche gleich den Nürnbergern Zollfreiheit haben, zollfrei u. unbeschwert in u. aus ihrer St. ziehen zu lassen. — KU. w. v. — o. R! — Or.

1414		
		Strassburg St.-A.; Not. RR. E 80ᵛ, aber feria 2. post Jacobi = Juli 30. (di. nach Jacobs t.) **1116**
Juli 31	Speier	desgl. den **Frankfurtern**. — KU. w. v. — Not. RR. w. v. **1117**
"	"	verleiht Wilhelm v. **Wolfstein** das Schloss Ober-Salzbürg mit dem Berg, Kirchensatz, Halsgericht u. Bann sowie die Dörfer Mühlhausen u. Biberbach als Reichslehen. — Ad m. d. r. Jo. Kirchen. — [R — Or. München R.-A.; nicht in RR] — Lünig, R.-A. Splc. sec. 2, 1561; vgl. Reg. Boic. 12, 169. **1118**
Aug. 2	Worms	kommt auf dem Wasserwege nach Worms Nachm. 6 Uhr, wird beschenkt, verweigert die Annahme der Huldigung der St. in der bisher üblichen Form, verlangt, dass die St. als eine freie gefürstet stadt ihm huldige. Zorn, Wormser Chronik hrsg. v. Arnold 180 f. **1118a**
" 3	"	bestätigt den **Wormser Juden**, welche v. den Erben der Leute, denen einst die Steuer der Wormser Juden verschrieben ist, hart bedrängt werden, die Privilegien K. Karls IV, Wenzels u. Ruprechts im allgemeinen, u. schärft besonders ein, dass die Wormser Juden nur vor dem dortigen Stadtgericht (u. nicht vor fremden Landgerichten) zu Recht stehen brauchen; zu ihrem Schätzer bestellt er den Gr. Philipp v. Nassau-Saarbrücken. — Ad m. d. r. Joh. Kirchen. — RR. E 81ᶠ. (fr. nach Peters t. ad vincula.) **1119**
" 4	Mainz	bestätigt die Privilegien des Karthäuserklosters S. **Michelsberg** bei Mainz. — KU. abgeriss., nach RR. w. v. — R — Or. (beschädigt) Mainz; RR. E 82ᶠ. (aa. vor Sixten.) **1120**
" 5	"	verleiht dem Kl. **Nieder-Ingelheim** Schutz für alle erhaltenen Traditionen. — KU? Nicht in RR. — Nach? (Würdtwein) Monasticon Palat. 2, 217 ff. **1121**
" 6	"	belehnt Fulbrecht **Forstmeister** mit dem Hause in der Vorburg zu Gelnhausen, genannt die Forstmeisterei, u. mit der Forstmeisterei des Büdinger Waldes. — [KU? — R?] — Or. Büdingen [nicht in RR]. — Reg.: G. Simon, Gesch. d. Hauses Ysenburg u. Büdingen 3, 236. **1122**
"	"	bestätigt die Privilegien des Bernhardinerinnen-Kl. Altenmünster zu **Mainz** (Äbtissin Dina) — KU. weggeschnitten; nach RR.: Ad m. d. r. Joh. Kirchen. — R — Or. Mainz; RR. E 82ᶠ. (mo. vor Laurentzen.) **1123**
"	"	bestätigt dem Karthäuser-Kl. St. **Michelsberg** bei Mainz das inser. Zoll-Privileg Karls IV v. 1361 April 18 [Böhmer-Huber nr. 3669]. — KU? in RR. w. v. — R — Or. [stark beschädigt] Mainz; RR. E 82. (... vor Laurencien) [a. vor Laurencien. mo. vor L.] **1124**
"	"	giebt seine Zustimmung dazu, dass **Pfalzgraf Ludwig III** bei Rhein das v. Karl IV [wann? nicht bei Böhmer-Huber] an Werner Kopf v. Saulheim (Saawelnheim) verpfändete Dorf Schwabenheim (Swabheim) eingelöst hat, u. schlägt es zu dessen Pfandschaft v. Oppenheim sowie den beiden Ingelheim u. Winterheim; zugleich bestimmt er, dass die Schwabenheimer dieselben Privilegien wie die Oppenheimer, Ingelheimer u. Winterheimer haben sollen. — Ad m. d. r. Joh. Kirchen. — RR. E 82ᵛ u. 96ᵛ. (mo. vor Laurencii.) **1125**
"	"	bestätigt den **Münzern** der St. Worms »die man nennet husgenossen« eine [nicht näher bezeichnete] Urk. [Friedrich I v. 1165 Sept. 24; Urk.-B. der St. Worms 1, 64 ff.], welche bereits Kg. Ruprecht ihnen [1400 Aug. 16] bestätigt hatte. — KU. w. v. — RR. E 82ᵛ u. 83ᶠ. (mo. vor Laurencii.) **1126**
"	"	lädt nach **Konstanz** auf Nov. 1 zu Beratungen über Reichsangelegenheiten. — Ad m. d. r. Joh. Kirchen. — o. R.
		an **Frankfurt Friedberg Gelnhausen** u. **Wetzlar**. — Or. Frankf. **1127**
		an **Regensburg**. — Or. Münch. R.-A. **1128**
		an **Strassburg**. — Or. Strassb. Stadt-A. **1129**
		an Hrz. **Friedrich v. Österreich**. — Or. Wien Staats-A. **1130**
		— RTA 7, 269 f.
		an Hrz. **Erich v. Sachsen-Lauenburg**. — Or. früher Hannover Staats-A. jetzt? Janicke. **1131**
		an Hrz. **Heinrich v. Braunschweig-Lüneburg**. — Or. (stark beschädigt) ibid. Janicke. **1132**
		an die **Hansestädte**. — Königsberg: hochmeisterl. Missivbuch. — Reg.: Hanserecesse 6, 144. **1133**

1414		
Aug. 7	Mainz	befiehlt den Niersteinern die Karthäuser v. St. Michelsberg bei Mainz, deren Schutz er dem Pfalzgr. Ludwig übertragen, nicht weiter im Widerspruche zu deren Privilegien zu belästigen. — KU. w. v. — Beglaub. Kop. Mainz. (di. ver Laurenzen.) **1134**
» 7. »	»	sendet nach vorheriger heimlicher Beratung mit EB. Johann v. Mainz Gr. Adolf v. Nassau u. Meister Heinrich v. Ehrenfels, welche an dieser Beratung teilgenommen, zu seinem Bruder Kg. Wenzel nach Böhmen: RTA 7, 202. **1134a**
» 8	»	fährt zu Schiff v. Mainz nach Bingen: Janssen, Frankf. Reichskorr. 1, 257. **1134b**
» 9	»	giebt den Juden in Mainz eine Anzahl Privilegien. — Ad m. d. r. Joh. Kirchen. — RR. E 91ᵛ. (9. die augusti, aber dtsch. Urk.) **1135**
»	»	desgl. den Juden in Frankfurt. — KU. w. v. — Not. ib. (id. dat.) — Auf diese Urk. bezogen sich wohl auch die langen Unterhandlungen der Gesandten des Frankfurter Rats: Janssen, Frankf. Reichskorr. 1, 256 f. **1136**
»	»	giebt Philipp v. Heimgarten (de Plateа) einen Jahrgehalt v. 300 rhein. Gulden. — KU. w. v. — Not. RR. E 83ᵛ. (in vig. Laurentii.) **1137**
»	»	nimmt Franz v. Heimgarten unter sein Hofgesinde auf u. erteilt ihm Geleit. — W. v. **1138**
» 12	Koblenz	fordert die Mrkgr. Friedrich u. Wilhelm v. Meissen auf, ihre Feindseligkeiten mit B. Albrecht v. Bamberg, besonders ihr Einlager in Tauschwitz abzustellen; er wolle die Angelegenheit entscheiden. — KU? — Schannat, Samml. alter hist. Schriften 1, 125 f. = J. G. Horn, Lebens- u. Heldeng. Friedrichs d. Streitb. 800. **1139**
»	»	gewährt dem Juden Michel zu Koblenz, der eigenmächtig den groessten Teil der halben Judensteuer u. das goldenen Opferpfennigs v. den Juden im Reiche für die Jahre 1413 u. 1414 erhoben hat, Verzeihung, da dieser sich mit ihm »also gerichtet, dass er (Sigmund) ein gut benügen daran« hat; verbietet den Michel wegen seines eigenmächtigen Verfahrens in seinem Namen zur Rechenschaft zu ziehen. — Ad m. d. r. Joh. Kirchen. — RR. E 83ᵛ. (mo. nach Laurencii.) **1140**
»	»	bestätigt dem Erzstifte Trier (EB. Werner) alle Privilegien u. Besitzungen, besonders die v. Karl IV erteilten Gerechtsamen. — [KU. w. v. — R — Or. Koblenz. Becker; Not. RR E 84ᵛ mit dem Zusatz: Copia litterarum datarum Trevirensi continetur in uno libro reposito circa alias minutas cancellarie] — Günther, Cod. dipl. Rheno-Mosellanus 4, 171 ff. **1141**
» 13	»	befiehlt den elsässischen Reichsstädten Hagenau Colmar Weissenburg Schlettstadt Oberehnheim Kaisersberg Mülhausen Münster im Gregorienthal Türkheim u. Rosheim das unter Kg. Ruprecht mit dem Pfalzgr. Ludwig III abgeschlossene Bündnis weiter einzuhalten. — [KU. w. v. — Kop. Strassburg St.-A.] — Jac. Wencker, de Usshurgeris (1698). Continuat. 22 f. **1142**
»	»	benachrichtigt den Rat zu Frankfurt, dass er v. den Juden, die dem Reiche, obgleich sie dessen Kammerknechte seien, seit langer Zeit keine Dienste geleistet hätten, eine Steuer erheben wolle, u. befiehlt behufs dieser Erhebung Vorsorge zu treffen [vgl. 1414 Aug. 27] — [KU. w. v. — o. R] — Or. Frankf. St.-A.; vgl. Invent. 4, 91. — Reg.: Janssen, Frankf. Reichskorr. 1, 258. **1143**
» 14	»	verleiht seinem Rate Konrad v. Bickenbach den goldenen Opferpfennig der im Gebiete des EB. Johann v. Mainz wohnenden Juden u. zwar den der letzten beiden u. der folgenden Jahre bis auf Widerruf; gebietet den Juden den Opferpfennig an B. zu zahlen. — KU. w. v. — RR. E 83ᵛ (frowen ab. assumpt.) **1144**
»	»	begehrt vom deutschen Kaufmann zu Brügge Auskunft über Schiffahrt Handel u. Handelsrichtung der Hansestädte. — KU. w. v. — Kop. Lüneburg. — Hanserecesse 6, 145. **1145**
»	»	erteilt dem Abt Wilhelm v. Murbach (Baseler Diözese) Quittung über die v. demselben bezahlten Kanzlei- u. Amtskosten [Summe nicht genannt], welche bei der Verleihung der Regalien [vgl. nr. 1045] entstanden. — Ad m. d. r. Joh. Kirchen. — o. R! — Or. Colmar Bez.-A.; Not. RR. E 80ᵛ. (fraw. abent assumpt.) **1146**
»	»	befreit den Abt Wilhelm v. Murbach v. der Verpflichtung, Heeresfolge nach Italien zu leisten, da derselbe sich mit ihm »gütlich gerichtet« u. ihm auch »für solch dienst genüg getan hat«. — KU. w. v. — RR. E 80ᵛ. (id. dat.) **1147**

9*

1414		
Aug. 16	Koblenz	fordert v. Frankfurt freies Geleit für seinen Getreuen Heinz Bygner aus Würzburg. — [KU. w. v. — o. R] — Or. Frankf. St.-A.; vgl. Invent. 3, 67. — Reg.: Janssen, Frankf. Reichskorr. 1, 259. **1148**
» 16-19	»	verhandelt mit den Gesandten des Hrz. Anton v. Brabant über die Luxemburgische Frage: Dynter, Chronica ducum Lotharingiae et Drabantiae ed. de Ram 3 (1857), 262 ff.; vgl. RTA 7, 179 f. (keiner der 4 Beschwerdepunkte Sigmunds »erwähnt auch nur mit einem Wort das deutsche Reich oder lässt eine. wenn auch indirekte, Beziehung zu demselben ahnen«.) **1148a**
» 17	»	bestätigt dem Cistercienser-Kl. Eberbach (Mainzer Diöcese) die Privilegien u. nimmt es in des Reiches Schutz. — Ad m. d. r. Joh. Kirchen. — R — Or. u. Vid. des EB. Johann v. Mainz v. 1414 Okt. 14 u. des EB. Albrecht v. Mainz v. 1521 März 8 Wiesbaden St.-A. (nicht in RR!) (fr. nach frawen t. assumpt.) **1149**
»	»	nimmt den Otto v. Egloffstein unter sein Hofgesinde auf u. erteilt ihm Geleit. — KU. w. v. — Not. RR. E 83ʳ. (17. die aug.) **1150**
»	»	bestätigt die Privilegien der St. Gelnhausen. — KU. w. v. — Not. RR. E 83ʳ. (fer. sexta post assumpt. Marie.) **1151**
»	»	bestätigt den Edeln Wilhelm u. Jakob v. Wolfstein die (inser.) Urk. Karls IV v. 1376 Mai 17 [Böhmer-Huber 5585], worin dieser bestimmt, dass Götz Wolfsteiner u. dessen Eltern an dem v. ihnen gestifteten Kl. Seligenporten alle Rechte des Stifters haben sollen. — KU. w. v. — [R — Or. München R.-A.; Not. RR. E 83ʳ.] — Lünig, R. A. Spic. sec. 2, 1559 f. **1152**
»	»	nimmt den B. Johann v. Würzburg (Gehalt jährlich 5000 Gulden) zu seinem Rat an. — [Ad m. d. r. Ju. prepos. sancti Stephani vicecancell. etc. — R — Or. Würzburg Kr.-A.; Not. RR. E 83ʳ.] — Vgl. J. P. Ludewig, Geschicht-Schreiber v. d. Bischoftum Wirtzburg 697. **1153**
» 18	»	bestätigt dem Kl. Eberbach die v. seinen Vorgängern verliehene Zollfreiheit zu Oppenheim Mainz Boppard Remagen Kaiserswerth wie überhaupt auf dem Rhein. — Ad m. d. r. Joh. Kirchen. — R — Or. u. Vid. v. 1495 März 27 Wiesbaden St.-A.; [nicht in RR] (sa. nach frawen t. assumpt.) **1154**
»	»	giebt seine Einwilligung, dass Sweiker v. Gundelfingen der jüngere zur Stiftung einer ewigen Messe die 8 Pfund Pfenning Gült verwende, die K. Heinrich VII seinem Ahnherrn Hiltpolt v. Stein v. der Steuer zu Dietfurt zu einer Burghut zur Altenburg gegeben hat, da das Schloss Altenburg nun so verfallen ist, dass es keiner Burghut mehr bedarf. — [KU. w. v. — R — Or. München R.-A.; RR. E 83ʳ.] — Reg. Boic. 12, 170. **1155**
» 19	»	bestätigt die Privilegien der Abtei Echternach. — KU? — R? — Or. Luxembourg Arch. gouv. [nicht in RR] — Reg.: Publications de la sect. hist. de l'inst. de Luxemb. 25, 194. **1156**
» 20	»	an EB. Werner v. Trier, EB. Dietrich v. Köln u. Gr. Gerhard v. Sain: trotzdem Dr. Johann v. Noet die ihm v. Kg. Ruprecht verliehene Pfründe des Gertruden-Kl. zu Nivelles während Ruprechts Lebzeiten innegehabt, weigere sich das Kl. die v. ihm gleichfalls vollzogene Verleihung [vgl. nr. 818] anzuerkennen: die Äbtissin rechtfertige sogar ihren Ungehorsam gegen das Reich damit, dass ihr Herr, Anton v. Burgund, ihr die Annahme des Noet verboten habe; befiehlt den Adressaten alles in ihren Gebieten befindliche Eigentum jenes Klosters mit Beschlag zu belegen, bis Noet in den Besitz der Pfründe u. deren Erträge seit seiner Ernennung gelangt ist. — Ad m. d. r. Joh. Kirchen. — RR. E 83ʳ u. 84ʳ. (mo. vor Bartholm.) **1157**
» 23	»	verspricht in Übereinstimmung mit früheren kaiserlichen Privilegien, dass er die Reichsstädte des Elsass Hagenau Colmar Schlettstadt Weissenburg Ober Ehnheim Kaysersberg Mülhausen Türkheim Münster Rosheim u Selz insgesamt oder einzeln, auch ihre jährliche Reichssteuer u. die Landvogtei im Elsass nicht verpfänden, sondern ständig beim Reiche erhalten wolle. — KU. w. v. — [RR. E 83ʳ u. s. d. 176ʳ;] Kop. Colmar Bez.-A.; [desgl. Hagenau *Hanauer*; desgl. Schlettstadt *Geny*; desgl. Münster; 2 Kop. Mainz] — Lünig, R.-A. p. spec. Cont. 4 T. 1, 46 f.; Mossmann, Cartul. de Mulhouse 1, 466 f. **1158**
»	»	verpfändet denselben Reichsstädten des Elsass, welche ihm 25000 Gulden geliehen haben [vgl. nr. 1160], 2000 G. v. ihrer jährlichen Reichssteuer für die nächsten 13 Jahre (v. Weihnachten

1414		
Aug. 23	Koblenz	ab gerechnet); den Mehrertrag der Reichssteuer sollen die St. an den Landvogt des Elsass abführen. — KU. w. v. — [RR. E 83]; Vid. v. 1415 Okt. 15 Colmar Bes.-A.; [Kop. Mainz] — Mossmann 1, 467 f. **1159**
»	»	Aug. 23 Koblenz: schreibt an die Räte des Hrz. Anton v. Brabant. Dynter, Chronica 3, 267 f. s. nr. 1162. **1159a**
» 25	»	quittiert den Reichsstädten des Elsass über 4000 rhein. Gulden, welche sie ihm vorläufig v. den ihm zu leihen versprochenen (vgl. nr. 1159) 25000 bezahlt haben. — Ad m. d. r. Joh. Kirchen. — Not. RR. E 84ʳ. **1160**
»	»	bestätigt das von Karl IV [Böhmer-Huber nr. 2511] geschaffene Verhältnis des Kl. Nieder-Ingelheim zu dem Kl. Königssaal (Abt Benedict), wonach ersteres seine Güter, Weingärten u. s. w. an dieses verpachten darf. — KU? — [RR. E 103ᵛ u. 104ʳ] — (Würdtwein) Monasticon Palat. 2, 233 ff. **1161**
» 27	»	verwahrt sich gegen die Räte des Hrz. Anton v. Brabant (Abt v. Tongern, Ingelbert v. Nassau, Gr. Wilhelm v. Sain u. Heinrich v. Bergen), welche ihm unter dem 24. Aug. Vorwürfe gemacht, dass er gegen die Abmachungen sich an die Luxemburgischen St. gewandt, dagegen: er wolle nur dafür sorgen, dass der Heiratsvertrag der Elisabet v. Luxemburg v. Hrz. Anton v. Brabant respectiert werde; er erwarte, dass dieser binnen 4 Wochen persönlich zu ihm komme oder später seine Boten auf das [Konstauzer] Konzil schicke. — Ad m. d. r. Joh. Kirchen. — Dynter, Chronica ducum Lotharingiae et Brabantiae ed. de Ram 3 (1857) 267 f. (das hier gedruckte Datum die XXIII ist wohl ein Druckfehler für XXVII). **1162**
»	»	befiehlt den Juden in den Städten u. Stiftern Augsburg, Eichstädt, Ulm u. den mit U. verbündeten St. in Schwaben: Esslingen Reutlingen Nördlingen Weil Memmingen Kaufbeuren Heilbronn u. Wimpfen »wann wir von der heiligen kirchen des reichs u. gemeines nutzes wegen jetzund zwei ganze jare mit unser selbs person u. grosser maht in Welischen landen grosse kost u. erbeit gehebt . . . .« dem Hirt v. Saulheim (Sawelheim; nicht = Seinsheim wie RTA 7, 203 Z. 23) u. Haupt v. Pappenheim seinen Abgesandten »ein redlich steure u. hilfe« zu entrichten. — Ad m. d. r. Joh. Kirchen — R — Or. Pappenheim A; [nicht in RR]. (wo. nach Bartolomes). **1163**
»	»	schreibt an den Rat zu Frankfurt, dass er zur Förderung der Reichsinteressen einer Beisteuer v. den Juden bedürfe, die seit langer Zeit dem Reiche keine Dienste geleistet hätten (vgl. nr. 1143); der Rat soll dem kgl. Bevollmächtigten Wigleis Schenk v. Geiern bei der Erhebung dieser Steuer behilflich sein. — KU. w. v. — Or. Frankf. St.-A; vgl Invent. 4, 91. — Janssen, Frankf. Reichskorr. 1, 259 f. **1164**
»	»	dasgl. an Friedberg; bevollmächtigt seinen Rat Kumlian v. Kobern. — KU. w. v. — Or. Darmstadt. (wo. nach Bartolomes). **1165**
»	»	beglaubigt Erkinger v. Seinsheim, seinen Rat, bei der Rothenburger Judenschaft wegen einer v. ihnen zu erhebenden Steuer. — KU. w. v. — o. R — Or. im Besitz d. Generalkons. v. Wilmersdörfer, München. — Zschr. f. G. d. Juden in Deutschl. 3 (1889), 309. **1166**
» 30	»	bestätigt der St. Frankfurt a. M. alle Privilegien. — [Ad m. d. r. Joh. Kirchen — R] — Or. Frankf. St.-A.; vgl. Invent. 3, 29; [Not. RR E 84ᵛ] — Vgl. RTA 7, 198 A. 2 u. 203. (do. vor Egidii). **1167**
»	»	erneuert der St. Frankfurt das wörtlich mitgeteilte Messprivileg Karls IV v. 1349 Jan. 7 [Böhmer-Huber nr. 995]. — [KU. w. v. — R] — Or. u. 2 Vidim. Frankf. St.-A; vgl. Invent. 3, 29; [RR. E 84] — Lünig R. A. P. spec. Cont. 4. T. 1, 608 f; Privilegia u. Pacta d. Reichsstadt Frankfurt (1728) 256 ff. **1168**
»	»	bestätigt den Ständen des Markgraftums Lausitz (dem Kl. Dobrilugk zu der Zelle u. Guben, dem Hans v. Bieberstein, Otto v. Kittlitz, Hans v. Torgau, dem Ilburg zu Sonnewalde, den Schenken v. Landsberg, den St. Luckau, Guben, Sommerfeld, Spremberg, Lübben, Kalau) den Majestätsbrief u. das Versprechen Kg. Wenzels, dass sie nie v. der Krone Böhmen getrennt werden sollen. — KU. w. v. — [RR E 85ʳ]; Vid. v. 1438 Luckau. — Lünig, R. A. Pars spec. Cont. 2. Anh. 92. — vgl. Reg.: N. Laus. Magaz. 46, 84; Mülverstedt, Diplomatarium Ileburgense 1, 327. **1169**

1414		
Aug. 30	Koblenz	erlaubt dem Hinko Birken zu der Lippen u. dem Hans v. Polenz (Palenz), Hauptleuten der Lausitz, wegen der treuen ihm u. Kg. Wenzel geleisteten Dienste »etliche« Schlösser der Lausitz, die vor Zeiten verpfändet sind, einzulösen u. zu behalten, bis dass sie von ihnen »gelediget« werden. — KU. w. v. — BR. E 85ᵛ. (do. vor Egidii). **1170**
» 31	»	unterlässt auf Wunsch des EB. Dietrich v. Köln eine Fahrt nach Bacharach: RTA 7, 202. **1170a**
Aug.	»	schliesst ein Bündnis mit Kg. Heinrich V v. England (dessen Gesandte Walter Hungerford, Simon Sydenham u. Johann Waterton anwesend) ab. — [nicht in RR! doch wohl keine schriftlichen Abmachungen!] — Nachweis RTA 7, 180. **1170b**
Sept. 1	»	unterredet sich lange mit dem EB. Dietrich v. Köln sowie dem Pfalzgr. Ludwig III u. empfängt darauf die Frankfurter Gesandten Jakob Bam u. Konrad Wisse: RTA 7, 203. **1170c**
» 2	»	fährt über Beuse, wo er ein Mahl hält, nach Frankfurt auf die Messe. — Janssen, Frankf. Reichskorr. 1, 262 u. RTA 7, 203. **1170d**
» 4	»	fordert den Deutschordens-Hochmeister Michael Küchenmeister auf, eine Botschaft zu dem Konzil nach Konstanz zu senden, wo der Streit des Deutschordens mit Kg. Wladislav v. Polen beigelegt werden solle [vgl. auch 1414 Nov. 2]. — Ad m. d. r. Joh. Kirchen. — [o. R] Or. Königsberg. — RTA 7, 270 f. **1171**
» 7	Heidelberg	zieht hierselbst ein, v. dem Kurfürsten, der Geistlichkeit u. der Universität feierlich empfangen. Vgl. Hautz, Gesch. d. Univ. Heidelberg 1, 270; Ed. Winkelmann, Urk.-B. der Univ. Heidelberg 1, 106 u. 2, 185; Toepke, Matrikel d. Univ. Heidelberg 1, 646. — Über die Gründe, welche Kg. S. bestimmt haben, v. Koblenz aus nicht nach Aachen zu ziehen, seine Krönung aufzuschieben: vgl. Brandenburg, Kg. Sigmund u. Kurf. Friedrich I v. Brandenburg 34 f. **1171a**
» 10	»	befiehlt folgenden St. des Elsass ihre nächsten Martinstag fällige Reichssteuer an den Pfalzgr. Ludwig III bei Rhein zu bezahlen. — Ad m. d. r. Joh. Kirchen.
		Colmar. — Or. Colmar Stadt-A. — o. R! **1172**
		Hagenau. — [Or. Hagenau — o. R! *Hanauer*]. **1173**
		Kaysersberg **1174**
		Mülhausen **1175**
		Münster **1176**
		Oberehnheim **1177**
		Rosheim **1178**
		Schlettstadt **1179**
		Türkheim **1180**
		Weissenburg. **1181**
		Not. RR. E 84ᵛ (mo. nach fraw. t. nativ.; bezw. feria 2. p. nat. Mar.)
»	»	nimmt auf Bitten des Abtes Rudolf das Benedictinerkloster Formbach (Passauer Diözese) in seinen Schutz u. bestätigt ihm alle Rechte u. Privilegien. — [KU. w. v. — R — Or. München R.-A.; RR. E 84ᵛ] — Mon. Boica 4, 184 ff. **1182**
»	»	belehnt den Abt Rudolf v. Formbach mit den Regalien. — KU. w. v. — R — Or. ib.; [nicht in RR!] (mo. nach fraw. t. nativit.) **1183**
» 13	»	beruft die Gr. Friedrich u. Wilhelm v. Henneberg auf Sept. 23 nach Nürnberg zu Beratungen über Frieden u. öffentliches Wohl. — Ad m. d. r. Joh. Kirchen. — Schannat, Sammlung hist. Schriften u. Dokum. 1, 126 f. — RTA 7, 206. **1184**
		desgl. den B. Albrecht v. Bamberg. Ergiebt sich wie auch die nr. 1186 bis 1194 aus nr. 1184. **1185**
		desgl. den B. Johann v. Würzburg. **1186**
		desgl. den B. Friedrich v. Eichstädt. **1187**
		desgl. den Pfalzgr. Johann v. Neumarkt. **1188**
		desgl. den Burggr. Johann III v. Nürnberg. **1189**
		desgl. den Gr. v. Rieneck. **1190**

1414			
		desgl. den Gr. v. Castell.	**1191**
		desgl. den Gr. v. Wertheim.	**1192**
		desgl. den Edlen v. Heideck.	**1193**
		desgl. die St. [Nürnberg] Rothenburg Windsheim Weissenberg Schweinfart [vgl. nr. 1145].	**1194**
Sept. 13	Heidelberg	beruft Frankfurt Friedberg Gelnhausen u. Wetzlar nach Heilbronn auf Okt. 3 zu Beratungen über die Wiederherstellung des Friedens u. der öffentlichen Wohlfahrt »in diesen Gegenden.« — Ad m. d. r. Joh. Kirchen. — Or. Frankf. Stadt-A. — RTA 7, 226.	**1195**
"	"	desgl. die St. in Schwaben. (Die nr. 1196/1205 ergeben sich aus nr. 1195).	**1196**
		desgl. die St. am Rhein.	**1197**
		desgl. die St. im Elsass.	**1198**
		desgl. den EB. Johann v. Mainz.	**1199**
		desgl. den EB. Werner v. Trier.	**1200**
		desgl. den B. Raban v. Speier.	**1201**
		desgl. den B. Wilhelm v. Strassburg.	**1202**
		desgl. den Pfalzgr. Ludwig.	**1203**
		desgl. den Mkgr. Bernhard v. Baden.	**1204**
		desgl. den Gr. Eberhard v. Würtemberg [vgl. nr. 1196].	**1205**
" 14	"	bestätigt die Privilegien der St. Annweiler (Annewylr). — Ad m. d. r. Joh. Kirchen. — Not. RR. E 84ᵛ. (14. die sept.)	**1206**
" 16	"	bestätigt die Privilegien der St. Dortmund, besonders die Karls IV v. 1377 Nov. 23 [Böhmer-Huber nr. 5834]. — KU. w. v. — [R — Or. Dortmund Rübel; RR. E 85ᵛ mit Datum XXI die sept., offenbar Schreibfehler statt XVI]. — Lünig, R. A. P. spec. Cont. 4 T. 1, 447: Reg.: Fahne, Urkb. d. Reichsst. Dortmund 1, 243.	**1207**
"	"	belehnt die St. Dortmund mit ihren Reichslehen u. bestätigt ihr ihre Privilegien im allgemeinen. [KU. w. v. — R — Or. ib. Rübel;] RR. E 86ᵛ (id. dat.)	**1208**
" 19	"	verleiht der St. Main-Bernheim einen Wochenmarkt u. 3 Jahrmärkte. — KU. w. v. — R — Or. Würzburg; [nicht in RR]. (mittwochens vor Matheus.)	**1209**
" 20	"	befiehlt dem Gr. Emich v. Leiningen nochmals, den Streit zwischen Hugo v. Montfort dem Meister des Johanniter-Ordens in Deutschland u. Hartmann v. Wangen beizulegen. — Ad m. d. r. Joh. Kirchen — o. R — Or. Amorbach. (Matheus ab.)	**1210**
"	"	nimmt den Gr. Volrad v. Mansfeld unter sein Hofgesinde auf u. erteilt ihm Geleit. — KU. w. v. — Not. RR. E 85ᵛ. (20. die sept.)	**1211**
"	"	überträgt dem Mkgr. Theodor v. Montferrat das Reichsvikariat in der Lombardei mit Ausnahme v. Treviso Verona Vicenza u. Padua u. ohne das Recht Belehnungen vorzunehmen. — Ad m. d. r. Joh. propos. s. Stefani Strigon. vicecancellarius. — [Or.? Not. RR. E 85ᵛ] — Lünig, Cod. Ital. dipl. 1, 1365 ff; (Nach Or.) Rousset, Suppl. au corps dipl. du droit des gens 1, 2, 335 f.	**1212**
"	"	verspricht der St. Oppenheim die Juden daselbst nicht zu schatzen, da ihr die Judensteuer früher verliehen ist. — [Ad m. d. r. Joh. Kirchen — R] — Or. Darmstadt; [RR. E 85ᵛ] — W. Franck, Gesch. d. Reichsst. Oppenheim 412.	**1213**
"	"	erteilt den Juden von Schweinfurt Moses Heler Nathan Samuel Baken Eydem u. ihrem »schulkleper« daselbe Privileg wie den Juden in Worms. [vgl. nr. 1119 sowie 1135 f.] — KU. w. v. — Not. RR. E 81ᵛ. (in vig. Mathei apost.)	**1214**
"	"	verlässt diese St. u. reitet über Wimpfen, Waldenburg, Schwäbisch-Hall nach Krailsheim (22. Sept), v. hier am 23. über [Ansbach, wo er v. Gesandten der St. Nürnberg erwartet wird; vgl. RTA 7, 218 u.] Kl. Heilsbronn nach Nürnberg, wo er am 25. anlangt. Vgl. Reisebericht Eigils v. Sassen: Anzeiger f. Kunde d. dtsch. Vorzeit N. F. 12 (1865) 302.	**1214a**
		Sept. 21: bestätigt die Privilegien v. Dortmund RR. E 85ᵛ siehe nr. 1207.	**1214b**

1414		
Sept. 23	Heilsbronn	soll daselbst sein: RTA 7, 214. — Wird noch an diesem Tage bezw. am 24. in Nürnberg erwartet: ib. — Vgl. auch nr. 1214ᵃ u. 1219ᵃ. **1214 c**
» 24	Nürnberg	verleiht dem Karl Holzschuher für treue Dienste einen Zehnten u. drei Soldgüter zu Rückersdorf. — Ad m. d. r. Michael de Priest. — [Nicht in RR!] — Gatterer, Hist. genealog. dom. Holzschuherorum. Cod. dipl. 110 f. **1215**
»	»	bestätigt den Bürgern v. Nürnberg den Kauf, den sie mit Konrad, Sigmund u. Franz Waltstromeyer über das Amt u. die Fuhrrente auf dem Walde bei Nürnberg (St. Lorenzer Seite), dann mit Heinrich Schopper, als Vormund der v. Otto u. Franz Forstmeister hinterlassenen Kinder, über das Forstamt, das die Forstmeister auf dem genannten Walde gehabt u. abgeschlossen haben, u. belehnt sie mit den betr. Ämtern u. der Fuhrrente. — Ad m. d. r. Mich. de Priest — o. R. — Or. u. Vid. des Reichshofrichters Michel Burggr. zu Magdeburg u. Gr. zu Hardeck v. 1446 Juni 13 Nürnberg Kr. A.; [vgl. Vid. Sigmunds v. 1435 Mai 31; nicht in RR] — (Wölcker) hist. Norimb. dipl. 531 f; vgl. Reg. Boic. 12, 171. **1216**
»	»	bestätigt der St. Nürnberg die ins. Urk. Kg. Ruprechts v. 1401 Jan. 6 [Chmel, Regesta Ruperti nr. 64], in welcher die Urk. Karls IV v. 1347 Nov. 25 [Böhmer-Huber nr. 459] ist: Bestätigung v. Weihern zu Königsbrück, Weirsensee u. s. w. als Erblehen für Fritz u. Johann Fischbeck. — KU. w. v. — R — Or. Nürnberg Kr. A.; [nicht in RR] — (Wölcker) 533; vgl. Reg. Boic. 12, 171. **1217**
»	»	bestätigt der St. Nürnberg die vom Burggr. Friedrich V v. Nürnberg u. dessen Söhnen Johann u. Friedrich käuflich erworbenen Reichslehen: die sog. Schnitter, Hofstattpfennige u. die Gült v. einem Schilling aus jeder Schmiedestätte u. Feueresse in d. St. Lorenz-Pfarre u. belehnt sie damit. — [KU. w. v. — o. R.] — Or. Nürnberg Kr.-A. [nicht Münch. R.-A.; nicht in RR] — Reg. Boic. 12, 172; vgl. Mon. Zoll. 7, 272. **1218**
»	»	erteilt den Bürgern v. Nürnberg die Freiheit, dass ihre Güter u. Urbare auf dem Lande, die v. Alters her nicht gesteuert haben, v. niemand mit Steuer oder Bede belegt werden sollen. — KU. w. v. — Rᵗˢ bezw. o. R! — 2 Or. sowie Vid. des Nürnberger Landger. v. 1429 Nov. 12 ib.; [nicht in RR] — Reg. Boic. 12, 172. **1219**
» 25	»	wird hier eingelassen, wohl nachdem er die Urkk. v. Sept. 24 (die Kanzleikosten derselben RTA 7, 218) ausgestellt. Chroniken d. dtsch. St. 3, 341 ff. — Über den feierlichen Empfang Sigmunds seitens des Klerus vgl. RTA 7, 215, 217, 218. — Vgl. auch nr. 1214ᵃ. **1219a**
» 26	»	belehnt Erkinger v. Rechenberg mit dem Halsgericht zu Ostheim unterhalb Rechenberg u. einem Hofe in der Mark v. Ostheim. — KU? — R? — Or.* Nürnberg Kr.-A.; [nicht in RR] — Reg. Boic. 12, 172. **1220**
		Sept. 26 Nürnberg: errichtet einen Landfrieden in Franken BR E 86ᵛ—88ᵛ. (mit vor Mich.) s. nr. 1226. **1220 a**
» 27	»	belehnt den Nürnberger Bürger Karl Holzschuher mit verschiedenen Gütern. — Ad m. d. r. Joh. Kircheu. — [nicht in RR]. — Gatterer, hist. genealog. dom. Holzschuherorum. Cod. dipl. 111 f. **1221**
»	»	desgl. den Nürnberger Bürger Niklas Muffel — [KU? — R? — Or.* Nürnberg Kr.-A.: nicht in RR] — Reg. Boic. 12, 172. **1222**
»	»	belehnt den Ritter Hans v. Rosenberg mit dem Zehnten im Dorfe zu Lohr (Lore zwisch. Rothenborg a. T. u. Insingen). — W. v. **1223**
» 29	»	bestätigt der St. Schwabach ihre Privilegien; inseriert [nicht näher bezeichnete] Urk. Friedrichs [?] u. Kg. Ruprechts. [Chmel, Reg. Ruperti nr. 1614; vgl. oben nr. 1051]. — Ad m. d. r. Joh. Kircheu. — Not. RR. E 90ᵛ. (in die s. Mich.) **1224**
»	»	bestätigt dem Benedictinerkloster zu Wülzburg (Abt Ulrich, Diözese Eichstädt) alle Rechte u. Privilegien. — [KU. w. v. — R — Or. Nürnberg Kr.-A.; Not. RR. 89ᵛ] — Reg. Boic. 12, 173. **1225**
» 30	»	errichtet einen zunächst dreijährigen Landfrieden in Franken: Obmann Ritter Ehrenfried v. Seckendorf; Versammlungsorte: Würzburg, Neustadt an der Aisch, Bamberg oder Nürnberg; Teilnehmer: BB. Albrecht v. Bamberg, Johann v. Würzburg, Friedrich v. Eichstädt; Burggr. Johann u. Friedrich zu Nürnberg; die Gr. Friedrich v. Henneberg u. Johann v. Wertheim.

1414		
		sowie Dietrich v. Bickenbach. — KU. w. v. — R — Or. Nürnb. Kr.-A.; [RR. E 86ᵛ—88ᵛ; mi. vor Mich. ⪘ Sept. 26!] — RTA 7, 500 ff. (woselbst auch die Kop. angegeben). **1226**
Oct. 1.	Nürnberg	verordnet, dass die Zölle für den Landfrieden in Franken nicht höher genommen werden sollen, als nach dem Landfrieden Ruprechts u. dass sie mit Aufhören des Landfriedens wegfallen, namentlich v. Nürnberg Rothenburg Schweinfurt Windsheim u. Weissenburg nicht mehr genommen werden sollen. — KU. w. v. — R — Or. Nürnb. Kr.-A.; [RR. E 88ᵛ]. — RTA 7, 209 f. **1227**
»	»	quittiert der Judenschaft zu Nürnberg über 6000 rhein. Gulden, die sie als Abschlagszahlung auf die 12000 Gulden Steuer, die zu Reichszwecken von ihr gefordert wurde, erlegt hat. — [KU. w. v. — R? — Orᵐ. Nürnberg Kr.-A.; Not. RR. E 89ʳ]. — Reg. Boic. 12, 173. **1228**
»	»	befiehlt den Augsburger Ratgeben, die ihm versprochen, für die dortige Judenschaft die Martini fällige Steuer v. 2800 Gulden auszulegen, diese Summe an den Hrn. Rudolf v. Sachsen zu zahlen. — Ad m. d. r. Joh. Kirchen. — R — Or. Augsb. St.-A. (mo. nach Michels t.); Not. RR. E 89ʳ; fer. sexta post Francisci ⪘ Okt. 5! **1229**
»	»	weist die St. Kempten an, für ihre Juden 280 Gulden an denselben zu zahlen. — KU. w. v. — Not. RR. ib. (gleichfalls z. 5. Okt., doch trug wohl das Orig. das Dat. Okt. 1). **1230**
»	»	weist die St. Ulm an, für ihre Juden 933 Gulden an denselben zu zahlen. — W. v. **1231**
»	»	weist die St. Esslingen an, die 300 rhein. Gulden, welche sie für die daselbst wohnenden Juden »von der stewre wegen die uns uf dise zite von in gevellet« zu Martini zu zahlen versprochen, an den Nürnberger Bürger Hans Starke zu zahlen. — Ad m. d. r. Joh. Kirchen — R — Or. Stuttgart; Not. RR. E 89ʳ dat. ut supra = fer. sexta post Franc.! (mo. nach Michels t.) **1232**
»	»	weist die St. Heilbronn an, für ihre Juden 1000 Gulden an denselben (doch vgl. nr. 1257) zu zahlen. — Not. RR. E w. v.; vgl. nr. 1230. **1233**
»	»	weist die St. Memmingen an, für ihre Juden 300 Gulden an denselben zu zahlen. — W. v. **1234**
»	»	weist die Nördlinger Juden an, 866 Gulden an [Haupt] Marschalk v. Pappenheim zu zahlen. — W. v. **1235**
»	»	weist die St. Weissenburg [im Nordgau] an, für ihre Juden 822 Gulden an Johan Hübner zu zahlen. — W. v. **1236**
»	»	quittiert den Schweinfurter Juden (Moses Heler Natan Samuel Baken) über 500 Gulden. — KU? — Not. RR. E 89ʳ. (mo. nach Mirb.) **1237**
»	»	verleiht dem Ritter Hans v. Absberg die Halsgerichte zu Reicheneck Beilngries u. Rouburg. — [Ad m. d. r. Joh. Kirchen — R — Or. München R.-A.; nicht in RR.] — Reg. Boic. 12, 174. **1238**
»	»	bestätigt dem Augustinerinnenkloster zu Pillenreuth (Eichstädter Bistum) alle Privilegien. — [KU? — R? — Orᵐ Nürnberg Kr.-A.; nicht in RR.] — Reg. Boic. 12, 174. **1239**
»	»	verlängert den zum Würzburger Bistum gehörigen St. Schwarzach den Jahrmarkt zu Walpurgis, der bisher nur einen Tag gedauert, um zwei Tage, bestätigt ihr die bisherigen 3 Jahrmärkte u. verleiht ihr einen 4. Jahrmarkt. — Ad m. d. r. Joh. Kirchen. — RR. E 86ʳ. (mo. nach Michels). **1240**
»	»	bestätigt dem Nürnberger Herdegen Valtzner die Verpfändungsurk. Ruprechts v. 21. Juni 1402 [Chmel nr. 1219] über die Gold-, Silber- u. Heller-Münze zu Nürnberg (für 4000 rhein. Gulden; Teilung des Schlagschatzes zwischen dem Kg. u. Pfandinhaber) u. bestätigt auch die Urk. Karls IV, durch welche der oberste Münzmeister zu Nürnberg v. allen Steuern der St. Nürnberg befreit wird. — [KU. w. v. — R — Or. Nürnberg Kr.-A.; RR. E 86ʳ]. — Reg. Boic. 12, 174. **1241**
» 2	»	quittiert der Judenschaft v. Nürnberg über 6000 rhein. Gulden, die sie als Rest der Reichssteuer v. 12000 Gulden erlegt hat. — [KU. w. v. — R? — Or. Nürnberg Kr.-A.? RR. E 89ʳ]. — Reg. Boic. 12, 174. **1242**
»	»	beglaubigt bei Rothenburg a. T. wegen der Judensteuer seinen Protonotar Joh. Kirchen. — Ad m. d. r. Michel de Priest — o. R — Or. Nürnberg Kr.-A. (zinstags nach s. Michels t. unserer riche des Hungr.! also o. J.) **1243**

1414		

Okt. 2 | Nürnberg | giebt dem Bürger zu Nürnberg Stefan Schüler ein Wappen. — Ad m. d. r. Joh. Kirchen. — Not. RR. E 89ᵛ. (fer. 3 post Mich.) **1244**

» 3 | » | bestätigt die Privilegien der St. Kitzingen. — KU. w. v. — R — Or. Würzburg; [nicht in RR]. (mittwochen nach Michels tag). **1245**

» | » | gebietet Nürnberg, v. der ihm zustehenden halben Judensteuer 200 Gulden an Albrecht v. Colditz zu bezahlen, da er demselben diese Verpfändung, welche Karl IV dem Thimo v. C. gemacht, bestätigt habe. — [RR. E 89ʳ u. Not. 84ᵛ: per d. Rudolfum ducem Saxonie Joh. Kirchen. — Or.ᵃ Nürnberg Kr.-A.] — vgl. Reg. Boic. 12, 174. **1246**

» | » | erteilt den Juden in Nürnberg Windsheim Rothenburg a. T. u. Hall [4 Urkk.?] dasselbe Privileg wie den Wormsern [vgl. 1414 Aug. 3 nr. 1119]. — Ad m. d. r. Joh. Kirchen. — Not. RR. E 89ᵛ. (fer. quarta post Mich.) **1247**

» 4 | » | bestätigt dem Kl. Ottobeuren die (inser.) Urk. Karls IV v. 1353 Okt. 9 [Böhmer-Huber nr. 1623] nebst der darin inser. Urk. Albrechts I v. 1299 März 6. — [KU? — Kop. München R.-A.; Ausz. RR. E 89ᵛ]. — Reg. Boic. 12, 174. **1248**

» | » | befiehlt der St. Rothenburg a. T. für ihre Juden 2000 Gulden zu zahlen. — Ad m. d. r. Joh. Kirchen. — Not. RR. E 89ʳ (in die s. Francisci; vielleicht im Or. auch mit Datum Okt. 1); vgl. auch nr. 1251. **1249**

» | » | desgl. der St. Windsheim 1500 Gulden. — W. v. **1250**

Okt. 5: erlässt Zahlungsbefehle an Augsburg, Esslingen, Heilbronn, Kempten, Memmingen, Nördlingen, Ulm, Weissenburg im Nordgau. — RR. E 89ᵛ. (feria sexta post Francisci) s. Okt. 1 nr. 1229 ff. **1250a**

Okt. 5 Speyer: giebt Johann Hus einen Geleitsbrief zum Konstanzer Konzil. Tschudi, Chronicon Helvet. 1, 679 falsch statt Okt. 18. **1250b**

» 5 | | verlässt Nürnberg, um zunächst nach Kadolsburg u. v. da nach Windsheim u. Rothenburg a. T. zu ziehen; vgl. Schreiben Nürnbergs an Regensburg v. 1414 Okt. 6: Chroniken d. dtsch. St. 3, 347: vgl. 342. — RTA 7, 216. Falls Eigil v. Sassen mit ihm zog, kann er am 6. Okt. nach Windsheim (welche St. ihm huldigte: RTA 7, 231), am 7. nach Rothenburg: Anzeiger f. Kunde d. dtsch. Vorzeit N. F. 12 (1865), 302. **1250c**

» 8 | Rothenburg a. T. | bestätigt der St. Rothenburg den Empfang der auf sein Geheiss an Niclaus Durgmann, Dechant zu Speier, u. Peter v. Wissenbach, Vicar daselbst, gezahlten Judensteuer (2000 Gulden). — [KU? — R? — Or. Nürnberg Kr.-A? nicht in RR]. — Reg. Boic. 12, 175. **1251**

Okt. 8 Rothenburg: verbietet diese St. zu belästigen. — RR. E 89ᵛ s. nr. 1261. **1251a**

» | » | bestätigt die Privilegien des Kl. zu Rothenburg a. T. — Ad m. d. r. Joh. Kirchen. — Not. RR. E 89ᵛ. (8. die oct.) **1252**

Okt. 8 Rothenburg: Michael v. Priest (Pragensis canonicus et d. Romanorum et Ungariae notarius) lobt den Vorsatz des Johann Hus vor dem Konstanzer Konzil zu erscheinen u. teilt ihm mit, dass der v. K. Sigmund erbetene Geleitsbrief ihm demnächst zugehen werde. — Aus e. Hds. der Prager Univers.-Bibl. Palacky, Documenta mag. Joannis Hus vitam . . . illustr. 633. **1252a**

» 9 | » | weist die St. Rothenburg an, die Martini fällige Reichssteuer an ihn zu zahlen. »cum revocatione quarumcunque aliarum litterarum datarum super steura 400 florenorum predicta.« — Ad m. d. r. Joh. prepos. vicecanc. — Not. RR. E 89ᵛ. (feria tercia post Francisci). **1253**

» | » | lässt sich v. der St. Rothenburg huldigen: RTA 7, 231. **1253a**

» | » | bestätigt der St. Passau ihre Privilegien. — [Ad m. d. r. Joh. Kirchen. — R] — Or. Passau: [RR. E 89ᵛ]. — Reg.: Verhandl. d. hist. Ver. f. Niederbayern 15, 71 f. **1254**

» 11 | » | weist die St. Schwäbisch-Hall an, ihre Steuer (1200 Gulden) an Johann Kirchen zu zahlen. — Ad m. d. r. Michel Priest. — Not. RR. E 89ᵛ. (fer. 5 post Dionysii). **1255**

» | Heilbronn | kommt Abends hier an: RTA 7, 227. **1255a**

» 12 | » | empfängt die Gesandten v. Strassburg u. anderer St.: ib. **1255b**

Okt. 13: Königin Barbara trifft in Nürnberg ein u. reist dann ihrem Gemahl Sigmund nach Westen nach. — Chroniken d. dtsch. Städte 3, 344 f; vgl. 342, 348. **1255c**

1414		
Okt. 14	Heilbronn	bestätigt dem Benedictinerkloster K o m b u r g (Chamberg; Würzburger Diöcese; Abt Gottfried v. Stetten) die Privilegien. — Ad m. d. r. Joh. Kirchen. — [nicht in RR] — Kop. (Komburger Transsumptb. v. 1563 f. 55) Stuttgart St.-A. (sont. vor Gallen). **1256**
„ 15	„	empfängt die Huldigung der St. H e i l b r o n n: RTA 7, 231. **1256 a**
„	„	widerruft seinen Befehl an die St. H e i l b r o n n, die Judensteuer an Johann Stark [vgl. Okt. 1 nr. 1233] zu entrichten u. befiehlt, dieselbe an Fritz Mann (fricz man), Gewandschneider zu Speier, zu zahlen. — Ad relac. d. Spirensis et F. burggravii Nürenb. Michel de Priest. — Not. RR. E 89ʳ. (nabb. ante Galli). **1257**
„	„	bestätigt dem Konrad v. H o h e n r i e d die Verpfändung von 100 Pfund Heller der Stadtsteuer v. Weinsberg seitens Kg. Ruprechts [1405 Nov. 7: Chmel, Regesta Ruperti nr. 2088]. — Ad m. d. r. Pe. Wacker. — Not. RR. E 90ʳ. (fer. sec. ante Galli). **1258**
„	„	bestätigt der St. M a i n z (in lat. Sprache) alle ihre Freiheiten. — [Ad m. d. r. Michel de Priest can. Wratisl. — R] — Or. Mainz; [RR. E 90ʳ]. — Schaab, Rhein. Städteb. 2. 379 ff. (quinta dec. oct.) **1259**
„	„	desgl. (in deutscher Sprache). — [Ad m. d. r. Michel de Priest — R] — Or. ib.; [RR. E 90ʳ]. — Schaab 2, 381 ff. (mo. vor Galli). **1260**
„	„	verbietet allen Reichsständen, die St. R o t h e n b u r g a. T., weil sie ihre Juden zu der v. ihm ausgeschriebenen Judensteuer herangezogen, zu belangen oder anzufeinden. — [Ad m. d. r. Joh. Kirchen. — R — Or. Nürnberg Kr.-A.; RR. E 89ʳ: geben zu Rotenburg an mo. nach Francisci — Okt. 8!] — Vgl. Reg. Boic. 12, 175. **1261**
„	„	weist die Juden v. W i n d s h e i m an, v. der ihm zustehenden Steuer (1500 Gulden) 400 Gulden an den Gr. Günther v. Schwarzburg, Herrn zu Ranis, zu zahlen. — Ad m. d. r. Pe. Wacker. — Not. RR. E 90ʳ. (fer. 2 ante Galli). **1262**
„ 16	„	giebt seine Zustimmung, dass Hans Czobel seiner Hausfrau Irmela v. Berlichingen auf seine Reichslehen in dem Dorfe Eibelstadt (Eyfelstat) 1000 Gulden »verwidmen« darf. — Per d. Frideric. burggraviam Nuremberg. Michael can. Wratisl. — Rⁱᵃ — Or. Würzburg Kr.-A.; [nicht in RR]. (Gallen tag). **1263**
„	„	bricht nach S p e i e r auf: RTA 7, 228. **1263 a**
„ 18	Speier	erteilt dem Joh. H u s einen Geleitsbrief für seine Reise zum Konstanzer Konzil. — Ad m. d. r. Michel de Priest (Pacest) can. Wratislav. — v. d. Hardt, Rerum Const. concil. 4, 12; Goldast, const. imper. 1, 389 = Rousset, Suppl. au corps dipl. du droit des gens 1, 2, 336 f.; Goldast, Appendix commentar. de luribus regni Bohemiae 89 f; Lünig, R.-A. P. spec. Cont. 1, 552; Deutsch: (Or.?) Stumpf, d. Konz. zu Konst. Beschreibung 9 u. Tschudi, Chron. Helvet. 1, 679 (falsch zu Okt. 5): Petri de Mladenowic relatio de Jo. Hus causa bei Palacky. Documenta mag. Joannis Hus vitam . . . illustr. 237 f. — Uhlmann, K. Sigmunds Geleit f. Hus (1894) 11. **1264**
„ 19	„	fordert die F r a n k f u r t e r auf, ihren Mitbürger Heinz Wyn, der ihm dort Schiffe bauen soll, mit Zimmerleuten zu unterstützen. — [KU. w. v — o. R] — Or. Frankf. St.-A.; vgl. Invent. 3, 67. — Reg.: Janssen, Frankf. Reichskorr. 1, 266. **1265**
„ 22	„	schlägt auf die im Pfandbesitze des P f a l z g r a f e n Ludwig bei Rhein befindlichen Vesten u. Ortschaften Germersheim, Wegelnburg, Oppenheim, Schwabsburg, Nierstein, Dexheim, Dienheim, Odernheim, Ingelheim, Winterheim, Schwabenheim, Kaiserslautern (Lautern), Neu-Wolfstein, Ortenberg, Offenburg, Gengenbach, Zell, Hoch-Barr (Barre), Guttenberg, Falkenberg nebst allem Zubehör noch 8000 rhein. Gulden, die ihm der Pfalzgr. geliehen, u. erklärt, dass die Einlösung dieser Pfandschaften nur durch Erlegung der ganzen Schuldsumme geschehen darf; auch soll der Pfalzgr. im Besitz v. Sels bleiben, bis es ihm rechtmässig abgefordert wird. — Ad relac. d. episc. Spir. et d. Frid. burggravii Nürenb. Michel de Priest. — R — Or. u. Vid. v. 1446 April 12, 1520 Sept. 14 u. 1748 Febr. 24 München Geh.Staats-A.; Kop. Speyer Kr.-A. u. Strassburg. Bez.-A.: RR. E 89ʳ u. 90ʳ. (mo. nach 11000 meyde l.) **1266**
„	„	giebt als Mkgr. v. B r a n d e n b u r g seinen Willebrief dazu. — Ad m. d. r. Michel de Priest can. Wrat. — R — Or. ib.; Kop. Speyer Kr.-A.; RR. E 90ʳ. (id. dat.) **1267**

1414		
Okt. 25	Mainz	wird hier erwartet zu einem 2—3tägigen Aufenthalt: Janssen, Frankf. Reichskorr. 1, 267. **1267 a**
» 28	Boppard	kommt mit seiner Gemahlin Barbara hierher, nachdem er vorher in Walluf u. Bingen gewesen: RTA 7, 244. **1276 b**
» 29	Koblenz	kommt hierher: ib. **1276 c**
» »		söhnt sich mit EB. Johann v. Mainz aus u. verbündet sich mit ihm. — [Ad relacionem d. F. burgravii Nuremberg. Petr. Wacker — o. R. — Or. Würzburg Kr.-A.; nicht in RR!] — Würdtwein, nova subsidia dipl. 4, 317 ff. **1268**
» 30	Andernach	kommt hierher: RTA 7, 244. **1268 a**
		Okt. 30: ladet zum Konstanzer Konzil ein. Lünig, R. A. Spic. eccl. 1, 201 falsch statt 1413. s. nr. 733. **1268 b**
» 31	Bonn	kommt hierher: RTA 7, 244. **1268 c**
Nov. 1	»	bestätigt dem EB. Johann v. Mainz alle Privilegien u. Besitzungen seines Stiftes. — [Ad relationem d. Friderici burggravii Jo. prepositus s. Stephani vicecancellarius etc. — R — Or. Würzburg Kr.-A.; RR. E 90ᵛ]. — Würdtwein, nova subsidia dipl. 4, 319 ff; Senckenberg, select. jur. 2, 175 ff. **1269**
» »	»	setzt den EB. Johann v. Mainz zum Landvogt in der Wetterau u. befiehlt den St. Frankfurt Friedberg Gelnhausen u. Wetzlar jenem gehorsam zu sein. — Ad relationem d. Friderici burggravii Johannes prepos. s. Stephani vicecancellarius. — [R — Or. Würzburg Kr.-A.; RR. E 91ᵗ mit KU: Ad m. d, r. P. Wacker!]; Kop. Frankfurt St.-A.; vgl. Inventare 2, 12 — Guden. cod. dipl. 4, 96 ff. = Reg.: Mon. Zoll. 7, 275. **1270**
» »	»	›Uf den brief sind gegeben executorie an die stete Fridberg Mülnhausen Northusen u. Goßlar.‹ — RR. ib. (sic!) **1271/4**
» »	»	zeigt der St. Frankfurt diese Ernennung an. — Kopialb. 0 Frankf. St.-A.; vgl. Invent. 3, 199 n. 1, 82. **1275**
» 2	»	bedauert dem Hochmeister des Deutschordens Michel Küchenmeister gegenüber die Gewaltthaten, welche die Polen im Ordenslande begangen, will in Konstanz die Sache beilegen, weshalb er die Polen dorthin Gesandte schicken soll, wozu er auch die Polen aufgefordert habe. [Vgl. nr. 1171]. — Ad m. d. r. Mich. de Priest. — o. R — Or. Königsb. (fritags nach allerheiligen). **1276**
» »		verlässt diese St., um nach Aachen zu ziehen. RTA 7, 244. **1276 a**
» 4	Aachen	kommt hierher: RTA 7, 244 f. **1276 b**
» 5	»	bestätigt dem B. Raban v. Speier alle Privilegien, Handfesten, Lehen u. Besitzungen seines Stifts [vgl. 1414 Nov. 25 nr. 1334]. — Ad m. d. r. Michel de Priest. — RR. E 94ᵛ u. 95ʳ. (mo. nach allerheiligen). **1277**
» 6	o. O.	gebietet der St. Nürnberg die auf künftigen Martinstag fällige Reichssteuer dem Gr. Günther v. Schwarzburg zu entrichten. — [KU? — R? — Or. Nürnberg Kr.-A.? nicht in RR]. — Reg. Boic. 12, 177. — Vgl. nr. 1322. **1278**
» 8	Aachen	wird zusammen mit seiner Gemahlin Barbara gekrönt: RTA 7, 244 ff. **1278 a**
	»	bestätigt dem EB. Dietrich v. Köln die Regalien in vollem Umfange (Münzrecht, das Hrztum Westfalen, die Grafschaft Arnsberg, St. u. Grafschaft Dortmund, Vogtei Essen, die Juden, den Wildbann zw. Maas u. Rhein u. s. w.) — [Ad m. d. r. Joh. prepos. de Strigonio vicecanc. — Rᵗᵃ. — Or. Düsseldorf; nicht in RR]. — Lacomblet, Urkb. f. d. Gesch. d. Niederrh. 4, 94 f. **1279**
	»	bestätigt dem EB. Dietrich v. Köln alle Privilegien; inser. die Urk. Kg. Ruprechts v. 1401 [Jan. 7; Chmel nr. 70]. in welche wieder folgende Urkk. inseriert sind: 1) K. Ottos II v. 973 Juli 25 = Mon. Germ. hist. DD. 2, 59 f; 2) Friedrichs I v. 1163 Juni 14 = Stumpf, Kaiserurkk. nr. 3672; 3) Friedrichs I v. 1164 Juni 9 = Stumpf nr. 4018; 4) Friedrichs I v. 1167 Juli 30 = Stumpf nr. 4086; 5) Friedrichs I v. 1180 April 13 = Stumpf nr. 4301; 6) Heinrichs VI v. 1190 März 25 = Stumpf nr. 4650; 7) Ottos IV v. (1200) 1201 = Böhmer-Ficker nr. 216; 8) Philipps v. (1204) 1205 Jan. 12 = ib. nr. 90; 9) Philipps v. dems. Dat. [eingeheftet auf besond. Blatte] = ib. nr. 91; 10) Ottos IV s. d. [v. 1198 Juli 12] = ib. nr. 200; 11) Friedrichs II v. 1225 Juli = ib. nr. 1572; 12) Rudolfs v. 1282 Sept. 27 = Böhmer nr. 703; 13) Rudolfs v. 1285 Juli 12 = ib. nr. 832; 14) Alb-

| 1414 | |

rechts I v. 1298 Aug. 28 = Lacomblet 2 nr. 995; 15) Albrechts I v. 1299 Febr. 20
= Böhmer nr. 141; 16) Albrechts I v. 1299 Aug. 5 = ib. nr. 196; 17) Albrechts I v.
1299 Dec. 4 = ib. nr. 236; 18) Albrechts I v. 1302 Okt. 28 = Lacomblet 3, S. 17 A. 1;
19) Albrechts I v. 1306 Juni 4 = ib. nr. 41; 20) Heinrichs VII v. 1309 Sept. 28 =
Böhmer nr. 173; 21) Karls IV v. 1346 Nov. 26 = Lac. 3 nr. 438; 22) Wenzels v. 1379
(sonntags als man singt invocavit) Febr. 27 betr. Lehen- u. Pfandschaften (schon gedruckt?);
23) Wenzels v. dems. Dat. betr. Verleihung v. Hammerstein (schon gedruckt?); 24) Wenzels
v. 1376 Juni 6 = Lac. 3 nr. 783; 25) Wenzels v. 1379 Sept. 14 = ib. nr. 840; 26)
Karls IV v. 1354 Dez. 19 (4. kal. jan.) betr. Lehen (unbekannt); 27) Heinrichs VII v. 1309
Sept. 26 = Böhmer nr. 170; 28) Friedrichs d. Schönen v. 1314 Nov. 27 = Lac. 3 nr. 139;
29) Karls IV v. 1353 Nov. 28 = Böhmer-Huber nr. 6732; 30) Karls IV. v. 1353 Dez. 18
= ib. nr. 1690; 31) Karls IV v. 1355 Juni 8 [Juli 10] = ib. nr. 2175; 32) Karls IV
v. 1356 Jan. 4 = ib. nr. 2372; 33) Karls IV v. 1356 Jan. 10 = ib. nr. 2398; 34)
Karls IV v. 1372 Okt. 23 = ib. nr. 5145; 35) Karls IV v. 1356 Febr. 2 = ib. nr. 2429;
36) Karls IV v. 1350 Okt. 14 = ib. nr. 1336; 37) Johanns v. Böhmen v. 1310 Sept. 6 =
Lac. 3, S. 67 A. 2; 38) Karls IV v. 1374 Nov. 11 = Böhmer-Huber nr. 5422; 39) Karls IV
v. 1372 Juli 6 = ib. nr. 5094; 40) Karls IV v. 1376 Mai 31 = ib. nr. 5595; 41) Karls IV
v. 1376 Mai 31 = ib. nr. 5594; 42) Heinrichs VII v. 1309 Febr. 7 = Lacomblet 3 nr. 75;
43) Wenzels v. 1379 Febr. 28 = ib. nr. 833; 44) Wenzels v. 1380 April 29 = ib. nr. 845;
45) Wenzels v. 1396 März 5 = ib. S. 902 A. 2; 46) Karls IV v. 1372 Juli 11 = Böhmer-
Huber nr. 7356; 47) Karls IV v. 1356 Jan. 25 = ib. nr. 2427. — Ad m. d. r. Joh. prepos.
de Strigonio vicecanc. — o. R. — Or. (in Codexform) Berlin Geh. Staats-A.; [nicht in RR]
(ipsa die coronationis . . . octava nov.)   **1280**

| Nov. 8 | Aachen |

bestätigt dem EB. Dietrich v. Köln alle Privilegien, welche sich auf Dortmund, die Vogtei Essen u.
Westfalen beziehen. — Inser. die Urk. Kg. Ruprechts v. 1401 Jan. 7 [Lac. 4 S. 1 Anm. 1], worin
dieser seinerseits folgende wörtlich inser. Urkunden bestätigt: 1) Kg. Wilhelms v. 1248 Dec. 23
= Lac. 2 nr. 338; 2) Adolfs v. 1292 Oct. 4 = ib. nr. 931; 3) Albrechts v. 1299 Dec. 2
= ib. nr. 1041; 4) Heinrichs v. 1310 Sept. 2 = Lac. 3 nr. 92; 5) Albrechts v. 1299
Oct. 19 = Lac. 2 S. 613 Anm. 1 (Befehl an Gr. Eberhard v. der Mark); 6) Albrechts v.
1299 Oct. 19 = ib. nr. 1039; 7) Heinrichs v. 1310 Sept. 2 = Lac. 3 S. 69 Anm. 1 (Be-
fehl an Gr. Engelbert v. der Mark wegen des Reichshofes Brackel); 8) Heinrichs v. 1310
Sept. 2 = ib. nr. 93; 9) Friedrichs d. Schönen v. 1316 Aug. 11 = ib. nr. 153; 10) Karls
v. 1346 Nov. 26 = ib. 3 S. 353 in Anm. 1 (Verpfändung v. Dortmund u. Essen); 11) Karls
v. 1349 Aug. 16 = ib. 3 nr. 484; 12) Karls v. 1352 Aug. 25 = ib. 3 S. 387 Anm. 2;
13) Karls v. 1372 Juli 11 = ib. 3 nr. 728; 14) Karls v. 1349 Aug. 16 = ib. 3 nr. 484
(also identisch mit nr. 11!); 15) Kf. Balduins v. Trier v. 1310 Sept. 2 = ib. 3 S. 67 Anm. 1;
16) Kf. Peters v. Mainz v. 1310 Sept. 2 = Lac. 3 S. 67 Anm. 1; 17) Kf. Rudolfs v. Sachsen
v. 1312 o. T. = Lac. 3 S. 85 Anm. 4; 18) Kf. Waldemars v. Brandenburg v. 1310 (Sept. 2) =
Lac. 3 S. 67 Anm. 1; 19) Kf. Rudolfs v. d. Pfalz v. 1312 Oct. 5 = Lac. 3 nr. 118; 20) Kg.
Johanns v. Böhmen v. 1313 Jan. 27 = Lac. 3 nr. 121; 21) Johanns v. Böhmen v. 1310
Sept. 2 = Lac. 3 nr. 91; 22) Rudolfs v. 1276 Febr. 4 = Lac. 2 nr. 488; 23) Adolfs v. 1292
Oct. 5 = Lac. 2 nr. 932; 24) Heinrichs v. 1310 Sept. 2 = Lac. 3 S. 69 Anm. 1 (an die
St. Essen); 25) Heinrichs v. 1310 Sept. 2 = Lac. 3 S. 69 Anm. 1 (an das Stift Essen);
26) Adolfs v. 1292 Oct. 23 = Lac. 2 S. 552 Anm. 1; 27) Wenzels v. 1398 Juni 7 =
Lac. 3 nr. 1048; 28) Karls v. 1355 Jan. 5 = Böhmer-Huber nr. 1963; 29) Karls v. 1353
Dec. 17 = ib. nr. 1684; 30) Karls v. 1353 Dec. 17 = ib. nr. 1685; 31) Karls v. 1372
Juli 6 = ib. nr. 5095; 32) Karls v. 1374 Oct. 8 = ib. 5388; 33) Karls v. 1374 Oct. 8
= ib. nr. 5389; 34) Wenzels v. 1362 Juli 16 = Seibertz U.-B. 2, 862 (dort falsch auf-
gelöst Aug. 15); 35) Wenzels v. 1398 Jan. 1 = Lac. 3 nr. 1038; 36) Wenzels v. 1398 Jan. 1
= Lac. 3 S. 924 Anm.; 37) Wenzels v. 1396 März 5 = Lac. 3 nr. 1017; 38) Ludwigs v.
1334 Aug. 27 = Böhmer nr. 1928; 39) Karls v. 1371 Nov. 20 = Böhmer-Huber nr. 5006.
— KU. w. v. — o. R] — Or. (in Codexform) Düsseldorf; [nicht in RR]. — Erwähnt Lacom-
blet a. a. O. Kück.   **1281**

bestätigt auf Veranlassung des EB. Dietrich v. Köln die Privilegien, welche der St. Köln unter
Aufrechterhaltung der erzbischöflichen verliehen sind. — [Inser. die Urk. Kg. Ruprechts v. 1401

1414		

Jan. 6 [Lac. 4 S. 1 Anm. 1 Chmel nr. 48], worin folgende inser. Urkk. beglaubigt u. erneuert sind: 1) Kg. Albrechts I v. 1302 Oct. 23 = Lac. 3 nr. 20; 2) Karls IV v. 1356 Jan. 5 = Lac. 3 nr. 551; 3) Karls IV v. 1356 Jan. 5 = Lac. 3 S. 375 A. 1; 4) Karls IV v. 1375 Oct. 14 = Böhmer-Huber nr. 5511; 5) Karls IV v. 1375 Oct. 20 — Lac. 3 nr. 774; 6) Karls IV v. 1375 Oct. 20 — Lac. 3 nr. 775; 7) Karls IV v. 1375 Oct. 14 = Lac. 3 S. 867 A. 2; 8) Karls IV v. 1375 Oct. 14 = Lac. 3 nr. 773; 9) Karls IV v. 1375 Mai 1 = Lac. 3 S. 867 A. 1; 10) Wenzels v. 1397 Jan. 6 = Lac. 3 nr. 1028; 11) Karls IV v. 1349 Jan. 27 — Lac. 3 nr. 466. — KU. w. v. — H¹ᵃ] — Or. (in Codexform) ib.; [nicht in RR]. — Erwähnt ib. *Küch.*　　**1282**

| Nov. 8 | Aachen | |

bestätigt dem Pfalzgrafen bei Rhein Ludwig III u. dessen Erben die Kurwürde unter näheren Bestimmungen über die Erbfolge. Zeugen: Werner EB. v. Trier, Dietrich EB. v. Köln, Rudolf Hrz. v. Sachsen, Rainald Hrz. v. Jülich, Friedrich Burggr. v. Nürnberg; die BB. Georg v. Passau, Johann v. Würzburg, Raban v. Speier; die Gr. Adolf v. Cleve, Emicho v. Leiningen, Friedrich v. Veldenz, Johann v. Katzenellenbogen, Johann v. Wertheim, Thomas v. Rieneck. — [Ad m. d. r. Joh. prepos. de Strigonio vicecanc. — R — 2 Or. (lat. u. dtsch.) München Geh. St.-A.; RR. E 122ᵛ u. 123ʳ lat., 123ᵛ u. 124ʳ dtsch.]; Kop. Karlsruhe GL.-Arch. — Drucke d. lat. Urk. Goldast, Begriff verschiedener Reichssatzungen 2, 90 ff. — Boussel, Suppl. au corps dipl. du droit des gens 1, 2, 337 f.; Tolner, hist. Palat. Cod. dipl. 93 ff.; Lünig, R.-A. P. spec. 602 ff.; Rymer, foedera ed. 3, T. 4, 2, 39 f.; vgl. Mon. Zoller. 7, 277; Ztschr. f. G. d. Oberrheins 22, 190.　　**1283,4**

| » | » | |

bestätigt dem Pfalzgrafen Ludwig bei Rhein alle Privilegien, Reichspfandschaften u. s. w. — [Ad m. d. r. Joh. prop. de Strig. vicecanc. etc. — R — Or. ib.; RR. E 93ʳ]. — Lünig, R.-A. P. Spec. Cont. 2, 143 f; Rymer n. a. O. 94.　　**1285**

| » | » | |

bestätigt dem Hrz. Rudolf v. Sachsen vermittelst einer in latein. Sprache abgefassten Urk. die Kurwürde. — Zeugen: EB. Dietrich v. Köln u. Pfalzgr. bei Rhein Ludwig. — Ad m. d. r. Joh. prepos. de Strigonio vicecanc. — R — Or. Dresden; RR. E 104ᵛ u. 105ʳ; Kop. Weimar Ges.-A.　　(oct. d. nov.)　　**1286**

| » | » | |

desgl. in deutscher Urk. — Ohne Zeugen. — Per d. Joh. prepos. de Strigonio vicecancellarium Michel can. Wratisl. — R — 2 Or. Dresden; RR. E 102ᵛ u. 103ʳ. (dat. wie d. folg.)　　**1287**

| » | » | |

bestätigt dem Hrz. Rudolf v. Sachsen alle Rechte u. Privilegien. — Ad m. d. r. Michel canon. Wratisl. — R — Or. Dresden: [nicht in RR] (des tags unser cronunge, der do was der achte tag des novembers).　　**1288**

| » | » | |

bestätigt dem Hrz. Reinhard zu Jülich u. Geldern alle Privilegien u. Pfandschaften. — [Ad m. d. r. Michel de Priest canon. Wratisl. — R — Or. Düsseldorf; Kop. München R.-A.; RR. E 91ʳ]. — Reg. Boic. 12, 176; Lacomblet, Urkb. z. G. d. Niederrh. 4, 96 A.　　**1289**

| » | » | |

belehnt denselben mit den Regalien. — KU. w. v. — o. R! — Or. Düsseldorf; RR. ib. (donrstag vor Mertteins tag).　　**1290**

| » | » | |

erteilt demselben das Privileg de non evocando. — Ad relac. d. F. burggravii Nüremberg. Michel de Priest — [R — Or. ib.; RR. E 92ᵛ]. — Pontanus, hist. Gelrica (1639) 390; erwähnt Lacomblet a. a. O.　　**1291**

| » | » | |

überweist alle beim Hofgerichte schwebenden Klagen gegen Unterthanen desselben Hrz. zu dessen eigener Entscheidung. — KU. w. v. — [R — Or. ib.; RR. E 92ᵛ]. — Pontanus 390: erwähnt Lacomblet ibid.　　**1292**

| » | » | |

bestätigt die Wittumsverschreibung u. Morgengabe für Maria, Gemahlin des Hrz. Reinald v. Geldern auf deren Wunsch. — [Ad m. d. r. Michel de Priest can. Wratisl. — R — Or. ibid.; RR. E 91ᵛ u. 92ᵛ]. — Erwähnt Lacomblet ibid.　　**1293**

| » | » | |

bestätigt die Privilegien der St. Aachen in sehr ausführlicher Weise. — Ad m. d. r. Joh. prapos. s. Stephani etc. vicecanc. — R — Or. Aachen; [RR. E 93 u. 94ʳ].　　(die . . . octava novemb.) *Lindner.*　　**1294**

| » | » | |

befiehlt die vorstehende Urk. der St. Aachen umsonst zu erteilen. — Ad m. d. r. Michel de Priest can. Wratisl. — R — Or. ib.; [Not. RR. E 94ʳ].　　(donrstag vor Martins tag). *Lindner.* **1295**

| » | » | |

bestätigt dem Marienstift zu Aachen die Privilegien besonders die (nicht inser.) Urkk. Karls IV v. 1340 Juli 25 u. 1359 April 3 [Böhmer-Huber nr. 1086 u. 2927]. — Ad m. d. r. Joh.

1414		

prepos. de Strigonio vicecancell. — R — Or. u. Vidim. v. 1442 Juni 29 Düsseldorf; RR. E 94ʳ. (ipsa die nostre coronat.) **1296**

Nov. 8   Aachen bestätigt der Cistercienserinnen-Abtei **Burtscheid** (Aebtissin Katharina) die Privilegien u. nimmt auch die im Herzogtum Limburg u. der Lütticher Diözese liegenden Besitzungen dieser Abtei in des Reiches Schutz. — Ad m. d. r. Joh. prepos. st. Stephani vicecancell. — [Vidim. v. 1414 Dez. 10 n. Kopialb. B 102 n. 23 Düsseldorf; Not. RR. E 92ʳ u. 21 Nvbr!] — Lünig R.-A. Spic. eccl. 3 Abt. 2, 313 f. — Vgl auch nr. 1330 ff. **1297**

»   » bestätigt dem Kl. **Mersen** (Marsnen.) in der Lütticher Diözese (Probst Nikolaus de Warca) die Privilegien, bes. die K. Friedrichs [?] — Per Joh. prep. vicecanc. — Not. RR. E 92ʳ. **1298**

»   » erneuert der St. **Nürnberg** seine Urk. v. 1414 Jan. 19 [nr. 911] mit der (inser.) Urk. Karls IV v. 1355 April 5 [Böhmer-Huber nr. 2027] — [Ad m. d. r. Petr. Wacker. — R — Or. u. Vid. des Nürnb. Landgerichts v. 1414 Dez. 3 Nürnberg. Kr.-A.; nicht in RR] — Wölcker, hist. dipl. Norimb. 534 f.; vgl. Reg. Boic. 12, 176. **1299**

»   » erneuert **derselben** St. seine Urk. v. 1413 Sept. 6 [nr. 716] — [KU. w. v. — R — Or. ib.; RR E 96ʳ] — Wölcker 538 f.; vgl. Reg. Boic. ib. — Für diese beiden Urkk. erhielt die kgl. Kanzlei 27 Gulden: RTA 7, 257. **1300**

»   » bestätigt dem Kl. **Stablo** die Privilegien; inser. die Urk. Karls IV v. 1357 Jan. 19 [Böhmer-Huber nr. 2597] mit der Urk. Lothars v. 1137 Sept. 22. — [KU? — R? — Or.? nicht in RR] — Reg.: Publicat. de la soct. hist. de l'inst. de Luxemb. 25, 196 nach [Polain] Recueil des ordonances de la principauté de Stavelot (Brux. 1864) 31. **1301**

»   » erhebt den Engelbert, Sohn des Werenbold [v. Hoogenhoock] in den Adel u. verleiht ihm die Ritterwürde. — Ad m. d. r. Joh. prepos. scti Stephani etc. vicecancellar. — [Not. RR. E 97ʳ; Per Michel de Priest!] — Nach begl. Kop. v. 1657 Mieris, Groot Charterboek der Gr. v. Holland 4 (1756), 303 f. vgl. 321. **1302**

»   » desgl. den **Berenwold** [v. H?], Sohn des Wilhelm. — Not. RR. ib. (in die coronat.) **1303**

»   » ändert dem österreichischen Ritter Wolfgang **Schad** sein Wappen. — W. v. **1304**

»   » übt das Recht der ersten Bitten aus zu Gunsten des Clerikers Melchior **Menten** auf die Kirche v. Mechlin (Diöz. Cambray) — [KU? nicht in RR] — Nach Hds. 5077 d. Wien. Hofbibl. Neues Archiv d. Ges. f. ält. dtsch. Geschichtsf. 16 (1891), 151 f. **1305**

»   » desgl. zu Gunsten ... des Friedrich **Hatel**, Priesters der Freisinger Diözese auf das Stift Wilhering. — W. v. — Reg. ib. 152 [die Unterzeichnung Jo. Brunstein hängt keinesfalls mit der kgl. Kanzlei zusammen.] **1306**

»   » desgl. zu Gunsten des Presbyters Sifrid **Stahel** v. Hagenau auf die St. Peterkirche in Strassburg. — Ad m. d. r. Joh. Kirchen. — R — Or. Paris Bibliothèque nat. [nicht in RR!] Delisle. **1307**

» 9   » desgl. zu Gunsten Bertholds **Deynen** aus Wildungen, Presbyters der Mainzer Diözese, auf dieselbe Kirche. — KU. w. v. — Not. RR. F [sic!] 101ʳ. (octava nov.) **1308**

»   » belehnt die Äbtissin zu **Essen** (Margarete v. Mark) mit den Regalien u. bestätigt die Privilegien ihres Kl. — Per Jo. Gerase. — RR. E 92ʳ. (fr. vor Mertins t.) **1309**

»   » schreibt dem **Papst** Johann XXIII über seine u. seiner Gemahlin Krönung zu Aachen u. über seine Absicht ohne Zögern nach Konstanz der Konzilsstadt sich zu begeben. — Ad m. d. r. Johannes prep. s. Stephani vicecancellarius etc. — Kop. Koblenz; alte Drucke. — RTA. 7, 239 ff. **1310**

»   » entledigt den Hrz. Rainald v. Jülich u. Geldern seines Versprechens, dem Wilhelm v. Berg, Electen v. Paderborn, zum erzbischöflichen Stuhl v. Köln zu verhelfen, nachdem Dietrich v. Mörs vom Kapitel gewählt, vom Papst bestätigt u. v. ihm mit den Regalien des Kölner Stifts beliehen worden sei; verbietet ihm Feindseligkeiten gegen diesen. — Ad m. d. r. Petr. Wacker — R — Or. Düsseldorf; [RR. E 92] — RTA 7, 242 f. **1311**

» 10   » befiehlt **demselben** den auf die Güter u. Gefälle des Kölner Domkapitels gelegten Arrest aufzuheben. — Ad m. d. r. Michel P. [sic!] canon. Wratisl. — o. R. — Or. ibid. (an s. Martins abend). **1312**

» 12   » belehnt den B. Johann v. **Würzburg** mit den Regalien u. bestätigt die Privilegien seines Bistums. — [Ad m. d. r. Michael de Priest canon. Wratisl. — Rᵗᵃ. — Or. Würzburg; Not. RR. E 185ʳ s. d.] — Erwähnt Ludewig, Geschicht-Schreiber v. d. Bischoftum Wirtzburg 697. **1313**

1414		
Nov. 13	Lechenich	gestattet dem EB. Werner v. Trier als Besitzer der Herrschaft Münzenberg das Maiding in Langen mit einem Ritter zu besetzen; fordert alle Unterthanen, besonders die Frankfurter auf diesem Ritter gehorsam zu sein. — Ad relac. d. F. burggravii Nuremberg. et domini Spirensis Petr. Wacker. — Vid. v. 1416 fer. 6 p. Pancrat. Frankf. St.-A.; vgl. Invent. 4, 94: RR. E 92ʳ per P. Wacker. (di. nach Martins t.) **1314**
»	»	Item data est executoria. — RR. ib. **1315**
» 14	»	erhebt Wilhelm Fronawer aus Österreich in den Edelstand u. erteilt ihm ein Wappen. — Per Pe. Waker. — Not. RR E 97ʳ. (18. die nov.) **1316**
»	»	erhebt den Joh. v. Hengsbach, Pr. zu Nidecken (Nidetgens.) zum comes palatinus. — W. v. **1317**
»	»	legitimiert Johann Keubing aus Lechenich. — Per d. Joh. prepos. vicecanc. — Not. ib. **1318**
» 16	Bonn	gebietet der St. Nürnberg die auf künftigen Martinstag fällige Reichssteuer an seinen Hofrichter den Gr. Günther v. Schwarzburg Herrn zu Ranis zu zahlen. — [Ad relac. d. Friderici burggravii Nürenbergens. Petrus Wacker. — R? — Or.° Nürnberg Kr.-A.; RR. E 99ʳ, vgl. Not. ib. 85ʳ] — Reg. Boic. 12, 177. **1319**
»	Köln	soll nach Köln gekommen u. daselbst bis Nov. 27 geblieben sein: Chroniken d. dtsch. Städte 12, 360 A. 6. **1319a**
» 18	Aachen	nimmt den Johann v. Hengsbach (-gb-), Pr. zu Nidecken (Nidetgens.) in der Kölner Diöcese, zu seinem Kaplan an u. überträgt ihm die königliche Kaplanstelle an der Apostel-Kirche zu Köln. — Per d. Jo. vicecanc. — RR. E 96ʳ. (18. nov.) **1320**
» 19	Bonn	bestätigt dem Deutschorden auf Bitten des Deutschmeisters Konrad v. Egloffstein alle Privilegien u. Güter u. nimmt letztere unter seinen besonderen Schutz. — KU? — [RR. E 109ʳ] — Brandenburg. Usurpazions-Gesch. in den Fränk. Kreis-Landen (1747) Urkk. 134 ff. — Reg.: Strehlke, Tabulae ordinis Theutonici 257; Bunge, Liv-Esth- u. Curl. Urkb. 6, 212. (Vgl. auch Ztschr. f. G. d. Oberrh. 30, 265: Vidimus dieser Urk. v. 1453.) **1321**
» 19	Konstanz [?]	gebietet der St. Nürnberg, die am Martinstag fällig gewesene Reichssteuer, an Ehrenfried v. Seckendorff zu entrichten. — KU? — Nach Or.° Nürnberg Kr.-A. [nicht in RR!] Reg. Boic. 12. 177. — Vgl. nr. 1278. **1322**
»	Köln	erklärt, dass sein den Bürgern v. Speier am 15. Juli gegebenes Privileg [nr. 1040] den Privilegien des B. Raban u. des Hochstifts Speier keinen Abbruch thun solle. — Ad m. d. r. Michael can. Wrat. (RR: Michel de Priest) — R — Or. Speier Kr.-A.; RR. E 95. (Elsbeten t.) **1323**
»	»	Nov. 19: bestätigt dem B. Raban v. Speier die Privilegien seines Hochstifts. — Not. RR. E 95ʳ. — s. nr. 1334. **1323a**
» 19	»	bestätigt dem EB. Werner v. Trier als Erben Philipps Herrn v. Falkenstein u. zu Münzenberg die zwei Thurnose auf den Zollen zu Mainz u. Lahnstein. — Ad m. d. r. Michel de Priest canon. Wratislav. — [RR. E 91ʳ mit KU.; id. not. Ad m. d. r. Pe. Wacker]. — Guden-Buri, cod. dipl. Mogunt. 5, 841 f. **1324**
»	»	›Item pro eodem date sunt primarie preces regales, ut ad omnes collatores et collatrices per civitatem et diocesim Treverensem habeat potestatem nominandi unam personam idoneam preter illas, que ante datum hujusmodi fuerunt concesse. — Per Joh. prepos. — RR. ib. (Elsbeten t.) **1325**
» 20	»	bestätigt der St. Duisburg das (inser.) Privileg Kg. Albrechts v. 1298 Aug. 28. — [KU? — R?] — Or. Duisburg: [nicht in RR] — Reg.: Annalen d. hist. Ver. f. d. Niederrh. 59, 191. **1326**
» 21	»	bestätigt die Privilegien der St. Köln. — Ad m. d. r. Johannes prepos. de Strigonio vicecanc. — R — Or. Köln; [RR. E 95ʳ u. 96ʳ] — Apologia d. Ertz Stiffts Cöllen (Bonn 1657) 1411.; Securis ad radicem posita oder gründlicher Bericht loco libelli, worin der St. Cöllen ... Ursprung (Bonn 1687, 1729, Verf. P. A. Bossart) 317; Lünig R.-A. P. spec. Cont. 4, 478 f. Reg.: Mitteilung. a. d. St.-A. v. Köln Heft 16, 58; vgl. 89. **1327**
»	»	erteilt den Kölner Juden ein Privileg. — [Per Pe. Wacker] — Transs. v. 1417 Sept. 25 Köln; [RR. E 97ʳ.] — Reg. ibid. 79; vgl. 89. **1328**
»	»	erklärt, dass die der St. Köln erteilten Privilegien denen des EB. Dietrich v. Köln u. seiner Nachfolger nicht nachteilig sein sollen. — [Ad m. d. r. Joh. prepos. de Strigonio vicecanc. — Rᵗᵃ — Or. Düsseldorf; RR. E 95ʳ] — Lünig, R.-A. Spic. eccl. 1 Forts. 572 f. **1329**

1414		
		Nov. 21 Köln : bestätigt dem Cistercienser-Kl. Burtscheid (Borzetum ; Kölner Diözese) die Privilegien, nimmt dasselbe u. seine Besitzungen (im Herzogtum Limburg u. s. w.) in des Reiches Schutz. — Per Joh. prepos. — Not. RR. E 92ᵛ. (21. novbr.) s. nr. 1297. **1329a**
Nov. 21	Köln	befiehlt folgenden Fürsten dasselbe Kl. zu schützen
		dem EB. v. Köln **1330**
		dem B. v. Lüttich **1331**
		den Hrz. v. Jülich **1332**
		den Hrz. v. Brabant **1333**
		— W. v. [doch wohl nicht auch Nov. 8 ausgestellt.]
» 23	»	bestätigt dem B. Raban v. Speier [dem er vor der Krönung Nov. 5 bereits eine ähnl. Urk. gegeben, nr. 1277] die Freiheiten Rechte u. Besitzungen seines Stifts. — KU ? — [Not. RR. E 95ᵛ, doch z. 19. Nov.] — Remling. Urk.-B. z. G. d. Bischöfe v. Speier 2, 81 ff. **1334**
» 25	»	belehnt Johann v. Bredenrode, Herrn zu Gennep, mit den Reichslehen seiner Vorfahren. — Ad m. d. r. Michel de P. canon. Wratisl. — R — Or. Düsseldorf ; Not. RR. E 96ᵛ.　　(Katerinentag.) **1335**
»	»	stellt eine Anweisung u. Quittung aus über die v. den Juden im Eichstädter Bistum zu entrichtende Steuer im Betrage v. 870 Gulden. — Per Pe. Wacker. — Not. RR. E 97ᶠ. **1336**
»	»	desgl. über die Steuer der Nördlinger Juden im Betrage v. 466 Gulden u. 2 Terzien. — W. v. **1337**
»	»	vermittelt einen Vergleich zwischen dem Electen Dietrich v. Köln u. der St. Köln, welche letztere dem Kg. 30000 Gulden, rückzahlbar aus dem Zolle zu Bonn, leihen wird. Auf diese Summe sollen 5000 Gulden, als Geschenk für den Electen am Tage seines Eintritts in Köln, in Abrechnung kommen. — KU ? — o. R. — Or. Düsseldorf St.-A. ; [Kop. in Karlsruhe G.-L. Arch.; vgl. Mitteil. a. d. Stadtarch. v. Köln Heft 24, 206] — Lacomblet, Urkb. f. d. Geschichte des Niederrheins 4, 96 ff. **1338**
»	»	erlaubt dem Vogt Ritter Heinrich v. der Nerßen u. dessen Erben auf Bitten seiner Gemahlin Agnes v. Homüt [= Hoemoet] in dem Dorfe Anrath (Aurode; Kölner Diözese) einen Wochen- u. einen Jahrmarkt abzuhalten. — Ad m. d. r. Joh. Gerbe. — RR. E 96. 　　(Katrinen t.) **1339**
» 26	Köln	bestätigt dem Ritter Rumlian v. Kobern Kg. Ruprechts Verpfändung [Chmel nr. 2718] des Turnos v. Zolle zu Kapellen für 4000 Gulden. — [KU ? — R ?] — Or. Eltville [nicht in RR] — Anführung der Ansprüche des Herrn Gr. Jakob zu Eltz-Kempenich (1842) 68; vgl. Reg.: N. Arch. d. Ges. f. ält. dtsch. Geschichtsk. 16 (1891), 436. **1340**
»	»	bevollmächtigt Peter Hattorp aus Soest (imperialis aule comes palatinus) den Engelbert Holte v. Essen zum kaiserl. Notar zu ernennen. — KU ? — Transs. Köln St.-A. — Reg.: Mitteil. a. d. St.-A. zu Köln Heft 16, 58. **1341**
»	»	befiehlt den Strassburgern auf Klage der Duisburger deren Privilegien nicht ferner zu verletzen. — Per d. Conradum de Winsperg Mich. can. Wrat. — o. R. — Or. Strassburg St.-A. (mo. nach Katherine.) **1342**
» 27	»	soll Köln verlassen haben. s. nr. 1319a. **1342a**
Dez. 1	Andernach	befiehlt der St. Köln die Feindseligkeiten gegen die Pfaffheit des Kölner Erzstifts u. den EB. Dietrich einzustellen. — Per Mich. de Priest. — RR. E 96ᵛ. (sa. nach Katerine.) **1343**
» 2	»	nimmt den Johann v. Heinsberg (Hengs-) unter sein Hofgesinde mit einem Gehalt v. 1000 Gulden auf. — Per Pe. Waker. — Not. RR. E 97ᵛ (secunda die dec.); am Rande : vicecancellarius retinuit eandem. **1344**
» 6	Wetzlar	begehrt vom Burggr. Eberhart Löw v. Steinfurt Vorladung der Burgmannen zu Friedberg dahin auf Dez. 8 zur Ablegung des Huldigungseides. — Ad m. d. Guntheri comitis de Swarczburg Petrus Wacker. — Kop. Darmstadt. — RTA 7, 251 f. **1345**
» 7	»	bestätigt die Privilegien der St. Wetzlar. — Ad m. d. r. Michael can. Wratisl. — R — Or. Wetzlar Stadt-A.; RR. E 98. (fr. vor uns. frauwen t. concepcionis.) **1346**
»	»	lässt sich v. der St. Wetzlar huldigen ; RTA 7, 252. **1346a**
»	Friedberg	kommt nach Friedberg : ib. **1346b**

1414			
Dez. 8	Friedberg	empfängt die Huldigung der Friedberger Burgmannen u. lässt einen Fischzug veranstalten: RTA 7, 253 f.	**1346 c**
Dez. 9	»	beglaubigt bei Frankfurt seinen Hofrichter Gr. Günther v. Schwartzburg u. Ritter Ramlian v. Kobern, die mit den Frankfurter Juden wegen des 3. Pfennigs verhandeln sollen. — [Ad m. d. r. Petr. Wacker. — o. R.] — Or. Frankf. Stadt-A. — Reg.: Invent. 3, 67 u. Janssen, Frankf. Reichskorr. 1, 270.	**1347**
»	»	zieht über Assenheim nach Gelnhausen: RTA 7, 254.	**1347 a**
» 11	Gelnhausen	verleiht dem Jost Fussechln (Fußgin) aus Ortenberg u. Eckart v. Fischborn, Bergleuten zu Gelnhausen, einen Hof zu Haiber [?] in dem Gerichte zu Langenselbold (Selbolt) u. den dritten Teil des kleinen Zehnten, »der in der Deutschen herren hof zu Gelnhausen gefellet, das Heinrich Quedenbaum seliger ir swager zu lehen gehabt hat u. vor ziten der Blümchin v. Gelnhausen gewest ist.« — Rex. Michael. — Not. RR. E 97ᵛ. (di. nach fraw. t. concept.)	**1348**
» 13	Frankfurt	bestätigt die Privilegien der Bartholomäuskirche zu Frankfurt. — Ad relac. d. G. episc. Pataviens. Joh. prepos. [nicht: presbiter] de Strigonio vicecanc. — [nicht in RR!] — Nach? Würdtwein, dioec. Mogunt. 2, 442 ff.	**1349**
»	»	empfiehlt diese Kirche dem Schutz des jeweiligen EB. v. Mainz. — Ad m. d. r. Joh. prepos. de Strigonio vicecancell. ex relac. d. G. episc. Patav. — Nach? ib. 444 ff.	**1350**
»	»	bestätigt die Privilegien Rechte u. Güter des Katharinenkl. zu Frankfurt. — KU? — [nicht in RR] — Nach? Senckenberg, selecta juris 1, 164 ff.	**1351**
		Dez. 15: f. d. St. Frankfurt, RR. E 98ᵛ — s. nr. 1360.	
»	»	stellt den Juden v. Friedberg, welche seinen Abgeordneten dem Gr. Günther v. Schwartzburg, Herrn zu Ranis, u. dem Ritter Ramlian v. Kobern gegenüber sich verpflichtet haben, ihm 1000 Gulden Steuer zu entrichten, eine Quittung darüber aus, obwohl sie erst die eine Hälfte bezahlt haben, während die zweite erst am 2. Febr. an den Frankfurter Rat bezahlt werden soll. — Michel notarius. — RR. E 98ᵛ. (Lucien L.)	**1352**
»	»	bestätigt die Privilegien der Reichsstadt Goslar, besonders die Karls IV [v. 1351 Juli 1 Böhmer-Huber nr. 1390?] — Michel notarius. — RR. E 98ᵛ u. 99ʳ. (die 13. dec., aber dtsche. Urk.)	**1353**
»	»	belehnt Reinhard Herrn v. Hanau mit allen seinen (einzeln aufgeführten) Lehen u. bestätigt seine Privilegien. — Per d. Joh. prepos. Strigon. vicecancell. Pe. Wacker. — [R — Or. Marburg Staats-A.; nicht in RR] — Beschreibung der Hanau-Müntzenb. Lande (1720) 1.	**1354**
»	»	bestätigt dem Hrz. Erich v. Sachsen-Lauenburg alle seine Privilegien u. Rechte. — Per d. C. de Weinsperg camerarium Mich. de Priest. — R — Or. Schleswig; [RR. E 113ᵛ u. 114ʳ; Vidim. v. 1507 Mai 28 Dresden; Lünig, R.-A. P. spec. Cont. 2, Forts. 2, 355; H. Sudendorf, Registrum oder merkw. Urkunden 3, 87 f.	**1355**
»	»	(erschlichen!) belehnt den vor ihm erschienenen Hrz. Erich v. Sachsen-Lauenburg mit dem Lande Sachsen, der Pfalzgrafschaft in Sachsen u. Westfalen u. den sonstigen v. seinen Vorfahren ererbten Besitztümern. — KU. w. v. — R — Or. ib; RR. E 113ᵛ: [Vidim. v. 1507 Mai 28 Dresden H. St.-A.] — Du Mont, corps universel diplom. 2, 2. 19; Rousset, Soppl. au corps dipl. 1, 2, 338 f.; Lünig u. a. O. 354 f.; Kaiseruskk. in Abbildungen Lief. 5 Tafel 18 u. Text S. 102 f.; vgl. Lindner, Urkundenwesen Karls IV u. seiner Nachfolger S. 201 f.	**1356**
»	»	bestätigt dem Gr. Günther v. Schwartzburg alle Privilegien u. Pfandschaften seiner Vorfahren. — [Ad m. d. r. Michael de Priest canon. Wratislav. — R — Or. Sondershaus.; nicht in RR] — Ausz.: Schöttgen-Kreysig. Diplomataria et scriptores hist. Germ. 1, 429 f.	**1357**
»	»	macht vor den Frankfurter Ratsfreunden Eröffnungen über Missstände im Reich betr. das Geleitsrecht der Fürsten, Zölle, Beeinträchtigung der Städte durch deren Diener, Gefahr der fürstlichen Macht für das Reich, Schirmrecht über die St. der Wetterau, die Warte, den Zoll zu Höchst u. fürstliche Befestigungen, schlechte Münze v. Kurmainz u. anderen Fürsten, Beschickung des Konzils durch die Städte, die Papstfrage, künftige Verhandlung daselbst mit den St. über Münze u. Landfrieden: RTA 7, 273 ff.	**1357 a**

1414		
Dez. 14	Frankfurt	befiehlt dem Johann Erphe, welchen die Burgleute v. Gelnhausen zum Burggr. erwählt, dieses Amt nach altem Herkommen zu verwalten. — Pe. Wacker notarius. — RR. E 98ʳ. (fr. nach Lucien.) **1358**
"	"	befiehlt der St. Friedberg v. der in den letzten drei Jahren (Martini fällig) nicht bezahlten Reichssteuer 1500 Gulden an seinen Rat den Ritter Johann Rümlian v. Kobern zu zahlen. — Ad relac. G. comitis de Swartzburg Michel can. Wratisl. — R — Or. Darmstadt; RR. E 98ʳ: notar. Pe. Wacker! (fr. nach Lucien.) **1359**
"	"	erneuert das Privileg Karls IV [v. 1366 Jan. 4; Böhmer-Huber nr. 4254], dass er will, den Bürgern den Treueid auferlegen kann. — [Ad relac. d. G. comitis de Swarczborg judicis curie imperialis Mich. can. Wrat. — R] — Or. Frankf.; vgl. Invent. 3, 20; [RR. E 98ʳ: in die s. Lucie = Dez. 13!] — Lünig, R.-A. P. spec. Cont. 4. T. 1, 609; Privilegia u. Pacta d. Reichs St. Frankfurt (1728) 268 f. **1360**
"	"	befiehlt der St. Mühlhausen [in Thür.] ihre Judensteuer an Gr. Günther v. Schwartzburg-Sonderhausen zu zahlen. — Ad m. d. r. Pe. Wacker. — Not. RR. E 96ᵛ. (fer. 6. post Lucie.) **1361**
"	"	desgl. der St. Nordhausen. — W. v. **1362**
"	"	belehnt den Frankfurter Bürger Herte Wisse mit dem Gericht zu Fechenheim. — Ad m. d. r. Mich. can. Wrat. — [o. R — Or Marburg Staats-A.; nicht in RR] — Beschreibung der Hanau-Münzenb. Lande (1720) 110. **1363**
"	Mainz	bestätigt u. erneuert dem Mainzer Domkapitel alle Privilegien. — Ad m. d. r. Joh. prepos. de Strygonio vicecancell. — R — [6 notar. Vid. v. 1414 (1415) Dez. 28 Darmstadt: nicht in RR] — Lünig, R.-A. Spic. ecel.). Forts. 59 f.; Würdtwein, nova subsid. dipl. 4, 322 ff. **1364**
"	"	bestätigt der St. Friedberg die Privilegien. — [Ad m. d. r. Mich. de Priest. can. u. Vid. der St. Frankfurt v. 1417 März 27 Darmstadt; nicht in RR!] — Lünig, R.-A. P. spec. Cont. 4. T. 1, 751; andere alte Drucke vgl. Scriba, Regesten d. bis jetzt gedr. Urkk. z. . . . Gesch. d. Grossherz. Hessen 2, 157. **1365**
"	"	desgl. der St. Limburg. — KÜ? — R? — Or. Limburg; nicht in RR; Kop. Wiesbaden] — Reg.: Forschungen z. deutsch. Gesch. 18 (1878), 127. **1366**
"	"	schlägt dem Gr. Philipp v. Nassau u. dessen Erben für seine Dienste 3000 rhein. Gulden zu den 4000 Pfund Heller, um welche Karl IV Philipps verstorbenem Vater [Johann I] u. dessen Erben die jährliche Reichssteuer v. Wetzlar versetzt u. verpfändet hat, bis Widerlösung um beide Summen. — [Ad relac. d. Rabani episcopi Spirens. Mich. can. Wrat. — R — Or. Coblenz St.-A. *Becker*; nicht in RR] — Kop. Wiesbaden Kopialb. 16. f. 424ᵛ. — Reg.: Quidde, K. Sigmund u. d. dtsch. Reich 1 (1881), 28. **1367**
"	"	beauftragt den Gr. Philipp v. Nassau mit dem Schutze der St. Wetzlar. — [Ad m. d. r. Petrus Wacker. — R — Or. Coblenz St.-A. *Becker* nicht in RR!] Kop. Wiesbaden Kopb. 16 f. 423ᵛ — Reg.: Quidde ib. **1368**
"	"	bestätigt dem Gr. Philipp v. Nassau-Saarbrücken seine Privilegien u. Lehen. — [Ad m. d. r. Michel de Priest can. Wratisl. — R — Or. u. Vid. v. 1445 Sept. 17, 1490 Juli 24, 1452 Okt. 20 Wiesbaden; nicht in RR!] — Kop. ib.: Kopialb. 16 f. 424. — Reg.: Quidde ib. (sml. nach Lucien.) **1369**
"	"	beauftragt den Gr. Phililpp v. Nassau-Saarbr., v. Hrt. Andeward v. Barr u. Gr. v. Pont-à-Mousson den Lehenseid über dessen Reichslehen entgegen zu nehmen. — Ad m. d. r. Joh. prepos. de Strygonio vicecancell. — R — Or. Wiesbaden; RR. E 98ᵛ 17 dec. l (16. die decembris.) **1370**
		Dez. 16: für Reinhart v. Westerburg. RR. E 98¹ a. nr. 1374.
" 17	"	bestätigt dem Gr. Gerhart v. Sain, Herrn zu Freusburg, die beiden Tornosen der Zölle zu Engers u. Kaiserswerth, welche dessen Vorfahren bereits besessen haben. — Michel not. — RR. E 98ᵛ. (17. die dec., aber dtsche Urk.) **1371**
"	"	erklärt, dass demselben u. seinen Erben diese beiden Tornosen auch dann erhalten bleiben sollten, wenn die betr. Zollstätten verlegt würden. — W. v. **1372**
"	"	belehnt denselben mit diesen beiden Tornosen, mit den Strassen durch seine Grafschaft u. der Münze. — W. v. **1373**

11*

1414		
Dez. 17	Mainz	bestätigt Reinhart (II) v. **Westerburg** alle Freiheiten seines Geschlechts. — [Ad relac. d. R. episc. Spirens. P. Wacker. — R — Or. im Besitze des Gr. zu Leiningen-Westerburg in München; RR. E 98ᵛ: dominica post Lucie ⟶ Dez. 16!] — J. G. Lehmann, Gesch. u. Genealogie der Dynasten v. Westerburg 234 f. **1374**
» 22	Stuttgart	bestätigt dem Gr. Eberhart [IV] v. **Würtemberg** alle Privilegien Mannschaften Lehen u. s. w. — KU? — RR. E 102ᵛ (sa. vor weihnachten.) — Zum Stuttgarter Aufenthalt vgl. Justinger, Berner Chronik 221: »darnach für der küng ... in kaltem winter untz gen Spire v. dannan dur dez v. Wirtenberg land uf.« **1375**
» 24	Überlingen	kommt mit seiner Gemahlin Barbara nach Überlingen, wohin ihm die Konstanzer Schiffe senden. Ulrich v. Richental, Chronik d. Konst. Konzils 35. **1375a**
» 25	Konstanz	kommt hierher in der Nacht vom 24. vom 25. Dez. Tagebuch d. Kardinals Fillastre: Finke, Forschungen u. Quellen 164 auch ib. 252; vgl. die ausführliche Schilderung bei Ulrich v. Richental 35 f.; Justinger, Berner Chronik 221; Basler Chroniken 5, 152. **1375b**
» 28	»	zieht nach dem Kl. Petershausen, wo er etwa 4 Wochen bleibt. »u. was die sach, das er die Unger nit wol in der statt behaben möcht, v. irs groß unfrids wegen, u. kond si des ersten nit wol gemeinen, als darnach geschach.« Ulrich v. Richental 36. — Die Urkk. tragen als Ausstellungsort nicht Petershausen, sondern stets Konstanz. **1375c**
» 29	»	ist unfreundlich zu Ser Martinus, einem Bevollmächtigten des Hrz. v. Mailand. Finke, Forsch. u. Quellen 252. **1375d**
		Dez. 31: bestätigt dem Gr. Wilhelm v. Henneberg alle Regalien u. Privilegien. Reg. Aschbach 4, 518 falsch statt 1415 Jan. 7 bezw. März 15. **1375e**
		1414 s. d. Konstanz: nimmt das Kl. Wilzburg gegen Beeinträchtigungen des Reichsamtmanns v. Weissenburg in seinen Schutz u. überträgt diesen einem Diener des Mkgr. Friedrich v. Brandenburg. Falkenstein, Antiquit. Nordgav. 4, 248 ff. — gehört ins J. 1419 [nach Mai 4]. **1375f**
		1414 Dienstag nach Weih. [== 1415 Jan. 1] Köln: belehnt Gr. Konrad v. Lindenhorst mit der halben Grafschaft u. Freigrafschaft v. Dortmund. Reg.: Fahne, Urkb. d. Reichsst. Dortmund 1, 243 falsch statt 1416 Dez. 22. **1375g**
1415		
Jan. 1	»	nimmt teil an dem feierlichen Gottesdienst, den P. Johann XXIII abhält. Ulrich v. Richental 42; verteidigt sich gegen die Angriffe seitens des Konzils wegen seines Verhaltens gegen Ser Martinus u. wegen angeblicher Bedrückung der Konzilsmitglieder. (Konzilsakten): Finke, Forsch. u. Quellen 253. **1375h**
» 2	»	ernennt Heinrich v. Wimelhus zum Freigrafen v. Dortmund. — Ad relacionem d. G. comitis de Schwartzburg curiae judicis Petrus Wacker. — [R] — Or. Dortmund St.-A.; [RR. E 100ᵛ] — Thiersch, Hauptstahl d. westphäl. Vemgerichts 87 f.; Fahne, Urkb. d. Reichsst. Dortmund 1, 243 f. **1376**
» 4	»	lässt durch Heinrich Fleckel in Gegenwart des Hrz. v. Sachsen, des Gr. v. Cilly, des Burggr. v. Nürnberg, des EB. v. Köln dem Konzil auf dessen durch den Kardinal v. Cambray übermittelte Vorschläge antworten. (Konzilsakten) Finke, Forsch. u. Quellen 254. **1376a**
» 6	»	nimmt den Ritter Konrad v. Stein zu seinem Diener gegen ein Jahresgehalt v. 400 Gulden an. — Per eund. not. [i. e. Jod. Rot.] — Not. RR. E 180ᵛ. (drei kunig. s. L) **1377**
» 7	»	belehnt den Gr. Wilhelm v. Henneberg mit den Reichslehen, die seine Vorfahren innegehabt. — Per d. G. de Swarczburg judicem curie Michel de Priest canon. Wratislav. — [R?] — Or. Meiningen, Henneberg A.; [RR. E 126ᵛ s. d.] — J. A. Schultes, Gesch. d. Haus. Henneberg 2, (1791) Urkb. 210 f.; Henneberg. Urkb. (G. Brückner) 6, 17 f. **1378**
		bevollmächtigt bei den Juden in Regensburg Straubing Denkendorf Vilshofen Schaerding Landau Dingolfing seinen Rat Ritter Erkinger v. Seinsheim, der ihnen zu Gunsten des Reichs eine Extrasteuer auflegen soll. — KU? — Nach? Gemeiner, Regensb. Chronik 2, 414 f. **1379**
» ?	»	bestätigt seinem Schwiegervater dem Gr. Hermann v. Cilly die (ererbte) Vogtei über das Benedictiner-Kl. Oberburg im Patriarchat Aquileja. — Per d. Jo. prepos. s. Strigonio vicecancellarium Mich. can. Wrat. — R — Or. Wien H. H. u. St.-A.; [nicht in RR] (Erharts L.) **1380**

1415		
Jan. 8	Konstanz	bestätigt dem B. Albrecht v. Regensburg [vgl. auch nr. 1385], dem Domkapitel u. allen Klöstern u. Kirchen in u. ausser der St. Regensburg alle Privilegien, erklärt alle Gesetze u. Gewohnheiten, welche der St. gegen den Klerus irgend eine Macht einräumen, für aufgehoben, befreit B. u. Klerus v. aller weltlichen Gerichtsbarkeit u. nimmt sie in seinen besonderen Schutz. — [KU? — RR. E 104ʳ a. d.] — Reg. Boic. [Vorlage?] 12, 143. (Erhard.) **1381**
» 9	»	erteilt dem Spital zum heiligen Geist in Biberach die Erlaubnis in Altensweiler eine Mühle zu erbauen. — [Ad relac. d. G. de Swarczburg judicis curie Petr. Wacker. — R — Or. Stuttgart; nicht in RR] — Lünig. R. A. P. spec. Cont. 4. T. 1, 190 = Ausz. Moser, reichsstätt. Hdb. 1, 189. **1382**
» »	»	bestätigt dem Benedictiner-Kl. zu Ottobeuren (Augsburger Bistum) alle Privilegien u. verleiht dem Abt Egg die Regalien. — [Ad m. d. r. Joh. prepos. de Strigonio vicecanc. — R — Or. München R.-A.; Not. RR. E 183ᵛ Dat. fer. quarta post f. s. Gerhardi episc.] — Reg. Boic. 12, 183. (mi. nach Erharts L.) **1383**
» »	»	bestätigt dem Benedictiner-Kl. zu Füssen (Faucens.; Augsb. Diöz.; Abt Iwan) die Privilegien. — KU? — Not. RR. E 183ᵛ mit demselb. Dat. wie nr. 1383 in RR. **1384**
» 10	»	bestätigt dem B. Albrecht v. Regensburg u. dem ganzen Klerus zu Regensburg alle Privilegien, wie nr. 1381. — [Ad m. d. r. Joh. prep. de Strigonio vicecanc. — RR. E 100ᵛ u. 101ʳ a. d.; Kop. München R.-A.] — Ried, cod. chron.-dipl. ep. Ratisbon. 2, 970 ff.; vgl. auch RR. Q 1; Chmel, Reg. Friderici IV ur. 4119. (decima jan.) **1385**
» »	»	beauftragt den Kardinal v. Saluzzo, den EB. Franz v. Narbonne, den Gr. Amadeus v. Savoyen sowie den Mkgr. Thomas v. Saluzzo auf Veranlassung der St. Savona (Boten: Vincencius de Viali, B. v. Savona; Marcus Vergerius, D. v. Noli; Bartholomaeus Natonus, Archidiaconus zu Savona) deren Streit mit dem Genuesen Raphaelus Carpnetus zu entscheiden, welcher den Streit ohne Recht vor das Gericht der St. Genua gezogen hatte. — [KU? — R?] — Or. Savona Arch. comunale; [nicht in RR]. — Atti e memorie della società storica Savonese 3, 28 ff. **1386**
» »	»	Jan. 12: erlässt ein Zollprivileg für Frankfurt a. M. — Ad relac. domini Friderici burgravii Nurenbergensis Michel can. Wratisl. — Frankfurter Entwurf. Frankf. Stadt-A. — Westdeutsche Ztschr. f. Gesch. u. Kunst 11, 392 f. **1386a**
» 12		setzt Engelhard u. Konrad v. Weinsberg sowie deren Erben in die ihnen v. Kg. Wenzel entrissene Pfandschaft der Stadtsteuern v. Heilbronn u. Wimpfen (1500 Pfund Heller) ein u. verpfändet ihnen die jährliche Steuer der St. Hall im Betrage v. 600 Pfund Heller für 6000 Gulden. — [Ad m. d. r. Jodocus Rot. — R überklebt — Or. nicht lesbar Augsb. — Kop. ibid. Suppl. coll. Herwart 1, 363 ff.; nicht in RR; Vidim. des Reichshofrichters Günther v. Schwarzberg (Pr. Wacker) v. 1415 Juni Wernigerode] — Wegelin, Landvogtei in Schwaben 2, 74 ff.; Nach Kop. Konstanz: Abgeschriften der St. Fryhaiten Reg.: Marmor, Urkundenauszüge z. G. d. St. Konstanz 51. (woselbst auch die Konsensbriefe der Kurfürsten.) **1387**
» 13	»	verlangt, dass die auf den 14. angesetzte 2. Session des Konzils auf den 24. verschoben wird, weil bis dahin die Vertreter v. Frankreich England Polen u. Böhmen erscheinen würden. (Konzilsakten): Finke, Forsch. u. Quellen 255. **1387a**
» 15	»	bestätigt die Privilegien des Prämonstratenser-Kl. Weissenau (Augia minor, Constant. diocoz.) — Ad m. d. r. Jon. prepos. de Strigonio vicecancell. — [nicht in RR] — Nach? Lünig, R. A. Spic. eccl. 3, 755 f. **1388**
» »	»	Jan. c. 15: »Auch ist her Johann Kircheim icannt her geln Costenz komen; u. versehin wir uns, er komme wider zu gnaden.« : RTA 7, 277. Wer wegen Kircheim bei Sigmund in Ungnade gefallen ist, wissen wir nicht; doch vgl. 1415 März 9; er hat zuletzt nr. 1261 unterfertigt u. unterfertigt erst wieder v. 1417 Febr. 9 ab. Doch vgl. nr. 1682. **1388a**
» 17		bestätigt der Johanna, der Tochter des Michael v. Montagna[na] Diöc. Verona, Gemahlin des Nikolaus de Quinto [di Valpantena], das Privileg Kg. Wenzels v. 1396 April 17 u. erklärt eine durch seine Abgesandten (u. a. den B. Georg v. Trident) erfolgte Widerrufung dieses Privilegs für unrechtmässig. (sehr ausführliche Einzelheiten). — KU? — RR. E 107. (17. d. Jan.) **1389**

1415		
Jan. 18	Konstanz	bestätigt dem Kl. zu St. Emmeran (Abt Ulrich) in Regensburg alle Privilegien. — [Ad m. d. r. Joh. prep. de Strigonio vicecanc. — R — Or. München R. A.; nicht in RR] — Reg. Boic. 12, 184. **1390**
»	»	belehnt Burkart v. Stoffeln gen. Schärli mit dem vierten Teil des Zehnten zu Magden. — Ad relac. d. Guntheri comitis de Swartzburg judicis curie Mich. de Priest can. Wratisl. — R — Or. Karlsruhe; [nicht in RR] — Ztschr. f. d. G. d. Oberrh. 30, 300 f.; Reg. ib. N. F. 3, 437. **1391**
» 20	»	erläutert den Landfrieden für Franken [1414 Sept. 30 = nr. 1226] in einigen genannten Artikeln u. beffehlt deren Beachtung dem Landfriedenshauptmann Ehrenfried v. Seckendorf. — [Ad m. d. r. Michel. — RR. E 99¹; Kop. Frankf. St.-A.; — RTA 7, 211 ff. **1392**
» 21	»	bestätigt der St. Antwerpen ihre Wochenmärkte, Privilegien, Handfesten u. s. w. — Per Jo. prepos. — RR. E 99ᵛ u. 100ᶠ. (vigesima prima die jan.) **1393**
»	»	bestätigt den Zeidlern im Reichswalde bei Nürnberg die (inner.) Privilegien Kg. Karls IV v. 1350 Juni 1 [Böhmer-Huber nr. 1308] u. Kg. Ruprechts v. 1403 März 6. [Chmel nr. 1444] — KU? — [nicht in RR] Vid. d. Landgerichts Nürnberg v. 1419 Aug. 22 Nürnberg Germ. Nationalmus. — Reg.: Mitteilungen a. d. germ. Nationalmus. 1890 S. 97. (mo. vor Vincenci.) **1394**
»	»	bestätigt die Privilegien des Frauenklosters Rottenmünster (Konstanzer Diözese). — Ad m. d. r. Michel de Priest canon. Wratisl. — R — Or. Stuttgart; nicht in RR. (Agnesen t.) **1395**
»	»	entsendet zur Begrüssung der einziehenden Gesandten des Kg. v. England den Gr. v. Cilly u. den Hrz. v. Sachsen. (Konzilsakten): Finke, Forsch. u. Quellen 255. **1395a**
		Jan. 21: der Hofgerichtsschreiber Peter Wacker ladet die St. Strassburg auf Klage des Ritters Hanmann v. Grünenberg (Grunem-) vor das nächste kgl. Hofgericht nach Febr. 24. — Or. Strassburg St.-A. (mo. vor Pauli t. convers.) **1395b**
» 22	»	gestattet dem Ritter Hans v. Königsegg (Küngsek) u. dessen Bruder Ulrich die v. deren Feinden zerstörte Brücke über die Iller oberhalb der Feste Marstetten wieder aufzubauen u. bestätigt ihnen alle Brückengerechtsamen. — KU? — RR. E 103ᵛ. (in die Vincentii, aber dtsche. Urk.) **1396**
»	»	überträgt Arnold u. Eberhard v. Rosenberg die Ernennung v. Schultheissen u. Schöffen sowie die hohe Gerichtsbarkeit in dem Dorfe Schweigern. — [Ad m. d. r. Mich. de Priest can. Wratisl. *Ladewig*] — R — Or. Karlsruhe; [RR. E 100ᵛ] — Reg.: Ztschr. f. G. d. Oberrh. N. F. 3, 437. **1397**
»	»	verleiht der St. Tambach (Dempach) vier Jahrmärkte. — Per Mich. — RR. E 101ᵛ u. 102ᵛ (in die Vincentii, aber dtsche. Urk.) **1398**
»	»	belehnt Hans Tucher den Aeltern, den Bevollmächtigten des Nürnberger Rats, mit dem Bann über das dortige Gericht. — [Ad relac. d. G. de Swartzburg Mich. de Priest can. Wratisl. — R — Or. Nürnberg Kr.-A.] — Wölker, hist. Norimberg. dipl. 552; vgl. Reg. Boic. 12, 184. **1399**
» c. 22	»	empfängt die Abgesandten der Schweizer Eidgenossen.: Justinger, Berner Chronik 222. **1399a**
» 24	»	belehnt den Mrkgr. Bernhard v. Baden mit den Reichslehen. — Per d. Guntherum comitem de Swartzburg judicem curie Michael canon. Wratislav. — R — Or. Karlsruhe; [RR. E 180ᵛ, aber unterzeichnet Jodocus *Rot*] — Reg.: Ztschr. f. G. des Oberrh. N. F. 3, 437; Fester, Regesten der Mkgr. v. Baden nr. 2857. **1400**
» 25	»	bestätigt dem Mrkgr. Bernhard v. Baden die Privilegien. — Per d. Fridericum burggravium Nürnberg. Michel de Priest can. Wrat. — R — Or. ib.; [Not. RR. E 180ᵛ; idem notarius i. e. Jodocus!] — Reg.: Ztschr. ib.; Fester nr. 2858. **1401**
»	»	bestätigt dem Bernhardiner-Kl. Bebenhausen die Privilegien. — Ad m. d. r. Michel de Priest can. Wratisl. — [R — Or. Stuttgart; Not. RR. E 187ᵛ a. d.] — (Besold) Documenta monast. in ducatu Wirtemb. sit. 415 ff. **1402**
»	»	befiehlt den St. Reutlingen u. Esslingen auf Bitte des Abts Heinrich v. Bebenhausen v. dem Kl. Bebenhausen keine Steuern u. Zölle zu erheben. — Ad relacion. d. F. burggravii Nürenberg. Michel de Priest can. Wratisl. — [o. R — Or. Stuttg.] — (Besold) Docum. 414 f. **1403**

1415		
Jan. 26	Konstanz	bestätigt den Leuten u. Gütern des Reichshofs Kriessern alle Privilegien. — Ad m. d. r. Michel de Priest canonicus Wratislav. [gedr. cancellarius Wratislamensis!] — [R] — Or. St. Gallen Stifts-A.; [nicht in RR] — St. Gallische Gemeinde-Archive. Der Hof Kriessern (1878) 17 f. **1404**
» 25	»	bestätigt den Unterwaldnern ihre Privilegien. — Ad m. d. r. Michel de Priest can. Wratisl. — R? — Or. Obwalden; [RR. E 182 z. 15. April!] — Reg.: Der Geschichtsfreund 30, 242; vgl. Reg.: Samml. d. alt. Eidg. Abschiede 1ᵛ, 143. **1405**
»	»	bestätigt dem Gerhard Zolner, Bürger zu Nürnberg, den Freiheitsbrief über seine Besitzung in Bamberg, den einst Karl IV [d. d.? nicht bei Böhmer-Huber] dem Heinrich Zolner, dem Sohne Eberhards Z., ausgestellt. — Ad relac. d. Jo. prepositi de Strigonia [!] vicecancellarii Joh. Gerse. — Vid. v. 1433 süntag nach Johans tag ewangel. Bamberg; RR. E 102ᵛ a. d. (Pauls tag convers.) **1406**
»		erlaubt dem Ritter Hans Zorn [vgl. 1414 Juli 26] die Anteile der Reichspfandschaft des Dorfes Plobsheim (Blopcz-), welche Frau Gemelin zum Trubel, die Wittwe Jakobs zum Trubel, Priester Hans zum Trubel u. Bernhard Heiden v. Dingsheim (Tanges-) haben, absulösen. — KU? — RR. E 103ᵛ. (in die Pauli convers., aber dtsch. Urk.) **1407**
[Jan. 25?]		ersucht [die St. Strassburg] dafür zu sorgen, dass Hans Zorn bei der ihm gestatteten Einlösung des Dorfes Plobsheim nicht Schwierigkeiten v. Frau Gemelin zum Trubel, dem Priester Hans zum Trubel u. Bernhard Heiden v. Dingsheim gemacht würden. — KU? — RR. E 106ᶠ (s. d.) **1408**
Jan. 26		kehrt v. Petershausen [vgl. nr. 1375 c] nach Konstanz zurück u. nimmt Wohnung in der Münstergasse »in des Friburgers hoff.« Ulrich v. Richental 36. **1408a**
» 27	»	bestätigt die Freiheiten des Landes Schwyz. — KU? — Or. Schwyz A.; vgl. Samml. d. alt. Eidgen. Absch. 1ᵛ, 143; [RR. E 182 z. 15. April!] — Stumpf, d. Koncils zu Konst. Beschreib. 29; Tschudi, Chron. Helvet. 2, 2. **1409**
»	»	gestattet den Truchsessen v. Wetthausen u. Baldersheim, da sie »zusamen gevetterte sind, fortan das gleiche Kleinod auf ihrem Helm zu führen. — Per Michael. — RR. E 102ᶠ. (sont. nach Pauls t. convers.) **1410**
»	»	bestätigt der St. Zug ihre Privilegien. — [Per d. Joh. prepos. de Strigonio vicecanc. Michel canon. Wratisl. — R — Or. Zug; [RR. E 182 z. 15. April!] — Vgl. Zugerisches Neujahrsblatt 1889, 13. (sunt. nach Pauls t. convers.) **1411**
» 28	»	erklärt den Deutschmeister Konrad v. Eglofstein, der im jüngsten Kriege mit Polen u. Witold v. Litthauen viel mit seinem Orden gelitten, für diesmal frei v. der Pflicht zum Römerzuge u. begnügt sich mit der ausbezahlten Summe v. 4000 Gulden, um andere zu diesem Zuge zu bestellen. — Ad relat. d. burgravii Nurnberg. Joh. prep. de Strigonio vicecancellarius. — [R] — Or. Wien. Deutschordens-Centralarch.; [RR. E 102ᵛ.] — Reg.: Pettenegg, die Urkk. d. Deutschordens-Centralarch. 1, 455. **1412**
»	»	bestätigt dem Nonnenkloster St. Clara zu Nürnberg alle Rechte u. Privilegien. — [Ad m. d. r. Mich. de Priest can. Wrat. — R — Or. Nürnberg Stadt-A.; nicht in RR] — Reg. Boic. 12. 188. (fälschl. zu Febr. 28.) **1413**
»	»	Jan. 28: bestätigt die Freiheiten v. Zug. Reg.: Samml. d. älter. Eidg. Absch. 1ᵛ, 143: s. nr. 1411. **1413a**
» 29	»	bestätigt dem Gr. Johann v. Katzenellenbogen seine Lehen, insbes. den Zoll zu St. Goar u. seinen Anteil an dem Zoll zu Boppard, sowie seine Privilegien. — Ad m. d. r. Michel de Priest can. Wratisl. — R — Or. u. Vidim. Sigmunds v. 1434 Juli 7 Marburg Hess. Samt-A.; nicht in RR. (di. nach Pauls t. convers.) **1414**
»	»	sendet den vor Konstanz eingetroffenen Bevollmächtigten des Polenkönigs (dem EB. v. Gnesen u. den RR. v. Plozk u. Posen) einige Fürsten entgegen. (Konzilsakten): Finke, Forsch. u. Quellen 256. **1414a**
» 31	»	bestätigt die Privilegien der Prämonstratenser-Propstei Schussenried. — Ad m. d. r. Joh. prepos. de Strigonio vicecancell. — [R — Or. Stuttgart; nicht in RR] — Lünig, R. A. Spic. eccl. 3, 565. **1415**

1415		
Febr. 1	Konstanz	bestätigt dem Kg. Ostoja v. Bosnien (Bote: Obrat v. Restitza) die v. ihm als Kg. v. Ungarn erteilten Privilegien. — KU? — RR. E 127ᵛ. (prima die febr.) **1416**
»	»	verleiht der St. Braunschweig das Privilegium de non evocando. — Ad m. d. r. Joh. prepos. J. Strigonio vicecanc. — R — Or. Braunschweig; [RR. E 106 a. d.; Kop. Dortmund] — Urkb. v. Braunschweig 1, 191 ff. **1417**
»	»	bestätigt als Mrkgr. v. Brandenburg dem Engelhard u. Konrad v. Weinsberg das Unterkammermeisteramt, »das an uns als einen marggraven zu Brandenburg v. todes wegen der herschaft zu Münzenberg u. v. Falkenstein als unser vermannte lehen gestorben was.« — Per d. Joh. prep. de Strigonio vicecanc. Michel de Priest can. Wrat. — R — Or. Öhringen; nicht in RR. (frow. abend purific.) **1418**
» 2	»	bestätigt dies als röm. Kg. — KU? — RR. E 106ᵛ. (in die purif. Marie, aber dtsch. Urk.) **1419**
»	»	macht bekannt, dass er dem Hrz. Ludwig in Bayern [vgl. Febr. 6 nr. 1432], der mit Abgeordneten des Kg. Karl v. Frankreich u. mit 600 Pferden v. Frankreich aus zum Pabst u. Konzil nach Konstanz reist, sicheres Geleit auf 6 Monate erteilt habe. — [Per d. Joh. prep. de Strigonio vicecanc. Michael de P. can. Wratisl. — Or. u. Vid. v. 1437 Nov. 5 München R. A.] — Reg. Boic. 12, 185. **1420**
»	»	bestätigt der St. Braunschweig alle Rechte u. Privilegien. — Per d. Joh. de Strigonio vicecanc. Michel de Priest can. Wratisl. — R — Or. Braunschweig; [RR. E 128ᵛ u. 129ʳ mit KU.: per Mich.] — Urkb. v. Braunschweig 1, 193. **1421**
		Febr. 2 Konst.: belehnt Engelh. u. Konrad v. Weinsberg mit der Burg Weinsberg. — RR. E 106ʳ — s. 1415 Febr. 6 nr. 1434. **1421 a**
» 3		befreit die Schiffe der Bürger v. Lüneburg v. allen Zöllen auf der Elbe u. Ilmenau ausser den Reichszöllen. — [Per d. Joh. prepos. de Strigonio vicecancell. Michael can. Wratisl. — R — Or. Lüneburg; RR. E 109ᵛ i. d.] — Lünig, R. A. P. spec. Cont. 4. T. 2, Forts. 646 f. **1422**
»	»	bestätigt der St. Lüneburg ihre Privilegien doch unschädlich den Rechten der Herrschaften v. Sachsen u. Lüneburg. — KU. w. v. — R — Or. u. Vidim. v. 1442 Aug. 3 ib.; RR E 105ʳ (Blasii tag.) **1423**
»	»	erlaubt der St. Pfullendorf das an Konrad Gremlich verpfändete Ammanamt einzulösen. — Ad relat. d. Güntheri comitis de Swartzburg judicis cur. Michael can. Wratisl. — R — Or. Karlsruhe; [RR. E 105ʳ] — G. W. Hugo, Mediatisierung d. Reichsstädte 359 f.; Reg.: Ztschr. f. G. d. Oberrh. 31, 40 n. N. F. 3, 437. **1424**
» 4	»	verleiht dem Mrkgr. Rudolf v. Hachberg das Recht Unterthanen, die sich aus seinem Gebiet entfernen, zu verfolgen u. überallher zurückzufordern. — Per d. Joh. prepos. de Strigonio vicecancellarium Michel de Priest can. Wratislav. — R — Or. Karlsruhe; [RR. E 104ʳ] — Lünig, R. A. P. spec. Cont. 2. Suppl. alter. 139; Schöpflin, histor. Zar.-Bad. 6, 77 f. Reg.: Ztschr. f. Gesch. d. Oberrh. N. F. 3, 437. **1425**
» 5	»	belehnt den Gr. Johann v. Lupfen Herrn v. Hohenack mit der Landgrafschaft Stühlingen. — KU? — [nicht in RR] ; Kop. Donaueschingen. (auch Kopialb. v. Stühlingen 1, 18. 8.) — Reg.: Ztsch. d. Gesellsch. f. Geschichtsk. v. Freiburg 3, 348. **1426**
»	»	erteilt demselben die Befreiung v. fremden Gerichten ausgenommen das Hofgericht zu Rottweil sowie die Erlaubnis Geächtete zu »hausen u. zu hofen.« — KU? — RR. E 107ᵛ; Kop. Donaueschb. v. Stühlingen 1, 18. 8. — Reg. ib. 348 f. **1427**
[Febr. 5]	»	erlaubt demselben »wib oder man, die v. im unser sinen slossen u. gebieten gezogen sind oder hinfür v. im zu gend u. aber nütz u. güter onder im ligen habend« diese zu besteuern. — KU? — RR. E 108ʳ (a. d.) **1428**
» 6	»	befiehlt der St. Nürnberg die Michaeli fällig gewesene halbe Judensteuer mit Ausnahme der 200 dem v. Colditz verpfändeten Gulden an Ulrich Scharrer (Scharior) zu zahlen. — Per Swartzburg Michel. — RR. E 103ʳ (Dorothee). **1429**
[Febr. 6]	» 7	befiehlt der St. Nürnberg den noch nicht verpfändeten Teil der am 8. Sept. fällig gewesenen halben Judensteuer an Ulrich Scharrer zu zahlen. — KU? — RR. E 100 a. d. et l. **1430**

1415		
Febr. 6	Konstanz	belehnt den Konrad Schenk v. Limburg mit seinen (einzeln aufgezählten) Reichslehen. — KU? — [nicht in RR]. — Nach? Lünig, Corp. jur. feud. 1, 1017 f. **1431**
"	"	begehrt v. Strassburg Geleit für Hrz. Ludwig v. Baiern, der mit einer Anzahl Franzosen zu ihm nach Konstanz kommen will [vgl. nr. 1420]. — Per Wyglers Schenck de Geyern Mich. de Priest can. Wrat. — o. R. — Or. Strassburg St.-A. (Dorothee t.) **1432**
"	"	bestätigt dem Engelhard u. Konrad v. Weinsberg alle ihre Freiheiten Herrlichkeiten Gnaden Privilegien u. Briefe, Reichspfandschaften (in den Reichsstädten Weinsberg u. Hall u. s. w.), Pfandschaft der Judensteuern in den Reichsstädten der Niedern Landvogtei zu Schwaben. — Per d. Joh. prepositum de Strigonio vicecancell. Michel can. Wratisl. — [R] — Or. [u. Vid. des Reichshofrichters Günther v. Schwarzburg v. 1415 Juni 19] Öhringen; [RR. E 105ʳ u. 106ʳ s. d.] — Württemberg. Vierteljahrshefte f. Landesgesch. 7, 225. **1433**
"	"	belehnt dieselben mit der Burg Weinsberg u. ihren übrigen Lehen (Geleit, Bann u. s. w.) — Ad m. d. r. Michel de Priest can. Wratisl. — [RR. E 106ʳ mit Dat. in die purif. Mar.] — Nach Vidimus des Eberhard v. Seinsheim u. der Stadt Wimpfen v. 1440 Juli 15 [Öhringen] Jos. Albrecht, Mitteil. z. G. d. Reichsmünzstätten 97 f. **1434**
" 9	"	befiehlt der St. Reutlingen v. den 1400 Gulden, welche die dort wohnenden Juden infolge der v. ihm angeordneten Erhebung der dritten Pfennigs aufzubringen haben, die noch nicht bezahlte zweite Hälfte, die Febr. 17 fällig ist, an den Ritter Niemet v. Bevel (das 2. mal Level geschrieben) zu zahlen, der bereits die erste Hälfte erhalten. — Per Michael. — RR. E 105ʳ. (9. Febr., dtsch. Urk.) **1435**
		Febr. 10: verleiht Wirich v. Treuchtlingen das Dorf Rimbach. — RR. E 108ʳ (dominica Esto mihi, aber dtsche. Urk.) ist 1415 Febr. 21 wiederholt worden. **1435a**
" 13	"	erteilt dem EB. Theobald (de Rubeomonte) v. Besançon die Regalien. — KU? — Hds. 22 d. Wien. Staats-A.; [nicht in RR] — Reg.: Arch. f. österr. Gesch. 59, 6. **1436**
		bestätigt alle Privilegien des Erzstiftes Besançon, schliesst sich dem Widerruf einiger damit in Widerspruch stehender Rechte u. Privilegien für die Bürger der St., wie ihn schon Wenzel erlassen hatte, an u. annulliert noch einige ähnliche derselben Art u. setzt Strafen für die Verletzung der Privilegien des Erzstiftes fest. — Ad m. d. r. Joh. de Strigonio prepos. et vicecanc. — [nicht in RR]; Abschr. Hannover — H. Sudendorf, Registrum oder merkw. Urkunden 3, 144 ff.; vgl. auch Not.: Gallia christ. 15, 90. **1437**
" 14	"	bestätigt der St. Landau alle Privilegien im allgemeinen. — KU? — Erw. in Urk. Sigmunds v. 1434 März 27: RR. K 103ʳ. (do. vor invocavit.) **1438**
"	"	bestätigt der St. Mülhausen gemäss dem Privileg Karls IV [v. 1376 Juni 26] die Exception v. jedem auswärtigen Gericht, insbes. v. dem des elsässischen Landrichters. — Ad relac. dom. Georgii episcopi Tridentini Mich. de Priest can. Wratisl. — R — Or. Mülhausen; [RR. E 102ʳ; ib. 181ʳ s. d. eine neue Befreiung der St. Mülhausen vom Hofgericht; nicht bei Mossmann.] — Mossmann, Cartulaire de Mulh. 1, 468. **1439**
"	"	bestätigt auf Bitten des Abtes Heinrich die Privilegien des Kl. Schönthal (Grauen Ordens, Würzburger Bistum); inser. das Privileg Karls IV v. 1365 [in der Urk. Sigmunds 1365? April 19 [Böhmer-Huber nr. 4147] — Ad relac. d. C. de Weinsperg magistri camere Michel de Priest can. Wratisl. — R — Or. Stuttgart; das Priv. Karls IV RR. E 108ʳ. (do. vor invocavit.) **1440**
"	"	bewilligt der St. Schweinfurt die Abhaltung einer Messe, alljährlich zu Martini beginnend u. 17 Tage während. — [Ad relac. d. G. comitis de Swarczburg judicis curie Michel de Priest can. Wrat. — R — Or. Würzburg; [RR. E 102ʳ] — F. Stein, Mon. Suinfurtens. hist. 196 f. **1441**
"	"	verleiht dem Wirich v. Treuchtlingen (Trnt-) den Blutbann daselbst. — KU? — RR. E 106ʳ (fer. quinta ante invoc., aber dtsch. Urk.); vgl. auch Febr. 21. **1442**
"	"	verleiht demselben den Blutbann zu Rimbach [in Unterfranken] sowie Lehen zu Grimhart. [vgl. Febr. 21] — KU? — Not. ib. (id. dat.) **1443**
" 15	"	nimmt den B. Ulrich v. Brixen u. sein Hochstift in des Reiches Schutz. — [Ad m. d. r. Mich. can. Wratisl. — R — Or. Innsbruck; RR. E 102ʳ]. — Vgl. Sinnacher, Beitr. z. G. d. bischöfl. Kirche v. Säben u. Brixen 6, 21. **1444**

1415		
Febr. 15	Konstanz	bestätigt dem Benedictiner-Kl. Hirsau (Speierer Diöcese) die Privilegien. — KU? — [RR. E 101ᵛ sowie 174ʳ u. 175ʳ a. d.] — Nach? (Besold) Documenta monast. in ducata Wirtemb. ait. 572 f. **1445**
»	»	befiehlt dem Johann Meyener Probst zu Münster-Maifeld (Mein-), der ihm 400 Gulden »von Michels juden wegen« versprochen, diese Summe an Joh. Kirchen zu zahlen. — KU? — RR. E 100ᵛ. (fr. nach Valentini.) **1446**
»		nimmt an den Konzilsberatungen zu Gunsten der Abdankung Johanns XXIII hervorragenden Anteil. (Konzilsakten) Finke, Forsch. u. Quellen 257. **1446a**
		Febr. 15: erteilt Braunschweig das Privilegium de non evocando. Aschbach 2, 465 (bei Lünig, R. A. P. spec. Cont. 4, 2 Forts. 222 richtig) ist nr. 1417. **1446b**
» 16		nimmt Oswald v. Wolkenstein zu seinem Diener u. Hofgesinde an mit einem Jahrgehalt von 300 ungr. Gulden. — Ad relacionem d. Friderici burggravii Nurenberg. Mich. de Priest can. Vratisl. — [R] — Or. Nürnberg German. Nationalmus.; [RR E 102ʳ] — Zeitschrift des Ferdinandeum f. Tirol u. Vorarlberg. 3. Folge, Heft 27 (1883), S. 20; Reg.: Mitteilungen a. d. germ. Nationalmus. 1890, 97; Monumenta Zollerana 8, 393. **1447**
» 17		bestätigt der Margarete v. Bruneck (Prawneck, Prawnegk), einer geb. Gräfin v. Schwarzburg, ihre Privilegien. — KU? — RR. E 109ʳ. (dom. invocavit, aber dtsche. Urk.) **1448**
»		legt die Zwistigkeiten zw. Pfalzgraf Ludwig u. Hrz. Rudolf v. Sachsen wegen ihrer Ansprüche auf den Oppenheimer Zoll bei. — [Ad relac. d. Friderici burgravii Nuremberg. Mich. can. Wratisl. — u. K!] — 2 Orr. (auch erwähnt in der Urk.) Darmstadt; [RR. E 108ʳ mit Dat. mont. nach invoc. = Febr. 18] — W. Franck, Gesch. d. Reichsst. Oppenheim 412 f. **1449**
» 18		giebt dem Ritter Georg v. Katzenstein ein Jahrgeld v. 500 Gulden. — Per eund. notar. [i. e. Jod. Rot]. — Not. RR. E 180ʳ. (mo. nach invocavit.) **1450**
» 19	»	verleiht auf Bitten des Konrad v. Aufsess diesem u. seinen Brüdern Heinrich u. Hans den Stock u. Galgen in ihrem Schlosse Aufsess. — KU? — RR. E 108ᵛ. (di. nach invoc.) **1451**
» 20	»	bestätigt dem Frauenkloster Buchau (Konstanzer Bistum) die Privilegien. — Ad rel. d. G. comitis de Swartzburg judicis curie Mich. de Priest can. Wrat. — R — Or. Stuttgart; nicht in RR. (mi. nach invocavit.) **1452**
		verleiht dem Heinrich Minnenkint »drie manne maten in dem banne zu Hagouwe bi dem gotesacker in dem biege, die do gehortent in Billinges zur Megde burgleben, u. sechsehen viertel weines geltes u. vogtie zu Dungesheim bi Criegesheim, als die dem riche v. Johann v. Schonecke todes wegen ledig worden sind« u. bestätigt ihm das ihm v. Kg. Wenzel verliehene Schreiberamt zu Hagenau. — KU? — RR. E 105ʳ. (feria quinta post invocavit.) **1453**
	»	bestätigt dem Ritter Wirich v. Trenchtlingen seine Privilegien. — KU? — RR. E 101ʳ. (fer. quarta ante reminisc., aber dtsche. Urk.) **1454**
» 21		bestätigt dem Ortolf Leyminger die ihm v. früheren römischen Königen verliehene Freiheit, dass er den Richtern in seiner Grafschaft zu Rottneck den Blutbann verleihen dürfe. — [Per d. Joh. prep. de Strigonio vicecanc. Michel Priest can. Wrat. — R — Or. München R. A.; Vid. v. 1514 Febr. 4 Innsbruck; nicht in RR]. — Reg. Boic. 12, 157. **1455**
		verleiht dem Ritter Wirich v. Treuchtlingen das halbe Dorf Rimbach (Rintpach), das an ihn gefallen, u. die andere Hälfte, die derselbe v. Michel Culner gekauft hat, sowie ein Viertel des Weilers zu Ermbart (Reichslehen) u. den Blutbann zu Rimbach (vgl. auch Febr. 14] — Michel. — RR. E 108ᵛ (z. 10. Febr.) u. 184ᵛ. (do. nach invocavit.) **1456**
[» 21-24]		lässt den zu Konstanz versammelten Städten Vorschläge machen betr. Landfriede, Handelsstrasse u. Münze; neuer Tag zu Konstanz März 17 zu endgiltiger Beschlussfassung: RTA 7, 278 f.; vgl. 280 ff. — Sigmund verlangte auch militärische Hilfe für den Zug nach der Lombardei: ib. 279. **1456a**
» 23	»	belehnt den B. Nikolaus v. Merseburg mit den Regalien u. bestätigt die Privilegien seines Stifts. — KU? — RR. E 106ʳ; vgl. Not. s. d. ib. 185ʳ. (sa. vor reminiscere.) **1457**
» ?	»	bestätigt demselben alle Privilegien. — KU? — ib. 127ᵛ a. d. **1458**

1415		
Febr. 23	Konstanz	belehnt den B. Heinrich v. Toul mit den Regalien. — KU? — RR E 127ᵛ. (23. mens. febr.) **1459**
"	"	verbietet allgemein u. insbesondere zu Gunsten der Hansestädte jede Beraubung v. Schiffbrüchigen oder Aneignung schiffbrüchiger Güter. — Ad m. d. r. Joh. prepos. de Strigonio vicecancellarius. — [R] — Or. Lüneburg u. Stralsund; Transsumpt v. 1423 Dez. 20 Lübeck: RR. E 108ᵛ — Lübeck. Urk.-D. Bd. 5. 564; vgl. Hanserecesse 6. 146 f. (auch gedr. aus Hamburg Kopb. Schubeck, commentarius de jure littoris 313.) **1460**
"	"	giebt als Mrkgr. v. Brandenburg seinen Willebrief zu der v. ihm als Kg. dem Engelhard u. Konrad v. Weinsberg erteilten Bestätigung ihrer Reichspfandschaften [einzeln aufgeführt; vgl. nr. 1433]. — KU? — Vid. des Reichshofrichters Günther v. Schwarzburg v. 1415 Juli 1 Öhringen. (aa. vor reminiscere). **1461**
" 25	"	erlaubt dem altersschwachen B. Albrecht v. Bamberg die Vasallen seines Stifts zu belehnen, trotzdem er selbst noch nicht die Belehnung empfangen hat; diese soll er nachholen, wenn es sein Gesundheitszustand gestattet. — Ad m. d. r. Joh. prepositus (gedr. Petrus!) de Strigonio vicecancell. — [Or.? — RR. E 129ᵛ] — Lünig, R. A. Spicil. eccl. 2, 55. **1462**
"	"	bestätigt die Privilegien u. Besitzungen des Hochstifts Bamberg (B. Albrecht). — KU? — [RR. E 129; Vid. v. 1430 Okt. 5 (2 Ausfert.)] — Lünig v. a O. 55ff. **1463**
"	"	bestätigt die Privilegien u. Besitzungen der Kirche v. Worms auf Bitten des B. Johann. — [KU? — Nicht in RR: Vid. v. 1415 Sept. 5 Darmstadt St.-A.; Kop. d. 15. Jhd. Worms Weckerling] — Schannat, hist. episcop. Wormat. Cod. probat. 230 ff. **1464**
"	"	giebt, nachdem die Kirche zu Weissenburg dem Kl. Wilzburg u. die Pfarre zu Windsheim dem Deutschorden vom Reiche verliehen worden ist, seine Zustimmung, dass der Abt die zur Weissenburger Parochie gehörige Kirche zu Ellingen mit dem Ordenskomthur zu Virnsberg gegen die zur Windsheimer Parochie gehörige Kirche zu Lenkersheim ausgetauscht hat. — KU? — Or.ᵛ Nürnberg Kr.-A.; [RR E 108ᵛ] — Falkenstein, Antiquit. Nordgav. 4, 253; vgl. Reg. Boica 12, 187. **1465**
" 26	"	belehnt die Burggr. Johann u. Friedrich v. Nürnberg mit allen ihren Besitzungen, Wildbännen u. Zöllen u. s. w. — Ad m. d. r. Johannes Gerase. — [R] — Or. Nürnb. Kr.-A.; [Vid. v. 1435 Febr. 21 Bamberg Kr.-A.; RR. E 187ᵛ u. 188ᵛ s. d.] — Lünig, Corp. jur. feud. 1. 623; Mon. Zoll. 7, 286 ff. **1466**
"	"	befiehlt der St. Nürnberg die dortige Judenschaft, welche ihm 12000 Gulden zu zahlen versprochen u. dazu den Juden Judlin, obwohl dieser bei Abschluss dieses Abkommens noch nicht in Nürnberg wohnte, mit 500 Gulden herangezogen hatte, anzuhalten, dass sie diese 500 Gulden schleunigst an den Priester Johann Schedlin, Überbringer dieses Briefes, auszahle. [vgl. nr. 1491] — Mich. — RR. E 106ᵛ. (di. vor oculi.) **1467**
"	"	quittiert dem Juden Judlin den Empfang dieser 500 Gulden. — [KU. w. v.] — Not. ib. (id. dat.) **1468**
"	"	lässt die Bevollmächtigten der Pariser Universität feierlich einholen. (Konzilsakten): Finke, Forsch. u. Quellen 259. **1468 a**
" 27	"	belehnt den Konrad Elie v. Laufen, Probst zu Zürich, mit dem Hofe Fluntern, den Dörfern Rieden, Bäschlikon (Hüslikon), Meilen (Meilan), Rüfers (Rufers), Schwamendingen (Swaben) sowie dem Blutbann daselbst u. bestätigt ihm u. seinen Nachkommen alle Privilegien. — KU? — RR. E 108ᵛ. (fer. quarta post Mathie, aber dtsch. Urk.) **1469**
"	"	verleiht für treue Dienste dem Franz. Herr v. Challant u. Mantisionetum u. deren Erben das Recht, dass sie nicht persönlich vor dem Gericht zu Milden (Meldunum, Diöz. Lausanne) wie überhaupt vor allen Gerichten in Savoyen zu erscheinen brauchen. — Michael. — RR. E 186. penultima die febr.) **1470**
"	"	bestätigt der Abtei Zürich ihre Freiheiten u. Rechte. — Per d. Joh. prepos. de Strigonio vicecancellarium Michel de Priest can. Wratisl. — R? — Or. Zürich Stadt-A.; [nicht in RR] Thommen. **1471**
"	"	erklärt, dass niemand, der frei u. ungerufen den Krieg des Deutschordens mit Polen mitmachte, einen Sold oder eine Entschädigung v. Orden anzusprechen habe; wer dies dennoch

1415

zu thun sich erkühnen werde, der verfalle in des Kg. Ungnade u. Strafe. [vgl. auch 1413 Dzbr. 4] — Ad relat. d. G. comitis de Swartzburg judicis cur. Michel de Priest can. Wratislaw. — R — Or. Wien. Deutsch-Ordens-Centralarch. ; [RR. E 108ᵛ u. 109ᵃ]. — Nach Kopie Strehlke, Tabulae ordinis Theutonici 257 f.; Reg.: Pettenegg, die Urkk. d. Deutsch-Ordens-Centralarch. 1, 455 f. **1472**

Febr. 28: bestätigt dem Nonnenkloster St. Clara zu Nürnberg alle Privilegien. Reg. Boic. 12, 188 — falsch statt 1413 Jan. 28 (nr. 1413). **1472a**

[Febr. März]   Konstanz   belehnt den B. Johann (de Gavre) v. Cambray mit den Regalien. — KU? — RR. E 105ᵛ s. d. (zw. März 1 u. Febr. 23.) — Nach Hds. 22 des Wien. Staats.-A. (s. d.) Reg.: Arch. f. österr. Gesch. 59, 7. **1473**

März 1   "   bestätigt allen Kl. des Ordens St. Pauls des Einsiedlers ihre Privilegien u. nimmt sie in den Reichsschutz. — Ad m. d. r. Joh. prepos. de Strigonio vicec. — [RR. E 105ᵛ; Vid. d. Notars Panthaleon Ziegler aus Nördling. v. 1529 Juli 1 Nürnberg Kr.-A.; Vid. v. 1432 Mai 22 (mit unsich. Dat.) Speier Kr.-A. (die prima martii.) — Nach Hds. 22 d. Wien. Staats-A. (s. d.) Reg.: Arch. f. österr. Gesch. 59, 8. **1474**

" 2   "   bestätigt der St. Villingen die Privilegien. — Ad relac. d. G. comitis de Swartzburg judicis curie Michel de Priest canon. Wratislav. — R — Or. Villingen ; [nicht in RR] *Roder.* **1475**

" 4   "   erteilt dem Spital zu Schaffhausen die Erlaubnis im Mühlenthal an der Durach eine Mühle zu bauen u. verleiht ihm das Recht dieselbe ausschliesslich zu benutzen. — [Ad relac. d. G. comitis Schwartzenburg judicis curiae Michel can. Wratisl. — o. R! — Or. Schaffhausen *Rüger;* [Not. RR. E 185ᵃ s. d.] — Erwähnt: Im-Thurn u. Harder, Chronik v. Schaffhausen 3, 3. **1476**

" 4   "   »Lune IIII. marcii juravit rex accedere Niciam per totum mensem junii ad Petram de Luna et regem Aragoniae.« Dynter, Chronica ducum Lotharing. 3, 275. »Die lune sequenti que fuit quarta marcii rex Romanorum convocavit omnes prelatos et doctores et fuerunt octo cardinales deputati per papam apud Minores, ubi fecit convenire ambaxiatores regis Aragonum et Petri de Luna, qui exhibuerunt mandata sua. Et publice lecta sunt super predicta convencione in Nicia firmanda, et post plura colloquia fuit dicta convencio regis Romanorum cum rege Aragonum et Petro de Luna in Nicia in mense junii per juramentum firmata.« Tagebuch d. Kardinals Fillastre: Finke, Forschungen 167; vgl. ib. 259 f. **1476a**

" 5   "   zieht den Bevollmächtigten des Kg. v. Frankreich (u. a. Hrz. Ludwig v. Baiern) entgegen. Finke 260. **1476b**

"   "   März 7: bestätigt die Privilegien der Augustiner-Eremiten- (Pauliner-) Klöster. Vid. v. 1432 Mai 22 Speyer Kr.-A. (septima marcii; unsicheres Tagesdat.) — s. 1415 März 1. **1476c**

" 8   "   bestätigt dem Erzbistom Salzburg auf Bitten des EB. Eberhard die Privilegien. — Ad m. d. r. Joh. de Strigonio vicecancell. — R — Or. Wien Staats-A.; nicht in RR.   (die octava martii.) **1477**

"   "   bestätigt demselben die Inser. Urk. Friedrichs II v. 1230 Sept. betr. die Unterwerfung des Bistoms Gurk [Böhmer-Ficker nr. 1828] — KU. w. v. — Vid. v. 1415 Sept. 18 ib.; nicht in RR. (id. dat.) **1478**

"   "   »Die veneris VIII. marcii rex renovavit juramentum ad eundum Niciam infra totum mensem junii.« Dynter, Chronica ducum Lotharingiae et Brabantiae 3, 276. **1478a**

" 9   "   rechnet mit seinem Protonotar Joh. Kirchen ab, der in seinem Auftrage eine Anzahl städtischer Reichssteuern, Sporteln u. s. w. eingezogen hat. — Ad m. d. r. Mich. de Priest. — RR. E 97ᵛ. — Mittell. d. Inst. f. österr. Geschichtsf. Erg.-Bd. 5. **1479**

"   "   »Die sabbati 9. marcii rex Romanorum convocavit cum quatuor cardinalibus deputatis per papam deputatos nacionum et nuncios Angeli Corario, qui nullum habentes ad hoc speciale mandatum obtulerunt pro domino suo cessionem vigore mandati.« Tagebuch des Kardinals Fillastre: Finke, Forsch. u. Quellen 167. **1479a**

" 10   "   »Die dominica 10. marcii . . . . rex fuit in missa pape, qua finita dedit regi rosam.« Dynter, Chronica ducum Lotharingiae et Brabantiae 3, 276. **1479b**

1415

März 11	Konstanz	bestätigt dem Cistercienser-Kl. Neuburg (Nuwenb-, Strassb. Bistum) auf Bitten des Abtes Albrecht alle Privilegien, Rechte u. Besitzungen; inser. Urk. Karls IV v. 1358 Dez. 8 [Böhmer-Huber nr. 2537]. — Per d. F. burggraviom Nürenberg. Michel de Priest can. Wrat. — R — Or. Strassburg Bez.-A.; RR. E 130ʳ. (mo. nach letare). **1480**
»	»	bestätigt dem B. Heinrich v. Toul (anwesend) die Privilegien u. Besitzungen seines Hochstifts. — Per. Jo. Gersse. — RR. E 126 (2mal). (11. marci). **1481**
»	»	beauftragt den ED... v. Besançon, den B... v. Basel, den Pfalzgrafen bei Rhein Ludwig u. den Hrz. Karl v. Lothringen, den Zwist des B. v. Toul mit der St. Toul. welche u. a. ihm heimgefallene Güter vorenthalte, zu entscheiden. — KU. w. v. — RR. E 126ʳ. (id. dat.) **1482**
» 12	»	benachrichtigt alle Unterthanen des P. Johann XXIII in dem Lande Languedoc (dem Kg. v. Frankreich gehörend), in der dem Kg. Ludwig v. Sizilien gehörigen Provence u. in der Grafschaft v. Savoyen, in dem Gebiet v. Genua u. Savona, dass er auf Wunsch des Kg. Ferdinand v. Aragonien u. Sizilien mit dessen Gesandten dem B. Didacus v. Zamora, Johann Dixar u. Petrus de Falchs [!] im kommenden Juni in Nizza bezw. Villafranca zusammentreffen will und zwar unter gewissen Bedingungen; verlangt genaue Beachtung des dem Kg. Ferdinand u. seinen Bevollmächtigten zugesicherten Geleits. — Ad m. d. r. prop. vicecanc. — RR. E 121. (12. die marc.) **1483**
»	»	verlangt von allen zur Obedienz des P. Johann XXIII Gehörenden Geleit für Peter v. Luna (Benedikt XIII) bezw. dessen Gesandte Avinio, B. v. Senez (Senetensis) u. Jacobus Belerus, welche nach Villafranca sich begeben u. v. dort mit ihm in Nizza unterhandeln werden. — Per. d. Jo. prop. vicecanc. — RR. E 121ʳ u. 122ʳ. (id. dat.) — Bei Finke, Forsch. u. Quellen heissen obige Gesandte: Avinio ep. Oscensis u. Jacobus Velleroni; nach Gams ist Nicolaus Avignon erst seit 1415 Nov. 13 B. v. Huesca, ist damals B. v. Senez Joannes de Beillons. **1484**
»	»	bestätigt dem Gr. Burkart v. Lützelstein das durch den Tod des Volmar v. Geroldseck frei gewordene Wappen, das Kg. Wenzel bereits Heinrich v. L, dem Bruder Burkarts, verliehen hatte. (Die Urk. Wenzels im Or. inser.; in RR. nur »Wir Wenzlaw etc.«) — KU? — RR. E 141ʳ (in die Gregorii, aber dtsch. Urk.) **1485**
» 13	»	verordnet, dass alle Personen, die in der St. Worms wohnen, nur dem Rat u. der St. mit Eiden als Bürger verbunden sein sollen. — Ad relac. d. F. burggrav. Nürenberg. Michel de Priest can. Wratisl. — R — Or. Worms; [RR. E 125ʳ]. — Roos, Quell. z. G. d. St. Worms 3, 281 f: nach Kup.: Senckenberg, selecta jur. 2, 695 ff. **1486**
» 14	»	bestätigt dem Cistercienserkloster Otterberg (Mainzer Diözese) die Privilegien; inser. das Privileg Karls IV v. 1349 März 30 [nicht bei Böhmer-Huber]. — Vid. Karls V v. 1526 Dez. 5 Speyer Kr.-A.; Not. RR. E (Ortenburg) 186ʳ s. d. (quarta decima martii). **1487**
» 15	»	befiehlt dem Gr. Hermann v. Cilly die in Steiermark u. Kärnten gelegenen Güter des B. Albrecht v. Bamberg, die er in seinen u. des Reiches Schutz genommen, zu schützen. — Ad m. d. r. Michel de Priest canon. Wratisl. — R — Or Wien H. H. u. St.-A.; RR. E 181ʳ. (frit. nach letare; RR. ante diem palmarum!) **1488**
»	»	bestätigt dem Gr. Wilhelm v. Henneberg alle Privilegien seiner Vorfahren. — Ad relacionem d. G. comitis de Swarzeburg judicis curie et Alberti Schenk de Lantsperg Michel de Priest canon. Wratisl. — R? — Or. Meiningen Henneberg. A.; RR. E 126ʳ u. 126ʳ mit KU: per comitem de Swarzeburg judicem curie Mich. de Priest u. Dat. (aber dtsch. Urk.) fer. prox. ante Judica == März 16? — Henneberg. Urk.-B. 7, 21 f. (Regest falsch). **1489**
» ?	»	giebt seine Zustimmung dazu, dass Gr. Wilhelm v. Henneberg die Feste Maienberg (Meyen-) seiner Gemahlin Anna v. Braunschweig als Leibgeding verschrieben hat. — Idem not. — RR. E 126ʳ (s. d.) **1490**
»	»	quittiert der St. Nürnberg über 500 Gulden, die sie von den dort wohnenden Juden, seinen Kammerknechten, vormals durch den Juden Judel empfangen: (vgl nr. 1467). — KU? — Or.* Nürnberg Kr.-A. — Reg. Boic. 12, 190. **1491**
»	»	bestätigt auf Bitte des Volhermus de Monte, Priors v. Rüeggisberg (Montisriczerii ord. Clun. Lausan. dioc.) dessen Kl. das inser. Privileg Friedrichs I v. 1161 Dec. 4 [Stumpf

1415		
		nr. 3923]. — Ad m. d. r. Joh. prep. de Strigonio vicecancell. — R — Or. Bern; [nicht in RR]. (15. die mensis marcii). *Türler.* **1492**
		März 16 Konst.: für Nordhausen: Aschbach 2,465 z. nr. 1504. **1492a**
März 16	Konstanz	gebietet der St. Regensburg, den B. Albrecht sowie dessen Stift u. Stiftsangehörige an ihren Rechten nicht zu beeinträchtigen. — [Ad m. d. r. Joh. prep. de Strigonio vicecanc. — R — Or. München R.-A.; nicht in RR]. — Reg. Boic. 12, 190. **1493**
		März 17 Konstanz: ladet die Reichsstädte auf einen Tag nach Konstanz: Aschbach 2,465 nach Wencker, Apparatus archivorum 312 ff. — s. nr. 1436°. **1493a**
[vor März 18]	[»]	befiehlt der St. Mühlhausen [i. Thür.] die vorenthaltenen Reichssteuern der letzten Jahre u. die des laufenden an Johann v. Nassau, Provisor zu Erfurt, zu zahlen; derselbe habe den Auftrag, nachzuweisen, dass die St. trotz ihrer Privilegien Reichssteuern zu zahlen habe. — KU? — RR. E 100ʳ (s. d. et l.) **1494**
»	»	desgl. Goslar. — Not. ib. **1495**
»	»	desgl. Nordhausen. — W. v. **1496**
»		befiehlt den St.
		Nordhausen **1497**
		Mühlhausen u. **1498**
		Goslar **1499**
		den Reichshuldigungseid in die Hände seines Rates Johann v. Nassau, Provisors zu Erfurt, abzulegen. — KU? — RR. E 100ʳ (s. d. et l.)
März 18	Konstanz	bestätigt der St. Erfurt alle Privilegien u. nimmt sie in seinen Schutz. — a) Ad m. d. r. Joh. prepos. de Strigonio vicecancell. — R — b) Ad m. d. r. Joh. de Strigonio prepos. et vicecanc. — o. R — 2 Orr. (vgl. auch Kopialb. 159 f. 73ʳ) Magdeburg Staats-A.; nicht in RR! (mo. nach judica). **1500**
»	»	belehnt die Erfurter mit der Feste Kapellendorf. — Ad m. d. r. Joh. prep. de Strig. vicecanc. — R — Or. ib.: RR. E 128ᵛ. (kl. dat.) **1501**
»	»	bestätigt die Privilegien der St. Mühlhausen in Thür. (Molhusen). — KU? — RR. E 129ʳ. (fer. sec. post judica, aber dtsch. Urk.) **1502**
»	»	verleiht dem Gr. Johann v. Schaumburg (Schawenberg) u. dessen Erben den Blutbann in seiner Grafschaft. — KU? — RR. E 185ʳ. (mo. nach judica). **1503**
» 19	»	bestätigt der St. Nordhausen die Privilegien. — a) Ad relac. d. G. comitis de Swarczburg judicis curie Michel de Priest canon. Wratisl. — R — b) Ad m. d. r. Michael canon. Wratislav. — o. R — 2 Orig. Nordhausen Stadt-A.; [nicht in RR]. — (Lesser) Histor. Nachricht. v. Nordhausen (1740) 229 f. **1504**
»	»	nimmt teil an einer Sitzung des Konzils. Tagebuch des Kardinals Fillastre: Finke, Forschungen u. Quellen 169; unterhandelt mit der gallischen Nation. (Konzilsakten) Finke 264 f. **1504a**
» 20	»	»Verum est tamen, quod rex die precedenti [am Tage vor der Flucht Johanns XXIII., welche am 21. März stattfand] presentibus cardinalibus Ostiensi et sancti Marci obtulerat pape dare sibi talem securitatem, qualem dicti cardinales scirent excogitare.« Finke 169. — Nach Ulrich v. Richental fand die Flucht Johannes XXIII am 20. März statt. **1504b**
»	»	verleiht dem Augustinerinnenkloster Münsterlingen die Freiheit, Jungfrauen nur dann ins Kl. aufzunehmen, wenn sie so viel Geld mitbringen, als bisher gebräuchlich war. — [Per d. G. episc. Pat. Michel de Priest can. Wrat. — Vid. v. 1486 Okt. 18 Frauenfeld Thurg. Kant.-A. *Meyer*; nicht in RR. doch vgl. nr. 1516]. — Reg.: Thurg. Beitr. z. vaterl G. 21, 89. **1505**
»	»	erteilt den Gesandten des Petrus v. Luna (Benedikt XIII) dem Avinio B. zu Senez u. dem Jacob Belorns (Belocon; vgl. nr. 1484), welche mit ihm unterhandeln werden, Geleit. — Id. notar. (vorher: per d. Jo. prep. vicecanc.) — RR. E 122ʳ. (20. d. marcii). **1506**
»	»	giebt Reinhard v. Trohe u. seinen Ganerben v. Buseck u. v. Trohe einen Lehensbrief über das Buseckerthal. — Ad m. (relac.?) d. G. comit. de Swarczburg jud. cur. Michel can. Wrat. — [R? — Or? nicht in RR]. — Memoriale an die Reichsvers. zu Regensburg ... in Sachen der Unterthanen des Busecker-Thals (1707) Beilag. 88 f: Lönig, Corp. jur. feud. 1, 1353 ff.

1415		
		(KU!); Wettermann, Wetteravia illustrata (1731) Urkk. 56 u. 245 [!]; vgl. Scriba, Regesten der . . , Urkk. z. G. d. Grossbrz. Hessen 2. 157. **1507**
März 21	Konstanz	erklärt, da die Freien auf der Leutkircher Halde ihm auf Grund ihrer Privilegien nachgewiesen, dass sie vom Reiche nicht entfremdet werden dürfen, ihre Verpfändung an den Gr. Wilhelm v. Montfort, Herrn zu Tettnang, für ungiltig. — KU? — RR. E 183ᵛ s. d.; Kop. e. Vid. v. 1426 März 21 Innsbr. Statth.-A. . (do. vor dem palmtag). **1508**
"	"	ist zusammen mit Pfalzgr. Ladwig III bemüht die Panik, welche durch die Flucht des P. Johann XXIII enstanden war, zu beseitigen; beruft alle Fürsten u. s. w., um wegen des Vorgehens gegen Hrz. Friedrich v. Österreich, den Beschützer Johanns XXIII. zu beratschlagen. Ulrich v. Richental 63 f. **1508a**
" 22	"	bestätigt dem Kl. Bronnbach (Brunpach des grawen ordens in dem bisthum zu Wirtzburg gelegen) alle Privilegien u. nimmt es in seinen Schutz. — Per d. G. comitem de Swarczburg Michel de Priest canon. Wratislav. — R — Or. Wertheim A.; Kop. München R.-A.; nicht in RR.! (freytags vor frawen tag annunciac.) **1509**
"	"	bestätigt dem Kl. zum Heiligen Kreuz in Donauwörth (Werde) alle Rechte u. Privilegien. — [KU? — Vid. v. 1415 Juli 26 Wallerstein; Vid. v. 1417 Aug. 17 München R.-A.; Not. RR. E 185ᵛ]. — Mon. Boica 16, 48 ff; vgl. Reg. Boic. 12, 191. **1510**
		März 22 Konstanz: bestätigt dem Gr. Wilhelm v. Henneberg alle Privilegien. — Reg. Aschbach 4, 519 — falsch statt März 15; nr. 1489. **1510a**
"	"	bestätigt dem Merk Kitzin v. Lindau u. dessen Erben das Münzamt daselbst, das er vom Reiche pfandweise besitzt, sowie die ihm von der Äbtissin des Kl. zu Lindau verliehene Fischereigerechtigkeit. — [Per d. Joh. prep. de Strigonio vicecanc. Michel de Priest can. Wrat. — R — Or. München R.-A.; RR. E 181ᵛ]. — Lünig, R.-A. P. spec. Cont. 4. T. 1, 1308. — Nach 2 Kop. im Lindauer St.-A. Wördinger, Urkk.-Auszüge z. G. d. St. L. 62; vgl. auch Reg. Boic. 12, 191. **1511**
" 23	"	verleiht dem Hrz. Ludwig in Baiern, Gr. v. Mortaigne, die v. seinen Vorfahren auf ihn gekommene Kur nebst den vom Reich zu Lehen rührenden Herrschaften u. bestätigt ihm alle Rechte u. Privilegien. — [Ad m. d. r. per d. Fridericum burggravium Nürenberg. Mich. de Priest can. Wrat. — R — Or. u. Vid. Pauls v. d. Leiter, Herrn zu Verona, kgl. Hofmeisters in Oberbayern v. 1423 Dez. 2 u. v. 1426 Mai 11 München R.-A.; RR. E 126ᵛ]. — Ausz.: Abhandl. d. hist. Kl. d. Münch. Akad. 11, 2, 283 f; vgl. Reg. Boic. 12, 191. **1512**
"	"	sichert der St. Bern für den Fall, dass sie ihm u. dem Reiche mehr dient, als sie laut ihrer Freiheiten verpflichtet ist, zu, dass das kein Präjudiz bilden solle, u. verspricht nach Beendigung eines etwa ausbrechenden Krieges mit Hrz. Friedrich v. Österreich sie in den Frieden mit aufzunehmen. — [Ad m. d. r. Mich. de Priest can. Wrat. — R — Türler]. — Or. Bern; RR. E 138ᵛ. — Ausz.: Samml. d. eidgen. Absch. 1⁴, 143 f. **1513**
"	"	erteilt der St. Bern das Recht, auf alle Insassen ihres Gebietes einen gemeinen Landkasten zu legen, sie zu Kriegsdiensten unter dem Stadtpanner anzuhalten u. sie vor ihre (Laden oder) Landgerichte zu ziehen. — KU. w. v. — R — Or. ib.; [RR. E 138ᵛ]. (des sampstages vor dem heiligen palmtage). Türler. **1514**
		März [23] Konst.: befiehlt dem Gr. Hermann v. Cilly, die in Kärnten u. Steiermark gelegenen Güter des B. Albrecht v. Bamberg zu schützen. — Michael — RR. E 181ᵛ. (ante diem palmarum! aber dtsch. Urk.) — nach Or. März 15 ausgestellt (nr. 1488). **1514a**
"	"	verleiht dem Augustinerinnenkloster Münsterlingen die Freiheit, dass seine Leute an kein ander Gericht gezogen werden dürfen als vor das, in welchem die strittigen Güter liegen. — KU? — [RR. E 126ᵛ. — Nach Or.?] Reg.: Thurg. Beitr. z. vaterl. Gesch. 21, 90. **1515**
"	"	verleiht dem Kl. Münsterlingen die Gnade, auf Grund der ersten Bitten aufgedrungene Jungfrauen zurückzuweisen, besonders falls diese einem andern Orden angehören. — KU? — Not. RR. E 146 (s. d.) — Vielleicht identisch mit nr. 1505. **1516**
"	"	bestätigt dem Gr. Friedrich v. Toggenburg den Zoll zu Maienfeld (Mey-), erlaubt ihm dort denselben Zoll wie an der Zollstätte Vaduz zu erheben, erteilt ihm das privilegium de non evocando u. das Recht, Ächter zu beherbergen. — KU? — RR. E 122ᵛ. (sabb. ante palmar., aber dtsch. Urk.) **1517**

1415		
März 23	Konstanz	lässt sich v. den Gesandten des Hrz. v. Brabant die Beglaubigungsschreiben überreichen. Dynter, Chronica ducum Lotharingiae 3, 278. **1517a**
„ 24	„	beglaubigt bei Strassburg die Boten v. Hagenau u. anderer elsässischer St., welche mit ihm über Massregeln gegen Hrz. Friedrich v. Österreich unterhandelt haben, in dieser Angelegenheit. — Ad relac. d. comitis de Swartzburg Joh. Gersse. — o. R — Or. Strassb. St.-A. (palmt.)- **1518**
„	„	erklärt die Streitigkeiten zwischen Claus Bernhard Zorn v. Bulach seinem Diener u. Walther Erbe wegen der Fähre über die Ill bei Grafenstaden für beigelegt, indem er beide mit einer Hälfte dieses Reichslehens belehnt. — Per d. G. comitem de Swartzburg Michel de Priest can. Wrat. — R — 2 Orr. Strassburg St.-A.; RR. E 183ʳ. (palmt.) **1519**
„	Radolfszell	giebt Konrad v. Conradivilla [= Konradshofen? vgl. 1431 April 14] eine »littera comitatus.« — KU? — Not. RR. I [sic!] 136ʳ. (ramispalm.) **1520**
„ 25	Konstanz	bestätigt das (inser.) Privileg Kg. Ruprechts v. 1401 Aug. 4 [Chmel nr. 696] für das Kl. Maulbronn. — Per d. comitem de Swartzburg judicem curie Joh. Gersse. — [R; P. Achatz]. — Or. Abtei St. Paul in Kärnten (vgl. Württemb. Vierteljahrshefte N. F. 1, 60); [Not. RR. E 146ʳ. s. d.] — (Besold) Documenta monasteriorum in duc. Wirtemb. sit. 826 ff. **1521**
		März 26 Konstanz: nimmt die Mitglieder (Männer u. Frauen) des neugegründeten Erlöser-Ordens in seinen Schutz, besonders das Kl. Marienwald. — Michael. — Not. RR. E 186ʳ. (26. die marcii) — nach Or. am 27. März ausgestellt (nr. 1533). **1521a**
„ 26	„	befiehlt dem Landgr. Ludwig v. Hessen den Ganerben des Buseckerthales (v. Trohe u. v. Buseck) die geforderte Huldigung zu erlassen, da dieselben reichsunmittelbar sind. — Ad relac. d. G. comitis de Schwarzburg Mich. canon. Wrat. — [Nach Or.?] Memoriale an die Reichsvers. zu Regensb. in Sachen d. Unterthanen des Busecker-Thals Beilag. 89 f; Wettermann, Wetteravia illustr. (1757) Cod. dipl. 87; vgl. Scriba, Regest. der . . . Urkk. z. G. d. Grossherzt. Hessen 2. 157. **1522**
„	„	verpfändet der St. Konstanz die Reichssteuer (jährl. auf Martini mit 600 Guld. fällig) für 6000 rhein. Gulden. — Per d. Guntherum comitem de Swartzburg judicem curie Michel de Priest con. Wratisl. — R — Or. Karlsruhe; [RR. E 124]. — Reg.: Ztschr. f. G. d. Oberrheins. N. F. 3, 437. **1523**
„	„	ernennt Gr. Philipp v. Nassau zum Landvogt der Wetterau. — [Per d. Conradum de Wynsperg magistrum camere Jodocus Röt. — R — Or. Wiesbaden; nicht in RR]; Kop. Frnkf. Stadt-A., vgl. Invent. 3, 199. — Arch. f. hess. Gesch. 4, 10. Abh. 8 ff. **1524**
„	„	empfängt im Beisein des Burggr. [Johann?] v. Nürnberg, des B. v. Trient u. des Dr. iur. Ottobonus de Dellonis die Gesandten des Hrz. Anton v. Brabant. Dynter, Chronica ducum Lotharingiae 3, 278. **1524a**
„ 27	„	nimmt Heinrich v. Finstingen (W-) zu seinem Diener u. Hofgesinde auf gegen ein Jahrgeld v. 400 rhein. Gulden. — Michael. — RR. E 184ʳ. (mi. vor ostern). **1525**
„	„	desgl. Heinrich v. Irslingen (O-) gegen ein Jahrgeld v. 500 Gulden. — KU? — Not. ib. (id. dat.) **1526**
„	„	desgl. Eitelfritz Gr. v. Zollern (500 Gulden). — W. v. **1527**
„	„	desgl. Georg v. Enden (500 Gulden). — W. v. **1528**
„	„	verleiht dem Johann Kirchheim (Kirchen), der ihm 3000 rheinische Gulden geliehen, die (Martini fällige) Stadtsteuer v. Reutlingen im Betrage v. 400 Gulden (vgl. 1415 April 1) bis zur Einlösung mit dem Recht, diese Steuer weiter zu verkaufen u. s. w. — [KU? — RR. E 124ʳ]. — (Harpprecht) Staats-A. I . . . Cammer-Gerichts 3 (1759), 499 ff. **1529**
„	„	nobilitiert Lorenz v. Overvest, Sekretär des Hrz. Wilhelm v. Baiern u. Gr. v. Holland, u. verleiht ihm ein Wappen. — KU? — RR. E 127ʳ. (fer. quarta ante pascha). **1530**
„	„	erlaubt dem Dietrich Potter u. Lorent v. Overest, Sekretären des Hrz. Wilhelm v. Baiern u. Gr. v. Holland, 10 öffentliche Notare zu ernennen. — KU? — ib. 128ʳ. (27. die marc.) **1531**
„	„	legitimiert Thomas u. Johannes, die unehlichen Söhne des Lorenz v. Overvest. — W. v. **1532**

1415		
März 27	Konstanz	nimmt alle Kl. des Erlöser-Ordens [Brigitten-Kl.] in Deutschland u. insbesondere das neu errichtete [Brigitten-]Kl. zu Marienwald (Ratzeburger Diöcese) in seinen u. des Reiches Schutz. — [Michael] — Vid. v. 1465 Juli 1 Lübeck; [Not. RR. E 186ʳ z. 26. März]. — Lübeck. Urk.-B. 5, 566 f. **1533**
" "	"	verleiht Albrecht u. Wilhelm Paulsdorfer ihre Reichslehen zu Eger. —(Per d. Guntherum comitem de Swarczburg Mich. de Priest can. Wrat. — R — Or. München R.-A.; nicht in RR]. — Reg. Boic. 12, 191. **1534**
" 28	"	nimmt den Ritter Ulrich v. Friedingen (Fri-) mit einem Gehalt von 500 Gulden zu seinem Diener an. — Per eundem not. [l. e. Jod. Rot]. — Not. RR. E 180ʳ. (an d. heil. donerst.) **1535**
" "	"	desgl. Konrad v. Friedingen mit einem Gehalt v. 300 Gulden. — W. v. **1536**
" "	"	bestätigt die Privilegien des Benedictinerklosters Lorch (Augsburger Diöcese). — KU? — nicht in RR. — [Nach?] (Besold) Documenta monast. in duc. Wirtemb. sit. 750 f. **1537**
" "	"	bestätigt demselben Kl. die (im Or. inser.) Urk. Kg. Wenzels [v. 1398 Jan. 4: Besold 746 f.] — KU? — Not. RR. E 186ʳ. (grän. do.) **1538**
" "	"	erlaubt Claus Zorn v. Bulach die Reichspfandschaften Ilkirch Grafenstaden Illwickersheim u. auf dem Fischwasser genaunt der Wag zu Illwickersheim sowie Firdenheim einzulösen u. gebietet den gegenwärtigen Pfandinhabern, sich der Einlösung nicht zu widersetzen. — Per d. R. ducem Slesie Michael can. Wrat. — o. R! — Or. u. Vid. v. 1419 Juni 23 Strassburg Stadt-A.; RR. E 183ʳ. (donerstags vor dem ostertag; in RR: an d. grünen donerst.) **1539**
" "	"	giebt den Gesandten des Hrz. v. Brabant noch nicht den versprochenen Bescheid. — Dynter 3, 279. **1539a**
" 29	"	erlaubt dem Gr. Wilhelm v. Montfort, Herrn zu Tettnang, die Pfandschaft zum Eglofs u. die Grafschaft in dem obern u. untern Allgäu vom Gr. v. Werdenberg einzulösen, unter Vorbehalt der Wiedereinlösung durch das Reich. — KU? — Not. RR. E 183ʳ. (fer. sexta ante pascha.) **1540**
" 30	"	überlässt dem Burggr. Friedrich v. Nürnberg u. dessen Erben die Mark Brandenburg mit der Kur u. dem Erzkämmereramte, behält aber sich u. seinen Erben, ev. seinem Bruder Kg. Wenzel u. dessen Erben das Recht der Wiedereinlösung für 400000 ungarische Goldgulden vor; entbindet alle Beamten u. Bewohner v. dem ihm als bisherigen Mkgr. v. Brandenburg geleisteten Huldigungseid. — Ad m. d. r. Joh. prepos. de Strigonio vicecancellarius. — [o. R!] — Or. u. Vid. v. 1426 Febr. 3 u. 1426 sonst nach christl. Berl. H.-A.; [RR. E 137]. — Riedel, Cod. dipl. Brand. 2, 3, 226 ff.; Mon. Zoll. 7, 299 ff; Facsimile: Berner, Gesch. des preuss. Staates. — Eine spätere Kanzleiausfertigung mit der Notiz »De mandato serenissimi domini regis ego Caspar Slik prothonot. etc. hoc transsumptum scrib. feci« [in verso: Ad m. d. r. Mich. de Priest can. Wratisl. — R — Or. St. Gallen Stadt-A.; [nicht in RR]. (osterabend) **1543**
" "	"	verhängt die Reichsacht über Hrz. Friedrich v. Österreich u. gebietet allen Fürsten, Grafen ... Städten, Waldstädten .. denselben wegen seiner (einzeln aufgezählten) Verbrechen nicht »zu hausen noch zu hofen«, vielmehr zu seiner Bestrafung behülflich zu sein. — [Ad m. d. r. Joh. Gersse. — R — P. Schweizer]. — Or. Zürich; [Or. Bern; KU. w. v. — R — Türler]; Vidim. v. 1415 Juni 24 Luzern Staats-A.; [nicht in RR]. — Kopp, Geschichtsblätter 2, 106; vgl. Reg.: Samml. d. älter. eidgn. Abschiede 1², 145 f. — Nach Or. [Bamberg]: Ad m. d. r. Mich. de Priest can. Wrat. — [R] — Minutoli, Friedrich I v. Brand. 361 f. (fälschl. März 31). — vgl. auch Ulrich v. Richental 65. **1542**
" "	"	befiehlt dem B. Hartmann v. Chur, dem Gr. Friedrich v. Toggenburg, den St. Lindau u. St. Gallen, denen er bereits aufgetragen vor Feldkirch zu ziehen u. überhaupt den Hrz. Friedrich v. Österreich wegen seiner Missethaten anzugreifen, alle Eroberungen zu seinen u. des Reichs Händen zu nehmen. — Per d. G. comitem de Swartzburg judicem curie Michel de Priest canon. Wratisl. — R — Or. St. Gallen Stadt-A.; [nicht in RR]. (osterabend) **1543**
" "	"	befiehlt der St. Reutlingen die alljährlich Martini fällige Stadtsteuer an Joh. Kirchheim, dem bezw. dessen Erben er diese Steuer um 3000 rhein. Gulden versetzt habe, zu zahlen. — Per

1415		
		d. Frider. burggravium Nürenberg. Michel de Priest canon. Wratisl. — R — Or. Stuttgart; RR. E 125ʳ z. 6. April! (sampztags vor Ambrosii). **1544**
April 1	Konstanz	giebt als Kurfürst v. Brandenburg einen Willebrief zu der v. ihm als Kg. 1415 März 27 [nr. 1529] vollzogenen Verpfändung der Stadtsteuer v. Reutlingen an Joh. Kirchen. — KU? — [RR. E 125ʳ zu April 5]. — (Harpprecht) Staats-Arch. d. . . . Cammer-Gerichts 3, 502 f. **1545**
»	»	schreibt der St. Frankfurt über die von dem Hrz. Friedrich v. Österreich begangenen Frevel u. befiehlt dessen Leute u. deren Güter in Gewahrsam zu nehmen. — Per d. G. comitem de Swarzburg iudicem curiae Michel canon. Wratisl. — Or. Frankfurt. — Aschbach 2, 422 f; Janssen, Frankf. Reichskorr. 1, 246 f. **1546**
»	»	verspricht den Solothurnern, dass die ihm von denselben zugesagte Hilfe gegen Hrz. Friedrich ihren Privilegien keinen Abbruch thun soll. — Ad relac. d. comitis de Swartzburg Joh. Gersse. — R — Or. Solothurn; nicht in RR. [Solothurner Wochenbl. 1813, 300. *Thommen*]. **1547**
»	»	erklärt, dass die Strassburger für die Niederlegung des Schlosses Thann, welche unter dem Reichsbanner u. auf Reichsgebot geschehen, dem Walter v. Thann keinen Schadenersatz zu leisten brauchen; die seinerzeit zu Speier vertagte Streitigkeit zwischen der St. u. Walter habe er leider bisher auch nicht zu Heilbronn Speier Bonn u. Konstanz entscheiden können. — Per d. comitem de Swartzburg iudicem curie Joh. Gersse. — R — Or. Strassburg St.-A.; RR. E 125ʳ mo. noch ostertag mit KU: Michel de Priest! (des ersten montags in den osterviertagen). **1548**
» 2	»	giebt den Gesandten des Hrz. Anton v. Brabant endlich, nachdem sie ihn am 30. März u. 1. April nochmals gebeten, im Beisein des Burggrafen Johann v. Nürnberg u. der Gesandten des Hrz. v. Burgund, den Bescheid, dass seine Differenzen mit ihrem Herrn wegen Luxemburg nur in persönlicher Zusammenkunft beigelegt werden könnten; diese sollte im Beisein des Hrz. v. Burgund in dessen Lande stattfinden. Diesen Bescheid erhielten die Gesandten schriftlich sowie Geleit für die Heimreise. Sie suchten darauf ihren Herrn gegen die Anschuldigungen Huberts v. Elter zu verteidigen. — Dynter, Chronica ducum Lotharingiae 3, 279 f. **1548 a**
»	»	belehnt den Gr. Hermann v. Cilly mit der demselben aus einer Erbschaft zugefallenen (Reichs-lehen) Feste Bleiburg (Pley-) in Kärnten. — KU? — RR. E 130. (fer. terc. post pasche, aber dtsch. Urk.) **1549**
»	»	bestätigt als Erbe v. Böhmen dem Hrz. Rudolf v. Sachsen die ihm v. Kg. Wenzel verschriebenen Besitzungen in der Lausitz, das Kl. Dobrilugk u. das Schloss Kalau. — Ad m. d. r. Michel canon. Wratisl. — R — Or. Dresden; RR E 184ʳ; Kop. Weimar Ges.-A. (di. nach ostertag). **1550**
»	»	gestattet demselben eine Niederlage aller »Kaufmannschaft« in seinem Schlosse u. seiner St. Wittenberg zu halten. — KU. w. v. — R — Or. Weimar Ges.-A.; nicht in RR! (di. nach ostertag). **1551**
» 3	»	erneuert den Baslern alle Rechte u. Freiheiten, erklärt, dass ihnen aus ihrer zugesagten Teilnahme an dem Kriege gegen Hrz. Friedrich v. Österreich kein Nachteil erwachsen soll, verspricht ihnen beim Friedensschluss mit dem Hrz. sie in die Richtung aufzunehmen u. gebietet dem Landvogt im Elsass sowie allen Reichsstädten u. Unterthanen ihnen beizustehen, wenn Hrz. Friedrich sie angreifen würde. — [Per d. Guntherum comitem de Swartzburg iudicem curie Mich. can. Wrat. — R; *Thommen*] — Or. u. Kopien Basel; [nicht in RR]. — Auszug: Ochs, Gesch. d. St. . . . Basel 3, 107; vgl. Hensler, Verfassungsg. d. St. Basel 367 f. — Reg.: Lichnowsky, Gesch. d. Haus. Habsburg 5, n. 1528; Samml. d. alt. Eidg. Abschiede 1⁴, 473. **1552**
» 4	»	giebt den Baslern Gewalt mit den Hrz. Friedrich v. Österreich Städten u. Amtleuten zu verhandeln, sie zum Reich zu ziehen, ihnen zu versprechen, dass sie auf keine Weise mehr vom Reich sollen abgetrennt werden, u. ihnen die Bestätigung ihrer Freiheiten u. Rechte durch den Kg. zuzusichern. — [KU. w. v. — R; *Thommen*]. — Or. Basel; nicht in RR]. — Ausz.: Ochs 3, 108 f.; Reg. Lichnowsky 5 n. 1527ᵇ; Samml. d. alt. Eidg. Abschiede 1⁴, 473 f. **1553**

1415		
April 4	Konstanz	benachrichtigt die Gemahlin des Hrz. Friedrich v. Österreich Katharina (v. Burgund) sowie ihre u. ihres Gemahls Unterthanen, dass er die Basler ermächtigt habe, mit ihnen an des Reiches statt zu verhandeln u. verspricht, die zwischen ihnen beiden getroffenen Abmachungen zu halten. — [Ad m. d. r. Mich. can. Wrat. — R; *Thommen*]. — Or. Basel [nicht in RR]. — Tschudi, Chron. Helvet. 2, 15 f; Ochs 3, 109 f.; Reg.: Lichnowsky 5 n. 1527e; Samml. d. ält. Eidg. Abschiede 1², 474. **1554**
»	»	lässt auf Veranlassung der Gesandten des Hrz. Anton v. Brabant, da die diesem versprochenen Urkunden [vgl. April 2] nicht richtig ausgestellt waren, diese abändern u. ersucht die Gesandten durch den Böhmen Hase u. Herbart de Edelboerch dafür zu sorgen, dass Hrz. Anton Friede mit Hubert v. Elter u. dessen Anhängern halte bis zur persönlichen Zusammenkunft mit ihm (Sigmund). — Dynter, Chronica ducum Lotharingiae 3, 282. **1554 a**
»	»	erteilt den Gesandten des Hrz. Anton v. Brabant, dem Abt Peter (s. Bernardi supra Scaldem), Johann Abt zu Tongern, Dr. jur. Johann Bont Domherrn zu Brüssel, Anselm Fabri aus Breda Dekan zu Antwerpen u. Edmund v. Dynter Geleit zur Heimkehr. — Ad m. d. r. Joh. prep. de Strigonio vicecanc. — [nicht in RR]. — Dynter 283 f. **1555**
		April 4 Konstanz: schreibt an den Hochmeister d. Deutschordens. — Reg. Aschbach 2, 466 falsch statt April 9. **1555 a**
»	»	erlaubt dem Hrz. Rudolf v. Sachsen Goldmünzen zu schlagen. — Ad m. d. r. Michel canon. [gedr. cancellarius!] Wratisl. — [R — Or. Dresden; nicht in RR]. — J. J. Müller, Reichstags-Theatrum unter Friedrich V 1, 138. **1556**
»	»	erlaubt demselben den Reichshof »der Sol genant« in der St. Frankfurt von den gegenwärtigen Pfandinhabern (nicht genannt) einzulösen. — KU. w. v. — R — Or. ib.; nicht in RR. (do. nach ostertag). **1557**
		April 5 Konstanz: betr. Schlösser des Bistums Augsburg. — Mon. Boica 34, 1, 219 f. falsch statt April 6. **1557a**
» 5	»	dankt dem Hrz. Anton v. Brabant, dass er seine Gesandten (Namen in nr. 1555) zu ihm gesandt, verweist auf deren mündliche Botschaft u. ersucht ihn im Juni zusammen mit seinem Bruder dem Hrz. Johann v. Burgund mit ihm in Savoyen zusammenzukommen. — Ad m. d. r. Mich. can. Wratisl. [gedr. Mich. Joan. Wartz!] — Dynter, Chronica duc. Loth. et Brab. 3, 282 f. **1558**
»	»	entlässt die brabantischen Gesandten u. sagt ihnen, dass sie einen Vertrauten Konrads v. Weinsberg zu ihrem Begleiter nehmen sollen. — ib. 283. **1558 a**
»	»	erneuert dem Gr. Friedrich v. Cilly die Verpfändung des Schlosses Stanislaw (-k) (caravit proponere . . ., quod ipse de predicti regni nostri consuetudinibus et statutis minus sufficienter instructus quadam negligencia accidente certas litteras sub sigillo nostro secreto alias permactato . . . sub aliis nostris sigillis renovari et confirmare neglexisset). — KU? — Vid. v. 1415 Juli 11 Wien H.-H. u. St.-A.; nicht in RR. (quinta die aprilis). **1559**
»	»	teilt den Eidgenossen (den Bürgermeistern etc. der St. u. Lande Zürich Bern Solothurn Luzern Zug Uri Schwyz Unterwalden u. Glarus) mit [wiederholt April 15], dass sie die Hilfe gegen Hrz. Friedrich v. Österreich (dessen Schandthaten aufgezählt), die sie aus Furcht, den [50jähr.] Friedensvertrag mit Österreich zu verletzen, verweigern wollten, nach einem Rechtsspruche der zu Konstanz versammelten Fürsten u. Botschafter der fremden Kg. (England, Dänemark, Böhmen u. Polen) v. rechtswegen leisten müssten, weil bei allen Verträgen der Kg. u. das Reich ausgenommen sei-n; fordert sie daher auf, die eingenommenen Herrschaften nie mehr dem Hrz. herauszugeben, sondern dem Reiche zu bewahren. — [Per d. G. comitem de Swartzburg judicem curie Michel canon. Wratisl. — R — *P. Schweizer*. — Or. Zürich St.-A.; RR. E 141ᵛ u. 142ᵛ; Vid. v. 1447 Juli 21 Luzern Staats-A.] — Reg.: Lichnowsky, Gesch. d. Haus. Habsburg 5 nr. 1502; Samml. d. ält. Eidgen. Abschiede 1², 146. **1560**
»	1560	entbindet dieselben Eidgenossen [wiederholt April 15], nachdem er die Schandthaten des Hrz. Friedrich v. Österreich ausführlich aufgezählt (Vergewaltigung der BB. v. Trient, Brixen, Chur, Entführung des P. Johanns XXIII u. s. w.) der österreichischen Unterthänigkeit, erklärt sie für reichsunmittelbar u. verspricht ihnen, dass sie die Eroberungen, die sie in Hrz. Friedrichs Landen machen, behalten können. — [KU. w. v. — R — Or. Zürich *Schweizer*; RR. E 142 a. d.] — Reg. Lichnowsky 5 nr. 1503; Samml. d. ält. Eidgen. Abschiede 1², 146. **1561**

13*

1415		
April 5	Konstanz	schreibt dem EB. Johann v. **M a i n z** über die Missethaten Hrz. Friedrichs v. Österreich u. fordert ihn auf gegen diesen Hilfe zu leisten. — Ad m. d. r. Mich l can. Wratislav. — [B — Or. Würzburg; nicht in RR] — Guden, Cod. dipl. 4, 99 ff. (am Rande falsches Dat.) **1562**
»	»	teilt dem Hrz. Adolf v. **B e r g** mit, dass auf Klage des Kölner Bürgers Heinrich v. der Beg die Acht über die St. Dortrecht verhängt sei. — Pe. Wacker. — o. R — Or. Düsseldorf. (fr. nach Ambrosi.) **1563**
»	»	desgl. der St. **F r a n k f u r t**. — KU. w. v. — Or. u. Kop. Frankf. St.-A.; vgl. Invent. 4, 74. **1564**
»	»	desgl. der St. **S t r a s s b u r g**. — KU. w. v. — Or. Strassb. St.-A. **1565**
»	»	teilt der St. **F r a n k f u r t** mit, dass er auf Klage des Kölner Bürgers Sigfrid Veckinghusen die Brüder Johann u. Gottfried, Gr. v. Ziegenhain u. Nidda, u. die St. Treysa geächtet. — Pe. Wacker. — o. R — Or. Frankfurt St.-A.; vgl. Invent. 4, 74. (fr. nach Ambrosi.) **1566**
»	»	teilt dies **F r i e d b e r g** mit. — KU. w. v. — Or. Darmstadt. (id. dat.) **1567**
» 6	»	erklärt, dass die Öffnung der Schlösser des **A u g s b u r g e r** Bistums für ihn u. das Reich durch Anselm v. Nenningen, diesem an »siner gewer besitzung u. slossen« keinen Schaden bringen soll. — [Per d. Guntherum comitem de Swarczburg Mich. can. Wratisl.] — R — Or. München R.-A.; nicht in RR] — Mon. Bofc. 34, 1, 219 f. (falschl zu April 5.) **1568**
»	»	verleiht der St. **K ö l n** die Befreiung v. auswärtigen Gerichten. — Ad m. d. r. Joh. prepos. de Strigonio vicecanc. — R — 2 Orr. Köln [nicht in RR] — Woelker, Hist. Noriub. dipl. 552f. — Senckenberg, v. d. kayserl. höchst. Gerichtsbark.(1760) Beilag. 19 ff.; Reg.: Mitteil. a. d. St.-A. zu Köln, Heft 16, 58 u. 24, 122; vgl. Invent. d. Frankf. Stadtarch. 2, 13. **1569**
		April 6: erklärt, dass die Hilfe, welche die **L u z e r n e r** ihm gegen Hrz. Friedrich v. Österreich leisten, ihren Privilegien keinen Abbruch thun solle u. s. w. — RR. E 179[r] (sa. vor quasimodo geniti) — ist nach d. Or. April 15 ausgestellt. **1569a**
[»]	»	ernennt den Burggr. Friedrich v. **N ü r n b e r g** zum obersten Hauptmann im Kriege gegen Hrz. Friedrich v. Österreich. — KU? — RR. E 140[r] (s. d.) **1570**
		April 6: weist die St. **R e u t l i n g e n** an v. nun an ihre Reichssteuer an Joh. Kirchen (vgl. März 27) zu zahlen, bis das Reich diese Steuer wieder eingelöst hat. — RR. E 125[r]; Kop. Wien H. H. u. St.-A. Hds. nr. 1067, f. 156 u. 157[r] (sa. nach Ambrosi) — ist nach Or. am 30. März ausgestellt. **1570a**
[»]	»	beauftragt den Konrad v. **W e i n s b e r g** alle Lehen im Aargau u. in der Eidgenossenschaft, welche einst Hrz. Friedrich IV v. Österreich zu verleihen gehabt hat, nunmehr im Namen des Reiches zu vergeben. — KU? — RR. E 185 (s. d.) **1571**
» 6	»	fordert alle Reichsstädte u. -Unterthanen auf, der St. **Z ü r i c h**, welche ihm gegen Hrz. Friedrich beistehe, alle Art Speise u. Notdurft zuzuführen. — Per d. G. de Swartzburg comitem judicem curie Johannes Gersse. — R — Or. Zürich St.-A. P. Schweizer; [RR. E 140[r] s. d.; Kopien Luzern St.-A.] u. Basel St.-A.; Thommen. **1572**
»	»	gestattet der St. **Z ü r i c h** die eingenommenen Schlösser u. Städte des Hrz. Friedrich v. Österreich mit v. ihr gewählten Amtleuten zu besetzen, doch soll sie dem Reich dafür huldigen, wenn er seinen Kammermeister Konrad v. Weinsberg mit des Reiches Panier sendet. — [Per d. G. . . . curie Michel canon. Wratisl. — R; P. Schweizer.] — Or. Zürich; RR. E 138. — Reg.: Samml. d. ält. eidgen. Abschiede 1[2], 147. **1573**
»	»	gewährt den **Z ü r i c h e r n** in Ansehung der Dienste, die sie dem Reiche schon geleistet haben u. gegen Hrz. Friedrich v. Österreich zu leisten willig sind, die Gnade, dass niemand Bürger der St. vor einem andern als des Zürcher Schultheissen Gericht verklagen dürfe. — KU. w. v. — R — Or. ib.; [nicht in RR] Schweizer. **1574**
»	»	nimmt Teil an der Konzilssitzung. Tagebuch Fillastres: Finke, Forsch. u. Quellen 171. **1574a**
» 7	»	verleiht dem Hrz. Philippo Maria v. **M a i l a n d** alle v. ihm in der Lombardei besetzten Plätze. — KU? — Erwähnt in Urk. Sigmunds v. 1418 April 2. (sept. apr.) **1575**
»	»	fordert den Hrz. Friedrich v. **Ö s t e r r e i c h - T i r o l** auf, sich dem Gericht zu stellen wegen der Ansprüche, welche geistliche u. weltliche Herren an ihn wegen geraubten Gutes hätten, u.

1415		
		verkündet nochmals die Verhängung der Reichsacht [vgl. nr. 1542] über Hrz. Friedrich. — KU? — Auszug bei Ulrich v. Richental (hrsg. v. Buck) 67. **1576**
April 7	Konstanz	bestätigt dem Hrz. Rudolf v. Sachsen die Ehre das Schwert dem römischen Kg. voranzutragen. — Ad m. d. r. Michel canon. Wratisl. — [o. R. — Or. Dresden] — Lünig, R. A. P. spec. 2, 5 f. **1577**
″ ″	″	erklärt mit Zustimmung des Konzils alle v. ihm den auf dem Konzil Anwesenden erteilten Geleitsbriefe für ungiltig. — Ad m. d. r. Johannes de Strigonio etc. — nach a. Braunschw. Hds. (mit Dat. XIII statt VIII?) Hardt, Conc. Const. 4, 112; nach e. Hds. der Prager Univers.-Bibl. Palacky, Documenta mag. Joannis Hus vitam ... illustr. 543 f.; Fontes rer. Austr. 1, 6, 264 f. **1578**
″	″	befiehlt der Judenschaft in den Landen des EB. v. Magdeburg, der BB. v. Halberstadt, Naumburg, Hildesheim, Minden u. Merseburg, der Herren Albrecht u. Bernhard v. Anhalt, des Abtes zu Korvey, der Äbtissin zu Quedlinburg, der Gr. Albrecht u. Volrat v. Mansfeld, der Herren Hans u. Brotzen zu Quorfurt, in den St. zu Magdeburg, Halberstadt, Merseburg, Naumburg, Goslar, Quedlinburg, Aschersleben, Halle a. S., da er ⸱v. der heiligen kirchen des richs u. gemeines nützes wegen itzund u. bi dreien ganzen jaren mit unser selbs persone u. grosser macht in Welschen u. Tütschen landen gross cost u. erbeit gehabt ... haben e, seinen Sendboten dem Pfarrer Meinhard v. Baldersheim u. Siegfrid Grecken, seinem Diener, nach Übereinkunft mit diesen eine Steuer zu entrichten; die Judenschaft in Franken Baiern Schwaben Elsass am Rheine habe ihm bereits den dritten Pfennig bezahlt. — Ad m. d. r. Michel can. Wrat. — o. R — Or. Öhringen. (mo. nach quasimodo geniti.) **1579**
″	″	erteilt dem Jakob Rudolf, Bürger u. Kaufmann zu Isny, u. dessen Sohn Heinrich, ein Wappen. [Ad m. d. r. Joh. prepos. de Strigonio vicecanc. — R] — Or. Nürnberg Germ. Nationalmus.; [nicht RR!] — R-g.: Mittheilung. a. d. germ. Nationalmus. 1890, 97. (octavo die aprilis.) **1580**
		April 8: giebt als Kurfürst v. Brandenburg seinen Willbrief zur Verpfändung der Reutlinger Reichssteuer an Joh. Kirchen. — RR. E 125ᵛ (mo. nach Ambros.) — s. nr. 1545. **1580a**
″ 9	″	tröstet den Hochmeister des Deutschordens Michael Küchenmeister, dass die Ordenssache (Beilegung des Streites mit Polen) noch nicht an die Reihe gekommen sei; man habe vorläufig mit der Wiedervereinigung der Kirche zu schaffen. — Ad m. d. r. Jodocus Röt. — o. R — Or. Königsbg. — Mitt. d. Inst. f. österr. Geschichtsf. Erg.-Bd. 5. **1581**
″	″	bestätigt auf Bitten des Abtes Johann v. Weingarten den (inser.) Ausspruch des Hofrichters Gr. Günther v. Schwarzburg, des Gr. Rudolf v. Montfort Landvogts in Schwaben, des Gr. Eberhard v. Nellenburg Landgr. im Hegau u. Madach, des Reichserbmarschalls Haupt v. Pappenheim u. des Ritters Frischhans v. Bolman v. 1415 Febr. 19 betr. die Streitigkeiten des Kl. Weingarten mit dem Flecken Altdorf. — Ad m. d. r. Michel canon. Wrat. — R — Or. u. Vid. des Landvogts in Schwaben Johann Truchsess v. Waldburg v. 1423 April 30 Stuttgart; [nicht in RR]. (di. nach ... quasimodo geniti.) **1582**
″	″	bestätigt auf Bitten des Abtes Johann v. Weingarten den (inser.) Ausspruch derselben Bevollmächtigten v. 1415 Febr. 19 betr. die Streitigkeiten des Kl. Weingarten mit dessen armen Leuten, die in dem Dorfe Hagenau [abg. Ort bei Maienfels?] wohnen. — KU. w. v. — R — Or. ib. [nicht in RR] (id dat.) **1583**
″ 10	″	befiehlt der St. Baden [Aargau] nicht mehr dem Hrn. Friedrich v. Österreich, sondern ihm (Sigmund) als oberstem Lehnsherrn u. dem Reich gehorsam zu sein. — [Ad m. d. r. Jodoc. Röt — R] — Or. [u. Hds. (rot) 383 Bd. 26 f. 6—7] Wien H. H. u. St.-A.; [nicht in RR] — Reg.: Lichnowsky, G. d. Haus. Habsburg 5 nr. 1531. **1584**
″	″	desgl. der St. Brugg. — KU? — Or.ᵃ Innsbruck. — Reg. Lichnowsky nr. 1532. **1585**
″	″	desgl. der St. Rapperswyl. — [Ad m. d. r. Jodoc. Röt. — Kop. Zürich Schweizer] — vgl. G. H. Hugo, Mediat. d. Reichsstädte 129. **1586**
[″]	″	entbindet den Hrz. Ulrich v. Teck wegen der Schandthaten des Hrz. Friedrich v. Österreich aller Verpflichtungen gegen diesen; alle Pfandschaften u. Lehen, die dieser verliehen, gingen jetzt v. Reiche zu Lehen. — KU? — RR. E 143 (s. d.) **1587**
[″]	″	desgl. den Gr. Friedrich v. Toggenburg. — KU? — Not. ib. 143ᵛ (s. d.) **1588**

1415		

April 10 · **Konstanz**

setzt davon in Kenntnis die Städte, Herrschaften u. s. w. zu W e s e n W a l l e n s t a d t Windegg (-eck) Meile (Meils) u. a., welche v. Hrz. Friedrich an den Toggenburger versetzt sind. — W. v. **1589**

» · »

befiehlt der St. F r a n k f u r t a. M. die bereits v. K. Karl IV an die Gr. v. Schwarzburg verpfändete Reichssteuer an den Gr. Günther v. Schwarzburg zu bezahlen. — Ad m. d. r. Michael canon. Wrat. — R — Or. Sondershausen; RR. E 130ʳ u. 131ᵛ m. KU.: Per d. ducem Saxonie Rudolfum Mich. de Priest can. Wrat.! (mi. nach . . . quasimodogeniti.) **1590**

[» ?] · »

verbietet Unterthanen des Gr. Günther v. S c h w a r z b u r g aufzunehmen, »si haben sich danne vor im gerechtvertigt u. im sine gutere gelaßen u. georlabwt, als recht ist, oder das si doruber sinen willen haben.« — KU ? — RR. E 130ᵛ (s. d.) **1591**

» 10 · »

erhebt die Markgrafschaft I s e o (Inhaber: die Brüder Jakob u. Johann) zu einer wahren u. ständigen Markgrafschaft mit denselben Rechten, welche die übrigen Markgrafschaften des Reichs haben. — Ad m. d. r. Joh. prepos. Strigon. vicecanc. Michael de Priest. — RR. G [!] 51ʳ: vgl. auch die Erwähnung in Urk. Friedrichs III v. 1447 Sept. 4 (Chmel nr. 2317), doch ohne Tagesbezeichn. (decima apr.) **1592**

» · »

bestätigt der St. R a p p e r s w y l die Privilegien. — KU ? — R? — Or. u. Vidim. v. 1417 Mai 19 Rapperswyl; [nicht in RR] — v. Mohr, Reg. d. Arch. in der Schweiz. Eidg. 1, 3, n. 44 u. 47 (falsch? identisch mit nr. 1586?) **1593**

» · »

beglaubigt in wichtiger (nicht näher bezeichnet) Angelegenheit bei S t r a s s b u r g den Gr. Hans v. Lupfen, Landgrafen zu Stühlingen. — Per d. G. comitem de Swarczburg judicem curie Jodoc. Röt. — o. R — Or. Strassburg St.-A. (mi. nach quasimodo genitl.) **1594**

» 11 · »

verleiht dem Gr. Hermann zu Cilly den Blutbann in seiner Herrschaft Schmirnburg (Smiln-) in Steiermark. — [Ad m. d. r. Michel canon. Wratisl. — R — Or. Wien H. H. u. St.-A.; RR. E 130ᵛ (s. d.)] — vgl. Reg. (nach e. Kopie): Mitteil. d. hist. Ver. für Steiermark 7, 266. **1595**

» 12 · »

weist die St. S c h w ä b i s c h - H a l l an, die Martini fällige Reichssteuer, die früher an Engelbert v. Weinsberg versetzt war, nunmehr an dessen Sohn Konrad, dem er sie verpfändet, zu zahlen. — Ad m. d. r. Jod. Röt. — o. R. — Or. u. Vid. der St. Wimpfen v. 1415 Mai 14 Öhringen. (fr. vor miseric. domini.) **1596**

» · »

teilt der St. S c h w ä b i s c h - H a l l mit, dass er ihre Reichssteuer an Engelbert u. Konrad v. Weinsberg versetzt habe; weist sie an diesen Zahlung zu leisten. — KU ? — Vid. der St. Wimpfen v. 1417 Jan. 19 ibid. (id. dat.) **1597**

» · »

erteilt der Stadt St. G a l l e n [den Blutbann, den sie ihrem Vogt weiter verleihen darf, das Privileg de non evocando sowie] das Recht kleine Münzen zu schlagen. — [Per d. G. comitem de Swarczburg judicem curie Michael can. Wratisl. — R — Or. St. Gallen Stadt-A.; Ausz. RR. E 123ᵛ] — Erw.: Hartmann, Gesch. d. Stadt St. Gallen (1816) 116. **1598**

» 13 · »

nimmt den Ritter Ludwig v. H ü t t e n zu seinem Diener (besonders für das Hofgericht) an u. setzt ihm 100 rhein. Gulden jährl. Gehalt aus. — Jodocus. — RR. E 180ᶠ. (sa. vor Tiburcii u. Valeriani.) **1599**

April 13: widerruft alle den Konzilsbesuchern gegebenen Geleite. Hardt, Conc. Const. 4, 112. — vgl. nr. 1578. **1599a**

» 14 · »

bestätigt dem Benedictiner-Kl. zu C h e m n i t z alle Rechte, Besitzungen u. Freiheiten u. stellt es unter den besonderen Schutz des Reiches. — Ad m. d. r. Joannes Gerse — [R] — Or. Dresden [nicht in RR] — Cod. dipl. Saxon. reg. 2, 6, 355 ff. **1600**

[» 14?] · »

belehnt den B. Johann v. W o r m s mit den Regalien. — KU ? — RR. E 191ᵛ u. Not. 195ʳ (s. d.) — Vielleicht Febr. 25 ausgestellt; vgl. nr. 1464. **1601**

» 14 · »

nimmt den B. Johann v. W o r m s u. dessen Stift in Schutz gegen Gewalttätigkeiten. — [Ad m. d. r. Joh. prepos. de Strigonio vicecanc. — R — Or. Darmstadt; nicht in RR] — Schannat, hist. episc. Wormat. Cod. probat. 228 f. **1602**

» · »

überträgt dem Elb. . v. T r i e r den Schutz der Geistlichen des Wormser Stiftes u. ihres Besitzes u. giebt ihm ausreichende Vollmacht gegen die Feinde des Stiftes energisch vorzugehen. — KU ? — RR. E 136. (14. d. apr.) **1603**

1415		
April 14	Konstanz	desgl. dem ED. . . v. Mainz. — Not. ib. 136ᵛ. **1604**
”	”	desgl. dem Pfalzgrafen bei Rhein Ludwig. — W. v. **1605**
”	”	bestätigt dem B. Johann v. Worms die inser. Urk. Ludwigs d. Fr. u. Lothars I v. 829 Sept. 11 [Böhmer-Mühlbacher nr. 842] — KU? — RR. E 132ᵛ u. 133ᵛ (s. d.) **1606**
”	”	desgl. die inser. Urk. des Kg. Ludwig des Dtsch. v. 856 Jan. 20 [Böhmer - Mühlbacher nr. 1373 Fälschung!] — KU? — RR. E 134ᶠ. (14. apr.) **1607**
”	”	desgl. die inser. Urk. K. Arnulfs v. 893 Okt. 14 [Böhmer-Mühlbacher nr. 1894] — KU? — RR. E 134 (id. dat.) **1608**
”	”	desgl. die inser. Urk. K. Heinrichs II v. 1002 Okt. 3 [Stumpf nr. 1326. — KU? — RR. E 133] — Schannat a. a. O. 226 ff. **1609**
”	”	desgl. die inser. Urk. Kg. Richards v. 1269 April 20 [Schannat a. a. O. 134 f.] — Ad m. d. r. Joh. prepos. de Strigonio vicecanc. — R — Or. Darmstadt; RR. 133ᵛ] — Schannat 229 f.: vgl. Zorn, Wormser Chronik 181. **1610**
”	”	desgl. die inser. Urk. K. Ludwigs d. B. v. 1332 Jan. 6 [Böhmer nr. 1408 mit — der inser. Urk. Heinrichs VI. v. 1196 Juni 10 [Stumpf nr. 5003] — KU. w. v. — R — Or. ib. — RR. E 131ᵛ u. 132. (quarta decima aprilis.) **1611**
” 15	”	desgl. die inser. Immunitätsurk. Karls IV [Böhmer-Huber nr. 4372] v. 1366 Sept. 16 [RR. E 134ᵛ u. 135ᶠ] unter Erweiterung des Rechtes eigene Richter zu setzen auch auf das Domstift u. die anderen geistlichen Stiftungen in der St. u. Diözese Worms. — KU. w. v. — R — Or. Darmstadt; Kop. d. 16. Jhdt. Wiesbaden. (mo. nach Tiburtii.) **1612**
”	”	desgl. die inser. Urk. Karls IV v. 1366 Sept. 24 [Böhmer-Huber nr. 4379] — KU? — RR. E 135. (s. d.) **1613**
”	”	desgl. die inser. Urk. Karls IV v. 1364 Juli 4 [ib. nr. 4062] — KU? — RR. E 135ᵛ u. 136. (mo. nach Tiburt.) **1614**
”	”	teilt den Eidgenossen (Zürich Bern Solothurn Luzern Zug Uri Schwyz Unterwalden u. Glarus) mit, dass sie den Frieden mit Österreich nicht gebrochen hätten [identisch mit nr. 1560], wenn sie ihm gegen Hrz. Friedrich beiständen. — [Ad m. d. r. Mich. can. Wrat. — R — Or. u. Kop. Luzern Staats-A.; Kop. Basel; Vid. v. 1421 April 1 Zug; nicht in RR] — Stumpf, Konst. conc. 45; Tschudi, Chron. Helv. 2. 13 f.: Dumont. Corps univers. dipl. 2, 2, 26 ff.: Reg.: Lichnowsky, Gesch. d. Hauses Habsburg 5 nr. 1534; Zuger. Neujahrsbl. 1849, 13. (mo. nach Tibart. im Aprellen.) **1615**
”	”	entbindet dieselben Eidgenossen, nachdem er die Schandthaten des Hrz. Friedrich ausführlich aufgezählt hat, der österreichischen Unterthänigkeit, erklärt sie für reichsunmittelbar u. verspricht ihnen, dass sie die Eroberungen, die sie in Hrz. Friedrichs Landen machen, behalten können [identisch mit nr. 1561. — KU. w. v. — R — Or. u. Vid. v. 1447 Jan. 11 u. März 16 Luzern Staats-A.; RR. E 142 s. d.] — Stumpf 46 ff.; Tschudi 2, 14 f. — Reg.: Lichnowsky nr. 1533. (mo. nach misericord. dom.) **1616**
”	”	teilt den St. Mellingen Sursee Bremgarten u. Zofingen mit, warum er Hrz. Friedrich v. Österreich geächtet habe, mit der Aufforderung dem Reichskammermeister Konrad v. Weinsberg zu Händen des Reichs zu huldigen u. gelobt dagegen den St. alle ihre Rechte u. Freiheiten zu bestätigen, sie in den Reichsschutz u. niemals zu verletzen. — [Ad m. d. r. Michael canon. Wratisl. (gedr. comes Wratislaviae) — Or. Bremgarten — Argovia 10, 103 f. (vgl. ibid. 104 ff. den Vertrag Konrads v. Weinsberg mit Bremgarten 1415 April 24); vgl. auch ibid. 8, 8 u. 14, 130. **1617**
”	”	bestätigt der St. Luzern die (inser.) Privilegien Kg. Rudolfs v. 1274 Jan. 9 u. 1277 Nov. 4 sowie Kg. Wenzels v. 1379 Okt. 16 u. 1381 Okt. 10, befreit sie v. fremden Gerichten, besonders dem Landgericht zu Rottweil, erlaubt ihr Zölle zu erheben, den Blutbann auszuüben, Brücken zu bauen, u. spricht sie schliesslich v. allen Ansprüchen frei, welche Friedrich v. Österreich etwa gegen sie erheben sollte. — [KU. w. v. — E] — Or. Luzern Stadt-A.: [Ausz. RR. E 139ᵛ s. d.] — Ausz.: Geschichtsfreund 1, 8. **1618**
”	”	erneuert der St. Luzern das Freiheits-Privileg Rudolfs I v. 1281 Nov. 1. — KU? — Kop. (Silbern. Buch f. 185) Luzern Staats-A. — Reg.: Geschichtsfreund 1, 8. **1619**

1415		
April 15	Konstanz	erklärt, dass die Hilfe, welche die Luzerner ihm gegen Hrz. Friedrich v. Österreich leisten, ihren Privilegien keinen Abbruch thun soll, u. giebt ihnen das Recht eroberte Schlösser des Hrz. mit Amtleuten zu des Reichs Händen zu besetzen; sie sollen namens des Reichs dem Konrad v. Weinsberg Huldigung leisten. — [Ad m. d. r. Mich. can. Wrat. — R] — Or. Stadt-A. Luzern; [RR. E 179ᵛ zu April 6!] — Segesser, Rechtsg. 1, 289 ff.; Eidg. Abschiede 1², 147. Ausz.: Geschichtsfreund 1, 8 f. **1620**
„	„	bestätigt die Privilegien von Uri. — KU? — RR. E 182. — Reg.: Sammlg. d. alt. eidgenöss. Abschiede 1², 147. — In RR. ib. auch Bestätigung der Privilegien v. Unterwalden, Schwyz u. Zug, doch entsprechen diese Eintragungen wohl den Orr. nr. 1405, 1409 u. 1411; wahrscheinlich trug auch die Urk. für Uri im Or. das Dat. Jan. 26 oder 27. **1621**
„ 16	„	leiht dem Bürgermeister v. Zürich das Freiamt im Zürichgau, das er dem Hrz. Friedrich v. Österreich abgenommen, mit dem Bann als Reichslehen. — [Ad m. d. r. Michael canon. Wrat. — R — Or. Zürich *Schweizer*; RR. E 134ᶠ s. d.; Kop. Zürich Rotes Buch f. 89; Kop. Basel; Kop. Luzern Staats-A.] — Ausz.: Tschudi, Chron. Helv. 2, 16 — Reg. Lichnowsky 5 n. 1536. **1622**
„ 18	„	verpfändet der St. Überlingen ihre Reichssteuer (jährl. auf Martini mit 600 Gulden fällig) für 5000 Gulden. — Ad m. d. r. Jodocus Rot can. Basiliens. — R — Or. (s. L) Karlsruhe; [RR. E 129ᵛ] — Ztschr. f. G. des Oberrh. 22, 29 ff. u. Reg.: ib. N. F. 3, 437 fälschl. zu April 25! (Jo. vor Georgen.) **1623**
„ 19	„	nimmt den B. u. das Kapitel zu Chur in seinen Schirm, verordnet, dass niemand des Stifts Vogt sein dürfe als der Kg. u. dass der B. Vogt des Kl. Münster sein solle. — KU? — Abschr. Chur bischöfl. Arch.; [nicht in RR.] 7nor. **1624**
„	„	befiehlt dem Eglof v. Falkenstein nach April 21 »mit dem besten zeuge den du hast« in Schaffhausen, wohin er nächste Woche ziehen würde, sich einzufinden. — Per d. G. comitem de Swartzburg Michael can. Wrat. — o. R — Or. Strassburg St.-A. (AA. 146). (fr. vor Görgen.) **1625**
„ 20	„	bestätigt dem Johannes v. Chalon-sur-Saône (Cabilone), Fürsten v. Orange (Aurayca) u. Herrn des Arelats — Gesandter Jacob v. Vienne, Herr v. Rufferium [= Rouvray?] — alle Privilegien, Gerechtsamen u. s. w. — KU? — RR. E 145ᶠ. (die 20. apr.) **1626**
„	„	erlaubt dem Johann v. Chalon-sur-Saône dessen Gemahlin Maria u. ihren Erben den Zoll (pedagium), den sie in der St. Orange erheben, in Zukunft auch in Gigondas u. Condultejum [— Courthezon?] zu erheben. [vgl. 1418 März 20] — KU? — RR. E 145ᶠ (dat. ut supra) u. 195ᶠ s. d. **1627**
„	„	bestätigt denselben den Rhone-Zoll (pedagium in descensu Rodani) — KU? — ib. 145ᵛ. (dat. ut supra.) **1628**
„	„	zeigt der St. Frankfurt die Ernennung des Gr. Philipp v. Nassau zum Landvogt der Wetterau an. — Per d. Conrad. de Winsperg Michel canon. [nicht cancell.] Wratisl. — Kopialb. u. 100ᵇ Frankf. St.-A., vgl. Invent. 3, 199. — Arch. f. hess. Gesch. 4, 10. Abh. 11 f. **1629**
„	„	gebietet der St. Giengen, da er das Amtmannamt, die Steuer, Renten u. s. w. daselbst wegen seiner grossen Ausgaben in der Lombardei u. beim Konstanzer Konzil für 1600 rhein. Gulden an Otto Hebben v. Nörnberg verpfändet habe, die Stadtsteuer fortan an diesen, bis sie wieder eingelöst sei, zu entrichten. — Michael — RR. E 180ᵛ. (st. vor Jorgen.) **1630**
„	„	erneuert das (inser.) mit Kg. Wladislaw v. Polen u. Grossbrz. Witold v. Littauen in Lublau abgeschlossene Bündnis v. 1412 März 15 [nr. 199] — KU? — [nicht in RR] — Dogiel, Cod. dipl. regni Polon. 1, 49 f.; vgl. Reg.: Mon. med. aevi hist. res gest. Polon. illustr. 11, 109. **1631**
„	„	beschwört das Friedens- u. Freundschafts-Bündnis mit dem Grossfürsten Witold v. Littauen; Nicolaus v. Gara u. andere ungar. Grossen Mitschwörer. — KU? — Nach Hds. d. Königsb. Univ.-Bibl. Arch. f. österr. Gesch. 45, 401 f. (dem Kg. v. Polen war dieser Schwur bereits 1412 März 16 geleistet.) **1632**
[vor April 21]	„	ernennt Kuno v. Scharfenstein zum Hauptmann in Frankfurt u. Friedberg [vgl. nr. 1634] KU? — Reg.: (nach Kop.) Inv. d. Frankf. Stadt-A. 1, 84 (s. d.) **1633**

1415		
April 21	Konstanz	teilt **Frankfurt** mit, dass er Kuno v. Scharfenstein der St. als kgl. Hauptmann gesetzt habe. — Ad relacionem d. comitis de Swartzburg Michael [can.] Wratisl. — Kop. Frankf. St.-A.; vgl. Invent. 1, 54 u. 3, 199. — Arch. f. hess. Gesch. 4, 10. Abh. 7 f. **1634**
		April 21 Paris: schreibt an die Barone v. Böhmen u. Mähren: Fontes rer. Austr. 1, 6, 272 f. falsch statt 1416 April 21. **1634 a**
„ 22	„	erklärt, dass alle Lande, Leute u. s. w. des Hrz. Friedrich v. Österreich, dessen Schandthaten aufgeführt werden, fortan zum Reiche gehören. — [Ad m. d. r. Joh. Gerns. — R — Or. Basel St.-A. u. Strassb. St.-A.; RR E 143ᵛ s. d.] — Nach Kop. Schöpflin, Alsat. dipl. 2, 322 (Dat. 24. April falsch); vgl. Ochs, Gesch. v. Basel 3, 110. **1635**
„	„	erklärt, dass den **Baslern** alles, was sie in den Landen des Hrz. Friedrich an Gütern, Zinsen u. s. w. hätten, gewahrt bleibe. — [Ad m. d. r. Jod. Röt can. Has. — R; *Thommen*] — Or. Basel St.-A.; [RR E 131] — vgl. Ochs 3, 111. **1636**
„	„	gewährt dem Ammann u. den Landleuten v. **Glarus**, weil sie ihm Hilfe gegen Hrz. Friedrich v. Österreich zugesagt, das ius de non evocando, verleiht ihnen den Blutbann, erklärt sie für reichsunmittelbar u. entbindet sie jeder Verpflichtung gegen Hrz. Friedrich sowie des an die Kilchmatter zu zahlenden Lämmerzehnten. — Per Wigelis Schenk de Geyrn Jodocus Rot can. Basil. — [R] — Or. Glarus; RR E 139ᵛ u. 140ᵛ. — Tschudi, Chron. Helvet. 2, 19; Blumer, Urkksaml. z. G. d. Kant. Glarus 1, 481 ff.; vgl. Samml. d. Alt. Eidg. Absch. 1², 147. **1637**
„	„	sichert der St. **Strassburg** für ihr Versprechen der Hilfeleistung gegen Friedrich v. Österreich den Besitz der Schlösser Kenzingen u. Endingen zu. — [Per d. Guntherum comitem de Swarczpurg judicem curie Michael canon. Wratisl. — R — Or. Strassb. St.-A.; RR E 131ᵛ] — Nach Kop. Schöpflin, Alsat. dipl. 2, 322 f. (Dat. 24. April!) (mo. vor Georgen.) **1638**
„	„	nimmt Heinrich, Pfalzgr. bei Rhein u. Hrz. in Baiern, in sein Hofgesinde mit einem Jahrgeld v. 600 rhein. Gulden auf. — KÜ? — RR E 185ᶠ. (mo. vor Jorgen.) **1639**
„ 23	„	bestätigt die Privilegien des Kl. **Berchtesgaden** auf Bitten des Probstes Peter. — Ad m. d. r. Jodocus Röt canon. Basiliens. — [R — Or. u. Vid. v. 1438 Juni 12 München R.-A.; nicht in RR] — Hund, Metropol. Salisb. 2 (1620), 186 f.; Lünig, R.-A. Spic. eccl. 3, 32 f.; vgl. Reg. Boic. 12, 193. **1640**
„	„	belehnt den Probst Peter v. **Berchtesgaden** mit den Regalien. — Jod. Rot can. Bas. Not. RR E 173ᵛ (s. d.) **1641**
„ 24	Im Felde vor Radolfszell	befiehlt den **Strassburgern** sich durch das Gerücht, dass Hrz. Friedrich v. Österreich mit ihm kriegen wolle, v. ihren [kriegerischen] Massregeln nicht abschrecken zu lassen; ein etwaiger Frieden mit Hrz. Friedrich würde nur so abgeschlossen werden, dass er dem Reiche u. ihnen zu gute käme. — Per d. G. comitem de Swartzburg judicem curie Mich. can. Wrat. — o. R — Or. Strassburg St.-A. (mi. nach Georgen.) **1642**
„	„	befiehlt den **Strassburgern**, dem Pfalzgr. Ludwig auf dessen Verlangen Zuzug zu leisten. — Ad m. d. r. Michel de Priest. — o. R — Or. Strassburg St.-A. (mi. nach Jorgen.) **1643**
		April 24: f. **Strassburg**. Schöpflin, Alsat. dipl. 2, 322 f. falsch — statt April 22. **1643 a**
		April 24: bestätigt dem Benedictiner-Kl. **Ottobeuren** die Privilegien — Not. RR E 183ᵛ (for. quarta post f. s. Gerhardi episc.) — s. nr. 1383. **1643 b**
		desgl. dem Benedictiner-Kl. zu **Füssen**. — Not. w. v. — s. nr. 1384. **1643 c**
		April 25: verpfändet der St. **Überlingen** ihre Reichssteuer. Ztschr. f. Gesch. d. Oberrh. 22, 29 ff. u. Reg.: ib. N. F. 3, 437 — s. nr. 1623. **1643 d**
„ 26	Konstanz	nimmt Teil an einer feierlichen Prozession des Konzils. Ulrich v. Richental 72. **1643 e**
„ 27	„	belehnt seinen Diener Albrecht v. **Gurwitz**, der ihm u. der Krone Böhmen das Schloss Rabenstein u. den Wald Masantz [?], sein bisheriges Eigentum, aufgetragen, damit als Mannlehen. — Jodocus. — RR E 174ᵛ u. 179ᶠ. (sa. nach Marcus.) **1644**
„	„	belehnt Albrecht v. **Gurwitz**, der einer seiner Hauptleute im Kriege gegen Hrz. Friedrich v. Österreich ist, u. dessen Vetter Otto mit Schloss Uschau (Usnau, cz. Ušava) nebst allem Zubehör, das vor Jahren v. Mrkgr. Jobst v. Mähren dem Albrecht verpfändet worden war. — Jodocus. — ib. 179ᶠ. (sa. nach Georgen.) **1645**

1415		
April 27	Konstanz	befiehlt der St. Lindau die auf künftigen Martinstag fällige Reichssteuer an Hermann v. Breitenstein (Pray-) zu bezahlen. — [Per d. F. burggravium Nürenb. Michel can. Wratisl. — o. R — Or. München R.-A.] — Reg. Boic. 12, 193. **1646**
» 28	»	verleiht den Landleuten zu Schwyz bezw. dem Ammann den Blutbann, das Privileg de non evocando, als kaiserliche Lehen die ehemals österreichischen, zu Eigentum die ehemals österreichischen Gütern u. Zinse, endlich einen Wochenmarkt. — [Ad m. d. r. Michel de Priest can. Wratisl. — R — Or. Schwyz Köln]; RR. E 140ᵛ u. 141ᶠ. — Reg.: Samml. d. ält. Eidg. Abschiede 1ᶻ, 147; Geschichtsfreund 45,289. **1647**
»	»	bestätigt den Unterwaldnern verschiedene Gnaden: die Vogtei in Levantina, den Blutbann, das Privilegium de non evocando; bestätigt ihre Privilegien im allgemeinen; erklärt, dass ihr Vorgehen gegen Hrz. Friedrich v. Österreich ihrer Ehre keinen Schaden bringen soll. — KU? — R? — Or. Obwalden [nicht in RB]; Kop. Luzern Staats-A. — Tschudi, Chron. Helv. 2, 25 f.; Ausf. Reg.: Der Geschichtsfreund 30, 243; vgl. Samml. d. ält. eidg. Abschiede 1ᶻ, 147; Arch. f. schweiz. Gesch. 18, 255. **1648**
»	»	verleiht der St. Zug den Blutbann auch unter den Vogtleuten v. Cham, das Privilegium de non evocando, das Recht Geächtete bei sich aufzunehmen, bestimmt dass alle, welche Lehen v. Österreich haben, diese nunmehr vom Reiche empfangen sollen, erklärt dass der Friedensbruch gegen Österreich der St. nicht schaden soll. — [Ad m. d. r. Michel can. Wratisl. — R] — Or. Zug; [vgl. Not. RR. E 141ᶠ s. d.] — Ausz.; Geschichtsfreund 5, 37; Reg.: Zugerisch. Neujahrsblatt 1889, 14 (fälschl. zu Mai 5) (sunt cantate.) **1649**
		Mai 1 Paris: L'empereur S. entre à Paris et va loger aux Louvre, le 10 mai il donna à dîner aux demoiselles et bourgeoises dans l'hôtel de Bourbon et fit présent à chacune d'un jouet. Il resta trois semaines à Paris. Nach Pierret 1, 395 Publicat. de la sect. hist. de l'inst. de Luxemb. 25, 203. — Kg. Sigmund zog in Paris 1416 März 1 ein] **1649a**
Mai 2	»	ersucht die Strassburger die Chorherren v. St. Peter d. ält., St. Peter d. jüng. u. St. Thomas zu Strassburg, welchen vom Pabste »kutzhut v. velte« gleich den Domherren des Strassburger Stifts verliehen worden sind, zu bewegen wieder zu ihrer alten Kopfbedeckung zurückzukehren, damit nicht Zwietracht unter der Pfaffheit entstünde [vgl. nr. 1730]. — Per d. G. comitam de Swartzburg judicem curie Jul. Röt can. Basil. — o. R — Strassburg St.-A. (do. nach Philipps u. Jacobs t.) **1650**
		Mai 2: an die Stände der Mark Brandenburg. Häberlin, R. Reichsgesch. 5, 206 — s. Mai 8 u. 9. **1650a**
»	»	hört die Boten des flüchtigen P. Johann XXIII. — Tagebuch Fillastres: Finke, Forsch. u. Quellen 175. **1650b**
» 3	»	bestätigt dem Benedictiner-Kl. Ellwangen (Augsburger Diözese) auf Bitten des Abtes Sigfried die Privilegien; inser. das Privileg Karls IV v. 1372 Juli 24 [Böhmer-Huber nr. 7360]. — Per d. Joh. prep. de Strigonio vicecanc. Mich. de Priest can. Wratisl. — R — Or. Stuttgart; nicht in RB. (tercia die mai.) **1651**
»	»	verpfändet dem Ritter Hans v. Stuben, der ihm 1140 ungar. Gulden geliehen, 100 Mark Silber, die er selbst v. Burggr. Friedrich v. Nürnberg geliehen, u. 66 Mark vergoldetes Silber mit der Bestimmung, dass die Pfänder verfallen sein sollen, wenn bis künft. April 23 jene Summe nicht bezahlt ist. — KU? — RR. E 137ᶠ. (crewz t. invenc.) **1652**
» 4	»	leiht dem B. Rudolf v. Meissen die Regalien u. Weltlichkeit des Stifts Meissen. — Ad m. d. r. Michael can. Wrat. — [R] — Or. Dresden; [RR. E 173ᵛ] — Cod. dipl. Saxon. reg. 2, 2, 415 f. **1653**
»	»	bestätigt die Privilegien des Hochstifts Meissen. — KU. w. v. — [R] — Or. ib.; [RR. E 173ᵛ] — Gedr. ib. 416 f. **1654**
		Mai 5: s. Zug. Zuger. Neujahrsbl. 1889, 14 — fälschl. statt 1415 April 28. **1654a**
» 5	»	ersucht die Strassburger nicht etwa mit Rücksicht auf das Gericht v. Verhandlungen mit Hrz. Friedrich v. Österreich [vgl. auch nr. 1643] die kriegerischen Massnahmen einzustellen. — Ad m. d. r. Michahel can. Wrat. — o. R. — Or. Strassburg St.-A. (sunt vor uns. herren offardt.) **1655**

1415

Mai 7	Konstanz		

Mai 7 Konstanz verleiht dem Johann Vintler v. Bozen ein Wappen mit goldener Helmkrone. — [KU? — R?] — Or. Meran: v. Vintlerisches Familien-A; [nicht in RR] — Reg.: Mitteil. der 3. (Arch.) Section d. k. k. Centralkomm. 1, 392. **1656**

» » » demütigt den Hrz. Friedrich v. Österreich-Tirol, der um Gnade fleht: Windecke 60 f.; Ulrich v. Richental 67 ff. (ohne Dat.); vgl. Aschbach 2, 78 f. (nicht Mai 5.) — An demselben Tage soll Sigmund nach Ulrich v. Richental 71 dem Philippo Maria Viscouti die Mailänder Herzogwürde bestätigt haben! **1656a**

» 8 » bestätigt die Privilegien der Geistlichen des Hochstifts Speier, besonders die Befreiung der Speierer Geistlichkeit v. weltlichem Gerichtszwang. — Per d. Joh. prepos. de Strigonio vice-cancellarium Michael can. Wratislav. — R — Or. Karlsruhe; [nicht in RR] — Vid. v. 1433 Dez. 2 u. Kop. Speyer Kr.-A.] — Remling, Urk.-B. z. G. d. Bischöfe v. Speyer 2, 85 ff.; Reg.: Ztschr. f. d. G. d. Oberrh. N. F. 3, 437. **1657**

» » » verpfändet dem Edlen Johann Truchsess v. Waldburg die Landvogtei in Ober- u. Unter-Schwaben um 6000 rhein. Gulden samt der Burg u. Veste Ober-Ravensburg nebst Zubehör. — [Ad m. d. r. Michel can. Wrat. — R — Or. Wien H. H. u. St.-A.; RR. E 143ᵛ] — Lünig, Cod. Germ. dipl. 2, 887 ff.; Dumont, Corps dipl. du droit des gens 2, 2, 30; vgl. Ausz.: M. v. Pappenheim, Chronik der Truchsessen v. Waldburg (1777) 1, 74; Wegelin, Landvogtei in Schwaben 2, 53 f. **1658**

» » » »Die mercurii sequenti rex cum deputatis nacionum et aliquibus cardinalibus ordinavit de mittendo Fribargum ad redeceudum papam, et ad hoc fuit deputatus bargravius, qui tamen protestatus est, quod papam non tangeret nec manum poneret in christum domini, set illos, qui eum adducerent, servaret a vi majore. Fuerunt eciam deputati archiepiscopus Bisuntinus T. de Rubeo Monte et archiepiscopus Rigensis de ordine beate Marie Theotonicborum; et ivit burgravius cum exercitu et recesserunt de Constancia in festo ascensionis domini, 9 maji.» Tagebuch Fillastres: Finke, Forschungen u. Quellen z. Gesch. d. Konst. Konzils 176. **1658a**

» » » entbindet die Fürsten, Prälaten, Grafen, freien Herren, Ritter u. anderen Stände der Mark Brandenburg v. der ihm als Mrkgr. geleisteten Huldigung, da er die Mark dem Burggr. Friedrich v. Nürnberg übertragen [vgl. nr. 1541] u. befiehlt diesem zu huldigen. — Ad m. d. r. Michael canon. Wratisl. — [R] — Or. Berl. H. A.; [nicht in RR] — Riedel, Cod. dipl. Brand. 2, 3, 231; Mon. Zoll. 7, 307 f. **1659**

» » » desgl. Rat u. Bürgerschaft der Alt- u. Neustadt Brandenburg. — KU? — Or. Brandenburg. — Riedel, 1, 9, 96. **1660**

» » » desgl. das Domkapitel zu Lebus. — Ad m. d. r. Joh. propos. de Strigonio vicecanc. — [o. R — Or. Berlin Geh. St.-A.] — Gercken, Cod. dipl. Brand. 4, 584 = Riedel 1, 20, 254. **1661**

» 9 » desgl. alle Mannen u. Einwohner v. Schlössern, Städten u. Dörfern der Mark Brandenburg. — KU. w. v. — o. R — 4 Or. Berlin H.-A. — Riedel 2, 3, 231 f. **1662**

» » » desgl. das Domstift zu Brandenburg. — KU. w. v. — Nach? Riedel 1, 8, 390 f.; Minutoli, Friedrich I v. Brand. 279 (KU!) **1663**

» » » desgl. den Meister des Johanniter-Ordens in der Mark Reimar v. Günthersberg. — KU. w. v. — o. R — Or. Berlin Geh. St.-A. — Lünig, R.-A. Spic. eccl. 1. Forts. Kap. 3, 110; Gercken, cod. dipl. 5, 313; Riedel 2, 3, 232. **1664**

» » » desgl. den Gr. Ulrich v. Lindow. — KU. w. v. — o. R — Or. Berlin Geh. St.-A. — Riedel 1, 4, 91. **1665**

» » » fordert den Kurfürsten Werner v. Trier auf den Burggr. Friedrich v. Nürnberg als Mrkgr. u. Kurfürsten v. Brandenburg anzuerkennen. — Ad m. d. r. Michahel de Priest can. Wratislav. — Kop. Koblenz St.-A. — Mon. Zollerana 8, 394. **1666**

» » » setzt dem Ritter Stefan Smyher ein Jahrgehalt v. 500 Gulden aus. — Ad m. d. r. Joh. prep. de Strigonio vicec. — Not. RR. E 188ᵛ s. d. (eingereiht, da der Zahlungstermin Himmelfahrt, Ung. J. 29.) **1667**

» 10 » verhängt über die Hrz. Otto u. Casimir v. Pommern, die St. Stettin, Garz u. Strasburg, sowie zahlreiche genannte Vasallen der Ukermark die Reichsacht, da sie der dreimaligen Vorladung vor sein Hofgericht wegen ihres Ungehorsams gegen den Burggr. Friedrich

1415		
		v. Nürnberg, den Verweser der Mark Brandenburg, nicht Folge geleistet haben. — Petrus Wacker. — Or. Berlin Geh. St.-A. — Riedel 2, 3, 233 f. **1668**
Mai 10	Konstanz	notificiert diese Achtserklärung den Ständen des Reichs. — KU. w. v. — Or. ib. — Riedel 234f. **1669**
"	"	desgl. dem Kg. Wladislaw v. Polen. — KU. w. v. — Or.* ib.; [nicht ausgeliefert?] — erwähnt Riedel 235. **1670**
"	"	desgl. dem Kg. Erich v. Dänemark. — W. v. **1671**
"	"	desgl. dem B. v. Hildesheim. — W. v. **1672**
"	"	desgl. den Hrz. v. Schlesien. — W. v. **1673**
"	"	desgl. den Hrz. v. Braunschweig-Lüneburg. — W. v. **1674**
"	"	desgl. den Hrz. v. Sachsen-Lauenburg. — W. v. **1675**
"	"	desgl. der St. Colberg. — W. v. **1676**
"	"	desgl. der St. Braunschweig. — W. v. **1677**
"	"	desgl. der St. Halberstadt. — W. v. **1678**
"	"	desgl. der St. Magdeburg. — W. v. — Geschichtsquell. d. Prov. Sachsen 27, 64 f. **1679**
"	"	desgl. dem Hochmeister des Deutschordens Michael Küchenmeister. — KU. w. v. — Or. Königsberg. — Vgl. Voigt, Gesch. Preussens 7, 262 A. 2. **1680**
" 11		begehrt v. Strassburg Geleit u. Fürsorge für den B. Johann zu Conventry u. Lichfield (Cobentren u. Lichtfelden), der vom Konstanzer Konzil nach England zurückkehren will. — Ad relac. d. D. prepositi Albensis Joh. Gersse. — o. B — Or. Strassburg St.-A. (sa. nach herren uffart.) **1681**
" 12		belehnt seinen Rat den Gr. Albrecht v. Hohenlohe mit dem Zoll zu Einersheim (Erns-) u. zu Laimbach, dem Geleit v. Kitzingen bis an die Bubeneiche, dem Zoll zu Niederbreit am Main, dem Zoll zu Distelhausen u. dem Wildbann, welche Lehen durch den Tod des Gr. Johann v. Hohenlohe an das Reich gefallen sind. — [Ad m. d. r. Joh. Kirchen. — R — Or. Öhringen: Not. RR. F 34.] — Hansselmann, Diplomat. Beweis, dass dem Hause Hohenlohe die Landeshoheit ... 483. — Zur KU. vgl. nr. 1385*. **1682**
"	"	Mai 12: erklärt Freiburg i. B. zur Reichsstadt. — Aschbach 2, 467 — falsch statt Mai 23. **1682a**
"		schreibt an Zürich Luzern Glarus Schwyz Unterwalden u. alle Eidgenossen, die vor Baden liegen, dass er seine Räte Gr. Günther v. Schwarzburg u. Wigleis Schenk v. Geiern zu ihnen sende, um Baden für das Reich einzunehmen. — [Ad m. d. r. Michel can. Wratisl. — o. R! Schweizer.] — Or. Zürich; [RR. E 140ʳ s. d.] — Sammlung d. ält. eidg. Abschiede 1ˢ, 149: vgl. auch Justinger, Berner Chronik 230. **1683**
" 13	"	verpfändet dem Frischhans v. Bodman für treue Dienste, die er ihm in der Lombardei u. jetzt im Kriege gegen Hrz. Friedrich v. Österreich geleistet hat, u. für schuldiges Jahrgeld die Stadtsteuern v. Ravensburg Memmingen Leutkirch Buchhorn Biberach u. Kaufbeuren, doch sollen diese nach dem Tode des Bodman wieder an das Reich fallen; befiehlt jenen St. an Bodman Zahlung zu leisten. — KU? — RR. E 138ʳ. (mo. vor pfingst.) **1684**
"	"	nimmt Teil an der Konzilssitzung. — Tagebuch Fillastres: Finke, Forschung. u. Quellen 176. **1684a**
" 14	"	bestätigt auf Bitten des Hrz. Johann v. Baiern, Elekten des Lütticher Bistums, diesem Bistum das Lütticher Friedensgericht, eine Institution des B. Heinrichs II, die v. Kg. Philipp [1208 Juni 3; vgl. Böhmer-Ficker 184] bestätigt worden ist. — Joh. Gersse. — RR. E 170ʳ; vgl. 191ʳ. (14. die maji.) **1685**
"	"	Mai 14 Konstanz: Königin Barbara versichert dem alten Rat v. Lübeck, dass Kg. Sigmund ihm volles Recht angedeihen lassen u. ihn bei den v. dem K. Karl u. anderen Kaisern erworbenen Rechten erhalten werde, u. entlasst für den Fall, dass dies nicht geschehen sollte, den Rat aller gegen sie eingegangenen Verbindlichkeiten. — o. KU. — Or. Lüneburg. — Lübeck. Urk.-B. 5, 570; vgl. Hanserecesse 6, 152. **1685a**

1415		
Mai 15	Konstanz	präsentiert dem Kapitel der St. Johanniskirche zu Konstanz auf Grund seines Rechtes der »ersten Bitten« den Georg Monch, Geistlichen d. Konstanzer Diözese, als Kanonikus. — [Ad m. d. r. Joh. prep. de Strigonio vicecanc. — R] — Or. Nürnberg Germ. Nationalmus.; [nicht in RR]. — Reg.: Mitteil. a. d. germ. Nationalmus. 1890 S. 97. (quintodecimo die maji). **1686**
» 16	»	fordert den EB. Werner v. Trier auf die Frankfurter an dem Bau v. Warten u. Landwehren nicht zu hindern. — Ad m. d. r. Michel de Priest canon. Wratisl. — Nach? Buri, Vorrechte d. alt. kgl. Bann-Forste (1744) Beil. 154. **1687**
»	»	bestätigt auf Bitten des Abtes Johann dem Kl. St. Ulrich u. Afra in Augsburg seine Privilegien. — P. d. Joh. prepos. de Strigonio vicecancellarium Jodocus Böt canon. Basiliens. — — [R — Or. München R.-A.; nicht in RR]. — Mon. Boic. 22, 406 ff; vgl. Reg. Boic. 12, 194. **1688**
»	»	schreibt an die Waldstädte Uri Schwyz Unterwalden u. Glarus über die Unterwerfung des Hrz. Friedrich v. Tirol u. fordert sie auf, denselben nicht mehr zu bekriegen, verlangt auch, dass sie das Schloss Baden nicht weiter belagern, sondern es v. den kgl. Truppen besetzen lassen. — Ad m. d. r. Michel de Priest can. Wrat. — [R?] — Or. Uri; [RR. E 141.] — Der Geschichtsfreund 42, 78 ff. **1689**
»	»	desgl. an Bern u. Solothurn. — KU. w. v. — R — Or. Bern; [RR. E 141'] Türler. **1690**
»	»	desgl. an Zürich u. Luzern — [KU. w. v. — R. P. Schweizer]. — Or. Zürich; [RR. E 141', vgl. auch 2 Abschr. nach Vid. v. 1446 Juli 10 Colm. Bez.-A.]. — Ausz.: Samml. d. alt. Eidg. Abschiede 1", 150 f. **1691**
» 18	»	erlaubt dem Hrz. Ludwig v. Baiern nicht, zur Besorgung dringender Geschäfte (sein Vater Stephan †) in sein Land Baiern zu ziehen, da er als Gesandter des Kg. Karl v. Frankreich auf dem Konzil zu Konstanz dringend notwendig sei. Dagegen verordnet er, dass alle Ansprüche u. Forderungen an den Hrz. vom Datum dieser Urkunde an ein ganzes Jahr lang ruhen sollen. — [Per d. Nicolaum de Gara comitem palatinum regni Hungarie Jod. Röt can. Basil. — R — 2 Or. München R.-A.; nicht in RR] — Reg. Boic. 12, 194. **1692**
» 20	»	bestätigt dem Benediktiner-Kl. Boscandon (Diöz. Embrun) alle Privilegien, gewährt ihm das Recht, alle Arten v. Besitz, auch Lehen zu erwerben, nimmt es in den Reichsschutz u. s. w. — Ad m. d. r. Joh. prepos. de Strigonio vicecanc. — [Nicht in RR]; Hds. 5077 d. Wiener Hofbibl. — Ausführl. Reg.: Neues Arch. d. Gesellsch. f. alt. dtsche Geschichtsk. 16, 152. **1693**
»	»	befehlt allen St. u. Unterthanen Hrz. Friedrichs v. Österreich, die jetzt zu des Kg. u. des Reiches Händen geschworen, demselben gegen die Eidgenossen, welche gegen ihre Gelöbde Rapperschwyl u. Winterthur in ihre Hände bringen wollen, beizustehen. — [Ad m. d. r. Mich. can. Wrat. — o. R — Or. Wien H.-H. u. St.-A.] — Reg.: Lichnowsky, G. d. Haus. Habsburg 5 n. 1557. **1694**
»	»	bestätigt dem Chorherrenstift zu Wetzlar auf Bitten des Pr. Peter Heltburg die Privilegien; inser. die Urk. Kg. Ruprechts v. 1403 Aug. 31 [Chmel nr. 1542]. — o. KU — R — Or. Wetzlar Staats-A.; Not. RR. E 185'; [Kop. d. 17. Jhd. Coblenz Becker]. (mo. nach pfingst.) **1695**
» 22	»	bestätigt der St. Feldkirch die Privilegien. — Ad m. d. r. Jodoc. Röt. canon. Basiliens. — RR. E 142'. — Der österreichische Geschichtsforscher 2, 50 f. **1696**
»	»	belehnt Gr. Eberhart zu Nellenburg mit der Grafschaft Nellenburg u. der Landgrafschaft im Hegau u. Madach. — Per d. Guntherum comitem de Swartzburg judicem curie Michael can. Wratislav. — R — Or. Karlsruhe; [RR. E 176', ohne Dat.] — Reg.: Ztschr. f. G. d. Oberrheins N. F. 3, 437; vgl. auch ibid. 1, 84 ☞ Mitt. d. Ver. f. Gesch. in Hohenzollern 5, 36. **1697**
»	»	bestätigt dem Stift Neuhausen das Bachrecht an der Pfrimm (bei Worms); inser. die Urkk. Kg. Wenzels v. 1391 Juli 18 u. Frankf. 1398 Jan. 8. — KU? — RR. E 109' u. 110. — Vgl. Zorn, Wormser Chronik hrsg. v. Arnold 43, 151 u. Boos, Quellen z. G. d. St. Worms 3, 73. **1698**

1415		
Mai 23	Konstanz	nimmt die St. E n d i n g e n zu Händen des Reichs. — KU? — Vid. v. 1422 Jan. 21: Endingen: [Not. RR. E 184ʳ a. d.] — Zeitschr. d. Ges. f. Geschichtsk. v. Freiburg 5, 309 f. — Reg.: Mitt. d. bad. hist. Komm. 7, 72. **1699**
»	»	bestätigt der St. F r e i b u r g i. B., nachdem sie ihm u. dem Reiche gehuldigt hat, alle Rechte u. Privilegien. — [Por d. F. burggrav. Nurmbergensem Michel de Priest can. Wrat. — R — Or. Freiburg. *Albert*; RR. E 170ᵛ Joh. Gerße?] — Schreiber, Urkb. v. Freiburg 2, 261 f. **1700**
»	»	verspricht den F r e i b u r g e r n, dass sie nie wieder dem Reich entfremdet werden sollen, es sei denn, dass sie an Österreich zurückkämen. — [KU. w. v. — R — Or. ib. *Albert*; RR. ib.] — ib. 262 f. **1701**
»	»	nimmt die St. K e n z i n g e n zu Händen des Reichs u. bestätigt ihre Privilegien. — KU? — R? — Or. Kenzingen: [Not. RR. E 184ʳ a. d.] — Reg.: Mitt. d. bad. hist. Komm. 7, 94. **1702**
»	»	verspricht die St. K e n z i n g e n nicht zu verpfänden ausgenommen an Österreich. — KU? — Or. ib.; [nicht in RR.] — Reg.: ibid., sowie Ztschr. d. Ver. f. Geschichtsk. v. Freiburg 5, 309. **1703**
»	»	bestätigt der St. L a u f e n b u r g, die ihm auf Geheiss des Hrz. Friedrich v. Österreich gehuldigt, alle Privilegien, die sie von römischen Kaisern u. den Herzögen v. Österreich erlangt hat. — — Michael. — RR. E 173ʳ. (do. nach pfingst.) **1704**
»	»	bestätigt die Privilegien der St. R a d o l f z e l l. — Per d. Frid. burggr. Nurnberg. Michel de Priest can. Wrat. — R — Or. Karlsruhe: [vgl. Not. RR. E 173ʳ.] — Reg.: Ztschr. f. G. d. Oberrheins 37, 38 u. N. F. 3, 437. **1705**
»	»	befreit die Geistlichen des gesamten Hochstifts S p e i e r v. den weltlichen Gerichten auch in dinglichen Klagen. — Ad m. d. r. Joh. prepos. de Strigonio vicecancellarius. — R — Or. ib.; [RR. E 173ᵛ u. 174ʳ; Kop. Speyer Kr.-A.] — Reg.: ib. N. F. 3, 437. **1706**
» 24	»	nimmt den Ritter Sigfrid v. W e m d i n g e n zu seinem Diener mit einem Jahrgehalt v. 400 Gulden an. — Per eund. notar. [i. e. Jod. Rot]. — Not. RR. E 180ʳ. (fr. in der pfingst.) **1707**
» 25	»	belehnt Henmann v. R i p g a w mit dem Schultheissenamt zu Hadmersleben. — Per d. G. comitem de Swartzburg judicem curie Michel canon. Wratislav. — o. R. — Or. Magdeburg Staats-A.; [nicht in RR, obwohl doch kein Mandat]. (samptags vor trinitatis). **1708**
»	»	belehnt Ritter Eberhart im T h u r n mit der halben Veste Gutenburg. — Per d. Guntherum comitem de Swartzburg judicem curie Michael can. [nicht in RR]. — R — Or. Karlsruhe; [nicht in RR]. — Reg.: Ztschr. f. d. G. d. Oberrheins N. F. 3, 438. **1709**
[» ?]	»	bestätigt dem Ritter Eberhart im Turn die ihm v. Hrz. Friedrich v. Österreich verliehene Pfandschaft des Schlosses Hauenstein (Howe-) u. des Schwarzwaldes sowie demselben u. den Bewohnern des Schwarzwaldes alle Privilegien. — Michael. — RR. E 180ᵛ a. d. (zwischen Urk. v. Jan. 24 u. März 12). **1710**
» 27	»	beauftragt den Gr. Philipp v. N a s s a u - S a a r b r ü c k e n u. die St. M e t z u. V e r d u n mit der Beilegung der Streitigkeiten zu Toul. — Ad m. d. r. Joh. prepos. de Strigonio vicecancell. — Vid. der Gr. Philipp v. Nassau v. 1415 Juli 3 Wiesbaden St.-A. (vicesimo septimo die maji). **1711**
»	»	gebietet der St. R o t h e n b u r g a. T. die am künftigen Martinstag fällige Reichssteuer an seinen Diener Caspar v. Clingenberg zu zahlen. — [KU? — Or.° Nürnberg Kr.-A.; nicht in RR]. — Reg. Boic. 12, 195. **1712**
»	»	gebietet der St. R o t t w e i l, die nächste Martini fällige Reichssteuer an seinen Rat den Gr. Rudolf v. Montfort zu zahlen. — Per d. G. comitem de Swartzburg judicem curie Jodocus RM. canon. Basil. — R — Or. Stuttgart; nicht in RR! (mo. nach trinitat.) **1713**
»	»	gestattet, dass Hrz. Friedrich v. Österreich Herrschaft u. Veste Badenweiler dem Ritter Hans v. S t a d i o n um 4000 rhein. Gulden verpfändet. — KU? — [nicht in RR]; Vid. des Lausanner Offizials Joh. Lesquerent v. 1442 Okt. 20 Karlsruhe — Ztschr. f. d. G. d. Oberrheins 36, 95 f. **1714**
» 28	»	verleiht dem Ritter Berthold v. S t e i n das Halsgericht in seinem Dorfe Ottweiler (Otten-, bei Trier), sowie einen Jahrmarkt u. Wochenmarkt daselbst. — Per Joh. Rot can. Bas. — RR. E 175ʳ. (di. nach trinit.) **1715**

1415		
Mai 28	Konstanz	bestätigt dem Benedictiner-Kl. Ochsenhausen (Konstanzer Diözese)die Privilegien. — Ad m. d. r. Mich. can. Wrat. — K — Or. Stuttgart; [nicht in RR]. (di. vor uns. herren leichnams t.) **1716**
» 29	»	bestätigt dem Benedictiner-Kl. S. Oyen de Joux (s. Eugendi, Diöz. Lyon) die Privilegien; inser. im Or. [nicht in RR] die Urk. Karls IV [v. 1360 Juni 7 Böhmer-Huber nr. 3149 mit der Urk. Friedrichs I v. 1184 Nov. 16]. — Joh. Gerase. — RR. E 184ᵛ (ohne die Urk. Karls IV) (29. die mai). **1717**
» 30	»	nimmt Teil an der Frohnleichnamsprozession. Ulrich v. Richental 74. **1717a**
» 31	»	belehnt Peter v. Laynberg d. Alt. mit dem Dorf Landsberg (Landensperg), mit Zehnten zu Glöttweng (Glöttwing) u. Höfen zu Röfingen. — KU? — Not. RR. E 110ᵛ. (fr. nach corpus Christi). **1718**
Mai?	»	setzt Gr. Eberhard v. Nellenburg zum Landvogt ein in Feldkirch, Rheineck, Altstätten im Rheinthal u. im inneren Bregenzerwalde u. zeigt dies den betr. St. an. — Michael. — RR. E 170ᵛ. — Der österr. Geschichtsforsch. 2, 57 f. **1719**
»	»	bestehlt den St. Feldkirch Fussach Höchst Dornbirn Rankweil, den Bewohnern des Vorder-Wallgau, den Wallisern, die zu Feldkirch gehören, den Bewohnern v. Rheineck Altstätten, dem inneren Bregenzerwald, Langeneck u. den Bewohnern des Rheinthals gemäss dem Abkommen mit Hrz. Friedrich v. Österreich, der auf alle seine Lande verzichtet hat, dem zu ihrem Landvogt ernannten Gr. Eberhard v. Nellenburg die Huldigung zu Händen des Reichs zu leisten. — Michael. — RR. E 176 (s. d.) **1720**
»	»	verpfändet Feldkirch, Fussach, Höchst, Dornbirn, Rankweil, das Vorder-Walgau, die Walliser, die zur Herrschaft Feldkirch gehören, Rheineck, Altstetten, den inneren Bregenzerwald, Langenegg u. das Rheinthal dem Gr. Eberhard v. Nellenburg für 2000 rhein. Gulden; für den Fall, dass der Nellenburger Rheineck bis Febr. 2 der Herrschaft Österreich wieder zustellen soll, wird ihnen erlaubt, mit diesem Schloss den Molli Truchsess v. Diessenhofen an Stelle der Herrschaft Ö. zu belehnen; im anderen Fall soll man die 1100 rhein. Gulden, welche Molli auf dem Schloss Rheinfelden stehen hat, wenn sie der Nellenburger bezahlt hat, zu seinen 2000 Gulden geschlagen werden. — Joh. Gerße. — RR. E 191ᵛ (s. d.) — Der österr. Geschichtsforsch. 2, 52 ff. **1721**
Juni 1	»	bestätigt den Brüdern Hans Ulrich u. Albrecht v. Ecken die ihnen für 80 Mk. lötiges Silber verpfändeten Dörfer Harskirchen (Hor-) Riderwihe [— Viberzweiler?] Uberwiler [— Weiler w. v. Saarunion oder Altweiler?] — KU? — Not. RR. E 185ᵛ. (sampst. nach corp. Christi). **1722**
»	»	bestätigt dem Kl. Allerheiligen in Schaffhausen alle Freiheiten. — Ad m. d. r. Michel de Priest can. Wrat. — Rᵗᵃ — Or. Schaffhausen: [nicht in RR] Riger. **1723**
» 2	»	genehmigt, dass Ritter Wimemar v. Gimnich den Teil des Schlosses Homburg, welchen er vom Reiche zu Lehen trägt, dem Gr. Philipp v. Nassau-Saarbrücken verschreibe, belehnt diesen mit demselben u. sichert ihm die später frei werdenden Teile des Schlosses als Lehen zu. — Ad m. d. r. Mich. can. Wrat. — R — Or. u. Vid. v. 1452 Okt. 20 Wiesbaden; RR. E 169ᵛ; Vid. v. 1434 Apr. 4 u. 1476 Okt. 24 München Geh. St.-A. (suntags nach uns. herren leichnamst.) **1724**
» 3	»	bestätigt der Ratsbotschaft der St. Breisach, nachdem sie auf Geheiss des Hrz. Friedrich v. Österreich zu seinen (des Kg.) Händen gehuldigt hatte, alle ihre Freiheiten u. verspricht sie dem Reiche nimmermehr zu entfremden, es sei denn, dass er sie dem Hause Österreich zurückgebe (vgl. 1415 Juli 22). — Per d. Fridericum burggr. Nurenberg. Mich. can. Wratisl. — [R?] — Or. Breisach. — Gedr. nach RR. [E 170ᵛ] (per Michaelem) G. W. Hugo. Mediatisierung d. Reichsst. 219 f. — Reg.: Mitt. d. bad. hist. Komm. 11, 14. **1725**
»	»	bestätigt dem Rechte u. Freiheiten der St. Bremgarten des Benedictinerklosters Muri. — Ad m. d. r. Jodocus Rot canon. Basil. — [R?] — Or. Bremgarten, [RR. E 183ᵛ s. d.] — Argovia 10, 107 f. (Datum daselbst 5. Juni falsch); vgl. auch Reg. ibid. 8, 9. **1726**
»	»	spricht über die Vögte Wilhelm u. Ulrich v. Matsch die Acht aus u. verbietet dem D. Hartmann v. Chur, mit jenen Gemeinschaft zu haben. — [KU? — Or. Chur Bischöfl. A. Twor] — Vgl. Ztschr. d. Ferdinandeums 3. Folge 17, 86 f. **1727**

1415		

Juni 3   Konstanz   zeigt dem Heinrich v. **Schlandersburg** (Slandersberg) an, dass er auf Klage des Wilhelm v. Bebemburg über die Gr. Wilhelm u. Ulrich zu Matsch die Reichsacht verhängt habe. — Petrus Wacker. — Or. Wien. Schottenkloster. — Fontes rer. Austr. 2, 18, 546.   **1728**

» 4   »   verleiht dem Hrz. Heinrich v. **Baiern** die Kurwürde u. bestätigt ihm alle Lehen u. Rechte unbeschadet der Rechte der Hrz. Ludwig u. Heinrich d. and. v. Baiern. — [Ad m. d. r. Mich. de Priest canon. Wrat. — M — Or. München R.-A.: RR. E 174 u. 177ᵛ.] — Vgl. Reg. Boic. 12, 195.   **1729**

Juni 4: stellt dem Hrz. Ludwig v. Baiern eine Schuldurkunde über 25000 Dukaten aus. — Lang, Ludwig d. Bärt. 81. — s. nr. 1818.   **1729a**

»   »   befiehlt der St. **Strassburg** auf Beschwerde der dortigen Domherren dafür zu sorgen, dass die Prälaten zu Jung- u. Alt-St. Peter sowie zu St. Thomas nicht fernerhin »kuczhüte vom vehe« gleich den Domherren tragen, zumal P. Johann XXIII die früher jenen erteilte Erlaubnis widerrufen u. er (Sigmund) diese Widerrufung auch bestätigt hätte. [Vgl. nr. 1650]. — Ad m. d. r. Joh. prepos. de Strigonio vicecancell. — o. R. — Or. Strassb. St.-A. (AA 152).   (dinstage nach unsers herren lichnams t.)   **1730**

» 5   »   verschreibt, da er die Stadtsteuer v. Überlingen (jährlich 350 Pfund Heller), welche an die Brüder Wilhelm Albrecht u. Burchard sowie deren Vetter Heinrich v. Homburg v. Karl IV um 800 Mark Silber verpfändet worden war, der St. Überlingen verpfändet hat [vgl. nr. 1623], den Homburg zum Ersatz die Stadtsteuer v. Weil (200 Pfund Heller) u. Dinkelsbühl (150 Pf. Heller) für 800 Mark Silber Konstanzer Gewichts; befiehlt den St. Weil u. Dinkelsbühl ihre Stadtsteuer nunmehr an die Homburg zu entrichten. — Michael. — RR. E 171ᵛ. (mi. nach Erasmi).   **1731**

»   »   bestimmt, dass die St. **Lindau** wegen der gegen Hrz. Friedrich v. Österreich geleisteten Hilfe künftig statt 350 nur 200 Pfund Heller Reichssteuer zahlen solle u. dass der St. diese Gnade durch niemand, (auch nicht durch den B. v. Chur oder Hermann v. Breitenstein) verkümmert werden solle. — [Ad m. d. r. Mich. can. Wrat. —R — Or. München R.-A.; RR. E 144ᵛ.: Per Jo. Kirchen fälschl. zu Juni 7!]. — Reg. Boic. 12, 195: nach Kop. Lindau Würdinger, Urkk.-Auszüge z. G. d. St. Lindau 62. — — Betr. der KU. in RR. vgl. nr. 1388ᵃ.   **1732**

»   »   befreit die St. **Lindau** aus demselben Grunde v. aller fremden Gerichtsbarkeit ausser bei ganz offenbarer Rechtsverweigerung. Auch gestattet er der St., dass sie die verweigerte Bezahlung einiger verbriefter Schulden u. Gülten durch allenthalben der St. vorzunehmendes Auspfänden u. durch gerichtl. Hilfe erzwinge, u. bestätigt ihr alle Rechte u. Privilegien. — [Ad m. d. r. Mich. can. Wrat. — R — Or. ib.; RR. E 144 zu Juni 7: Per Job. Kirchen; Vid. des Lindauer Rats v. 1439 März 20 Stuttgart]. — (Heider) Gründl. Ausführung, wessen sich den H. Reichs St. Lindau ... 691; Knipschildt, De juribus et privilegiis civitat. impar. (1657) 875 f; Lünig, R. A. P. spec. Cont. 4. T. 1, 1307 f. = Moser, reichsstätt. Hdb. 2. 114. — Reg. (wie nr. 1732) ib. 196 bezw. 62.   **1733**

Juni 5: gewährt der St. **Landau** Befreiung von auswärtigem Gericht. — Reg.: Schöpflin, Alsatia dipl. 2, 323 (aus Lünig) — beruht auf Verwechselung mit Lindau.   **1733a**

»   »   verbietet auf Klage der **Salzburger** Kaufleute, dass fernerhin von Adam v. Cividale zu Peuscheldorf der Zoll erhoben werde, der dem Spital zu Ortenburg zusteht, zumal der Hrz. Albrecht IV v. Österreich bereits entschieden habe, dass der Zoll nur noch 3 Jahre in Peuscheldorf, dann aber wieder für das Spital erhoben werden solle. — KU? — RR. E 171ᵛ. (mi. nach guts lichnams t.)   **1734**

» 6   »   giebt den im römischen Reich wohnenden **Juden** einen Freiheitsbrief mit vielen Einzelbestimmungen. — Jodocus Rot. — RR. E 175ᵛ u. 176ᵛ. — Altmann u. Bernheim, Urkk. z. Verfassungsgesch. Deutschlands in MA. 2. Aufl. 164 ff.   **1735**

»   »   sendet zu den **Juden** im Reiche, nachdem trotz seiner Aufforderung die Juden zu Köln Mainz u. Nürnberg zu ihm keine Gesandte geschickt, den Juden Colner, um mit ihnen zu unterhandeln, und befiehlt, demselben Glauben zu schenken. — KU. w. v. — RR. E 192ᵛ (Jo. nach Erasmi).   **1736**

» 7   »   giebt dem Juden **Colner** einen Geleitsbrief u. beglaubigt ihn bei allen Fürsten. — KU? — Not. ib. (s. d.)   **1737**

1415		
Juni 6	Konstanz	giebt dem Hans Truchsess v. W a l d b u r g, seinem Landvogt in Ober- u. Nieder-Schwaben, das Privileg, dass er nur vor dem Hofgericht zu Recht zu stehen braucht. — KU? — RR. E 143ᵛ u. 144ᶠ. (do. nach Erasmi). **1738**
» 7	»	befiehlt der ihm v. Hrz. Friedrich v. Österreich abgetretenen St. B r ä u n l i n g e n (Prül-), dem Gr. Hans v. Lupfen, Landgrafen zu Stühlingen, an seiner Statt zu huldigen. — [Per d. G. comitem de Swarczburg judicem curie Michel can. Wrat. — o. R — Or. u. Hds. (rot) 383 Bd. 26 f. 9 Wien H.-H. u. St.-A.] — Reg. Lichnowsky, G. d. Haus. Habsburg 5 n. 1562. — Zeitschr. d. Ges. f. Geschichtsk. v. Freiburg 3, 351 f. **1739**
» »	»	bestätigt dem Cistercienser-Kl. K a i s h e i m (Augsburger Diözese) alle Rechte u. Privilegien. — [Per d. Joh. prepos. de Strigonio vicecanc. Mich. can. Wrat. — o. R — Or. u. Vid. v. 1416 Juni 22 u. 24 u. 1419 Okt. 5. München R.-A.; nicht in RR]. — Reg. Boic. 12, 196. **1740**
» »	»	bescheinigt der St. L i n d a u, der er für Unterstützung gegen Hrz. Friedrich v. Österreich v. ihrer jährlichen 350 Pfund Heller betragenden Reichssteuer 150 abgelassen hat [nr. 1732], dass sie dafür 2000 rhein. Gulden (»die in unserm u. des richs scheinbern nütz gewand sind«) bezahlt hat. — Ad m. d. r. Mich. can. Wrat. — R — Or. München R.-A.; RR. E 144ᵛ: per Joh. Kirchen! (fr. nach Erasmi). **1741**
		Juni 7: RR. E 144 sub data ut supra auch die beiden Urk. für Lindau v. Juni 5!
» »	»	erneuert der St. R e g e n s b u r g alle Privilegien, besonders die Befreiung von auswärtigen Landgerichten, zumal dem zu Nürnberg, u. erklärt demzufolge die bei letzterem Gerichte v. dem Ritter Hans Stauffer gegen die St. erwirkte Acht für ungiltig. — [Per d. Joh. prep. de Strigonio vicecanc. Mich. can. Wrat. — R — Or. u. Vid. v. 1417 Mai 29 München R.-A.; nicht in RR]. — Reg. Boic. 12, 196. **1742**
» »	»	gebietet dem Landrichter zu N ü r n b e r g, die St. Regensburg v. der durch Hans Stauffer erwirkten Acht freizusprechen. — Mich. de Priest can. Wrat. — RR. E 169: 2 Vid. v. 1415 Juni 19 ib. — Reg. ib. **1743**
» 8	»	gestattet der St. R a d o l f z e l l, [welche mit Annahme der Vogtei an den Abt Friedrich v. Reichenau v. ihm versetzt ist,] die Lösung der an Kaspar v. Clingenberg verpfändeten Vogtei u. bestätigt der St. Radolfszell alle ihre Privilegien. — Ad m. d. r. Michael de Priest can. Wratislav. — R — Or. Karlsruhe G. L. Arch.; [RR. E 171ᵛ]. — Weech, Das Arch. d. St. Radolfszell 38 fl. = Ztschr. f G. d. Oberrheins 37, 38 ff. (falsch Juni 9) u. Reg.: ib. N. F. 3, 438: auch RR Hugo, Mediatis. d. Reichsstädte 360 f. **1744**
» 10	»	belehnt den Gr. Heinrich v. F ü r s t e n b e r g mit der Grafschaft Fürstenberg. — Per d. G. comitem de Swarczburg judicem curie Jodocus Röt canon. Basiliens. — [R?]— Or. Donaueschingen; [nicht in RR]. — Fürstenberg. Urk.-B. 3, 88 f. **1745**
» »	»	bestätigt dem Dominikanerinnen-Kl. (Priorin Elisabet) zu M ö d i n g e n (Augsburger Diözese) alle Privilegien. — Joh. Gerße. — RR. E 170ᵛ. (for. sec. ante Viti, aber durch Urk.) **1746.**
» »	»	verleiht dem Ritter Kunz v. S c h e l l e n b e r g das Halsgericht in seiner St. u. seinem Gericht zu Höfingen. — [Per d. G. comitem de Swarczburg judicem curie Mich. can. Wrat. — R Baumann.] — Or. Donaueschingen; [nicht in RR]. — Reg.: Fürstenb. Urk.-B. 6, 50. **1747**
» 11	»	beauftragt den Hrz. Reinald v. J ü l i c h - G e l d e r n, dem B. Friedrich (v. Blankenheim) die Regalien des Utrechter Stifts zu verleihen, da derselbe verbindert sei, zu ihm zu kommen. — Michael. — RR. E 173ᶠ. (di. vor Viti) **1748**
» 12	»	bestätigt dem Kl. zu M u r i (Maur; Abt Georg) alle Rechte u. Freiheiten, insbesondere die Selbstwahl des Kastvogtes über das Gotteshaus. — Ad m. d. r. Michel canon. Wratisl. — R — Or. Aargau Staats-A. (A. Muri); [nicht in RR.] (di. vor Viti) *Herzog.* **1749**
» »	»	bestätigt auf Bitten d. Gr. Eberhard die Befreiung der Gr. v. W ü r t e m b e r g v. fremden Gerichten u. erlaubt ihnen, Ächter zu beherbergen. — [Ad m. d. r. Mich. de Priest can. Wrat. — R — Or., Vid. des Gr. Konrad v. Freiburg als Vertreter des Hofrichters Gr. Günther v. Schwarzburg v. 1415 Juni 28 u. 2 Vid. K. Sigmunds v. 1417 Dez. 6 Stuttgart; RR. E 171ᵛ u. 172]. — Pfeil, De meritis Wurtembergicae domus in imperium (1732) S. 59 f.; vgl. Sattler, Gesch. d. Hrzt. Wärtemberg unter d. Graven. 2. Forts. 59. **1750**

1415

[Juni 12]	Konstanz	bestätigt dem Gr. Eberhard v. Würtemberg die Privilegien im allgemeinen. — KU? — RR. E 187ʳ (a. d.) — Vgl. nr. 1750. **1751**
[» 12]	»	verleiht auf Bitten des Gr. v. Würtemberg der St. Tuttlingen einen Wochenmarkt u. zwei Jahrmärkte (an Mai 3 u. Sept. 29). — KU? — RR. E 172ʳ (a. d., doch hinter Juni 12: beginnt: Item hat man einen brief geben). **1752**
» 13	»	bestätigt dem Frauenkloster zu Andlau (Äbtissin Sophie) die Privilegien, Lehen u. s. w. — Per d. G. comitem de Swartzburg judicem curie Jodoc. Röt. canon. Basil. — Kop. Strassb. Bez.-A.; [nicht in RR]. (do. vor Veits t.) **1753**
»	»	bestätigt den St. Baden, Mellingen u. Sursee alle Privilegien, die sie v. seinen Vorgängern erhalten haben [vgl. 1415 Juli 21]. — Ad m. d. r. Michael canon. Wratisl. —[R; P. Schweizer]. — Or. Zürich; Kop. Sursee St.-A.; RR. E 172ʳ — Reg.: Geschichtsfreund 3, 90; Samml. d. alt. eidg. Abschiede 1ᵃ, 151 f.; Argovia 14, 130. **1754**
»	»	bestätigt dem Kl. Obernburg in Unter-Steiermark die Rechte u. Freiheiten. — Ad m. d. r. Joh. prepos. de Strigonio vicecanc. — R — Or. Graz; [nicht in RR]. (dec. terc. jun.) r. Zahn. **1755**
»	»	verleiht dem Seitz Marschalk d. jüng. v. Oberndorf zu seinem Schloss O. am Lech [bei Mertingen] das Halsgericht daselbst. — KU? — RR. E 173ʳ. (do. vor Viti). **1756**
» 14	»	bestimmt, dass die Vasallen des Herzogtums Schleswig den Kg. Erich v. Dänemark als ihren Lehnsherrn anerkennen sollen. — KU? — [RR. E 110ᵛ s. d.] — Nach? Pontanus, rer. Danicarum histor. (1631) 556 f. **1757**
»	»	bestätigt der St. Winterthur, welche auf Gebeiss Hrz. Friedrichs v. Österreich ihm gehuldigt, alle Privilegien. — Ad m. d. r. Michel de Priest can. Wratisl.; weiter unten: per Erkinger de Saunsheim. — R — Or. Winterthur; [Vidim. v. 1420 Zürich St.-A. Schweizer; nicht in RR]. (fr. vor Viti). **1758**
		Juni 14: verspricht dem Hrz. Ludwig v. Baiern 23000 ungar. Gulden, falls die Bezahlung nicht durch das Konzil erfolgt, zu zahlen; Bürgen: Königin Barbara, Burggr. Friedrich v. Nürnberg. Philipp v. Ozora, der Vizekanzler Johann Probst v. Gran. — RR. E 172ʳ. (fr. vor Veits t.) — Ist nach Or. am 10. Juli ausgestellt. (nr. 1818). **1758a**
		Juni 14: Königin Barbara verpflichtet sich als Bürgin. — ib. 172ᵛ u. 173ʳ — ist nach Or. am 8. Juli ausgestellt. **1758b**
[Juni?]	Kirchberg	entscheidet auf die Klage seines Dieners Ludwig v. Rossel, dass Hrz. Friedrich v. Österreich das diesem weggenommene Schloss Elgg (Elgau), das Ludwigs Vater bereits in Pfandbesitz gehabt, wiedergeben habe, u. befiehlt ihm dies bis Juli 25 zu thun. — Michael — RR. E 192ᵛ (s. d.) **1759**
» 17	Konstanz	bestätigt der St. Schaffhausen, welche, nachdem sie 85 Jahre an die Hrz. v. Österreich verpfändet war, wieder ans Reich gekommen, alle ihre Privilegien u. verspricht, sie ewig beim Reiche zu behalten. — [Ad m. d. r. Joh. Gerau. — o. RI — Or. Schaffhausen Rüger:] RR. E 176ᵛ u. 177ʳ. — G. W. Hugo, Mediatisierung der Reichsstädte 373 ff. **1760**
		desgl. der St. Rheinfelden. — Michael — RR. E 177ᵛ u. 178. — Hugo 363 ff. (fälschlich zu Juni 15). **1761**
		Juni 19: erlaubt dem Deutschen Orden auf Bitten des Meisters Konrad v. Egloffstein eigene Leute, welche entflohen sind, wieder fordern zu dürfen. — [Jodocus — RR. E 176ᵛ]. — Schunat, Sammlung alter hist. Schriften 1, 127 ff.; Strehlke, Tabulae ordinis Theutonici 259 f.; ibid. 260 f. lat. Übertragung der päpstl. Kanzlei (v. 1431 Febr. 18); Liv-, Est- u. Curländ. Urkb. 6, 690 ff. — nach Or. am. nach Joh. Bapt. — Juni 26. **1761a**
» 19	»	teilt der St. Regensburg mit, dass er nach seiner Rückkehr aus Nizza, wo er mit dem Kg. v. Aragonien u. Benedikt XIII zusammenkommen wolle, einen Reichstag halten wolle; die St. solle diesen beschicken, sobald der Termin verkündet sei [vgl. nr. 1765/7 u. 1748]. — Ad m. d. r. Michel can. Wratisl. — Or. Münch. R.-A. — RTA 7, 306 ff. (Das Dat. mi. vor Joh. Bapt. beruht wohl auf Verschreibung für mi. nach Joh. Bapt.) **1762**
» »	»	bestimmt, dass in Schaffhausen stets ein eingesessener Bürger die Vogtei verwalten solle, der dann auch den Blutbann haben solle. — [Ad m. d. r. Michael can. Wratisl. — R — Or. Schaffhausen Rüger:] RR. E 177ʳ. **1763**

1415		
Juni 20	Konstanz	macht bekannt, dass er in Angelegenheiten des Konzils nach Nizza zum Kg. v. Aragonien sich begebe u. zu seinem Stellvertreter während seiner Abwesenheit den Pfalzgrafen Ludwig III ernannt habe; fordert auf, diesem gehorsam zu sein [vgl. Juni 22]. — KU? — RR. E 182ᵛ n. 183ʳ. (20. die junii). **1764**
» 21		schreibt wie in nr. 1762 an
		Strassburg. — KU? beschädigt — Or. Strassburg St.-A. **1765**
		Nürnberg. — Ad m. d. r. Joh. Gerss. — Or. Nürnb. Kr.-A. **1766**
		B. Johann v. Würzburg in Schonnat. Sammlung alter hist. Schriften I nr. 38. — Ad m. Joh. Crif. [!]
		RTA 7, 306 ff. — [Kop. Dortmund *Rübel*]. **1767**
»	»	bestätigt dem Kl. Herrenalb die Privilegien u. gestattet demselben, sich zu befestigen. — [Per d. G. comitem de Swartzberg judicem curie Jodocus Rot canon. Basiliens. — R — *P. Achatz*]. — Or. Abtei St. Paul in Kärnten (vgl. Württemberg. Vierteljahrshefte N. F. 1, 59); [nicht in RR]; Vidimus des Dietrich v. Angelach, Abt des Kl. zu Odenheim v. 1435 März 29 Stuttgart. — (Besold) Documenta monasteriorum in ducatu Wirtenberg. sitorum 175 f.; Reg.: Ztschr. f. d. G. d. Oberrheins N. F. 3, 264. **1768**
»	»	bestätigt dem Kl. Petershausen die Privilegien. — Ad m. d. r. Joh. Gerss. — R — Or. Karlsruhe; [Not. RR. E 179ᵛ s. d.] — Lünig, R.-A. Spic. eccl. 3, 415; Reg.: Ztschr. f. Gesch. d. Oberrheins N. F. 3, 438. **1769**
»	»	nimmt das Prämonstratenserkloster Rüti in den Schirm des Reiches u. bestätigt ihm alle Privilegien. — KU. w. v. — [R?] — Or. Zürich: [nicht in RR]. (fr. vor s. Joh. Bapt.) *P. Scherwizer*. **1770**
» 22	»	ernennt für die Zeit seiner Abwesenheit v. Konstanz den Pfalzgrafen Ludwig zum Statthalter, Verweser u. Beschirmer des Konzils. — [Michael]. — RR. E 181ᵛ u. 182ʳ. — Reg.: Janssen, Frankf. Reichskorr. 1, 292. — [Not. RTA 7, 353 A. 3 falsch]. **1771**
»	»	macht dies bekannt [vgl. nr. 1764]. — KU? — RR. E 182ʳ. (sa. vor Joh. Bapt.) **1772**
»	»	bestätigt der St. Kaiserstuhl auf Bitten des B. Otto v. Konstanz alle ihre Rechte, die sie v. früheren römischen Kg. u. den BB. v. Konstanz erhalten hat. — Ad m. d. r. Michael can. Wratisl. — R — Or. Kaiserstuhl; [Not. RR. E 179ᵛ s. d.] (sa. vor St. Johannis t.) *Herzog*. **1773**
»	»	desgl. der St. Klingenau auf Bitten des B. v. Konstanz. — KU. w. v. — R — Or. Karlsruhe; [Not. RR. w. v.] — Lünig, R.-A. Spic. eccl. 2, 164 f.; vgl. Aurz.; Huber, die Kollaturpfarreien u. Gotteshäuser des Stifts Zurzach (1868) 13; Reg.: Ztschr. f. Gesch. d. Oberrheins N. F. 3, 438 (falsch). **1774**
[»]	»	bestätigt der St. Bischofzell auf Bitten des B. Otto v. Konstanz die Privilegien. — KU? — Not. RR. E 179ᵛ (s. d.) **1775**
»	»	desgl. der St. Markdorf. — W. v. **1776**
»	»	desgl. der St. Thiengen (Thun-). — W. v. **1777**
» 22	»	giebt den Bürgern zu Markdorf auf Veranlassung des B. Otto v. Konstanz das Privileg, dass sie nur vor dem Richter daselbst zu Recht stehen brauchen u. nur im Falle der Rechtsverweigerung vor fremde Gerichte geladen werden können. — Michael. — RR. E 179ᵛ u. 180ʳ. (sabbat. ante Joh. Bapt., aber dtsch. Urk.) **1778**
»	»	gestattet der St. Markdorf die Aufnahme offener Ächter. — KU? — Or. Markdorf; [nicht in RR]. — Vgl. Mitteil. d. bad. hist. Komm. 9, 31. **1779**
»	»	fordert die St. Köln auf, vom Hrz. v. Berg Abstellung der Befestigung v. Mühlheim zu verlangen, bei abschlägiger Antwort ihm abzusagen. — Or. Köln. — Reg.: Mitt. a. d. St.-A. zu Köln Heft 16, 58 u. 24, 122. **1780**
»	»	belehnt den B. Otto v. Konstanz mit dem Blutbann. — Ad m. d. r. Michael de Priest. — R — Or. Karlsruhe; [RR. H 112ᵛ z. 24. Juni!] — Reg.: Ztschr. f. Gesch. d. Oberrheins N. F. 3, 438. **1781**
» 23	»	befreit die Angehörigen des Hochstifts Konstanz auf Bitten des B. Otto v. fremden Gerichten, auch vom Rottweiler Hofgericht u. verleiht dem B. Otto u. seinen Nachfolgern den Blutbann

1415		
		(vgl. auch nr. 1781). — Ad m. d. r. Michael can. Wratislav. — R — Or. Karlsruhe; [RR E 179] — vgl. Reg. ib. **1782**
Juni 23	Konstanz	sendet seinen Kaplan Konrad Bek v. Konstanz in den Aargau, um in Baden Bragg Mellingen Aarau Zofingen Aarburg Lenzburg Sursee Bremgarten u. sonst die Zinsen u. Gefälle, die dem Hrz. Friedrich gehörten, für die königl. Kammer einzuziehen; befiehlt, seinem Gesandten keine Schwierigkeiten zu machen. — [Jodocus]. — RR. E 179ᵛ. — Reg.: Sammlung d. alt. Eidg. Abschiede 1⁸, 152. **1783**
»	»	trägt dem Konrad v. Weinsberg auf, die alte u. neue Judensteuer im Reiche einzufordern (womit er früher den Juden Colner beauftragt) sowie auch Judenmeister (Rabbi) nach dem Tode des Meisters Israel einzusetzen. — Ad m. d. r. Jodoc. Rot canon. Basiliens. — [R — Or. Öbringen; nicht in RR; Kop. Wien H. H. u. St.-A.] — Hausselmann, vertheid. Landeshoheit d. Haus. Hohenlohe. Beilag. 85 f. **1784**
»	»	ist zu Gaste auf Ulrichs v. Richental Gut. Vgl. dessen Chronik 74. **1784 a**
» 24	»	bestätigt dem B. Otto die Gerichtsprivilegien des Hochstifts Konstanz. — Ad m. d. r. Michael de Priest. — R — Or. Karlsruhe; [RR. II 112ᵛ] — Reg.: Ztschr. f. G. d. Oberrh. N. F. 3, 438. **1785**
		Juni 24: verleiht dem B. Otto v. Konstanz den Blutbann. — KU. w. v. — RR. II 112ᵛ (Joh. Bapt. t.) — s. nr. 1781. **1785 a**
		»Idem rex indignatus de moroso processu [der Parrischen Sache] recessit de Constancia die lune festi beati Johannis Baptiste et ivit ad unum opidum ad duo miliaria de Constancia et mandavit concilio seu deputatis et commissariis, quod non intraret Constanciam, donec esset conclusum super illis causis fidei, propter quod commissarii diligencius intenderunt.« Tagebuch Fillastres: Finke, Forsch. 178. Der Ort, wohin sich Sigmund begab u. bis Juli 5 blieb, war Überlingen. Ulrich v. Richental 74. (Urkk. in Konstanz ausgestellt.) **1785 b**
» 25		bestätigt der St. Neuenburg ihre Privilegien mit dem Vorbehalt, sie eventuell der Herrschaft Österreich wiederzugeben [vgl. auch nr. 1878] — Ad m. d. r. Michel canon. Wratislav. [gedr. can. cub.!] — [R?] — Or. Neuenburg a. Rh.; [nicht in RR] — Huggle, Gesch. d. St. Neuenburg am Rhein 237; Reg.: Mitt. d. bad. hist Komm. 7, 9. **1786**
» 26		macht allen Amtleuten etc. im Deutschen Reiche bekannt, dass er auf Grund der Beschwerde des Deutschmeisters, seines geheimen Rates Konrad v. Egloffstein befehle, dass niemand die dem Deutschorden gehöriges flüchtig gewordenen Leute als Bürger in Städte aufnehmen, sondern sie ausliefern solle, u. dass selbst die Bürger in befestigten Orten, die dem Orden gehören, in ihrer früheren Unterthänigkeit zu bleiben haben. — Per d. G. comitem de Swartzburg judicem curie Jod. Rot canon. Basil. — [R] — Or. u. Vid. P. Martins V v. 1429 Nov. 6 Wien. Deutsch-Ordens-Centralarch.; [RR. E 178ᵛ z. 19 Juni] — Brandenb. Usurpazionen-Gesch. in den Fränk. Kreis-Landen (1797) Urkk. 136 f. Reg.; Pettenegg, Urkk. des Deutsch-Ordens-Central-Arch. 1, 457 u. 458 (fälschl. zu Aug. 28). — Vgl. auch nr. 1761ᵃ. **1787**
»	»	schreibt an Frankfurt wie in nr. 1762 an Regensburg [vgl. auch nr. 1765/7] — KU. w. v. — o. R — Or. Frankfurt. — RTA 7, 306 ff. **1788**
»	»	empfiehlt das Kl. Herrenalb dem Schutze der Gr. Eberhard d. Alt. u. des jüng. v. Würtemberg. — Per d. G. comitem de Swartzburg judicem curie Jodocus Röt canon. Basil. — R — Or. Stuttgart; [nicht in RR] (mi. nach Joh. Bapt.) **1789**
»	»	ernennt Ulrich Scala v. Liezz zu seinem Generalvicar in Belluno u. Feltre. — Ad m. d. r. Joh. prep. de Strig. vicecanc. — [RR. E 144ᵛ u. 145ʳ] — Piloni, Storia della città di Belluno (1607) 209, vgl. Reg.: Forsch. z. D. Gesch. 18, 221. **1790**
[»]		teilt den St. Feltre u. Belluno (Gesandte: Zanzilius de Laporta, Victor Bonniazi) mit, dass er zum Reichsvikar in Feltre Belluno u. s. w. den Ulrich [della] Scala, in Serravalle u. Cordignano den Rudolf v. Retz (Bese) bestellt habe; befiehlt, dass Feltre 500, Belluno 1000 Dukaten jährlich an den Scala zahlen u. diesem gehorsam sein solle. — KU? — RR. E 185ᵛ (s. d.) **1791**
» 26	»	bestätigt den unter der Lehenschaft der Gr. Königsegg stehenden Kesslern an der Donau u. um den Bodensee alle Privilegien. — [KU. wie nr. 1789. — R — Or. Lindau St.-A.

1415		
		a. München R.-A.; nicht in RR; vgl. auch Sigmunds Vid. v. 1444 Jan. 27. — Reg. Boica 12, 198 f. a. Wärdinger, Urkk.-Auszüge z. G. d. St. Lindau (ausführl.) **1792**
Juni 27	Konstanz	bestätigt dem Nonnenkloster Löwenthal den (inser.) Spruchbrief vom 1. Juni desselben Jahres, durch welchen der kgl. Hofrichter Gr. Günther v. Schwarzberg, der Ritter Johann v. Bodman gen. Frischhans a. der Erbmarschall Haupt zu Pappenheim entschieden haben, dass der Wald Swadorloch des Kl. freies Eigen sei u. dass die Bürger zu Buchhorn weder mit Holzhauen, noch mit Schweinetreiben oder anderen Dienstrechten darauf je ein Recht gehabt haben. — [Per d. Jo. prepos. de Strigonio vicecanc. Joh. Gerssa. — R — Or. München R.-A.; nicht in RB] — Reg. Boic. 12, 199. **1793**
„	„	bewilligt der Hospitaliter-Präceptorei St. Antonii zu Isenheim Zollfreiheit. — Ad m. d. r. Joh. prepos. de Strigonio vicecanc. —[Nicht in RR;] Vid. v. 1415 Sept. 6 Colmar Bez.-A. (viges. septima juni.) **1794**
„ 30	„	belehnt die St. Überlingen pfandweise mit der Reichsmünzstätte u. anderen Objecten aus dem Nachlasse der ausgestorbenen v. Hohenfels. — Ad m. d. r. Michael de Priest canon. Wratislav. — R — Or. Karlsruhe; [RR. E 183ᵛ] — Ztschr. f. d. G. d. Oberrh. 22, 31 ; vgl. N. F. 3, 438. **1795**
„	„	befiehlt allen, welche Reichslehen aus dem Hohenfels'schen Nachlasse innehaben, sich der Einlösung dieser Lehen durch die St. Überlingen nicht zu widersetzen. — Michael. — RR. Reg.: ibid. E 186ᵛ. (so. nach Peter u. Pauls i.) **1796**
[Juni]	„	schreibt dem Frankfurter Rat über den Bürgerzwist der Lübecker u. befiehlt ihm, diese nicht darum, weil sie in der Acht sind, zu beschädigen. — Reg.: Inv. d. Frankf. St.-A. 1, 84 (z. d. et l.): jedenfalls vor Juli 16. **1797**
Juli 1	„	verspricht der St. Diessenhofen, dass sie niemals vom Reiche entfremdet werden soll, u. verschreibt ihr, da sie ihm 1000 rhein. Gulden geliehen, die Vogtei, die jetzt Molli Truchsess innehat, sowie die 60 Gulden auf dem Rheinzoll, die jetzt der Anna Czanin zustehen, nach deren Tode; erlaubt der St. auch die Einlösung v. 50 Gulden, die Ulrich v. Landenberg auf dem Rheinzoll hat, v. 120 Gulden, die Ritter Hans Schwarz auf demselben Zolle hat, sowie ihrer Stadtsteuer (41 Mark Silber), die z. Z. an Heinrich Truchsess, Molli Truchsess u. Götz Schultheiss v. Schaffhausen verpfändet ist. — [Michael — RR. E 187 s. d.] — Tschudi, Chron. Helvet. 2, 35 ; vgl. Gengler, cod. iur. municip. 1, 766. **1798**
„	„	verspricht den Gr. Hug v. Heiligenberg, Eberhard v. Nellenburg u. Hans v. Lupfen, sowie dem Konrad v. Weinsberg u. Erkinger v. Seinsheim, welche sich für ihn bei Johann Truchsess v. Waldburg wegen ihm geliehener 3000 Gulden verbürgt haben, Schadloshaltung. — [Jo. Gerssa.] — RR. E 184ᵛ [5 Urkk.?] — vgl. Reg.: Ztschr. d. Ges. f. Geschichtsk. v. Freiburg 3, 352. **1799**
„	„	verspricht als Vogt u. Protector des Konzils dasselbe nicht aufzulösen, bevor die Wahl eines neuen legitimen Pabstes stattgefunden. — Ad m. d. r. Joa. prepos. de Strigonio vicecanc. — Labbeus, Concil. collect. 12, 116 — Dumont, Corps dipl. du droit des gens 2, 3, 43 ; v. d. Hardt, Conc. Const. 4, 376 f. (z. 4. Juli); Lünig, R.-A. P. spec. Cont. 1, 55 f. u. P. gen. Cont. 29; Mansi, Concil. collect. 27 (1784) 732 f. **1800**
„	„	publiziert die Sicherheit des Konzils, verspricht besonders freie Wahl des Pabstes u. befiehlt allen Reichsunterthanen, besonders der St. Konstanz, sich demgemäss zu verhalten. — KU. w. v. — v. d. Hardt 4, 379 f. (z. 4. Juli); Goldast, Const. imper. 3, 425 — Rousset, suppl. au corps dipl. 1, 2, 339 ; Hardouin, Acta conciliorum 8, 394 f.; Lünig, R.-A. Spic. eccl. 1, 216; Mansi, Conc. collect. 27 (1784) 743 f. **1801**
[„?]	„	fordert den Hrz. Friedrich v. Österreich auf in kürzester Zeit sich zu reinigen auf die Klagen des Gr. Hans v. Lupfen, des Gr. Eberhard v. Kirchberg u. dessen Gemahlin Agnes geb. v. Werdenberg, Konrads v. Weinsberg, Ludwigs v. Rossel sowie der St. Basel. — KU? — RR. E 192ᵛ [Dat.?] — Reg.: Ztschr. d. Ges. f. Geschichtskunde v. Freiburg 3, 352. **1802**
„ 2	„	belehnt seinen Schwager den Gr. Heinrich zu Görz u. Tirol sowie dessen Bruder Hans Meinhart mit der Grafschaft Görz, dem Pfalzgrafschaft Kärnthen, dem Gericht zu Flambro (-ber) in Friaul, der Grafschaft zu Heunborg nebst allem Zubehör. — Ad m. d. r. Mich. can. Wratisl. — R — Or. u. Vid. v. 1443 Sept. 15 Wien Staats-A.; [RR. E 172ᵛ s. d.] — v. Schwind u. Dopsch, Urkk. z. Verfassungs-Gesch. (1895) 316 f. **1803**

1415		
Juli 2	Konstanz	erlässt Befehle an den Rat zu Feltre, die dem m Belluno mitgeteilt werden sollen [= nr. 1791?] — KU? — Kop.-B. Belluno. — Reg.: Forschungen z. Dtsch. Gesch. 18, 221. **1804**
» 3	»	befreit die Bellunesen für alle Zukunft v. jeder Schuldverpflichtung hinsichtlich des jährl. Census an den Gr. v. Görz. — W. v. **1805**
» »	»	verspricht dem Gr. Heinrich v. Görz u. Tirol die für dessen Dienste im Kriege gegen Venedig schuldigen 16000 ung. Gulden binnen 4 Jahren (jährlich 4000) zu bezahlen, desgl. die 1800 Dukaten, die er für ihn an [Ulrich] della Scala bezahlt hat, obwohl derselbe sie v. der St. Civitate (Sibidatt) zu erhalten hatte; widerruft aber die dem Heinrich v. Görz früher gegebene Verpfändung v. Civitate Belluno Feltre Cordignano Serravalle u. der Grafschaft Gymel. — Michael — RR. E 185ᵛ u. 186ᶠ. (mi. vor Udalrici.) **1806**
» »	»	bestätigt auf Bitten des Propstes Werner zu Riedern ihm u. seinem Konvente (Augustiner, Konstanzer Diözese) alle Privilegien u. gestattet die freie Vogtwahl, während bisher die Vögte aus dem Geschlecht der v. Krenkingen genommen werden mussten. — [Michael etc.] — RR. E 191ᵛ (s. d.); Kop. Donaueschingen. — Reg.: Fürstenberg. Urk.-B. 6, 266. **1807**
		Juli 4: verspricht als Vogt u. Protector der Kirche allen Fleiss anzuwenden, dass ein legitimer Pabstes gewählt werde. (4. d. julii) Alte Copie Wittingau Mareš. s. nr. 1800. — Nach einigen Hdss. (vgl. auch Ulrich v. Richental 75) ist auch nr. 1801 am 4. Juli erlassen. **1807 a**
» 4	»	erteilt dem Getreuen Hermann v. Erfurt (nre. maj. nuncius specialis in nostris et sacri Romani imperii factis et negociis per diversa mundi climata se labent conferre.) Geleit. — Ad m. d. r. Mich. can. Wrat. — Gleichz. Kop. Dortmund. Lindner. **1808**
		bestätigt die Privilegien der St. Rottweil, besonders das Privileg de non evocando u. das Recht Ächter zu hausen u. zu hofen. — Per d. Joh. prepos. de Strigonio vicecancell. Michael canon. Wratislav. — [R — Or. Stuttgart; nicht in RR. Sigmunds]; RR. N. 76: Vidimus K. Friedrichs III v. 1442 Juli 13; vgl. Chmel, Reg. Friderici IV n. 684; Kopie Rottweil Stadt-A.; vgl. Reg.: Neue Mitteil. d. archäol. Ver. zu R. 1873, 70. — Senckenberg, Von d. kayserl. höchst. Gerichtsbarkeit. Beil. 46 ff. **1809**
		[Juli 4?]: erlaubt der St. Rottweil einen »umbgang uf der ringmower« zu bauen u. die in ihrem Bannkreise liegenden Güter zu besteuern. — Michael — RR. E 149ᵛ (s. d.), durchgestrichen, am Rande: »non exivit.« **1809a**
» »	»	bestätigt dem Benedictiner-Kl. St. Georg zu Stein am Rhein alle Privilegien. — Ad m. d. r. Joh. Gerse. — R — Or. Zürich; [nicht in RR] (do. nach Peter u. Paul.) P. Schwerzer. **1810**
» »	»	verleiht der Ursula v. Sulz geb. v. Habsburg die dem Hrz. Friedrich v. Österreich abgenommenen Schlösser Rothenberg Rheinau Krenkingen u. die Grafschaft im Kletgau (Klockewo) bis auf Widerruf. — Michael — RR. E 187ᵛ. (Ulrichs d.) **1811**
» 5	»	kehrt v. Überlingen [vgl. nr. 1785ᵇ] wieder nach Konstanz zurück, nimmt aber Wohnung im Kl. Petershausen. — Ulrich v. Richental 75. **1811a**
» 6	»	bestätigt dem Ritter Georg v. Katzenstein die dessen Vorfahren durch K. Karl IV [Böhmer-Huber nr. 4399] erteilte Belehnung mit Stock u. Galgen zu Dischingen (Augsburger Bistum) u. erteilt ihm den Blutbann daselbst. — Per d. G. comitem de Swartzburg judicem curie Jodocus Rot canon. Basiliens. — R — Or. Regensb. Thurn- u. Taxis'sch. Central-A.; Not. RR. E 190ᶠ, aber mit Dat.: Basel Marie Magdal. = Juli 22! (sa. nach Ulrichstag.) **1812**
» 8	»	befiehlt dem Hrz. Friedrich v. Österreich die Geldansprüche, die Konrad v. Weinsberg an ihn bezw. den † Hrz. Leopold v. Österreich hat, bis Juli 25 zu befriedigen. — Ad m. d. r. Joh. Gerse. — R — Or. Öhringen; nicht in RR. (mo. vor Margarethen.) **1813**
» »	»	bestätigt die zwischen Hrz. Friedrich v. Österreich u. Gr. Eberhard v. Kirchberg u. dessen Gemahlin Agnes v. Werdenberg geschlossene Teilung wegen Anweisung der Morgengabe der letzteren auf die Feste Rothenberg im Innthal. — Ad m. d. r. Joh. Gerase [nicht Grasse] — [R] — Or. Innsbruck; [RR. E 189ᶠ; aber KU: Michael] — Brandis, Tirol unter Friedrich v. Österreich 391 ff. = Reg.: Lichnowsky, Gesch. d. Hauses Habsb. 5 n. 1569. **1814**

1415		
Juli 8	Konstanz	entscheidet wider Hrz. Friedrich v. Österreich zu Gunsten des Gr. Johann v. Lupfen u. dessen Gemahlin Elsbet geb. v. Rotenburg, dass der Hrz. ihnen einige Gerichte, Güter u. s. w. (Burgstall u. Melten), die jährlich 600 Gulden abwerfen, zurückstellen soll; die Entscheidung über andere Ansprüche des Gr. v. Lupfen v. wegen seines † Schwagers Heinrich v. Rotenburg, weil Hauptmann v. Tirol, schiebt Sigmund bis zu seiner Rückkehr vom Kg. v. Aragonien auf. — [Ad m. d. r. Joh. Gerase. — R — Or. (mit Einschnitten) Wien H. H. u. St.-A.] — vgl. Reg.: Lichnowsky 5 n. 1570. **1815**

Juli 8 : Königin Barbara verpflichtet sich, falls die ihrem Gemahl v. Hrz. Ludwig v. Baiern-[Ingolstadt] geliehenen 23000 ungar. Gulden v. ihrem Gemahl oder dem Konzil nicht bezahlt werden, auf Ansuchen einen Monat später in Strassburg statt dieser Summe goldene u. silberne Pfänder zu erlegen. — Ad commissionem propriam Joh. vicecanc. — o. R! — Or. u. Vid. v. 1415 Nov. 19 u. 1424 April 9 u. 1426 März 2] München Geh. St.-A.; RR. E 172ᵛ u. 173ᵛ z. 14. Juni. (mo. nach Ulrici.) **1816a**

1415		
Juli 12	Konstanz	nimmt das Kollegiatstift St. Johann zu H a u g bei Würzburg in seinen u. des Reiches Schutz. — Ad m. d. r. Michael de Priest Wrat. et Patav. canonic. — R — Or. u. Vid. v. 1421 Juni 11 Würzburg Kr.-A.; [nicht in RR] (Margarethen ab.) **1825**
"	"	an K ö l n: hat schon einmal [Juni 22] zur Zerstörung v. Mühlheim aufgefordert; seitdem haben die Bergischen ein vom EB. gegen Mühlheim gerüstetes mächtiges Schiff im Kölner Hafen untauglich gemacht; hofft, dass er nicht zum dritten Male an die reichsständische Pflicht zu mahnen braucht, durch Zerstörung v. Mühlheim den Reiches Strom u. Strasse zu frieden. — Ad m. d. r. Joh. Gersse. — Or. Köln. — Reg.: Mitteil. a. d. Stadtarch. zu Köln Heft 24, 122. **1826**
" 13	"	bestätigt dem Ulrich v. E m b s den ihm v. Hrz. Friedrich v. Österreich (inser. dessen Urk. v. 1405 so. vor Oswald == Aug. 2) um 400 Gulden verschriebenen Pfandbesitz des Dorfes Dornbirn (Dornpüren) u. der Weingärten zu Knewen [? == Kehlen] u. schlägt darauf noch 200 rhein. Gulden, die ihm Ulrich geliehen. — Per d. G. comitem de Swarczburg judicem curie Michel can. Wrat. — R — Or. im Besitze des H. Alexander Meyer-Cohn, Berlin; RR. E 189ᵛ. (Margareten.) **1827**
"	"	giebt u. bestätigt dem Ritter Erkinger v. S e i n s h e i m dasselbe Burggut u. Pfandrecht, das K. Karl IV in der (inser.) Urk. v. 1377 Febr. 6 [nicht bei Böhmer-Huber] dem Götz Lamprecht zu Schweinfurt verliehen hatte, nämlich Smelfeld [?] Sennfeld u. Grettstadt. — [Per d. berggrav. Nurnbergens. Michael can. Wratisl. — o. R! *Magistr.*] — Or. Schweinfurt; [RR. E 190, aber KU.: Jo. Gerße] — Reg.: F. Stein, Mon. Suinfurtens. hist. 197 f. **1828**
"	"	hält eine Abschiedsrede vor dem Ausschuss der Nationen des Konzils. (Frieden zwischen England u. Frankreich, Polen u. dem Deutschorden; Kreuzzug nach Jerusalem). Martène u. Durand, Thesaur. nov. anecdot. 2, 1640; Hardt, Rer. conc. Const. 2, 483 sowie Lenz, Kg. Sigismund u. Heinrich V v. England 70. **1828a**
" 14	"	bestätigt die Privilegien des Frauenklosters zu L ö w e n t h a l (Prediger-Orden, Konstanzer Bistum) u. nimmt es in seinen u. des Reiches Schutz, was bereits sein Vater Karl IV [nicht bei Böhmer-Huber] gethan. — Ad m. d. r. Joh. prep. de Strig. vicecanc. — R — Or. u. Vid. des Landgerichts zu Schattbuch v. 1434 Aug. 31 Stuttgart; RR. E 192ᵛ s. d. mit KU.: Joh. Gerße. (su. nach Margarethen.) **1829**
[»]	"	verleiht d e m s e l b e n Kl. [vgl. auch nr. 1793] folgende Privilegien: 1) dass die St. Buchhorn wie überhaupt keine andern St. eigene Leute des Kl. zu Bürgern annehmen darf; 2) dass alle, welche Holz in den Wäldern des Kl. fällen, Busse zahlen müssen; 3) desgl. die, welche Vieh auf die Weiden des Kl. treiben; 4) dass das Kl. nur vor das Hofgericht oder den Landvogt in Schwaben geladen werden darf; zugleich werden die Privilegien des Kl. im allgemeinen bestätigt. — Joh. Gerße. — RR. E 192 (s. d.) **1830**
" 14	"	bestätigt der St. M e t z auf Bitten des Schöffenmeisters, der Dreizehner, der Paraiges u. der gesamten Gemeinde ihre Privilegien, die ihr v. gewissen Leuten in Sonderheit dadurch bestritten worden sind, dass man die Metzer Bürger vor auswärtige Gerichte geladen hat. — Ad m. d. r. Joh. prepos. de Strigonio vicecancell. — o. R — Or. Metz Stadt-A.; [nicht in RR.] (14. d. jul.) *Wolfram.* **1831**
"	"	verleiht der St. S i e g b u r g auf Veranlassung des Siegburger Abtes Pilgrim (v. Drachenfels) den Zoll an der Brücke über die Sieg. — KU. w. v. — R — Or. Düsseldorf; [nicht in RR] (sunt. nach Margrethen.) **1832**
"	"	bestätigt die Privilegien u. Besitzungen der Abtei S i e g b u r g (Abt Pilgrim) — W. v. **1833**
" 15	"	bestätigt die v. seinen Commissarien u. den Sendboten der Hansestädte abgeschlossene Vereinbarung zwischen dem alten u. dem neuen Rate in L ü b e c k, bestätigt die Privilegien der St., bekennt die rückständig gebliebenen 6 Raten der Reichssteuer empfangen zu haben, erklärt eine v. dem neuen Rate dem Johann Canys in Köln ausgestellte Verschreibung für kraftlos, hebt endlich die über den neuen Rat u. dessen Anhänger ausgesprochene Acht nochmals auf. — KU — 2 Orr. Lübeck; [nicht in RR] — Lübeck. Urk.-B. 5, 700 ff. **1834**
"	"	erlaubt dem Ritter Erkinger v. S e i n s h e i m aus dem Markt Scheinfeld eine St. zu machen, der er die Privilegien v. Gelnhausen verleiht, u. in dem Dorfe Bullenheim ein Vogtgericht zu errichten. — Jo. Gerße. — RR. E 190ᵛ. (mo. nach Margarethen.) **1835**

1415		
Juli 16	Konstanz	verspricht, dass er die Streitigkeiten, welche zwischen dem Deutschorden u. Polen entstanden sind, um deren Beilegung der Orden das Konstanzer Konzil ersucht hat, im Sinne des Ordens beilegen werde. — KU? — Or. Arch. Czartoryak. Krakau — Mon. med. aevi hist. res gest. Poloniae illustr. 12, 72 f. **1836**
»	»	bestätigt der St. Lübeck die ihr v. früheren Römischen K. u. Kg. verliehenen Rechte u. Freiheiten. — Ad m. d. r. Michael can. Wratislav. — R? — Or. Lübeck [nicht in RR] — Lübeck. Urk.-B. 5, 574 f.; vgl. Hanserecesse 6, 153. **1837**
»	»	wollte an diesem Tage bereits Konstanz verlassen haben. Brief des Deutschordenskomthurs Heinrich Streler: Janssen, Frankfurts Reichskorresp. 1, 294. **1837a**
» 18	»	erneuert den Edeln Lienhart v. Jungingen u. Frischhans v. Bodman für Schulden (10296 Gulden), die Hrz. Friedrich v. Tirol bei ihnen hat, die Verpfändung v. Rheineck Altstätten, des Rheinthals u. eines Teiles des Bregenzerwaldes. — [Michael — RR. E 189ᵛ s. d.]; Kop. St. Gallen Stifts-A. — Zellwenger, G. d. appenzell. Volkes 1, 2, 253 f. — Reg.: Lichnowsky 5 n. 1573; Schriften d. Ver. f. d. Bodensee 12, Anh. 60. **1838**
»	»	befiehlt den St. Altstätten Bernegg (Bernang) u. Marbach dem v. Jungingen u. Bodman gehorsam zu sein. — KU. w. v.? — Not. RR. E 189ᵛ (s. d.). **1839**
»	»	bestimmt, in welcher Weise die persönlichen Angelegenheiten der aus der St. Lübeck ausgezogenen Mitglieder des alten Rats geordnet werden sollen, bestimmt, dass sie u. ihre Familien die St. u. deren Gebiet für immer meiden sollen, u. erklärt die über die St. Lübeck ausgesprochene Acht für aufgehoben. — KU? — Vid. v. 1416 Okt. 5 Lübeck. — Lübeck. Urk.-B. 5, 575 ff.; vgl. Hanserecesse 6, 153. **1840**
»	»	verkündigt, dass er die über den neuen Rat u. die St. Lübeck verhängte Acht aufgehoben habe. — Ad m. d. r. Michael can. Wratisl. — Or. ib. — ib. 579 f.; vgl. Hanserecesse ib. 154. **1841**
»	»	teilt dies dem Kg. Erich v. Dänemark mit. — KU. w. v. — Or. ib. — ib. 580 f.; vgl. ib. **1842**
»	»	desgl. dem Hrz. Johann v. Mecklenburg. — KU. w. v. — Or. ib. — ib. 581; vgl. ib. **1843**
»	»	hat dem Albrecht Schenk v. Landsberg, Herrn zu Seida (Sydow), die Urkunden des neuen Rats u. der St. Lübeck anvertraut mit der Weisung damit bis April 23 beliebig zu schalten; für den Fall, dass er nach Nov. 1 diese Urkunden v. Albrecht wieder fordert, wird er (S.) spätestens bis April 23 24000 rhein. Gulden zu Lübeck u. zwar in Brügge zahlen; erst nach dieser Zahlung hat ihm Albrecht jene Urk. auszuliefern. — [Jo. Gerße] — Or. Lübeck: [RR. E 111ᵛ fer. quinta ante Mar. Magd., aber dtsch. Urk.] — Lübeck. Urk.-B. 5, 582; vgl. Hanserecesse 6. 154. (do. nach Margar.) **1844**
»	»	soll an diesem Tage Konstanz verlassen haben; vgl. die Zusammenstellung bei Lenz, Kg. Sigmund u. Heinrich V v. England 71; (ib. 72 die Begleiter Sigmunds auf seiner Reise zusammengestellt); doch ist wohl die Abreise erst am 19. Juli erfolgt, an welchem Tage er noch in Konstanz urkundet. **1844a**
» 19	»	weist die St. Nürnberg an, den Betrag der halben Judensteuer u. des goldenen Opferpfennig v. den Nürnberger Juden (fällig zu Weihnachten, bezw. Sept. 29 u. Nov. 11), soweit er nicht an Albrecht v. Colditz (200 Gulden) verpfändet ist, seinem Hofrichter dem Gr. Günther v. Schwarzburg zu zahlen. — Michael de Priest. — RR. E 190ᵛ. (fr. vor Marie Magdal.) **1845**
»	»	verspricht dem Erkinger v. Seinsheim, nachdem er mit ihm Abrechnung über seine Dienste bes. im Kriege gegen Hrz. Friedrich v. Österreich u. restierendes Jahrgeld gehalten, die ihm schuldigen 2912 rhein. Gulden bis künft. Febr. 2 zu bezahlen. — Joh. Gerße. — RR. E 190ᵛ. (feria sexta ante Marie Magdal., aber dtsch. Urk.) **1846**
[Jan.-Juli 19]	»	ernennt den Ulrich Wernher zu seinem Kaplan. — Per canc. — Not. RR. E 50ᵛ (1414! s. d., aber mit Ort: Konstanz). **1847**
»	»	nimmt den Joh. Pegner unter seine familiares auf. — W. v. **1848**
»	»	gebietet den Juden im Bamberger u. Würzburger Bistum die halbe Judensteuer u. den goldenen Opferpfennig, den sie für 1413 u. 1414 noch nicht bezahlt, sowie die gleichen Abgaben für das laufende Jahr an den Juden Moses aus Konstanz zu zahlen. — KU? — RR. E 99ᵛ (s. d.) — Eine Urk. Sigmunds betr. die Judensteuer v. Kempten v. 1415 (vielleicht = nr. 1231) nach Archiv. Ztschr. 8, 145 in Kempten (Mag.-Registr.) **1849**

1415		
[Jan. — Juli 19]	Konstanz	›den strengen Heinrich v. Bortfelt [Bortfelde] u. Clawenberg v. Home [Hoya] u. andern der probsti zu Hildesein mannen unsern‹ — nur diese Notiz RR. E 100ᶜ [bes. Urk.? nicht im Hildesheimer Urk.-B.] **1850**
»	»	befiehlt ungenannter St. seinen Dienern Michel dem Steinmetz u. Hans dem Zimmerman zu gestatten v. ihrem Kornhaus das Maas zu nehmen. — KU? — Not. RR. E 100ʳ (s. d.) **1851**
»	»	bestätigt dem Karl Rot, gen. v. Ulm, Bürger zu Reutlingen, dessen Frau Mechtild u. dessen Erben die seinen Vorfahren v. Karl IV 1374 Okt. 16 [Böhmer-Huber nr. 5406] verliehene Gerechtsame der Brücke über die Donau zu Ulm. — KU? — RR. E 101ᵛ (s. d. et L) **1852**
»	»	bestätigt der St. Magdeburg die (inser.) Urk. Karls IV v. 1355 Dez. 7 [Böhmer-Huber nr. 2318] — Per Joh. prepos. Strigon. vicecanc. — RR. E 102 (s. d.) **1853**
»	»	bestätigt der Nonne Nese v. Stanfenberg im Kl. Hohenburg (Diözese Strassburg) die ihr bereits erteilten ersten Bitten auf die durch Ernennung der Katherina v. St. zur Äbtissin freigewordene Präbende (custodia) — KU? — RR. E 106ʳ (s. d. et L) **1854**
»	»	lässt den Hauptleuten Johann Mittlidon u. Walter Anthon, welche ihm mit 100 englischen Bogenschützen dienen sollen, die ihnen bereits ausgezahlten 2000 rhein. Gulden, obwohl deren Ankunft sich verzögert, aus Rücksicht auf Kg. Heinrich v. England u. in der Hoffnung, dass sie ihm nun bereiter dienen werden. — KU? — RR. E 127ʳ (s. d.) **1855**
»	»	erlaubt dem Gr. Bernhart v. Thierstein in seiner Grafschaft nach Blei, Kupfer, Silber u. überhaupt nach Erzen graben zu lassen; doch soll gefundenes Gold der kgl. Kammer gehören. — Michael. — RR. E 180ʳ (s. d.) **1856**
»	»	bestätigt die Privilegien der St. Frauenfeld. — KU? — Not. RR. E 181ʳ (s. d.) — Nach Schriften d. Ver. f. d. Bodensee 12 Anh. 60 befindet sich im Arch. zu Bodman eine Urk. Sigmunds v. 1415, durch welche Frischhans v. Bodman zum Vogt u. Landrichter über die St. Frauenfeld u. den Thurgau bestellt wird; [nicht in RR]. **1857**
»	»	erlaubt dem Hans Hug, Bürger zu Gmünd, seine ausserhalb der St. gelegene Sisselmühle in die St. zu verlegen u. das Wasser hinzuleiten, doch unschädlich Jedermann an seinen Mühlen u. Wasserläufen. — Jodocus. — Not. RR. E 181ʳ (s. d.) **1858**
»	»	bessert dem Christian v. Watzmannsdorf sein Wappen. — KU? — Not. ib. (s. d.) **1859**
»	»	verpfändet dem Gr. Eberhart v. Nellenburg für treue Dienste in Deutschland u. der Lombardei die jährliche Stadtsteuer zu Ulm u. das Ammannsgeld daselbst bis auf Widerruf. — KU? — Not. RR. E 183ʳ (s. d.) **1860**
»	»	weist die St. Ulm an die nächste Martini fällige Stadtsteuer an Gr. Eberhard v. Nellenburg zu zahlen. — W. v. **1861**
»	»	verspricht dem Frauenkloster zu Calgori [= ?] v. dem ihm auf Grund seiner Königskrönung zustehenden Rechte der ersten Bitten keinen Gebrauch zu machen. — Jodocus. — Not. RR. E 185ʳ (s. d.) **1862**
»	»	giebt seine Zustimmung, dass Hrz. Albrecht v. Österreich dem Leupolt v. Eckartsau die Feste Schaumberg in Österreich ›zu erbrecht‹ verliehen hat gegen Abtretung der ihm früher als Leibgeding verliehenen Feste Wartenstein. — KU? — RR. E 185ᵛ (s. d.) **1863**
»	»	bestätigt dem Hrz. Heinrich Rumpolt v. Gross-Glogau u. Crossen, zugleich für Hrz. Heinrich d. ält. u. Wenzel die Zinsen auf Kaschau u. Schloss Blatnicz (Blateu-), welche er (Sigmund) ihrer Grossmutter Offka v. Reuss, Herzogin v. Oppeln 1410 Aug. 15 (die Urk. ist inser.) für 12668 Gulden verpfändet hatte. — Michael. — RR. E 186ᵛ u. 187ᵛ (s. d.) **1864**
»	»	nimmt den Hrz. Heinrich Rumpolt v. Gross-Glogau u. Crossen unter sein Hofgesinde mit einem Jahrgeld v. 3000 roten ungar. Gulden auf. — KU? — Not. RR. E 187ʳ (s. d.) **1865**
»	»	verpfändet seinem Diener Hermann v. d. Hohenlandenberg für 600 rhein. Gulden die halbe Vogtei zu Frauenfeld, welche der frühere Pfandinhaber Haus v. Gollenberg abgesprochen wird, da dieser ein Anhänger Hrz. Friedrichs v. Österreich ist, welcher wegen Entführung des Balthasar Cossa geächtet ist. — KU? — RR. E 191ʳ s. d. **1866**
Juli 19	Schaffhausen	fährt zu Schiff v. Konstanz nach Schaffhausen, während die Pferde auf dem Landwege dahin gebracht werden. Ulrich v. Richental 82. — Vgl. nr. 1844ᵃ. **1866a**

1415		
Juli 21	Basel	bestätigt der St. Baden im Aargau alle Privilegien der römischen Kg. u. der Herrschaft Öster-reich. — [Jod. Rot can. Bas.] — Or. u. Vid. v. 1423 April 23 Baden; [Ausz. RR. E 191ʳ] — Reg.: Arch. f. schweiz. Gesch. 2, 86 fälschl. zu Juli 23. (so. vor Magdalene.) **1867**

Juli 21: f. Breisach. — Not. RR. E 190ʳ — nach Or. (nr. 1869.) Juli 22. **1867a**

Juli 21: für Hans v. Cronen aus Schaffhausen. — Jod. Rot can. Bas. — RR. E 190ʳ u. 191ᶠ. (sont. vor Marie Magdal.) — nach Or. (nr. 1870.) Juli 22. **1867b**

"	"	nimmt die St. Nenenburg (Nuem-) zu Händen des Reichs. — Michel de Priest notarius. — Not. RR. E 190ʳ. (sont. vor Magdalene.) **1868**
" 22	"	verspricht, nachdem er die St. Breisach zu des Reiches Händen genommen u. sie ihm auf Geheiss des Hrz. Friedrichs gehuldigt hat, dass dieselbe nie mehr dem Reich entfremdet werden solle [vgl. 1415 Juni 3] — [Michel de Priest in RR] — Or. Breisach; [Not. RR. E 190ᶠ zu Juli 21!] — Reg.: Mitt. d. bad. hist. Komm. 11, 15. **1869**
"	"	bestätigt dem Hans v. Cronen aus Schaffhausen die v. Österreich herrührende Pfandschaft, 600 rhein. Gulden auf den Zehnten zu Kloten (Glotten) u. ein Gut zu Nieder-Stammheim. — Ad m. d. r. Jodocus Rot canon. Basiliens. — R — Or. Zürich; [RR. E 190ʳ u. 191ᶠ z. 21 Juli] P. Schweizer. **1870**

Juli 22: bestätigt dem Ritter Georg v. Katzenstein den Blutbann in Dischingen. — Not. RR. E 190ʳ. (Marie Magdal.) — nach Or. Juli 6 (nr. 1812.) **1870a**

"	"	verlängert der St. Kaysersberg, welche ihm treue Dienste gegen Hrz. Friedrich v. Öster-reich geleistet hat, das ihr v. Kg. Ruprecht (im Or. inser. dessen Urk. v. 1407 Juni 5: Chmel nr. 2319) auf 13 Jahre gestattete Ungeld auf weitere 20 Jahre. — KU? — RR. E 118ᵛ. (mo. vor Jacob.) **1871**
"	"	überweist dem Burggr. Friedrich v. Nürnberg bis auf Widerruf sämtliche ihm als Kg. zu-stehenden Judensteuern in den Erzbistümern Magdeburg u. Bremen, den Bistümern Hildes-heim, Halberstadt, Schwerin, den Herzogtümern Braunschweig u. Lüneburg, den Landgraf-schaften Thüringen u. Hessen, den Markgrafschaften Brandenburg u. Meissen, den Herzog-tümern Stettin u. Mecklenburg, der Grafschaft Holstein, der Herrschaft Wenden, der Mark, über der Oder u. zu Bolswalde [Neumark]. — [o. KU — R] — Or. Bamberg; [RR. E 112ᵛ u. 113ᶠ mit KU: Ad m. d. r. Joh. Kirchen, was aber anfällig ist; vgl. nr. 1388ᵇ, 1732, 1733, 1741, jedoch auch nr. 1877.] Mon. Zoll. 7, 321ᶠ. **1872**
"	"	benachrichtigt die EBB. v. Magdeburg u. v. Bremen, die BB. v. Hildesheim, Halberstadt u. Schwerin, die Hrz. v. Braunschweig u. Lüneburg, die Landgr. v. Thüringen u. v. Hessen, die Mrkgr. v. Meissen, die Hrz. v. Stettin u. Mecklenburg, die Gr. v. Holstein, die Herren v. Wenden, die Einwohner der Mark über der Oder u. zu Bolswalde, dass er dem Burggr. Fried-drich v. Nürnberg widerruflich das Recht verliehen habe in ihren Gebieten die Reichsabgaben der Juden zu erheben u. befiehlt ihm dabei anfällig zu sein. — [o. KU! — R] — Or. Berl. H.-A.; [RR. E 113ᶠ o. KU]. — Mon. Zoll. 7, 323ᶠ; nach alter Kop. Riedel, Cod. dipl. Brandb. 2, 3, 238. **1873**
"	"	bestätigt die in seinem Auftrage v. dem Burggr. Friedrich v. Nürnberg abgeschlossene Sühne in der Klagsache des Lübecker Bürgers Joh. Glüzing wider die St. Rostock u. Wismar (wegen Raubes) u. die v. Friedrich verfügte Aufhebung der über die beiden St. verhängten Reichsacht. — KU? — Aus den Rostocker wöchentl. Nachrichten vom 19. April 1755 Riedel, Cod. dipl. Brandb. 3, 3, 40 f. **1874**
"	"	verleiht dem Konrad v. Weinsberg für seine Dienste im Kriege gegen Hrz. Friedrich v. Öster-reich 1114 rhein. Gulden u. giebt ihm dafür als Eigentum den Schinders Hof bei Baden im Aargau. — Ad m. d. r. Jod. Rot can. Basil. — R — Or. Öhringen; RR. E 190ʳ. (Marien Magdal. t.) **1875**
"	"	bestätigt dem Stift Zofingen seine Rechte u. Freiheiten, namentlich die Leute u. Güter im Dorfe Knutwil u. die Kirche zu Rot im Bist. Konstanz. — Ad m. d. r. Michael canon. Wratisl. — R — Or. Aarau Staats-A.; [nicht in RR]. (id. dat.) Herzog. **1876**
"	"	verpfändet die dem Hrz. Friedrich IV v. Tirol abgenommenen St. Baden Mellingen Bremgarten u. Sursee um 4500 rhein. Gulden der St. Zürich. — Per d. Fridericum burggravium Nurn-bergens. Joh. Kirchen. — [R — Schweizer] — Or. Zürich; RR. E 112 [mit KU: Ad m.

1415		
		d. r. J. K.]; Kopien Baden u. Basel. — Stumpf, Konst. Konz. 117 f. s. d.; Tschudi, Chron. Helvet. 2, 41 s. d.; Sammlung d. ältern Eidg. Absch. 1, (2. Aufl.) 349 f., vgl. 153; Reg.: Arch. f. schweiz. G. 2, 85; vgl. auch Argovia 14, 130. **1877**
	Basel	Juli 23: erneuert der St. Baden ihre Privilegien. — Reg.: Arch. f. Schweiz. Gesch. 2, 86 — falsch statt: Juli 21 (nr. 1867). **1877 a**
Juli 23	»	verlässt diese St. Fortsetz. Königshofens: Mone, Quellensamml. d. bad. Landesg. 1, 292; Basler Chroniken 5, 159. **1877 b**
		Juli 24: verpfändet die österreichischen Lande in der Schweiz an Zürich. Reg.: Lichnowsky, Gesch. d. Hauses Habsburg 5 nr. 1575 — ist nr. 1877. **1877 c**
» 24	Solothurn	verpfändet dem Gr. Friedrich v. Toggenburg die Stadtsteuer v. St. Gallen um 2000 rhein. Gulden u. befiehlt der St. die Zahlung nunmehr an jenen (bis zur Einlösung durch das Reich) zu leisten. — Michael — RR. E 191ᵛ. (in vigilia b. Jacobi, aber dtsch. Urk.) **1878**
»	»	macht den Hans v. Falkenstein, dessen Frau Susanna u. Erben wieder zu rechten freien Edeln, welcher Stand v. dessen Vorfahren zwar besessen, aber im Laufe der Zeit verloren gegangen war, u. befiehlt allen Unterthanen die Falkensteiner wieder für freie Edle zu halten. — W. v. **1879**
»	Aarberg	kommt v. Basel nach Aarberg, woselbst er mit dem Gr. v. Savoyen Verabredungen trifft. Die Kosten v. Sigmunds Aufenthalt in Aarberg trug die St. Bern. Justinger, Berner Chronik 235 f. **1879 a**
»	»	söhnt sich mit EB. Johann v. Mainz aus. — Ad m. d. r. Jod. Rot can. Basil. — R — Or. Würzburg Kr.-A.; RR. E 193ᵛ. — Mitteil. d. Inst. f. österr. Gesch. Erg.-B. 5. (Jacobs abend.) **1880**
» 25		betritt Savoyen: Mone, Quellensammlung v. bad. Landesg. 1, 292; Basler Chroniken 5, 159. — Von Aarberg war Kg. Sigmund über Romont u. Rue nach Lausanne gezogen, v. hier zog er über Morges Rolle Nyon nach Genf. Windecke 62. — Vgl. auch Fillastres Tagebuch bei Finke, Forsch. u. Quellen 178: »In recessu regis nesciebatur saltem publice locus convencionis, quia in Nicia loco primo convento et in tota Provincia erat pestis gravis. Nesciebatur eciam, per quam viam transiret. Rex dicerat enim prius se velle ire per Franciam eciam Parisius et videre regem Francie. Alii presumebant, quod iret per Sabaudiam. Rex autem celabat intencionem suam de via propter ducem Burgundie, in quo non satis confidebat, propter suspiciones et quasdam malivolencias inter ipsos ortas . . . Fecit tamen iter suum per Sabaudiam, ubi per comitem et populum cum magna exultacione in diversis locis receptus est et visus. Rege stante adhuc in Sabaudia venit ad eum nuncius suus veniens de Parpigniano referens, quod rex iret Narbonam, de quo loco jam fuit prolocutum, et quod propter infirmitatem regis Aragonum prorogabatur dies usque ad 15. augusti. Rex transivit ultra morosius quam speraverat et transivit per Lugdunum [Juli 31], ubi cum magno honore receptus est et visus et ita in singulis civitatibus et locis insiguibus regui Francie. Transivit per Nemausum [Aug. 10], ubi rex Sicilie Ludovicus dux Andegavie illum expectans recepit honorifice.« Tagebuch Fillastres: Finke, Forschung. u. Quellen 178. **1880 a**
» 27	Genf	»Item 27. julii fuerunt de civitate Gebenensi directe burggravio [F.] Nurembergensi primo 10 membrane appensione sigilli regie majestatis sigillate, item 40 alie membrane, quarum 4 pendentis minoris regalis sigilli numimine in carta pargamena, relique 36 in papiro a tergo more solito consignate, utpote 20 ex eisdem in integro folio seu arca papireo et 16 in medio folio papireo existunt« [vgl. 1417 März 3] — RR. E 192ᵛ. — Von Genf zog Kg. Sigmund über St. Julien Chamout [Seyssel] Rumilly Aix Chambery Albens Cessieu Gizeli nach Lyon; vgl. Windecke 62. **1880 b**
» 28	Seyssel (Sessel)	verspricht dem Ofener Bürger Eberhart Sachs u. seinen Erben die ihm schuldigen 3356 ungar. Gulden bis Febr. 2 zu bezahlen. (»tate wir des nicht, was si denne der obgenant irer gulden oder gelts schaden nemen, wie der benant wurde, die ir eins oder ir scheimpot bi einen truen an eides stat gesprochen mocht, die gelouben wir in mit guten trüwen on geverde mitsampt dem houptgute mit bereiten gulden u. mit keiner ander bezalung abzulegen u. zu bezalen on alle widerrede.«) — KU? — RR. E 193ᵛ. (sont. nach Jacobst.) **1881**

1415		
[Juli]	s. l.	erinnert Wilhelm u. Friedrich Landgr. zu Thüringen u. Mrkgr. zu **Meissen** daran, dass sie »etwie öl unsers vaterlichen anfalles, des zu der cron v. Behem gehoret »innehaben;« er habe bisher daran geschwiegen, da er gehört, dass einer v. ihnen zu ihm kommen wolle; »wann aber ewr herkomen gewant ist u. wir nä in dem namen gotes fur ons zu dem kunig v. Arragon reiten, doromb wer das iemand der unsern in der maße ichts gon euch u. den ewern tete, damit wolten wir unsern gelimpf gen euch bewart haben.« — KU? — RR. E 110ᵛ (s. d.) — Ist vielleicht noch in Konstanz geschrieben. **1882**
Juli 31	Lyon	kommt hierher (civ. Lugdunensis): Forts. Königshofens bei Mone, Quellensamml. z. bad. Landesg. 1, 292; Baseler Chronik. 5, 159. **1882 a**
Aug. 1	Vienne	kommt hierher: ib. — Von hier aus ging der Zug weiter nach Moirans, sodann über St. Marcellin u. Romans nach Valence. Windecke 62. **1882 b**
» 3	Valence	kommt hierher: Mone 293; Bas. Chronik. 159. **1882 c**
» 4	»	befreit die Bewohner der St. S.-Antoine (S. Anthonii) u. das daselbst befindliche Kl., in dem die Gebeine des h. Antonius ruhen (Abt Hugo) v. allen Steuern, Zöllen u. s. w., nimmt sie in des Reiches Schutz u. befiehlt die Ausübung desselben dem EB. v. Vienne u. dem Herrn Emaus v. Clermont (Clarimonte) sowie dessen Nachfolgern. — Ad m. d. r. Joh. prepos. de Strigonio vicecanc. — RR. E 155. (quarto die augusti.) **1883**
»	»	ernennt den B. Johann v. **Valence** u. Die zum Reichsvikar in Valence u. Die. — Per d. Jo. prepos. Strigon. vicecanc. — Not. RR. E 190ᵛ. (dominica ante Lauranc.) **1884**
»	»	ernennt **denselben** zum ‚comes palatinus' mit dem Rechte ungeeigneten Personen das Notariat zu entziehen. — W. v. **1885**
»	»	bestätigt auf Bitten desselben B. den Ausspruch des Gr. Wilhelm v. Genf, des Raimund de Benguario, Roger v. Cherasco (Clarcasum) u. des Petrus de Buteone betr. einen Streit zwischen der Kirche (Prokurator Wilhelm) u. der Universität **Valence** (Syndicus Johann Berardus) u. einen Ausspruch des Priors der Laurencius-Abtei zu Puy en Velay (Anicensis) in derselben Angelegenheit. — KU. w. v. — RR. E 190ᵛ, aber ohne die inser. Urkk. (id. dat.) **1886**
		Aug. 4 Meran: bestätigt der St. **Rothenburg** a. T. die Privilegien. Reg. Boic. 12, 202 — falsch statt 1413 Aug. 3. (nr. 569). **1886 a**
» 6	»	bestätigt Ludwig v. Poitiers (Pictavia), Gr. v. **Valence** u. Die, u. dem Ludwig de Poitiers, Herrn v. S.-Vallier (v. Valerium) u. des Schlosses Pisancianum, das ihren Vorfahren v. Karl IV [nicht bei Böhmer-Huber, doch vgl. ib. nr. 7386] verliehene Recht in ihren Gebieten Zölle zu erheben. — Per Jo. prop. de Strigonio. — RR. E 148ᵛ. (sexto die aug.) **1887**
»	»	erklärt auf Veranlassung des Ludwig v. Poitiers, Gr. v. Valence, der ihm das Privileg Karls IV [1373 Juli 4. Böhmer-Huber 7386] vorgewiesen, durch welches den Bewohnern v. **Romans** (Vienner Diözese) das Recht Zölle zu erheben, genommen, dagegen diesen Recht dem Aimar v. Poitiers bestätigt wird, dass die Einwohner dieser St. nicht das Recht hätten, v. den Bewohnern des Schlosses Pisencianum Zölle zu erheben, trotzdem Ludwig dieses Schloss mit allen Rechten an seinen Onkel Karl Herrn v. St. Vallier (jetziger Inhaber dessen Sohn Ludwig) verkauft habe. — [KU. w. v.?] — RR. E 149 (id. dat.) **1888**
» 10	Nimes in Languedoc	kommt hierher: Forts. Königshofens bei Mone, Quellensammlung 1, 293; Basler Chronik. 5, 159. — Von Valence war er über [Montelimar] Pierrelatte Mondtragon Orange Chateauneuf du pape Pont-Saint-Esprit nach Nimes gekommen. Windecke 62. **1888 a**
»	Nimes	fuit data littera scutiferatus honorum Petro de Burga nato de Massimiaco in Vallebona [Valbonnais] Lugdunensis diöcesia, civi Avinionensi. — KU? — Not. RR. E 155ᵛ. (10. die aug.) **1889**
» 13	»	nimmt Peter v. **Burga** u. dessen Söhne Johann u. Heinrich unter sein Hofgesinde auf. — KU? Not. ib. 154ᵛ. (13. die eiusdem mens.) **1890**
»	»	verlässt Nimes. Forts. Königshofens a. a. O. 293; Basler Chronik. 5, 160. **1890 a**
» 15	Narbonne	kommt hierher. ib. sowie Martène u. Durand, Thesaurus 2, 1642. — Auf dem Wege hierher hatte er Montpellier berührt. Windecke 62. **1890 b**
» 27	»	erhält Geld v. dem EB. v. Narbonne — vgl. nr. 1906. **1890 c**

1415		
		Aug. 28 Konstanz: verbietet auf Bitte des **Deutschmeisters** Konrad v. Egloffstein seines geheimen Rates den St. u. befestigten Orten, Unterthanen u. Leibeigene des Deutschordens, die sich dorthin flüchten, aufzunehmen. — Vid. des P. Martin V v. 1429 Nov. 6 Wien Deutsch-Ordens-Centralarch. Reg.: Pettenegg, Urkk. d. Deutsch-Ordens-Centralarch. 1, 458 vgl. 492. — falsch statt 1415 Juni 26 (nr. 1787). **1890 d**
		Aug. 28 kommen die Gesandten des Hrz. Anton v. **Brabant** (Johann v. Loen Herr zu Heinsberg, der Aachener Domherr Heinrich v. Imbermonte, Johann v. Rynshem u. Edmund v. Dynter) nach **Narbonne** u. reisen zusammen mit dem Gr. v. Würtemberg u. Mömpelgard dem Kg. Sigmund entgegen, welcher sich »causa solacii« auf dem dem B. v. Narbonne gehörigen Schlosse Sigoan (Cygan oder — Lesignan?) befand. — Dynter, Chronica ducum Lotharingiae et Brabantiae ed. de Ram 3 (1857), 288. **1890 e**
Aug. 29	Narbonne	verhandelt mit den Gesandten des Hrz. Anton v. **Brabant**. Dynter 3, 288ff. **1890 f**
Sept. 1	»	verhandelt nochmals mit den Gesandten des Hrz. v. **Brabant**, welche an diesem Tage bis auf Dynter in ihre Heimat zurückkehren. Dynter 291. **1890 g**
» 2	»	empfängt Edmund **Dynter**, nimmt ihn mit zur Messe in die Kirche des h. Sigmund, bespricht mit ihm die Brabanter Angelegenheit, nachdem Wenzel Mieka, der den Herrn v. Heinsberg geleitet hatte, ihm Neuigkeiten überbracht. — ib. 291 f. **1890 h**
» 3	»	verhandelt nochmals mit **Dynter**. — ib. 292. **1890 i**
» 4	»	empfängt **Dynter** u. bescheidet die Gesandten Peters v. Luna, welche gegen Abend ankommen, auf den nächsten Tag zu einer Audienz. — ib. 293. **1890 k**
» 5	»	empfängt in Gegenwart Dynters die Gesandten Peters v. **Luna** u. des Kg. v. Aragonien. Basler Chroniken 5, 160. »Ubi fuit conclusum, quod rex iret Perpinianam quodque hac die premitteret, sicut premisit, magistrum hospicii dominum Octobonum de Belloniis utrinsque juris doctorem et nonnullos alios versus Perpinianum pro hospiciis captandis ... Fuit eciam conclusum, quod die dominica proxime futura [Sept. 8] rex recedaret de Narbona sondo usque ad Salz [Salces], ubi staret per totam diem lune [Sept. 9] et die martis [Sept. 10] intraret Perpinianum. Et quia salvi conductus, quos Petrus de Luna et rex Aragonum miserunt regi, erant insufficientes et limitati usque ad numerum quadringentorum equitum, corrigebantur ibidem et fuerunt extensi usque ad numerum mille et quingentorum equitum. — Eadem die juris ... [Sept. 5] rex dedit Emondo [Dynter] licenciam recedendi astantibus illis de Sabaudia et domino Octobono dicens sibi: ,Dic domino tuo ea que audisti et vidisti et quod spero facere unionem in ecclesia sancta dei quodque per dei graciam negocia bene ibunt et negociis hic expeditis volo per medium suum facere pacem inter reges Francie et Anglie et inter fratrem suum Burgundie et adversarios eius.‹ Dynter 3, 293 f. **1890 l**
» 17	Canet	kommt nach Canet (Canety, heute St. Nazaire) bei Perpignan, wo er v. dem dortigen Gr. bewirtet wird. Forts. Königshofens a. a. O. 202; Basler Chronik. 5, 160. **1890 m**
» 19	Perpignan	kommt hierher u. wird v. den Kardinälen u. dem Prinzen Alfons v. Aragonien festlich empfangen. ib., vgl. auch Martène u. Durand, Thesaurus 2, 1647. Vgl. übrigens zu Sigmunds Aufenthalt in Perpignan Windecke 63 f. **1890 n**
» 21	»	besucht Peter v. **Luna** u. den kranken Kg. Ferdinand v. **Aragonien**. Basler Chronik. 5,161. **1890 o**
» 26	»	verspricht Peter v. **Luna**, gen. P. **Benedict XIII**, mit dem er persönlich hier zur Heilegung des Schisma zusammen gekommen, denselben gegen jede Bedrängung während der Zusammenkunft in Schutz zu nehmen u. garantiert Freiheit der Verhandlungen. — Ad m. d. r. Job. prep. de Strigonio vicecanc. — RR. E 193ᵛ. (vicesimo sexto die sept.) **1891**
		Sept. 27 Mülhausen i. Els.: **Königin Barbara** bittet die Strassburger ihr gegen gute silberne Pfänder 3000 oder 3500 rhein. Gulden zur Notdurft ihres Hofes u. zur Zehrung zu leihen oder ihr einen anderen Geldgeber nachzuweisen. — o. KU. — o. R — Or. Strassburg St.-A. (tr. v. Michaelis.) **1891 a**
Okt. 1	»	fordert Nürnberg auf sich bereit zu halten zur Beschickung eines Reichstags in Überlingen, den er noch brieflich ankündigen werde. — Ad m. d. r. Michael can. Wratislav. — Or. Nürnb. Kr.-A. — RTA 7, 308. **1892**
» 2	»	nimmt Didacus Gomecii aus Fuente Encalada (Fuent Sallida), B. v. **Zamora**, unter seine Räte auf. — KU? — Not. RR. E 154ᵛ. (secundo die octobris.) **1893**

1415			
Okt. 2	Perpignan	desgl. Heinrich, den Sohn des Peter, Connetable v. Castilien, Nepoten des Kg. Heinrich v. Castilien. — W. v.	**1894**
" 3	"	verleiht dem B. v. Zamora die Würde eines comes palatinus. — KU? — Not. RR. E 154ʳ (quinto die octob.)	**1895**
"	"	desgl. dem Heinrich, dem Nepoten des Kg. v. Castilien. — W. v.	**1896**
" 22	"	empfängt die Gesandten des Kg. Johann II v. Castilien u. verhandelt mit Kg. Ferdinand, Peter v. Luna u. dem Gr. Bernhard v. Armagnac. Basler Chronik. 5, 161.	**1896a**
" 23	"	empfängt die Boten der St. Barcelona. ib.	**1896b**
		Okt. 23 Konstanz: verbietet allgemein u. insbes. zu Gunsten der Hanse, v. Schiffbrüchigen etwas zu erzwingen. Westphalen, Monum. inedita rer. Germ. 4, 1003 — falsch statt 1415 Febr. 23. (nr. 1460).	**1896c**
" 25	"	erklärt, dass sein dem Benedictiner-Kl. Boscaudon (Bascondonum) — Abt Johannes v. Pouilly (Polliniacum) — gegebenes Privileg [nr. 1693] durchaus nicht dazu dienen solle, jenes Kl. der Obedienz des Erzstifts Embrun (EB. Michael) zu entfremden. — idem notarius [i. e. Ad m. d. r. Joh. prep. de Strigonio vicecanc.] — RR. E 175ʳ. (25. die octob.)	**1897**
"	"	gestattet dem EB. Michael v. Embrun v. den Zugehörigen seiner Diözese eine Steuer bis zum Betrage v. 2600 Goldgulden zum Ersatz für seine Unkosten in Sachen der Kirchenunion zu erheben u. befiehlt dieser Erhebung kein Hindernis zu bereiten. — W. v.	**1898**
"	"	bestätigt demselben das Privileg Karls IV [nicht bei Böhmer-Huber] mit den Privilegien K. Konrads (II) III v. 1147 [Stumpf nr. 3526] u. Kg. Rudolfs [?] — KU. w. v. — ib. 156ʳ (die Urk. Karls IV ist nicht inser.)	**1899**
"	"	bestätigt demselben das Privileg Karls IV v. 1357 Febr. 26 [nicht bei Böhmer-Huber] — W. v.	**1900**
"	"	belehnt denselben (Gesandter Raimund de Pillionibus) mit den Regalien des Erzstiftes u. bestätigt ihm die Privilegien im allgemeinen. — KU. w. v. — ib. 156ʳ.	**1901**
"	"	teilt dies dem EB. v. Vienne, den BB. v. Grenoble u. Avignon, den Fürsten v. Vienne, dem Gr. v. Savoyen u. Fürsten v. Achaja mit u. befiehlt ihnen die Privilegien u. s. w. des Embruner Erzstifts zu beachten. — W. v.	**1902**
		Ende Oktober ist Martin, ein Bote des Hrz. v. Brabant, welcher einen Brief desselben vom 8. Okt. überbracht, noch bei Sigmund in Perpignan, als die Nachricht v. der Schlacht bei Azincourt (21. Okt.) anlangt. Dynter, Chronica 3, 297.	**1902a**
Nov. 2	"	nimmt Georg u. Bartholomäus, die Söhne des Antonius de Briconibus aus Valle [Salimbene] in der Diöz. Pavia unter seine Räte u. Hofgesinde auf. — KU? — Not. RR. E 154ʳ. (secundo die nov.)	**1903**
" 6	Sijean	verweilt hier u. kommt am 7. Nov. nach Narbonne: Forts. Königshofen bei Mone, Quellensammlung z. bad. Landesgesch. 1, 293; Basler Chronik. 5, 161 f.	**1903a**
"	Narbonne	giebt den Brüdern Georg u. Bartholomäus de Briconibus die Würde eines ,comes palatinus'. — KU? — Not. RR. E 154ʳ. (6. die nov.)	**1904**
		Nov. 12 Narbonne: f. den EB. v. Narbonne. Reg.: Arch. d. Gesellsch. f. alt. dtsch. Gesch. 9, 461 — s. nr. 1906.	**1904a**
" 13	Konstanz	verschreibt dem Burggr. Johann zu Nürnberg als Entschädigung u. Lohn für alle Kriegsdienste in Ungarn u. der Heidenschaft 20000 Goldgulden auf die Reichssteuer v. Rothenburg Windsheim Nürnberg Schweinfurt u. Weissenburg. — KU? — RR. E 130ʳ. — Reg. Mon. Zoll. 7, 348. — Der Ort »Konstanz« beruht wohl nur auf einem Schreibfehler; vielleicht wurde zu der Urk. eine »Membrane« (vgl. nr. 1880ᵇ) benützt.	**1905**
" 27	Narbonne	bestätigt v. EB. Franz v. Narbonne am 27. Aug. durch die Hand des Probstes Benedikt v. Stuhlweissenburg 500 scudi u. heute 200 Franken ,auri Francie' erhalten zu haben u. verspricht diese Summe in Konstanz zurückzuerstatten. — Ad m. d. r. Michel can. Wratisl. — u. R — Or. Rom Vatik. Arch. (mit Resten des aufgedruckten Luxemburgischen Siegels: propter aliorum nostrorum sigillorum absenciam). — vgl. Reg.: Arch. d. Ges. für Alt. dtsch. Gesch. 9, 461 (z. 12. Nov.) (27. nov.) *Friedensburg.*	**1906**

1415		
		Dez. 13: Abschluss der sog. 12 Narbonner Artikel betr. die Kirchenunion zwischen Kg. Sigmund u. den Bevollmächtigten d. Kg. v. Aragonien, Castilien, Navarra u. s. w., welche zur Obedienz P. Benedicts XIII gehören. — [nicht in RR; keine Urk. Sigmunds] — v. d. Hardt, Concil. Const. 2, 541 ff. = Dumont, Corps dipl. du droit des gens 2, 2, 57 f.; Lünig, Cod. Germ. dipl. 2, 409 f. **1906a**
» 14	Narbonne	schreibt dem Konzil: da v. den Unterhändlern am folgenden Tage immer geändert worden sei, was am vorhergehenden abgemacht worden, habe er bisher nichts schreiben können. Aber gestern sei mit den Gesandten der Kg. u. Fürsten der Obedienz Benedicts XIII der Vertrag zu Stande gekommen, den er übersendet (sub sigillo secreto nostro Lutzelburg). — Ad m. d. r. Mich. can. Wrat. — Martène u. Durand, Thesaurus 2, 1656; Mansi, Conc. coll. 28, 919 f. **1907**
» 15	»	teilt dem Pfalzgrafen Ludwig mit, dass er mit den Bevollmächtigten der Kg. v. Aragonien, Castilien, Navarra u. des Gr. v. Foix über die Einigung der Kirche sich vereinigt haben (unter unserm Secret v. Lützelnburg). — KU? — Kop. Frankfurt St.-A.; vgl. Invent. 3, 67. — Janssen, Frankf. Reichskorr. 1, 295 (mit falsch. Datum: 23. Dzbr.) **1908**
» 31	Avignon	bestätigt dem Benedictiner-Kl. zu Avignon (monasterium fratrum celestinorum de Lucemburgo Avinionensi ordinis s. Benedicti secundum instituta beati Petri Celestini confessoris pape quinti viventium, noviter in loco venerabilis tumulacionis s. memorie felicis beati Petri de Lucemburgo [vgl. Windecke 200] s. Romane ecclesie diaconi cardinalis consanguinei nostri) alle Privilegien, Freiheiten u. s. w. u. nimmt es in des Reiches Schutz. — Per Jo. prep. de Strigonio vicecanc. — RR. E 149ᵛ u. 150 — (ultimo die dec.) — Zu Sigmunds Aufenthalt in Avignon vgl. Windecke 64; er wollte daselbst bereits das Weihnachtsfest feiern: Martène u. Durand, Thesaurus 2, 1654. **1909**
1416	»	Jan. 9: befiehlt der St. Mainz. Aschbach 2, 469 — s. nr. 1911. **1909a**
Jan. 10		nimmt das Karthäuser-Kl. Bonpas (Bonipassus) in der Diözese Cavaillon (Cavallicensis) in seinen u. des Reiches Schutz. — Jo. prep. de Strigonio. — RR. E 151ᵛ. (10. die jan.) **1910**
»	»	befiehlt der St. Mainz sich wieder an den Ell. Johann zu halten u. das Bündnis mit dem Pfalzgr. Ludwig aufzugeben. — KU? — Nach? Senckenberg. Select. juris 2, 178 ff.; Würdtwein, Nov. subs. dipl. 4, 345 ff. (mit Dat. 9. Jan.! Ort!) (fr. nach d. obersten). **1911**
» ?	»	befiehlt der St. Mainz die Einung mit dem Kurfürsten v. der Pfalz abzuthun u. sich dem Probst zu St. Victor in Mainz Heinr. Ehrenfels freundlich zu erweisen. — KU? — Nach Kop. Reg.: Inv. d. Frankf. Stadt-Arch. 1, 90. (s. d. et l.) [Nicht ident. mit nr. 1911.] **1912**
» 12	»	verspricht dem EB. Johann v. Mainz, ihn getreulich zu verteidigen gegen alle, die ihn um sein Erzbistum bringen wollten. — Ad m. d. r. Michael can. Wratisl. — [o. R — Or. Würzburg Kr.-A.] — Gudenus, cod. dipl. 4, 103 = Reg.: Schanb, Rhein. 2, 384. **1913**
» 13	»	schreibt dem Konstanzer Konzil über die Gefangenschaft des erwählten B. Wilhelm v. Strassburg. — Ad m. d. r. Joh. prepos. de Strigonio vicecanc. — Kop. u. dtsch. Übers. Strassb. St.-A. (AA. 1443 u. 1441) — Vgl. Strassburg. Studien 2, 291 f. **1914**
» 21	Vienne	kommt in der Nacht hier an. — Ergiebt sich aus nr. 1915. **1914a**
» 22	Lyon (Lugduni)	übersendet dem Pfalzgrafen bei Rhein Ludwig (dem er erst kürzlich durch seinen Sekretär Jodocus hat Briefe übermitteln lassen) einen Brief des Kg. Ferdinand v. Aragonien d. d. Perpignan Jan. 7, den er am Tage vorher zu Vienne erhalten; ersucht den Pfalzgr. beim Konzil dahin zu wirken, dass an den Kg. v. Aragonien die v. diesem gewünschten »litterae vocatoriae« schleunigst geschickt würden. — — B. prepos. Albens. — [Kop. nach MS. Vienn. 5097 f. 137 Prag Böhm. Mus.] — Martène u. Durand, Thesaurus 2, 1659 f.; Mansi, Conc. collect. 28, 920. — Zu Sigmunds Lyoner Aufenthalt vgl. auch Windecke 64. **1915**
» 26	»	bestätigt auf Bitten des Patriarchen Johann v. Antiochien, des Abtes (administrator perpetuus) des Augustiner-Kl. S. Ruf (s. Ruffi) ausserhalb der St. Valence alle Privilegien dieses Kl. (u. s. Befreiung v. allen Abgaben, Zöllen u. s. w.) u. überträgt den Schutz des Kl. den Fürsten der Dauphiné, v. Vienne u. Savoyen. — idem notarius [i. e. Jo. prepos. et vicecanc.?] — RR. E 199ᵛ u. 200ᵛ (26. die jan.) — NB. Nach Not.: Gallia christ. 16, 367 am 27. Jan. **1916**

1416		
Jan. 26	Lyon	bestätigt die Beilegung des Streites zwischen Philipp, Elekten des Lyoner Bistums u. Verwalters der Kirche zu Valence, u. den Bürgern v. Valence einer- u. Adamar v. Poitiers, dem Sohne des Wilhelm v. P. andererseits: letzterer hatte an der Rhone bei Tristam [?] in der Valencer Diözese Zölle erhoben, deren teilweise Aufhebung nunmehr festgesetzt war; der Fürst v. Vienne u. der Gr. v. Savoyen sollen über die Einhaltung des Vertrages wachen. — Per d. Jo. prepos. de Strigonio vicecanc. — RR. E 147ʳ. (26. die Jan.) **1917**
»	»	verbietet den Edlen v. Rochemaure (Rakow) u. Donzère (Dusera) wie überhaupt jedermann, die Kaufleute v. Valence durch Abgaben, Zölle u. s. w. unrechtmässig zu belästigen. — KU? — ib. 148ʳ. (id. dat.) **1918**
»	»	gestattet der St. Valence, welche in früheren Zeiten eine grosse Anzahl Abgaben (pensiones, census, tributa) verschrieben hat, da sie von der Höhe dieser Last sehr gedrückt wird, diese abzulösen u. zwar jeden Gulden mit 20 Gulden. — idem notarius [i. e. Per d. Jo. prepos. de Strigonio vicecanc.] — ib. 147ʳ u. 148ʳ. (id. dat.) **1919**
» 26	»	nimmt die Bürger v. Valence in den Reichsschutz u. bestätigt ihnen ihre v. den Bischöfen daselbst verliehenen Privilegien. — KU? — [RR. E 147ʳ]; Vid. K. Friedrichs v. 1444 Jan. 27 Wien. H.-H. u. St.-A. — Kaiserurkk. in Abbild. Lief. 11 Tafel 13 (ohne die Sigmundurk.); Reg.: Chmel, Regesta Friderici IV n. 1516. **1920**
»	»	beglaubigt bei den Ständen v. Brabant seine Gesandten den Hrn. Ludwig v. Brieg u. Liegnitz, Wilhelm Hase v. Waldeck u. den Hofgerichtsschreiber Peter Wacker, welche Brabant an das Reich nehmen sollen. — KU? — Vgl. Dynter, Chronica ducum Lotharingiae et Brabantiae 3, 313. **1921**
Febr. 1	»	fordert den Patriarchen Johannes v. Antiochien auf, dafür zu sorgen, dass Hrn. Ludwig v. Ingolstadt die 23000 Goldgulden wieder erhielte, welche er dem Konstanzer Konzil auf seine (des Patriarchen) Bürgschaft geliehen habe. — KU? — Neuburger Kopb. Nr. 33 f. 323. — Abhandl. d. hist. Cl. d. bair. Akad. d. W. 20 Bd. 1 Abt. (1892) S. 55. **1922**
» 3	»	bestätigt den Einwohnern v. Estella (Stella) alle Privilegien, welche sie v. Ademar v. Poitiers (Pictavia), dem Sohne des Gr. v. Valence, u. den Fürsten der Dauphiné u. v. Vienne erhalten haben. — Jo. prepos. et vicecanc. — RR. E 200. (tercio d. febr.) **1923**
»	»	giebt der St. Vienne auf deren Bitte (Hugo Peruceti, Franc. Isimbardi, Glandius Albi, Arcandus de Ulmo) eine neue Stadtordnung. — Jo. prep. de Strigonio vicecanc. — RR. E 108 (tercia d. febr.) **1924**
» ?	»	bestätigt derselben St. (dieselben Gesandten) ihre Privilegien. — Jo. prep. Strigon. et vicec. RR. E 203 s. a., d. et l. **1925**
» 4	»	bestätigt die Privilegien, Gerechtsame u. s. w. des Bernhardiner-Kollegiatstifts Romain-Montiers (de Romanis, Diöz. Vienne). — Jo. prepos. et vicecanc. — RR. E 199. (quarto die febr.) **1926**
» 5	»	bestätigt die Privilegien der St. u. Feste Septème (Septimus) bei Vienne. — Jo. prep. et vicecanc. — RR. E 202ʳ. (quinto die febr.). **1927**
»	»	verleiht den Brüdern Nikolaus u. Gandens, den Söhnen des Florentiners Jakob, Bürgern zu Cividale (Civitas Austriae, Diöze Aquileja) u. ihren Nachkommen männlichen Geschlechts die Fähigkeit, v. allen Fürsten in Friaul Lehen zu empfangen. — KU? — ib. (id. dat.) **1928**
» 16	»	bevollmächtigt Michael Jaczk u. Ottobonus de Bellonis zu Unterhandlungen betr. die Kircheneinigung u. Beilegung des Schismas mit den Fürsten, Gr. u. s. w. v. Aragonien Castilien Leon u. Navarra, den St. Barcelona Zaragoza (Cesaraugusta) Valencia Perpignan. — Jo. prep. et vicecanc. — RR. E 200ʳ u. 201ʳ. (16. die febr.) **1929**
»	»	beauftragt dieselben, die Fürsten v. Aragonien Castilien Leon Navarra sowie die Söhne des Kg. v. Aragonien u. 30 Edle in den Drachenorden aufzunehmen. — KU. w. v. — RR. E 201ʳ (id. dat.) **1930**
»	Labrella [La Verpillière? Les Abrets?]	bestätigt dem Wilhelm v. Laon (Laudunum), Herrn v. Rocca Forte (de Rokaforti) — dessen Bevollmächtigter Altald v. Pont-de-Sorgues (Pontesurga) — das Recht, bei Lerthium [?] an der Rhone einen Zoll (pedagium) zu erheben. — Jo. prep. de Strigonio. — RR. E 202. (16. febr.) **1931**

1416		
Febr. 19	Chambéry	erhebt den Gr. Amadeus v. S a v o y e n zum Herzog. — KU? — [nicht in RR]. — Leibnitz, Cod. jur. gent. 1, 209 ff. — Dumont, Corps dipl. du droit des gens 2, 2, 66 f.; Lönig, R. A. P. spec. Cont. 2, Forts. 3, 25 ff.; Lönig, Cod. Italiae dipl. 1, 686 ff.; vgl. auch Windecke 65. **1932**
"	"	belehnt d e n s e l b e n mit Savoyen, nachdem derselbe durch Gaspar de Montemajori seinen Marschall u. Dr. Johann de Belleforti den Lehnseid geleistet. — KU? — [Nicht in RR]. — Leibnitz, Cod. jur. gent. 1, 312 f. — Dumont 2, 2, 67 f.; Lönig R. A. a. a. O. 27 f. u. 166 f. (!) u. Cod. Ital. 1, 687 ff. **1933**
	"	Das Haus, in welches der Hrz. v. Savoyen Sigmund führte, brach zusammen, doch erlitt nur der Gr. v. Öttingen einen Beinbruch. — Justinger, Berner Chronik 236. **1933 a**
[Febr. — März]	?	verspricht dem Gottschalk v. der A b e n t u r, Bürger zu Basel, der ihm für 1000 rhein. Gulden weniger 8 1/2 Kleinodien verkauft hat, falls der damit beauftragte Jude Col n e r diese Summe nicht bezahlte, zwei Monate nach seiner Rückkehr nach Konstanz Zahlung zu leisten. — Ad m. d. r. Joh. Gersse. — RR. E 203f s. d. et l. [zwisch. Urkk. v. Febr. 16 u. März 26, was freilich nicht ausschliesst, dass die Urk. noch ins J. 1415 fällt.] **1934**
		Von Chambéry kehrte Kg. Sigmund wieder nach Lyon zurück. — Von Lyon zog er dann über ... Nevers ... Melun nach Paris; vgl. die nicht völlig klare Reiseroute bei Windecke 65. **1934 a**
März 1	Paris	zieht hier mit einem Gefolge v. c. 1000 Reitern ein; vgl. die Notizen bei Lenz, Kg. Sigmund u. Heinrich V v. England 82 sowie auch nr. 1945. **1934 b**
" 12	"	fordert auf, dem Konrad v. W e i n s b e r g, den er beauftragt, über die Judenstreitigkeiten zu Köln zu Gericht zu sitzen, dabei behilflich zu sein. — Ad m. d. r. Jod. Rot can. Basil. — R — Or. Öhringen; [nicht in RR]. (Gregori). **1935**
" 20	"	schreibt (in sehr schwülstiger Weise) an das Konstanzer K o n z i l, ermahnt zum Frieden auf dem Konzil, drückt sein Missfallen aus über die Friedensstörungen seitens der Bettelmönche, erklärt Johann Parvus für einen grösseren Ketzer als Hus. — Ad m. d. r. Jo. prep. do Strigonio vicecanc. — Jo. Gerson, Opera 5 (1706), 593 ff.; Mansi, Concil. collect. 28 (1788), 849 ff. **1936**
" 21	"	ermahnt die B ö h m i s c h e n u. M ä h r i s c h e n Barone (insbes. Lacko v. Krawar, Bocko v. Kunstat alias v. Podiebrad, Zenko v. Wartenberg), dass sie nicht Unruhen u. Zwistigkeiten des Hus wegen erregen sollen. — Ad m. d. r. Michael Pragensis eccl. vicarius. — Archiv český 1, 6 f.; Leibnitz, Cod. iur. gent. Mantissa 2, 136 f. (1417 s. d.); nach einer Wittingauer u. Wien. Hds. (tschechisch nebst lat. Übers.) Palacký, Documenta mag. Joannis Hus vitam ... illustr. 609 ff. **1937**
" "	"	lobt, nachdem er seine Bemühungen um das Konzil u. den Frieden zwischen Frankreich u. England hervorgehoben, den EB. Konrad v. Prag u. den B. Johann v. L e i t o m i s c h l sowie alle die Bömischen u. Mährischen Barone, welche erklärt haben, treu zur römischen Kirche stehen zu wollen; hofft dasselbe v. seinem Bruder Kg. Wenzel. — KU? — Aus einer Hds. d. Böhm. Museums (tschechisch nebst lat. Übers.) zu Prag Palacký, Documenta mag. Joan. Hus vitam ... illustr. 613 ff.; Dtsch. Übers.: Foutes rer. Austr. 1, 6, 249 f. **1938**
	"	befiehlt den S t r a s s b u r g e r n, die Vettern Wolflin u. Klaus Bok, welche seinerzeit mit ihm in Strassburg eingezogen u. damit ihrer Schuld u. Missetat ledig geworden (»als unser kuniglich wirdikeit damit überal wo wir gezogen sin geeret ist, daz alle die, die durch schälde oder ettlicher missetat willen v. steten gracht wärden, wo die mit uns inkomen durch unser seligen zukunft willen solicher schulde u. missetat embunden u. erledigt wurden«), später aber wieder verbannt worden sind, wieder aufzunehmen. — Ad m. d. r. Mich. can. Wrat. — o. R — Or. Strassburg Stadt-A. (Benedicti t.) **1939**
" 23	"	beglaubigt bei S t r a s s b u r g Heinrich v. Chlüm gen. Latzembok, den er mit Aufträgen nach Deutschland sendet. — Ad m. d. r. Mich. can. Wrat. — o. R. — Or. Strassburg Stadt-A. (mo. nach oculi). **1940**
" 24	"	giebt seinen Abgesandten seinem Rate Ritter [Heinrich] K o p p e [nicht Jacob, vgl. 1416 Juni 30] v. Zedlitz, dem Sekretär Jost R o t h u. dem Hofschreiber Peter W a c k e r Vollmacht, seine dem neuen Rate in Lübeck pfandweise gegebenen Urkunden wieder einzufordern, deren Inhalt zu

1416		
		widerrufen u. den alten Rat in seine vollen Rechte wieder einzusetzen. — Ad m. d. r. Michael canon. Wratisl. — [Nicht in RR:] Kop, Hamburg u. Wismar. — Lübeck. Urkk.-B. 5, 606; Hanserecesse 6, 196 f. **1941**
März 25	Paris	weist seine Räte Erkinger v. **S e i n s h e i m** u. Wigleis Schenk v. **G e i e r n** an, seinem Hofschreiber Peter Wacker, den er mit einer Botschaft »gen Meißen u. anderswohin« sende, 200 Gulden als Zehrung auszuzahlen v. dem Gelde, das ihnen »von den Juden wegen in Meißen in Beyern u. anderswo zugefallen ist« (vgl. Juni 30). — Ad relac. d. Wilhelmi Haz de Waldek Jo. prep. de Strigonio vicecanc. — o. R. — Or. Öhringen. (frowen t. annunciat.) **1942**
» 26	»	bringt der **J u d e n s c h a f t** im Reiche in Erinnerung, dass er mit der Einziehung des zehnten Pfennigs u. Unterhandlungen mit ihnen den Juden Colner u. Konrad v. Weinsberg beauftragt habe, widerruft alle Briefe, welche die Befugnisse seiner beiden Abgeordneten schmälern könnten, u. befiehlt diesen gehorsam zu sein. — Ad m. d. r. Joh. Gerste. — RR. E 203ʳ. (do. fur letare). **1943**
» 30	»	ermahnt die rechtgläubigen **B ö h m i s c h e n** u. **M ä h r i s c h e n** Magnaten (den EB. Konrad v. Prag, den B. Johann v. Leitomischl, Johann v. Michalowic, Johann v. Wartenberg alias de Rasko, Otto v. Bergow) für die Erhaltung des Friedens zu sorgen. — Ad m. d. r. Michael Pragens. el. Wratisl. can. — Archiv český 1, 7 f.; aus Hds. der Wiener Hofbibl. 4941 f. 254 (tschechisch nebst lat. Übers.) Palacky, Documenta mag. Joan. Hus vitam . . . illustr. 619 ff. **1944**
[März]	»	berichtet dem EB. Johann v. **G r a n**, dass er seit März 1, an welchem Tage er hier angekommen, unermüdlich bemüht sei, den Frieden zwischen Kg. Karl v. Frankreich u. Kg. Erich [sic!] v. England zustande zu bringen, ersucht ihn zusammen mit Gr. Hermann v. Cilly zu ihm zu kommen, um bei Abschluss der Verträge mitzuwirken; sie sollten durch die Lande des Hrn. v. Burgund reisen; die Regierung Ungarns möchte er den genannten Magnaten übergeben. — KU? — RR. D. 213 u. 214ʳ. (s. a. et d.). **1945**
April 4	»	erteilt den **J u d e n** in Nürnberg Nördlingen Windsheim u. Weissenburg eine Anzahl Privilegien mit dem Versprechen dieselben in den 3 nächsten Jahren nicht zu widerrufen. — [KU?] — Or.ˣ Nürnberg Kr.-A.: nicht in RR] — Ausz.: Reg. Boic. 12, 223. **1946**
»	»	schreibt dem Konstanzer Konzil über den Prozess gegen Johannes Parvus. — Ad m. d. r. .Joh. prepos. de Strigon. vicecanc. — Jo. Gerson, Opera 5 (1706), 581. **1947**
» 5	»	ersucht den EB. Johann v. **G r a n**, seinen Stellvertreter in Ungarn, schleunigst zu ihm zusammen mit Gr. Hermann v. Cilly zu kommen, um bei Abschluss der Verträge mit Frankreich u. England zugegen zu sein: um Pfingsten (Juni 7) hoffe er in Konstanz die Wahl eines Papstes zu bewerkstelligen u. wolle dann noch vor Ablauf des Jahres nach Ungarn zurückkehren. Der Erzbischof möge durch die Lande des Hrz. v. Burgund seinen Weg nehmen, vorher aber v. diesem Geleit erbitten u. einen Stellvertreter für die Regierung in Ungarn in Übereinstimmung mit den Magnaten ernennen. — KU? — RR. D. 212ʳ u. 213ʳ. (in dom. judica). — Vgl. auch [den Auszug aus diesem Briefe bei Fejer, Cod. dipl. 10, 5, 669 Lindner] sowie den Bericht der Kölner Universitätsabgesandten über diesen Brief: Martène u. Durand, Thesaurus 2, 1662. **1948**
»	»	stellt folgende Forderungen an das **K o n z i l**: 1) Es sollen keine wichtigen Beschlüsse in seiner Abwesenheit gefasst werden. 2) Es soll ihm mitgeteilt werden, ob seine Gegenwart notwendig ist. 3) Es soll die Reformation des Klerus im allgemeinen ins Auge gefasst werden. 4) desgl. die Reformation einzelner auf Abwegen befindlicher Kirchen. 5) desgl. die Reformation des Klerus in Deutschland. 6) Der EB. v. Mainz soll verhindert werden, in Deutschland Unruhen zu erregen. 7) Der B. v. Strassburg soll befreit werden u. s. w. — Auszug: t. Hardt, Conc. Const. 4. 780. **1949**
» 6	»	schreibt an die **K a r d i n ä l e** auf dem Konstanzer Konzil über den Prozess gegen Joh. Parvus. — Ad m. d. r. Jo. Gerste. — Gerson, Opera 5, 584 f. **1950**
		erklärt, dass die Gesandten des Kg. Wladislaw v. **P o l e n** u. des Grossherzogs Witold v. Litthauen (Nikolaus EB. v. Gnesen, die Ritter Johannes v. Tholiszckow u. Janissius Niger v. Garbow) sowie die Gesandten des **D e u t s c h o r d e n s** (Johannes v. Selbach Komthur in Thorn, Marquard v. Königseck Ordensprovinzial im Elsass, Kaspar Schenkenpflug Ermländer Dom-

17*

1416		
		herr) den 1414 abgeschlossenen Waffenstillstand zwischen Polen u. dem Deutschorden vom 8. Sept. 1416 bis 1417 Juli 15 in seiner u. des Kg. Karl v. Frankreich Gegenwart verlängert haben. — [Ad m. d. r. Jo. prep. de Strigon. vicecanc. — RR. E 203ʳ; 2 gleichz. Kop. Königsb. St.-A]. — Raczynski, Cod. dipl. Lithuaniae 198 f. **1951**
April 7	Paris	befiehlt den Burggrafen u. Amtleuten zu Barr sowie der St. Zabern, da zwischen dem erwählten B. Wilhelm v. Strassburg einer- u. dem Domkapitel u. der St. Strassburg andererseits Streit herrscht, Huldigung zu Händen des Reichs u. zwar seinem Rate Heinrich v. Chlum genannt v. Latzemboek zu leisten. — KU? — Kop. Strassb. St.-A.; vgl. Strassb. Stad. 2, 294. (dinstages nach judica). **1952**
＂	＂	verlässt Paris u. kommt nach St. Denis: Forts. Königshofens bei Mone, Quellensamml. z. bad. Landesg. 1, 293; Basler Chroniken 5, 162. Vgl. auch Windecke 65; Lenz, Kg. Sigismund 83. **1952 a**
＂ 9	St. Denis	ermahnt den Hochmeister des Deutschordens, die Übergabe v. Morin, Orlowo u. Polen nicht länger aufzuschieben u. damit den Frieden in der Christenheit nicht zu verzögern. — KU? — Nach? Reg.: Mon. medii aevi hist. res gest. Polon. illustr. 11, 105. **1953**
＂ 13	Beaumont	verlässt St. Denis u. zieht nach Beaumont [a. d. Oise]: Forts. Königshofens 293; Basler Chroniken 5, 162; vgl. Windecke 65. **1953 a**
＂ 15	Beauvais	kommt nach Beauvais, wo er über Ostern bis April 21 bleibt: ib. **1953 b**
		April 20 Calais: f. Burggr. Friedrich v. Nürnberg. Mon. Zoll. 8, 402 f. — s. nr. 1955.
＂ 21	Paris	ermahnt die böhmischen u. mährischen Grossen zur Eintracht u. sucht sein Verhalten gegen Hus zu rechtfertigen. (,Si Hus primum ad nos Remum venisset, alitor factum ejus forte stetisset et de morte ipsius non modicam deo teste doluimus maltoties a concilio propter eum irato animo cum cardinalibus discessimus et propter eum de Constantia eximimus'). — KU? — Fragment. — Nach Hds. d. böhm. Mus. (Prag) Fontes rer. Austr. 1, 6, 272 f. (Dat.: Parisius 21 die mensis aprilis anno etc. 15, regn. nostr. Ung. 29, Rom. 23). Fälschung? Oder identisch mit nr. 1937? **1954**
＂ 24	Boulogne sur mer	kommt nach Boulogne sur mer.: Forts. Königshofens 293; Basler Chroniken 5, 162; Windecke 92 f. **1954 a**
＂ 25	Calais	kommt hierher: Forts. Königshofens 294; Basler Chroniken 5, 162. — Nach Gesta Henrici V S. 76 ist er erst am 27. hierher gekommen. **1954 b**
＂ 28	＂	erteilt dem Burggrafen Friedrich VI v. Nürnberg Vollmacht, die Ausführung des zwischen den Gesandten des Deutschordens u. des Kg. v. Polen [dieselben Namen wie in Nr. 1951] abgeschlossenen Vertrages über die Abtretung der Dörfer Morin Orlowo u. Nendorf an Polen zu überwachen. — KU? — [Vid. v. 1416 Juli 6 u.] Kop. Königsberg. — Monum. Zollerana 8, 402 f. (mit Dat. ,vicesima' statt ,vicesima octava'). **1955**
Mai 1	Dover	fährt v. Calais nach Dover, wo er v. Johann [Hrz. v. Glocester], dem Bruder des Kg. v. England, empfangen wird: Forts. Königshofens 294; Basler Chroniken 5, 163; nach Windecke 66 bereits am 30. April. — Über den Empfang vgl. auch Gesta Henrici V p. 76 f. **1955 a**
＂ 2	Canterbury	kommt hierher: Forts. Königshofens ib.; Basler Chronik. 5, 163. **1955 b**
＂ 7	London	kommt hierher u. nimmt in Westminster Quartier: ib.; Walsingham, Ypodigma Neustriae (1876) 470. **1955 c**
＂ 14	＂	spricht dem EB. Werner v. Trier sein Befremden darüber aus, dass er gegebenem Versprechen zuwider gegen Frankfurt feindlich aufgetreten sei u. die Warte der St. zerstört habe; er könne als König, der Weib u. Kind verlassen habe, um für die Kircheneinheit zu wirken u. in fremden Landen zwischen den christlichen Fürsten Frieden zu stiften, in Deutschland keine inneren Kriege dulden, u. ermahne ihn abzustehen v. seinen feindlichen Anschlägen u. den Frieden der Reichsstrassen u. Städte zu schirmen. — Ad m. d. r. Michael can. Wratisl. — Kop. Frankf. St.-A.; vgl. Invent. 3, 200. — Janssen, Frankf. Reichskorr. 1, 298. **1956**
＂	＂	schreibt dem Frankfurter Rat, dass der Stadtschreiber Heinrich ihm die Werbung der St. gegen den EB. Werner v. Trier vorgebracht u. er an diesen geschrieben habe v. den Feindseligkeiten abzustehen; ermahnt die St. auch Frieden zu halten. — KU. w. v. — Kop. ibid.;

1416		
		vgl. Inv.-A. ib. — Bari, Vorrechte d. alt. kgl. Bann-Forste (1744) Beil. 155. — Reg.: Janssen, Frankf. Reichskorr.), 297. **1957**
Mai 22	Windsor	nimmt hier Aufenthalt: Forts. Königshofens 294; Basl. Chronik. 5, 163. — (Über das glänzende Kapitel des Hosenbandordens am 24. Mai vgl. Lenz 96 f.) **1957a**
» 25	Westminster	kehrt hierher (vgl. nr. 1955ᶜ) wieder zurück: ib. **1957b**
Juni 2	»	schreibt dem Konzil über seine Bemühungen zwischen England u. Frankreich Frieden zu stiften, erwähnt, dass die verspätete Ankunft Hrz. Wilhelms v. Holland ihn noch in England zurückhalte. — KU? — Lünig, R.-A. Spic. eccl. 1, 225 f; Goldast, statuta et rescripta imper. 147 L ═ Goldast, const. imp. 1, 390 ═ Mieris, Groot charterboek der Graven van Holland 4, 372 f. **1958**
» 4	»	benachrichtigt den EB. Johannes v. Riga, dass er hoffe, in zwei Tagen den Vergleich zwischen den Königen v. England u. Frankreich zustande zu bringen, u. bittet ihn, alles aufzubieten, dass die Zwistigkeiten auf dem Konstanzer Konzil beigelegt werden. — KU? — Kop. Königsb. — Ztschr. f. Kirchengesch. 16, 449 ; Reg.: Liv- Esth- u. Curl. Urkb. 5, 15. **1959**
» 10	»	bestätigt die Verleihung der Herrschaft Purmerende, welche Gr. Wilhelm v. Holland seinem Schatzmeister Wilhelm Eggaert verliehen hat. — KU? — [nicht in RR]. — Nach Vid. v. 1446 Mai 16 ['s-Gravenhage Rijksarchief. Riemsdijk] Mieris, Groot charterboek der graven van Holland 4, 373 f. **1960**
»	»	erneuert dem Ritter Johann v. Haet, Herrn zu Laer, u. dessen Sohne Heinrich v. Haet den erblichen Freiherrntitel. — Regis domini mei mandato Jo. Destrigon (?) prepos. et vicecanc. [sic!] — Begl. Abschr. v. 1750 Münster St.-A.; [nicht in RR]. (dec. jan.) Keller. **1961**
		Juni 15: vermittelt einen Ausgleich zwischen dem alten u. neuen Rat zu Lübeck: Aschbach 2, 470 — falsch statt 1415 Juli 15 (nr. 1834). **1961a**
[Juni]	»	nimmt unter seine Kapläne auf
		Franz Briger, Custos zu Brieg u. **1962**
		Heinrich v. Bornitz, Dekan zu Liegnitz **1963**
		KU? — Not. RR. E 48ᵛ (s. die et a.)
» 23	»	entschuldigt bei Michael Küchenmeister, dem Hochmeister des Deutschordens, dessen Diener Peter Wargel gegen ungerechte Beschuldigung ,von solcher botschaft wegen als' EB. Johann zu Riga u. Burggr. Friedrich v. Nürnberg ,jetzund zu Preussen« gewesen sind; er hätte es nicht an ihn gebracht, sondern andere: der Hochmeister möchte den Wargel nur freundlich behandeln. — Ad m. d. r. Mich. can. Wratisl. — o. R — Or. Königsb. St.-A. (Joh. Bapt. ab.) **1964**
		Juni 24 Konstanz: Gradl, Privilegien d. St. Eger — falsch statt 1417 Juni 26. **1964a**
» 26	London	bricht v. London auf, um nach Leeds zu ziehen: Forts. Königshofens 294; Basler Chronik 5, 164. **1964b**
» 27	Rochester	übernachtet hier: ib. **1964c**
» 28	Leeds	kommt hierher: ib. **1964d**
» 30	(Lidnis)	beauftragt Konrad v. Weinsberg, dem Peter Wacker, den er nach Lübeck sende, 100 Gulden Zehrung u. ausserdem an Wigleis Schenk v. Geyern 200 Gulden zu zahlen, die dieser dem Peter Wacker, als er kürzlich zu dem Hrz. v. Sachsen, dem Burggr. Friedrich v. Nürnberg u. dem Albrecht Schenk v. Seida (Sydow) mit Botschaft reiste, geliehen, da weder er noch Erkinger v. Seinsheim Geld für ihn (Sigmund) eingenommen [vgl. März 25]; Weinsberg soll das Geld nehmen »von unserm gelte, daz du inne hast oder von dem ersten, daz dir von unsern wegen von Juden oder süst wirdet.« — Per d. Wilhelmum Haz de Waldeck Mich. can. Wrat. — o. R — Or. Öhringen. (di. nach Peter u. Paul). **1965**
»	»	dankt den Hansischen Sendboten für ihre Bemühungen bei den Verhandlungen mit Kg. Erich v. Dänemark u. bittet, mit seinen Abgesandten gemeinsam die Lübecker Angelegenheit zu Ende zu führen. — Ad m. d. r. Michael can. Wratisl. — Hamb. Hds. — Läb. Urk.-B. 5, 655.; Hanserecesse 6, 242. **1965A**
»	»	verlangt vom Rate der St. Lübeck Zahlung der zum vergangenen 1. Nov. versprochenen 16000 Gulden, durch deren Ausbleiben er s. Z. in Paris in Verlegenheit gekommen sei, zu

1416			

Händen seiner Abgeordneten Heinrich Koppe v. Zedlitz, seines Sekretärs Jost Rot u. seines Hofschreibers Peter Wacker. — Ad m. d. r. Michael can. Wratisl. — Hamb. Hds. — Lüb. Urk.-B. 5 Nr. 586 S. 656; Hanserecesse 6, 241. **1966**

| Juli 8 | Leeds |

verweist den Meister H a r t m a n n »roramid« zu Nürnberg, der ihm vor Zeiten das Wasser in Ofen auf den Berg geleitet hat, für die ihm schuldigen 1000 rhein. Gulden auf den noch unversetzten Teil der Nürnberger Stadtsteuer v. diesem Jahr; sollte diese aber bereits ganz versetzt sein, so soll er die 1417 Nov. 11 fällige erhalten. — Ad relac. Mathie Lemmyl Michael can. Wrat. — RR. E. 154ʳ (Kylyani t.); ib. 153ᵛ steht: »Primo ob das were, daz die stewre zu Nüremberg diß jare uf sant Martins tag noch nit gar verschriben were, so sol man im briefe machen, daz im sin gelt mit namen dusent Rinisch gulden uf sant Martins tag in dem nechkünftigen jare von derselben stewer zu Nürnberg gefallen oder geben werden sol; und ob wir iemant villicht von vergesseuheit wegen briefe geben oder doruf verschaffen wurden, das sol nicht macht haben. geben zu Llduis in Engellant anno domini etc. XVIᵐᵒ in die sancti Kiliani. ad relacionem Mathie Lemmel Michel can. Wratisl.« **1967**

| » 18 | » |

gebietet der St. K ö l n dem EB. Dietrich beizustehen gegen Hrz. Adolf v. Berg, der in Fortsetzung der Fehde Wilhelms v. Berg, Erwählten v. Paderborn, mit Dietrich trotz des vorjährigen königl. Söhneversuchs zu Koblenz u. wider das Herkommen im Reich neue Bauten u. Zölle auf dem Rheinstrom errichtet u. die Freiheit der Reichsstrasse schädigt; er selbst ist gegenwärtig durch Söhneversuche zwischen England u. Frankreich beschäftigt. — Ad m. d. r. Michael can. Wratislav. — Or. Köln. — Reg.: Mitteil. a. d. Stadtarchiv v. Köln Heft 24. 124. **1968**

| » » | » |

desgl. der St. D o r t m u n d. — KU. w. v. — Or. Dortmund. (sa. vor Mar. Magd.) *Lindner.* **1969**

| [» ?] | » |

untersagt der St. F r a n k f u r t, dem Hrz. Adolph v. Berg u. dem B. Wilhelm v. Paderborn in ihrem Streit mit EB. Dietrich v. Köln Hilfe zu bringen. — KU? — Kopb. Frankfurt. — Reg.: Inv. d. Frl. St.-A. 2, 139. (s. d. et l.) **1970**

| » 21 | » |

ernennt Heinrich S t o l t i n g, Presbyter der Lübecker Diözese, zu seinem Kaplan. — KU? — Not. (nachgetragen zwischen d. J. 1412) RR. E 25ʳ. (21. die julii). **1971**

| [» ?] | » |

nimmt den Breslauer Presbyter Johann K a l e unter seine Kapläne auf. — KU? — Not. RR. E 48ᵛ. (s. die et a.) **1972**

| » 27 | Rochester |

verlässt Leeds u. übernachtet in Rochester: Forts. Königshofens bei Mone, Quellensamml. 1. 294; Basl. Chronik. 5, 164. **1972a**

| » 28 | Eltham |

kommt »in den garten und das velt genant Elten des königs.« (bei London): ib. **1972b**

| Aug. 9 | » |

verlässt Eltham. — ib. **1972c**

| ? | ? |

Item data est littera familiaritatis in Anglia pro Radolfo T u c h e m y n. — KU? — RR. E 145ᵛ. **1973**

Aug. 11: befiehlt den M a i n z e r Bürgern, das Bündnis mit dem Mainzer EB. Johann aufzugeben. Aschbach 4, 521 — beruht auf einem Missverständnis. **1973a**

| Aug. 12 | Canterbury |

kommt hierher. — Basler Chroniken 5, 164. **1973b**

| » 13 | » |

bestätigt u. bessert dem Heinrich S c h l i c k u. dessen Sohne Kaspar seinem Schreiber ihr Wappen. — Ad m. d. r. Michael Pragens. et Wratislav. ecclesiarum canonicus [gedr. cancellarius!] — [o. M! — Or. Kobidlno. *Dworak*; nicht in RR. Fälschung?] — Lünig R.-A. Spic. Sec. 2, 1174 f. = Gust. A. Seyler, Gesch. d. Heraldik (1889) 625 f.; Hormayr. Archiv f. Gesch., Statistik, Literat. Jg. 1826, 600. — Nach der Forts. Königshofens a. a. O. ist Sigmund am 27. Aug. nach Canterbury gekommen, ein offenbarer Schreibfehler, wohl für den 12. oder 13. Aug. **1974**

| » 15 | » |

verbündet sich mit Kg. Heinrich V v. E n g l a n d zu Schutz u. Trutz wider den Kg. u. das kgl. Haus v. Frankreich [vgl. 1417 Mai 2]. — Kop. Koblenz St.-A. — RTA 7, 332 ff. **1975**

Aug. 19 Aachen: sendet zu den Friesen Nikolaus Danzlaw u. seinen Kaplan Heinrich Clant. — Aus einer handschriftl. Chron. v. Vriesland Mieris, Charterboek der Graven v. Holland 4, 387; Schwartzenberg, Groot placat en charter-boek van Friesland 1 (1768), 390 u. 405 (zum J. 1418); Lünig. Collectio nova, Von der mittelb. Ritterschaft in Deutschl. 1075. — Kopie Groning. — Reg.: Feith, Register van het archief v. Groningen 1, 62. (mi. nach fraw. t. assumpt. statt concept.) — s. 1416 Dez. 9. **1975a**

1416		
Aug. ?	Canterbury	berichtet dem Hrz. Wilhelm v. Holland-Baiern ausführlich über seine Bemühungen zwischen Frankreich u. England Frieden zu vermitteln u. über den Abbruch der Verhandlungen zwischen diesen beiden Mächten. — KU? — Aus Hds. 22 d. Wiener Staats-A. Arch. f. österr. Gesch. 59, 104 ff. (s. d.) **1976**
Aug. 23	Dover	verläset Canterbury u. übernachtet in Dover: Forts. Königshofens a. a. O. 294; Basler Chroniken 5, 164. **1976 a**
» 25	Calais	kommt hier an: ib. **1976 b**
» 26	»	gebietet den Bürgern v. Hall, die jährl. Steuer, die sie dem Reich schuldig seien u. die er dem Engelhard u. Konrad v. Weinsberg versetzt habe, an diese zu zahlen, bis die Summe, wofür sie ausgesetzt, abgelöst sei, ohne v. ihm noch Quittung zu begehren. — KU? — Vid. v. 1416 Sept. 23 Öhringen. (mi. nach Barthol.) **1977**
»	»	schreibt der St. Frankfurt über seine Rückkehr. — KU? — Nach nicht mehr vorh. [?] Or. in Frankfurt Reg.: Aschbach 2, 471; vielleicht damit identisch die Kop. a. d. (Bericht über die Reise nach England): Inv. d. Frankf. Stadt-A. 1, 89. **1978**
Sept. 6	»	richtet eine sehr ausführliche Denkschrift an Kg. Karl VI v. Frankreich über alle Verhandlungen in Sachen seiner Vermittlung zwischen Frankreich u. England. — KU? — Aus Hds. 22 d. Wien. Staats-A. Arch. f. österr. Gesch. 59, 109—123. **1979**
» ?	»	schreibt an die Kg. Elisabeth [Isabeau] v. Frankreich im Sinne seiner an ihren Gemahl gerichteten Denkschrift. — KU? — Aus ders. Hds. ib. 123 ff. (s. d.) **1980**
» ?	»	benachrichtigt den Hrz. Ludwig v. Sizilien u. Jerusalem, dass seine Absicht zwischen England u. Frankreich Frieden zu stiften, durch Kg. Karl VI verhindert worden sei. — KU? — Aus ders. Hds. ib. 125 ff. (s. d.) **1981**
» 9	»	nimmt die St. Dortmund in seinen Schutz u. überträgt diesen Schutz dem EB. v. Köln, dem D. v. Münster u. den Gr. v. Cleve-Mark. — Ad m. d. r. Mich. can. Wrat. — R — Or. Dortmund; [nicht in RB]. (nona die sept.) *Lindner.* **1982**
»	»	trägt dem EB. Dietrich v. Köln auf dafür zu sorgen, dass die Privilegien der St. Dortmund eingehalten werden. — Ad m. d. r. Mich. canon. Wratisl. — o. R — Or. Düsseldorf. (die nona septemb.) **1983**
»	»	desgl. dem D. v. Münster. — [KU. w. v.] — Ergiebt sich aus nr. 1982. **1983 A**
»	»	desgl. dem Gr. Adolf v. Cleve. — KU. w. v. — Or. Dortmund [nicht ausgeliefert] (id. dat.) *Lindner.* **1984**
» 11	»	dankt der St. Basel, dass sie den Boten mit den Briefen „die uns gelutet haben" so schnell zu ihm geschickt; er sei frisch u. gesund u. wolle sich „diß mondes gen Costentz fügen" u. wenn möglich sich gerne „ein cleine zit" in Basel aufhalten; „u. was uns gebürte um der statt Straßburg gütes u. furdrung zü tün, darzü solt ir uns allzeit gnedig finden". — KU? — Gleichz. Abschr. Basel (Briefe 1 nr. 244) (mi. nach frauwn t. nat.) *Thommen.* **1985**
» 19	»	befiehlt den Erfurtern die 6000 Gulden, die sie als Schatzung v. den Juden eingenommen, an seinen Bevollmächtigten Nikolaus Bunzlaw, Bürger v. Breslau, zu zahlen u. erklärt die Achterklärung der Erfurter seitens des (Gr. v. Nassau) Mainzischen Provisors zu Erfurt wegen Verweigerung jener Zahlung für ungiltig. — Ad m. d. r. Michael canon. Wratisl — o. R. — 2 Orr. Magdeb. Staats-A. (m. vor Mathes tag.) **1986**
Okt. 1	»	teilt der St. Strassburg mit, dass er v. seiner französisch-englischen Reise in Kürze wieder nach Deutschland zurückkehren wolle, u. gebietet einen Reichstag zu Konst zu beschicken, sobald er einen bestimmten Tag nennen werde. — KU. w. v. — Or. Strassb. Stadt-A. RTA 7, 309. **1987**
		Okt. 6 Perpignan: gebietet Nürnberg sich bereit zu halten für den Reichstag in Überlingen. Reg. Boic. 12, 237 — falsch statt 1415 Okt. 1. **1987 a**
» 24		fährt v. Calais auf Schiffen der St. Dortrecht nach Holland: Forts. Königshofens 294; Basler Chroniken 5, 165 [nicht Sept.]; vgl. Windecke 79; Caro, d. Bündnis v. Canterbury 75. **1987 b**
Nov. 4	Dortrecht	kommt hierher: Forts. Königshofens 294; Baseler Chronik. 5, 165 vgl. auch nr. 1988. Über Sigmunds Aufenthalt in Dortrecht vgl. Lenz, Kg. Sigmund u. Heinrich V v. England 132. **1987 c**

1416		
Nov. 5	Dortrecht	meldet ungen. Fürsten (magnifico fidelis dilecto), dass er Tags vorher in Dortrecht angekommen u. bald über Nymwegen nach Luxemburg ziehen will; ersucht ihn dorthin zu kommen. — KU? — Kop. Strassb. St.-A. (AA. 147.) (die quinta nov.) **1988**
» 7	»	gelobt (Bürgen: Ludwig Hrz. v. Brieg, Heinrich v. Blumenau, Alsso v. Sternberg, Nickel v. Raibenitz, Jorg v. Zedlitz, Peter Gewisser, Peter Silstränk, Matthias Lemlin u. Nicolaus Bunzlau) seine Schuld v. 3000 Gulden an Gudkin Vasan, Hildebrand Vokingbausen, Johann Kanold, Evert v. Mogen, Hildebrand Zudermann u. Detlof Kolefsdorf, welche seine Verpflichtungen gegen Mark Gnidiccion Kaufmann aus Locca erfüllt haben, bis 1417 April 11 in Brügge zu bezahlen unter der Verpflichtung zum Einlager. — KU? — Or. Lübeck. [nicht in RR] — Lübeck. Urk.-B. 5, 683 f. **1989**
»		ist an diesem Tage nicht nach Nimwegen gekommen, wo er nach einer Meldung eines Augsburger Boten am 16. Nov. bereits c. 10 Tage gewesen sein soll: RTA 7, 310. **1989 a**
» 13	Nimwegen	kommt hierher: Forts. Königshofens 294; Baseler Chronik. 5, 165. **1989 b**
» 14	»	verlangt auf Klage der St. Dortmund, dass ihre Privilegien beeinträchtigt würden, nähere Auskunft darüber durch Botschaft. — Ad m. d. r. Joh. prepos. de Strigonio vicecauc. — Or? (Ohne Adresse u. Siegel, mit Versandschnitten; mehrere Worte verbessernd ausgestrichen am Rande) Dortmund. (sa. nach Martini.) Lindner. **1990**
» 17	»	erteilt dem B. Otto (v. Hoya) v. Münster die Regalien seines Stifts. — [Ad m. d. r. Johannes de Scrigan (?) prepositus et vicecancellarius imperialis] — Abschr. des 16. Jahrh. (Msc. 1, 2, fol. 171) Münster. St.-A. Keller.] — Niesert, Beitr. z. Münster. Urkbb. 1, 2. 44. **1991**
»	»	gebietet der St. Nürnberg, die Nov. 11 fällig gewesene Reichssteuer v. 2000 Gulden dem Rudolf Steyner zu entrichten. — [KU? — Or.° Nürnberg Kr.-A.; nicht in RR] — Reg. Boic. 12, 240. **1992**
»	»	bestätigt die Privilegien, Rechte, Besitzungen des B. Friedrich (v. Blanckenheim) v. Utrecht. — Ad m. d. r. Joh. de Strigonio prepos. et vicecancell. — [Rta — Or. u. Vid. v. 1537 Okt. 20 Utrecht Rijksarchief. Müller, nicht in RR] — Heda, Hist. episc. Ultraj. 274 ff.; Mieris, Groot charterboeck der Graven van Holland 4, 392 ff. --- Kop. in Groningen. vgl. Feith. Register v. h. arch. v. Groningen 1, 63. **1993**
»	»	befiehlt dem B. Friedrich v. Utrecht, dem Gr. Wilhelm v. Holland, dem Hrz. Reinald v. Jülich-Geldern u. der St. Utrecht den Ritter Heinrich v. Vianen zu verfolgen, welcher Zehnten, die K. Konrad den Stiftern v. St. Martin u. St. Salvator geschenkt hatte, an sich gerissen, einem Boten den Fuss abgehauen, die Kirche zu Gasperde (?) völlig zerstört u. deren Materialien nach Vianen geführt habe. — Ad m. d. r. Joh. prepos. de Strigonio vicecanc. — Rta. — Or. Utrecht Rijksarchief; [nicht in RR] Müller. **1994**
»		Nov. 18: Nach einer Mitteilung eines Augsburger Boten wollte Sigmund an diesem Tage bereits in Aachen sein: RTA 7, 310. **1994 a**
» 20	»	teilt der St. Deventer mit, dass er den v. ihr verbannten Wilhelm Bierman, der früher weltlicher Richter des B. Friedrich v. Utrecht gewesen, seiner Schuld ledig gesprochen u. seine Verbannung aufgehoben. — Ad m. d. r. Joh. de Strigonio prepos. et vicecanc. — R — Or. Strassburg St.-A.; [nicht in RR]. (vicesima die novbr.) **1995**
»		bestätigt dem Hrz. Reinald v. Jülich u. Geldern die beiden (inser.) Privilegien K. Heinrichs VII v. 1310 Sept. 5 [Böhmer nr. 301 u. 304] — Ad m. d. r. Joh. de Strigon. prepos. et vicecancell. imper. — [Kop. München Geh. St.-A.] — Teschenmacher-Dithmar, Annales Cliviae. Cod. dipl. 220 f. **1996**
[Nov.]	»	Item data est littera nobilitatis et armorum Radolfo Tuchemynt Johanni et Matheo Tuchemynt fratribus suis Macloviensis, Gwillermo et Georgio Cordell Venetensis diocesum in Novomagio. --- KU? — RR. E 145°. (2 Urkk.?) (s. d.) **1997**
» 21	»	verlässt Nimwegen: Forts. Königshofens 294; Baseler Chroniken 5, 165. **1997 a**
» 24	Aachen	kommt hierher: RTA 7, 311; Chronik. d. dtsch. Städte 13, 3; Forts. Königshofens 294; Baseler Chronik. 5, 165. **1997 b**
» 27	»	empfängt vor der St. den EB. Johannes v. Gran, den Grossgr. Nikolaus Gara u. a. a. begrüsst auch den Strassburger Boten Gosse Barggrave, den er auch in der Nacht bei sich sieht u. dem er seinen Besuch in Strassburg in Aussicht stellt: RTA 7, 311 f. **1997 c**

1416		
Nov. 28	Aachen	unterhandelt mit dem ED. Dietrich v. **Köln** u. Hrz. **Adolf** v. **Berg** behufs Beilegung v. deren Streitigkeiten: ib. 312. **1997 d**
» 30	»	nimmt das Kl. **Denkendorf** vom Orden des heiligen Grabes zu Jerusalem sowie alle dazu Gehörigen: den Konvent zu Speier, das Spital zu Worms, das Haus zu Aachen, das Haus zu Seeland(en), das Haus zu Wernertingen, die Kirchen zu Kirchheim, Göglingen u. Es in seinen u. des Reiches Schutz u. bestätigt die Privilegien. — [o. KU! — R — Or. Stuttgart; nicht in RR]. — (Besold) Documenta monaster. in ducatu Wirtemberg. sitorum 484 ff. — Vgl. nach Arch. f. hess. Gesch. 2, 464, woselbst eine Bestätigung der Privilegien des Spitals zum h. Grabe zu Worms erwähnt ist, die doch wohl ident. mit obiger Urk. ist. **1998**
Dez. 1	»	bestätigt das Wittum der Maria, Gemahlin des Hrz. Reinald v. **Geldern** [vgl. nr. 1293.] — o. KU! — R — Or. Düsseldorf [nicht in RR]. (di. nach Andres tag.) **1999**
		Dez. 2: nach einer Mitteilung seines Boten Kunz Leppisch wollte S. v. Aachen nach Luxemburg am 2. Dez. reisen: RTA 7, 311. **1999 a**
» 2	»	belehnt den persönlich nicht erschienenen Abt Robert des Benedictiner-Kl. St. **Trond** bezw. dessen Boten Jordan Bridel, Johann Bollous u. Arnold Prepsac mit den Regalien. — KU? — R? - - Nach Or. [wo? nicht in RR] Piot, Cartulaire de l'abbaye de Saint-Troud 2 (1874). 201 f. **2000**
» 5	»	gewährt dem Strassburger Boten Gosse Burggrave eine Audienz: RTA 7, 312. **2000 a**
» 9	»	kündigt den **Friesen** die Ankunft seiner Abgesandten Niholaus Bunrlau u. Heinrich Clant u. deren Vollmacht an, um in seinem Namen mit ihnen über ihre Prärogativen zu verhandeln u. die schwebenden Streitigkeiten zu schlichten. — KU? — Kop.-B. Aurich. — Friedländer, Ostfriesisches Urk.-B. 1, 206; andere Drucke fälschlich zu 1416 Aug. 19, vgl. nr. 1975ᵃ. **2001**
» 13	»	legitimiert Wilhelm, den natürl. Sohn des Hrz. Reinald v. **Jülich** u. Geldern. — Ad m. d. r. Joh. de Strigonio prep. et vicecanc. imper. [!] — Nach Kop. (wo?) Nijhoff, Gedenkw. van Gelderland 3, 339. **2002**
»	»	trifft eine Scheidung zwischen ED. Dietrich v. **Köln** u. Hrz. Adolf v. **Berg**, wodurch der lange Krieg zwischen diesen beiden beigelegt wird, mit Vorbehalt des Ausspruchs über einen Punkt der Zollerhebung bis April 23 [vgl. nr. 2211]. — Ad m. d. r. Job. Gersse. — [o. R] — Or. Köln u. Düsseldorf; [nicht in RR] — Lacomblet, Urk.-B. f. d. G. d. Niederrh. 4, 107 ff.; Reg.; Mitt. a. d. Stadt-A. zu Köln Heft 16, 72. **2003**
»	»	beauftragt die v. der St. **Köln** zu ihm nach Aachen gesandten Coyne Schymmelphenningh Bürgermeister, Heinr. v. Onsheym, Ailf Bruwer, Heinr. Dunenberg u. Goebel vom Danwe 9000 Gulden in bestimmter Frist an Hrz. Reinald v. Jülich-Geldern zu zahlen. — Ad m. d. r. Mich. can. Wratisl. - - Or. Köln. — Reg.: ib. **2004**
		Dez. 14: für die Kölner Juden. Aschbach 2, 471 — s. nr. 2008. **2004 a**
» 15	»	erteilt den **Frankfurter** Bürgern das Privileg, dass sie allein Grundbesitz in der St. besitzen dürfen, unbeschadet des Abkommens der St. mit der Geistlichkeit. — [o. KU! — o. R; doch unzweifelhaft echt; häug. gross. Majest. Siegel]. — Or. Frankf. St.-A.; vgl. Invent. 3, 29 [nicht in RR.] — Lünig, R.-A. P. spec. cont. 4. T. 1,609 f. — Ausz. Moser, reichsstät. Hdb. 1, 507 f.; Privil. u. Pacta d. Reichs St. Frankf. (1728) 259 f. (di. nach Lucie.) **2005**
»	»	belehnt Hrz. Adolf mit dem Fürstentum Berg u. der Grafschaft **Ravensberg**. — [Ad m. d. r. Michel de Priest can. Wratisl.] — R - - Or. Düsseldorf; nicht in RR; Kop. u. alter Einzeldruck München Geh. St.-A.] — Erwähnt Lacomblet, Urkb. z. G. d. Niederrh. 4, 110 A. 1. **2006**
»	»	ermächtigt den ED. v. **Köln** den Zoll an den beiden Städten Bonn u. Linz um 6 Tornosen v. jedem Zollfuder solange zu erhöhen, bis ihm die zur Schlichtung seines Krieges mit dem Hrz. Adolf v. Berg gezahlten 1800 Gulden erstattet sein würden. — [KU. w. v. — Rᵗᵉ — Or. Düsseldorf; nicht in RR.] — Lacomblet, 110 f. **2007**
»	»	bestätigt den **Kölner Juden** alle Privilegien, auch die EB. Dietrichs u. verspricht v. ihnen innerhalb der nächsten 10 Jahre keine Steuer zu erheben ausgenommen den Fall, dass er die Kaiserkrone erlange. — KU? - [nicht in RR]; Vid. v. 1417 Sept. 25 Köln; vgl. Mitt. a. d. Stadt-A. zu Köln H. 16, 79 u. 89. — Apologia d. Ertz Stiffts Cöllen (Bonn 1657) 149 f.;

1416		

Secaris ad radicem posita oder gründl. Bericht loco libelli, worin der St. Cöllen ... Ursprung ... (Bonn 1687; 1729) 373 f.; Länig, R.-A. Spic. eccl. Forts. zu 1 = 16, 575. (1416 di. nach Luc., nicht 1417.) **2008**

Dez. 16   Aachen   verlässt Aachen: Forts. Königshofens 294; Baseler Chronik. 5, 166. **2008 a**

» 17   Köln   kommt hierher: ib. **2008 b**

Dez. 7 Aachen: f. Frankfurt. Aschbach 2, 471 — s. nr. 2005 **2008 c**

» 18   Köln   bestellt auf Ansuchen des Edeln Ludolfs v. Steinford den Wilhelm v. Bardewich zum Freigrafen der Freigrafschaft Laar. — KU? — Nach Or. (wo? nicht in RR) Niesert, Münstersche Urkskammml. 5, 339. **2009**

» 19   »   bescheidet den Gr. Philipp v. Nassau zu sich nach Laxemburg. — Ad m. d. r. Mich. canon. Wratisl. — o. R — Or. Wiesbaden.   (za. vor Thomas apost.) **2010**

Dez. 19 Aachen: schreibt an die Friesen Aschbach 2, 471 — s. nr. 2001. **2010a**

»   »   belehnt Hans Waltstromayr v. Nürnberg u. dessen Erben mit der halben Forsthube zu Eibach samt Zubehör, wie sie v. seinen Eltern auf ihn übergegangen. — [KU? — Or.° Nürnberg Kr.-A.; nicht in RR] — Reg. Boic. 12, 241. **2011**

» 21   »   ernennt Johann v. Essen (de Assindia, laicam Coloniens.) zum Freigrafen v. Dortmund. — [Ad m. d. r. Joh. Gersse. — o. R — Or. Dortmund. *Rübel.*] — Reg.: Fahne, Urkb. d. Reichsst. Dortmund 1, 247. **2012**

»   »   bestätigt auf Bitten des Konrad v. Lindenhorst u. der St. Dortmund, dass die halbe Grafschaft D. der St. gehört u. dass der Gr. die andere Hälfte nur an die St. verkaufen darf. — KU. w. v. — o. R — Or. ib. *Lindner.* **2013**

» 22   »   belehnt den Gr. Konrad v. Lindenhorst mit der halben Grafschaft u. Freigrafschaft v. Dortmund. — KU. w. v. — o. R — Or. ib. — B. Thiersch, Hauptstuhl d. westphäl. Vemgerichts 90 f.; vgl. Reg.: Fahne, Urkb. d. Reichsst. Dortmund 1, 247. **2014**

»   »   beglaubigt bei dem Hochmeister des Deutschordens Michael Küchenmeister seinen Diener Konrad v. Graenberg. — Ad m. d. r. Mich. can. Wratisl. — o. R — Or. Königsbg. St.-A. (di. nach s. Thome des h. zwelfboten t.) **2015**

»   »   teilt dem Frankfurter Rat mit, dass er gehört habe, dass etliche Frankfurter Bürger ,sich undernemen die konflote, die v. alten ziten in unserm u. des richs hof genant im sal zu Frankfurt in der messe gestanden sind, in ire husere zu ziehen'; da ihm u. dem Reich hierdurch ungütlich geschehe, so gebiete er dahin zu wirken, ,daz der e genante sal u. die den selben sal v. unsern u. des richs wegin in phantschaft innehaben, bi sinem alten herkomen u. rechte belibe u. daz die konflote dorus nicht entzogen werden.' — KU? — Nach? Reg.: Janssen. Frankf. Reichskorr. 1, 301. **2016**

»   »   verlässt Köln u. kommt wieder nach Aachen: Forts. Königshofens 294; Basler Chronik. 5, 166. **2016a**

»   »   Dez. 23: Nic. Bontzlow, Kanzler des Fürstentums Breslau, quittiert der St. Köln über 10000 Gulden für Kg. Sigmund. — Or. Köln St.-A. — Reg.: Mitt. a. d. Stadta. zu Köln Heft 16, 73. **2016b**

» 24   Aachen   verlässt Aachen, um nach Lüttich zu ziehen: Forts. Königshofens 295; Basler Chronik. 5, 166. **2016c**

»   Utrecht   verrichtet hier seine Andacht in der Kirche des h. Servacius u. kommt noch an demselben Tage nach Lüttich: Dynter, Chronica ducum Lotharingiae et Brabantiae 3, 326. **2016d**

» 25   Lüttich   empfängt die Gesandten des Hrz. Johann v. Brabant [Burgund] u. unterhandelt am folgenden Tage mit ihnen: Dynter 326 f. **2016e**

» 28   »   verwendet sich auf Fürsprache des EB. Dietrich v. Köln bei dem Hochmeister des Deutschordens Michael Küchenmeister, dass der Orden dem Elger v. Drim(un?)ssagen die ihm vorenthaltenen Güter ausliefere. — Ad m. d. r. Mich. can. Wrat. — o. R — Or. Königsberg St.-A.   (kindeltag.) **2017**

»   »   bestätigt die Besitzungen des Franciskanerinnen-Kl. St. Clara zu Köln. — Ad m. d. r. Joh. Gerse. — R¹ª — Or. Düsseldorf: [nicht in RR].   (an der heiligen kinder tage nach wihennachten 1417). **2018**

1416		
Dez. 31	Lüttich	bestätigt die Privilegien der Kreuzbrüder bei Huy (Lütticher Diöcese) u. empfiehlt sie dem Schutze des EB. v. Köln, des Hrz. v. Jülich u. Geldern sowie des Gr. v. Namur. — KU? — [Kopialb. A. 54½, col. 29 ff. Düsseldorf; nicht in RR.] — Mirneus, opera diplom. 4 (1748). 284 f. (ultima die decembris 1417). **2019**
Ende ?	?	antwortet den Legaten des Konzils inbetreff der Böhmischen Verhältnisse u. seines Bruders Wenzel. — KU? — Aus einer Hds. der Prager Univers.-Bibl. Palacky, Documenta mag. Joan. Hus vitam . . . illustr. 652 ff. **2020**
1417		
Jan. 1	Lüttich	fordert den EB. v. Köln u. den B. v. Münster auf, da er selbst wegen Kirchen- u. Staatsgeschäften nicht helfen kann, mit der St. Dortmund, welche v. den Nachbarn bedrängt wird, ein Schutz- u. Trutzbündnis zu schliessen. — [Ad m. d. r. Mich. can. Wratisl. — o. R — Or. Dortmund. Lindner.] — Reg.: Fahne, Urkb. d. Reichsst. Dortmund 1, 247 f. **2021**
"	"	erteilt den Dortmunder Bürgern Cesarius Hensesteborgh u. Johann Ledermann Geleit für ihre Heimreise vom kgl. Hof. — KU. w. v. — o. R. — Or. ib. Rübel. **2022**
"	2	verlässt Lüttich, um nach Luxemburg zu ziehen: Forts. Königshofens 295; Basler Chronik. 5, 166. — Sigismond . . . quitta cette ville le lendemain de la circoncision et s'en r'allât par Huy et par la duché de Lucemborch vers le concile générale de Constance. Jean de Stavelot, Chronique (1861) 160. **2022a**
"	6	Luxemburg	kommt hierher: Forts. Königshof. 295; Basler Chronik. 5, 166. **2022b**
"	7	"	erklärt, nachdem er durch seinen Rat u. Kammermeister Konrad v. Weinsberg eine Steuer v. der Judenschaft zu Regensburg mit Beistimmung des Hrz. Johann in Bayern als zeitlichem Pfandherrn hat erheben lassen, dass hierdurch den Freiheiten der Regensburger Juden kein Eintrag geschehen solle. — [KU? — Or. Nürnberg Kr.-A.; nicht in RR.] — Reg. Boic. 12, 243. **2023**
"	"	erklärt, dass den Kämmerern u. Räten zu Regensburg, welche dem Konrad v. Weinsberg bei Erhebung der Judensteuer in R. förderlich gewesen, dies ebenso wie den dortigen Juden unschädlich sein solle. — Ad m. d. r. Mich. can. Wrat. — o. R — Or. München R.-A. (do. nach d. oberst. tage.) **2024**
"	8	"	ersucht die Strassburger dem Konrad v. Weinsberg, den er nach Konstanz vorausgesendet, wenn er zu ihnen komme, die Beilegung seiner Differenzen mit ihnen möglichst leicht zu machen. — Ad m. d. r. Pe. Wacker. — o. R — Or. Strassburg St.-A. (fr. nach epiphania domini.) **2025**
"	"	befiehlt dem Konrad v. Weinsberg dem erwählten B. Johann v. Lüttich (Hrz. in Baiern), v. dem er sich in Lüttich 1000 französ. Kronen geliehen, diese Summe aus der Regensburger Judensteuer zu verabfolgen. — Ad relac. d. Wilhelmi Haz Mich. can. Wrat. — o. R — Or. (durchschnitten) Öhringen. (fr. nach drier kunig.) **2026**
"	10	"	bestätigt Johann v. Schoonvorst, Burggr. zu Montjoye die (Inser.) Urk. Kg. Wenzels v. [14]11 Juli 1, durch welche dem Gr. Friedrich v. Mörs-Saarwerden das Land Durbuy verpfändet wird. — KU? — [nicht in RR] Kop. Luxembourg Arch. gouv. — Reg.: Publicat. de la sect. hist. de l'inst. de Lux. 25, 219. **2027**
"	11	"	bestätigt die Privilegien des Cistercienser-Kl. Orval auf Bitten des Abtes Nikolaus. — [Nicht in RR]; Kop. Arlon Arch. Gouv. — Bertholet, hist. du duché de Luzemb. 7; Preuv. 82 f. **2028**
"	13	"	macht bekannt, dass er dem Gr. Heinrich v. Schwarzburg Herrn zu Sondershausen geschrieben, dass er die seinem Vater seiner zeit v. Kg. Wenzel verpfändeten Schlösser im Vogtlande wieder an diesen oder an den, den er namhaft machen werde, abzutreten habe. — Ad m. d. r. Michael can. Wrati slav. — o. R — 2 Orr. Weimar Ges.-A. (in octava epiphanie.) **2029**
"	"	verkündet, dass er zwischen den uneinigen Einwohnern v. Luxemburg, v. denen ein Teil sich an Hrz. Anton v. Burgund angeschlossen, Frieden gestiftet hat: Johann v. Zolwer (Solenvre) wird im Einverständnis mit Kg. Wenzel u. Elisabet v. Görlitz zum Richter ernannt. — KU? — Kop. Luxembourg Arch. gouv. — Ausz.: Publications de la sect. hist. de l'inst. de Luxemb. 25, 219 f. **2030**

1417		
Jan. 13	Luxemburg	bekennt dem Eberhart v. der **Mark**, Herrn zu Aremberg (Arb-) u. Nürburg (Nüb-) 3000 rhein. Gulden schuldig zu sein. — KU? — Vid. Sigmunds v. 1431 April 15: RR. **J** 126ʳ. (mi. vor Anthonii.) **2031**
» 15	»	bestätigt die Privilegien der Abteien **Stablo** u. **Malmedy** (Abt Heinrich v. Weset), besonders deren Freiheit v. Zöllen u. Steuern in ganz Deutschland u. Luxemburg. — KU? — Or.? [nicht in RR.; Kopialb. B. 53, 1, 287 f. Düsseldorf]. — Reg.: Publicat. 25, 220 nach Recueil des ordonn. de la principauté de Stavelot (Brux. 1864) 33. **2032**
»	»	belehnt den Abt **dieses** Klosters Heinrich v. Weset (Visetum) mit den Regalien. — KU? — nicht in RR.; Koph. B. 53, 1, 355 f. Düsseldorf. (quinta dec. d. jan.) **2033**
»	»	setzt alle Unterthanen davon in Kenntnis, dass er der Abtei **Stablo** u. Malmedy alle Privilegien, insbesondere ihre Zollfreiheit bestätigt hat, u. befiehlt darnach sich zu richten. — KU? — Kop. Strassburg Bez.-A. (id. dat.) **2034**
»	»	ernennt den EB. Johann v. **Mainz** zum Landvogt der Wetterau unbeschadet des Rechtes des Gr. Philipp v. Nassau an die Vogtei v. Wetzlar. — Ad m. d. r. Michael can. Wratisl. — [R? verwischt? — Or. Würzburg = RR. G 10ᵛ s. a. et L mit KU: Joh. Germo?: Kop. Frankfurt St.-A.; vgl. Inventare 2, 13] — Gudenus, cod. dipl. 4, 109 ff. **2035**
» 19	»	an die **Strassburger**: auf die Klage des Ritters Goß Burggrafe, dass Hans v. Hassenville u. andere Lothringer ihnen Fehde angesagt, habe er sich an den Hrz. Karl v. Lothringen gewendet, der seine Unterthanen verpflichtet habe Frieden v. Jan. 25 bis April 18 zu halten; verlangt auch v. den Adressaten dasselbe; will während dieser Zeit die Differenzen auf friedlichem Wege beilegen. — Ad m. d. r. Pa. Wacker. — o. R — Or. u. Kop. Strassburg St.-A. (di. nach Anthonii t.) **2036**
» 21	»	entschuldigt bei der St. **Strassburg** die Beraubung einiger ihrer Mitbürger in Luxemburg mit den dortigen unsicheren Verhältnissen, will jetzt daselbst »fride u. gemach bestellen«, bittet jenes Vorkomnis die Luxemburger, die nach ihrer St. kommen, nicht entgelten zu lassen. (vgl. ur. 2373) — Ad m. d. r. Michel can. Wrat. — o. R — Or. u. Kop. Strassburg St.-A. (Angnesen t.) **2037**
»	»	verlässt Luxemburg, um nach Strassburg zu fahren: Forts. Königshofens 295; Basler Chronik. 5, 166. — Nach seinem Briefe v. 1417 Aug. 4 an den englischen Kg. (Arch. f. österr. G. 59, 130) hat S. sich durch eine in Luxemburg ausgestellte Urk. zum Kriege gegen **Frankreich** verpflichtet. **2037 a**
» 25	Strassburg	verlässt Strassburg, um nach Konstanz zu ziehen: ib. **2037 b**
		Jan. 25 Vesprim: Kg. **Barbara** bekennt, dass ihr Bruder Gr. Friedrich v. Cilly die ihr verpfändete Feste Meichau mit 4000 Gulden wieder ausgelöst hat, dass alles »Zeug«, das sie in der Feste zurückgelassen, ihrem Bruder gehören soll, dass der v. ihr eingesetzte Burggr. Diepolt Katzensteiner dem Vertrage gemäss ihrem Bruder v. neuem gehuldigt hat. — o. KU. — o. R — Or. Wien H. H. u. St.-A. (Pauls t. der bekerung.) **2037 c**
» 27	Konstanz	»Die mercurii 27. januarii … rex Romanorum … reversus est et intravit Constanciam; cui totum concilium eciam cardinales cum clero civitatis processionaliter in pluvialibus et mitris ivit obviam usque supra pontem. Qui rex descendit ante primas cruces et secutus est processionem in ecclesiam cum pallio aureo supra se; et cardinalis episcopus Ostiensis cum mitra parata preciosa recepit eum in ecclesia cum evangelio et aqua benedicta, et dicta in ecclesia oracione episcopus Sarisberiensis Anglicus in ambone fecit sermonem ad laudes regis, rege sedente in cathedra parata pannis aureis in loco, ubi olim sedebat papa. Quo sermone finito cantatum est: te deum laudamus. In crastinum [Jan. 28] de mane cardinales collegialiter visitaverunt regem, et fecit collacionem cardinalis Ostiensis. Et consequenter ambaxiatores regum, qui eciam sibi ierant obviam, et eciam naciones quelibet per se.« Tagebuch Fillastres: Finke, Forsch. u. Quellen z. G. d. Konst. Konzils 187. Vgl. auch Ulrich v. Richental 98 (woselbst mittw. vor lichtmess fälschl. — Jan. 23 berechnet ist); Sigmund nahm zunächst für kurze Zeit Wohnung im Hofe des Freiburgers, dann für die ganze Zeit seines ferneren Aufenthalts in Konstanz im Augustinerkloster. **2037 d**
» 29	»	nimmt Teil an einer v. den englischen Bischöfen veranstalteten Festlichkeit. Ulrich v. Richental 99. **2037 e**

1417			
[Jan. ?]	Konstanz	nimmt den Guilermus Cordeli zu seinem familiaris an. — KU? — Not. RR. E 145ᵛ (s. dato).	2038
Febr. 2	»	weist folgende Städte an die vergangenen Martinstag fällig gewesene Reichssteuer an Hans Konrad v. Bodman zu zahlen:	
		Aalen	2039
		Kempten	2040
		Wangen	2041
		Weissenburg	2042
		Windsheim	2043
		KU? — Not. RR. E 157ᵛ. (sub dato f. purific. virginis gloriose.)	
»	»	weist folgende Städte an die vergangenen Martinstag fällig gewesene Reichssteuer an Frischhans v. Bodman zu bezahlen:	
		Biberach	2044
		Buchhorn	2045
		Kaufbeuren	2046
		Leutkirch	2047
		Memmingen. — [Or. Memmingen. Magistr.]	2048
		Ravensburg	2049
		KU? — Not. RR. E 157ᵛ.	
»	»	weist die Leute des Bregenzer Waldes an die noch nicht bezahlte Reichssteuer der Jahre 1415 u. 1416 an Frischhans v. Bodman zu zahlen. — W. v.	2050
» 3	»	reitet dem EB. v. Gran, der auf das Konzil kommt, entgegen. Ulrich v. Eichental 99.	2050 a
» 6	»	erhebt Johannes v. Erkingen alias Seidenmeyer aus Konstanz u. dessen Sohn Gregor sowie deren männliche Nachkommen zu lateranensischen Pfalzgr., giebt ihnen das Recht Notare zu ernennen u. s. w. — KU? — Vidim. v. 1425 April 9 Prag Böhm. Mus. [nicht in RR]	2051
» 7	»	weist die St. Ulm an die Reichssteuer u. das Ammanamtgeld [des verflossenen Jahres] an den Gr. Eberhard v. Nellenburg zu zahlen. — KU? — Not. RR. E 157ᵛ. (sunt. nach frowen t. lichtmesse.)	2052
» 9	»	ladt ein zum Reichstag auf April 11 nach Konstanz u. fordert die Säumigen zum Empfang der Regalien bis Mai 30 auf. — Ad m. d. r. Joh. Kirchen. — [o. R]	
		an Frankfurt. — Or. u. Kop. Frankf.	2053
		an Nürnberg Rothenburg Hall Schweinfurt Windsheim Weissenburg. — Or. Nürnb. Kr.-A.	2054
		an Strassburg Basel Hagenau Kolmar Schlettstadt. — Or. Strassb. St.-A.	2055
		an Dortmund. — Or. Dortm.	2056
		an Erfurt bei Lünig R. A. P. spec. Cont. 4, 1, 2, Forts. 458 f.; [Or. Magdeburg St.-A.; vgl. Zeitschr. d. Ver. f. thüring. Gesch. 4, 495.]	2057
		an Gr. Adolf v. Cleve u. v. der Mark. — Or. Düsseld.	2058
		— RTA 7, 330 ff.	
		an Memmingen Kempten Isny Leutkirch u. die anderen Reichsstädte im Allgäu. — Kop. Memmingen St.-A. Magistrat.	2059
		an Lübeck u. die anderen Hansestädte. — Kop. Danzig St.-A.; vgl. Hanserecesse 4, 339 f.	2060
		an Lüneburg. — Or. Lüneburg St.-A.; vgl. ib. 340.	2061
		an Hrn. Adolf v. Berg, Gr. zu Ravensberg. — Or. Düsseldorf.	2062
		an den Metzer B. Konrad (Bayer v. Boppard). — Kop. Metz Stadt-Bibl. Wolfram.	2063
»	»	fordert die St. Hamburg auf die Zwistigkeiten mit Lüneburg »umb das wasserfurt Tradenowe umb erbgut uftzugeben u. umb coste u. schaden abzustellen, zumal Lüneburg durchaus ent-	

1417		
		gegenkommend sei. — Ad m. d. r. Michael can. Wratisl. — o. R — Or. Lüneburg.　(Apollonia tag.)　**2064**
Febr. 9	Konstanz	erhält v. Polenkönig einen ausgestopften Auerochsen gesandt. Ulrich v. Richenthal 100. **2064a**
» 11	»	verleiht dem Hans Clocter v. Zürich den Zehnten zu Schmerikon (Smiry-?), der an denselben durch Uebler v. Waldshut gefallen, nebst kleineren Besitzungen. — Per d. Fr. barggrav. Nürnberg. etc. Joh. Kirchen. — RR. F 1ᶠ.　(do. vor Valtin).　**2065**
»	»	empfiehlt den Strassburgern seinen Diener Hans Cadener, den er zum Kg. v. England mit einem »wisan« schickt. — Ad relac. N. de Ribnitz Joh. Geruse. — o. R — Or. Strassburg St.-A.　(do. vor Valentin.)　**2066**
» 15	»	befiehlt der Stadt St. Gallen die Martini 1415 u. 1416 fällig gewesene Reichssteuer an den Gr. Friedrich v. Toggenburg zu zahlen. — Ad m. d. r. Joh. Kirchen. — R — Or. St. Gallen Stadt-A.; RR. F 1ᶠ mit KU.; Per d. G. comitem de Swartzburg judicem curie etc. Joh. Kirchen.　(mo. nach Valtins t.)　**2067**
»	»	nimmt Wirich v. Hohemburg gegen ein Michaeli fälliges Jahrgeld v. 200 rhein. Gulden zu seinem Diener an. — Per d. G. comitem de Swartzburg judicem curie etc. Joh. Kirchen. — RR. F 1ᵛ.　(mo. nach Valtin.)　**2068**
» 17	»	nimmt das Clarissinnen- u. Franciskaner-Kl. in Königsfelden in seinen Schutz u. bestätigt alle Freiheiten u. Rechte, die sie v. der Herrschaft Österreich u. sonst erhalten haben. — KU? — [nicht in RR]. Kop. Staats-A. Aarau, A. Königsfelden Kopialbuch 4, 72.　(mi. nach Valentin.) *Herzog.*　**2069**
»	»	verspricht Ulrich Linde, Bürger zu Konstanz, der »uns zu wolgefallen u. zu behaglikeit win zu unserm tische u. zu unserm hofe« verkauft hat, die ihm dafür schuldigen 130 rhein. Gulden »uf den meyen tag« zu bezahlen. — Per d. C. de Winsperg M. can. Wrat. — R — Or. (durchschnitten) Öhringen [nicht in RR].　(mi. nach Valent.)　**2070**
»	»	verspricht Ulrich Steinhusler, Bürger zu Konstanz, 244 rhein. Gulden für Wein am 1. Mai zu bezahlen. — Ad relac. d. C. de Winsperg Mich. can. Wrat. — R — Or. (durchschnitten) ib. [nicht in RR]　(kl. dat.)　**2071**
» 18	»	erklärt, da der Pfalzgr. Johann, Hrz. in Baiern, trotzdem die Regensburger Juden ihm v. Reichs wegen versetzt sind, doch ihm gestattet hat v. ihnen durch den Reichskammermeister Konrad v. Weinsberg eine Steuer zu erheben, dass diese Gunst dem Pfandschaftsprivileg des Hrz. Johann keinen Abbruch thun soll, u. bestätigt den Regensburger Juden das Recht sich nur dem Regensburger Gerichte zu stellen [vgl. nr. 2023] — Ad m. d. r. Michel can. Wrat. — R — Or. Innsbruck; [nicht in RR]　(do. nach Valentin.)　**2072**
» 20	»	erklärt, dass die ihm v. Hrz. Ludwig in Baiern, Gr. v. Mortagne, gutwillig gestattete Erhebung des dritten Pfennigs v. aller Habe der in seinen Landen wohnenden Juden, den Rechten u. s. w. des Hrz., seiner Lande u. s. w. keinen Abbruch thun solle. — Ad m. d. r. Joh. Kirchen. — R — Or. Wien H. H. u. St.-A.; RR. F 1ᶠ mit KU.; Per d. G. comitem de Swarczburg etc. Joh. Kirchen.　(sa. nach Valtins t.)　**2073**
»	»	setzt den Gr. Rudolf v. Werdenberg-Sargans, Dompropst zu Chur, zum Reichsvogt u. Amtmanne im innern Wallgau. — Ad m. d. r. Joh. Kirchen. — RR. F 1ᵛ u. 2ᶠ. — Arch. f. Kunde österr. Geschichtsquellen 1, 3, 152 f.　**2074**
»	»	bestätigt die Privilegien der Benedictiner-Abtei Lüders (Abt Johann). — Ad m. d. r. Joa. de Strigonia prepos. et vice-cancell. — [nicht in RR — Nach?] Lünig R.-A. Spic. eccl Cont. 1, 986 f.　**2075**
» 22	»	befiehlt der St. Strassburg den Schaden, welchen sie der Äbtissin Margarete (v. Lützelstein) u. dem Stift Erstein durch Überfall u. Raub zugefügt hat, schleunigst zu ersetzen. — [Ad m. d. r. Mich. can. Wrat. — o. R — Or. Strassburg St.-A.] J. — D. Schöpflin, Als. dipl. 2, 325.　**2076**
»	»	befiehlt dem Gr. Johann v. Lupfon, Landvogt im Elsass, dass er die in seinen u. des Reiches Schutz genommene Abtei Lüders (Diözese Besançon) bei ihren Gerechtsamen schütze. — Ad m. d. r. Joh. de Strigonio prepos. et vice-cancell. — Lünig, R.-A. Spic. eccl. Cont. 1, 987 [= Kop. Speyer Kr.-A.] — Reg.: Ztschr. d. Ges. f. Geschichtsk. v. Freiburg 3, 356.　**2077**

1417			
Febr. 23	Konstanz	bevollmächtigt denselben den Abt Johann v. Lüders mit den Reichslehen u. den Regalien zu belehnen u. dessen Lehenseid entgegenzunehmen. — [Ad m. d. r. Joh. Kirchen.] — RR. F 2ᵛ. — Länig, a. a. O. 1, 988 [= Kop. Speyer Kr.-A.]; Reg.: ib. 3, 356.	**2078**
» 24	»	bestätigt die Privilegien des Cistercienser-Kl. Grünhain (Naumburger Diözese). — [KU? — nicht in RR — Nach Or.?] Schöttgen u. Kreysig, Diplomataria histor. Germ. 2, 548.	**2079**
» 25	»	bestätigt dem Hagenauer Bürger Heinrich Brucker sein Wappen u. erhebt ihn u. seine Nachkommen zu Rittern. — Ad m. d. r. Joh. Kirchen. — RR. F 2. (do. nach Mathias.)	**2080**
» 26	»	befiehlt der St. Rottweil die vergangenen Martinstag fällig gewesene Reichssteuer an seinen Getreuen Heinz Schitrer zu zahlen. — Ad relat. d. Conradi de Winsperg Joh. Gerssa. Rᵗᵃ — Or. Stuttgart; nicht in RR. (fr. ver invocavit.)	**2081**
»	»	giebt mündliche Erklärungen ab über seine Stellung zur Pabstwahl. — Tagebuch Fillastres: Finke, Forschungen u. Quellen 189.	**2081 a**
» 27	»	nimmt die Leute des Reichshofes zu Lustenau (-now) in seinen u. des Reiches Schutz, verspricht sie nicht zu verpfänden u. bestätigt ihnen ihre Privilegien. — Per d. Fr. burggravium Nürnbergens. etc. Joh. Kirchen. — RR. F 2ᵛ. (sa. nach Mathias.)	**2082**
»	»	verpfändet dem Gr. Friedrich v. Toggenburg die dem Reiche wegen der Schandthaten des Hrn. Friedrich v. Österreich verfallene Herrschaft Feldkirch, Rankweil, Sulz, Alt- u. Neumontfort um 3000 rhein. Gulden (mit Ausnahme des Bregenzer Waldes, der an Lienhart v. Jungingen u. Frischhans v. Bodman versetzt ist, sowie des an Ulrich v. Embs versetzten Dorfes Dornbirn). — Per d. Pr. burggravium Nürnbergensem et d. G. comitem de Swarczburg judicem cur. Joh. Kirchen. — [R] — Or. Wien H. H. u. St.-A; [RR. F 2ᵛ u. 3 mit KU: Ad m. d. r. Joh. Kirchen!] — Arch. f. Kunde österreich. Geschichtsqu. 1, 3, 154 ff.	**2083**
» 28	»	befiehlt den Bellunesen das Kastell zu befestigen u. beglaubigt den Vicekastellan Abardo v. Adiar bei ihnen. — KU? — Kop.-B. Belluno. — Reg.: Forsch. z. Dtsch. Gesch. 18, 221.	**2084**
März 1	»	nimmt den Edlen Georg v. Spaur zu seinem Diener an. — KU? — RR. F 1ᵛ. (mo. nach Math.)	**2085**
»	»	desgl. Wilhelm v. Starkenberg. — Ad m. d. r. Joh. Kirchen. — R — Or. Wien H. H. u. St.-A.; Not. RR. F 1ᵛ. (mo. nach Mathias)	**2086**
»	»	desgl. Michel v. Wolkenstein. — KU. w. v. — Vid. v. 1430 Sept. 21 Innsbr. Statth.-A.; Not. RR. ib. (id dat.)	**2087**
»	»	desgl. Dietrich Crae (Cra) gegen ein Martini fälliges Jahrgehalt v. 600 rhein. Gulden. — Per d. Fr. burggr. Nürnberg. etc. Joh. Kirchen. — Not. RR. F 1ᵛ (fer. sec. post. Mathie.)	**2088**
»	»	verspricht demselben die ihm schuldigen 1000 rhein. Gulden bis 1418 Febr. 2 zu bezahlen. — KU. w. v. — RR. ib. (mo. nach Math.)	**2089**
»	»	bestätigt demselben die ihm v. Kg. Wenzel ertheilte Erlaubnis das Schloss Stollberg (Stahelburg) u. andere u. der böhmischen Hauptmannschaft im Vogtlande gehörige Schlösser v. Gr. Heinrich v. Schwarzburg-Sondershausen einzulösen. — KU. w. v. — RR. 3ᵛ (id. dat.)	**2090**
»	»	verschreibt dem Hrz. Raimold v. Urslingen die Reichssteuer v. Rottweil für den ihm schuldigen dreijährigen Sold v. 1500 Gulden. — [Per d. G. comitem de Swartzburg judicem curie etc. Joh. Kirchen. — RR. F 3ᵛ u. 4ᵛ; Vid. der St. Ruslingen v. 1440 fr. nach Cristtag Stuttgart St.-A.] — Vgl. Püster, Gesch. v. Schwaben 2, 2, 330. (mo. nach Mathias.)	**2091**
»	»	verwendet sich bei der St. Feltra für 32 Gebannte der St., seine Getreuen. — KU? — Kop.-B. Belluno. — Reg.: Forsch. z. dtsch. G. 18, 221.	**2092**
»	»	schreibt an den Rat v. Belluno zu Gunsten des aus Feltre verbannten Antonio Donati da Carve. Vicar v. Mel. — W. v.	**2093**
»	»	bewilligt Georg Doglioni ein neues Stemma. — Ad m. d. r. vicecanc! — Kop.-B. Belluno. — Piloni, Storia di Belluno (1607) 212; vgl. Reg.: Forsch. z. Dtsch. Gesch. 18, 221.	**2094**

1417		
	Konstanz	März 2: »2. die marcii de anno domini 1417 restitute sunt membrane per d. Petrum prepositum Wetflariensem d. Friderico burggravio Nurembergensi tradite infrascripte: primo sub maiestate dictus Petrus Heltburg restituit sex: reliqua 4, quas decem receperat (sunt), per dictum burggravium, prout infra patet, sunt expedite; item sub minori appresso sunt restitute 20 in arcubus sigillatis; item sub minori appenso sunt restitute 2; item sub minori appresso in mediis arcubus sunt restitute 16. — RR. E 112ʳ. — Lindner, Urkundenwesen Karls IV S. 183. **2094 a**
März 3	»	verleiht dem Hans Schopp, Bürger zu Wesen, eine Mühl- u. Hofstätte daselbst, die früher ein Lehen des Hrz. Friedrich v. Österreich gewesen. — Per d. G. comitem de Swartzburg judicem curie etc. Joh. Kirchen. — RR. F 4ᵛ. (mi. nach Mathias.) **2095**
»	»	nimmt Teil an der Konzilssitzung, in welcher Hrz. Friedrich IV v. Österreich gebannt wird. — Tagebuch Fillastres: Finke, Forsch. u. Quellen 190; Ulrich v. Richental 100. **2095a**
» 4	»	verspricht dem Heinrich v. Luzern die ihm schuldigen 36 Gulden um Elsasser Wein, 10 Gulden um Met u. 20 Gulden um »sin arbeit u. fürlon« bis zum ersten Mai zu bezahlen. — Ad m. d. r. Michael can. Wrat. per Dorsla. — o. R — Or. (durchschnitten) Öhringen. (do. nach invocav.) **2096**
» 5	»	weist die St. Nürnberg an, ihre nächsten Martinstag fällige Reichssteuer an Burggr. Friedrich v. Nürnberg zu zahlen. — Ad m. d. r. Joh. Kirchen. — RR. F 4. (fr. vor reminisc.) **2097**
»	»	befiehlt der St. Feldkirch u. dem zugehörigen Gebiete, auch den Rankwilern alle seit der Zeit, dass sie an das Reich gekommen sind, fälligen Abgaben an seinen Rat den Gr. Eberhard v. Nellenburg zu zahlen. — KU. w. v. — ib. 4ᵛ. (id. dat.) **2098**
» 6	»	schreibt dem Hrz. Erich [V] v. Sachsen-Lauenburg, dass ihm sein jetzt zum Konzil nach Konstanz berufener Kaplan Werner, Propst der Hamburger Kirche, geklagt, dass Dietlefe van Tzulen, Gottschalks Sohn, Niklaus v. Boden u. einer genannt Schackendorp mit ihren Gesellen das ihm gehörige Dorf (Nygenradelstede) Neu-Rahlstedt überfallen, geplündert u. 2 Meier gefangen weggeführt. Die Wegelagerer seien aus seinem u. des Hrz. v. Mecklenburg Lande gekommen; befiehlt dem Hrz., wie er auch dem v. Mecklenburg geschrieben, dem Kaplan zu dem Seinigen zu verhelfen. — KU. w. v. — Ad m. d. r. Joh. Kirchen. — o. R — Or. Schleswig St.-A. (sa. vor reminiscere.) *Hille.* **2099**
»	»	schreibt in dieser Angelegenheit an den Hrz. v. Mecklenburg. — s. vorher. **2099 A**
» 9	»	erteilt den ihm u. dem Reiche getreuen Landleuten u. Inwohnern des inneren Bregenzerwaldes, die vordem dem Hrz. Friedrich v. Tirol gehörten, auf ihre Bitte Freiheit v. fremden Gerichten. — KU. w. v. — RR. F 4ᵛ u. 5ʳ. — Arch. f. Kunde österr. Geschichtsqu. I. 3. 158 ff. **2099 B**
»	»	giebt dem Pfalzgr. Ludwig Vollmacht den Streit der St. Worms mit der Pfaffheit beizulegen. — KU. w. v. — Kop. Worms 3. 2×2 f. — Boos, Quell. z. G. d. St. Worms 3, 2×2 f. **2100**
» 10	»	quittiert dem Hrz. Ludwig v. Baiern [-Ingolstadt] über 2030 rhein. Gulden 12 Groschen u. 8 Pfennige, welche die Einziehung des dritten Pfennigs v. den im Gebiete Ludwigs wohnenden Juden ergeben hat nach Abzug der Unkosten u. 33 ⅓ rhein. Gulden 8 Pf. u. einiger nicht eingegangener Steuern (26 rhein. Gulden 3 Schilling 10 Pf. v. entlaufenen Juden, 6 rhein. Gulden v. dem jungen Mosse zu Aichach auf Grund der Rechnung des Landschreibers Heinrich Heuberger). — KU. w v. — RR. F 4ᵛ. (mi. nach reminiscere.) **2101**
» 11	»	bestätigt die Privilegien des Frauen-Kl. (Äbtissin Anna v. Bickenbach) zu Kitzingen. — KU. w. v. — RR. F 5ʳ. (eilft. t. d. merzen.) **2102**
» 12	»	ernennt auf Veranlassung des Ebf. Dietrich zu Köln u. der Herren Simon Otto u. Friedrich (Brüder) v. Lippe den Johann Milingtorpe zum Freigr. des Stuhles in der Herrschaft Lippe. — KU. w. v. — RR. F 6ᵛ. (zwölft. t. d. merzen.) **2103**
»	»	verleiht seinem Diener Henman Offenburg aus Basel, dessen Söhnen Franz u. Peter sowie deren Leibeserben ein Wappen u. die Ritterwürde. — KU. w. v. — RR. F 5ᵛ. (Gregori.) — Nicht erwähnt in Offenburgs Chronik: Basler Chroniken 5, 225 ff. **2104**
»	»	befiehlt allen Lehen- u. Pfandinhabern in Hrz. Friedrichs v. Österreich Landen zu Schwaben Elsass am Rhein u. im Breisgau, da sie v. der Treue u. Gehorsam gegen denselben

1417		
		losgesprochen seien, nun diese Lehen v. ihm als römischem Kg. künftige Ostern (April 11) zu empfangen. — [KU. w. v. — R — Or. Wien H. R. u. St.-A.; vgl. auch ib. Hds. 383 Bd. 26 f. 11—15; ein 2. Or. v. R Zürich St.-A. *P. Schweizer*; RR. F 5ᵛ u. 6] — Reg.: Lichnowsky, G. d. Haus. Habsburg 5 n. 1691. **2105**
März 13	Konstanz	giebt dem Hrz. Michael v. Agythnm [?] einen Geleits- u. Schutzbrief. — Ad m. [d.] r. Joh. Gersse. — Kop. Königsb. St.-A. (tredecimo die marcii.) **2106**
»	»	empfiehlt allgemein den zum Christentum übergetretenen Muhamedaner Bartholomäus Gr. v. Bethsaida. — KU? — Nach einer Leipz. Hds. erwähnt: Lenfant, Hist. du Conc. de Constance 2, 109 (bei Aschbach 2, 472 falsches Citat.) **2107**
» 14	»	verleiht dem Herman Arnolt v. Eichstädt (Eysteten) die dem Reich verfallenen (Lehen) 6 ,hofreid' zu Ober-Hochstatt, die Ulrich Taussendblume, Bürger zu Weissenburg, nicht rechtzeitig empfangen, zudem noch ohne Zustimmung des Reiches teilweise an die heiligen Pfleger bzw. den Abt v. Wilzburg versetzt habe. — Ad m. d. r. Joh. Kirchen. — RR. F 7ʳ. (vierzehend t. d. merzen.) **2108**
»	»	bittet den Burggr. Johann v. Nürnberg, dass er die Bürger v. Kulmbach, welche die Görlitzer u. Zittauer wegen vor der St. Bautzen verlorener Ochsen vor das geistliche Gericht des Konzils geladen u. in Frieden lasse, bis er mit seinem Bruder Kg. Wenzel gesprochen; auch gehöre die Angelegenheit vor das weltliche Gericht. — KU? — Vorlage? — Reg: Verzeichnis oberlaus. Urkk. 1, 190 = Mon. Zoll. 7, 447. **2109**
»	»	erlaubt Hermann Schaler auf Grund der Zustimmung Peters u. Claus Ulrichs Schaler die vom Reiche zu Lehen rührenden Dörfer Bannach u. [Klein-]Rheinfeld (Rinwilt) zu verkaufen mit Rücksicht darauf, dass ein Bruder Hermanns sowie Hans Schaler in seinen Diensten im Türkenkriege gefallen sind. — Ad m. d. r. Joh. Kirchen. — RR. F 6ᵛ u. 7ʳ. (vierzehend. t. d. merzen.) **2110**
»	»	macht bekannt, dass er die Entscheidung der Streitigkeiten zwischen dem Abt Johann v. Weingarten u. dem Flecken Altdorf, welche bereits nach Paris zu ihm Gesandte geschickt, dem Mrkgr. Friedrich v. Brandenburg, dem Hofrichter Gr. Günther v. Schwarzburg, dem Gr. Hans v. Lupfen, dem Gr. Eberhard v. Nellenburg, dem Landkomthur Marquard v. Königseck übertragen, u. erklärt den Spruch derselben v. März 2, dass die Altdörfer Unterthanen des Kl. Weingarten seien, dass der Abt die geflohenen bestrafen könne, für rechtsbeständig, desgl. auch früheren Ausspruch in dieser Streitsache [nr. 1582] — Ad m. d. r. Michael Prag. et Wratisl. ecclesiarum canon. — R [verwischt] — Or. Stuttgart; nicht in RR. (oculi). **2111**
	»	März 14: Aufzeichnung über Verhandlung der rheinischen, fränkischen u. schwäbischen Reichsstädte mit Kg. Sigmund. Sie begehren v. ihm Schutz gegen die durch gerichtliche Vorladungen u. Befehdungen ihnen widerfahrenden Unbilden u. erhalten günstige Zusagen. Der Kg. macht seinerseits Eröffnungen über das Münzwesen, wünscht v. den Städten, dass jedermann die Missstände, unter denen er leide, April 11 zu Konstant ihm vortrage, verlangt Hilfstruppen für den Feldzug gegen Hrz. Friedrich v. Österreich u. für die Romfahrt, warnt bezüglich Venedigs u. des genannten Hrz. u. lädt die Städteboten auf April 17 wiederum nach Konstanz: RTA 7, 323 f. **2111a**
» 15	»	verleiht dem Arnolt Hirsperger v. Schwarzenbach [a. d. S.] einige Reichslehen zu Schwingen (Sw-) Förban (Forwein) Löhsten (Lest-) Wundenbach (Wanttenp-) Neuenreuth u. s. w. — Ad m. d. r. Joh. Kirchen. — RR. F 7. (15. t. d. merzen.) **2112**
» 16	»	beauftragt den Burggr. Friedrich v. Nürnberg statt seiner den Abt Heinrich des Benedictiner-Kl. Sankt Petersberg zu Saalfeld mit den Regalien zu belehnen [vgl. nr. 2217]. — KU. w. v. — RR. F 7ʳ. (sechzehend. t. d. merzen.) **2113**
»	»	beauftragt seinen Rat Schwarz Reinhart v. Sickingen am 14. April zu Wiesloch (Wissenl-) statt seiner bei der Rückgabe des den Strassburgern v. Gesellen des Horneck bei der letzten Frankfurter Messe abgenommenen Gutes zugegen zu sein. — Ad m. d. r. Jo. K. — RR. F 5. (zinst. nach oculi.) **2114**
» 17	»	ladet auf Ersuchen des Hrz. Ludwig v. Baiern die St. Donauwörth vor sein Gericht nach Konstanz. — KU? — Donauwörther Urk.-Verz. München R.-A. (mi. vor letare.) *Rieder*. **2115**

1417		
	Konstanz	März 17: giebt einem Christ gewordenen Muhamedaner einen Schutzbrief. Aschbach 2, 472 s. nr. 2107. **2115a**
März 18	„	präsentiert [auf Grund der ersten Bitten] Hugo Scholbach aus Basel der Kirche des h. Martin zu Rheinfelden. — Rex. Jo. prep. de Strigonio vicecanc. — Not. RR. F 201ᵛ. (fer. quarta post oculi.) **2116**
„	„	bestätigt allen, die über Jahr u. Tag in Braunschweig gewohnt haben, die Rechte freier Bürger. — Ad m. d. r. Joh. Kirchen. — R — Or. Braunschweig; [RR. F 13ᵛ u. 14ᵛ] — Urkb. d. St. Braunschw. 1, 203 ff. **2117**
„	„	erkennt in dem Streite des Haupt v. Pappenheim, Untermarschalks des Reichs, u. des Ulrich v. Heimenhofen mit Marquart v. Schellenberg unter Hinzuziehung v. Friedrich Burggr. zu Nürnberg, u. s. w., B. Georg v. Trient, Gr. Günther v. Schwarzburg-Ranis Hofrichters, Gr. Ludwig v. Öttingen, Gr. Johann v. Lupfen Landvogts zu Stühlingen u. Herren zu Hohenack, Frisch Hans u. Haus Konrad v. Bodman, dass Marquart v. Schellenberg die Anna, die Tochter des † Heinrich v. Schellenberg, wieder einsetzen soll in die Gewere der Weingärten u. des Zehnten zu Wonnenthal (Wa-), überhaupt der Güter, die er »ir abemphangen« hat zu Lehen v. der Äbtissin zu Lindau. 7 Lehennamen der letzteren sollen dann über die Ansprüche der Anna u. des Marquart zu Gericht sitzen. — Ad m. d. r. Pe. Wacker. — o. R — Or. München R.-A. (d. vor lätare.) **2118**
„	„	versetzt der St. Überlingen, welche ihm 1000 rhein. Gulden geliehen, die dortigen Reichsmühlen sammt dem Königszins. — [Per d. G. comitem de Swarzberg etc. Joh. Kirchen.] — R? — Or. Überlingen Bibliothek [RR. F 7ᵛ u. 8ᵛ]. — vgl. Ztschr. f. d. G. des Oberrh. 12, 326. **2119**
c. „	„	kauft v. einem Nürnberger einen sehr grossen kupfernen Leuchter für 1100 Gulden u. schickt denselben dem Kg. v. England. Ulrich v. Richental 101. **2119a**
„ 19	„	bestätigt dem Spital zu Nördlingen auf Bitten des Spitalmeisters Hans Flochberger den (inser.) Schutzbrief Karls IV v. 1354 Nov. 25 [Böhmer-Huber n. 1664] u. nimmt es in den Schutz des Reiches. — [Ad m. d. r. Joh. Kirchen. — R — Or. Nördlingen St.-A.; RR. F ⁸] — Lünig, RA. P. Spec. Cont. 4. T. 2, 16. **2120**
„	„	bestätigt der St. Nördlingen den ihr v. alters verliehenen Wegzoll (6 pf. v. mit Wein oder Kaufmannschatz beladenen Wagen, 3 pf. vom desgl. beladenen Karren, 1 pf. v. einem Holz-, Heu- oder Kornwagen). — KU. w. v. — R — Or. Nördling.; RR. F 8ᵛ u 9ᵛ. (an d. münzehendisten tag des merzen.) **2122**
„	„	erlaubt der St. Nördlingen das ihr bisher nur zeitweilig verliehene Ungeld ständig zu erheben. — KU. w. v. — R — Or. Eigentum des Münch. R.-A. deponiert zu Nördlingen; RR. F 8ᵛ. (münzehenden t. des merzen.) **2122**
„	„	verleiht dem Abt Johann des Benedictiner-Kl. Ottobeuren (Augsburger Bistam) alle Regalien, Lehen u. Mannschaften. — [Ad relac. d. F. burggravii Nuremberg. Joh. Gersse. — o. R — Or. München R.-A.; nicht in RR] — Reg. Boic. 12, 230. **2123**
„	„	nimmt den Heumann Offenburg aus Basel seinen Diener m. Hofgesinde mit aller seiner Habe u. Kaufmannschaft in des Reiches Schutz u. giebt ihm einen Geleitsbrief [nicht erwähnt in Offenburg s Chronik.] — Ad m. d. r. Joh. Kirchen. — RR. F ⁸ᵛ. (münzehend. t. des merzen.) **2124**
„	„	desgl. die Brüder Ludfried u. Johann Mundbrot, Bürger zu Konstanz. — KU. w. v.? — Not. ib. **2125**
„	„	verleiht dem Diethelm v. Wohlhusen (Wol-), Landrichter des Landgerichts im Thurgau, dieses Landgericht mit allen Einnehmen u. dem Blutbann u. ernennt den Heinrich Rüdiger d. jüng., Bürger zu Winterthur, zum Landschreiber dieses Landgerichts. — Ad m. d. r. Joh. Kirchen. — RR. F 9ᵛ. (19. t. des merzen.) **2126**
„	„	schlägt dem Züricher Bürgermeister Heinrich Meyse für treue Dienste 1200 rhein. Gulden auf die Pfandschaft der Vogtsteuer zu Kloten (C-) Oberhausen Billikon u. First u. s. w. — KU. w. v. — RR. F 9ᵛ. (Geben . . . ut in aliis.) **2127**
„ 20	„	bestätigt der St. Aarau ihre Freiheiten. — Ad relac. domini Conradi domini de Winsperg Joh. Gerse. — 5 Vid. u. Kop. Aarau Stadt-A.; [Notiz RR. F 11ᵛ s. d., vorher März 26:

1417		
		und zwar hier Aarau, Brugg u. Lenzburg zusammen.] — Argovia 11 (Urkb. d. St. Aarau), 245 f.; ib. 25, 70 f. **2128**
März 20	Konstanz	desgl. der St. Brugg. — Not. RR. ib. (s. d.) **2129**
"	"	desgl. der St. Lenzburg. — W. v. **2130**
	"	März 20: der Reichshofgerichtsschreiber Pet. Wacker ladet auf Klage der St. Erfurt Hermann Hemmel, Bürger zu Treysa vor das Hofgericht; desgl. den Eckart Czan, Bürger zu Treysa; desgl. den Eckart Sand, Bürger zu Treysa. — 3 Orr. Magdeb. Staats-A. (sa. vor letare.) **2130a**
" 21	"	dispensiert den B. Albrecht v. Bamberg v. der Pflicht mit den Regalien sich persönlich innerhalb April 11 u. Mai 30 belehnen zu lassen. — Per d. Fr. burggr. Nürnberg etc. Joh. Kirchen. — RR. F 9ᵛ. (21. t. d. merzen.) **2131**
" "	"	weist die St. Augsburg an die Martini fällig gewesene Reichsatteuer an Hrz. Ulrich v. Teck zu zahlen. — KU? — Not. ib. (vicesima prima die marcli.) **2132**
" 22	"	bestätigt der St. Biel im Lausanner Bistum alle Rechte u. Privilegien. — KU? — Nach Vid. im A. d. Bist. Basel (fälschl. zu März 29) Trouillat, Mon. de l'évêché de Bâle 5, 247 f. (fer. sec. ante annunc. Mar.) **2133**
" "	"	setzt Kg. Karl VI v. Frankreich v. seinem mit Kg. Heinrich V v. England gegen ihn geschlossenen Bündnis in Kenntnis u. erklärt ihm den Krieg. — [o. KU? — R] — Or. Paris Archiv. nation. [nicht in RR!] — RTA 7, 340 f. **2134**
" 23	"	befiehlt früheren Unterthanen des Hrz. Friedrich v. Österreich nunmehr dem Gr. Friedrich v. Toggenburg [vgl. nr. 2083] gehorsam zu sein:
		der St. Feldkirch, **2135**
		den Unterthanen der Gerichte Fussach u. Höchst, **2136**
		der St. Rankweil, **2137**
		den Wallisern, die zur Herrschaft Feldkirch gehören, **2138**
		dem Amtmann v. Damils u. allen Wallisern.
		— [Per d. G. comitem de Swarczburg jud. curie Joh. Kirchen. — o. R — 5 Orr. Wien H. H. u. St.-A.; die Mahnung an Feldkirch auch ib. Hds. (rot) 383 Bd. 26 f. 20 u. 21.] — Reg.: A. f. Kunde österr. Geschichtsquellen 1, 3, 138. **2139**
	"	bestätigt dem Gr. Friedrich v. Helfenstein alle Rechte u. Privilegien. — [Ad relac. d. G. comitis de Swarczburg judicis curie Mich. can. Wratisl. — o. R — Or. Stuttgart; auch nicht in RR] — Reg. Boic. 12, 250. **2140**
	"	desgl. dem Kl. Wiesensteig. — Ad relat. d. G. comitis de Swarczburg jud. car. Mich. can. Wratisl. — R — Or. Stuttgart; [nicht in RR]. (di. vor Mar. annunc.) **2141**
" 24	"	bestätigt dem Cistercienser-Kl. Lützel die inser. Urk. Karls IV v. 1370 Febr. 8 [Böhmer-Huber nr. 4820, dieser Druck dort unbekannt], worin er es in des Reiches Schutz genommen wird u. das Privilegium de non evocando erhält. — KU? — [nicht in RR] — König v. Königsthal, Corp. jur. Germ. T. 1, p. 2, XXXVI ff. **2142**
" 25	"	bestätigt dem Abte des Kl. Werden Adolf v. Spiegelberg (dessen Bevollmächtigter der Dechant Wennemar Steinbicker) die Regalien. — Ad m. d. r. Michel canon. Wratisl. — Rᵗᵃ — Or. Düsseldorf; [nicht in RR] **2143**
" 26	"	bestätigt u. erneuert in umfassender Weise die Privilegien des Bistums u. der St. Lüttich, da beide in äusserst traurigem Zustande sich befinden, u. erklärt alle Eingriffe des Hrz. Johann v. Burgund u. des Gr. Wilhelm v. Holland in deren Rechte für ungiltig. — [Ad m. d. r. Joh. Kirchen.] — o. R in St. Trond; [RR. F 12 u. 13ᵛ] — Fisen, Sancta Legia Romanae ecclesiae filia sive histor. eccles. Leodiens. 2 (1696), 188 f.; Stravens, Invent. des archives de la ville de St. Trond 1, 179 ff. **2144**
" "	"	bestätigt der St. Rapperschwyl die Privilegien. — [Ad m. d. r. Joh. Kirchen.] — RR. F 11ᵛ; Vid. v. 1442 April 25 Innsbr. Statth. A. (fr. nach u. frawen t. annunciac.) **2145**
" "	"	desgl. der St. Winterthur. — [KU. w. v.] — Not. RR. ib. **2146**
" "	"	verleiht den Landleuten zu Underwalden „nidwendig dem Kernwald" wegen der Dienste, die sie ihm gegen Hrz. Friedrich v. Österreich geleistet, den Blutbann, das Privilegium de non

1417		
		evocando, das Recht Ächter zu beherbergen, verspricht ihnen, dass ihre Parteinahme gegen Hrz. Friedrich ihnen keinen Schaden bringen soll. — [KU. w. v. — R?] — Or. Nidwalden: [RR. F 9ᵛ u. 10ᵛ]. — Erw.: Businger, Gesch. v. Unterwalden 5, 454 == Reg.: Samml. d. alt. eidgen. Abschiede 1ᵉ, 177. **2147**
März 26	Konstanz	bestätigt dem Schultheissen dem Rat u. den Bürgern zu Zofingen die v. seinen Vorgängern gegebenen Freiheiten u. Rechte. — KU. w. v. — Abschr. (Zofinger Missivenbuch A. p. 27) Aarg. Staats-A.: [Not. RR. F 11ᵛ] (fr. nach frawr. t. annunc.) Herzog. **2148**
» 27	»	bestätigt auf Bitten des Propstes Benedikt, der mit ihm durch Aragonien Frankreich u. England gezogen, das Privileg Kg. Wenzels (1398 Juni 16), wonach die Kl. zu Nieder-Ingelheim nicht mehr verpflichtet ist dem Peter Frosch zum Jungen aus Mainz jährlich zwei Fuder Wein zu liefern. — [Per d. Heinr. Latzembok Michael de Priest Pragens. et Wratislaw. eccles. canon. — Rᵗᵃ — Or. Wien H. H. u. St.-A.; nicht in RR]. — (Würdtwein) Monasticon Palat. 2, 243 ff. **2149**
»	»	März 26: giebt dem Gr. v. Lupfen d. Auftrag. Reg: Ztschr. d. Gesellsch. f. Geschichtsk. v. Freiburg 3, 357 — falsch statt März 30. (nr. 2159)] **2149a**
»	»	ernennt auf Veranlassung des EB. Dietrich v. Köln den Heinrich Ludewig (Lodewichs) aus Geisecke zum Freigr. des Stuhles zu Paderborn. — Ad m. d. r. Joh. Kirchen. — RR. F 10. (sa. nach frowen t. annunc.) **2150**
»	»	erteilt u. bestätigt der St. Rapperschwyl verschiedene Berechtigungen (Brücke über den Zürchersee u. s. w.) — Per d. G. comitem de Swartzburg iudicem curie [etc.] Joh. Kirchen. — Aus [RR. F 10ᵛ] G. W. Hugo, Mediatisierung der Reichsstädte 444 f. — Vid. d. Abtes Johann v. Rüti v. 1442 April 23 Wien H. H. u. St.-A. == Reg.: Lichnowsky, G. d. Haus. Habsburg 5 n. 1698. **2151**
»	»	verspricht der St. Rapperschwyl sie nie vom Reiche zu versetzen, zu vergeben oder zu entfremden. — [KU. w. v. — RR. F 10ᵛ u. 11ʳ]: Wien H. H. u. St.-A.: Vidimus d. Abt. Johann v. Rüti . . . v. 1442 April 23 — Reg.: Lichnowsky n. 1699. **2152**
»	»	desgl. der St. Winterthur. — Per d. G. comit. de Swartzburg jud. cur. Joh. Kirchen. — R — Or. Winterthur; Not. RR. F 11ᵛ] — Nach Winterthur. Kop.-B. Hugo, Mediatisierung d. Reichsst. 439 f. **2153**
» 28	»	bevollmächtigt den Friedrich v. Mörs Gr. zu Saarwerden, den Wilhelm Hass v. Waldecke, Herrn in Zelewitz u. den Ritter Heinrich v. Clum gen. Laczembock in der Diocese u. St. Lüttich die Reichsrechte wahrzunehmen, Verträge abzuschliessen u. s. w. — Ad m. d. r. Joh. Kirchen. — RR. F 13ʳ. (vicesima octava die marcii). **2154**
»	»	März 29: bestätigt der St. Biel alle Privilegien. Trouillat, Mon. de l'évéché de Bâle 5, 247 f. — s. nr. 2133. **2154a**
» 29	»	verleiht der Margaretha Gesslerin, Witwe des Hans v. Fridingen, u. ihren Kindern Wilhelm, Grellin u. Magdalene sowie dem Ritter Ulrich v. Fridingen (Schwager der Marg. G.) als Lehensträger das Schloss Schenkenberg mit dem Amte am Bötzberg zu Lehen. — Per d. G. comitem de Swartzburg iudicem curie Michel can. Wratisl. — R — Aargau. Staats-A.; (nicht in RR) (mo. nach judica.) Herzog. **2155**
»	»	befiehlt dem Abte Wilhelm v. Murbach an die Stelle des für wichtigere Angelegenheiten abberufenen Gr. Hans v. Lupfen zu treten. — [Ad m. d. r. Joh. Kirchen.] — RR. F 11ᵛ. — Reg.: Ztschr. d. Gesellsch. f. . . Geschichtskunde v. Freiburg 3, 357. **2156**
»	»	gestattet der St. Zürich alle Gülten Zinse u. s. w., die zu den Grafschaften Grüningen u. Regensberg gehören u. v. Österreich versetzt sind, zu gleichem Satz an sich zu lösen. — Per d. Fr. burggravium Nürnberg. etc. Joh. Kirchen. — R — Or. Zürich; [RR. F 11] (mo. nach u. f. t. annunc.) P. Schweizer. **2157**
»	»	beauftragt den Gr. Friedrich v. Toggenburg die Züricher Bürger, welche Lehen vom Reiche insbesondere frühere österreichische innehaben, damit zu belehnen. — KU. w. v. — RR. F 11ᵛ (id. dat.) **2158**
» 30	»	giebt dem Gr. Hans v. Lupfen den Auftrag alle Edlen u. Unedlen im Elsass Breisgau u. Sundgau, die v. Österreich Lehen besitzen, in diese einzuführen u. ihnen den Lehenseid abzu-

1417		

nehmen. — [KU. w. v.] — RR. F 17ʳ. — Reg. (fälschl. zu März 27): Ztschr. d. Gesellsch.
f... Geschichtsk. v. Freiburg 3, 357.   (zi. nach frow. t. annunc.)   **2159**

März 30	Konstanz	desgl. dem Hans Truchsess v. Waldburg, Landvogt in Schwaben [in Schwaben] — KU. w. v. — Not. RR. F 17ʳ. **2160**
"	"	dem Konrad Herrn v. Weinsberg [im Aargau Burgund u. der Eidgenossenschaft] («doch ist in des v. Winsperg brief die stat Czarch aßgenomen») — W. v. **2161**
"	"	dem Frischhans v. Bodman [im Thurgau u. am Rhein] — W. v. **2162**
"	"	bestätigt dem Gr. Friedrich v. Toggenburg seine Pfandschaft auf Feldkirch [vgl. nr. 2083], da die dortigen Unterthanen ihm nur als Pfleger huldigen wollten. — [Per d. Fr. burggravium Nurnberg. etc. Joh. Kirchen. — R — Or. (mit Einschnitten) Wien II. II. u. St.-A.; RR. F 14ʳ mit KU: Per d. Fr. burggravium Nurnberg. etc. d. G. comitem de Swartzburg judicem curie Ludowicum comitem de Öttingen et Conradum de Winsperg magistrum camere Joh. Kirchen] — Reg.: Arch. f. Kunde österr. Geschichtsquellen 1, 3, 158. **2163**
" 31	"	bestätigt der St. Donauwörth alle Rechte u. Privilegien. — [Ad m. d. r. Joh. Kirchen. — RR. F 14ʳ; Vid. des Gr. Rudolf v. Sulz d. ält. v. 1422 Mai 26 München R.-A.] — Reg. Boic. 12, 250. **2164**
"	"	erhöht die dem EB. Dietrich v. Köln auf Grund des Friedens mit Hrz. Adolf v. Berg am 15. Dez. 1416 versprochenen 18000 Gulden auf 21000, weist denselben an, diese Summe durch Erhebung je eines halben Guldens v. jedem Fuder Wein an den Zollstätten zu Linz u. Bonn sich zu verschaffen. — [KU. w. v. — R — Or. Düsseldorf; RR. F 14.] — Erw.: Lacomblet, Urkb. z. G. d. Niederrh. 4, 110 A. 2. **2165**
"	"	bestätigt der St. Thann die Privilegien. — Per d. Fr. march. Brandemb. etc. Joh. Kirchen. — R — Or. u. Kop. im Privilegienb. 53 ff. u. 128 ff. Thann; RR. F 44ʳ. (ml. nach unser frowen t. annunciac.) **2166**
März ?	"	dankt einem Unbekannten für seinen Brief aus Valladolid vom 20. Febr. u. für seine Förderung der Konzilsangelegenheiten. — KU? — Nach Hds. 22 d. Wien. Staats-A. Reg.: Arch. f. österr. Gesch. 59, 11. (s. d.) **2167**
April 2	"	bestätigt dem Benedictiner-Kl. zu Anhausen (Abt Willing) alle Rechte u. Privilegien. — [Per d. Fr. burggr. Nürnb. etc. Joh. Kirchen. — R — Or. Nürnberg Kr.-A.; RR. F 16ʳ] — Reg. Boic. 12, 251. **2168**
"	"	desgl. dem Kl. zu Schönthal — Per d. Fridericum burggravium Nürnbergensem [etc.] Joh. Kirchen. — [R — Or. München R.-A.; Not. RR. 16ʳ.] — Mon. Boica 26, 350 f.; Reg. Boic. 12, 251 n. Reg.: Mon. Zoll. 7, 450. **2169**
"	"	verbietet den Strassburgern auf Klage der Duisburger diese ferner mit Zöllen u. Ungelten zu beschweren, da dies eine Verletzung der Duisburger Privilegien sei. — Per d. G. comitem de Swartzburg judicem curie Joh. Kirchen. — o. R — Or. Strassburg St.-A. (fr. vor d. palmt.) **2170**
"	"	gebietet allgemein flüchtige Leute aus Altdorf, welche Unterthanen des Kl. Weingarten sind, der Gewalt des Abtes Johann z. W. auszuliefern. — Per d. G. comitem de Swartzburg judicem curie Mich. canon. Wratisl. — Vid. des Augustiner-Propstes Heinrich v. Waldsee v. 1481 Juli 7 Stuttgart. (fr. vor dem palmt.) **2171**
" 3	"	bestätigt dem Kl. S. Ulrich u. Afra (Abt Johann, Kaplan Sigmunds) zu Augsburg das Holz zu Bergheim bei Augsburg. — Per d. G. Pataviens. episc. Joh. Kirchen. — [R — Or. u. Vid. v. 1470 Juli 5 München R.-A.] — Mon. Boica 23, 347 f.; vgl. Reg. Boic. 12, 251. **2172**
"	"	gebietet dem Pfalzgr. Johann Hrz. in Baiern, das bedrängte Augustiner-Kl. zu Schönthal gegen alle Gewaltthätigkeiten zu schirmen u. dafür zu sorgen, dass dessen Privilegien beachtet würden. — [Per d. F. burggr. Nürnberg. etc. Joh. Kirchen. — R — Or. München R.-A.; RR. F 16ʳ.] — Reg. Boic. 12, 251. **2173**
"	"	erlässt ein Manifest gegen den gebannten Hrz. Friedrich v. Österreich u. gebietet allen denjenigen, welche Lehen oder Pfandschaften v. Hrz. Friedrich innehaben, die Belehnung mit denselben bei ihm (dem Kg.) bis zum 1. Mai nachzusuchen. — KU? — Ausz.: Ulrich v. Richental 102, wo das Dat. auch auf April 4 bezogen werden kann; erwähnt z. 3. April bei

1417		
		Häberlin, Neue Reichshist. 5, 230 — Reg.: Lichnowsky, Gesch. d. Haus. Habsb. 5 nr. 1703. **2174**
April 3	Konstanz	verleiht Hans Schultheiß, Vogt zu Lenzburg, das Banngericht in St. u. Grafschaft Lenzburg. — Ad m. d. r. Joh. Kirchen. — RR. F 16ᵛ. (dritt. t. d. aberellen.) **2175**
»	»	nimmt das Benedictiner-Kl. [S. Walburg] im Heiligenforst (Sacra Silva; Strassburger Bistum; Abt Sigmund) in des Reiches Schutz u. bestätigt ihm die Privilegien; inser. die Urk. Kg. Rudolfs 1282 April 18 [nicht bei Böhmer] u. Heinrichs VII v. 1314 Sept. 19 [Böhmer 323] — Ad m. d. r. Joh. de Strigonio prepositus et vicecancell. — R — Or. (vgl. auch Sigmunds Vid. v. 1435 Dez. 5.) Strassb. Bez.-A.; nicht in RR! (tercio die aprilis.) **2176**
»	Radolfszell	»reitet abends nach Radolfszell »u. maint das heilig zit da ze sind, umb das alle pfafkait dester rüwiger wär.« Ulrich v. Richental 101 f. — Vgl. auch Forts. Königshofeus bei Mone, Quellensamml. z. bad. Landesgesch. 1, 295; Baseler Chronik. 5, 166. **2176a**
» 4	» (Zell am Untersee)	bestimmt, dass die Bürger v. Donauwörth, die sich über die ihnen durch Hrz. Ludwig v. Baiern zugefügten Beschwerden beklagt haben, bei ihren Rechten verbleiben sollen, u erteilt ihnen die Freiheit, dass sie an ihrem Leib u. Gut der Herrschaft v. Baiern nicht mehr pfandbar sein sollen. — Ad m. d. r. Joh. Kirchen. — [R — Or. München R.-A.; RR. F 15 u. 16ᵛ.] — (v. Löri) Gesch. des Lechrains 2, 102 f.; v. Hasselholdt-Stockheim, Hrz. Albrecht IV v. Bayern (1865) Urkk. 43 ff.; Reg. Boic. 12, 252. **2177**
»	»	gebietet dem Pfalzgr. Ludwig bei Rhein, dem Burggr. Friedrich zu Nürnberg, dem Gr. Eberhart zu Würtemberg, den Gr. Ludwig u. Friedrich zu Öttingen, dem Marschall Haupt v. Pappenheim der St. Donauwörth gegen Hrz. Ludwig v. Baiern beizustehen. — Ad m. d. r. Joh. Kirchen. — [RR. F 18ᵛ] — Lünig, R.-A. P. spec. Cont. 4. T. 1, 408 f. **2178**
»	»	desgl. den St. Nürnberg Augsburg Ulm Rothenburg Nördlingen Dinkelsbühl u. Weissenburg. — [KU. w. v.] — Not. RR. ib. **2179**
»	Konstanz	empfiehlt das Kl. St. Ulrich u. Afra auf Bitten des Abtes Johann, seines Kaplans, dem Schutze der St. Augsburg. — Per d. G. Patav. episcop. Joh. Kirchen. — [R — Or. München R.-A.; nicht in RR.] — Mon. Boic. 22, 414 f.; Reg. Boic. 12, 252. **2180**
»	»	verleiht dem Ritter Konrad v. Baldersheim (Beldirs-) folgende Reichslehen: 20 Morgen Wiesen in dem freien Gericht zu Grosskarben (Car-), sowie 2 Hufen zu Nieder- u. Ober-Mörlen (Morle). — Ad m. d. r. Joh. Kirchen. — RR. F 16ᵛ u. 17ᵛ. (fünft. t. d. aberellen.) **2181**
»	Radolfszell	»Die Lune quinta aprilis, que fuit crastinum dominice in ramis palmarum, rex Romanorum mandavit legatis [regis] Castelle, quod venirent ad eum. Et venit illo mane de Cellis, ubi iverat. Et venerant legati ad eum, a quibus peciit de intensione illorum.« Tagebuch Fillastres: Finke, Quellen u. Forsch. 190. **2181a**
» 6	Konstanz	belehnt die Brüder Peter u. Otto Vetter aus Donauwörth mit je 42 Käsen auf dem Werdhof u. dem Spindelhof. — Per d. F. burggr. Nürnberg. Joh. Kirchen. — RR. F 14ᵛ. (secht. t. d. aberellen.) **2182**
» 8	Radolfszell	verleiht den Brüdern Philipp Jakob Sigmund u. Lorenz Forbringer gewesen zu Uffenheim, sowie deren Vettern Peter u. Georg Forbringer nebst ihren Leibeserben ein Wappen. — Ad m. d. r. Joh. Kirchen. — RR. F 18ᵛ. (achtenden t. des aberellen.) **2183**
»	»	desgl. dem Johann Holleghe, Bürger zu Braunschweig.—[KU. w. v.] — Not. ib. (id. dat.) **2184**
» 10	Konstanz	bestätigt die Privilegien des Kl. Rupertsberg bei Bingen. — KUᵣ — [Fälschung? nicht in Sigmunds RR. jedoch	RR. O 152: Vidimus K. Friedrichs III. — vgl. Chmel, Reg. Friderici IV n. 425. **2185**
»	Radolfszell	entbietet sämtlichen Einwohnern im Oberelsass Breisgau Sundgau, die vom Haus-Österreich Lehen haben, dass sie diese v. seinem Landvogt dem Gr. Hans v. Lupfen [vgl. April 15] in Empfang nehmen u. ihm den Eid für das Reich leisten sollen. — [Ad m. d. r. Joh. Kirchen.] — RR. F 18ᵛ. — Reg.: Ztschr. d. Gesellsch. f. Geschichtsk. v. Freiburg 3, 358. **2186**
»	»	gebietet den Einwohnern im Thurgau u. am Rhein . . . dem Ritter Frischhans v. Bodman, Landvogt im Thurgau, seinem Bevollmächtigten, den Lehenseid für das Reich zu schwören. — KU. w. v. — Not. RR. ib. **2187**

1417		
April 10	Radolfszell	desgl. den Einwohnern im Aargau, in Burgund, zu Bern, zu Freiburg im Üchtland, in der Eidgenossenschaft seinem Bevollmächtigten Konrad v. Weinsberg den Lehenseid zu leisten. — W. v. [gleicher Befehl auch an die Bewohner v. Schwaben? vgl. nr. 2160]. **2188**
"	Konstanz	verspricht dem Domkapitel u. der St. Strassburg, welche dem erwählten B. Wilhelm v. Strassburg die bisher zur Tilgung seiner Schulden v. ihnen innegehabten Schlösser Bernstein Markolsheim Rheinau (Rinowe) Epfich Mutzig (Muczich) u. einige Dörfer um den Kochersberg am 11. April wiedergeben sollen, dass er diese Schlösser u. Güter, die ihm nunmehr der B. abgetreten, demselben wieder geben werde, falls er B. bliebe, oder seinem Nachfolger, falls Wilhelm v. seinem Stift mit Recht » gewiset« würde oder stürbe. — Ad m. d. r. Joh. Kirchen. — R — Or. Strassh. St.-A.; ein 2. Or. ib. Bez.-A.; RR F 17² (darnach 3 Ausfertigungen, eine für den B., die 2. für das Domkapitel, die dritte für die St.) (oster abent.) **2189**
" 12	Radolfszell	verspricht dem Vogt zu Radolfszell Klaus Dietrich 310 Gulden für gelieferten Wein am 24. Aug. zu bezahlen u. stellt (»wann wir uf mit grossem des richs gescheften beladen werden, daz uns gebüren wurd viellicht in andern enden des richs dieselbe zite zu sine«) als Bürgen den Gr. Johann v. Lupfen, Konrad v. Weinsberg u. Hans Konrad v. Bodman. — o. KU — o. R — Or. (mitbesiegelt v. den Bürgen; durchschnitten) Öhringen. (mo. in den oster-fiertagen.) **2190**
"	"	schlägt die Bitte der Freiburger, Breisacher, Neuenburger u. Endinger um einen Aufschub der bis Mai 1 zu leistenden Huldigung ab u. befiehlt ihnen sofort dem Gr. Hans v. Lupfen als seinem Vertreter zu huldigen. — Ad m. d. r. Johannes Kirchen. — [o. R — Or. Freib. Albert.] — Schreiber, Urkb. v. Freiburg 2. 273 f. **2191**
" 13	"	dankt einem nicht genannten Fürsten für Zusendung v. Schiffsbauhandwerkern, v. denen jeder 10 Dukaten im Monat erhält. — KU? — Nach Hds. 22 d. Wien. Staats-A. Arch. f. österr. Gesch. 59, 127 f. **2192**
"	"	kehrt nach Konstanz zurück: Ulrich v. Richental 103. **2192 a**
	Konstanz	April 14: für Gr. Hans v. Freiburg, Herrn zu Badenweiler. Reg.: Aschbach 2, 473 — falsch statt 1417 Sept. 14. **2192 b**
" 15	"	befiehlt allen, welche v. der Herrschaft Österreich Lehen oder Pfandschaften gehabt u. in den Landen Breisgau Oberelsass u. Sundgau ansässig sind [vgl. April 10] ihre Lehen oder Pfandschaften, welche er wegen der Verbrechen des Hrz. Friedrich v. Österreich gegen das Konzil u. Reich zu Gunsten des Letzteren eingezogen, aber den Berechtigten v. Reichswegen zu verleihen geneigt sei, bei seinem Rat dem Landvogt im Breisgau Oberelsass u. Sundgau Gr. Hans v. Lupfen anzumelden u. namens des Reichs zu Lehen zu nehmen. — [Ad relationem d. L. comitis de Ötingen Joh. Kirchen]. — RR F 17²; Kopialb. v. Höwen 1, 14 ff. in Donaueschingen. — Reg.: Ztschr. d. Gesellsch. f. Geschichtsk. v. Freiburg 3, 358. **2193**
"	"	befiehlt...den in Schwaben Ansässigen die Lehen v. Hans Truchsess v. Waldburg, Landvogt in Schwaben, in Empfang zu nehmen. — KU. w. v. — Not. RR ib. **2194**
"	"	desgl. den im Aargau u. der Eidgenossenschaft Ansässigen ihre Lehen v. Konrad v. Weinsberg in Empfang zu nehmen. — W. v. **2195**
"	"	desgl. den im Thurgau u. am Rhein Ansässigen ihre Lehen v. Frischhans v. Bodman in Empfang zu nehmen. — W. v. **2196**
"	"	bestätigt der Abtei Lützel die inser. Urk. Karls IV v. 1370 Febr. 18 [Böhmer-Huber nr. 4820] — KU? — [Nicht in RR; Vid. u. franz. Übers.] Colmar Bez. A.] — Nach Lützeler Cartular in Arch. d. Bist. Basel Trouillat, Mon. de l'évéché de Bâle 5, 249 ff.; vgl. ib. 744; nach Hds. 5077 d. Wien. Hofbibl. (s. d.) Neues Arch. d. Ges. f. Alt. dtsch. G. 18, 154 ff. **2197**
"	"	zieht dem Mrkgr. Friedrich d. Ält. v. Meissen entgegen, welcher v. ihm die böhm. Lehen empfangen wollte. Ulrich v. Richental 103. **2197 a**
" 16	"	bestätigt dem Kapitel der Kathedral-Kirche zu Passau alle Rechte u. Privilegien. — Ad m. d. r. Michael de Priest Prag. Wratisl. et Patav. ecclesiarum can. — [Bta — Or. München R.-A.; nicht in RR.] — Mon. Boica 31, 2, 145 ff.; vgl. Reg. Boic. 12, 253. **2198**

1417		
April 16	Konstanz	bestätigt dem Heinrich Zöllner (Czolner) v. Kirchschletten (Sletten) u. dessen Bruder Konrad die ihnen v. Karl IV [nicht bei Böhmer-Huber] verliehene Wunderburg bei Bamberg (Reichslehen). — Per d. F. burggr. Nürnberg etc. Joh. Kirchen. — RR. F 18ᵛ u. 19ᵛ. (sechzehend. t. des aberellen.) **2199**
„	„	bessert dem Heinrich Zöllner v. Kirchschletten (Sleten) sein Wappen. — KU. w. v. — RR. F 19ʳ (id. dat.) **2200**
„ 18	„	belehnt den Mrkgr. Friedrich mit der Mark Brandenburg, der Kur u. dem Erzkämmereramte. — Zeugen: EB. Johann v. Riga, B. Georg v. Passau, B. Raban v. Speier, B. Albrecht v. Regensburg, B. Nicolaus v. Merseburg, B. Johann v. Lebus u. Johann erwählter B. zu Brandenburg, Hrz. Rudolf v. Sachsen, Hrz. Albrecht v. Sachsen zu Lüneburg, die Hrz. Ernst, Wilhelm u. Heinrich v. Baiern, Mrkgr. Friedrich v. Meissen, Gr. Ludwig v. Öttingen, Gr. Günther v. Schwarzburg, Gr. Eberhard v. Nellenburg, Gr. Konrad v. Freiburg, Gr. Hans v. Lupfen, Albrecht v. Hohenlohe, Albrecht Schenk v. Landsberg, Haupt v. Pappenheim. — Ad m. d. r. Joh. Kirchen. — [R — Or. u. Vid. v. 1417 Sept. 1, 1426 Febr. 3, 1467 Juni 30 Berlin kgl. H.-A.; RR. F 52ʳ; Vid. des B. Stefan v. Brandenburg v. 1426 sont. nach d. Cristtage. — [1426 Dez. 29 oder 1425 Dez. 30?] Berlin Geh. St.-A. — Riedel, Cod. dipl. Brand. 2, 3, 255; Mon. Zoll. 7, 451 ff. — Vgl. Ulrich v. Richental 104 ff. **2201**
		April 18: erhebt die Grafschaft Kleve zum Herzogtum. — Dumont, corps dipl. 2, 2, 35 f. — falsch statt April 28. (nr. 2226) **2201a**
„ 19	„	bestätigt dem Augustinerinnen-Kl. Sanct Ottilien zu Ober-Hohenburg (Strassburger Bistum) die Privilegien. — Ad relac. d. Fr. marchionis Brandenburg etc. Joh. Kirchen. — R — Or. Strassburg Bez.-A.; RR. F 21ᵛ mit KU: Ad m. d. r. J. K.1 (neunzehenden t. des aberellen.) **2202**
„	„	desgl. dem Frauen-Kl. Ober-Schönfeld (Augsb. Diözese). — KU? — Not. RR. F 21ᵛ (dat.?) **2203**
		belehnt den Kunz Pfaffenlab zum Rüst v. Strassburg u. dessen Erben mit dem „steinin stock mit einem hove genant zu den knöpfen mit iren zügehörungen gelegen zů Strassburg oben an dem Goldgiessen gegen der Brüsche uf eine u. die ander site nebent dem Pfaffenlab.« — Per d. Fr. march. Brandenburg etc. Joh. Kirchen. — R — Or. Strassburg Bez.-A.; RR. F 19ᵛ. (neunzehend. t. des aberellen.) **2204**
„ 20	„	bekent öffentlich v. Henmann Offenburg aus Basel 2000 Golden empfangen zu haben u. verpfändet ihm dafür das Schultheissenamt zu Mülhausen vorbehaltlich der Wiedereinlösung; gebietet der Stadt Mülhausen dem Offenburg keinerlei Hindernisse in der Ausübung seines Amtes zu bereiten. — Ad rel. dom. B. prep. Alberegalis Joh. Kirchen. — R — Or. Mülhausen: [RR. F 20ᵛ u. 21ʳ mit KU: Per d. prep. Alberegal. Joh. K.] — Mossmann, Cartolaire de Mulh. 1, 474 ff. **2205**
„	„	verlangt vom Kardinalskollegium für sich eine Ausfertigung der den Castilischen Gesandten am 18. April gegebenen Antwort. — Tagebuch Fillastres: Finke, Forsch. u. Quellen 192 f. **2205a**
„	„	belehnt im Saale des Augustiner-Kl. Gr. Eberhard v. Nellenburg, Landgr. im Hegau u. Madach, auf Grund der Lehnsurkunde Kg. Ruprechts [vgl. Mai 2, nr. 2246 f.] — Ulrich v. Richental 106. **2205b**
„ 21	„	giebt seine Zustimmung, dass Peter Gienger, Bürger zu Ulm, die zwei Höfe (Reichslehen) zu Bächlingen (Bäggl-), v. denen den einen jetzt der Friese, den andern Thomas »buete«, an Hans Otto, Bürger zu Ulm, verkauft hat, u. belehnt diesen damit. — Per d. Fr. march. Brandenburg. etc. Joh. Kirchen. — R — Or. Nürnberg Germ. Mus.; RR. F 19. (mi. vor Gorgen t.) **2206**
„	„	giebt seine Zustimmung, dass Heinrich Rote, der Sohn des † Karl Rote, Bürger zu Ulm, seiner Frau Anna geb. Gräter zur Morgengabe 1300 rhein. Gulden auf den halben Zoll zu der „Herdbraktorn« zu Ulm (Reichslehen) verschrieben hat; Annas Lehenträger: Otto Rote v. Hüttisheim (Hutis-) u. Hans Strölin v. Bissingen (Besi-). — KU. w. v. — RR. F 19ᵛ (id. dat.) **2207**

1417		
April 21	Konstanz	befiehlt dem Domkapitel zu **S t r a s s b u r g** die Schlösser des B. Wilhelm, welche es diesem noch nicht zurückgegeben, seinen Getreuen Heinrich Beyer v. Boppard u. Wirich v. Hohenburg zu überliefern. — Ad m. d. r. Joh. Kirchen. — RR. F 19ᵛ u. 20ʳ. (mi. vor Görgen). **2208**
»	»	desgl. der St. **S t r a s s b u r g**. — [KU. w. v.] — Not. ib. 20ʳ. (id. dat.) **2209**
»	»	erneuert seinem Rat Hans Conrad **V e h l i n** (Vö-) v. Frickenhausen für treue Dienste in Deutschland, Lamparten u. Frankreich die Reichsbannerherrnwürde, die seiner Familie verloren gegangen, u. erhebt ihn zum comes palatinus. — [Per d. Frid. march. Brand. Joh. Kirchen. — R — Vid. des Freiherrn Johann Werner v. Zimmern v. 1536 Aug. 29 München R.-A.; nicht in RR]. — Vgl. Reg. Boic. 12, 253. **2210**
		April 21 Konstanz: erhebt Gr. Adolf v. **C l e v e** zum Herzog. Ulrich v. Richental 107 — falsch statt April 28. (nr. 2226.) **2210a**
» 22	»	entscheidet auf Klage des Erzstiftes u. der St. **K ö l n** [vgl. nr. 2103], dass die v. Hrz. Adolf v. Berg der Zölle wegen am Rhein errichteten Bollwerke zu Mülheim u. Monheim niedergerissen werden sollen. — Beisitzer: die EBB. Joh. v. Gran, Joh. v. Riga, Andreas v. Colóza; die BB. Georg v. Passau, Georg v. Trient, Simon v. Tragur; Hrz. Rudolf v. Sachsen, Mkgr. Friedrich v. Brandenburg, die Hrz. Ernst Wilhelm Heinrich u. Otto v. Baiern, Hrz. Albrecht v. Sachsen, Mkgr. Friedrich v. Meissen, Mkgr. Bernh. v. Baden, Mkgr. Rudolf v. Hachberg; die Gr. Ladwig v. Öttingen, Günter v. Schwarzburg, Eberhart v. Nellenburg, Konrad v. Freiburg, Hans v. Lupfen, Albrecht v. Hohenlohe; die Edlen Frischhans u. Hans Konrad v. Bodman, Haupt v. Pappenheim, Wigleis Schenk v. Geiern, Kaspar v. Klingenberg. — Ad m. d. r. Joh. Kirch. — R — Or. Düsseldorf; RR. F 22. — Goldast, Const. imp. 1, 393 ff. — Goldast, Begriff versch. Reichssatzungen 2, 96 ff. — Ronsset, Suppl. au corps dipl. du droit des gens 1, 2, 341 f. (falsch 29. April); Lünig, R.-A. P. spec. Cont. 4 T. 1, 357 ff. — Ausz.: Moser, reichsstätt. Hdb. 1, 300 f.; vgl. Lacomblet, Urkb. z. G. d. Niederrh. 4, 109 A. **2211**
» 23	»	verlangt, dass alle in der **E i d g e n o s s e n s c h a f t**, welche Lehen oder Pfänder v. Österreich hätten, dieselben als dem Reich verfallen v. ihm aufs neue empfangen sollen [vgl. nr. 2174]. — KU? — [Kop. im Roten Buch Zürich St.-A. f. 49ᵛ.] — Erw.: Tschudi, Chron. Helvet. 2, 71; — Reg.: Lichnowsky, Gesch. d. Haus. Habsb. 5, n. 1708; Samml. d. alt. Eidg. Abschiede 1ᵃ, 178. **2212**
»	»	gebietet allen zur Pflege des **S t r a s s b u r g e r** Stifts Gehörigen, insbesondere den Einwohnern der Mortenau, der Gerichte Renchen Ulm Sasbach Oppenau (No-) dem Heinrich Beyer v. Boppard u. dem Wirich v. Hohenburg gehorsam zu sein, die er zu ihrem Amtmann gemacht, da er die Besitzungen des Strassburger Stifts unter seine Verwaltung nehme. — Ad m. d. r. Joh. Kirchen. — RR. F 20ʳ. (Görgen t.). **2213**
»	»	desgl. allen, die zur Pflege **B e r n s t e i n** gehören. — [KU. w. v.]. — Not. ib. **2214**
»	»	desgl. allen, die zur Pflege **M o l s h e i m** gehören. — W. v. **2215**
» 26	»	beauftragt Heinrich Beyer v. Boppard u. Wirich v Hohenburg mit der Verwaltung der Güter u. Schlösser des Strassburger Bistums, welche das Kapitel u. die St. Strassburg einige Jahre innegehabt: die Erträge sollen sie an den B. Wilhelm abliefern. — Ad m. d. r. Joh. Kirchen. — RR. F 20ʳ. (mo. nach Gorgen). **2216**
»	»	beauftragt den Mkgr. Friedrich v. **B r a n d e n b u r g** den Abt Heinrich des Benediktiner-Kl. Sant Petersburg zu Saalfeld, welcher verhindert ist an den königlichen Hof zu kommen, mit den Regalien zu belehnen [vgl. nr. 2113]. — W. v. **2217**
»	»	befiehlt dem Gerhart Herrn v. **C l e v e**, Gr. v. der Mark, auf Grund seines Ausspruches [v. April 22] zwischen EB. Dietrich v. Köln u. Hrz. Adolf v. Berg das gegen den EB. errichtete Bollwerk zu Kaiserswerth abzubrechen. — KU. w. v. — RR. F. 23ʳ. (mo. nach Gorgen). **2218**
»	»	richtet ein ähnliches Schreiben an den EB. Dietrich v. **K ö l n**. — KU. w. v. — Not. ib. **2219**
»	»	setzt den Wendel v. **E s c h n a u**, den Mann der Ede, der Tochter des Burgmannes zu Hagenau Billung zu der Megde, in die Gemeinschaft der dieser verliehenen Burglehen zu Hagenau ein. — Per d. Fr. marchionem Brandenburg. etc. Joh. Kirchen. — RR. F 21ʳ. (mo. nach Gorgen). **2220**
»	»	bestätigt die Übertragung der dem Gotzmann Münch v. Münchenstein aus Basel zustehenden jährlichen Rente von 6 Mark auf dem gewerffe, der St. **M ü l h a u s e n** (v. Karl IV einst Münchs

1417		
		gleichnamigem Vater als Entschädigung für eine Schuld v. 60 Mark verpfändet) an Henmann Offenburg aus Basel unter Vorbehalt der Einlösung. — Ad rel. d. Joh. prep. de Strigonio vicecanc. Joh. Kirchen. — R — Or. Mülhausen; [RR. F 23ᵛ n. 24ᵛ mit KU.: Ad m. d. r. J. K.!] — Mossmann, Cartulaire de Mulh. 1, 476 ff. **2221**
April 26	Konstanz	giebt der St. Mülhausen die betr. Anweisung. — [Ad m. d. r. J. K. — R? —] Or. ib.; [RR. F 23ᵛ]. — Vgl. Mossmann 1, 476 A. 1. (mo. nach Gorgen). **2222**
„ 27	„	verspricht dem Konstanzer Bürger Heinrich v. der Rackwyle, der ihm 6 Fuder Wein zu je 24 rhein. Gulden geliefert, den Kaufpreis v. 144 Gulden bis Juli 25 zu bezahlen. — Ad m. d. r. Michael (per Doroslow: andere Hand). — o. R — Or. (durchschnitt.) Öhringen. (zinst. nach Gorgen). **2223**
„ 28	„	befiehlt dem Siegfried Lander v. Sponheim, Ordensmeister in Livland, mit d. EB. Johann v. Riga ohne Mitwissen v. dessen Kapitel keinen Vergleich abzuschliessen. — Ad m. d. r. Joh. Kirchen. — Kop. Königsberg St.-A. — Liv- Esth- u. Kurl. Urkb. 5, 346 f.; vgl. 32 (fälschl. zu 1418 April 27.) **2224**
„	„	bestätigt den Herzögen Ernst, Wilhelm u. Heinrich v. Baiern das ihnen v. Karl IV gegebene Privilegium de non evocando (nicht inser.) — [Ad m. d. r. Joh. Kirchen. — Rᵘˢ. — Or. n. Vid. v. 1417 Mai 5 u. 1443 Juli 14 München Geh. St.-A.; Vid. v. 1436 freit. vor erweicht. (= 1435 Dez. 30?) u. Vid. v. 1444 Jan. 7 München R.-A.; RR. F 24ᵛ]. — Reg. Boic. 12, 254. **2225**
„	„	erhebt den Gr. Adolf v. Cleve u. v. der Mark zum Herzog, die Grafschaft Cleve zum Herzogtum u. bedroht diejenigen, welche diese Standeserhöhung nicht anerkennen wollen, mit einer Busse v. 1000 Mark Gold. — Zeugen: EB. Johann v. Gran kgl. Kanzler; die BB. Georg v. Passau, Georg v. Trident, Konrad v. Metz, Simon v. Tragur; Hz. Rudolf v. Sachsen, Mkgr. Friedrich v. Brandenburg; die Hrz. Ernst Wilhelm Heinrich u. Otto v. Baiern, Friedrich Mkgr. v. Meissen u. Landgr. v. Thüringen; Hrz. Albrecht v. Sachsen-Lüneburg, Hrz. Adolf v. Berg n. Graf v. Ravensberg; Fürst Johann v. Münsterberg; Mkgr. Bernhard v. Baden; die Gr. Ludwig v. Öttingen, Günther v. Schwarzburg (Hofrichter), Eberhart v. Nellenburg, Johann v. Lupfen, Albrecht v. Hohenlohe; die Edlen Frischhans v. Bodman, Hans Konrad v. Bodman, Haupt Marschall v. Pappenheim, Wigleis Schenk v. Geiern, Kaspar v. Clingenberg. — KU. w. v. — [R — Or. Düsseldorf u. Berlin Geh. St.-A.; RR. F. 21ᵛ u. 22ᵛ]. — Teschenmacher, Annales Cliviae (1721). Cod. dipl. 80 f. — Dumont, Corps dipl. du droit des gens 2, 2, 85 f. (fälschl. zu Apr. 18); Lacomblet, Urk.-B. f. Gesch. d. Niederrh. 4, 112 ff. **2226**
„	„	benachrichtigt den B. Otto v. Konstanz, dass er die Verleihung der Kirche zu Ergenzingen (Argäntz-) an den Priester Ulrich Gerlach v. Esslingen bestätige, welche Verleihung Ritter Burkart v. Mansberg u. Hrz. Friedrich v. Österreich ausgewirkt habe. — KU. w. v. — RR. F 24ᵛ. (mi. nach Gorgen) **2227**
„ 29	„	bestätigt Heinzmann Selloze, Bürger aus Strassburg, welcher v. Else Sygelerin v. Offenburg den Freihof zu Waltersweier gekauft hat, die v. Kg. Ruprecht [Chmel, Reg. Ruperti nr. 2805] verliehene Befreiung dieses Hofes v. allen Steuern u. Diensten. — [Per d. F march. Brandenb. etc. Joh. Kirch. — R?] — Or. Offenburg. Andreas-Spital; [RR. F 23ᵛ]. — Vgl. Reg.: Mitt. d. bad. hist. Komm. 14, 64 f. **2228**
„ 30	„	bestätigt dem Cistercienserinnen-Kl. Mühlberg (Mol-) in der Meissner Diöcese die (im Or. inser.) Urk. Karls IV [v. 1364 Nov. 19 Böhmer-Huber nr. 7137], durch welche es in des Reiches Schutz genommen wird. — KU. w. v. — RR. F 22ᵛ u. 23ᵛ. (ultima die apr.). **2229**
„	„	verleiht Claus Ottfriedrich v. Strassburg einen halben „wage" v. Ill-Wickersheim herab bis auf die Mariach u. vier Pfund Pfennige auf einem Haus u. Hof unter den Lauben bei der Strassburger Münze (Reichslehen). — KU. w. v. — RR. F 23ᵛ. (Philipp u. Jacob ab.) **2230**
„	„	verleiht Rudolf v. Liechtenstein gen. Scheveninger sowie dessen Bruder Wolfhelm die 7½ Pfund Strassburger Pfennige Rente auf dem Dorf Küttolsheim (Kutzel-, Hagenauer Burglehen), welche dessen Vater Rudolf seinerzeit v. Kg. Ruprecht [Chmel, Reg. Ruperti nr. 2749] verliehen waren. — Per d. G. comitem de Swartzburg Joh. Kirchen. — RR. F 24ᵛ (id. dat.) **2231**

1417		
April 30	Konstanz	belehnt Veit v. Schönburg, Herrn zu Glauchau, mit der Grafschaft Hartenstein. — Ad m. d. r. Joh. Kirchen. — [RR. F. 23 mit KU: Per d. F. march. Brandenb. etc. J. K.] — Lünig. R.-A. P. spec. Cont. 2. Gr. 270 f. (letzten tag des abcrellen). **2232**
»	»	erneuert die Privilegien K. Karls IV u. Kg. Ruprechts, wonach die Unterthanen des Speierer Stifts (B. Raban) nicht vor fremde Gerichte, auch nicht vor das Reichshofgericht u. das Hofgericht zu Rottweil gezogen werden können. — KU. w. v. — RR. F 37ᵛ u. 38ʳ. (letzt. t. des abcrellen). **2233**
Mai 1	»	bestätigt der St. Trier ihre Rechte u. Privilegien. — Ad m. d. r. Mich. de Priest Prag. et Wratisl. eccles. can. — R — Or. Trier Stadtbibl.; nicht in RR.; [Abschr. d. 16. Jhds. Koblenz St.-A. *Beckr*). (Philippi u. Jacobi t.) **2234**
» 2	»	verleiht Johann v. Breidenbach d. Alt. einen Hof zu Lieblos (Liebeloß) in dem Gericht Gründau (Grin-) u. ein Fischwasser bei Gelnhausen u. erlaubt ihm seiner Frau Metze darauf 200 Gulden als Leibgeding zu verschreiben. — Per d. Fr. march. Brand. etc. Joh. Kirchen. — Not. RR. F 25ʳ. (and. t. d. meyen). **2235**
»	»	bestätigt als römischer König gemeinsam mit den Kurfürsten v. Mainz, Köln, Trier, Pfalz, Sachsen u. Brandenburg das mit Kg. Heinrich v. England 1416 Aug. 15 abgeschlossene Bündnis. — KU? — [RR. G 1]; Kopie Koblenz — RTA. 7, 341 ff. **2236**
»	»	bestätigt der St. Hagenau die (inser.) Urk. Kg. Ruprechts v. 1404 April 7 [Chmel nr. 1716] u. verleiht ihr die darin verliehenen Zölle u. Umgelte auf 6 Jahre. — [Ad relat. d. G. comitis de Schwartzburg jud. cur. Joh. Kirchen. — R — Or. Hagenau *Hanauer*]; RR. F 24ᵛ mit KU: Ad m. d. r. J. K.? (and. t. d. meyan). **2237**
»	»	verleiht wegen treuer Dienste den Brüdern Hans u. Eberhard v. Hirschhorn (Hirßh.) zwei Jahrmärkte in ihrer St. Hirschhorn. — [Ad m. d. r. Joh. Kirchen. — R] — Or. u. Vid v. 1417 Aug. 17] Darmstadt; [RR. F 45ʳ]. — L. Baur, Hess. Urkk. 4, 48 f. **2238**
»	»	praesentiert dem B. Otto v. Konstanz für die durch den Tod Eberharts v. Ergenzingen (Argätz-) erledigte Präbende des Mauricius-Stifts zu Ehingen den Konstanzer Kleriker Wilhelm v. Hohenberg. — KU. w. v. — RR. F 25ʳ. (secunda mai). **2239**
»	»	fordert das Mauricius-Stift zu Ehingen u. die Kirchherren desselben zu Rottenburg (Rotem-) am Neckar auf, den Wilhelm v. Hohenberg in den Genuss einer ihm bereits durch den Hrn. v. Österreich zugesicherten Präbende zu setzen, da eine solche jetzt durch den Tod Eberharts v. Ergenzingen erledigt sei. — Per d. Fr. march. Brandenb. etc. Joh. Kirchen. — ib. (andern t. d. meyan). **2240**
»	»	verspricht den Gr. Eberhart u. Konrad v. Nellenburg Schutz der Privilegien des Landgerichts im Hegau u. Madach. — Ad m. d. r. Friderico march. Brandenb. referente Joh. Kirchen. — R — Or. Karlsruhe; [RR. F. 41ᵛ m. KU: Ad m. d. r. J. K.] — Reg.: Ztschr. f. G. des Oberrheins N. F. 3, 438. **2241**
»	»	erklärt alle Briefe gegen die Freiheiten der Gr. v. Nellenburg u. gegen das Landgericht im Hegau für kraftlos. — KU? — Or.° Stuttgart. — Reg.: Mitteil. d. Ver. f. G. v. Hohenzollern 5, 38. **2242**
»	»	bestätigt der St. Oberehnheim die ihr v. K. Ruprecht [1404 Sept. 13; Chmel nr. 2066] verliehenen Zölle u. Umgelto auf 10 Jaare. — Ad m. d. r. Joh. Kirchen. — RR. F 24ᵛ. (and. t. d. meien). **2243**
»	»	verleiht dem Jeratheus v. Rathsamhausen (Katzen-) die Burg zu dem Stein [= Steinburg?], zwei Höfe zu Ottrott (Ottenrode), einen Zehnten zu Oberehnheim, ein Drittteil an der Ödenburg [= Öden Burg?] zu Königsburg (Kungsberg). — Per d. Fr. march. Brandenb. etc. Joh. Kirchen. — Not. RR. F 25ʳ. (and. t. d. meien). **2244**
» 3	»	gebietet, dass die Unterthanen der Abtei Neuburg (Strassburger Bistum) vor kein anderes Gericht als vor das des Dorfes Danendorf, welches dem Kl. gehört, gezogen werden dürfen. — Per d. Frid. march. Brandenb. Joh. Kirchen. — [R — Or. Strassb. Bez.-A.; nicht in RR] — Schöpflin, Als. dipl. 2, 326. **2245**
»	»	bittet den Burggr. Johann v. Nürnberg seinen Unwillen gegen die St. Eger abzuthun. — KU? — Kop. Eger St.-A. — vgl. Gradl, G. d. Egerlandes 335. **2246**

1417		
Mai 4	Konstanz	dankt dem Kg. Alfons v. Aragonien u. Sicilien für seinen in den Angelegenheiten des Konzils bewiesenen Eifer (aragonischer Abgesandter in Konstanz: Raimund Xatmar oder Zatmar). — KU? — Hds. 22 d. Wien. Staats-A. — Archiv f. österr. G. 45, 30 ff. **2247**
»	»	desgl. dem Berengar de Bradoxino, dem Rate des Kg. v. Aragonien. — KU? — Aus derselben Quelle ib. 32 f. **2248**
»	»	desgl. dem Didacus Fernandi de Valle Oleti, dem Rate des Kg. v. Castilien. — W. v. **2249**
»	»	nimmt die Abtei Bellelay (Abt Heinrich; Diöz. Basel) in seinen besonderen Schutz u. bestätigt ihr alle Rechte u. Privilegien. — Ad m. d. r. Joh. de Strigonio praep. et vicecanc.; signavit Johannes de Boys [Notiz aus der Reichskanzlei? vgl. nr. 1306 — nicht in RR.; deutsche Übers. Bern; (us sonderem befelch unsers herren königs Johannes de Strigonio probst u. anstat des cantzlers). *Türler.*] — Trouillat, Monum. de l'hist. de l'évêché de Bâle 5. 240 ff. (fälschl. zum J. 1414) **2250**
»	»	belehnt Friedrich v. der Hauben (Hab-) sowie dessen Bruder Hermann mit Reichslehen zu Alsheim, Ginsheim u. Gerolsheim. — Per d. Fr. march. Brand. Joh. Kirchen. — RR. F 25ᵛ. (vierd. t. d. meyen). **2251**
»	»	belehnt nach dem Tode des Audeward, Hrz. v. Barr u. Mkgr. zu Pontamousson (Pontemons), welcher mit der Markgrafschaft Pontamousson seinerzeit in Sigmunds Auftrage durch Philipp Gr. v. Nassau-Saarbrücken belehnt worden war, mit dieser Markgrafschaft den Hrz. Adolf v. Berg, Gr. v. Ravensberg, welcher mit Audewards Schwester verheiratet ist [vgl. nr. 2269ᵇ]. — Ad m. d. r. Joh. Kirchen. — RR. F 25ᵛ u. 26ᵛ. (id. dat.) **2252**
»	»	befiehlt dem EB. Dietrich v. Köln auf Bitten der durch ihre Schuldner gedrängten St. Dortmund zu ermitteln, wie viel Zeit sie nötig habe, um die durch ihre Belagerung u. Verteidigung entstandenen Schulden zu bezahlen; die Gläubiger sollten sie während dieser Zeit dann nicht bedrängen. — [Per d. Frider. march. Brandenb. etc. Joh. Kirchen. — R — Or. Düsseldorf; RR. F 25ᵛ mit KU.: Ad m. d. r. J. K!] — Reg.: Fahne, Urkb. d. Reichsst. Dortmund 1, 250. **2253**
»	»	befiehlt der St. Utrecht auf Klage des Jacob v. Lochhorst, Johann v. d. Spigel, Dietrich v. Zalen u. Johann v. Damaschen u. anderer 25 Utrechter Bürger, welche sich bereits an ihn, als er in Nymwegen war, gewandt hatten, diesen die Rückkehr nach U. zu gestatten, ihnen trotz einer Verfügung des B. Friedrich v. Utrecht ihre Güter wiederzugeben u. an seinem Hofe zur Verantwortung zu erscheinen. — Ad m. d. r. Joh. Kirchen. — RR. F 25. (vierd. t. des meyen). **2254**
» 5	»	bestätigt auf Bitten des Magisters (Meister) Heinrich v. Erpel, Dechants zu Bonn, die (inser.) Urk. des EB. Dietrich v. Köln v. 1416 Aug. 20 für Christian Bruyn v. Erpel. — KU. w. v. RR. F 26ᵛ. (funft. t. des meyen). **2255**
»	»	bestätigt dem Kl. Meerstern-Weltingen (Meristella) in der Konstanzer Diöz. die Besitzungen u. Privilegien; inser. die Urk. Karls IV v. 1370 Febr. 18 [nicht bei Böhmer-Huber]. — Per d. Fr. march. Brandenb. etc. Joh. Kirchen. — R — Or. Aargau. Staats-A.; [RR. F 29ᵛ t. 30]. — Archiv d. Kl. Weltingen (1693) 14 ff. *Herzog.* **2256**
»	»	bittet den Kg. Wladislav v. Polen dem Gerede v. Verleumdern kein Gehör zu geben; beteuert seine Treue gegen ihn u. den Grossfürz. Alexander Witold v. Litthauen. — KU? — Aus Hds. 22 d. Wien. Staats-A. Arch. f. österr. Gesch. 59. 153 ff. **2257**
»	»	will den Sold für 200 Fussknechte, die ihm Gr. Friedrich v. Toggenburg stellen soll, zu dessen Pfandschilling auf Feldkirch schlagen. — [Ad relac. d. L. comitis de Öttingen Joh. Kirchen. — o. R! — Or. Wien H. H. u. St.-A.; RR. F 25ᵛ]. — Reg.: Arch. f. Kunde österr. Geschichtsquell. 1, 3 S. 158. **2258**
»	»	enthebt den Konrad v. Weinsberg des Auftrages gegen die Bürger v. Giengen wegen entzogener Reichsabgaben vorzugehen, da die Bürger nachgewiesen, dass sie bisher nur 100 Pfund Heller Stadtsteuer u. 20 Pfund für das Ammanamt gezahlt haben. — Ad relat. de L. de Ötingen et G. de Swartzburg comitam Joh. Kirchen. — RR. F 27ᵛ. (funft. t. d. meyen). **2259**
» 6	»	verleiht dem Gr. Heinrich v. Hohenstein (Hon-), Herrn zu Lohra (Lare) u. Klettenberg, sowie dessen Brüdern Ernst u. Günther einen Wald bei Nordhausen, die Strasse zwischen

1417		

Nordhausen a. dem Dorfe Hesserode (Heßmode), den Wildbann im Sachswerften-Berg (Reichslehen). — Per d. Frid. march. Brand. etc. Joh. Kirchen. — Not. RR. F 27ᵛ. (sechst. t. d. meyen). **2260**

Mai 6	Konstanz	belehnt Hans **Kämmerer** (Kem-), den Sohn des Ort Kämmerer, u. dessen Vettern Hans u. Dietrich K. u. Hans K. gen. v. Dalburg mit 11 Malter Korn, 7 Schilling Heller u. 7 Kapaunen auf der Sebacher Mühle zu Horchheim (Horg-). — (Wiederholt in der folg. nr.) — Ad m. d. r. Joh. Kirchen. — Not. RR. 26ᵛ. (id. dat.) **2261**
»	»	belehnt den Hans **Kämmerer** mit Reichslehen (Gütern a. Zinsen) in Dürkheim u. Horchheim, mit welchen früher Hansens Vater Örtti u. einige Vettern desselben belehnt waren. — Per d. Fr. march. Brand. etc. Joh. Kirchen. — RR. F 26ᵛ. (id. dat.) **2262**
»	»	belehnt Hans **Krieg** mit Reichslehen in Wolfsheim (Wolfes-), Mulsheim, Frankenheim, Bonsdorf, Hochfelden, Kagenort. — KU. w. v. — Not. ib. (id. dat.) **2263**
»	»	belehnt Peter **Tetzel** v. Nürnberg u. Hans **Haugen** v. Nürnberg mit einem Gute zu Auwanten [?], einem Gute zu Erlenstagen (Erla-) u. einer Wiese zu Galgenhof (-en). — W. v. **2264**
»	»	verpfändet den Gr. Konrad u. Eberhart v. **Nollenburg** die St. Aach um 2500 Gulden. — Per d. Lud. de Oetingen et Gunth. de Swartzburg comites Joh. Kirchen. — R — Or. Karlsruhe; [RR. F. 40ᵛ; Per d. L. comitem de Otingen et G. de Swarzburg judicem curie J. K.] — Reg.; Ztschr. f. G. d. Oberrheins 22, 282 (ausführl.) u. N. F. 3, 348; vgl. auch Mitteil. d. Ver. f. G. v. Hohenzollern 5, 38. **2265**
»	»	belehnt den Gr. Günther v. **Schwarzburg** mit der Veste Schwarzburg u. der St. Königssee (Kungessee) nebst allem Zubehör u. der Vogtei über das Kl. Paulinzelle u. bestätigt ihm alle Privilegien. — Ad m. d. r. Joh. Kirchen. — RR. F 27ᵛ. (sechst. t. d. meyen). **2266**
»	»	bessert dem Gr. Wilhelm v. **Scherenberg** (Scherm-) sein Wappen. — KU. w. v. — Not. RR. F. 39ᵛ. (sechst. t. d. meyen). **2267**
»	»	bestätigt Virgil **Ekken** das Wappen seiner Vorfahren. — W. v. **2268**
»	»	erklärt, dass die Nachkommen der Gemahlin des Hans v. **Tengen**, Freiherrn zu Eglisau, Anna, einer Tochter der Gräfin Anna v. Tierstein u. eines Ritters, keinen Nachteil infolge das Standes ihres Grossvaters haben, vielmehr rechte Freie sein sollen. — KU. w. v. — RR. F 40ᵛ. (sechst. t. d. meyen). **2269**
		Mai 6 Konst.: sendet zu Erzbischof Dietrich v. **Köln**, da die Zusammenkunft zu Wesel nicht stattfinden kann, als Bevollmächtigte den Gr. Hans v. Lupfen u. Haupt v. Pappenheim. — Lacomblet, Urkb. f. d. Gesch. d. Niederrheins 4, 114 f. — falsch statt 1417 Juli 29. **2269 a**
		Mai 6 Konst.: zeigt der Markgrafschaft **Pontamoussson** an, dass er nach dem Tode des Mkgr. Andeward den Mann von dessen Schwester den Hrz. Adolf v. Berg mit dieser Markgrafschaft belehnt hat [vgl. nr. 2252], u. fordert auf, diesem gehorsam zu sein. — RR. F. 36ᵛ. (sechst. t. d. maien) — ist nach Or. 1417 Juli 12 ausgestellt. **2269 b**
» 7	»	teilt der St. **Frankfurt** in betreff des Maigedings zu Langen in der Herrschaft Dreieichen mit, dass er dem EB. Werner v. Trier gestattet habe, da dieser, der Erbe der Vogtei Münzenberg, nicht selbst zu Gericht sitzen könne, einen Stellvertreter zu ernennen, der mit dem Frankfurter Reichsschultheissen jenes Ding halten solle. — [Per d. Fr. march. Brandenburg. etc. Joh. Kirchen — R] — Or. Frankf. St.-A.; vgl. Invent. 3, 29; [RR. F 30ᵛ] — Lünig, R.-A. P. spec. Cont. 4. T. 1. 611; Privilegia u. Pacta d. Reichsst. Frankfurt (1728) 260 f. u. 286; Buri, Vorrechte d. alten kgl. Bannforste (1744) Beil. 156. **2270**
» »	»	giebt der St. **Frankfurt** das Privileg, dass sie nicht verpfändet werden dürfe, auch die Reichssteuer nur an die kgl. Kammer zu zahlen habe. — [KU. w. v. — R —] Or. u. Vidim. des Mkgr. Friedrich v. Brandenb. v. 1436 März 14 ibid.; vgl. Invent. 3, 29; [RR. ib.] — Lünig a. a. O. 610 f.; Privileg. u. Pacta 261 f. **2271**
» 8	»	weist die St. **Ulm** an, ihre nächsten Martinstag fällige Reichssteuer an Konrad Frie v. Konstanz zu zahlen. — KU? — Not. RR F 26ᵛ. (octava die mai). **2272**
» 9	»	beauftragt den Hrz. Adolf v. Berg, Mkgr. zu Pont-a-Mousson u. Gr. zu **Ravensberg**, den Eberhart v. [Hohen-] Limburg u. Hardenberg mit der Grafschaft Limburg, den Freistühlen zu Letmathe (Letmoyde) u. Oestrich (Österrike), sowie auch den Heinrich v. Oerehusen [— Örling-

1417		

hansen?] mit seinen Freistühlen zu belehnen. — Ad m. d. r. Joh. Kirchen. — RR. F 27ᵛ. (nund. t. d. meien). **2273**

Mai 9 Konstanz — belehnt Eberhart Maintzer u. dessen Schwiegervater Herman Houwer mit einem Hammer gen. Wolfslohe (Wolfsulo) gelegen in dem Gericht zu Beheimstein (Behem-). — Per d. Fr. march. Brandenb. etc. Joh. Kirchen. — RR. F 26ᵛ u. 27ᵛ. (nund. t. d. meyen). **2274**

" " — belehnt auf Bitten des Lic. Peter Heldburg, Pr. zu Wetzlar, dessen Bruder Hans mit einer Rente auf dem Hofe zu Eltersdorf, »darauf der Schottner sitzt,« die durch den Tod Ulrich Mynner erledigt ist. — KU. w. v. — Not. RR. F 27ᵛ. (id. dat.) **2275**

" 10 " — verleiht dem Gr. Friedrich v. Beichlingen (Bichilin-) das Dorf Mannstedt (Manstede) sowie 1500 Acker Holz hinter dem Schlosse Beichlingen. — Ad m. d. r. Joh. Kirchen. — Not. RR. F 27ᵛ. (zehend. t. d. meyen). **2276**

" " — verleiht dem Gr. Heinrich v. Hohenstein (Hon-) als Reichslehen den Wildbann im Kohnstein (Ekahen-) u. Sachswerffenberge sowie die Fischereigerechtigkeit in dem Bache unter dem Kohnstein (Kahen-) (Reichslehen). — Per d. Frid. march. Brand. Joh. Kirchen. — Not. RR. F 27ᵛ. (id. dat.) **2277**

" " — beauftragt den Gr. Emicho v. Leiningen, den Streit des Kapitels zu Mosbach mit Hans v. Venningen (Sohn v. Vater) um den Hof zu Neidenstein (Ni-), früher im Besitz v. Vetzer) zu entscheiden. — Ad m. d. r. Joh. Kirchen. — Not. RR. F 27ᵛ. (id. dat.) **2278**

" " — beauftragt den Unterlandvogt des Elsass Gr. Bernhart v. Eberstein, den Streit des Hans Hack v. Hansen (Hus-) d. jüng. mit dem Probst zu Haslach (Haslow) u. den Brüdern Bertold Volmar u. Hans v. Wickersheim zu entscheiden. — W. v. **2279**

" " — spricht den Londoner Bürger Johannes Lavenni, der gegen seinen Schatzmeister Matthäus Lemel einen Process um 41 Pfd. Sterl. verloren hatte, nach Zahlung dieser Summe, v. allen weiteren Verpflichtungen los. — KU? — Hds. 22 d. Wiener-Staats-A. — Reg.: Arch. f. österr. Gesch. 59. 5. **2280**

" " — bestätigt den Bürgern zu Neumarkt [Oberpfalz] alle Rechte u. Privilegien. — [Ad m. d. r. Joh. Kirchen. — R — Or., Vid. der Nürnberger Schöffen (Joachim v. Westhausen Schultheiss) v. 1564 Sept. 25 sowie 3 Kop. München R.-A.; Not. RR. F 27ᵛ]. — Reg. Boic. 12, 254. **2281**

" " — desgl. der St. Sulzbach. — [KU. w. v. — RR. ib.; Vid. Abschr. v. 1792 März 17 München R.-A.] — Reg. Boic. 12, 255. **2282**

" " — verleiht wegen treuer Dienste dem Pfalzgrafen bei Rhein Otto [v. Mosbach] die Befreiung seiner Unterthanen vom kgl. Hofgericht, u. allen fremden Gerichten, ein Privileg, das des Pfalzgrafen Vorfahren bereits v. Karl IV erteilt ist. — Ad m. d. r. Joh. Kirchen. — R — Or. München Geb. St.-A.; RR. F. 27ᵛ. (zehenden t. des meien). **2283**

" " — desgl. dem Pfalzgrafen Hans [v. Neumarkt], dem Bruder Ottos. — KU. w. v.? — Not. RR. ib. (id. dat.) **2284**

" " — gebietet nach Vereinbarung mit B. Wilhelm allen, die zur Pflege des Strassburger Stifts gehören, besonders denen zu Bernstein Epfich Markolsheim Rheinau Molsheim Mutzig Kochersberg Hugenheim den zehnten Pfennig zur Restauration des Strassburger Bistums aufzubringen u. an Heinrich Beyer v. Boppard sowie Wirich v. Hohenburg zu zahlen. — KU. w. v. — RR. F 20ᵛ. (zehend. t. des meien). **2285**

" " — desgl. den Bewohnern der Ortenau (Mo-), des Schlosses Vlenbrug [Friedberg bei Oppenau?], der Gerichte Renchen, Ulm, Sasbach u. Oppenau (No-). — [KU. w. v.] — Not. ib. (id. dat.) **2286**

" 11 " — bekennt, dass Pfalzgraf Ludwig III, nachdem sich herausgestellt, dass die Krone, welche er für die Verschreibung der Landvogtei im Elsass u. a. mit in Zahlung gegeben, nicht 2000 Gulden wert sei, den daran fehlenden Betrag an seine (Sigmunds) Gläubiger nachzahlt hat u. sagt ihn jenes Betrags ledig. — Per d. Frid. march. Brand. etc. Joh. Kirchen. — RR. F 27ᵛ u. 28ᵛ. (eilft. t. d. meyen). **2287**

" " — belehnt den Pfalzgrafen bei Rhein Ludwig III, sowie die Hrz. Ludwig, Heinrich, Albrecht u. Wilhelm v. Baiern. — Ulrich v. Richental 106 f. **2287 a**

1417		
Mai 11	Konstanz	bestätigt die Privilegien der St. Waldshut. — Ad m. d. r. Frischhans de Bodmen referente Joh. Kirchen. — Not. RR. F 45ᵛ. (11. die mai). **2288**
»	»	belehnt Dietrich Zobel mit dem durch den Tod seines Bruders Hans an ihn gefallenen Dorfe Eibelstadt (Yfelstat), das vor Zeiten die St. Rothenburg a. T. gehabt hatte [vgl. nr. 2369]. — Per d. F. march. Brand. etc. Joh. Kirch. — Not. RR. F 27ᵛ. (eilft. t. d. meien). **2289**
» 12	»	schreibt an einen Fürsten (Johann v. Burgund?), er solle verhindern, dass der in Leyden zum Doctor promovierte Petrus Mailleti v. Cambray die Rechte seines Grades geltend mache, da er seine Papiere nicht ordnungsmässig aus der Kanzlei bezogen habe. — KU? — Aus Hds. 22 d. Wien. Staats-A. Arch. f. öst. Gesch. 59, 48. **2290**
»	»	entlehnt v. Thüring v. Ramstein, Herrn zu Gilgenberg, 3000 rhein. Gulden u. verpfändet ihm dafür Burg Stadt u Amt Dattenried. — Ad relat. d. G. comitis de Swartzberg etc. Joh. Kirchen. — [R?] — Or. Liestal.; [RR. F. 29 mit KU: Per d. Fr. march. Brand. etc. Joh. Kirchen!]. — H. Boos, Urkb. d. Landschaft Basel 2, 1, 699 f. **2291**
»	»	bestätigt dem Prämonstratenser-Kl. in Speinshart (Regensburger Diözese) alle Privilegien. — [Ad m. d. r. Joh. Kirchen. — R — Or. München R.-A.; Not. RR. F 24ᵛ.] — Reg. Boic. 12, 255. **2292**
»	»	nimmt das Cistercienser-Kl. Waldsassen (Regensburger Diözese) in des Reiches Schutz u. bestätigt die Privilegien desselben. — KU. w. v. — RR. ib. (12. d. mai). **2293**
»	»	empfiehlt dem B. Heinrich v. Winchester den der Diözese Exeter [keinesfalls Essen] angehörigen Presbyter Johann Pomiant zur Anstellung wegen dessen Verdienste um ihn den Kg. u. den Vicekanzler. — KU? — Hds. 22 d. Wien. Staats-A. — Reg.: Arch. f. österr. Gesch. 59, 10. **2294**
» 13	»	befiehlt Lindau, die am Martinstag fällig gewesene u. fällig werdende Steuer [pro 1416 u. 1417] an Hermann v. Breitenstein zu bezahlen. — [Ad m. d. r. Johannes! — R — Or. München R.-A.; Not. RR. F 28ᵛ mit KU: Per d. F. march. Brand. etc. J. K.] — Vgl. Reg. Boic. 12, 255. **2295**
»	»	verleiht dem Sigfrid v. Oberstein (Obern-) u. dessen Gemeinde das Schloss Gundheim (Gunt-) — Per d. F. march. Brand. etc. Joh. Kirchen. — RR. F 28ᵛ. (drizehend t. d. meyen). **2296**
»	»	belehnt den Gr. Johann v. Wertheim mit den Regalien u. bestätigt ihm die Privilegien. — [KU. w. v. — R — Or. Wertheim; Not. RR. F. 29ᵛ]. — Aschbach, Gesch. d. Gr. v. Wertheim 2, 191 f. **2297**
»	»	verspricht dem EB. Werner v. Trier Bewahrung vor aller Bedrängnis, die ihm, weil er den Vertrag v. Canterbury mitbesiegelt, insbesondere v. Frankreich drohen könnte. — Ad m. d. r. Joh. Kirchen. — R — Or. u. Kop. Koblenz St.-A.; [RR. F 28ᵛ m. KU: Per d. F. march. Brand. etc. J. K.] — RTA. 7, 344 f. **2298**
»	»	belehnt Hrz. Johann v. Baiern-München [sic! = Pfalzgr. Johann v. Neumarkt]. — Ulrich v. Richental 108. **2298a**
» 14	»	überträgt dem Henman Offenburg aus Basel den „banwin‘ zu Mülhausen mit allen Rechten als Mannslehen u. bekennt, dass Offenburg ihm den Huldigungseid geleistet hat. — Ad m. d. r. Joh. Kirchen. — R — Or. Mülhausen; [RR. F 28ᵛ mit KU: Per d. F. march. Brand. etc. J. K.] — Mossmann, Cartulaire de Mulh. 1, 478 f. **2299**
»	»	bezeugt, dass der Waffenstillstand, welcher 1414 Okt. 8 zwischen Polen u. dem Deutschorden abgeschlossen worden, von neuem vom 13. Juli bis 1417 bis 13. Juli 1418 verlängert worden sei. — Ad m. d. r. Joh. de Strigonia prepos. et vicecancell. — Or. Arch. Czartorysk. Krakau; [nicht in RR] — Mon. med. aevi hist. res gest. Polon. illustr. 12, 84 f. **2300**
» ?	»	erklärt den Gesandten der Polen u. des Deutschordens, dass er während der Zeit des eben abgeschlossenen Waffenstillstandes völligen Frieden zwischen ihnen vermitteln wolle. — KU? — Nach Kop. ibid. 86 ff. (s. d.) **2301**
» 15	»	nimmt das Benedictinerinnen-Kl. zu [Ober-] Kaufungen (Mainzer Diözese) in des Reiches Schutz u. bestätigt dessen Privilegien. — Per d. Fr. march. Brand. etc. Joh. Kirchen. — RR. F 28ᵛ. **2302**

1417		
Mai 15	Konstanz	an Köln: hat kürzlich [vgl. nr. 2211] entschieden, dass die Neubauten u. Bollwerke zu Mühlheim u. Monheim geschleift werden sollen, sendet dazu seinen Diener Ritter Georg v. Zedelitz; begehrt Beistand für diesen u. Zahlung der Kosten für die königl. Bemannung, die bisher dort gelegen hat. — Ad m. d. r. Joh. Kirchen. — Or. Köln. — Goldast, Begriff verschied. Reichssatz. 2, 98; Housset, suppl. au corps dipl. 1, 2, 342 f.; Lünig, R.-A. P. spec. Cont. 4, T. 1. 359. — Reg.: Mitteil. a. d. Stadtarchiv v. Köln Heft 24, 126.　　**2303**
"	"	fordert v. EB. Dietrich v. Köln Beistand für Georg v. Zedelitz zur Schleifung der stiftskölnischen Bauten u. Bollwerke zu Wesseling Deutz Riehl u. gegenüber Kaiserswerth. — KU. v. v.? — Gleichzeit. Abschr. Köln. — Reg. ibid.　　**2304**
"	"	desgl. v. Gerhard v. Kleve Beistand für Zedelitz zur Schleifung des klevischen Bollwerks bei Kaiserswerth. — KU. v. v.? — Gleichz. Abschr. Köln. — Reg. ibid.　　**2305**
"	"	desgl. v. Hrz. Adolf v. Berg Beistand für Zedelitz zur Schleifung der bergischen Bauten u. Bollwerke. — KU. w. v.? — Gleichz. Abschr. Köln. — Reg. ibid. 127.　　**2306**
"	"	bestätigt den Verkauf der 2 Tornose auf dem Oppenheimer Zoll, welche den Hrz. Rudolf u. Albrecht v. Sachsen gehört haben, an Pfalzgraf Ludwig. — [Per d. Fr. march. Brandenburg. etc. Joh. Kirchen. — R] — Or. Darmstadt; [RR. F 29ᵛ]. — W. Franck, G. d. Reichsst. Oppenheim 424 f.　　**2307**
"	"	befiehlt dem Reichslandvogt des Elsass dem Pfalzgrafen Ludwig III, dessen Unterlandvogt dem Gr. Bernhard v. Eberstein u. dem Hans Kolb v. Weissenburg, Amtmann des Kl. zu Neuburg (Newen-) bei Hagenau dieses Kl. gegen dessen Bedränger zu schützen, insbesondere ihm den Besitz der Dörfer Uhlweiler (Ulwilr) u. Altdorf zu erhalten. — KU. w. v. — R — Or. Strassburg Bez.-A.; RR. F 28ᵛ u. 29ᵛ.　(fünfzehend. t. des meien).　　**2308**
" c. 16	"	nimmt das Cisterzienser-Kl. Stürzelbronn (Metzer Diöcese) mit allen seinen Besitzungen in Weissenburg etc. in des Reiches Schutz u. verleiht ihm Zoll- u. Steuerfreiheit. — KU. w. v. — [RR. F 35ᵛ letzten t. d. meyen!] — Schöpflin, Als. dipl. 2, 326 f.　　**2309**
" c. 16	"	bemüht sich betr. der bevorstehenden Papstwahl. — Tagebuch Fillastres: Finke, Forsch. u. Quellen 197.　　**2309 a**
" 17	"	bittet den EB. Johann v. Mainz seinen Willebrief dazu zu geben, dass Hrz. Rudolf v. Sachsen 2 alte Tornose auf dem Zolle zu Mainz mit seiner (Sigmunds) Erlaubnis an den Pfalzgr. Ludwig verkauft hat. — Per d. Fr. march. Brandenburg. etc. Joh. Kirchen. — o. R — Or. Darmstadt St.-A.　(siebenzehenden t. des meien).　　**2310**
"	"	desgl. den EB. Dietrich v. Köln. — W. v.　　**2311**
"	"	desgl. den EB. Werner v. Trier. — W. v.　　**2312**
"	"	befiehlt den Juden, welche im Gebiet des Hrz. Albrecht v. Österreich wohnen, zu Reichszwecken den dritten Teil ihrer Habe an seinen Boten Konrad v. Weinsberg zu zahlen. — Ad m. d. r. Joh. Kirchen. — RR. F 31ᵛ.　(id. dat.)　　**2313**
"	"	befiehlt den Juden, die in den Landen der Brüder Friedrich u. Wilhelm Landgr. in Thüringen u. Mkgr. v. Meissen, sowie Friedrichs Mkgr. v. Meissen wohnen, den dritten Teil ihrer Habe seinen Boten u. Dienern Hans Neusteter u. Hans Falke zum Besten des Reichs auszuzahlen. — Per d. Fr. march. Brandenb. etc. Joh. Kirchen. — RR. F 29ᵛ.　(id. dat.)　　**2314**
" 18	"	erklärt den Thüringischen Landgr. u. Mkgr. v. Meissen, dass diese v. ihnen erlaubte Besteuerung ihrer Juden ihren Privilegien keinen Abbruch thun solle. — KU. w. v. — RR. ib.　(achzehend. t. d. meyen).　　**2315**
"	"	erklärt dasselbe dem Hrz. Albrecht v. Österreich. — Ad m. d. r. Joh. Kirch. — RR. F 30ᵛ u. 31ᵛ.　(id. dat.)　　**2316**
"	"	giebt der St. Eger für ihre Gesandtschaft zu ihm einen Geleitsbrief. — KU? — Or. Eger. — vgl. Gradl, G. d. Egerlandes 335.　　**2317**
"	"	verleiht dem Ott Crotendorfer den Hof bei Zwernberg (Zwehen-) hinter Dinkelsbühl, da Kunz Erlwin versäumt hat, die Belehnung damit nachzuweisen. — Per d. F. march. Brand. etc. Joh. Kirchen. — Not. RR. F 32ᵛ.　(achtzeh. t. d. meyen).　　**2318**
"	"	schlägt auf das Ammanamt zu Nördlingen (welches diese St. mit Erlaubnis Kg. Wenzels um 2000 Florentiner Gulden v. Kraft u. Ulrich v. Hohenlohe eingelöst hat, dessen Pfandbesitz

1417		
		ihr v. Kg. Ruprecht bestätigt ist) 2000 rhein. Gulden, die ihm die St. geliehen, n. verspricht ihr, dass sie die v. dem Ammannamt alljährlich Martini fälligen 200 rhein. Gulden nur in seine oder seiner Nachfolger Kammer zahlen soll. — KU. w. v. — R — Or. Nördlingen; ibid. deponiert Vid. v. 1469 Aug. 9 Eigentum des Münch. R.-A.; RB. F. 31ʳ. (abzehenden t. des meyen). **2319**
Mai 18	Konstanz	bestätigt dem Kl. zu Wettenhausen (Pr. Peter; Augsburger Diözese) alle Rechte n. Privilegien, auch die v. Hause Österreich erlangten. — [Ad m. d r. Joh. Gerste — o. R — Or. München R.-A.; nicht in RR]. — Lünig, R.-A. Spic. eccl. 3, 717 f.; vgl. Reg. Boic. 12, 255. **2320**
" 19	"	giebt dem Deutschordens-Komthur zu Elbing, Heinrich Holt, den er in seinen n. des Reiches ernstlichen Geschäften absendet, Geleit. — Ad m. d. r. Joh. Kirchen. — o. R — Or. Königsberg. (neunzeh. t. des meyen). **2321**
"	"	verschreibt dem Konrad v. Weinsberg zur Belohnung der Dienste, die er ihm in fremden Landen u. jetzt zu Konstanz geleistet u. für ihm geliehene 10000 Gulden die Reichssteuer v. Ulm (750 Pfund Heller). — [Ad m. d. r. Joh. Kirchen. — R überlebt — Or. (kaum lesbar) Augsb. St.-A. — Kop. ibid. Suppl. collect. Herwart. 1, 375 f.; RB. F 31ᵛ; Vidim. d. Reichshofrichters Günther v. Schwarzburg (Pe. Wacker) v. 1417 Juni 2 Wernigerode. Stollbergsch. A.; Vid. dasselb. v. 1417 Mai 27 Öhringen.] — Wegelin, Landvogtei in Schwaben 2, 76 f. **2322**
"	"	»Die decima nona maji rex ipse marchio Brandenborgensis et marchio Badensis atque legati predicti et nuncii nacionum cum multitudine accesserunt ad cardinales collegialiter congregatos et fecit rex proponi per episcopum Curiensem, qui facta prefacione quadam ex parte dicti domini regis rogavit exortatus est et requisivit cardinales primo, quod ab omnibus tractatibus super negocio eleccionis pape omnino cessarent, donec Petrus de Luna esset ejectus et ecclesia reformata in capite et in membris; secundo quod servarent decreta concilii presertim super negocio eleccionis predicte; tercio quod requirerent legatos regis Castelle in vim capitulorum Narbone factorum, quod se indilate unirent concilio. Rex easdem requisiciones iterum fecit ore proprio subdens, quod ipse juravit illa de certo facere observare et quod ita volebat facere. Ita requisivit pro dictis marchionibus.« — Tagebuch Fillastres: Finke, Forsch. u. Quellen 197. **2322a**
" 20	"	befiehlt dem Juden Colner an den B. Georg v. Passau, der ihm 1000 rhein. Gulden geliehen, diese Summe unverzüglich zu zahlen. — Ad m. d. r. Joh. Gersse. — o. R — Or. Öhringen. (zwanzig. t. in dem meye). **2323**
"	"	beauftragt den Reichslandvogt des Elsass, d. Pfalzgrafen Ludwig III, dessen Unterlandvogt Bernhart Gr. v. Eberstein u. den Schultheissen v. Hagenau Burkart v. Müllenheim (Muln-) das Benedictiner-Kl. S. Walburg in der Strassburger Diözese [im Heiligenforst] bei seinen Privilegien zu schützen, insbesondere auch im Besitz der diesem v. Karl IV [nicht des Böhm-Huber] verliehenen Dörfer Dürrenbach u. Biblisheim zu erhalten. — Per d. Fr. march. Brand. etc. Joh. Kirchen. — RR. F. 32. (zweinz. t. des meyen). **2324**
"	"	teilt der St. Ulm mit, dass er ihre Stadtsteuer v. Martini 1418 ab an Konrad v. Weinsberg verpfändet hat, [vgl. nr. 2322 u. 2389]. — KU? — Vid. des Reichshofr. Gr. Günther v. Schwarzburg v. 1417 Mai 27 Öhringen. (zwanzig. tag des meien). Nach RR. F. 32ᵛ wollten die Ulmer diese Mitteilung in dieser Form nicht annehmen; sie wurde ersetzt durch die Urk. Juni 8. (nr. 2389). **2325**
"	"	befiehlt dem Konrad v. Weinsberg 240 rhein. Gulden für 6 Mechelnsche Tücher an je 40 Gulden an Konrad Stückel »v. dem ersten gelde, das du v. unser wegen ... innemen wirdist« zu zahlen. — Ad m. d. r. Joh. Gerlle. — o. R. — Or. Öhringen. (zweinzig. t. in dem meye). **2326**
" 21	"	teilt den Reichsunterthanen mit, dass er mit Rücksicht auf die Verdienste des † Burkart Münch v. Landskron dessen Schwester Adelheid Münch v. Landskron v. Rathsamhausen (Ratzen-) gestattet hat zollfrei mit ihren Dienern u. 100 Fudern Wein auf 2 Schiffen v. Schlettstadt bis Dortrecht auf dem Rheine zu fahren. — Per d. F. march. Brand. Joh. Kirchen. — RR. F. 31ᵛ. (frit. vor Urban). **2327**
"	"	belehnt den Hans Buman u. Reinhold Huffelin gemeinsam mit drei Fuder Wein u. zwei Mark Silber auf Mosheim, mit welchem Reichslehen früher Burklin Buman, der Vater des Hans, belehnt gewesen war. — KU. w. v. — Not. RR. F 31ᵛ (id. dat.) **2328**

1417		
Mai 22	Konstanz	verleiht dem Fritz **Kaltenhauser** folgende Reichslehen: einen halben Hof in Käswasser (Käsew-), der vor Zeiten des Schuheupflugs gewesen, einen halben Hof, der Hermann Kaltenhausers gewesen, einen Acker an der Nürnberger Steige, ein Tagewerk Wiesen am Steinbruch, gen. die Magerwiese, Lehen, die bereits dessen Vorfahren [vgl. Chmel, Reg. Rup. nr. 284] verliehen waren. — Per d. P. march. Brand. etc. Joh. Kirchen. — Not. RR. F 31ᵛ. (sa. vor Urbani.) **2329**
»	»	belehnt den Konrad v. **Weinsberg** mit der früheren Reichsstadt Weinsberg zu ewigem Mannlehen. — [Ad m. d. r. Joh. Kirchen — RR. F 31ᵛ u. 32ʳ durchstrichen mit dem Zusatz: cassata est.]; 2 Vid. des Hofrichters Gr. Günther v. Schwarzburg (KU. Petrus Wacker) v. 1417 Mai 27 Öhringen — Württemberg. Vierteljahrshefte f. Landesgesch. 7, 226; vgl. RTA 7, 420 A. 1. **2330**
» 24	»	belehnt den Gr. Wilhelm v. **Castell** mit den v. seinem Vater, Bruder u. ihm selbst besessenen Reichslehen. — Ad m. d. r. Joh. Kirchen. — [R?] — Or. Castell; Not. RR. F 32ᵛ [u. 38ʳ s. d.] Vid. v. 1538 Okt. 16 Nürnberg Kr.-A.; Kop. Bamberg. — Lünig, R.-A. Spic. saec. 1, 65 f.; Wittmann, Mon. Castellana 246. **2331**
»	»	belehnt Peter **Eltenholzer** mit den Forsthöfen zu Renzenhof u. Haimeudorf, im Nürnberger Walde gelegen. — Per d. P. march. Brand. etc. Joh. Kirchen. — Not. RR. F 31ᵛ. (mo. vor Urbani.) **2332**
»	»	belehnt den Heilmann v. **Holzhausen** für seine Cousine Agnes v. Holzhausen, die Tochter des † Johann v. H., mit Anteilen v. Lehen (Zehnten) zu Ginnheim Eschersheim u. Bergen. — KU. w. v. — RR. ib. (id. dat.) **2333**
»	»	ernennt auf Veranlassung seines Rates des Gr. Philipp v. Nassau-Saarbrücken u. des Hilbrand Gaugrefe den Johann **Christian** [recte Heinrich Kerstien] v. Elfringhausen (Elenenkusen) zum Freigr. des Stuhles zu Norderna [vgl. Lindner, Veme 134] — Ad m. d. r. Joh. Kirchen. — RR. F 32ᵛ. (24. d. mai.) **2334**
» 25	»	belehnt Heinrich v. **Fleckenstein** d. ält. u. Heinrich v. Fleckenstein d. jüng. (des ersteren Neffen) mit Feste u. Berg Fleckenstein, einem Viertel der Feste Honburg [?], den Dörfern Sarburg, Ober-Kutzenhausen, Nieder-Roedern (Röd-), Ober-Lauterbach (Lut-), Eberbach, Winzenbach, Gröttweiler (Kret-), Mühlhofen (Mul-). — Per d. F. march. Brand. etc. Joh. Kirchen. — Not. RR. F 32ᵛ (Urban.) **2335**
»	»	belehnt die Äbtissin Agnes v. **Gandersheim** mit allen Gütern, welche dieses Stift v. dem Reiche zu Lehen trägt. — Per d. Frid. march. Brandenburg. etc. Johannes Kirchen. — [R — Or. Wolfenbüttel. Zimmermann; RR. F 34ᵛ] — Harenberg, hist. eccles. Gandersheim. (1734) 885 (fälschl. zu Mai 24.) **2336**
»	»	belehnt Jakob **Waltstromer** v. Nürnberg mit dem alten Weier im neuen Walde bei Nürnberg, einem Hofe zu Rummelsberg, Nutzungen zu Berngau (P-) u. Havelsbach (Wefelsb-) u. dem Zoll zu Feucht. — KU. w. v. — Not. RR. F 32ᵛ. (Urban t.) **2337**
»	»	gebietet der St. **Weinsberg**, da er sie mit allem Zugehör zu der oberhalb der St. gelegenen Burg dem Reichserbkämmerer Konrad v. Weinsberg zu rechtem Mannlehen verliehen [nr. 2330] demselben zu huldigen. — Ad m. d. r. Joh. Kirchen. — RR. F 32ᵛ; Vidim. v. 1417 Mai 27 Würzburg. (Urbans tag.) **2338**
» 26	»	belehnt den B. Magnus v. **Cammin**, den Hrz. Watzla v. Wolgast u. eine Anzahl Ungarische Herren. Ulrich v. Richental 108 f. **2338 a**
»	»	Mai 26: verpfändet dem Gr. Friedrich v. **Toggenburg** die Grafschaft Feldkirch. Erwähnt: Pfister, G. v. Schwaben 2, 2, 319 — s. nr. 2083. **2338 b**
» 27	»	bestätigt dem Flecken **Bondorf** (Bote: Wolf v. Wolfurt) die Privilegien, besonders die beiden Jahrmärkte u. den Wochenmarkt, befreit die Bewohner v. allen fremden Gerichten ausser dem kgl. Hofgericht u. dem Hofgericht zu Rottweil, giebt ihnen das Recht Ächter zu beherbergen. — Ad m. d. r. Joh. Kirchen. — RR. F 33. (do. nach Urban.) **2339**
»	»	bittet die Hrz. Margaretha v. **Burgund**, einen bei ihr zur Zeit aus dem Gefängnis gelösten Münzmeister Bernet de Macrerus zur Zahlung seiner Schuld an Johann Offenburg v. Basel anzuhalten. — KU? — Nach Hds. 22 d. Wien Staats-A. Arch. f. österr. Gesch. 59, 49. **2340**

1417		
Mai 27	Konstanz	befiehlt der St. Dattenried nochmals dem Edeln Türing v. Ramstein, dem er Schloss u. St. Dattenried verliehen, zu huldigen. — Per d. F. march. Brand. etc. Joh. Kirchen. — RR. F 32ᵛ. (do. nach Urban.) **2341**
»	»	fordert die St. Freiburg, Neuenburg, Breisach, Kenzingen, Endingen, sowie alle Bewohner des Breisgaus auf, dem Mkgr. Bernhard v. Baden, dem er die Landvogtei im Breisgau übertragen habe, gehorsam zu sein. — Ad m. d. r. Joh. Kirchen. — R — Or. Karlsruhe; [RR. F 34ᵛ]. — Schöpflin, hist. Zaringo-Bad. 6, 84; Reg.: Ztschr. f. G. d. Oberrh. N. F. 3, 438; Fester, Reg. nr. 2973. **2342**
»	»	belehnt den Landgr. Ludwig v. Hessen mit seinem Lande. — KU. w. v. — R — Or. Marburg Hess. Samt-A.; RR. F 33ᵛ. (do. nach Urban.) **2343**
»	»	giebt dem Niklas Morbut u. Niklas v. d. Helden, Bürgern zu Breslau, wegen ihrer treuen Dienste Geleit u. Zollfreiheit für ihre Habe, Kaufmannschatz u. Diener durch das Reich. — Per d. Ludwicum ducem de Brige Joh. Kirchen. — RR. F 33ᵛ (id. dat.) **2344**
»	»	Mai 27: für das Kl. zu Niederingelheim. Scriba, Regest. d ... Urkk. z. Gesch. Hessen-Darmstadts 3, 253 — falsch statt 1417 März 27. (nr. 2149.) **2344 a**
»	»	belehnt Ritter Dietrich v. Rodenberg mit dem Gericht zu Ober-Massen (Overmassen). — Per d. F. march. Brand. etc. Joh. Kirchen. — Not. RR. F 32ᵛ. (do. nach Urban.) **2345**
»	»	befiehlt dem Konrad v. Weinsberg seinem Diener dem Ritter Heinrich v. Eysenburg 800, dem Hans v. Königseck 800, dem Peter v. Hoheneck 1200, dem Friedrich v. Freiburg 600, dem Ulrich v. Heimenhofen 600 rhein. Gulden, die er ihnen schuldig ist, »r. dem ersten gelt, das dir an unser statt wirt u. das do als unser erbcamermeister uffheben ... wirdest« zu bezahlen. — Ad m. d. r. Mich. Prag. et Wratisl. ecclesiarum can. — o. R — Or. Öhringen. (do. vor pfingst.) **2346**
»	»	befiehlt demselben an Heinrich Ulmer, Bürger zu Konstanz, für Wein 1000 rhein. Gulden, an die Maler für Restaurierung der Augustinerkirche 1400, an Hans Schreiber v. Basel für Wein 350 rhein. Gulden, an Meister Heinrich Wydmar, Wirt zu Avignon zum weissen Löwen, für Herberge seines Hofgesindes 600 französ. Kronen »r. dem ersten gelt...« zu zahlen. — W. v. **2347**
» 28	»	bestätigt die Privilegien der Abtei Gandersheim u. nimmt sie in den Reichsschutz. — [Per d. Fr. march. Brand. etc. Joh. Kirchen. — Not. RR. F 33ᵛ] — Lenckfeld, Antiquit. Gand. 249 ff. **2348**
»	»	Mai 28: belehnt die Äbtissin Agnes v. Gandersheim mit den Regalien. Harenberg, hist. eccl. Gandersheim. (1734) 885 — s. nr. 2336. **2349**
»	»	beglückwünscht den Kg. Wladislav v. Polen u. den Grossh. Alexander Witold v. Litthauen wegen des zahlreichen Übertrittes der Samogiten vom Heidentum zum Christentum. — KU v — Aus Hds. 22 d. Wien Staats-A. Arch. f. österr. Gesch. 59, 155 f. **2350**
»	»	belehnt auf Bitten des Landgr. Ludwig v. Hessen Gert Rube v. Corhach (Corbeke) mit der Freigrafschaft Freienhagen (Fryenhagen). — Ad m. d. r. Joh. Kirchen. — R — Or. Marburg Hess. Samt-A.; RR. F 33ᵛ. (fr. nach Urbans I.) **2351**
»	»	beglaubigt bei Zürich seinen Boten Philipp v. Heimgarten. — Per d. L. de Oetingen et G. de Swarczburg comites etc. Joh. Kirchen. — Kop. Zürich St.-A. 3. Stadtbuch f. 53. (fr. nach Urbans I.) Schweizer. **2352**
» 29	»	bekennt v. dem Juden Lewen Colner, den er beauftragt hatte den zehnten Pfennig u. alle Strafgelder v. den Juden im Reiche einzuziehen, als Resultat der letzten 2 Jahre 9612 ½ rhein. Gulden erhalten zu haben; für die ihm schuldig gebliebene Zehrung (6 Pferde) im Betrage v. 1500 Gulden, für ihm ausserdem schuldige 400 Gulden, frühere Anweisungen (auf die Juden v. Ravensburg, welche nunmehr Mathis Lemmel verschrieben sind,) soll Colner v. seinen nunmehrigen Einnahmen 2500 rhein. Gulden für sich behalten. — Ad relac. d. L. de Ötingen d. G. de Swartzburg et d. C. d. Winsperg Joh. Kirchen. — RR. F 34ᵛ. (sa. nach Urban.) **2353**
»	»	belehnt Richard v. Göns (Gunß) mit dem »soidhout« zu Kirchgöns (-gunß). — Per d. F. march. Brand. etc. Joh. Kirchen. — Not. RR. F 33ᵛ (id. dat.) **2354**

1417		
Mai 29	Konstanz	belehnt die St. Göttingen (Bote: Albrecht Endemann) mit den Gütern in Gruhnde (Burggrone). — Per d. Fr. march. Brand. [etc.] Joh. Kirchen. — [Not. RR. F 33ᵛ]; Kop. Göttingen A. — Urkb. d. hist. Vereins f. Niedersachsen 7, 43. **2355**
»	»	bestätigt dem Landgr. Ludwig v. Hessen seine Privilegien, insbes. das Privileg de non evocando. — Ad m. d. r. Fr. march. Brandemburgens. etc. referente Joh. Kirchen. — R — Or. Marburg Hess. Samt-A.; RR. F 33ᵛ mit KU: Ad m. d. r. J. K! (sa. nach Urbans t.) **2356**
»	»	ersucht den Landvogt des Elsass den Pfalzgrafen Ludwig III. den Unterlandvogt Gr. Bernhart v. Eberstein, den Schultheissen zu Hagenau Ritter Burkart v. Mülnheim für Aufrechterhaltung der Privilegien des St.-Nikolaus-Kl. (altes Spital; Probst Gottfried) zu Hagenau zu sorgen, insbesondere zu verhindern, dass das Kl. ferner mit Jägern u. Hunden belegt oder zur Zahlung v. Hundegeld angehalten würde. — Ad relac. d. G. comitis de Swartzburg Joh. Kirchen. — R — Or. Strassburg Bez.-A.; RR. F 34ᵛ mit KU: Per d. Fr. march. Brand. etc. J. K! (neunundzwanzig. t. des meyen). **2357**
»	»	belehnt Michel v. Schaumburg u. dessen Vettern, die Teil an dem Rauenstein haben, mit Nutzungen zu Schalkau (-en) Rauenstein (Rauh-) Öttingshausen Staffelstein Bachfeld (Pachfelt) Katzberg Truckenthal (Trük-) Einöd (Einöd). — Per d. Fr. march. Brand. etc. Joh. Kirchen. — Not. RR. F 33ᵛ. (sa. nach Urban.) **2358**
»	»	verhandelt mit dem Kardinalskollegium betr. der Pabstwahl. Tagebuch Fillastres: Finke, Forsch. u. Quellen 199 f. **2358 a**
»	30	beauftragt Konrad v. Weinsberg an Ritter Konrad v. Stein sein Jahrgeld v. 400 rhein. Gulden für 2½ Jahre (wovon erst 300 bezahlt, 700 zu bezahlen sind), bis Juli 2, an Ritter Ulrich v. Fridingen den Rest seines 500 Gulden betragenden Jahrgelds v. 300 Gulden, der April 4 fällig gewesen, an Sigfried v. Wendingen diesen Tag fällige 700 Gulden (Jahrgeld für 2 Jahre, wovon bereits 100 bezahlt), an Ritter Georg v. Katzenstein 800 am 2 Febr. fällig gewesene Gulden (Jahrgeld v. 2 Jahren, 200 bereits bezahlt), an Ludwig v. Hutten 400 Gulden Jahrgeld v. unserm gelt, das du dann v. unsern wegen ufnemen ... wirdest zu zahlen. — Per d. G. comitem de Swartzburg judicem curie Mich. Prag. et Wrat. can. — R — Or. Öhringen; [nicht in RR]. (pfingst.) **2359**
»	31	befiehlt allen Fürsten Grafen u. s. w. den Juden Löwen Colner, dem er die Einziehung aller Judenabgaben übertragen, dabei zu unterstützen. — Ad relac. d. L. de Ötingen et G. de Swartzburg comitam Joh. Kirchen. — R — Or. Würzburg; [nicht in RR]. (letzten t. d. meyen.) **2360**
»	»	weist die St. Frankfurt an, ihre Martini 1418, 1419, 1420 u. 1421 fällige Reichssteuer an den Gr. Heinrich v. Schwarzburg, Herrn zu Arnstadt u. Sondershausen, zu zahlen [wohl 4 Urkk.] — KU? — Not. RR. F 35ᵛ (id. dat.) **2361**
»	»	gebietet der St. Nürnberg die auf Martinstag fällige Reichssteuer (2000 Gulden) an Mrkgr. Friedrich v. Brandenburg zu entrichten. — KU? — Or.ᵉ Nürnberg Kr.-A.; [nicht in RR]. — Reg. Boic. 12, 256. **2362**
»	»	bestätigt der St. Schweinfurt, obschon er ihr ihre Privilegien im allgemeinen bestätigt hat, noch insonderheit die ihr v. Karl IV (Urk. v. 1362 Jan. 28 inseriert) erteilte Befreiung v. fernerer Verpfändung. — [Per d. Fr. march. Brandemb. etc. Joh. Kirchen. — R] — Or. Würzb.; [RR. F 34ᵛ]; Vidimus des Rats v. Nürnberg v. 1427 Sept. 12 Schweinf. — Reg.: F. Stein, Mon. Suinfurt. hist. 198. **2363**
»	»	bestätigt dem Hrz. Wratislaw v. Pommern alle Rechte u. Freiheiten. — Ad m. d. r. Joh. Kirchen. — [R — Or. Stettin Staats-A. Bär; RR. F 37ᵗ.] — (Settelbla) Greinir oder Nachlese v. alten u. neuen ... Abhandl., Anmerk. ... 3 (1765), 166 f. **2364**
»	»	belehnt den Hrz. Wratislaw v. Pommern-Stettin, zugleich auch dessen Bruder Barnim u. die Hrz. Barnim u. Swentibor mit den Herrschaften Wolgast, Barth u. dem Herzogtum Rügen u. anderen Lehen. — KU. w. v. — [R — Or. Stettin Staats-A. Bär; RR. F 37ᵗ.] — Greinir ... 3, 168 f. **2365**
»	»	belehnt auf Ersuchen des Hrz. Otto v. Stettin diesen u. seinen Bruder Kasimir mit den Fürstentümern Stettin, Pommern, Wenden u. Kassuben (unter Vorbehalt der Rechtsansprüche des

1417		
		Mrkgr. Friedrich v. Brandenburg, über welche in seinem Auftrage Hrz. Rudolf v. Sachsen-Lüneburg entscheiden soll) u. bestätigt ihnen alle Privilegien. — KU. w. v. — RR. F 35ᵛ. (letzt. t. d. meyen.) **2366**
	Konstanz	Mai 31: für Kl. Stürzelbronn. RR. F 35ᵛ — s. nr. 2369. **2366a**
[Mai-Juni]	»	beglückwünscht den Kg. Wladislav v. Polen zu seiner Vermählung [1417 Mai 1] mit Elisabeth, der Tochter des Palatins v. Sandomir Otto v. Pilitz, u. berichtet ihm über die Thätigkeit des Konzils. — KU? — Aus Hds. 22 d Wien. Staats-A. Arch. f. österr. Gesch. 59, 157 ff. **2367**
Juni 2	»	befiehlt dem Rat zu Feltre, den jährl. Census zu zahlen, das Castell mit allem Nötigen auszurüsten u. mit dem Castellan Gymram v. Mrazoym (!) Frieden zu halten. — KU? — Kop.-B. Belluno. — Reg.: Forsch. z. Dtsch. Gesch. 18, 221. **2368**
»	»	verleiht Friedrich Zobel [vgl. nr. 2289] zu Giebelstadt (Gibelstat) das Dorf Eibelstadt (Yfelstat), das durch den Tod seines Bruders Hans Zobel an ihn gefallen u. früher im Besitze der St. Rothenburg a. T. gewesen war. — Per d. Fr. march. Brand. etc. Joh. Kirchen. — Not. RR. F 34ᵛ. (mi. vor Erasmus.) **2369**
»	»	kassirt auf Bitten der pommerschen Hrz. Wratislaw, Barnim, Barnim u. Swantibor alle ohne kaiserl. Bewilligung in ihren Herrschaften zu Wolgast, Barth u. Rügen vorgenommenen Verpfändungen u. Verkäufe herzogl. Gerechtsame u. Güter. — Ad m. d. r. Joh. Kirchen. — RR. F 38ᵛ u. 39ᵛ; [Abschr. d. 16. Jahrh. Stettin St.-A. Bär]; Kop. Stralsund Rats-A. — Greinir ...oder Nachlese v. alten u. neuen Abhandl, Anmerk. ... 3 (1765), 169 ff. **2370**
» 3	»	nimmt die Hrz. Otto u. Kasimir v. Pommern-Stettin zu seinen Dienern an gegen ein Jahrgeld v. 1000 rhein. Gulden, das auf 2000 erhöht werden soll, sobald einer der Hrz. ständig am königl. Hofe sich aufhält. — KU. w. v. — RR. F 35. (Erasmus.) **2371**
»	»	ersucht die Nürnberger Juden, welche mit Lewa Colner übereingekommen sind 600 Gulden (zehnter Pfennig) zu Martini zu zahlen, dies schon jetzt zu thun. — Ad relat. L. de Ötingen et G. com. de Swartzburg Joh. Kirchen. — RR. F 34ᵛ. (Erasmi.) **2372**
»	»	bittet im Anschluss an seinen Brief aus Luxemburg [1417 Jan. 21 nr. 2037] die Strassburger nochmals, da sich die Luxemburger noch immer nicht recht nach Strassburg getrauen, denselben keine Schwierigkeiten daselbst in den Weg zu legen. — Ad m. d. r. Mich. Prag. et Wrat. eccles. can. — o. R — Or. Strassburg St.-A. (do. nach pfingstul.) **2373**
» 4	»	legitimiert Helmecke Havechorst, wohnhaft im Lande der Hrz. v. Braunschweig-Lüneburg. — Ad m. d. r. Joh. Kirchen. — RR. F 35ᵛ u. 36ᵛ. (4. d. junii.) **2374**
»	»	»Ipsa die veneris de mane rex et sui sequaces deliberaverunt facere sessionem et quod fieret relacio processus Petri de Luna, eciam si naciones Italie et Gallie dissentirent. Et fuit dicta missa per patriarcham Antiochenum rege presente et tribus nacionibus: Germanie Aragonie et Anglie et duobus cardinalibus de obediencia Gregorii et aliquibus de eadem obediencia. Finaliter dicte naciones Italie et Gallie et cardinales alii non venerunt et ita cessarit sessio et rex recessit valde indignatus.« Tagebuch Fillastres: Finke. Forsch. u. Quellen 202. **2374a**
» 5	»	dispensiert den EB. Günther v. Magdeburg v. der allen Lehensträgern auferlegten Pflicht zwischen Ostern u. Pfingsten sich mit d. Regalien persönlich belehnen zu lassen u. giebt ihm Zeit dies bis Weihnachten nachzuholen. — Per d. F. march. Brand. etc. Joh. Kirchen. — RR. F 35ᵛ. (sa. nach Erasmi.) **2375**
»	»	verleiht den Brüdern Friedrich u. Rudolf v. Sachsenhausen Reichslehen zu Sachsenhausen, bei Frankfurt. — KU. w. v. — Not. RR. F 36ᵛ. (sa. nach Erasmi.) **2376**
»	»	ratificirt den Vertrag, den seine Räte Wilhelm Hase v. Waldecke, Herr zu Selewitz u. Albrecht Schenk v. Landsberg, Herr zu Seida (Sydow), mit den Hrz. Rudolf u. Albrecht v. Sachsen abgeschlossen haben über die Bezahlung seiner, Karls IV u. Wenzels Schulden. — Ad m. d. r. d. W. Hase referente Joh. Kirchen. — R — Or. Dresden; RR. F 35ᵛ mit KU.: Ad m. d. r. J. K.! (id. dat.) **2377**
» 6	»	bestätigt die Privilegien der Abtei Cornelymünster (Abt Winand). — Per d. Fr. march. Brandenb. etc. Joh. Kirchen. — R — Or. Düsseldorf St.-A.; RR. F 36ᵛ. (6. die junii.) **2378**

1417		
Jnni 6	Konstanz	bestätigt die Privilegien des Frauenklosters zu G e r n r o d e, insbes. die inser. Urk. Heinrichs III v. 1044 Febr. 22 n. Karls IV v. 1357 Nov. 16 [Böhmer-Huber n. 6190, vgl. 2723] — [Per d. F. march. Brand. etc. Joh. Kirchen. — RR. F 36; Kopb. 340 f. 21 Magdeburg Staats-A.] — Lünig, R.-A. Spic. eccl. Cont. 1, 1152. **2379**
» 7	»	belehnt Volrad Gebhard u. Busse Gr. v. M a n s f e l d mit dem Reichsleben, dem Bann der Grafschaft, den Bergwerken u. a. w. — Per d. G. comitem de Swarczburg judicem curie Joh. Kirchen. — R — Or. n. Kop. Magdeburg Staats-A.; RR. F 36ʳ mit KU: Per d. F. march. Brand. etc. J. K.! (mo. nach Erasmi.) **2380**
»	»	belehnt Heinrich v. N e i p p e r g (Nyperg) als Lehnsträger seiner Schwester Elsbet Harderin v. Neipperg mit den einst österreichischen, nunmehr ans Reich gefallenen Lehen zu Möhringen (Mor-) u. [Kirchen-] Tellinsfort (Telis-). — Per d. F. march. Brand. etc. Joh. Kirchen. — Not. RR. F 36ʳ. (mo. nach Erasmi.) **2381**
»	»	bestätigt dem Rudolf u. Friedrich v. S a c h s e n h a u s e n die Lehen u. Privilegien. — [Per d. F. march. Brand. etc. J. Kirchen. — RR. F 36ʳ.] — Nach »Frankensteiner Urk.« Reg.: Aschbach 2, 474. (ser. fer. post Erasmi, aber dtsch. Urk.) **2382**
» ?	»	bestätigt dem Heinrich v. D ü r r w a n g e n (Durwang) die Lehen seines † gleichnamigen Vaters, den Markt zu Dürrwangen ein Burglehen zu Rothenburg a. T. u. die Fleischtische zu Aufkirchen. — KU? — Not. RR. ib. (s. d.) **2383**
» 8	»	bestätigt die Privilegien des Kl. A l t e n z e l l (monasterii Cellensis); inser. die Urk. Wenzel v. 1395 April 29, welche wiederum die Urk. Karls IV v. 1348 Dez. 7 [Böhmer-Huber nr. 790] u. Kg. Adolfs v. 1296 April 14 enthält. — [Ad m. d. r. Joh. de Strigonio prepos. et vicecancell. — R — Or. Dresden; nicht in RR] — Balbin, Miscell. histor. regni Bohem. Dec. 1 l. 8, 279 ff. nach Vidimus v. 1453 [Nov. 15 Wien H. H. u. St.-A.] **2384**
»	»	bestätigt der St. O s n a b r ü c k die Privilegien K. Friedrichs II u. Kg. Rudolfs insbes. das de non evocando u. gestattet den Bürgern ihre breite u. tiefe Gräben zu schützen. — [Ad m. d. r. Joh. Germe. — R — Or. Osnabrück Stadt-A.; nicht in RR. — Privilegia Caesarea civitatis Osnabrugensis (s. l. et a.) S. 5 Philippi]; nach Hds. 22 d. Wien. Staats-A. Arch. f. österr. Gesch. 59, 49 ff. **2385**
»	»	empfiehlt einem Fürsten den Ritter Vincenz v. S z a m o t o l, einen Diener des Kg. v. Polen, der Studien in Kriegsübungen machen wolle. — KU? — Aus Hds. 22 d. Wien. Staats-A. Arch. f. österr. Gesch. 59, 157. **2386**
»	»	ersucht einen Unbekannten, seinen Vorschlag für die Kapelle in Aachen, deren Besetzungsrecht er in seiner Eigenschaft als ungarischer Kg. hat, zu Gunsten des Gallus, eines Sohnes Emerichs v. Raslawitz [Baslawitz; s. nr. 2407] seines Notars, unterstützen zu wollen, da derselbe ein »parus Hungarus« sei. — KU? — aus ib. Reg. ib. 11. **2387**
»	»	setzt die St. U l m in Kenntnis, dass er ihre jährliche Reichssteuer v. 1418 ab an Konrad v. Weinsberg verpfändet habe. [vgl. nr. 2325] — Ad m. d. r. Joh. Kirchen. — RR. F 39; Vid. d. Reichshofr. Gr. Günthers v. Schwarzburg v. 1417 Juni 11 Öhringen. (zinst. nach Erasmi.) **2388**
»	»	bestätigt auf Bitten des Chorherren Michel Maurperger, seines Schreibers u. Dieners, die Privilegien das Kapitels am neuen Münster St. Johann zu W ü r z b u r g; inser. die Urk. Ruprechts v. 1401 Mai 11 [Chmel nr. 400: Befreiung v. fremden Gerichten u. Unverpfändbarkeit] mit der Urk. Karls IV v. 1366 Jan. 16 [Böhmer-Huber nr. 4262]. — KU. w. v. — RR F 37. (zinst. nach Erasmi.) **2389**
» 9	»	erlässt der St. L e u t k i r c h, welche ihm 790 rhein. Gulden geliehen, v. ihrer bisher 100 Pfund Heller betragenden Reichssteuer 52 Pfund, unter Vorbehalt des Wiederkaufs. — Ad m. d. r. Houpt marscalko referente Joh. Kirchen. — RR. F 36ʳ. (mL vor Vit.) **2390**
» 10	»	ermässigt der St. Colmar die jährliche Reichssteuer v. 750 rheinischen Gulden auf 500. — Ad m. d. r. Michael Prag. et Wratisl. canon. — Rᵗ⁰ — Or. u. Vid. v. 1430 Juli 1. Colmar Stadt-A.: nicht in RR. (gots lichnams t.) **2391**
»	»	erneuert der St. C o l m a r das Privileg K. Karls IV, dass kein Landvogt Macht haben soll v. der St. Verbannte gegen den Willen der St., welche das Recht hat über ihre Bürger zu urteilen,

1417

		zurückzuführen. — KU. w. v. — R^{ta} — Or. u. Vid. v. 1428 Aug. 14, 1429 Jan. 15 ibid.; nicht in RR. (id. dat.) **2392**
Juni 10	Konstanz	bestätigt dem Kl. zu Nieder-Ingelheim das Privileg Karls IV v. 1360 Okt. 7 [Böhmer-Huber nr. 3353: zeitweilige Verleihung der Abgaben der Frankfurter Juden]. — KU? — [nicht in RR.] — Nach? (Würdtwein), Monasticon Palat. 2, 240 ff. **2393**
»	»	befreit den Pfalzgrafen Ludwig v. der Abgabe v. 10 Mark lötigen Silbers, welche an das Augustiner-Kl. zu Nieder-Ingelheim v. den St. Kaisersberg Türkheim u. Münster zu entrichten ist. — KU? — [nicht in RR]. — Nach? (Würdtwein), Monast. Palat. 2, 230 fl. **2394**

Die Jovis festo sancte eucharistie decima junii anno 1417 et concilii tercio rex Romanorum fuit in missa concilii et fuit in processione generali in imperialibus: in dalmatica pluviali sceptro et ense nudo, sic procedens ante corpus domini. — Eadem die in sero idem rex fecit armare plures Ungaros et Polonos, ut publice dictum fuit, quod erat contra Gallicos cardinales et legatos regis Francie, quia regi suggestum erat, quod dicti cardinales et legati volebant publicare in concilio confederaciones juratas, quas habebat idem rex cum rege Francie, contra quas veniebat se reddendo hostem dicti regis Francie et cum hoste suo rege Anglie. Fuit significatum cardinalibus et legatis, quod caverent. Jamque erat nox; cives autem scientes auxerunt excubias noctis; legati ducis Sabaudie illa audientes adiverunt regem et refrenarunt eum et hora undecima in nocte venerunt ad archiepiscopum Turonensem legatum regis Francie exponentes sibi causam motus et ire regis predictam. Qui legatus affirmavit eis, quod non erat verum; neque re vera erat, sed bene proponebant illas confederaciones ostendere regi Romanorum et de illis ipsum reddere cautum, ne contra illas moveret bellum regi Francie pro regi Anglie. Que retulerunt regi, et cessavit tempestas illa.« Tagebuch Fillastres: Finke, Forsch. u. Quellen z. G. des Konst. Konzils 204; vgl. auch Ulrich v. Richental 109. **2394a**

» 11	»	bestätigt die Privilegien des Kl. Ettenheimmünster. — Ad m. d. r. Michael de Priest canon. Wratisl. — R — Or. Karlsruhe; [nicht in RR; Vid. v. 1420 März 15 Strassb. St.-A.] — Reg.: Ztschr. f. d. Gesch. d. Oberrh. NF. 3, 438; vgl. Chmel, Regesta Fridrici IV n. 1044 (Vidimus v. 1442 u. d. RR. O 171.) **2395**
» 13	»	bestätigt den Äbten v. Fulda auf Bitten des Abt Johannes das Hofgericht. — Per d. L. comitem de Ötingen magistrum curiae Joh. Kirchen. — [R — Or. Marburg St.-A.; RR. F 38] — Schannat, hist. Fuldens. Cod. probat. 292 f. **2396**
» 15	»	vergiebt Niklas v. Utrecht, einem Laien des Lütticher Bistums, den Todschlag des Johann Schrynmecher, eines Laien desselben Bistums, setzt ihn wieder in seinen früheren Stand ein u. gebietet der St. Diest sowie dem Fürstentum Brabant die über den Niklas verhängte Verbannung aufzuheben. — Ad m. d. r. Joh. Gersee. — RR. E [!] 167^r. (di. nach gots lichnams t.) **2397**
» 18	»	verleiht dem B. Gerhard (v. Goch) v. Naumburg die Regalien. — KU? — [Nicht in RR]; Uds. 22 d. Wien. St.-A. — Reg.: Arch. f. österr. Gesch. 59, 5. **2398**
		bestätigt demselben alle Briefe u. Privilegien: insbes. das inser. Privileg Konrads II [v. 1029 Nov. 16; Stumpf n. 1996] über die Befugnis in dem Burchenwalde bei Naumburg Holz zu schlagen. — KU? — [nicht in RR]; Begl. Abschrift v. 1451 Juni 29 Weimar Ges.-A. (18. die junii.) **2399**
		verpflichtet sich wie auch alle Konzilsbesucher vor den vom Konzile erwählten Papst anzuerkennen. Ulrich v. Richental 110. (Urk.?) **2399a**
» 19	»	einigt sich mit dem Domkapitel u. der St. Strassburg betr. Vorgehen gegen den Elekten Wilhelm, dessen Angelegenheit bereits das Konstanzer Konzil beschäftigt. — [Ad m. d. r. Joh. Kirchen. — R — Or., Vid v. 1418 Juni 29 u.] Kop. Strassb. St.-A.; [ein 2. Or. ib. Dez.-A.; RR. F 39^r] — Vgl. Strassburger Studien 2, 420. **2400**
» 20	»	teilt seinem Rat d. Landvogt des Oberelsass Hans v. Lupfen u. den St. Strassburg, Basel, Colmar, Schlettstadt, Breisach u. Neuenburg mit, dass er dem Henman Offenburg aus Basel das erbliche Schultheissenamt in Mülhausen u. den ,banwin' dieser St. verliehen habe, u. befiehlt ihnen dem Genannten gegebenen Falls gegen die St. Mülhausen oder andere Gegner beizustehen. — Ad rel. dom. B. Alberegalis preposit etc. Joh. Kirchen. — R — Or. Mül-

1417		

hausen; RR. F 39ᵛ. — Mossmann, Cartulaire de Mulh. 1, 479; Reg. nach RR.: Ztschr. d. Ges. f. Geschichtsk. v. Freiburg 3, 360.   **2401**

Juni 21   Konstanz   verweist Frischhans v. B o d m a n für eine Forderung v. 790 Gulden [die ihm verpfändete Stadtsteuer v. Leutkirch bringt jetzt nur 48 statt 100 Pfund; vgl. Juni 9 nr. 2390] auf Schloss u. Herrschaft Rheinfelden. — Per d. Guntherum comitem de Swartzburg judicem curie Joh. Kirchen. — R — Or. Karlsruhe; [RR. F 40ᵛ mit KU: Ad relac. G....] — Reg.: Ztschr. f. G. d. Oberrh. NF. 3, 438.   **2402**

»   »   verspricht Lienhard v. J u n g i n g e n u. Frischhans v. B o d m a n, denen er seinerzeit die Feste u. das Städtchen Rheineck (Ryneke), Altstätten, das Rheinthal u. den hintern Teil des Bregenzer Waldes um 10295½ rhein. Gulden verschrieben, da die Bewohner dieser Orte denselben nur als Vögten u. Pflegern schwören wollen, sie als solche nie zu entsetzen, erklärt alle ihnen etwa schädlichen Urkk. für ungiltig u. fordert die Bewohner jener Orte u. Gegenden auf dem Jungingen u. Bodman als ihren Vögten gehorsam zu sein. — Ad m. d. r. Joh. Kirchen. — RR. F 40.   (mo. vor Joh. Bapt.)   **2403**

»   »   bestätigt dem Erzbistum S a l z b u r g (EB. Eberhard) die inser. Urk. des Hrz. Heinrich v. Baiern v. 1414 Nov. 6 (Verkauf des Halsgericht im Isengau, Neumarkt u. Ötting an das Stift.) — Ad m. d. r. Joh. Gersse. — R — Or. Wien H. H. u. St.-A.; [nicht in RR]   (mo. vor Johanns t. des teuffers.)   **2404**

» 22   »   ersucht den B. Raban v. S p e i e r, welchem er für seine Lebzeiten die Besetzung der beiden kgl. Pfründen in Speier übertragen [s. nr. 76], dafür zu sorgen, dass die eine Pfründe, welche mit seiner Zustimmung nach dem Tode Meisters Werner Durlach an Johann Metzenpfennig aus Heidelberg, den Schreiber seines Protonotars Joh. Kirchen, übertragen ist, ihre vollen Bezüge unverkürzt wieder erhält. — KU? — RR. F 39ᵛ.   (zinst. vor Joh. Bapt.)   **2405**

»   »   verschreibt den Gr. Ludwig d. ält. u. d. jüng. zu Ö t t i n g e n wegen ihrer ihm besonders auf dem Konstanzer Konzil geleisteten Dienste, wofür er ihnen 3000 Gulden schuldig ist, verschiedene Steuern bis auf Wiedereinlösung: Ammanamt v. Ulm 100 Pfund Heller, Ammanamt v. Nördlingen 200 rhein. Gulden, Stadtsteuer v. Bopfingen 80 Pfund Heller, Stadtsteuer v. Gmünd 270 Pfund Heller, Stadtsteuer v. Pfullendorf 100 Pfund Heller, Stadtsteuer Schweinfurt 100 Gulden. — [Ad m. d. r. Joh. Kirchen. — R — Or. u. Vidim. v. 1470 Okt. 21 Wallerstein. A.; RR. F 40ᵛ u. 41ʳ] — (nicht genaues) Reg. nach Kop.: Material. z. Otting. G. 2, 66 f.; ibid. 67 Befehle an diese Städte erwähnt (s. Juni 23).   **2406**

»   »   bestätigt den S t r a ß b u r g e r n den Empfang v. 16000 rhein. Gulden (ausgezahlt durch Remb Hüfflin Grossburggr., Konrad zum Rust, Ulrich Bob den jüng., Johann Lambert Altammanmeister) zu Händen des päpstl. Protonotars u. Propstes zu Stuhlweissenburg Benedict, v. den 50000 Gulden, welche die St. nach dem durch Mrkgr. Bernhart v. Baden vermittelten Vertrag an ihn (den Kg.) zu zahlen hat. — [Ad m. d. r. Joh. de Strigonio prepos. et vicecanc. — R — Or. Strassburg St.-A.; nicht in RR] — Schöpflin, Als. Dipl. 2, 327; vgl. Fester, Reg. d. Mrkgr. v. Baden nr. 2976.   **2407**

» 23   »   verleiht seinem Landvogt im Thurgau u. am Rhein Frischhans v. B o d m a n den Blutbann daselbst. — Ad m. d. r. Joh. Kirchen. — RR. F 41ᵛ.   (Joh. Bapt. ab.)   **2408**

»   »   teilt der St. P f u l l e n d o r f mit, dass er die v. ihr alljährlich auf Martini zu entrichtende Reichssteuer (100 Pfund Heller) an die Gr. Ludwig d. ä. u. d. j. v. Öttingen überwiesen habe. — Ad m. d. r. Joh. Kirchen. — R — Or. Karlsruhe; [Not. RR. F 41ᵛ]. — Reg.: Ztschr. f. G. d. Oberrh. NF. 3, 438.   **2409**

»   »   desgl. der St. B o p f i n g e n (jährl. Stadtst. 80 Pfund Heller). — KU. w. v. — Not. RR. F 41ᵛ. (Joh. Bapt. ab.)   **2410**

»   »   desgl. der St. G m ü n d (jährliche Stadtsteuer 270 Pfund Heller). — KU. w. v. — R — Or. Stuttgart; [RR. F 41].   (Joh. Bapt. ab.)   **2411**

»   »   desgl. der St. N ö r d l i n g e n (200 Gulden v. dem Ammanamtgeld). — KU. w. v. — Not. RR. F 41ʳ. (id. dat.)   **2412**

»   »   desgl. der St. S c h w e i n f u r t (100 Gulden Reichssteuer). — KU. w. v. — Not. ib. 41ᵛ. **2413**

»   »   desgl. der St. U l m (100 Pfund Heller Gülte v. dem Ammanamt). — KU. w. v. — R — Or. Stuttgart; RR. F 41ᵛ.   **2414**

1417		
Juni 23	Konstanz	bestätigt Konrad v. Reischach (Ri-) u. dessen Sohne Michel ihre Privilegien. — KU. w. v. — RR. F 42ʳ. (Joh. Bapt. ab.) **2415**
„	„	bestätigt dem Hans v. Westernach den Pfandbesitz der Herrschaft Burgau (2700 rhein. Gulden), welcher ihm v. Hrz. Friedrich v. Österreich (inser. dessen Urk. v. 1415 März 24) übertragen. — Per d. F. march. Brand. etc. Joh. Kirchen. — RR. F 39ᵛ u. 40ʳ. (Joh. Bapt. abend.) **2416**
„ 24	„	macht bekannt, dass er dem Hrz. Friedrich v. Österreich mit Gefolge freies Geleit nach Konstanz gegeben. — [KU. fehlt: Bug abgeschnitten. — R] — Or. Nürnberg Germ. Mus.; [nicht in RB]. — Reg.: Mitteil. a. d. Germ. Nat.-Mus. 1890, 98 [die Zweifel an der Originalunbegründet; wahrscheinlich unterdrückte ältere Fassung der Urk. nr. 2450]. (Joh. Bapt. t.) **2417**
„	„	bestätigt den (inser.) Spruch des Mrkgr. Friedrich v. Brandenburg v. 1417 Mai 15, durch welchen die Missheiligkeiten zwischen dem Frauen-Kl. Rottenmünster (Cistercienserinnen, Konstanzer Bistum) u. der St. Rottweil beigelegt werden. — Per d. Eberhardum de Nellenburg comitem Joh. de Strigonio prepos. et vicecancell. — R — Or. Stuttgart; nicht in RR. (Joh. Bapt. t.) **2418**
„	„	beauftragt seinen Kammermeister Konrad v. Weinsberg seinem Marschalk u. Rate Haupt v. Pappenheim dessen rückständigen Sold im Betrage v. 2116 rhein. Gulden aus den Einkünften der kgl. Kammer zu bezahlen. — Ad m. d. r. Joh. Kirchen. — RR. F 39ᵛ. (Joh. Bapt.) **2419**
„ 25	„	bessert dem Ritter Erhart Dosso sein Wappen. — KU. w. v. — Not. RR. F 40ʳ. (fr. nach Joh. Bapt.) **2420**
„ 26	„	bestätigt die Privilegien der St. Eger, besonders das Privileg de non evocando. — [Ad m. d. r. Mich. Prag. et Wrat. ecclea. can. — RR. E 162ᵛ u. 163ʳ]; Vid. v. 1425 u. 1436 Eger; [Vid. d. Abts Johann v. Waldsassen v. 1431 Febr. 27 Wien Arch. d. Minist. d. Innern.] — Ausz.: Gradl, Privileg. d. St. Eger (1879), fälschl. zu 1416 Juni 24; vgl Gradl, G. d. Egerlandes 335. **2421**
„	„	bestätigt dem Erhard Ruдusch, Bürger zu Eger, das ihm v. K. Karl IV bezw. Kg. Wenzel verliehene Schloss Liebenstein (Lib-) im Egerland; inser. die Urk. Kg. Wenzels v. 1405 Juni 4. — Per d. Wenceslaum de Duba alias de Bezetain Mich. Prag. et Wrat. ecclesiarum can. — RR. E 163. (sa vor Peter u. Pauls t.) **2422**
„	„	»Die sabbati sequentia rex convocavit presidentes et deputatos nacionum in loco nacionis Italice, et venerunt illi de nacione Hispanica, quibus dixit, quod non petebat eos et quod recederent. Qui cum tardarent recedere, dixit eis: vos recedetis vel ego recedam; satis ad nacionem vestram, ego ibi loquar vobis. Et iverunt. Ipse allocutus est ceteros motus animo et post multa conclusit, quod procederetur ad ejeccionem Petri de Luna et postea ad reformacionem ecclesie, deinde ad eleccionem: et semper habet istum ordinem in verbo. Responderunt, quod deliberarent in suis nacionibus. Deinde transivit ad nacionem Hispanicam et ibi fecit multas querelas de eis et multum aspere loquutus est eis de illa cedula approbata et finaliter requisivit de ejeccione Petri de Luna protestans de fantoria scismatis secum, nisi facerent.« Tagebuch Fillastres: Finke, Forsch. u. Quellen z. G. d. Konst. Konzils 207. **2422 a**
„ 28	„	setzt der Elisabeth Schenkin v. Limburg geb. v. Hohenlohe einen Tag, um über ihre Ansprüche auf die Lehen des † Johann v. Hohenlohe, die er seinem Rate Albrecht v. Hohenlohe verliehen hat [nr. 1682], zu entscheiden. — KU? — Nach? Senckenbarg, Medit. de universo jure 590 f. **2423**
„	„	bestimmt auf Ersuchen der Lüneburger Hrz. Bernhard, Otto u. Wilhelm, dass kein anderes als Lüneburger Salz durch die Herzogtümer Braunschweig u. Lüneburg, sowie durch die benachbarten Fürstentümer seewärts solle geführt werden. — [Ad relac. de L. de Ötingen magistri curie et d. G. de Swarczburg jud. cur. comitam Joh. Kirchen. — R — Or. Lüneburg; RR. F 41ᵛ u. 42ʳ; Vid. v. 1417 Nov. 6 u. Kop. Hannover Staats-A. Janicke] — Aen. Sylvius, hist. rer. Friderici III (ed. Kulpis 1685) Diplom. 252 ff.; Lünig. R.-A. P. spec. Cont. 2. Forts. 1, 265 ff. **2424**
„	„	verbietet auf die Klage der Lüneburger Hrz. Bernhard, Otto u. Wilhelm den Hamburgern bei Strafe, der Schiffahrt, dem Handel auf der Tradenau, Holverelbe u. Suderelbe Schwie-

1417		
		rigkeiten zu bereiten. — [KU. w. v. — R — 2 Orr. Lüneburg St.-A.; RR. F 42; Vid. Karls V v. 1544 Mai 18 u. 2 Kop. Hannover Staats-A. *Janicke.*] — Aeneas Sylvius a. a. O. 255 f.; Lünig a. a. O. 274 f. u. Cont. 4. T. 1, 946 f. **2425**
Juni 28	Konstanz	giebt seine Zustimmung dazu, dass die St. Lüneburg einige Schlösser v. den Hrz. v. Lüneburg pfandweise erworben hat, welche die Herzöge jederzeit wieder auslösen dürfen. — Per d. L. de Ötingen et G. de Swartzburg comites Joh. Kirchen. — R — Or. u. Kop. Lüneburg; RR. F 41ᵛ mit KU: Ad relac. d. L. de Ötingen magistrum (!) curie J. K. (mo. nach Johans Baptiste t.) **2426**
»	»	. . . »Die Lune 28. junii fuit de mane magna congregacio omnium nacionum in loco nacionis Germanie. Et fuit ibi rex et ex parte collegii cardinalium et nacionum Italie Gallie et Hispanie plura proposita de modis, qui tenebantur, rogando regem, quod a talibus cessaret et permitteret concilium libere agere et daret securitates, quas promiserat. Et proposuit cardinalus Pisanus. Rex petivit dari in scriptis.« Tagebuch Fillastres: Finke, Forsch. u. Quellen 209. **2426 a**
» 29	»	zeigt den Unterthanen u. Diözesanen des EB. Michael v. Embrun an, dass sie diesem wegen seiner Schandthaten u. seines Ungehorsams in keiner weltl. Angelegenheit Gehorsam leisten dürfen, bei Strafe der Reichsacht. — KU ? — Aus Hds. 22 d. Wiener Staats-A. Arch. f. österr. Gesch. 59, 74 ff. **2427**
»	»	schreibt an den Fürsten (Amadeus v. Savoyen) über die Ursachen des Prozesses gegen den EB. Michael v. Embrun u. bittet ihn die Execution zu vollstrecken. — KU ? — Aus ders. Hds. ib. 79 f. **2428**
»	»	legitimiert einen unehlichen Sohn des Hrz. Ziemowit v. Masovien, namens Miklusz. — KU ? — Aus ders. Hds. ib. 159 f. **2429**
»	»	verleiht Gelfhart v. Nackenheim (Nach-) nach dem Tode dessen Vaters Burkart einen Anteil an dem Zehnten zu Wolfskehlen (-kele) als Erblehen. — Per d. F. march. Brand. etc. Joh. Kirchen. — Not. RR F 40ᵛ. (Peter u. Paul.) **2430**
»	»	schreibt den Straßburgern, dass sie v. den ihm versprochenen 50000 Gulden dem Andreas v. Legnitz, v. dem er Silber gekauft, 1303¹⁄₂ G. bezahlen sollen. — [Per d. L. comitem de Ötingen magistrum curie Joh. Kirchen. — R — Or. Strassburg St.-A.; RR. F 40ᵛ.] — Erw.: Schöpflin, Als. dipl. 2, 327. **2431**
»	»	befiehlt denselben an Bernhart Blessing (in RR: Blessintz) 4000 rhein. Gulden zu zahlen, um welche Summe sich B. mit Hrz. Ludwig v. Brieg gegen Peter Poten für ihn verbürgt hat. — W. v. **2432**
» 30	»	bittet den Hochmeister des Deutschordens Michael Küchenmeister, seinem Diener Paul Perst v. der Mewe, dem er erste Bitten auf eine Domherrstelle in Frauenburg beim B. v. Heilsberg gegeben, zur Erlangung einer erledigten »gotsgabe« förderlich zu sein; während Paul Perst mit ihm in fernen Landen gewesen sei, seien mehrfach Stellen erledigt gewesen. — Ad m. d. r. Mich. can. Wratisl. — o. R — Or. Königsberg. (mi. nach Peter u. Paul.) **2433**
»	»	weist die St. Strassburg an, v. den ihm zugesagten 50000 rhein. Gulden die Forderungen seines böhmischen Marschalls Dessiow u. seines Dieners Hans Mesebor gegen deren Quittangen, welche auch das Siegel der St. Basel tragen sollen, zu begleichen. — Ad m. d. r. Joh. Kirchen. — Not. RR. F 41ᵛ. (mi. nach Peter u. Paul.) **2434**
Juli 1	»	erteilt dem Rudolf v. Friedingen sowie dessen Söhnen Heinrich u. Rudolf das Privilegium de non evocando (ausgenommen das Reichshofgericht u. das Hofgericht zu Rottweil) u. den Blutbann im Gericht zu Fützen (Fuzen). — Per d. F. march. Brand. etc. Joh. Kirchen. — RR. F 43ᵛ. (do. vor Ulrich.) **2435**
»	»	befiehlt dem Pfalzgr. bei Rhein Ludwig, seinem Landvogt im Elsaß, seinem Unterlandvogt Gr. Bernhard v. Eberstein u. allen künftigen Landvögten u. Amtleuten des Elsaß, sowie Räten u. Bürgermeistern v. Colmar, Schlettstadt u. Kaisersberg das Kl. Ebersheim vor jeder Beeinträchtigung seiner Freiheiten, wie sie kürzlich Wilhelm Erwählter v. Straßburg verübt hat, zu schirmen. — [Ad relac. d. L. comitis de Ötingen magistrum (!) curie Joh. Kirchen. — RR. F 42ᵛ u. 43ᵛ.] — Nach Or. [wo?] Schöpflin, Als. dipl. 2, 328. **2436**

1417		
Juli 1	Konstanz	bestätigt dem Frauen-Kl. Söflingen (S. Claren Ordens, Konstanzer Bistum) die (inser.) Urkk. Karls IV v. 1359 Juni 3 u. 1368 Jan. 29 [Böhmer-Huber nr. 6997 u. 7255]. — Per d. L. de Ötingen magistrum curie et d. G. de Swarczburg Judicem curie Joh. Kirchen. — R — Or. Stuttgart.: RR. F 43: Ad relac. de L. de Ötingen magistrum (!) curie et d. G. de Sw. comites (?) J. K. (do. vor Ulrich.) **2437**
" "	"	lässt ausrufen, dass der 2. Juli (Mariae visitatio) allgemein gefeiert werden solle. Ulrich v. Richental 110. **2437a**
" 2	"	bewilligt, nachdem ihn bei seiner Anwesenheit in Geldern bereits Hrz. Reinald v. Jülich-Geldern darum ersucht, auf Bitten der St. Köln der in Answort schwierigen finanziellen Verhältnissen befindlichen St. Düren die Gnade, dass deren Bürger für die nächsten 12 Jahre ihrer Schulden wegen nicht gerichtlich belangt werden dürfen; doch soll die v. Dr. Segebod Berswort aus Köln gegen die Dürener vor dem Reichshofgericht angestrengte Klage nicht niedergeschlagen werden. — Per dominum W. Hasen Joh. Kirchen. — RR. F 43'. (fr. vor Ulrich.) **2438**
" 4	"	nimmt Eger in des Reiches Schutz u. sendet zur Beilegung der Streitigkeiten Egers mit den Nachbarn den Heinrich v. Maleschau. — KU? — R? — Or. Eger; [nicht in RR]. — Ausz.:Gradl, G. d. Egerlandes 335. **2439**
" "	"	verleiht dem Hans, dem Sohne Wernhers v. Weisweil (Wißwilr), das Schloss Schafgieß[en] bei Endingen im Breisgau, welches früher ein Österreichisches Lehen gewesen war [vgl. auch nr. 2451a] — Per d. F. march. Brand. etc. Joh. Kirchen. — Not. RR. F 44'. (Ulrich.) **2440**
" 5	"	befiehlt seinem Erbkämmerer Konrad v. Weinsberg seinem Diener Pentelin v. Haimenhofen den ihm schuldigen Lohn (600 rhein. Gulden) auszuzahlen. — Per d. L. de Ötingen mag. curie Joh. Kirchen. — RR. F 44'. (mo. nach Ulrich.) **2441**
" "	"	verleiht dem Stefan Weger ein Wappen. — KU. w. v., doch mit Zus. comitem. — Not. ib. (id. dat.) **2442**
" "	"	desgl. dem Asterman v. Chalerberg [= Kelterberg?] — KU. w. v. (doch ohne comitem). — Not. RR. F 44' (id. dat.) **2443**
" "	"	»Die Luna quinta julii rex, qui autem sepe fuerat requisitus dare responsa de cedula securitatum sibi porrecta et responderat, quod deliberaret cum nacionibus Germanie et Anglie, misit ad collegium cardinalium in scriptis responsionem suam in forma sequenti, quam fabricavit patriarcha Anthiocenus... « Tagebuch Fillastres: Finke, Forsch. u. Quellen 210. **2443a**
" 6	"	ernennt Gyso Utenwerde, Kanonikus der Kölner Apostelkirche, zu seinem Kaplan. — Ad m. d. r. Joh. Kirchen. — Not. RR. F 49'. (sexta d. jul.) **2444**
" "	"	beauftragt den Hrz. Rudolf v. Sachsen den EB. Günther v. Magdeburg mit den Regalien zu belehnen, da dieser verhindert sei an den kgl. Hof zu kommen. — Ad m. d. r. Joh. Kirchen. — R — Or. u. 4 Kop. Magdeb. Staats-A.; Not RR. 44'. (zinst. nach Ulrichs tage.) **2445**
" "	"	beauftragt Bernhard v. Dorst den B. Johann v. Hildesheim mit den Regalien zu belehnen. — KU. w. v. — RR. ib. (id. dat.) **2446**
" "	"	macht allgemein bekannt, dass die Klage des Hrz. Heinrich v. Baiern-Landshut (Fürsprecher: der kgl. Hofmeister Gr. Ludwig v. Öttingen) gegen Hrn. Ludwig v. Baiern-Ingolstadt (Fürsprecher: der kgl. Hofrichter Gr. Günther v. Schwarzburg) vom Hofgericht (Vors.: B. Ulrich v. Verden) an ihn (den Kg.) zur endgiltigen Entscheidung [vgl Ang. 2] gewiesen worden ist. — Per d. r. Joh. Kirchen. — [RR. F 48 mit KU: Ad m. d. r. J. K.] — Bericht über die Frag. ob die Röm. kaiserl. Majestät ... in Sachsen Fürstenthumb.... anlangend ... allein ... zu sprechen. (1613) 29 ff.; Lünig. Corp. jur. feud. 1, 177 ff. **2447**
" 7	"	bestätigt die Privilegien des Erzstifts Magdeburg (EB. Günther). — [Ad m. d. r. Joh. Kirchen. — R — Or., Transs. v. 1432 Aug. 13 u. alte Kop. Magdeb. Staats-A.; RR. F 44' u. 45' falsch zu Juli 9 mit Hildesheim verwechselt; ib. 43' u. 44' ein anderer getilgter Wortlaut mit Dat. 6 Juli] — Boysen, Allgem. hist. Magazin 4, 88 ff. (septimi julii). **2448**
" "	"	stellt dem Gesandten des EB. Günther v. Magdeburg eine Quittung aus über die bei der Belehnung mit den Regalien erlegten Gebühren an: 1) den Kanzler; 2) Hofmeister; 3) Mar-

22*

1417		
		schall; 4) Kämmerer; 5) Schenk; 6) Küchenmeister. — [KU. w. v. — R — Or. u. 2 Kop. Magdeb. Staats-A.; RR. F 44ᵛ]. — Länig, R.-A. Spic. eccl. Cont. 1, 282. **2449**
Juli 8	Konstanz	erteilt dem Hrz. Friedrich IV v. Österreich-Tirol, der an seinen Hof nach Konstanz kommen will, freies Geleit [bestimmt, dass des Hrz. Land u. Leute bis Aug. 8 nicht angegriffen werden sollen; Or. Wilhelm v. Montfort-Tettnang u. Molle Truchsess v. Diessenhofen sollen ihm bis Juli 16 wissen lassen, ob der Hrz. kommt. — Per d. Fr. march. Brand. etc. Joh. Kirchen. — R] — Or. u. Hds. (rot) 383 Bd. 26 f. 17 u. 18 Wien H. H. u. St.-A.; [nicht in RR!] — Reg.: Lichnowsky, G. d. Haus. Habsb. 5 n. 1725. **2450**
»	»	erklärt, dass die St. Villingen, wie andere Städte des Hrz. Friedrich v. Österreich, wegen dessen Frevelthat (Hilfe bei der Flucht Johanns XXIII) an das Reich gefallen sei, u. bestätigt der St. ihre Privilegien; zugleich bestimmt er, dass die St. alle Kauten u. s. w., welche die Herrschaft Österreich v. ihr versetzt hat, einlösen darf. — Per d. Fr. march. Brandemburg. etc. Kirchen bezw. in der Kopie n. RR. F 46ᵛ; Per d. L. de Ötingen mag. curie J. K.! — [R — Or. Villingen]. — Aus Kopialb. zu Karlsruhe Hugo, Mediatis. d. Reichsst. 393 ff. **2451**
»	»	Juli 8: der Hofrichter Gr. Günther v. Schwarzburg erlässt ein Urteil in Sachen Kaspars v. Horningen gegen die St. Endingen wegen der Feste Schafgiessen [vgl. auch nr. 2440]. Or. Endingen. — Ausz.: Zeitschr. d. Ges. f. Geschichtsk. v. Freiburg 5, 225; Reg.: Mitt. d. bad. hist. Komm. 7, 73. **2451 a**
» 9	»	verleiht Ulrich Haller, dem Sohne Ulrichs II., u. dem Peter II., dem Sohne des Peter II., aus Nürnberg den Blutbann im Gericht zu Graefenberg (Grev-). — Per d. L. de Ötingen Joh. Kirchen. — Not. RR. F 44ᵛ. (fr. nach Ulrich.) **2452**
»	»	bestätigt auf Bitten des B. Johann v. Hildesheim die Privilegien des Bisthums Hildesheim. — [Ad m. d. r. Joh. Kirchen. — o. R! — Or. Hannover St.-A. *Janicke*.]; Not. RR. F 45ᵛ fälschl. zu Juli 7 (die Daten v. Magdeburg u. H. sind verwechselt; f. 44ᵛ ber. unter 6. Juli aber getilgt.) **2453**
»	»	nimmt das Konzil für dessen Verhandlungen, für die bevorstehende Absetzung P. Benedikts XIII. Wahl eines neuen Papstes u. s. f. in seinen Schutz u. bedroht jedermann, der dagegen handeln wollte, insbesondere auch die Bürgerschaft v. Konstanz mit der Reichsacht. Bürgen: Friedrich Mrkgr. v. Brandenburg; Ludwig Ernst Wilhelm Heinrich u. Johann Pfalzgr. bei Rhein Hrz. v. Bayern; Johann Gr. v. Görz, Ludwig Gr. v. Öttingen kgl. Hofmeister, Günther Gr. v. Schwarzburg kgl. Hofrichter, Bürgermeister u. Rat v. Konstanz. — Ad m. d. r. Joh. de Strigonio prepos. et vicecancell. — R — 5 Orr. Karlsruhe; [nicht in RR]. — Aus Hdss. 22 d. Wien. Staats-A. Arch. f. österr. Gesch. 59, 38 ff.; vgl. Reg.: Ztschr. f. G. d. Oberrh. NF. 3, 438. **2454**
»	»	giebt seine Zustimmung, dass Lienhart Schwarz, Bürger zu Ulm, sein Reichslehen, einen Zehnten auf einem Meierhofe bei Ulm an seinen Bruder Bruno Schwarz verkauft. — Per d. F. march. Brand. etc. Joh. Kirchen. — Not. RR. F 44ᵛ. (fr. nach Ulr.) **2455**
»	»	verleiht dem Fritz v. Uttweiler (Utwilr) u. Heinrich v. Berstett (Bersteten) einige Burglehen zu Hagenau. — KU. w. v. — Not. ib. (fr. vor Margar.) **2456**
»	»	befiehlt der St. Strassburg für ihn an Niklas Pfarrer zu Dyedytz für dessen Herrn Heinrich v. Erawarn, Herrn zu Plumnaw, 3000 rhein. Gulden zu zahlen. — Ad m. d. r. Mich. Prag. et Wrat. ecclesiarum canon. — o. R — Or. Strassburg St.-A. (AA 151.) (fr. vor Margarete.) **2457**
»	»	erlaubt Hans Vetzer eine Mühle zu Bergenweiler an der Brenz zu bauen. — Per d. L. de Ötingen mag. cur. comitem Joh. Kirchen. — RR. F 44ᵛ (id. dat.) **2458**
»	»	belehnt denselben als Lehensträger der Elsbet Vetzer mit Gütern zu Merenpotenberg Geltwinkel Röfingen (Re-) welche Lehen früher v. Hrz. Friedrich v. Österreich verliehen waren. — KU. w. v. — Not. ib. (id. dat.) **2459**
» 10	»	verleiht auf Bitten des Seitz Geuder v. Nürnberg dem Markt Heroldsberg ein Wappen. — Per d. L. de Ötingen magistrum curie etc. Joh. Kirchen. — RR. F 44ᵛ. (an. nach Ulrich.) **2460**
»	»	belehnt auf Bitten der Nese v. Stöffeln deren Tochtermann Heinrich v. Randeck zu St. mit der Vogtei des Kl. zu Riedern auf dem Schwarzwald, welches Reichslehen Nese ihrem Tochter-

1417		
		mann übertragen. — [Per d. L. de Ötingen magistrum curie Joh. Kirchen.] — Or. Binningen. Hornstein'sches A.; [RR. F 44ᵛ a. d.] — vgl. Reg.: Mitt. d. bad. hist. Komm. 4, 137. **2461**
Juli 10	Konstanz	ernennt den Hildesheimer Kanonikus Lader Rotdorp zu seinem Kaplan. — Ad m. d. r. Joh. Kirchen. — RR. F 45ᵛ. (decima die julii.) **2462**
»	»	befiehlt den Straßburgern, dass sie v. den ihm zugesagten 50000 rhein. Gulden seinem Diener dem Ritter Stephan Smieher 1482 Gulden bezahlen sollen. — [Ad m. d. r. Mich. Prag. et Wrat. eccles. can. — R — Or. Strassb. St.-A.; Not. RR. F 44ᵛ mit KU: Ad m. d. r. Joh. Kirchen!] — Erw.: Schöpflin, Als. dipl. 2, 327. **2463**
		Juli 11: befiehlt den Straßburgern, dass sie seinem Marschalk Tluza 10000 Gulden bezahlen sollen. (falsch: dom. ante Margarete). — Erw. ibid. — s. Juli 18 (nr. 2475). **2463a**
» 11	»	Die dominica 11. julii 1417 et concilii tercio rex Romanorum post plures requisiciones sibi factas ex parte nacionum Italie Gallie et Hispanie atque cardinalium venit bene mane ad ecclesiam et ipso presente fecit affigi in valvis ecclesie Constanciensis et curie in 4 locis litteras suas securitatis sub sigillis suo et 10 principum imperii, que ibi steterunt usque ad prandium et remote pro prandio et raffixe post prandium patenter cuilibet volenti habere copiam. « Tagebuch Fillastres: Finke, Forsch. u. Quellen 211.) **2463b**
» 12	»	überweist dem B. Nikolaus v. Merseburg zum Ersatz seiner Unkosten, die er durch langen Aufenthalt beim Konzil gehabt hat, den dritten Pfennig v. aller Habe der Merseburgischen Juden, welchen der Jude Kuschel aus Merseburg v. Reichswegen einziehen soll. — Ad m. d. r. Joh. Kirchen. — RR. F 46ᵛ. (mo. vor Margar.) **2464**
»	»	zeigt den Vasallen u. Ortschaften der Grafschaft Pontamousson an, dass er diese nach dem Tode des Hrz. Andewart v. Barr als erledigtes Reichslehen dem Hrz. Adolph v. Berg, der eine Hrzn. v. Barr zur Gemahlin u. mit ihr einen Sohn habe, verliehen habe [vgl. nr. 2252] — [Ad m. d. r. Joh. Kirchen. — R — Or. Düsseldorf; RR. F 26ᵛ z. 6 Mai!] — Lacomblet, Urkb. f. d. Gesch. d. Niederrh. 4, 115. **2465**
»	»	befiehlt den Einwohnern v. Luxemburg dem Hrz. Adolf v. Berg willfährig u. förderlich zu sein. — [KU. w. v. — R — Or. ib.; nicht in RR] — Erw. ibid. **2466**
»	»	schliesst mit den auf dem Konzil anwesenden Kardinälen (den Kardinalb. Johann v. Ostia, Peter v. Sabina, Jordan v. Albano, Anton v. Porto u. s. w.) einen Kompromiss zu gegenseitiger Unterstützung zum Besten der Kirche u. des Reiches. [Vgl. auch Sigmunds Vid. v. 1418 Jan. 15; Finke, Forsch. u. Quellen 212 f.] — Zeugen: Ell. Johann v. Gran kgl. Oberkanzler; B. Georg v. Passau; der Hofmeister Gr. Ludwig v. Öttingen. der Hofrichter Gr. Günther v. Schwarzburg; Humbert Bastard v. Savoyen: der savoyische Kanzler Johannes de Belloforti; der savoyische Marschall Caspar de Montemajori; die savoyischen Gesandten Amadeus de Chaland u. Dr. Lambertus Odmeti. — KU? — Aus Hds. 22 d. Wien. Staats-A. Arch. f. österr. Gesch. 41 ff. **2467**
» 13	»	giebt dem Gr. Hans v. Freiburg die Erlaubnis zur Auslösung der om 4000 Gulden an Wolf u. Walter vom Stein verpfändeten früher österr. Herrschaft Badenweiler. — Per d. L. comitem de Oetingen magistrum curie Mich. Prag. et Wrat. ecclesiarum can. — R — Or. Karlsruhe; [nicht in RR]. — Ztschr. f. G. d. Oberrh. 36, 97 f. u. Reg.; ib. NF. 3, 438. (Margareten.) **2468**
»	»	verspricht dem Gr. Konrad v. Freiburg die v. ihm geliehenen 6000 Gulden in Jahresfrist wieder zu geben. — KU. w. v. — R —Or. ib. [nicht in RR]. — Gedr. ib. 98 f.; Reg. ib. 438. **2469**
»	»	bezeugt, dass die 4 Lübecker Bürger Johann Grove, Heinrich Schouenberg, Marquard Schutte u. Eler Stange, letzterer durch einen Bevollmächtigten, vor ihm eine Ehrenerklärung für Kg. Erich v. Dänemark abgegeben haben, entbindet sie aller Verpflichtungen gegen ihn wegen der ihm versagten 18000 Gulden u. nimmt sie u. die ganze St. Lübeck in seinen Schutz. — Ad m. d. r. Joh. Kirchen. — RR. F 44ᵛ u. 45ᵛ. — Urkb. d. St. Lübeck 6, 1 f.; vgl. Hanserecesse 6, 436. **2470**
»	»	weist die Strassburger an, v. den ihm versprochenen 50000 rhein. Gulden 4000 an seinen Rat den Gr. Konrad v. Freiburg zu bezahlen u. quittiert ihnen zugleich diese Summe. — Per d. L. comitem de Otingen magistrum curie Mich. Prag. et Wratisl. ecclesiarum canon. — » o. R — Or. Strassb. Stadt-A. (Margrethen t.) **2471**

1417		
Juli 15	Konstanz	bestätigt die v. seinen Boten u. den Boten der Hansestädte als Schiedsrichter zwischen dem alten u. neuen Rat zu Lübeck abgeschlossene Sühne, quittiert für die durch Heinrich Rapesulver empfangenen sechs rückständigen Raten der Reichssteuer, erklärt die v. dem alten Rat der Kg. Barbara u. v. dem neuen Rat dem Johann Canus Bürger zu Köln ausgestellten Briefe für ungiltig u. wiederholt die Aufhebung der Acht. — Ad m. d. r. Joh. Kirchen. — R? — 2 Orr. Lübeck: [RR. F 45ᵛ u. 46ʳ] — Lübeck. Urk.-B. 5, 700; vgl. Hanserecesse 6, 436. **2472**
"	"	Juli 15: f. Gr. v. Freiburg. Ztschr. f. Gesch. d. Oberrh. 36, 97 ff. — s. nr. 2468 f. **2472a**
" 16	"	weist v. den v. der St. Lübeck zu bezahlenden 13000 rhein. Gulden 4000 Gulden dem Wilhelm Hase v. Waldeck, Herrn zu Selowitz, zu. — Per d. L. comitem de Otingen magistrum curie Michael Prag. et Wratisl. eccles. canon. — 2 Orr. Lübeck. — Lübeck. Urk.-B. 5, 705 f.; vgl. Hanserecesse 6, 439. **2473**
"	"	erlaubt der St. Schlettstadt zum Baue einer Strasse ein Ungelt auf Wein zu erheben. — Per d. L. de Otingen magistr. curie Joh. Kirchen. — RR. F 45. (fr. nach Margar.) **2474**
" 18	Meersburg	befiehlt der St. Strassburg v. den ihm zugesagten 50000 rhein. Gulden an Ritter Zdeslav Tluxa v. Burzenytz seinen Marschall 10000 rhein. Gulden zu zahlen u. erteilt ihr Quittung. — Ad m. d. r. Michael Prag. et Wrat. ecclesiarum can. — o. R — Or. Strassburg Stadt-A. (sont. vor Magdalene.) **2475**
"	"	bittet Strassburg ausserdem noch diese Zahlung an Zdeslaw Tluxa sobald wie möglich zu leisten, da er derselben dringend bedarf. — W. v. **2476**
" 19	Konstanz	weist den Friedrich v. Mörs, Gr. zu Saarwerden u. den Iwain [v. Cortenbach?] Landkomthur des Deutschen Hauses zu Mastrecht (Tricht), welche für ihn [wo?] Geld einzunehmen haben, an, davon 8000 Gulden an die St. Basel für Beköstigung seiner Leute u. zw. in Köln binnen 2 Monaten zu bezahlen. — Ad m. d. r. Joh. Kirchen. — RR. F 45ᵛ. (mo. vor Marie Magdal.) **2477**
"	"	verspricht der St. Basel, dafür, dass sie seine Diener u. Hofgesinde unterhalten, binnen 2 Monaten 8000 rhein. Gulden in Köln zu bezahlen. — W. v. **2478**
" 20	o. O.	belehnt Erasmus (Erasem) Marschalk v. Biberbach, den Sohn Erkingers, mit dem Markt, Stock u. Geleit zu Biberbach, dem Zoll zu Dorf u. Feldern zu Mertingen, die derselbe v. Seitz Marschalk u. Oberndorf gekauft hat. — Per d. Fr. march. Brand. etc. Joh. Kirchen. — Not. RR. F 46ᵛ. (zi. vor. Mar. Magd.) **2479**
"	Meersburg	bestätigt den Vertrag zwischen Burggraf Johann v. Nürnberg u. Mkgr. Friedrich v. Brandenburg. — Per d. L. de Otingen magistrum curie Joh. Kirchen. — RR. F 46ʳ u. 47ʳ. — Mitteil. d. Inst. f. österr. G. Erg.-Bd. 5. **2480**
"	"	bestätigt Götz zum Jungen d. j. v. Mainz den Besitz seiner Reichslehen, der beiden Auen im Rhein gegenüber Astheim, gestattet, dass er dieselben auch auf seine weiblichen Nachkommen vererben darf, u. belehnt damit auch Götzens Vetter Henne Hirtz v. Mainz nebst Sohn u. Tochter. — KU. w. v. — RR. F 47ʳ. (zi. vor Mar. Magd.) **2481**
"	"	Juli 21: verleiht dem Fürsten Albrecht v. Anhalt die Regalien. — RR. F 47ʳ. (Marie Magd. abend) — nach dem Or. am 22. Juli. **2481a**
" 22	"	belehnt Albrecht den älteren Fürsten zu Anhalt, Gr. v. Askanien, mit den Reichslehen u. bestätigt die Landesteilung, die derselbe mit seinen Vettern Waldemar Georg Johann Sigmund u. Albrecht (d. jüng.) vorgenommen. — Ad m. d. r. Joh. Kirchen. — R — Or. Zerbst H. u. St.-A.: RR. F 47ᵛ u. 21. Juli. (Marie Magdalenetag.) **2482**
"	"	bezeugt, dass er die Lande Schwaben Elsass Breisgau Sundgau u. Ergau, die Hrz. Friedrich v. Österreich inne gehabt, nunmehr dem Gr. Hans v. Lupfen in Schütz u. Schirm gegeben u. ihn zum Landvogt gemacht habe; demselben sollen alle Steuern, Zölle u. s. w. v. Flüri Thann Altkirch Ensisheim Masmünster Landsehr verabfolgt werden; auch verpfändet er für schuldigen Dienst u. s. w. im Betrage v. 8000 Gulden die Landvogtei dem Gr. v. Lupfen. — [Per d. G. comitem de Swarczburg judic. curie Joh. Kirchen. — R — Or. (4mal durchschnitten) Wien H. H. u.St.-A.; gleich. Kop. Thann]; RR. F 47ᵛ u. 48ʳ. — Vgl. Reg.: Ztschr. d. Gesellsch. f. Geschichtsk. v. Freiburg 3, 361. **2483**

1417		
Juli 23	Konstanz	erlaubt dem Fürsten Albrecht d. Alt. v. A n h a l t v. jedem Fuder Bier, das aus Zerbst geführt wird, zwei böhmische Groschen Geleitsgeld zu erheben. — [Per d. G. comitem de Swarczburg judicem curie Joh. Kirchen. — R — Or. Zerbst H. u. St.-A.; RR. F 47ᵛ.] — Lünig, R.-A. P. spec. Cont. 2, Forts. 3, 172 f. **2484**
"	Meersburg	überweist für die Dauer seines Lebens die Sept. 8 fällige Reichssteuer der St. Lübeck ein für allemal dem Hrz. Rudolf v. S a c h s e n u. Lüneburg. — Ad m. d. r. Joh. Kirchen. — R ? — Or. Lübeck; [RR. F 47ᵛ; Kop. Weimar Ges.-A.] — Lübeck. Urk.-B. 5, 707 f. **2485**
"	"	beßehlt der St. Z e r b s t dem Fürsten Albrecht v. Anhalt zu huldigen. — KU ? — Nach Or.[?] Beckmann, Historie d. Fürstent. Anhalt 5, 100. **2486**
" 24	Konstanz	erklärt, dass die Belehnung der pommerschen Hrz. Otto u. Kasimir den Rechten des Kurfürsten v. B r a n d e n b u r g nicht zum Nachteile gereichen solle. — [Ad m. d. r. Joh. Kirchen. — R — Or. Berlin Staats-A.; RR. F 52]. — Nach Vid. v. 1417 Sept. 1 [wo?] Raumer, cod. dipl. Brand. cont. 1, 88 f. **2487**
"	"	bestätigt dem Mkgr. Friedrich v. Brandenburg, Burggr. v. Nürnberg, u. dessen Bruder Johann, Burggr. v. Nürnberg, die Privilegien des Landgerichts zu N ü r n b e r g u. widerruft eine der St. Regensburg in der Sache des Hans Stauffer gegebene diesen Privilegien widersprechende Urkunde. (… »das ein brief nů unser kunglichen canzly gegangen u. den burgern der stat zu Regenspurg viliht v. unwissenheite oder ubriger bede wegen oder wie dann das beschehen ist gegeben sl.«) — [KU. w. v. — R — Or. Bamberg: Vid. v. 1417 Sept. 1 Wien Staats-A.; RR. F 50ᵛ] — J. H. v. Falkenstein, Antiquit. Nordgav. 4, 254 f.; Lünig R.-A. P. spec. 3, 4 f.; Minutoli, Friedr. I v. Brand. 69 ff. (fälschl. zu Juli 29). (Jacobs abend.) **2488**
" 26	"	bestätigt dem Abt Friedrich v. K e m p t e n die Urkunde, durch welche seine Bevollmächtigten Hans Konrad v. Bodman u. Haupt v. Pappenheim den Streit zwischen der Abtei u. der St. Kempten beigelegt haben [vgl. auch Aug. 26] — KU. w. v. — RR. F 47ᵛ. (mont. nach Jacobs.) **2489**
	"	Juli 26: Nach Fillastres Tagebuch: Finke, Forsch. u. Quellen S. 213 ist Sigmund bis zur Absetzung Peters v. Luna d. h. bis Juli 26 in M e e r s b u r g gewesen, hat dort am 25. noch den Besuch zweier Kardinäle empfangen; nach Ulrich v. Richental 111 hat er an der Absetzung teilgenommen. **2489a**
" 29	"	benachrichtigt den Kurfürsten Dietrich v. K ö l n, dass die mit ihm auf Aug. 5 verabredete Versammlung zu Wesel nicht stattfinden könne, da er wegen der Konzilsangelegenheiten Konstanz nicht verlassen könne, sendet an ihm seine Räte den Gr. Hans v. Lupfen u. Haupt v. Pappenheim. — [Ad m. d. r. Joh. Kirchen. — o. R — Or. Düsseldorf.] — Lacomblet, Urkb. f. d. Gesch. d. Niederrh. 4, 114 f. [falschl. zu Mai 6.] (do. nach Jacobs t.) **2490**
"	"	Juli 29: betr. Landgericht zu Nürnberg: Minutoli, Friedrich I v. Brand. 69 ff. falsch — statt Juli 24 (nr. 2488). **2490a**
"	"	Juli 29: verlängert den L a n d f r i e d e n in Franken u. Baiern v. Nov. 11 ab auf weitere 3 Jahre. — RR. F 48ᵛ. (do. nach Jacob) — ist nach Or. am 31. Juli ausgestellt. **2490b**
" 30	"	schreibt an den Hrz. Filippo Maria Angelo Visconti v. M a i l a n d, erbabe seine Gesandtschaft (Andreas Visconti, Tadiolus de Vicomercato u. den Mkgr. Jakob v. Leo) empfangen u. ermahnt ihn, in der Treue zu verharren. — KU ? — Aus Hds. 22 d. Wien. Staats-A. Arch. f. öst. G. 59, 94. **2491**
"	"	bittet einen Rat des Hrz. v. M a i l a n d, diesen zur Treue anzuhalten. — KU ? — Aus derselb. Hds. Reg.: ib. 12. **2492**
" ?	"	fordert einen i t a l i e n i s c h e n Fürsten auf, wenn Hrz. Filippo Maria Angelo v. Mailand ein Heer wider die Reichsfeinde aufstellen würde, mit 2000 Reitern u. 2000 Mann zu Fuss an ihm zu stossen; wenn jener aber wider die Venetianer zu Felde ziehe, mit denen er (Sigmund) einen zeitweiligen Frieden habe, bleibe dem Adressaten die Freiheit der Entschliessung gewahrt. — KU ? — Aus ders. Hds. (a. d.) Reg.: ib. 18. **2493**
" 31	"	an die BB. Albrecht zu Bamberg, Johann zu Würzburg, Johann zu Eichstädt, Pfalzgr. Johann, die Landgr. zu Thüringen u. Herren zu Meissen Wilhelm u. Friedrich, Burggr. Johann v. Nürnberg, sowie an die Stände in Franken u. Baiern: verlängert den L a n d f r i e d e n [v.

1417		

1414 Sept. 30] v. Nov. 11 ab auf weitere 3 Jahre. — Ad m. d. r. Joh. Kirchen. — B — Or. Würzburg Kr.-A.; RR. F 48ʳ z. 29. Juli.   (m. nach Jacobs t.)   **2494**

Jul.-Ang.   Konstanz   schreibt dem Präfekten v. Rom [Giovanni da Vico], dass dem Vernehmen nach der abgesetzte P. Peter v. Luna die Absicht habe, nachdem er Peniscola verlassen, sich in Orvieto einzudrängen. Wenn das geschehe, solle er ihn dort verhaften u. festhalten, bis er v. ihm weitere Weisung erhalte; übrigens möge er über alle Vorgänge in Italien berichten. — KU? — Aus Hds. 22 d. Wien. Staats-A. Arch. f. österr. Gesch. 59, 44 ff.   **2495**

ersucht einen Unbekannten den vorstehenden Brief dem Johannes da Vico zu übergeben u. seine die ganze Christenheit interessierenden Nachrichten fortzusetzen. — KU? — Aus ders. Hds. ib. 46.   **2496**

Ang. 1   präsentiert als ungar. Kg. für eine Kapelle am Münster zu Aachen den gebornen Ungarn Gallus, einen Sohn Emerichs v. Baslawitz, Kleriker der Diözese Agram [vgl. nr. 2387], nachdem der bisherige Inhaber Paul Szalitzer Pfarrer der Kirche zu Kasendorf (Cass-) im Bamberger Bistum wegen konstatierten Mangels ungarischer Nationalität resigniert hat. — KU? — Aus Hds. 22 d. Wien. Staats-A. Arch. f. österr. Gesch. 59, 141 ff.   **2497**

erteilt dem Hrz. Johann in Bayern [Pfalzgr. Johann zu Neumarkt] die Freiheit, dass gegen sein Land u. seine Leute weder vor ihm noch vor dem Reichshofgericht, sondern lediglich vor den Gerichten des Hrz. selbst geklagt werden dürfe. — [Ad m. d. r. Joh. Kirchen. — B — Or. u. Vid. v. 1441 März 28 u. 1449 April 28 München R.-A.; nicht in RR., wenn nicht = nr. 2284]. — Reg. Boic. 12, 259.   **2498**

»Rex ... convocavit die dominica prima augusti de mane presidentes et deputatos omnium nacionum in loco nacionis Germanie et ibi rex personaliter stetit ad hostium. Venit presidens Italie et aliqui deputati illius nacionis credentes intrare. Rex petivit, quomodo ibat; dixit, quod ex parte regis mandatus erat ibi; rex respondit non ei non permisit intrare. Idem fecit presidenti et deputatis Gallie et Hispanie; quos antem volebat, intromittebat illos videlicet qui partes eius sequebantur ...« Tagebuch Fillastres: Finke, Forsch. u. Quellen 215.   **2498 a**

2   macht bekannt: vor ihm u. den Fürsten sind zu Konstanz am 12 Juli die Hrz. Heinrich u. Ludwig v. Baiern [vgl. nr. 2447] vor Gericht erschienen. Der Fürsprecher des letzteren Ulrich Riedrer zeigte den Landteilungsbrief der Hrz. Stefan, Friedrich u. Johann in Bayern u. den Transsumpt einer Bulle des P. Johann XXIII. wonach obige Angelegenheiten vor einem geistlichen Richter entschieden werden sollten. Dagegen verlangte Mrkgr. Friedrich v. Brandenburg, der Fürsprecher des Hrz. Heinrich, da es sich um weltliches Gut u. Reichslehen handle, dass nur der Kg. u. die Reichsfürsten darüber und zwar nach deutschem Recht entscheiden sollten. In diesem Sinne wurde entschieden u. zugleich bestimmt, dass alle Urkunden u. Belege in deutscher Sprache vorgelegt werden sollten. — Per d. regem Joh. Kirchen. — [o. R! — Or. (Codexform) München R.-A.; RR. F 51ʳ] — Beständige Informatio facti et juris, wie es mit den am kaiserl. Hofe wider ... Donawert ausgegangenen Processen ... beschaffen sei (1611) 256 ff.; Bericht über die Frag, ob die Röm. Majestät (vgl. Juli 7) ... 32 ff.; Goldast, Begriff verschied. Reichssatz. 2. 98 f.; Lünig, Corp. jur. feudal. 1, 179 f.; vgl. Reg. Boic. 12, 260.   **2499**

3   verleiht der Marienbruderschaft zu Dortrecht [Sigmund war Mitglied derselben; vgl. Windecke 82] das Recht an den Marienfesttagen ein besonderes Gewand zu tragen. — Ad m. d. r. Joh. Kirchen. — RR. F 49ʳ.   (tercia die augusti.)   **2500**

4   schreibt Kg. Heinrich V v. England, dass er den Gesandten Johann Typtot empfangen habe u. gern der Verabredung zu Folge sich zu einem Feldzuge entschlossen hätte. Inzwischen habe er aber die Angelegenheit des Konzils, bes. die Absetzung des Peter de Luna gefördert; jetzt läge die Reformfrage vor, u. er verpflichte sich mit seinem Königswort zum nächsten 1. Mai zur Wiedererlangung ihrer beiderseitigen Rechte mit seinen Truppen an den Grenzen Frankreichs zu stehen, die englischen Gesandten (darunter auch Ritter Hartung Clux) würden vorläufig noch bei ihm bleiben. — KU? — Aus Hds. 22 d. Wien Staats-A. Arch. f. österr. Gesch. 59, 128.   **2501**

verleiht Albert Varrentrapp, (magister in artibus et baccalaureus in decretis) Kanonikus zu Lüttich u. Prag, seinem Familiaris, u. dessen Bruder Heinrich Varrentrapp ein Wappen. — Per d. Fr. march. Brand. etc. Schenk de Seyda referente Michel. — Not. RR. F 87ʳ.   **2502**

1417			
Aug. 4	Konstanz	befiehlt alle Habe des Ritters Johann v. Vergey des Alt. wie aller Burgunder mit Beschlag zu belegen, so lange als bis sein oberster Kanzler EB. Johann v. Gran u. Ugolin Gonge v. Mömpelgard (Montpeliard) durch 1000 bezw. 500 Dukaten für die ihnen v. jenen weggenommenen Sachen (die des EB. waren in Paris gekauft) entschädigt sind. — Per d. Joh. de Strigonio prepositum et vicecanc. Joh. Kirchen. — RR. F 54ᵛ. (mi. vor Laurencii.) **2503**	
» 5	»	befiehlt, dass bei Abwesenheit des Richters, wenn dieser keinen Stellvertreter ernannt habe, Bürgermeister, Schöffen u. Rat v. Aachen einen anderen Richter wählen sollen. — Ad m. d. r. Joh. Kirchen. — R — Or. Aachen-St.-A.; [RR. F 48ᵛ u. 49ᵛ]. (do. vor Laurencii t.) *Lindner.* **2504**
»	»	verleiht dem Wolf v. Brandis d. j. das Hochgericht, das zu dem Burgstall Blumeneck [Kr. Bregenz] gehört, zwischen den Märkten Gais [?] u. Gugais [?] — Ad m. d. r. Joh. Kirchen. — Not. RR. F 49ᵛ. (do. vor Laur.) **2505**
»	»	nimmt den Konrad Zoller, derzeit zu Nürnberg wohnhaft, der nachgewiesen, dass er 10 Jahre auf dem Öttingischen Schlosse Wemding (Wemmingen) u. 36 Jahre zu Nördlingen gewohnt hat, in des Reiches Schutz u. erklärt den Anspruch des Hans v. See, dass Zoller sein Leibeigener sei, für unbegründet [vgl. 1417 Dez. 23]. — Per d. Fr. march. Brand. etc. Joh. Kirchen. — RR. F 49ᵛ (id. dat.) **2506**
» 6	»	nimmt den Utrechter Kleriker Heinr. Proys zu seinem familiaris an. — KU? — Not. RR. F 91ᵛ. (sexta die augusti.) **2507**
»	»	schlägt dem Johann Truchsess v. Waldburg zur Restaurierung der Feste Ravensburg nochmals 160 rhein. Gulden, sowie 500 für ihm gelieferte Fische auf die Landvogtei Schwaben. — Ad m. d. r. Joh. Kirchen. — RR. F 49. (fr. vor Laurencii.) **2508**
»	»	»Pridie scil. veneris ... supervenit rex Romanorum cum pluribus principibus Almanie et legatis regum illius [scil. Germanice] nacionis octo regnorum videlicet rex Romanorum pro regno Almanie Hungarie Dalmacie Croacie, legatus regis Polonie, legatus regis Dacie Norvegie et Suessie et non erat nisi unus; que regna faciebant majorem partem illius nacionis; et dixerant, quod multa dampna passi erant per Romanam curiam, quam petebant reformari.« Tagebuch Fillastres: Finke, Forsch. u. Quellen 217. **2508a**
» 8	»	verleiht einem gewissen H. seinem Kaplan die Rechte seiner Familiares u. täglichen Tischgenossen. — KU? — RR. D 172. (oct. aug. 1416!) **2509**
»	»	weist die St. Nürnberg an, die halbe Judensteuer an Wigleis Schenk v. Geyern zu zahlen. — Ad m. d. r. Joh. Kirchen. — Not. RR. F 49ᵛ. (sant. vor Laur.) **2510**
» 9	»	nimmt Halthasar, Herrn zu Werle u. Wenden, zu seinem Diener gegen ein Juli 25 fälliges Jahrgehalt v. 1000 rhein. Gulden an. — KU. w. v. — RR. F 49ᵛ. (Laurencii ab.) **2511**
» 10	»	fordert Jemanden auf, den Aldegretto v. Castrobarcho [= Barco Prov. Brescia?] mit seinen Truppen zu schützen u. gegen die Venetianer zu verteidigen. — KU? — Aus Hds. 22 d. Wien. Staats-A. Arch. f. österr. Gesch. 59, 95. **2512**
» 11	»	befiehlt der St. Augsburg die künft. Martinst. fällige Reichssteuer an Hrn. Ulrich v. Teck zu zahlen. — Per d. F. march. Brand. etc. Joh. Kirchen. — Not. RR. F 49ᵛ. (mi. nach Laurencii.) **2513**
»	»	nimmt Eckard Bender v. Herbstein in des Reiches Schutz. — KU. w. v. — RR. ib. (id. dat.) **2514**
» 12	»	bestätigt dem Frauenkloster Blotzheim (Bo-) bezw. der Äbtissin Ursula alle Privilegien u. befiehlt insbesondere der St. Basel sowie den Landvögten des Oberelsass u. den Landleuten zu Landsehr u. Ensisheim dieses Kl. zu schützen. — KU. w. v. — RR. F 50ᵛ. (do. nach Laurencii.) **2515**
»	»	verleiht den Brüdern Rudolf Burkart u. Wilhelm Mont ein Wappen. — KU. w. v. — Not. RR. F 49ᵛ. (do. nach Laurenc.) **2516**
»	»	befiehlt den Strassburgern auch ihrerseits die Beilegung des Streites zwischen der St. Rottweil u. dem Gr. Friedrich v. Zollern gen. dem Öttinger (dessen Genosse Hans Erhart v. Staufenberg), um welche sich die Städte in Schwaben dem Elsass u. Breisgau bemühen, zu befördern bezw. den Rottweilern, die immer zum Nachgeben bereit gewesen, beizustehen. —	

1417		
		Per d. G. comitem de Swarczburg judicem curie Joh. Kirchen. — o R. — Or. Strassburg St.-A. (donerst. nach Laurencii). **2517**
Aug. 12	Konstanz	schlägt dem Gr. Friedrich VI v. Toggenburg 4000 Gulden (für Kriegsdienste gegen Hrz. Friedrich v. Österreich, 800 Gulden für Auslösung des Schlosses Feldkirch) auf die 3000 Gulden betragende Pfandschaft der Herrschaft Feldkirch. — KU. w. v. — [R] — Or. Wien H. H. u. St.-A.; [RR. F 49ᵛ]. — Arch. f. Kunde österr. Geschichtsq. 1, 4, 5 f. **2518**
» 13	»	befiehlt dem Hans v. Lupfen Landvogt im Elsass u. dessen Nachfolgern sowie den Amtleuten zu Landsehr u. Ensisheim das in ärmliche Zustände gerathene Frauenkl. zu Blotzheim bei seinen Freiheiten n. s. w. zu schützen. — Per d. Fr. march. Brandenb. etc. Joh. Kirchen. — R — Or. Colmar Bez.-A.; RR. F 50ᵛ. (fritags nach Laurentii). **2519**
»	»	giebt seine Zustimmung dazu, dass sein Hofrichter Gr. Günther v. Schwarzburg, Herr zu Ranis, seiner Gemahlin Margarete geb. v. Henneberg als Leibgeding einige Reichslehen verschrieben hat: Schloss Ehrenstein (Ern-) die Dörfer Gross-Liebringen (Grossenliebergen) Klein-Liebringen (Wenigen-) Nahwinden Osteröda (Osterrode) Klein-Hettstedt (Wenigenhelzsteten) Dienstedt (Densteten) u. s. w. nebst allem Zubehör, doch mit Ausnahme der Zinse in dem Dorfe Dienstedt (thüringische Lehen), die Gr. Günther v. seinen Vettern den Herren v. Leuchtenburg (Lutem-) gekauft hat; bestellt als Lehenträger für Margarete deren Bruder Gr. Wilhelm v. Henneberg, ihren Schwager Gr. Friedrich v. Henneberg sowie des letzteren Sohn Gr. Georg v. Henneberg. — Ad m. d. r. Joh. Kirchen. — RR. F 50. (frit. vor fraw. t. assumpt.) **2520**
»	»	fordert den Hrz. (Amadeo) v. Savoyen auf, gegen den EB. Michael v. Embrun nach Prozess u Urteil zu verfahren. — KU? — Aus Hds. 22 d. Wien. Staats-A. Arch. f. öst. G. 59, 80 f. **2521**
»	»	zeigt demselben sein Wohlergehen an u. verweist ihn wegen des Konzils auf die Nachrichten seiner Gesandten, des Kaspar de Montemajori u. Amadeus de Chalant. — KU? — Aus ders. Hds. ib. 81. **2522**
» 14	»	erteilt dem Patriarchen Johannes v. Antiochien die Vollmacht, an seiner Stelle in den Congregationen der gallischen Nation zu fungieren. — KU? — Aus ders. Hds. ib. 130 f. **2523**
» 15	»	erhebt die Edlen v. Castilliano zu Pfalzgrafen. — KU? — Nicht in RR. Sigmunds [Fälschung?] — RR. P. 236: Vidim. Friedrichs III: vgl. Chmel, Regesta Friderici IV n. 3372. **2524**
» 16	»	schreibt an Kg. Heinrich V v. England unter Bezugnahme auf seinen Brief v. 4. Aug. [nr 2501], dass er bedaure, den versprochenen Feldzug [gegen Frankreich] in diesem Jahre nicht unternehmen zu können, dass er aber zu dem bestimmten Zeitpunkt sich einfinden werde, auch wenn er darüber das Reich u. alle seine Kronen verlieren sollte. — KU? — Hds. 22 d. Wien. Staats-A. — Arch. f. österr. Gesch. 59, 132. **2525**
»	»	an Heinrich Gr. zu Pyrmont (im Mindener Stift): Thomas de Amelia päpstl. Kaplan u. Anditor hat vorgebracht, dass Luke, die Wittwe des Hermann Pepperling seinerzeit dem P. Johann XXIII geklagt, dass Gr. Heinrich ihr Gut ihr weggenommen; Thomas habe ihn daher im päpstl. Auftrag gebannt, doch ohne Erfolg; befiehlt bis Okt. 16 der Luke ihr Gut wiederzugeben, widrigenfalls er in die Reichsacht käme. — Per d. F. march. Brandeb. etc. Joh. Kirchen. — RR. F 50ᵛ u. 51ᵛ. (mont. nach frowent. assumpt.) **2526**
» 17	»	giebt dem Landgr. Johann v. Leuchtenberg u. dessen Vetter Georg die Landgrafschaft zu Leuchtenberg mit allen Rechten u. s. w. zu Lehen u. bestätigt ihnen ihre Privilegien. — [Ad m. d. r. Joh. Kirchen. — R — Or. u. Vid. v. 1460 April 15 München R.-A.; RR. F 51ᵛ]. — Reg. Boic. 12, 261. **2527**
» 19	»	bescheinigt, dass er v. der St. Villingen 2000 rhein. Gulden wegen der ihnen erwiesenen Gnade lant des Majestätsbriefs [1417 Juli 8] erhalten habe. — KU. w. v. — [R — Or. Villingen St.-A. Roder]. — Aus RR. F 51ᵛ G. W. Hugo, Mediatis. d. Reichsstädte 396 (falsch z. 29. Aug.) **2528**
		Aug. 20 Konstanz: bestätigt der St. Rapperswil alle Privilegien. — v. Mohr, Reg. d. Arch. in der Schweiz. Eidgen. 1, 2 n. 48 — s. nr. 2145. **2528 a**
		Aug. 21 Konstanz: erklärt Rapperswil zur Reichsstadt. v. Mohr n. 50. — s. nr. 2152. **2528 b**
		Aug. 21 Konstanz: gestattet der St. Rapperswil die Brücke über den Züricher See zu unterhalten. v. Mohr n. 49 — s. nr. 2151. **2529 c**

1417		
Aug. 24	Konstanz	schreibt einem Ungenannten aus der Umgebung Kg. Wenzels v. Böhmen über den traurigen Zustand des Landes Luxemburg, den Einfall des Kgs. v. England in Frankreich, sowie über das Konstanzer Konzil u. ermahnt ihn, den Kg. Wenzel zur Beseitigung der kirchlichen Irrungen in Böhmen zu veranlassen. — KU? — Archiv česky 1, 9 f.; aus e. Wittingauer tschechisch. Hds. nebst lat. Übers. Palacky, doc. mag. Joannis Hus vitam ... Illustr. 656; dtsch. Übers. Fontes rer. Austr. 1, 6, 250 ff. **2529**
"	"	sendet an Strassburg seinen Diener Jakob Hüffel, der die St. unterweisen soll, »von etlichen luten, die sich vor binne erhebt haben u. die briefe füren in andere lande, die dem heiligen concilio der heiligen kirchen u. ouch uns schedlich u. zumal nicht bequeme« sind; befiehlt derartige Leute festzuhalten. — Ad m. d. r. Mich. Prag. et Wratisl. eccles. can. — o R. — Or. Strassb. St.-A. (AA 152). (Bartholomei). **2530**
"	"	belehnt Erhard Wendelstein für seinen Vater Franz Wendelstein mit einem Viertel des Gerichts zu Wendelstein, das ihm Simon Vogt zu Wendelstein aufgegeben hat, u. bestätigt ihm alle Rechte u. Briefe, die dieser v. den Vorfahren im Reich erlangt hat. — [KU? — Or.* Nürnberg Kr.-A.; nicht in RR.] — Reg. Boic. 12, 262. **2531**
"	"	Aug. 26: bestätigt die Aussöhnung zwischen der Abtei Kempten u. der St. — Erw. Haggenmüller, Gesch. d. St. Kempten 1, 247 — ist wohl falsch statt Juli 26 (nr. 2489). **2531a**
" 26	"	fordert Bürgermeister u. Rat der St. Osnabrück auf seinen Diener Konrad Stuble [recte Stubbe], welcher wegen eines Streites mit Johann zu Planken aus der St. verwiesen war, wieder aufzunehmen. — Per d. Joh. prop. de Strigonio vicecancell. Mich. Prag. et Wrat. ecclesiarum canon. — Or. Osnabrück Stadt-Arch. — Erwähnt Stüve, Gesch. d. Hochstifts Osnabrück 1, 305. Philippi. **2532**
" 27	"	entlässt die Juden zu Erfurt auf 10 Jahre v. aller Pflicht, Steuer, Dienst, Bede u. Busse, bestimmt, dass etwaige Ansprüche gegen sie nur vor dem Rat zu Erfurt geltend gemacht werden sollen, doch sollen die Erfurter Juden den goldenen Opferpfennig bezahlen sowie die Abgabe, die alle Juden bezahlen, für den Fall, dass er die Kaiserkrone empfängt. — Ad m. d. r. Joh. Kirchen. — RR. F 52ᵛ. (frit. vor Egidien). **2533**
"	"	bekennt, dass vor seinem Gericht Markgraf Friedrich v. Brandenburg als Vertreter Hrz. Heinrichs v. Baiern [vgl. nr. 2499. erschienen sei u. erklärt habe, innerhalb deren Ulrich Riedrer, der Sachwalter des Hrz. Ludwig v. Baiern-Ingolstadt, seine lat. Ausführungen ins Deutsche übersetzen solle, sei längst vorüber; darauf habe Riedrer begonnen eine lange Schrift vorzulesen, nachdem beschlossen war, dass nur deutsche Schriften verlesen werden sollten; da er (der Kg.) keine Zeit gehabt habe, habe er dem B. Johann v. Lebus befohlen, einen Extract daraus zu machen u. auf dem nächsten Gerichte vorzulegen. — Ad m. d. r. Joh. Kirchen. — RR. F 52ᵛ u. 53ᵛ. (frit. nach Bartholomae). **2534**
" 29	"	nimmt den Gr. Rudolf v. Montfort, Herren zu Tettnang, zu seinem Diener an gegen ein Aug. 24 fälliges Jahrgehalt v. 600 Gulden. — Per d. F. marchionem Brandeburg. etc. Joh. Kirchen. — RR. F 53ᵛ. (sunt. vor Egidii). **2535**
"	"	desgl. Karl v. Hessburg gegen ein Jahrgehalt v. 500 Gulden. — KU. w. v. — Not. ib. (domin. ante Egid.) **2536**
" ?	"	empfiehlt dem Grossfürsten Witold v. Litthauen den Karl v. Hessburg, den derselbe schon einmal freundlich aufgenommen habe. — KU? — Hds. 22 d. Wien. Staats-A. — Reg.: Arch. f. österr. Gesch. 59, 19. (s. a. d. et l.) **2537**
"	"	gebietet Nürnberg, Rothenburg, (Schwäbisch-)Hall, Schweinfurt, Windsheim u. Weissenburg Botschaft u. Vollmacht zu ihm nach Konstanz auf Sept. 16 zu senden, um über den Zug gegen Hrz. Friedrich v. Oesterreich an die Etsch übereinzukommen, wozu sie, gleichwie andere Städte des Reichs, mit 600 Mann mit Spiessen zu dienen sich bereit erklärt haben. — [KU? — Or.* Nürnberg Kr.-A.]. — Reg. Boic. 12, 263. **2538**
"	"	.... »Die 29. augusti rex fecit congregari suos videlicet patriarcham Antiochenum episcopum Pataviensem marchionem Brandenburgensem et quosdam alios de suis; item legatos Anglie Aragonie Portugalie ducum Burgundie et Sabaudie et quosdam alios regi adherentes, qui vocaverunt tres cardinales Pisanos Placentinum et Florentinum et aperuerunt eis ex parte regis unam viam eleccionis satis mirabilem dicentes, quod illam exponerent collegio cardinalium.

1417		

Et fecerunt eos jurare, quod non revelarent et eciam,, quod cardinales iidem jurarent. Aliter non aperirent ei. Que via non ponitur hic ex causa. Sed talis est, quod per illam nullus posset eligi in papam, nisi quem rex vellet. Ideo cardinales illam plane recusaverunt et prohibuerunt omnes, quod nullus eorum teneret tractatum cum rege vel suis, nisi adessent deputati trium nacionum Italie Gallie et Hispanie. Et ita fuit regi vel suis responsum. « — Tagebuch des Kardinals Fillastre: Fink-, Forschungen u. Quellen S. 218.   **2539a**

Sept. 1 | **Konstanz** | erlässt einen Absagebrief an den Gr. Bernhard v. Armagnac, Connetable v. Frankreich, wegen dessen Feindseligkeiten gegen den mit ihm verbündeten Hrz. Johann v. Burgund. — KU? — Hds. 22 d. Wien. Staats-A. — Arch. f. österr. Gesch. 59, 133.   **2539**

» | » | nimmt die Brüder Johann u. Heinrich Heyer aus Meschede, Kleriker der Kölner Diözese, unter sein Hofgesinde auf. — Per d. G. ep. Pat. canc. Joh. Kirchen. — Not. RR. F 91ᵛ. (prima d. sept.)   **2540**

» | » | bestätigt dem Kl. Schwarzach seine Besitzungen, Einkünfte u. Privilegien. — [Ad m. d. r. Joh. de Strigonio prepos. et vicecancell.] — Vid. v. 1471 [Apr. 27] Würzburg: hist. Ver. [nicht in RR]. — Reg.: Contzen, die Sammlungen d. hist. Ver. für Unterfranken 1, 332. (prima die m. sept.)   **2541**

» | » | Sept. 3: ermahnt die Böhmen (die Bewohner v. Laun). — v. d. Hardt, Conc. Const. 4, 1408 ff. — s. nr. 2544.   **2541a**

» | » | befiehlt seinem Rate dem Gr. Bernhard v. Eberstein, Unterlandvogt des Elsasses, dem Schultheissen v. Mülhausen Hennman Offenburg zu seiner Rente v. 6 Mark auf dem Gewerf v. Mülhausen, welche er v. Götzmann Münch mit seiner Einwilligung erworben, zu verhelfen u. nicht zu gestatten, dass ihn die Bürger der St. darum bringen. — Per d. G. comitem de Swarczburg judicem curie Joh. Kirchen. — R — Or. Mülhausen [nicht in RR]. — Mossmann Cartul. de Mulh. 1, 480.   **2542**

» | » | empfiehlt dem Kg. Heinrich v. England seinen familiaris Baptista de Montaldo aus Genua u. bittet für ihn um Geleit, da derselbe mit zwei Schiffen zum Besten des Reiches nach Italien fahren u. v. dort zu ihm wieder zurückkehren wolle. — KU? — Aus Hds. 22 d. Wien. Staats-A. Arch. f. österr. Gesch. 59, 134.   **2543**

» | » | Sept. 3: Zu Sigmunds Benehmen während der Sitzung des Konzils an diesem Tage vgl. Tagebuch Fillastres: Finke, Forsch. u. Quellen 219.   **2543a**

» 4 | » | ermahnt die Böhmen [die Bewohner v. Laun], dass sie gemäss ihrer Zusage die Verfolgung des katholischen Klerus einstellen u. dem Konstanzer Konzil zu willen sein sollten, damit dieses nicht gezwungen wäre, statt der nicht zureichenden kirchlichen Strafen sich nach anderer Hilfe umzusehen: nur mit Mühe habe er verhindert, dass gegen Kg. Wenzel vom Konzil eingeschritten würde. — Per d. archiopiscop. Coloncensem Joh. de Strigonio prepos. et vicecancell. — v. d. Hardt, Conc. Const. 4, 1408 ff. (z. 3. Sept.); aus einer Hds. des Böhm. Museums Palacky, Documenta mag. Joannis Hus vitam ... illustr. 659 f. — Reg. nach Hds. 22 d. Wien. Staats-A. Arch. f. österr. Gesch. 59, 16.   **2544**

» 7 | » | schreibt an die Königin [Sophie] v. Böhmen, sie möge den in Böhmen vorgekommenen Gewaltthätigkeiten gegen Religion u. Kirche Einhalt thun, u. droht sonst mit dem Eingreifen des Konzils. — KU? — Hds. 22 d. Wiener Staats-A. — Arch. f. österr. Gesch. 59, 55 ff. (s. d.).   **2545**

» 8 | » | nimmt die Edlen v. Castilliano (die Nachkommen Konrads) in den Reichsschutz u. befreit sie von allen Steuern. — [KU? — Nicht in RR. Sigmunds! — Fälschung? vgl. nr. 2524]. RR. F 235: Vidimus Friedrichs III; vgl. Chmel, Reg. Friderici IV n. 3371.   **2546**

» 9 | » | giebt seine Zustimmung, dass Klaus Ungelter, Bürger zu Ulm, v. den Brüdern Lienhart u. Bruno Schwarz, auch Ulmer Bürgern, u. v. der Anna Arlapissin, Bürgerin daselbst, ihren Anteil an 2 Höfen (selden) zu Junginen, den Zehnten daselbst u. den Baumgarten »bi den richen selden gelegen zu Ulm« gekauft hat, u. belehnt ihn damit. — Per d. Pr. march. Brandenb. etc. Joh. Kirchen. — Not. RR. F 53ᵛ. (donerst. nach frow. t. nativit.)   **2547**

» » | » | giebt dem Protonotar Johann Kirchen eine Anweisung auf die Martini fällige Reichssteuer v. Frankfurt. — KU? — Not. ib.   (id. dat.)   **2548**

1417		
	Konstanz	Sept. 9: Zu Sigmunds Verhalten gegenüber dem Konzil vgl. Tagebuch Fillastres: Finke, Forsch. u. Quellen 219 ff.; zu seinem Verhalten am 10. Sept. ib. 221 f; über die Gefangennahme der Castilianischen Gesandten, welche das Konzil verlassen hatten, durch Sigmund vgl. Ulrich v. Richental 113. **2548a**
Sept. 10	"	nimmt den Utrechter Kleriker Gerhard Tuncken unter sein Hofgesinde auf. — Per d. G. ep. Pat. canc. Joh. Kirchen. — Not. RR. F 91ᵛ. (dec. die sept.) **2549**
"	"	desgl. den Cambrayer Kleriker Hermann Heect [Heecht]. — W. v. **2550**
" 12	"	erteilt der St. Halle Bestätigung aller Privilegien. — Ad m. d. r. Joh. Kirchen. — [RR. F 53; Kop. Magdeb. Staats-A.]; Hds. 22 d. Wien. Staats-A.: vgl. Arch. f. Österr. G. 59, 7. — Nach Or. Dreyhaupt, Pagus Neletici od. Beschreibung des Saalkreyses 2, 290 f. **2551**
"	"	erteilt der St. Halle das Privilegium de non evocando. — KU. w. v. — [RR. F 53ʳ; Kop. Magdeb. Staats-A.]; Hds. 22 d. Wien. Staats-A.: vgl. lb. — Nach Or. Dreyhaupt 2, 291; nach einem Vid. K. Friedrichs III v. 1454 Nov. 10 Ladewig, reliquiae mscc. 12, 218 f.: Lünig, R.-A. P. spec. Cont. 4, T. 2, Forts. 495 f. (deutsch) u. 517 f. (lat.) **2552**
"	"	desgl. der St. Magdeburg. — KU. w. v. — Abschr. e. Transs. v. 1432 Zerbst Stadt-A.: [Not. RR. F 53ʳ]. — Geschichtsquell. d. Prov. Sachsen 27, 77 f. **2553**
" 14	"	befiehlt den Freiburgern den Gr. Hans v. Freiburg im Besitz v. Badenweiler zu schützen. — KU? — Kop. Freiburg. — Schreiber, Urkb. v. Freiburg 2, 261. **2554**
"	"	verleiht Konz Geuder ein Wappen. — KU? — Randnot. zu RR. F 44ʳ. (die Martis post f. nativ. Mar.) **2555**
" 16	"	schliesst einen Vertrag mit Johann v. Baiern, Gr. v. Holland [vgl. auch Okt. 11], infolge dessen Verheiratung mit der Herzogin Elisabet v. Luxemburg. — [Per d. Fr. march. Brandenb. etc. Joh. Kirchen. — RR. F 53ᵛ; Vid. v. 1419 Okt. 11 s'Gravenhage Rijksarchief *Riemsdijk*]; Kop. Luxemb. Arch. gouv. — Pierret, Preuves 2, 292 — Reg.: Publications de la sect. hist. de l'inst. de Luxemb. 25, 222 f. **2556**
" 17	"	bestätigt der St. Ulm den bereits vor mehr als 34 Jahren abgeschlossenen Kauf des Schlosses u. Städtchens Alpeck (Albek), des Schlosses Helfenstein, des Städtchens Geislingen mit Zubehör, der Zölle zu Kuchen (Cô-) Geislingen u. Spitzenberg (Reichslehen) u. erklärt alle anderen Ansprüche darauf für unbegründet. — Ad m. d. r. Joh. Kirchen. — R — 2 Orr. Stuttg.; RR. F 54ᵛ n. 55. (fritags vor Matheus). **2557**
" 18	"	bestätigt die Privilegien der St. Ulm; inser. Urk. Karls IV v. 1359 Nov. 13 [Böhmer-Huber n. 3017] Wenzels v. 1397 Okt. 11 u. Ruprechts v. 1401 Aug. 10. — [KU. w. v. — R — 4 Orr. Stuttgart; nicht in RR]. — Lünig, R.-A. l'. spec. Cont. 4. T. 2, 565 f. — Ausz.: Moser, reichsst. Hdb. 2, 805 f. (fritags vor Matheus). **2558**
"	"	bestätigt der St. Ulm die Befreiung vom Hofgericht, auch für ihre Besitzungen Helfenstein, Geislingen u. Alpeck; inseriert die Urk. Karls IV v. 1359 Nov. 13 [Böhmer-Huber nr. 3017] u. die beiden Urkk. Ruprechts v. 1401 Aug. 10 [Chmel nr. 721 u. 722]; giebt dem Reichshofrichter dem Gr. Günter v. Schwarzburg, Herrn zu Ranis, die diesbezügliche Weisung. — KU. w. v. — R — 2 Orr. Stuttgart; RR. F 55ᵛ n. 56ʳ. (samptags vor Matheus). **2559**
"	"	ersucht Heinrich Pey zu Calais für gute u. rasche Beförderung seiner Gesandten an Kg. Heinrich v. England Sorge zu tragen. — Ad m. d. r. Joh. de Strigonio prepos. et vicecanc. [nicht vicecomes]. — Rymer, foedera (ed. 3.) 4, 3, 16. **2560**
" 19	"	einigt sich mit den Kardinälen. — Tagebuch Fillastres: Finke, Forsch. u. Quellen 225. **2560a**
" 20	"	verleiht Seitz Messerschmid v. Dinkelsbühl 6 Tagwerk Wiesen u. 6 Morgen Acker zu Ober-Zwerenberg (Obertzw-). — Per d. Fr. march. Brandenb. etc. Joh. Kirchen. — Not. RR. F 54ʳ. (Matheus ab.) **2561**
"	"	verleiht Sigmund Rayser [am Rande: aus Ulm] sowie dessen Schwestern Else u. Margarete ein Gericht über Unzucht u. Frevel in ihrem Dorfe Holzheim (-ain). — KU. w. v. — RR. F 54ʳ. (id. dat.) **2562**
"	"	erlaubt dem Ritter Friedrich v. Seckendorf aus dem Dorfe Hilpoltstein (Hipoltstain) einen Marktplatz zu machen, der gleiche Rechte haben soll, wie andere Märkte, ihn zu befestigen,

1417		
		nach einen Wochenmarkt u. einen oder zwei Jahrmärkte daselbst abzuhalten. — [Ad m. d. r. Joh. Kirchen. — RR. F 54ᵛ]. — Or.ᵃ Nürnberg Kr.-A. — Reg. Boic. 12, 264. **2563**
Sept. 20	Konstanz	verspricht dem zeitigen Bürgermeister v. Konstanz Heinrich Ulmer, der ihm 27½ Fuder Wein zu 24 Gulden, also für 660 rhein. Gulden verkauft hat, wovon durch Konrad v. Weinsberg 300 bezahlt sind, die noch schuldigen 360 Gulden bis auf Martini zu zahlen, u. setzt den Weinsberg als Bürgen: »wann er in hermanet, so sol er im mit einem knecht u. pherde leisten in eines offen wirtes huß zu Costentz, das im dann benempt wirt u. sol also lang leisten, biß er houpt gütz u. schaden bezalt wirt.« — Per d. Conrad. de Winsperg magistrum camere Mich. Prag et Wrat. eccles. can. — R — Or. (auch v. Weinsberg besiegelt: durchschnitten) Öhringen [nicht in RR.]　　(Matheus abend, Röm. 7!) **2564**
» 22	»	verpfändet der St. Sankt Gallen für v. ihr vor längerer Zeit erhaltene 2000 Gulden die jährlich v. ihr zu entrichtende Reichssteuer. — [Ad m. d. r. Houpt marescalko referente Joh. Kirchen. — Or. St. Gallen Stadt-A.; Kop. ib. Stifts-A.; RR. F 54ᵛ mit KU: Ad m. d. r. Joh. Kirchen!] — Vgl. Hartmann, G. d. St. St. Gallen (1818) 116. **2565**
»	»	verleiht Heinz Turrigel folgende Lehen: einen Hof zu Erlangen, ein Gut am Eschenau, das Dorf Burkersdorf, ein Gut zu Geinansperg [?], ein Gut zu Kirchen-Röttenbach (K.-Roten-), einen Zehnten zu Rampertshof (-radorf), eine Wiese bei Sittenbach, einen Zehnten zu See, ein Gut zu Mörsbrunn, einen halben Zehnten zu Ebach (I-), die Lehen der Kunhover zu Schnaittach (Snaitach), eine Wiese zu Petensiedel (Pettensid-), die Lehen zu Simmelsdorf (Sume-). — Per d. Frid. march. Brandenb. etc. Joh. Kirchen. — Not. RR. F 53ᵛ u. 54ʳ. (mi. nach Matheus). **2566**
» 23	»	belehnt Kaspar v. Blindheim (Blinthain) als Lehenträger der Agnes v. Adelmansfeld[en] mit einer »wismat« zu Allerheiligen (berg) nebst Zubehör. — Per d. L. de Otingen et G. de Swartzburg Joh. Kirchen. — Not. RR. F 54ᵛ.　　(donerstag nach Matheus). **2567**
»	»	befiehlt dem Kapitel u. Klerus des Bistums Verden, um das sich Heinrich v. Hoya u. Ulrich [Otto] gestritten haben, nunmehr, da letzterer unter Mitwirkung des Konzils das Bistum Seckau erhalten habe, Heinrich als Bischof anzuerkennen. — KU? — Hartzheim, Conc. Germ. 5, 732; Scheidt, Cod. dipl. (1759) 811 ff.; nach Hds. 22 d. Wien. Staats-A. Reg.: Arch. f. österr. Gesch. 59, 17. **2568**
»	»	fordert den Hrz. Wilhelm v. Lüneburg auf, das v. dessen Vater Heinrich einst dem Verdener Stifte entrissene Schloss Rothenburg [Hannov. A.-O.] dem B. Heinrich v. Verden zurückzugeben. — KU? — Hartzheim, Conc. Germ. 5, 733; Scheidt, Cod. dipl. 817 f.; Reg. nach Hds. 22 . . . Arch. f. österr. Gesch. 59, 17. **2569**
» ?	»	fordert die Obrigkeiten in Sachsen, Westphalen, Thüringen u. Hessen auf, eine dem B. v. Verden entrissene Burg diesem wieder zurückzugeben. — KU? — Nach Hds. 22 . . . Reg. ib. 59, 15. — ib. 17 eine Aufforderung an Vasallen der Anerkennung Heinrichs v. Hoya als B. u. Wiedergabe des Schlosses Rothenburg; wohl ident. mit 1417 Dez. 23. **2570**
» 24	»	verleiht die Güter zu Wüstendorf Adelmansgeseß [?] u. Steinbühl (-hol) nebst dem Zehnten zu Steinbühl, welche ihm Ulrich Haller der ältere Bürger zu Nürnberg aufgesagt hat, auf dessen Bitten dem Ritter Ehrenfried v. Seckendorf, Hauptmann des Landfriedens in Franken, u. dem Andreas Haller, dem Sohne des Ulrich. — Per d. Frid. marchionem Brandenburg. etc. Joh. Kirchen. — RR. F 54ᵛ.　　(frit. nach Matheus). **2571**
» 25	»	bestätigt die Privilegien des Bamberger Domkapitels. — Ad m. d. r. Joh. Kirchen. — R — Or. Bamberg; RR. F 58 mit KU: Per d. Fr. march. Brandenburg. etc. Joh. Kirchen! (sampstag vor Michels tag). **2572**
»	»	bestätigt die Privilegien des Frauenkl. Löwenthal (Konstanzer Bistum) u. fügt eine Anzahl neuer hinzu, u. a. das Verbot für die St. Bochhorn Unterthanen des Kl. als Bürger aufzunehmen. — Per d. L. comitem de Ötingen magistrum curie Joh. Kirchen. — R — Or. u. Vid. des Sigfr. Völk. freien Landrichters auf der Leutkircher Haide v. 1434 Aug. 31 Stuttgart; Kop. München R.-A.; RR. F 59ᵛ u. 60ʳ.　　(sampst. vor Michels t.) **2573**
» 27	»	belehnt Heinrich v. Schopfloch, den Abgesandten des erkrankten Albrecht Berlin, Bürgers zu Dinkelsbühl, für diesen mit dem Weiler zu Aichach. — Per d. F. march. Brandenburg etc. Joh. Kirchen. — RR. F 56ᵛ.　　(mo. vor Michels t.) **2574**

1417		
Sept. 27	Konstanz	dispensiert den Gr. Friedrich v. Ortenburg v. der Verpflichtung seine Lehen persönlich zu empfangen. — KU. w. v. — RR. ib. (id. dat.) **2575**
„	„	erklärt allen Herren im Elsass u. Saudgau, die v. Hrz. Friedrich v. Österreich Lehen gehabt oder Pfandschaften besessen, dass er dem Gr. Hans v. Lupfen Vollmacht erteilt habe, dieselben zur Erbhuldigung für Kg. u. Reich zu berufen u. sie wieder in den rechtmässigen Besitz ihrer Lehen u. Pfandschaften einzusetzen. — KU? — Kopialb. v. Höwen 1, 28: Donaueschingen Arch. — Reg.: Ztschr. d. Ges. f. Geschichtsk. v. Freiburg 3, 371 f. (fälsch l. zu 1418 Sept. 26; mo. vor Mich.) **2576**
„	„	versucht nochmals die Reformation vor der Pabstwahl durchzusetzen. — Tagebuch Fillastres: Finke, Forsch. u. Quellen 227. **2576a**
„ 28	„	zeigt der Kgn. Maria v. Jerusalem, der Gouverneurin v. Tarent u. Lecce, an, dass ein neapolitanischer Edelmann den v. Gregor XII eingesetzten B. Thomas v. Lecce seines Bistums beraubt habe, u. bittet, ihn wieder einzusetzen. — KU? — Hds. 22 d. Wiener Staats-A. — Arch. österr. Gesch. 59, 95. **2577**
„ ?	„	fordert einen Unbekannten auf, die dem B. Thomas v. Lecce unrechtmässig entzogenen Güter wieder zurückzugeben. — KU? — Aus der Hds. Reg. ib. 17. (s. d.) **2578**
„	„	teilt Oswald v. Wolkenstein mit, dass er mit seinem Heere am 24. Okt. in Feldkirch zu sein beabsichtige. — KU? — Or.° Nürnberg Germ. Nationalmus. — Ztschr. d. Ferdinand. f. Tirol 3. Folge, Heft 27, 63.; Reg.: Mitteilungen a. d. Germ. Nationalmus. 1890, 98. **2579**
„	„	schreibt an Frankfurt Friedberg Gelnhausen u. Wetzlar, dass er im Begriffe stehe, gegen den Hrz. Friedrich v. Österreich, der dem sogen. Papst Johann XXIII freventlich aus Konstanz geholfen, den B. v. Trient vertrieben habe u. gegen Eidschwur die Güter v. Wittwen u. Waisen in Besitz behalte, einen Kriegszug zu unternehmen; er fordere sie ernstlich auf, fünfzig Mitgleven zu Okt. 24 nach Feldkirch zu schicken. — KU? — Nach? Reg.: Janssen, Frankf. Reichskorr. 1, 11; vgl. auch Invent. d. Frankf. St.-A. 1, 92 (s. d.) **2580**
„	„	desgl. an Hagenau Kolmar Schlettstadt Kaisersberg [Ober-] Ehnheim Mülhausen. — Ad m. d. r. Joh. Kirchen. — Or. Mainz; Kop. Colmar Stadt-A. (Michels abend.) **2581**
„	„	desgl. an Strassburg. — KU. w. v. — Or. Strassb. St.-A. (id. dat.) **2582**
„ 29	„	desgl. an Freiburg, Breisach, Neuenburg, Kenzingen u. Endingen; schickt an diese Städte den Hans v. Lupfen, Landvogt im Oberelsass u. Heinrich Röder, des Mkgr. Bernhard v. Baden Unterlandvogt im Breisgau. — KU? — [Kop. Freiburg. Albert]. — Schreiber, Urkb. v. Freiburg 2, 276; vgl. Fester, Reg. d. Mkgr. v. Baden. nr. 2988. (Michels t.) **2583**
„ 30	„	bestätigt die Privilegien der westlichen u. östlichen Friesen, erklärt alle gegen dieselben eingegangenen Bündnisse für ungiltig u. verspricht die Friesen niemals vom Reiche zu trennen u. sie ausserhalb ihres Landes nicht zu Kriegsdiensten heranzuziehen. — Ad m. d. r. Joh. Kirchen. — [R? — Or. Aurich Wagner; RR. F 57; auch RR. D 12ᶜ — 14]. Hds. 22 d. Wiener Staats-A.; vgl. Arch. f. österr. Gesch. 59, 14; Kop. Groningen; vgl. Reg.: Feith, Reg. v. het archief v. Groningen 1, 63. — Gedr. Mieris, Groot Charterboek der Graven v. Holland 4, 413 ff.; Schwartzenberg, Groot Placat van Vriesland 1, 396 ff.; Friedländer, ostfries. Urkb. 1, 208 ff. (hier Kop. u. Drucke angegeben); vgl. auch Gedenkw. van Gelderland 3, 341. **2584**
„	„	nimmt, da er weiss, dass einige Fürsten die freien Friesen unterwerfen wollen, Ost- u. Westfriesland in seinen besonderen Schutz, verlangt aber dafür, dass zu Gunsten der königlichen Kammer der hundertste Pfennig v. den fremden Kaufmannswaaren in Stavoren u. den anderen friesischen Häfen erlegt werde. — KU. w. v. — RR. F 37ᶜ u. 58ᶜ. — Ausz.: Friedländer, Ostfries Urkb. 2, 719; vgl. auch Reg. nach Hds. 22 d. Wien. Staats-A.: Arch. f. österr. Gesch. 59, 13. **2585**
„	„	erklärt die Friesen für reichsunmittelbar u. entbindet sie v. dem Gehorsam gegen den Häuptling Ocko, den Sohn des Keno; sie sollen dem Reiche zu Händen des Sigfried v. Wendingen u. Nikolaus Bundlen huldigen. — KU? — Hds. 22 d. Wien. Staats-A. — Arch. f. österr. Gesch. 59, 61 f. (datum ut supra, was auch auf Okt. 7 bezogen werden kann). **2586**

1417		
Sept. 30	Konstanz	giebt den Friesen noch das Recht Münzen nach bestimmter Vorschrift zu prägen. — [Ad m. d. r. Joh. Kirchen. — RR. F 58ᵛ u. 59ʳ. — Hds. 22 d. Wien. Staats-A. — Arch. f. österr. G. 59, 58 ff. **2587**
» Ende	»	fordert den B. [Heinrich] v. Winchester (Vinctoniensis), den Oheim des englischen Königs, der auf einer Reise nach Jerusalem begriffen sich in Ulm befand, auf, nach Konstanz zu kommen; holt denselben mit 3 Kardinälen feierlich ein. — Tagebuch Fillastres: Finke, Forsch. u. Quellen 227. **2587a**
Sept. Okt.	»	giebt dem B. Heinrich v. Winchester Geleit für dessen Reise nach dem heiligen Grabe zu Jerusalem. — KU? — Hds. 22 d. Wiener Staats-A. — Arch. f. österr. Gesch. 59, 134 f. **2588**
» ?	»	bittet das Konstanzer Konzil, die wegen Blutsverwandschaft unstatthafte Ehe zwischen Hrz. Johann v. Brabant u. der Gräfin Jacobaea v. Holland nicht zu gestatten. — KU? — Miеris, Charterboek d. grav. van Holland 4, 422. **2589**
Okt. 1	»	verpfändet dem Hrz. Heinrich v. Baiern eine Anzahl Kleinodien (u. a. ein band umb das bein samt Görgen gesellschaft, als der kung v. Engelland treibt) um 6000 ungar. Gulden bis Juni 24; nach diesem Termine darf der Hrz. die Pfänder weiter versetzen oder im Beisein v. Abgeordneten Sigmunds, der 6 Wochen vorher benachrichtigt werden soll, verkaufen: der etwaige Überschuss soll an Sigmund gezahlt werden. — Ad m. d. r. Joh. Kirchen. — R — Or. München Geh. St.-A.; RR. F 56ʳ.　(frit nach Michels t.) **2590**
»	»	gebietet den Reichsstädten Regensburg Köln Mainz Strassburg Worms Speier Basel Augsburg Konstanz Nürnberg Frankfurt Ulm u. anderen Reichsstädten mit Genua statt mit Venedig Handel zu treiben u. zu Besprechungen über diese neue Handelsverbindung Geschäftskundige nach Konstanz zu schicken. — KU. w. v. — R — Or. Nürnb. Kr.-A. u. Stuttg. St.-A.; RR. F 62; Kop. Frankfurt u. Strassburg Stadt-A. — RTA 7, 361 ff. **2591**
» 2	»	verbietet auf Bitten des Abtes Siegfried v. Ellwangen (Benedictiner-Kl., Augsburger Diözese) Unterthanen dieses Kl. abtrünnig zu machen u. als eigene aufzunehmen. — Per d. Frid. march. Brand. etc. Joh. Kirchen. — R — Or. Stuttgart; RR. F 61ᵛ u. 62ʳ.　(sampst. nach Michels t.) **2592**
»	»	giebt Sigfried v. Wendingen u. dem Nicolaas Dunzlau (Wratislaviensis ducatus cancell.) Vollmacht die Streitigkeiten in Friesland zu schlichten. — [Ad m. d. r. Joh. Kirchen. — RR. F 58]; Vid. v. 1420 Juni 5 Bremen. — Friedländer, Ostfries. Urk.-B. 1, 212: Bremisches Urk.-B. 5, 154 ff. **2593**
»	»	fordert die friesischen Gemeinden v. Ostergo Westergo Smeylburgerland Schotterwerf Upsterland u. die andern 8 friesischen Parochien auf, seinen Boten Sigfried v. Wendingen (Wemmin-) u. Nikolaus Dunzlau die am Himmelfahrttage fällig gewesene Reichssteuer zu entrichten. — KU. w. v.　— RR. F 58ᵛ.　(2. die oct.) **2594**
» ?	»	fordert dieselben friesischen Gemeinden auf, ihm ein subsidium charitativum zu den Konzilskosten zu bewilligen u. es seinen beiden Einnehmern einzuhändigen. — KU? — Aus Hds. 22 d. Wien. Staats-A. Arch. f. österr. Gesch. 59, 62 ff. (s.d.) **2595**
» 4	»	nimmt das Nonnenkl. zu Engelthal in den Reichsschutz u. bestätigt ihm alle Privilegien. — [Per d. Frid. march. Brand. etc. Joh. Kirchen. — R — Or. u. Vid. v. 1445 Juni 28 Nürnberg Kr.-A.; RR. F 56ᵛ u. 57ʳ] — Reg. Boic. 12, 265. **2596**
»	»	befiehlt der St. Stavoren (Stauren), da er zu Gunsten des Reichs in Friesland einen Zoll errichtet, in ihrer St. u. allen andern friesischen Häfen Zollbeamte einzusetzen u. v. allen Ankömmlingen Zoll zu erheben. — [Ad m. d. r. Joh. Kirchen. — RR. F 58ᵛ]. — Reg. nach Hds. 22 d. Wien. Staats-A. (s. d.): Arch. f. österr. Gesch. 59, 15. (quart. die oct.) **2597**
»	»	gebietet seinem Landvogt in Schwaben Hans Truchsess v. Waldburg das Nonnenkl. zu Löwenthal bei seinen Rechten zu schirmen u. hierzu nötigenfalls Überlingen, Ravensburg, Lindau u. Konstanz um Hilfe anzurufen. — [Per d. L. comitem de Otingen mag. curie Joh. Kirchen. — R — Or. München R.-A.; nicht in BR] — Reg. Boic. 12, 265. **2598**
	Okt. 5 Konstanz:	schreibt der St. Lüneburg betr. B. Ulrich v. Seckau. — Aschbach 4, 525. — s. nr. 2602. **2598a**

1417		
Okt. 6	Konstanz	dankt den Florentinern für den durch zwei Gesandte ausgesprochenen Ausdruck v. Anhänglichkeit u. erteilt dem Abte v. Santa Maria zu Florenz, Nicolaus de Gasconibus, einen Credenzbrief. — KU? — Hds. 22 d. Wiener Staats-A. — Reg.; Arch. f. österr. Gesch. 59, 18. **2599**
„ 7	„	befiehlt dem St. Freiburg, dem Schaffhausener Bürger Rade Scharlin die Ausführung des von ihm in Freiburg gekauften, für den kgl. Hof bestimmten Getreides zu gestatten. — Ad m. d. r. Joh. de Strigonio prep. et vicecanc. — o. R — Or. Freiburg. — Schreiber, Urkb. v. Freiburg 2, 282. **2600**
„ „	„	befreit die St. Löwen, welche noch immer an den Folgen der 1358 durch Peter Conteriel hervorgerufenen Revolution laboriert, v. der Zahlung v. Zinsen u. Pensionen auf 15 Jahre u. gewährt ihr auch sonst Erleichterung. — KU? — [RR. E 204ᵛ u. 205ʳ] — Nach Hds. 22 d. Wien. Staats-A. Arch. f. österr. Gesch. 59, 51 ff. **2601**
		Okt. 7: erklärt die Friesen für reichsunmittelbar u. entbindet sie v. dem Gehorsam gegen den Häuptling Okko. Arch. f. österr. Gesch. 59, 61. — s. nr. 2586. **2601a**
„ 9	„	befiehlt den Lüneburgern dafür zu sorgen, dass der jetzt zum B. v. Seckau ernannte Ulrich, früher B. v. Verden, die Einkünfte aus diesem Stift noch für das letzte Jahr erhält. — Per d. Fridericum march. Brandenb. etc. Joh. Kirchen. — [o. R — Or. Lüneburg.] — Hartzheim, Concil. Germ. 5, 734; Scheidt, Cod. dipl. (1759) 815 f. **2602**
„ „	„	vermittelt einen Vergleich zwischen Gr. Friedrich zu Zollern dem Älteren gen. der Ötinger u. der Reichsstadt Rottweil. — Per [d.] Fr. march. Brandenburg. [etc.] Joh. Kirchen. — [R] — Or. Stuttgart; [RR. F 57ʳ]. — Mon. Zoller. 1, 515. **2603**
[„ 11]	„	schlägt die 22000 rhein. Gulden (20000 sind für ihn an Basel bezahlt, 2000 hat er persönlich empfangen), die ihm Hrz. Johann v. Baiern, Gr. zu Holland geliehen, auf die Pfandsumme, um welche Luxemburg v. Kg. Wenzel an die Hrz. Elisabet v. Brabant verpfändet ist. — Ad m. d. r. Joh. Kirchen. — RR. F 54ᵛ o. Dat. enthalten in dem Bürgschaftsbrief des Mrkgr. Friedrich v. Brandenburg u. Gr. Ludwig v. Öttingen, der mo. vor s. Gallen ausgestellt ist; vielleicht trug Sigmunds Urk. das Dat. Sept. 16; vgl. nr. 2556. **2604**
„ 12	„	bestätigt dem Janko v. Chotiemitz die ihm v. seinem Bruder Kg. Wenzel (1612 Jan. 12) verliehenen Vergabungen u. Privilegien in den Landen Schweidnitz u. Böhmen. — Ad m. d. r. Wigeleys Schenk referente Joh. Kirchen. — R — Or. Schweidnitz; RR. F 58ᵛ mit KU: Ad m. d. r. Joh. Kirchen. (zinst. nach Dionys.) **2605**
„ 13	„	bestätigt die Privilegien der Reichsstadt Deventer. — [Per d. Fr. march. Brandemb. etc. Joh. Kirchen. de Hulla; RR. F 62ᵛ mit KU: Ad m. d. r. d. Frid. march. Brandenb. ref. Joh. Kirchen.] — Nach Vidim.: Dumbar, Het kerkelyk en wereltlyk Deventer (1732) 565. — Im Inventaris van het Deventer-Archief nr. 320 ist diese Urk. beim J. 1477 [!] verzeichnet. Nach Mitteil. des Herrn Stadtarch. Dr. de Hulla ist das Datum nicht mehr zu lesen, auch fehlt der Registraturvermerk, wahrscheinlich ist es nur eine Abschrift. **2606**
„ „	„	beauftragt den Gr. Hans v. Lupfen (Landvogt im Oberelsass u. Sundgau), da Adelheid Rotbach, Äbtissin des Kl. Masmünster, über Ungerechtigkeiten seitens Friedrichs v. Österreich geklagt habe, sie mit allen Mitteln in ihren Rechten, die sie nach zweijährigen Klagen namentlich vor dem Konzil zu Konstanz geltend gemacht habe, zu schützen. — [Per d. G. episc. Patav. Joh. Kirchen.] — RR. F 59ᵛ. — Reg.: Zuschr. d. Gesellsch. f. Geschichtsk. v. Freiburg 3, 361 f. **2607**
„ „	„	belehnt den Rüdiger v. Sparneck (-eke) mit folgenden Reichslehen, die dessen Eltern bereits gehabt: [Gr-] Waldstein, Schloss Sparneck; den Dörfern Benk (Pencte) Zell (Cz-) Bärlas (Berlins) Gottmannsgrün (Gösbigrim) Förmitz [?] Volkenreuth (Forkenrewt); den Wüstungen Schieda Settelngrün [?] Meyerhof, den Dörfern Elbersreuth (Albrechtsreut), Heinersreut, Germersreuth, Gross-Losnitz, Klein-Losnitz, Fleisnitz, mit Gütern zu Mussen, Oberamtrass, Poppenreuth, Helmbrechts (Hildprecht), Schlegel, Seulbitz (Seil-). Martin-Lamitz. — Per d. Fr. march. Brandenburg. etc. Joh. Kirchen. — RR. F 59 (mi. vor Gallen.) **2608**
„ 14	„	ersucht den Hrz. Amedeo v. Savoyen, die gegen Michael, angeblichen EB. v. Embrun, erlassenen Mandate auszuführen. — KU? — Aus Hds. 22 d. Wien. Staats-A. Arch. f. österr. Gesch. 59, 81 f. **2609**

1417		
Okt. 19	Konstanz	

macht bekannt, dass die Gerichtsverhandlung zwischen den Hrz. Ludwig u. Heinrich v. Baiern [vgl. nr. 2534] an diesem Tage fortgesetzt worden ist. Die Hrz. erscheinen mit allen nötigen Urkunden u. versprechen mit Handgelöbnis, sich nach dem kgl. Richterspruch zu richten; dieser erfolgt: es wird entschieden, dass der zu Möringe(n) erlassene Anlassbrief u. der Ausspruch der schon früher v. den Hrz. erwählten Schiedsrichter, des B. Berthold v. Freisingen u. des Burggr. Friedrich v. Nürnberg, dahin in Kraft bleiben soll: Hrz. Heinrich soll bei seinem ererbten Lande so lange verbleiben, bis Hrz. Ludwig beweist, dass jener Anlassbrief u. der Schiedsspruch ungiltig seien. Richter: Johann EB. zu Riga, Georg B. v. Passau, Georg B. v. Trient, Johann B. v. Lebus, Albrecht B. v. Regensburg, Nikolaus B. v. Merseberg, Johann B. v. Brandenburg u. Siegfried Abt v. Ellwangen u. Konrad Abt v. Pegau, zugleich auch im Namen des B. Johann zu Chur. — Per d. regem Joh. Kirchen. — [o. R.! — Or. (in Codexform, 6 beschriebene Blätter) u. Vid. v. 1437 Nov. 5 München R.-A.; RR F 64 u. 65ᵛ mit KU: Ad m. d. r. J. K.] — Bericht über die Frag (vgl. Juli 7) 42 ff.; Lünig. Corp. jur. feud. 1, 1841.; vgl. Reg. Boic. 12, 266.   **2610**

bestätigt dem Leutold v. Kranichberg [bei Glognitz] sowie dessen Brüdern Sigmund Friedrich Anton u. Haug, da ihm Urkunden K. Konrads des andern (III) v. 1142 [Stumpf nr. 3446] vorgewiesen werden, deren Erbe zu Petronell [bei Hainburg unterhalb Wien] v. der Mitte der Donau bis zur Mitte der Leitha nebst allem Zubehör. — Ad m. d. r. dno. Tridentino referente Joh. Kirchen. — RR F 62ᵛ.   (zl. nach Gallen.)   **2611**

    »   Oct. 19: Der Hofgerichtsschreiber Peter Wacker ladet den Hildesheimer Rat vor das kaiserl. Hofgericht zur Verantwortung gegen die Klage Dyderichs v. Heynde. — Or. Hildesheim. — Urk.-B. v. Hildesheim 3, no. 792.   **2611a**

    » 20   »   stellt den Baseler Bürgern Heinrich v. Biel u. Dietrich v. Ziel (Tz-) als Bürgen für seine Schuld v. 8000 rhein. Gulden (fällig 1418 Febr. 13) den Mrkgr. Friedrich v. Brandenburg. die Gr. Günther v. Schwarzburg, Ludwig v. Öttingen, Eberhard v. Nellenburg, Konrad v. Freiburg, Friedrich v. Toggenburg, Hans v. Lupfen sowie die Herren Frischhans u. Hans Konrad v. Bodman, Wigleis Schenk v. Geiern. — [Ad m. d. r. Joh. Kirchen.] — RR. F 60. — Vgl. Reg.: Ztschr. d. Ges. f. Geschichtsk. v. Freiburg 3, 362 == Ztschr. d. Ver. f. d. Bodensee 12 Arch. 61.   **2612**

    »   »   verspricht dem

       Mrkgr. Friedrich v. Brandenburg   **2613**

       Gr. Günther v. Schwarzburg   **2614**

       Gr. Ludwig v. Öttingen   **2615**

       Gr. Eberhard v. Nellenburg   **2616**

       Gr. Konrad v. Freiburg   **2617**

       Gr. Friedrich v. Toggenburg   **2618**

       Gr. Johann v. Lupfen   **2619**

       Frischhans v. Bodman   **2620**

       Hans Konrad v. Bodman   **2621**

       Wigleis Schenk v. Geiern,   **2622**

dass ihnen die gegen die Baseler Bürger Heinrich v. Biel u. Dietrich v. Ziel eingegangene Bürgschaft keinen Schaden bringen soll. — KU. w. v. — Not. RR. 66ᵛ.   (zl. nach Gallen.)

stellt den Baseler Bürgern Oswald Wartenberger, Hans Waltenhoim u. Claus v. Moß als Bürgen für seine Schuld v. 7000 rhein. Gulden (fällig 1418 März 6) den Mrkgr. Friedrich v. Brandenburg, die Gr. Günther v. Schwarzburg, Eberhard v. Nellenburg, Konrad v. Freiburg, Friedrich v. Toggenburg, Johann v. Lupfen, die Herren Frischhans v. Bodman, Wigleis Schenk v. Geiern u. Hans v. Homburg. — [Ad m. d. r. Joh. Kirchen. — R — Or. Öhringen;] RR. F 60ᵛ. — Vgl. Reg.: Ztschr. ... v. Freiburg 3, 362.   **2623**

    »   »   verspricht dem

       Mkgr. Friedrich v. Brandenburg   **2624**

       Gr. Günther v. Schwarzburg   **2625**

1417		
		Gr. Eberhard v. **Nellenburg**
		Gr. Konrad v. **Freiburg**
		Gr. Friedrich v. **Toggenburg**
		Gr. Joh. v. **Lupfen**
		Frischhans v. **Bodman**
		Wigleis Schenk v. **Geiern**
		Hans v. **Homburg**,

dass ihnen die gegen die Baseler Bürger Oswald Wartenberger, Hans Waltenheimer u. Claus v. Moß eingegangene Bürgschaft keinen Schaden bringen soll. — KU. w. v. — Not. RR. lb.

Okt. 20 | **Konstanz** | entbietet dem Gr. Hans v. **Lupfen** seinem Landvogt, er möchte etlichen Bürgern v. Basel gegenüber für 7000 rhein. Gulden fällig auf März 6 u. für 8000 rhein. Gulden fällig auf Febr. 13 als Bürge u. Selbstschuldner, jedoch ohne Schaden für diese Bürg- u. Schuldschaft sich stellen. — [KU. w. v.] — RR. F 81. — Reg.: Ztschr. d. Gesellsch. f. Geschichtsk. v. Freiburg 3, 362. — Identisch mit nr. 2629? Vgl. auch nr. 2637.   **2633**

„ | „ | ernennt den Mrkgr. Friedrich v. **Brandenburg** zu seinem Statthalter auf dem Konzil, überträgt ihm besonders den Schutz der Konzilsbesucher u. befiehlt den Reichsstädten am Bodensee n. in Schwaben, vor allem der St. Konstanz u. dem Reichslandvogt in Schwaben den Mrkgr. Friedrich zu unterstützen. — Ad m. d. r. Joh. Kirch. — RR. F 63ʳ.   (mi. nach Gallen.)   **2634**

„ | „ | verleiht dem B. Johann v. **Eichstädt** die Regalien u. befiehlt ihm den Lehnseid in die Hände des Burggr. Friedrich v. Nürnberg zu leisten. — [Per d. Fr. march. Brandemb. etc. Joh. Kirchen. — R — Or. München R.-A.; RR. F 62ʳ]. — Reg. Boic. 12, 266.   **2635**

„ | „ | ersucht den Gr. Konrad v. **Freiburg**, Herren zu Welsch-Neuenburg, für 7000 rhein. Gulden, die er 1418 März 6. u. etliche 8000 Gulden, die er 1418 Febr. 13, an die St. Basel zahlen muss, dieser St. gegenüber Bürge zu sein u. verspricht ihn rechtzeitig aus dieser Bürgschaft zu lösen. — Ad m. d. r. Joh. Kirchen. — RR. F 66ʳ.   (mi. nach Gallen.)   **2636**

„ | „ | desgl. den Gr. Hans v. **Lupfen**, Landgr. v. Stühlingen. — KU. w. v. — RR. F 81ʳ.   (id. dat.)   **2637**

„ | „ | verpfändet seinem Diener Hans v. **Königseck** (Kungseke) für ihm an Lohn schuldige 800 rhein. Gulden u. für 1000 rhein. Gulden, die K. ihm geborgt, die Martini fällige Stadtsteuer v. Kempten bis zur Wiedereinlösung. — Per d. Fr. march. Brandenburg. etc. Joh. Kirchen. — RR. F 63.   (mi. nach Gallen.)   **2638**

„ | „ | verleiht den Bürgern v. **Konstanz** wegen ihrer Haltung während des Konzils u. wegen ihrer durch den Appenzeller Krieg verarmachten Kosten verschiedene Freiheiten (Jahrmarkt, rotes-Wachs-Siegel, Vogteigericht in Petershausen). — Ad m. d. r. Friderico marchione Brandenb. referente Joh. Kirchen. — R — Or. Karlsruhe; [RR. F 61ᵛ mit KU. m. d. r. Joh. Kirch.] — Stumpf, Const. Konz. 147 f.; Tschudi, Chron. Helvet. 2, 79 f.; Marmor, Geschichtl. Topographie d. St. Konstanz (1860) 316 f.; vgl. Gengler, cod. iur. municip. 1, 645 f.; Zeitschr. f. Gesch. d. Oberrh. NF. 3, 439; Ruppert, Chronik. d. St. Konstanz 333 f.   **2639**

„ | „ | verpfändet der St. **Konstanz** für zwei ihm gegebene Darlehen v. 1600 u. 1600 Gulden das Landgericht zu Winterthur, den Wildbann im Thurgau, die Vogtei zu Frauenfeld. Diethelm v. Wollhausen soll aber Landrichter bleiben, solange er lebt. — KU. w. v. — R — Or. Karlsruhe; [RR. F 61 mit KU. w. v.; Kop. Luzern Staats-A.]; Kop.: Abschriften d. St. Fryheiten f. 25 in Konstanz. — Tschudi 2, 80 f.; vgl. Gengler 646; Wegelin, Landvogtei in Schwaben 2, 193 ff. — Reg.: Marmor, Urk.-Auszüge z. G. d. St. Konstanz 52 f.; Ztschr. f. G. d. Oberrh. NF. 3, 439.   **2640**

„ | „ | verleiht dem Hans **Rapolt** v. Ladenburg (Laudem-) u. dessen Erben ein Wappen. — Per d. Frid. march. Jo. K. — Not. RR. F 65ʳ.   (mi. nach Gallen.)   **2641**

„ | „ | beauftragt seinen Hofrichter den Gr. Günther v. **Schwarzburg**, der Gr. Halipdis de Bancio in der inserierten Klagsache (sie fehlt!) den verlangten Rechtsgang einzuleiten u. beauftragt ihn, den Hrz. Amadeus v. Savoyen u. dessen Anhänger vorzuladen. — [Per d. episc. Lubucens.

24*

1417

Joh. de Strigon. prepos. et vicecanc.] — Wien H. H. u. St.-A. Hds. 22 f. 17. — Reg.: Arch. f. österr. Gesch. 59, 9.   **2642**

Okt. 20: Zu Sigmunds Verhalten beim Überfalle des Hrz. Ladwig v. Baiern durch Hrz. Heinrich v. Baiern vgl. Ulrich v. Richental 115; Windecke 84.   **2642a**

Okt. 21   ist etwa vom 21. Okt. bis Anf. Nov., in welcher Zeit im Konzil über die Papstwahl verhandelt wurde, zur Freude der Konzilsväter abwesend [vgl. Nov. 4]. Tagebuch Fillastres: Finke, Forsch. u. Quellen 231. »Und rait darnach [nach Okt. 20] gen Minegg gen Veltkirch u. daselbs in dem land umb; u. kam gen Zürich, do beleib er ain tag u. für darnach widar gen Constantz.« Ulrich v. Richental 115. Nach Tschudi, Chron. Helv. 1, 12 verliess S. am 21. Okt. Konstanz, war am 22. in Feldkirch, am 23. in Werdenberg, am 24. in Wallenstadt, übernachtete am 25. in Rapperschwyl u. fuhr am 26. zu Schiff nach Zürich. — vgl. auch Basler Chroniken 5, 227.   **2642b**

» 23   o. O.   weist die St. Kempten an, ihre Reichssteuer für 1418 an Johann v. Königseck zu entrichten. [vgl. nr. 2638]. — Per d. Fr. march. Brandenburg. etc. Joh. Kirchen. — Not. RR. F 64ʳ. (sa. ante fest. Simon. et Jude.)   **2643**

»   Konstanz   bestätigt den Bürgern v. Mülhausen die v. seinen Vorfahren erteilte Erlaubnis, für die Befestigung der St. eine Abgabe v. Wein, Getreide u. für Passierung der Brücken erheben zu dürfen, erklärt, dass diese Abgabe auch v. Fremden, soweit sie nicht besonders befreit seien, zu zahlen sei, knüpft aber die Bedingung daran, dass sie nicht erhöht u. nur bestimmungsmässig verwandt werde; ermächtigt die Bürger im Interesse der Befestigung ihre Gräben u. Kanäle nach Bedarf zu ändern, solange keine Rechte Dritter verletzt würden; bestimmt, dass die Juden in Mülhausen den Bürgern daselbst nur auf bewegliche Habe, nicht auf Grundbesitz leihen dürfen. — Per d. G. comitem de Swarczburg judicem curie Joh. Kirchen. — R — Or. Mülhausen; [RR. F 63ᵛ mit KU: Per d. Frid. march. Brandeburg. etc. Joh. Kirchen.] — Mossmann, Cartul. de Mulhouse 1, 482 f.   **2644**

» 27   Zürich   erscheint hier u. ersucht um Hilfe gegen Hrz. Friedrich v. Österreich. — Aus dem Züricher Stadtbuch: Samml. d. Alt. Eidgenöss. Abschiede 1, 188 f.   **2644a**

» 28   Konstanz   bekennt, dass der B. Johann v. Eichstädt alles bezahlt hat, was v. ihm wegen Verleihung der zum Stift Eichstädt gehörigen Regalien auf Grund der Goldenen Bulle an den Kanzler, Hofmeister, Marschall, Kämmerer, Schenk u. Küchenmeister zu entrichten war. — [Per d. Fr. march. Brand. etc. Joh. Kirchen. — R — Or. München R.-A.; [nicht in RR]. — Vgl Reg. Boic. 12, 267.   **2645**

»   »   schlägt wegen treuer Dienste dem Jakob Glenter Bürgermeister zu Zürich (dessen Frau Margarete u. Kindern) 200 Gulden auf den Hof Linden bei Altorf, den derselbe früher als Mannlehen v. Österreich gehalt u. nun auch vom Reiche als solches erhalten hat. — Per d. Fr. march. Brandenburg. etc. Joh. Kirchen. — RR. F 64ʳ.   (Symon. u. Jude t.)   **2646**

» 29   Luzern   reitet in Luzern ein u. ersucht die dort versammelte eidgen. Tagsatzung um Unterstützung gegen Hrz. Friedrich v. Österreich; verlässt Luzern am 31. Okt. Aus Luzerner Ratsbuch: Sammlg. d. Alt. Eidgen. Abschiede 1², 188; vgl. nach Basel. Chroniken 5, 227 (Audienz des Henmann Offenburg); die Angaben bei Tschudi 2, 82 verwirrt.   **2646a**

» 30   Konstanz   weist die Städte

           Biberach   **2647**

           Buchhorn   **2648**

           Kaufbeuren   **2649**

           Leutkirch   **2650**

           Memmingen   **2651**

           Ravensburg   **2652**

an, ihre am 11. Nov. fällige Reichssteuer an Frischhans v. Bodman zu zahlen. — Per d. G. de Schwarczburg judicem curie Joh. Kirchen. — Not. RR. F 63ʳ.   (sabb. ante omn. sanct.)

»   »   befiehlt Georg Geltinger, dem Amtmann des Schlosses Rosenberg im Rheinthal, dieses Schloss dem Egli v. Rosenberg abzutreten, da er es demselben als offenes Reichsschloss wieder über-

1417		
		tragen. — Per d. Fr. march. Brandeb. etc. Joh. Kirchen. — RR. F 64ʳ. (za. vor aller-heiligen.) **2653**
Okt. 30	Konstanz	bestätigt dem Augustiner-Kl. zu Rebdorf (»Redorf«, Eichstädter Diözese, Probst Friedrich) alle Rechte u. Privilegien. — [KU. w. v. — R — Or. München R.-A.; RR. F 63ʳ u. 64ʳ]. — Reg. Boic. 12, 267. **2654**
"	"	bestätigt dem Kapitel des h. Martin zu Rheinfelden (Basler Diözese) alle Privilegien. — KU. w. v. — Not. RR. F 65ʳ. (za. ante f. omn. sanct.) **2655**
"	"	bestätigt die Privilegien der St. Zerbst. — [Per d. G. comitem de Swarczburg judicem curie Joh. Kirchen. — R — Or. u. Vidim. v. 1490 März 28 Zerbst Stadt-A.; RR. F 65ʳ u. 66ʳ] — Beckmann, Historia d. Fürstent. Anhalt 1/4, 276 f. **2656**
Okt. ?	"	schreibt an die Friesen, es habe ihn fast zu Thränen gebracht, dass in Groningen u. ander-wärts eine reichsfeindliche Partei mit Hinrichtungen u. Kerkerhaft gegen reichstreue Leute sich vergreife; sie möchten der grossen Macht des Reichs, das mit England u. Dänemark aufs engste verbunden sei, eingedenk sein u. sofort zum Gehorsam zurückkehren. — KU? — Aus Hda. 22 d. Wien. Staats-A. Arch. f. österr. Gesch. 59, 64. **2657**
"	"	bestätigt die Privilegien des Benedictiner-Kl. Pegau (Merseburger Diöz.); im Or. eine nicht näher bez. Urk. Karls IV inser. [nicht bei Böhmer-Huber]. — KU? — Nach Hda. 5077 d. Wien. Hofbibl. (eing. zw. 1414 u. 1416) Neues Arch. d. Ges. f. ält. dtsche. Geschichtsf. 16 (1891), 151 f.; nach Hda. 22 d. Wien. Staats-A. Reg.: Arch. f. österr. Gesch. 59, 7. **2658**
" 31	Lazern	reitet v. Lazern nach Schwyz, wo er übernachtet. Aus Luzerner Ratsbuch: Samml. d. ält. Eidg. Abschiede 1³, 188. **2658 a**
Nov. 1	Schwyz	gelangt v. Schwyz über Einsiedeln nach Konstanz. ibid.; ist doch wohl nicht an einem Tage möglich; nach Tschudi 2, 82 am 6. Nov.; vgl. aber Nov. 4. **2658 b**
" 2	Konstanz	ersucht die Strassburger die 250 Fuder Elsässer- u. Rheinwein, die er dem Kg. v. England schenken will u. jetzt den Rhein hinab sendet, zollfrei passieren zu lassen [vgl. 1418 Febr. 24]. — Ad m. d. r. Joh. Kirchen. — o. R — Or. Strassburg St.-A. (zi. nach allerheiligen.) **2659**
"	"	nimmt den Passauer Kanonikus Stefan Venck unter sein Hofgesinde auf. — Ad m. d. r. Paulus de Tost. — Not. RR. F 84ʳ. (2. die nov.) **2660**
"	"	desgl. den Kleriker der Clermonter Diözese Petrus Tallanderit. — Rex. G. episc. Pat. canc. ref. Franc. — Not. RR. G [!] 128ʳ. (id. dat.) **2661**
" 4	"	»Die Jovis quarto novembris... rex Romanorum reversus est Constanciam [vgl. 2642ᵃ], cui duo cardinales Bononiensis et Senensis querelam fecerunt, quod nulli de obediencia Gregorii fue-rant electi ad eligendum papam. Rex convocavit propter hoc tres cardinales et presidentes ac deputatos nacionum et hec exposuit querens, quid illis responderet. Cui fuit per omnes responsum, quod sublata erat differencia obedienciarum et unicum exile....« Tagebuch Fil-lastres: Finke, Forsch. u. Quellen 232. **2661 a**
" 5	"	belehnt das Kl. zu Kempten [Zürich. Bez. Hinweil] mit der oberen Burg, dem Burgstall u. dem Dorfe zu Böhringen (Worren-), welche Lehen Hrz. Friedrich v. Österreich durch seine Missethaten verwirkt hat. — Per d. G. comitem de Swarczburg judicem curie Joh. Kirchen. — RR. F 65ʳ. (fr. nach allerheiligen.) **2662**
"	"	Nov. 5: Der [Protonotar] Johannes Kirchen bestellt bei dem Goldarbeiter Arnold aus Bommel zwei Reichssiegel (sigilla imperialis majestatis). — RR. F 14ʳ. — Anzeiger f. Kunde d. dtsch. Vorzeit. NF. Bd. 19 (1872), 14. **2662 a**
" 6	"	schlägt dem Gr. Friedrich v. Toggenburg 1000 Gulden auf die Pfandschaft der Herrschaft Feldkirch (vgl. nr. 2518), damit er für diese Summe das banfällig gewordene Schloss Feld-kirch wiederherstelle. — Ad m. d. r. Joh. Kirchen. — R — Or. Wien H. H. u. St.-A.; RR. F 65ʳ mit Dat.: sunt. vor Mart.! = Nov. 7. (za. vor Martins t.) **2663**
"	"	nimmt das Recht für sich allein in Anspruch über das Konklave zu wachen, giebt aber am 7. Nov. nach... Tagebuch Fillastres: Finke, Forsch. u. Quellen 232. **2663 a**
" 7	"	verbietet jedermann den Zutritt zum Kaufhaus in Konstanz, so lange in demselben das Kon-klave abgehalten wird, sowie auch Annäherung eines Schiffes bis auf die Weite eines Arm-

1417		
		brustschusses u. fordert zu strengster Ruhe in den nächstgelegenen Gassen auf. — KU? — Ulrich v. Richental hrsg. v. Buck 116 (fälschl. Okt. 7!) **2664**
Nov. 9	Konstanz	verleiht seinem treuen Diener Henmann **Offenburg** v. Basel für dessen Lebzeiten das Recht ebenso wie die Reichs-Landvogt am Rhein u. im Thurgau im Bache Sisseln zwischen [Gr.] Laufenburg u. Säckingen zu fischen u. befiehlt den jeweiligen Landvögten u. Besitzern des Schlosses Laufenburg, dieses Privileg des Offenburg zu beachten. — Per d. Fr. marchionem Brandenb. etc. Joh. Kirchen. — RR. F 65ᵛ. (xi. vor Martins t.) **2665**
"	"	gebietet den Gemeinden zu **Schönau** (-now) u. **Todtnau** (Tottnow) sowie allen Gemeinden den **Schwarzwaldes**, welche früher zur Herrschaft Österreich gehört u. durch ihre Boten Clewy Hutter u. Rickenbach u. Cuni Schmid zum Reich sich bereit erklärt haben dem Reiche zu huldigen, den Huldigungseid seinem Landvogt u. Rate Frischhans v. Bodman zu leisten. — Ad m. d. r. Joh. Kirchen. — RR. F 68ᵛ u. 69ᵛ. (id. dat.) **2666**
" 11	"	beglückwünscht P. Martin V sofort nach dessen Erwählung u. nimmt Teil an der Procession. — Tagebuch Fillastres: Finke, Forsch. u. Quellen 234. **2666 a**
" "	"	zeigt dem Kg. Heinrich v. **England** unter grossem Wortschwall die Wahl Ottos v. Colonna zum Papst an. — KU? — Aus Hds. 22 d. Wien. Staats-A. Arch. f. österr. Gesch. 59, 136 ff. (s. d. wie auch nr. 2668, doch wohl wie nr. 2669 zu datieren; vgl. aber nr. 2672). **2667**
" "	"	desgl. dem **griechischen** Kaiser [Manuel]. — KU? — Aus ders. Hds. Reg. ib. 19. **2668**
" "	"	desgl. dem Kg. Wladislaw v. **Polen** unter Mitteilung v. Einzelheiten über den Hergang; dankt ihm zugleich für die ihm beim Beginne des Winters sehr zu Statten gekommenen Geschenke. — KU? — Aus ders. Hds. ib. 160 ff. **2669**
" 12	"	verpfändet seinem, seiner Erben u. des Reichserbkämmerers Konrad v. Weinsberg Verzicht den goldenen Opferpfennig, welchen die Kölner Juden jährlich zu Weihnachten in die kgl. Kammer liefern, seinem Protonotar Joh. **Kirchen**, dessen Erben u. Rechtsnachfolgern für die ihm schuldigen 1000 rhein. Gulden [vgl. nr. 2684]. — [Per d. F. march. Brand. etc. et d. L. de Otingen mag. curie M. Pragens. eccl. can. — RR. F 66ᵛ u. 67ᵛ]; gleichz. Kop. Köln. — vgl. Mitteil. a. d. Stadtarchiv v. Köln Heft 24, 130. **2670**
"	"	entbietet allen Grafen, Amtleuten, Städten, namentlich **Schaffhausen** u. dem Gr. Hans v. **Lupfen** sowie Frischhans v. **Bodman**, Landvogt am Rhein u. im Thurgau, den Hans v. Homburg gegen Gewaltthätigkeiten des Hrz. Friedrich v. Österreich zu schützen in allen Leben u. Pfandschaften, die Pfaff Berthold Keller selig hinterlassen. — [Per d. G. de Swarczburg judicem curie Joh. Kirchen.] — RR. F 65ᵛ. — Reg.: Ztschr. d. Gesellsch. f. Geschichtsk. v. Freiburg 3, 362 f. u. Schrift d. Ver. f. d. Bodensee 12 Anh. 61. **2671**
" 13	"	zeigt den **Prälaten** u. einzelnen Personen die Wahl Ottos v. Colonna zum Papst an. — KU? — Hds. 22 d. Wien. Staats-Arch. — Reg.: Arch. f. österr. Gesch. 59, 18. **2672**
"	"	bestätigt wiederholt auf eine an ihn ergangene Botschaft die Privilegien v. **Sursee**. — [Ad m. d. r. Michael Pragens. et Wratisl. eccles. can. — R] — Or. [u. Vidim. v. 1428 Juni 24] Sursee; [Not. RR. F 65ᵛ]. — Reg.: Geschichtsfreund 3, 91. **2673**
"	"	verleiht der St. **Sursee** den Blutbann. — Ad m. d. r. Joh. Kirchen. — [E: NB. unter aufgedr. Siegel] — Or. ib.; [RR. F 65ᵛ mit KU: Per d. Frid. march. Brandenb. etc. Joh. Kirchen.] — Reg.: ib. 92. **2674**
" 14	"	weist die Städte
		Aalen **2675**
		Kempten **2676**
		Wangen **2677**
		Weissenburg **2678**
		Windsheim **2679**
		an, ihre Reichssteuer an Ritter Hans Konrad v. **Bodman** zu entrichten. — Per d. Fr. march. Brand. etc. Joh. Kirchen. — Not. RR. F 65ᵛ. (dominica post Mart.)
"	"	weist die Städte
		Dinkelsbühl u. **2680**

1417		
Nov. 14	Konstanz	Weil (Wyle) **2681**

an, ihre Reichssteuer an Wilhelm v. Homburg zu entrichten. — W. v.

bestätigt der St. Baden [in der Schweiz] für deren treue Dienste ihre Privilegien insbes. die Befreiung v. auswärtigen Landgerichten u. das Recht Ächter zu beherbergen, allerdings unter Vorbehalt des Widerrufs; verspricht, dass die St. niemandem mehr pfandbar werden soll. — [Ad m. d. r. Joh. Kirchen. — R?] — Or. Baden: [RR. F 68ᵛ] — Reg.: Arch. f. schweiz. Gesch. 2, 89.   (sunt. nach Martins in RR.; im Or. sunt. ausgelassen.)   **2682**

verleiht der St. Baden den Blutbann. — KU? — Not. RR. ib. (id. dat.)   **2683**

» 15 » befiehlt den Juden seinen Kammerknechten ni St. u. Stift Köln bei Strafe v. 20 Pfund Gold den ihm bisher jährlich zu Weihnachten in die kgl. Kammer gelieferten goldenen Opferpfennig fortan an seinen Protonotar Joh. Kirchen [vgl. nr. 2670] zu zahlen. — 2 gleichz. Abschr. nach 2 verschied. Ausfertig. Köln St.-A. — a.) Per d. Frid. march. Brandenb. et L. com. de Otingen magistrum curie Michabel Pragens. et Vratisl. eccles. canon.]; [RR F 66ᵛ]. — b.) Ad m. d. r. Paulus de Tost. — Reg.: Mitteil. a. d. Stadtarch. zu Köln Heft 24, 130.   **2684/5**

» » » erklärt, da das Kl. Rheinau v. Gläubigern der früheren Vögte des Kl. der Gr. v. Habsburg angegriffen werde, dass es für Schulden des Gr. Hans v. Habsburg u. seiner Erben nicht gepfändet werden könne, da die Vögte keine andere Gewalt hätten als an das Kg. statt des Kl. zu schätzen, u. befiehlt allen Fürsten u. s. w. das Kl. ungestört zu lassen bei Strafe v. 20 M. Gold. — Per d. G. comitem de Swartzburg judicem curie Joh. Kirchen. — [R?] — Or. Zürich: [RR. F 64.]   (mo. nach Martini.) *P. Schweizer.*   **2686**

» » » gewährt der St. Neuenburg das Recht zwei Jahrmärkte abzuhalten. — Per d. G. comitem de Swartzburg judicem curie [nicht tup.] Joh. Kirchen. — [R?] — Or. Neuenburg a. Rh.; [RR. F 68 mit KU: Per d. F. march. Brand. etc. J. K.] — Huggle, Gesch. d. St. Neuenburg am Rhein 239 f. — Reg.: Mitt. d. bad. hist. Komm. 7, 16 (fälschl. zu 14 1ᴋ Nov. 14.)   **2687**

» 16 » bestätigt dem Frauenkloster St. Katharinenthal zu Diessenhofen die Privilegien. — [Ad m d. r. Joh. de Bodman referente Joh. Kirchen. — R — Or. Frauenfeld Thurg. Kantonsarch.; [RR. F 67.]   (die. nach Mart.) *Meyer.*   **2688**

desgl. dem Grauen-Ordens-Kl. zu Bildhausen (Würzburger Diözese). — Ad relac. d. Joh. vicecancellarii Joh. Kirchen. — RR. F 67ᵛ u. 68ᵛ   (id. dat.)   **2689**

» 17 » giebt dem Hans v. Homburg d. Ält. das Privileg, dass niemand ihn u. seine Unterthanen vor das Hofgericht zu Rottweil u. vor fremde Landgerichte ziehen darf. — Ad relac. d. G. de Schwartzburg jud. cur. Joh. Kirchen. — RR. F 69ᵛ.   (mi. vor Elsbet.)   **2690**

» » » erlaubt seinem Protonotar Joh Kirchen die ihm um 3000 rhein. Gulden verpfändete Reichssteuer v. Reutlingen (jährl. 400 Pfund Heller) an Pfalzgr. Ludwig III oder an Pfalzgr. Otto oder an Gr. Eberhart v. Würtemberg weiter zu versetzen. — Per d. F. march. Brand. etc. et d. L. de Ötingen mag. curie Michael Prag. can. — RR. F 67ᵛ.   (mi. nach Martinst.)   **2691**

» » » legitimiert Johann Swab, Scholar der Wormser Diözese. — Per d. F. march. Brand. etc. Michel Prag. et Wratisl. eccl. can. — Not. ib.   (fer. quarta post Martini.)   **2692**

» » » giebt Hans Starcke [aus Nürnberg] u. dessen Söhnen Ulrich u. Hans für ihre treue Dienste ein Wappen. — Per d. Fr. march. Brandenb. Joh. Kirchen. — [Not. RR. F 64ᵛ] — Nach? Siebenkees, Material. z. Nürnberg. G. 1, 293 f.   **2693**

» » » erklärt dem P. Martin V seine Obedienz. Ulrich v. Richental 124.   **2693a**

» 19 » fordert die St. Köln auf, seinem Protonotar Johann Kirchen [vgl. nr. 2670 u. nr. 2684/5] behilflich zu sein bei Eintreibung des Judensteuer in Köln, nachdem er demselben den goldenen Opferpfennig der Judenschaft daselbst verpfändet hat. — Per d. Frider. march. Brandenb. etc. Mich. Prag. et Wratislav. eccles. canon. — o. R — Or. Köln. — Reg.: Mitteil. a. d. Stadtarch. v. Köln Heft 24, 130 f.   **2694**

» » » bestätigt den Brüdern Ulrich u. Heinrich v. Sontheim (Su-), welche Brenz an sich gebracht haben, den v. Karl IV einst dem Gusso v. Brenz [nicht bei Böhmer-Huber] verliehenen Blutbann daselbst. — Per d. L. comitem de Ötingen magistrum curie Joh. Kirchen. — R — Or.

1417		
		München R.-A.; RR. F 68ᵛ mit KU.: Ad relac. d. L. de Öt. magistrum (!) ...; Kop. Stuttgart. (Elsbeten t.) **2695**
Nov. 19	Konstanz	belehnt Ritter Hans v. Sparneck mit Gütern zu Mussen, Bärtas (Parteß) u. Eger. — Per d. F. march. Brand. etc. Joh. Kirchen. — Not. RR. F 68ᵛ. (Elsbet.) **2696**
» 20	»	belehnt Bäntelin v. Mandach mit dem „mulsch' u. „irregang' im Zürichgau v. Rapperswil bis Lindemag [= bis zur Limmat?] — Per d. Fr. march. Brand. etc. Joh. Kirchen. — Not RR. F 68ᵛ. (ss. nach Elsbeten.) **2697**
» 21	»	nimmt Teil an den Feierlichkeiten der Weihe des P. Martin V. Ulrich v. Richental 125 f. **2697a**
» 22	»	quittiert der St. Nördlingen den Empfang der Martini fällig gewesenen Stadtsteuer (200 Gulden). — Per d. Fr. march. Brand. etc. Joh. Kirchen. — RR. F 68ᵛ. (ss. nach Elsbeten.) **2698**
»	»	desgl. der St. Rothenburg a. T. — KU? — Not. ib. (s. d.; gleich darunter.) **2699**
»	»	verspricht der St. Zürich die ihm zum Zuge gegen Hrz. Friedrich v. Österreich geliehenen Büchsen wieder zurückzugeben. — Ad m. d. r. Joh. Kirchen. — R — Or. Zürich; [RR. F 68ᵛ] (mo. nach Elsbethen.) P. Schwerier. **2700**
»	»	bestätigt den Ausspruch der St. Zürich betr. den Streit des Juden Aron, des Sohnes Israels, mit Rahel u. ihrem Manne Johenna wegen einer Vormundschaft. — Per d. Fr. march. Brand. etc. Joh. Kirchen. — RR. F 69ʳ (id. dat.) **2701**
» 25	»	verbietet, da Hans Negili v. Frauenfeld, Welti Koler v. Lenzburg u. Kaspar Brotbeck v. Baden, Knechte des Hrz. Reinold v. Irslingen (U-), welche im Kriege gegen die Eidgenossen (des Grabers wegen) den Hans Schüpasser v. Dottikon (Tött-) im Aargau gefangen haben, auf seinen Befehl v. den Bewohnern des Schwarzwaldes ausgeliefert sind, diese, insbesondere den Abt v. St. Blasien sowie Erhart im Turn deswegen zu belästigen. — Ad m. d. r. Joh. Kirchen. — RR. F 69ʳ. (Katherinen t.) **2702**
»	»	verleiht der St. Winterthur die hohe u. niedere Gerichtsbarkeit. — [Per d. L. comitem de Ötingen magistrum curie et d. G. de Swarczburg judicem curie Joh. Kirchen. — R — Or. Winterthur; RR. F 69 mit KU: Ad relat. d. L. de Ötingen magistrum! curie et G. de Sw. etc. J. K.] — Erw.: Joh. v. Müller, Gesch. schw. Eidg. 3, 104. (Catherinen tag.) **2703**
» 26	»	erlaubt dem B. Otto v. Konstanz die an Ritter Heinrich v. Roggwil (Rock-) um 4000 rhein. Gulden versetzte Feste Kastelen (Casteln) bei Konstanz einzulösen u. ebenso wie die Feste Gottlieben am Rhein zu besetzen; nach seinem (Sigmunds) Tode sollen beide Festen in den Besitz des Konstanzer Bistums übergehen. — Ad m. d. r. Joh. Kirchen. — RR. F 70ʳ. **2704**
» 27	»	bittet den Hochmeister des Deutschordens Michael Küchenmeister, dem Jakob v. Lockotzin u. Paul v. Klintz, welche beim Pabste den Totschlag des Preussen Bogislaw gebüsst haben, Geleit zur Rückkehr nach Preussen zu gewähren u. ihnen zu ihrem Erbe wieder zu verhelfen. — Ad m. d. r. Mich. Prag. et Wrat. eccl. canon. — o. R — Or. Königsbg. (ss. nach therinen.) **2705**
»	»	nimmt das Frauenkloster zu Dozweil (Toze; Konstanzer Bistum) in seinen Schutz u. bestätigt demselben die Privilegien. — Ad relac. d. Fr. march. Brand. etc. L. de Otingen et d. G. de Swarczburg etc. Joh. Kirchen. — RR. F 69ᵛ u. 70ʳ. (ss. nach Cather.) **2706**
»	»	verkündet allen Juden im Reiche, dass er mit der Einziehung des Weihnachten fälligen goldenen Opferpfennigs den Juden Moses (Mosse) beauftragt habe. — Per d. Fr. march. Brand. etc. J. K. — RR. F 69ᵛ (id. dat.) **2707**
»	»	erteilt dem Moses dazu einen Geleitsbrief. — KU? — Not. ib. (id. dat.) **2708**
» ?	»	erteilt dem in kgl. Geschäften nach der Provence reisenden Juden Moses Geleit. — Hds. 22 Wien. Staats-A. (s. d.) — KU? — Reg.: Arch. f. österr. Gesch. 59, 6 [identisch mit nr. 2708?]. **2709**
» 30	»	nimmt die Gr. Kunigunde v. Montfort, geb. v. Toggenburg, welche sich auch für ihre Nachkommen bereit erklärt hat, mit dem Schloss u. der Pfandschaft Kiburg (österr. Lehen) dem Reiche gehorsam zu sein, in den Reichsschutz. — Ad relacionem d. L. de Ötingen magistrum (!) curie et G. de Swarczburg judicem (!) curie Joh. Kirchen. — RR. F 70ᵛ. (Andres.) **2710**
Ende Nov.	»	verlangt vom P. Martin V., dass 2 Kardinäle nach seinem Wunsch ernannt würden, ferner 2 Legaten »de latere«, der eine für Deutschland, der andere für Ungarn; verlangt auch Be-

1417		
		stätigung seines Rechtes der ersten Bitten. Alle 3 Verlangen werden ihm abgeschlagen. Tagebuch Fillastres: Finke, Forsch. u. Quellen 235. **2710a**
Dez. Anf.	Konstanz	versichert dem Kg. Heinrich V v. England in Erwiderung auf dessen Brief vom 30. Sept., den er am 30. Nov. durch Diprand Schirmer erhalten habe, dass er gern in Person zu dem verabredeten Unternehmen erschienen wäre, wenn ihn nicht die Angelegenheiten des Konzils abgehalten hätten; er werde, wenn diese erledigt seien, nicht fehlen. — KU? — Aus Hds. 22 d. Wien. Staats-A. Arch. f. österr. Gesch. 59, 130 f. (s. d. et a.) **2711**
„	„	versichert dem Hrz. v. Bedford, dem Bruder des Kg. v. England, dass er gern das versprochene Unternehmen fortsetzen werde, u. spricht ihm zugleich seine Zuneigung aus. — KU? — Aus dens. Hds. ib. 140 f. (s. d. et a.) **2712**
„ 1	„	verspricht den Baseler Bürgern Heinrich v. Biel u. Dietrich v. der Ziel, welche in seinem Auftrage dem Kg. v. England 250 Fuder Wein überbringen sollen, falls sie trotz der ihnen für den Rhein bis Dordrecht verliehenen Zollfreiheit doch Zoll zahlen müssten, dieses Geld zu ersetzen. — Ad m. d. r. Joh. Kirchen. — RR. F 70v. (mi. nach Andres.) **2713**
„	„	macht bekannt, dass er dem Hans v. Moenchweiler (Münchwile) gestattet hat, sich an der Habe seines Schuldners Münch v. Gachnang (Gö-) schadlos zu halten; dass dem Hans verpfändete, v. den kgl. Truppen eingenommene Schloss Liebenberg beansprucht er aber für das Reich, da Münch ein Parteigänger des Hrz. Friedrich v. Österreich ist. — Ad relac. d. L. de Ötingen magistrum [!] cur. et G. de Swarczb. judicem [!] cur. Joh. Kirchen. — RR. F 70v. (mi. nach Andres.) **2714**
„ 3	„	nimmt das Gotteshaus S. Anton (die Präceptorei) zu Isenheim in seinen u. des Reiches Schutz u. bestätigt ihm die Privilegien; inser. die Privilegien des österreichischen Hrz. Leopolds v. 1394 Jan. 17 u. Friedrichs IV v. 1406 April 26 u. 1412 Juni 19. — Per d. Jo. vicecanc. Joh. Kirchen. — RR. F 71v z. 10 Dez.; notar. Abschr. [vom J.?] Colmar Bez.-A. (fr. vor Barbaren.) **2715**
„	„	ernennt Johann Klougk, Rektor der Parochialkirche zu Schaerding (Scherdingen), zu seinem Kaplan. — Ad relac. d. C. de Winsperg etc. Joh. Kirchen. — Not. RR. F 70v. (tercia d. dec.) **2716**
„ 4	„	weist die St. Nürnberg an, die Michaelis fällig gewesene halbe Judensteuer an Rudolf Sachse u. Hans Hübner zu zahlen. — Ad relac. d. C. de Winsperg etc. Joh. Kirchen. — Not. RR. F 70v. (sa. vor Niclaus.) **2717**
		Dez. 4 Passau: an Kg. Wenzel: Fontes rer. Austr. 1, 6, 252 ff. — falsch statt 1418 Dez. 4. **2717a**
„ 5	„	befiehlt den St. Mainz-Ingelheim u. Ober- u. Nieder-Ingelheim die Zollbefreiung des Augustiner-Kl. zu Nieder-Ingelheim (Pr. Benedikt) künftig nicht wieder unbeachtet zu lassen. — [Per d. Fr. march. Brand. etc. Joh. Kirchen. — RR. F 71.] — (Würdtwein), Monasticon Palat. 2, 227 ff. **2718**
		befiehlt den Strassburgern, seinem Marschalk Zdeslaw Tluxa v. Bartzenitz 206 rhein. Gulden zu bezahlen, welche Summe v. den ihm zugesagten 50000 rhein. Gulden noch aussteht (wie sich an unserm rechenbuch u. v. unserm camermeister befunden» hat.) — [Ad m. d. r. Mich. Prag. Wrat. et Constanc. ecclesiarum can. — o. R — Or. Strassburg Stadt-A.] — Vgl. Schöpflin, Alsat. dipl. 2, 327. **2719**
„ 6	„	fordert vom EB. Dietrich v. Köln die bisher vergeblich erwartete Sendung einer Gesandtschaft an den Hof zum Austrag mit der St. Köln in der Judensache. — Per d. march. Brandenb. et d. L. com. de Oetingen magistrum curie Joh. Kirchen. — Gleichz. Abschr. u. Transsumpt v. 1419 Juni 16 Köln. — Reg.: Mitteil. a. d. Stadtarch. zu Köln Heft 16, 86 u. 24, 131. **2720**
„	„	sendet der St. Köln Abschrift seiner Ladung an EB. Dietrich u. heischt die Botschaft, Briefe u. Privilegien der St. gleichfalls an den kgl. Hof. — KU. w. v. — Or. Köln. — Reg.: ib. 24, 131. **2721**
„	„	verleiht der St. Munderkingen (Mundrich-) einen Jahrmarkt. — Per d. Fr. march. Brand. etc. Joh. Kirchen. — Not. BR. F 70v. (Niclaus t.) **2722**
„	„	erhebt Agnes, Tochter des Hans Truchsess v. Waldburg u. Gemahlin des Hans zu Heideck, in den Grafenstand. — Ad m. d. r. Joh. Kirchen. — RR. F 71v u. 72r (id. dat.) **2723**

1417		
Dez. 6	Konstanz	verleiht dem Heinrich v. O e r (Oyr) das Hochgericht in dessen Schlosse Horneburg (Hornemb-). — Ad m. d. r. Joh. Kirchen. — RR. F 72ʳ (id. dat.) **2724**
»	»	Dez. 6: s. Kl. Wittichen. RR. F 72ᵛ u. 73ʳ — s. nr. 2731. **2724 a**
»	»	belehnt den Gr. Eberhart v. W ü r t e m b e r g mit allen seinen Reichslehen. — Per d. Fr. march. Brand., L. de Ötingen et G. de Swarczburg comites Joh. Kirchen. — R — Or. Stuttgart; RR. F 71ᵛ. (Niclas t.) **2725**
»	»	bestätigt d e m s e l b e n ausführlich seine Privilegien; inser. die Urk. Sigmunds v. 1415 Juni 12 [nr. 1750] — Per d. Pr. march. Brandemb. d. L. de Ötingen magistrum curie et d. G. de Swarcz-burg judicem curie Joh. Kirchen. — R — Or. (beschäd.) ibid.; [nicht in RB] (Niclas t.) **2726**
»	»	schärft auf Klage des Gr. Eberhart v. W ü r t e m b e r g, dass das ihm gegebene Privileg de non invocando v. 1415 Juni 12 u. a. v. dem Rottweiler Hofgericht nicht genügend beachtet würde, dieses unter Insertion nochmals ein. — [Per d. Fr. march. Brandemborg. etc. et d. L. de Ötingen et G. de Swarczburg comites Joh. Kirchen. — R — Or. ibid.; RR. F 71ᵛ]. — Pfeil, De meritis Wurtembergiae domus in imperium (1732) 60 ff. **2727**
» 7	»	ernennt Dietrich D ü k e r zum Freigr. in Recklinghausen u. setzt ihn über die Freistühle des Ernst v. Bodelschwingh. — Ad relac. d. L. de Ötingen Jo. Kirchen. — Not. RR. F 70ᵛ. (zi. nach Niclaus.) **2728**
» 8	»	fordert die St. F r a n k f u r t auf, den dort gebornen Henne Münch, der leibeseigenbrüchlich sei, in der St. wohnen u. ein Gewerbe treiben zu lassen. — [Per d. Fr. march. Brandemborg. etc. Joh. Kirchen. — o. R] — Or. Frankf. St.-A.; vgl. Invent. 3, 69. — Reg.: Frankf. Reichs-korr. 1, 316. **2729**
»	»	bestätigt die Privilegien (Einzelbestimmungen) des Prämonstratenser-Kl. [Ober-] M a r c h t h a l (Konstanzer Diözese). — Per d. L. comitem de Ötingen magistrum curie Joh. Kirchen. — R — Or. Stuttgart; RR. F 72ᵛ mit KU: ,Ad relac.' statt ,per'. (mi. nach Niclas.) **2730**
»	»	erteilt dem Frauenkloster W i t t i c h e n (Konstanzer Diözese) einen Schutzbrief u. übertrigt Walter v. Geroldseck die Schirmvogtei. — [Per d. Frid. march. Brand. etc. Joh. Kirchen. — RR. F 72ᵛ u. 73ʳ an sanct Niclas t. — Dez. 6!] — Nach Notariatsinstr. [wo?] v. 1417 Dez. 23 (Joh. Jac. Reinhard) Pragmat. Gesch. d. Hauses Geroldseck (1766) 108 ff.] **2731**
»	»	Dez. 8: ersucht die S t r a s s b u r g e r dem Kl. Wittichen Schutz zu gewähren. — RR. F 73. (mi. vor Lucie.) — s. nr. 2738. **2731 a**
»	»	bestätigt dem Rudolf zum L u f t v. Basel das Kirchenpatronat zu Frick, dessen Pfandbesitz der-selbe früher v. der Herrschaft Österreich um 1110 rhein. Gulden erworben, nunmehr v. Reichswegen. — Per d. Fr. march. Brand. etc. Joh. Kirchen — RR. F 72ᵛ. (mi. nach Niclaus.) **2732**
»	»	giebt seine Zustimmung, dass Egen S i e d e r, Bürger zu Heilbronn, den er seinerzeit zusammen mit Hans Berlin mit dem Zoll- u. Aichamt zu Heilbronn v. Reichswegen belehnt, dem Berlin seinen Anteil abgekauft hat. — Per d. G. de Swarczb. jud. cur. etc. Joh. Kirchen. — RR. F 72ᵛ (id. dat.) — Die hier erwähnte Belehnungsurk. nicht erhalten. **2733**
» 9	»	bestätigt sehr ausführlich dem Kl. Petershausen, in welchem er einmal Herberge [vgl. nr. 1375ᶜ] gefunden, die Privilegien. — Per d. Fridericum marchionem Brandenburg. etc. d. L. de Oetingen et d. G. de Swartzburg comites Joh. Kirchen. — R — Or. Karlsruhe; [RR. F 73ʳ u. 74ʳ] — Lünig, R.-A. Spic. eccl. 3, 417 f.; vgl. Reg.: Ztschr. f. G. d. Oberrh. NF. 3, 439. **2734**
» 10	»	weist seinen Rat Niklas B u n z l a w, Kanzler des Herzogtums Breslau, an für ihn an den Kölner Bürger Walther v. Dicke diesem schuldige 520 Gulden zu bezahlen. — Ad relac. d. G. de Swarczb. judicem (!) curie etc. Joh. Kirchen. — RR. F 72. (fr. nach Lucie.) **2735**
»	»	weist d e n s e l b e n an, der St. Aachen, welche gehört, dass Dunzlaw im Friesenlande Geld für ihn (Sigm.) eingenommen u. darum vorstellig geworden, die ihr schuldigen 8000 Gulden zu bezahlen. — KU. w. v. — ib. 71ᵛ (id. dat.) **2736**
»	»	Dez. 10: s. d. Präceptorei Isenheim. RR. F 71ᵛ. (fr. nach Barbaren) — s. nr. 2715. **2736 a**
» 11	»	bestätigt die Privilegien des Frauenklosters zu S ä c k i n g e n (Äbtissin Anna v. der Hohenclingen) — [Per d. Joh. prepos. de Strigonio vicecancellarium Joh. Kirchen. — R — Or. Karlsruhe;

1417		
		[RR. F 74 mit KU: Per d. F. march. Brand. etc. J. K.!] — vgl. Reg.: Ztschr. f. G. d. Oberrh. NF. 3, 439. **2737**
Dez. 11	Konstanz	ersucht die Strassburger dem Frauenkloster zu Wittichen (St. Claren-Ordens), das er in des Reiches Schutz genommen, auf Ansuchen hilfreich beizustehen. — Per d. Fr. march. Brandemb. et d. L. de Ötingen et d. G. de Swarczburg comites Joh. Kirchen. — o. R! — Or. Strassburg St.-A.; RR. F 73 z. 8. Dez.! (m. vor Lucie.) **2738**
" 13	"	verbietet, da er das Schloss Karpfen als ein offenbares Raubhaus zu Händen des Reichs genommen u. alle, die Teil daran haben, zu Gericht vor seinen Hof gefordert habe, die Gr. Egon u. Heinrich v. Fürstenberg u. den Strassburger Domherrn Gr. Friedrich v. Zollern des Schlosses wegen zu belästigen. — [Per d. G. de Swarczb. jud. cur. etc. Joh. Kirchen.] — RR. F 74ᵛ. — Ausz.: Fürstenberg. Urk.-B. 3, 95. **2739**
"	"	teilt der St. Strassburg mit, dass er zur Entscheidung der Ansprüche des Claus Zorn v. Bulach u. Walthers Erbe auf die Fähre zu Grafenstaden (Reichslehen) einen Termin auf Jan. 7 gesetzt u. ladet die St. dazu auch vor. — KU? — Vid. v. 1418 Jan. 18 Strassburg St.-A. (Lucien t.) **2740**
" 14	"	erlaubt seinem Kaplan Benedikt, dem Pr. des Augustiner-Kl. zu Nieder-Ingelheim, fünf geeignete Persönlichkeiten zu öffentlichen Notaren, welche ihm einen angegebenen Eid zu schwören haben, zu ernennen. — Per d. Fr. marrb. Brand. etc. Joh. Kirchen. — RR. F 74ᵛ u. 75ᵛ. (14. die dec.) **2741**
"	"	giebt seine Zustimmung, dass die St. Laufenburg die ihr seinerzeit v. dem Gr. Hans v. Habsburg um 480 G. verpfändete Steuer v. Erlinsbach in der Herrschaft Kängstein (Kung-) an den Edlen Hans Friedrich v. Falkenstein weiter verkauft hat. — Referente proposito Quinqueecclesiensi etc. Joh. Kirchen. — RR. F 74ᵛ. (xi. nach Lucie.) **2742**
"	"	Dez. 14: bestätigt den Kölner Juden ihre Privilegien. — Ausz.: Gengler, Cod. jur. municipal. Germ. 1, 583 — falsch statt nr. 2008. **2742a**
" 15	"	erteilt der Geistlichkeit u. allen Mitgliedern des Stiftes zu Passau die Freiheit, dass niemand sie n. ihre Güter vor irgend ein Hofgericht, Landgericht u. s. w. laden, sondern jeder, der gegen sie zu klagen habe, dies vor geistlichem Gericht oder an den Stätten, wo das billig ist, thun soll. — [Ad m. d. r. Joh. Kirchen. — R — Or. München R.-A.; ein 2. Or. ib.: Ad m. d. r. Paulus de Tost. — R — Vid. v. 1420 Mai 14 ib.; RR. F 77ᵛ u. 78ᵛ mit KU: J. Kirchen]. — Mon. Boica 31, 2, 147 ff.; vgl Reg. Boic. 12, 269. **2743**
" 16	"	verspricht Rudolf v. Fridingen u. dessen Söhnen Heinrich u. Rudolf Schadloshaltung wegen Ankaufs des Schlosses Blumeneck. — Per d. Lnd. de Oetingen et Gunth. de Swartzburg comites Joh. Kirchen. — R — Or. Karlsruhe; [nicht in RH.] — Reg.: Ztschr. f. G. d. Oberrh. NF. 3, 439. **2744**
"	"	verspricht der St. Schaffhausen, welche auf seine Veranlassung eine dem Ulrich v. Wolfart gehörige Verschreibung v. 8600 Gulden seitens Rudolfs v. Fridingen u. 1591 bei ihr v. Wolfart deponierte Gulden dem Ritter Lorenz v. Heidenreichstharn für dessen Schwester Katharine, die Wittwe Wolfarts, ausgeliefert, dass sie dadurch keinen Nachteil haben soll, auch nicht durch Pilgrim v. Puchaim, der für seine Frau Anna, die Tochter Wolfarts, Erbansprüche erhebt; die Sache gehöre vor die ungarischen Gerichte. — Ad relnc. d. G. de Swarczb. jud. cnr. etc. Joh. Kirchen. — RR. F 75ᵛ. (do. nach Lucie.) **2745**
" 17	"	bezeugt, dass Gr. Hans v. Lupfen, Landgr. v. Stühlingen, auf sein durch Joh. Kirchen vermitteltes Geheiss 2381 rhein. Gulden, um Söldner damit zu bestellen, n. zw. 1000 Gulden an den Pr. v. Weissenburg, 700 an Hans v. Heideck, 681 an einen andern Kaufmann ausgezahlt habe. — [Per d. L. de Ötingen et G. de Swarczburg comites Joh. Kirchen; bezw. in RR.: Per d. L. d. Ó. mag. cnr. et G. de S. jud. cur. etc. J. K.] — RR. F 74ᵛ; Kopialb. v. Stühlingen 14, 5 Stuttgart. — Reg.: Ztschr. d. Gesellsch. f. Geschichtsk. v. Freiburg 3, 363. **2746**
" 18	"	willigt in die Verheiratung des Sohnes des Gr. Nikolaus v. Segnia mit der Tochter des ungenannten Adressaten. — KU? — Nach Hds. 22 d. Wiener Staats-A. Reg.: Arch. f. Österr. Gesch. 59, 19. **2747**

25*

1417		
Dez. 19	Konstanz	macht bekannt, dass er dem Johannes N i c o l a i aus Avignon, seinem Familiaris, gestattet habe mit Repressalien gegen Petrus v. Borch aus Köln, der die schuldigen 600 Gulden nicht bezahlen wolle, vorzugehen. — Ad relac. d. Jo. propositi de Strigonio et vicecanc. Jo. Kirchen. — RR. F 75ʳ; auch RR. D 59ʳ (19. die dec.) **2748**
» 20	»	spricht, da er den Hrz. Friedrich v. Österreich in den Bann gethan u. alle seine Lehen u. Pfandschaften an das Reich gezogen, den Gr. Johann v. L u p f e n seiner Lehenspflicht gegen Österreich ledig wegen Hohenack, Jadenburg, der Herrschaft Landsberg, der Pfarrkirche in Villingen u. s. w. u. belehnt ihn v. neuem damit. — [KU?] — RR. F 78 am Rande: n o n t r a n s i v i t ; [trotzdem] Kopialb. v. Stühlingen 1, pars 1, 83 sowie Kop. d. 17 Jhdt.: Donaueschingen. — Reg.: Ztschr. d. Gesellsch. f. Geschichtsk. v. Freiburg 3, 363 f. **2749**
» 21	»	verleiht der St. A a c h (Ahe) auf Bitten der Gr. Konrad u. Eberhard v. Nellenburg, Landgr. im Hegau u. in Madach, eine Anzahl Privilegien. — Per d. Fr. march. Brand. etc. Joh. Kirchen. — RR. F 90ʳ u. 91ʳ. (Thomas des zwölfbot. t.) **2750**
» 22	»	befiehlt dem Bernhard v. L ü t z e l b u r g (Luxem-), der die Strassburger angegriffen hat, das angebotene Schiedsgericht des Gr. Bernhard v. Eberstein, des Unterlandvogts im Elsass, u. der Hagenauer nicht ferner zu verweigern u. die Feindseligkeiten, die er im Reiche ungern sehe. einzustellen. — KU. w. v. — O. München R.-A. (mi. nach Thomas t.) **2751**
» 23	»	ersucht den L ü n e b u r g e r Stadtrat, dahin zu wirken, dass Hrz. Wilhelm v. Braunschweig das seinerzeit v. seinem Vater Heinrich dem Verdener Stift entrissene Schloss Rothenburg dem B. Heinrich zurückgebe, welchem das Verdener Stift zugesprochen sei, während dessen Rival Ulrich auf seine Veranlassung zum B. v. Seckan bestimmt worden sei. — Ad m. d. r. Joh. de Strigonio prepos. et vicecancell. — Hartzheim, Concil. German. 5, 734 f.; Scheidt, Cod. dipl. (Anmerk. z. den Zusätzen v. Möser's Einleitung in d. braunschweig. Staatsrecht) 811 ff. (fälschlich z. J. 1418); vielleicht ist statt Dez. zu lesen Sept.; vgl. nr. 2569. **2752**
»	»	nimmt die Ritter Engelbert u. Peter v. T i e s e n h a u s e n u. deren Clienten Johannes u. Engelbert v. Tiesenhausen entsprechend der gleichen ihren Vorfahren durch Karl IV (Urk. v. 30. Oct. 1375 inseriert; Böhmer-Huber nr. 5520) verliehenen Gnade unter sein Dienst- u. Hausgesinde auf. — [Ad m. d. r. Joh. Kirchen. — RR. F 75ʳ]; Kop. v. Toll-Kacker'schen Familien-A. — Liv. Esth. u. Curl. Urkb. 5, 294 ff. (vgl. 26.) **2753**
»	»	belehnt Hans v. V e n n i n g e n (Veny-) d. jüng. mit Burg Neidenstein (Ni-) u. Daisbach (Das-). — Per d. C. de Winsperg Joh. Kirchen. — Not. RR. G 60ʳ. (do. nach Thomas.) **2754**
»	»	stellt für Konrad Z u l l e r eine Urk. desselben Inhalts wie nr. 2506 aus. — Ad relac. d. C. de Winsperg etc. Joh. Kirchen. — RR. F 75ʳ (id. dat.) **2755**
» 24	»	belehnt den Ritter Konrad v. A n f s e s s mit dem Wasserhäusel u. dem Dorfe Schönwald [Oberfranken], welche Reichslehen durch den Tod des Eitel Cossen erledigt sind. — Per d. G. de Swarczb. etc. Joh. Kirchen. — Not. RR. F 75. (fr. nach Thomas.) **2756**
»	»	befiehlt der St. T o u l dem Maulricus Chamberlanus sowie den übrigen verbannten Aristokraten Genugthuung zu leisten. — KU? — Erwähnt in Urk. Sigmunds v. 1431 Dez. 31: RR. J 177ʳ. **2757**
» 25	»	beteiligt sich an dem feierlichen Gottesdienst, den P. Martin V abhält. Ulrich v. Richental 131. **2757 a**
		Dez. 30: stirbt der oberste Kanzler K. Sigmunds EB. Johann v. Gran, ein Ungar; sein Nachfolger wird B. Georg v. Passau. Ulrich v. Richental 132. **2757 b**
Dez.	»	schreibt dem Kg. Wladislaw v. Polen nochmals [vgl. nr. 2350] in emphatischen Beglückwünschungsworten wegen der Bekehrung Samogitiens, welche hauptsächlich das Werk des EB. Johann v. Lemberg u. des B. Peter v. Wilna ist. — KU? — Hds. 22 d. Wiener Staats-A. — Arch. f. österr. Gesch. 59, 164 ff. — Vgl. nr. 2866. **2758**
» »	»	begehrt v. der St. F r a n k f u r t 6000 Gulden auf die Quittungen, die er bei dieser St. für die ihm v. Erfurt zu zahlende Judensteuer hinterlegt hat. — KU? — Reg.: Inv. d. Frankf. Stadt-A. 1, 92 (s. d. et l.) **2759**
		erteilt dem Patriarchen Ludwig v. A q u i l e j a den Befehl, die Ausfuhr der Lebensmittel aus Friaul zu hindern, das Parlament einzuberufen u. die Stärke des Truppenkontingents festzusetzen. — KU? — Aus Hds. 22 d. Wien. Staats-A. (s. d.): Arch. f. österr. G. 59, 93 f. **2760**

1417			
?	Konstanz	empfiehlt einem Vasallen den Pfalzgr. des Lateran Georg Antonil de B r i t a n i b u s [Briconibus, vgl. nr. 1903 u. 1904], u. dessen Bruder Bartholomaeus aus der Diözese Pavia. — KU? — Aus ders. Hds. Reg. ib.	**2761**
?	"	erteilt der Äbtissin (Margarethe) zu E s s e n in der Kölner Diözese eine Bestätigung aller Privilegien; inser. die Urk. Karls IV v. 1357 Febr. 3 [Böhmer-Huber nr. 2602] — KU? — [nicht in RR; doch vgl. nr. 1309]. — Aus ders. Hds. Reg. ib. 7.	**2762**
?	"	empfiehlt einem Fürsten den in Perugia studierenden Matthäus, den Sohn des in Konstanz verstorbenen Dr. decr. Antonius de G n a l d o. — KU? — Aus ders. Hds. Reg. ib. 12.	**2763**
?	"	empfiehlt dem Kg. Heinrich V v. England für die Praeceptur v. Compeltombe den Bruder Thomas S k y p n i l. — KU? — Aus ders. Hds. Reg. ib. 12.	**2764**
?	"	empfiehlt einem Fürsten einen gewissen S z a s s i n i für die Propstei v. Piacenza. — KU? — Aus ders. Hds. Reg. ib. 12.	**2765**
?	?	verwendet sich für den Cleriker Johannes D e c k v. London wegen der Parochie in Chesley, die durch den Tod des Johannes Weloff erledigt ist. — KU? — Aus ders. Hds. Reg. ib. 11 (a. a. d. et l.)	**2766**
?	?	empfiehlt einem Fürsten den aus Breslau verdrängten Nicolaus Bortowitz behufs Wiedererlangung seiner dortigen Anrechte. — KU? — Aus ders. Hds. Reg. ib. 11 (a. a. d. et l.)	**2767**
?	?	fordert die L ü b e c k e r auf, die dem Dr. decr. Hermann Albers entzogene Scholasterie, auf die derselbe Anrecht habe, wieder zurückzugeben. — KU? — Aus ders. Hds. Reg. ib. 17.	**2768**
?	?	bestätigt dem Abt des San Giovanni-Kl. in P a r m a Galeazzo dei Crivelli [anwesend auf dem Konstanzer Konzil: Ulrich v. Richental 174] alle Privilegien des Kl. — KU? — Aus ders. Hds. Reg. ib. 16.	**2769**
?	?	hat auf Grund der ersten Bitten einem Kapitel einen Ungenannten für ein Kanonikat vorgeschlagen; da sich aber herausstellt, dass dieser noch ein Kind u. zur Übernahme eines geistlichen Amtes noch ungeeignet ist, macht er seine primariae preces zu Gunsten eines andern geltend. — KU? — Aus ders. Hds. Reg. ib. 15. [Wohl nur Formular.]	**2770**
1418			
Jan. 1	Konstanz	nimmt Christof de M a z a l i b u s aus Mailand, den Sohn Lanfranks, unter seine Familiares auf. — Ad m. d. r. d. S. episc. Traguriensi referente Paulus de Tost. — Not. RR. F 75ᵛ. (prima jan.)	**2771**
"	"	schlägt in Gegenwart des P. Martins V im Dome den [Konstanzer] Bürgermeister Heinrich v. U l m zum Ritter. — Ulrich v. Richental 134.	**2771a**
" [1]	" .	veranlasst den P. M a r t i n V die Bulle, durch welche er die Ehe Johanns IV v. Burgund mit Jakobäa v. Baiern erlaubt hatte [1417 Dez. 22], wieder aufzuheben [1418 Jan. 5]; doch ohne damit den gewünschten Erfolg zu erzielen; Dynter, Chronica duc. Lotharingiae 3, 357; Windecke 140 f.	**2771b**
" 2	"	bestätigt, dass Hrz. Albrecht v. Ö s t e r r e i c h ihm durch seine Räte Johann Gr. v. Schaumberg (Schawnberg), Leopold Eckhartzaw u. Stefan v. Hohenberg 10000 Gulden (Dukaten u. ungar.) als Darlehen übersandt hat. — Per d. L. comitem de Ötingen mag. cur. Paul. de Tost. — RR. F. 76ᵛ. (sunt. vor drier kunig.)	**2772**
" 3	"	nimmt unter Vermittlung des Mkgr. Friedrich v. Brandenburg u. der Hrz. Ernst u. Wilhelm in Bayern den Hrz. Heinrich in B a y e r n, der seinen Vetter den Hrz. Ludwig in Bayern auf dem Konzil zu Konstanz am Mittwoch 1417 Okt. 20 angefallen u. gefährlich verwundet hatte, mit Land u. Leuten in allen Mithelfern in seinen Schutz, verzeiht alles Vorgefallene, insbesondere das crimen laesae majestatis, sichert dem Herzog u. dessen Mithelfern an obiger That den Besitz v. Land u. Leuten zu u. verbietet alle Anfeindung Heinrichs wegen jener That; übrigens soll dem Hrz. Ludwig wegen seiner Verwundung Genugthuung u. Schadenersatz keineswegs versagt sein. — [Ad m. d. r. Joh. Kirchen. — R — Or. München R.-A.; [RR. F 76.] — Reg. Boic. 12, 271.	**2773**
"	"	desgl. kürzere Fassung ohne Erwähnung der Vermittelung. — KU. w. v. — R — Or. ib.; RR. F 76ᵛ. (mo. vor drier kung, bezw. in RR. nach newen jars t.)	**2774**
" 4	"	nimmt [auf Wunsch des neuen Kanzlers B. Georg v. Passau] unter seine Familiares auf: den Heimar B i l d e	**2775**

1418		

den Heinrich **F y e** aus **Rotta** [= **Rottau**?].   **2776**

den Stefan **F ö r s t e r** aus **Braunau.**   **2777**

den Johann **F o l m a r** aus **Buchenau.**   **2778**

den Peter, Sohn des Heinrich **H u l t z i n** (alias Erer) aus **Salzburg.**   **2779**

den Peter **K a l d e** (scriptor, domesticus et continuus commensalis) aus **Setterich.**   **2780**

den Johann **K n i e p e u t e l** aus **München**   **2781**

den Peter **S c h e n k** (scriptor, domesticus et continuus commensalis) aus **Waibstadt** (Weibstat).   **2782**

den Kaspar **S c h l i c k** aus **Eger.**   **2783**

den Johann **S t ö r m e r.**   **2784**

Ad m. r. Joh. Kirchen. — Not. RR. F 103ʳ.   (quarta die jan.)

Jan. 4	Konstanz	gebietet allen R e i c h s u n t e r t h a n e n, nachdem die Kirche einen einigen Papst erhalten habe, alle Leute, geistliche u. weltliche, ohne Ballotte u. Zeichen ungehindert nach u. v. Konstanz ziehen zu lassen. — KU? — Vorlage? — Reg. Boic. 12, 271. **2785**

» » bestätigt dem Kapitel des h. Deodat zu St. Dié (Deodat; Diöc. Toul) alle Privilegien bes. die Heinrichs VI u. Karls IV [nicht bei Böhmer-Huber]. — Per d. G. episc. Pat. cancellarium Joh. Kirchen. — RR. F 77ʳ.   (4. die jan.)   **2786**

« 5 » legitimiert Johann u. Anna, die Kinder des Heinzmann **C z e k e n p u r l e i n** [Zscheckenpürlin] aus Basel. — KU. w. v. — RR. F 77ʳ.   (quinta die jan.)   **2787**

» » desgl. Hermetas u. Lancelectus **V i s c o n t i** (de Vicecomitibus) aus Castelletto, die Söhne des Ubertus de Visconti — KU. w. v. — Not. ib.   (id. dat.)   **2788**

» » giebt den V e n e t i a n e r n Marinus Caravellus, Antonius Contarenus, Faucinus Michael u. Franciscus Foscari einen Geleitsbrief für sich u. ihre Begleiter nach Konstanz. — KU. w. v. — RR. F 77ʳ [durchgestrichen].   (quinta die jan.)   **2789**

« 7 » befiehlt dem Pfalzgrafen Ludwig III bei Rhein den in seinem Gewahrsam befindlichen Balthasar Cossa, früher P. Johann XXIII, an den P. Martin V auszuliefern. — Ad m. r. Joh. Kircheim. — [RR. F 85ʳ die dec.!] — Rymer, foedera ed. 3. T. 4, 3, 33 f.; Lünig, R.-A. P. spec. Contin. 2, 144 ff.; (Nach Kop. Vat. Bibl.) Acta acad. Theodoro.-Palat. T. 6 (1789), 372 ff.   **2790**

» » verspricht seinem Diener Rudolf v. **B a l d e k**, der ihm bereits zwei Jahre (auch auf der Reise nach Frankreich) mit 3 Spiessen gedient hat, für die Zeit bis nächste Martini zu den 40 Gulden, welche er ihm durch Konrad v. Weinsberg bereits hat zahlen lassen, noch 250 rhein. Gulden. — Per d. C. de Winsperg etc. Joh. Kirchen. — RR. F 77ʳ.   (frit. nach drier kunig).   **2791**

» » erteilt dem S e g e s s e r, Hans **U l l i n** u. dessen Sohne Peter, Bürgern zu Aarau, welche Güter am Rhein u. hiediesseits des Rheins haben, dahin einen Geleitsbrief. — KU. w. v. — Not. ib. (id. dat.)   **2792**

» 8 » bekennt, dass vor ihm in des Mkgr. Friedrich v. Brandenburg Herberge am Sonntage dem 3. Okt. 1417 der Hrz. Ludwig v. Baiern erschienen sei, um seine Ansprüche auf Donauwörth gegen die Vertreter dieser St. (Ott Vetter, Matthäus Geblinger gen. der Brew, Seitz Maler, Ulrich Kneplin) zu beweisen; trotz des Sonntags sei Gericht gehalten worden (Zeugen: Gr. Ludwig v. Öttingen u. Mkgr. Friedrich v. B.); nach Abbruch der Verhandlungen sei am 20. Okt. u. 16. Dez. weiter verhandelt worden: die Fürsten, die zu Gericht sitzen — EB. Johann v. Riga, die BB. Georg v. Passau, Georg v. Trient, Johann v. Worms, Konrad v. Metz. Johann v. Lebus, Johann v. Brandenburg, Abt Niklas [!] zu Pegau (Begowe), die Hrz. Ernst u. Wilhelm v. Baiern — erklären, dass die St. Donauwörth bei ihren Rechten u. Freiheiten bleiben, aber dem Hrz. die Dienste leisten solle, die sie dem Reich vor ihrer Verpfändung an die bairischen Hrz. durch Karl IV schuldig war; im einzelnen seien die Rechte vor dem Abte Sigfried v. Ellwangen in der St. Augsburg binnen dreimal 14 Tagen nach dem 16. Dez. nachzuweisen. Andere Ansprüche, die der Hrz. erhebt, seien erst am 8. Jan. unter Vorsitz des Hofrichters Gr. Günther v. Schwarzburg v. EB. Johann v. Riga, den BB. Georg v. Passau, Johann v. Worms, Georg v. Trient, Johann v. Chur, Johann v. Lebus u. dem Abt Konrad zu

1418			

Pegau verhandelt (Vertreter des Hrz. Bartholomäus de Laschata, Herr zu Bern; Vertreter v. Donauwörth Mkgr. Friedrich v. Brandenburg): hier wurde beschlossen, den Kg. um Ernennung eines andern Schiedsrichters zu bitten, da der Abt v. Ellwangen verhindert sei. — [Ad m. d. r. Pa. Wacker. — o. R — Or. (Codex, 14 beschr. Blätter) München R.-A.; nicht in RR.] — Vgl. Reg. Boic. 12, 272 u. unten 1418 März 9. **2793**

Jan. 8 | Konstanz | belehnt den Gr. Heinrich v. Löwenstein mit Löwenstein, Lehen zu Heilbronn u. Sulzbach. — Per d. G. episc. Pat. cancellarium Joh. Kirchen. — RR. F 77ᵛ. — Acta acad. Theodoro-Palat. 1, (1766) 372 f. **2794**

» » | » | giebt seine Zustimmung dazu, dass die Löwenstein'schen Besitzungen u. Lehen, falls Gr. Heinrich v. L. ohne Leibeserben sterben sollte, an dessen Bruder Georg, Domherrn zu Bamberg fallen sollen. — KU. w. v. — RR. ib. (sampst nach drier kunig). **2795**

» » | » | belehnt den EB. Johann v. Vienne mit den Regalien, u. a. auch der Erzkanzlerwürde für Burgund u. Arelat u. bestätigt ihm alle Privilegien u. Besitzungen. — Per d. G. ep. Pat. canc. Paul de Tost. — RR. F 82. (8. die jan.) **2796**

» 9 | » | verleiht den Brüdern Merkel, Hans u. Peter Aichelberger ein Wappen. — Per d. F. march. Brand. etc. Joh. Kirchen. — Not. RR. F 78ᵛ. **2797**

» » | » | verleiht der St. La-Sarraz (Serata, Diöz. Lausanne) jährlich 4 Jahrmärkte. — Per d. G. ep. Pat. canc. Joh. Kirchen. — RR. F 79ᵛ. (9. d. jan.) **2798**

» 10 | » | verlängert auf Veranlassung des Mkgr. Bernhard v. Baden dem Gr. Adolf v. Nassau den Termin zum Empfang seiner Reichslehen bis Febr. 13. — Per d. G. ep. Pat. canc. Paulus de Tost. — RR. F 79ᵛ. (mont. nach drier kunig). **2799**

» » | » | bestätigt dem Gr. Johann v. Sponheim die Freiheiten u. Privilegien. — [Per d. G. episc. Pat. canc. Joh. Kirchen. — RR. F 78ᵛ u. 79ᵛ; 2 moderne Kop. Koblenz St.-A. Becker]. — Günther, Cod. dipl. Rheno-Mosellanus 4, 194 ff. **2800**

» » | » | belehnt denselben mit dem Geleit v. Kreuznach bis Genzingen (Genz-), dem Jahrmarkt, der Münze u. den Juden zu Kreuznach u. einer Anzahl Dörfer. — KU. w. v. — Not. RR. F 79ᵛ. (mont. nach drier kunig). **2801**

» » | » | Jan. 10: begnadigt den Hrz. Heinrich v. Baiern-Landshut wegen des Angriffes auf Hrz. Ludwig v. Ingolstadt. Erw.: Lang, Ludwig d. Bärtige 91. — s. nr. 2773. **2801a**

» » | » | Jan. 11: betr. Klage des Ritters Eberhart Colnitzer gegen Walter v. Gussbach. RR. F 82ᵛ u. 83 — s. nr. 2804. **2801b**

» 12 | » | beauftragt seinen Rat Konrad v. Bickenbach, v. den im Mainzer Erzstift wohnenden Juden den dritten Pfennig für das Reich einzuziehen. — Per d. G. ep. Pat. canc. et d. C. de Winzer. Joh. Kirchen. — RR. F 79. (mittw. nach drier kunig). **2802**

» 13 | » | setzt den Juden Lewen Kolner davon in Kenntniss, dass er den Konrad v. Bickenbach mit der Einziehung des dritten Pfennigs v. den Juden des Mainzer Stifts beauftragt habe, u. befiehlt ihm, den Bickenbach dabei nicht zu behindern, sondern ihn vielmehr zu unterstützen. — KU. w. v. — RR. F 79ᵛ. (do. vor Antonii). **2803**

» » | » | bestimmt, dass die Klage des Ritters Eberhart Colnitzer gegen Walter v. Gussbach [= Breitengüßbach?] Viztum des B. Albrecht v. Bamberg zu Wolfsberg, nicht vor dem Gerichte des Hrz. Ernst v. Österreich zu verhandeln ist, ladet beide Parteien vor sein Hofgericht u. verbietet dem Hrz. die armen Leute u. Unterthanen des Bischofs zu belästigen. — Ad m. d. r. Joh. Kirchen. — R — Or. Bamberg; RR. F 82ᵛ u. 83 mit KU.: Per d. G. episc. Pat. canc. J. K. u. Dat.: zinst. vor Aut. = Jan. 11. (do. vor Antonii tag). **2804**

» 14 | » | entscheidet, dass Hrz. Ludwig v. Bayern die ihm vom Hochstift Regensburg verpfändete Veste Hohenburg bis Jan. 23 dem B. Albrecht bzw. dessen Bevollmächtigten Christof oder Heinrich Parsberger zurückgeben soll; dagegen soll B. Albrecht nach der Entscheidung des Vitztums in Niederbayern Heinrich Nothaft die Ansprüche Hrz. Ludwigs befriedigen. Zeugen: EB. Johann v. Riga, B. Georg v. Passau (k. Kanzler), Mkgr. Friedrich v. Brandenburg, Mkgr. Bernhard v. Baden, der kgl. Hofrichter Gr. Günther v. Schwarzburg, der kgl. Hofmeister Gr. Ludwig zu Öttingen (mitbesiegelt v. B. Albrecht u. Hrz. Ludwig). — [Per d. Georium ep. Patav. canc. Joh. Germe. — o. R — Or. u. Vid. v. 1423 Okt. 29 München R.-A.; nicht in RR.] — Ried, Cod. chronol.-dipl. episc. Ratisbonens. 2, 979 f.; vgl. Reg. Boic. 12, 273. **2805**

1418		
Jan. 14	Konstanz	verpflichtet sich dem Georg Schenk v. Geyern die ihm für seine Dienste schuldigen 500 rhein. Gulden bis Sept. 29 zu bezahlen. — Per d. G. ep. Patav. canc. Joh. Kirchen. — RR. F 79ᵛ. (frit. vor Antoni). **2806**
„	„	verbietet dem Wirich v. Hohenburg, seinem Amptmann im Strassburger Stift, u. allen anderen Amptleuten dem Bernhart v. Schowenberg den ihm v. B. Wilhelm v. Strassburg verschriebenen Besitz v. 600 Gulden u. eines Amtes in der Pflege Ortenberg [Kr. Schlettstadt] nicht streitig zu machen. — W. v. **2807**
„	„	bestätigt dem Kl. zu Nieder-Ingelheim den Besitz v. 50 Malter Roggen auf 3 Höfen zu Nierstein; inser. die Urk. Karls IV v. 1354 März 8 [Böhmer-Huber nr. 1801]. — Per d. G. ep. Pat. canc. Paulus de Tost. — RR. F 79ᵛ u. 80ᵛ. (frit. vor Anthoni). **2808**
„	„	bestätigt demselben Kl. die Rente v. 200 Gulden auf die Frankfurter halbe Judensteuer; inser. die Urk. Karls IV v. 1360 Okt. 7 [ib. nr. 3353]. — KU. w. v. — RR. F 80. (id. dat.) — Vgl. nr. 2393. **2809**
„	„	ersucht den Pfalzgrafen Ludwig III dem Kloster zu Nieder-Ingelheim die demselben v. K. Karl IV [wann?] verschriebenen, von ihm bestätigten 10 Mark Silber auf die Reichssteuer v. Kaysersberg Türkheim u. Münster [im Gregorienthale] u. auf den Zehnten des Reichsschlosses Kaysersberg unverkürzt künftig auszuzahlen. — KU. w. v. — RR. F 80ᵛ. (id. dat.) — Vgl. nr. 2394. **2810**
„ 15	„	bestätigt u. wiederholt seinen Vertrag (ins.) mit den Kardinälen v. 1417 Juli 12 unter Mitteilung desselben an P. Martin V. — Ad m. d. r. d. G. ep. Patav. referente Paul. de Tost. — RR. F 126ᵛ. (die 15. jan.) **2811**
„	„	verpfändet seinem Diener Ulrich v. Haimenhofen für ihm schuldige 600 rhein. Gulden 60 Pfund v. der jährl. Reichssteuer der St. Isny [vgl. nr. 2827 ff.]. — Ad relac. Houpt marschalk de Pappenheim Joh. Kirchen. — RR. F 81ᵛ. (sampst. vor Antonii). **2812**
„	„	bestätigt, dass der Ritter Peter Gewser v. Mocheln in seinem Auftrage das Darlehen des Hrz. Albrecht v. Österreich v. 10000 ung. Gulden, welches Bertolt v. Mangen, Hubmeister in Österreich, überbracht, in Empfang genommen hat. — Per d. G. ep. Pat. canc. Paul. de Tost. — RR. F 80ᵛ. (sampst. vor Antoni). **2813**
„	„	erklärt, dass er einen gewissen Ribald, welcher sich gegenüber Waffenträgern des Gr. Johann v. Foix (Fuxum) für Hrz. Balthasar, den Sohn des Hrz. Witold v. Litthauen, ausgegeben u. sie bewogen ihn nach Konstanz zu bringen, als Betrüger weggeschickt habe. — KU. w. v. — RR. F 81ᵛ. (15. d. jan.) **2814**
„	„	ernennt den Minoriten Franciscus Francisci aus Florenz zu seinem Kaplan. — KU. w. v. — Not. ib. (id. dat.) **2815**
„	„	desgl. den Johann, Abt des Benedictiner-Kl. zum h. Christof zu Urbanea (Castrum Durantis). — W. v. **2816**
„ 16	„	befiehlt dem Rat v. Belluno dem Castellan v. Serravalle 300 Dukaten zu geben u. die Mishelligkeiten zwischen ihm u. d. Bürgern v. Serravalle zu schlichten. — KU? — Kop. Belluno. — Reg.: Forsch. z. dtsch. Gesch. 18, 221. **2817**
„	„	befiehlt dem Castellan u. den Söldnern v. Serravalle, mit den Bürgern des Ortes Frieden zu schliessen. — KU? — Kop. ib. — Reg. ib. 222. **2818**
„	„	beauftragt den EB. v. Besançon u. den B. v. Basel die Privilegien, welche die Bürger v. Vienne zum Schaden des EB. Johann v. Vienne geltend machen, auf ihre Rechtmässigkeit zu untersuchen u. die Gerechtsame des EB. wieder herzustellen. — Per d. G. ep. Pat. canc. P. de Tost. — RR. F 83ᵛ. (16. die jan.) **2819**
„	„	gestattet den wegen eines Aufruhrs verbannten Bürgern v. Feltre die Rückkehr. — KU. v. — RR. F 82ᵛ. (16. die jan.) **2820**
„	„	weist die St. Isny an, ihre am vergangenen Martinstag fällig gewesene Reichssteuer an Johann Schedlin zu zahlen. — Ad relat. Houpt marschalk etc. Joh. Kirchen. — Not. RR. F 80ᵛ. (Antoni ab.) **2821**
„	„	legitimirt Konrad v. Rheine (de Reno), einen Laien aus der Diözese Münster. — Per d. G. ep. Pat. canc. Joh. Kirchen. — Not. RR. F 80ᵛ. (16. die jan.) **2822**

1418		
Jan. 16	Konstanz	macht v. dem Recht der ersten Bitten zu Gunsten des Stephan S t e i n w a n t e r, Klerikers der Passauer Diözese, bei der Kirche zu Russbach (Passauer Diözese) Gebrauch. [— o. KU! — o. R — Or. (nur Siegeleinschnitte; nicht vollzogen?) München R.-A.; nicht in RR]. — Mon. Boica 31, 2, 151 f. **2823**
» 17	»	giebt den Visitatoren des B e n e d i c t i n e r o r d e n s, welcher kürzlich zu Konstanz ein General-Kapitel abgehalten hat, einen Schutz- u. Geleitsbrief für die Visitation der Benedictiner-Kl. im Erzstift Mainz u. Bistum Bamberg. — Ad m. d. r. Joh. Kirchen. — R — Or. Karlsruhe; [desgl. Stuttgart; RR. F 81ᵛ u. 82¹]. — v. d. Hardt, Constant. conc. 1, 1111 f.; Lünig, R.-A. Spic. eccl. 1, 234 f.; vgl. Reg.: Ztschr. f. G. d. Oberrheins N. F. 3, 439. **2824**
»	»	giebt dem Landgr. L e o p o l d v. L e u c h t e n b e r g die Landgrafschaft Leuchtenberg mit allen Zugehörungen zu Lehen u. bestätigt ihm alle Rechte u. Freiheiten. — [Per d. G. Patav. episc. canc. Joh. Kirchen — R — Or. München R.-A.; RR. F 81ᵛ]. — Reg. Boic. 12, 273. **2825**
»	»	erhebt Veronika (Frene) v. Waldburg, die Tochter des Landvogts Hans Truchsess v. W., Gemahlin des Johannes v. Zimmern d. j., Herrn zu Messkirch, in den Grafenstand. — Ad m. d. r. Joh. Kirchen. — Not. RR. F 86ᵛ. (Antonii t.) **2826**
» 18	»	weist die St. I s n y an, v. ihrer Martini 1418 fälligen Reichssteuer 60 Pfund Heller an Ulrich v. Haimenhofen zu zahlen [vgl. nr. 2812]. — Ad relac. Houpt marschalk de Bappenheim Joh. Kirchen. — Not. RR. F 81ᵛ. **2827**
»	»	desgl. pro 1419. — W. v. **2828**
» »	»	desgl. pro 1420. — W. v. **2829**
»	»	erhält v. P. Martin V die Bestätigung zum römischen Kg.: Forts. Königshofens bei Mone, Quellensamml. 1, 296; doch vgl. nr. 2646ᵃ. **2829 a**
» 19	»	bestätigt dem Frischhans u. Hans Konrad v. B o d m a n alle Privilegien u. dehnt das Privileg des gefreiten Gerichtsstandes, das ihnen Kg. Wenzel 1375 Juni 7 nur für Eigenleute erteilt, auch auf ihre Diener, Vogtleute u. Pfandschaftsleute aus. — [Per d. G. episc. Pat. canc., Fr. march. u. I. de Otingen etc. Joh. Kirchen. — RR. F 83ᵛ]. — Vid. des Gr. Rudolf v. Sulz d. jüng. v. 1424 Sept. 12 Arch. Bodman. — Reg.: Schriften d. Ver. f. d. Bodensee 12 Anh. 62. **2830**
»	»	belehnt d i e s e l b e n mit der Herrschaft Bodman nebst Zubehör. — KU. w. v. — Not. RR. F 83ᵛ (mittw. nach Antonii). **2831**
»	»	verleiht d e n s e l b e n 2 Jahrmärkte u. einen Wochenmarkt zu Bodman. — W. v. **2832**
»	»	Jan. 19: Die Mercurii 19. januarii anno 1418 et concilio quarto papa fecit consistorium publicum, in quo pro parte domini Sigismundi Romanorum regis fuit petita approbacio eleccionis et persone suo in regem Romanorum ac denunciacio illius in regem, rege tamen absente a consistorio, licet in civitate presente. Papa respondit, quod deliberaret cum fratribus suis cardinalibus et finito consistorio omnibus aliis exclusis papa habita deliberacione cum cardinalibus commisit duobus episcopis duobus presbyteris duobus diaconis cardinalibus examinacionem eleccionis et persone [vgl. nr. 2838ᵃ]. — Tagebuch Fillastres: Finke, Forsch. u. Quellen 236 f.; vgl. auch nr. 2829ᵃ. **2832 a**
» 20	»	belehnt Wilch v. A l z e y mit Gefällen des Gerichts zu Spiesheim im Mainzer Bistum. — Per d. Fr. march. Brand. etc. Joh. Kirchen. — Not. RR. F 82ᵛ. (do. nach Anton.) **2833**
»	»	verleiht dem Heinrich v. M e n t o n e, einem Dienstmann (miles) der Baronie Mentone (Genfer Diözese) das Recht auch in Genf, Savoyen, Lausanne, Waadtland (patria Waadensis) u. Burgund Besitzungen zu erwerben u. sich vor Gericht vertreten zu lassen. — Per d. Fr. march. Brand. etc. Paul. de Tost. — RR. F 92. (20. die jan.) **2834**
» 21	»	verpfändet dem Ritter Heinrich v. U l m, Bürger zu Konstanz, sowie dessen Erben für schuldige 1050 rhein. Gulden, die er teils baar teils in Wein empfangen, die jährl. Reichssteuer v. Wangen mit dem Recht dieselbe weiter zu verpfänden. — Ad relac. Houpt marschalk de Bappenheim Joh. Kirchen. — RR. F 80ᵛ u. 81ᵛ; Vid. des Konstanzer Stadtammanns Hans Brisacher v. 1437 Dez. 19 Wien. Staats-A. (fr. nach Antoni.) **2835**
» 22	»	ernennt G u e r a i a s Fernandi zu seinem Rat, nimmt ihn in den Drachenorden auf, dessen Statuten derselbe zu Händen des Infanten Heinrich v. Aragonien u. Sizilien beschwören soll, u.

1418		

erteilt ihm einen Geleitsbrief durch das Reich u. Ungarn. — Per d. G. episc. Pat. canc. Paulus de Tost. — RR. F 83ᵛ. (22. die jan.) **2836**

Jan. 22 | Konstanz erlaubt der Margarete Burggr. zu Magdeburg (Meyd-), einer geborenen v. Brunecke, jährlich zwei Jahrmärkte (1. Mai u. 28. Okt.) u. einen Wochenmarkt (Samstag) in der St. Kreglingen unter den üblichen Freiheiten abzuhalten. — KU. w. v. — B — Or. Stuttgart; Not. RR. F 81ᵛ. (Vincentii t.) **2837**

verleiht Peter, dem zweiten Sohne Kg. Johanns v. Portugal die Mark Treviso. — [Ad m. d. r. Joh. Kirchen. — RR. F 89] sowie Vid. K. Friedrichs: RR. N 189. — Chmel, Regesta Friderici IV n. 1524. (22. die jan.) **2838**

Jan. 22: »Die sabbati sequenti 22. januarii papa tenuit consistorium secretum, in quo commissarii super eleccione dicti regis fecerunt pape et collegio cardinalium relacionem sue informacionis. Et quamquam multa viderentur obstare nec haberetur decretum eleccionis, fuit tamen conclusum, quod attento loco et aliis multis attentis fieret approbacio et confirmacio, sed dicerentur regi private defectus sui maxime in regno Hungarie, in quo publice dicitur, quod plures ecclesias cathedrales et monasteria dedit laicis, qui illa tenent, et aliquas ecclesias uni schismatico Greco. Et ita fuit sibi dictum; qui respondit, quod fieret informacio, ipse volebat corrigi« [vgl nr. 2832ᵃ u. 2846ᵃ]. Tagebuch Fillastres: Finke, Forsch. u. Quellen 237. **2838a**

» 23 verpfändet seinem Diener Pentelin v. Haymenhofen, dem er 600 rhein. Gulden schuldig ist, 40 Pfund Heller v. der 100 Pfund Heller betragenden Reichssteuer der St. Isny. — Per d. G. comitem de Swartzburg judicem curie Joh. Kirchen. — Not. RR. F 81ᵛ; Vid. des Ulmer Rats v. 1444 Aug. 21 Stuttgart. (sonst nach Augnason). **2839**

ernennt Johann aus Mainz, Pastor der Kirche zu Friesdorf (Vriestorp), zu seinem Kaplan. — Per d. C. de Winsperg Joh. Kirchen. — Not. RR. F 84ᵛ. (23. die jan.) **2840**

legitimiert die Kinder des Georg Sacler, Bürgers zu Salzburg: Oswald Michael Georg u. Barbara. — Per d. G. episc. Pat. Paul. de Tost. — Not. ib. (id. dat.) **2841**

bestätigt die Privilegien des Augustiner-Kl. zum Roten Haus [gegenüber v. Grenzach] in der Basler Diözese. — Per d. G. ep. Pat. canc. Joh. Kirchen. — RR. F 91ᵛ. (sunt nach Vincencii). **2842**

» 24 ernennt den früheren B., jetzigen Konstanzer Domherrn Albrecht Blarrer zu seinem Kaplan u. Hofgesinde. — KU. w. v. — Not. RR. F 86ᵛ. (mo. nach Vinc.) **2843**

bestätigt, dass er, weil er den Streit zwischen Kg. Wladislaw v. Polen, Grossfürst Witold v. Litthauen, den Hrz. Ziemovit u. Johann v. Mazovien, Boguslav v. Stolp einer- u. dem Deutsch-Orden (Hochmeister Heinrich v. Plauen) andererseits zu entscheiden verhindert sei, durch (inser.) Urk. v. 1412 Okt. 1 [nr. 363] Benedict v. Macra, Lic. beider Rechte, damit beauftragt habe. — Per d. G. ep. Patav. canc. Paul. de Tost. — RR. F 91ᵛ. (24. d. jan.) **2844**

erlaubt seinem Hofmeister dem Gr. Ludwig v. Öttingen in Bissingen 4 Jahrmärkte u. einen Wochenmarkt abzuhalten. — KU? — [nicht in RR]. Kop. Wallerstein. — Reg.: Material. zur ötting. Gesch. 2, 64 fälschl. zu 1414. (mo. nach Vincencen tag). **2845**

belehnt Volmar v. Oehsenstein [Burg, w. Maursmünster i. Els.] mit Löwenstein Meistersel (-rfeld) Niederbronn u. Pfaffenhofen. — Rex. Michael. — Not. RR. G 1 (b)ʳ; Kop. v. 1758 Strassb. Bez.-A. (Pauls abend convers.) **2846**

Jan. 24: »Die Lune sequenti 24. [nicht 23.!] januarii pape tenuit consistorium generale in loco sessionis concilii in ecclesia Constanciensi presente rege et sedente ad dextras pape in cathedra parata sine aliis regalibus insigniis. Et proposuit episcopus Curensis pro rege pulchram oracionem concludens approbacionem persone regis et confirmacionem eleccionis ac nominacionem et denunciacionem in regem Romanorum in imperatorem postea coronandum. Facta illa proposicione papa respondit et brevi oracione premissa approbavit confirmavit denunciavit, ut in forma sequenti . . . Post hec ablata est crux cum ligno sancte crucis super cathedram in conspectu pape. Rex cum genibus flexis coram cruce tenensque manum dextram super crucem prestitit juramentum quod scriptam est coram eo, quod ipse legit et juravit . . .« Tagebuch Fillastres: Finke 237 f.; der Eid Sigmunds auch bei Palacky, Doc. mag. Joh. Hus . . . 676; Fontes rer. Austr. 1, 6, 276 f. (25. Jan.) — Vgl auch Ulrich v. Richental 132 ff. **2846a**

1418		
Jan. 25	Konstanz	ernennt den päpstlichen Scriptor u. Abbreviator Petrus de Casaciis sowie dessen Brüder Johann u. Wilhelm u. ihre Erben zu Bürgern zu Kapitanen der St. Mailand. — Per d. G. ep. Pat. canc. Paul. de Tost. — Not. RR. F 106ᵛ. (25. die jan.) **2847**
» ?	»	ernennt die Mailänder Bürger Bernardus de Fossato u. Franciscus de Pandulfio zu seinen u. des Reiches Münzmeistern. — KU. w. v. — RR. 1b. (s. d.; das folgende Dat. April 16). **2848**
» 26	»	nimmt die Besitzungen des Mkgr. Rudolfs v. Hachberg, Herren zu Rötteln u. zu Sausenberg in des Reiches Schutz. — Per d. L. comitem de Öttingen mag. cur. Joh. Kirchen. — RR. F 83ᵛ.* (mittw. nach Vinc.) **2849**
»	»	befiehlt den Landvögten des Elsass u. des Thurgau Hans v. Lupfen bzw. Frischhans v. Bodman den Mkgr. Rudolf v. Hachberg bei seinen Rechten zu schützen. — [KU. w. v.] — Schöpflin, hist. Zar.-Bad. 6, 95. — Reg. nach RR. F 83ᵛ u. 84ᵛ; Ztschr. d. Ges. f. Geschichtsk. v. Freiburg 3 (1874), 364. **2850**
»	»	bestätigt dem Gr. Ludwig v. Öttingen seinem Hofmeister das inser. Privileg Kg. Ruprechts v. 1407 Febr. 24 [Chmel nr. 2261] betr. die Judensteuern zu Ulm u. Nördlingen. — [Per d. G. Patav. episc. cancell. Joh. Kirchen. — R — Or. Wallerstein; RR. F 84ᵛ]. — Reg. (nach Kop. u. Vidim.) Material. z. Ötting. Gesch. 2, 68. **2851**
		Jan. 26: P. Martin V bewilligt dem Kg. Sigmund den Zehnten v. allen geistlichen Einkünften während eines Jahres in allen Gebieten der Germanischen Nation, in den Diözesen Trier, Basel u. Lüttich. — v. d. Hardt, Conc. Const. 2, 590 f. **2851a**
» 27	»	erlaubt dem Kl. Maulbronn (Abt Albrecht) seine Kirchhöfe u. Dörfer zu befestigen. — Per d. Frid. march. Brandenburg. etc. Joh. Kirchen. — [R — P. Achatz]. — Or. Stift St. Paul in Kärnthen; [RR. F 84ᵛ mit Dat.: mittw. nach Vinc. = Jan. 26]] — (Besold, Documenta monaster. in ducato Wirtemb. sitorum 829 f.; vgl. Württemberg. Vierteljahrshefte NF. 1, 61. **2852**
»	»	bestätigt dem Augustinerinnen-Kl. Schaennis (Sche-, Diöcese Chur) die Privilegien. — Per d. G. ep. Pat. canc. etc. Joh. Kirchen. — RR. F 91. (do. nach Pauls t. convers.) **2853**
»	»	begnadigt Elsbet v. Westernach, die Gemahlin des Ritters Hans v. Stuben, deren Mann zusammen mit Heinrich v. Randeck den Ritter Michel v. Reischach erschlagen u. dafür all sein Gut an ihn bzw. Kg. verloren hat, nachdem sie 1800 Gulden hinterlegt hat. — Per d. C. de Winsperg Joh. Kirchen. — RR. F 85ᵛ. (donerst. vor frow. t. purific.) **2854**
»	»	belehnt den Gr. Otto v. Thierstein mit der Burg Küngstein (Kung-), mit Küttigen (Kütting-) Erlinsbach (früher österreichische Lehen), Winteringen Maisprach (Mei-) u. der Kastvogtei zu Olsberg. — Per d. Fr. march. Brand. etc. Joh. Kirchen. — Not. RR. F 84ᵛ. (do. nach Pauls t. convers.) **2855**
» 28	»	befiehlt der St. Dortmund gemäss der Bulle des P. Martin V dem Helmold Stenhus, wenngleich dieser kein geborner Dortmunder ist, die ihm nach dem Tode des Johannes Nederhove übertragene Vikarie bei der Kirche Johannes des Täufers nicht länger zu verweigern. — Ad m. d. r. P. de Tost. — o. R. — Or. Dortmund. (frit. nach Pauls t. convers.) Rübel. **2856**
»	»	beauftragt die Brüder Johann u. Konrad Fischer mit der Anlegung einer neuen Heeresstrasse v. Pera u. der Donaumündung (Kilija, Kaffa = Feodosia) nach Ungarn u. Deutschland (de partibus transmarinis de Kyla Kaffa et Pera ac aliis civitatibus et terris in flumine Danubio versus Hungariam et deinde versus partes Almanie) u. erteilt ihnen dazu Geleit u. Zollfreiheit. — Ad m. d. r. d. G. ep. Patav. referente P. d. Tost. — RR. F 86ᵛ u. 87ᵛ. (28. die jan.) **2857**
»	»	präsentiert dem D. Johann v. Hildesheim für die durch den Tod Johanns v. Hildesheim erledigte Goslarer Probstei den Kanonikus der Nikolaikirche zu Magdeburg Joh. Ember. — Per d. G. ep. Pat. canc. P. de Tost. — RR. F 92ᵛ. (26. die jan.) **2858**
»	»	gestattet dem Gr. Friedrich VI v. Toggenburg die Wiederaufrichtung des Landgerichtes Rankweil in der Herrschaft Feldkirch. — Per d. L. comitem de Öttingen magistrum curie Joh. Kirchen. — R — Or. Wien. H. H. u. St.-A.; [RR. F 84ᵛ u. 85ᵛ]. — Arch. f. Kunde österr. Geschichtsquell. 1, 4 S. 6 ff. **2859**

26*

1418		
		Jan. 28 Rottenburg a. Neckar: f. Gr. Bernhart v. Thierstein. RR. G 8ʳ. frit. vor frowen t. purificat. — ist Schreibfehler für: frit. vor frow. tag assumpt. — Aug. 12. **2859 a**
Jan. 29	Konstanz	verleiht der St. Aarau den Blutbann. — Per d. C. de Winsperg camerar. Johannes Kirchen (nicht Johannem). — [R?] — Or. u. Kop. Aarau Stadt-A.: [Not. RR. F 86ʳ]. — Argovia 11 (Urkb. d. St. Aarau), 248 f.: ib. 25, 72. **2860**
» 30	»	bestätigt den Verkauf des Burgstalles Küngstein bei Aarau, welchen Ulrich v. Hertenstein der Vogt Heinrichs u. Ulrichs v. Küngstein der St. Aarau verkauft hat, u. belehnt deren Vertreter Rüdiger Trüllerey damit. — KU. w. v. — [R; *Herzog*]. — Or. Aarau Staats-A.; [RR. F 95ʳ s. d. mit KU: Per d. Frid. march. Brand. etc. Joh. Kirch.] — Argovia 11. 249 f. **2861**
» 31	»	verspricht der Elsbet v. Stuben geb. v. Westernach bezw. ihren Erben am 11. Nov. zu Konstanz 300 rhein. Gulden auszuzahlen. — Per d. C. de Winsperg Joh. Kirchen (idem relator et prothonotarius). — RR. F 85ʳ. (mont. vor frow. t. purific.) **2862**
»	»	bestätigt Friedrich v. Heideck alle Privilegien. — Per d. L. comitem de Ötingen magistr. curie Joh. Kirchen. — RR. ib. (id. dat.) **2863**
»	»	bestätigt demselben den Pfandbesitz der Altenburg, welche ursprünglich an Götz Schenk d. jüng. um 400 Regensburger Gr. versetzt war, dann an Seitz v. Wiboltshausen, an die Grossen u. endlich an Friedrich v. Heideck gekommen ist. — W. v. **2864**
»?	»	verleiht den Brüdern Peter u. Dietrich Quentin aus Ortenberg ein Wappen. — Per d. G. episc. Pat. canc. l'aul. de Tost. — Not. RR. F 85ʳ (.. die Jan.). **2865**
[?]	»	belobt den Kg. Wladislaw v. Polen für die Bekehrung der Samogiten u. spricht über seine Absicht, die griechische Kirche zur Union mit der römischen zu führen. — KU? — Nach Kop. [wo?] Mon. med. aevi hist. res gest. Polon. illustr. 12, 108 f. — Ident. mit nr. 2758? **2866**
Febr. 1	»	an die Juden in Thüringen Meissen u. Osterland, die im Herrschaftsgebiet Friedrichs, Wilhelms u. Friedrichs Landgr. v. Thüringen u. Mkgrn. zu Meissen gesessen: sie sollen dem Konrad v. Weinsberg den dritten Pfennig ihrer Habe aushändigen; in Anbetracht des grossen Aufwands, den er um Frieden zu stiften in wälschen Landen in Frankreich England Aragonien u. sonderlich zu Konstanz gehabt habe, habe er ihnen diese Steuer auferlegt; Weinsberg habe v. ihm die Vollmacht erhalten, die Widerspenstigen in die Acht zu thun. — Ad m. d. r. Joh. Kirchen. — R — Or. Öhringen; RR. F 85ʳ u. 86ʳ. (an uns. fr. ab. purific.) **2867**
»	»	erklärt, dass die Einziehung des dritten Pfennigs für das Reich v. den Juden in den Landen des Mkgr. Friedrich des älteren v. Meissen dessen Rechten keinen Schaden bringen soll. — [KU. w. v. — R — Or. Dresden; RR. F 86ʳ]. — J. G. Horn, Lebens- u. Heldengg. Friedrichs des Streitbaren 831. **2868**
»	»	desgl. für Friedrich den jüng. v. Meissen — KU. w. v. — R — Or. ib.; [nicht in RR.] **2869**
»	»	desgl. für Mkgr. Wilhelm v. Meissen. — KU. w. v. — R — Or. Öhringen [nicht ausgeliefert oder nicht angenommen?, nicht in RR.] (frow. ab. purif.) **2870**
»	»	nimmt teil an der grossen Messe, welche der Pabst aus Anlass der Obedienzerklärung der Kg. v. Castilien u. Aragonien hält. — Tagebuch Fillastres: Finke. Forsch. u. Quellen 238. **2870 a**
» 2	»	gestattet, dass Philippo Maria Visconti v. Mailand seinen natürlichen Bruder Anton oder den natürlichen Sohn seines † Bruders Gabriel Maria oder einen seiner illegitimen Söhne als Nachfolger im Reichsvikariat Mailand u. in den Grafschaften l'avia u. Anghiera (Angleria) wählen darf. — KU? — Vid. Sigmunds v. 1426 Juli 6.: RR. H 122(a)ʳ. (sec. febr.) **2871**
»	»	schliesst einen Vertrag mit Philippo Maria Visconti v. Mailand. — Erwähnt bei Daverio, Memorie sulla storia dell'ex-ducato di Milano p. 15. — Beruht wohl auf einer Verwechslung mit dem Bündnis-Vertrage v. 1418 April 2. **2872**
» 3	»	legt die Streitigkeiten bei zwischen Hrz. Ludwig v. Baiern u. der St. Donauwörth [vgl. aber nr. 2793 u. 1418 März 9]. — KU? — Donauwörther Urk.-Verz.: München R.-A. (nächst. tag nach lichtmess). *Rieder*. **2873**
»	»	giebt seine Zustimmung, dass Rüdiger v. Erlingshofen (Erlinßhoven) seiner Frau Katharina v. Wollmershausen (Wolm-) 400 rhein. Gulden auf sein Recht am Weissenburger [Nordgau]

1418		
		Forst (Reichslehen) anweisen darf. — Per d. L. comit. de Ötingen mag. cur. Joh. Kirchen. RR. F 94ʳ. (donerst. nach frow. t. purific.) **2874**
Febr. 3?	Konstanz	verleiht den Hof zu Wysen bei Wurzen im Algau (früher österr. Lehen) dem Bernhart Vaster gen. Banz. — KU. w. v. — Not. ib. (s. d.) **2875**
» 4	»	gebietet allen Ständen u. Unterthanen des Reichs, den Hrz. Ludwig v. Bayern [-Ingolstadt] auf der Fahrt an den kgl. Hof ungehindert ziehen zu lassen u. ihm auf Verlangen Geleit zu geben. — [Per d. G. Patav. episc. cancell. Joh. Kirchen. — o. R. — Or. München R.-A.] — Reg. Boic. 12, 275. **2876**
»	»	verleiht dem Passauer Kleriker Matheus Hewner erste Bitten auf das Augustiner-Kl. des h. Hippolyt [St. Pölten] in der Passauer Diözese. — KU. w. v. — Not. RR. F 85ʳ. (4. die febr.) **2877**
»	»	desgl. dem Passauer Kleriker Friedrich Gerber auf das Bernhardiner-Kl. Lilienfeld (campus Liliorum; Passauer Diözese). — W. v. **2878**
»	»	ernennt den Edlen Tadiolus de Vicomercato zum Comes Palatinus u. erteilt ihm das Recht, öffentliche Notare zu ernennen, Uneheliche zu legitimieren u. s. w. — Per d. G. ep. Pat. canc. Paul. de Tost. — RR. F 86. (quarta die febr.) **2879**
»	»	ernennt den Raimund de Boneguoiria, Lic. in decretis, Pr. des Benedictiner-Kl. (s. Fides) in Schlettstadt zu seinem Kaplan. — Per d. G. ep. Pat. canc. Joh. Kirchen. — Not. RR. F 90ʳ. (quarta die febr.) **2880**
»	»	befiehlt sämmtlichen Juden im Reich die wegen der Bestätigung ihrer Privilegien durch P. Martin V auf Rat Konrads v. Weinsberg u. der Konstanzer Juden ausgeschriebene Steuer (er habe auch grosse Ausgaben auf seinen Reisen in Italien Frankreich England u. Aragonien sowie durch den Krieg gegen Hrz. Friedrich v. Österreich gehabt) an Weinsberg u. den Rabbi Josef v. Schlettstadt zu zahlen bei Androhung der Acht. — [Per d. Fr. march. Brandemburg. etc. et d. L. comitem de Ötingen magistrum curie Joh. Kirchen. — R — 2 Orr. Öhringen; Kop. Wien H. H. u. St.-A.; RR. F 87ʳ u. 88ʳ; Per d. Fr. march. Brand. et d. G. de Swartzburg etc. J. K. u. mit d. Zusatz: Item date sunt due in Almanico et similes in Latino]. — Hansselmann. vertheid. Landeshoheit des Hauses Hohenlohe, Beilag. 86 f. (quarta die febr.) **2881**
»	»	erlässt eine ähnl. Urk. Darin werden auch noch die Juden Lazarus Isaak u. Judas aus Konst. beauftragt. — KU. w. v. — R — 2 Orr. u. 3 Vid. des Reichshofrichters Günther v. Schwarzberg v. 1418 Febr. 14 ibid. (freit. nach frow. t. purific.) **2882**
» 6	»	belehnt die Äbtissin Bela (v. Frankenberch) des Gertrudenstifts zu Nivelles (Diözese Lüttich) bezw. deren Boten den Kaplan Johann v. Merica mit den Regalien. — Per d. G. ep. Pat. canc. P. de Tost. — RR. F 92ʳ. (sexta die febr.) **2883**
» 7	»	bestätigt die Privilegien des Grauen-Ordens-Kl. Rein (Rewn; Salzburger Diözese) u. nimmt es in des Reiches Schutz. — Per d. G. ep. Patav. canc. Joh. Kirchen. — R — Or. Kl. Rein; RR. F 88ʳ u. 89ʳ a. d. (mont. nach frow. t. purific.) **2884**
» 8	»	nimmt mit Erfolg teil an einem Turnier. — Ulrich v. Richental 136; Janssen, Frankf. Reichskorr. 1. 318. **2884a**
» 9	»	ernennt Johann de Corvinis sive de Corlicis, den Sohn des Gregor, aus Arezzo zum lateranensischen Pfalzgr. — Per d. G. ep. Pat. canc. Paulus de Tost (idem relator et prothonotarius). — Not. RR. F 86. (nona die febr.) **2885**
»	»	bevollmächtigt den Mkgr. Friedrich v. Brandenburg u. den Erbkämmerer Konrad v. Weinsberg v. den Juden im ganzen Reiche (mit geringen Ausnahmen), soweit sie nicht verpfändet sind, den dritten Pfennig des zehnten Pfennigs, die halbe Judensteuer u. den goldenen Opferpfennig zu erheben, sowie auch Judenmeister ein- und abzusetzen. — Ad m. d. r. Joh. Kirchen. — [R — Or. Bamberg; nicht in RR]. — Minutoli, Friedrich I v. Brand. 71 f. **2886**
»	»	desgl. den Burggr. Johann v. Nürnberg u. Konrad v. Weinsberg [vgl. auch nr. 2899]. — KU. w. v. — RR. F 87. **2887**
»	»	ermächtigt den Burggr. Johann v. Nürnberg, der zusammen mit Konrad v. Weinsberg alle Judengelder einziehen soll, zunächst davon seine ihm geborgten 20000 ung. Gulden zu decken. — KU. w. v. — RR. F 87ʳ. (mittw. nach Dorothee). **2888**

1418			
Febr. 9	Konstanz	belehnt für treue Dienste den Wigleis Schenk v. Geiern, seinen Rat, solange derselbe lebt, mit der halben Nürnberger Judensteuer; der Nürnberger Rat soll diese dem Wigleis alljährlich am 8. Sept. auszahlen. — Ad relac. Houpt de Bappenheim marscalko regio Joh. Kirchen. — R — Or. Öhringen; RR. F 87ᵛ mit KU: Ad m. d. r. Houpt marschalk referente J. K. (mi. nach Dorothee).	2889
»	»	weist die St. Nürnberg an die halbe Judensteuer des J. 1418 an Wigleis Schenk zu zahlen. — KU. w. v. — Not. RR. ib.	2890
»	»	desgl. d. J. 1419. — W. v.	2891
»	»	desgl. d. J. 1420. — W. v.	2892
»	»	desgl. d. J. 1421. — W. v.	2893
»	»	belehnt die Äbtissin Adelheid v. Quedlinburg (Bote: Hermann, Sohn des Walter, Kleriker der Mainzer Diöcese) mit den Regalien u. bestätigt ihr alle Privilegien. — Per d. G. episc. Pathaviens. cancell. P. de Tost. — [R — Or. Berlin Geh. Staats-A.; RR. F 91ᵛ u. 92ʳ; Kopialb. 193 f. 62 Magdeb. Staats-A.] — Lünig, R.-A. Spic. eccl. 3. Abt. 2, 244 f.; Kettner. antiquit. Quedlinb. 493 ff.; Erath, Cod. dipl. Quedlinburg. 668 f.	2894
»	»	bestätigt die Privilegien (viele Einzelbestimmungen) des Kl. Schönthal (Grauen Ordens, Würzburger Diöcese). — Per d. G. Palav. episc. cancell. Joh. Kirchen. — R (daneben, aber umgekehrt, v. späterer Hd.? Joh. Kirchen). — Or. Stuttg.; RR. F 88 mit KU: Per d. G.. .. canc. Paul. de Tost; vgl. Not. RR. K 232ʳ. (mi. nach Dorothee).	2895
»	»	Febr. 9: nimmt den Mkgr. Bernhard v. Baden für treue Dienste in des Reiches Schutz. — RR. F 89ᵛ u. 90ʳ. (mi. nach Dorothee) — ist nach Or. am 20. Febr. ausgestellt.	2895 a
» 10	»	teilt dem Hans v. Westernach mit, dass die ihm verpfändete Herrschaft Bergen v. Wilhelm v. Freiberg (Fri-) in seinem Auftrage eingelöst werden soll. — Per d. G. ep. Palav. canc. Michel. — RR. F 88ᵛ. (do. nach Dorothee).	2896
» 11	»	begleitet den B. Georg v. Passau, welcher in seinem u. des P. Martin Auftrag zu dem Hrz. v. Mailand reist, eine Meile: Ulrich v. Richental 136; vgl. auch Janssen, Frankf. Reichskorr. 1, 319.	2896a
» 12	»	bestätigt dem Gr. Friedrich v. Henneberg dessen hergebrachte Rechte u. Güter. — [Per d. G. comitem de Swarczburg P. de Tost. — R — Or. Weimar. Ges.-A.; RR. F 90ʳ; hinter Swarczberg noch ,judicem curie']; Aschacher Kopialb. in Meiningen: Henneberg. A. — Henneberg. Urkb. 6, 59 f.	2897
» 14	»	verleiht dem Gr. Friedrich v. Henneberg die Regalien über das Gericht zu Benshausen, den teilweisen Wildbann auf dem Thüringer Walde, die Zehnten u. den Zoll zu Römhild u. die Hälfte des Zehnten u. des Zolles zu Münnerstadt. — KU. w. v. — Vid. v. 1549 u. Kop. (Aschacher Kopb.) Meiningen Henneb. A.; [Not. RR. F 90ʳ]. — Henneberg. Urk.-B. 6, 60 f.	2898
» »	»	macht bekannt, dass er den Burggr. Johann v. Nürnberg u. Konrad v. Weinsberg mit der Einziehung aller Judenabgaben beauftragt hat, u. verlangt v. allen Reichsunterthanen Unterstützung für jene [vgl. nr. 2887]. — Ad m. d. r. Joh. Kirchen. (sub tenore prescripto date sunt littere decem, quinque in Allemannaico et quinque in Latino). — RR. F 93. (Valtins t.)	2899
» »	»	nimmt das Frauenkl. Klingenthal in den Reichsschutz u. bestätigt ihm die Privilegien. — Ad m. d. r. P. de Tost. — R — Or. u. Vid. v. 1419 Dez. 30 u. 1446 Juli 27 Basel St.-A.; [Not. RR. F 11ᵛʳ]. (mo. nach d. alten rwanacht; etwa = Febr. 25?) Thommen.	2900
» »	»	befiehlt dem EB. Dietrich v. Köln, dass er zur Wiederemporhebung v. Dortmund die um diese St. gelegenen u. den früheren Kaisern verpfändeten Höfe an seiner statt aus den Händen des Hrz. Adolph v. Cleve einlösen solle. — [Ad m. d. r. Joh. Kirchen. — R — Or. Düsseldorf: RR. F 93ᵛ] — Lacomblet, Urkb. f. d. Gesch. d. Niederrheins 4, 118. — vgl. nr. 2923.	2901
» »	»	widerruft das dem Edlen Heinrich v. Ohr (Or) verliehene [nr. 2724] Recht auf die hohe Gerichtsbarkeit in Herneburg, da diese dem EB. v. Köln gehöre, u. verspricht letzteren in dem Besitz des hohen Gerichts zu schützen. — KU. w. v. — R? — [Or. Münster Keller]; RR. F 93ʳ. (Valentins t.)	2902

1418		
Febr. 14	Konstanz	enthebt den Pommetus de Parillos, Nepoten des EB. v. Embrun, der mit seinem Vater für den EB. sich auf 2400 scuti verbürgt hat, dieser Bürgschaft, nachdem derselbe an den Magister Rodius für ihn 1040 scuti gezahlt hat. — Per d. C. de Winsperg etc. Paul. de Tost. — RR. F 92ʳ. (14. die febr.) **2903**
»		sendet an die St. Basel seinen Hofrichter Gr. Günther v. Schwarzburg, Heinrich v. Chlum u. Mathias Lemmel (Lumel). Ochs, G. d. St. Basel 3, 125 f.; vgl. Eb. Windecke 85 f. **2903 a**
» 15	»	überträgt der St. Lübeck an seiner statt den Schutz des Kl. Marienwold. — [Per d. G. de Swarczburg jud. cur. Joh. Kirchen.] — RR. F 94ᵛ; Transs. v. 1465 Juli 1 Lübeck. — Urk.-B. d. St. Lübeck 6, 11 ff. **2904**
»	»	verleiht das Schloss Vorderstoffeln (welches Reichslehen v. Konrad v. Reischach um 2100 Gulden an Hans v. Staben verpfändet war, jetzt aber ledig ist, zumal da dessen Besitzungen, weil er zusammen mit Heinrich v. Randeck den Michel v. Reischach getötet hatte, eingezogen worden) nach dem Tode Konrads v. R. dem Rüf v. Reischach, der auch 2100 Gulden an Ihn bezahlt hat. — Per d. G. comitem de Swarczburg jud. cur. Joh. Kirchen. — RR. F 92ᵛ a. 93ʳ. (zi. nach Valtin.) **2905**
»	»	beauftragt die bisherigen Pfleger dieses Schlosses Hans Konrad v. Bodman, Kaspar v. Clingenberg u. Hans v. Homburg d. ält. dem Rüf v. Reischach das Schloss zu überantworten. — KU. w. v. — RR. F 94ᵛ (id. dat.) **2906**
» 16	»	giebt dem Mrkgr. Bernhard v. Baden Auftrag, die österreich. Lehen im Breisgau v. Reichswegen zu verleihen. — Ad m. d. r. Joh. Kirchen. — R — Or. Karlsruhe; [Not. RR. F 96ᵛ] — Reg.: Ztschr. f. G. d. Oberrh. NF. 3, 439; Fester, Reg. d. Mrkgr. v. Baden nr. 3004. **2907**
»	»	desgl. dem Landvogt des Thurgaus Frischhans v. Bodman für den Thurgau u. die Lande am Rhein. — KU. w. v. — RR. F 96ʳ. (mi. nach Valtin.) **2908**
»	»	desgl. dem Gr. v. Lupfen für den oberen Elsass, den Sundgau u. Madach. — KU. w. v. — Not. RR. F 96ᵛ; Kopial-B. v. Höwen 1, 25 ff. in Donaueschingen. — Reg.: Ztschr. d. Gesellsch. f. Geschichtsk. v. Freiburg. 3, 365. **2909**
»	»	desgl. dem Hans Truchsess v. Waldburg, Landvogt in Schwaben, für Schwaben u. die Herrschaft Hohenberg. — KU. w. v. — Not. RR. ib. — Reg.: ibid. **2910**
»	»	desg. dem Haupt Marschalk v. Pappenheim für die Herrschaften Burgau u. Günzburg. — KU. w. v. — Not. RR. F 96ᵛ. **2911**
»	»	ernennt den Dr. jur. Augustinus Dellante aus Pisa zum Reichvikar in Vienne mit umfassenden Vollmachten. — KU. w. v. — RR. F 102. (sexta dec. d. febr.) **2912**
»	»	belehnt die Brüder Hans u. Heinrich v. Hoff, Bürger zu Konstanz, mit der ihnen v. Hrz. Friedrich v. Österreich einst verschriebenen Pfandschaft des halben Schlosses Freudenfels u. schlägt darauf noch 260 rhein. Gulden. — Per d. C. de Winsperg P. de Tost. — RR. F 95ʳ. (mi. nach Valtin.) **2913**
»		Febr. 16: schreibt an Mülhausen wegen Henmann Offenburg. RR. F 90 — ist nach Or. Febr. 23 ausgestellt. **2913 a**
»		giebt dem Utrechter Kleriker Heinrich Proys eine „littera notariatus". — KU? — Not. RR. F 91ᵛ. (16. die febr.) **2914**
»	»	desgl. dem Mainzer Kleriker Peter v. Dieburg (Diepp-). — Per d. C. de Winsperg Joh. Kirchen. — Not. RR. F 95ᵛ. (id. dat.) **2915**
»		bestätigt dem Hans Truchsess v. Waldburg, Landvogt in Schwaben, dessen St. Wurzach (Wurtzen) ihre Privilegien. — Per d. G. de Swarczb. jud. cur. P. de Tost. — RR. F 90ʳ. (mi. nach Valtin.) **2916**
» 17	»	überträgt den Schutz u. Schirm des Kl. Petershausen dem Landvogt in Schwaben Hans Truchsess v. Waldburg. — Per d. Guntherum de Swartzburg judicem curie Joh. Kirchen. — R — Or. Karlsruhe; [Not. RR. F 94ᵛ]. — Vgl. Ldnig, R.-A. Spic. eccl. 3, 419; Reg.: Ztschr. f. G. d. Oberrh. NF. 3, 439. **2917**
»	»	befiehlt der St. Überlingen dem Landvogt in Schwaben beim Schutze des Kl. Petershausen behilflich zu sein. — KU. w. v. — R — Or. ib.; [RR. F 94ᵛ] — Ldnig, a. a. O. 418 f.; Reg. ib. **2918**

1418

Febr. 18	Konstanz	begleitet den Kardinal v. Pisa, welcher nach Spanien mit einer Botschaft reist, eine halbe Meile. Ulrich v. Richental 136. **2918a**
„ 19	„	reitet dem EB. Georg v. Kiew entgegen. — ib. 137. **2918b**
„	„	bestätigt dem Kl. Kaisersheim Urkunden, durch welche demselben das Kirchenpatronat zu Dollnstein (Tolstain) im Eichstädter u. zu Wellheim (Wellenhaim) im Augsburger Bistum als Eigen übertragen wird. — Per d. Fr. march. Brand. etc. Joh. Kirchen. — Not. RR. F 94ʳ. (zu. nach Valtin.) **2919**
„	„	präsentiert Peter Schenk aus Waibstadt (Weybstat), Kleriker der Wormser Diöcese, für eine Vikarie der Bartholomäus-Kirche zu Frankfurt. — Ad m. d. r. Paul. de Tost. — Not. RR. F 93ʳ. (19. die febr.) **2920**
„ 20	„	giebt dem Mrkgr. Bernhard v. Baden einen Schutzbrief u. verspricht mit gemeinschaftlichen Gegnern keinen einseitigen Frieden abzuschliessen, für Dienste ausserhalb des Landes ihn nach Anzahl seiner Leute wie die andern Fürsten zu belohnen, verleiht ihm ein Gehalt v. jährl. 2000 Gulden. — Ad m. d. r. Joh. Kirchen. — R — Or. Karlsruhe G. L. Arch.; [RR. F 89ʳ u. 90ʳ z. 9. Febr.; RR. G 4 (b)] — Reg.: Ztschr. f. G. d. Oberrh. NF. 3, 439; Fester, Regesten d. Mrkgr. v. Baden nr. 3005. **2921**
„	„	belehnt die Brüder Eberhart u. Eberhart im Turn mit der Veste Gutenburg. — Per d. Frid. march. Brandenb. P. de Tost. — R — Or. ib.; [Not. RR. F 94ʳ] — Reg.: Ztschr. f. G. d. Oberrh. NF. 3, 439. — Vgl. nr. 1709. **2922**
„	„	sendet dem Hrz. Adolf v. Cleve Abschrift seiner Urk. v. Febr. 14 [nr. 2901] u. befiehlt ihm sich darnach zu richten. — o. KU! — o. R. — Or. (aufgedr. Siegel) Düsseldorf. (zu. reminiscere.) **2923**
„	„	präsentiert Oswald Wagner aus Weingarten für die durch den Tod des Johann v. Hertenberg erledigte Probstei des Martinsstiftes zu Rheinfelden. — Ad m. d. r. Joh. Kirchen. — Not. RR. F 94ʳ. (20. die febr.) **2924**
„ 21	„	verpfändet das Schloss Hinterstoffeln, welches Heinrich v. Randeck infolge Ermordung des Michel v. Reischach entzogen worden ist, um 1015 ½ rhein. Gulden an Hans Konrad v. Bodman, Kaspar v. Clingenberg u. Hans v. Homburg d. ält. — Per d. G. comit. de Swarczb. jud. cur. Jo. Kirchen. — RR. F 94ʳ. (mo. vor Mathias.) **2925**
„	„	befiehlt den Lehensträgern Hrz. Friedrichs v. Österreich im Breisgau ihre Lehen v. Mrkgr. Bernhard v. Baden zu empfangen u. diesem v. Reichswegen zu huldigen. — Ad m. d. r. Joh. Kirchen. — R — Or. Karlsruhe; [nicht in RR.; vgl. nr. 2907.] — Schöpflin, hist. Zar. Bad. 6, 97; Reg.: Ztschr. f. G. d. Oberrh. NF. 3, 439; Fester nr. 3006. **2926**
„	„	weist die Vasallen im Thurgau, am Rhein, im Aargau, in Burgund u. der Herrschaft Feldkirch zu gleichem Zweck an Frischhans v. Bodman. — KU. w. v. — RR. F 95ʳ u. 96ʳ. (mo. vor Math.) — Vgl. nr. 2908. **2927**
„	„	desgl. die Vasallen im Elsass u. Sundgau an Gr. Hans v. Lupfen. — [KU. w. v.] — Kop.-B. v. Stühlingen 5 f. 333/4: Stuttgart St.-A.; [nicht in RR.; vgl. aber nr. 2909]. — Reg.: Ztschr. d. Ges. f. Geschichtsk. v. Freiburg 3, 365 f. **2928**
„ 22	„	ernennt den Pfarrer Meinward v. Baldersheim zu seinem Kaplan. — Per d. G. de Swarczb. jud. cur. Joh. Kirchen. — Not. RR. F 94ʳ. (22. die febr.) **2929**
„	„	verspricht dem Gr. Eberhard v. Nellenburg, dem Gr. Hans v. Lupfen Landgr. zu Stühlingen u. dem Frischhans v. Bodman, welche sich gegenüber der St. Konstanz dafür verbürgt, dass er ihm geliehene 1000 rhein. Gulden bis Nov. 11 zurückerstatten würde, sie aus dieser Bürgschaft zu lösen. — Ad relac. Houpt marschalk Joh. Kirchen. — RR. F 93ʳ u. 94ʳ. (xi. vor Mathias.) **2930**
„	„	giebt den Juden
		Merkel **2931**
		Isaak **2932**
		Salomon **2933**
		Je einen bis 1419 Febr. 2 giltigen Geleitsbrief. — KU? — Not. RR. F 94ʳ (ib. dat.)

1418		
Febr. 23	Konstanz	befiehlt Ludwig d. Jüngern Hrz. in Bayern, das Kl. Kaisersheim (Kayßhaim), das unter seinem u. des Reichs unmittelbarem Schutz stehe, in keiner Weise mit Steuern u. anderen Anforderungen zu belästigen, sondern bei seinen Freiheiten zu schirmen. — [Per d. Joh. archiepisc. Rigensem Joh. Kirchen. — R — 2 Orr. München R.-A.; ein 3. Or. ib.: Ad m. d. r. Paulus de Tost. — o. R; Vid. v. 1418 Sept. 11 ib.; Not. RR. F 133⁷] — Reg. Boic. 12, 277. **2934**

désgl. Hrz. Ludwig d. Ält. v. Baiern, Gr. zu Mortaigne. — KU? — RR. F 133ᵛ. **2934A**

bekennt, dass vor seinem Gericht zu Konstanz Teseres Frauenhofer geklagt habe, dass Hrz. Ludwig v. Baiern die ihm v. dessen Vater Hrz. Stefan wegen einer Schuld v. 1600 Gulden als Pfand überlassene Feste Kirnstein mit Gewalt geraubt; Hrz. Ludwig habe geantwortet, er habe seinen Amtleuten geschrieben, dem Frauenhofer gemäss dem letzten Urteilsbrief in dreimal vierzehn Tagen die Feste wieder zu übergeben; dieser habe aber die Wiedereinsetzung nicht verlangt, was durch Otto Ebser Pfleger zu Kufstein, Friedrich Reichartsbeimer Pfleger zu Wasserburg, Friedrich Vinck Pfleger zu Kirnstein sowie durch den Rat zu Kufstein u. den Pfarrer Lenhart Tichtel zu Seel bezeugt werde; darnach habe Frauenhofer erwidert: in dem Urteilsspruche stehe nicht, dass er die Wiedereinsetzung verlangen solle. Darauf hätten der Patriarch Ludwig v. Aquileja, der EB. Johann v. Riga, die BB. Georg v. Trient, Johann v. Worms, Johann v. Chur, Johann v. Lebus, Albrecht v. Regensburg u. Johann v. Brandenburg u. der Mrkgr. Friedrich v. Brandenburg geurteilt, dass Hrz. Ludwig den Frauenhofer in dreimal vierzehn Tagen wieder in den Besitz der Feste Kirnstein setzen solle, dieser aber für die wegen seiner Voräumnis erwachsenen Schäden keine Forderung zu machen habe. — [Ad m. d. r. Pe. Wacker. — o. R — Or. München R.-A.] — Reg. Boic. 12, 277. **2935**

befiehlt der St. Mülhausen dem Heumann Offenburg nicht länger die Zahlung der v. ihm v. Gotsmann Mönch gekauften jährlichen Rente v. 6 Mark zu verweigern [vgl. nr. 2542]; falls sie Grund zu haben glaubten die Zahlung zu verweigern, sollten sie am 1. März vor dem kgl. Hofgericht erscheinen. — Ad rel. d. C. de Winsperg cameraril Joh. Kirchen. — [R?] — Or. Mühlhausen; [RR. F 90 wol mit KU: Per d. G. comitem de Swarczburg judicem curie J. K. u. Dat.: (dtsche. Urk.) fer. quarta ante reminiscere — Febr. 16] — Mossmann, Cartulaire de Mulh. 1, 485 f. (mi. vor oculi.) **2936**

erlaubt dem Türing v. Ramstein zwei Jahrmärkte u. einen Wochenmarkt in dem Dorfe Sept zuhalten. — Per d. G. de Swarczburg jud. cur. Joh. Kirchen. — Not. RR. F 99ᵛ. (Mathias ab.) **2937**

stellt dem Gr. Albrecht v. Werdenberg-Bludenz u. den Räten des Hrz. Friedrich v. Österreich, die diesmal an seinen Hof kommen werden, einen Geleitsbrief aus. — [Per d. Frid. march. Brandenburg. etc. Joh. Kirchen. — R] — Or. Wien H. H. u. St.-A.; [nicht in RR] — Reg.: Lichnowsky, Gesch. d. Haus. Habsburg 5, n. 1776; vgl. Vanotti, G. d. Gr. v. Montfort 250. **2938**

macht bekannt, dass er auf Klage des Ulrich u. Hans Ulrich v. Embs über die Appenzeller die Reichsacht verhängt habe, da dieselben trotz dreimaliger Vorladung vor seinem Hofgericht nicht erschienen wären, bezw. versäumt hätten Vertreter zu senden. — Pe. Wacker. — Stuttgart: Kopialb. v. Stühlingen 14, f. 14ᵛ — 17ᵛ; Not. Achtbuch 8ᵛ. (Mathias ab.) — Das Hofgericht, welches diese grosse Anzahl Achterklärungen verhängte, fand im Augustiner-Kl. statt: Janssen, Frankf. Reichskorr. 1, 319. **2939**

désgl. auf Klage Jakobs v. Gambuch (Ganem-) über Heinrich Barembach v. Landsberg. — KU. [wie auch bis nr. 3002] w. v. — Not. Achtbuch 8ᵛ. **2940**

désgl. auf Klage Huwarts v. Elter, Herrn zu Sterpenich (Stirpnich), über Reinhart vom Berg im Lande v. Falkenberg [ö. v. Mastricht] u. Heinrich Ryffian v. Bastogne = Bastenacken (Bastnach). — Not. ib. 8ᵛ. **2941**

désgl. auf Klage des Ritters Eberhart im Thurn über Albrecht v. Blumenberg. — Not. ib. 9ᵛ. **2942**

désgl. auf Klage des Hammann Bienger über Ritter Heinrich v. Blumeneck (Blümneck), Heitmann Hartemberg, Hermann Fuchs, Bertschl Freiburg (Fry-), Henni Wagner. — Not. ib. 8ᵛ. **2943**

1418		
Febr. 23	Konstanz	desgl. auf Klage des Ritters Burkart v. Seckendorf über die diesem nicht unterthänigen Bauern zu Bullenheim (Buluh-). — Not. Achtbuch 10ᵛ. **2944**
»	»	desgl. auf Klage des Reinhart Herren zu Hanau über Brendelin v. Buseck (Buchsecke). — Pe. Wacker. — o. R — Or. Marburg St.-A.; Not. Achtbuch 9ᵛ. (Mathie abend.) **2945**
»	»	desgl. auf Klage der Frau Autonie v. Bier über Ernei Buman v. Olten. — Not. Achtbuch 9ᵛ. **2946**
»	»	desgl. auf Klage Albrechts v. Hohenlohe über Gr. Lienhart v. Castell. — [Pe. Wacker]. — o. R — Or. Öhringen: [Not. Achtbuch 8ᵛ] — Reg.: Mon. Castellana 247. **2947**
»	»	desgl. auf Klage des Hartmann Rindmaul über Ulrich Dreiswitzer. — Not. Achtbuch 8ᵛ. **2948**
»	»	desgl. auf Klage des Dietrich Bolch u. des Witikein Proff über die Bürger zu Bodenwerder Brun Eilman, Cord Albrecht u. Hans Bessel [vgl. die Aberachtserklärung 1422 Sept. 10]. — Not. Achtbuch 9ᵛ. **2949**
»	»	desgl. auf Klage des Nürnbergers Sebold Grabner über Fritz v. Egloffstein, Nickel Lang, Dietrich v. Haslach u. dessen Sohn Dietz, Kunz Truchsess v. Hollenstein (Holn-), Nickel Erhart, Ulrich u. Friedrich Kagrer. — Or.° Nürnberg Kr.-A.; Not. Achtbuch 8ᵛ. — Reg. Boic. 12, 277 (daselbst Fritz v. Egloffstein u. die Kagrer nicht genannt.) **2950**
»	»	desgl. auf Klage der St. Verdan (Wir-) über Johann v. Elter. — Not. Achtbuch 8ᵛ. **2951**
»	»	desgl. auf Klage des Konstanzer Bürgers Heinrich Cramer über Ulrich v. Embs. — Not. Achtbuch 9ᵛ. **2952**
»	»	desgl. auf Klage des Halbritters Konrad v. Freiburg über Georg v. Ende. — Not. ib. 8ᵛ. **2953**
»	»	desgl. auf Klage Heinrichs Kaltembecher über Lang Erkinger v. Seinsheim [vgl. die Aberachtserkl. 1422 Sept. 10]. — Not. Achtbuch 8ᵛ. **2954**
»	»	desgl. auf Klage des Haus Meihsner über Heinrich Etterlin, Vogt zu Istein. — Not. Achtbuch 9ᵛ. **2955**
»	»	desgl. auf Klage des Baseler Bürgers Hans Wyler über Hiltpolt Frawemberger. — Not. Achtbuch 9ᵛ. **2956**
»	»	zeigt Frankfurt an, dass er auf Klage des Henne v. Hauna des älteren die St. Fulda [vgl. nr. 2964] geächtet habe. — [Pe. Wacker. — o. R] — Or. Frankf. St.-A.: vgl. Invent. 4, 74. **2957**
»	»	verhängt auf Klage des Peter Kragen die Reichsacht über Dietrich Gams. — Not. Achtbuch 8ᵛ. **2958**
»	»	desgl. auf Klage des Georg Kroll (Krolen) über Diem Hagel. — Not. Achtbuch 9ᵛ. **2959**
»	»	desgl. auf Klage Konrads v. Weinsberg über Ritter Rudolf v. Hallwyl (Hallwylr) u. Hans v. Falkenstein [vgl. die Aberachtserkl. 1425 Jan. 29]. — Not. Achtbuch 9ᵛ. **2960**
»	»	desgl. auf Klage Johanns Saneck v. Waldeck über Heinz Henckein. — Not. Achtbuch 8ᵛ. **2961**
»	»	desgl. auf Klage des Hofmeisters Gr. Ludwig v. Öttingen über den Jägermeister Thomas Hinderkircher [vgl. die Aberachtserkl. 1422 Sept. 10]. — Not. Achtbuch 9ᵛ. **2962**
»	»	desgl. auf Klage der Frau Gertrud v. Weissweil (Weißwylr) über Wolf v. Hoewen (He-) — Not. Achtbuch 8ᵛ. **2963**
»	»	desgl. auf Klage des Henne v. Hauna (Bunowe) über die Gemeinden zu Horsten (Horstein, Marxsbel (Markyebel) Hirzbach Gründau (Grynda) u. Fulda [Horsten u. Fulda 1422 Sept. 10 in die Aberacht erklärt.] — Not. Achtbuch 9ᵛ; vgl. auch nr. 2957. **2964**
»	»	desgl. auf Klage des Hans v. Ebersberg über Jost Klaus Kunz Jäck Lienhart u. Peter Jaeckler. — Not. Achtbuch 8ᵛ. **2965**
»	»	desgl. auf Klage des Gr. Johann v. Lupfen, Landgr. zu Stühlingen, über die Meier des Rat u. die Gemeinde des Dorfes u. Thales zu Leberau (-owe). — Not. Achtbuch 10ᵛ. **2966**
»	»	desgl. auf Klage des Herrn Walther v. Hohen-Geroldseck über Ladmann v. Lichtenberg u. Friedrich Gr. v. Veldenz. — Not. Achtbuch 8ᵛ. **2967**

1418		
Febr. 23	Konstanz	befiehlt dem Rat v. Hagenau den Gr. Friedrich v. Veldenz u. den Herrn Ludmann v. Lichtenberg, die auf die Klage Walters Herrn zu Hoben-Geroldseck mit der Acht belegt worden seien, nicht in die St. aufzunehmen. — KU? — Or.° Heidelberg Univers.-Bibl. — Reg.: Ztschr. f. Gesch. d. Oberrh. 24, 184. — Kop. Frankf. St.-A. ⇔ Reg.: Frankf. Reichskorr. 1, 319. (mit falsch. Dat. 24. Febr.) **2968**
,	,	verhängt auf Klage des Ritters Wilhelm v. Bobenberg die Reichsacht über die Gr. Wilhelm u. Ulrich v. Matsch. — Not. Achtbuch 8ʳ. **2969**
,	,	desgl. auf Klage der Frau Gütlin v. Knöringen über Hamman Meyfogel. — Not. Achtbuch 9ʳ. **2970**
,	,	desgl. auf Klage des Hrz. Reinhart v. Irslingen (Urs-) über Kaspar Meinwart. — Not. Achtbuch 9ʳ. **2971**
,	,	desgl. auf Klage des Kämmerers der Paderborner Kirche Heinrich Westfal über Heinrich Melderken u. dessen Sohn Nolke. — Not. Achtbuch 8ʳ. **2972**
,	,	desgl. auf Klage der Stine, der Hausfrau des Johann Dinstlach über Wilhelm Mück v. Mertenhausen (Mertzinghusen.) — Not. Achtbuch 9ʳ. **2973**
,	,	desgl. auf Klage des Nikolaus Berwer über den Juden Nathan v. Känsberg (Kängsberg: = Königsberg?) [vgl. die Aberachtswerkl. 1422 Sept. 10]. — Not. Achtbuch 9ʳ. **2974**
,	,	desgl. auf Klage des Passauer Bürgers Hans Steinbach über Fritz v. Nenningen. — Not. Achtbuch 9ʳ. **2975**
,	,	desgl. auf Klage des Paderborner Domkapitels über Ritter Friedrich v. Padberg, Friedrich v. Driburg (Tryborch), Bernhard v. Hörde, Bainicke Geyr jun. v. Kalenberg (Kallenberg) u. Heidenreich v. Kalenberg. — Not. Achtbuch 9ʳ. **2976**
,	,	desgl. auf Klage des Klaus Koch v. Zell über Burkart v. Randemberg. — Not. Achtbuch 9ʳ. **2977**
,	,	desgl. auf Klage des Gr. Eberhart v. Nellenburg über Ammann u. Gemeinden zu Rankweil, Damils (-üls) u. Wallgau. — Not. Achtbuch 9ʳ. **2978**
,	,	desgl. auf Klage des Hans v. Biberstein über Hans v. Kockenwitz. — Not. ib. 9ʳ. **2979**
,	,	desgl. auf Klage des Hrz. Heinrich v. Baiern über Thomas v. Rosenberg u. Wilhelm v. Tottenheim [vgl. die Aberachtswerkl. 1422 Sept. 10.] — Not. Achtbuch 8ʳ. **2980**
,	,	desgl. auf Klage Bertholds v. Mannsberg über Gr. Johann v. Salm u. Volmar v. Ochsenstein. — Not. Achtbuch 8ʳ. **2981**
,	,	desgl. auf Klage des Hofrichters Grafen Günther v. Schwarzburg, Herrn zu Ranis, über Kunz Schätzel v. Würzburg. — Not. ib. 8ʳ. **2982**
,	,	desgl. auf Klage des Konrad v. Weinsberg über Eberhart v. Schaumburg (Schawmberg) zu Rauenstein (Ruh-) u. Heinrich v. Stein. — Not. Achtbuch 9ʳ. **2983**
,	,	desgl. auf Klage der Brüder Kaspar u. Jakob Czindel über Gumprecht d. jüng., Sigmund u. Balthasar v. Schlieben (Sly-). — Not. Achtbuch 9ʳ. **2984**
,	,	desgl. auf Klage des Konrad Wagner über Konrad u. Rudolf Schneider (Snyder) zu Gundelshusen [= Gondershausen, rhein]. K. St. Goar?] — Not. Achtbuch 9ʳ. **2985**
,	,	desgl. auf Klage des Huwart v. Elter über Johann v. Schönforst, Burggr. zu Monschau (Munsowe) u. Heinrich v. Stein. — Not. Achtbuch 9ʳ. **2986**
,	,	desgl. auf Klage des Gebhart v. Cammern über Ulrich Schwangau (Swangowe). — Not. ib. 9ʳ. **2987**
,	,	desgl. auf Klage Sigfrids v. Feckinghausen über die St. Treysa u. Wetzlar [vgl. nr. 3003 u. 2999]. — Not. Achtbuch 8ʳ. **2988**
,	,	desgl. auf Klage Ulrich Meyars v. Wechsenegg (Waßnegk) über Gr. Konrad v. Tübingen. — Not. Achtbuch 8ʳ. **2989**
,	,	desgl. auf Klage Johanns v. (de) Rode [bei Aerschot, belg. Prov. Südbrabant?] über Heinrich Uptöger, Hermann Kürlebeck, Konrad Kürlebeck u. Ludolf Karbrader. — Not. Achtbuch 9ʳ. **2990**
,	,	desgl. auf Klage des Huwart v. Elter, Herrn zu Sterpenich, über Gr. Ruprecht zu Virneburg. — Not. Achtbuch 9ʳ. **2991**

1418		
Febr. 23	Konstanz	desgl. auf Klage des Konstanzers Anselm Frick über Heinz W a r m a n , dessen Sohn Lienhart u. Erhart d. jüng. v. Falkenstein-Ramstein [vgl. die Aberachtserkl. über letzteren 1425 Jan. 29.] — Not. Achtbuch 9ᵛ. **2992**
»	«	befiehlt der Stadt St. Gallen, den Heinz W a r m a n u. dessen Sohn Lienhart, welche auf Klage des Konstanzer Bürgers Anselm Frick in die Reichsacht erklärt sind, ferner nicht mehr zu hausen noch zu hofen. — Pe. Wacker. — o. R — Or. Sankt-Gallen Stadt-A. (Mathie abend.) **2993**
»	»	verhängt auf Klage des Hans Barsperger die Reichsacht über Paul W e i c k s e r. — Not. Achtbuch 8ᵛ. **2994**
»	»	desgl. auf Klage des Meisters Heinrich Stetfelt über die St. W e i m a r [vgl. die Aberachtserklär. 1422 Sept. 10.] — Not. Achtbuch 10ᵛ. **2995**
»	»	desgl. auf Klage des Herrn Gerhart v. Bastogne (Bastnach) über Heinrich v. W e l c h e n h a u s e n [RB. Trier], Dietrich v. W e l c h e n h a u s e n , J a k o m o n d Rentmeister zu Durbuy (Turbägel u. Gillitin v. V i s é (Pfysin). — Not. Achtbuch 9ᵛ. **2996**
»	»	desgl. auf Klage des Öttlin, Bürgers zu Weil (Wyle), über Heinrich W e n g k v. Mülberg [?] — Not. Achtbuch 9ᵛ. **2997**
»	»	desgl. auf Klage des Johann Calisie u. des Herrn Saebisch über Jungfritz v. W e s t e r s t e t t e n. — Not. ib. **2998**
»	»	desgl. auf Klage des Kölner Bürgers Johann Dinslach über die St. W e t z l a r [vgl. nr. 2985]. — Pe. Wacker. — o. R — Or. Wetzlar. (Mathias abend.) **2999**
»	»	teilt dies Frankfurt mit. — Pe. Wacker. — Or. Frankf.; vgl. Invent. 4, 74. **3000**
»	»	verhängt auf Klage des Markart v. Königseck die Reichsacht über Hans u. Thomas Z a d e l (Cz-). — Not. Achtbuch 8ᵛ. **3001**
»	»	desgl. auf Klage des Kölner Bürgers Sigfried v. Feckinghausen über die Gr. Johann u. Gottfried v. Z i e g e n h a l n u. Nidda [vgl. die Aberachtserkl. 1422 Sept. 10.] — Not. Achtbuch 8ᵛ. **3002**
»	»	teilt Frankfurt mit, dass er auf Klage des Kölner Bürgers Sigfried v. Feckinghausen (Veckinghusen) die Brüder Johann u. Gottfried, Gr. v. Z i e g e n h a i n u. Nidda, sowie die St. T r e y s a [vgl. nr. 1566 u. nr. 2988] geächtet habe. — [Pe. Wacker. — o. R] — Or. Frankf. St.-A.; vgl. Invent. 4, 74. **3003**
»	»	teilt dies den Burgmannen u. Bürgern zu Friedberg mit. — KU. w. v. — Or. Darmstadt. (Mathias abent.) **3004**
»	»	macht bekannt, dass er dem Konrad v. W e i n s b e r g , dem er Geschäfte mit der ganzen Judenschaft übertragen, u. dessen Boten Pass- u. Zollfreiheit gewährt habe; fordert auf dies zu respectieren. — Ad m. d. r. Joh. Kirchen. — o. R — Or. Öhringen. (23. die febr.) **3005**
»		verspricht, nachdem P. Martin den Juden ihre Privilegien bestätigt u. er mit der Einziehung der Steuer für diese Bestätigung den Konrad v. Weinsberg beauftragt, nachdem darauf hin die Konstanzer Juden 600 Gulden an Mrkgr. Friedrich v. Brandenburg zu zahlen versprochen u. Konrad v. Weinsberg an den Hofrichter Gr. Günther v. Schwarzburg 2640 u. an Ritter Heinrich Ulmer, Bürger zu Konstanz, 360 Gulden bezahlt hat, falls v. der Judensteuer diese 2400 Gulden nicht einkommen, diese Summe dem Weinsberg bis Martini zu bezahlen. — Ad relac. d. G. comitis de Swarczburg judicis curie et Houpt de Rappenheim marescalci Joh. Kirchen. — R — Or. Öhringen; RR. F 96ᵛ mit KU.: Per d. G. de Sw. judicem et Houpt marschalk J. K. (Mathias ab.) **3006**
»	»	erteilt dem J o s e f Judenmeister zu Schlettstadt u. den Konstanzer Juden Lazarus Isaak u. Lewe, welche dem Konrad v. Weinsberg bei der Einschätzung der Juden zur Hand gegangen sind, deswegen einen Schutzbrief. — Ad m. d. r. d. C. de Winsperg referente Joh. Kirchen. — RR. F 96ᵛ. (Mathias ab.) **3007**
» 24	»	befiehlt allen Juden im Reiche, da er ihnen eine Bestätigung ihrer Privilegien durch P. Martin V [vgl. nr. 2881] ausgewirkt hat, die Abgaben, die ihnen dafür Konrad v. Weinsberg in seinem Auftrage anlegen würde, zu zahlen. — KU. w. v. — RR. ib. (Mathias t.) **3008**
»	»	lässt durch Gr. Günther Herrn zu Ranis u. Hofrichter u. Mathis Lemmel seinen Triselier mit K. v. W e i n s b e r g über alle Einnahmen u. Ausgaben u. über alle anderen Sachen u. Zehrungen,

1418

die er in seinem Dienste u. seinetwegen gehabt hat, abrechnen. Es ergab sich, dass Weinsberg noch 1334 rhein. Gulden u. 17 Blaphart zu fordern hatte, womit er auf Reichseinkünfte verwiesen wird. — Ad relac. d. G. comitis de Swarczborg judicis curie et Mathie Lemuel Joh. Kirchen. — R — Or. Öhringen; RR. F 95ᵛ mit KU: per... statt ad relac.   (Mathys.) **3009**

Febr. 24 | Konstanz | verspricht den Baseler Kaufleuten Dietrich v. d. Syele, Heinrich v. Byele u. Peter Hansen Wentenkam, welche 250 Fuder Wein als Geschenk für den Kg. v. England den Rhein herabgeführt u. dadurch Schaden gehabt haben, dass der Kg. sich nicht in England, sondern in der Normandie befunden hat, 1000 rhein. Gulden v. dem nächsten Geldeingang aus Oberdeutschland bezw. spätestens bis Sept. 29 zu bezahlen. — Per d. G. de Swarczb. jud. cur. Joh. Kirchen. — RR. F 95.   (Mathias.) **3010**

» | » | erteilt denselben einen Geleitsbrief. — Ad m. d. r. Joh. Kirchen. — Not. RR. F 97ᵛ. **3011**

» | » | schreibt den Strassburgern, dass er seine Absicht dem Kg. v. England Wein zu schicken (vgl. 1417 Nov. 2) nicht ausführen wolle, da derselbe in der Normandie sei, u. ersucht sie, die Baseler Kaufleute Dietrich v. der Syele, Heinrich v. Byel u. Peter Hans Wenddenkam, welche jenen Wein den Rhein abwärts führen sollten u. ihm nunmehr einen Teil davon abgenommen, wofür er ihnen gestattet 70 Fuder bis Dortrecht zollfrei zu führen, demgemäss zollfrei passieren zu lassen. — Per d. G. comitem de Swarzburg judicem curie Joh. Kirchen. — o. R — Or. Strassburg St.-A.   (Mathias.) **3012**

» | » | ›An sant Mathis tag do rait unser herr der küng den Rin abhin und maint gen Basel ze ritenden, da nit mer dann zehen tag ze sind. Und als er hinweg rait, was im zegegen, das waiß ich nit: er ward ie wendig u. rait an dem andern tag gen Costentz u. lait sich da nider u. lag ettwe mengen tag. Und maint man, er hett das gesücht.‹ Ulrich v. Richental 137. **3012a**

» | » | Febr. 24: an den Rat v. Hagenau betr. Friedrich v. Veldenz u. Ludmann Lichtenberg. Reg.: Janssen, Frankf. Reichskorr. 1, 319 — s. nr. 2968. **3012b**

» 25 | » | nimmt Johann Tallanderii alias Borra, Kleriker der Barcelonaer (Barthinon.) Diözese unter sein Hofgesinde auf. — Ad m. d. r. Joh. Kirchen. — Not. RR. F 99ᵛ.   (25. d. febr.) **3013**

» | » | ernennt Leonhard Tallanderli, Rektor der Kirche zu Gorga [?] in der Diözese Valence zu seinem Kaplan. — W. v. **3014**

» | » | Febr. 25: f. Kl. Kliugenthal. — Or. Basel.   (mo. nach der alten vasnacht) — s. nr. 2900. **3014a**

» | » | nimmt Teil an dem grossen Konsistorium, welches P. Martin V abhält. Tagebuch Fillastres: Finke, Forsch. u. Quellen 238. **3014b**

» 26 | » | befiehlt allen Ständen, Vögten, Amtleuten u. Unterthanen, die Judenschaft bei den Rechten u. Freiheiten, die ihr P. Martin V bestätigt habe [vgl. nr. 3006], bleiben zu lassen. — [Ad m. d. r. d. C. de Winsperg referente Joh. Kirchen. — RR. F 96ᵛ]; Vid. des Konst. Stadtammanns Heinrich Ehinger v. 1418 Sept. 5; vgl. Marmor, Urkundenauszüge z. G. d. St. Konstanz 53; [Kop. Öhringen]. — Aus Kop.-B. d. Freib. Stadt-A. Ztschr. f. Gesch. d. Juden in Dtschl. 5 (1892) 191; vgl. auch nr. 3008. **3015**

» | » | ersucht die Strassburger, da er wegen ›notdürftiger‹ Sachen mit ihnen zu reden habe, sofort Bevollmächtigte zu ihm zu senden. — Ad m. d. r. P. de Tost. — o. R — Or. Strassburg St.-A.   (sa. nach Mathias.) **3016**

» 27 | » | verspricht dem Infanten Peter v. Portugal für den Fall, dass er an seinen Hof kommt, 20000 Dukaten Jahresgehalt abzüglich der event. Einnahmen der jenem verliehenen Markgrafschaft Treviso [vgl. nr. 2858.] — Ad m. d. r. Joh. Kirchen. — RR. F 97ᵛ u. 98ᵛ.   (penult. die febr.) **3017**

» | » | giebt Peter Erer, dem Sohne des Heinrich Hultzin aus Salzburg, erste Bitten auf das Stift Brixen. — Ad m. d. r. Joh. Kirch. probantibus litteris prius datis. — Not. ib. 111ᵛ. (id. dat.) **3018**

[» ?] | | belehnt die Brüder Winther u. Heinrich v. Roedelheim (Rodeln-) u. ihren Vetter Henne v. Breidenbach mit der Feste Roedelheim. — Per d. G. de Swarczb. jud. cur. Joh. Kirchen. — Not. RR. F 94ᵛ.   (zwisch. Febr. 22 u. Febr. 3.) **3019**

1418		
[Febr. ?]	Konstanz	erklärt auf Veranlassung des Amadeus de Montemajori, B. v. St. Jean de Maurienne (Maurianensis), dass die Urkunde, auf Grund deren Peter Rothe u. Johannes, Antonius d. j. u. Alt. u. Maffridus Sibue u. andere Bürger v. St. Jean de Maurienne für sich den Adelstand u. ein Wappen in Anspruch nehmen, Abgabenfreiheit nicht zur Folge hat. — Per d. G. ep. Patav. canc. P. de Tost. — RR. F 96ᵛ u. 97ʳ. (uw. Febr. 26 u. Febr. 24.) **3020**
vor März 1	»	teilt den Eidgenossen mit, dass er einen kgl. Hoftag gegen B. Otto v. Konstanz angesetzt habe. — KU ? — vgl. Eidgen. Absch. 1ᵛ, 191. **3021**
»	»	März 1: befiehlt dem Hrz. Johann v. Brabant seine Cousine die Gr. Jacobaea v. Holland nicht zu heiraten. Mieris, Charterboek d. Grav. v. Holland 4, 456 — s. nr. 3076. **3022**
März 4	»	bessert Johann Franciscus Gallina aus Pavia sein Wappen. — Ad m. d. r. P. de Tost. — Not. RR. F 102ᵛ. (quarta die marcii.) **3023**
»	»	bestätigt den Brüdern Johann, Georg u. Bernhard aus Cividale (Civitas Austria) ihren Adel. — KU. w. v. — RR. F 101ʳ. (4. die marcii.) **3024**
»	»	ruft seinen Unterthanen ins Gedächtnis, dass das Cistercienser-Kl. Neuburg [bei Hagenau] (Nuwenburg, Strassburger Bistum) in des Reiches Schutz stehe, erklärt die Ansprüche der v. Hohenstein auf Buttenheim, das dem Kl. gehöre, für ungiltig u. befiehlt ihnen das Kl. in Ruhe zu lassen. — Per d. Fr. march. Brandemburg. etc. Joh. Kirchen. — R — Or. Strassburg Bez.-A.; RR. F 98. (fr. vor letare.) **3025**
»	»	nimmt das Kl. Stürzelbronn (Sturczelboren) in den Reichsschutz u. überträgt diesen dem Landvogt des Elsass. — KU. w. v. — Vid. K. Rudolfs II u. Matthias (Abschr. d. 17. Jhd.) Metz B.-A.; [Not. RR. F 98ᵛ mit Dat.: 3. d. marcii.] (fr. vor letare.) *Wolfram.* **3026**
»	»	befiehlt der St. Scheleklingen, die v. Hrz. Friedrich v. Österreich an ihn gekommen, dem Reichs-Erbmarschalk Haupt v. Pappenheim zu des Reiches Händen zu huldigen. — [Ad m. d. r. Joh. Kirchen. — o. R — Or. Wien H. H. u. St.-A.] — Reg.: Lichnowsky, G. d. Haus. Habsburg 5 nr. 1778. **3027**
» 6	»	legitimiert Heinrich v. Leimbach. — KU. w. v. — Not. RR. F 99ʳ. (sexta die marcii.) **3028**
»	»	verleiht dem Nikolaus Dreiboden erste Bitten auf das alte Hospital zu Hagenau. — Per d. Fr. march. Brand. etc. Paul. de Tost. — Not. ib. (id. dat.) **3029**
»	»	erhält auf seinem Krankenlager [nr. 3012ᵃ] vom Papste durch den Mrkgr. v. Brandenburg eine geweihte Rose zugesandt. Ulrich v. Richental 137; ib. 137 f. eine Differenz Sigmunds mit dem Abt v. Petershausen. **3029 a**
» 7	»	erlaubt dem Gr. Adolf v. Nassau seiner Gemahlin Margarethe v. Baden ein Leibgeding u. Wittum auf seine Reichslehen zu verschreiben. — Ad m. d. r. Joh. Kirchen. — Not. RR. F 98ᵛ. (sibend. t. des merzen.) **3030**
»	»	giebt dem Hrz. Friedrich v. Österreich u. seinen Begleitern sicheres Geleit nach Bludenz oder Tettnang. — [Per d. Fr. march. Brandemburg. etc. Joh. Kirchen. — Rᵗᵃ — Or. u. Hds. (rot) 383 Bd. 26 f. 90/91 Wien H. H. u. St.-A.; nicht in RR]. — Reg.: Lichnowsky. Gesch. d. Hauses Habsburg 5, nr. 1779. **3031**
»	»	giebt seine Zustimmung dazu, dass Konrad Pfaffenlab zum Rüst v. Strassburg seiner Frau Agnes Rebstock für deren Lebzeiten 7 Pfund Gelds auf sein Reichslehen [vgl. 1417 April 19] »den steinin stock ... zu den Knöpfen u. Nasselbachs huse gelegen in der stat zu Straßburg u. ein orthuß ist an dem Goldgiessen« verschrieben hat. — KU. w. v. — R — Or. Strassburg Bez.-A.; Not. RR. 100ʳ. (mo. nach letare.) **3032**
»	»	nimmt Johann de Wendramellis aus Feltre in sein Hofgesinde auf. — KU ? — Not. RR. F 101ʳ. (sept. die marcii.) **3033**
»	»	verleiht demselben ein Wappen. — W. v. **3034**
» 9	»	bestätigt die Urteile des Fürstengerichts v. 1418 Jan. 8 u. Febr. 3 über die v. Hrz. Ludwig v. Ingolstadt angefochtene Reichsfreiheit v. Donauwörth. — [Per d. Fr. march. Brand. etc. Joh. Kirchen. — RR. F 99 u. 100ʳ; Kop. München R.-A.] — Lünig, R.-A. P. spec. Cont. 4. T. 1, 411 ff. (mi. vor Gregor.) **3035**
»	»	befiehlt der St. Lindau, ihre am nächsten Martinstag fällige Reichssteuer (200 Pfund Heller) an seinen Diener den Ritter Hermann v. Breitenstein zu zahlen. — Ad m. d. r. Joh. Kirchen. — R — Or. München R.-A.; Not. RR. F 98ᵛ. (mi. nach ... letare.) **3036**

1418		
März 9	Konstanz	weist die St. Strassburg an, die 3000 rhein. Gulden, die sie wegen Grafenstaden zu zahlen hat, an den Mrkgr. v. Baden zu entrichten. — [KU. w. v.] — Not. RR. F 98ᵛ. — Vgl. Fester, Regesten des Mkgr. v. Baden nr. 3007. **3037**
"	"	belehnt den Gr. Adolf v. Nassau mit seinen Reichslehen, vor allem der Herrschaft Wiesbaden. — [KU. w. v. — R — Or. Wiesbaden; Not. RR. F 98ᵛ.] — J. M. Kremer, Origines Nassoicae (1779) 2, 324. **3038**
" 10	"	erlaubt demselben das v. der Mainzer Domprobstei zu Lehen herrührende Dorf Breithardt zu befestigen u. verleiht demselben Stadtrechte, einen Wochenmarkt u. Blutgericht [vgl. 1428 Mai 28]. — KU. w. v. — R —Or. ib.; RR. ib. mit KU: Per d. Fr. march. Brand. etc. J. K. (do. vor Gregorient.) **3039**
"	"	giebt dem Herrmann v. Bonaw »brachium seculare« gegen seine Gegner in der Kamminer Schweriner u. Ratzeburger Diözese. — Per d. Fr. march. Brand. etc. Paul. de Tost. — Not. RR. F 99ᵛ. (fer. quinta ante Gregorii.) **3040**
" 12	"	giebt dem Karthäuser-Kl. Christgarten (Augsburger Diözese) Zollfreiheit im ganzen Reiche. — Per d. Frider. march. Brandenb. P. de Tost. — R — Or. Wallerstein: [nicht in RR]. (Gregorii tag.) **3041**
"	"	legt den Bürgerzwist in Feltre bei auf Veranlassung des Johann de Wendramellis. — Ad m. d. r. d. S. epise. Traguriensi referente Paul. de Tost. — RR. F 100ᵛ u. 101ᵛ. (12. die marcii.) NB. Eine andere auf Feltre bezügl. Urk. ib. 101ʳ durchstr. u. mit dem Zusatz 'non transivit.' **3042**
"	"	gestattet dem Steffanus de Mercato u. dessen Familie die Rückkehr nach Feltre u. lässt ihm seine eingezogenen Güter zurückgeben. — KU. w. v. — RR. F 109ᵛ u. 110ʳ. (id. dat.) **3043**
"	"	erkennt dem Gr. Johann v. Freiburg die dem geächteten Hrz. Friedrich v. Österreich abgenommene Herrschaft Badenweiler zu. — Ad m. d. r. Joh. Kirchen. — R — Or. Karlsruhe: [nicht in RR.] — Ztschr. f. G. d. Oberrh. 36, 103ff. u. Reg. ib. NF. 3, 439. **3044**
"	"	zieht die die Wittwe Katharina Heydenaber verliehenen ersten Bitten auf das Kl. Obermünster zu Regensburg zurück, da die Nonnen nur Jungfrauen unter sich dulden wollen, verleiht diese ersten Bitten nunmehr der gleichnamigen Enkelin der Kath. H.; droht bei erneuter Nichtanerkennung seines Rechtes mit Repressalien. — Per d. Fr. march. Brand. etc. Joh. Kirchen. — RR. F 103. (Gregori.) **3045**
"	"	überträgt den Schutz des Cistercienserinnen-Kl Rottenmünster (Konstanzer Bistum), das er in seinen u. des Reiches Schutz genommen, der St. Rottweil. — Ad m. d. r. d. E. comite de Nellemburg referente Joh. Kirchen. — R — Or. Stuttgart; RR. F 103ʳ mit KU.: Ad m. d. r. J. K. (Gregorii t.) **3046**
"	"	nimmt das Benedictiner-Kl. Schuttern (Strassburger Diöz.) in seinen u. des Reiches Schutz u. bestätigt demselben alle Privilegien u. Besitzungen. — Per d. Fr. march. Brand. etc. Joh. Kirchen. — RR. F 105ᵛ u. 106. (Gregori.) **3047**
" 13	"	belehnt Raben Hoffwart v. Kirchheim mit der Vogtei u. dem Gericht zu Rauerbach, welche Reichslehen derselbe v. Hans Hoffwart gekauft hat. — Per d. Frid. burggr. Nurnb. J. Kirchen. — R — Or. Karlsruhe; Not. RR. F 99ʳ mit KU: Per d. Frid. march. Brand. etc. J. K. — Reg.: Ztschr. f. Gesch. d. Oberrh. NF. 3, 439. **3048**
" 14	"	befiehlt verschiedenen Reichsständen, der St. Donauwörth Beistand gegen Hrz. Ludwig v. Ingolstadt zu leisten:
		dem Mrkgr. Friedrich v. Brandenburg [RR. F 100] **3049**
		dem Gr. Friedrich v. Öttingen **3050**
		dem Gr. Ludwig v. Öttingen [Not. RR. 100ᵛ] **3051**
		dem Gr. Eberhard v. Würtemberg [Not. ib.] **3052**
		dem Haupt Marschall v. Pappenheim [Not. ib.] **3053**
		den Reichsstädten insgemein [Not. ib.] **3054**
		der Stadt Dinkelsbühl [Not. ib.] **3055**
		" " Nördlingen **3056**

1418		
März 14		der Stadt Rothenburg **3057**
		» » Ulm **3058**
		» » Weissenburg im Nordgau. **3059**

— [Per d. Frid. march. Brand. etc. Joh. Kirchen.] — Donauwörther Urk.-Verz. München R.-A. (prima post Gregorii; berw. in RR: mo. nach Gregorii.) *Rieder.*

» 19	Konstanz	giebt dem Hrz. Friedrich v. Österreich n. seinem Gefolge sicheres Geleit nach Tettnang; [vgl. nr. 3031] das Geleit soll, wenn sich die Unterhandlungen zerschlagen, auch 8 Tage darnach noch giltig sein. — [Ad m. d. r. Joh. Kirchen. — R — Or. a. Hds. (rot) 383 Bd. 26 f. 35 u. 36 Wien H. H. u. St.-A.; nicht in RR.] — Reg.: Lichnowsky, G. d. Haus. Habsburg 5 u. 1782. **3060**
» 20	»	erneuert auf Bitten des Johannes v. Chalons-sur-Saone, Fürsten v. Orange u. Herrn des Arelats, das ihm u. seiner Gemahlin Maria verliehene Privileg [1415 April 20 nr. 1627] v. allen Kaufleuten, die in sein Gebiet kommen, entweder in Orange oder in Gigondas oder in Conduiteriam einen Zoll zu erheben u. erklärt die auf Veranlassung des Kardinals Fiesco (Fiesco), der päbstlichen Kammer, der BB. v. Narbonne, Valence, Die u. Vienne erfolgte Aufhebung jenes Privilegs für ungiltig — Ad m. d. r. Paul de Tost. — RR. F 110ᵛ. (20. die marcii.) **3061**
»	»	verleiht auf Bitten des Hrz. Ludwig v. Baiern, Gr. zu Mortaigne, dessen Diener Erhart Mugkeutaler das Halsgericht in dem Dorfe Steinheim (Grafschaft Hirschberg). — Per d. G. de Swarczb. jud. cur. Paul. de Tost. — RR. F 105ᵛ. (20. t. d. merzen.) **3062**
» 21	»	suspendiert auf die Vorstellung der Vertreter v. Mülhausen, dass ihnen während 13 Jahre alle v. ihnen früher gezahlten Steuern versetzt seien, [vgl. 1414 Aug. 13] die Zahlung der jährlichen Rente v. 6 Mark an Hennmann Ossenburg [vgl. nr. 2936] unter der Bedingung, dass nach Ablauf jener 13 Jahre in den darauf folgenden 13 Jahren an Offenburg jährlich der doppelte Betrag gezahlt werde. — Per d. Frid. march. Brandemb. etc. Joh. Kirchen. — R — Or. Mülhausen; [RR. F 108 mit KU: Ad m. d. r. Joh. Kirchen.] — Mossmann. Cartulaire de Mülh. 1, 486 ff. (fälschl. zu März 23.) **3062 A**
» 22	»	verleiht Jakob Cramer aus Freiburg im Üchtland ein Wappen. — Ad m. d. r. Joh. Kirchen. — Not. RR. F 106ᵛ. (zinst. nach palm t.) **3063**
»	»	desgl. Peterman Mursel aus Freiburg im Üchtland. — W. v. **3064**
»	»	desgl. den Brüdern Oswald u. Erhart Wartemberg, Bürgern zu Basel. — Ad m. d. r. Paul. de Tost (id. relator et prothonotarius). — Not. RR. F 107ʳ (id. dat.) **3065**
»	»	desgl. dem Johann, Jakob u. Nikolaus Wartemberg. — W. v. **3066**
»	»	desgl. den Brüdern Rudolf u. Hans Planck, Bürgern zu Rosenheim. — Ad m. d. r. Joh. Kirchen. — Not. RR. F 99ᶜ. (22. t. des merzen.) **3067**
» 23	»	verspricht dem Ritter Heinrich v. Ulm für ihm gelieferte 18 Fuder Wein 470 rhein. Gulden bis Mai 15 zu bezahlen. — KU. w. v. — F 99ᶜ. (zinst. vor trowen t. annunc.) **3068**
»	»	März 23: für Mülhausen: Cartulaire de Mulhouse 1, 486 ff. — s. nr. 3062 A. **3068 a**
		giebt der St. Nördlingen das Privileg, dass niemand die Aus- u. Zufuhr, den Handel u. das Gewerbe der St. hindern noch nach die Stadt, das Spital n. die Klöster an ihren Freiheiten kränken solle. — [Ad m. d. r. Joh. Kirchen. — R — Or. Nördlingen; RR. F 101ᵛ u. 102ʳ] — Lünig, R.-A. P. spec. Cont. 4, T. 2, 16 ff — Ausz.: Moser, reichsstätt. Hdb. 2, 242 f. **3069**
» 24	»	nimmt den Edeln Baptist v. Montaldo zu seinem Rat n. Hofgesinde an. — Ad m. d. r. Paul. de Tost. — Not. RR. F 99ᶜ. (24. die marc.) **3070**
»	»	nimmt den Caspar de Vignallo unter sein Hofgesinde auf. — W. v. **3071**
» 25	»	nimmt Teil an der Messe, welche (am Charfreitag) der Kardinal v. Ostia abhält. Ulrich v. Richenthal 142. **3071a**
» 28	»	empfiehlt sich unter Vid. der Urk. v. 1415 Juli 10 zugleich im Namen seiner Gemahlin u. Pipos v. Ozora zur Rückzahlung der 23000 ungar. Gulden, die ihm Hrz. Ludwig v. Bayern für das Konstanzer Konzil geliehen hat, u. verpfändet ihm gewisse Zehnten in den Bistümern

1418		

Magdeburg, Brandenburg, Merseburg, Naumburg, Meissen, Havelberg, Lebus, Verden, Hildesheim, Halberstadt, Bremen, Lübeck, Schwerin, Ratzeburg, Schleswig u. Breslau für die Rückzahlung dieser Schuld. — [Per d. G. comitem de Swarczburg jud. curie Joh. Kirchen. — R — Or. u. Vid. v. 1423 Okt. 29, 1426 März 21 u. 1437 Okt. 29 München Geh. St.-A.; Vid. v. 1437 Okt. 14 u. Okt. 29 ib. R.-A.; RR. F 107ᵛ]. — Vgl. Reg. Boic. 12, 281 (falschl. zu März 30). **3072**

März 28 | **Konstanz** | erklärt noch ausdrücklich, dass der Hrz. Ludwig v. Baiern, falls er ihm nicht bis Nov. 1 die schuldigen 23000 Gulden, wofür er ihm den Zehnten der Bistümer Magdeburg, Brandenburg ... [vgl. nr. 3072] verschrieben, bezahlt hätte, alle die »recht spruche u. vordrung« an ihn, seine Gemahlin u. Pipo v. Ozora haben soll. — KU. w. v. — R — Or. u. Vid. v. 1424 April 9 München Geh. St.-A.; RR. F 104ᶠ. (mont. nach frowen t. annunciat). **3073**

» 28 | » | erklärt dem Hrz. Ludwig v. Baiern ihm geliehene 7000 rhein. Gulden u. weitere 3000, welche der Hrz. für Begleitung der Kgn. Barbara nach Ungarn zu fordern hat, schuldig zu sein u. verspricht diese 10000 Gulden bis Nov. 11 in Nürnberg zu bezahlen v. dem Ertrage des ihm vom Pabste verliehenen Zehnten der Stifter Salzburg Freising Regensburg Eichstädt u. Augsburg; Bürgen: Hofmeister Jakob Wayda u. dessen Bruder David, Matheus v. Palutz Burggr. zu Diosgiör, Schatzmeister Janus Hocgon, Albrecht v. Bug, Jorior v. Varana, Ladislaus v. Blaga, Heinrich Johanns Woywoden Sohn, Nikolaus v. Perin Sohn, Heinrich Latzemböck u. Alse v. Ronow. — KU. w. v. — RR. 104. (id. dat.) **3074**

» » | » | ersucht den Hrz. Johann v. Brabant von der Okkupation des Hennegaus, Hollands u. Seelands abzustehen, da er diese Gebiete nach dem Tode des Gr. Wilhelm dessen Bruder dem Hrz. Johann v. Baiern [früher Elekt v. Lüttich] übertragen habe [vgl. nr. 3077 u. nr. 3121]. — Ad m. d. r. Paul. de Tost. — Mieris, Charterboek d. Grav. v. Holland 4, 486 (s. d.); Dynter, Chronica duc. Lotharingiae 3, 367. **3075**

» » | » | befiehlt demselben seine Cousine Jacobaea, die Tochter des verstorbenen Gr. Wilhelm v. Holland nicht zu heiraten, bezw., falls die Hochzeit schon stattgefunden habe, die Ehe mit ihr aufzulösen, widrigenfalls er bestraft werden würde. — Ad m. d. r. Joh. Kirchen. — Mieris 4, 456 (z. 1. März); Dynter 3, 363 f. **3076**

» 30 | » | schreibt an die Stände v. Holland, Seeland u. Hennegau, dass er diese Gebiete, welche in Ermangelung eines männlichen Erben nach dem Tode des Gr. Wilhelm an das Reich gefallen, dem Hrz. Johann v. Baiern, dem Bruder Wilhelms, übertragen habe u. befiehlt ihnen diesem (u. nicht der Jacobaea, der Tochter Wilhelms) gehorsam zu sein. — [Ad m. d. r. Joh. Kirchen. — RR. F 103ᶠ u. 104ᶠ m. d. Zusatz: Similes date sunt tres unius tenoris; am Rande aber: non transivit]. — Rymer, Foedera (Acta publ.) Angliae 9, 566 f.; ed. 3. T. 4, 3, 44 — Mieris, Charterboek d. Grav. v. Holland 4. 447 f. — Lünig, Cod. Germ. diplom. 2, 2441 ff. — Dumont, Corps dipl. du droit des gens 2, 2, 106 f. **3077**

» » | » | befiehlt der St. Iny so lange ihre jährliche Reichssteuer an Ulrich u. Peutelin v. Haimenhofen (60 + 40 Pfund Heller) zu entrichten, bis er diese Steuer wieder v. diesen eingelöst hat. — Ad relac. Heupt marschalk de Bappenheim Joh. Kirchen. — RR. F 102ᵛ u. 103ᶠ. (mittwoch nach frow. t. annunc.) **3078**

» » | » | März 30: verpflichtet sich dem Hrz. Ludwig v. Baiern zur Rückzahlung v. 23000 Gulden: Reg. Boic. 12, 28 — s. nr. 3072. **3078a**

» 31 | » | befiehlt dem EB. Johann v. Riga, welcher vom P. Martin V mit der Einziehung des dem Kg. verliehenen Zehnten der deutschen Länder [vgl. nr. 2851ᵃ] eingesetzt ist u. mit der Einziehung in den Stiften Salzburg Augsburg Eichstädt Regensburg Freising Gurk Seckau Chiemsee u. Lavant den Konrad Munchwiler, Pr. des Pelagienstiftes zu Bischofzell u. Domherrn zu Konstanz, beauftragt hat, falls er dabei Schwierigkeiten finden sollte, die Hilfe des Hrz. Ludwig v. Baiern, Gr. zu Mortaigne, in Anspruch zu nehmen. — Per d. G. comitem de Swarczburg jud. cur. Joh. Kirchen. — RR. F 104ᵛ. (donerst. nach frow. t. annunc.) **3079**

» » | » | befiehlt Konrad Munchwiler, Haupt v. Pappenheim u. seinem Diener Heinrich v. Blumberg, welche den ihm vom Pabste verliehenen Zehnten in den Stiften Salzburg Augsburg Eichstädt Regensburg Freising Gurk Seckau Chiemsee u. Lavant einziehen sollen, v. dem Er-

1418		

trägnis zunächst an Hrz. Ludwig v. Baiern die ihm schuldigen 10000 rhein. Gulden zu be-
zahlen. — W. v.   **3080**

| März | Konstanz |

überträgt den Schutz des Kl. Langenau (Langnow, Konstanzer Diözese) den Gr. Rudolf u. Wil-
helm v. Montfort-Tettnang. — KU? — Not. RR. F 99ʳ.   (an dem . . . tag d. merzen).   **3081**

| April 1 | " |

befiehlt dem Rate v. Lübeck am 26. Juli vor ihm zu erscheinen, um sich wegen der Weige-
rung, Mölln dem Hrz. Erich v. Sachsen-Lauenburg zurückzugeben, zu verantworten. — KU?
— Or. Lübeck. — Urkb. d. St. Lübeck 6, 18 L — Reg.: Hanserecesse 6. 607.   **3082**

April 1 Mainz: bestätigt der St. Weil die Privilegien. — Reg.: Aschbach 2, 478 nach Lünig.
R.-A. P. spec. Cont. 4, 2, 594 — falsch statt 1413 Aug. 4.   **3082 a**

| " 2 | " |

belehnt den B. Johann (v. Waldau) v. Brandenburg mit den Regalien u. bestätigt ihm sowie
dem Domkapitel die Privilegien. — Ad m. d. r. Paul. de Tost. — RR. F 103ʳ.   (frit.
vor Ambrosi).   **3083**

| " | " |

belehnt den nicht anwesenden B. Otto v. Havelberg unter dem Vorbehalt, dass er den Lehens-
eid in die Hände des B. Johann v. Brandenburg ablegen soll, u. bestätigt ihm sowie dem Dom-
kapitel alle Privilegien. — KU. w. v. — RR. F 103ʳ u. 104ʳ.   (id. dat.)   **3084**

| " | " |

beauftragt den B. Johann v. Brandenburg dem B. Otto v. Havelberg den Lehenseid abzu-
nehmen. — KU. w. v. — RR. F 104ʳ.   (id. dat.)   **3085**

| " | " |

schliesst mit Hrz. Filippo Maria Visconti v. Mailand ein Bündnis ab, dessen Garantie P.
Martin V übernimmt; dem Hrz. wird der Besitz der Lombardei mit Ausnahme des Gebiets
des Mkgr. Theodor v. Montferrat, v. Verona u. Vicenza (hier Brunoro della Scala Reichsvikar),
der Mark Treviso u. v. Asti (letzteres Gebiet im Besitze des Hrz. Karl v. Orleans) zugesichert
sowie auch Beistand gegen die Venetianer. — KU? — RR. H 122ᵇ; Vid. Sigm. v. 1426
Juli 6. — Mitt. d. Inst. f. österr. Geschichtsforsch. Erg.-Bd. 5.   **3086**

| " 4 | " |

verleiht Haus Aislinger einige Zinsen u. Gülten auf dem Hofe zu Sontheim (Sunthain). —
Per d. G. de Swarczb. jud. cur. Joh. Kirchen. — Not. RR. F 105ʳ.   (mont. nach quasi-
modo geniti).   **3087**

| " | " |

belehnt den Gr. Johann zu Nassau mit der Burg Greifenstein u. einem Turnos auf dem Zoll
zu Lahnstein. — [KU. w. v. — Not. RR. F 106ᵛ]. — Moderne Abschr. nach dem Or. (?)
im Haager A. [dort nicht gef.] Wiesbaden.   (Ambrosi t.)   **3088**

| " | " |

ernennt wegen treuer Dienste den Goldarbeiter Raimund Petrini, Bürger zu Romans in der
Diözese Vienne, u. dessen Nachkommen zu seinen u. des Reichs öffentlichen Münzmeistern,
gestattet ihnen überall Münzen zu schlagen u. befiehlt allen Reichsunterthanen, ihnen dabei
kein Hindernis in den Weg zu legen. — Ad m. d. r. Paul. de Tost. — RR. F 104ᵛ.   (quarta
die apr.)   **3089**

| " 6 | " |

macht bekannt, dass das Gerücht, sein Diener Ritter Abanyk v. Krzessitz sei vor seiner
Verheiratung mit Ursula v. Hirzbach bereits anderweitig verheiratet gewesen, vollkommen un-
begründet ist. — Ad m. d. r. Joh. Kirchen. — RR. F 105ʳ.   (mi. nach Ambrosii).   **3090**

| " | " |

verleiht den venetianischen Gesandten Marinus Charanellus, Fancinus Michael, Antonius
Contarenus u. Franciscus Fuscari Geleit auf 2 Monate. — Ad m. d. r. Paul. de Tost. — Not.
RR. F 106ʳ.   (sexta d. apr.) — Vgl. nr. 2789.   **3091**

| " 8 | " |

weist dem Dr. Baptista Cigala aus Genua, den er kürzlich zum Ritter u. zu seinem Rate er-
nannt, 600 Dukaten Jahresgehalt auf die Reichssteuer der St. Lucca an u. erlaubt ihm, falls
die St. die Zahlung verweigert, sich an den Gütern ihrer Bürger schadlos zu halten [vgl.
auch die Erneuerung 1435 Sept. 21]. — Ad m. d. r. Michael de Priest. — RR. F 130ᵛ.
(octava die apr.)   **3092**

| " | " |

bestätigt die v. den früheren Kaisern u. Königen der St. Quedlinburg gegebenen Privilegien,
nimmt sie in des Reiches Schutz u. verleiht den Bürgern v. Q. die Gnade, dass sie nur vor
der Äbtissin, bezw. dem Hofgericht zu Recht stehen brauchen. — [Ad m. d. r. Paulus de Tost.
— R — Or. Berlin Geb. St.-A.; RR. F 106ᵛ] Kopie u. Transs. v. 1425 März 27 Quedlinb.
Arch: [Kopialb. 104 u. 313 Magdeb. Staats-A.] — Erath, Cod. dipl. Quedlinburg. 669 ff.;

1418		
		Lünig, R.-A. P. spec. Cont. 4. T. 2. Forts. 675 f.; Geschichtsquellen d. Prov. Sachsen 2. 1 (Janicke, Urkb. d. St. Quedlinburg 1) 247 ff. **3093**
Apr. 9	Konstanz	nimmt Teil an der Hochzeit des Hrz. Ludwig v. Brieg mit [Elisabet] einer Tochter des Mkgr. Friedrich v. Brandenburg. — Ulrich v. Richental 144. **3093 a**
» 10	»	verleiht Ulrich Ekhart ein Wappen. — Ad m. d. r. Joh. Kirchen. — Not. RR. F 106ʳ. (sunt. nach Ambrosii). **3094**
» 12	»	bevollmächtigt den Ritter Omnebonus de Schola aus Padua sowie den Dr. jur. Christian aus Mülhausen (Mulhus-), da er auf Grund des ihm vorgelegten Beweismaterials über den Streit des Mauricius Chambellani, Movisetus Camerarii, Johannes Joberti u. Martinus Wichardi mit der St. Toul ein Urteil nicht fällen kann, die nötigen Ermittlungen an Ort u. Stelle vorzunehmen [vgl. Okt. 4]. — KU? — Vid. v. 1418 Nov. 13: RR. D 24ᵛ—26ʳ. (die martis, duodecima apr.) **3095**
	?	ernennt den Johann Koch v. Wehringhausen (Wirdi-) zum Freigrafen des Stuhls zu Volmarstein (Wolms-) auf Veranlassung des Hrz. Adolf v. Cleve. — Per d. G. de Swartzb. jud. cur. Joh. Kirchen. — Not. RR. F 105ʳ. (zwelft. t. d. aberellen). **3096**
» 14	Meersburg	kommt hier zusammen mit Hrz. Friedrich v. Österreich u. bleibt bis April 16 daselbst. — Ulrich v. Richental 144; die Urkk. v. 15. April sind aber in Konstanz ausgestellt. **3096 a**
» 15	Konstanz	spricht dem Hrz. Adolf v. Cleve gegenüber die Hoffnung aus, dass er in der Duisburger Angelegenheit die Rechte des Reiches nicht verletzen würde. — Ad m. d. r. Joh. Kirchen. — o. R — Or. Düsseldorf. (des funfzehenden tags des aberillen). **3097**
»	»	giebt dem mit der Ausrottung der Ketzerei im Arelat, in Aix. Embrun, Vienne, Lyon, Orleans, der Dauphiné, Savoyen u. s. w. vom Pabste beauftragten Minoriten Pontius Zangeyronis Geleit u. die Befugnis 12 Notare zu ernennen. — Ad m. d. r. Paul. de Tost. — RR. F 107ʳ. (15. dio apr.) **3098**
» 16	»	bessert den Brüdern Peter, Konrad u. Jakob Karge, Bürgern zu Ulm, ihr Wappen. — Ad m. d. r. Joh. Kirchen. — Not. RR. F 106ᵛ. (sechszeh. t. d. aberellen). **3099**
		verleiht dem Hans v. Sparneck v. Stein [nö. Bayreuth] als Erblehen Mechlenreuth (Mechtelrewt) Schweinsbach Eiglasreuth (Eiglasrewt) Biengarten (Pin-). — KU. w. v. — Not. ib. 107ᵛ. (sampst. vor Gorgen). **3100**
» 17	»	bestätigt dem Frick v. Ellhofen (Ellenh-) die Dorfgerichte zu Ellhofen u. Stiefenhofen (Stifelhofen). — Per d. G. de Swarczb. jud. cur. Joh. Kirchen. — RR. F 108ᵛ. (sunt. vor Gorgen). **3101**
»	»	verspricht der Witwe des Konstanzer Bürgers Ytel Egli Anna v. Burgtor die ihm gelieferten 10 Fuder Wein mit 265 rhein. Gulden bis Juni 24 zu bezahlen. — Ad m. d. r. Joh. Kirchen. — RR. ib. (id. dat.) **3102**
		befiehlt dem B. Johann v. Brandenburg u. dem Mkgr. Friedrich v. Brandenburg, welche für ihn den ihm vom Pabste verliehenen Zehnten in den Bistümern Magdeburg Brandenburg Merseburg Naumburg Meissen Havelberg Lebus Verden Hildesheim Halberstadt Bremen Lübeck Schwerin Schleswig Cammin u. dem Betrage 23000 ungar. Gulden an Hrz. Ludwig v. Baiern, Gr. v. Mortain zu bezahlen [vgl. nr. 3072]. — Ad relac. Houpt marschalk J. K. — RR. F 107ᵛ u. 108ʳ. (sunt. vor Gorgen). **3103**
»	»	ersucht den Hrz. Ludwig v. Baiern, dem EB. Johann v. Riga Beistand zu leisten, falls diesem Schwierigkeiten bei der Einziehung des ihm dem Kg. vom Pabste verliehenen Zehnten bereitet würden [vgl. nr. 3079]. — KU. w. v. — ib. 108ʳ. (id. dat.) **3104**
» 18	»	befiehlt dem Juden Lewe Colner dafür zu sorgen, dass Konrad v. Bickenbach, welcher v. dem ihm zugesagten dritten Pfennig der Juden des Mainzer Stifts nichts eingenommen, da der Ertrag bereits an Gr. Adolf v. Nassau abgeführt war, die 700 Gulden erhält, welche noch vom Ertrage des Zehnten v. den Juden bei EB. Johann v. Mainz liegen. — Ad m. d. r. Joh. Kirchen. — RR. F 106ᵛ. (mont. vor Gorgen). **3105**
»	»	ernennt den Dr. iur. Ardicinus de la Porta aus Novara, Advokaten des päbstlichen Konsistoriums, zu seinem familiaris u. advocatus. — Ad m. d. r. Paul. de Tost. — RR. F 111ᵛ. (18. die apr.) **3106**

1418		
Apr. 18	Konstanz	macht bekannt, dass er mit Hilfe des Mkgr. Friedrich v. Brandenburg zwischen Hrz. Johann v. Mecklenburg u. Balthasar Herrn v. Werle u. Wenden, welche vor ihm erschienen sind, einen Waffenstillstand auf ein Jahr vermittelt habe. — Ad m. d. r. ep. Curiensi referente Joh. Kirchen. — RR. F 107ᵛ. (mont. vor Gorgen). **3107**
» 19	»	sichert dem B. Johann IV Naso v. Chur den königlichen Schutz zu, bestätigt ihm die v. Karl IV 1348 April 5 [Böhmer-Huber n. 641] gemachte Schenkung der Veste u. des Gerichts Nauders, schenkt ihm das Gericht Glurns sowie die Kastenvogtei über die Kl. Münster u. Marienberg, das Vogteirecht über den ganzen Vinschgau, das Münsterthal u. den Engadin bis Pontalt, spricht ihm die Vesten Ramüss Steinsberg u. Greifenstein zu; untersagt auch den Vögten jede Gewaltthat u. Schädigung der bischöflichen Rechte, verspricht, falls er mit Hrz. Friedrich v. Tirol oder den Herren v. Matsch eine Einigung eingehen würde, dass auch der B. darin einbegriffen sein soll. — [Per d. Jo. archiep. Rig. Joh. Kirchen. — R — Or. Wien Staats-A.; RR. F 109ᵛ mit KU: Ad relac....] — Reg.: nach Annales Cur. (mscr.) Arch. f. österr. Gesch. 15, 357; vgl. Neue Zeitschr. d. Ferdinand. 4, 32; Zeitschr. d. Ferdinand. 3. F. 17. 90 (z. April 22). **3108**
»	»	bestätigt demselben alle Privilegien u. Vogteien. — KU. w. v. — RR. F 108ᵛ u. 109ᵛ. — v. Mont u. Plattner, Das Hochstift Chur (1860) XXIV f. [KU?] **3109**
»	»	befiehlt allen Juden im Reiche dem Konrad v. Weinsberg den Restbetrag der Abgaben für die v. ihm ausgewirkte päbstliche Bestätigung der Privilegien nicht mit Rücksicht darauf zu verweigern, dass jetzt die Judenabgaben dem Burggr. Johann v. Nürnberg verschrieben sind. — Per d. G. comitem de Swarczb. judic. cur. Joh. Kirchen. — RR. F 109ᵛ. (zinst. vor Gorgen). **3110**
»	»	präsentiert Konrad Kopp aus Rottweil, Presbyter der Konstanzer Diözese, für die Kirche zu Alpnach (Konst. Diözese). — Ad m. d. r. Paul. de Tost. — Not. RR. F 107ᵛ. (19. die apr.) **3111**
»	»	verlängert das dem Hrz. Friedrich v. Österreich u. seinem Gefolge nach Tettnang erteilte Geleit [vgl. März 19], da der Hrz. noch einige Tage daselbst zu bleiben gedenkt, auf 8 Tage, vom Tage des Aufhörens der Unterhandlungen ab gerechnet. — [Per d. G. comitem de Swarczberg judicem curie et Houbten de Pappenheim marscalcum Joh. Kirchen. — R — Or. u. Hds. (rot) 303 Bl. 26 f. 37—39 Wien H. H. u. St.-A.; nicht in RR.] — Reg.: Lichnowsky. G. d. Haus. Habsburg 5. n. 1788. **3112**
» 20	»	ermahnt den Hans v. Westernach nochmals [vgl. nr. 2896] die Herrschaft Burgau dem Wilhelm v. Freiberg zu lösen zu geben. — Ad m. d. r. Joh. Kirchen. — RR. F 106ᵛ u. 107ᵛ. (mittwoch vor Gorgen). **3113**
»	»	April 20: bestätigt das zwischen Hrz. Ludwig v. Baiern u. der St. Donauwörth [1418 Jan. ? u. Febr. 3] gefällte Urteil u. die Privilegien dieser St. — KU? — Kop. München R.-A.: Gerichtslitt. — (mi. vor Georg). **3113a** Rieder — (mi. vor Gregor: nr. 3035.
»	»	nimmt Teil an der Schlusssitzung des Konzils: Ulrich v. Richental 144. **3113b**
» 22	»	April 22: f. B. Johann v. Chur. — Neue Ztschr. d. Ferd. 4, 32 u. Ztschr. d. Ferd. 3. F. 17. 90 — s. nr. 3108. **3113c**
» 23	»	befiehlt dem Mkgr. Friedrich v. Brandenburg das hart bedrängte Kl. Kaisersheim, das in seinem unmittelbaren Schutz stehe, da er anderweitiger Geschäfte wegen dies nicht könne, bei allen Freiheiten zu schützen. — [Per d. Joh. archiepisc. Rigensem Joh. Kirchen — R — 2 Orr. München R.-A.; RR. F 133ᵛ mit KU: Rex. Jo. Kirch.] — Reg. Boic. 12, 284. **3114**
»	»	giebt Peter Erer, dem Sohn des Heinrich Hultzin aus Salzburg, ein Wappen. — Rex. Paulus de Tost. — Not. RR. F 111ᵛ. (in die Georgii). **3115**
»	»	verpfändet, wie schon Kg. Wenzel, der Elisabet v. Görlitz, der Gemahlin des Hrz. Johann v. Baiern u. Gr. v. Holland, u. deren Nachkommen das Herzogtum Luxemburg u. die Grafschaft Chiny um 120000 Gulden. — RR. F 109. — Per d. J. Kirchen. (Görgen t.) **3116**
» 25	»	gebietet den Reichsstädten Augsburg Ulm Giengen Nördlingen Dinkelsbühl Rothenburg a. T. Nürnberg Weissenburg [am Sande] Aalen Esslingen Heilbronn u. Bopfingen das reichsunmittelbare Kl. zu Kaisersheim, wenn dasselbe oder Leute desselben um das Bürgerrecht nachsuchten, dieses zu gewähren u. die betreffenden Leute zu schützen. — [Per d. Joh. archiep. Rigensem Joh. Kirchen. — R — Or. München R.-A.; RR. F 133ᵛ] — Vgl. Reg. Boic. 12, 284. **3117**

1418

Apr. 25 Konstanz verkündet dem Pfalzgr. bei Rhein Ludwig, den Hrz. Ernst Wilhelm Johann u. Heinrich in Bayern, den Gr. Eberhart v. Wirtemberg, Ludwig u. Friedrich v. Oettingen u. den Reichsstädten Augsburg Ulm Nördlingen Dinkelsbühl Bopfingen Nürnberg Giengen Weissenburg Regensburg Rothenburg u. allen Unterthanen, dass er dem Kurfürsten Friedrich v. Brandenburg aufgetragen habe, das Kl. zu Kaisersheim gegen alle Gewaltthätigkeiten zu schützen u. gebietet ihnen dabei in aller Weise behilflich zu sein. — KU. w. v. — R — Or. u. Vid. v. 1419 Okt 5 ib.; RR. F 133.] — Vgl. Reg. Boic. 12, 284. **3118**

» » befiehlt den Städten Augsburg u. Nürnberg die Donauwörther gegen Hrz. Ludwig v. Ingolstadt zu unterstützen. — Donauwörther Urk.-Verz. München R.-A. (mo. nach Georg). *Rieder*. — Richtiges Datum (mo. nach Gregor) März 14? Vgl. nr. 3049 ff. **3118 A**

» » dispensiert Johann v. Chalon-sur-Saône, Fürsten zu Orange u. Herrn des Arelats, u. dessen Sohn Ludwig, da deren Besitzungen weit zerstreut sind, von der Verpflichtung auf Grund der verschiedenen dort geltenden Rechte zu Gericht zu stehen u. erlaubt ihnen sich nur auf Grund des gemeinen Reichsrechts zu verantworten. — Ad m. d. r. Paul. de Tost. — RR. F 110^v. (15. die aprilis). **3119**

» » suspendiert [nochmals, ohne Beziehung auf nr. 3062 A, kürzere Fassung] infolge Weigerung der St. Mülhausen in den nächsten 13 Jahren dem Johann Offenburg die 6 Mark jährliche Rente, welche dieser v. Götzmann Münich erworben hat, zu zahlen, diese Steuer für diese Zeit unter der Bedingung, dass sie nachher ebensolange doppelt gezahlt wird. — Per d. Frid. march. Brandenb. etc. Joh. Kirchen. — R — Or. Mülhausen; RR. F 111^r mit KU: Ad m. d. r. J. K.] — Mossmann, Cartul. de Mulh. 1, 488 f. **3120**

» 26 Münsterlingen söhnt sich mit Hrz. Friedrich v. Österreich aus. — Ulrich v. Richental 145. **3120 a**

Konstanz April 27: befiehlt dem Meister des Deutschordens in Livland. — Liv- Esth- u. Kurl. Urkb. 5, 346 f. — falsch statt 1417 April 28. **3120 b**

» April 27: bestätigt die Entscheidung betr. Donauwörth. — Ausz.: v. Hasselholdt-Stockheim, Hrz. Albrecht IV v. Bayern. Beilage 56. (mi. nach Georgi) — ist = nr. 3035. **3120 c**

» 27 » belehnt nach dem Tode des Hrz. Wilhelm v. Baiern Gr. zu Holland dessen Bruder Johann mit den Grafschaften Hennegau Holland u. Seeland [vgl. nr. 3075]. — Ad m. d. r. Joh. Kirchen. — RR. F 110^v u. 111^r. (mi. nach Gorgen). **3121**

» » fordert die EB. zu Mainz u. Köln, die BB. v. Hildesheim Paderborn u. Minden, den Abt zu Corvey, die Hrz. Bernd Otto Wilhelm Erich u. Otto (v. der Leine) v. Braunschweig, die Herren v. Lippe, Spiegelberg, Schaumburg u. Rietberg (Reitbergh) den v. Pappenheim [zuv. Warburg u. Menne], den Spiegel, den v. Ratberg, den v. Malsberg, den v. Callenberg, die Bürger zu Höxter (Huxer) Hameln Bodenwerder Lügde (Lüde) Blomberg (Blumenberg) wie überhaupt alle Reichsunterthanen auf gegen den Gr. Heinrich v. Pyrmont (Parmant) (im Stifte Minden) vorzugehen, damit dieser, der vom päbstl. u. kaiserl. Gericht dazu verurteilt sei, der Luken, der Witwe des Hermann Peperling (aus dem Stifte Paderborn) endlich ihre Güter wiedergebe. — Per d. G. de Swartzburg jud. cur. Joh. Kirchen. — RR. F 111. (id. dat.) — Vgl. nr. 2326. **3122**

» » nobilitirt Balthasar Kaspar Melchior Wenzel u. Markus v. Tannendorf u. giebt ihnen ein Wappen. — KU? — Not. ib. 111^v. (fer. quarta post Georgii). **3123**

» » vergiebt dem Philippo Maria Visconti v. Mailand u. dessen bereits † Bruder Johannes alle Unterlassungsvergehen gegen das Reich mit Rücksicht darauf, dass sie beim Tode ihres Vaters noch minorenn gewesen sind. — KU? — Vid. Sigmunds v. 1426 Juli 6: RR. H 122(a)^v u. 122 (b)^r. (viges. sept. apr.) **3124**

» 28 » »Uff dornstag vor ingendem mayen do für unßer herr der küng gen Zürich: was im da begegnet oder widerfür, [*weiss ich nicht*]; er kam am fritag [April 29] gen Zürich u. beleib da die nacht: moruends frü [April 30] rait er wider gen Costentz u. kam zü den nachtmaul u. rait so bald u. so behend, das vil roß ze räch wurdent u. sterbend iro ächti.« Ulrich v. Richental 145. Es handelte sich um Hilfe gegen Hrz. Friedrich v. Österreich, den Verkauf v. Kiburg u. die Walliser: vgl. Eid. Abschiede 1^2, 194 f. **3124 a**

Mai 1 » verpfändet der St. Bern um 5000 Gulden die dem Hrz. Friedrich v. Österreich abgenommenen u. zu Händen des Reichs genommenen Städte Zofingen Aarau u. Lenzburg sowie das Schloss

1418		

Brugg. — Ad m. d. r. Joh. Kirchen. — [R. *Türler*]. — Or. Bern; RR. F 110ʳ; Kop. Aargau. Staats-A. — Samml. d. Alt. Eidgen. Absch. 1ʳ, 196 f. — Reg.: Argovia 11, 252 u. 25, 73. **3125**

Mai 3   Konstanz   zeigt den St. Zofingen, Aarau, Lenzburg u. Brugg u. den dazu gehörenden Ämtern an, dass er sie der St. Bern für ein Darlehen v. 5000 Gulden verpfändet habe u. gebietet ihnen, der St. Bern gehorsam zu sein. — [KU. w. v. — o. R — Or. Bern *Türler*; Kop. Aarau *Herzog*]. — Nach Vid. v. 1447 Jan. 11 in Aarau Argovia 25, 73 f. **3126**

„ 3 „ fordert alle Reichsunterthanen auf, dem Hrz. Johann v. Baiern, dem er Holland Seeland u. den Hennegau mit allen Lehen verliehen hat, bei der Besitzergreifung behilflich zu sein. — KU. w. v. — RR. F. 111ᵛ u. 112ʳ. (dritt. t. des meyen). **3127**

„ „ „ bestätigt dem Benedictiner-Kl. St. Valentin zu Rufach (Basler Bistum) alle Privilegien. — Paulus de Tost. — Not. ib. 112ʳ. (id. dat.) **3128**

„ „ „ verpfändet dem Hans Truchsess v. Waldburg, Reichslandvogt v. Schwaben, St. u. Burg Waldsee Saulgau (Sulgon) Mengen Riedlingen (Rud-) Munderkingen (Mundrich-) u. s. w. mit allen Rechten u. s. w., die vormals die Herrschaft Österreich gehabt, u. verspricht ihm die jetzt an Heinrich v. Hornungen verpfändete Veste Winterstetten zu verschaffen, widrigenfalls er die ihm geliehenen 10400 rhein. Gulden bis 1419 Febr. 2 zurückgeben bezw. auf die Landvogtei Schwaben schlagen soll. — Bürgen: Johann EB. v. Riga, Johann B. v. Chur. Mkgr. Friedrich v. Brandenburg, Hrz. Ludwig v. Schlesien-Brieg; Ludwig Gr. v. Öttingen Eberhart Gr. zu Nellenburg, Hug Gr. zu Werdenberg Herr zum Heiligenberg, Hans Gr. zu Lupfen, Heinrich u. Egon Gr. v. Fürstenberg, Gr. Hans v. Freiburg, Frischhans v. Bodman, Haupt v. Pappenheim, Wigleis Schenk v. Geiern, Hans v. Homburg d. ält. — Ad m. d. r. Joh. Kirch. — RR. G [!] 11 u. 12ʳ. (dritt. t. des meyen). **3129**

„ 4 „ verspricht Einlösung der Bürgschaften, die Mkgr. Friedrich v. Brandenburg für ihn eingegangen ist: für 23000 ungar. Gulden bei Hrz. Ludwig v. Baiern, 7000 bei etlichen Bürgern v. Basel, 8000 bei den Baselern Dietrich v. Syle u. Heinr. v. Byele u. 10000 [!] bei Hans Truchsess v. Waldburg. — KU. w. v. — [R — Or. Bamberg; nicht in RR]. — Minutoli, Friedrich I v. Brandenb. 73 f. **3130**

„ „ „ giebt den Gr. Heinrich u. Egon v. Fürstenberg, die mit etlichen Fürsten u. s. w. um 10400 rhein. Gulden seine Gewähren gegen Johann Truchsess v. Waldburg, seinen Rat u. Landvogt in Schwaben, geworden sind, einen Schadlosbrief. — [KU. w. v. — R. *Baumann*]. — Or. Donaueschingen; [nicht in RR]. — Reg.: Fürstenberg. Urk.-B. 3, 100. — Entsprechende Urkk. sind wohl auch den andern Bürgern [vgl. nr. 3129] gegeben worden. **3131**

„ „ „ schlägt seinem Rate Frischhans v. Bodman, der 4 Jahre in Konstanz ihm treu gedient, 4000 rhein. Gulden auf das ihm verpfändete Schloss Rheinfelden nebst Zubehör; was Bodman an Baugeldern für das Schloss verwendet, soll auch auf der Pfandsumme geschlagen werden; etwaige Einlösung darf erst nach Bodmans Tode stattfinden. — Ad m. d. r. Joh. Kirchen. — R — Or. Wien H. H. u. St.-A.; RR. F 117ᵛ u. 118ʳ. (vierden t. des meyen). **3132**

„ „ „ verspricht dem Hrz. Ludwig v. Baiern die dem Konstanzer Domherrn Konrad Munchwiler bezahlten 300 rhein. Gulden Zehrgeld bis Nov. 1 zurück zu zahlen u. dem Gelde, das er ihm bereits verpfändet 10000 G. v. den Erträgnissen des Zehnten in den Bistümern Salzburg, Freising, Augsburg, Regensburg, Eichstädt eingeht, resp. wenn dies nicht soviel ergibt, bis Nov. 11 u. zwar zu Nürnberg. — id. not. (Jo. Kirch.) — RR. F 112ʳ. (vierd. t. d. meyen). **3133**

„ „ „ bestätigt der Stadt St. Gallen, deren Freiheitsbriefe bei einem Brande zu Grunde gegangen, ihre Privilegien. — [Ad m. d. r. Joh. Kirchen. — R — Or. St. Gallen Stadt-A.; RR. F 125]. — Erwähnt: Hartmann, G. d. Stadt St. Gallen (1816) 117. **3134**

„ „ „ giebt den Brüdern Jakob u. Johann v. Haarlem (Här-) ein Wappen. — Rex. id. protonot. [— P. de Tost]. — Not. RR. F 113ʳ. (quarta die mai). **3135**

„ „ „ beauftragt den Gr. Adolf v. Nassau-Saarbrücken den Streit der Brüder Heinrich u. Werner zum Jungen mit Peter zum Jungen um Gockeln um die Aue in dem Rhein (Reichslehen) gegenüber v. Laubenheim (Lieb-) zu entscheiden. — Per d. Jo. comitem de Luppfen jud. cur. Joh. Kirchen. — RR. F 112ʳ. (quarta die mai, aber dtsch. Urk.) **3136**

1418		
Mai 4	Konstanz	

quittiert dem **Rudolf v. Ringoltingen**, Bürger, u. dem **Heinrich v. Speichingen**, Stadtschreiber zu Bern, z. H. der St. Bern um 5000 rhein. Gulden, die ihm für die Pfandschaft v. Zofingen, Aarau, Lenzburg das Städtchen, u. Brugg bezahlt worden seien. — [Ad m. d. r. Joh. Kirchen. — o. R! — Or. Bern Staats-A. *Türler*]; RR. F 112ʳ. — Nach Kop. Aargan St.-A. Argovia 25, 74 f.; vgl. auch Justinger, Berner Chronik 240. **3137**

erteilt dem Gr. **Hugo v. Werdenberg** die Zusicherung, dass selbst im Falle seiner Aussöhnung (des Kgs.) mit Hrz. Friedrich v. Österreich dieser doch nicht befugt sein soll, die Grafschaft Heiligenberg zurückzufordern. — [Rev. Joh. Kirchen. — RR. F 118ʳ]. — Vgl. Vanotti. Gesch. d. Gr. v. Montfort 269. **3138**

gebietet dem Kl. **Wilzburg** dem Mkgr. Friedrich v. Brandenburg Folge zu leisten, dem er die Entscheidung der Irrungen zwischen dem Kl. u. der St. Weissenburg übertragen; der Mkgr. werde die Räte Haupt Marschall v. Pappenheim u. Wigleis Schenk v. Geyern zum Verhör absenden. — [KU? — Or.° Nürnberg Kr.-A]. — Reg. Boic. 12, 285. **3139**

[» ?] nimmt das Kl. **Wilzburg** (Eichstädter Diözese) gegen die Beeinträchtigungen seitens des Reichsamtmanns v. Weissenburg in seinen Schutz u. überträgt diesen einem Diener des Mkgr. Friedrich v. Brandenburg. — KU? — Nach? Falkenstein, Antiquit. Nordgav. 4, 248 ff. z. J. 1414! (s. d.) **3140**

» 5 » befiehlt dem Konrad v. Munchwiler Domherrn zu Konstanz, Haupt v. Pappenheim u. Heinrich v. Blumberg v. dem Ertrāgnis des Zehnten in den Bistümern Salzburg Freising Regensburg Eichstädt u. Augsburg zu den dem Hrz. Ludwig v. Baiern zugesagten 10000 demselben noch 300 Gulden bis Nov. 1 zu zahlen. — Jo. Kirchen. — RR. F 112ʳ. (funft. t. d. meyen). **3141**

» 6 beauftragt den Mkgr. **Friedrich v. Brandenburg** den Streit zwischen Fritz Wintersteiner u. Seitz Gewder v. Nürnberg um einen Hof (Reichslehen) zu Beringersdorf zu entscheiden. — Ad m. d. r. Jo. Kirchen. — RR. F 112ᵛ u. 113ʳ. (sexta die mai, aber dtsch. Urk.) **3142**

» » befiehlt allen Unterthanen den Passauer Chorherrn **Lienhart v. Laimingen** in der gerichtlichen Auseinandersetzung mit seinem Bruder um das Erbe seiner Eltern nicht zu hindern. — KU. w. v. — ib. 113ʳ. (id. dat.) **3143**

» » macht bekannt, dass die für Walter **Erben** günstige Entscheidung über seine Ansprüche auf die Fähre zu Grafenstaden gegen die St. Strassburg (der Urteilsspruch des Mkgr. Friedrich v. Brandenburg, des Mkgr. Bernhard v. Baden u. des Gr. Eberhart v. Nellenburg v. 1418 März 7 inseriert) in Kraft bleiben solle, obwohl die Strassburger ihren Verpflichtungen nicht nachgekommen wären. — Per d. Fr. marchionem Brandenburg. etc. Joh. Kirchen. — R — Or. Strassburg St.-A.; RR. F 112ᵛ — vgl. Fester, Reg. d. Mkgr. v. Baden nr. 3018. (sechsten t. des meien). **3144**

Mai 6: Pfalzgraf **Johann** als Vorsitzender eines Fürstengerichtes (die BB. Georg v. Trient, Johann v. Lebus, Friedrich v. Augsburg, Hrz. Ludwig v. Brieg-Liegnitz, Gr. Johann v. Lupfen. Frischhans v. Bodman, Ritter Alban Closner, Wigleis Schenk v. Geiern u. Kuno v. Scharfenstein) entscheidet, dass trotz der Ansprüche des Claus Zorn v. Bulach (dessen Fürsprecher Mkgr. Friedrich v. Brandenburg) Kg. Sigmund (dessen Vertreter Gr. Eberhart v. Nellenburg) die Fähre zu Grafenstaden u. die Pfandschaft der Dörfer Grafenstaden Illkirch Illwickersheim doch an die St. Strassburg verleihen dürfe (»u. auch die register seiner [des Königs] canzlei dorūmb durchsůochen lie, u. fünde man die nindert dorin«). — Pe. Wacker. — Or. Strassb. St.-A. (fritag nach uns. herren uffart t.) **3144a**

» » thut den **Juden in Thüringen** Meissen u. im Osterlande kund, dass sie sich mit Unrecht auf Befehl des Burggr. Johann v. Nürnberg geweigert hätten, an den v. ihm beauftragten Konrad v. Weinsberg den dritten Pfennig u. ihren Anteil an dem Gelde für die Bestätigung der Juden-Privilegien durch den Pabst zu zahlen: er habe dem Burggr. nur die Einziehung der jährlichen u. wöchentlichen Judengefälle übertragen, den dritten Pfennig aber ausgenommen; fordert sie auf an Konrad v. Weinsberg nunmehr das v. ihm Geforderte zu zahlen. — Ad m. d. r. Joh. Kirchen. — R — Or. u. 3 Vid. des Notars Joh. Giseler v. Eisenach v. 1418 Juni 6 Öhringen; RR. F 112. (sechsten t. des meyen). **3145**

1418		
Mai 6	Konstanz	beßehlt dem EB. Dietrich v. Köln auf Klage Kölns der St. u. deren Bürgern wieder Friede u. Sicherheit zu gewähren, nachdem er (wider die Rechte der St. u. wider die vom Kg. bei seiner Anwesenheit in Köln vermittelte Abmachung den Sühnvertrag zw. EB. Friedrich u. der St. 10 Jahre lang wirken zu lassen], sie in Gemeinschaft mit andern Kurfürsten u. Hrz. Rainald v. Jülich zu befehden begonnen hat, weil die St. zur Deckung ihrer Kriegsschulden eine Weinaccise in der Höhe des 6. Faders eingeführt hat. — Ad m. d. r. Joh. Kirchen. — Gleichz. Abschr. Köln. — Reg.: Mitteil. a. d. Stadtarch. v. Köln Heft 24, 132 f. **3146**
"	"	fordert die einzelnen Kurfürsten auf den EB. Dietrich v. Köln zur Abstellung seines Unfriedens mit Köln wegen der Weinaccise zu veranlassen. — KU. w. v. — Gleichz. Abschr. Köln. — Reg. ibid. 133. [6 Urkunden?] **3147**
" 7	"	antwortet der St. Köln auf den mündlichen Vortrag ihres Gesandten Joh. v. Hirz, dass er dem EB. Dietrich v. Köln, dessen Mitkurfürsten u. dem Hrz. v. Geldern geschrieben, um für Köln u. das Land Frieden u. Nutzen zu stiften. — KU. w. v. — Or. Köln. — Reg. ib. 133. **3148**
"	"	macht bekannt, dass er auf Klage des Friedrich Walrave v. Awe am Reichshofgericht die St. Löwen in des Reiches Acht gethan; verbietet jegliche Gemeinschaft, gebietet Unterstützung des Friedrich Walrave u. der Seinen. — [P. Wacker]. — Not. Achtbuch 10ᵛ. (sampst. vor exaudi). **3149**
"	"	teilt dies der St. Frankfurt mit. — [KU. w. v.]. — Or. Frankf.; vgl. Invent. 4, 74. **3150**
"	"	desgl. der St. Köln. — KU. w. v. — Or. Köln St.-A. — Reg.: Mitteil. a. d. Stadtarch. v. Köln Heft 24, 133. **3151**
"	"	empfängt den Hrz. Friedrich v. Tirol (Österreich) im Garten des Augustiner-Kl. im Beisein des Mkgr. Friedrich v. Brandenburg, des EB. Johann v. Riga, des Gr. Ludwig v. Öttingen u. des Protonotars Joh. Kirchen. — Windecke 75. **3151a**
" 9	"	belehnt Hrz. Friedrich v. Tirol mit allen seinen Fürstentümern Landen u. Leuten, die vom Reiche herrühren. — Ad m. d. r. P. de Tost. — R — Or. u. Vid. v. 1447 März 23 Wien H.-H. u. St.-A.; RR. F 114ᶜ.; Vid. v. 1419 Sept. 11 Innsbr. Statthalt.-A. — Brandis, Tirol unt. Friedrich v. Österr. 429 f. — Reg.: Lichnowsky, Gesch. d. Haus. Habsburg 5 n. 1796; vgl. Ulrich v. Richental 146. **3152**
"	"	bestätigt demselben alle Privilegien. — KU. w. v. — [R — 2 Or. ib.; RR. F 114ᵈ u. 116ᵇ; Vid. v. 1429 Sept. 11 Innsbr.] — Frz. Ferd. Schrötter, 1. Abh. a. d. österr. Staatsrechte (1762) 178 ff.; Reg.: Lichnowsky u. 1797; vgl. Mitt. d. bad. hist. Komm. 17, 54 (fälschl. zu Mai 18: Vid. v. 1430 Nov. 20 Todtnau). **3152**
[" ?]	"	bestätigt [dem Hrz. Friedrich v. Tirol] die Urkunde Kg. Wenzels v. 1398 Okt. 16, in welcher dem Hrz. Leopold v. Österreich das Privilegium de non evocando u. die Erlaubnis Ächter zu beherbergen erteilt wird. — KU? — Vid. v. 1430 Nov. 20 Schönau; vgl. Mitt. d. bad. hist. Komm. 17, 54. (s. d.) **3154**
" 8	"	verleiht dem Ritter Walter v. Bussnang u. Wilhelm v. Ende das Gericht in deren Dorfe Weinfelden (Win-). — Rex. Jo. Kirch. — RR. F 116ᶠ. (acht t. d. meien). **3155**
"	"	nimmt den Juden Abraham aus Leipzig (Lyptzk) samt seiner Familie u. Habe wegen treuer Dienste in des Reiches Schutz. — Ad m. d. r. Joh. Kirchen. — RR. F 113ᶜ. (s. die mai, aber dtsch. Urk.) **3156**
"	"	ernennt den Ritter Friedrich de Vignitunilio zu seinem Familiaris u. Tischgenossen mit einem Gehalt v. 500 rhein. Gulden. — Ad m. d. r. Paul. de Tost. — Not. RR. ib. (id. dat.) **3157**
"	"	ernennt den Martin de Houbenis de Gradiis, Bürger zu Mailand, zum Familiaris. — [id. relat. etc. ut supr. — Rex. Paul. de Tost.] — Not. RR. F 113ᵛ. (s. die mai). **3158**
"	"	desgl. den Petrus de Vallentia de Banchate, Bürger zu Mailand. — W. v. **3159**
" 9	"	meldet dem EB. Johannes v. Mainz, EB. Dietrich v. Köln, EB. Werner v. Trier, den Pfalzgr. Ludwig Stephan u. Otto Hrn. in Baiern, dem Hrz. Karl v. Lothringen, dem Mkgr. Bernhard v. Baden, den Gr. Eberhart v. Würtemberg, Johann v. Sponheim, Philipp v. Nassau-Saarbrücken, Johann v. Katzenellenbogen, Friedrich v. Mörs-Saarwerden, Emicho u. Friedrich v. Leiningen, dem Johann Radmacher Hauptmann des Herzogtums Luxemburg, dem Huvard

1418		

v. Elter Herren zu Sterpenich, dem Niklas Vogt zu Hunolstein u. allen Reichsunterthanen, dass er am 6. Jan. Termin zwischen Walter Erbe u. der St. Strassburg vor Gr. Günther v. Schwarzburg angesetzt habe, in welchem entschieden worden sei, dass die St. Strassburg (Vertreter: Konrad Rust, Hans Lumbart) als Entschädigung für die Fähre zu Grafenstaden (Reichslehen) dem Walter Erbe 20000 Gulden zu zahlen habe unbeschadet der Rechte des Königs; befiehlt, da die St. Strassburg diese Summe nicht zahlen will, auf Klage des W. Erbe ihm gegen die St. Beistand zu leisten. — Per d. F. marggravium Brandenburg. et burggravium Nuremberg. Pa. Wacker. — o. R — Or. Strassburg St.-A.   (mant. vor pfingsten). **3160**

Mai	9	Konstanz	ernennt auf Veranlassung des Hrz. Reinald v. Jülich-Geldern den Elias Kietken [vgl. Lindner, Veme 8] zum Freigrafen der Stühle zu Dredevort (Walverden u. Siebe). — Per d. Fr. march. Brand. etc. Joh. Kirchen. — Not. RR. F 113ʳ. (neunt. i. d. meyen). **3161**
»		»	giebt dem Joh. Rost, Bürger des oppidum Missien. Colan. dioc. [?] ein Wappen. — P. de Tost. — Not. ib. 113ʳ. (nona die mai). **3162**
»	10	»	sendet den Hrz. Ludwig v. Brieg nach Basel, um dort Herberge zu bestellen. — Ulrich v. Richental 146 f. **3162a**
»		»	beauftragt den Patriarchen Ludwig v. Aquileja mit der Pflege über die Grafschaften Orten-burg u. Sternberg, da die Nachkommen des † Gr. Friedrich v. O. noch unmündig sind. — Per d. L. comitem de Otingen magistr. curie Paul. de Tost — RR. F 113ʳ. (10. die mai, aber dtsch. Urk.) **3163**
»		»	erlaubt dem Christof, dem Sohne des Petrus de Cathaneos, das Schloss Carciano [= Carcano bei Como?] wieder aufzubauen. — Ad m. d. r. ep. Tragur. referente Paul. de Tost. — RR. F 113. (10. die mai). **3164**
»		»	erklärt, dass v. der Rückkehr nach Feltre alle Majestätsverbrecher ausgeschlossen sind, u. weist die St. an, die Güter dieser Verbrecher den Brüdern Stefan Franz u. Zandominicus de Merchato zu überweisen. — Ad m. d. r. S. episc. Tragur. refer. P. de Tost. — RR. F 113ʳ u. 114ʳ. (dec. die mai). **3165**
»		»	trifft eine Teidung mit Hrz. Friedrich v. Österreich-Tirol, worin er diesen wieder zu Gna-den aufnimmt. — [Ad m. d. r. Paul. de Tost. — R — 3 Orr. u. Hds. (rot) 383 Bd. 26 f. 55 ff. Wiener H.-H. u. St.-A.; BR. F 115 u. 116]. — Reg.: Lichnowsky, G. d. Haus. Habs-burg 5 n. 1806. **3166**
»	12	»	gestattet Hrz. Friedrich v. Österreich, der sich urkundlich verpflichtet hat, die gegen den B. v. Trient, Gr. Hans v. Lupfen, Gr. Eberhard v. Kirchberg u. s. w. begangenen Gewalt-thaten gut zu machen, sich mit seinen Klägern zu versöhnen oder vor dem Kg. oder dessen Richtern Recht zu nehmen, seine im Sundgau Breisgau u. Elsass gelegenen u. im Kriege ver-lorenen Pfandschaften wieder einzulösen, ausgenommen die Eidgenossen inne-haben. — [KU. w. v. — R — Or. u. Hds. 383 Bd. 26 f. 71/3. ib.; nicht in RR.; officielle Kop. d. Reichskanzlei Zürich St.-A. P. Schorvier.] — Stumpf, Konstanzer Konzil 157 f.; Tschudi, Chronicon Helvet. 2, 97 f.; Reg.: Lichnowsky 5, n. 1809; Anm.: Samml. d. Älteren Eidgen. Abschiede 1², 197 f. **3167**
[» ?]		»	giebt dem Gr. Friedrich VI v. Toggenburg den Befehl die Pfandschaft Feldkirch dem Hrz. Friedrich v. Österreich zu lösen zu geben [vgl. 1420 Febr. 25]. — Per d. c. de Otingen magistrum curiae Paul. de Tost. — RR. F 113ʳ. — Arch. f. Kunde österr. Geschichtsquell. 1, 4 S. 9. (s. d.) **3168**
»		»	ernennt den Lucas, Sohn des Johannes de Serra, zum familiaris. — P. de Tost. — Not. RR. F 113ʳ. (12. die mai). **3169**
»		»	verspricht dem Edlen Johann v. Telisskow, Kastellan zu Kalisch, die ihm schuldigen 2000 ungar. Gulden bis Dez. 25 zu bezahlen. — Ad m. d. r. P. de Tost. — RR. F 114ʳ. (ld. dat.) **3170**
»	13	»	sagt dem Hans v. Westernach der Verpflichtung ihm die Herrschaft Burgau jederzeit zu lösen zu geben ledig, da das Lösungsrecht jetzt wieder an den Hrz. Friedrich v. Österreich gelangt ist. — Id. prothonot. [= P. de Tost.] — RR. F 114ʳ. (13. die mai, aber dtsch. Urk.) **3171**

1418

Mai 14 | Konstanz | befiehlt allen Reichsunterthanen Friedrich v. Grafeneck als rechtmässigen Bischof v. Augsburg anzuerkennen, verbietet v. dessen Gegner Anselm v. Nenningen Lehen oder Ämter anzunehmen. — [Per d. L. comitem de Otingen magist. curie Paulus de Tost. — o. R — Or. München R-A.; Kop. Augsb. St.-A. collect. Herwart. 3]. — Erw.: Stetten, Gesch. v. Augsburg mit Dat. Konst. 1419 Pfingstabend; dasselbe falsch. Dat. auch: Reg. Boic. 12, 314; vgl. Chronik. d. dtsch. Städte 5, 355. — Vgl. auch 1418 [Sept. 18]. — Friedrich hatte Mai 6 am Hofgericht teilgenommen; vgl. nr. 3144[a]. 3172

[» ?] | » | schreibt an die St. Frankfurt über den Streit Nenningers wegen des Bistums Augsburg. — KU? — Kop.* Frankfurt; vgl. Inventare d. Frankf. St.-Arch. 1, 95. (s. d.) 3173

vor » | » | verspricht in der Woche vor Pfingsten den Bürgern v. Konstanz mit vielen schönen Worten die v. seinen Dienern während des Konzils gemachten Schulden zu bezahlen u. giebt dafür Pfänder. »Do leit er hinder die v. Costenz die tücher, die noch da ligend u. villicht niemer gelößet werdent. Do hieß man machen zway bücher. Da solt inn haben das ain die erber tochter Ann Bidermenni, Hugen Bidermannes tochter, das ander solt haben Bentz Keller: darin ward verschriben alle die schuld, so ieglicher diener, der zû dem hoff hört, schuldig ieglichem ward ze Costentz. Der bûcher unßer herr der küng nam abgeschrift u. gab darüber ainen besigelten brief die schuld ze bezahlen darnach uff die nächsten pfingsten mit vil gülten, die da nach dem solten laisten, wenn sy gemant wurden. Das zil ging uß u. solliche schuld ward nit zalt. Und darnach mantend sy die gülten by den aiden, so sy geschworen hattend, das sy soltend laisten. Das wolt kainer tûn. Also sind die v. Costentz überfürt worden; dann sy die pfand nit kunden angrifen dann waupen mit gold daruff gemacht waren, darumb si nieman wolt koufen.« — Ulrich v. Richental 148; vgl. nr. 3209. 3174

[» 14] | » | Die Schulden, die Kg. Sigmund in Konstanz gemacht hatte, sind zunächst in RR. G 32[r] zusammengestellt. Es heisst daselbst:

Item Gr. Hans v. Luppfen sol dise nachgeschriben ußrichten v. unsers herrn des kungs wegen:

Item den v. Costenz 21500 gulden rinisch.
» Jan Balile $532\frac{1}{2}$ g. r.
» hern Buben 700 g. r.
» hern Peter Zilstrang 911 g. r.
» Kunrat Keusperg 300 g. r.
» Ranko Tluxa 300 g. r.
» Ulrich Tluxa 25 gr.
» Zdeslaw Tluxa 30 g. r.
» Duppowetz 102 g. r.
» Andres v. der Duben 300 g. r.
» Smyl v. Honaw dem got gnad 300 g. r.
» Kapun 122 g. r.
» Penz Kelner 780 g. r.
» hern Stanisla 150 g. r.
» Sampson dem got gnad 513 g. r.
» herrn Riczard [vgl. nr. 3191] u. Niclas Warnsdorf 89 g. r.
» Psik camerarius 150 g. r.
» Peter Gaczen von der von Basel u. sinen wegen 4234 g. r.
» Peter Gaczen fur sine scheden u. zerung 300 g. r.
» Hansen Satler v. Ingelnheim 200 g. r.
» Jacob Hufflein 500 g. r.
» meister Syfriden 212 g. r.
» Marcus v. Nürnberg 280 g. r.
» Mathes Lemmel 480 g. r.
» herrn Brunores [v. Scala] brudern 420 g. r.
» Gr. Wilhelm v. Prat 300 g. r.
» Ludwig v. Rossel 360 g. r.
» dem bischoffe v. Trient 2080 g. r.

1418		

Item Kranichperger 100 g. r.
 » graf Hansen v. Luppfen 2550 g. r.
 » der herzogin v. Beyern 1000 g. r.
 » herzog Chudor 500 g. r.
 » Penz Hafner g. r.
 » Philipp v. Haimgarten 1500 g. r.
 » bert Ulrichen v. Fridingen 500 g. r.« **3175**

[Mai 14]. [Konstanz] Diese Liste wurde aber später kassiert u. durch folgende neue ib. 32ʳ ersetzt:

»Dise nachgeschriben schulde sol der hochgeborn Bernhart marggrafe zu Baden bezalen v. unsern kung Sigmunds wegen:

Item graf Hansen v. Luppfen 1500 rinisch gulden, die wir im sins jargelts v. des hofrichtersampts wegen verschriben haben uf dise pfingsttage geben sollen. **3176**

Item demselben v. Luppfen 600 roter angrischer gulden, die tun 750 rinisch gulden, sin wir im schuldig beliben ein jargelt, es er unser hofrichter wurden ist u. den brief, den er v. uns hat umb dieselben 600 rote gulden, ist damit ledig, den sol er antworten u. übergeben. **3177**

Item aber dem v. Luppfen 300 Rinisch gulden: hat er ußgeben in zerung cösten u. für alle pferd u. schuld, als er den doctor die andern pfaffen u. notarien in die bistum v. des zehenden wegen schicket. **3178**

Item Johan Balile 583 r. g. **3179**
 » meister Sifriden unserm arzt 212 g. r. **3180**
 » Raczko Buben 697 g. r. **3181**
 » Conraten Casberger 300 g. r. **3182**
 » dem Dupawitz 103 g. r. **3183**
 » Petern Silstrang 911 g. r. **3184**
 » Ulrichen Tlaxa 25 g. r. **3185**
 » Zdisla Tlaxa 30 g. r. **3186**
 » Anders v. der Duben 300 g. r. **3187**
 » Cappänen 122 g. r. **3188**
 » Smyl v. Ranaw der tod ist 300 g. r. **3189**
 » Peter Gaczen v. der burger v. Basel wegen 4234 r. g., damit sind brieve u. pfand ledig.
 » demselben Peter Gaczen for alle sin jarlon cöste u. scheden 300 g. r. **3190**
 » Richarden v. d. Ribenitz u. Nicoln v. Warnsdorff 89 g. r. **3191**
 » dem Sattler 200 g. r. **3192**
 » Jacoben Huffeln 500 g. r. **3193**
 » Ulrichen v. Duben 100 g. r. **3194**
 » Hronko Tlaxa 300 g. r. **3195**
 » hern Stenisla 150 g. r. **3196**
 » Psilk 150 g. r. **3197**
 « Samson 513 g. r. **3198**

   Den v. Costentz:
 « Gebharten Fischer 245 g. r. **3199**
 » Margarethen Burgerinn 238 guld. rin. 16 plapphart. **3200**
 » Gebharten Fischer 1388 g. r. **3201**
 » Cristoffel Fürrer 320 g. r. **3202**
 » Gebharten Becken 952 guld. rin. u. 15 plapphart. **3203**
 » für Darislo hern Ulrich v. Fridingen 20 gulden u. Cristoffel Fürrer 35. **3204**

29*

1418		

Item des v. Bern brudern 420 g. r. — 3205

   » graf Wilhelmen v. Prata 300 g. r. — 3206

   » Ludwigen vom Rossli 360 g. r. — 3207

   » dem bischof v. Trient 2080 g. r. — 3208

   » den v. Costentz die brief u. pfand haben 22500 g. r. [vgl. nr. 3174] — 3209

   » Henzen Kelner 780 g. r. — 3210

   » Marcus v. Nürnberg 280 g. r. — 3211

   » Mathes Lemmel 480 g. r. — 3212

   » Kranichperger 100 g. r. — 3213

   » Penz Hafner 500 g. r. — 3214

   » Philipp v. Heimgarten 1500 g. r. — 3215

   » herzog Chodor 500 g. r. — 3216

   » der herzogin v. Beyern 1000 g. r. — 3217

NB. Jeder einzelne dieser Schuldner dürfte eine besondere Schuldurkunde erhalten haben.

Mai 15 Konstanz ersucht den Hochmeister des Deutschordens Michael [Küchenmeister] nochmals, nachdem er ihn bereits durch den B. v. Braunsberg u. den Komthur v. Elbing hat ersuchen lassen, ihm »kostung gen Engelland in die stat Herflot [Hereford] zu senden« u. zwar möglichst bald, »wann wir die schif, die uns kostung zuführen werden für allen sollen u. muten gen dem laude zu Engelland fri geschaffet u. also bestalt haben, als balde die kostung in die stat zu Herflot komen wurde, das man dann die bezalen sol ön alles verziehen.« — Ad m. d. r. Paul. de Tost — o. R — Or. Königsberg. (pfingst.) — 3218

» » ersucht den Deutschordenskomthur zu Elbing Heinrich Holt in dieser Angelegenheit auf den Hochmeister einzuwirken. — W. v. [Gleiches Schreiben erging wohl auch an den B. v. Braunsberg; vgl. nr. 3218]. — 3218A

» » verspricht dem Ritter Niemand v. Lowen [= Löwen?], seinem Diener, die ihm schuldigen 900 rhein. Gulden bis 1419 Pfingsten zu bezahlen. — KU. w. v. — RR. F 114. (15. die mai, aber dtsch. Urk.) — 3219

» » belehnt Melchior Remp aus Pfullingen mit dem Zehnten zu Unter- u. Oberhausen bei Reutlingen, den derselbe v. seinem Vetter Wolf Remp gekauft. — Per d. L. de Ötingen mag. cur. etc. Joh. Kirchen. — Not. RR. F 114ᵛ. (15. t. des meyen). — 3220

» 16 giebt ein Privileg für den Öttingischen Markt u. das Hochgericht zu Holzkirchen. — KU? nicht in RR. — Nach? Reg.: Material z. Ötting. Gesch. 2, 68. — 3221

» » erlaubt dem Gr. Ludwig v. Öttingen, seinem Hofmeister, jährlich 4 Jahrmärkte in Holzkirchen abzuhalten. — [Ad m. d. r. Paulus de Tost — R — Or. Wallerstein; Not. RR. F 114ᵛ]. — Reg. ib. — 3222

» » belehnt Heinrich Luchauer mit Lehen zu Plintendorf, Ulrichsreut[h] u. Jettengrän. — Per d. Fr. march. Braud. etc. Joh. Kirchen. — Not. RR. F 114ᵛ. (16. t. des meien.) — 3223

» » begleitet den v. Konstanz abreisenden Papst Martin V bis nach Gottlieben. Ulrich v. Richental 149 f. — 3223a

» » verlässt Konstanz u. will nach Basel, um dort mit den Gesandten der Herzöge v. Burgund u. Savoyen zu unterhandeln. Ulrich v. Richental 150; ändert aber seinen Plan, kehrt nach Konstanz am 18. Mai wieder zurück, will dann nach Strassburg, Kolmar u. Schlettstadt u. überhaupt nach dem Elsass: ib. 152. — 3223b

» 17 ernennt den Johann, Sohn des Konrad v. Brieg (Brega) zu seinem Kaplan. — Ad m. d. r. P. de Tost. — Not. RR. F 114ᵛ. (17. die mai.) — 3224

» » weist die St. Feltre an v. der ihm zustehenden Reichssteuer 150 Dukaten an den Burggr. Johann v. Scala zu zahlen. — KU. w. v. — RR. ib. (id. dat.) — 3225

» » setzt dem Janusch v. Telisskowo, Kastellan zu Kalisch, einen Jahrgehalt v. 600 ungar. Gulden aus. — KU. w. v. — RR. F 118ᵛ. (17. mai). — 3226

Mai 18: bestätigt dem Hrz. Friedrich v. Österreich alle Privilegien. — Vid. v. 1430 Nov. 20 Todtnau; vgl. Mitt. d. bad. hist. Komm. 17, 54 — falsch statt Mai 9 (nr. 3152). — 3226a

1418		
Mai 24	Dattenried	befiehlt dem Hrz. Adolf v. Cleve die Reichsstadt Duisburg nicht zu vergewaltigen. — Ad m. d. r. Paul. de Tost — o. R — Or. Düsseldorf. (zinstag vor Urbans tag). **3227**
»	»	belehnt den Joh. v. Schonenburg den Jungen, Herrn zu Ehrenberg, mit einem Teile des Salmenwassers zwischen Wesel u. St. Goar, welches Reichslehen sein Vater Friedrich v. Schonenburg u. dessen Wittwe innegehabt. — KU. w. v. — Nach Or. [wo? nicht in RR.] Gudenus, Cod. dipl. (Mogunt.) 2, 1244 = Reg.: Günther, Cod. dipl. Rheno-Mosell. 4, 197. **3228**
» [25]	Mömpelgard	hat hier eine viertägige Zusammenkunft mit dem Hrz. Johann v. Burgund in der Woche nach Pfingsten [!]: Forts. Königshofens bei Mone, Quellensamml. z. bad. Landesg. 1, 297; Basler Chronik. 5, 176; Windecke 77. **3228a**
» 26	»	belehnt den Gr. Friedrich zu Zweibrücken, Domkustos zu Strassburg, als Lehensträger seiner Neffen Simon u. Friedrich, der Söhne des Gr. Hamman v. Zweibrücken-Bitsch mit folgenden Reichslehen: mit 400 Gulden auf die St. Weissenburg u. mit einem Teil der Geleitstrasse v. Strassburg durch das Westreich nach Brabant. — Ad m. d. r. Paul. de Tost. — Kop. Speyer Kr.-A. (Ort nur N.); Kop. v. 175⁰ Strassb. Ber.-A. (Leichnams t.) **3229**
» 27	»	schliesst einen Kompromiss mit Hrz. Friedrich v. Österreich — KU! — Gleichz. Kop. Zürich. *Schweizer.* **3230**
»	»	vereinigt St. u. Schloss Rheinfelden, damit sie dem Reiche besser dienen können, u. verspricht Aufrechterhaltung ihrer Reichsunmittelbarkeit. — Rex. Paul. de Tost. — RR. F 120ᵛ. (frit. nach gotzlichnams t.) **3231**
?	?	schreibt dem Kapitel zu Rheinfelden, dass v. den beiden Personen, denen er erste Bitten auf das Kapitel kürzlich verliehen hat, Walter Troger aus Basel ältern Anspruch habe als Ulrich Swabe v. Rheinfelden. — KU. w. v. — RR. F 120ᵛ u. 121ᴿ (s. d. et L) **3232**
Mai 27	Mömpelgard	nimmt die Städte Schaffhausen u. Rheinfelden trotz seines Ausgleichs mit Hrz. Friedrich v. Österreich für alle Zeit ans Reich u. überträgt deren Schutz den Eidgenossen besonders Bern Zürich Solothurn u. Luzern. — [Ad m. d. r. Paul. de Tost' — Rⁱᵃ — Or. Schaffhausen *Rüger*; Not. RR. F 116ᵛ z. 30. Mai!] — Nach Kop. Zürich Reg.: Sammlung d. alt. eidgenöss. Absch. 1ᵛ, 19ᴺ. **3233**
»	»	nimmt die Städte Schaffhausen u. Rheinfelden aus Reich u. überträgt deren Schutz den Reichsstädten im Elsass u. Schwaben. — KU. w. v. — Rⁱᵃ. — Or. ib.; [RR. F 116ᵛ z. 30. Mai] *Rüger.* **3234**
» 28	»	antwortet Konrad v. Weinsberg, der ihn durch den Kaplan Konrad Keck um Aufschub des Termins für die Belehnung der Markgr. v. Meissen bis Juli 25 gebeten, er wolle jetzt zu Kg. Wenzel [vgl. Janssen, Frankf. Reichskorr. 1, 321] nach Budweis ziehen u. dorthin die Markgr. bescheiden; sollte sich aber seine Reise nach Böhmen verzögern, so werde er ihnen einen andern Termin setzen. — o. KU! — o. R — Or. Öhringen. (sampst. vor gotzlichnams t.) **3235**
» 29	Basel	nimmt das Frauenkl. zu Erstein in des Reiches Schutz u. überträgt denselben dem Markgr. Bernhard v. Baden. — Ad m. d. r. Paul. de Tost. — Not. RR. F 118ᵛ. (sunt. nach gotzlichnams t.) **3236**
» 30	»	befiehlt allen im Elsass, welche Pfandschaften vom Reich innehaben, die betr. Urkunden bezw. Abschriften derselben zur Prüfung dem Markgr. Bernhard v. Baden vorzulegen bezw. nachzuweisen, wie u. warum diese Güter in ihre Hände gekommen. — Rex. Paul. de Tost — RR. F 121ᵛ — vgl. Fester. Reg. d. Mkgr. v. Baden nr. 3019. (s. l.; mont. nach gotzlichnams t.) **3237**
»	»	teilt den Ratssendeboten der Hansestädte mit, er habe Anstalten getroffen, dass sie aus Westfriesland nicht mehr geschädigt werden sollen; fordert, um ein Gleiches auch den Ostfriesen gegenüber durchsetzen zu können, vorkommenden Falles die Unterstützung seiner Rate Sigfried v. Wendlingen u. Nikolaus Bunzlau: will einen Frieden zwischen Friesland u. den Hansestädten errichten u. sendet deshalb Ritter Heinrich v. Olli. — Ad m. d. r. Paul. de Tost. — Aus 4 Hanse-Hdss. zu Lübeck, Wismar, Danzig u. Köln Hanserecesse 6, 567 f. **3238**
»	»	trifft mit Pfalzgraf Johann [v. Neumarkt] das Abkommen, dass er demselben, so oft er ihn zu sich entbiete oder zu Botschaften gebrauche, für 40 Pferde u. zwar je auf 3 Pferde täglich

1418		
		einen rhein. Gulden u. im übrigen wie jeden andern Reichsfürsten bezahlen wolle. — [Ad m. d. r. Paulus de Tost. — RR. F 118ᵛ]. — Nach? Reg. Boic. 12, 286. **3239**
Mai 30	Basel	versichert dem Pfalzgrafen Johann seinen Schutz gegen die Angriffe seines Bruders des Kurfürsten Ludwig u. ermahnt die Reichsstände, bei etwaigem Kriege der Brüder dem Pfalzgr. Johann behilflich zu sein. — KU. w. v. — [R] — Or. München R.-A.; [RR. F 118ᵛ u. 119ᵛ]. — Verhandl. d. hist. Ver. v. Oberpfalz 27, 86 f.; vgl. Reg. Boic. 12, 286. **3240**
		Mai 30: f. Schaffhausen u. Rheinfelden RR. F 118ᵛ. (mo. nach gots lichnamst.) — s. nr. 3233 f. **3240a**
» 31	Konstanz (sic!)	ersucht den Patriarchen Ludwig v. Aquileja die 5000 Gulden, die er dem P. Martin V zahlen sollte, welche dieser aber ihm (Sigmund) überwiesen hat, sowie die ihm zur Auslösung der päbstlichen Bulle geborgten 500 Gulden an seine Räte Gr. Eberhard v. Nellenburg, Kaspar v. Clingenberg u. Hans Konrad v. Bodman zu zahlen. — Rex. idem prothonotarius [P. de Tost]. — RR. F 119. (zinst. nach gotz lichnams t.) **3241**
»	Basel	verspricht dem Hrz. Friedrich v. Österreich alle wegen Mangel des grösseren Majestätssiegels nur mit dem kleineren königl. Insiegel gefertigten Teidungen mit jenem versehen zu wollen, sobald er es haben werde. — [Ad m. d. r. Paul. de Tost — R — Or. u. Hds. (rot) 383 Bd. 26 f. 75,6 Wiener H.-H. u. St.-A.; RR. F 116ᵛ]. — Reg.: Lichnowsky, G. d. Haus. Habsburg 3, n. 1819. **3242**
[Mai]	»	belehnt Friedrich v. Thann mit den ihm v. Johann v. Wasselnheim abgetretenen Lehen zu Wasselnheim, Ittelnheim (U-) u. Fürdenheim (Frides-). — Per d. Fr. march. Brand. Paul. de Tost. — Not. RR. F 119ᵛ s. d., zw. Mai 31 u. Juni 20. **3243**
Juni 1	»	nimmt Johann Grislel aus London unter seine familiares auf. — KU? — Not. RR. F 125ᶠ. (prima die jun.) **3244**
		Juni 2: verbietet den Handel mit Venedig. Reg.: Samml. d. ält. eidgn. Abschiede 1ᶠ, 474 — Druckfehler statt Juli 2. **3244a**
» 3	»	nimmt Peter Scolislow unter seine familiares auf. — KU? — Not. RR. F 125ᶠ. (tercia die jun.) **3245**
»	»	empfiehlt dem Schutze des Gr. Haus v. Lupfen, Landvogt im Elsass, u. seiner Nachfolger die Brüder u. das Haus zu St. Anton in Isenheim (Basler Bistums), das er in des Reiches Schutz genommen. — [Ad m. d. r. Paul. de Tost — R — Or. Colmar Bez-A]; RR. F 119ᶠ. — Reg.: Ztschr. d. Gesellsch. f. Geschichtsk. v. Freiburg 3, 368. **3246**
» 4	»	befiehlt dem Gr. Hans v. Lupfen seinem Hofrichter alle jene Städte u. Schlösser im Elsass, welche dem Hrz. Friedrich v. Österreich abgenommen waren, nunmehr nach dessen Aussöhnung mit ihm (dem Kg.) zurückzugeben. — [KU. w. v.] — RR. F 122ᵛ. — Reg. ib. **3247**
»	»	befiehlt dem Markgr. Bernhard v. Baden jene Städte Schlösser u. Lande, die bei Hrz. Friedrich v. Österreich bleiben wollen, ihrer Reichspflicht ledig zu lassen, u. demselben wieder einzuantworten. — [KU. w. v. — u. R! — Or. u. Hds. 383 (rot) Bd. 26 f. 77/9 Wien; Not. RR. F 122ᵛ]. — Reg.: Lichnowsky, Gesch. d. Haus. Habsb. 5, nr. 1822; Fester, Reg. d. Mkgr. v. Baden nr. 3021 [vgl. auch nr. 3258ᵃ]. **3248**
»	»	desgl. dem Frischhans v. Bodman. — [KU. w. v.] — Not RR. ib. **3249**
»	»	befiehlt dem Pfalzgrafen Ludwig III bei Rhein [nicht: Hrz. Ludwig v. Baiern] die St. Heilig-Kreuz dem Hrz. Friedrich v. Österreich zurückzugeben. — [KU. w. v. — o. R — Or. u. Hds. 383 (rot) Bd. 26 f. 80/82 Wien]. — Reg.: Lichnowsky 5 nr. 1823. **3250**
»	»	befiehlt der St. Konstanz dem Hrz. Friedrich v. Österreich die Vogtei Frauenfeld, die sie v. ihm u. dem Reich innehabe, gegen Zahlung der Pfandsumme zurückzugeben. — [KU. w. v. — o. R — Or. u. Hds. (rot) 383 Bd. 26 f. 88/9 Wien]. — Reg.: Lichnowsky 5 nr. 1821. **3251**
»	»	befiehlt den Gemeinden Rheineck Altstätten Bernegg Marbach im Rheinthal u. den Gemeinden im Bregenzerwald dem Hrz. Friedrich wieder zu huldigen, sobald er seine Verschreibung gegen ihn (den römischen Kg.) erfüllt habe. — [o. KU.! — o. R — Or. u. Hds. 383 Bd. 26 f. 84/8 Wiener H.-H. u. St.-A.] — Reg.: Lichnowsky 5, nr. 1°24. **3252**
»		desgl. den Städten Ensisheim, Thann, Masmünster, Pfirt, Landsehr, Altkirch. — [o. KU! — R — Or. u. Hds. (rot) 383 Bd. 26 f. 51/3. ib.; nicht in RR.] — Reg.: Lichnowsky 5 nr. 1825. **3253**

1418			
Juni 4	Basel	desgl. den Städten Freiburg im Breisgau Neuenburg Breisach Kentingen u. Endingen. — [o. KU! — R — Or. ib.; nicht in RR!] — Reg.: Lichnowsky 5 nr. 1826. **3254**	
»	»	fordert die Unterthanen der Meissnischen Mrkgr. Friedrich u. Wilhelm in Thüringen, Meissen, dem Osterlande u. s. w. auf, dem Konrad v. Weinsberg, den er mit der Einziehung des dritten Pfennigs v. den dortigen Juden (in dessen Erhebung die Markgrafen gewilligt) beauftragt habe [vgl. Mai 6 nr. 3145] keine Schwierigkeiten in den Weg zu legen; er bedürfe jenes Geldes dringend, da er auf dem Konstanzer Konzil, in England Frankreich u. Aragonien zum Besten des Reiches grosse Kosten gehabt. — Ad m. d. r. Paulus de Tost. — R — Or. Öhringen; Not. RR. F 85ᵛ. (vierden t. des junii.) **3255**	
»	»	desgl. die Komthure des Deutschordens in Thüringen, Meissen, dem Osterlande. — W. v. **3256**	
»	»	fordert die Judenschaft »unter« den Komthuren des Deutschordens u. »unter« Grafen, freien Rittern u. Knechten auf den dritten Pfennig an Konrad v. Weinsberg zu zahlen. — W. v. **3257**	
» 5	»	gelobt dem Londoner Kaufmann Johann Grysley die ihm schuldigen 13000 franz. Kronen v. dem Ertr. des ihm v. Pabste verliehenen Zehnten der Lütticher Diözese zu bezahlen u. giebt dem Heinrich Latzembock u. dem Johann Vind (Byndi) aus Lucca [den Einnehmern dieses Zehnten] bezügl. Weisung. — Ad m. d. r. Paul. de Tost. — RR. F 118ᵛ. **3258**
		Juni 6 Mömpelgard: befiehlt dem Mrkgr. v. Baden die breisganischen Städte an Hrz. Friedrich v. Österreich zurückzugeben. Vollständige Beantwortung der Ausf. der dem Churf. v. Bayern zustehenden Erbf. auf Österreich (1745) p. 69 — Reg.: Lichnowsky 5 nr. 1828 — nach Fester nr. 3021 ident. mit Jun14 (nr. 324ᴺ). **3258a**
» 9	Breisach	befiehlt dem Reichsmarschall Haupt v. Pappenheim die in seiner Verwahrung befindlichen Urteilsbriefe gegen Hrz. Friedrich v. Österreich demselben auszuliefern, da er ihn wieder zu Gnaden aufgenommen. — [Ad m. d. r. Paul. de Tost. — o. R — Or. Wiener H-H. u. St.-A.] — Reg.: Lichnowsky, G. d. Hans. Habsburg 5 nr. 1830. **3259**
		Juni 10: s. das Kl. zu Nieder-Ingelheim. Scriba, Reg. d. Urkk. z. G. d. Grossherzogt. Hessen 3. 253 — falsch statt 1417 Juni 10 (nr. 2393). **3259a**
» 11	Colmar	verleiht Marquart v. Rust »ettliche lute« zu Wettelsheim u. 20 Viertel Korngeldes v. den v. St. Johann zu Colmar. — Ad m. d. r. Paul. de Tost. — Not. RR. F 119ʳ. (sampst. vor Viti). **3260**
» 12	»	überlässt es auf die Anfrage Konrads v. Weinsberg diesem völlig, wie er den Ritter Apel Vitztum u. Albrecht v. Egloffstein [für einen den Kg. geleisteten Dienst] belohnen soll. — KU. w. v. — o. R — Or. Öhringen. (sunt vor Vits t.) **3261**
» 15	Strassburg	legitimiert Georg v. Andlan. — Bez. Paul. de Tost. — Not. RR. F 120ʳ. (15. die jun.) **3262**
»	»	gestattet dem Gr. Hans von Freiburg in anbetracht von dessen treuen Diensten einen Jahrmarkt u. Wochenmarkt zu Badenweiler abzuhalten. — Ad m. d. r. Paul. de Tost. — R — Or. Karlsruhe; [Not. RR. F 124ᵛ] — Ztschr. f. G. d. Oberrh. 36, 105 ff. u. Reg. ib. NF. 3, 439. **3263**
» 16	»	ernennt den römischen Bürger Peter (Johannis Palacii de Fuscis) de Berta zum comes palatinus u. erteilt ihm das Recht Notare zu ernennen u. s. w. — Rex. Paul. de Tost. — Not. RR. F 121ʳ. (16. die jun., s. l.) **3264**
»	»	verleiht Rembolt Burggraven u. Ritter Hans Dietrich, dem Sohn des Gosse Burggraven, Renten zu Hallbronn (Baldeburne). — KU. w. v. — Not. RR. F 120ʳ. **3265**
» 17	»	belehnt den Hans Hacker v. Landsberg zugleich für dessen Bruder Klaus mit dem Dorfe Lingolsheim nebst Zubehör. — Ad m. d. r. Paul. de Tost. — Kop. d. 18. Jhd. Strassab. Bez.-A. (fri. nach Vits t.); Not. RR. F 119ᵛ mit Dat.: donerst. nach Viti = Juni 16! u. 122ᵛ mit richt. Dat. u. der KU: De mandato march. de Baden P. de Tost. — vgl. Fester, Reg. d. Mkgr. v. Baden nr. 3035. **3266**
		belehnt Johann Landolt u. Wolfelin Gebrüder v. Hochfelden mit Lehen zu Frankenheim [Elsass] Schaffhausen Mutzenhausen [?]. — Paul. de Tost. — Not. RR. F 119ᵛ. (frit. vor Joh. Bapt.) **3267**

1418		
Juni 17	Strassburg	belehnt den Mrkgr. Johann Jakob v. Montferrat (Vertreter: Johann Ferrerius, Herr v. Tonengo) mit der Markgrafschaft Montferrat. — Rex. Paul. de Tost. — RR. F 123ᵛ. (17. die jun.) **3268**
» 18	»	belehnt Tennig Lambrecht v. Oberehnheim mit Gütern zu Ichtratsheim (Ingmarß-) Düttelnheim (Di-), Plasheim (Blendes-) Ehnheim Innenheim. — Paul. de Tost. — Not. RR. F 119ᵛ. (sampt. vor Joh. Bapt.) **3269**
» 19	»	giebt dem Ritter Jakob v. Appiano als »feudum gentile et perpetuum« die Schlösser Piombino (Plumbinum) Scharlinum [?] Suvereto (Suer-) Buriano (Burr-) Abbacia [= Abbadia S. Salvatore?] Fanglia (Fango) u. die Insel Elba (Il-). — Jo. Gerse. — RR. G 10ᵛ. (19. die jun.) **3270**
		Juni 19: f. Mrkgr. Bernhard v. Baden. RR. F 121 — s. nr. 3300. **3270 a**
»	»	verspricht der St. Diessenhofen dass sie beim Reiche bleiben soll, obwohl er Hrz. Friedrich v. Österreich wieder zu Gnaden aufgenommen habe; auch soll die Stadt ihre Pfandschaften behalten dürfen; empfiehlt sie dem Schutze v. Bern Zürich Solothurn Luzern Konstanz Ravensburg Lindau Überlingen Schaffhausen. — [Per d. G. Pat. ep. canc. Joh. Gerse. — Not. RR. G 6 (b)ᵛ] — Nach? Tschudi, Chron. Helvet. 2, 112 f. **3271**
»	»	beauftragt den B. Johann v. Lebus (Lubuc.) seinen Rat mit der Wahrnehmung aller seiner Interessen und seiner Stellvertretung vor allen Gerichten. — Rex. Paul. de Tost. — RR. F 120ᶠ. (19. die jun.) **3272**
		Juni 19 für Radolfzell. RR. G 6 (b)ᵛ. — s. nr. 3283. **3272a**
»	»	verpfändet der St. Strassburg die Fähre zu Grafenstaden sowie die Dörfer Grafenstaden Illkirch u. Illwickersheim um 9000 rhein. Gulden; erklärt die Ansprüche des Claus Zorn u. Walter Erben für ungiltig. — [Per d. Bernh. marchion. de Baden Paulus de Tost. — R — Or. u. Vid. v. 1420 Mai 9 Strassb. St.-A.; Kop. dieses Vid. v. 1420 aus d. J. 1757 Strassb. Bez.-A.; RR. F 121ᵛ u. 122ᵛ mit KU. Rex. Paul. de Tost]. — Schöpflin, Als. dipl. 2, 329 f. **3273**
		erklärt sein Gebot den Walter Erbe u. Genossen gegen die St. Strassburg behülflich zu sein [nr. 3160] für aufgehoben u. verbietet diese Stadt wegen der Fähre zu Grafenstaden u. s. w. zu belästigen. — KU. w. v. — R — Or. Strassb. St.-A.; RR. F 122ᵛ. (sant. vor Joh. Bapt.) **3274**
		verspricht die St. Strassburg in den Pfandbesitz v. Grafenstaden, Illkirch u. Illwickersheim bis Weihnachten einzusetzen u. ihr auch bis dahin die Urkk., welche Klaus Zorn v. Bulach u. Walter Erbe erlangt haben, zu übergeben, bezw. für ungiltig zu erklären. — Rex. Paul. de Tost. — RR. F 122ᶠ. (sant. vor Joh. Bapt.) **3275**
» 20	»	bestätigt dem Hug Draczehen, Altammanmeister zu Strassburg, eine Urk. des Strassburger Bischofs über eine ihm mit Zustimmung des Domkapitels gemachte Schenkung. — Per d. G. Patav. episc. Joh. Gerse. — Not. RR. G 6 (b)ᵛ. (die lune ante Joh. Bapt.) **3276**
	»	belehnt Wolf v. Hochfelden mit Gütern in dem Banne v. Hagenau, Westhofen u. Lixhausen (Lutoltshusen). — Paul. de Tost. — Not. RR. F 119ᵛ. (mo. vor Joh. Bapt.) **3277**
		befiehlt dem oder den, welche ihm vom Pabste Martin V verliehenen Zehnten im Stadt u. Stift Lüttich einnehmen sollen, v. dessen Ertrage seinen Rat Johann v. Loen, Herren zu Heinsberg (Hensp-) u. Löwenberg, zu befriedigen. — Per d. G. Patav. episc. canc. Joh. Gerse. — RR. G 6 (b)ᵛ. (mo. vor Joh. Bapt.) **3278**
»	»	beauftragt Konrad v. Weinsberg, seinem Diener Konrad Leppisch ein gutes Pferd zu geben, »damit er redlich bewart u. in unsern diensten wol uf geritten sei.« — Per d. G. episc. Patav. Joh. Gersse. — o. R — Or. Öhringen. (mo. nach Viti.) **3279**
» 21	Konstanz (sic!)	gebietet dem Rate zu Lüneburg, falls die Lübecker seinem Befehle, ihre im Bann befindlichen Mitbürger aus der Stadt zu weisen, binnen zwei Monaten nicht nachgekommen sind, die durch das Gebiet der Stadt passirenden Lübecker Bürger u. deren Waaren bis auf weiteren Entscheid festzuhalten. — Per d. Georium episc. Patav. cancellarium Joh. Gersse. — o. R — Or. Hannover St.-A. *Janicke.* **3280**
» 22	[Strassburg]	verspricht dem Hrz. Karl v. Lothringen dafür zu sorgen, dass derselbe seine Ansprüche an

1418		
		den Pfalzgr. Ludwig III durchsetzen kann. — [Rex. Idem prothonotarius = Paul. de Tost]. — RR. F 119ᵛ u. 120ᶠ. — Eberhard, Ludwig III v. d. Pfalz (1896) Beil. 3. **3281**
Juni 22	Strassburg	bewilligt dem Hrz. Friedrich v. Österreich, der ihm verpflichtet wäre, mit ganzer Macht gegen jeden, besonders gegen Venedig Beistand zu leisten, diesmal nur 300 Reiter u. 1000 Fussgänger unter seiner eigenen Führung gegen Venedig zu stellen. — [Per d. G. ep. Patav. cancell. Paul. de Tost. — R — Or. u. Hds. (rot) 383 Bd. 26 f. 22 u. 23. Wiener H.-H. u. St.-A.; RR. F 120 s. d.] — Reg.: Lichnowsky. G. d. Haus Habsburg 5 n. 1834. **3282**
"	"	erklärt, dass die St. Radolfszell auch nach seiner Aussöhnung mit Hrz. Friedrich v. Österreich beim Reiche bleiben soll. — Per d. Georium episc. Patav. canc. Joh. Gersse. — R — Or. Karlsruhe; [RR. G 6 (b)ᵛ mit Dat.: sont. vor Joh. Bapt. = Juni 19]. — Weech, Das Arch. d. St. Radolfszell (1883) 40 ff. = Ztschr. f. G. d. Oberrh. 37, 40 ff. — Reg. ib. NF. 3, 439. **3283**
" 23	"	verleiht Hans Stahel die Feste Kagenvelsch [?] u. Renten zu Westhofen [Kr. Molsheim?]. — Per d. B. march. de Baden Paul. de Tost. — Not. RR. F 124ᶠ. (do. vor Joh. Bapt.) **3284**
" 24	"	belehnt den B. Johann v. Lüttich mit den Regalien. — Rex Joh. Kirchen. — RR. F 123. (24. die jun.) **3285**
" 25	"	bestätigt demselben die Privilegien. — KU. w. v. — Not. ib. 123ᵛ. (25. die jun.) **3286**
" 26	"	gestattet dem Gr. Hermann v. Cilly (Bote: dessen Hofmeister Erasmus Liechtemberger) die v. ihm eingenommenen Reichslehen des † Gr. Friedrich v. Ortenburg bis auf weiters zu behalten. — Per d. G. episc. Pat. canc. Paul de Tost. — RR. F 123ᶠ. (sunt. nach Joh. Bapt.) **3287**
	"	Juni 26: f. Diessenhofen. Aschbach 2, 479 — s. nr. 3271. **3287a**
"	"	weist den B. Simon v. Tragur auf Veranlassung des Humbert, Herrn v. Thoiry (Theyre) u. Villars, an, den Streit um das Erbe des Odo v. Villars, der bereits v. Hrz. Amadeus v. Savoyen entschieden ist, nochmals zu entscheiden. — Jo. Gersse. — RR. G 7. (26. die junii.) **3288**
" 27	"	erteilt dem Gr. Albrecht v. Hohenlohe das Recht, nur vom König oder dessen Hofmeister sich richten zu lassen, u. für seine Unterthanen die Befreiung v. auswärtigen Gerichten, insbes. dem Rottweiler Hofgericht. — [Ad m. d. r. Joh. Kirchen. — R — Or. Öhringen; RR. F 124]. — Lünig. R.-A. Spic. sec. 1, 294 f.; Hansselmann, Diplomat. Beweis, dass dem Hause Hohenlohe die Landeshoheit ... 484 f. **3289**
"	"	erlaubt dem Gr. Albrecht v. Hohenlohe für dessen treue Dienste die dem † Kraft v. Hohenlohe v. Karl IV [Böhmer-Huber nr. 3142] verliehene Ostermesse zu Öhringen fortan am Sonntag Quasimodogeniti halten zu lassen u. giebt dieser Messe dieselben Freiheiten wie denen der umliegenden Reichsstädte. — [KU. w. v. — R — Or. ib; Not. RR. F 124ᶠ]. — Hansselmann a. a. O. 485 f. **3290**
"	"	bestätigt demselben alle Regalien u. Privilegien seiner Vorfahren, besonders die, welche Ulrich v. H. v. Kg. Wenzel erhalten (genaue Angabe des Wildbannes). — [KU. w. v. — R — Or. ib.; RR. ib.] — Lünig a. a. O. 293 f.; Hansselmann 486 f. **3291**
"	"	verleiht dem [Gr. Albrecht] v. Hohenlohe das Gericht in dem Dorfe Zell (Czelle) in der Herrschaft Hohenlohe u. die Vogtei des Frauenklosters zu Gnadenthal. — Jo. Gersse. — Not. RR. F 124ᵛ. (mo. nach Joh. Bapt.) **3292**
"	"	nimmt das Gotteshaus St. Antonii zu Isenheim in seinen Schutz, besonders gegen Eingriffe des Hans Ulrich v. Hausen (Huse), u. empfiehlt es dem Landvogte des Elsass [vgl. nr. 3246] Pfalzgr. Ludwig bei Rhein. — Per d. G. Patav. episc. cancellarium Joh. Kirchen. — R — Or. u. Vidim. v. 1422 März 7 Colmar Bez.-A.: RR. F 125ᵛ. (mo. nach St. Joh. bapt.) **3293**
"	"	giebt seinem Protonotar Joh. Kirchen ,tres littere executoriales ad cimiteria Judaica' in Köln Düsseldorf u. Dortmund — Per d. G. Patav. episc. cancellarium Paul. de Tost — Not. RR. F 120ᶠ. (fer. sec. post f. Joh. Bapt.) **3294**

1418		
Juni 27	Strassburg	legitimiert Johannes Lupi [= Wolfr] aus Offenburg. — Paul. de Tost. — Not. RR. F 124ʳ. (27. die jun.) **3295**
"	"	bestätigt dem Markgr. Johann Jakob v. Montferrat die Privilegien, bes. die einst dem Theodor v. M. gegebenen. — Rex. Paul. de Tost. — Not. RR. F 123ʳ. (27. die jun.) **3296**
" 28	"	befiehlt den Städten Freiburg i. B., Neuenburg, Breisach, Kenzingen u. Endingen, ihre Antwort wegen seiner Versöhnung mit Hrz. Friedrich v. Österreich dem breisgauischen Untervogt Heinrich Röder unverzeilt einzuhändigen. — Per d. D. march. de Baden Joh. Kirchen. — [o. R — Or. Freiburg *Albert*]. — Schreiber, Urk.-B. d. St. Freiburg 2, 288 (fälschl. zu Juni 29); vgl. Fester, Reg. d. Mkgr. v. Baden nr. 3035. (Peters u. Paulus ab.) **3297**
"	"	bestätigt dem Gr. Johann v. Freiburg Herrn zu Welsch-Neuenburg den Besitz der früher österreichischen Herrschaft Badenweiler. — Ad m. d. r. Joh. Kirchen. — R — Or. Karlsruhe; [nicht in RR.] — vgl. Reg.: Ztschr. f. G. d. Oberrheins N. F. 3, 439. **3298**
"	"	erlaubt den Konstanzer Bürgern Lafrid u. Johannes Moutbrot u. dem Frankfurter Paul Fetzbry, welche v. corsischen Schiffern gefangen, ihrer Güter beraubt u. erst nach längerer Zeit freigelassen worden sind, sich an den Gütern der Genueser, der Herren v. Cornika, schadlos zu halten u. ersucht die Reichsunterthanen, ihnen dabei behilflich zu sein. — Rex. Paul. de Tost. — RR. F 123ʳ u. 124ʳ. (28. die junii). **3299**
" 29	"	verweist den Markgr. Bernhard v. Baden, v. dem er 10000 Gulden entlehnt hat, dem er Zehrung für 4 Monate u. 50 Pferde im Betrage v. 2000 Gulden u. 2000 Gulden Jahressold schuldig ist, für diese Summe auf die 36220 rhein. Gulden, die ihm Hrz. Friedrich v. Österreich bis Sept. 29 zu Konstanz bezahlen soll. — Per d. G. episc. Pat. canc. Joh. Kirchen. — R — Or. Karlsruhe; RR. F 121 mit KU: Rex. Paul. de Tost u. Dat.: samt. vor Joh. Bapt. = Juni 19. — Vgl. Reg.: Ztschr. f. Gesch. d. Oberrheins N. F. 3, 439; Fester, Reg. d. Mkgr. v. Baden nr. 3036. **3300**
"	"	Juni 29: befiehlt den Städten Freiburg, Neuenburg u. s. w. — Schreiber, Urk.-B. d. St. Freiburg 2, 288 — s. nr. 3297. **3300 a**
"	"	Juni 30: verspricht den Reichsstädten des Elsasses Hagenau Colmar Schlettstadt etc. sie niemals vom Reiche zu entfremden. — RR. G 10ʳ. (donerst. nach Peters u. Pauls t.) — hat im Or. das Dat. Juli 11 [nr. 3314]. **3300 b**
[Juni]	"	gebietet dem Johann v. Leiningen Gr. zu Riexingen (Rix-), Walther v. Geroldseck u. Volmar v. Ochsenstein die in ihrem Besitz befindlichen Reichspfandschaften nur ihm u. dem Reiche zu lösen zu geben. — Paul. de Tost. — RR. F 123ʳ. (zw. Juni 26 u. Juni 24: s. l.) **3301**
"	"	beauftragt seinen Rat den Dr. Nikolaus Zeiselmeister (Cz-) in dem Streite zwischen Ludwig v. Châlon-sur-Saone (Cabilone) u. Hrz. Amadeus v. Savoyen um die Grafschaft Genf Ermittlungen in Avignon Grénoble u. Genf sowie in den Diözesen Lyon u. Besançon anzustellen u. zwar gemeinsam mit Johannes Ponceti, Domherrn zu Besançon, u. in dessen Abwesenheit zusammen mit dem Abte des St. Paulus-Kl. zu Besançon. — Rex. Paul. de Tost. — RR. F 120ʳ. (... die jun.) **3302**
Juli 2	"	gebietet verschiedenen Städten bei dem feindseligen Verhalten Venedigs den Handelsverkehr den Ihrigen zu untersagen u. erklärt die durch seine Posten, die er auf die Strasse nach Venedig aufgestellt hat, abgefassten Handelswaaren als diesen verfallen u. die dabei gestraften Personen als mit Recht bestraft. — Ad m. d. r. Joh. Kirchen. — R — [nicht in RR.]:
		Nürnberg. — Or. Nürnb. Kr.-A. **3303**
		Mainz Worms Speier Frankfurt. — Kop. Frankf. Stadt-A. } RTA. 7, 363 ff. **3304**
		Strassburg Basel Konstanz. — [Or. u.] Kop. Strassb. St.-A. } **3305**
		Köln. — Or. St.-A. Köln; vgl. Mitteil. a. d. St.-A. zu Köln Heft 16, 88 n. 24, 135. **3306**
"	"	teilt dem Gr. Heinrich v. Görz u. Tirol mit, dass der Friede mit Venedig am 18. April abgelaufen, dass die Bemühungen des P. Martin die in Konstanz anwesende Gesandtschaft der Venetianer zur Nachgiebigkeit zu bestimmen, keinen Erfolg gehabt, dass die Venediger die Reichsbesitzungen in Friaul Verona Padua u. Vicenza angegriffen, dass er die Reichsstädte

1418		

zum Abbruch der Handelsbeziehungen angewiesen, u. fordert zu Repressalien gegen Venedig
auf. — Ad m. d. r. Paululus [!] de Tost. — R — Or. Wiener H.-H. u. St.-A.; [nicht in RR.]:
Vid. v. 1497 Febr. 24 Innsbr.   (sambst. vor Ulrich). **3307**

Juli 2 Strassburg desgl. dem Reinprecht v. **W a l l s e e** (Walds-), Hofmeister u. Hauptmann ob der Enns. — Ad m.
d. r. Panius de Tost. — R — Or. Wien ib.; [nicht in RR].   (id. dat.) **3307 A**

» » verleiht dem Johann **M e s r e r** aus Brueck [= Brueogg?] ein Wappen — Rex. Paul. de Tost.
— Not. RR. F 123ʳ.   (sabb. post fest. Petri et Pauli). **3308**

» 3 » ersucht den Mkgr. Friedrich v. **D r a n d e n b u r g** v. dem Ertrage des ihm vom Pabste verliehenen
Zehnten, den er in den Diözesen Bamberg u. Würzburg einziehen soll, an seinen Rat den
Ritter Erkinger v. Seinsheim 4232 Gulden, die er v. demselben teils geliehen teils demselben
für seine Dienste schuldig geblieben ist, zu zahlen. — Rex. Joh. Kirchen. — RR. F 122ᵛ
u. 123ʳ.   (samt. vor Ulrich). **3309**

» » bestätigt dem Jakob **B e w m u n t** das Schultheissenamt zu Sufflenheim (Sufeln-). — Per d. G.
ep. Pat. canc. Paul. de Tost. — ib. 123ʳ.   (id. dat.) **3310**

Juli 3: giebt dem Kaplan der Freiburger Kirche erste Bitten [auf?] — KU? — Durchstrich.
Not. RR. F 120ʳ.   (terc. die julii) **3310 a**

» 4 » weist dem Angelotto Fosco (de Fuscis), erwählten B. v. **A n a g n i**, ein Jahresgehalt v. 300 Du-
katen auf die königl. Kammer an. — Joh. Gerse. — Not. RR. G. 7ʳ.   (quarta die jul.)
3311

» » belehnt die Brüder Bernhart u. Diebolt **G o ß m a r** sowie ihren Vetter Gosse **G o ß m a r** mit Lehen
u. Renten zu Oberehnheim. — Per d. B. march. de Baden Paul. de Tost. — Not. RR. G 1 (b)ʳ.
(Ulrich). **3312**

» » verleiht Volmar v. **K l e n h e i m** u. dessen gleichnamigem Vetter Lehen zu Batzendorf (Bessend-)
u. Renten auf die S. Georgsmühle zu Hagenau. — Per d. Jo. de Lupfen jud. cur. P. de Tost.
— Not. RR. F 125ᵛ.   (Ulrich t.) **3313**

» 11 Hagenau verspricht den Reichsstädten des **E l s a s s e s** Hagenau, Colmar, Schlettstadt, Weissenburg.
Münster im Gregorienthal, Mülhausen, Kaisersberg, Oberehnheim, Türkheim, Rosheim u.
Selz, sie niemals dem Reich zu entfremden, sei es durch Verkauf oder Verpfändung, u. er-
klärt alle etwa dafür vorgebrachten, v. ihm oder seinen Vorgängern ausgestellten Urkk. für
ungiltig. — Ad rel. d. Georii episc. Patav. canc. Joh. Germe. — [R] — Or. Schlettstadt;
[RR. G. 10ᵛ u. 30. Juni]; Kopp. Colmar Bez.-A., [Mainz, Münster im Els. (Hds. AA. 4),
Hagenau *Hanower*, Innsbr. Statth.-A. (s. d.), Strassburg Bez.-A.]; Vidimus v. 1494 Jan. 23
Heidelberg Univ.-Bibl.: vgl. Ztschr. f. G. d. Oberrh. 24, 185. — Rymer, foedera ed. 3. T. 4,
3, ⁴1; Schöpflin, Alsatia dipl. 2, 332 f.; Mossmann, Cartulaire de Mulh. 1, 493. **3314**

» » weist dem Johann Romlian v. **K o b e r n** für eine Schuld v. 4000 u. 2000 Gulden einen Turnos
vom Zolle zu Cunenengers an. — [Per d. G. ep. Pat. canc. Joh. Kirch.]. — R? — Or. Eltville;
[RR. F 125ᵛ u. 126ʳ]. — Ausführung d. Ansprüche des Herrn Gr. Jacob an Eltz-Kempenich
(1842) 68; vgl. Reg.: N. Arch. d. Ges. f. dtsch. Gesch. 16 (1891), 436. **3315**

» » ladt Kurfürst [Ludwig v. der Pfalz] ein nach Trier zu einem noch näher zu bestimmenden
Tage, auf welchem er (der Kg.) mit den Kurfürsten über den Feldzug gegen Frankreich u.
andere Reichsangelegenheiten beraten wolle. Einschluss: auf demselben Tage wolle er auch
dem Pfalzgr. Rede stehen. — KU? — Aus Rymer, Foedera 9, 604 (lat. Übers.): RTA 7,
349 f. **3316**

» 12 » erteilt dem Gr. Ludwig u. seinem Bruder Friedrich v. **Ö t t i n g e n** die Gnade, dass alle Privi-
legien, die den Öttingischen zuwider ergangen wären, diesen keinen Nachteil bringen sollten.
— Per d. G. Patav. episcop. cancell. Joh. Kirchen. — [R — Or. Wallerstein; RR. F 126ʳ]. —
Lünig, R.-A. Spic. sec. 1, 766 f.; Vertheidigte Territorial- u. Jurisdictions-Gerechtsame d.
Reichsstadt Dinkelsbühl (1725) n. 96: Materialien z. Oetting ... Gesch. 2, 216 ff.; vgl.
auch 3, 59; Fünfzig Ötting. Haupturkk. (1777; unpag.) **3317**

» » giebt dem Otto v. **S e r o m** ein Wappen. — Rex. Paul. de Tost. — Not. RR. F 125ʳ.   (in
vigilia s. Margarethe). — Ich nehme an, dass die Kanzlei Sigmunds den Margaretentag da-
mals, trotzdem sie sich in der Strassburger Diözese befand [vgl. nr. 1015⁸], — Juli 13 ge-
setzt hat. **3318**

1418		
Juli 12	Hagenau	bestätigt die Privilegien des Kapitels der Kirche des h. Martin u. Arbogast in Surburg (Strassburger Diötese). — Per d. G. ep. Pat. canc. Paul. de Tost. — Not. RR. F 126ᵛ. (12. die jul.) **3319**
" 13	"	nimmt das Benedictinerinnen-Kl. Biblisheim (Bibelies; Strassburger Diöz.) in den Reichsschutz u. bestätigt ihm alle Privilegien. — KU? — Not. RR. G. 1 (b)ᵛ. (Margareten.) **3320**
"	"	giebt seine Zustimmung, dass die Brüder Johann u. Ludwig Herren zu Lichtenberg dem Hagenauer Goldschmid Ulrich Bock 50 Gulden jährlichen Zinses auf die Dörfer Hatten Rittershofen (Rü-) Nieder- u. Ober-Betschdorf (Bettes-) u. andere Dörfer in dem »Hettwige« (Reichslehen) verkauft haben. — Per d. G. Patav. episc. cancell. Joh. Kirchen. — R — Or. Darmstadt ; RR. F 125ᵛ mit KU: Joh. Kirch. (Margareten t.) **3321**
"		ernennt Philippo Maria [Visconti] v. Mailand zum Befehlshaber aller in der Lombardei befindlichen Reichstruppen gegen die Venetianer u. überträgt ihm die Führung der Reichsfahne. — Ad m. d. r. Joh. Gerse. — RR. G 7ᵛ. (13. die jul.) **3321 A**
"		ersucht die St. Strassburg dem Meister Werner, ihrem früheren Büchsenmeister, den er zu seinem täglichen Diener angenommen, förderlich zu sein, »ob der selb meister Werner . . . yndert ein hindernisse hette, das in verziehen mochte«. — Ad m. d. r. Paul. de Tost. — o. R — Or. Strassburg St.-A. (Margarethen). **3322**
"		befiehlt dem Konrad v. Weinsberg, der bisher für ihn (Sigmund) die Schlösser Brunegg (-eck) u. Lenzburg innegehabt, das erstere der Grete Gessler, das letztere dem Hans Schultheiss v. Lenzburg auszuantworten. — Per d. L. comitem de Otingen magistrum curie Paulus de Tost — o. R! — Or. Öhringen; RR. G 1 (b)ᵛ. (Margreten t.) **3323**
" 14	"	erteilt dem Gr. Konrad v. Freiburg, Herrn zu Neuenburg (Bistum Lausanne), u. dessen Sohn Johann, Herrn zu Badenweiler, das Privilegium de non evocando auch für ihre Unterthanen. — Per d. G. ep. Patav. canc. Joh. Kirchen. — R — Or. Karlsruhe; [Not. RR. F 126ᵛ]. — Ztschr. f. d. G. d. Oberrheins 36, 107 ff.; vgl. Reg. ib. N. F. 3, 439 z. 21. Juli. (donerst. nach Margaret.) **3324**
" 15	"	hebt die vom Rottweiler Hofgericht über Klaus Hase aus Rottenburg am Neckar auf Veranlassung des Heinrich Pfafer verhängte Acht nach neuem Verfahren auf. — Ad m. d. r. referentibus d. G. Patav. ep. canc. domino B. march. Bad. et d. L. comite de Otingen magistro curie Joh. Kirch. — RR. G 1 (b)ᵛ bis 3 (b)ᵛ. (frit. nach Margaretea.) **3325**
"	"	setzt die St. Rottenburg a. N. davon in Kenntnis. — Per d. G. Patav. episc. canc. d. B. march. Bad. et L. comit. de Otingen mag. cur. Joh. Kirch. — RR. G 3 (b). (id. dat.) **3326**
"		rügt scharf, dass Hrz. Adolf v. Cleve v. der St. Duisburg ein Gelübde zu erlangen suche, das ihre Eigenschaft als Reichsstadt verdunkele u. dass er auch sonst ihre Rechte u. Privilegien, die er doch selbst bestätigt habe, vielfach verletzt habe; fordert zur Erklärung über diese Punkte auf. — [Per d. L. comitem de Ötingen magistr. curie Joh. Kirchen. — o. R] — Or. Düsseldorf; RR. G 3 (b)ᵛ u. 4 (b)ᵛ]. — Lacomblet, Urk.-B. d. Gesch. d. Niederrheins 4, 125 ff.; vgl. Gengler, cod. iur. municip. 1, 955 f. **3327**
" 16	"	fordert den Hrz. Adolf v. Berg auf, dafür zu sorgen, dass Hrz. Adolf v. Cleve die St. Duisburg nicht vergewaltige. — KU. w. v. — o. R — Or. ib. (sampst. nach Margarethen). **3328**
"	"	desgl. den Hrz. Reinald v. Jülich. — W. v. **3329**
"	"	desgl. den EB. Dietrich v. Köln. — W. v. **3330**
"	"	erhebt Johann aus Arezzo zum Ritter. — Ad m. d. r. Joh. Gerse. — RR. G 8ᵛ. (16. die jul.) **3331**
"		verleiht einem nicht genannten Kloster Zollfreiheit u. Gerichtsbarkeit. — Rex. Paul. de Tost. RR. G 1 (b)ᵛ. (16. die jul.) **3332**
"		beauftragt seinen Rat den Dr. Nicolaus Zeiselmeister (Cz-) dafür zu sorgen, dass die öffentlichen Notare in Gallien u. Italien in ihren öffentlichen Dokumenten die Regierungsjahre der römischen Könige angeben, u. die sich dessen weigernden abzusetzen sowie dafür zu sorgen, dass auf den Thürmen der Reichsstädte stets die Fahnen des Reiches aufgezogen werden. — Rex. Paul. de Tost. — RR. G 1 (b)ᵛ. (16. die jul.) **3333**
" 17	"	giebt demselben die Befugnis, 20 öffentliche Notare zu ernennen u. 20 Uneheliche zu legitimieren. — Per d. G. ep. Patav. canc. Paul. de Tost. — Not. ib. (17. die jul.) **3334**

1418		
Juli 17	Hagenau	giebt dem Klosterbruder Otto **Bilfelheim** erste Bitten auf das Benedictiner-Kl. zu Münster im Gregorienthal. — KU? — Not. RR. G 4 (b)ᵛ. (17. die jul.) **3335**
"	"	verspricht seinem ‚Sohne‘ dem Hrz. Filippo Maria v. **Mailand** zum Zeichen seiner Freundschaft, dass er, wenn er in Reichsgeschäften nach der Lombardei kommen würde, kein Schloss u. keine Stadt desselben mit mehr als 500 Reitern betreten würde. — Rex. Joh. Gerse — RR. G 7ᵛ. (17. die jul.) — Vgl. das Notariatsinstrument über dieses Versprechen, welches der Bevollmächtigte Viscontis Jacobinus de Iseo bei der Zusammenkunft mit Kg. Sigmund in dem ausserhalb H. gelegenen Prediger-Kl. hat aufnehmen lassen (Zeugen: EB. Bartholomäus v. Mailand, EB. Simon v. Tragur, Brunoro della Scala) bei Osio, Doc. dipl. tratti dagl' archivi Mil. 2. 64 f. **3336**
" 18	"	ersucht den Hrz. Friedrich v. **Österreich**, der ihm bis Sept. 29 36220 Gulden zu zahlen hat, davon an die Bürger der St. Feldkirch für Verpflegung seiner Diener u. seines Hofgesindes 7000 Gulden zu zahlen. — Rex. Paul. de Tost. — RR. G 1 (b)ᵛ. (mont. nach Margareten.) **3337**
"	"	gebietet der St. **Selz** mit Rücksicht auf die gefährliche Zeit ihre Türme, Thore u. Brücken zu bewaren, auf dass kein Feind einfallen könne. — Per d. G. ep. Patav. canc. Paul. de Tost. — o. R — Or. Hagenau. (no. vor Mar. Magd.) *Hanauer.* **3338**
"	"	setzt die Reichsunterthanen zu **Wingersheim** (Windig-) davon in Kenntnis, dass sie nunmehr dem Helte v. Wolzheim (Wolfgangesheim) gehorsam sein sollen, dem Erben des Heinrich v. Wolzheim, dem Wingersheim seinerzeit v. K. Ludwig [d. B.] versetzt worden ist. — Per d. L. comitem de Otingen magistr. curie Joh. Kirchen. — RR. G 4 (b)ᵛ. (mont. vor Marie Magd.) **3339**
"	"	verhängt auf Klage des Hans v. **Mauern** (Mawern), Kanzler des Hrz. Ludwig v. Baiern die Reichsacht über Ritter Heinrich **Buchberger**, welcher trotz dreimaliger Vorladung vor dem Hofgericht nicht erschienen ist. — [Petrus Wacker; dieselbe KU. auch bis nr. 3365]. — Not. Achtbuch 10ᵛ. (mont. vor Marie Magdalen.) **3340**
"	"	desgl. auf Klage des Dietrich Grote v. Northeim über Gerhart v. **Hardenberg**. — Not. Achtbuch 10ᵛ. **3341**
"	"	desgl. auf Klage des Frank v. Nodberg über die St. **Hassel t**. — Not. Achtbuch 10ᵛ. **3342**
"	"	**zeigt dies** der St. **Köln** an. — P. Wacker. — Or. Köln. — Reg.: Mitteil. a. d. Stadtarch. v. Köln Heft 24, 136 f. **3343**
"	"	verhängt auf Klage des Hermann Volker die Reichsacht über Georg u. Dietrich v. **Heytingsberg**. — Not. Achtbuch 11ᵛ. **3344**
"	"	desgl. auf Klage des Konstanzer Bürgers Heinrich Tettinghofer über Wolf v. **Höwen** u. Ulrich v. **Hohenklingen**. — Not. ib. 10ᵛ. **3345**
"	"	desgl. auf Klage des Abtes Hugo u. der Mönche zu Rheinau über Beringer u. Rudolf v. **Landemberg**. — Not. ib. 10ᵛ. **3346**
"	"	desgl. auf Klage Peters u. Georgs Taetzel über Albrecht **Lichtensteiner** (entlassen aus der Acht 1422). — Not. ib. 10ᵛ. **3347**
"	"	desgl. auf Klage Martins v. Golde über Schultheiss Bürgermeister u. Rat zu **Ochsenfurt**. — Not. ib. 10ᵛ. **3348**
"	"	desgl. auf Klage des Konrad vom Stein v. **Munsperg** [= Monsberg, Würt. O.-A. Münsingen?] über Düring v. **Ramstein**. — Not. ib. 10ᵛ. **3349**
"	"	desgl. auf Klage des Herrn Johann v. Ochsenstein, Dompropstes zu Strassburg, des Volmar v. O. u. der Frau Clara v. O. über die Herren Smassmann u. Ulrich v. **Rappoltstein** sowie die Schaffer u. die Gemeinde der oberen St. zu **Rappoltsweiler**. — Not. Achtbuch 10ᵛ. **3350**
"	"	desgl. auf Klage des Hans v. Ulstat [= Uhlstadt in Mittelfranken?] über Heinrich **Hauschengräuer**. — Not. ib. 10ᵛ. **3351**
"	"	desgl. auf Klage seines Rats Erkinger v. Seinsheim über Hans Rösch u. Heinz Rudolf gesessen in der ‚altenstat‘ bei Schweinfurt. — Petrus Wacker. — o. R — Or. Würzburg: [nicht im Achtbuch]. (montags vor Marie Magdalene). **3352**

1418		
Juli 18	Hagenau	verhängt auf Klage des Hans Vypech die Reichsacht über Dietrich Kost, Albrecht Riche, Rudolf v. Mellingen (bei Weimar; Meyld-) u. Dietrich v. Berlstedt (Berlstede). — Not. Achtbuch 11ʳ. **3353**
„	„	desgl. auf Klage des Klaus Bischof aus Lintzerin, Bürgers zu Luxemburg, über Wilhelm Junggrafen v. Sayn Herrn zu Abterode, Johann v. Schönforst Burggrafen zu Montjoie, Ritter Arnolt Craynoye u. Wilhelm Blöndel. — Not. Achtbuch 10ᵛ (daselbst folgende Bemerkung: »Nota. Johann v. Schonforst est absolutus ad cautelam et debet stare juri in judicium post purificacionis Marie anno 19; post hoc est sibi positus alius terminus et insinuatus post pentecosten anno 20«; über die drei anderen erfolgte die Aberachtserkl. 1420 Sept. 10). **3354**
„	„	desgl. auf Klage der Erfurter Bürger Berthold v. der Aue u. Sigfrid Zigler (Cz-) sowie derer Gesellen über Andreas vom Sand u. Rüdiger v. Hayne. — Not. Achtbuch 11ʳ. **3355**
„	„	desgl. auf Klage des Kunz u. Hans v. der Cappellen über Hans Schmidt (Smydt) v. Kronach (C-). — Not. Achtbuch 10ʳ. **3356**
„	„	desgl. auf Klage des Hrz. Ludwig v. Baiern, Gr. zu Mortagne, über Hans Stange, Heinrich Hüntel, Konrad v. Aichelberg, Hans u. Fritz Meyenthaler. — Not. ib. 10ʳ. **3357**
„	„	gebietet Rothenburg a. T., Hans Stang, Heinrich Huntel, Konrad v. Aichelberg, Hans u. Fritz Meyentaler, die auf Klage des Hrz. Ludwig in Bayern in die Reichsacht erklärt seien, ferner weder zu hausen noch zu hofen u. jede Gemeinschaft mit ihnen aufzugeben. — [KU? — Or.ᵇ Nürnberg Kr.-A.] — Reg. Boic. 12, 291. **3358**
„	„	verhängt auf Klage Friedrichs v. Digisheim (T-) über Brun Wernher v. Hornberg die Reichsacht. — Not. Achtbuch 10ᵛ. **3359**
„	„	desgl. auf Klage des Ritters Hamman Snewlin v. Landeck über Brun Wernher v. Hornberg, Gr. Bernhard v. Tierstein, Hans v. Staufen (Stouf) d. jüng., Peter Krebs v. Breisach. — Not. ib. 10ᵛ. **3360**
„	„	desgl. auf Klage der Margarete, der Wittwe Werners v. Torken [= Dokkum?], Bürgers zu Stade, über Godekin v. dem Wolde. — Not. Achtbuch 10ᵛ. **3361**
„	„	desgl. auf Klage des Ritters Albrecht v. Holtzendorf über Heinrich Zenker (Cz-). — Not. Achtbuch 10ᵛ. **3362**
„	„	desgl. auf Klage der Elsbet Hofstal, der Wittwe des Nikolaus Christopher (Cristofer), u. des Meisters Johann Stetfelt über die Gr. Johann u. Gottfried v. Ziegenhain-Nidda, die Gemeinde zu Treysa u. die Treysaer Bürger Gerhart Zahn (Czan), Hermann Hemmel, Heinrich Weidenbach (Wydem-), Eckart v. Beichlingen (Biche-), Eckart Zahn, Eckart Sand [vgl. die Aberachtserkl. 1422 Sept. 10]. — Not. Achtb. 11ʳ. **3363**
„	„	desgl. auf Klage der St. Erfurt über Gr. Johann u. Gottfried v. Ziegenhain u. die St. Treysa, besonders Gerhart Zan, Heinr. Wydembach, Eckart v. Dichelingen, Bürger in Treysa, Simon Steinau gen. Steinruck, Albrecht v. Kere, Friedrich u. Johann v. Hoym, wohnhaft in Steckelberg, Henne u. Urfa [vgl. die Aberachtserkl. 1422 Sept. 10]. — Or. Magdeb. Staats-A.; Not. Achtbuch 10ᵛ. (montags vor Marie Magdal.) **3364**
„	„	zeigt dies Frankfurt an. — Pe.) Wacker. — Or. u. Abschrift. Frankf. St.-A.; vgl. Invent. 4, 75. **3365**
„ 19	„	weist die St. Augsburg an, ihre [Martini fällige?] Reichssteuer an Hrz. Ulrich v. Teck zu zahlen. — Rev. Jo. Kirch. — Not. RR. G 6 (b)ʳ. (einst. vor Mar. Magd.) **3366**
„	„	nobilitiert den Henne vom Han u. verleiht ihm ein Wappen. — Per d. G. ep. l'at, canc. Paul de Tost. — Not. ib. G 5 (b)ʳ. (id. dat.) **3367**
„	„	benachrichtigt den Gr. Hans v. Lupfen, dass er die Städte, Schlösser u. Lande im Oberelsass u. Sundgau an sich gezogen, mit dem Bedeuten, er möge jene Städte u. Schlösser, die vordem Hrz. Friedrich v. Österreich innegehabt, hievon in Kenntnis setzen, u. sie ihrer Eide gegen Hrz. Friedrich entbinden. — [Rev. Joh. Kirchen.] — Not. RR. G 5 (b)ᵛ; Kopialb. v. Stählingen 5 f. 336: Stuttgart St.-A. — Reg.: Ztschr. d. Ges. f. Geschichtsk. v. Freiburg 3, 369. **3368**
„	„	desgl. den Heinrich Roder, Unterlandvogt des Breisgaus. — KU. w. v. — RR. G 5 (b). **3369**

1418		

Juli 19 | **Hagenau** | beauftragt den Gr. Johann v. N a s s a u die Freigrafen in Dortmund zu versammeln, um eine Entscheidung in dem Processe des Kuno v. Scharfenstein herbeizuführen. — Rex. Joh. Kirchen. — RR. G 5 (b)ʳ; [moderne Abschrift nach dem Or. [?] im Haager A. Wiesbaden St.-A.] — Lindner, die Veme 634.   **3370**

» 20 » — befiehlt dem Markgr. Bernhart v. B a d e n v. dem Ertrage des Zehnten, den er für ihn in den Stiften Basel Strassburg Speier u. Worms einziehen soll, oder v. dem Gelde, das er für ihn v. Hrz. Friedrich v. Österreich ausgezahlt bekommen soll, unverzüglich 2859 rhein. Guld. u. 7 Schilling an seinen Hofmeister Gr. Ludwig v. Öttingen zu zahlen. — Rex. Jo. Kirch. — RR. G 5 (b)ʳ. — Foster, Reg. d. Mkgr. v. Baden nr. 3039.   (mittw. vor Mar. Magd.)   **3371**

» » » — an den D e u t s c h o r d e n s h o c h m e i s t e r Michael Küchenmeister: sendet Ritter Ulrich Stosch, um die strittigen Dörfer Morin Orlowo n. Non(en)dorf gemäss dem letzten durch Pabst Martin V abgeschlossenen Friedensvertrage für Polen in Besitz zu nehmen. — Ad m. d. r. Paulus de Tost. — o. R — Or. Königsberg.   (mi. vor Mar. Magdal.)   **3372**

» 21 » — erklärt die Anhänger des Hrz. Ludwig v. B a i e r n in die Acht. — KU? — Or. Laningen. — Reg.: Arch. Ztschr. 6, 187. Vielleicht ident. mit nr. 3357 f.   **3373**

» » » — Juli 21: befreit die Gr. Konrad u. Johann v. F r e i b u r g v. fremden Gerichten. — Ztschr. f. G. d. Oberrheins 36, 107 ff.; Reg. ib. N. F. 3, 439 — s. nr. 3324.   **3373 a**

» » » — ernennt den (Hrz.) Filippo Maria v. M a i l a n d zum Vertreter der Reichsinteressen u. bevollmächtigt ihn zum Abschlusse v. Verträgen, insbesondere mit Florenz. — Ad m. d. r. Joh. Gerse. — RR. G 7ʳ u. 8ʳ.   (21. die jul.)   **3374**

» » » — beauftragt den Brunoro della S c a l a, Reichsvikar zu Verona u. Vicenza, zwischen Filippo Maria v. Mailand u. dem Dogen zu Genua Frieden zu vermitteln. — KU. w. v. — ib. 8ʳ. (id. dat.)   **3375**

» » » — beauftragt d e n s e l b e n, v. dem Mkgr. Johann Jakob v. Montferrat zwei bei demselben deponierte Schreiben sich aushändigen zu lassen. — Per d. G. ep. Patav. canc. Joh. Gerse. — RR. G 8. (id. dat.)   **3376**

» » » — Juli 21: Peter W a c k e r (Hofgerichtsschreiber) ladet Otto u. Arnd Crauner sowie die anderen Ratmänner v. Zerbst auf Klage »Hansen Benedicten v. Meydburg« auf das nächste Hofgericht nach Sept. 29. — Or. Zerbst Stadt-A. (Marie Magdalene abend).   **3376 a**

» 22 » — bestätigt dem Dominikanerinnen-Kl. Unterlinden zu C o l m a r alle Privilegien u. nimmt es in seinen Schutz. — Per d. L. comitem de Ötingen magistrum curie Joh. Kirchen. — R — Or. Colmar Bez.-A.; RR. G 5 (b)ʳ u. 6 (b)ʳ mit KU.: Per d. G. episc. Patav. et L. de Ötingen … (Marien-Magdal. t.)   **3377**

» » » — hebt die Acht über den auf Klage des Walter v. Hohen-Geroldseck geächteten Ludman Herrn zu Liechtenberg auf. — Pa. Wacker. — o. R — Or. Darmstadt St.-A. (Marie Magdalene t.) — Vgl. nr. 2967.   **3378**

» » » — bestätigt Wolfel v. Rumersheim [im Unterels.] gen. Z i n s c a p p die ihm v. Kg. Ruprecht [nicht bei Chmel] verliehenen Renten u. Lehen zu Westhofen, welche einst dem Hans Stahel verliehen waren. — Per d. L. de Ötingen mag. car. Jo. Kirchen. — Not. RR. G 5 (b)ʳ. (Marie Magd.)   **3379**

» » » — beauftragt den Ritter Philipp v. N o v a r a (Nouwern) u. seinen Rat Heinrich B e y e r aus Boppard für ihn einige (nicht genannte) Städte u. Schlösser in Frankreich einzunehmen u. zu verwalten. — Rex. Joh. Kirch. — Lat u. dtsch. — RR. ib. (id. dat.)   **3380**

» » » — bestätigt die Privilegien der St. M a r s a l (Marsallum, Metzer Diözese) bes. das Privileg. dass sie wegen Schulden dem Bischof v. Metz nicht pfandbar sein u. nicht angegriffen werden darf. — Joh. Kirch. — RR. G 4 (b)ʳ u. 5 (b)ʳ. (22. die jul.)   **3381**

» 23 » — überträgt den Schutz der St. Marsal seinem Rat Heinrich B e y e r v. Boppard. — Rex. Jo. Kirch. — ib. 6 (b)ʳ. (sampst. vor Jacob).   **3382**

» 25 » — ersucht die Strassburger dem Werner S p a t z i n g e r die ihm vorenthaltenen Briefe, durch welche er in den Besitz einer Pfründe zu kommen hofft, zuzustellen. — Per d. L. comitem de Ötingen magistrum curie Joh. Kirchen. — o. R — Or. Strassburg Stadt-A. (Jacobs t.)   **3383**

1418		
Juli 26	Hagenau	giebt dem Hrz. Ludwig v. Baiern, Gr. zu Mortaine, Geleit für sich u. seine Begleiter zur Reise an das königl. Hofgericht. — Per d. G. ep. Pat. canc. Paul. de Tost. — RR. G 8ᵛ. (zinst. nach Jacob). **3384**
[Juli] 11/26]	„	bestätigt dem Dorfe Sufflenheim die Privilegien u. befreit es v. allen Frohnen ausser für die königliche Kammer u. den Hof des Landvogts zu Hagenau. — Rex. Paul. de Tost. — Not. RR. G. 6 (b)ᵛ. (s. d.) **3385**
„ „	„	erlässt ein Manifest gegen Venedig [vgl. nr. 3303], fordert zu Repressalien gegen die Venetianer auf, verbietet den Handel mit ihnen. — Rex. Gerse. — RR. G 29ᶠ u. 30ᶠ. (in julio). **3386**
„ 28	Weissenburg i. E.	verschreibt dem Gr. Philipp v. Nassau-Saarbrücken die ihm zufolge Abrechnung noch schuldigen 3000 Gulden auf die Steuer der St. Wetzlar. — [Per d. G. episc. Pathav. canc. Paul. de Tost. — R — Or. Koblenz St.-A. Becker]; RR. G 6 (b) mit KU: Rex. Paul. d. T.; Kop. Wiesbaden. (donerst. nach Jacobs t.) **3387**
Aug. 1	Baden (zu des margggr. B).	thut der St. Hagenau die Gnade, dass alle ihre Mitbürger u. „bisessen' v. ihren Reichslehen Reden Steuern u. andere Dienste mit der Gemeinde dulden sollen. — Ad relacionem dni. Georii ep. Pataviens. cancel. Joh. Gersse. — R — Or. Hagenau St.-A.; [RR. G. 10 mit KU: Jo. Gerse]. (Peters t. ad vinc.) Hanauer. **3388**
„	„	Aug. 1: erlaubt der St. Hagenau, dass ihre Bürger den jährlichen Treueschwur für das Reich in Hagenau leisten sollen. — Per d. G. ep. Pat. canc. Paul. de Tost. — RR. G. 10ᶠ. (Peters t. ad vincula) — ist nach Or. am 3. Aug. ausgestellt (nr. 3393). **3388 a**
„ 2	„	verkündet den Spruch des Fürstengerichts in der Klage des Thomas Frauenhofer (der u. a. die Urk. Sigmunds v. 1418 Febr. 23 vorweist) gegen Hrz. Ludwig in Bayern auf Übergabe des Schlosses Kirnstein, dass Hrz. Ludwig dieses in 4 Wochen bei einer Strafe v. 80 Mark Goldes einem königlichen Abgeordneten übergeben soll, welcher es dann dem Frauenhofer überantworten wird. — Beisitzer: B. Georg v. Passau, B. Wilhelm v. Strassburg, Abt Johann v. Weissenburg, Abt Johann v. Selz, Hrz. Karl v. Lothringen, Mkgr. Bernhard v. Baden, Pfalzgr. Otto Hrz. in Baiern, Hrz. Bernhard v. Sachsen. — [Ad m. d. r. Paul. de Tost. — R — Or. München R.-A.; RR. G. 34ᵛ u. 35.] — vgl. Reg. Boic. 12, S. 291 f. **3389**
„ „	„	ladet den Rat v. Lübeck, welcher auf seine Vorladung [v. 1418 April 1 nr. 3082] nicht vor seinem Gericht erschienen ist, zum 2. Mal vor, um sich wider die Klage des Hrn. Erich v. Sachsen-Lauenburg (dessen Vertreter sein Bruder Bernhard) wegen der St. Mölln zu verantworten. — Petrus Wacker. — Or. Schleswig St.-A. — Urk.-B. d. St. Lübeck 6, 38 f. — Reg.: Hanserecesse 6, 608. **3390**
„ „	„	schreibt an einen Kurfürsten, die Sache des Pfalzgrafen Ludwig (Eroberung v. Selz u. s. w.) solle zu Trier weiter verhandelt werden. — KU? — Aus Rymer, Foedera 9, 605 f. (lat. Übers.) RTA. 7, 350 f. **3391**
„ 3	„	befiehlt dem Mkgr. Bernhard v. Baden die ihm schuldigen 1000 rhein. Gulden v. dem Ertrage des ihm vom Pabst gestatteten Zehnten in den Hochstiften Basel Strassburg Speier u. Worms oder dem Geld, das Hrz. Friedrich v. Österreich an ihn für ihn (den Kg.) zahlen soll, abzuziehen. — Per d. Georium episc. Patav. cancell. Paul. de Tost. — R — Or. Karlsruhe; [Not. RR. G 7ᶠ s. d.] — Fester, Reg. nr. 3044; vgl. Reg.: Ztschr. f. d. G. d. Oberrheins N. F. 3, 435. **3392**
„ „	„	gewährt der St. Hagenau die Gnade, dass alle Einwohner derselben alle Jahre schwören sollen, ihm u. dem Reich u. der St. Hagenau treu zu sein, u. dass sie in gleicher Weise gehalten sein sollen, alle vom deutschen Kg. u. den Reichslandvögten u. Schultheissen gemeinsam mit Bürgermeister u. Rat der St. geschaffenen Verordnungen unverbrüchlich zu beobachten. — [Ad relac. d. Georii episc. Patav. canc. Joh. Gersse. — R — 2 Orr. Hagenau Hanauer]; RR. G 10ᶠ u. 1. Aug.] Vidimus v. 1565 März 31 Heidelberg Univ.-Bibl.; vgl. Reg.: Ztschr. f. G. d. Oberrheins 24, 185]. — Schöpflin, Als. dipl. 2, 333. **3393**
„ 4	„	nobilitiert Johann v. (Landesperg) Landsberg u. verleiht ihm ein Wappen. — Per d. B. march. de Baden Paul. de Tost. — Not. RR. G 7ᶠ. — Vgl. Fester, Regesten nr. 3045. (quarta die augusti). **3394**
?	?	nimmt den Veronesen Georg, Apotheker zu Basel, unter seine familiares auf. — Per d. G. episc. Pat. canc. Joh. Gerse. — Not. ib. (anno etc. 18 s. d. et l.) **3395**

1418			
Aug. 4	Baden	erteilt der Jungfrau Elisabet v. Honecke [= Hoheneck oder Horneck?] erste Bitten auf das Kl. Biblisheim (Bibbelins, Strassb. Diözese). — Ad m. d. r. Jo. Gerse — Not. RR. G 8ᵛ. (quarta die aug.)	**3396**
»	»	schlägt auf die dem Protonotar Joh. Kirchen um 3000 rhein. Gulden verpfändete Stadtsteuer v. Reutlingen [vgl. nr. 1529] noch 600 Gulden, um ihm ,die zerung und coste, die er bei uns gethan hat', zu erstatten. — [Per d. L. comitem de Ötingen magistrum curie Paul. de Tost — RR. G 9ᵛ] — (Harpprecht) Staats-Arch. d.... Cammer-Gerichts 3, 505 ff.	**3397**
»	»	schlägt demselben auf den ihm um 1000 Gulden verpfändeten goldenen Opferpfennig der Juden in Stadt u. Stift Köln [vgl. nr. 2670] noch 400 Gulden. — KU. w. v. — Not. RR. ib. (do. nach Peters t. ad vincula).	**3398**
»	5	»	errichtet eine ,golden münte' in Frankfurt u. Nördlingen, trifft nähere Bestimmungen darüber, bestellt Foys v. der Winterbach u. Jakob Broglin zu Münzmeistern u. Mkgr. Bernhard v. Baden als Schirmherrn derselben. — Ad m. d. r. Paul. de Tost — [RR. G 9 mit KU: Ad m. d. r. Joh. Kirch.!]; gleichz. Kop. Frankf. Stadt-A., vgl. Invent. 3, 200 u. 4, 13 — Arch. f. Frankf. Gesch. N. F. 8, 138 ff., vgl. Foster. Reg. nr. 3046.	**3399**
»	»	verpfändet dem Jakob Broglin u. Foys v. Winterbach für die ihm geliehenen 3000 rhein. Gulden den ihm zustehenden Schlagschatz der Münze zu Frankfurt u. Nördlingen. — Ad m. d. r. Joh. Kirchen. — RR. G 9ᵛ n. 10ʳ. (frit. vor Laurenzen).	**3400**
»	Ettlingen	ladet die Strassburger, welche zusammen mit Anton v. Hattstatt (,zu Wiler in sand Gregorien tal gesessen') das Dorf Buggingen (Buck-) in der Reichsherrschaft Badenweiler geplündert u. daselbst Leute erschlagen haben, unverzüglich zur Verantwortung an seinen Hof. — Per d. L. comitem de Ottingen magistrum curie Paulus de Tost — o. R — Or. Strassburg Stadt-A. (frit. vor Laurenzen)	**3401**
		Aug. 5 Mainz: f. Weil Lünig, R. A. P. spec. Cont. 4 T. 2, 594 — falsch statt 1413 Aug. 4 (nr. 594).	**3401a**
»	6	»	befiehlt der St. Frankfurt für die dortige Münze einen zuverlässigen Probirer anzustellen. — Ad m. d. r. Paul. de Tost — Gleichz. Kop. Frankfurt; vgl. Invent. 3, 200 n. 4, 13 [falschl. zu Aug. 5]. (sampstt. vor Laurenz.)	**3402**
»	7	»	gebietet den Ganerben des Busecker Thales (von Trohe n. v. Buseck) den Ritter Senand v. Buseck, da er gegen den Urteilspruch des Mkgr. v. Baden [= Foster, Reg. nr. 3042?] dennoch dem Landgrafen zu Hessen gehuldigt, nicht mehr als ihren Ganerben anzuerkennen. — Per d. L. de Otingen comitem etc. Paulus de Tost — Wettermann, Wetteraria illustr. (1731) Urkk. 97; Lünig, R. A. P. spec. Cont. 3, Abs. 3, 170 f.; vgl. auch Scriba, Regesten d.... Urkk. z. G. d. Grossherz. Hessen 2, 157.	**3403**
»	»	gebietet den Erfurter Juden, welche sich geweigert dem Konrad v. Weinsberg das ihm verschriebene, dem Reiche verfallene Gut derjenigen Juden, welche dem Landgrafen Wilhelm v. Thüringen, Mkgr. v. Meissen, falsch geschworen haben, herauszugeben, dies zu thun, widrigenfalls sie ,die friung' ihrer ,schul' gebrochen hätten. — Per d. G. epis. Pathav. canc. Paul. de Tost — o. R — Or. Öhringen [nicht übergeben?] (sunt. vor Laurenzen). **3404**
»	»	befiehlt den Münzmeistern zu Frankfurt einen Eisengräber zur Anfertigung der Stempel für die Münze zu Frankfurt u. Nördlingen zu bestellen. — Ad m. d. r. Paul. de Tost — o. R — Or. n. Kop. Frankf. St.-A.; vgl. Invent. 4, 13. (sunt. vor Laurentii).	**3405**
»	8	Baden [sic!] (zu des marggrafen Baden)	ersucht die St. Strassburg Gold in seine Münze zu Frankfurt u. Nördlingen zu schicken, woselbst Jakob Broglin u. Fois v. der Winterbach Goldgulden, die schwerer sind als die von den Kurfürsten geprägten, schlagen sollen. — Ad m. d. r. Paulus de Tost — o. R — Or. Strassburg St.-A. (mo. vor Laurenz.)	**3406**
»		Pforzheim	kommt am Abend [von Ettlingen] hieher. Janssen, Frankf. Reichskorr. 1, 324.	**3406a**
»	9	.	giebt seine Zustimmung, dass Adolf v. Berg den ihm vom Reiche verliehenen alten Turnos auf dem Zolle v. Mainz an den Ritter Richard Hurte v. Schöneck (Schon-) weiter verliehen hat, u. belehnt diesen damit. — Per d. G. ep. Pat. canc. Paul. de Tost — RR. G 9ᵛ. (Laurenzen ab.)	**3407**

1418		
Aug. 9	Pforzheim	verleiht der St. Luzern das Recht silberne Münzen zu schlagen. — Ad m. d. r. Joh. Gersse. — [R] — Or. Luzern Stadt-A.; [Kop. ib. Staats-A.; RR. G 10ᵛ a. d.] — Der Geschichtsfreund 21, 282; vgl. auch Reg. ibid. 9. **3408**
»	»	empfängt in Gegenwart v. B. Georg v. Passau, Mkgr. Bernhard v. Baden, Gr. Ludwig v. Öttingen, Gr. Hans v. Lupfen u. Hans v. Bodman den Heinrich v. Geinhausen, den Bevollmächtigten der Stadt Frankfurt: Janssen, Frankf. Reichskorr. 1, 326. — In Pforzheim vermutete man, Kg. Sigmund würde über Stuttgart u. Esslingen nach Ulm ziehen: ib. 328. **3408 a**
Aug. 10	Weil	gebietet während seiner demnächstigen Abwesenheit ‚uß disen landen' seinen getreuen Anhänger Mkgr. Bernhard v. Baden nicht anzugreifen, vielmehr demselben gegen seine Feinde beizustehen. — Ad m. d. r. Paul. de Tost — o. R —
		der St. Basel — Or. Basel. **3409**
		der St. Frankfurt — Or. Frankf. **3410**
		der St. Strassburg. — Or. Strassb. Stadt-A. **3411**
		vgl. Fester, Regesten d. Mkgr. v. Baden nr. 3050. (Laurencien t.)
»	»	bewilligt den Dörfern Emmendingen u. Eichstetten Jahr- u. Wochenmärkte. — Ad m. d. r. Joh. Gersse. — R — Or. Karlsruhe; [Not. RR. G 8ᵛ, doch nur Emmendingen erwähnt mit Dat.: do. nach Laurenzen = Aug. 11] — Reg.: Ztschr. f. G. d. Oberrheins N. F. 3, 440; vgl. auch Fester nr. 3049. **3411 A**
» 10?	»	nimmt den Gr. Johann v. Sponheim in seinen Schutz — Per d. D. march. de Baden Paul. de Tost — Not. RR. G 10ᵛ (a. d.) **3412**
		[Aug. 10?]: überträgt dem EB. Johann v. Mainz für dessen Lebzeiten die Reichslandvogtei in der Wetterau. — Jo. Gerse — RR. G 10ᵛ (a. d. et l.) = 1417 Jan. 15? **3412 a**
» 11	»	schlägt zu dem an Jacob Broglin (Bru-) n. Foys v. d. Winterbach um 3000 rhein. Gulden verpfändeten Schlagschatz der Münze zu Frankfurt u. Nördlingen [vgl. nr. 3400] noch 400 rhein. Gulden, welche jene an seinen Rat Ritter Heinrich Latzenbeck v. Chlum u. seinen ‚Triesler' Mathis Lemmel zahlen sollen. — Ad m. d. r. Paul. de Tost — RR. G 10ᶠ (do. nach Laurenzen). **3413**
»	»	giebt dem Dorfe Orenstetten [= Eichstetten; vgl. nr. 3411 oder = Ohmstetten, württ. OA. Urach?] einen Jahr- u. Wochenmarkt. — Joh. Gerse. — Not. RR. G 8ᵛ (id. dat.) **3414**
» 12	Rottenburg a. N.	befiehlt dem Domkustos des Oberstiftes zu Basel Türing Mönch oder dem, der für ihn den ihm vom Papste verliehenen Zehnten im Stift Basel einziehen soll, dem Gr. Bernhard v. Tierstein davon 500 rhein. Gulden zu zahlen. — Jo. Gerse. — Not. RR. G 8ᵛ (frit. vor frow. t. purificat., offenbar Schreibfehler für: assumpt.) **3415**
» 15	Rottweil	fordert die Hrz. Ernst u. Wilhelm v. Baiern auf, den Anselm v. Nenningen ja nicht als Bischof v. Augsburg zu betrachten; sie sollen die Augsburger nicht ferner hindern Salz in Freising zu holen u. ihnen die Lechschiffahrt nicht sperren. — KU? — Kop. Augsb. (l. Suppl. d. Stettenschen Urkk.-Samml. 383) — Ausz.: Chronik. d. dtsch. Städte 5, 356. — Vgl. nr. 3485. **3416**
»	»	verzeiht dem Volz v. Wytingen [= Witting, bair. Bez. Ebersberg?], dass er den in seinem Auftrage reitenden Berthold Beck v. Haigerloch (Hayer-) gefangen, da jener Genugthuung gewährt, u. a. ihm sein Schloss Mering(en) [Bair. Bez. Friedberg?] auf 3 Jahr geöffnet hat, auch Hrz. Ludwig v. Baiern [-Ingolstadt] für ihn eingetreten ist, u. nimmt ihn unter sein Hofgesinde auf. — Ad m. d. r. Paul. de Tost — RR. G 11ᶠ (frowen t. assumpt.) **3417**
[Aug. 15/16]	»	giebt seine Zustimmung, dass Ursula v. Hirschbach ihrem Gemahl Ahnyk v. Kraesitz [vgl. nr. 3090] ihre Güter überträgt. — KU? — Ergiebt sich aus 1419 Aug. 11: RR. G 51ᵛ. **3418**
Aug. 16	»	belehnt den Gr. Konrad v. Fürstenberg mit der St. Villingen, mit welcher bereits dessen Vorfahren belehnt waren. — Ad m. d. r. Joh. Gersse. — [R?] — Or. Donaueschingen; [nicht in RR.] — Fürstenberg. Urk.-B. 3, 101 f. (einst. nach fraw. t. assumpt.) **3419**
»	»	sollte Rottweil verlassen, um nach Ravensburg [!] u. v. dort nach Ulm zu ziehen: Janssen, Frankf. Reichskorr. 1,328. **3419 a**
» 18	Villingen	gebietet allen Unterthanen u. Getreuen des Reichs jeden Verkehr mit den Venetianern u. den Ihrigen zu untersagen, heisst alle Übertreter dieses Verbots als Feinde behandeln u. eröffnet

1418		
		eine friedliche Handelsstrasse durch Ungarn. — Ad m. d. r. Joh. Gerse. — [RR. G 12ᵛ u. d.]; Kop. Frankfurt. — RTA 7. 365 f. (donrest. nach fr. t. assumpt.) **3420**
Aug. 19	Villingen	gestattet dem Dietrich v. d. Weitmühl (Wytemuly), der infolge seiner Dienste für ihn in Schulden bei Juden gekommen ist, Schulden, welche er um des Reichsdienstes bei Juden u. Christen kontrahiert hat, nicht zu bezahlen u. empfiehlt ihn dem Schutze der Reichslandvögte im Elsass u. Breisgau. — Jo. Gerse — RR. G 12ᵛ. (frit. nach frow. t. assumpt.) **3421**
» 20	»	empfängt hier noch, bevor er nach Donaueschingen reitet, den Frankfurter Bevollmächtigten Heinrich v. Gelnhausen; nach dessen Angaben will er von D. nach Eugen, Pfullendorf u. Ravensburg, sich dann nach Norden wenden u. über Waldsee u. Biberach nach Ulm ziehen. Jansen, Reichskorr. 1, 330. **3421a**
» 25	Weingarten [O.A. Ravensburg]	schlägt den Brüdern Ulrich u. Eggo v. Koenigsegg (Kungseck) zu den von ihrem Vater ererbten 80 Mark Silber auf den Dörfern Hosskirch, Unterweiler (-wilr) u. Oberweiler noch 50 Mark. — Ad m. d. r. Michael de Priest. — RR. G 13ᵛ. (do. nach Bartholom.) **3422**
» 26	»	beauftragt den Hrz. Bernhard v. Braunschweig-Lüneburg den bereits v. B. Johann v. Hildesheim entschiedenen Streit zwischen Dietrich v. Halle u. Walner v. Werder nochmals in seinem Auftrage zu untersuchen, da Dietrich an ihn appelliert habe. — Ad. m. d. r. Joh. Gerse — RR. G 12. (frit. nach Bartholom.) **3423**
		an Strassburg: P. Martin V habe ihm für seine Bemühungen die Einigkeit in der Kirche herzustellen den ganzen Zehnten eines Jahres aller geistlichen ‚renten und natze‘ in Deutschland gegeben u. zu ‚richtern und erfolgern‘ dieses Zehnten den EB. Johann v. Riga, den B. Georg v. Passau u. den B. Johann v. Brandenburg gesetzt; der B. Georg v. Passau habe zu seinem Stellvertreter in den Diözesen Basel, Strassburg, Worms u. Speier den Mkgr. Bernhard v. Baden eingesetzt: ersucht demselben förderlich zu sein. — Per d. d. episcop. Tragariensem Paul. de Tost — o. R — Or. Strassburg St.-A.; vgl. Foster, Regesten der Mkgr. v. Baden nr. 3051. (frit. nach Bartholomei) **3424**
» 27	»	befiehlt dem Mkgr. v. Baden die Münzmeister zu Frankfurt zu ‚verlegen.‘ — Ad m. d. r. Michael — Not. RR. G 12ᵛ. — Vgl. Foster, Regesten der Mkgr. v. Baden nr. 3052. (sampst. nach Barthol.) **3425**
		fordert Nördlingen auf, einen Fürsten- u. Städtetag bei ihm zu Ulm auf Sept. 4 zu beschicken, um Frieden u. Gemach in diesen Landen vor seiner Abreise zu bestellen. — Ad m. d. r. Paulus de Tost [— o. R] — Or. Nördlingen St.-A. — RTA 7, 366; aus ib. 370 f. ergiebt sich, dass auch Augsburg u. Nürnberg Einladungen erhalten haben, vgl. auch ib. 367. **3426/9**
		desgl. St. Gallen. — KU. w. v. — o. R — Or. St. Gallen Stadt-A. (sampst. nach Bartholomee). **3428 A**
» 28	»	befiehlt der St. Frankfurt alles Gold, das dort gekauft werde, wieder an die dortige kgl. Münze zu verkaufen. — [Ad m. d. r. Mich. de Priest can. Prag. — o. R — Or. u. Kop. Frankf.; [RR. G 11ᵛ: sampst. nach Barth. — Aug. 27] — Reg.: Invent. d. Frankf. St.-A. 3,200 u. 4, 13. (sunt. nach Barthol.) **3429**
» »	»	legitimiert Bernhart v. Hoen. — KU? — Not. RR. G 12ᵛ. (28. d. aug.) **3430**
» 29	»	bestätigt den Bürgermeistern u. s. w. der St.: Zürich, Bern, Solothurn, Luzern, Schwyz, Uri, Unterwalden, Zug, Glarus das Privileg Heinrichs VII, sowie anderer Vorgänger, dass sie vor kein auswärtiges Gericht geladen werden dürfen. — [Ad m. d. r. Paul. de Tost — RR. G 15ᵛ u. 16ᵛ; Vid. des Gr. Johann v. Lupfen, Landgr. zu Stühlingen v. 1418 Sept. 17 Zürich St.-A.; ibid. ausch ein bischöfl. konstanzisches Vid. v. 1460 *P. Schweizer..*] — Nach d. Abschr. im Staats-A. Luzern Geschichtsfreund 1, 9 f.; vgl. Reg.: Ztschr. d. Gesellsch. f. Geschichtsk. v. Freiburg 3, 370 u. Samml. d. Alt. eidgen. Abschiede 1ᵉ,203. **3431**
		erlaubt den Eidgenossen v. Zürich, Luzern, Uri, Unterwalden, Zug u. Glarus die Thäler Eschenthal, Bomat, Falzask, Meyenthal zu den Reichs Händen zu beschützen u. daselbst zu richten. — KU. w. v. — [R —] Or. Luzern Staats-A.; RR. G 15. — Sammlung d. Eidgen. Abschiede 1ᵉ, 364 ff., vgl. 202. **3432**
		hebt die v. Hans Gruber gegen die Städte u. Länder Zürich, Bern, Solothurn, Luzern, Uri, Schwyz, Unterwalden u. Glarus erlassene Ladung vor die Landgerichte zu Winterthur im Thurgau, im Kletgau u. zu Schattbuch u. die dort gegen sie erwirkte Acht

1418		
		auf, gemäss dem jenen Städten u. Ländern v. K. Heinrich VII u. Kg. Rudolf erteilten u. v. ihm selbst bestätigten Privileg der Exemtion v. fremden Gerichten. — [KU. w. v. — Or. Bern *Türler*]; RR. G 15ᵛ u. 16ᵛ. — Vgl. Reg.: Samml. d. eidg. Absch. I², 203. (mo. vor Egidii). **3433**
Aug. 29	Weingarten	desgl. die Achtserklärung von:
		Bern. — Not. RR. G 16ᵛ. **3434**
		Luzern. — [R] — Or. Luzern Stadt-A.; [Not. ib.]; vgl. Geschichtsfreund 1, 9; Segesser, Rechtsg. v. Luzern 2, 114. **3435**
		Schwyz. — R — Or. Schwyz *Klön*; Not. RR. ib. **3436**
		Solothurn. — R — Or. u. Vid. d. Reichshofger. v. 1418 Sept. 17 Solothurn; Not. RR. ib. — [Solothurner Wochenblatt 1814, 421 *Thommen.*] **3437**
		Zürich. — R — Or. Zürich *Schweizer*; Not. RR. ib. **3438**
		Ad m. d. r. Paul. de Tost — (mo. vor Egidii). Einzelausfertigungen erhielten offenbar auch die übrigen in nr. 3433 genannten Orte.
» 30	»	befiehlt dem Mkgr. Bernhard v. Baden, dem Gr. Hans v. Lupfen, Landgr. zu Stühlingen u. dem Ritter Frischhans v. Bodman seinem Amtmann, sowie deren Untergebenen den Eidgenossen v. Zürich, Luzern, Bern, Solothurn, Uri, Schwyz, Unterwalden, Zug u. Glarus, sowie deren Kaufleuten behilflich zu sein, wenn deren Angehörige auf der Strasse angegriffen oder beraubt würden. — [Ad m. d. r. Michael de Priest canon. Pragens. — o. R! — Or. Zürich *P. Schweizer*]; Kop. Luzern Staats-A. — Reg. nach RR. G 12ᵛ u. 13ᵛ: Ztschr. d. Gesellsch. f. Geschichtsk. v. Freiburg 3, 369; Sammlung d. eidg. Abschiede I², 208; vgl. Fester, Regesten d. Mkgr. v. Baden nr. 3053. **3439**
» 31	»	garantiert dem Kl. Weingarten für den Fall des Todes des gegenwärtigen Abtes freie Abwahl u. empfiehlt das Kl. dem Schutze des Landvogtes in Schwaben u. der St. Ravensburg. — KU. w. v. — R — Or. Stuttgart; RR. G 14. (mitwoch. vor Egidii). **3440**
		Sept. 1 Weingarten: entlässt Zürich aus der Acht. Notiz: Joh. v. Müller, Gesch. schweiz. Eidgenoss. 3,156. — falsch: statt Aug. 29 (nr. 3438). **3440a**
Sept. 3	Ulm	kommt hierher zwischen 11 u. 12 Uhr Mittags. Chronik. d. dtsch. St. 5, 78 A. 3; RTA 7, 368. **3440b**
» 4	»	bestätigt auf Bitten des Gr. Rudolf v. Sargans (Santg-), Dompr. zu Chur, diesem sowie seinen Brüdern Hugo u. Heinrich die Grafschaft Vaduz u. Götzis (Gukeys) im Wallgau, die sie v. Gr. Heinrich v. Werdenberg u. Vaduz geerbt, sowie alle damit verbundenen Privilegien. — Ad m. d. r. Mich. de Priest can. Prag. — RR. G 14ᵛ. (sunt. nach Egidii). **3441**
» 5	»	lässt mit dem Frankfurter Bevollmächtigten Heinrich v. Gelnhausen durch B. Georg v. Passau verhandeln, wartet auf Mkgr. Friedrich v. Nürnberg u. Mkgr. Bernhard v. Baden. — Heinrich v. Gelnhausen spricht mit Michael v. Priest, ,der widder zu bofr ist', [hat erst nr. 3422 wieder unterzeichnet, nachdem er zuletzt nr. 3092 unterfertigt] u. Johann Gersse. Janssen, Frankf. Reichskorr. 1, 331. **3441a**
» 6	»	belehnt den Gmünder Bürger Konrad Gundlin mit Reichslehen bei Gmünd, die dieser v. Hans Mangolt, Bürger zu Wertheim, gekauft hat. — Per d. Jo. comitem de Luppfen magistrum curie Paul. de Tost — Not. RR. G 13ᵛ. (zinst. vor frow. t. nativ.) **3442**
» 7	»	verlegt, da jetzt die gemeine Strasse anders geht, das Hofgericht zu Rottweil v. der Mauricius-Klause nach Rottweil u. bestimmt, dass von den Achterklärungen, die das Rottweiler Hofgericht erlässt, den Bistümern Mitteilung gemacht wird, damit die geistlichen Gerichte dem weltlichen helfen; bestimmt ferner, dass, falls die vorliegenden Fälle an einem Tage nicht gerichtet werden können, so viel Tage hinter einander, als nötig ist, zu Gericht gesessen werden soll. — Rex. Paul. de Tost — RR. G 14ᵛ. (frow. ab. nativ.) **3443**
» 8	»	an alle Reichsunterthanen: Heinrich v. Dyel, Peter Hans Wentekam u. Dietrich v. Ziel, Bürger von Basel, welchen er mit ihrer Gesellschaft Hans Schriber, Wilhelm v. der Zil u. Lorenz Dubeney erlaubt habe Wein den Rhein hinab geleit- u. zollfrei zu führen, seien v. der Frau v. Holland u. dem Hrz. v. Brabant unter dem Vorwand, es sei sein (Sigmunds) Wein, desselben beraubt worden; er erlaube ihnen daher sich an den Gütern der Frau v. Holland u.

| 1418 | | |

des Hrz. v. Brabant schadlos zu halten; befiehlt ihnen dabei beizustehen [vgl. nr. 3453]. — Per d. G. episc. Patav. canc. Paul. de Tost — RR. G 13ᵛ u. 14ᵛ; Kop. Strassburg St.-A. (frow. t. nativ.) **3444**

Sept. 9   **Ulm**   befiehlt folgenden Reichsstädten die am nächsten Martinstag fälligen Reichssteuern an Frischhans v. Bodman zu zahlen:

     Biberach. **3445**
     Buchhorn. **3446**
     Kaufbeuren. **3447**
     Leutkirch. **3448**
     Memmingen. — R — Or. München R.-A. **3449**
     Ravensburg. **3450**

     Ad m. d. r. Paul. de Tost — Not. RR. G 14ᵛ.   (frit. nach frow. t. nativ., bzw. sexta fer. post nat. Mar.)

»   »   befiehlt Nürnberg die auf nächsten Martinstag fällige Reichssteuer seinem Rat Frischhans v. Bodman zu entrichten. — KU? — Or.° Nürnberg Kr.-A.; [nicht in RR.] — Reg. Boic. 12, 294. **3451**

»   10   »   bestätigt den Bürgern v. Aalen ihr altes Herkommen, dass sie jedem Reichslandvogt in Schwaben nicht mehr als 10 rheinische Gulden von des Ammanamts wegen zu geben brauchen. — Per d. G. (gedr. Co?) episc. Pataviens. cancell. Paulus de Tost. — [RR. G 15ᵛ.] — Lünig R.-A. P. spec. Cont. 4, T. 1, 82 ═ Wegelin, Landvogtei in Schwaben 2, 70 (ohne Tagesang.) ═ Moser, Reichsstätt. Handb. 1, 85. NB. bei Aschbach 2, 440 u. Geugler, cod. iur. municip. 1, 12 zum 11. Sept. (aber ss. nach Mariae nativ.) **3452**

»   »   giebt Heinrich v. Biel u. Genossen dieselbe Erlaubnis (latein. Ausfertigung) wie in nr. 3444 — KU. w. v. — RR. G 13.   (10. sept) **3453**

»   »   befreit das Frauenkloster Gutenzell (Bernhardiner Orden, Konstanzer Diözese) von allen Steuern, Diensten u. s. w. — KU. w. v. — [Not. RR. G 14ᵛ.] — Lünig, R.-A. Spic. eccl. 3, T. 2, 102 f. **3454**

»   11   »   gelobt unter Mitverbürgung des Harnischmeisters Niklas v. Charwati u. des Dorusla v. Raum dem Konstanzer Bürger Konrad Frey, der sich für ihn um 2312 rhein. Gulden u. 6 Blappert verbörgt hat, ihn bis 14 Tage nach Mich. dieser Bürgschaft zu entledigen. — Rex. Mich. de Priest — RR. G 16.   (sunt. nach frow. t. nativ.) **3455**

»   13   »   verweist den Mkgr. Bernhard v. Baden, der versprochen hat für ihn an die Londoner Kaufleut Johann Grisseleye u. Richard Clere bis 1419 Febr. 2 zu Brügge 13000 französ. Kronen (bzw. 5 rhein. Gulden für 4 Kronen) zu zahlen, auf die 36220 Gulden, die ihm Hrz. Friedrich v. Österreich bis Sept. 29 zahlen soll, u. auf den Ertrag des ihm v. P. Martin V verliehenen Zehnten in den Diözesen Konstanz, Basel, Strassburg, Speier u. Worms. — [Per d. G. ep. Patav. Mich. de Priest.] — RR. G 16ᵛ u. 17ᵛ. — Fester, Reg. d. Mkgr. v. Baden nr. 3055. (cruz ab.) **3456**

»   »   bestätigt die Privilegien der St. Ehingen. — Per d. G. canc. Michael. — Not. RR. G 16ᵛ. (cruz ab. exalt) **3457**

»   14   »   verbietet die Augsburger Juden auf Veranlassung des Juden Nasse v. Ingolstadt, der übrigens ein ‚banniger‘ Jude u. v. der Gemeinschaft der Juden ausgeschlossen sei, vor andere Gerichte ausser vor das Augsburger zu ziehen. — Per d. L. com. de Ötingen mag. cur. Mich. — RR. G 17ᵛ.   (cruz t. exalt) **3458**

»   »   verleiht auf Bitte des zu Reisensburg (Ris-) gesessenen Ritters Eberhart v. Freiberg (Fri-) der St. Günzburg (Guncz-) den Blutbann. — Jo. Gerse — ib.   (id. dat.) **3459**

»   »   gestattet dem päpstlichen Auditor Dr. Friedrich Deys, welcher nach seinem Prozesse mit dem Florentiner Bürger Matheus de Borromeis de S. Minato, bzw. dessen Erben ungerechtfertigter Weise 1000 Gulden hat zahlen müssen, sich dafür an Gütern der Florentiner schadlos zu halten [vgl. 1432 Juli 1]. — Paulus — RR. G 17.   (14. die sept.) **3460**

1418		
Sept. 14	Ulm	präsentiert dem B. Otto v. Konstanz den Presbyter Johann **Huninger** für die durch den Tod des Rudolf Wig erledigte Pfarrkirche in Horn (Horow). — KU? — Not. RR. G. 16ᵛ. (14. sept.) **3461**
»	»	verleiht dem Eitelkraft v. **Gamerschwang** ein Gericht zu Dischingen (Ti-), das dieselben Befugnisse wie das Gericht zu Er(l)bach haben soll. — Michael — Not. ib. (cruz l. exalt.) **3462**
»	»	verleiht dem Bertold **Schwend** (Swenne) v. Zürich das halbe Dorf (früher österreich. Lehen) Rudolfstetten mit allen Rechten ausser dem Halsgericht. — KU? — Not ib. (id. dat.) **3463**
»	»	gestattet den **Konstanzern**, die in seinem Auftrage vom Marschall Desla Tloza u. Mathis Lemblin [Lemmel] um 20000 Gulden versetzten Pfänder zu verkaufen u. s. w., wenn sie nicht rechtzeitig ausgelöst werden. — Ad relat. Mixo de Gemsti [!] Mich. de Priest — RR. G 16ᵛ. (cruz l. exalt.) **3464**
»	»	giebt den Gebrüdern Utel, Ulrich, Kraft u. Hans **Löwen** in Ulm die Erlaubnis, dass sie bei ihrem Gute Rieden einen Steg über die Donau schlagen u. daselbst ein halbes oder ganzes Gericht (wie zu Erbach) einrichten dürfen. — Per d. L. comitem de Otingen magistrum curie [gedr. matmane?] Michael de Priest canonicus [gedr. carrus!] Pragens. — [Not. RR. G 21ᵛ mit KU.: Per d. G. ep. Pat. canc. M. de P.] — Lünig, R.-A. P. spec. Cont. 4, T. 2, 567. **3465**
»	»	gestattet der St. **Luzern** zum Bau u. besseren Unterhalte v. Brücken, Strassen, Steg u. Weg ein Ungeld auf fremdes Kaufmannsgut. — [Ad m. d. r. Paul. de Tost — R —] Or. Luzern Stadt-A.; vgl. Reg.: Geschichtsfreund 1, 14; [RR. G 17ᵛ.] — Nach Kop. [Luzern Staats-A.] Arch. f. schweiz. Gesch. 18, 295 f. **3466**
?	?	erlaubt der St. **Luzern** alle v. Österreich herrührenden in ihrem Gebiet gelegenen Lehen bis 1419 Nov. 10 zu verleihen. — KU? — Aus der Urk. Sigmunds v. 1420 Febr. 25: Geschichtsfreund 1, 10. (s. n. d. et l.) **3467**
Sept. 15	Ulm	verspricht dem Londoner Kaufmann Johann **Grissley**, dem die von ihm entliehenen 13000 franz. Kronen in seinem Auftrage der Mkgr. Bernhard v. Baden zurückzahlen soll, für den Fall, dass dieser dies nicht thut, dass Gr. sich an ihn (Sigmund) dann als den Hauptschuldner halten darf. — Paulus — RR. G 17ᵛ. — Fester, Regesten der Mkgr. v. Baden nr. 3056. (15. die sept.) **3468**
»	»	ertheilt dem Rat der St. **Kaufbeuren** den Blutbann, den der von der St. bestellte Amman ausüben soll, ohne erst vorher v. K. u. Reich die Erlaubnis eingeholt zu haben. — Ad m. d. r. Joh. Gerse [nicht Geist!] — [R — Or. München R.-A., RR. G 18ᵛ.] — Lünig, R.-A. P. spec. Cont. 4, T. 1, 1256 f. = Ausz.: Moser, reichstätt. Hdb. 2, 24 f.; Wegelin, Thesaur. rer. Suevic. 4, 488 f.; H. Brokes (resp. G. Chr. Heider; 1750) De Kaufburae... civitatis jurisdictione 44 ff.; vgl. Reg. Bolc. 12, 294. **3469**
» 16	»	verleiht den Kelchgenossen der Kirche zu **Gersau** (Geresow; Konstanzer Bistum) den Blutbann. — KU? — Not. RR. G 16ᵛ. (frit. nach cruz t.) **3470**
»	»	belehnt Hans Ulrich v. **Meggen** (Meghen), sowie Haus u. Erhart **Tigen** mit dem Keller- u. Meyeramt, sowie dem Blutbann in dem Dorfe Littau (-ow); früher österr. Lehen. — P. de Tost — Not. ib. (id. dat.) **3471**
»	»	bestätigt dem Bertold **Schwend** v. Zürich die v. Österreich herrührende Pfandschaft v. 50 Gulden auf dem Zoll zu Kloten. — Per d. G. episcop. Pathaviens. cancellarium Paulus de Tost — R — Or. Zürich St.-A.; [RR. G 18ᵛ.] (frit. nach exalt. cruc.) *P. Schweiser.* **3472**
» 17	»	überträgt dem Mkgr. Bernhard v. **Baden** das Einziehen der Zehnten in den Hochstiften Konstanz, Basel, Strassburg, Worms, Speier, Toul, Verdun u. Metz v. den Unterbeamten der über das Zehnteinziehen v. P. Martin V gesetzten BB. Johann v. Riga, Georg v. Passau u. Johann v. Brandenburg. — Ad m. d. r. Paulus de Tost — R — Or. Karlsruhe; [RR. G 18ᵛ mit KU.: Per d. G. episc. Patav. canc. P. de T.] — Vgl. Reg.: Ztschr. f. G. d. Oberrheins N. F. 3, 440; Fester nr. 3057 u. 3058 (doch wohl identisch). **3473**
»	»	weist dem Mkgr. Bernhart v. **Baden** an, v. dem Ertrage des Zehnten der Diözese Konstanz 1000 rhein. Gulden an Ritter Hans v. Famerke zu zahlen. — [Rex. Jo. Gerse]. — Not. RR. G 19ᵛ. — Fester nr. 3059. (Lamberti.) **3474**

1418		
Sept. 17	Ulm	verleiht dem Städtchen **Gammertingen** (Gamer-) einen Jahr- u. Wochenmarkt. — Per d. G. ep. Pat. canc. P. de Tost — Not. ib. (id. dat.) **3475**
"	"	erlaubt dem Ulmer Bürger Mang **Rot** in seinem Dorfe Ringingen eine Wassermühle anzulegen. — Michael — RR. G 19ʳ; nach RR. D 88ᵛ s. a. (sampst. vor Math.) **3476**
"	"	belehnt auf Bitten des Ruger Erlingshofer den Hans **Steinberger** mit der Forsthut auf dem Weimenburger Wald. — Per d. L. comitem de Otingen mag. cur. Paul. de Tost — Not. RR. G 16ʳ. (sampst. nach cruz t.) **3477**
"	"	belehnt Peter **Volkmer** als Lehensträger des Niklas Mufflin mit Gütern zu Eckenhaid, Thon (Tan), Reversiat [?], Neu[gross]reuth (Neureut), Schweinau (Swinow), Galgenhof u. a. w. — Rex. Mich. — Not. ib. (id. dat.) **3478**
"	"	bestätigt dem Spital zu **Schaffhausen** das von diesem erworbene Gericht in dem Dorfe Wilchingen. — Per d. L. de Otingen mag. cur. P. de Tost. — RR. G 16ʳ. (id. dat.) **3479**
" 18	"	erlaubt den **Augsburger Juden**, welche, obwohl sie sich nur vor dem Stadtgericht zu Augsburg laut ihrer Privilegien verantworten brauchen, doch vor sein Hofgericht v. dem Juden Nasnan geladen sind, denselben als einen ‚schedlichen mann' zu behandeln u. gebietet, ihnen dabei zu helfen. — Per d. L. com. de Ötingen mag. cur. Michael — RR. G 19ʳ; Vid. v. 1418 Okt. 17 Augsburg. (sunt. vor Matheus t.) **3480**
"	"	befiehlt dem Mkgr. Bernhard v. **Baden** zunächst 42000 rhein. Gulden, sobald er diese als päbstlichen Zehnten in Gemeinschaft mit Gr. Hans v. Lupfen u. Hans Konrad v. Bodmann eingenommen hat, an den Mkgr. Friedrich v. Brandenburg zu zahlen. — [Per d. L. comit. de Otingen Michael de Priest canon. Prag. — R — Or. Bamberg]. — Erwähnt: Minutoli, Friedrich I, S. 74; Reg. nach RR. G 18ᵛ: Ztschr. d. Gesellsch. f. Geschichtsk. v. Freiburg 3, 370; Foster. Regesten nr. 3060. (id. dat.) **3481**
"	"	befiehlt dem Gr. Hans v. **Lupfen** dasselbe. — [Per d. L. comitem de Otingen magistrum curie Michael de Priest can. Prag. — R — Or. ib.]: Not. RR. G 18ᵛ; [Kopialb. v. Stühling. im Stuttgarter A. 14, f. 12ʳ—14ʳ nach Vid. v. 1418 Sept. 28] — Minutoli 74; Reg.: Ztschr. a. a. O. **3482**
"	"	desgl. dem Hans Konrad v. **Bodmann**. — [KU. w. v. — R — Or. ib.; Not. RR. ib.] — Erwähnt bei Minutoli 74. **3483**
"	"	bestimmt dem Gr. Hans v. **Lupfen**, Landgr. v. Stühlingen, Herrn v. Hohenack, seinem Hofrichter für diesen sein Amt, das vor ihm Gr. Günther v. Schwarzburg inne gehabt, 1500 rhein. Gulden Jahrgeld. — [Per L. comitem de Öttingen magistrum curie Paul. de Tost.] — RR. G 18ᵛ u. 19ʳ mit KU.: Per d. G. ep. Pat. canc. P. de T.; Kopialb. v. Stühlingen 14, f. 6ᵛ (fälschl. sunt. nach Matheus, ℵ, röm. jar!) — Reg.: Ztschr. d. Gesellsch. f. Gesch. v. Freiburg 3, 370 f. (sunt vor Matheus). **3484**
?	?	ersucht den Hrn. Ludwig v. **Baiern**, Gr. v. Mortain, da sich Wilhelm [sic] Nenninger gegen seinen Willen in den Besitz des Augsburger Bistums [vgl. nr. 3416] zu setzen suche, die in seinem Gebiet gelegenen Besitzungen des Stiftes für das Reich in Verwaltung zu nehmen u. der St. Augsberg gegen etwaige Bedränger beizustehen. — Paulus — RR. G 19ᵛ. (s. d. et L.) **3485**
Sept. 18	Ulm	bestätigt dem Georg v. **Bebenburg** die (inser.) Urk. der St. Rothenburg a. T. v. 1416 Mai 27 (mitw. nach Urb.) über das Schloss Hohenhart. — Per d. G. episc. Patav. canc. Mich. de Priest. — RR. G 17ʳ u. 18ʳ. (sunt. vor Matheus). **3486**
"	"	befiehlt dem Kaspar v. **Clingenberg**, da alle Besitzungen des Hrz. Friedrich v. Österreich wegen dessen Frevel verfallen sind, die v. diesem zu Lehen empfangene Vogtei zu Zell (Cz-) von Reichswegen innezuhaben u. niemanden zu lösen zu geben. — Paulus — RR. G 18ᵛ. (sunt. vor Matheus). **3487**
"	"	errichtet für die Herrschaft **Nellenburg** ein Gericht in dem Dorfe Worblingen (Wormi-) im Hegau an der Aach über Frevel u. Unzucht. — Paulus — Not. ib. (id. dat.) **3488**
"	"	schlägt auf die Pfandschaften, welche die St. **Schaffhausen** v. den Hrz. v. Österreich inne hat, noch 3000 Gulden unter dem Vorbehalt der Wiedereinlösung. — Per d. L. comitem de Öttingen magistrum curie Paulus de Tost. — Rᵗᵃ — Or. Schaffhausen St.-A.; [RR. G 19.] (sunt. vor Math.) *Rüger.* **3489**

1418		
Sept. 19	Ulm	verhängt auf Klage des Ritters Konrad Diebolt die Reichsacht über Gr. Wilhelm v. A a r b e r g (Ar-), Herrn zu Valendys (Valesis), welcher trotz dreimaliger Vorladung vor dem Hofgericht nicht erschienen ist. — [Petrus Wacker] — Not. Achtbuch 13ʳ. 　(mont. vor Mathous). **3490**
»	»	erklärt Jost v. A b e n s b e r g, Gebhart Judman zu Affecking(-gen), Hans A n h a n g e r zu Polsingen (Palsing) n. Hans P ä s i n g e r, welche sich auf Klage des Jost Rot, Domherrn zu Regensburg, vor dem kaiserl. Hofgerichte nicht gestellt hatten, wegen dieses ihres Ungehorsam in des Reiches Acht u. gebietet dem Rot gegen die Geächteten behilflich zu sein. — [Pe. Wacker — Or. München R.-A.; Not. Achtbuch 13ʳ] — Reg. Boic. 12, 295. **3491**
»	»	befiehlt dem Hrz. Wilhelm v. B a i e r n, mit dem auf Klage des Jost Rot, Domherrn zu Regensburg, geächteten Gebhart Judmann zu Affeking keine Gemeinschaft zu haben, vielmehr den Rot zu unterstützen. — [Pe. Wacker — Or. ib.] — Reg. Boic. 12, 295. **3492**
»	»	verhängt auf Klage des Kapitels S. Stephan zu Mainz die Reichsacht über die St. A l s f e l d. — [KU. w. v., auch in den folgenden nrr.] — Not. Achtbuch 12ʳ. **3493**
»	»	desgl. auf Klage des Schusters Ott Taler über die Schuster B e r i n g e r n. Hans B r ü ß. — Not. ib. 13ʳ. **3494**
»	»	desgl. auf Klage des Mkgr. Friedrich v. Brandenburg, Burggr. zu Nürnberg, über Ritter Helmolt v. B l e s s e n [= Pless, bair. Bez. Illertissen?], dessen Bruder Heinrich v. Blessen, Henneke u. Gólart die Blessen. — Not. ib. 13ʳ. **3495**
»	»	desgl. auf Klage des Gr. Bernhart v. Tierstein über die Brüder Heinrich u. Martin v. B l u m e n e c k. — Not. ib. 13ʳ. **3496**
»	»	desgl. auf Klage des Wedikin Proff über Johann B r a u w e i l e r (Bruwylr), Zelis H i m m e l - s t o s s (Hymelstoß) [vgl. die Aberachtserklärung 1422 Sept. 10] u. Gedart v. L a n g k. — Not. ib. 13ʳ. **3497**
»	»	desgl. auf Klage seines Bevollmächtigten des Reichserbkämmerers Konrad v. Weinsberg über Ocko v. dem B r u c k, dessen Schwager Focko U k e n a (Ukena) Häuptling zu Leer, Hain v. W e s t e r w a l d e, Enno Pickel, Menne v. der Mynten, Hain K u p e r t a zu Vermesheim, H e n n o Häuptling n. Vogt zu Aurich, Wypptan Häuptling zu Schedischorpp; [vgl. die Aber- achtserklärung v. 1422 Sept. 10]. — Not. ib. 11ʳ. **3498**
»	»	desgl. auf Klage des Hermann Swarte über Alhard v. dem B u s c h n. Hermann v. dem H u s e. — Not. ib. 13ʳ. **3499**
»	»	teilt dem Wilhelm Hrz. zum B e r g n. Gr. v. Ravensburg mit, dass auf Anklage des Hermann Swarte hin Alhard v. dem Busch n. Hermann v. dem Huse in die Reichsacht erklärt worden sind, n. gebietet ihm die Acht zu vollstrecken. — Petrus Wacker — Or. Münster Staats-A. (mo. vor Mathei). *Keller.* **3500**
»	»	verhängt auf Klage Gerhart Munters gen. Korwegel die Reichsacht über die Städte C l e v e, C a l c a r u. K e s s e l (Ku-) — [KU. w. v.] — Not. Achtbuch 12ʳ. **3501**
»	»	desgl. auf Klage des Walter vom Dick aus Köln über Bruno v. C o b l e n z. — Not. ib. 13ʳ. **3502**
»	»	desgl. auf Klage des Hans Paul v. M a g d e b u r g (Meidburg) über die Dörfer Domersleben (Damse- leven) u. E g g e n s t ä d t (Eggstorp), Hans Enpis, Kopp Isemkremer, Henne G ö d e k i n, Peter E c k a r t. — Not. ib. 13ʳ. **3503**
»	»	desgl. auf Klage Reinharts v. Lerbeck über Ernst D o r n b o p, Johann B e c k e r h o l t e n. Erhart H o l t m e y r; [vgl. die Aberachtserklärung über die beiden letzteren 1422 Sept. 10). — Not. ib. 12ʳ. **3504**
»	»	desgl. auf Klage des Nikolaus Yxtule über die St. D o r p a t (Tarbatan), Dietrich L a n g u. dessen Gesellen T o s s e. — Not. ib. 14ʳ. **3505**
»	»	desgl. auf Klage des Philipp Rücker über Eberhart v. E b e r s t e i n, Hans V o i t n. Eberhart v. R a u d e r s a c k e r. — Not. ib. 12ʳ. **3506**
»	»	desgl. auf Klage der Ursula della Scala (v. Sala) geb. v. Embs über Ulrich v. E m b s. — Not. ib. 11ʳ. **3507**
»	»	desgl. auf Klage des Peter Knorch über Hermann F r e i (Fry) aus Wesel. — Not. ib. 13ʳ. **3508**

1418		
Sept. 19	Ulm	desgl. auf Klage der Frau Veronika (Vrena) Botzler über Hans Wilhelm v. Geiersberg (Geyrsperg). — Not. ib. 12ᵛ. **3509**
»	»	desgl. auf Klage des Walther vom Dick über Ritter Dietrich v. Gimnich. — Not. ib. 12ʳ. **3510**
»	»	desgl. auf Klage der Ursula Brucker, Klosterfrau zu Löwenthal (Lewentale), über Frick Goßolt. — Not. ib. 14ʳ. **3511**
»	»	desgl. auf Klage seines Bevollmächtigten des Erbkämmerers Konrad v. Weinsberg über die St. Groningen; einzeln genannt folgende Bürger: Konrad Vos, Arnold de Steenwick, Rainold Hughinck, Bruno Clinghe, Reinald Vos, Heinrich Beyer, Ludolf Sieking, Ludwig v. der Bruggen, Ditmar Reucker, die Brüder Aiteke Abeko u. Meinold Ousta, Siso Ghosinghe, Eberhard Hübelding, Gerhard Bysuden, Barwold Ebbinghe, Johannes de Lümlsche, Goswin Wolderinghe, Hermann Hyddinghe, Heinrich Johannes u. Barwold Ter Braggen, Berteke But, Didemann Wernher. — Not. ib. 11ᵛ. **3512**
»	»	desgl. auf Klage der Jüdin Esther (Hester) über Anton Gr. zu Grüers, Ritter Eberhart v. Estavaye(r), Peter u. Rudolf v. Cayberis, Herren zu Bellagarda [== Beaucaire?], die Städte Lausanne u. Genf. — Not. ib. 12ʳ. **3513**
»	»	desgl. auf Klage des Tyle u. Betman Lose über Johann Wilhelm, Eghardes Sohn, zu Amsterdam u. Dietrich de Brün, Zöllner zu Geervliet (Gerfliecht); [vgl. die Aberachtserklärung des letzteren 1422 Sept. 10]. — Not. ib. 13ʳ. **3514**
»	»	desgl. auf Klage der Konstanzer Bürger Hans u. Heinrich vom Hofe über Hrz. Reinhart v. Irslingen (U-) u. Ulrich Steinbrecher v. Nesselwangen. — Not. ib. 13ʳ. **3515**
»	»	desgl. auf Klage Reinharts v. Lerbeck über Bürgermeister u. Rat zu Kamen (C-) u. Johann de Vedder, Bürger zu Soest. — Not. ib. 14ʳ. **3516**
»	»	teilt dies dem Rate zu Dortmund mit. — W. v. **3517**
»	»	verhängt auf Klage des Abtes Johann v. Fulda die Reichsacht über die Brüder Burkart u. Hans v. Kolmasch, Heinrich Tilin Reinhart u. Hans v. Baumbach, Friedrich u. Hans v. Hommertshausen (Homuldeshusen), Gottfried v. Waldenstein, Göpel v. Milnrode, Georg u. Kekarius v. der Tann (Th-), Kaspar Berlkein, Burkart v. der Tann, Heinrich v. Hommertshausen. — Not. ib. 12ʳ. **3518**
»	»	desgl. auf Klage Erharts u. Wilhelms Sick über Klaus Kracher. — Not. ib. 13ʳ. **3519**
»	»	desgl. auf Klage Arnolds v. Siebenborn (Sybenburgen) über Heinz v. Krodembach zu Boppard u. Johann Sober v. Rödingen. — Not. ib. 12ᵛ. **3520**
»	»	desgl. auf Klage des Konstanzer Bürgers Ulrich v. Wintherberg über Hermann v. Landemberg gen. Schoch, Heinrich v. Hettingen, sowie Gottfried Fleming, Bürger zu Mecheln — Kop. Frankf. St.-A.; vgl. Invent. 4, 75; [Kop. Zürich Staats-A. Schweizer; Not. Achtbuch 12ᵛ]. (mo. vor Mathei) **3521**
»	»	desgl. auf Klage des Halbritters Konrad v. Freiburg über Eberhart v. Leimberg d. jüng., Pfleger zu Stauf (Stouffen). — Not. Achtbuch 12ᵛ. **3522**
»	»	desgl. auf Klage des Johann Gersse (Gerse) über Albrant v. Letelen [== Littel?] u. Berthold Herrenknecht zu Minden. — Not. ib. 12ʳ. **3523**
»	»	desgl. auf Klage des Erasmus Wilhelmstörffer über Schenk Konrad v. Limburg. — Not. ib. 13ʳ. **3524**
»	»	desgl. auf Klage der Frau Liese v. Kaldembach zu Aachen, der Wittwe des Klaus Mulen, über die St. Löwen. — Not. ib. 13ᵛ. **3525**
»	»	desgl. auf Klage Humprechts v. Roermonde (Remunde) über Martin v. Mainz, Bürger zu Koblenz. — Not. ib. 12ʳ. **3526**
»	»	desgl. auf Klage des B. Otto v. Konstanz über die St. Meersburg. — Not. ib. 11ᵛ. **3527**
»	»	desgl. auf Klage des Kölner Bürgers Reinhart Fuchs über die St. Metz; [vgl. die Aberachtserklärung 1422 Sept. 10]. — Not. ib. 11ᵛ. **3528**
»	»	teilt der St. Frankfurt mit, dass er auf Klage des Kölner Bürgers Reinhart Fuchs u. dessen Hausfrau Hudint die St. Metz geächtet. — Pe. Wacker — o. R — Or. Frankf. St.-A.; vgl. Invent. 4, 75. (mo. vor Mathei). **3529**

1418		
Sept. 19	Ulm	desgl. der St. Strassburg. — P. Wacker — Or. Strassb. St.-A. (id. dat.) **3530**
»	»	verhängt auf Klage des Ernst Dornhop über Statius v. Münchhausen die Reichsacht. — Not. Achtbuch 13ᵛ. **3531**
»	»	desgl. auf Klage des Klaus Höppler über Hans NennInger, Pfleger zu Füssen, Ulrich Ketzel, Untervogt, Rat u. Gemeinde zu Füssen, Ulrich Berllin u. Konrad v. Schwangau (Swangaue). — Not. ib. 12ᵛ. **3532**
»	»	desgl. auf Klage des Wydekin Proffen über Dietrich Nydecke, Bürger zu Einbeck, Heinrich v. Uolsen (Ylsen), Roland v. Lüstringen (La-) u. Martin v. der Brucken [= Bruche bei Melle in Hannover? vgl. auch die Aberachtserkl. 1422 Sept. 10]. — Not. ib. 11ᵛ. **3533**
»	»	desgl. auf Klage des Johannes v. Rhode über die St. Osterode, Herrn Clawemberg [v.] Hoy[a] u. Erhart v. Hardenberg. — Not. ib. 12ᵛ. **3534**
»	»	desgl. auf Klage Peters v. Hoheneck (Hohn-) über die Gemeinden zu Pfronten (Pfrün-) u. Füssen. — Not. ib. 13ᵛ. **3535**
»	»	desgl. auf Klage des Hans v. Zedlitz über Hans v. Pöplitz (Popelitz), Henning v. Freckleben, Heinrich v. Heyborch. — Not. ib. 13ᵛ. **3536**
»	»	desgl. auf Klage des Hans Weber v. Gersthofen (Gersh-) über Heinrich Probst (Brobst) zu Gersthofen. — Not. ib. 13ᵛ. **3537**
»	»	desgl. auf Klage des Heinz Oberndorf über Smasmann Herrn zu Rappoltstein. — Not. ib. 13ᵛ. **3538**
»	»	desgl. auf Klage der Adelheid v. Frauenreit (Frawenrewt) über Herdegen v. Biedberg (Rüd-). Vogt zu Bludenz, sowie über Hans Bratz u. Ulin Butter. — Not. ib. 11ᵛ. **3539**
»	»	desgl. auf Klage des Erkinger v. Seinsheim (Sawn-) über Hans Rösch u. Heinz Rudolf. — Not. ib. 12ᵛ. **3540**
»	»	desgl. auf Klage des Hrz. Ludwig v. Baiern, Gr. v. Mortaigne, über Jakob u. Ulrich Scharsteter. — Not. ib. 13ᵛ. **3541**
»	»	gebietet der St. Rothenburg a. T. den Jacob u. Ulrich v. Scharstetten, welche auf Klage des Hrz. Ludwig in Baiern in die Reichsacht gekommen, weder zu hausen noch zu hofen. — [Or.* Nürnberg Kr.-A.] — Reg. Boic. 12, 293. **3542**
»	»	verhängt auf Klage des .. Probsts zu Oberkirchen (Obernkercken) über Cord Segherding die Reichsacht. — Not. Achtbuch 13ᵛ. **3543**
»	»	desgl. auf Klage des Ritters Heinrich v. Rottersdorf über die Brüder Walther u. Wolf vom Stein, Inhaber v. Badenweiler, Stegreif, Bürger zu Belfort (Beffort), den Juden Elyad v. Sulz u. Günther Bergvockt zu Todtnau (Tottnow). — Not. ib. 12ᵛ. **3544**
»	»	desgl. auf Klage des Hans Ulrich vom Hase über die Gemeinde im Thale Sulzmatt. — Not. ib. 12ᵛ. **3545**
»	»	desgl. auf Klage der St. Frankfurt über Endres u. Wilhelm Vögt zu Rieneck (Rin-) u. Ecke Sweigerer. — Not. ib. 13ᵛ. **3546**
»	»	zeigt dies dem B. [Johann], dem Domkapitel u. der St. Würzburg an. — W. v. **3547.9**
»	»	erklärt auf Klage des Heinz v. Hirschfeld (Hersfelde) die Brüder Busse u. Werner v. Wansleben (Wandes-) in die Reichsacht. — Petr. Wacker — o. R — Or. Dresden; Not. Achtbuch 12ᵛ. (mo. vor sant Mathei des heiligen zwelfpoten u. evangel. tag). **3550**
»	»	gebietet die auf Klage des Heinz v. Hirschfeld geächteten Brüder Busse u. Werner v. Wansleben nicht zu hausen u. zu hofen. — KU. w. v. — Or. Dresden. (id. dat.) **3551**
»	»	verhängt auf Klage des Burkart Schenk über Gr. Albrecht v. Werdenberg, Herrn zu Bludenz die Reichsacht. — Not. Achtbuch 12ᵛ. **3552**
»	»	desgl. auf Klage des Heinz Vetter über denselben. — W. v. **3553**
»	»	desgl. auf Klage der Frau Trutichen v. Lennep zu Köln über die St. Wetzlar [vgl. die Aberachtserkl. 1422 Sept. 10]. — Not. ib. 13ᵛ. **3554**
»	»	teilt Frankfurt mit, dass er auf Klage der Trutichen, Wittwe des Volkquin Hacken v. Lennep, Bürgerin zu Köln, die St. Wetzlar geächtet. — Pe. Wacker — o. R — Or. Frankf. St.-A.; vgl. Invent. J. 75. (ment. vor Mathei). **3555**

1418			
Sept. 19	Ulm	erklärt auf Klage des Henne Hirtz die St. Wetzlar in die Reichsacht. — Pe. Wacker — o. E — Or. Wetzlar Stadt-A.; Not. Achtbuch 13ʳ. (mo. vor Mathei).	3556
»	»	teilt dies Frankfurt mit. — P. Wacker — Or. Frankf. St.-A.; vgl. Invent. 4, 75.	3557
»	»	erklärt auf Klage des Frankfurter Bürgers Lutz vom Wissen die St. Wetzlar in die Reichsacht; [vgl. die Aberachtserkl. 1422 Sept. 10]. — Pe. Wacker. — o. E — Or. Wetzlar Stadt-A.; Not. Achtbuch 13ʳ (hier: Lutz v. Wedel).	3558
»	»	teilt dies allgemein mit. — KU. w. v. — Or. ib.	3559
»	»	teilt dies der St. Friedberg mit. — W. v.	3560
»	»	desgl. dem Gr. Philipp v. Nassau-Saarbrücken. — W. v.	3561
»	»	desgl. dem EB. Otto v. Trier. — W. v.	3562
»	»	verhängt auf Klage Gerlachs v. Breidenbach über die Grafen Johann u. Gottfried v. Ziegenhain die Reichsacht. — Not. Achtbuch 12ᶜ.	3563
»	»	desgl. auf Klage des Gr. Rudolf v. Sulz über den Gr. Friedrich v. Zollern den Öttinger. — Not. Achtbuch 12ᵛ.	3564
		Sept. 19: In Ulm musste Sigmund alles viel teurer als in Konstanz bezahlen. »Och hieß unser herr der küng mit den von Ulm rechnen umb alles das, so sim diener verzert hattend, und batt die von Ulm, das si der schuld uff inn kemind, so wölt er si erlichen zalen in kurtzer zit und wölt inn gewissenheit gnüg darumb tün. Iro antwortend si glich, si köntend und wöltend das nit tün; welher hinweg wölt riten, der solt zalen vorhin oder pfand da lassen. Da müßt unser herr der küng güt uffbringen, wie er mocht. Do beliben vil, die da nit dannen mochtend kommen, wann das si iro pfard harnasch klaider müßtend verkofen. Also rait unser herr der küng gen Ötingen und sprach, er wölte da kurtzwilen und jagen; aber er rait glich gen Regenspurg und was nun über nacht da und saass uff die Tünow und ließ sin knecht und roß die Tünow abhin gen und kam gen Passow.« Ulrich v. Richental 152.	3564a
» 20	o. O.	ächtet die St. Berkheim u. die Leute vom Thal Leberau im Elsass auf Klage seines Hofrichters des Gr. Johann v. Lupfen, weil sie dessen Vorladung vor das Hofgericht nicht gefolgt sind. — [KU?] — Or. Berkheim. — Reg.: Ztschr. d. Ges. f. Geschichtsk. v. Freiburg 3, 371. (20. sept.)	3565
[» 21]	Nördlingen	ersucht den Mkgr. Bernhard v. Baden, dessen zu Ulm gelassenes Silbergeschirr er für 1000 Gulden daselbst verpfändet hat, dasselbe v. dem Ertrage des Zehnten, den er einziehen soll, oder von dem Gelde, das Hrz. Friedrich v. Österreich an ihn zahlen soll, auszulösen. — Rex. Michael. — RR. G 19ᵛ u. 20ᵛ (s. d.) — Fester, Reg. nr. 3061 mit Dat. zw. Sept. 22 u. 23. — S. wird in Nördlingen auf dem Wege v. Ulm nach Öttingen gewesen sein, doch kaum auf dem Wege v. Öttingen nach Donauwörth. — Zum Nördlinger Aufenthalt vgl. auch RTA 7, 372.	3566
» 22	Öttingen	beauftragt seinen Hofrichter den Gr. Hans v. Lupfen v. dem Ertrage des Zehnten an den Stiften Lüttich, Utrecht, Münster, Osnabrück, Minden u. Paderborn 500 Gulden an Ritter Marquart v. Schellenberg zu zahlen. — [Per d. comitem de Ottingen magistrum curie Paul. de Tost] — RR. G 19ᵛ [mit KU: Paulus]; [Kopialb. v. Stühlingen 14 f. 10ᵛ—12ᵛ ohne den Zusatz u. Dat.: di. nach Math. Röm. 8!] — Reg.: Ztschr. d. Gesellsch. f. Geschichtsk. v. Freiburg 3, 371. (do. nach Matheus).	3567
»	»	beauftragt [denselben?: item in simili forma date sunt quittancie] ferner zu zahlen an:	
		Wilhelm v. Homburg 300 Gulden.	3568
		den alten Kunigsholtz 300 Gulden.	3569
		Althans v. Homburg 300 Gulden.	3570
		Ulrich v. Fridingen 500 Gulden.	3571
		Georg v. Katzenstein 500 Gulden.	3572
		Konrad vom Stein 500 Gulden.	3573
		Diepolt Halen 500 Gulden.	3574
		Truchsess v. Waldburg 1400 Gulden.	3575
		Gr. Hug v. Werdenberg, Herren zu Heiligenberg 600 Gulden.	3576
		Gr. Eberhart v. Kirchberg 600 Gulden.	3577

1418			
Sept. 22	Öttingen	Hans v. Bodman, als Sohn des Frischhans v. B. 300 Gulden.	3578
		die Bürger v. Konstanz 1000 Gulden.	3579
		— KU? — Not. RR. ib. (don. nach Math.)	
		Sept. 23 Konstanz: betr. Stift Verden. Scheidt, Cod. dipl. 811 ff. — falsch statt 1417 Sept. 23 (nr. 2568).	2579a
▸ 23	▸	nimmt den Friedrich v. Freiberg (Fri-) zum Eisenberg (Is-) zu seinem Diener gegen ein Jahrgehalt v. 300 rhein. Gulden an. — Per d. G. ep. Patav. canc. Mich. de Priest — RR. G 20ᵛ. (frit. nach Math.)	3580
	▸	Sept. 24: belehnt denselben mit Holzheim, Sinningen u. Bronnen. — Idem. — durchgestrichene Not. ib. (sampst. vor Michels). — s. Okt. 14 (nr. 3649).	3580a
▸ 24	▸	weist den Konrad Münchwiller, Pr. des Pelagienstiftes zu Bischofszell u. Domherrn zu Konstanz, sowie den Heinrich v. Blumberg an, v. dem v. ihnen einzuziehenden Zehnten des Salzburger Stifts 200 rhein. Gulden an Haupt Marschalk v. Pappenheim zu zahlen. — KU? — RR. G 20ᵛ. (sampst. vor Michels t.)	3581
▸	▸	verwendet sich bei dem Hochmeister des Deutschordens Michael Küchenmeister, dass er den Eberhart Hitfelt anhalte die Schulden. die er seinerzeit bei Philipp Kapun in Ofen gemacht. deren wegen sein Neffe Gottschalk Hitfelt der jüngere gefangen gehalten werde, zu bezahlen. — Ad m. d. r. Mich. de Priest can. Prag. — o. R — Or. Königsb. (sampstags nach Matheus t.)	3582
▸ 26	▸	erklärt nach seiner Aussöhnung mit Hrz. Friedrich v. Österreich, dass er dem Gr. Hans v. Lupfen seinem Hofrichter eine Abschrift v. dem Vertrage zwischen ihm (dem Kg.) u. dem Hrz. zukommen lassen werde. — [Per d. G. ep. Patav. canc. P. de Tost] — RR. G 20ᵛ. — Reg.: Ztschr. d. Ges. f. Geschichtsk. v. Freiburg 3, 371. (mo. vor Michelis).	3583
	▸	erteilt dem Gr. Hans v. Lupfen Abschrift des Versöhnungsbriefes, welcher v. Hrz. Friedrich v. Österreich am 10. Mai 1418 ausgestellt worden ist, worin als Bedingung der Begnadigung u. s. auch die Verständigung des Hrz. Friedrichs mit dem Gr. Hans v. Lupfen versprochen ist. — KU? — Kopialb. v. Höwen 1, 29 ff.: Donaueschingen. — Reg. ib. 372.	3584
		Sept. 26 Konstanz: an die Herren im Elsass u. Sundgau. — Reg. ib. 371 f. — s. 1417 Sept. 27 (nr. 2576).	3584a
▸	Donauwörth (Swebisch Werde)	befreit Rat u. Bürgerschaft v. Hildesheim v. dem Erscheinen vor auswärtigen Gerichten [vgl. 1436 Dez. 1]. — Ad procurationem magistri Johannis de Azel. — Per d. G. episc. Pathav. cancellarium Paul. de Tost — R? — Or. Hildesheim; [RR. G 20ᵛ u. 21ᵛ]. — Urkb. v. Hildesheim 3, 377.	3585
▸	▸	nimmt auf Wunsch des Strassburger Domkapitels die Güter, welche der † Dompr. Gr. Burkart v. Lützelstein innegehabt, zu seinen Händen. — Per d. G. episc. Pat. canc. Mich. de Priest — RR. G 20. (mo. vor Mich.)	3586
▸	▸	verbietet dem B. Wilhelm v. Strassburg sich der Schlösser des † Gr. Burkhart v. Lützelstein, ehemals Dompr. in Strassburg, zu unterwinden. — Ad m. d. r. Michael de Priest can. Pragens. — o. R — Or. Karlsruhe. — Reg. (zu 1422 Sept. 28): Ztschr. f. d. G. d. Oberrh. N. F. 3, 441 (id. dat.)	3587
▸ 27	▸	nimmt Beltramolus de Castelliono, Bürger zu Mailand, unter seine Familiares auf. — P. de Tost — Not. RR. G 21ᵛ. (27. d. sept.)	3588
▸	▸	macht bekannt, dass er dem Jost Süser (Susser) v. Ravensburg, welchem v. dem Ritter Anton v. Versey, dem Marschalk des Hrz. Johann v. Burgund, seine ganze (Kaufmanns-)Habe u. Geld abgenommen sei, erlaubt habe, sich an den Gütern jenes Marschalks u. auch des Hrz. v. Burgund schadlos zu halten; fordert auf, dem Süser dabei behilflich zu sein. — Per d. G. Patav. cancell. Mich. de Priest can. Prag. — Kopialb. v. Stühlingen 14, f. 7ᵛ u. 10ᵛ Stuttgart; RR. G 20ᵛ mit KU: Pr ... P. de Tost! (zinst. vor Mich.)	3589
▸	▸	weist Konrad Münchweiler u. Haupt v. Pappenheim an [v. dem Ertrage des Zehnten in der Salzburger Diözese] 400 rhein. Gulden an Heinrich v. Blumberg zu zahlen. — KU? — Not. RR. G 20ᵛ. (zinst. vor Michels).	3590

1418		
Sept. 27	Donauwörth	gebietet dem Konrad **Münchweiler**, Pr. zu St. Pelagien zu Bischofszell u. Domherrn zu Konstanz, dem Haupt Marschall v. **Pappenheim** u. seinem Diener Heinrich v. **Plumberg** v. dem Zehnten der Salzburger Kirchenprovinz, den sie erheben sollen, 500 rhein. Gulden an Georg Schenk v. Geyern zu zahlen. — KU? — Gleichz. Kop. Wien H. H. u. St.-A. (dinst. vor Michels t.) **3591**
» 28	»	gebietet denselben ... 4000 rhein. Gulden an Hrz. Ludwig v. Brieg zu zahlen. — Michael. — Not. RR. G 20ʳ. (mittw. vor Michels). **3592**
» 29	»	erteilt dem Baltasar **Cossa**, welchen P. Martin V zu sich beschieden, Geleit- u. Zollfreiheit. — Hex. Paul. de Tost — RR. G 26ʳ. aber durchgestrichen. (penultima die sept.) **3593**
		Sept. 29 Konstanz: befiehlt **Freiburg, Breisach** u. s. w. Reg.: Ztschr. d. Ges. f. Geschichtsk. v. Freiburg 3, 372 f.: — fälschlich statt 1417 Sept. 29 (nr. 2583). **3593 a**
» 30	»	nimmt Georg **Ploss** v. Augsburg zu seinem Diener an. — M. de Priest — Not. RR. G 21ʳ. (frit. nach Michels t.) **3594**
»	»	befiehlt seinen Abgesandten Siegfried v. **Wemdingen** u. Nikolaus **Bunzlau** in der Ausführung ihrer Aufträge gegen die widerspenstigen Friesen Beistand zu leisten. — [Hex.] Paulus de Tost. — RR. G 21. — Friedländer, Ostfries. Urkb. 2, 719 ff. **3595**
[Sept. 30]	»	beauftragt seinen Protonotar, den Prager Domherrn Michel v. **Priest** mit der Einziehung des Zehnten in der Diözese Passau, soweit diese zum Herzogtum Österreich gehört. — KU? — RR. G 20ʳ. (s. d.) **3596**
»	»	desgl. den Andres v. **Pottenstein**, Domherrn zu Passau u. Pfarrer zu Grillenberg, u. den Crossener Pfarrer **Niklas Sifridi** ... in derselben Diözese, soweit sie zu Baiern gehört. — KU? — Not. ib. (s. d.) **3597**
[Sept. ?]	?	präsentiert Egidius **Turner** aus Schwyz für die durch den Tod des Galler erledigte Kirche zu Schwyz. — Per d. G. episc. Pat. canc. P. de Tost — Not. RR. G 16ʳ (s. d. et t. zwisch. Aug. 29 u. Sept. 14.) **3598**
Okt. 1	Donauwörth	bevollmächtigt den Mkgr. Friedrich v. **Brandenburg** den Zehnten aller geistlichen Renten u. Nutzen in den deutschen Landen, welchen ihm P. Martin V verliehen u. um dessen Willen er den EB. Johann v. Riga u. die BB. Georg v. Passau u. Johann v. Brandenburg zu ,Verfolgern' eingesetzt, in den Stiften zu Bamberg u. Würzburg einzuziehen. — [KU. w. v. — R — Or. Bamberg; Not. RR. G 21ʳ]. — Minutoli, Friedr. I v. Brand. 75 (mit falsch. KU. u. dem falsch. Dat. 30. Sept.) (sa. nach Mich.) **3599**
» 2	»	erteilt der St. **Blaubeuren** einen Jahrmarkt. — Per d. G. ep. Patav. canc. P. de Tost — Not. RR. G 21ʳ. (sonnt. nach Michels) **3599 A**
»	»	bestellt für die Daner seiner Abwesenheit v. Deutschland den Mkgr. Friedrich v. **Brandenburg** zum Statthalter des deutschen Reichs. — Ad m. d. r. Joh. Geruse. — o. Rl — Or. Bamberg; Kop. Nürnberg Kr.-A.; [RR. G 23ʳ]. — BTA 7, 372 f. **3600**
»	»	teilt dies allgemein mit u. verlangt Beistand für seinen Statthalter Friedrich v. Brandenburg. — Per d. G. ep. Pat. canc. Jo. Gerse. — RR. G 23. (sunt. nach Mich.) **3601**
»	»	gebietet den **Nürnbergern**, dem Mkgr. Friedrich v. Brandenburg, dem er die Reichsstatthalterschaft in Deutschland übertragen habe, auf Begehren Beistand zu leisten [vgl. Dez. 13 u. 14]. — Ad m. d. r. Joh. Gersse. — o. R — Or. Nürnb. Kr.-A. — BTA 7, 373 f. **3602**
»	»	bestätigt der St. **Donauwörth** das v. Karl IV [1355 Dez. 6; Böhmer-Huber nr. 2315] verliehene Ungeld und Getränke. — [Per d. G. ep. Pat. canc. P. de Tost — RR. G 22ʳ; Kop. München R.-A.] — Lünig R.-A. P. spec. Cont. 4, T. 1, 409 f. (sonnt. nach Mich.) **3603**
»	»	bestätigt der St. **Donauwörth** ihre zu Recht bestehenden Zölle. — [KU. w. v. — RR. ib.; Kop. München R.-A.] — Lünig ib. 410. **3604**
»	»	bestimmt, dass keine Festung in u. um **Donauwörth** gebaut werden darf. — KU. w. v. — [RR. G 22ʳ u. 23ʳ; Kop. München R.-A.] — Lünig ib. 410 f. **3605**
»	»	Okt. 2: bestätigt der St. Donauwörth das Recht des freien Zuges. — RR. G 23ʳ. (sunt. nach Mich. t.) — nach Or. Okt. 5 ausgestellt (nr. 3617). **3605 a**

1418		

Okt. 2   Donauwörth   erlaubt der Gemeinde zu Heroldingen vier Jahre lang auf der Brücke zu Heroldingen einen Zoll zu erheben. — Per d. G. episc. Patav. cancell. P. de Tost — R — Or. Wallerstein: RR. G 21ᵛ u. 22ʳ.   (sont. nach Michels t.)   **3606**

»   »   ermächtigt den Burggr. Johann v. Nürnberg, alle Abgaben der Judenschaft im Reiche (ausgenommen die halbe Judensteuer zu Ulm, Nördlingen u. Nürnberg, die an Ludwig v. Öttingen, Konr. v. Weinsberg u. Wigleis Schenk [v. Geiern] versetzt sind, sowie den an den Protonotar Joh. Kirchen verpfändeten goldenen Opferpfennig v. den Juden im Stifte u. der St. Köln) einzunehmen u. davon 20000 ungarische Gulden, die er ihm schuldet, zu behalten. — [Per d. G. episc. cancell. Paulus de Tost — R — Or. Bamberg; RR. G 22ʳ; Vid. des Nürnberg. Landgerichts v. 1420 Aug. 22 Nürnberg Kr.-A.] — vgl. Reg. Boic. 12, 294. **3607**

»   »   macht die vorstehende Bevollmächtigung des Burggr. Johann v. Nürnberg allgemein bekannt, — KU. w. v. — R — Or. Bamberg; RR. G 22.   (sunt. nach Mich.)   **3608**

»   »   teilt den Fürsten, Gr. u. s. w. mit, dass er mit der Einnahme der Judenabgaben, welche er früher dem Juden Lewen, genannt Colner übertragen, nunmehr den Burggr. Johann v. Nürnberg beauftragt habe; befiehlt denselben zu unterstützen. — KU. w. v. — o. R — Or. ib. (id. dat.)   **3609**

»   »   überträgt die Entscheidung der Streitigkeiten der Gr. Ludwig u. Friedrich v. Öttingen mit der St. Nördlingen wegen Fischereigerechtigkeit dem Burggr. Johann v. Nürnberg. — o. KU! — o. R — Or. Münch. R.-A., doch deponiert in Nördlingen; Kop. Wallerstein.   (sunt. nach Michels t.)   **3610**

»   3   »   befiehlt dem Mkgr. Bernhard v. Baden v. dem Geld, das er für ihn v. Hrz. Friedrich v. Österreich einnehmen soll, 1500 rhein. Gulden an seinen Kanzler den B. Georg v. Passau zu zahlen. — Ad m. d. r. Joh. Kirchen. — RR. F 121ʳ — Fester, Regesten nr. 3063.   (mont. nach Michels).   **3611**

»   Augsburg   kommt hierher. Chroniken d. dtsch. St. 5, 79 vgl. 148 A. 1; ib. 22, 63 u. 402; RTA 7, 370 A. 2.   **3611 a**

»   4   »   weist den Mkgr. Bernhard v. Baden an, dem Hrz. Ludwig v. Brieg u. Liegnitz 326 rhein. Gulden auszuzahlen v. dem Gelde, das er v. Hrz. Friedrich v. Österreich empfangen, sowie dem Boten, welcher die v. Hrz. Ludwig v. Baiern zu Hagenau versetzten Pfänder auslösen soll, Geleit v. dort bis Konstanz zu geben. — P. de Tost — Not. RR G 21ʳ.   (zinst. nach Michels). — Unvollst. bei Fester nr. 3062 z. 3. Okt.!   **3612**

»   »   ladet auf Veranlassung des Bevollmächtigten der St. Toul, des Magisters u. Notars Johannes Forgeti den Johannes Joberti, Johannes Le Maire u. Genossen [vgl. nr. 3095]. bzw. deren Bevollmächtigte, welche in Augsburg anwesend sind, vor sein Gericht nach Passau, wohin er sich zu begeben gedenkt. — Ad m. serenias. d. nostri regis Antonius de Pisis notarius curie imperialis. — Vid. v. 1418 Nov. 15: RR. D 26ᵛ u. 27ᵛ.   (quarta oct.)   **3613**

»   »   befiehlt den Bürgern v. Trident dem B. Georg die Thore zu öffnen. — KU? — Erw. s. L. [Quelle?] Zschr. d. Ferd. 3. F. 17, 115.   **3614**

»   5   »   überträgt Hans Konrad v. Bodman [die Einziehung des ihm v. P. Martin V übertragenen Zehnten] in den Distümern Chur u. Brixen. — Canc. P. de Tost — Not. RR. G 23ᵛ.   (ter. quarta post Mich.)   **3615**

»   »   verleiht dem Paderborner Kleriker Theoderich Ebbracht erste Bitten auf das Kollegiatstift in Bützow (Butsow; Diöz. Schwerin). — Paulus — Not. ib.   (quinta die oct.)   **3616**

»   »   bestätigt den Bürgern der St. Donauwörth das Recht des freien Zuges ('das ein iglich burger, so er die gewonliche nachstar zu Werde gelassen und bezalt hat, hinder fursten herren oder des heiligen richs und an der stete ungehindert ziehen und doselbist burger werden möge.') — Per d. G. episc. Patav. cancell. Paulus de Tost. — [RR. G 23ᵛ z. 2. Okt.; Kop. München R.-A.] — Lünig, R.-A. P. spec. Cont. 4. T. 1, 411.   (inl. nach Michels t.)   **3617**

»   »   empfiehlt seinem Vicar zu Belluno, Lodovico Cattanei, Vorsicht in Bewachung der St. — KU? — Kop. Belluno. — Reg.: Forsch. z. dtsch. Gesch. 18, 222 (fälschl. z. J. 1419). **3618**

»   »   verspricht dem Rat zu Feltre baldige Hilfe u. empfiehlt ihm, ihrem Söldner Jakob v. Frankfurt während seines Aufenthaltes bei Hofe den Sold nicht vorzuenthalten. — W. v.   **3619**

1418		
Okt. 5	Augsburg	bestätigt auf Bitten seines Kaplans des Abtes Johann dem Benedictinerkloster [sic!] Kaisheim alle vom Konstanzer Konzil gegen die Feinde u. Bedränger des Klosters erlassenen Sentenzen (nicht inser.) — Ad relac. d. Georii episc. Patav. canc. Joh. Gersse — o. R! — Or. u. Vid. v. 1419 Okt. 5 München R.-A.; RR. G 24ᵛ mit KU: Ad m. d. r. J. G. u. der Notiz: item similis data est in vulgari). (quinta die octobr.) — Vgl. nr. 3631 u. 3646. **3620**
» 6	»	giebt dem Büchsenmeister A d a m, der für ihn von Okt. 16 ab mit 2 Knechten gegen einen Jahressold v. 200 ung. Gulden arbeiten soll, einen Vorschuss v. 100 Gulden. — Per d. G. episc. Pat. canc. P. de Tost — RR. G 23ᵛ. (do. nach Remigii). **3621**
»	»	desgl. dem Büchsenmeister M a r t i n aus Stuttgart (Stukgarten). — KU. w. v.? — Not. ib. **3622**
»	»	giebt dem Steinmetz G e o r g aus Tübingen, der v. Okt. 16 ab für ihn in Ungarn mit 20 Gesellen gegen einen Jahreslohn v. 100 ung. Gulden arbeiten soll, diesen im voraus und verspricht die Gesellen mit Lohn, Kleidern u. andrer Notdurft zu versorgen. — Canc. Paul. de Tost — RR. ib. (dou. nach Franc.) **3623**
»	»	desgl. dem Steinmetz Stefan H o l l aus Stuttgart. — KU. w. v.? — Not. ib. 24ᵛ. **3624**
»	»	gebietet auf Klage des Augsburger Bürgers Hartmann Langmantel dem jeweiligen B. v. A u g s b u r g dafür zu sorgen, dass die Leute des Dorfes Hiltenfingen (Hiltevinge) die Brücke über die Wertach, so oft sie zerbrochen ist, wiederherstellen. — Gersse — RR. G 24ᵛ. (donerst. nach Remigii). **3625**
»	»	zeigt der St. D u i s b u r g an, dass er sie dem Schutze des Gr. Gerhard v. Cleve wegen der Feindseligkeiten des Hrn. Adolf v. Cleve empfohlen habe. — Ad relac. d. Georii episc. Patav. cancell. Joh. Gersse — R — Or. Düsseldorf; [nicht in RR.; doch vgl. nr. 3634]. (do. nach Remigii). **3626**
»	»	überträgt den Schutz der St. D u i s b u r g dem Gr. Gerhard v. C l e v e auf 16 Jahre. — [KU. w. v. — R — Or. (sehr schlecht erhalten) ib.; RR. G 23ᵛ. — Reg.: Lacomblet, Urkb. f. d. G. d. Niederrheins 4, 125 A. **3627**
»	»	citiert den Hrn. Adolf v. C l e v e auf Veranlassung seines Bruders des Gr. Gerhard v. Cleve. — Gersse — Not. RR. G 23ᵛ. (fer. quinta post Remigii). **3628**
»	»	verleiht Thomas P r i e s c h u c h, Bürger zu Augsburg, ein Wappen. — Paulus — Not. ib. (id. dat.) **3629**
»	»	nimmt das Kl. K a i s h e i m (Augsburger Diözese) auf Bitten des Abtes Johann, seines Kaplans, in seinen Schutz u. verbietet allen Unterthanen es zu belästigen [vgl. Okt. 11]. — [Ad relac. d. episcopi Patav. canc. Joh. Gersse — o. R! — Or. u. Vid. v. 1419 Okt. 5 München R.-A.; Not. RR. G 24ᵛ]. — Reg. Boic. 12, 296. (do. nach Remigii). **3630**
»	»	bestätigt d e m s e l b e n Kloster auf Bitten des Abtes Johann die Urteilsbriefe (nicht inser.), welche es gegen Hrz. Ludwig v. Baiern, Gr. v. Mortagne, v. dem Konstanzer Konzil erlangt hat [vgl. Okt. 13]. — Ad relac. d. Ludovici comitis de Otingen magistri curie Joh. Gersse — o. R! — Or. ib.; RR. ib. (do. nach Remigii). **3631**
»	»	bestimmt, dass der Graf Ludwig v. Ö t t i n g e n sein Hofmeister u. dessen Sohn Ludwig ihr Lebtag lang im Besitz ihrer vom Reiche herrührenden Pfandschaften bleiben sollen. — Ad m. d. r. Paul. de Tost — [RR. G 24ᵛ]; Vidim. [v. 1470 Okt. 2 Wallerstein]. — Material. z. Otting. G. 4, 325 ff.; vgl. 2, 67 u. 71. (don. nach Francisci). **3632**
» 7	»	nimmt Nikolaus de A l e a r d i s aus Verona unter sein Hofgesinde auf. — Paul. de Tost — Not. RR. G 25ᵛ. (7. die oct.) **3633**
»	»	entbindet die St. D u i s b u r g des dem Hrz. [Adolf] v. Cleve geleisteten Eides u. verweist sie an dessen Bruder Gerhard. — Per d. G. ep. Pat. canc. Je. Gersse — Not. RR. G 24ᵛ. (fer. sexta post Franc.) — Vielleicht identisch mit nr. 3626. **3634**
» 8	»	nimmt die Brüder Erhart u. Lienhart V i n g e r l i n aus Augsburg als Zimmerleute auf ein Jahr v. Okt. 16 ab in seine Dienste; jeder soll jährlich 200 rhein. Gulden bekommen u. 6 Gesellen halten, welche 60 Gulden Lohn v. ihm bekommen; allen wird die Hälfte im voraus gezahlt. — Per d. G. ep. Pat. canc. et d. L. de Oting. P. de Tost — RR. G 24ᵛ. (samprt. nach Francisci). **3635**

1418		
Okt. 8	Augsburg	widerruft früher [nicht nachzuweisen] dem Hans Utalinger auf das Kl. St. Ulrich in Augsburg verliehene erste Bitten. — Per d. G. [episc.] Patav. cancell. P. de Tost. — [R — Or. München R.-A.; RR. G 23ᵛ]. — Lünig, R.-A. Spic. eccl. 3, 661; Mon. Boica 22, 423 f. (NB. bei Aschbach 2, 440 beide Drucke als verschiedene Urkk. l); vgl. Reg. Boic. 12, 297. (sampt nach Franc.) **3636**
» »	»	befiehlt der St. Windsheim die am nächsten Martinstag fällige Reichssteuer an Hans Konrad v. Bodman zu zahlen u. erteilt ihr unter dieser Voraussetzung Quittung. — Per d. G. ep. Patav. cancell. Paulus de Tost — R — Or. Berlin Geh. St.-A.; Not. RR. G 23ᵛ. (sampt nach Francisci). **3637**
» »	»	desgl. der St. Aalen. — [KU. w. v.] — Not. RR. ib. **3638**
» »	»	desgl. der St. Weissenburg [im Nordgau]. — W. v. **3639**
» »	»	Okt. 8: für den B. v. Verden. Scheidt, Cod. dipl.: Anmerk. z. d. Zusätzen v. Mösers Einleit. in das braunschweig. Staatsrecht 815. — falsch statt 1417 Okt. 9 (nr. 2602). **3639 a**
» 9	»	erteilt den Augsburgern die Erlaubnis gegen die vorzugehen, welche das Lechwasser ableiten und auf diese Weise die Wasserstrasse nach u. v. Augsburg zu nichte machen. — Ad relac. d. Georii episcop. Pataviens. cancellarii (gedr. canct.!) Joh. Gerase. — [R — Or. u. Kop. Augsburg; RR. G 25ʳ mit Dat.: zinst. nach Dionisii = Okt. 11!] — Lünig, R.-A. P. spec. Cont. 4, T. 1, 99; vgl. Gengler, cod. iur. municip. 1, 89. (an Dionysi t.) **3640**
»	»	erteilt den Augsburgern die Erlaubnis, einen Weg- u. Pflasterzoll 32 Jahre lang an den Thoren zu erheben. — [KU. w. v. — R — Or., Vid. v. 1430 Jan. 13 u. Kop. ib.; RR. G 24ᵛ]. — Vgl. Stetten, G. d. St. Augsburg 1, 148. **3641**
»	Rothenburg a. d. T.	bestätigt der St. Rothenburg den Empfang der Martini fälligen Reichssteuer (400 rhein. Gulden). — KU? [Or.* Nürnberg Kr.-A.; nicht in RR.] — Reg. Boic. 12, 297. (Dionysien t.) (Wahrscheinlich sind hier die Regierungsjahre falsch berechnet; vielleicht gehört diese Urk. ins J. 1414]. **3642**
» 10	Augsburg	belehnt Hartmann Langmantel mit der Vogtei u. dem Gericht zu Bonstetten, der Fischerei zu Hirblingen (Hur-) u. der Wertachbrücke zu Hiltenfingen (Hiltefirgen). — Gerase — Not. RR. G 27ᵛ. (fer. secunda ante Galli). **3643**
» 11	»	nimmt das Kl. Kaisheim (Augsburger Diözese) auf Bitten des Abtes Johann, seines Kaplans, in seinen Schutz u. verbietet allen Unterthanen es zu belästigen [vgl. nr. 3630]. — Ad relac. d. Georii episc. Patav. canc. Joh. Gerase — R — Or. München R.-A.; [nicht in RR.; doch vgl. die Not. RR. G 24ᵛ z. 5. Okt. nr. 3620]. (diust. nach Dionisii). **3644**
		Okt. 11: für Augsburg. — RR. G 25ᵛ. — s. nr. 3640.
» 12	»	sichert der St. Eger seine Hilfe zu in ihrem Streite mit Burggr. Johann v. Nürnberg. — KU? — Or. Eger. — Erw.: Gradl, G. d. Egerlandes 335. **3645**
» 13	»	bestätigt mehrere in der Streitsache des Kl. (Abt Johann) Kaisheim mit dem Hrz. Ludwig in Baiern, Gr. v. Mortagne, vom Konstanzer Konzil erlassene Entscheidungen u. Urteile (nicht inser.) u. gebietet allen Unterthanen, diese als giltig anzuerkennen [vgl. nr. 3620 u. 3631]. — [Ad relac. d. Georii episc. Pat. canc. Joh. Gerase — R — Or. u. Vid. v. 1419 Okt. 5 München R.-A.; nicht in RR.] — Reg. Boic. 12, 297. (do. nach Dyonisii). **3646**
» 14	»	befiehlt dem Mkgr. Bernhard v. Baden, welcher den Zehnten v. der Pfaffheit im Bistum Konstanz einziehen soll, seinem (Sigmunds) Diener, dem Edlen Rudolf v. Tettnang 2400 rhein. Gulden von diesem Zehnten zu bezahlen. — [Paulus — Not. RR. G 25ᵛ]. — Nach Kop. [?] Reg.: Vanotti, G. d. Gr. v. Montfort 456 — Fester, Reg. d. Mkgr. v. Baden nr. 3067. **3647**
» »	»	quittiert demselben über 7220 an Gr. Wilhelm v. Tettnang v. den 36220 Gulden, die Hrz. Friedrich v. Österreich zahlen sollte, abgeführte Gulden. — [Geiße] — RR. ib. — Fester nr. 3066. (frit. vor Gallen). **3648**
» »	»	belehnt Friedrich v. Freiberg (Fri-) zum Isenberg mit Holzheim, Sinningen u. Bronnen (Bru-). — Per d. G. ep. Pat. canc. P. de Tost — Not. RR. G 25ᵛ; vgl. nr. 3540ᵃ. (frit. vor Gallen). **3649**
» »	»	bestätigt die Privilegien u. Besitzungen des Strassburger Domkapitels, besonders dessen Höfe u. Häuser vor u. in der St. Strassburg u. gebietet dieser das Domkapitel nicht zu beeinträchtigen. — Paulus — RR. G 25; Kop. u. französ. Übers. v. 1690 Strassburg Bez.-A. (frit. vor Gallen). **3650**

1418		
Oct. 15	Augsburg	entlässt die auf Klage des B. Albrecht v. Bamberg geächteten Eberhart Colnitzer, Burkart v. Weisprisch, Andres Ramung u. Melchior Idungspeuger, nachdem sie sich mit dem B. ausgesöhnt, aus der Reichsacht. — Pe. Wacker — o. R — Or. Bamberg. (samstags vor Gallen). **3651**
"	"	bestellt Heinrich v. Isenburg zu seinem Diener gegen ein Jahrgehalt v. 400 rhein. Gulden. — Ad relac. Houpt marschalk de Bappenheim Paul. de Tost — Not. RR. G 26ᵛ. (sampst. vor Gallen). **3652**
"	"	desgl. Peter v. Hoheneck gegen ein Jahrgehalt v. 300 Gulden. — W. v. **3653**
"	"	desgl. Ulrich v. Haimenhofen gegen ein Jahrgehalt v. 300 Gulden. — W. v. **3654**
"	"	verspricht seine Räte den Gr. Eberhart v. Kirchberg, den Reichserbmarschall Haupt v. Pappenheim u. den Ritter Stefan Smyher, welche für ihn bei der St. Augsburg um 4000 am 2. Febr. 1419 fällige rhein. Gulden Bürgen geworden sind, dieser Bürgschaft zu entledigen. — Per d. G. episc. Patav. cancell. Paulus de Tost — R — Or. Donaueschingen; RR. G 26ᵛ mit KU.: Rex. Paul. de Tost u. dem Zusatz: non transivit!; doch vgl. nr. 3682. (sampstags vor Gallen). **3655**
"	"	befiehlt dem Konrad Munchwiler, Haupt v. Pappenheim u. Heinrich v. Blumberg, sobald sie vom Ertrage des Zehnten in der Salzburger Diözese 10300 rhein. Gulden an Hrz. Ludwig v. Baiern u. Gr. v. Mortain, 4000 an Haupt v. Pappenheim, 400 an Heinrich v. Blumberg, 4000 an Hrz. Ludwig v. Brieg, 1000 an die Bürger v. Nördlingen, 500 an Georg Schenk v. Geyern gezahlt haben, die 4000 Gulden an die Augsburger zu bezahlen, für welche sich Haupt v. Pappenheim, Gr. Eberhart v. Kirchberg u. Ritter Stefan Smyher verbürgt haben. — Paulus — RR. G 25ᵛ. (Gallen ab). **3656**
"	"	macht den Gr. Rudolf zu Tettnang zum Hauptmann der St. Augsburg mit dem Auftrage, sie gegen jedermann zu schützen; auch befiehlt er allen Ständen u. Unterthanen einer Aufforderung jenes zur Hilfe für Augsburg zu folgen. — [Ad m. d. r. Paulus de Tost — R — Or. München R.-A.; RR. G 25ᵛ; Kop. Augsb. St.-A. Collect. Herwart 3]. — Reg. Boic. 12, 297. **3657**
"	"	belehnt Hans Rommel den Jungen, den Sohn des Nürnberger Bürgers Heinrich Rommel, mit dem Blutbann in dem Markte Lichtenau. — [KU. w. v. — R? — Or.ᵃ Nürnberg Kr.-A.; Not. RR. G 25ᵛ]. — Reg. Boic. 12, 297. (St. Gallen abd.) **3658**
"	"	erteilt den [nicht genannten] Gesandten der Venetianer, welche zu ihm kommen wollen, Geleit für 150 Personen. — Rex. Paul. de Tost — RR. G 26. (15. die oct.) **3659**
" 16	"	giebt den 3 Brüdern Niklas, Matthäus u. Ulrich Keller ein Wappen. — [Per d. G. op. Pat. canc. P. de Tost; Not. RR. G 26ᵛ]. — Vgl.: Jahrb. d. herald. Ges. Adler zu Wien. Jg. 1888 89. 103. **3660**
"	"	befiehlt dem Gr. Hans v. Lupfen aus den v. ihm eingezogenen Zehnten „etlicher" Stifter 6000 Gulden an Gr. Konrad v. Freiburg zu zahlen. — KU. w. v. — o. R! — Or. Karlsruhe G. L. Arch.; Not. RR. G 26ᵛ. — Ztschr. f. G. d. Oberrheins 36, 109; Reg.: ib. (falsch) N. F. 3, 440 u. nach RR. Ztschr. d. Gesellsch. f. Geschichtsk. v. Freiburg 3, 373. (Gallen t) **3661**
"	"	erlaubt der Dorothea Mautner, der Tochter Ulrichs Grausen zum Wasen, u. ihrem Manne Oswald Mautner zu Katzburg, da Hrz. Ludwig v. Baiern, Gr. zu Mortain, die ihnen gemäss dem Hofgerichtsspruche zustehende Genugthuung nicht gewährt, sich an dessen Gütern schadlos zu halten u. ersucht alle Reichsunterthanen ihnen dabei beizustehen. — Gerse — RR. G 27ᶠ. (sunt. nach Dionys.) **3662**
"	"	gebietet der St. Nürnberg die Martini 1419 fällige Reichssteuer (2000 Gulden) dem Ritter Ehrenfried v. Seckendorf, seinem Rate, u. dessen Gemahlin Agnes zu entrichten. — [Ad m. d. r. Joh. Gerse. — R? — Or.ᵃ Nürnberg Kr.-A.; Not. RR. G 27ᶠ]. — Vgl. Reg. Boic. 12, 298. (Gallen t) **3663**
"	"	desgl. die Martini 1420 fällige Reichssteuer. — KU. w. v. — Not. RR. ib. **3664**
" 17	Ingolstadt	ernennt Rudolf v. Hetze zum Statthalter über Belluno, Feltro u. Serravalle. — [P. de Tost — R?] — Or. Belluno; [RR. G 20ᶠ u. 27ᶠ]. — Piloni, Storia di Belluno 214; vgl. Reg.: Forsch. z. dtsch. Gesch. 14, 222. — In Ingolstadt blieb S. 8 Tage; Chronik. d. dtsch. Städte 4, 119. **3665**

1418		
Oct. 17	Ingolstadt	weist die St. Belluno an, ihre Reichssteuer fortan an Rudolf v. Betze zu zahlen. — Paulus — RR. G 26ʳ. (17. oct.) **3666**
"	"	desgl. die St. Feltre. — [KU. w. v.] — Not. ib. **3667**
" 19	Augsburg	befiehlt dem Konrad Munchwiler, Haupt v. Pappenheim u. Heinrich v. Blumberg v. dem Ertrage des Salzburger Zehnten [vgl. nr. 3656] 1000 rhein. Gulden an Burkart v. Erbach zu zahlen. — Paul. de Tost. — Not. RR. G 26ʳ. (mittw. nach Gallen — Ort.) **3668**
" 24	Regensburg	erteilt Johann Gravenreuter, Kan. zu Regensburg, erste Bitten auf die durch den Tod des Michael Arnold aus München erledigten Stellen in den Kl. Ober-Alteich (Obernaltach) u. Niedermünster (Regensb. Diöz.) — Per d. G. episc. Pat. canc. P. de Tost — Not. RR. G 27ʳ. (24. die oct.) **3669**
" 25	"	nimmt den Brunnenmeister Heinrich v. Augsburg gegen ein Jahrgehalt v. 180 ung. Gulden in seine Dienste u. zahlt ihm 80 ung. Gulden im voraus. — Paulus — Not. RR. G 27ʳ. (zinst. vor Simon u. Jude). **3670**
		nimmt den Büchsenmeister Otto aus München nebst 2 Gesellen gegen ein Jahrgehalt v. 250 ung. Gulden in seine Dienste u. verspricht demselben die Hälfte dieser Summe, sowie derselbe in Ungarn erscheint, auszuzahlen. — W. v. **3671**
		Okt. 25: erlässt ein Urteil in der Streitsache zwischen Lübeck u. Hrz. Erich v. Lauenburg. Aschbach 2, 481. — Keine Urk. Sigmunds, sondern des Pfalzgr. Johann v. Neumarkt, Vorsitzers des Hofgerichts: Urkb. d. St. Lübeck 6, 97 ff. **3671a**
" 28	"	bestätigt die Privilegien des Frauenklosters in Holtz [Klosterholzen]; im Or. inser. Privileg K. Friedrichs [II v. ?] — P. de Tost — RR. G 27ʳ u. 28ʳ. (28. die oct.) **3672**
" 29	"	erlaubt dem Hartung v. Egloffstein, Pfleger zu Rothenberg, infolge v. dessen treuen Diensten bei seinen Schlössern Henfenfeld u. Sambach (Samp-)Juden zu halten. — Per d. L. de Ötingen mag. cur. P. de Tost — RR. G 27ʳ. (sampst. vor aller heilig.) **3673**
" 30	"	verleiht dem Dietrich v. Stauff zu Ehrenfels den Bann u. das Halsgericht daselbst, den Königshof in der Oßnaw [in der Oberpfalz? bei Nittenau?] u. alle Lehen seiner Vorfahren. — [Per d. L. comitem de Ottingen magistrum curie Paulus de Tost — R — Or. München R.-A.; Not. RR. G 27ʳ]. — Reg. Boic. 12, 298. (sunt. vor aller heilig.) **3674**
		befiehlt der St. Lindau, die am Martinstage nächsten Jahres fällige Steuer v. 200 Pfund Heller an Hermann v. Breitenstein zu bezahlen. — W. v. **3675**
" 31	"	weist Albert v. Egloffstein 200 Gulden auf den Ertrag des Salzburger Zehnten an. — Gerse. — Not. RR. G 27ʳ. (in profesto omnium sanctorum). **3676**
"	"	desgl. Karl v. Heseberg (Hesp-) 400 Gulden. — W. v. **3677**
"	"	belehnt den Ritter Kaspar Hertenberger zu Hailsperg mit dem Truchsessenamt des Regensburger Bistums. — P. de Tost — Not. RR. G 28ʳ. (aller heil. ab.) **3678**
Nov. 1	"	weist die Kollektoren des Zehnten aus dem Erzbistum Salzburg Konrad Munchweiler, Haupt v. Pappenheim u. Heinr. v. Blumberg an, dem B. Albrecht v. Regensburg 1000 rhein. Gulden v. dem Ertrage des [ihm dem Kg. v. P. Martin V verliehenen] Zehnten der Regensburger Diözese zu zahlen. — Otingen. Paulus — Not. RR. G 28ʳ. (aller heil.) **3679**
"	"	weist dieselben Kollektoren des Salzburger Zehnten [Konrad Munchweiler u. Heinrich Blumberg] an, dem Haupt Marschall v. Pappenheim die 433 rhein. Gulden auszuzahlen, welche dies- für ihn an den Rat zu Augsburg bezahlt hat. — Gersse — Not. ib. (id. dat.) **3680**
"	"	befiehlt dem Konrad Munchweiler, Haupt v. Pappenheim u. Heinrich v. Blumberg 1000 Gulden aus dem Ertrage des Regensb. Zehnten an die Regensburger Chorherren (Johannes Sumpringer Dechant, Friedrich Parsperger oberster Schulmeister, Joh. Fuchsel, Heinr. Kronberger, Johann Och u. Wernher Ausleger) zu bezahlen, für den Fall, dass sie diese Summe für ihn an den Rat v. R. bezahlen, sonst an diesen. — Gersse — RR. G 28ʳ. (allerheiligen.) **3681**
"	"	verspricht dem Gr. Eberhart v. Kirchberg, dem Haupt Marschall v. Pappenheim u. dem Ritter Stefan Smyher, welche Bürgen dafür geworden sind, dass er bis Febr. 2 4000 Gulden an die St. Augsburg zurückzahlen wird, sie dieser Bürgschaft zu entledigen [vgl. nr. 3655]. — Otingen. Paulus — RR. G 28ʳ. (aller heilig.) **3682**

Nov. 2 Regensburg: **Johann Pfalzgraf bei Rhein** u. **Hrz. v. Baiern** verkündet als Vorsitzender des Hofgerichts im Auftrage Sigmunds einen Spruch in Sachen der Brüder Bruno u. Heinrich Junge, Bürger zu Köln, gegen die St. Nordhausen. — Petrus Wacker — Or. Nordhausen. (mittw. nach allerheil.) **3682 a**

Derselbe trägt dem Landgr. Ludwig v. Hessen auf, die Rechtfertigung der Nordhäuser in Sachen der Junge zu veranlassen u. zu beurkunden. — KU. w. v. — Or. ib. **3682 b**

Nov. 3 Regensburg: Der Hofgerichtsschreiber Petrus Wacker ladet Gerhart Cawouwer, Bürger zu Köln, zum nächsten Gerichtstag nach 1419 Febr. 2 auf Klage Friedrichs Walrawen v. Au. — Or. Köln. — Reg.: Mitteil. a. d. Stadt-A. zu Köln, Heft 24. 13n. **3682 c**

Nov. 3 Regensburg nimmt Leupolt v. **Leuchtenberg** (Leutem-) gegen Zahlung v. 600 Gulden auf 1 Jahr in seine Dienste. — Per d. L. de Otingen mag. cur. Paul. de Tost — Not. RR. G 2sr. (don. nach allerheil.) **3683**

» 4 » giebt, da er den Handel mit den Reichsfeinden den Venetianern verboten hat, seinen Dienern Paul Persk u. Witken Slegel die Vollmacht die Waaren derjenigen, welche doch mit Venedig Handel treiben, wegzunehmen, zu verkaufen u. s. w.; ersucht dieselben dabei zu unterstützen. — KU. w. v. — RR. G 28. (frit. nach allerheiligen). **3684**

» 6 » ernennt den Juden Halm **Isaak** aus Würzburg zum Judenmeister mit der Befugnis, über alle in den deutschen Landen gesessenen Juden zu richten [vgl. nr. 3713]. — P. de Tost — RR. G 28r. (sunt. nach aller heil.) **3685**

» » belehnt Christof v. **Parsberg** mit dem Puppenhof im Nordgau oberhalb Beratshausen (P-). — KU. w. v. — Not. ib. (sunt. vor Martini.) **3686**

» » belehnt Ruprecht v. **Wolfering** (Wolfringen) mit dem Zehnten zu Haimbach im Amberger Gericht. — Per d. G. de Otingen mag. cur. Paul. de Tost — Not. ib. 29r. (id. dat.) **3687**

» 7 » beauftragt den Mkgr. Friedrich v. **Brandenburg**, den Streit des Johann Hirtz mit Johann zum Jungen, Hermann Fürsteuberg, den Brüdern Jekel u. Peter zum Jungen u. Johann Reise, Bürgern zu Mainz, zu entscheiden. — Gerwse — Not. RR. G 30r. (fer. seoda ante Mart.) **3688**

» » an Strassburg: Ulrich Sengerly (Svargely?) hat wider Glimpf u. Recht den Konstanzer Bürger Heinrich Blarrer den jüng. gefangen u. dem Strassburger Bürger Brun Werner v. Horuberg überliefert; gebietet diesen anzuhalten, dass er den Gefangenen sofort ledig lasse; Ulrich soll seine etwaigen Ansprüche an Konstanz auf rechtmässigem Wege geltend machen. — Ad relac. d. Ludovici comitis de Otingen magistri curie Joh. Gerwse — o. R — Or. Strassburg St.-A. (mont. vor Mertins t.) **3689**

» » verhängt auf Klage der Äbtissin Brigitta u. des Kl. zu Altomünster (Alten-) die Reichsacht über Heinrich **Adeltzhauser** [Adelshausen in Oberbaiern], welcher trotz dreimaliger Vorladung vor dem Hofgericht nicht erschienen war. — [P. Wacker]. — Not. Achtbuch 14r. (mont. vor Martins t.) **3690**

» » desgl. auf Klage des . . Pr. zu Chiemsee über Richard **Aheimer**. — W. v. **3691**

» » desgl. auf Klage des Konrad v. Belle u. Johann Lupi über die Danziger Bürger Ebart v. Borsten u. Heinrich **Putzke**, über Hilbrant den früheren Burgschreiber des Deutschordens u. den Danziger Bürgermeister Gert v. der Beck. — [P. Wacker] — Not. Achtbuch 14r. **3692**

» » zeigt dies der St. **Danzig** an. — Petrus Wacker — o. R — Or. Danzig. (mentags vor Martins t.) **3693**

» » verhängt auf Klage Albrechts Thummen die Reichsacht über Wolf v. **Brandis**. — [KU. w. v.] — Not. Achtbuch 14r. **3694**

» » desgl. auf Klage des Iwan **Gansowe** u. seiner Frau Gese über Beneke **Dorwachter**, Arnt Glasewerter, Klaus Möller, Hermann Stenwort, Henneke Witte, Henrik Bode, Hans Lang in Danckmerstraten, Englike Fischer de Vorspracke, Hinrik Tonagel wohnhaft in Molte, Henneke Bertoldes zu Witzin u. Berthold ‚da in Beneke Dorwachters haus wonet.' — W. v. **3695**

» » desgl. auf Klage der St. **Wasserburg** über Ulrich **Ecker**. — W. v. **3696**

» » desgl. auf Klage Ulrichs v. **Bunde**, Domherrn zu unserer Frauen zu Halberstadt, u. dessen Bruder Bosen v. Bunde über Ritter Burkart v. **Gadenstedt** (Goddenstede), dessen Sohn Boltes-

1418		

berg v. **G a d e n s t e d t**, Aschwin Heinrich u. Heinrich v. dem **S t e i n b e r g**, die Brüder Burkart u. Gerd v. **K r a m m e** (Kram), Everd v. **S a l d e r**, Herrn Beseken v. **F r e d e n**, Aschwin u. Sivert v. **K r a m m e.** — [P. Wacker] — Not. Achtbuch 14ᵛ. **3697**

Nov. 7   Regensburg   desgl. auf Klage des Reichserbmarschalls Haupt v. **Pappenheim** über Jost v. **Huetteureute** (Utenriede [vgl. Aberachtserkl. 1422 Sept. 10]. — Pe. Wacker — Or. Pappenheim; Not. Achtbuch 14ᵛ. (montags vor Martins t.) **3698**

»   »   benachrichtigt die Bürger v. **Kempten** hiervon. — KU. w. v. — Or. ib.   (id. dat.) **3699**

»   »   desgl. die Bürger v. **Ravensburg**. — KU. w. v. — Or. Donaueschingen. **3700**

»   »   verhängt auf Klage des Hrz. Erich v. **Lauenburg** die Reichsacht über die St. **L ü b e c k** im allgemeinen u. den Lübecker Ratmann Johann Crispin insbesondere — KU. w. v. — Or. Hannover Staats-A.; [eine 2. Or.-Ausfertig. Schleswig *Hille; * Not. Achtbuch 14ᵛ]. — Urkb. der St. Lübeck 6, 101 ff.; Kaiserurkk. in Abbild. Lief. 5, Tafel 19; vgl. auch Hanserecesse 6, 609. (mo. vor Martins t.) **3701**

»   »   macht den Hrz. Johann u. Albrecht v. **M e c k l e n b u r g** Anzeige v. der auf Klage des Hrz. Erich v. Lauenburg erfolgten Achtserklärung gegen die St. **L ü b e c k** u. deren Ratsmann Johann Crispin. — KU. w. v. — Or. Schwerin. — Urkb. der St. Lübeck 6, 103 f. — Reg.; Hanserecesse 6, 609. (id. dat.) **3702**

»   »   desgl. den Mkgr. Friedrich u. Wilhelm v. **M e i s s e n**. — KU. w. v. — Or. Hannover Staats-A. — ib. 104; Reg. ib. **3703**

»   »   desgl. den **H a n s e s t ä d t e n**. — KU. w. v. — Or. Hannover Staats-A. u. Schleswig. — ib. 104 f. — Reg. ib. **3704**

»   »   desgl. dem Rat v. **Lüneburg**. — KU. w. v. — Or. Hannover Staats-A. — ib. 105 — Reg. ib. **3705**

»   »   verhängt auf Klage des Hrz. Rudolf v. **Sachsen** über Tile v. **S e e b a c h** (Saebach), Heinrich v. **W i t z l e b e n**, Dietrich v. **S c h ö n b e r g** (Schönemberg), Otto **P f l u g**, Heinrich v. **H a i n s b e r g** (Hen-), Dietrich v. **H a i n s b e r g**, Kaspar v. **K ö c k e r i t z**, Rätzel v. **K ü r b i t z**, Klaus **T r o t t**, Hans v. **S c h i e r s t ä d t** (Schirtete) die Reichsacht. — [P. Wacker] — Not. Achtbuch 14ᵛ. **3706**

»   »   desgl. auf Klage des Abtes v. St. **Emmeran** zu **Regensburg** über Jakob **T h ü r n e r**. — W. v. **3707**

»   »   verhängt die Aberacht über Hans **Stuber** u. Heinrich **Bandecker**. — [P. Wacker] — Not. Achtbuch 14ᵛ. (mont. vor Martins t.) **3708**

»   8   »   giebt als oberster Richter, ,diewile unser hofrichter zu diser zit mit bi uns ist', seine Zustimmung dazu, dass die Streitigkeit zwischen der St. **Zerbst**, bzw. deren Ratmannen Otto u. Arnd Czenner u. Genossen u. Haus Benedict v. **Magdeburg** bis künftige Ostern in der St. Zerbst beigelegt werden soll; würde dies erwirkt, so würde das Hofgericht mit der Sache sich nicht weiter beschäftigen. — Pe. Wacker — Or. Zerbst Stadt-A. (dinstags vor Martins t.) **3709**

»   9   »   weist den Mkgr. v. **Baden** an, 1000 rhein. Gulden an Stefan Smyber zu zahlen. — [Otingen. Paulus] — Not. RR. G 24ᵛ. — Fester, Regesten d. Mkgr. v. Baden nr. 3073. (mittw. vor Martin). **3710**

»   »   weist denselben an, bis Febr. 2 an den Konstanzer Bürger Konrad Frey (Fryen) v. Staringen 1052 rhein. Guld. u. 8 Blappart zu zahlen. — W. v. — Fester nr. 3074. **3711**

»   ?   ?   weist die Kollektoren des Salzburger Zehnten Konrad **M u n c h w e i l e r** u. Heinrich v. **B l u m b e r g** an, an Haupt Marschall v. Pappenheim 100 rhein. Gulden zu zahlen. — Gerse — Not. ib. (item ist gegeben). **3712**

Nov. 9   Regensburg   giebt dem Judenmeister Haim Isaak [vgl. nr. 3688] als ständigen Beirat, ohne den er nichts thun soll, den Juden **Haim** aus **Landshut**. — P. de Tost — RR. G 28ᵛ. (mittw. vor Martin). **3713**

Nov. 14 **Regensburg**: schreibt an **Danzig** über Unterthanen des Deutschordens, die vor sein Hofgericht gezogen werden sollen. Not.: Voigt, G. Preussens 7, 357 — falsch statt Nov. 7 (nr. 3693). **3713a**

Nov. 14 **Konstanz**: f. Neuenborg, Huggle, G.d. St. Neuenburg 239 f.; vgl. Mitteil. d. bad. Komm. 7, 16 — falsch statt 1417 Nov. 15 (nr. 2687). **3713b**

1418		
Nov. 15	Passau	hebt einen früheren Urteilsspruch, durch welchen einer Anzahl aus Toul verbannten Bürgern (Mauricius u. Morisetus le Chambellan, Johannes Joberti, Martinus Wichardi) die Rückkehr gestattet ist, wieder auf, nachdem er über die Verbannten durch seine Räte Omnebonus de Scola aus Padua u. Christian aus Mühlhausen (Mulhusen) näher informiert worden ist. — Beisitzer: B. Georg v. Passau oberster Kanzler, Bartholomäus EB. v. Mailand, Hrz. Ludwig v. Brieg, Gr. Ludwig v. Öttingen, Bertold Orsini aus Rom, Brunoro della Scala Reichsvikar v. Verona u. Vicenza, Wilhelm Gr. v. Prata in Friaul, Dr. Benedikt de Macra, Dr. Peter Paul aus Capo d'Istria (Justinopolis). — Ad m. serenissimi domini nostri regis Anthonius de Pisis notarius curie Imperialis subscripsi. — RR. G 29ᵛ; nach RR. D 24 ff. (die Martis quinta decima nov.) — Zum Passauer Aufenthalt vgl. Ulrich v. Richental 152 L.: ,Do beleib er etwa vil zit und mit der cardinal Pisanius mit im und laist da tag mit den Hussen. Die besamt er zů im da und gab inn glait. Dahin kam von den Hussen herr Fridrich Schenko von Wartemberg, herr Peter von Straßnitz, herr Schmerliku, herr Woschga vom Kolabrat und viel ander Hussen. Aber da ward nütz uß.' **3714**
» 15	»	ernennt Andreas Veyol, Pfarrer der Kirche des hl. Emmeran zu Regensburg, zu seinem Kaplan, nimmt ihn u. seine Güter in des Reiches Schutz u. überträgt diesen dem EB. v. Salzburg. — Rex, Paul. de Tost — Not. RR. G 30ᵛ. (18. die nov.) **3715**
» 19	»	bestätigt den [Brüdern] Kraft Leupolt u. Niklas Schwabe ihr Wappen. — Gerste — Not. RR. G 30ᵛ. (Elsbeten). **3716**
» 25	»	verleiht Hans Chol ein Wappen. — Canc. Paul. de Tost — Not. RR. G 29ᵛ. (Katharinen). **3717**
	»	Nov. 27: befiehlt dem B. Johann v. Brandenburg von dem Ertrage des von ihm zu erhebenden Zehnten 500 ung. Gulden an den Ritter Nikolaus Stibitz zu bezahlen. — Durchgestr. Notiz RR. G 31ᵛ mit dem Vermerk: restituta est. (sont. nach Kather.) **3717a**
» 28	»	beauftragt den EB. Eberhard v. Salzburg, die BB. Hermann v. Freising u. Ulrich v. Secken sowie Haupt Marschall v. Pappenheim mit den Gesandten der Venetianer zu unterhandeln u. abzuschliessen. — KU ? — RR. G 29. (28. die nov.) **3718**
»	»	erteilt den [nicht genannten] Gesandten der Venetianer Geleit. — KU ? — Not. ib. 29ᵛ. (id. dat.) **3719**
	»	Nov. 29: an Konrad Munchweiler u. s. w. u. EB. Eberhard v. Salzburg. — RR. G 31ᵛ. — nach Or. Dez. 20 (nr. 3746). **3719a**
» 29	»	gebietet der St. Frankfurt ihre Botschaft zu dem auf den 1. Jan. 1419 angesetzten gütlichen Wormser Tage zwischen Pfalzgr. Ludwig u. Mkgr. Bernhard v. Baden vor EB. Johann v. Mainz u. Mkgr. Friedrich v. Brandenburg zu schicken. — KU ? — Or.* Frankfurt St.-A. — Fester, Regesten der Mkgr. v. Baden nr. 3082. **3720**
Dez. 4	»	verspricht seinen Dienern Hrochen u. Peter v. Stirmelicz den ihnen schuldig gebliebenen Lohn v. 1900 roten ung. Gulden bis Juli 25 zu bezahlen. — Ad relac. Mathie Lemmel P. de Tost — RR. G 30ᵛ. (sont. nach Andras.) **3721**
»	»	bestätigt dem Passauer Domherrn Andreas v. Pottenstein u. dem Crosseuer Pfarrer Nikolaus, welche für ihn den Zehnten im Passauer Stift einzuziehen haben, den Empfang v. 1000 ungar. Gulden. — Rex. P. de Tost — RR. G 30ᵛ. (Barbar.) **3722**
»	»	desgl. denselben den Empfang v. 200 Pfund Heller Passauer Währung. — Not. ib. (idem similis data). **3723**
Dez. 4	Passau	ermahnt seinen Bruder Kg. Wenzel v. Böhmen, die kirchlichen Irrungen in seinem Lande zu beseitigen u. für Herstellung des kirchlichen Friedens ernstlich zu sorgen. — Rex per se — Archiv Česky 1, 10 ff.; aus einer Wittingauer tschechischen Hds. nebst lat. Übersetz. Palacky, Documenta mag. Joannis Hus vitam... illustr. 682 ff.; Dtsch. Übers. Fontes rer. Austr. 1, 6, 232 ff. **3724**
» 6	»	errichtet in Aachen eine goldene u. silberne Münze (genaue Bestimmungen darüber) u. ernennt zu Münzmeistern daselbst den Jakob Broglin aus Pforzheim u. Foit v. der Winterbach auf 5 Jahre. — Ad m. d. r. Paul. de Tost — RR. G 33. (Niclaus). **3725**
» 8	»	errichtet in Frankfurt auch eine Silbermünze u. trifft nähere Bestimmungen darüber. — [KU. w. v. — RR. G 33ᵛ u. 34ᵛ]; Kop. Frankf., vgl. Invent. d. Frankf. Stadt-A. 3,200 u. 4, 14.

1418

— (Orth) Von den 2 Reichsmessen in Frankfurt 671 f. (ohne Tagesang.)   (frauwen t.
concept.)   **3726**

Dez. 8 | Passau   befiehlt, dass alles in F r a n k f u r t gekaufte oder gewechselte Gold u. Silber an die dortige
Münze zu verkaufen sei. — [Ad m. d. r. Paulus de Tost — o. R — Or. u. Kop. Frankfurt].
— Orth 672 s. d.   (id. dat.)   **3727**

» | »   weist die Münzmeister zu Aachen u. Frankfurt Jakob B r o g l i n u. Foys v. der W i n t e r b a c h,
welche ihm 1000 rhein. Gulden geliehen haben an, wegen dieser Summe sich an den ihm
zustehenden Schlagschatz der Aachener Münze zu halten [vgl. 1419 April 27]. — KU. w. v.
— RR. G 34ʳ.   (frow. t. concept.)   **3728**

» | »   weist d i e s e l b e n an, für sich u. die Wardeine Tilman v. der Winterbach u. Heinrich v. Rumers-
heim auf Kosten des Schlagschatzes sich alljährlich 2 Kleider machen zu lassen. — W. v.   **3729**

» | »   nimmt Tilman v. W i n t e r b a c h unter sein Hofgesinde auf. — KU. w. v. — Not. ib.   (id. dat.) **3730**

» | »   desgl. Heinrich v. R u m e r s h e i m. — W. v.   **3731**

» | »   weist die St. N ö r d l i n g e n an, die Martini 1419 fällige Reichssteuer an Haupt Marschall v.
Pappenheim zu bezahlen. — Paul. de Tost — Not. RR. G 30ᵛ.   (frow. t. concept.)   **3732**

» | 9   quittiert dem Hrz. Heinrich v. B a i e r n [- Landshut] 580 Gulden, welche dieser ihm als dritten
Pfennig v. den Juden seines Landes bezahlt hat. — Paulus — RR. G 34ʳ.   (frit. nach
Niclas).   **3733**

» | 11   befiehlt allen Unterthanen in der Provinz S a l z b u r g, den EB. Eberhart v. Salzburg u. seine
Geistlichkeit bei ihren Freiheiten u. den Bestimmungen des Salzburger Konzils zu schützen.
— [Ad m. d. r. Joh. Gersse — R — 2 Orr. Wien H. H. u. St.-A.; RR. G 39ʳ s. d.; Vid.
v. 1431 Juni 6 u. Kop. München R.-A.] — Nach gleichz. vidim. Abschrift in Brixen: Brandis,
Tirol unt. Friedr. v. Österreich 431 f.; (— ?) Sinnacher, Beitr. z. G. d. bischöfl. Kirche v.
Säben u. Brixen 6, 79 f.; vgl. Reg. Boic. 12, 301.   **3734**

» | 12   erklärt in der Streitsache zwischen den A u g s b u r g e r J u d e n u. dem Juden N a s s a u v. Ingol-
stadt, da dieser frevenlich gewichen, dessen Briefe für kraftlos, dagegen die Privilegien der
Augsburger Juden u. des Meister Jakob v. Mainz für giltig. — Per d. L. comitem de Otingen
mag. cur. P. de Tost — RR. G 34ʳ; Vidim. v. 1419 Sept. 14 Augsburg St.-A. — Kop. ibid.
Suppl. collect. Herwart 1, 381 f.   (mont. vor Lucie)   **3735**

» | 13   befiehlt den B. u. Prälaten U n g a r n s, dem EB. Eberhard v. Salzburg, der durch einen Bevoll-
mächtigten wegen einiger Vergewaltigungen seiner kirchlichen Rechte auf Grund der Caro-
lina vorgehen will, Beistand zu leisten. — Ad m. d. r. Joh. Gersse — o. R — Or. Wien H.
H. u. St.-A.   (tercia decima d. decbr.)   **3736**

Dez. 13: befiehlt dem EB. v. Salzburg 3000 Gulden an den Patriarchen Ludwig v. Aquileja zu
zahlen. — RR. G 31ᵛ (Lucie) — nach Or. Dez. 20 ausgestellt.   **3736 a**

» | »   fordert die St. N ü r n b e r g nochmals auf [vgl. nr. 3602], dem v. ihm für die Dauer seiner Ab-
wesenheit mit dem Regiment in Deutschland betrauten Kurf. Friedrich I v. Brandenburg auf
Erfordern Beistand zu leisten. — KU ? — Or.° Nürnb. Kr.-A. — Reg.: RTA 7, 373 A. 2.
(Lucie).   **3737**

» | 14   »   desgl. die St. K ö l n. — Per d. G. ep. Patav. canc. P. de Tost — Or. Köln. — Reg.: RTA 7,
373 A. 2; Mitteil. a. d. Stadtarch. zu Köln, Heft 24, 139.   (id. nach Lucien).   **3738**

» | 15   »   verspricht Franz v. H e i m g a r t e n die ihm schuldigen 3500 rhein. Gulden bis 1419 Ende Mai
zu bezahlen. — Bürgen: Konrad v. Weinsberg; Erkinger v. Seinsheim; Wilhelm Has v. Wal-
deck, Herr zu Selletiz; Alscz v. Ronow (Ronaw). — Rex. Paul. de Tost — RR. G 34.
(donerst. nach Lucie).   **3739**

» | »   befiehlt dem Mkgr. v. B a d e n diese Summe an Franz v. Heimgarten zu zahlen. — KU ? — Not.
ib. 34ʳ. — Fester, Regesten nr. 3095.   (id. dat.)   **3740**

» | »   verspricht den in nr. 3739 genannten Bürgen sie der Bürgschaft zu entledigen. — KU ? —
(id. dat.)   **3741**

» | »   giebt dem Passauer Scholaren Martin, dem Sohne des Stefan Nuringer, erste Bitten auf das
Kl. Säben in der Passauer Diözese, damit er dort als Mönch aufgenommen wird. — Canc.
Paulus de Tost — Not. RR. G 188ʳ.   (13. die dec.)   **3742**

1418		
Dez. 15	Passau	beauftragt Erkinger v. **Seinsheim**, v. den Juden zu Regensburg, Straubing u. Landshut, welche einen Meineid geschworen haben, eine Strafsumme einzuziehen. — P. de Tost — Not. RR. G 34ᵛ. (donerst. nach Lucie). **3743**
» 16	»	bevollmächtigt den Patriarchen Ludwig v. **Aquileja** ,tamquam noster et s. Romani imperii vicarius generalis', alle Reichsvasallen u. Unterthanen im Lande Friaul u. der Mark Treviso, namentlich die Edlen v. Colalto u. v. S. Salvatore zusammenzurufen u. ihnen den Eid der Treue abzunehmen. — KU? — [RR. G 37ᵛ s. d.]; Kop. Venedig Museo Civico Correr Hds. No. 887. — Forsch. z. dtsch. G. 21, 508 f. (sexta decima d. decbr.) **3744**
» 17	»	empfiehlt das bedrängte Benedictinerkloster (Abt: Adolf v. Spiegelberg) zu **Werden** (Kölner Bistum) dem Schutze des EB. Dietrich v. Köln. — Gertle — RR. G 37ᵛ. (sampt. vor Thomas t.) **3745**
» 20	»	befiehlt dem Konrad **Münchweiler**, Domherrn zu Konstanz, seinem Kaplan, dem Haupt Marschall v. **Pappenheim** u. seinem Diener Heinrich v. **Blomberg** (Plümenberg) v. dem ihm v. P. Martin verliehenen Zehnten, den sie erheben sollen, dem EB. Eberhard v. Salzburg, der für ihn 3000 ung. Gulden an den Patriarchen Ludwig v. Aquileja geliehen, diese Summe u. zwar v. dem Zehnten der Bistümer Salzburg, Gurk, Chiemsee, Seckau u. Lavant zu bezahlen. — Per d. L. comitem de Ottingen magistrum curie Paulus de Tost — R — Or. Wien H. H. u. St.-A.; RR. G 31ᵛ durchstrichen mit Dat.: Andres ab. — Nov. 29. (Thomas abend). **3746**
»	»	übersendet dem EB. Eberhard v. **Salzburg** vorstehende Anweisung u. verspricht das angelegte Geld ihm bis nächste Pfingsten wiederzugeben [vgl. 1419 Jan. 28]. — KU. w. v. — R — Or. ib.; RR. w. v. sowie ib. nicht durchstrichen mit Dat.: Lucie — Dez. 13. (Thomas d. h. zwölfboten abend). **3747**
»	»	verschreibt dem Erkinger v. **Seinsheim**, der eine Schuldverschreibung Karls IV v. ihm hat vernichten lassen, die Stadtsteuer u. die halbe Judensteuer v. Windsheim so lange, bis er davon 1000 rhein. Gulden empfangen hat. — Per d. L. com. de Otingen mag. cur. P. de Tost RR. G 35ᵛ u. 36ᵛ. — Vgl. Seeliger, Das dtsch. Hofmeisteramt (1885) 102 A 1. (Thomas des zwölfboten ab.) **3748**
Dez. 23	Konstanz:	an Lüneburg über den B. v. Verden. Scheidt, Cod. dipl. Anmerkungen zu d. Zusätzen v. Mösers Einleitung in d. braunschweig. Staatsrecht 811 f. — falsch statt 1417 Dez. 23 (nr. 2752). **3748a**
»	»	giebt dem Pfarrer Konrad v. **Nalb** (Nelib), der v. dem Ertrage des Zehnten des Passauer Stifts 466 Pfund Pfennige an B. Georg v. Passau gezahlt hat, darüber eine Quittung. — Paulus — RR. G 31ᵛ. (Johans evang.) **3749**
»	»	erwidert dem EB. Eberhard v. **Salzburg** auf dessen Wunsch, dass er (Sigmund) seine Kollektoren anweisen möchte, die an den Patriarchen v. Aquileja v. dem EB. gezahlten 3000 ung. Gulden ihm wiederzugeben, er habe bereits die betr. Anweisung [nr. 3746] dem EB. zugesandt. — Per d. L. comitem de Ottingen magistrum curie Paulus de Tost. — o. R — Or. Wien H. H. u. St.-A. (Johans ewangeliste t.) **3750**
» 28	»	belehnt Wanik v. **Wittstein** mit dem Gute Schafstein u. verschreibt ihm darauf 700 Schock Groschen. — Ad m. d. r. Paul. de Tost — RR. G 36ᵛ. (ten den na svatich mladenczow). **3751**
» 29	»	verspricht dem Jorohnyew gen. **Woyhak** die ihm schuldigen 1089 roten ungar. Gulden bis Juli 25 zu bezahlen. — Ad relac. Lammeli Paulus — Not. RR. G 30ᵛ. (donerst. vor dem newen jars t.) **3752**
» 30	»	verspricht dem Ritter Micolasch **Kirchlenetz** die ihm schuldigen 758 roten ung. Gulden zu bezahlen. — KU. w. v. — Not. ib. (frit. vor d. new. jarst.) **3753**
»	»	erlaubt dem Heinrich v. **Blumberg** u. Bartholomäus **Herdingen** aus Landshut Repressalien gegen die Venetianer u. diejenigen, welche mit diesem Handel treiben [wie nr. 3684]. — Rex. Paul. de Tost — Not. RR. G 36ᵛ. (sexta fer. ante circumcis.) **3754**
»	»	nimmt Peter v. **Sternberg** u. Kanopist zu seinem Diener gegen ein Jahrgehalt v. 300 Schock Groschen widerruflich an. — Ad m. d. Paulus — RR. G 36ᵛ. — Archiv Česky 1, 147. (patek po narozeny boziem). **3755**

1418

Dez. 31	Passau	überträgt dem Patriarchen Ludwig v. Aquileja die Aufsicht (Provision) über die kirchlichen Güter seiner Diözese, deren Bestand nicht verringert werden soll. — Germe — RR. G 41ʳ. (ultima die dec.) **3756**
»	»	erlaubt dem Mkgr. Bernhard v. Baden, r. dem H. Wilhelm v. Strassburg die Reichspfandschaft Offenburg, Gengenbach u. Ortenberg einzulösen. — Per d. L. com. de Oetingen cancellar(ius) [so *Ladewig*] Paulus de Tost. — R — Or. Karlsruhe; [RR. G 36ʳ mit KU: Rex. P. de Tost] — Nach einer vidim. Abschr. im Karlsruher Arch. G. W. Hugo, Mediatisierung der Reichs- städte 314 f.; Reg.: Ztschr. f. G. d. Oberrheins N. F. 3, 440 (fälschlich 1419), Fester nr. 3088. (Silvesters t.) **3757**
»	»	verpflichtet sich seinem Diener Razek v. Janowitz, gesessen zu Riesenberg, den Schaden zu ersetzen, den dieser in seinem Dienst erleiden würde. — KU? — RR. G 36ʳ. (tu sobota po bożiem nawreny). **3758**
»	»	ersucht die Strassburger, dass sie die Baseler bewegen sollen, den Vorschlag des Mkgr. Rudolf v. Hachberg, ihre Differenzen wegen einiger Güter v. ihm (dem Kg.) oder seinem Stellvertreter entscheiden zu lassen, anzunehmen, in keinem Falle den Baselern Hilfe zu ge- währen. — [Per d. L. comitem de Ottingen magistrum curie Paulus de Tost — o. R] — Or. Strassburg St.-A. — Fester, Regesten d. Mkgr. v. Hachberg nr. 1011. (Silvesters t.) **3759**
o. T.	o. O.	fragt bei der St. Frankfurt an, was die ausgestorbenen Besitzer der Herrschaft v. Falken- stein u. Münzenberg vom Reiche zu Lehen gehabt haben. — KU? — Reg.: Inv. d. Frankf. Stadt-A. 1, 93. **3760**
		Dez. 31 Aachen: schreibt den Friesen, dass er Nikolaus Bunzlau u. Heinrich Clant zu Unter- handlungen mit ihnen bevollmächtigt habe. Mieris, Charterboek 4, 502 = Schwartzenberg, Groot placaat en charter-boek van Vriesland 1, 403 ist = 1416 Dez. 9 (nr. 2001). **3760a**

1419

Jan. 2	Passau	verspricht dem Albrecht Zkala die ihm schuldigen 110 roten ungar. Gulden bis Juli 25 zu bezahlen. — Ad relac. Lemmeli Paulus — Not. RR. G 36ʳ. (mont. nach dem newen jars t.) **3761**
?	?	desgl. dem Ritter Johann Selstrang v. Plotisch 900 rote ungar. Gulden. — KU? — RR. ib. (s. d.) **3762**
?	?	desgl. dem Wenzel Somerfelt 100 ung. Gulden. — KU? — Not. ib. (s. d.) **3763**
Jan. 2	Passau	hebt die über die St. Hasselt verhängte Reichsacht [nr. 3342] auf, da dieselbe sich bereit erklärt hat, dem Franck v. Nodberg vor Gericht Genugthuung zu gewähren. — [P. Wacker] — Not. Achtbuch 10ʳ. (fer. 2. ante epiph.) **3764**
		Jan. 2 Passau: an den Deutschordenshochmeister. Reg.: Aschbach 2, 441 — falsch statt Jan. 4 (nr. 3767). **3764a**
»	3 »	gestattet dem Dietrich v. Linden seiner Frau Adelheid v. Winsen 200 ungar. oder rhein. Gulden auf sein Reichslehen, die Herrschaft Hemmen [= Hamm in Westfalen?] zu ver- schreiben [vgl. Böhmer-Huber nr. 3682]. — [Paulus — RR. G 37ʳ] — Lönig, R.-A. Spic. sec. 1, 879 : (falsches Reg. u. Citat: Aschbach 2, 481). (zinst nach d. newen jarst.) **3765**
»	4 »	befiehlt seinem Rate dem Ritter Frischhans v. Bodman v. den 5000 rhein. Gulden, die er für ihn vom Mkgr. Bernhart v. Baden erhoben, an Borsite v. Eylow 1200 u. an Steinslaren v. Wynar 400 zu zahlen. — Paulus — RR. G 37ʳ. — Fester, Regesten d. Mkgr. v. Baden nr. 3090. (ml. nach newen jars t.) **3766**
»		dankt dem Hochmeister des Deutschordens Michael Küchenmeister für die ihm durch Konrad v. Grauberch übermittelte Nachricht über seine Verhandlungen mit dem Polenkg. u. Grossfürst. Witold v. Litthauen; will zu dieser Botschaft schicken u. das Resultat dem Hochmeister mit- teilen. — Ad relac. d. G. epi. Patav. supremi cancell. Joh. Geruse — o. R. — Or. Königsb. (ml. vor der heiligen dreier kunig t.) — Vgl. J. Voigt, Gesch. Preussens 7, 341. **3767**
»	5 »	hebt die über Ulrich Ecker [vgl nr. 3690] verhängte Acht auf dessen Erbieten, dem Gerichte zu Wasserburg genugzuthun auf u. setzt ihn in alle Rechte u. Freiheiten wieder ein. — [P. Wacker] — Or.ª Nürnberg Kr.-A.] — Reg. Boic. 12, 304. (da. vor drier künge.) **3768**
»		desgl. die auf Klage des Kl. Altomünster über Heinrich v. Adelhausen verhängte Acht [vgl. nr. 3690], da dieser sich bereit erklärt hat vor Gericht Genugthuung zu leisten. — [P. Wacker?] — Not. Achtbuch 14ʳ. (fer. 3 ante epiphan.) **3769**

1419		
Jan. 6	Passau	bekennt dem Ritter Hans v. Heudorf für dessen Dienste v. 1413 bis 1419 Okt. 16 3100 rhein. Gulden schuldig zu sein, verweist ihn dafür auf den Ertrag des v. dem Mkgr. v. Baden einzunehmenden Zehnten u. verspricht ihn auf jeden Fall bis Juli 25 zu bezahlen; dafür verpflichtet sich Hans bis Okt. 16 in seinen Diensten zu bleiben. — Lemmel. Paulus. — RR. G 38ᵛ. Fester, Reg. d. Mkgr. v. Baden nr. 3092. (drier kunig t.) **3770**
»	»	bekennt dem Beringer v. Laynberg 3100 Gulden schuldig zu sein ... — KU. w. v. — Not. ib. **3771**
»	»	desgl. dem Pentelin v. Wolfurt 1500 Gulden ... — W. v. **3772**
»	»	desgl. dem Ritter Eberhart v. Landau 2800 Gulden ... — W. v. **3773**
»	»	weist den Mkgr. Bernhard v. Baden an, v. dem Ertrage des ... Zehnten an Ritter Eberhart v. Landau 2800 Gulden zu zahlen. — Paulus — ib. — Fester nr. 3091. **3774**
»	»	weist denselben an ... an Beringer v. Lainberg 3100 Gulden zu zahlen. — Not. ib. Fester ib. **3775**
»	»	desgl. an Pentelin v. Wolfurt 1500 Gulden. — W. v. **3776**
»	»	desgl. an Johann v. Heudorf 3100 Gulden. — W. v. **3777**
» 7	»	bittet nochmals den Hrz. Ludwig v. Baiern, zu dem er deshalb den Konrad v. Weinsberg früher gesandt, nachdem er sich mit der Tilgung seiner Schuld v. 23000 Gulden aus dem Zehnten der Geistlichkeit in Sachsen, Brandenburg u. ,etlichen andern bistumben' einverstanden erklärt habe, seinen Bürgen, den Mkgr. Friedrich v. Brandenburg, nicht zu mahnen; die Schuld werde aus jenem Zehnten schon noch gedeckt werden. — Per d. L. comitem de Oetingen magistrum curie Paulus de Tost - - Koph. 33 f. 420: München R.-A. — Riedel, Cod. dipl. Brandenb. 3, 1, 97. (samt. nach dreier könig) **3778**
» »	»	verstattet dem Kurfürsten Friedrich v. Brandenburg die Münze oder das Münzmeisteramt zu Nürnberg, das an den dortigen Bürger Herdegen Pfaltzner v. seinen Vorfahren im Reich verpfändet ist, für 4000 Gulden einzulösen u. dann ebenso wie Pfaltzner auszuüben. — [Ad relac. d. Georii episc. Patav. supremi cancellarii Joh. Gerase — R — Or. Nürnberg Kr.-A.; nicht in RR.] — Reg. Bolc. 12, 305. (sunt nach dreier könige) **3779**
»	»	weist denselben die [Martini fällig werdende] Reichssteuer der St. Rothenburg a. T. an. — Gerße — Not. RR. G 38ᵛ. (dominica post epiphan., doch sicherlich dtsche Urk.) **3780**
»	»	befiehlt dem Dechanten Friedrich v. Mantern v. dem Ertrage des Zehnten im Passauer Stift 1000 ungar. Gulden an B. Georg v. Passau zu zahlen. — Paulus — Not. RR. G 31ᵛ. (sunt. nach drier kunig) **3781**
» 9	»	ersucht die Donauwörther dem zum Reichsstatthalter ernannten Mkgr. Friedrich v. Brandenburg in allem Folge zu leisten [vgl. nr. 3737 f.] — KU? — Kop. München R.-A. (mo. nach dreikönig) **3782**
	»	Jan. 9: über die silberne Münze zu Frankfurt. Aschbach 2, 461 — s. nr. 3726. **3782a**
» 10	Wien	setzt Frank v. Nodberg v. der Aufhebung der Reichsacht, die über die St. Hasselt [vgl. 3764] verhängt war, in Kenntnis u. ladet ihn vor sein Gericht auf den ersten Rechtstag nach März 5. — [P. Wacker] — Not. Achtbuch 16ᵛ. (in die Pauli beremite; Verwechslung mit Paul. convers?) **3783**
» 15	Linz	befiehlt den Augsburgern den Lechstrom gegen die Hzg. Ernst u. Wilhelm v. Baiern zu schützen. — [Ad m. d. r. Paulus de Tost — o. R — Or. Augsburg]. — Vgl. Stetten, G. v. Augsburg 1, 148: Chronik. d. dtsch. Städte 5, 82 A. 3. (sunt. vor Anton.) **3784**
»	Ebelsberg	nimmt Johann Barbsperger v. Febr. 2 auf ein Jahr in seine Dienste gegen Zahlung v. 400 rhein. Gulden. — Ad relat. Houpt de Pappenheim P. de Tost — RR. G 38ᵛ. (sunt. vor Anton.) **3785**
»	»	desgl. Heinrich Furster um 250 rhein. Gulden. — KU. w. v. — Not. ib. **3786**
»	»	desgl. Mathis v. Mengersreuth um 250 rhein. Gulden. — W. v. **3787**
»	»	desgl. Dietrich Staufer (Stouffer) um 250 rhein. Gulden. — W. v. **3788**
»	»	stellt Christof v. Gersdorf (Geres-) das Zeugnis aus, dass derselbe in seinen Diensten stets ein frommer ehrbarer Ritter gewesen ist. — Paulus — RR. G 38. **3789**

1419		
Jan. 15	Ebelsberg	befiehlt der St. Nördlingen ihre [am Martinstage] 1418 fällig gewesene Reichssteuer (200 Gulden) an Haupt v. Pappenheim zu zahlen. — Rex. Paul. de Tost — Not. ib. 38ᵛ. (sunt. vor Antonii). 3790
„	„	desgl. die Steuer f. 1419 [doch vgl. nr. 3732]. — W. v. 3791
„	„	desgl. die Steuer f. 1420. — W. v. 3792
„	Linz	bestätigt dem Reichserbmarschalk Haupt v. Pappenheim, dessen Bruder Sigmund, deren Vetter Heinrich u. ihren Erben die einzeln aufgezählten Privilegien der Reichserbmarschalke. [1434 Jan. 6 wiederholt]. — Per d. L. comitem de Ottingen magistrum curie P. de Tost. — R — Or. Pappenheim: RR. G 34ᵛ. (sunt. vor Anthoni). 3793
„	Wien	bestätigt die Privilegien des einst durch Konrad Grosse zu Nürnberg in der Sebaldus-Parochie gegründeten Spitals. — Per d. G. episc. Pat. canc. Joh. Gerße — RR. G 39. (15. die Jan., wohl falsch. Dat.) 3794
„ 16	Linz	verpflichtet sich, mit Hrz. Ludwig v. Baiern, Gr. zu Mortain, der besonders der St. Augsburg Übles zufüge, keinen Frieden ohne Zustimmung des Mkgr. Friedrich v. Brandenburg abzuschliessen. — Rex. Gerße — RR. G 37ᵛ u. 38ᵛ. (Anthonien abend). 3795
		Jan. 16 Linz: Notariatsinstrument des Johannes Luchini de Caunclis aus Cremona. Kg. Sigmund stellt Forderungen an seinen Bruder Kg. Wenzel, der zu ihm Gesandte geschickt, verlangt u. a., dass derselbe zur Ausrottung der Ketzer in Böhmen zu dem Tag in Skalitz auf d. 9. Febr. Gesandte (Wilhelm v. Hasenburg, Albrecht v. Colditz, Johann v. Chotiemitz, Heinrich v. Lazan, Hauptmann zu Breslau, Johann v. Similkow, Nikolaus v. Lobkowitz, Philipp Loca) sende. — Zeugen: B. Georg v. Passau, Gr. Herrmann v. Cilly, der ung. Grossgraf Nikolaus v. Gara, Gr. Ludwig v. Öttingen, Gr. Johann v. Lupfen, der Ban Johann u. der Woywode Jakob v. Siebenbürgen, Johann v. Michelsberg, Heinrich v. Crawar, Wilhelm v. Frauenhof, Albrecht Schenk v. Seida, Wilhelm Hase v. Waldeck, Haupt v. Pappenheim, Puota v. Kulenburg, Wenzel v. Duba. — Or. Wien H. H. u. St.-A. — Pelzel, Lebensgesch. des Kg. Wenceslaus, Urkb. 169 ff. 3795a
„ 17	„	giebt Karl v. Hessburg eine Anweisung über 500 rhein. Gulden auf Hans v. Lupfen v. dem Zehnten, den dieser in den Stiften Lüttich, Utrecht, Minden, Osnabrück, Münster u. Paderborn einnehmen soll. — [Rex. Paulus de Tost] — Not. RR. G 38ᵛ. — Reg.: Ztschr. d. Ges. f. Geschichtsk. v. Freiburg 3, 373. (Antoni t.) 3796
		Jan. 21 Breslau: verbietet nochmals allen Kaufleuten in deutschen Landen mit den Venetianern Handel zu treiben. Reg. Bölc. 12, 306 — falsch statt 1420 Jan. 20. 3796a
„ 23	Wien	setzt Gerard Dalem aus Liefland, welcher im Zweikampfe mit Heinrich Treiden unterlegen ist, dadurch ‚etwas an siner ere, friheit und wapen gekrenket ist und er die ouch verloren hat‘ wieder in seine Ehre u. Freiheit u. giebt ihm sein Wappen wieder. — Ad relat. d. Jo. de Lupffen judicis curie Joh. Gersse — RR. G 39ᵛ. (Pauls t. convers.) 3797
„	„	giebt Wilhelm Frauenhofer eine Anweisung über 400 ungar. Gulden, die der v. Lupfen v. dem Zehnten zu Lüttich etc. [wie in nr. 3794] einlösen soll. — [Paulus] — Not. RR. G 31ᵛ. — Reg.: Ztschr. d. Ges. f. Geschichtsk. v. Freiburg 3, 374. (Pauls t.) 3798
„ 24	„	verspricht dem EB. Eberhard v. Salzburg die v. ihm entliehenen 3000 ungar. Gulden bis Pfingsten (Juni 4) zurückzuerstatten [vgl. ur. 3747]. — Per d. L. comitem de Ottingen magistrum curie P. de Tost — R — Or. Wien H. H. u. St.-A.; RR. G 31ᵛ. (sampliß. vor frowen t. purificat.) 3799
„ 30	„	belehnt die Brüder Hans u. Seibold Grozer [= Gross?] aus Nürnberg mit den Lehen ihres † Vaters Wigels Grozer zu Dernbach (Porpach?), Zirndorf u. Rehdorf (Red-). — Per d. G. ep. Pat. canc. P. de Tost — Not. RR. G 39ᵛ. 3800
„ 31	„	bessert dem Stefan Poll, einem Diener des Hrz. Albrecht v. Österreich, sein Wappen. — Per d. G. ep. Pat. canc. Mich. de Priest. — RR. G 39ᵛ u. 39ᵛ. (zinst. vor purificat.) 3801
„	„	verhängt auf Klage des Johann Overbach die Reichsacht über die St. Elburg, welche trotz dreimaliger Vorladung vor dem Hofgericht nicht erschienen ist. — [P. Wacker] — Not. Achtbuch 13ᵛ. (dinst. vor frawen t. purific.) 3802
„	„	desgl. auf Klage Reinharts Lerbeck über Ludolf Langreder u. Johann v. Lüde. — W. v. 3803

1419		
Jan. 31	Wien	desgl. auf Klage des Albrecht Schenk [v. Landsberg, Herrn] zu Selda (Sydaw) über die St. Lübeck. — W. v. **3804**
»	»	desgl. auf Klage Reinharts Lerbeck über die St. Minden [vgl. die Aberachtserkl. 1422 Sept. 10]. — W. v. **3805**
»	»	desgl. auf Klage des Kölner Bürgers Millis v. Bertzborn über Johann v. Rode. — W. v. **3806**
»	»	desgl. auf Klage der Margarete v. Tocken [= Deckum?] über die St. Stade [vgl. die Aberachtserkl. 1422 Sept. 10]. — W. v. **3807**
»	»	desgl. auf Klage Ulrichs v. Dunde über Ludolf v. Wallmoden (Walmäd). — W. v. **3808**
[Jan.]	»	giebt dem Passauer Kleriker Johann, dem Sohne des Paulus v. Meirs erste Bitten auf die Pfarre zu Werkersdorf (Werkkond-), Passauer Diözese. — Canc. Paulus — Not. RR. G 188ᵛ. (s. die.) **3809**
[Jan.]	Ort ?	giebt dem Peter Awer v. Prennberg [= Brannberg Oestr. ob d. E.?], der v. den Juden in Regensburg, Straubing u. Landshut für deren Meineid [vgl. nr. 3743] eine Strafsumme einziehen soll, ausreichende Vollmacht. — Paulus — RR. G 37. (s. d. et L) **3810**
Feb. 1	Wien	belehnt den Gr. Hans v. Schaumburg (Schawmberg) mit der gleichnamigen Herrschaft. — Per d. L. comitem de Otingen mag. cur. Mich. de Priest — Not. RR. G 42ᵛ. (Brigiden t.) **3811**
» 2	»	antwortet dem Hrz. Ludwig v. Baiern auf dessen Beschwerde über den Mkgr. Friedrich v. Brandenburg, er habe diesem eine Abschrift v. Ludwigs Schreiben zugehen lassen u. ihm ernstlich befohlen, Ludwig keinerlei Unrecht zu thun. — Per d. G. episc. Patav. cancellarium P. de Tost [nicht: Tosse]; Kopb. München R.-A.; Riedel, Cod. dipl. Brandenb. 3, 1, 103. **3812**
» 7	Pressburg	schreibt an den B. v. Breslau, wie wenig der deutsche Orden ihm für seine Bemühungen Frieden zu vermitteln gedankt, u. verbietet demselben gegen Kg. Wladislav v. Polen beizustehen. — [Ad m. d. r. Paulus de Tost — Kop. Königsb. St.-A.; RR. G 40ᵛ mit der Bemerkung: missa principibus in Slesia]. — Ausz.: Voigt, Gesch. Preussens 7, 333 f. (di. nach purif. Mar.) **3813**
» »	»	desgl. an den Mkgr. Friedrich v. Brandenburg. — [KU. w. v.] — Not. RR. ib. **3814**
» »	»	nimmt das Frauenkloster Unterlinden bei Colmar in seinen Schutz u. bestellt zum Vogte desselben den Gr. Johann v. Lupfen. — Per d. G. ep. Patav. canc. P. de Tost — R — Or. Colmar Bez.-A.; RR. G 39ᵛ u. 40ᵛ. (zinst. nach ans. frowen t. purific.) **3815**
» »	»	teilt dem Gr. Johann v. Lupfen, Landgr. zu Stühlingen, Herren zu Hohenack, seinem Reichshofrichter u. Rate, mit, dass er ihn zum Vogt u. Schirmer des Kl. Unterlinden bestellt habe. — KU. w. v. — o. R — Or. ib. (mi. nach frowen t. purificat.) **3816**
» »	»	errichtet eine Münze zu Dortmund; ernennt Walter Allerhans u. Hans Thews zu Münzmeistern auf 5 Jahre [vgl. nr. 3825]; den Wardein soll der Rat v. Dortmund ernennen. — Per d. L. com. de Otingen magistrum curie Paulus de Tost — R — Or. Dortmund; Not. RR. G 40ᵛ. — Rübel, Dortmunder Finanz- u. Steuerwesen 299—302; vgl. Ausz.: Fahne, Urkb. d. Reichsst. Dortmund 1, 260 f. **3817**
» »	»	errichtet in Köln eine goldene Münze, für die er Allerhans u. Thews zu Münzmeistern ernennt. — KU. w. v. — Not. RR. ib. (mittw. nach frow. t. purif.) • **3818**
» »	»	desgl. in Köln eine silberne Münze... — W. v. **3819**
» 14	[Ungar.-] Skalitz	kommt hier mit böhmischen Grossen u. Gesandten seines Bruders Wenzel zusammen; vgl. nr. 3795ᵃ. **3819a**
» »	»	ermahnt den Hrz. Adolph v. Berg aus dem Bündnis mit der St. Köln gegen den EB. Dietrich auszuscheiden u. erklärt v. Reichs wegen das deshalb geleistete Gelöbnis für nichtig. — [Per d. L. comitem de Otingen magistrum curie Michael de Priest — o. R — Or. Düsseldorf]. — Lacomblet, Urkb. f. d. Gesch. d. Niederrheins 4, 129. (Valentins t.) **3820**
» »	»	bestätigt ein Erkenntnis in der Streitsache des Heinrich v. Oer u. des EB. Dietrich v. Köln, ausgesprochen durch Walray v. Mörs, Gotthard Herrn v. Drachenfels, Heinr. Herrn zu Gehnen, Roilman v. Dadenberg Rittern u. Johann v. Gynenberg Herrn zu Landskron dahin, dass H. v. Oer dem Erzbischof gehorsam sein u. ihm den zugefügten Schaden ersetzen soll. — [Per d. L.

1419		
		comitem de Ottingen magistrum curie Paulus de Tost. — R — Or. Münster. *Keller*]; RR. G 41. (Valentins t.) **3821**
Febr. 14	[Ungar.-] Skalitz	bestätigt dem EB. Dietrich v. Köln den Urteilsspruch, den dieser 1417 Juli 16 v. dem Erb- kämmerer des Kölner Stifts Arnold v. Homberg, bzw. dessen Stellvertreter Werner v. Katten- forst gegen die Juden seines Stifts in 4 Terminen erlangt hat. — KU. w. v. — RR. G 41ʳ u. 42ʳ. (id. dat.) **3822**
» 20	»	empfiehlt der St. Frankfurt seinen Gesandten Ritter Heinrich v. Pusch gen. v. Geneustein auf dessen Durchreise nach Aachen. — [Ad m. d. r. P. de Tost — o. R] — Or. Frankf.; vgl. Invent. 3, 70. — Reg.: Janssen, Frankf. Reichskorr. 1, 335. (mo. nach Valent.) **3823**
März 4	Pressburg	befiehlt der St. Köln für die in Köln v. Reichs wegen neu eingerichtete Gold- u. Silbermünze [vgl. nr. 3818 f.] Sorge zu tragen, für welche die Stadt den Wardein setzt, u. die v. ihm auf 5 Jahre ernannten Münzmeister Walter Allerhans u. Hans Thews zu schützen. — Per d. L. comitem de Ottingen mag. curie P. d. Tost. — o. R — Or. Köln. — Reg.: Mitteil. a. d. Stadtarch. v. Köln. Heft 24, 140. **3824**
»	»	teilt der St. Dortmund mit, dass er als Münzmeister daselbst den Walter Allerhans u. Hans Thews auf 5 Jahre [vgl. nr. 3817] eingesetzt, u. befiehlt dieselben zu schützen. — KU. w. v. — o. R — Or. Dortmund. *Rübel.* (sampst. vor invocavit). **3825**
»	»	desgl. dem EB. Dietrich v. Köln. — W. v. **3825 A**
» 12	[Stuhl-] Weissenburg i. Ungarn	erlaubt dem B. Ernst v. Gurk, welcher gegen die Bedränger seines Stiftes Friedrich Rater d. Alt. u. Johann Trakkenberger (im Stift Aquileja gesessen) ein Rechtsurteil vor den Sendboten des Konstanzer Konzils erstritten hat, da seine Bedränger sich nicht daran kehren, mit Re- pressalien gegen sie vorzugehen u. fordert auf ihm dabei Beistand zu leisten. — Per d. G. ep. Pat. cauc. P. de Tost — RR. G 40. (reminiscere). **3826**
» 17	Gran	bittet den EB. Eberhard v. Salzburg, die ihm wiedergegebenen 3000 ungar. Gulden [vgl. nr. 3799] an Haupt Marschall v. Pappenheim wieder zurückzuzahlen, da er über dieselben sehr notwendig anderweitig habe verfügen müssen. — Per d. L. comitem de Otingen ma- gistrum curie P. de Tost — o. R — Or. Wien H. H. u. St.-A. (frit. vor oculi). **3827**
		ersucht den B. Ulrich v. Seckau u. den Marschall des EB. v. Salzburg Ulrich Strasser, den EB. Eberhart zur Annahme seines vorstehenden Vorschlags zu bewegen. — W. v. **3828**
		bestätigt dem Ritter Diepolt v. Haunsheim u. dessen Brüdern die (inser.) Urkunden Ludwigs, Mkgr. v. Brandenburg v. 1358 (fr. v. d. palmt.) März 23 u. Meinharts, Mkgr. v. Brandenb. u. Gr. in Tirol v. 1361 (frit. nach Elsb.) Nov. 26. — Per d. L. comitem de Otingen mag. curie P. de Tost — RR. G 40ʳ u. 41ʳ. (oculi). **3829**
April 1	Pressburg	erteilt Oswald v. Wolkenstein zur Rückkehr v. seinem Hofe in die Heimat freies Geleit. — KU? — Or. Nürnberg Germ. Nationalmus. — Reg.: Mitteil. a. d. Germ. Nationalmus. 1890, 95; vgl. Ztschr. f. dtsch. Altertbum 27, 181. **3830**
» 8	Gran	erklärt auf die Beschwerde der St. Donauwörth, dass einige ihrer Bürger v. Hrz. Ludwig v. Baiern-Ingolstadt vor die Landgerichte zu Graisbach, Höchstädt u. Hirschberg geladen seien, dass deren Urteilsprüche ungiltig sein sollen. — [Michael — RR. G 42] — Kop. München R.-A.] — Lünig, R.-A. P. spec. Cont. 4, T. 1, 414 f. — [Reg.: bei Aschbach 2, 482 falschl. zu April 2]. (ss. vor d. palmt.) **3831**
» 10	»	verpfändet dem Reichserbmarschall Haupt v. Pappenheim die Reichssteuer v. Weissenburg [i. Nordg.] u. Aalen, bis dessen Forderung v. 2250 rhein. Gulden befriedigt ist. — Per d. L. comitem de Otingen mag. cur. Michael — RR. G 43ʳ. (mont. nach d. palmt.) **3832**
»	»	befiehlt der St. Weissenburg ihre Reichssteuer (80 Gulden) für 1419 an Haupt v. Pappen- heim zu zahlen. — [KU. w. v.?] — ib. (id. dat.) **3833**
»	»	desgl. die Reichssteuer f. 1420. — Not. ib. **3834**
»	»	desgl. die Reichssteuer f. 1421. — W. v. **3835**
»	»	befiehlt der St. Aalen ihre Reichssteuer für 1419 an Haupt v. Pappenheim zu zahlen. — W. v. **3836**
»	»	desgl. die Reichssteuer f. 1420. — W. v. **3837**
»	»	desgl. die Reichssteuer f. 1421. — W. v. **3838**

1419		
Apr. 10	Gran	erlaubt den Bürgern v. **Weissenburg** [im Nordgau], den Komthur des Deutschordens zu Ellingen an der Befestigung dieses Ortes zu hindern u. nicht zu dulden, dass eine Stadt daraus gemacht werde, da schon Karl IV. Wenzel u. Ruprecht dies nicht zugegeben hatten. — [Per d. L. comitem de Otingen magistrum curie Mich. de Priest. — o. R — Or. u. Vid. v. 1419 Juni 6 München R.-A.] — Reg. Boic. 12, 310. (mo. nach d. palmt.) **3839**
»	»	erklärt die Acht u. Ladung, mit welcher Hrz. Ludwig in Baiern Abt u. Kl. zu **Kaisheim**, ungeachtet diese unter seinem unmittelbaren Schutze stünden, vor seine Landgerichte ziehen wolle, für kraftlos. — [KU. w. v. — o. R — 2 Orr. ib.; Not. RR. G 42°]. — Reg. Boic. 12, 310. (id. dat.) **3840**
»	»	erlässt dieselbe Erklärung gegen Hrz. Ludwig v. Baiern zu Gunsten **Donauwörths**. — [KU. w. v.] — RR. ib. (mont. nach dem palmt.) **3841**
»	»	nimmt den Ritter Lorenz v. **Roren** [= Rohr?] gegen ein Jahrgehalt v. 200 ungar. Gulden zu seinem Diener u. Hofgesinde an. — Per d. L. comitem de Otingen mag. cur. Michael — RR. G 43°. (mont. nach palmt.) **3842**
»	»	desgl. den B. Konrad v. **Breslau** gegen ein Jahrgehalt v. 2000 Gulden. — KU. w. v. — Not. ib. (secd. fer. post palm.) **3843**
» 11	»	verbietet dem Hrz. Ludwig v. **Baiern-Ingolstadt** fernere Übergriffe gegen die St. Donauwörth. — KU? — Kop. München R.-A. (di. nach palmt.) **3844**
»	»	verbietet dem Landrichter zu **Hirschberg** über Leute u. Güter v. Donauwörth zu richten. — W. v. **3845**
»	»	verpfändet dem Hrz. Ludwig v. **Brieg-Liegnitz**, welcher 6000 Schock an verschiedene Mitglieder des Hofgesindes v. dem Ertrage des Zehnten im Breslauer Bistum bezahlen soll, für den Fall, dass dieser so viel nicht einbringt, seine Schlösser Stritschen u. Bistritz. — Per d. L. comitem de Otingen mag. cur. Mich. — RR. G 43°. (zinst. nach palmt.) **3846**
»	»	gebietet den Landrichtern u. Urteilssprechern der Landgerichte zu **Graisbach**, **Höchstädt** u. **Hirschberg** gegen den Abt Johann v. Kaisheim u. dessen Kloster keine Gerichtsbarkeit auszuüben u. die bisherigen Erkenntnisse zu vernichten. Auch verkündet er ihnen, dass er dem Hrz. Ludwig in Baiern verboten habe, Abt u. Kloster mit dergleichen Urteilen u. Achtserklärungen künftig zu beschweren. — [Per d. L. comitem de Otingen mag. cur. Mich. de Priest — o. R — Or. u. Vid. v. 1419 Juni 25 u. Okt. 5 München R.-A.] — Reg. Boic. 12, 310. (zinst. nach d. palmt.) **3847**
» 14	»	nimmt **Wienand** aus Stega [= Steeg, rheinl. K. Elberfeld oder Steegen, württ. O.-A. Waldsee?] zu seinem Sekretär an. — Per d. G. ep. Pat. canc. Mich. — Not RR. G 44°. (14. die apr.) **3848**
» 16	»	ernennt den Passauer Kan. Berthold v. **Wildungen** zu seinem Rat u. Kaplan. — KU? — Not. RR. G 44°. (16. die apr.) **3849**
» 17	»	macht bekannt, dass alle Klagen, Urteile u. s. w., welche Hrz. Ludwig v. Baiern durch die Landgerichte zu **Graisbach**, **Höchstädt** u. **Hirschberg** gegen Leute, welche v. diesen Gerichten befreit sind, hat erheben bzw. sprechen lassen, ungiltig sind; verbietet jenen Landgerichten in Zukunft Leute, mit denen sie nichts zu schaffen haben, zu belästigen. — Ad m. d. r. Mich. de Priest can. Prag. — RR. G 42° u. 43°; Vidim. d. Reichshofrichters Grafen Johann v. Lupfen (Pa. Wacker) v. 1419 April 30 (Gran) Pappenheim. (mo. nach ostern.) **3850**
» 23	Wissegrad (Blindenburg)	verlangt Beistand für den B. Johann v. **Brandenburg**, welcher bei der Einziehung des ihm (dem Könige) v. P. Martin V verliehenen Zehnten in den Diözesen Magdeburg, Bremen, Breslau, Meissen, Merseburg, Naumburg, Halberstadt, Hildesheim, Schwerin, Verden, Ratzeburg, Lübeck, Schleswig u. Lebus Schwierigkeiten findet, nachdem er (S.) nach Ungarn gezogen. — Gerße — RR. G 44. (quasimodo geniti). **3851**
»	»	bestätigt dem Gr. Hermann v. **Cilly** die Lehen, mit welchen dieser v. dem Stifte Gurk belehnt ist. — Per d. L. comitem de Ötingen mag. cur. Mich. de Priest. — RR. G 45. (Gorgen t.) **3852**
»	»	quittiert dem Haupt v. **Pappenheim** u. dem Konrad **Munchwiler**, welche den ihm v. Papst verliehenen Zehnten in den Diözesen Salzburg, Chiemsee, Seckau, Lavant, Gurk, Augsburg,

1419

Eichstädt. Regensburg u. Freising eingezogen u. die Einnahmeregister seinem Kanzler dem B. Georg v. Passau übergeben haben, den Empfang v. 19000 rhein. Gulden. — Per d. G. episc. Pat. canc. Mich. de Priest. — RR. G 43ᵛ.   (Jörgen t.)   **3853**

April 27 | Wissegrad (Blindenbg.) — giebt dem Gr. Hans v. Lupfen das Recht in der ganzen Herrschaft Hohenack, in Landsberg, in seinen Schlössern, Gerichten u. Gebieten Steuern u. von Leuten zu erheben, welche daselbst Besitzungen haben, aber Unterthanen anderer Herren sind. — [Paulus] — RR. G 43ᵛ u. 44ᵛ; Kop. Donauesch.; vgl. Reg.: Ztschr. d. Ges. f. G. v. Freiburg 3, 374.   (do. nach Georg.)   **3854**

» 28 » — nobilitiert Heinrich Kautsch aus Kawennach [?] u. verleiht ihm ein Wappen. — Per d. G. canc. Michael — Not. RR. G 45ᵛ.   (28. die apr.)   **3855**

» » » — ernennt Konrad v. Weinsberg zu seinem Prokurator in seiner Klage vor dem Hofgericht gegen die Städte Hamburg, Rostock, Wismar u. gegen die Ditmarschen ,die gen uns und dem riche herrlich und treflich in manichen stocken und mit vil freveln uberfaren haben.' — Per d. G. episc. Patav. cancell. Michael de Priest canon. Prag. — R — Or. Öhringen: RR. G 44ᵛ.   (frit. vor Philipps u. Jacobs t.)   **3856**

» ; » — erlaubt demselben alle, welche nach Venedig ziehen, aufzuhalten. — Per d. G. ep. Pat. canc. P. de Tost — Not. RR. G 44ᵛ.   (frit. nach Gorgen).   **3857**

» 30 » — bestimmt, dass niemand, der ausserhalb der Herrschaft des Gr. Johann v. Lupfen gesessen ist, seine in dessen Herrschaft gelegenen Güter unversteuert lasse [vgl. nr. 3854]. — KU? — Lehenverz. d. Lupfen (1520): Horrsch. v. Hohenlandesberg, Colmar Bez.-Arch. — Reg.: Ztschr. d. Ges. f. Geschichtsk. v. Freiburg 3, 374 f.   (sont. nach Jörgen).   **3858**

Mai 1 » — verspricht den Brüdern Ulrich u. Marquart v. Duba die ihnen schuldigen 1500 roten ungar. Gulden bis Juli 25 zu bezahlen. — KU? — Not. RR. G 30ᵛ.   (Philippi u. Jacobi).   **3859**

» » — hebt die auf die Klage des Hrz. Erich v. Sachsen-Lauenburg u. des Albrecht Schenk v. Landsberg über die St. Lübeck im allgemeinen u. den Ratmann Johann Crispin insbesondere verhängte Acht wieder auf [vgl. nr. 3701 u. 3804]. — Petrus Wacker — Or. Lübeck; [Not. Achtbuch 14ᵛ]. — Urkb. d. St. Lübeck 6, 133 f.   (ment. nach misericord. dom.)   **3860**

» » — ernennt Antonius Petrifontis aus Florenz zu seinem familiaris. — Pataviens. Paul. — Not. RR. G 44ᵛ.   (prima die mai).   **3861**

» 4 » — verpfändet, da Jakob Broglin u. Fols v. der Winterbach v. dem ihnen verschriebenen [vgl. nr. 3724] Schlagschatz zu Aachen wenig Ertrag haben, ihnen den Schlagschatz der Münze zu Nördlingen u. Frankfurt bis zum Betrage der v. ihnen entliehenen 1000 rhein. Gulden. — Paul. — RR. G 45ᵛ.   (donerst. nach Waltpurg).   **3862**

» » — befiehlt der St. Frankfurt laut seiner Verfügung [vgl nr. 3726 f.] die Silbermünzen prägen zu lassen u. in Kurs zu halten; erinnert an seine Verfügung betr. Einwechseln v. Gold u. Silber. — Per d. L. comitem de Otingen magistrum curie P. de Tost — o. R — Or. Frankf. St.-A.; vgl. Invent. 4, 15.   (id. dat.)   **3863**

» 5 » (zu der Burge) — befiehlt dem Gr. Nikolaus zu Modrusch u. Zengg v. den 2000 ungar. Gulden, die er für ihn in Ofen ,abrichten' solle, 1000 an den Passauer Bürger Hans Holzhaimer zu zahlen. — KU. w. v. — RR. G 45ᵛ.   **3864**

» » Gran — erlaubt dem B. [Georg] v. Trient alle, welche nach Venedig ziehen, aufzuhalten. — Otingen. Paulus — Not. RR. G 44ᵛ.   (quinta d. maii).   **3865**

» 8 Waitzen (Bacze) — ernennt den Johannes aus Alnetam [= Aunis; nicht Aulnay] zu seinem Kaplan. — KU? — Not. RR. G 43ᵛ.   (octavo die mali).   **3866**

» 17 Kaschau — an Michael Küchenmeister, den Hochmeister des Deutschordens: hat nach Besprechung mit Kg. Wladislaw den Plan gefasst, den Deutschorden mit diesem zu vertragen u. wird eine Gesandtschaft [vgl. nr. 3869] nach Thorn schicken; dort soll sich der Hochmeister aufhalten u. sie empfangen. — Ad m. d. r. Mich. de Priest. can. Prag. — o. R — Or. Königsb. — Vgl. Notiz: J. Voigt, Gesch. Preussens 7, 349.   (17. tag des . . . meien).   [Dass Sigmund dem Polenkönig kriegerische Massregeln gegen den Deutschorden (nur mündlich?) zugesichert hat, falls dieser sich seinem Schiedsspruche nicht unterwerfen wolle, ergiebt sich aus der Urk. Kg. Wladislaws v. 1419 fer. quarta rogacionum [= Mai 17], welche nach Notariatsinstr. v. 1419 Juni 1 gedruckt ist: Raczynski, Cod. dipl. Litthuaniae 245 ff.   **3867**

1419		
Mai 18	Kaschau	übernimmt das Schiedsrichteramt zwischen dem Kg. Wladislaw v. Polen, dem Grossfürst. Alexander Witold v. Litthauen, den Hrz. Johann u. Ziemowit v. Mazovien einer- u. dem Deutschorden (Hochmeister Michael Küchenmeister) andererseits u. verspricht seinen Schiedsspruch bis Sept. 29 zu fällen. — [Ad m. d. r. Paul. de Tost — RR. G 43ᵛ, zwei Ausf. eine f. Polen, die 2. für den Orden]; 2 Transsumpt v. 1419 Juni 12 Königsberg. — Liv. Esth. u. Curl. Urkb. 5, 476 f.; vgl. 41. (decima oct. die mai). **3868**
»	»	beglaubigt bei dem Hochmeister des Deutschordens seine Rate den Hrn. Przimko v. Oppeln u. Gr. Ludwig v. Oettingen seinen Hofmeister. — KU. w. v. — o. R — Or. Königsbg. — Vgl. Nr.; J. Voigt, G. Preussens 7, 349. (achtzehenden tag des ... meien). **3869**
» 22	»	ernennt Johann Goldener aus Erfurt u. dessen Sohn Konrad zu seinen ,familiares.' — Canc. Mich. — Not. RR. G 46ᵛ. (fer. secda ante Urbani). **3870**
» 24	»	beauftragt den Mkgr. Bernhard v. Baden mit der Wiederherstellung bzw. Wiedereinlösung des früheren Besitzes des Reichskl. Erstein (Ersfheim); für diesen Erstein; für Prozesse, die infolge dessen erwachsen, wird Gr. Hans v. Freiburg zum Richter ernannt. — [Per d. G. ep. Pat. canc. P. de Tost] — RR. G 47. — Fester, Regesten d. Mkgr. v. Baden nr. 3126. (mittw. vor herren uffart). **3871**
»	»	beglaubigt bei dem Hochmeister des Deutschordens nochmals [vgl. nr. 3869] Hrz. Przimko v. Oppeln u. Gr. Ludwig v. Oettingen u. ersucht ihn, sich zu ihnen nach Thorn zu verfügen; ,und wollen uns onch on zwifel von stunden nach in von hinnen erheben.' — Ad m. d. r. P. de Tost — o. R — Or. Königsbg. (mi. vor uns. heren uffart t.) **3872**
» 25	»	giebt dem Deutschordenskomtur zu Thorn Ulrich Czenger, welcher zu ihm als Gesandter des Hochmeister Michael Küchenmeister reisen soll, einen Geleitsbrief. — KU? — RR. G 45ᵛ. (25. die mai). **3873**
» 26	»	überträgt die Einziehung des ihm v. P. Martin V überlassenen Zehnten in Stadt u. Distum Breslau dem B. Konrad v. Breslau u. dem Hrz. Ludwig v. Brieg u. Liegnitz unter Entbindung des B. Johann v. Brandenburg v. dem gleichen ihm früher erteilten Auftrag [vgl. nr. 3851]. — Ad m. d. r. Mich. de Priest — RR. G 45ᵛ u. 46ᵛ. (26. die mai). **3874**
»	»	gestattet dem Nikolaus Frankenstein gegen seine säumigen Schuldner Jodocus Andreas u. Johannes Stubchen, Karl u. Georg Babe aus Neusohl (de Novo Zolio), Nikolaus Fuderholz u. Johannes Fleischer vorzugehen. — Per d. G. ep. Pat. canc. P. de Tost — RR. G 46ᵛ. (id. dat.) **3875**
»	»	ersucht die Strassburger, da er den Mkgr. Bernhart v. Baden beauftragt habe, alle verpfändeten Güter des Kl. Erstein v. Reichs wegen einzulösen, ihre Mitbürger Bernhart Beckelin, Konrad Armbroster u. die Erben des Hans Schilter anzuhalten, der Einlösung ihrer Pfandschaften auf dem Flecken Erstein keine Schwierigkeiten zu machen. — [KU. w. v. — o. R] — Or. Strassbrg St.-A. — Vgl. Fester, Reg. d. Mkgr. v. Baden nr. 3128. (frit. nach herren uffart t.) **3876**
» 27	»	ernennt den Hrz. Kasimir (Kazken) zu Teschen u. Herru zu Auschwitz (Uswitzen) gegen ein Jahrgehalt v. 3000 roten ung. Gulden zu seinem Rat, Diener u. Hofgesind. — Per d. G. ep. Pat. canc. Mich. de Priest — RR. G 46ᵛ. (subbato post ascens. domini). **3877**
»	»	desgl. den Johann Burggr. v. Magdeburg u. Herrn zu Hardeck [in N.-Österreich] gegen ein Jahrgehalt v. 2000 roten ung. Gulden. — KU. w. v. — Not. ib. (id. dat.) **3878**
» 31	»	bestätigt dem Johann v. Neuhaus (de nova domo) alle Güter u. Besitzungen in Böhmen u. Mähren u. die freie Verfügung darüber. — Ad m. d. r. Mich. de Priest — RR. G 46ᵛ. (ultima mai). **3879**
»	»	bestätigt dem Ritter Johann Dieba v. Dolau [= Dollein, Dolany im Olmützer Bez.?] die ihm u. seinen Nachkommen verliehene Befreiung v. der in Mähren üblichen allgemeinen Berna. — W. v. **3880**
» ?	?	verbietet allen Reichsunterthanen jeden Verkehr mit den Venetianern, da dieselben trotz seines grössten Entgegenkommens nicht zum Frieden zu bewegen seien. — KU? — RR. G 46ᵛ. s. d. et l. (zw. Mai 31 u. Juni 21). **3881**
		Juni 3 Konstanz: erkennt Friedrich v. Grafeneck als Bischof v. Augsburg an. Reg. Boic. 12, 314. — falsch statt 1418 Mai 14 (nr. 3172).

1419		
Juni 18	Kaschau	benachrichtet einen nicht genannten [schlesischen?] Fürsten davon, dass seine Boten Hrz. Primko v. Troppau u. Gr. Ludwig v. Öttingen beim Hochmeister des Deutschordens nichts ausgerichtet, dass er daher dem Polenkönig beistehen wolle; verbietet daher Gegnern desselben Durchzug zu gewähren. — KU? — Kop. Königsb. — Vgl. J. Voigt, Gesch. Preussens 7, 350. (suntag nach . . . Viti). **3882**
?	?	beklagt sich bei P. Martin V über das parteiische Verhalten der BB. Ferdinand v. Lucca u. Jacob v. Spoleto in dem Streite zwischen Kg. Wladislaw v. Polen u. Hrz. Witold v. Litthauen einer- u. dem Deutschorden andrerseits — zu Gunsten des letzteren — u. bittet ihn, diese seine Gesandten zurück zu rufen u. ihre Zeugenbriefe zu kassieren. — KU? — Nach Hds. 1555 d. Königsb. Bibl Arch. 1, österr. Gesch. 52, 142 ff.; nach Kuraiker Hds. Mon. med. aevi hist. res gest. Polen. illustr. 6, 450 ff. (s. a. et d). **3883**
Juni 19	Kaschau	vertagt die Entscheidung über den Streit zwischen Johann v. Maroth, Ban v. Machovien einer- u. Stefan u. Emerich, den Söhnen des Abraham v. Gerla andrerseits über einige Güter an dem Flusse Fabianfuka. — o. KU: — o. R — Or. München R.-A. (feria secunda ante fest. nativ. Joh. Bapt.) **3884**
» 20	»	schickt dem Rat v. Bellano durch Michele Miari 2250 Gulden, um 300 Mann Fussvolk zur Verteidigung des Thales v. Belluno anzuwerben. — KU? — Kopb. Belluno. — Reg.: Forsch. zur dtsch. Gesch. 18, 222. **3885**
»	»	bestätigt dem Miari u. Doglioni das Recht der Represalien gegen die Venetianer [vgl. nr. 239]. — KU? — Kopb. Belluno. — Verci, Storia della marca Trivigiana 19, Doc. 111 f. (Ort Constantino falsch); vgl. Reg. ib. **3886**
» 21	»	beauftragt seinen Rat den EB. Bartholomäus v. Mailand, den Deutschorden zum Frieden mit Polen zu bewegen. — Per d. G. ep. Pat. canc. Paul. de Tost — RR. G 47ʳ. (21. die jun.) **3887**
» 25	»	belehnt Wend v. Eulenburg (Ylem-) mit den durch den Tod des Meiner v. Leisnig (Lis-) freigewordenen Dörfern Wermsdorf u. Yotzeuwaldo [?]. — KU. w. v. — Not. ib. (sont. nach Joh. Bapt.) **3888**
»	»	Juni 26: f. Burggr. Johann v. Nürnberg wegen der Judenabgaben. RR. G 49ʳ. — nach Or. Juli 3 (nr. 3890). **3888a**
Juli 1	»	erteilt dem Hrz. Filippo Maria v. Mailand, (der durch den Mkgr. Jakob v. Isео ihm hatte berichten lassen, dass das Gerücht im Laufe sei, er (Sigmund) sei ihm höchst feindlich gesinnt), das Privileg, dass derselbe ohne jeden Schaden für sich frei darüber berichten könne, ob er vor ihm (S.) erscheinen wolle oder nicht, für den Fall, dass er (S.) nach der Lombardei käme u. auch wenn er ihn rufen lasse. — KU? — RR. G 51ʳ. (prima die jul.) **3889**
» 3	»	gebietet allen Fürsten, Grafen u. s. w. auf Veranlassung des Burggr. Johann v. Nürnberg, dem er die Einziehung der Judenabgaben übertragen (vgl. oben nr. 3607), demselben behilflich zu sein, dass er diese Abgaben auch v. den Juden, welche bisher die Zahlung verweigert, erhalte. — Per d. L. comitem de Otingen magistrum curie Michael de Priest canon. Wratisl. — o. R! — Or. Bamberg Kr.-A.; RR. G 49ʳ mit Dat.: mont. vor Petri u. Pauli = Juni 26! (mo. nach Peters u. Pauls t.) **3890**
» 28	Gran	teilt dem Landrichter Burkart v. Dollweiler, sowie den Urteilsprechern des Landgerichtes im oberen Elsass mit, dass er den Gr. Hans v. Lupfen, seinen Hofrichter, mit der Landgrafschaft u. dem Landgericht Stühlingen belehnt habe; man möge dessen Rechte in den ihm zustehenden Gerichten anerkennen u. achten. — [Per d. L. comitem de Otingen mag. cur. Mich. de Priest] — RR. G 50. — Reg.: Ztschr. d. Ges f Geschichtsk. v. Freiburg 3, 375. (fr. nach Jacobi). **3891**
»	»	befiehlt dem EB. Eberhard v. Salzburg, dem Hrz. Ludwig v. Baiern [-Ingolstadt] jede Hilfe gegen Hrz. Heinrich v. Baiern [-Landshut] zu verweigern. — KU? — Vid. v. 1422 Juli 6 Wien H. H. u. St.-A. (frit. nach Jacobs t.) **3892**
»	»	gestattet dem Petrus Thalamonis aus Zimella (de villa Gymellarum) über seine Güter in der Grafschaft Gimel testamentarisch frei zu verfügen. — Ad m. d. r. Mich. de Priest — RR. G 49ʳ. (28. die jul.) **3893**

1419			
Juli 24	Gran	weist folgende Städte an, die Martini fällige Reichssteuer an Ritter Frischhans v. Bodman zu bezahlen: Biberach.	3894
		Buchhorn.	3895
		Kaufbeuren.	3896
		Leutkirch.	3897
		Memmingen. — [Or. ib. St.-A. Magistrat].	3898
		Ravensburg.	3899

Michael — Not. RR. G 47ᵛ. (fer. sexta post Jacobi).

Aug. Auf.?	Ofen	ladet als erwählter Schiedsrichter zwischen Polen (Kg. Wladislaw; Grossherz. Alexander Witold v. Litthauen, Hrz. Johann u. Ziemovit v. Mazovien) u. dem Deutschorden die Parteien auf den 24. Sept. vor, bei einer Strafe v. 10000 Mark für den ausbleibenden Teil. — Unterschrift des Notars Antonius Barthol. Franchi de Pisis. — Hds. 1555 d. Königsb. Bibl. — Arch. f. österr. Gesch. 32, 125 ff. (s. a. et d.)	3900
Aug. 7	„	erteilt den Gr. Friedrich u. Gottfried v. Öttingen ein Privileg, betr. das Öttingische Landgericht, Geleit u. s. w. — Ad m. d. r. Michael de Priest can. — [BR. G 47ᵛ u. 48; Bestät. K. Maximilians II v. 1570 Dez. 9, Wallerstein. Fürstl. Öting. Wallerst A.]. — Lönig, R.-A. Spic. sec. 1, 767; Vertheidigte Territorial- u. Jurisdictions-Gerechtsame der Reichsstadt Dinckelsbühl (1755) nr. 89; vgl. auch Material. z. Ötting. Gesch. 3, 59. (mo. vor Laur.)	3901
„ 11	„	bestätigt seinem Diener, dem Ritter Ahnyken v. Krzeusitz, dem dessen Gemahlin Ursula v. Hirschbach (Hirtz-) vor ihm zu Rottweil im J. 1418 [Aug. vgl. nr. 3418] ihre Güter aufgetragen hat, den Besitz derselben, da Ursula unterdessen gestorben. — Ad m. d. r. Mich. — RR. G 51ᵛ. (frit. nach Laurencien).	3902
„ 12	„	bestätigt auf Bitten des Rupert v. Weltz, Kan., Generalvicar u. Kanzler des Passauer Bistums zwei (Unser.) Privilegien über eine Königshufe, die vom K. Heinrich III am 28. Dez. 1053 u. vom Hrz. Rudolf v. Österreich am 28. Jun. 1360 der Kirche zu Krems verliehen worden ist. — Per d. L. comitem de Otingen magistrum curie Michael de Priest can. Pragens. — [R — Or. München R.-A.; BR. G 50ᵛ]. — Mon. Boica 31, 2. 164 ff.; Reg. Boic. 12, 318; vgl. auch Kurz, Österreich unter Albrecht II. Bd. 1, 329. (duodec. die aug.)	3903
„ 14	„	verleibt dem Gr. Ludwig v. Öttingen, seinem Hofmeister u. dessen Erben, den bisher freien Bach Sechta in seiner Grafschaft mit der Fischereigerechtigkeit, u. zwar vom Stag unter dem Ipf (Uppf) bis an die Brücke zu (Ober- od. Unter-?) Schneidheim (Snayten). — Ad m. d. r. P. de Tost — BR. G 48ᵛ. (sant. vor frowen t assumpt)	3904
„	„	erlaubt auf Fürsprache des Gr. Ludwig v. Öttingen dem Wilhelm Adelman auf dem Bache Sulzbach eine Mühle zu errichten. — Per d. G. ep. Pat. canc. P. de Tost — RR. ib. (id. dat.)	3905
„	„	befiehlt allen Reichsunterthanen, bes. dem B. Wulbrand v. Minden, den Gr. Adolf u. Otto v. Holstein u. der St. Stadthagen (Grevenalvesh-), dem Mindner Kleriker Johannes Torner gegen Borghart v. Wigherdessen beizustehen, welcher, trotzdem seinerzeit das Konzil gegen ihn entschieden habe, noch immer nicht Genugthuung geleistet. — Per d. G. ep. Pat. canc. Mich. de Priest — RR. G 49. (sant. vor frow. t assumpt.)	3906
„	„	belohnt auf Wunsch des B. Otto v. Münster Peter Limberg mit dem Freigrafenamt zu Münster. — Mich. de Priest — RR. G 49ᵛ u. 50ᵛ. (id. dat.)	3907
„	„	erklärt, dass alle Privilegien, die er dem B. Raban v. Speier gegeben, den Privilegien der St. Speier keinen Nachteil bringen sollen. — [o. KU! — R — Or. Speier St.-A.; BR. G 52 mit KU, wie in nr. 3909; Kop. Speier Kr.-A.; vgl. Sigmunds U v. 1421 März 28]. — Christ. Lehmann, Chronik der Reichsstadt Speier (1612) 445 f.; Lünig, R.-A. P. spec. Cont. 4, T. 2. 496 f. — Ausz: Moser, reichsst. Hdb. 2, 721. (sant. vor frow. t assumpt.)	3908
„	„	bestätigt die Privilegien der St. Speier. — [Per d. L. comitem de Otingen magist. curie Mich. de Priest can. Prag. — R — 2 Orr. Speier St.-A. (1 im Museum); RR. G 51ᵛ u. 52]. — Lehmann 886; Lünig 497 f. (sant. vor assumpt. Mariae).	3909
„	„	bestätigt der St. Speier das Münzprivileg Karls IV [v. 1347 Dez. 24; Hilgard, Urkk. d. St. Speyer 451] u. erlaubt ihr Pfennige zu schlagen. — KU. w. v. — R — Or. ib.; BR. G 52. (sant. vor frow. t assumpt.)	3910

1419		
Aug. 13	Ofen	erlaubt der St. Speier für ewige Zeiten 'zu setzen und zu entsetzen, zu minnern und zu meren notdürftige dinge auf waßere und uf lande.' — KU. w. v. — RR. G 52ᵛ. (id. dat.) **3911**
"	"	an Reinhart Fuchs, Bürger zu Köln u. dessen Hausfrau Hadiat: die Stadt Metz [vgl. nr. 3528] klage, dass beide auf Grund eines Hofgerichtsbriefes zu Unrecht ihre Güter beschlagnahmen; beide Parteien sollen vor dem Hof erscheinen; inzwischen ist jede weitere Beschlagnahme verboten. — Per d. L. comitem de Otingen magistrum curie Mich. de Priest — RR. G 50ᵛ; Kop. Frankf. St.-A.; vgl. Invent. 4, 75. (sunt. vor frawen t. annmpt.) **3912**
"	"	bessert dem Ritter Ulrich Laun u. dessen Familie ihr Wappen. — KU. w. v. — Not. RR. G 51ᵛ. (id. dat.) **3913**
		Aug. [14] Preßburg: verpfändet dem Pota v. Castolovic das Fürstentum Münsterberg. — KU? Registr. v. 1454. — Reg.: Arch. český 1, 534. (ante assumpcionem b. Marie). *Novaček.* — Ist nach Or. 1429 Aug. 13 ausgestellt. **3913a**
" 30	"	meldet dem Hochmeister des Deutschordens Michael Küchenmeister den Tod Kg. Wenzels, bittet, um zur Zurückdrängung der Türken u. Ausrottung der Ketzerei in Böhmen freie Hand zu haben, Adressat möge den zur Entscheidung der Streitsache des Ordens mit Polen gesetzten Termin v. 1419 Sept. 29 bis 1420 Jan. 6 verschieben, u. beglaubigt bei ihm den Antonius de Pinis. — [o. KU! — o. R]. — Or. Königsberg. — Reg.: BTA 7, 398. (die 30. aug.) **3914**
[Aug.]	"	richtet einen satyrischen Belobungsbrief an die hussitischen Prager. — KU? — Prag. Domkapitel Hds. O 39. — Palacky, Beitr. z. G. d. Hussitenkrieges 2, 523 ff.; franz. Übers.; Lenfant, Histoire du conc. de Constance 2, 106 ff. (s. d.) — Echt? **3915**
		Sept. 1 Preßburg: verbürgt dem Heinrich Metelska für Erkinger v. Seinsheim 1000 Schock Groschen, Registr. v. 1454. — Reg.: Arch. český 1, 514. (v pondělí na sv. Jiljí = Montag den tag Egidii). *Novaček.* Montag Egidii t. [1419 Egidii am Freitag] würde nur zu den J. 1421 u. 1427 passen, doch da stimmt wieder die Ortsangabe nicht. Das richtige Datum ist 1429 mont. vor Egidii, wie sich aus RR. J 46ᵛ ergiebt. **3915a**
Sept. 8	Sandecz	hat hier eine Zusammenkunft mit Kg. Wladislaw v. Polen. — Vgl. Caro, Gesch. Polens 3, 498. **3915b**
" 7	?	fordert die Stände des Landes Krakau auf, ihn bei seinem bevorstehenden Türkenzuge zu unterstützen. — KU? — Hds. 1555 d. Königsb. Bibl. — Arch. f. österr. Gesch. 52, 120. **3916**
" 14	Kaschau	macht bekannt, dass Kg. Wladislaw v. Polen u. der Hochmeister des Deutschordens auf seinem Schiedsspruch bestehen wollen, erklärt aber zugleich, dass er diesen nicht, wie er versprochen, am 29. Sept. zu fällen imstande sei [Gründe s. in nr. 3914], sondern dies auf 1420 Jan. 6 verschieben müsse. — KU? — Or. Krakau. — Nach Hds. 1555 d. Königsb. Bibl.: Arch. f. österr. Gesch. 52, 117 f.; vgl. auch Reg.: Mon. med. aevi hist. res gest. Poloniae illustr. 11, 125. (die exalt. crucis). **3917**
" 15	"	befiehlt auf Bitten des Klaus Lemchin dem Eberhart Löw, Burggr. zu Friedberg, u. dem Rudolf Geyling, Schultheiss zu Frankfurt, die ihnen früher übertragene Streitsache zwischen den beiden nunmehr † Frankfurter Bürgern Heinrich Krauch u. Jakob Lemchin endlich zu entscheiden. — Ad relat. d. L. comitis de Otingen mag. cur. — RR. G 50ᵛ. (frit. nach crue t.) **3918**
" 23	"	befiehlt dem Breslauer Rat, die dem Hrz. Konrad v. Öls verpfändete Kanzlei u. Fischerei zu Breslau, sowie das demselben gleichfalls verpfändete Geschoss u. Getreidegeld zu Neumarkt dem Hrz. zu lösen zu geben. — KU? — Erwähnt o. O.: (Klose) Von Breslau 2, 1, 336. (sonnab. vor Michael). **3919**
" 24	Warasdin	gebietet den Nürnbergern, ihre Vertreter mit voller Gewalt auf Dez. 11 zu ihm nach Breslau zu schicken, wo er die Streitigkeiten zwischen dem Kg. Wladislaus v. Polen u. Hrz. Witold v. Litthauen einer- u. dem Deutschorden anderseits beilegen u. erfahren wolle, wie viel militärische Unterstützung sie ihm zubringen wollen (vgl. nr. 3923 f.; sicherlich liegt in nr. 3920 oder nr. 3923 f. ein Schreibfehler im Datum vor). — Per d. Joh. episc. Brandenburg. Michael de Priest. — Or. Nürnberg Kr.-A. — BTA 7, 393 f. (sunt. vor Mich.) **3920**
Okt. 1	"	meldet dem Rat v. Belluno, dass er im Begriff sei, Dionys v. Marchali, Dan v. Slavonien, mit Truppen zur Verteidigung ihrer St. gegen Venedig abzuschicken. — KU? — Kop. Belluno.

1419		

— Verci, Storia d. marca Trivigiana 19. Doc. 115; vgl. Reg.: Forschungen z. dtsch. Gesch. 18, 222. **3921**

Okt. [1] Warasdin meldet dem Patriarchen Ludwig v. Aquileja, dass er den Dionys v. Marchali, Ban v. Slavonien, mit starkem Heere gegen Cividale schicke, um diese Stadt für ihr Zusammengehen mit seinen Feinden zu strafen. — KU? — Or. Venedig Markus Bibl. — Reg.: Abh. d. hist. Cl. d. Münch. Akad. 9, 493. (o. T.) **3922**

» 1 » begehrt Beschickung des Tages zu Breslau auf Dez. 11, auf welchem er mit Rat u. Beihilfe v. Fürsten, Herren u. Städten die Streitigkeiten zwischen Polen u. dem Deutschorden entscheiden u. v. ihren Gesandten erfahren wolle, wie viel Unterstützung er für den beabsichtigten Feldzug erwarten könne [vgl. nr. 3920]. — Per d. Joh. episc. Brandenb. Michael de Priest.

an Nördlingen u. Dinkelsbühl. — Or. Nördl. **3923**

an ungen. Städte. — Kop. Strassb. St.-A. **3924**

RTA 7, 393 f. (sunt nach Mich.)

desgl. an Basel — ergiebt sich aus nr. 3935ᵃ. **3925**

desgl. an Bern — w. v. **3926**

» 4 bei Nicopolis erringt zwischen Nissa u. Nicopolis einen Sieg über die Türken. — Vgl. Aschbach 2, 411. **3926 a**

Okt. 5 Augsburg: an den Vikar zu Belluno u. an den Rat v. Feltre. — Reg.: Forsch. z. dtsch. Gesch. 18, 222 — falsch statt 1418 Okt. 5 (nr. 3618 f.) **3926 b**

» 11 ? hebt die Acht [vgl. nr. 3527, über Meersburg auf, da diese St. sich mit D. Otto v. Konstanz ausgesöhnt hat. — KU? — Kop. Meersburg u. Karlsruhe. — Vgl. Zeitschr. f. G. d. Oberrheins 27, 18 u. Mitt. d. bad. hist. Kamm. 8, 51. (mi. nach Dionysi; o. O.) **3927**

» 13 ? befiehlt dem Fürstentum Breslau die dortigen Juden, seine Kammerknechte, zu schützen. — KU? — Erwähnt o. O.: (Klose) Von Breslau 2, 1, 336. (fr. vor Galli). **3927 A**

» 26 Neuhaus dankt den Frankfurtern für die Mitteilung v. dem Tode des Ebf. Johannes v. Mainz u. bittet (auf unserm neuen um weitere Mitteilung v. wichtigen Nachrichten. — Ad m. d. r. G. ep. Patav. cancell. Mich. bagesl in der Bei- gurei bei dem de Priest — o. R — Or. Frankf.; vgl. Invent. 3, 70. — Aschbach 2, 451 f.; Reg.: Janssen, eysern be). Frankf. Reichskorr. 1, 335. (do. vor Symonis u. Jude). **3928**

» 27 » bestätigt dem mündig gewordenen Gr. Ludwig v. Ulrich v. Würtemberg ihre Privilegien auf Bitten der Gräfin Henriette v. Würtemberg, des Abts Sigfrid v. Ellwangen, des Hrz. Ulrich v. Teck, des Gr. Friedrich v. Helfenstein, des Albrecht v. Rechberg, des Hofmeister Hans v. Stadion (Bote: Gr. Rudolf v. Sulz). — o. KU! — Or. (schlecht erhalten) Stuttgart; RR. G 52ᵛ u. 53ᶠ mit KU.; Per d. L. comit. de Otingen mag. cur. Mich. (Symons u. Jude abend). **3929**

» » » belehnt dieselben auf Bitten der vorigen bzw. des Rudolf v. Sulz mit der Grafschaft Würtemberg u. allem Zubehör. — Per d. L. . . . Mich. Priest. can. Prag. — RR. G 53ᶠ. (id. dat.) — Vgl. den Revers Rudolfs v. Sulz über diese Belehnung v. 1419 Okt. 26 bei Lünig, Cod. Germ. dipl. 1, 1431 = Sattler, Gesch. Würtembergs unter den Graven 2. Forts. Beil. 7 f. **3930**

» 28 » ersucht den Mkgr. Bernhard v. Baden v. dem Gelde, das er v. dem Zehntertrag noch in seinen Händen hat, dem Gr. Eberhart v. Nellenburg für ihn auszulösen u. bis auf weitere Bestimmung zu verwalten. — [Per d. G. ep. Pat. cauc. Mich. de Priest] — RR. G 53ᶠ. — Fester, Regesten d. Mkgr. v. Baden nr. 3144. (Symon u. Jude). **3931**

» » » setzt den Gr. Eberhart v. Nellenburg davon in Kenntnis u. befiehlt ihm der Einlösung nicht zu widerstreben. — [KU. w. v.] — RR. ib. — Fester nr. 3145. **3932**

» » Orsova befiehlt der St. Speier die ihm versprochenen 4000 rhein. Gulden an den Gr. Ludwig v. Öttingen d. (Orsua) jüng. zu zahlen. — Per d. L. com. de Otingen mag. cur. Mich. — RR. G 52ᵛ. (Symon u. Jude). **3933**

» » » präsentiert seinen Protonotar Michel v. Priest für die durch den Tod des Georg Kudera erledigte Probstei der kgl. Kapelle zu Kuttenberg. — Rex per se — RR. G 53. (id. dat.) **3934**

» » » präsentiert seinen Kaplan Johannes, den Sohn des Simon v. Slava, für die durch Beförderung des Prof. der Theologie Stephan v. Paletsch (-etz) freigewordene Parochialkirche in Gurzzum [= Kaurim?] — KU? — Not. ib. 53ᵛ. (28. die oct.) **3935**

Nov. 25: Bern an Basel als Antwort auf einen Brief, worin Basel fragt, was Bern wegen der anmütunge . . . uch von unsrem allergnadigosten herren und durchluchtigisten fürsten dem

1419

römischen küng beschechen ûver botschafte bi sinen küniglichen gnaden viertzehen tag vor wyhennechten ze Preßlaw zu haben' [vgl. nr. 3923] thun will, ‚wand ir (Basel) vigentschaft halb ûver botschaft zû sinen küniglichen gnaden nit schigken mögent' u. ob Bern einen gleichen Brief erhalten habe: es habe (den Eidgenossen?) geschrieben u. warte auf Antwort. — Or. Basel. (Briefe 1 nr. 416). *Thommen.*   **3935a**

Dez. 21	Breslau (sic!)	bestätigt den Jungfrauen des Katharinen-Klosters zu Breslau alle ihre Rechte u. Freiheiten. — KU? — Gleichz. Kop. (Übersetzung aus dem Latein.?) Breslau Staats-A. Incarnationsj. 1420 (!), Ung. 33, Röm. 10 [kaum echt]. (21. tag des Christmond.; sollte hiermit der Januar gemeint sein?) **3936**
» 25	Skalitz in Ung.	ersucht die Gräfin Henriette v. Würtemberg, den Gr. Rudolf v. Sulz u. die Vormänder der Grafschaft Würtemberg sich mit Hrz. Karl v. Lothringen, der gleichfalls die Vormundschaft beansprucht, gütlich zu einigen; thäten sie dies nicht u. rufe Hrz. Karl ihn an, so müsse er gegen sie vorgehen. — Per d. L. comitem de Otingen mag. cur. Mich. de Priest — RR. G 54ᵛ. (wihennacht L.) **3937**
» 27	Brünn	sieht dem Einzuge der Prager Gesandten zum Brünner Landtag zu. Laurencius de Březina: Font. rer. Austr. 1, 2, 347. **3937a**
» 29	»	bereitet die Prager Gesandtschaft einen üblen Empfang, ersetzt alle hussitischen Burggrafen durch Anhänger des katholischen Kirchenglaubens; so tritt an die Stelle Jankos v. Miliczin alias v. Kosteletz gen. Sadlu, eines früheren Günstlings Kg. Wenzels, als Befehlshaber des Karlsteins Zdeslaus v. Burzenitz gen. Tluza [nicht Fluza]. — ib. 348. **3937b**
»	»	verspricht die St. Mainz an Zöllen, Gnaden u. Freiheiten zu beschirmen. — [Per d. L. comitem de Otingen magistr. curie Michael de Priest — R — Or. Mainz; RR. G 54ʳ]. — Kop. Würzburg Kr.-A. M. Nr. 23. — Vgl. Chroniken d. dtsch. Städte 18, 2, 150 (nicht Dez. 27). (freitags nach wihennacht). **3938**
»	»	fordert den EB. Konrad v. Mainz auf, der St. Mainz ihre Privilegien zu bestätigen. — KU? — Erw.: ib. **3939**
»	»	desgl das Mainzer Domkapitel. — KU? — Erw.: ib. **3940**
»	»	bewilligt (unter Anziehung der geistlichen Rechte, welche der Geistlichkeit verbieten offene Schankhäuser zu halten) den Mainzern, dass fortan niemand in ihrer Stadt Wein schenken solle als allein die Bürger u. die, welchen diese es gestatten. — [Per d. L. comitem de Otingen magistrum curie Michael de Priest — R — Or. Mainz; RR. G 53ᵛ u. 54ʳ]. — Erw.: Chroniken d. dtsch. Städte 18, 2, 128. (nicht Dez. 27; freitags nach wihennacht). **3941**
»	»	verleiht der St. Mainz für seine Lebenszeit das Recht silberne Münzen zu schlagen. — KU. w.v. — [R — Or. Mainz; RR. G 53ᵛ]. — J. G. Reuter, Albanagulden. Urkk. 14 ff. (fälschl. z. Jahre 1420 Dez. 27), vgl. Chronik. d. dtsch. Städte 18, 2, 93. (id. dat.) **3942**
»	»	befiehlt der St. Frankfurt die Silbermünzen, die er der St. Mainz zu prägen erlaubt hat, als Währung gelten zu lassen. — KU. w.v. — Or. Frankf. St.-A.; vgl. Invent. 4, 15. (freitags nach wihennacht). **3943**
Dez. 31		Passau: für Mkgr. Bernhard v. Baden. Hugo, Mediatisierung der Reichsstädte 314 f.; Reg.: Ztschr. f. G. d. Oberrheins N. F. 3, 440 — falsch statt 1418 Dez. 31 (nr. 3757). **3943a**
o. T. u. O.:		erhebt Johann v. Sax, Landamman zu Obwalden u. Herrn v. Bellinzona, zum Gr. v. Masox. — Reg.: Aschbach 4, 526 nach Tschudi, Chron. Helvet. [2, 181] u. Joh. v. Müller, Schweiz. Gesch. 3, Anm. 211. — Tschudi, der v. Müller citiert wird, berichtet diese Erhebung ohne Zeitangabe u. Quelle. — Irrtum? Nicht in RR. **3943b**
o. T. u. O.:		bestätigt die am 12. Nov. [recte 13. Febr.] 1419 gestiftete Univers. Rostock. — Reg.: Aschbach 4, 526. — Wird v. Krabbe, die Univers. Rostock 1, 42 bezweifelt, v. G. Kaufmann, Die Universitätsprivilegien der Kaiser (Deutsche Ztschr. f. Geschichtswiss. 1, 153) nicht einmal erwähnt. **3943c**
1420		
Jan. 4	Neuss	kommt hierher: RTA 7, 404. **3943d**
» 5	Breslau	kommt hier kurz vor Mitternacht an: ib. 405. **3943e**
» 6	»	erhält die Huldigung der schlesischen Stände u. der St. Breslau: (Klose) Von Breslau 2, 1, 337. **3943f**

1420		

Jan. 6   Breslau   entscheidet die Streitigkeiten zwischen Polen (Kg. Wladislaw v. Polen, Grossfrz. Alexander Witold v. Litthauen, Hrz. Johann u. Ziemovit v. Masovien) u. dem Deutschorden. Inseriert die Urk. Kg. Wladislaws v. Polen v. 1419 Mai 8, des Hochmeisters Michael Küchenmeister v. 1419 Juli 19; die Urk. Wladislaws v. 1419 Sept. 26, des Hochmeisters v. 1419 Sept. 24; die Urk. d. Hochmeisters Ludolf König v. 1343 Nov. 8. — Zeugen: Jakob B. v. Spoleto, Ferdinand B. v. Lucca, Bartholomäus EB. v. Mailand, Georg B. v. Passau, Konrad B. v. Breslau, Johann B. v. Brandenburg, Dr. decr. Johann Stockas (Bote des Kg. v. England), Albrecht Hrz. v. Sachsen, Friedrich Mkgr. v. Brandenburg, Heinrich Hrz. v. Baiern, Johann Hrz. v. Ratibor, Premko Hrz. v. Troppau, Ludwig Hrz. v. Liegnitz-Brieg, Johann Hrz. v. Münsterberg, Rumpold Hrz. v. Gross-Glogau, Konrad Kantner Hrz. v. Öls, Ruprecht Hrz. v. Löben, Wenzel Hrz. v. Ohlau - Nimptsch; Ludwig Gr. v. Öttingen, Nicolaus v. Gara, Georg Liebstog Gr. im Sohl, Johann Burggr. v. Magdeburg, Heinrich v. Leipa, Albrecht v. Colditz, Hennichin Bercka Hauptmann zu Görlitz, Albrecht Schenk v. Seida, Nicolaus v. Reichenberg, Nikolaus v. Reibnitz, Hans v. Berchewitz, Nikolaus Stewitz. — [Ad m. d. r. Mich. de Priest] — [RR. G 54ᵛ—56]; gleichz. Kop. [sowie Vid. v. 1421 Mai 10 u. 1421 Nov. 5] Königsberg St.-A.; [Transs. d. B. Konrad v. Breslau v. 1420 Febr. 4, Breslau Stadt-A.] — Dogiel, Cod. dipl. regni Poloniae 4, 101 ff.; ohne die inser. Urkk. RTA 7, 399 ff. In deutscher (schlechter) Übertragung bei Windeck, herausg. v. Altmann 30 ff.; [eine deutsche Übersetzung auch in Öhringen].   (sexta die jan.)   **3944**

» 10   »   empfängt die Gesandten der Städte: RTA 7, 407.   **3944a**

» 11   »   verbietet dem Nikolaus Bunzlau, dem Kanzler des Fürstentums Breslau, künftig die dem Breslauer Vincenzkloster gehörigen Leute zu Kostenblut gegen ihre Privilegien vor sein Gericht zu laden. — KU? — Erw.: (Klose) Von Breslau 2, 1, 334.   (do. nach Drei-König).   **3945**

»   »   desgl. dem Heinrich v. Lasan, Hauptmann, Georg Czetteris, Unterhauptmann u. Bernhard Czetteris, Hofrichter zu Breslau u. Neumarkt. — KU? — Erw.: ib. 339   (id. dat.)   **3946**

»   »   befiehlt dem Rate v. Lübeck, so lange er lebe, die jährliche Reichs-Stadtsteuer dem Hrz. Albrecht v. Sachsen zu entrichten (auch schon die 1419 Sept. 8 fällig gewesene), da er sie dessen Geschlechte verschrieben habe [vgl. nr. 2485]. — Per d. G. episc. Patav. cancellarium Michael de Priest. — RR. G 56ᵛ; [Kop. Weimar Staats-A.] — Urkb. J. St. Lübeck 6, 209 f.   (do. nach drier kunig).   **3947**

» 12   »   bestätigt die Privilegien u. Besitzungen des Vincenzklosters in Breslau (Abt Johann) insbes. die, welche das Kloster v. K. Karl IV, Kg. Wenzel u. Hrz. Heinrich I erhalten hat, besonders die Befreiung der Leute des Klosters v. den Landgerichten zu Breslau u. Neumarkt; überträgt den Schutz des Klosters dem Hauptmann, Kanzler u. Hofrichter des Fürstentums Breslau. — Per d. episc. Patavien. cancell. Michael de Priest canon. Pragens. — R nicht erkennbar. — Or. Breslau Staats-A. — Vgl. Klose ib. 339.   (duodecima die jan.)   **3948**

» 14   »   befiehlt der St. Augsburg ihre [Martini fällig werdende?] Reichssteuer an Hrz. Ulrich v. Teck zu zahlen. — Per d. L. comitem de Otingen mag. cur. Mich. — Not. RR. G 56ᵛ.   (sont. vor Anthoni).   **3949**

»   »   verspricht dem Hrz. Heinrich v. Baiern, den er mit 80 Pferden zu seinem täglichen Hofgesind aufgenommen, wöchentlich für jedes Pferd ein halbes Schock Prager Groschen zu zahlen. — Per d. L. comit. de Otingen mag. cur. Mich. de Priest (idem relat. et prothonotarius). — RR. G 61ᵛ.   (sont. vor Anthoni).   **3950**

»   »   ermahnt den Hochmeister des Deutschordens Michael Küchenmeister sich mit B. Andreas v. Posen zu vertragen; das wäre ein Schritt zu dauerndem Frieden mit Polen. — Per d. Barthol. archiep. Mediol. Mich. de Priest can. Prag. — o. R — Or. Königsb.   (sont. vor Anthoni).   **3951**

»   »   bestätigt dem Hrz. Albrecht v. Sachsen die Kurwürde. — Per d. Georium episc. Patav. cancell. Michael de Priest canon. Pragens. — Rᵗᵃ — Or. Dresden; RR. G 59 mit KU: AM. d. r. Alberto Schenk de Sydow referente M. de P.!   (am suntag des heiligen martrers sand Felicis tag).   **3952**

»   »   bestätigt demselben seine Rechte, Privilegien u. Besitzungen im allgemeinen. — KU. w. v. — o. R! — Or. ib.; RR. G 58ᵛ u. 59ᶜ mit KU. w. v. in RR.   (id. dat.)   **3953**

1420		
Jan. 15	Breslau	bestätigt dem Spital S. Matthias zu Breslau (Meister Georg) alle Privilegien, u. a. über die Spitalmühle u. verbietet der St. Breslau das Spital irgendwie zu beeinträchtigen. — Per d. G. episc. Patav. cancell. Michael de Priest — R — Or. u. Vidim. v. 1437 Mai 28 Breslau Staats-A.; [nicht in RR., war sicherlich in dem Böhm. Registraturb. verzeichnet, welches offenbar erst nunmehr angelegt wurde; vgl. 387 v f.] (mo. vor Antonius). **3954**
»	»	empfängt die Gesandten der St. Strassburg: RTA 7, 407. **3954 a**
» 17	»	bestätigt (als Kg. v. Böhmen) die Privilegien der Ritter, Knechte u. ganzen Mannschaft im Lande Bautzen. — Ad m. d. r. d. G. [gedr. S.] episc. Pataviensi cancell. referente Michael de Prist — Redern, Lusatia sup. dipl. (1724) 28 f. — Lünig R-A. P. spec. Cont. 2 Anh. 17. (an Anthonii t.) **3955**
»	»	desgl. der St. Bautzen [Boten: Joh. Hunbin, Joh. Brinzel, Peter Preisschwitz]. — Ad m. d. r. Mich. de Priest — [Kop. Zittau] — Lusatia sup. diplom. cont. (1734) 27 f. — Ausz.: Gengler, cod. iur. munic. 1, 162. **3956**
»	»	desgl. der St. Görlitz. — [Ad m. d. r. Michael de Priest can. Pragens. — R — Or. Görlitz. *Heinrich*: Kop. Zittau]. — Reg.: Verzeichn. oberlaus. Urkk. Heft 5, 1. — Da diese Urk. (wie auch nr. 3958 ff.) in RR. fehlt, aber einen Registraturvermerk hat, so gilt v. ihr das bei nr. 3954 bezüglich der böhmischen Registraturbücher Bemerkte. **3957**
»	»	desgl. der Landschaft Görlitz. — [Boten: Niklas Voitländer v. Gersdorf, Časlaw v. Penzig, Niklas v. Gersdorf, Konrad v. Hohberg. — KU. w. v. — Kop. Zittau]. — Reg.: Verzeichn. oberlaus. Urkk. Heft 5, 1. **3958**
»	»	desgl. der St. Guben. — Ad m. d. r. Michael de Priest — R — Or. Guben *Thenner*. **3959**
»	»	desgl. der St. Löbau. — KU? — [Kop. Zittau]. — Reg.: Verzeichn. oberlaus. Urkk. Heft 5, 1. **3960**
»	»	desgl. der St. Luckau (insbes. das Privileg, dass sie v. Böhmen niemals getrennt werden soll). — KU? — Or. Luckau. — Reg.: N. Laus. Mag. 46, 86. **3961**
»	»	desgl. der St. Lübben. — [Ad m. d. r. Michael de Priest canon. Pragens. — R — Or. Lübben]. — Worbs, Invent. dipl. Lusatiae inferior. 1. 230. **3962**
»	»	desgl. der St. Sommerfeld (Gerichte, Lehen). — [Ad m. d. r. Michael de Priest — R — Or. Sommerfeld *Thenner*]. — Worbs, Invent. diplom. Lusatiae inferioris 1, 229. **3963**
»	»	desgl. der St. Spremberg. — KU? — Or. Spremberg. — Worbs 230. **3964**
»	»	desgl. der St. Zittau. — KU? — J. B. Carpzov, Analecta fastorum Zittav. 186; Reg.: Verzeichn. oberlaus. Urkk. Heft 5, 1. (Antonien t.) **3965**
»	»	bestätigt der Familie v. Ponickau (Hans d. Alt. u. dessen Söhnen Nickel, Hans, Kaspar, Wenzel u. Matthias) ihre Lehen: Elstra mit Bachewitz, Anteile an Neukirch, Burkau u. Pulsnitz. — KU? — [Kop. Zittau]. — J. B. Carpzov: Ehrentempel merkw. Antiquitäten des Markgraftums Oberlausitz 2, 166 f. — Reg.: Verzeichn. oberlaus. Urkk. Heft 5, 2. (Anthonien t.) **3966**
»	»	verleiht dem Johann, Peter, Franz u. Nikolaus Strachwitzer ein Wappen. — KU? — Not. RR. G 56 v. (in die Anthonii). **3967**
Jan. 17		beauftragt den Reichslandvogt in Schwaben Hans Truchsess v. Waldburg . . . — RR. G 60 v. (Anthoni t.) — Ist nach Or. am 29. Jan. ausgestellt. **3967 a**
Jan. 17		desgl. den Hans v. Bodman, Landvogt im Thurgau u. Hegau. — Not. ib. — Ist nach Or. gleichfalls am 29. Jan. ausgestellt. **3967 b**
» 19	»	vermittelt unter Beistand des EB. Otto v. Trier u. des Hrz. Albrecht v. Sachsen einen Waffenstillstand v. Febr. 4 bis Pfingsten 1421 zwischen Mkgr. Friedrich v. Brandenburg u. den Ständen der Mark einer- u. den Hrz. Otto u. Kasimir v. Stettin — Gesandte: Andreas, Abt des Klosters Kolbatz (Collach) u. Heinrich Stöus — Hrz. Wratislaw v. Wolgast, Bisch. Magnus v. Cammin, Hrz. Johann u. Albrecht v. Mecklenburg, Hrz. Erich v. Sachsen-Lauenburg andererseits. — Ad m. d. r. Joh. Kirchen. — RR. G 57. (frit. nach Anthoni). **3968**
»	»	verleiht dem Kaspar Ludow 9 Mark u. 12 Groschen zu Wendisch-Ossig u. 9½ Mark 4 Groschen zu Raudnitz (Botniz). — [Ad m. d. r. Mich. de Priest can. Prag. — Kop. Zittau]. — Reg.: Verzeichn. oberlaus. Urkk. Heft 5, 2. (id. dat.) **3969**

1420		
Jan. 20	Breslau	beruft alle Reichsunterthanen, besonders die deutschen Kaufleute zu einer Versammlung auf April 23 nach Ulm, welche die Abordnung einer Gesandtschaft an die Hrz. v. Mailand u. Genua in Sachen einer Handelsstrasse nach Genua beschliessen u. über eine Reform des Münzwesens beraten solle. — Ad m. d. r. Joh. Kirchen. — Or. Nürnb. Kr.-A.; Kop. Nördlingen. — RTA 7, 415 f. (aumpöt. nach Anthonien t.) **3970**
„ 31	„	bestätigt dem Jungfrauenkloster zu St. Maria Magdalena bei Naumburg am Queis alle Privilegien u. Besitzungen. — Per d. G. episc. Patav. cancell. Michael de Priest. — R — Or. Breslau Staats-A. (sontag nach Anthoni). **3971**
		Jan. 21: für das Katharinenkloster zu Breslau. — s. 1419 Dez. 21 (nr. 3936). **3971 a**
		gewährt den Gesandten der St. Strassburg Audienz sowie den Vertretern des 1419 nach Hagenau gezogenen Strassburger Stadtadels Radolf v. Bulach u. Bulin v. Berstett: RTA 7, 408. **3971 b**
„ 22	„	bestätigt die Privilegien der Jägerndorfer Landschaft, u. a. das Privileg, dass sie nicht v. der Krone Böhmen u. dem Landrecht zu Mähren gesondert werden solle. — Per d. G. episc. Patav. cancellariam Michael de Priest. — [R?] — Or. Troppau Landes-A. — Publikat. a. d. preuss. Staats-A. 16, 498 ff. (Vincencien t.) **3972**
„ „	„	entscheidet auf die Klage der Kölner Kaufleute Gerart v. der Hossen, Johann v. Rote, Thomas Dagrot, Daniel Heydhan, Olf v. Hasen, Konrad Wolfart gegen Johann v. Kottbus den Älteren wegen Bernabung, dass dieser ihnen in drei Terminen 2000 Schock Prager Groschen bezahlen, widrigenfalls er das Schloss Kottbus abtreten müsse. — Zeugen: Albrecht Hrz. v. Sachsen, Friedrich Mkgr. v. Brandenburg, Heinrich Pfalzgr. bei Rhein u. Hrz. v. Baiern, Johann Hrz. v. Ratibor, Bernhard Mkgr. v. Baden. — Ad m. d. r. Mich. de Priest. — R — Or. (mit Einschnitten) Berlin Geh. St.-A.; Transs. v. 1434 Juli 19 Dresden. (Vincentientag). **3973**
„ „	„	belehnt den Gr. Johann v. Ziegenhain u. Nidda mit der Grafschaft Burg u. St. Nidda, dem Geleit in der Grafschaft Ziegenhain, den Zöllen zu Treysa u. Gemeenden. — KU? [in RR: Michael]. — R? — [Or. (stark vermodert) Darmstadt; Not. RR. G. 57?]. — Ausz. (s. d.): Wenck, Hess. Landes-G. 3, Urkb. 227. (Vincentien t.) **3974**
„ 23	„	schlägt 32000 ungar. Gulden, welche ihm Hrz. Johann v. Holland u. Baiern, der zweite Gemahl der Elisabet v. Görlitz vorgestreckt hat, auf das ihm verpfändete Herzogtum Luxemburg. — Per d. G. episc. Patav. cancell. Michael de Priest. — [RR. G 57?]; Kop. Luxemb. Arch. gouv. — Publications de la section histor. de l'institut de Luxembourg 26 (1871) 4 f.; franz. Übers. Bertholet, Hist. du duché de Luxemb. 8, Preuv. 2. **3975**
„ „	„	befiehlt den Ständen des Herzogtums Luxemburg u. der Grafschaft Chiny, dem Hrz. v. Baiern u. seiner Gemahlin Elisabet v. Görlitz, denen er die Lande verschrieben hat, Huldigung zu leisten. — KU. w. v. — [RR. 1b.]; Kop. Luxemb. Arch. gouv. — Publications... 5 f. **3976**
„ 24	„	bestätigt nicht allein den Verkauf des Dorfes Drachow [zwischen Dobrilugk u. Senftenberg] durch Nikel v. Kokeritz zu Drebkau (Drewkow) an das Cistercienserkloster zu Dobrilugk, wo dessen Vorfahren begraben liegen, sondern überlässt diesem Dorf, das bisher böhmisches Kronlehen gewesen, mit allem Zubehör, Rechten u. s. w. dem Kloster als freies Besitztum. — Per d. Alb. Schenk de Lantzberg Mich. de Priest — Transs. v. 1431 Juli 23 Weimar Ges.-A. (24. die januarii). **3977**
„ „	„	bestätigt dem Franz Koch v. der Neyssa u. dessen Erben den Besitz des Dorfes Kattern (S. Kathrin) im Breslauer Weichbild auf Grund vorgelegter Urkunden. — Per d. G. episc. Patav. cancell. Michael de Priest. — R. Heinrich Fye — Or. Breslau Staats-A. (mitw. nach Vincenc.) **3978**
„ „	„	bestätigt dem Hans Rabenstein, Bürger zu Breslau, den Besitz des Gutes (Zacharis) Sacherwitz. — KU. w. v. — Vidim. v. 1575 März 18 Breslau Stadt-A. (id. dat.) **3979**
„ „	„	bestätigt dem Nickel Sachs seine Güter in Domslau. — [KU. w. v. — R — Or. Breslau Stadt-A.] — Nach alt. Auszug ib. Cod. dipl. Siles. 4, 46. (id. dat.) **3980**
„ „	„	gestattet dem B. Otto v. Trier, den er zu Breslau mit den Regalien belehnt hat, da dessen Stift stark verschuldet ist, den seither bei Koblenz erhobenen Moselzoll fortan in Niederwerth

1420		
		bei Vallendar oder bei Hammerstein zu erheben. — Ad m. d. r. Joh. Kirchen. — [R — Or. Koblenz *Becker*]; RR. G 55ᵛ. (mittw. nach Vincenc.) **3981**
Jan. 25	Breslau	verleiht dem Ulmer Bürger Hans Besarer den Blutbann des Ulmer Gerichts. — KU. w. v. — RR. G 60ᵛ. (Pauli t. convers.) **3982**
„	„	bestätigt dem Frauenkloster zu St. Claren in B r e s l a u alle Besitzungen u. Privilegien. — Per d. G. episc. Patav. cancell. Michael de Priest. — R — Or. Breslau Staats-A.; Kop. Wien A. d Minist. f. Cult. u. Unterr. — Kop. Prag Landes-A. (au sand Pauls tag, als er bekert warde). **3983**
„	„	desgl. dem Frauenkloster zu T r e b n i t z. — KU. w. v. — R. Heinr. Fye. — Or. u. Trans. v. 1431 Juni 13 u. 1434 Mai 24 Breslau Staats-A. (an s. Pauls tag convers.) **3984**
„	„	belehnt Sigmund S t r o m e r mit den v. dessen Vater Ulrich ererbten Lehen zu Meingesees (Meußgesese) Klein-Neut u. dem Fischwasser Bibert (Pibert). — KU ? — Not. RR. H 147ᵛ. (in die Pauli convers.) **3985**
	„	Jan. 25: für die Familie Ponickau: Schöttgen, Invent. dipl. hist. Saxon. sup. 366 — s. nr. 3966.
„	26	bestätigt das Abkommen, das die N ü r n b e r g e r J u d e n mit Burggraf Johann v. Nürnberg, der von ihm zum Einziehen aller Judenabgaben bestellt ist, getroffen haben, dass sie für 3 Jahre (v. Febr. 26) ein Pauschquantum v. 8000 rhein. Gulden bezahlen sollen, befreit sie auf Grund dieses Abkommens für diese 3 Jahre v. allen anderen Abgaben, die etwa Burggraf Johann, Konrad v. Weinsberg oder der Jude Calner erheben soll; doch ausgenommen die halbe Judensteuer u. der goldene Opferpfennig, welche Steuern der Nürnberger Rat ihm zu entrichten pflegt. — Per d. G. ep. Pat. canc. Joh. Kirchen. — RR. G 59. (frit. nach Pauli t. convers.) **3986**
„		entscheidet in der Streitsache des Vincenzklosters zu B r e s l a u mit dem Rat der St. Neumarkt über das Gut Kostenblot (Costenplotz), dass die grossen Sachen v. ihm u. seinem Hauptmann zu Breslau oder seinem Hofrichter zu Neumarkt zu richten sind; v. den Gefällen soll das Vincenzkloster zu Breslau den dritten Teil haben; auch soll es den Schultheissen zu K. ernennen u. v. niemanden zu Breslau u. Neumarkt vor Gericht gezogen werden. — [Ad m. d. r. dominis G. episc. Patav. cancell. et L. comite de Otingen magistro curie referentibus Michael de Priest. — Or. Breslau Staats-A.] — Vgl. (Klose) Von Breslau 2, 1. 340. (fr. nach Pauls t. convers.) **3987**
„	27	„	gebietet dem Johann v. H a s s e n v i l l e nochmals die Befehdung der Strassburger [vgl. RTA 7, 408] endlich zu unterlassen, die Gefangenen freizugeben u. seine Ansprüche auf gerichtlichem Wege geltend zu machen. — Ad m. d r. Joh. Kirchen. — o. R — Or. Strassburg St.-A. (sampst vor frowen t. purdic.) **3988**
„		ersucht den Hrz. Karl v. L o t h r i n g e n, den Joh. v. Hassenville [vgl RTA 7, 408] anzuhalten, dass er die Befehdung der Strassburger endlich unterlasse. — W. v. **3989**
„	28	„	giebt auf Veranlassung der Hrz. Albrecht v. Sachsen der St. M a g d e b u r g die Gnade, dass sie ihre Pfandschaft am Hause Gommern, auch falls Hrz. Albrecht ohne Leibeserben sterbe, behalten solle, bis er oder ein v. ihm Beauftragter es einlöse. — Ad m. d. r. d. Alberto Schenk de Landesberg referente Michael de Priest. — o. R — Or. u. 4 alte begl. Abschr. Weimar Ges.-A. **3990**
„	„	bestätigt die Privilegien der Dominikanerinnen zu R a t i b o r. — [o. KU ! — R —] Or. Bresl. Staats-A.; [Kop. Wien Arch. d. Minist. f. Kult. u. Unterr. — Kop. Prag Landes-A.] — Cod. dipl. Siles. 2, 185 f. (28. die jan.) **3991**
„	„	ernennt den Dr. jur. Johann W e l l b u r g aus Kralup zu seinem Familiaris. KU ? — Not. RR. G 57ᵛ. (28. die jan.) **3992**
„	„	legitimiert Gottfried C y n e y, einen Laien aus der Lütticher Diözese. — Canc. Michael. — Not. ib. (id. dat.) **3993**
„	29	„	giebt seinem Landvogt im Thurgau u. Hegau Frischhans v. B o d m a n Auftrag, alle Lehen, die v. Österreich an das Reich übergegangen sind, innerhalb seiner Landvogtei an des Königs Statt zu verleihen. — Ad m. d. r. Joh. Kirchen. — R — Or. Karlsruhe; [Not. RR. G 60ᵛ z. 17. Jan.] — vgl. Reg.: Ztschr. f. G. d. Oberrheins N. F. 3, 440. **3994**

1420		
Jan. 2ʰ	Breslau	desgl. seinem Landvogt in Schwaben Hans Truchsess v. **Waldburg**. — KU. w. v. — R — Or. ib.; [RR. G 60ᵛ z. 17 Jan.]; Kop. Konstanz: Abgeschriften der Stadt Fryhaiten f. 27; vgl. Marmor, Urkundenanz. z. G. der St. Konstanz 54. — Vgl. Reg.: ib. **3995**
,	,	befiehlt dem Freigrafen Johann v. **Menchhausen** zu Bilstein in Sachen Gerlachs v. Breidenbach gegen verschiedene Frankfurter Bürger (Claus Appinheimer, Walter Schwarzenberg, Rudolf Geiliagen u. s. w.) nicht weiter vorzugeben. — KU. w. v. — Nach Or. [wo?] Usener, Die Frei- u. heiml. Gerichte Westphalens 150 f. (mo. vor fraw. t. purif.) **3996**
[Jan.]	,	nimmt den Heinr. **Sligk** aus Eger unter seine familiares auf. — Ad m. d. r. M. de Priest. — Not. RR. G 60ᵛ. (s. d.; zw. Jan. 14 u. 25, doch vielleicht erst im Febr. oder März ausgestellt). **3997**
,	,	befiehlt dem Nürnberger Reichs-Schultheissen Ritter Wigleis v. **Wolfstein**, den Hans Tucher v. Nürnberg, der verhindert ist zu ihm zu kommen, mit den Lehen seines Bruders Sebald Tucher zu Bertholdsdorf (Perchtols-), Erlenstegen (Erlachsteten) Kronach u. s. w. zu belehnen. — Rex per se. — RR. G 58ᵛ. (s. d.) **3998**
,	,	beauftragt **denselben**, den Sigmund Stromer zu der Rosen mit Gütern zu Meingesees (Mewßgeseß) u. Klein-Rent zu belehnen. — Rex per se. — Not. RR. ib. (s. d.) **3999**
Febr. 3	3	bestätigt die Verpfändung der Herrschaft Kauth durch den B. Konrad v. **Breslau** an das Breslauer Domkapitel. — Per d. G. episc. Patav. cancell. Mich. de Priest. — [R] — Or. Bresl. Domkap.-A. — Reg.: Publikat. a. d. preuss. Staats-A. 7, 97. (sampst. nach frowen t. liehtmess). **4000**
,	,	verleiht auf Bitten des Reichenbacher Hauptmanns Heinrich v. Laasan der St. **Reichenbach** einen Wochenmarkt, Dienstag mit Salz u. Brot u. Sonnabend mit Fleisch. — KU? — Vidim. v. 1546 Mai 30 u. Kop. (16. Jahrh.? letztere mit Dat. sont. nach purif. — Febr. 4) Breslau Staats-A. (sambst. nach purific.) **4001**
, 4	,	beauftragt den böhm. Unterkämmerer Wenzel v. **Duba** alias v. Leestna das Ungeld-Amt (officium notariatus in ungelto) in Prag, das Erhard, Bürger v. Prag, nicht länger verwalten will, dem Johann Ulmann, Bürger zu Prag, zu übertragen. — Ad m. d. r. d. Jo. episc. Luthomislensi referente Michael de Priest cam. Prag. — Rᵗˢ — Or. Wien Staats-A. (quarta die febr.) **4002**
, ,	,	ernennt den Dr. jur. Johann de **Millis** aus Brixen zum Advokaten am kaiserl. Hofe u. befiehlt allen Reichsunterthanen, wenn derselbe zu ihnen komme, ihn gebührend aufzunehmen. — Ad m. d. r. Mich. — RR. G 61ᵛ. (quarta die febr.) **4003**
, 6	,	schreibt dem Hauptmann u. Unterkämmerer Heinrich v. **Kraban** wegen einer die Städte Brünn, Olmütz, Znaim u. Iglan angehenden Sache. — o. KU? — o. R — Or. Brünn Stadt-A. — *Gemeinderat.* **4004**
, 7	,	bestätigt der St. **Kamenz** ihre Privilegien, insbes. den Salzmarkt. — Per d. G. episcop. Patavien. cancellarium [nicht … us] Michael de Priest. — [R?] — Or. u. Vid. v. 1506 Mai 17 Kamenz. — Auzz.: Cod. dipl. Saxoniae regiae 2, Hauptteil 7, 50. (mi. nach Dorothe) **4005**
, 8	,	ernennt den Dr. Johann de **Milis** [vgl. nr. 4003] aus Brixen zum comes palatinus mit der Befugnis Notare zu ernennen u. Unehliche zu legitimieren. — KU? — Not. RR. G 64ᵛ. (8. die febr.) **4006**
, 9	,	ernennt den **Gallus**, Rektor der Pfarrkirche zu Znaim, zu seinem Kaplan. — KU? — Not. RR. G 60ᵛ. (nona d. febr.) **4007**
, ,	,	macht bekannt, dass nach dem Urteil des Fürstengerichts (in der Herberge des Mkgr. Bernhard v. Baden) Scolastica, die Gemahlin des Hrz. Johann v. Sagan (deren Fürsprecher: Hrz. Johann v. Troppau-Ratibor) ihre ererbten Anrechte durch ihren Gemahl einfordern lassen darf. — Per d. G. ep. Patav. canc. Mich. de Priest — RR. G 60. (frit. nach frow. t. purific.) **4008**
, 10	,	gebietet als Nachfolger Kg. Wenzels in Böhmen den Ständen des **Saazer** Kreises dem Hussitentum zu entsagen, die Bewohner v. Pilsen, Pisek u. Grätz u. s. w. nicht zu unterstützen, dagegen seinen Hauptleuten Gehorsam zu leisten u. gegen die Ketzer behilflich zu sein. — Ad m. d. r. Mich. de Priest. — Aus Hds. d. Leipz. Univ.-Bibl. Palacky, Beitr. z. Gesch. d. Hussitenkrieges 1, 15 ff. == Reg.: Urkb. d. St. Saaz 176. (sunnab. am s. Scolastiken t.) **4009**

1420		
Febr. 13	Breslau	bestätigt den Brüdern Wenzel, Stefan, Sigmund, Hans u. Heinrich v. Reichenbach die ihren Vorfahren v. Karl IV verliehenen Erbgerichte zu Frankenstein. — [Per d. G. episc. Patav. cancell. Mich. de Priest — R. Heinr. Fye — Or. Breslau Staats-A.] — Erw. bei Sommersberg, Silesiac. rer. SS. 1, 172; (Klose) Von Breslau 2, 1, 340 f. (Valentins abd.) **4010**
»	»	überträgt nach getroffener Abrede mit dem Gr. Adolf v. Nassau den diesem v. Reichswegen zugesagten Schutz seiner Schlösser, Städte u. s. w. dem EB. Otto v. Trier. — KU? — Kop. Wiesbaden. (dinstage vor Valent.) **4011**
» 14	»	bestätigt dem Burggr. Johann zu Magdeburg u. Gr. zu Hardeck alle ihm, bzw. seinen Vorfahren v. röm. u. böhm. Königen erteilten Privilegien. — Per d. ep. Pat. canc. M. de Priest — RR. G 60ʳ. (Valtins t.) **4012**
»	»	ernennt den Prager Scholasticus Wenzel v. Kaurim (Gurym) zu seinem Kaplan u. Tischgenossen. — Ad m. d. r. Mich. — Not. RR. G 61ʳ. (die 14. febr.) **4013**
» 17	»	präsentiert dem Bischof u. Domkapitel zu Regensburg für die durch Leonard verwirkte Pfründe den Gr. Ulrich v. Ortenburg, Domherrn zu Passau u. Regensburg. — Per d. G. Patav. canc. Mich. de Priest — RR. G 60ʳ. (17. die febr.) **4014**
» 19	»	verhängt auf Klage seines Hofmeisters des Gr. Ludwig v. Öttingen die Reichsacht über Burkart Hofner, welcher trotz dreimaliger Vorladung vor dem Hofgericht nicht erschienen ist [vgl. die Aberachtserkl. 1422 Sept. 10]. — [P. Wacker]. — Not. Achtbuch 15ʳ. (fer. sec. vor Peters t. kathedra). **4015**
»	»	desgl. auf Klage des Jakob v. Lochorst, Johann v. dem Spiegel, Dietrich v. Zulen, Johann v. Damaschen u. anderer aus Utrecht vertriebener Leute über diese Stadt; [vgl. Aberachtserkl. 1422 Sept. 10]. — [P. Wacker]. — Not. Achtbuch 15ʳ. **4016**
»	»	teilt dies der St. Dortmund mit. — P. Wacker. — o. R — Or. Dortmund *Lindner*. (mont. vor Pet. t. kathedra). **4017**
»	»	desgl. der St. Frankfurt. — KU. w. v. — Or. Frankf. St.-A.; vgl. Invent. 4, 76. (mo. vor Peters t. kathedra). — vgl. auch nr. 4034. **4018**
		Febr. 20: empfiehlt der St. Frankfurt drei Basler Bürger, denen Wein in Holland im kgl. Geleite genommen worden ist. Inv. d. Frankf. Stadt-A. 3, 70 — z. nr. 4023.
» 20	»	weist die St. Lindau an, ihre [nächsten Martinst. fällige?] Reichssteuer an Ritter Hermann v. Breitenstein zu bezahlen. — Per d. canc. Mich. — Not. RR. G 60ʳ. (zinst. vor Peters t. ad kathedra). **4019**
»	»	weist die St. Rothenburg a. T. an, ihre nächsten Martinst. fällige Reichssteuer an Hartmann Botschmid, Bürger zu Nürnberg, zu bezahlen. — Ad m. d. r. Michael — RR. ib. (id. dat.) **4020**
»	»	desgl. die Martini 1421 fällige Reichssteuer. — [KU. w. v.] — Not. ib. **4021**
» 21	»	bestätigt der St. Neumarkt [in Schles.] ihre Privilegien, besonders das (inser.) Kg. Wenzels v. 1392 April 10. — Per d. G. episc. Pataviens. cancell. Michael de Priest — R. Heinr. Fye. — Or. Breslau Staats-A. (Peters abend ad cathedram). **4022**
» 22	»	schreibt an die St. Frankfurt, dass Baseler Kaufleute, die in seinem Geleit gewesen, ihrer Weine, die sie den Rhein hinabgeführt, beraubt worden seien, u. bittet sie den drei Bürgern v. Basel Hans Schriber, Lorenz Tubeney, Wilhelm v. der Syele, die mit einem königl. Creditirbrief zu ihm kommen würden, behufs Erlangung des Schadenersatzes behilflich zu sein. — KU? — Or? — vgl. Reg.: Janssen, Frankf. Reichskorr. 1, 334 u. Aschbach 3, 431, wo wohl nur fälschlich 2 Reg. aus derselben Urk. gemacht sind. (Peters t. ad kathedra). **4023**
»	»	desgl. an Strassburg. — Ad m. d. r. d. C. de Winsperg magistro camere referente Mich. de Priest — o. R — Or. Strassburg St.-A. (Peters t. ad kathedram). **4024**
»	»	bestätigt dem Gr. Hug v. Werdenberg vom Helligenberg alle ihm u. seinen Vorfahren gegebenen Privilegien, namentlich das über das Landgericht in der Herrschaft zum Heiligenberge. — [Per d. L. comit. de Ottingen magistrum curie Michael de Priest — R. Heinr. Fye. *Bassmann*]. — Or. Donaueschingen: [RR. G 61]. — Reg.: Fürstenberg. Urkb. 6, 144. (id. dat.) **4025**
» 24	»	erlaubt dem Mkgr. Bernhard v. Baden käuflich zu erwerben, was dem Gr. Johann v. Sponheim v. der Pfalzgräfin Elisabet, Gräfin v. Sponheim, durch Erbschaft angefallen ist. — Ad

m. d. r. domino Georio ep. Pataviensi cancell. referente Michael de Priest. — R. Heinr. Fije — Or. Karlsruhe; [RR. G 61ʳ]. — Reg.: Ztschr. f. G. d. Oberrheins N. F. 3, 440; Fester, Regesten d. Mkgr. v. Baden nr. 3164. (frit. vor Matth.) **4026**

Febr. 23 Breslau beauftragt den Mkgr. Bernhard v. Baden, dem er seinerzeit befohlen, für das Reich, bzw. das Kl. Erstein (Erstheim) den Flecken Erstein, sowie Ebersheim, Sand u. s. w. anzulösen, diesen Flecken numnehr zu befestigen. — [KU. w. v.: relator ut supr.] — RR. lb. — Fester nr. 3162. (frit. vor Mathias). **4027**

» » ersucht die Strassburger dem Mkgr. Bernhard v. Baden Beistand zu leisten, falls der B. Wilhelm u. das Kapitel v. Strassburg sich der Einlösung der verpfändeten Güter des Kl. Erstein [vgl. auch nr. 3876] widersetzten u. ihre etwaigen Einwände auch nicht vor dem Gr. Hans v. Freiburg, wie er ihnen gestattet, geltend machten [vgl. auch RTA 7, 411]. — KU. w. v. — o. R — Or. Strassburg St.-A. — Vgl. Fester nr. 3163. (frit. vor Mathias). **4028**

» » befiehlt, da er erfahren, dass die kaiserl. Städte des Elsass unter sich u. vielleicht auch mit andern Bündnisse geschlossen haben, den Städten Hagenau, Colmar, Schlettstadt, Weissenburg, Mülhausen, Kaysersberg, Münster, Türkheim, [Ober-] Ehnheim, Rosheim u. Selz diese Vereinbarung sofort zu lösen, in Anbetracht, dass alle besonderen Bündnisse ohne Zustimmung des Reichsoberhauptes verboten sind u. nur gegen den Kaiser, das Reich u. das Gemeinwohl gerichtet sein können. — KU. w. v. — Gleichz. Kop. Colmar Bez.-A.; [Kop. Strassburg Stadt-A. mit Dat. frit. nach Mathis — März 1] — Mossmann, Cartulaire de Mulh. 1, 494 f. (id. dat.) **4029**

» 25 » erlaubt dem Strassburger Bürger Hans Barpfennig das v. Reichs wegen um 30 Mark Silber verpfändete Dorf Gresweiler (Griesswilr) v. Ritter Heinrich Stolzmann u. Schwarz, den Erben Rudolfs v. Andlau, einzulösen [vgl. 1434 März 2]. — KU? — RR. G 61ʳ. (sont invocavit). **4030**

» » belehnt den Ritter Hermann v. Breidenstein mit dem ererbten Rechte auf den Feldner Forst. — [Per d. L. comitem de Otingen magistrum curie Mich. de Priest — R. Heinr. Fye — Or. u. Kop. München R.-A.; Not. RR. G 61ʳ]. — Reg. Boic. 12, 338. (Mathis t.) **4031**

» » erteilt den Luzernern die Freiheit, alle v. Österreich herrührenden, in ihrem Gebiet gelegenen Lehen bis 1421 April 23 zu verleihen. — KU. w. v. — [R. Heinr. Fye]. — Or. Luzern Stadt-A.; Kop. ibid. Staats-A.; [RR. G 61ʳ]. — Der Geschichtsfreund 28, 332 f.; vgl. Reg. ibid. 1, 10. (Mathys t.) **4032**

» » befiehlt dem Gr. Friedrich VI v. Toggenburg das Schloss u. die Herrschaft Feldkirch niemandem (bes. dem Hrz. v. Österreich nicht) zu lösen zu geben [vgl. 1422 Nov. 18]. — KU. w. v. — [o. R] — Or. Wien H. H. u. St.-A. — Arch. f. Kunde österr. Geschichtsquell. 1, 4, 9 f. (Mathias t.) **4033**

» 26 » teilt dem EB. Konrad v. Mainz mit, dass er auf Klage seiner Getreuen Jakobs v. Lochorst, Johanns v. dem Spiegel, Dietrichs v. Zulen u. Johanns v. Damaschon, welche aus Utrecht vertrieben sind, über diese Stadt die Reichsacht verhängt habe; bittet den Vergewaltigten gegen die Utrechter beizustehen [vgl. nr. 4016 ff.] — P. Wacker — o. R — Or. Würzburg. (mont. nach Peters t. kathedra). **4034**

» » bittet den Hochmeister des Deutschordens, Michael Küchenmeister, das im Kriege stark mitgenommene (Bernhardiner-)Kloster Bischow, genannt die Krone, in welchem Hrz. Kasimir v. Stettin begraben liegt, möglichst zu fördern. — P. d. G. ep. Patav. cancell. Steffanus. — o. R — Or. Königsb. (mont. nach invocavit). **4035**

» 27 » bittet denselben, dem Latik Rudolf den ihm für seine Dienste seinerzeit gegebenen, dann aber wieder entzogenen Lohn nicht weiter vorzuenthalten. — P. d. G. Pat. cancell. Mich. de Priest — o. R — Or. ib. (zinst. nach Mathias). **4036**

Febr. 27: f. d. Mkgr. v. Baden: Sachs, Einl. in d. Gesch. d. Mkgr. v. Baden 2 (1767), 257 — falsch statt Febr. 23 (nr. 4026).

» 28 » bestätigt dem Hans Armbroster, Bürger zu Strassburg [vgl. RTA 7, 409, 411, 413], sein Wappen. — Per d. G. ep. Pat. canc. Mich. de Priest — Not. RR. G 62ʳ. (mittw. nach Mathias). **4037**

» » desgl. dem Konrad Armbroster. — W. v. **4038**

1420		
Febr. 28	Breslau	schiebt die Entscheidung der Streitigkeiten zwischen dem Gr. Heinrich v. Schwartzburg u. Procts v. Querfurt über das Schloss Rudolstadt auf: vorläufig soll Frieden herrschen. — Per d. G. episc. Patav. cancell. Johannes de Ramberg — o. R — Or. Sondershausen. (mittwochen nach invocavit). **4039**
▸ 29	▸	verleiht nach dem Tode Friedrichs, des letzten Gr. v. Ortenburg, die Grafschaft O. dem Gr. Hermann zu Cilly zu rechtem Mannlehen. — Zeugen: EB. Günther v. Magdeburg, EB. Bartholomäus v. Mailand, Ludwig Patriarch zu Aquileja, Georg B. v. Passau Kanzler, Konrad B. v. Breslau, Johann B. v. Leitomischl, Albrecht Hrz. zu Sachsen, Friedrich Mkgr. v. Brandenburg, Wilhelm u. Otto Hrz. zu Braunschweig, Hans u. Friedrich Pfalzgr. bei Rhein u. Hrz. in Baiern, Wilhelm Landgr. in Thüringen u. Mkgr. in Meissen, Hans Hrz. v. Ratibor, Bernhard Mkgr. v. Baden, Ludwig Hrz. zu Grossglogau, Konrad Kantner u. Konrad der Weisse Hrz. zu Öls, Johann Hrz. zu Münsterberg, Ludwig Gr. zu Öttingen Hofmeister. — [Ad m. d. r. Mich. de Priest — M. Heinr. Fye — Or. Wien H. H. u. St.-A.; RR. G 62]. — Lünig, R.-A. Spic. sec. 2, 1844 L (mit dem Orte Passau statt Breslau); Reg. (nach Kop.): Mittheil. d. hist. Ver. f. Steiermark 7, 267 f. (do. nach Matthias). **4040**
▸	▸	erklärt auf Wunsch des Niklans v. Ostrow, der aus Armut einige Zeit Gefangenwärter in Krakau u. Unterrichter in Brünn gewesen, dass diese etwa anrüchige Beschäftigungen seiner Ehre nichts schaden sollen. — Per d. G. ep. Pat. canc. M. de Priest — RR. G 62ʳ. (do. nach invocav.). **4041**
		Febr. 29 Breslau: Der Hofrichter Gr. Johann v. Lupfen giebt einen Urteilsbrief in Sachen der Kölner Bürger Bruno u. Heinrich Junge gegen die St. Nordhausen. (Inseriert ein Brief des Landgr. Ludwig v. Hessen in dieser Angelegenheit v. 1418 Dez. 20). — Petrus Wacker — Or. Nordhausen. (do. vor reminiscere). **4041a**
März 1	▸	befiehlt auf Klage der Städte Hagenau, Colmar, Schlettstadt, Weissenburg, Mülhausen, Türkheim dem B. Wilhelm v. Strassburg den unberechtigten Zoll zu Hüttenheim u. das unberechtigte Geleit zu Matzenheim wieder aufzuheben u. den Bürgern jener Städte das ihnen bereits abgenommene Geld wieder zu erstatten. — Per d. G. episc. Patav. canc. Joh. Kirchen — Vid. v. 1420 Apr. 2 Colmar Stadt-A.; Kop. Strassburg St.-A. u. Bez.-A.; [Kop. Hagenau *Hauauer*]. (fritages nach Mathias). **4042**
		März 1 Breslau: gebietet den Städten Hagenau, Schlettstadt, Kolmar u. s. w. das unter einander abgeschlossene Bündnis unverzüglich aufzulösen. — Kop. Strassburg Stadt-A. (fritages nach Mathis). — s. nr. 4029.
▸ 2	▸	belehnt die Hrz. Otto u. Wilhelm, sowie den Hrz. Bernhard mit ihren Fürstentümern zu Braunschweig u. Lüneburg u. s. w. — Per d. G. Pataviens. episc. cancellarium Johannes Kirchen. — R. Heinricus Fye. — Or. Wolfenbüttel; [RR. G 63ʳ]. *Zimmermann.* (sampst. nach Mathias). **4043**
▸	▸	bestätigt denselben ihre Privilegien. — KU. u. R. w. v. — Or. Hannover Staats-A. *Janicke*; [RR. G 63ʳ mit KU: Ad m. d. cancellarii J. K.; Kop. Wolfenbüttel *Zimmermann*]. (id. dat.) **4044**
▸ 3	▸	beauftragt den Mkgr. Bernhard v. Baden mit der Schlichtung der Streitigkeiten zw. dem Bischof v. Strassburg einerseits, dem Domkapitel u. der St. Strassburg andererseits [vgl. nr. 4054]. — KU? — Kop.* Strassburg St.-A. — Fester, Regesten nr. 3168. **4045**
▸	▸	fertigt für Hrz. Johann v. Mazovien auf dessen Bitte seinen Ausspruch v. Jan. 6, betr. die Beilegung der Streitigkeiten zw. Polen u. dem Deutschorden, noch besonders aus, soweit derselbe für Johann in Betracht kommt. — Per d. G. ep. Pat. canc. Mich. de Priest — RR. G 62ʳ. (tercia die marc.) **4046**
		März 3 Breslau: gebietet den 6 Städten der Lausitz. Reg.: Aschbach 3, 432 — falsch statt März 7 (nr. 4053).
▸ 4	▸	erklärt auf die Beschwerden des B. Johann v. Eichstätt, des Mkgr. Friedrich v. Brandenburg u. Burggr. zu Nürnberg, des Gr. Ludwig v. Oettingen u. a., dass Hrz. Ludwig v. Bayern sie durch seine Landgerichte zu Hirschberg, Graisbach u. Höchstädt verurteilen u. ächten lasse, alle Ladungen, Urteile u. Ächtungen dieser Art für ungiltig u. hebt diese 3 Landgerichte auf. — [Ad m. d. r. Joh. Kirchen. — Vid. v. 1420 April 17 des Vid. v. 1420 März 31 des Gr. Johann v. Lupfen, Hofrichters Sigmunds, München R.-A.; RR. G 63ʳ u. 64].

1420		

J. H. de Falckenstein, Cod. dipl. antiquit. Nordgav. (1733) 250 fl.; vgl. Reg. Bole. 12, 338 f. (am vierten t. d. merzen). **4047**

März 5	Breslau	bestätigt die Privilegien u. Besitzungen des Cistercienserklosters Grüssau, besonders (nicht näher bezeichnete) Privilegien Kg. Wenzels u. des Benesch v. Chusnik. — Per d. G. episcop. Patav. cancell. Stefanus. — R. Heinr. Fye — Or. Breslau Staats-A. (quinta marc.) **4048**
»	»	befiehlt dem Johann Herrn zu Kottbus für Stadt und Mannschaft Kottbus dem Mkgr. Friedrich v. Brandenburg als seinem Vertreter zu huldigen. — [Ad m. d. r. Mich. de Priest — o. R — Or. Berlin Geh. St.-A.] — Nach dem kurm. Lehnskopialbuche 3, 44 Riedel, Cod. dipl. Brand. 2, 4, 22. (di. nach remin.) **4049**
» 6	»	nimmt den Ritter Bertold v. Northulten zu seinem familiaris an. — KU. w. v. — RR. G 63ᵛ. (sexta die marc.) **4050**
»	»	schlägt der St. Strassburg [vgl. RTA 7, 408] auf die ihr um 9000 rhein. Gulden versetzten Dörfer Grafenstaden, Illkirch u. Illwickersheim mitsamt der Fähre über die Ill noch 2600 rhein. Gulden, die sie ihm geliehen. — Per d. G. episc. Patav. cancell. Michael de Priest. — R. Heinr. Fye — Or. Strassb. St.-A.; RR. G 63ᵛ. (mittwochens nach ... reminiscere). **4051**
» 7	»	entzieht dem Adam, Bürger zu Cividale in Friaul, der seinen Feinden sich angeschlossen, das ihm verliehene Geleit zu Venzone (Wenzons oder Pewcheldorf) u. überträgt es dem Georg v. Auersberg (Awrsburg) u. Franz v. Strossau sowie deren männlichen Nachkommen. — Per d. G. ep. Pat. canc. Steffanus. — RR. G 65ᵛ. (sept. die marc.) **4052**
»	»	befiehlt den Sechsstädten [der Oberlausitz] gegen die Aufrührer in Böhmen zum Aufbruch sich bereit zu halten, sobald es ihnen ihr Hauptmann Hlawač v. der Leipe gebiete, u. ihre grösste Büchse aufzuladen. — KU? — Kop. Zittau u. Görlitz Bibl. — Palacky, Beitr. z. Gesch. d. Hussitenkrieges 1, 21; Jecht, Cod. dipl. Lus. super. 2, 30. (do. nach reminiscere). **4053**
»	»	teilt der St. Strassburg mit, dass er die Beilegung ihrer Streitigkeiten mit B. Wilhelm, dem Mkgr. Bernhard v. Baden [vgl. nr. 4045, 4067] übertragen habe; fordert Entgegenkommen. — [Per d. G. episc. Patav. canc. Mich. de Priest — o. R —] Or. Strassburg St.-A. — Fester, Regesten der Mkgr. v. Baden nr. 3167. (do. vor oculi). **4054**
»	»	erklärt die Lehenbriefe, auf Grund deren Claus Zorn v. Bulach u. Walter Erbe Ansprüche auf die Fähre über die Ill zu Grafenstaden, sowie auf die Dörfer Grafenstaden, Illkirch u. Illwickersheim erhoben haben, nochmals für kraftlos u. bestimmt, dass diese Urkunden der Pfandschaft der St. Strassburg keinen Schaden bringen sollen. — KU. w. v. — R. Heinr. Fye — Or. u. Vid. v. 1420 Mai 9 Strassb. St.-A.; RR. G 65. (do. vor ... oculi). **4055**
» 9	»	gebietet Hans Burkart Walter u. Heilken Erben ,Merlins husfrowe von Altenrastell geswästerid' in die Einlösung der Fähre u. des Dorfes zu Grafenstaden [vgl. RTA 7, 408. 412], sowie der Dörfer Illkirch u. Illwickersheim, welche er der St. Strassburg verpfändet, zu willigen. — KU. w. v. — o. R — Or. Strassb. St.-A. (sampst. vor oculi). **4056**
»	»	erlaubt der St. Breslau ein Ungeld u. einen Zoll zu erheben u. bestimmt, wie viel v. jedem Vieh, v. Wolle u. Getreide entrichtet werden soll. — KU? — Vidim. v. 1438 Jan. 19 Bresl. Stadt-A.) (samst. vor Gregor.) **4057**
» 12	»	fordert den Rat v. Lübeck auf, die Geistlichen der Stadt u. ihrer Umgegend zur ungesäumten Zahlung des ihm vom P. Martin V zugesprochenen Zehnten v. geistlichen Gütern (den B. Johann v. Brandenburg für ihn bisher nicht einziehen konnte) zu veranlassen. — Per d. G. episc. Patav. cancellarium Mich. de Priest. — Or. Lübeck. — Urkb. d. St. Lübeck 6, 220. (di. vor letare). **4058**
» 13	»	verbietet alle Vereinigungen der Handwerker zu Breslau, nimmt ihnen die Verwaltung der Altarlehen u., weist die Fleischer aus der inneren Stadt heraus, verbietet ihnen Waffen zu tragen u. s. w. — Ad m. d. r. Joh. Kirchen. — Rᵗᵃ Heinr. Fye. — Or. Bresl. Stadt-A. — Cod. dipl. Siles. 11, 179 ff. (mi. nach Gregorien). **4059**
		März 13 Breslau: Heinrich u. Bruno die Jungen werden auf Klage der St. Nordhausen vor das nächste Hofgericht, das nach Pfingsten sein wird, geladen. — o. KU. (Der Name des Ladenden auch nicht genannt). — Or. Nordhausen. (mi. nach oculi). **4059a**

1420		
März 14	Breslau	bestätigt der St. Breslau alle Rechte u. speziell die (inser.) im grossen Auflaufe [v. 1418] beschädigten Privilegien des Hrz. Heinrich IV v. 1271 Jan. 31, des Kgs. Johanns v. 1327 April 6 u. 1339 April 28 mit einer für die Stadt überaus ehrenvollen Motivierung. — KU? — Vid. [v. 1455 Juli 18, bzw. 1648 Jan. 13] Dresl. Stadt-A. — Ausz.: Cod. dipl. Siles. 11, 181; vgl. auch Gengler, cod. iur. municip. 1, 370. (decima quarta marcii). **4060**
‚ 15	‚	erteilt den Bautznern Vorschriften, wie sie sich gegen Hussiten, die in ihre Hände fallen, verhalten sollen: Geweihte oder Geistliche sollen sie dem Bischof überantworten, Weltliche, die sich bekehren wollten, vor ihren Obersten führen, dem das Begnadigungsrecht zustehe, Halsstarrige aber strafen u. richten u. sich ihrer Habe u. Güter bemächtigen. — Ad m. d. r. Joh. Kirchen — Or. (früher) Bautzen (jetzt nicht zu finden). — Palacky, Beitr. z. Gesch. d. Hussitenkrieges 1, 22 f.; Jecht, Cod. dipl. Lusat. super. 2 (1896), 31. (fr. nach Gregorien). **4061**
	‚	März 15: Mit Zustimmung Kg. Sigmunds wird der Hussite Johann Krasa aus der Prager Neustadt hingerichtet; derselbe hatte sich in Breslau aufgehalten u. öffentlich sich zum Wiklefitismus bekannt. — (Klose) Von Breslau. 2, 1, 332; Fontes rer. Austr. 1, 2, 351 f. **4061 a**
‚ 16	‚	nimmt Antonius Johannis aus Florenz zu seinem Hofgesinde u. täglichem Tischgenossen an. — M. de Priest. — Not. RR. G 66ᵛ. (16. die mart.) **4062**
	‚	März 17: Im Beisein Sigmunds predigt der päbstliche Legat B. Ferdinand v. Lucca den Kreuzzug gegen die Böhmen. Laurencius v. Březina: Fontes rer. Austr. 1, 2, 352. **4062 a**
‚ 17	‚	verleiht Hartung u. Hans v. Clux das Schloss Tschorbau (Schochau), das Heinz Rencker aufgegeben. — [Per d. G. ep. Pat. canc. Mich. de Priest — Kop. Görlitz Bibl. u. Zittau]. — Reg.: Verzeichn. Oberlaus. Urkk., Heft 5, 2. (sont. letare). **4063**
	‚	bestätigt die Privilegien des Maria-Magdalena-Klosters zu Lauban u. verbietet besonders Eingriffe der Görlitzer u. Bautzener Vögte. — KU? — [Kop. ib.] — Reg. ib. (dec. sept. d. marcii). **4064**
‚ 18	‚	giebt dem Mkgr. Bernhard v. Baden Erlaubnis, die Veste Zähringen v. Reichs wegen einzulösen u. zu des Königs u. des Reichs Händen zu nehmen. — Per d. G. episc. Patav. cancell. Michael de Priest. — B. Heinricus Fije — Or. Karlsruhe; [RR. G 66ᵛ]. — Schöpflin, hist. Zar.-Bad. 6, 112 f.; Reg.: Ztschr. f. G. d. Oberrheins N. F. 3. 440; Fester, Regesten nr. 3168. (mo. nach letare). **4065**
	‚	beauftragt denselben für ihn mit B. Wilhelm v. Strassburg zu unterhandeln u. zu teidingen. [KU. w. v.] — RR. G 66ᵛ u. 67ᵛ. — Fester nr. 3170. (id. dat.) **4066**
	‚	beauftragt denselben die Streitigkeiten zwischen B. Wilhelm v. Strassburg u. dem Domkapitel, sowie zwischen dem Bischof u. der St. Strassburg beizulegen [vgl. nr. 4043 u. 4054]. [KU. w. v.] — ib. 67ᵛ. — Fester nr. 3169. (id. dat.) **4067**
	‚	gebietet den Freiburgern, nachdem nun auch der letzte gewährte Aufschub seit geraumer Zeit abgelaufen sei, schleunigst dem Mkgr. Bernhard v. Baden als seinem Vertreter zu huldigen. — KU. w. v. — [Or. Freiburg. Albert]. — Schreiber, Urkb. v. Freiburg 2, 301 f.; vgl. Fester nr. 3171. (mo. nach letare). **4068**
	‚	bestätigt Christof v. Gersdorf zu Baruth [Regb. Bautzen] alle Privilegien, besonders die Kg. Wenzels. — KU? — [Kop. Görlitz Bibl. u. Zittau]. — Reg.: Verzeichn. oberlaus. Urkk., Heft 5, 2. (achtzeh. t. des merzen). **4069**
	‚	hebt auf Grund der Goldenen Bulle (Unteilbarkeit der Kurfürstentümer) die letztwillige Verfügung des Kurf. Rudolf v. Sachsen, dass einige seiner Besitzungen an die v. Anhalt fallen sollten, auf u. befiehlt dem Hrz. Albrecht v. Sachsen jene Besitzungen ihrer den Anhaltern geleisteten Huldigung zu entbinden. — KU? — RR. G 67ᵛ (am Rande ein „non" = non transivit?) (18. t. des merzen) **4070**
‚	‚	schreibt in gleicher Angelegenheit an die Gr. Albrecht u. Bernhard v. Anhalt. — Not. ib. **4071**
‚	‚	desgl. an die St. Wittenberg u. Herzberg (Hirsp-). — Ausz. ib. 67. **4072**
		März 18 Schweidnitz: an Hrz. Ludwig v. Baiern. Erwähnt: Lang, Ludwig d. Bärt. 110. — s. April 18.

1420		
März 19	Breslau	befiehlt dazu in den Landen des Hrz. Ernst v. Österreich wohnenden Juden zur Bestreitung seiner Unkosten beim Konstanzer Konzil, bzw. seiner Reisen nach Aragonien, Frankreich u. England den dritten Pfennig v. aller ihrer Habe an seinen Hofmeister, den Gr. Ludwig v. Öttingen zu entrichten. — Ad m. d. r. Michael de Priest. — R. Heinr. Fye. — Or. Wallerstein; Not. RR. G 66ᵛ. (zinstag nach . . . letare). **4073**
„	„	bestätigt dem Hans Oswald zum Wyger das Gericht in dessen Dorfe Kirchhofen (Kilch-) — M. de Priest — RR. G 66ʳ. (zinst. nach letare). **4074**
„ 20	„	befiehlt dem EB. Otto v. Trier, dem er den Schutz über die Schlösser des Gr. Adolf v. Nassau übertragen [vgl. nr. 4011], auf den Schlössern, die er besetzt, das königl. das Reichs- u. sein Banner aufzupflanzen. — KU? — Kop. Wiesbaden St.-A. (mittwochen nach letare). **4075**
„	„	erlaubt dem Gr. Heinrich v. Waldeck die Reichslehen v. Gr. Adolf v. Nassau an seiner Statt zu empfangen. — [M. de Priest — RR. G 66ᵛ]. — Lünig, R. A. Spic. sec. 2, 1427 (bei Aschbach 3, 432 falschl. März 21). (ld. dat.) **4076**
„	„	giebt dem Sigfrid v. Wemdingen eine Anweisung für ihm schuldigen Gehalt. — Per d. L. comit. de Otingen mag. cur. Mich. de Priest — RR. G 68ʳ durchgestrichen; am Rande: non transivit. (mittw. vor frowen t. annunc.) **4077**
„ 21	„	bestätigt den Breslauischen Kaufleuten das durch Kg. Ludwig I v. Ungarn [1365 Nov. 29] verliehene Privileg, dass sie in seinem Gebiete gleich den Pragern u. Nürnbergern freien Handel haben sollen. — [Per d. G. episc. Patav. cancell. Michael de Priest — R. Heinr. Fye. — Or. u. Kop. Breslau Stadt-A.] — Lünig, RA. P. Spec. Cont. 4. Teil 2. Forts. 258. **4078**
„	„	bestätigt die bereits v. Gr. Amadeus v. Savoyen im J. 1411 vollzogene Legitimation des Humbertus Lanfridi aus der Diözese Grénoble. — KU. w. v. — RR. G 65ʳ u. 66ᵛ, sowie 69ᵛ u. 70ʳ. (vigen. prima die marc.) **4079**
„ 22	„	belehnt (als Kg. v. Böhmen) die Brüder Hans u. Ulrich v. Biberstein mit den Lehen ihrer Vorfahren (Soran, Beeskow, Storkow u. Triebel). — Ad m. d. r. Mich. de Priest — R — Or. Weimar Ges.-A. (fritags vor . . . frowen tag annuncia.) **4080**
„ 23	„	erlässt eine Handwerkerordnung für Breslau. — [Ad m. d. r. Joh. Kirchen — R. Heinr. Fye — NB. der R. nicht in dorso, sondern auf dem letzten Blatt des in Codexform geschriebenen Or. unterhalb des Schlusses]. — Or. Bresl. Stadt-A. — Reg.: Cod. dipl. Siles. 11, 182 (nicht März 30, vgl. Gengler, cod. jur. munieip. 1, 379). **4081**
„	„	beschränkt das den Breslauern am 9. März bewilligte Ungeld auf seine Lebenszeit. — KU? — Vidim. v. 1438 Jan. 19 ibid. (samst. vor frowentag annunc.) **4082**
„ 25	„	befiehlt der St. Nürnberg ihre Martini 1421 fällige Reichssteuer (2000 Gulden) an Herman v. Breitenstein (u. niemanden anders) zu zahlen. — Mich. de Priest — Not. RR. G 65ᵛ. (frow. t. annunc.) **4083**
„ 26	„	verbietet die Breslauer Ratmannen an der v. ihm gestatteten Hinrichtung der (namentlich genannten) Aufrührer aus dem Handwerkerstande zu hindern. — Per d. J. comitem de Otingen magistrum curie Joh. Kirchen. — R. Heinr. Fye — Or. Bresl. Stadt-A. — Cod. dipl. Siles. 11, 182 f. (di. nach fraw. t. annunc.) **4084**
„ 27	„	verleiht auf Bitten der St. Augsburg die Reichs-Landvogtei daselbst dem Konrad v. Reischach in derselben Weise, wie sie Swygger v. Gundelfingen vorher besessen hatte. — [Per d. Barthold. archiepisc. Mediol. Mich. de Priest — o. R: — Or. München R.-A.; RR. G 67ᵛ; KU. nur: Michael); Kop. u. Vid. v. 1425 Nov. 11 Augsb.] — Reg. Boic. [falschl. zu Aug. 21] 12. 350. (ml. nach frauen t. annunt.) **4085**
„	„	verpfändet dem Janek v. Smilkov Güter der Leitomischler Kirche. — KU? — Registr. v. 1454 — Reg.: Arch. cesky 2, 470. Noracek. **4086**
„ 29	„	verleiht bis auf Widerruf das Schloss Welschenfels [heute Laroche en Ardenne] den Brüdern Johann u. Huwart v. Eltern [heute d'Autel], welche dieses Schloss schon v. Kg. Wenzel erhalten hatten. — KU? — R? — Or. Luxemb. Arch. gouv.; [nicht in RE.; kaum eigenes Registratur-Buch für Luxemburg]. — Publications de la section hist. de l'institut de Luxembourg 26 (1871), 7. **4087**
„	„	bestätigt den Brüdern Tammen, Ramfold, Hans, Nickel u. Christof v. Gersdorf ihre Lehen, die Güter Mengelsdorf, Ober- u. Nieder-Reichenbach(sdorf), Gosswitz, Ochlisch, Sohland, den

1420		
		halben Teil der St. Reichenbach, sowie die ihnen v. Kg. Wenzel verschriebenen, um 300 Schock ablösbaren 20 Schock Zinse auf die St. Löbau u. 12 Schock Zins von dem Gerichte daselbst. — KU? — Vidim. v. 1451 Mai 11 Löbau Stadt-A. — Cod. dipl. Saxon. reg. 2. Hauptteil 7, 246. (frit. vor d. palmt.) **4088**
März 29	Breslau	bevollmächtigt den Landgr. Ludwig v. Hessen zur Verleihung der Regalien u. Lehen an Hrz. Otto v. Braunschweig u. Lüneburg [vgl. Urkb. d. hist. Ver. f. Niedersachsen 7, 50]. — [Per d. G. episc. Patav. cancellarium et L. comitem de Ottingen magistrum curie M. de Priest. — K. Heinr. Fije. — Or. Hannover Janicke]; RR. G 71' mit KU: Rex. Michael. (fr. vor palmarum) **4089**
» 30	»	befiehlt dem Nikolaus Bunzlau 940 Gulden an Sigfrid v. Wendingen zu zahlen. — KU? — Durchgestr. Not. RR. G 69'. (sampst. nach frow. t. annunc.) **4090**
»	»	giebt als Kurfürst (Kg.) v. Böhmen seinen Willebrief zu dem Bündnis mit dem Kg. v. England [v. 1416 Aug. 15; vgl. auch 1420 Juli 31] — Ad m. d. r. M. de Priest — RR. G 67'. — Vgl. auch RTA 7, 391. (penultima die mart.) **4091**
		März 30: verleiht den Breslauern die erste Handwerksordnung. Ausz.: (Klose) Von Breslau 2, 1, 354. (sampst. nach fraw. t. annunc.) — s. nr. 4061.
» 31	»	erteilt dem B. Johann v. Eichstädt die Gnade, dass niemand diesen anders als vor Sigmund selbst oder dem v. ihm bestellten Vertreter vorladen oder verklagen solle. — [Per d. L. comitem de Otingen mag. cur. Mich. de Priest — Or.° Nürnberg Kr.-A.; RR. G 67']. — Reg. Boic. 12, 343. (an d. palmt.) **4092**
» ?	»	erklärt, dass der Jude Kusshel zu Mersburg u. dessen Familie den 3. u. 30. Pfennig nicht an Konrad v. Weinsberg zu zahlen braucht, da dessen Abgaben [vgl. nr. 2464] v. ihm dem B. Nikolaus v. Mersburg verschrieben sind. — Per d. G. ep. Pat. canc. Mich. de Priest — RR. G 66'. (s. d.; zw. 21 u. 16 März). **4093**
» ?	»	nimmt seinen Arzt, den Magister Heinrich Saslam unter seine familiares auf u. erteilt ihm Geleit. — KU? — Not. RR. G 60'. (s. d.) **4094**
April 2	»	bestätigt der St. Hirschberg die Bestätigungsurk. seines Bruders Wenzel [v. 1398 Aug. 17] über das Privileg des Hrz. Bolko v. Fürstenstein-Schlesien v. 1348 Juni 2, betr. die Ausübung v. Handel u. Handwerk u. eine Urk. Wenzels [v.?], betr. den Bierverkauf in H. — Per d. G. episc. Patav. cancell. Mich. de Priest. — K. Heinr. Fye. — Or. Breslau Staats-A. (dinst. nach palmtag). **4095**
» »	»	entlässt Johann Wilhelm, Eghards Sohn, aus Amsterdam aus der Reichsacht, in welche er auf Klage des Tyle u. Betman Lose [1418 Sept. 19; vgl. nr. 3514] erklärt war, da er sich bereit erklärt hatte auf dem nächsten Rechtstage nach Juli 25 Rechenschaft zu geben (er erschien nicht u. wurde in die Aberacht erklärt). — KU? — Not. Achtbuch 13'. (fer. 3. post palm.) **4096**
» 3	»	antwortet dem Kg. Wladislaw v. Polen auf dessen Klage in einem Brief vom März 1420, er habe der St. Breslau das Recht verliehen, beim Jahrmarkte den polnischen Kaufleuten eine Steuer aufzulegen, weil er sich bei seiner Anwesenheit v. ihrem dürftigen Zustande, v. ihrer Schuldenlast überzeugt habe; übrigens sei das Privileg nicht unwiderruflich. — KU? — Nach Hds. 1555 d. Königsb. Univ. Bibl. Arch. f. österr. Gesch. 52, 131 ff.; nach einer Hds. d. Prager Univ. Bibl. Mon. med. aevi hist. res gest. Polon. Illustr. 6, 1041 f. (tercia apr.) **4097**
» 6	»	bestätigt dem Breslauer Bürger Patricius Sebenwirt, auf Grund v. vorgezeigten Urkunden den Besitz des Dorfes Hausdorf (Hugils-) im Neumarktschen. — Per d. G. episc. Patav. cancell. Mich. de Priest. — K. Heinr. Fye. — Or. Breslau Staats-A. (osterab.) **4098**
» 8	»	befreit die geistlichen Schwestern des 'selhuses' auf der Albrechtstrasse zu Breslau, das Mathes Adeler gestiftet, v. allen Abgaben ausser dem gewöhnlichen Erbgeschoss. — Per d. Albertum de Colditz magistrum camere Mich. de Priest — o. R — Or. [? ohne Siegelspuren] Breslau Stadt-A. (mo. nach ostern). **4099**
» »	»	ermahnt die Bremer gegen Häuptling Sibet v. Rüstingen keine Feindseligkeiten mehr zu eröffnen u. verweist sie an den B. Otto v. Münster, als den v. ihm ernannten Schiedsrichter über etwa v. ihnen vorkommende Streitigkeiten. — Per d. L. comitem de Oetingen magistrum curie

1420		
		Joh. Kirchen — Or. Bremen. — Friedländer, Ostfries. Urkb. 1, 232; Bremisches Urkb. 5, 148 f. (mo. nach ostert.) **4100**
April 8	Breslau	bevollmächtigt seine Räte Siegfried v. Wemdingen u. Nikolaus Bunzlau, mit dem B. Otto v. Münster wegen seiner Hilfe wider Ocko tom Brok, die St. Groningen u. die übrigen ungehorsamen Friesländer zu verhandeln. — [KU?] — RR. G 68ᵛ. — Friedländer, Ostfries. Urkb. 2. 721 f. (id. dat.) **4101**
»	»	bevollmächtigt den B. Otto v. Münster an seiner Statt die Streitsache zwischen dem Gr. Christian v. Oldenburg u. Häuptling Sibet v. Rüstingen einer- u. der St. Bremen andererseits zu untersuchen u. zu entscheiden. — Per d. L. comitem de Ötingen magistrum curie Joh. Kirchen. — RR. G. 68ᵛ. — ibid. 722. **4102**
»	»	erteilt dem Häuptling Sibet v. Rüstingen die Vollmacht, bestimmte Gebiete des Jeverlandes u. Ostfrieslands in seinem (des Königs) Namen zu regieren u. legt ihm die Verpflichtung einer jährlichen Abgabe auf. — KU. w. v. — RR. G 69ᶠ; non transivit. — ibid. 723 f. **4103**
»	»	bestätigt den Frieden zwischen Sicko Syarda in Westergo u. der Gemeinde Harlingen. — KU. w. v. — RR. G 68. (mont. nach ostertag). **4104**
»	»	erteilt dem auf dem Berge T(h)abor in der Utrechter Diözese gegründeten Augustinerkloster Privilegien. — KU. w.v. — RR. G 68ᵛ u. 69ᶠ; non exivit. — Nach e. Hds. [wo?] Schwartzenberg, Groot Placat en Charter-boek van Vriesland 1, 409 f. (octavo d. apr.) **4105**
» 13	Schweidnitz	schickt an die römische Kurie den Magister Oswald Mengersreut, den B. Johann v. Lebus u. den Dr. Omnebonus, um gegen Anselm, den Prätendenten des Augsburger Bistums, vorstellig zu werden. — Per d. G. ep. Pat. canc. M. de Priest — RR. G 70ᵛ. (13. apr.) **4106**
» 13 [?]	»	befiehlt dem B. Johann v. Würzburg, welcher sich v. den St. Heidingsfeld u. Bernheim als oberstem Amtmann der Krone Böhmen hat schwören lassen, diese Städte dieses Eides zu entbinden, da er sie bei der Krone Böhmen erhalten wolle; auch ersucht er diese Städte nicht fernerhin mit dem Landgericht zu Würzburg zu beschweren. — Kirchen. — RR. G 69. (vor dem sont. quasimodo geniti). **4107**
» 14	»	bestätigt dem Breslauer Bürger Michael Bauckaw sein Wappen. — Per Alb. de Colditz magistr. camere M, d. Priest — Not. RR. G 70ᶠ. (dominica quasimodo geniti). **4108**
»	»	befreit die St. Neumarkt zur Aufbesserung ihres in den Kriegswirren erlittenen Schadens auf 10 Jahre v. allen Steuern, Gülten u. s. w. — Per d. G. episc. Patav. cancell. Mich. de Priest. — o. R — Or. Breslau Staats-A. (sont. quasimodo geniti). **4109**
» 17	»	verschreibt dem obersten Landschreiber Nikolaus v. Lobkovic die Burg Frauenberg mit der Verpflichtung v. den Einkünften derselben 200 Schock Gr. nach dem Befehl des Königs auszugeben. — KU? — Register v. 1454 — Reg.: Arch. česky 1, 537. Novaček. **4110**
»	»	bestätigt der St. Schweidnitz die Privilegien. — Ad relac. d. cancell. Patav. episc. Francisc. prepos. Boleslav. — R. Heinr. Fye — Or. u. Vid. v. 1437 April 13 Schweidnitz. (mi. v. Georg.) **4111**
»	»	verpfändet den Breslauer Bürgern Heinz Tristram u. Niklas Mrockot gen. Raussenwald (Ruschenwalt) für 1177 ungarische Gulden Silbersachen (Kleinodien) u. erlaubt ihnen dieselben zu verkaufen, wenn er sie bis Okt. 16 nicht einlöst; sie sollen aber einen etwaigen Mehrerlös an ihn abführen. — Per d. Albertum de Colditz magistrum camera Michel de Priest — R. Heinr. Ffye. — Or. Breslau Stadt-A.; RR. G 64ᵛ s. d. et L — Vgl. (Klose) Von Breslau 2. 1, 358. (mi. nach quasimodo geniti). **4112**
»	»	befiehlt dem St. Zerbst ihre Unbotmässigkeit gegen den Fürsten Albrecht v. Anhalt, dem er seine Privilegien bestätigt u. ein Geleitsgeld vom Zerbster Bier verliehen, aufzugeben, insbes. diese Abgabe zu entrichten. — Per d. G. episc. Patav. cancell. Mich. de Priest — o. R — Or. Zerbst Stadt-A. (mi. vor Görgen). **4113**
» 18	Breslau (sic!)	legitimiert Johann, den Sohn des Franciscus Blaxii Leonis aus Florenz. — Rex. Michael. — Not. RR. G 73ᵛ. (18. die apr.) **4114**
»	Schweidnitz	befiehlt dem EB. Eberhard v. Salzburg, dem Hrz. Ludwig v. Baiern [-Ingolstadt] jede Hilfe gegen Hrz. Heinrich v. Baiern zu verweigern [vgl. nr. 3892]. — KU? — Vid. v. 1422 Juli 6 Wien H. H. u. St.-A. (do. vor Jorgen). **4115**

1420		
April 18	Schweidnitz	verweist dem Hrz. Ludwig v. Baiern, dass er sich unterstanden, dem Hrz. Heinrich v. Baiern mit geistlichem Gericht an den Hof zu Rom zu ziehen: sie seien beide weltliche Fürsten, auch die Streitpunkte seien weltlicher Natur, übrigens vom Pabste selbst an ihn (den König) verwiesen. — KU? — Quelle? — Erw.: K. H. v. Lang, Ludwig d. B. 110 z. 18 März, was aber v. Aschbach 3, 433 bereits in April korrigiert u. durch nr. 4115 wohl sicher gestellt ist. 4116
» 19	»	warnt die Bürger v. Kaaden sich dem Aufruhr der hussitisch Gesinnten, besond. des Čenek v. Wartenberg, Ulrichs v. Rosenberg u. der St. Prag anzuschliessen u. verspricht ihnen für ihre Treue baldige Hilfe. — Ad m. d. r. F. propos. Boleslav. — Hds. d. Leipz. Univ. Bibl. — Palacky, Beitr. z. Gesch. d. Huss. Krieges 1, 25 f. (fr. vor Jorgen). 4117
»	»	gebietet Kaspar Torringer, das Bündnis, das er an der Spitze mehrerer Ritter mit Hrz. Ludwig v. Ingolstadt eingegangen sei, zu lösen; ein solches Bündnis sei schon nach der Goldnen Bulle verboten u. hätte umsoweniger in Abwesenheit des Hrz. Heinrich v. Landshut, dessen Unterthan er sei, eingegangen werden sollen. — KU? — Nach alt. Reg. im Münch. R.-A. Reg. Boic. [fälschl. zu 1421 April 18] 12, 367. (fr. vor Georg). 4118
» 20	»	quittiert der St. Rothenburg a. T. den Empfang der Reichssteuer (400 rhein. Gulden) pro 1419. — Per d. C. de Wiusperg camerarium M. de Priest — RR. G 71ᵛ u. Not. lb. 70ʳ. (sampst. vor Jorgen). 4119
» 21	»	benachrichtigt den Hochmeister des Deutschordens, dass er den auf Pfingsten festgesetzten Gerichtstag zwischen dem Deutschorden u. Ritter Tamschik v. Tanfeld, da er diesen für den Krieg gegen die Wikleffiten gebrauche, auf Sept. 29 verschiebe. — P. d. L. com. de Otingen mag. curie Mich. de Priest — o. R — Or. Königsberg. (sont vor Georgen). 4120
»	»	April 21: befiehlt dem Kaspar Törrringer ... Erw.: Buchner, Gesch. v. Bayern 6, 239. — s. nr. 4118.
» 24	»	verbietet die Breslauer Juden, seine Kammerknechte, in den Genuß der v. Papst Martin V den Juden allgemein bestätigten Freiheiten zu stören. — Per d. C. de Winsperg M. de Priest — RR. G 70ᵛ. (Jorgen). 4121
»	»	nimmt auf Bitten des Kgs. Heinrich v. England für die Zeit, dass Pfalzgraf Ludwig III bei diesem in Frankreich ist, die Lande desselben sowie dessen Sohn Ruprecht in seinen u. des Reiches Schutz. — Per d. G. ep. Pat. canc. Franciscus prep. Bolesl. — RR. G 70ᵛ u. durchstr. 71. (Jorgen). 4122
»	»	verkündet allen Reichständen, dass er auf Wunsch des Kgs. Heinrich v. Frankreich u. England die Länder u. Leute des Pfalzgrafen Ludwig, der jenem zu Hilfe nach Frankreich ins Feld ziehen werde, in Schutz genommen habe u. hiermit unter strengen Strafen jedwede Schädigung der Pfalzgrafschaft verbiete. — KU? — Nach? Reg.; Janssen, Frankf. Reichskorr. 1, 336. (Jorgen; nicht — April 24). 4123
»	»	legitimiert den zum Bischof v. Paderborn erwählten Hermann v. Elsen, den Sohn des Hrz. Ruprecht v. Berg. — Per d. G. ep. Pat. canc. Mich. de Priest — Not. RR. G 70ʳ. (23. apr.) 4124
»	»	legitimiert Heinrich Schacht. — W. v. 4125
»	»	giebt als Kurfürst (Kg.) v. Böhmen seinen Willebrief zu der Verleihung der St. Weinsberg [nr. 2330] an Konrad v. Weinsberg als Mannlehen. — KU? — RR. G 70ᵛ u. 71ʳ. (Jorgen). 4126
» 25	»	benachrichtigt die St. Budweis, dass er den Leopold v. Krey zu ihrem Schutze bestellt habe: die Stadt möge diesem als ihrem Hauptmann Gehorsam leisten. — Ad m. d. r. Mich. de Priest — Or. Budweis. — Palacky, Beitr. z. Gesch. d. Huss. Krieges 1, 27 f. (Marcus L) 4127
» 26	»	bestätigt als Kg. v. Böhmen dem Konrad v. Weinsberg seine Reichspfandschaften auf den jährl. Stadtsteuern zu Schwäbisch-Hall u. zu Weinsberg u. auf den Dörfern Scheffleur, Dahenfeld u. Borgheim bei Mosbach u. auch der halben Judensteuer v. der unteren Landvogtei in Schwaben [vgl. nr. 1433]. — Ad m. d. r. Joh. Kirchan [!] — R. Henr. Fye — Or. Öhringen: RR. G 71ʳ. (freitag n. Jorgens tag.) 4128
»	»	desgl. in Betreff der dem Weinsberg um 10000 rhein. Gulden verpfändeten Reichssteuer zu Ulm (jährl. 750 Pfund Heller). — Ad m. d. r. Joh. Kirchen — R. Henr. Fye. — Or. lb.; RR. G 70ᵛ. (id. dat.) 4129

1420		
	Schweidnitz	April 26: Der kgl. Hofrichter Gr. Johann v. Lupfen bernannt in Sachen zwischen dem Abt Ortwin v. Chemnitz einer- u. dem Burggr. Albrecht v. Leisnig, dem Hauptmann zu Schellenberg Hans v. Sparremberg, dem Bürgermeister u. Rat zu Chemnitz, sowie dem Bleichamt daselbst andrerseits einen neuen Termin zur Herbeischaffung des Beweismaterials an. — Petrus Wacker. — Or. Chemnitz. — Cod. dipl. Saxon. reg. 2, 6, 75 ff. **4129a**
April 27	»	schlägt auf die dem Protonotar Joh. Kirchen um 3000 u. später noch um 600 rhein. Gulden verpfändete Stadtsteuer v. Reutlingen [vgl. nr. 1529 u. 3397] wegen dessen treuer Dienste u. für Kost u. Zehrung noch 400 Venedische Dukaten [vgl. auch 1422 März 8]. — [Per d. L. comitem de Otingen mag. cur. Mich. — RR. G 74"]. — (Harpprecht) Staats-Arch. d... Cammer-Gerichts 3, 507 f. **4130**
»	»	bestätigt, dass sein Kaplan Simon v. Siggenhaim (Sygenheim), Passauer Chorherr, sein Eigentum den Pichelhof zu Affheim der Pfarrkirche St. Stephan zu Triftern (Trüfter, Passauer Diözese) geschenkt hat. — Per d. canc. Mich. de Priest — RR. G 72. (sampst. vor Philippi u. Jacobi). **4131**
Mai 8	Königgrätz (Greta)	bestätigt den Brief des Mkgr. Jodokus v. Mähren, welcher dem Vanek v. Brzkevič die Burg Novy Hrad um 670 Schock Groschen verpfändet hatte. — Reg.: Arch. česky 7, 578. *Novaček.* **4132**
» 9	»	ermahnt die St. Budweis, die eine Gesandtschaft zu ihm geschickt, treu zu ihm zu halten; Leupolt Kreyer solle sie beschützen. — Ad m. d. r. Michael de Priest canon. Pragens. — Or. Budweis = Kop. Prag Böhm. Mus. (neunden tag des meyen). **4133**
» 10	»	erklärt dem Grossherz. Witold v. Litthauen unter grossem Wortschwall, dass er sich bei dem Breslauer Schiedssprüche [nr. 3944] nur v. der Gerechtigkeit habe leiten lassen; am meisten befremde seine Klage wegen des Landes Samaiten, dessen Anfall an den Deutschorden er ja im Thorner Frieden zugestanden; dem Polenkönige habe er kein Unrecht gethan. — KU? — Hds. d. Königsb. Bibl. — Mon. med. aevi hist. res gest. Polon. illustr. 6, 473 ff. (die decima maji). **4134**
	»	erklärt dem Polenkönig gegenüber die v. diesem erhobenen Beschuldigungen gegen den Deutschorden für unerwiesen; dieser wolle seinen Verpflichtungen genau nachkommen; Adressat möge nur die Zahlungen des Ordens auch in Silber, statt nur in Gold annehmen. — KU? — Hds. w. v. — Erw.: J. Voigt, Gesch. Preussens 7, 373. (id. dat.). **4135**
» 11	s. L.	gewährleistet dem Herbort v. Kolovrat u. Aleš v. Brezno den Ersatz des erlittenen Schadens. — KU? — Regist. v. 1454 — Reg.: Arch. česky 2, 194. *Novaček.* **4136**
» 19	Kuttenberg (sic!)	verpfändet dem Herborth v. Kolovrath für dessen treue Dienste gegen die Wikleften die dem Benediktinerkl. Castlpark gehörigen Orte Solopisky u. Markvarec [Bez. Laun] um 530 Schock. — o. KU! — o. R (mit Siegeleinschnitten). — Arch. Raudnitz. — Fälschung: keine Kanzleihand, die ungar. Regierungsjahre fehlen, Römisches J. 34, Böhmisches 10, Incarnationsj. 1420. **4137**
		[Mai] Kuttenberg: an den Kg. v. Polen. Arch. f. österr. Gesch. 45, 390 ff. — z. Aug. 16.
» 27	Mélnik	kommt v. Jung-Bunzlau nach Mélnik in Begleitung seiner Gemahlin u. der Königinwitwe Sophie v. Böhmen u. zieht v. da nach Schlan, wo er die Unterwerfung der St. Laun empfängt. Von Schlan zog er über Hrádek, Žebrák, Točnik, Karlstein nach Königssaal. Laurencius de Brezina: Font. rer. Austr. 1, 2, 367 f.; vgl. auch Chronic. univ. Prag.: ib. 43. (Das Ertränken einer Anzahl Bürger von Leitmeritz fand nicht in Gegenwart Sigmunds statt; er ist dort nicht gewesen; Aschbach 3, 68 falsch). **4137a**
» 31	Wysehrad (sic!)	befiehlt Ulrich v. Rosenberg, die Veste Hradištko-Tabor zu zerstören u., wenn ihm dies nicht gelinge, mit seinen Streitkräften gegen Prag zu ziehen. — Ad m. d. r. Michael canc. Prag. — Or. Wittingau. — Arch. česky 1, 12; vgl. Reg.: Palacky, Beitr. z. Gesch. d. Huss. Kr. 1, 30. — Fälschung? **4138**
		Juni 2 Linz: ermahnt die oberlaus. Städte zum Zuge gegen die Hussiten. — Reg.: Verzeichn. oberlaus. Urkk., Heft 5, 3 — Aschbach 3, 433 — falsch statt 1421 Mai 18.
Juni 3	Königssaal	verspricht dem Peter Camarawer u. Friedrich Ramsperger, seinen Kriegshauptleuten, allen in seinen Diensten ihnen entstehenden Schaden zu ersetzen. — Michael — RR. G 72". (mo. nach drifaltikeit). **4139**

1420		
Juni 4	Königsaal	nimmt die Kirche zu Genf, deren Verwalter der Patriarch Johannes v. Konstantinopel ist, in den Reichsschutz u. verbietet besonders dem Hrz. Amadeus v. Savoyen jene Kirche zu belästigen. — Ad m. d. r. Mich. can. Prag. — Nach Or. [wo? Not. RR. G 71ᵛ] Spon, Hist. de Genève 2 (1730), 163 ff. (6. die jun.) **4140**
» 9	Prager Burg (sic!)	bekennt, dass er dem Sigmund v. Wartenberg u. Tetschen 400 Schock Groschen für seine Dienste schuldig geblieben sei. — KU? — Registr. v. 1454. — Reg.: Arch. česky 1, 546 (nr. 272). *Novaček*. — Die Ortsangabe bedenklich! **4141**
» 12	»	nimmt die Erklärung Ulrichs v. Rosenberg, dass er ihm in allem gehorsam sein u. zu ihm kommen wolle, gnädig u. dankbar auf. — Ad m. d. r. Michael can. Prag. — Or. Wittingau. — Arch. česky 1, 12 f. ⚫ Reg.: Palacky, Beitr. z. Gesch. d. Huss. Kr. 1, 30. — Die Ortsangabe bedenklich! **4142**
» ?		kommt seinen Anhängern auf dem Wyšehrad mit Lebensmitteln zu Hilfe. Laurenzius de Březina: Font. rer. Austr. 1, 2, 369. **4142a**
» 17	Königsaal	schlägt dem Janko Malerziek, Burggrafen zu Elbogen, dem Kg. Wenzel das Schloss Hartenberg (Her-) um 600 Schock Prager Groschen verpfändet. 300 Schock, die jener ihm geliehen, auf diese Pfandschaft. — Ad m. d. r. d. Alberto Schenk referente Michael can. Prag. — R. Henricus Fye — Or. Wien Staats-A. (mo. nach Vits L) **4143**
»	»	Juni 18: Peter Wacker (Hofgerichtsschreiber) ladet auf Klage Nordhausens den Bode v. Stockhausen zu der Nydecke [Niedeck bei Göttingen] vor das nächste Hofgericht nach Michaeli. — Or. Nordhausen. (dienst. vor Joh. Bapt.) **4143a**
» 20	Točnik	lobt die Ausdauer Ulrichs v. Rosenberg im Kampfe gegen die v. Tabor, ermahnt ihn, seine Reise zu ihm zu beschleunigen u. erklärt sich damit einverstanden, dass er Ulrich v. Neuhaus mit sich nehme. — Ad m. d. r. Arnestus de Richenburg. — Or. Wittingau. — Arch. česky 1, 13 ⚫ Reg.: Palacky, Beitr. z. Gesch. d. Huss. Kr. 1, 31. **4144**
»	Prager Burg (uf dem hus)	belehnt Eberhard v. Eppstein u. dessen nicht erschienenen Bruder Gottfried mit verschiedenen Reichslehen. (Anteil an der St. Münzenberg, Burg Königstein, Besitzungen zu Nieder-Erlenbach, Anteil an Zöllen zu Mainz u. s. w., Wegegeld zu Butzbach). — Per d. L. comitem de Ottingen magistrum curiae Mich. de Priest canon. Prag. — [Not. RR. G 75ᶜ; Kop. Wiesbaden nach Königsteiner Diplom. im Ortenberger Arch.] — Lünig, R. A. P. spec. Cont. 2. Grafen 341 f. (do. nach Alexien). **4145**
»	»	belehnt Dietrich v. Isenburg u. dessen Schwägerin Anna v. Solms, Gräfin zu Sain, mit der Grafschaft Falkenstein, der Vogtei zu Münzenberg u. dem Wildbann zu Dreieichen. — Per d. L. comitem de Ötingen magistrum curie Michael can. Prag. — [Not. RR. G 75ᶜ; beglaub. franz. Übers. v. 1684 Juli 26 eines Vid. K. Leopolds I v. 1684 Juli 4 Koblenz. *Becker*]. — Lünig, R.-A. Spic. sec. 2, 1602; Buri, Vorrechte d. alt. kgl. Bann-Forste (1744) Beil. 44. (id. dat.) **4146**
» 29 Im Felde bei	Prag	verschreibt dem Wilhelm v. Hasenburg Komotau u. Blatna um 3000 Schock Groschen. — KU? — Registr. v. 1454. — Reg.: Arch. česky 2, 192. *Novaček*. **4147**
»	»	befiehlt Heinrich v. Puchberg, mit seinem Volke zu Ulrich v. Rosenberg zu stossen, um diesem zu helfen, dass er die Feste Hradistko-Tabor gewinne. — Ad m. d. r. Mich. can. Prag. — Or. Wittingau. — Palacky, Beitr. z. Gesch. d. Huss. Kr. 1, 32. (Peters u. Pauls t.) **4148**
		Juni 30 Prag (Schloss): f. Friedrich u. Hannsch v. Kolovrat. — Reg.: Arch. česky 2, 431. — s. Juli 30 (nr. 4194).
» 30	»	erlaubt Ulrich v. Rosenberg, sich der streitbaren Mannschaft des Abtes v. Mühlhausen [Milevsko] zur Bewältigung der Taborer zu bedienen. — Ad m. d. r. Michael canon. Pragens. — Or. Wittingau. — Arch. česky 1, 13 f. ⚫ Reg.: Palacky, Beitr. z. Gesch. des Huss. Kr. 1, 31. — Nach einem Briefe der St. Nürnberg v. 9. Juli (bei Palacky ib. 38) lagerte Sigmund, der gerade damals einen Gichtanfall hatte, seit Juni 30 »mit grosser macht für Prag biе diesseit beim tiergarten.« Vgl. hierzu Laurencius de Březina: Fontes rer. Austr. 1, 2, 374. **4149**
[Juni ?]	?	fordert den Mkgr. Wilhelm v. Meissen auf, an seinem Zuge gegen die Hussiten nach Kuttenberg mit seiner Kriegsmacht teilzunehmen. — KU. w. v. — Hds. d. Lpz. Univ. Bibl. — Palacky, Beitr. z. Gesch. d. Huss. Kr. 1, 28. (s. d. et L) **4150**

1420		
Juli 1	Im Feldlager b. Prag	meldet Ulrich v. Rosenberg, dass er den Hrzz. v. Österreich den Johann v. Neuhaus entgegengeschickt habe, um sie aufzufordern, ihm gegen die Taborer Hilfe zu leisten. — KU. w. v. — Or. Wittingau. — Arch. český 1, 14 — Reg.: Palacky, Beitr. z. Gesch. d. Huss. Kr. 1, 32. **4151**
»	»	drückt dem Ulrich v. Rosenberg sein Bedauern aus, dass dieser v. den Taborern zurückgeschlagen worden sei, u. ermahnt ihn, seine Unterthanen im Zaume zu halten. — KU. w. v. — Or. ib. — Arch. český 1, 14 f. — Reg.: ib. **4152**
» 5	»	schreibt der St. Hamm über die Zwistigkeiten zwischen Gerhard v. Cleve u. Hrz. Adolf v. Cleve (besonders wegen Duisburg) u. befiehlt ihr die Beziehungen zu Adolf abzubrechen u. Gerhard als Herrn anzuerkennen. — Per d. G. episc. Patav. cancellarium Mich. can. Prag. — Steinen. J. D. v., Westphäl. Gesch. 1, 474. **4153**
»	»	desgl. der St. Dortmund. — KU. w. v. — o. R — Or. Dortmund. (frit. nach frowen l. visitac). *Rübel.* **4154**
»	»	condoliert dem Kg. Wladislaw v. Polen wegen des Todes seiner Gemahlin Elisabet, schildert ihm die Vorgänge in Böhmen nach dem Tode seines Bruders Kg. Wenzel u. seinen eigenen Regierungsantritt; ferner die Rebellion der Hussiten u. wie er ein grosses Heer zu deren Bewältigung zusammengebracht habe, u. fordert ihn auf, an diesem Zuge sich zu beteiligen. Ausserdem ersucht er ihn, sich nicht in den Streit des Mkgr. Friedrich v. Brandenburg mit den Hrz. v. Stettin u. Mecklenburg zu mischen, namentlich den letzteren keinen Beistand zu leisten, da alle Beteiligten Glieder des deutschen Reichs seien u. somit er allein die zuständige Instanz bilde. — Ad m. d. r. Michael can. Pragens. etc. — Nach Hds. 1555 d. Königsb. Univ. Bibl. Arch. f. österr. Gesch. 52, 155 ff.; aus e. Kurnicker Hds. Mon. med. aevi hist. res gest. Poloniae illustr. 6, 451 ff. (quinta julii). **4155**
»	»	Juli 6: Der Hofrichter, Gr. Hans v. Lupfen schiebt die Klage Hrnos u. Heinrichs Junge gegen Nordhausen hinaus, um einen Vergleich zu versuchen. — Petrus Wacker. — Or. Nordhaus. (zu. nach Ulrich.) **4155a**
» 6	Prag (Burg)	bestätigt dem Aleš Škopek v. Dubé auf Dražic alle Verschreibungen auf die Burg u. St. Kostelec u. schreibt ihm 375½ Schock Groschen u. die Dörfer Zamachy u. Vtelen zu. — KU? — Registr. v. 1454. — Reg.: Arch. český 1, 525. *Noráček.* **4156**
» 7	»	belehnt den Kaspar v. Clingenberg mit einem Viertel der Feste Hohen-Klingen u. der St. Stein (Stain). — Otingen. Michael. — Not. RR. G 72ᵛ. (sont. vor Marg.) **4157**
» 9	Im Feld vor Prag	belehnt den Konrad v. Limburg mit dem Schenkenamt. — Winsperg. Michael. — Not. RR. G 72ᵛ. (zinst. vor Margaret.) **4158**
» 10	Prag (Burg)	legitimiert den Lübecker Bürger Johann Swaneflegel. — KU? — Not. RR. G 73ᵛ. (10. die jul.) **4159**
		Juli 11 Prag (Burg): Der Hofrichter Gr. Hans v. Lupfen berichtet über die Klage des Hans Kröger gegen die St. Zerbst (deren Anwalt Georg Hätel) wegen Geleitsbruch: das Urteil wird hinausgeschoben. — Pe. Wacker — Or. u. Vidim. v. 1423 April 7 Zerbst Stadt-A. (donrstags nach Ulrich). **4159a**
» 13	»	lässt an diesem u. den folgenden Tagen die St. Prag stürmen. Laurencius de Březina: Fontes rer. Austr. 1, 2, 377 ff. **4159b**
» 14	»	gestattet den Gr. Johann u. Gottfried v. Ziegenhain u. dem Albrecht v. Hohenlohe, den Brüdern, bzw. dem Schwager des EB. Otto v. Trier, über den ihnen zu Boppard zustehenden Rheinzoll hinaus v. jedem Fuder Wein u. anderer Kaufmannswaare einen alten Königstornos zu erheben. — Per d. Ludwic. comitem de Otingen magistr. curie [Mich. can. Prag. — R. Henr. Fye — Or. Öhringen; RR. G 72ʳ; nach Not. ib. 72ʳ 2 Ausfert.; gleichz. Abschr. Koblenz *Becker*]. — Hanselmann, Dipl. Beweis, dass dem Hause Hohenlohe die Landeshoheit.., 488 f.; vgl. auch Material. z. Otting. Gesch. 3, 60 f. (sont. nach Margr.) **4160**
» 16	»	bestätigt der St. Elbogen die Privilegien. — Per d. G. episc. Patav. cancell. Michael de Priest canon. Prag. — R. Henr. Fye — Or. Elbogen — Kop. Prag Böhm. Mus.; Vidim. v. 1620 März 24 Prag Statthalterei-A. (dinstags nach Margrethen). **4161**
»	»	desgl. der St. Falkenau. — KU? — R? — Or. Falkenau. — Erw.: Pelleter, Denkwürdigk. d. St. Falkenau 1, 18. **4162**

1420		
Juli 16	Prag (Burg)	desgl. der St. **Karlsbad**. — Per d. O. episc. Patariens. cancell. Michael de Prist can. Prag. — R? — Or. Karlsbad = Kop. Prag Böhm. Mus. (dimstag nach Margarethen) **4163**
» 17	»	desgl. dem District **Elbogen** (Cubitensis). — KU. w. v. — R. Henr. Fye — Or. Prag Statthalterei-A. = Kop. Prag Böhm. Mus. (decima septima die Julii). **4164**

Juli 18 Prag: belehnt Eberhard v. Eppenstein. Reg.: Aschbach 3, 434 — s. nr. 4145.

Juli 18 Prag: belehnt Dieter v. Isemburg. Reg.: ib. u. Scriba, Reg. der ... Urkk. z. G. v. Hessen 2, 161 — s. nr. 4146.

» 19	vor Prag	belehnt den Fürsten Bernhard v. **Anhalt**, Graf v. Askanien mit den Reichslehen (u. a. Aschersleben). — Per d. O. episc. Patar. cancell. Michael canon. Pragens. — R. Henr. Fye — Or. Zerbst H. u. St.-A.; RR. G 73. (frit. vor Marien Magdalenen tag). **4165**
»	Prag (Burg)	gebietet der St. **Lindau**, die gewöhnliche Reichssteuer (200 Pfund Heller), die bisher an Hermann v. Breitenstein bezahlt wurde, vom nächsten Martinstage ab alljährlich seinem Hofmeister dem Gr. Ludwig v. Oettingen zu entrichten. — [KU. u. R. w. v. — Or. München R.-A.; Not. RR. G 72ᵛ]. — Reg. Boic. 12, 349. (freit. vor Mar. Magd.) **4166**
»	»	verschreibt dem Gr. Ludwig v. **Öttingen** wegen 3000 Gulden Jahrgelds die Stadtsteuer v. Lindau, so lange er Hofmeister ist, mit Vorbehalt künftiger Ablösung. — [KU. u. R. w. v. — Or. u. Vid. v. 1470 Okt. 2] Wallerstein; RR. G 72ᵛ]. — Reg.: Material. z. ötting. G. 2, 74. (id. dat.) **4167**
»	Im Felde vor Prag	belehnt Friedrich d. ä., Wilhelm u. Friedrich d. j., Landgr. in Thüringen u. Mkgr. zu **Meissen**, die vor ihm erschienen sind, mit ihren Fürstenthümern. — KU. w. v. — [Transs. v. 1437 April 19 Dresden H. St.-A.; Not. RR. G 72ᵛ u. 73ᵛ]. — J. G. Horn, Lebens- u. Heldengesch. Friedrichs d. Streitbaren ⋆834; Facsimile: Otto Posse, die Hausgesetze der Wettiner (1889) Tafel 61. (id. dat.) **4168**
»	»	bestätigt **denselben** alle ihre Privilegien. — [KU. w. v. — R. Henr. Fye. — Or. ib.; RR. G 73ᵛ]. — Horn 839. (id. dat.) **4169**
» 20	Prag (Burg)	erneuert dem Hrz. Heinrich d. J. v. **Glogau** (Rumpold) u. dessen Bruder Heinrich d. ä. die Urk. Kg. Wenzels (Datum?) für ihre Mutter Katharina v. Freistadt, dahin lautend, dass beiden Brüdern v. den Abgaben der Städte Olmütz, Brünn, Znaim, Iglau u. s. bis zur Tilgung einer Forderung v. 3150 Schock Prager Groschen jährlich 300 Schock bezahlt werden sollen. — KU. w. v. — R. Henr. Fije. — Or. Breslau Staats-A. (samst. v. Maria Magd.) **4170**
» 21	»	befiehlt den v. **Trohe** u. **Buseck** niemanden in ihre Ganerbschaft (des Buseckerthales) aufzunehmen, er habe denn zuvor dem Kaiser u. dem Reich gehuldigt. — KU. w. v. — Wettermann, Wetteravia illustr. Cod. dipl. 98 f. **4171**
»	»	belehnt (als Kg. v. Böhmen) den Gr. Georg v. **Wertheim** mit den böhmischen Lehen (Wertheim, Kreuzwertheim, Kennekeim). — KU. w. v. — R. Henr. Fye — Or. Wertheim; vgl. Aschbach 3, 434. (sont. vor Marien Magdalenen tag). **4172**

Juli 21 Pressburg: f. die Stände v. Bautzen, Görlitz u. s. w. — Verzeichn. oberlaus. Urkk. Heft 5, 3 f. — s. 1421 Juli 21.

» 22	»	bestätigt dem v. dem Mkgr. Wilhelm v. Meissen gestifteten St. Georgenstift zu **Altenburg** seine sämmtlichen Gerechtsamen. — Per d. O. episcop. Patariens. cancell. Franciscus prep. Boleslav. — R. Henricus Fije — Or. Altenburg; [RR. G 73ᵛ]. — Mittheilungen d. geschichtsforsch. Gesellsch. des Osterlandes 1, 2. Aufl. 70 f.; vgl. 4, 355; Reg.: Archiv. Ztschr. 2, 243. (22. die Jul.) **4173**
»	»	belehnt (als Kg. v. Böhmen) Heinrich d. j. Vogt zu **Gera** mit der Herrschaft Lobenstein u. den Lehen in dem Gerichte zu Hof. — P. d. Georg. episc. Pat. canc. Michael canon. Prag. — R. Henricus Fye. — Or. Schleiz. — Thüring. Geschichtsquellen, Bd. 3 (N. F. 2.) 2. Teil 568 f. (an Mar. Magd. t.) **4174**
»	»	giebt dem EB. Konrad v. **Mainz** Vollmacht, die Streitigkeiten zwischen den Herren v. Eppenstein u. der St. Frankfurt über die Fischerei auf des Reichs freien Strome zwischen Frankfurt u. Mainz u. über den Wildbann zu Dreieichen zu untersuchen u. beizulegen. — KU. w. v. — Bori, Vorrechte d. alt. kgl. Bann-Forste (1744) Bell. 157 f. (id. dat.) **4175**

1420

Juli 22	Prag (Burg)	belehnt Christian v. Witzleben (Wytzeleiben) nebst dessen Söhnen mit dem Hofe zu Tilleda (Tulleda), der früher im Lehnsbesitz der Brüder Barthe u. Fritz Tilleda gewesen. — Ötingen. Michael. — Not. RR. G 73ᵛ. (Marie Magd.)	4176

verspricht dem Leupolt Landgrafen zu Leuchtenberg die ihm für seine Kriegsdienste (mit 36 Pferden) noch schuldigen 90 Schock Prager Groschen bis Sept. 29 zu bezahlen. — KU. n. v. — RR. ib. (id. dat.) **4177**

» 24 » beglaubigt bei dem Hochmeister des Deutschordens Michael Küchenmeister seinen Rat Konrad Herrn zu Weinsberg, des Reiches Erbkämmerer, der über den Schiedsspruch mit Polen (v. 1420 Jan. 6) mit ihm sprechen ‚und geschaffen mag, damit ihr in ewigem frid bliben mögt.‘ — Ad m. d. r. Mich. can. Prag. — Or. Königsbg. (Jacobs ab.) **4178**

nimmt das Prämonstratenserkloster Ilfeld in seinen Schutz u. bestätigt ihm die Privilegien. — Per d. Conradum de Winsperg magistrum camere [gedr. canon!] Michael canon. Pragens. (gedr. Sagens!) — [RR. G 73ᵛ u. 74ʳ]. — Leuckfeld, Antiquit. Ilefeld. (1709) 79 ff.; vgl. Reg.: E. G. Förstemann, Monum. rer. Ilfeldens. (1843) 49. **4179**

verzeiht der St. Rostock die mit dem neuen Rate zu Lübeck gepflogene Gemeinschaft — Per d. Conradum de Winsperg magistrum camere Michael can. Pragens. — R Henr. Fije. — Or. Rostock; [nicht in RR.] — Hauserecesse 7, 124 f. (an s. Jacobi ab.) **4180**

» | Kuttenberg (sic!) | giebt seine Zustimmung dazu, dass das Kl. Königsaal gegen Zahlung v. 340 Schock Groschen Güter in Bolina (Bolyna), Kel, Mantzyk, Wekwelle, Gobel u. Ugitz dem Albico, RR. v. Caesarea u. Probst zu Wyšehrad, dessen Tochter Martha zu ihren Nachkommen verkauft hat. — Ad m. d. r. Francisc. propos. Bolesl. — o. R! — Or. Wien H. H. u. St.-A. — Kop. Prag Böhm. Mus. (in vigilia s. Jacobi). — Ausser der Ortsangabe auch das Fehlen des Registrator-vermerks bedenklich. **4181**

Juli 24 Pressburg: fordert zur Hilfe gegen die Hussiten auf; citiert: Gemeiner, Regensb. Chronik 2, 433; Buchner, Gesch. v. Baiern 6, 242. — Falsch statt 1421 Juli 23.

» 25 | Im Felde vor Prag | bestätigt die Übertragung des Butjadingerlandes an Bremen. — Ad m. d. r. L. comite de Oetingen magistro curie referente Franciscus prep. Boleslav. — R Henricus Fije — Or. Bremen: [RR. G 74ʳ mit KU: Ad m. d. r. d. G. prp. Pat. refer. Fr. prep. BoL] — Bremisches Urk.-B. 5, 160 f.; vgl. auch Friedländer, Ostfries. Urkb. 1, 237; Gengler, cod. iur. munic. 1, 341. (Jacobs t.) **4182**

» | Prag (Burg) | erteilt seinem Schreiber u. Diener Heinrich Fye u. dessen Vettern Heinrich u. Konrad Fye ein Wappen u. erhebt sie zu rittermässigen Leuten u. Wappengenossen. — KU? — RR. D 41. (Jacobs t.) **4183**

» » verspricht dem Gerhart Marschalk v. Isserstedt (Issirstete) ihn nach dem Tode des Hans v. Buhla (Bula) mit dessen Reichslehen dem Hofe Hainrode (Heymenrod) bei Nordhausen zu belehnen. — Per d. C. de Winsperg Franc. — RR. G 82ᵛ. (Jacobs t.) **4184**

» » belehnt denselben mit dem Schusselholz bei Kiffhausen (Kufhausen). — KU? — ib. 82. (id. dat.) **4185**

» » befiehlt dem Rate zu Mainz, da im Termine wegen des strittigen Zolles zu Mainz Erz. Adolf v. Berg nicht erschienen, dem Gr. Heinrich v. Schwarzburg zum Besitze dieses Zolles zu verhelfen. — [Per d. G.] episc. Patav. cancell. [Micha]el canon. Prag. — (Schlecht erhalt.) Vidim. v. 1420 Okt. 18 Sondershausen. (Jacobs t.) **4186**

» » beglaubigt beim Kg. Wladislaw v. Polen seinen Gesandten Konrad v. Weinsberg, welcher zwischen Polen u. dem Deutschorden [vgl. nr. 4178] Frieden vermitteln soll. — KU? — Kop. Königsberg. — Mon. medii aevi hist. res gest. Polon. illustr. 6, 485 f. (in die s. Jacobi). **4187**

» » beglaubigt beim Grossfürsten Witold v. Litthauen seinen Gesandten Konrad v. Weinsberg. — Ad m. d. r. Michael can. Pragens. — Kop. ib. — ib. 486. (id. dat.) **4188**

» 27 » verleiht den Brüdern Peter u. Paul v. Eberstein das Wappen der ausgestorbenen böhm. Familie v. Alt-Kernstein (Pilsener Distrikt). — o. KU! — R Henr. Fye — Or. Wien Staats-A.; Not. RR. G 71ᵛ. — Wappen farbig eingemalt. (die vicesima sept. Julii). **4189**

» » belehnt Hans v. Werther mit den zum Kammerthor-Knecht-Amt gehörigen Gütern zu Schwerstedt. — [Canc. Mich. — RR. G 73ᵛ]. — Loew°. de S. R. I. janitorum ministerio 13

1420		
		— Schöttgen, Invent. dipl. Saxon. super. 367.　　　(sampst. nach Jac.; bel Schöttgen = Juli 26?) 　4190
Juli 28	Prag	wird zum Kg. v. Böhmen gekrönt. „Item 28. die julii dominico scilicet die Jacobi hora 12. rex Sigismundus in castro Pragensi presentibus non omnibus baronibus nec scabinis Pragensibus in regem Bohemie coronatur facitque Ibidem multos novos milites nullam penitus actum militarem prius pro communi bono ostendentes; et a vulgo non veri, sed depicti milites sunt nuncupati.' Laurentius de Brezina: Font. rer. Austr. 1, 2, 384. 　4190a
"	"	verpfändet dem Johann v. Neuhaus, dem er rückständigen Sold für 180 Pferde (durch 12 Wochen gegen die Wikleßen) u. einen Geldvorschuss an Papak, im Ganzen 1450 Schock Prager Groschen schuldet, das Schloss Lomnic. — Ad m. d. r. Michael canon. Prag. — R. Henricus Fye. — Or. Wittingau.　　　(sont. nach Jacob). Mareš. 　4191
" 29	"	befiehlt dem Hrz. Ludwig v. Baiern der St. Donauwörth einen „erbaren geborenen mann' als Pfleger zu verordnen. — KU? — Kop. [?] München R.-A.: Gerichtslitt.　　　(mont. nach Jacobs t.) Riezler. 　4192
" 30	"	bekennt, dass er dem Johann v. Sovinec für die ihm gegen die Wikleßten geleisteten Dienste 1000 Schock Groschen schuldig sei, u. verschreibt ihm um diese Summe 100 Schock Groschen Zins vom Kloster Hradisch bei Olmütz. — Reg.: Arch. česky 7, 574. Novaček. 　4193
" 30	"	verschreibt den Brüdern Friedrich u. Hanusch v. Kolovrat 800 Schock Groschen an den kgl. Steuern des Kl. Plas. — KU? — Registr. v. 1454 — Reg.: Arch. česky 2, 451 Novaček. Das Datum lautet zwar 30 června — Juni, doch ist, falls nicht eine Fälschung anzunehmen ist, července dafür zu lesen, da bereits als Jahr „böhm. 1' angegeben ist. 　4194
" 31	"	ratifiziert als Kg. v. Böhmen das inser. Bündnis zwischen ihm u. Kg. Heinrich V v. England v. 1416 [nr. 1975]. — Ad m. d. r. Georgio episc. Patav. cancell. referente Franciscus prepos. Boleslav. — [RR. G 75' mit KU: Rex Franciscus]. — Rymer, Foedera 10, 14 f.; ed. 3 T. 4 p. 3, 186 f.; Lünig, Cod. Germ. dipl. 1, 1433 f.　　　(ultima die julii). 　4195
		macht davon allgemeine Mitteilung. — KU. w. v. — Rymer, Foedera 10, 14; ed. 3, 186; Lünig, R. A. P. spec. Cont. 1, Forts. 71.　　　(id. dat.) 　4196
Aug. 7	Kuttenberg	verpfändet Kleinodien, die er bei Andreas Herlisperger u. Philipp Mawter zu Passau gehabt, dem Hrz. Heinrich in Baiern für ihm schuldig gebliebene 6000 ungar. Gulden mit der Erlaubnis, über diese Kleinodien nach Gutdünken zu verfügen, falls die 6000 Gulden bis 1421 Febr. 2 nicht bezahlt sind. — Per d. G. episc. Patav. cancell. Michael de Priest — R. Henr. Fye. — Or. München Geh. St.-A.; RR. G 75 mit KU: Rex Michael.　　(mi. vor Laurentii). 4197
"	"	versieht den Herlisberger u. Mawter mit diesbezügl. Anweisung. — Rex. Michael. — RR. G 75'.　　　(id. dat.) 　4198
" 9	Pressburg (sic!)	bestätigt die Ächtung des Erfurter Juden Fridel, den Burggr. Johann v. Nürnberg in die Acht gethan hat. — Michael prepos. Boleslav. etc. [sic! — o. R — Or. Bamberg]. — Minutoli, Friedrich I v. Brandenburg 363. — (Ort Streszburg falsch). Wohl Fälschung. 　4199
" 10	Kuttenberg	verpflichtet sich dem Wenzel v. Dorek u. Hanuss v. Skalka 147½ Schock Groschen rückständigen Soldes zu zahlen. — KU? — Registr. v. 1454 — Arch. česky 1, 507. Novaček. 　4200
"	"	verpflichtet sich dem Gerung u. Johann Kaplíř 422 Schock Groschen für den Schaden, den sie bei Wožic gelitten haben, zu ersetzen. — KU? — Registr. v. 1454 — Reg.: ib. 502. Novaček. 　4201
"	"	bekennt, dass er dem Gerung v. Sulevic 90 Schock Groschen an Sold schuldig geblieben sei. — W. v. Novaček. 　4202
" 11	"	verschreibt dem Johann Kaplíř v. Sulevic 200 Schock Groschen rückständigen Soldes auf einem Hofe in Sulevic. — W. v. Novaček. 　4203
		dankt dem Breslauer Rate für die Mitteilung, dass Hinek (Hennig) v. [Waldstein auf] Koldstein (G-) im Auftrage der Hussiten zum Kg. v. Polen geritten sei, u. bittet denselben gefangen zu nehmen; auch er selbst wolle alles thun, um jenen in seine Hand zu bringen. — Per d. G. episc. Patav. cancellarium etc. Franciscus prepos. Bolesl. — Or. Bresl. Stadt-A. — Scriptor. rer. Siles. 6, 1 = Palacky, Beitr. z. Gesch. d. Huss. Kr. 1, 15 f.　　(sont. nach Laurentii). 4204

1420		
Aug. 11	Kuttenberg	verspricht dem Ritter Sigfrid v. Wemdingen die 548 rhein. Gulden, die er ihm für Dienste schuldig ist, bis künftigen April 23 zu bezahlen. — Per d. L. comitem de Ötlingen magistr. curie Franc. prep. Bolesl. — R. Heur. Fye — Or. Öhringen; RR. G 75ʳ. (cont. nach Laurencii). **4205**
» 12	»	befiehlt der St. Augsburg die Martini fällige Reichssteuer an den Hrz. Ulrich v. Teck zu zahlen. — Per d. L. . . . . . curie Ffranc. prepos. Bolesl. — R. Henr. Fye — Or. Augsburg; Not. RR. G 75ʳ. (mo. nach Laurencii). **4206**
»	»	befiehlt den Böhmen, besonders den Städten Prachatitz, Nimburg, Pilsen u. Časlan, dem Berka v. Holenstein u. Hlawa v. Mileč, dass sie dem Wyšehrader Probst Albiko die schuldigen Einkünfte entrichten. — Ad m. d. r. F. prepos. Boleslav. — R? — Or.° Wyšehrad Kapitel-A. — Kop. Prag Böhm. Mus. (12. die augusti). **4207**
» 14	»	bekennt dem Hrz. Heinrich in Baiern 9000 ungar. Gulden schuldig zu sein u. zwar 6000, die er v. ihm geliehen, u. 3000, die er ihm für seinen Dienst u. Wochengeld schuldig ist; als Pfand dafür, dass er bis 1421 Febr. 2 die 9000 Gulden in Passau erlegt, hat er dem Hrz. eine Anzahl Kleinodien [vgl. nr. 4197] verpfändet, über die dieselbe nach Belieben verfügen darf, wenn jener Zahlungstermin nicht eingehalten wird. Für den Fall, dass der Hrz. jene Kleinodien aus Böhmen nicht nach seinem Lande brächte, soll daraus für Sigmund kein Nachteil erwachsen. — Per d. G. episc. Pat. canc. et Ludovicum comitem de Otingen magistrum curie M. can. Prag. — R. Heinr. Fye — Or. München Geh. St.-A.; RR. G 74ʳ mit KU: rex Michael! (frow. abend assumpt.) **4208**
»	»	bestätigt seinem obersten Kammermeister Albrecht v. Colditz alle Urkunden, die dessen Vater v. dem Kg. Johann v. Böhmen, K. Karl IV u. Kg. Wenzel erhalten, über die Pfandschaften zu Dautzen, Lauban u. s. w. — Per d. G. episc. Patav. cancell. Michael canon. Pragens. — R. Henr. Fye. — Or. Prag Landes- (Wenzels-)A. (frawen ab. assumpt.) — Ist vielleicht nicht ausgeliefert u. durch nr. 4264 ersetzt worden. **4209**
» 15	»	verlängert dem EB. Konrad v. Mainz, der nicht gut abkommen kann, den Termin für die Belehnung mit den Regalien auf 3 Monate. — KU? — RR. G 83ʳ. (frow. t. assumpt.) **4210**
»	»	verschreibt dem Sigmund v. Wartenberg u. Tetschen um 700 Schock Groschen den Kammerzins v. Laun. — KU? — Registr. v. 1454 — Reg.: Arch. česky 1, 545. Nováček. **4211**
» 16	»	weist die Städte:	
		Biberach **4212**
		Buchhorn **4213**
		Kaufbeuren **4214**
		Leutkirch **4215**
		Memmingen — [Or. ib. Stadt-A. Magistrat]. **4216**
		Ravensburg **4217**
		an, die Martini fällig werdende Reichssteuer an Frischhans v. Bodman zu zahlen. — L. de Otingen. Michael — Not. RR. G 76ʳ. (frit. nach frow. t. assumpt.)
»	»	befiehlt der St. Dinkelsbühl die Martini 1419 fällig gewesne Reichssteuer an Hans v. Homburg zu zahlen. — L. de Otingen. Michael. — Not. RR. G 76ʳ. (frit. nach frow. t. assumpt.) **4218**
»	»	befiehlt dasselbe der St. Weil. — W. v. **4219**
»	»	befiehlt der St. Dinkelsbühl die Martini 1420 fällig werdende Reichssteuer an Hans v. Homburg zu zahlen. — W. v. **4220**
»	»	befiehlt dasselbe der St. Weil. — W. v. **4221**
»	»	verpfändet seinem Rate Hans Konrad v. Bodman, dem er noch 585 rhein. Gulden schuldet, dafür die Feste Hinter-Stoffeln. — L. de Otingen. Mich. — RR. G 76ʳ. (frit. nach frow. t. assumpt.) **4222**
»	»	giebt seine Zustimmung dazu, dass Burkart v. Reischach das Schloss Vorder-Stoffeln im Hegau sowie Weinberge zu Weiterdingen (Witert-) v. seinem Vetter Ruf v. Reischach um 3000 Gulden gekauft hat, u. belehnt ihn damit. — W. v. **4223**

1420		
Aug. 16	Kuttenberg	schlägt 1000 rhein Gulden, welche Summe Frischbans v. Bodman u. Lienhart v. Jungingen an Gr. Friedrich v. Toggenburg bezahlen mussten, auf deren Pfandbesitz, Schloss Rheineck [St. Gallen] das Rheinthal u. den hinteren Teil des Bregenzerwaldes; das Schloss Rheineck soll aber sein u. des Reiches offenes Schloss bleiben; da es baufällig ist, schlägt er zum Bau noch 600 Gulden auf die Pfandsumme. — L. de Ottingen. Michael. — RR. G 75ʳ. (frit. nach frowen t. assumpt.) **4224**
”	”	verleiht dem Kaspar v. Clingenberg den Blutbann in der Stadt Zell am Untersee u. in seinen anderen Gerichten. — Rex. Michael. — RR. G 77ᵛ (id. dat.) **4225**
”	”	verleiht dem Ulrich Kneppel den Blutbann in Donauwörth. — KU ? — Not. RR. G 77ʳ (id. dat.) **4226**
”	”	verschreibt dem Kaspar v. Clingenberg 2040 sowie dem Hans v. Homburg 600 rhein. Gulden, die er ihnen schuldig ist, auf die Feste Hinter-Stoffeln. — RR. G 77ᵛ u. 78ʳ (id. dat.) **4227**
”	”	bestätigt dem Friedrich v. Fleckenstein das dessen Vorfahren von Karl IV. verliehene Burglehen zu Hagenau. [Vgl. 1421 Juni 5]; inser. Urk. Karls IV. v. 1372 Okt 24 [= Böhmer-Huber 7365?] — KU w. v. — ib. 78ʳ (id. dat.) **4228**
”	”	ersucht den Pfalzgr. Ludwig III. dem Edeln Friedrich v. Fleckenstein, dem er die Gerichte zu Sesenheim, Leutenheim, Koppenheim sowie seine Rechte an dem Hagenauer Forst bestätigt, deswegen keine Schwierigkeiten zu machen, ihn vielmehr darin zu schützen. — Rex. Franc. — RR. G 83ᵛ; Vid. v. 1468 März 28 Strassb. Bez.-A. (id. dat.) **4229**
”	”	erteilt dem Gr. Johann v. Lupfen für dessen treue Dienste eine Erneuerung aller erhaltenen Privilegien sowie eine Ungiltigkeitserklärung aller diesen Privilegien entgegenstehenden Urkk. — [KU?] — RR. G 76; Kopialb. v. Stühlingen I p. I., 15ᵃ Donaueschingen. — Reg.: Ztschr. d. Ges. f. Geschichtsk. v. Freiburg 3, 377. (id. dat.) **4230**
”	”	bewilligt demselben einen Jahrmarkt zu Kinzheim (Cuns-) und bestätigt ihm den v. Hrz. Leopold v. Österreich (inser. dessen Urk. v. 1325 Mai 10) dem Städtchen K. verliehenen Wochenmarkt. — [Rex. Michael] — RR. G 77. — Vgl. Reg.: ib. (id. dat.) **4231**
”	”	bestätigt dem Kg. Wladislaw v. Polen den Empfang des Berichts über die Vorgänge in der Moldau, spricht seine Befriedigung darüber aus, dass das polnisch-litthauische Heer zum Türkenfeldzug gerüstet sei; fügt hinzu, auch seine Mannschaften würden bald ausrücken können, versichert, der deutsche Orden habe keine feindseligen Absichten gegen Polen u. bittet Bevollmächtigte zu diesem zu schicken, um einige Misshelligkeiten, bes. wegen dessen Gewaltthat gegen die Herzogin Sophia v. Stolp zu schlichten. — Ad m. d. r. d. G. ep. Pataviensi canc. referente Franciscus prep. Strigoniensi; [Kurn. Hds. Boleslaviens.] — Nach Hds. [s. d.] 1553 der Königsb. Bibl. Arch. f. österr. Gesch. 45, 390 ff. Vollständiger u. mit Dat. aus e. Kurniker Hds. Mon. med. aevi hist. res gest. Pol. illustr. 6, 491. (16. die ang.) **4232**
”	”	gebietet der St. Schaffhausen ihren Streit mit Winterthur wegen Rudi Aigental von dem Ritter Frischhans von Bodman, Landvogt im Thurgau u. am Rhein, entscheiden zu lassen. — Per d. I. comitem de Otingen magistrum curie Michael can. Prag. — o. R — Or. Winterthur. (fritag nach frowen t. assumpt.) **4233**
	Aug. 16 Kuttenberg.	Interessant ist die Vidimierung der päbstlichen Kreuzzugsbulle v. 1420 März 1 durch B. Ferdinand v. Lucca (dessen Schreiber der öffentliche Notar Antonius Guidonis, Avignoner Kleriker), den Patriarchen Ludwig v. Aquileja, den EB. Bartholomäus v. Mailand (dessen Schreiber der öffentliche Notar Dietrich Ebbracht, Paderborner Kleriker), B. Georg v. Passau u. D. Simon v. Tragur, weil dabei folgende Personen zugegen [d. h. auch in der Umgebung Sigmunds] waren: die Hrz. Wilhelm v. Baiern, Johann v. Sagan, Heinrich Rumpold v. Glogau u. Freistadt; die Gr. Ludwig v. Öttingen (kgl. Hofmeister), Pipo v. Ozora v. Temesvar, Wilhelm v. Prata; die Edeln Johann u. Ulrich v. Biberstein, Schenk v. Seidau, Hartung v. Clux, Wend v. Eulenburg, Sigmund v. Wartenberg, Brunoro v. Scala (Herr v. Verona), Georg v. Valperga, Ernst Flasca v. Richenburg, Johann v. Bodman, Kaspar v. Klingenberg, Johann u. Albert v. Okeborn [?], Heinrich Beyer v. Boppard, der ungar. Vicekanzler Ladislaus, der päbstliche Protonotar Probst Benedikt v. Stuhlweissenburg, Peter Paul de Vergeriis aus Capo d'Istria, Dr. theol. Martin Talayerus, Dr. iur. Nicolaus Ceiselmeister, Dr. iur. Jakob Spinola. Palacky. Beitr. z. G. d. Huss. Kr. 1, 46 ff. **4233a**

1420		
Aug. ?	Kuttenberg	bekennt, dass er dem Přibik v. Čonovic, Peter v. Hrob, Waneck v. Slemechov, Johann Mláček von Tatec 391 Schock Groschen für ihren Dienst und den Schaden, den sie erlitten haben, schuldig sei. — KU ? — Registr. v. 1454. — Reg.: Arch. český 1, 514. *Novaček*. **4234**
» 18	»	beauftragt den B. Johann v. Brandenburg aus dem Ertrage des von ihm für ihn (den König) vereinnahmten Zehnten seine Schuld v. 933 Schock Groschen bei Gottfried Vasan v. Thorn zu begleichen. — Ad. m. d. r. d. G. episc. Patav. cancell. referente Franciscus prepos. Boleslav. — [R. Henr. Fye] — Or. Berlin St.-A., [RR G 75ʳ]. — Riedel, Cod. dipl. Brand. 1, 8, 393. **4235**
»	Prag (Schloss)	beauftragt die Kapitel der Kirchen Maria ad gradus u. St. Johann zu Mainz alt seiner des Johannes v. Lahnstein (Lan-), seinen Kaplan u. Vikar bei Maria ad gradus, für die königliche Vikarstelle am Mainzer Dom, sobald diese frei würde, dem EB. v. Mainz zu präsentieren. [Vgl. folg. Nr. u. 1421 Okt. 1]. — Per d. C. de Winsperg Mich. can. Prag. — RR G 73ʳ. (18. die aug.) **4236**
» 20	Kuttenberg	präsentiert Jakob Slupf für die durch den Tod des Gottfried Hirtz erledigte königliche Vikarstelle am Mainzer Dom. [Vgl. vor. Nr. u. 1421 Okt. 1]. — Rex. Franc. — Not. RR G 75ʳ. (20. die aug.) **4237**
		Aug. 21 Breslau: betr. die Landvogtei zu Augsburg. Reg. Bolc. 12, 350. — falsch statt 1420 März 27. (nr. 4085).
» 22	Kuttenberg	verpfändet Güter der Klöster Kladrub., Břevnov und Zderaz für rückständigen Lohn den Brüdern Johann u. Wilhelm von Riesenburg (Rynmberg) um 1271 Schock böhm. Groschen. — [KU ? — Kop. Prag Statthalterei-A. = Kop. Prag Landes-A.] — Dobner, Mon. hist. Boemiae 6, 166 f. (feria 5. ante fest. Bartholom.) **4238**
»	»	verschreibt den Brüdern Bohuslav u. Krušina v. Schwamberg 5200 Schock Groschen auf allen Gütern des Klosters Nepomuk. — KU ? — Registr. v. 1454 — Reg.: Arch. český 2, 189. *Novaček*. **4239**
» 23	Prag	giebt Bonaventura Cotta, Burkarts Sohn, aus dem Geschlecht v. Cottendorf in Thüringen, ein Wappen. — KU ? — Or. nach Aschbach 3, 435 im Besitze der Familie Cotta in Stuttgart; [nicht in RR! Fälschung?] — Chr. F. Paullini, dissertat. histor. (1694) 137 ff. **4240**
» 25	Časlau	an den Hochmeister des Deutschordens: sendet den Bruder Wittchen von der Pforte wieder heim, der im Auftrage des Hochmeisters wegen des Baues der Strasse zu Kyla [vgl. nr. 2857] reden sollte, da diese Stadt underdies von den Türken erobert ist. — Ad m. d. r. Mich. can. Prag. — Or. Königsberg. (sont. nach Barthol.) **4241**
» 26	»	schreibt dem Hochmeister des Deutschordens, dass er in seiner jetzigen Lage auf die Hilfe Polens angewiesen sei; dieselbe werde ihm aber verweigert, weil Polen angeblich vor dem Deutschorden nicht sicher sei; bittet den Hochmeister, nicht blos jeden Anstoss zu vermeiden, sondern auch dem Polenkönige zu entbieten, dass er von dem Orden nichts zu besorgen habe. — Ad m. dni regis d. G. episc. Pat. canc. referente Franc. prepos. Bolesl. — Or. Königsberg (mo. nach Bartolmei). **4242**
»	»	bevollmächtigt den EB. Dietrich v. Köln, des Reiches Rechte u. seine eigenen Erbansprüche auf das Herzogtum Brabant, sowie den Heimfall der Grafschaft Holland zu verfolgen und darüber endgiltige Uebereinkunft zu treffen. — [Per d. G. episc. Patav. cancell. Michael can. Pragens. — R. Henr. Fye. — Or. Düsseldorf: RR G 78] — Lacomblet, Urkb. f. d. Gesch. d. Niederrheins 4, 147. (mo. nach Bartholom.) **4243**
»	»	übersendet vorstehende Bevollmächtigung dem EB. v. Köln durch Heinrich Beyer v. Boppard, schreibt ihm dabei, dass ihm in Konstanz seinerzeit 200000 Kronen für Brabant u. Holland geboten seien; jetzt wolle er mit dieser Abfindungssumme zufrieden sein; falls der, welcher die Lande jetzt inne hat, ohne Leibeserben stürbe, solle Adr. nur dafür sorgen, dass die Lande nicht für das Reich verloren gingen. — KU. w. v. (Per d. canc. Mich.) — RR G 78ʳ. (mo. nach Barthol.) **4244**
»	»	verhängt auf Klage des Dietrich Pletzchin die Reichsacht über Hans Hackspan zu Tuntshusen [= Tuntenhausen bei Aibling in Oberbaiern?] u. Ritter Hermann Wurm, welche trotz dreimaliger Vorladung vor dem Reichsgericht nicht erschienen sind. — [Peter Wacker] — Not. Achtbuch 16ʳ (mo. nach Barthol). **4245**

34*

1420		
Aug. 26	Caslau	desgl. auf Klage des Haupt Marschall v. Pappenheim über Gr. Friedrich v. Helfenstein, die Gemeinde zu Weissenstein (Wisensteig), Hertneint v. Rammingen (Ramunge) [vgl. die Aberachtserkl. 1422 Sept. 10] u. Heinrich Tedel d. alt. — W. v. **4246**
»	»	desgl. auf Klage Gerharts v. Kleve-Mark über die Städte: Kleve, Nieder-Wesel, Calcar, Emmerich, Büderich (Buderick), Üdem, Sonsbeck, Dinslaken (Dinslach), Orsoy, Holten, Schermbeck (Schyrem-) Grieth, Kranenbroek, Griethausen, Lobu (Lowu), Unna, Kamen, Schwerte (Swirte), Lünen (Luynen), Bochum (Boechem), Hoerde, Hattingen, Blankenstein, Werden (Warden), Huissen, Rees (Rers) u. über folgende Personen: Ritter Dietrich v. Mommeten, Ritter Luisse v. der Ympel, Wessel Otto v. Luisse v. dem Boetslar, Peter v. Culemborch, Lubert v. Tylle, Otto v. Büren, Arnt v. dem Horst, Johann u. Gerick v. Osnabrück, Walter u. Dietrich v. Sömlink, Gerlach v. Roßheim, Johann Vyt den Veo, Wilhelm v. Graythuse, Heinrich Span, Heinrich v. der Hoevelwick, Arnt v. Gestelen, Arnt v. Holthusen, Claus v. Kamphusen, Claus v. Poelwicke, Rainald v. Aysswyn, Aloff v. Wyolacke, Luisse v. Hoenpell, Johann v. der Ympel, Johann v. Loel, Dietrich v. Bellinchausen, Johann v. dem Steinhaus, Steven Boesscassin, Jakob v. Witenhorst, Steven v. der Kemnaden, Willem v. Ullest, Heinrich v. Hoenpel, Steven v. Witenhorst Holofs Sohn, Heinrich v. Witenhorst, Sweder v. Bingenberch, Jorden v. Loet: Bernt, Johann, Dietrich u. Arnt Hystvelt; Wessel v. der Loe, Arnt u. Kracht Storke, Johann v. der Cappellen, Walther v. der Aer, Johann u. Wilhelm Paudicke, Dietrich v. der Ecke, Steven v. Münster, Johann v. Gazlein, Johann v. Aldembeechen, Johann Hasenkamp, Willein vom Oel, Heinrich v. Swaensboll. — [vgl. die Aberachtserklärung v. 1422 Sept. 10] — [Peter Wacker] — Not. Achtbuch 13ᵛ. **4247**
»	»	desgl. auf Klage des Heinrich Lubert u. Matthias v. Heringen über Pardam v. Knesebeck (v. dem Knesbeck), dem Sohne Wasmodes. — [P. Wacker] — Not. Achtbuch 16ᵛ. **4248**
»	»	desgl. auf Klage des Friedrich Walram v. Awe über Jordan Mule v. Mark u. Klaus Balke. — W. v. **4249**
»	»	desgl. auf Klage des Johann Schultheiss über Heinrich Velberg sowie Henning u. Klaus v. Oscheren. — W. v. **4250**
»	»	desgl. auf Klage des Til Woudmann, Bürgers zu Osnabrück (Osemb-), über Otto u. Ludolf v. Wallmoden (Welme-), Heinrich Bodickmeyr, Bürger zu Hannover (Hanof-). — W. v. **4251**
»	»	desgl. auf Klage des Hans Krüger (Kru-) über Dietrich v. Werdesleben, Wesske v. Hornhausen, Heinrich Buckennowe, Hans v. Quitzow u. Heinrich v. Wobeck (Wobbeke) [vgl. die Aberachtserkl. 1422 Sept. 10]. — W. v. **4252**
»	»	desgl. auf Klage des Gr. Johann v. Wertheim über die St. Rothenburg a. T. [vgl. nr. 4313] [Pe. Wacker — o. R — Or. Nürnberg Kr.-A.: Not. Achtbuch 16ᵛ] — Reg. Boic. 12, 350. **4253**
» 29	»	schlägt dem Nieper gen. Dutz zu den 100 Schock Groschen, die ihm Kg. Wenzel schuldig geblieben, u. zu den 100 Schock, die er zur Unterhaltung der Feste Nectiny [duch. Netschetin] hätte zahlen müssen, noch 400 Schock, die ihm Nieper geliehen, auf den Pfandbesitz jener Feste [vgl. 1420 Dez. 23] — Ad m. d. r. Mich. can. Prag. — o. R — Or. (durchschnitten) Wien H. H. u. St.-A.　　(in die Augustini) **4254**
»	»	giebt einen Urteilsbrief zu Gunsten des Gr. Johann v. Lupfen u. dessen Gemahlin Elsbet v. Rotenburg [=Rattenberg] gegen Hrz. Friedrich v. Österreich, welcher auf einem in seinem (Sigmunds) Auftrage von dem Mkgr. v. Baden angesetzten Termin nicht erschienen war: Der Hrz. soll dem v. Lupfen 600 Gulden aus den Ämtern Burgstall u. Mölten (Me-) sowie 200 Gulden Zins aus dem Pfannhaus zu Hall im Innthal geben; ferner soll der Hrz. dem v. Lupfen, seiner Gemahlin v. der Barbara, der Tochter Heinrichs v. Rotenburg die Städte u. Schlösser Rotenburg, Schlitters, Sonnenburg (Sün-), Neu-Starkenberg im Innthale, Wyßberg, Kaltern, Lichtenberg (Luht-), Leimburg, Galdif, Gußdaun (Gusorzan), das Fleimsthal, Aichach, Altenburg, Moos (Mose), Castelfondo (-pfunde), Ganow u. Visisun zurückstatten sowie das daraus eingenommene Geld bis Jan. 6. Für den Fall, dass der Hrz. dies bis dahin nicht thut, soll sich der v. Lupfen folgender Städte u. Burgen des Hrz. bemächtigen dürfen: Ensisheim, Thann, Masmünster, Altkirch, Pfirt, Landser u. Inetam. Bis der Hrz. den Ansprüchen des v. Lupfen u. seiner Angehörigen Genüge gethan, soll letzterer die Städte u. Festen Blumberg, Villingen, Bradulingen u. Bargen (Berken) innehaben. — [Ad m. d. r. Franc. prep. Bolesl. — R. Henr. Fye]. — Or. (mehrfach durchschnitten) Wien Staats-A. — RR. G 76ᵛ u. 77ᵛ; Kopialb. v. Höwen 1,

1420			
		52-37 : Donaueschingen. — Kurzes Reg.: Lichnowsky, G. d. Haus. Habsburg 5 nr. 1966; Ztschr. d. Gesellsch. f. Geschichtsk. v. Freiburg 3, 377 f.; vgl. auch Fester, Reg. d. Mkgr. v. Baden nr. 3218. (mi. nach Barthol.) **4255**
Aug. 28	Časlau	fordert den Hrz. Friedrich v. Österreich auf, dem vorstehenden Ausspruch Genüge zu thun. — KU. w. v. — Vid. v. 1421 Febr. 21 [nicht Or.] Wien Staats-A. — Reg.: Lichnowsky nr. 1967; Ztschr. .... 377. (id. dat.) **4256**
»	»	fordert unter Hinweis auf nr. 4255 die Städte Ensisheim, Thann, Masmünster, Altkirch u. Pfirt sowie die Schlossvögte zu Landser und Isteln auf, dem Gr. Hans v. Lupfen seinem Hofrichter, der für sich u. die Familie Rosenburg ein günstiges Urteil in dem Prozess gegen Hrz. Friedrich v. Oesterreich erstritten, gehorsam zu sein. — [KU w. v. — Or. Basel. *Thommen*]; Vid. v. 1421 Febr. 10 [nicht Or.] Wien Staats-A. — Vgl. Reg.: Ztschr. d. Gesellsch. f. Geschichtsk. v. Freiburg 3, 378 f. (id. dat.) **4257**
		befiehlt der Stadt Nürnberg den Martini 1419 fällig gewesenen Kammerpfennig der dortigen Juden an seinen Kammermeister Albrecht v. Colditz zu zahlen. — KU? — RR. G 78r; ursprüngl. durchstrichen, am Rande: correcta et exivit. (mittw. nach Barthol.) **4258**
» 29	»	erlaubt dem stark verschuldeten Kloster Vilemov zur Befriedigung seiner Gläubiger Zinse bis zum Höchstbetrag v. 300 Schock Prager Groschen zu verkaufen unter Vorbehalt des Rückkaufs. — Per d. Wenceslaum de Duba burggrav. Pragens., subcamerarium Michael canon. Pragens. — [R. Henr. Fya. — Or. Kl. Břevnov — Kop. Prag Böhm. Museum.] — Dobner, Mon. hist. Boem. 6, 458. (fer. 5. post Barthol.) **4259**
» 30	»	schreibt Heinrich dem ältern von Bieberstein 1000 Schock Groschen zur Pfandsumme der Stadt Sommerfeld zu. — KU? — Registr. v. 1454 — Reg.: Arch. český 2, 193. *Novaček*. (fer. 6. post Augustini) **4260**
» 31	»	verschreibt den Brüdern Janusch u. Hynko v. Chlum am Dorfe Ovčary des Stiftes Strahow 100 Schock Groschen — KU? — Registr. v. 1454 — Reg.: Arch. český 1, 513 *Novaček*. **4261**
»	»	erteilt den Brüdern Albrecht u. Heinrich v. Dubé u. ihrem Vetter Johann die Burgen Kostenblatt [Kostenblat] u. Howerswerd [Hoyerswerda] gemeinschaftlich zu Lehen. — KU? — Registr. v. 1454 — Reg.: Arch. český 2, 196. *Novaček*. **4262**
»	»	stellt dem Kloster Goldenkron die von seinem Bruder Kg. Wenzel zur Nutzniessung innegehabten sechs Saluauer Pfarrdörfer wieder zurück. — Ad m. d. r. Franciscus prepos. Boleslav. — R. Henr. Fya. — Or. Krumman. — Fontes rer. Austriac. 2, 37, 405 (die ultima augusti). — Nach Laurentius de Březina: Fontes rer. Austr. 1, 2, 411 hat Sigmund die Städte, die ihn als König anerkannt hatten, aufgesucht, namentlich Kuttenberg, Časlau, Kollin, Nimburg u. Leitmeritz; vgl. auch ib. 417. **4263**
Sept. 1	Kuttenberg	bestätigt Albrecht v. Colditz die Pfandschaften auf den Städten Bautzen, Lauban u. s. w. [vgl. nr. 4209]. — KU? — Reg. (nach Archiv v. Böhmen 2, ?): Verzeichn. oberlaus. Urkk. Heft 5. 4 (am 1. Egidii). **4264**
» 3	»	ernennt Ulrich v. Rosenberg, Wenzel v. Duba, Unterkämmerer, u. Peter v. Sternberg zu Hauptleuten des Prachiner u. Bechiner Kreises. — Per d. Mizonem de Gemisez magistrum monete Michael canon. Prag. — o. R — Or. Wittingau. (fer. tert. post Egidii). *Mareš*. **4265**
» 6	»	verschreibt dem Heinrich Hlaváč v. Dubé 600 Schock Groschen auf Zittau, Görlitz u. Bautzen. — KU? — Registr. v. 1454 — Reg.: Arch. český 2, 181. *Novaček*. **4266**
» 7	»	erlaubt den St. Eger eine kleine Münze in Pfennigen u. Hellern, davon aus Pfennigen 18 u. an Hellern 36 auf einen Groschen gehen, zu schlagen. — Ad m. d. r. Francisc. prepos. Boleslav. — R. Henr. Fya. — Or. Eger = Kop. Prag Böhm. Mus. — Vgl. Ausz.: Gradl, die Privileg. d. St. Eger 22 (frawen abend nativit.) **4267**
		fordert Ulrich v. Rosenberg auf, seine Räte mit ausreichender Vollmacht zu dem Kreistage nach Pilgram zu entsenden; daselbst werde seine (Sigmunds) Willensmeinung von dem Prager Burggr. Wenzel v. Duba vorgebracht werden. — Ad m. d. r. Michael can. Pragens. — Or. Wittingau. — Archiv český 1, 15 — Reg.: Palacky, Beitr. z. Gesch. d. Huss. Kr. 1, 48. **4268**
» 9	»	präsentiert den Magister in artibus Johannes Schenk für die durch Resignation von dessen Bruder Peter Schenk freigewordene Kapelle des h. Nikolaus auf dem Frankfurter Berge. — Rex. Franc. — Not. RR. G 78v (nona die sept.; s. l.) **4269**

1420		
Sept. 14	Kuttenberg	erlaubt dem Peter Gewsar v. Mohlno [Müglitz?] das Dorf Unanov bei Znaim für sich u. seine Erben auszuzahlen. — Reg.: Arch. česky 7. 577. *Noraček.* **4270**
„	„	verpfändet dem Racek v. Wisskow (Vyskov) seinen kgl. Hof in Cirhonic bei Pisek. — Ad m. d. r. Michael canon. Prag. — R. Henr. Fye. — Or. Wittingau. (14. d. sept.) *Maré.* — Reg. nach Registr. v. 1453: Arch. česky 1, 499. *Noraček.* **4271**
„ 16	„	verschreibt dem Johann Vrbík v. Tismic das Dorf Bykau des Kl. Břevnov um 305 Schock Groschen. — KU? — Registr. v. 1453 — Reg.: Arch. česky 1, 500. *Noraček.* **4272**
„ 17	Časlau	verlautbart einen mit dem Schöffenmeister, Rat u. Gemeinde zu Kuttenberg zunächst auf 6 Jahre abgeschlossenen Zinsvertrag: 56 Groschen oder eine lötige Mark gegen 500 Schock böhm. Groschen für die dem Richter zu Kuttenberg nach Befehl Kg. Wenzels wöchentlich gezahlte Mark. — Ad m. d. r. Michael can. Prag. — Vid. v. 1502 Jan. 1 einer deutschen u. einer teilweise deutschen, teilweise böhm. Urk. Prag böhm. Mus. (dinst. nach cruzem exalt.) **4273**
„	„	verpfändet dem Johann v. Opočno alle Güter des Kl. Břevnov in Böhmen u. Mähren [für 3000 Schock böhm. Groschen — ob. rechts: Commissio propria domini regis. — o. R. — Or. Breslau Staats-A.] — Reg.: Sedláček [SB. d. böhm. Ges. d. Wiss. 1887] nr. 164. (feria tercia p. exalt. cruc.) **4274**
„ 20	„	befreit die St. Schweidnitz wegen erlittenen Brandschadens v. allen Renten, Steuern u. s. w. auf 8 Jahre, mit der Bestimmung, dass diese Steuern zum Besten der Stadt verwandt werden sollen. — Ad m. d. r. Michael canon. Pragens. — R. Henr. Fye. — Or. Schweidnitz. (Mattheus ab.) **4275**
„ 23	„	ernennt den Johannes Baliar de Vico, Kleriker der Diöz. Conserans (Conseran.) zum Notar. — KU? — Not. RR. G 78ᵛ. (23. sept.) **4276**
„ 27	„	verschreibt dem Hynek v. Náchod um 800 Schock Groschen die Dörfer der Prager Kirche Černilov u. Jasena. — KU? — Registr. v. 1453 — Reg.: Arch. česky 1, 507. *Noraček.* **4277**
„ 29	„	widerruft die Vollmacht, die er dem Juden Lewen Colner behufs Einziehung der Judenabgaben gegeben, da dieser treulos u. unehrlich sich erwiesen, ladet denselben zur Verantwortung u. Rechnungsablegung vor sich u. ersucht alle Reichsunterthanen demselben kein Geld mehr zu zahlen, vielmehr ihn an seinen Hof zu bringen. — Ad m. d. r. Franc. prep. Bolesl. — RR. G 78ᵛ u. 79ᵛ. (Michel.) **4278**
„ 30	Kuttenberg	präsentiert für die durch den Tod des Peter Hornik aus Weinheim freigewordene kgl. Pfründe in Neuhausen bei Worms den Peter Schenk [vgl. 1421 Juni 14] aus Waibstadt (Wei-). — Ad relac. Schenk de Syda Michael. — Not. RR. G 79ᵛ. (ultima die sept.) **4279**
Okt. 1	Časlau	befiehlt der St. Nürnberg die Michaeli fällig gewesene halbe Judensteuer (200 Gulden) an Albrecht v. Colditz zu zahlen. — KU? — Not. RR. G 79ᵛ. (zinst. nach Mich.) **4280**
„	„	verpfändet dem Ulrich v. Rosenberg sämtliche Güter des Kl. Goldenkron für 3000 Schock böhmischer Groschen: — Commissio propria domini regis. — o. R — (echt?) Or. Wien H. H. u. St.-A. — Fontes rer. Austr. 2, 37, 405 ff.; vgl. Mittell. d. Ver. f. Gesch. d. Dtsch. in Böhmen 32 (1894), 321. (fer. terc. post f. Michael.) **4281**
„	„	überträgt das Schloss Stephansberg sowie den Markt Schönfeld u. eine Anzahl dazu gehöriger Dörfer, die ihm sein Rat Erkinger v. Seinsheim für die Krone Böhmen abgetreten, seinem Diener Eberhart Sachs „in amptmanswise.‘ — Rex. Franc. — RR. G 79. (zinst. nach Mich.) **4282**
„	„	ermächtigt den Reichsvogt in Schweinfurt einen Zentgrafen zum dortigen Landgericht zu bestellen, so oft der Bischof v. Würzburg damit säumig ist; desgl. sollen Vögt u. Rat zu Schweinfurt die Landschöffen bestellen, wenn solche behindert werden. — [Ad m. d. r. Franc. prep. Bolesl. — o. R!] — Or. Würzburg; [RR. G 79ᵛ]. — F. Stein, Mon. Suinfurt. hist. 201. **4283**
„ 4	„	bestätigt der St. Görlitz das Recht, die Wahl der Ratsmänner vorzunehmen. — [Per Albertum Schenk de Seidau Francisc. prepos. Strigon. — Dresden K. Bibl. Hds. L. 43; vgl. Schnorr v. Carolsfeld, Katal. d. Hdss. 2, 303; Kop. Görlitz Bibl. u. Zittau mit KU: ... prep. Bolesl.] — Reg.: Verz. Oberlaus. Urkk. Heft 5, 4. (do. nach Mich.) **4284**

1420			
Okt. 3	Caslau	bestätigt der St. Lauban ihre Privilegien. — KU? — Reg.: ib.	**4285**
„	„	bestätigt der St. Lauban die Bestimmungen über die Wahl der Ratsmänner u. der vier Handwerksmeister. — [Per d. Albertum Schenck de Seydow Franc. propos. Bolesl. — Kop. Görlitz Bibl. u. Zittau]. — Reg.: ib. (do. nach Mich.)	**4286**
„	„	bestätigt der St. Löbau das Recht ihre Ratmannen selbst zu kiesen. — [KU. w. r. — Vidim. v. 1493 Febr. 14 Prag Landes-(Wenzels-)A.; Kop. Görlitz Bibl u. Zittau.] ; 2 Vid. Loebau. — Cod. dipl. Saxon. reg. 2. Hauptt. 7, 247. (id. dat.)	**4287**
„	„	giebt dem Gobelinus Marten aus Dortmund, Kleriker der Kölner Diözese, erste Bitten für das Dekanat an der Kirche Maria ad gradus zu Köln. — Rex. Franc. — Not. RR. G 79ʳ. **4288**	
„ 20	„	beauftragt, nachdem seine Räte, der Kanzler B. Georg v. Passau, der Hofmeister Ludwig v. Öttingen u. der Reichsvikar v. Verona u. Vicenza Brunoro della Scala einige Urkunden für den Mkgr. Johann Jakob v. Montferrat dessen Boten Konrad v. Carreto übergeben, den Scala, sowie den Gr. Georg v. Valperga sich jene Urkunden wiedergeben zu lassen. — Rex. Franc. — RR. G 79ʳ.	**4289**
„	„	beauftragt dieselben, nachdem sie jene Urkunden im Empfang genommen, in Unterhandlungen mit dem Mkgr. v. Montferrat u. Filippo Maria v. Mailand zu treten. — KU. w. r. — RR. G 79ʳ u. 80ʳ.	**4290**
„	„	,Similia procuratoria data sunt tantum in personam domini Brunoril de la Scala ut supra.' — [KU. w. r.] — ib. 80ʳ.	**4291**
„ 28	Beraun (Werona)	verschreibt dem Halart v. Adlar um 1032 Schock Groschen die Mühle Hroby bei Kolin, das Dorf des Kl. Sedlec St. Katharina u. das Dorf des Kl. Kladrub Altsattel. — KU? — Registr. v. 1454 — Reg.: Arch. česky 1, 509. *Nováček.*	**4292**
„	„	verschreibt dem Sigmund Dolechovec v. Puschberg um 516 Schock Groschen die Burg Dublichovic des Prager Kreuzherrnklosters. — KU? — Registr. v. 1453 — Reg.: ib. 504. *Nováček.* **4293**	
„	„	verschreibt dem Kunata v. Kladno die Dörfer Tuhan vom Wyschehrader u. Zerdvic vom Prager Kapitel für die Verteidigung dieser Dörfer u. 130 Schock Groschen Sold für den Dienst, den er mit 10 Reisigen geleistet hatte. — KU? — Registr. v. 1454 — Reg.: ib. 526. *Nováček.* (s. l.)	**4294**
„	„	verschreibt dem Peter Skala v. Salevic u. seinem Bruder um 175 Schock Groschen die Dörfer Westavy u. Rudnik des Kapitels St. Apollinaris. — KU? — Registr. v. 1453 — Reg.: ib. 503. *Nováček.*	**4295**
„	„	verpfändet die Klöster zu Hradiště (Gredetz), Dwb, die Festen Patek (Kl. Strahov) u. Kostomlat (Kl. Kladsko) dem Johann v. Halsko alias v. Wartenberg, dem obersten Mundschenk v. Böhmen, für 1794 Schock böhm. Groschen (Sold für 134 Bewaffnete auf 26 Wochen) u. 3206 Schock Groschen (pro antiquis debitis). — [ob. rechts] Commissio propria d. r. — Or. Prag Landes- (Wenzels-)A. (in festo Sim. et Jude).	**4296**
„	„	verschreibt dem Büdiger um 220 Schock Groschen das Dorf Tschernosek. — KU? — Registr. v. 1453 — Reg.: Arch. česky 1, 503. *Nováček.*	**4297**
„	„	verschreibt dem Johann Schwab v. Jickov das Dorf Sazena um 595 Schock Groschen. — KU? — Registr. v. 1454 — Reg.: ib. 541. *Nováček.*	**4298**
„	„	verschreibt dem [Peter] Schwab v. Hevran das Dorf Chleby der Prager Mansionare um 110 Schock Groschen. — KU? — Registr. v. 1454 — Reg.: Arch. česky 2, 180. *Nováček.* **4299**	
„	„	verschreibt dem Bohuslav v. Schwamberg um 1000 Schock Groschen das Gut Manetin. — KU? — Registr. v. 1454 — Reg.: ib. 190. *Nováček.*	**4300**
„	„	verpfändet dem Rynso v. Sedlikowitz als Entgelt für seine Kriegsdienste (26 Wochen mit 10 Reitern) die dem Kl. Brewnow gehörigen Dörfer Suerken, Naholy u. Ugyedecz um 150 Schock Groschen. — KU? — Nach Or. [wo?] Dobner, Mon. hist. Boemiae 6, 168 f. **4301**	
„	„	verpfändet dem Johann v. Suchdol als Entgelt für seine Kriegsdienste (26 Wochen mit 6 Reitern) die Dörfer des Prager Domkapitels Vinetice u. Delvice um 78 Schock Groschen u. um 24 Schock als Ersatz für erlittenen Schaden mit Ausnahme der Zinsen auf jenen Dörfern, welche der Äbtissin v. St. Georg in der Prager Burg zustehen. — [ob. rechts] Commissio	

1420		

prop. d. r. — o. E — Or. Prag Domkap.-A.   (in festo Sim. et Jude). — [Reg. nach Registr. v. 1454: Arch. česky 1, 529. *Novaček*].   **4302**

Okt. 28   Bernau   verschreibt dem Kunata v. Suleviс das Dorf Uhonіce vom Kl. Strahov u. das Dorf Tuchlovice des Prager Kapitels um 200 Schock Groschen u. den schuldigen Sold. — KU? — Registr. v. 1454 — Reg.: Arch. česky 1, 523. *Novaček*.   **4303**

»   »   verschreibt den Brüdern Parcifal u. Lot v. Vinařice das Dorf Pochvalov der Prager Johanniter u. die Dörfer Smolnice u. Brloh v. Raudnitzer Kloster um 250 Schock Groschen. — KU? — Registr. v. 1454 — Reg.: Arch. česky 2, 177 f. *Novaček*.   **4304**

»   »   verpfändet dem Plichta u. Jeroslaus v. Zyrotyn als Entgelt für ihre Kriegsdienste (26 Wochen mit 30 Reitern) um 390 Schock Groschen die Feste u. den Hof Hosnicze u. das Dorf Libodrnže, den Mönchen vom heil. Geist gehörig ; ferner Zloaltze u. Klabuky, dem Prager Domkapitel gehörig. — [ob. rechts] Relacio Johannis de Ralsko alias de Wartenberg. — o. E — Or. Prag Domkap.-A.   (in festo Simon. et Jude).   **4305**

» 29   »   trifft noch einige Zusatzbestimmungen zu dem Landfrieden, den er mit den Angehörigen des Pilsener Distrikts abgeschlossen. — Ad m. d. r. Michael can. Prag. — R. Henr. Fije. — Or. Pilsen. — Publikací méstského historického musea v Plzni 1. (Strnad, Listář královského města Plzně 1), 301 f.   (29. d. octob.)   **4306**

» 30   Kuttenberg   bestätigt dem Nicolaus v. Lobkowitz (tabularum terrae regni Bohemiae protonotarius) die Urk. Kg. Wenzels [1418 Mai 14] über das Schloss Hassenstein. — Ad m. d. r. Francisc. propos. Boleslav. — Ludewig, reliquiae manuscript. 6, 89 f.; Lünig, Cod. Germ. dipl. 2, 226. (penult. d. oct.)   **4307**

?   ?   enthebt den Nikolaus v. Lobkovic der Verpflichtung dem Odranec 200 Schock Groschen auszuzahlen. — KU? — Registr. v. 1454 — Reg.: Arch. česky 1, 538.   (s. a. d. et. l.) *Novaček*. Hier nur eingereiht, weil für den Empfänger v. nr. 4307 ausgestellt.   **4308**

?   ?   unterwirft dem Nikolaus v. Lobkovic die Forstbeamten um Klingenberg herum u. die Gemeinden der Dörfer Oslov, Luk, Záhoř, Úraz, Tuklety, Zahořany, Lety, Mirovice u. Hušovice. — W. v.   **4309**

?   ?   befiehlt der St. Wodnian dem Nikolaus v. Lobkovic das zu leisten, was sie zu leisten v. altersher verpflichtet ist. — W. v.   **4310**

» 31   Kundratiz   „Item rex in vigilia omnium sanctorum ad Castrum Novum ad prandium cum suo exercitu veniens timuit eodem die in Pragenses irruere majorem gentem baronum de Moravia exportando. Qui de vespere similiter ad Novam Castrum venientes in silva ibidem per noctem in armis quieverunt, ut sic omnes in crastino essent parati ad repellendam de campo Pragenses cum omnibus eis auxilium prestantibus. Mittitque rex eadem nocte cartulam ad Pragensis castri stipendiarios, ut in crastino mane sint in suis armis parati et de castro descendentes turrim seu domum Saxonie ducis impugnent et, si poterunt, et succendant, quia ipse eadem hora cum multitudine gentium, quae sibi de vespere in auxilium venit, Pragenses velit de campo repellare. Deus autem ... tradidit nuntium cum cartha in manus Pragensium, qui ex tenore cartule premunite totam mentis regis didicerunt.‘ Laurentius de Březina: Fontes. rer. Austr. 1, 2, 420 f.   **4311**

Nov. 1   Wyšehrad   wird hier besiegt. Laurentius de Březina, Chronicon: Fontes rer. Austr. 1, 2, 420 f.; in deutsch. Übers.: Arch. f. österr. Gesch. 80, 272 f. — Nach Březina kehrte Sigmund über Böhmisch-Brod nach Kuttenberg zurück.   **4311a**

» 2 ?   ?   setzt den Kg. Władisław Jagiello v. Polen v. seiner Niederlage in Böhmen (am Wyšehrad) in Kenntnis u. bittet um Hilfe. — KU? — Aus e. Kurniker Hds.: Mon. med. aevi hist. res gest. Polon. illustr. 6, 499.   (s. a. d. et l.)   **4312**

» 3   Kuttenberg   hebt die Reichsacht, welche über Rothenburg a. d. T. [vgl. nr. 4253] infolge der Klage des Gr. Johann v. Wertheim verhängt war, auf, nachdem die Stadt nachgewiesen, dass infolge ihrer Befreiung v. dem Reichshofgericht zunächst vor ihrem Stadtgerichte Recht gesucht werden müsse. — [Ad m. d. r. Franc. prep. Bolesl. — R. Henr. Fye — Or. Nürnberg Kr.-A.; MR. G 90ʳ; RR. D 88ᵛ u. 89ᵛ]. — Reg. Boic. 12, 353.   (sont. nach allerheilgen).   **4313**

»   »   erlaubt der St. Schweinfurt, welche ihm 30000 Gulden gezahlt, zur Entschädigung unter denselben Bedingungen, wie sie Nürnberg hat, Juden aufzunehmen. — [Ad m. d. r.

1420		

Franc. prep. Boleslav. — R. Heinr. Fye] — Or. Würzburg; [RR. G 80ᵛ]. — F. Stein, Mon. Suinfurt. hist. 201 f. (id. dat.) **4314**

Nov. 4 — Kuttenberg — bestätigt der St. **Nürnberg** den hergebrachten Stadtwährungs-Gulden aus 22 ¼ karätigem Golde. — [Ad m. d. r. d. Erkingero de Saunsheim referente Franc. propos. Bolesl. — R. Henr. Fye — Or. Nürnberg Kr.-A.; RR. G 80ᵛ u. 81ʳ]. — (Wölcker), Hist. Norimberg. dipl. 556; vgl. Reg. Boic. 12, 353. (mo. nach allerheiligen). **4315**

» » bestätigt der St. **Nürnberg** die (inser.) Urk. Karls IV vom 5. April 1355 [Böhmer-Huber nr. 2029], wonach sie von allen ungewöhnlichen u. neuen Zöllen, Mauthen, Geleiten u. Ungelden auf allem Kaufmannsgute, namentlich auf Wein, Getreide, Vieh, Fischen u. andern Esswaaren frei sein soll. — [KU. u. E w. v. — Or. ib.; RR. G 80]. — Reg.: (id. dat.) **4316**

» » erklärt auf Vorbringen der St. **Nürnberg**, dass der Bischof v. Würzburg auf Veranlassung des Juden Colner, welcher v. den Juden zu Nürnberg getötet zu werden fürchtete, gegen diese einschreiten wolle, dass die Stadt recht gethan, die Sache an ihn (den Kg.) zu bringen, da sowohl die Juden zu Nürnberg als Colner seine Kammerknechte seien, letzterer ausserdem sein ,unverrechneter' Amtmann; glaube der Bischof an die Nürnberger Juden einen Anspruch zu haben, so solle er sich an ihn wenden; da aber diese guten Leumunds seien, so mögen sie dem Bischof hiermit ein Begnügen thun. — [KU. w. v. — Or.° ib.; RR. G 81ʳ]. — Reg.: ib. 354. (id. dat.) **4317**

» » verleiht den Nürnberger Bürgern Ulrich Ortlieb u. Hans Groland den Zehnten zu Rosstall, den sie v. den Brüdern Sweiker u. Georg v. Gundelfingen gekauft, sowie dem Hans Groland ein Gut zu Gross-Beuth. — KU. w. v. — Not. RR. G 81ʳ. (mo. nach allerheil.) **4318**

» » entschuldigt sich bei Ulrich v. **Rosenberg**, dass er ihm infolge der beim Wyschrad erlittenen empfindlichen Niederlage die versprochene Hilfe nicht leisten könne, u. vertröstet ihn auf die Zeit, wo seine Streitkräfte sich wieder erholt haben würden. — Per d. Mixonem de Gemiazze magistrum monete Michael can. Pragens. — Or. Wittingau. — Arch. česky 1, 15 f. — Reg.: Palacky, Beitr. z. Gesch. d. Huss. Kr. 1, 49. **4319**

» 5 — Nimburg — lässt die Besitzungen des Victorinus Bocsko u. Hinko v. Podiebrad verwüsten. Laurentius de Brezina: Font. rer. Austr. 1, 2, 424. **4319a**

» 11 — s. l. — verschreibt dem Záviš v. Jimlin das Dorf Hřivčice vom Kl. Strahov um 77 Schock Groschen. — KU? — Registr. v. 1454 — Reg.: Arch. česky 2, 433. Novaček. **4320**

» » Welwarn — verschreibt den Brüdern Wenzel u. Johann v. Račiněves die Dörfer Martiněves, Hrlev, Nižeboby, Dušniky u. Saky v. der Prager Kirche u. Jarpic vom Kl. Königsaal um 260 Schock Groschen. — KU? — Registr. v. 1454 — Reg.: ib. 179. Novaček. **4321**

» » verschreibt dem Heinrich Zofky v. Wildenfels das Dorf Čista des Prager Kapitels für die Verteidigung desselben u. um 130 Schock Groschen Sold für den mit 10 Reitern geleisteten Dienst. — KU? — Registr. v. 1454 — Reg.: Arch. česky 1, 330. Novaček. **4322**

» 13 » dankt dem Brünner Stadtrat u. belobt ihn wegen seiner Treue u. Standhaftigkeit. — [Ad m. d. r. Michael can. Pragensis. — o. R — Or. Brünn Stadt-A. Gemeinderat]. — Erw.: Arch. f. österr. Gesch. 80, 275. **4323**

Nov. 13 Slany: an Rothenburg. Fugger, die Seinsheims Beil. 135 — falsch statt Nov. 17 (nr. 4326).

» 17 — Slan (Slana, Slany) — erklärt den Heinrich, Sohn Johanns, genannt Harrass v. Bošin (Bossina) für volljährig. — Ad m. d. r. Michael canonicus Prag. — R. Heinricus Fye. — Or. Wittingau. (domin. ante f. s. Elizabeth). Mareš. **4324**

» » erteilt den Nürnbergern die Gnade, dass, falls dem Bischofe zu Würzburg in Zukunft v. röm. Kaisern u. Königen ein Ungeld auf die Weine in seinem Stifte verliehen werden sollte, dies der St. Nürnberg unschädlich sein solle. — [Ad m. d. r. Mich. can. Wrat. — Rᵗᵃ — Or. u. Vid. Sigmunds v. 1433 Mai 31 Nürnberg Kr.-A.; RR. G 81ʳ mit KU: Rex Franc. u. Dat.: mo. vor Elsbeten —» Nov. 15!] — Reg. Boic. 12, 354. (sont. vor Elsbeten). **4325**

» » gebietet der St. Rothenburg a. T. die am nächsten Martinstag fällige Reichssteuer an seinen Rat Erkinger v. Seinsheim zu bezahlen. — [R-x.] — Or.° Nürnberg Kr.-A.; [Not. RR. G 81ʳ

1420		
		mit Dat.: mont. vor Elsb. = Nov. 18!] — Fugger, die Seinsheims (1893) Beil. 135 (Dat. Nov. 13 falsch); vgl. Reg. Boic. 12, 354.　　(so. vor Elsb.)　　**4326**
Nov. 18	Slan	erlaubt als Hrz. v. Luxemburg dem Eberhart v. d. Mark (Marcken) gen. v. Arburg die v. Mkgr. Jost einst an Johann v. Namur (Namen) gen. v. Wenedaille u. Roynais um 9000 Franken verpfändeten S-hlösser Mirwart, Lonprey u. Villance (Villant) einzulösen. — Rex. Franc. — RR. G 82ᵛ. — Or. [?] Mirouart — Mirwart. — Franz. Übers. bei Bertholet, hist. du duché de Luxemb. 8 Preuv. 1 f. mit Dat.: ‚le sixième dimanche d'après Elisab.' u. Ort: ‚Slat'! Sont. nach Elisab. ⁓ Nov. 24 ist aber Sigmund bereits in Časlau.　　**4327**
»	»	weist die St. Nürnberg an, die Martini 1421 fällige Reichssteuer an Erkinger v. Seinsheim zu zahlen; [vgl. 1422 Jan. 1] — Rex. — Not. RR. G 81ᵛ; vgl. auch nr. 4326 f.　(so. vor Elsbeten.)　　**4328**
»	(Alt-Bunzlau)	verschreibt dem Friedrich u. Johann v. Kolovrat die Dörfer Kralovice, Blšany, Vyrov, Béla, Hohenov, Kačín, Svčhrdy, Hrodeglech (sic), Kacerov, Dobríć, Nynice, Jezdec, Trěmošnice, Malá, Trěbetno, Radlstko, Kazuov, Obvra vom Kl. Plas, weiter Dubrava, Ostrý Klut, Nelepič, Vraz, Kvrizkó, Potvorov, Riejenino, Sedlice, Bukovina, Horsedly, Dětinicky, Kladrubec um 900 Schock Groschen, weiter um 830 Schock Groschen Sold u. um 305 Schock Groschen Schaden, den sie bei Wyschehrad erlitten hatten. — KU? — Registr. v. 1454 — Reg.: Arch. česky 2, 150. Noraček.　　**4329**
» 23	Časlau	an den . . Hrz. v. Österreich, Hrz. Ulrich v. Teck, Gr. Friedrich v. Zollern, Gr. Friedrich v. Öttingen, Georg v. Katzenstein, Bering v. Leimberg, Eglof v. Schellenberg, Erkinger v. Seinsheim, Hans v. Parsberg (Barsp-), Nickel v. Villenbach (Vylenb-), Werner v. Parsberg, Eberhart v. Landau, Stefan Hangener, Ulrich Schinder, Lorenz Camrer, Konrad u. Egg v. Reischach, Rudolf u. Albrecht v. Hohentann, Heinrich u. Friedrich Burggraf v. Siebeneneken (Susenegg), Heinrich v. Schwenningen (Schwenm-), Heinrich Forster, Burchart u. Mathis v. Mengersreuth, Panthaleon v. Haimenhofen, Panthaleon v. Wolfurt, die Städte Augsburg, Ulm, Nördlingen, Memmingen, Kempten u. alle Reichsunterthanen: begehrt Unterstützung für Johannes Kesselring, der die Pfarre zu Dillingen gegen Johann Gwerlich in 3 Urteilen des römischen Hofes behauptet hat, doch hindern ihn im Besitz derselben folgende: Anselm v. Nenningen, der sich nennt Bischof v. Angsburg, Gottfried Harscher, Konrad v. Friberg, Burkart v. Isenburg, Heinrich Nythart, Rudolf Luipriester, Georg v. Rammingen, Balthasar v. Hürnheim (Hur-), Konrad u. Albrecht v. Rechberg, Bertold Reinhartsweiler, Hans u. Konrad v. Rote, Georg v. Bernstat, Burkart v. Friberg, Konrad Seglawer, Ludwig Nythart, Konrad Lang, Konrad Kochlin, Konrad Gantner, Georg Rapolt u. Kilian v. Spital. — Rex. Franc. — RR. G 81ᵛ u. 82ᵛ.　(sonnab. vor Kather.)　　**4330**
		Nov. 24 Slan: f. Evrat de la Marcque. Franz. Übers.: Bertholet, Hist. du duché de Luxemb. 8 Preuves 1 f. — s. nr. 4327.
» 24	»	ermahnt Köln sich bereit zu halten zur Beschickung eines Reichstags zu Eger, wo über Massregeln gegen die böhmischen Ketzer verhandelt werden solle [vgl. nr. 4334]. — Ad m. d. r. Michael can. Pragensis. — Or. Köln St.-A. — Erw.: RTA 8, 6 (fälschl. 23. Nov.); vgl. Mitteil. a. d. Stadtarch. v. Köln, Heft 24, 140.　(Katherinen abend)　　**4331**
» 25	»	ruft die Breslauer u. Neumarkter zum Kampfe gegen die Hussiten auf u. beglaubigt bei ihnen Janko v. Chotiemitz gen. v. Fürstenstein als seinen Bevollmächtigten. — KU? — Kop. Bresl. Stadtarch. — Script. rerum Siles. 6, 1 f. — Palacky, Beitr. z. Gesch. d. Huss. Kr. 1, 50.　(Katherin t.)　　**4332**
»	»	belehnt Konrad v. Hoeberg u. dessen Sohn Hans zu Radmeritz [Kr. Görlitz] gesessen u. Wenz v. Dohna (Donyn) mit den Gütern zu Radmeritz, [Ober-] Rudelsdorf u. a. zu gesammter Hand. — KU? — Or. Wilke herrschaftl. Arch. — Nach Abschr. d. Oberlaus. Ges. d. Wiss. zu Görlitz: Aufzeichnungen üb. d. erlosch. Linien der Familie Dohna (1876) 2, 222.　　**4333**
»	»	ermahnt Strassburg sich bereit zu halten zur Beschickung eines Reichstags zu Eger [wie nr. 4331]. — Ad m. d. r. Michael canon. Pragensis. — Or. Strassburg St.-A. — RTA 8, 6. (Katherin t.)　　**4334**
»	»	giebt dem Prager u. Lütticher Canonicus u. königl. Sekretär Albert Varrentrapp Vollmacht zu Unterhandlungen mit Papst Martin V und dem Kardinalskollegium. — Rex. Franc. — RR. G 81ᵛ.　(25. nov.)　　**4335**

1420		
Nov. 26	Časlau	verschreibt dem Aleach v. Sternberg u. Hulic u. dem Paota v. Castolovic 3000 Schock Groschen auf den Steuern des Kl. Opatovic, von denen sie jährlich 300 Schock Groschen bis zur Erschöpfung der Pfandsumme einnehmen sollen. — KU? — Regist. v. 1454 — Reg.: Arch. český 1, 539. *Novaček.* **4336**
» 27	»	verschreibt dem Ritter Bohuslav Doupovec den Hof in Cirkvic und die Dörfer St. Jakob u. Kojetic vom Kl. Sedlec um 684 Schock 39 Groschen. — KU? — Registr. v. 1454 — Reg.: ib. 1, 494. (mi. nach Kathar.) *Novaček.* **4337**
» 29	»	nobilitiert den Notar u. Kanzler[?] Kaspar v. Leublin. — Rex. Franc. — Not. RR. G 89ᵛ. **4338**
»	Kuttenberg	erneuert dem Nikolaus v. Lobkovic die frühere Verschreibung der Burg Frauenberg. — KC? — Registr. v. 1454 — Reg. (zu 1421!): Arch. český 1, 538 f. (penultima d. novbr.) *Novaček.* **4339**
»	»	verschreibt dem Johann v. Ividnice anders v. Wlaschim das Kl. Lánovice mit dem Städtchen Domašin u. den Dörfern Lhotka, Milovanice, Zelichovice, Ilpin, Skripov, Rašmačice, Liban, Lazy, Predbořice, Hrajovice, Rajkovice, Lhota, Karbule, Krizov, Utechovice, Malajovice, Milotice u. Vadčice um 1000 Schock Groschen. — KU? — Registr. v. 1454 — Reg.: ib. 1, 531. *Novaček.* **4340**
» 30	»	verschreibt dem Heinrich v. Rotemberg um 600 Schock Groschen rückständigen Soldes die Dörfer der Prager Mansionare Černilov u. Jasená. — KU? — Registr. v. 1453. — Reg.: Arch. český 1, 507. *Novaček.* **4341**
[»]	»	schenkt 194 Schock Groschen königlicher Steuer vom Kl. Braunau dem Heinrich v. Rotemberg. — W. v., doch ohne Tagesangabe. *Novaček.* **4342**
Dez. 1	»	verschreibt einem Ungenannten die Dörfer des Kl. Braunau: Ždáry, Chiuje, Dédovy u. Bodašin um 150 Schock Groschen. — KU? — Registr. v. 1454 — Reg.: Arch. český 1, 532. *Novaček.* **4343**
»	»	verschreibt den Brüdern Jaroslaus u. Johann v. Chlum auf Zabrádka das Dorf Ovčary vom Kl. Strahov um 300 Schock Groschen — KU? — Registr. v. 1454 — Reg.: Arch. český 1, 514 (s. l.). *Novaček.* **4344**
» 2	»	befiehlt allen Reichsunterthanen dem Hermann Dordewand zu Wiedererlangung des Gutes behilflich zu sein, das ihm u. dem Tidemann D. ein anderer Hermann D. abgenommen. — Ad m. d. r. Franc. prepos. Bolesl. — o. R — Or. Danzig. (mo. nach Andres). **4345**
» 3	»	nimmt Laurentius de Puteo v. Cremona unter seine Familiares auf. — Not. RR. G 81ᵛ. (3. dec.) — Rex. B. arch. Mediol. referente Franc. **4346**
»	»	verschreibt dem Bušek v. Schwamberg u. Wenzel v. Střmelic das Dorf des Wyschebrader Kapitels Horáňa um 79 Schock Groschen. — KU? — Registr. v. 1454 — Reg.: Arch. český 1, 543. *Novaček.* **4347**
» 4	»	schreibt den Söhnen Vaněks von Brzkovic Ulrich, Jaroslaus, Johann, Heinrich u. Benedikt zur früheren Pfandsumme [nr. 4132] der Burg Novy Hrad neuerdings 255 Schock 20 Groschen zu — Reg.: Arch. český 7, 578. *Novaček.* **4348**
»	»	verpfändet die Dörfer Sbislaw, Rubozec und Kunice des Kl. Sedlec [bei Kuttenberg] dem Andreas Eichler (judex) u. Wenzel Pynder v. Časlau um 400 Schock Groschen. — [Oben rechts:] Commissio propria d. regis — o. R — Or. Prag Statth.-A. (in festo Barbare). — [Reg. nach Registr. v. 1454 Arch. český 2, 178. *Novaček*]. **4349**
»	»	bessert dem Nikolaus Gumeraner [aus Eger] u. den Kindern des Vincenz Gumeraner ihr Wappen. — Rex. Franc. — Not. RR. G 83ᶠ (Barbara). **4350**
»	»	präsentiert dem EB... v. Mainz den Konrad v. Weinsberg für die Propstei Nordhausen — Rex. Franc. — RR. G 83ᶠ, am Rande: non transivit ad effectum! (Barbara). **4351**
» 5	»	adelt den Petrus Kalde aus Setterich, seinen Notar u. Familiaris, u. dessen Geschwister unter Verleihung eines Wappens. — Rex. Franc. — RR. G 107. (quinta die dec.) **4352**
» 6	»	verleiht dem EB. Johann v. Bremen die Regalien u. bestätigt die Privilegien des Erzstifts u. Domkapitels zu Bremen. — KU? — RR. G 82ᵛ u. 83ᶠ. (Niclas t.) **4353**

1420

Dez. 6	Kuttenberg	sagt die Stadt **Hamburg**, die sich mit ihm gütlich geeinigt [vgl. nr. 3856], aller seiner Ansprüche u. s. w. ledig. — Per d. Conr. de Weinsperg Franc. prepos. Bolesl. — R. Henr. Fye — Or. Öhringen [nicht ausgeliefert?]; RR. G 83ʳ. (Niclas t.) **4354**
»	»	desgl. die **Dithmarschen**. — KU. w. v. — R. Henr. Fye — Or. ib. [nicht ausgeliefert?]; Not. RR. ib. (id. dat.) **4355**
»	»	verschreibt dem Kulman v. **Libře** die Dörfer Okřuhlo u. Hořany vom Kl. Ostřov um 71¼ Schock Groschen. — KU? — Registr. v. 1454 — Reg.: Arch. český 1, 514 z. J. 1425! (Nicolaus). *Noraček.* **4356**
»	»	verschreibt dem Johann v. **Střmelič** 12 Schock Groschen Zins vom Vorwerk Kbel des Kl. Königsaal um 99 Schock Groschen. — KU? — Registr. v. 1454 — Reg.: Arch. český 1, 543. *Noraček.* **4357**
»	»	verschreibt dem Aleš v. **Jedlian**, Pfarrer in Skvrniov, 17 Schock Groschen auf dem Zins des Dorfes Sobařice vom Kl. Königsaal. — W. v. *Noraček.* **4358**
» 14	»	ernennt den Albert **Varrentrapp**, Lic. in decretis, sowie Domherrn in Prag u. Lüttich, zu seinem Sekretär u. Hofgesind. — Franciscus (idem protonotharius). — RR. G 83ʳ am Rande: non transivit. (14. dec.) **4359**
» 19	Weinswasser (Alba Aqua)	schenkt Güter der entflohenen wikleßtischen Pilsner den dem katholischen Glauben treu gebliebenen Bürgern in **Pilsen**. — KU? — Kop. Pilsen — Publikací městského historického musea v Plzni 1, 302 f. (decimo nono d. dec.) **4360**
» 20	?	erlaubt dem Johannes **Schenk** die ihm verliehene Kapelle des h. Nikolaus auf dem Frankfurter Berge [vgl. nr. 4269] gegen ein anderes Beneficium zu vertauschen. — Rex. Franc. — RR. G 78ᵛ. (20. dec.; s. l.) **4361**
»	Leitmeritz	bewilligt den Brüdern Friedrich u. Hanusch v. **Kolovrat** die Güter des Kl. Plas zu halten, die sie gekauft oder zu Pfand genommen haben, u. verschreibt ihnen den Hof in Nebřeziny. — KU? — Registr. v. 1454 — Reg.: Arch. český 2, 451. *Noraček.* **4362**
» 21	»	verschreibt dem Johann v. **Bysně** um 104 Schock Groschen das Dorf Libošín. — KU? — Registr. v. 1453. — Reg.: Arch. český 1, 497. *Noraček.* **4363**
»	»	verschreibt dem Otik v. **Bysně** um 104 Schock Groschen das Dorf Libovíce der Prager Propstei. — W. v. **4364**
»	»	verschreibt dem Kamperl u. Mathias v. **Clíněves** das Dorf Řísuty der Prager Kirche um 104 Schock Groschen. — KU? — Registr. v. 1453 — Reg.: Arch. český 1, 494. *Noraček.* **4365**
»	»	verschreibt dem Stefan v. **Hlazovic** die Dörfer Želčin u. Veptec um 52 Schock Groschen. — KU? — Registr. v. 1454 — Reg.: Arch. český 2, 179. *Noraček.* **4366**
»	»	verschreibt dem **Hořešovec** das Dorf Palček v. Kl. Břevnov um 78 Schock Groschen. — KU? — Registr. v. 1454 — Reg.: ib. 2, 181 f. *Noraček.* **4367**
»	»	verschreibt dem Petar u. Ctibor **Kačiče** das Dorf Bynolec v. St. Anna-Kloster, die Dörfer Hojnice u. Svojětiny von der Prager Kirche u. die Einkünfte der Bethlehem-Kapelle zu Prag um 156 Schock Groschen. — KU? — Registr. v. 1454 — Reg.: Arch. český 1, 500. (s. l.) *Noraček.* **4368**
»	»	verpfändet dem Rudolf v. **Račynawes** u. seinen Brüdern für 52 Schock böhm. Groschen das der Prager Kirche gehörige Dorf Masterzyowycz nebst einer Wiese in Gessyn u. einen Leibeigenen zum Ersatz für seine auf 26 Wochen mit 4 Reitern zur Erhaltung der Stadt Slany festgesetzten Kriegsdienste. — [Oben rechts:] Relacio Wenceslai Raczynsky — o. R — Or. Raudnitz Lobkowitzisches A. — Kop Prag Böhm Mus. (in festo Thome apostoli). **4369**
»	»	verschreibt dem Bohuslaus v. **Riesenberg** u. Janovic die Dörfer Chachov (sic), Tunachov, Mokrušov der Prager Domherren, Radenice u. Rozdeš des Kl. Ostrov für die Vertheidigung desselben u. um 800 Schock Groschen. — KU? — Registr. v. 1454 — Reg.: Arch. český 1, 530. *Noraček.* **4370**
»	»	verschreibt den Brüdern Heinrich u. Bohunko v. **Sprimberg** die Dörfer der Prager Kirche Libošovice, Vrbice, Kartúská u. Detaň um 200 Schock Groschen. — KU? — Registr. v. 1454 — Reg.: ib. 1, 509. *Noraček.* **4371**

1420		
		Dez. 21 Breslau: bestätigt dem Katharinen-Kloster zu Breslau alle ihre Rechte. — Kop. Breslau Staats-A. — s. 1419 Dez. 21 (nr. 3936).
Dez. 23	Leitmeritz	erhöht dem Nyepr genannt Dutz v. W a r z i n u. dem Andreas v. B l a t y n a, Burggrafen zu Necztyn, die Pfandsumme dieser Burg auf 900 Schock böhm. Groschen [vgl. nr. 4254] u. verschreibt ihnen zum Ersatz für die Verwaltungskosten die kgl. Berna des Kl. Tepl im Betrage von 100 Schock. — Ad m. d. r. do. Jo. de Swyhow referente Mich. can. Prag. — R. Heinr. Fye — Or. (durchschnitten) Wien U. H. u. St.-A.; Kop. Prag Böhm. Mus. (vicesima tercia die decemb.) — [Reg. nach Registr. v. 1454: Archiv česky 2, 447. Novaček.] **4372**
»	»	weist das Kl. T e p l an die dem Nyepr gen. Dutz v. W a r z i n u. dem Heinr. v. Elsterberg verschriebenen Teile der von dem Kloster zu entrichtenden kgl. Berna anzuzahlen. — KU. w. v. — R — Or. (durchschn.) ib. (id. dat.) **4373**
» 24	Kuttenberg	verschreibt dem Peter v. C h r a s t die Dörfer Třemošná u. Nynice um 200 Schock Groschen. — KU? — Registr. v. 1454 — Reg.: Arch. česky 2, 449. Novaček. **4374**
»	»	verschreibt den Brüdern Durian u. Johann v. G u t e n s t e i n die Dörfer Kaznějov, Březi u. Črmná vom Kl. Plas um 500 Schock Groschen. — W. v. Novaček. **4375**
»	Leitmeritz	befiehlt den Zittauern, seine ungarischen Boten nach Breslau zu geleiten. — Ad m. d. r. Mich. can. Prag. — Jecht, cod. dipl. Lusat. superioris 2 (1896), 38 aus Scultetus, annal. (auf der Bibliothek der Oberlaus. Gesellschaft der Wiss. in Görlitz) 2, 496. (Christs abd.) **4376**
» 25	»	verschreibt dem Johann v. D r a ž k o v das halbe Dorf Zelčin des Wyschehrader Kapitels um 250 Schock Groschen. — KU? — Registr. v. 1454 — Reg.: Arch. česky 1, 542. Novaček. **4377**
»	»	verschreibt dem Leva v. D e d i b a b u. Wilhelm v. K l u č o v die Dörfer Dedibaby, Dušniky und 6 Zinsbauern in Woltrus um 208 Schock Groschen. — KU? — Registr. v. 1454 — Reg.: Arch. česky 2, 183 (zum J. 1430!). Novaček. **4378**
»	»	verschreibt dem Peter v. L i b o c h o v i č e einen Teil des Dorfes Lidice. — KU? — Registr. v. 1454 — Reg.: Arch. česky 2, 176. Novaček. **4379**
»	»	verschreibt dem Gerung v. S u l e v i c um 360 Schock Groschen Sold u. 62 Schock Groschen Schaden die Dörfer Wetla u. Paleč u. die Burg Pochořice vom Raudnitzer Kloster. — KU? — Registr. v. 1453 — Reg.: Arch. česky 1, 503. Novaček. **4380**
»	»	verschreibt dem Nikolaus v. V š e b o ř i c die Dörfer Svinčice u. Obrynice vom Kl. Ossegg um 78 Schock Groschen. — KU? — Registr. v. 1454 — Reg.: ib. 2, 453. Novaček. **4381**
» 26	»	verschreibt dem Bičen v. H ř i e š k o v um 60 Schock Groschen einen Teil des Dorfes Bodřichovic der Prager Kirche u. 5 Schock Groschen Zins im Dorfe Vrbno des Stiftes Strahov. — KU? — Registr. v. 1454 — Reg.: Arch. česky 1, 496. Novaček. **4382**
»	»	verschreibt dem Heinrich v. M e c h o l u p einen Teil des Dorfes Dvořkov um 52 Schock Groschen. — KU? — Registr. v. 1454 — Reg.: Arch. česky 2, 179 f. Novaček. **4383**
»	»	verschreibt dem Wenzel v. V a l o v i c das Dorf Sovinice der Prager Kirche, einen Zinsbauern in Postřižin des Prager Kapitels, das Dorf Třešovice des Kl. Strahov, das Dorf Hobolice der Prager Kirche um 150 Schock Groschen. — KU? — Registr. v. 1454 — Reg.: Arch. česky 1, 546. Novaček. **4384**
		Dez. 27 Brünn: verleiht Mainz das Recht silberne Münzen zu prägen. Reuter, Albamsgulden, Urk. S. 14. — falsch statt 1419 Dez. 29 (nr. 3942).
» 28	Brüx (civitas pontis)	belehnt Niklas u. Genebecke oder Jarilas Burggrafen v. D o h n a mit ihren (böhmischen) Lehen. — KU? — Lünig, R.-A. P. spec. Cont. 1, Forts. 73; (daselbst Incarnationsjar 1423, sugar. Jahr 24 statt 34, römische 11 statt 11; nur das böhm. Jahr richtig); Aufzeichnungen über die erloschenen Linien der Familie Dohna (1876) 325 f. [gleichfalls z. J. 1423]; vgl. Privileg Ferdinands III. v. 1648 bei Avemann, Beschreibung d. . . . Gesch. d. Burggr. v. Kirchberg (1747) Urkk. 178. (am tage der unschuldigen kinder.) **4385**
»	»	nimmt den Johannes Antonii de Allio aus Verona unter seine Familiares auf. — Rex. Franc. — Not. RR. G 85f (in die s. innocentum). **4386**
»	»	desgl. den Andreas Antonii de M a p h e i s aus Verona. — W. v. **4387**

1420		
		Dez. 29 Sian: f. Eberhart v. Mark. Reg.: Publicat. de la sect. hist. de l'Instit. de Luxemb. 24 (1871), 11 — falsch statt Nov. 18 (nr. 4327).
Dez. 29	Brüx	giebt seine Zustimmung dazu, dass Jakob Hawer u. Peter Silberfux ihren Anteil an dem Gericht zu Brüx an Hans E b e r h a r t, Bürger zu Brüx, abgetreten haben. — Ad m. d. r. Franc. prepos. Boleslav. — E. Henr. Fye. — Or. Brüx. — L. Schlesinger, Städtb. v. Brüx 77 f. (Incarnationsj. 1421). **4388**
„ 30	„	bestätigt die Privilegien der St. Brüx. — KU. u. R. w. v. — Or. ib. — Schlesinger 78 f. **4389**
„	„	verspricht dem Mkgr. Friedrich dem Alt. v. M e i s s e n, der sich verpflichtet hat ihm mit 800 Mann in Böhmen u. den Ländern der böhm. Krone gegen die Hussiten zu dienen, ihn für alle pekuniären Verluste schadlos zu halten u. die Gefangenen von seinen Leuten auszulösen. — Ad m. d. r. d. Friderico marchione Brandembergensi referente Franciscus prepositus Boleslav. — [E. Henr. Fye]. — Or. Dresd. H. St.-A.; [RR. G 83ᵛ]. — Palacky, Beitr. z. Gesch. d. Huss. Kr. 1, 54 (Incarnationsj. 1421). **4390**
„	„	verspricht d e m s e l b e n, der ihm vor Prag geholfen u. ihm nunmehr noch 6 Monate mit 500 Reitern dienen will, dafür 30000 rhein. Gulden bis 1421 Dez. 25 zu bezahlen. — KU. w. v. — RR. G 83ᵛ. (mo. nach Crist t.) **4391**
„	„	schreibt einen Reichstag aus auf April 13 nach Nürnberg zur Beratung über einen Feldzug gegen die Hussiten. — Ad m. d. r. Franciscus prepos. Boleslav.
		an N ö r d l i n g e n. — Or. Nördl. St.-A. **4392**
		an F r e i b u r g i. B. — Or. Freib. St.-A. **4393**
		an K ö l n. — Or. Köln (vgl. Mitteil. a. d. Stadtarch. v. Köln Heft 24, 140 f.) **4394**
		an E r f u r t: Lünig R.-A. P. spec. Cont. 4, T. 2, Forts. 460 (nicht 1421). **4395**
		RTA 8, 6 ff. (mo. nach Crist t.)
		desgl. an B a s e l. — Nachweis: RTA 8, 7 A. **4396**
		desgl. an die e l s ä s s i s c h e n Reichsstädte Hagenau, Kolmar, Schlettstadt u. s. w. — W. v. **4397**
„ ?	„	bestätigt Hans v. B u t e n d o r f zu Mur die [nicht näher bezeichneten] Lehen seiner Vorfahren. — Per d. Fr. march. Brand. Franc. — RR. G 85ᵛ. (s. d.) **4398**
		Dez. 30 Kuttenberg: entbindet Heinrich v. Plauen von der Haltung der Urfehde. — Franciscus. — RR. G 109. — Thüring. Geschichtsquellen 5, (N. F. 2), 2. Teil, 571 — falsch statt 1421 Dez. 30.
o. T.	o. O.	schlägt dem Karl v. H e s s b u r g auf die ihm für 1500 rhein. Gulden verpfändeten Schlösser Heidingsfeld u. Bernheim noch 800 Gulden, die ihm Kg. Wenzel schuldig geblieben ist, u. befiehlt den Städten Heidingsfeld u. Bernheim jene Schlösser einzulösen. — KU? — RR. G 82ᵛ. (s. d. et l., zw. Nov. 23 u. Juli 25). **4399**
„	„	bittet auf Ersuchen des Kgs. Erich v. Dänemark-Norwegen den P. Martin V. die Uebertragung des Kl. M u n k e l i f (in Norwegen. Diöc. Bergen) vom Benediktinerorden auf den Brigittenorden zu gestatten. — KU? — Diplom. Norweg. 4, 594 f. — Reg. dipl. hist. Dan. Ser. 2, 1, 1, 582. (gehört vielleicht ins J. 1421 oder einer noch späteren Zeit an). **4400**
„	„	verschreibt den Gebrüdern Kunrat u. Hanuss genannt K e r k w i t z 1012 Gulden. — Altes Regest Wittingau. *Mareš*. **4401**
„	„	verschreibt dem Wilhelm Š v i h o v s k y das Chot̓ěšauer Gut um 800 Schock. — W. v. **4402**
		o. T. o.: befreit den Deutschorden (den Hochmeister, alle Angehörige u. s. w. des Ordens) v. der Gerichtsbarkeit des Hofgerichts u. der Landgerichte. — Ausz.: Liv. Esth.- u. Curl. Urkb. 6, 552 f. — Entwurf des Deutschordens? — Enthält keinen Anhalt für die Datierung. **4402 a**
		o. T. o. O.: für die Brüder Gottfried u. Eberhard v. Eppstein: Reg.: Inv. d. Frankfurter Stadt-A. 2, 195. — s. nr. 4145.
		o. T. o. O.: beauftragt den EB. v. Mainz, den Zwist Frankfurts mit den v. Eppstein beizulegen. Reg.: Inv. d. Frkf. Stadt-Arch. 1, 100. — s. nr. 4175.
		s. d. et l.: bestätigt die Georg Nicoln zum Dritteile verliehenen Erbgerichte bei der St. Zittau. Reg.: Verzeichn. oberlaus. Urkk. Heft 5, 5, nach J. B. Carpzow, Analecta fastorum Zittav. 2, 291 — falsch (auch inhaltlich) statt 1422 Nov. 6.

1421			
Jan. 1	Leitmeritz	bestätigt dem Heinrich Bavůrek v. Schwamberg den Kauf der Dörfer Mertník, Lity u. Lomnička vom Kl. Plas. — KU? — Registr. v. 1454 — Reg.: Arch. česky 2, 448. *Novaček.*	4403
"	"	verpfändet das dem Probst zu Chotieschau gehörige Dorf Hurtamanhowotneżko dem Zdenko v. Dworzecz alias v. Dyrzko für 200 Schock Groschen als Entgelt für seine Dienste. — [ob. rechts:] Relacio Ffriderici de Kolowart. — o. R! — Or. Wien H. H. u. St.-A. ⚬ Kop. Prag Böhm. Mus. (in f. circumcis.)	4404
"	"	verschreibt dem Johann Gutstein das Dorf Lysina um 150 Schock Groschen. — KU? — Registr. v. 1454 — Reg.: Arch. česky 2, 452. *Novaček.*	4405
"	"	verpfändet dem Amchow v. Vezele den Hof Luhow nach dem Tode des Protiwo v. Netmyez, dem dieser Hof auf Lebzeit von dem Probst zu Chotieschau verpfändet ist, für 200 Schock Groschen als Entgelt für seine Dienste. — [ob. rechts:] relacio Ffriderici de Kolowart. — o. R1 — Or. Wien (mit Einschnitten) H. H. u. St.-A. ⚬ Kop. Prag Böhm. Mus. (in festo circumcis.)	4406
"	"	verpfändet dem Johann v. Zothkow für 100 ihm schuldige Schock böhm. Groschen das dem Kl. Plas gehörige Dorf Loman sammt dem Hofe. — KU. w. v. — o. R! — Or. Wien H. H. u. St.-A. ⚬ Kop. Prag böhm. Mus. (id. dat.)	4407
" 2	"	giebt seine Zustimmung, dass das Kl. Chladrub Güter u. Zinse an kirchliche u. weltliche Personen für 2000 Schock Prager Groschen verkaufen darf. — Ad relac. d. B. de Swamberg et F. Kolowrat Mich. cap. Prag. — R. Henr. Fye — Or. Wien Inst. f. österr. Geschichtsf. (secunda die jan.)	4408
"	"	verpfändet die der Probstei Chotieschau gehörige Fischerei dem Bohuslaus u. Crassyna [v. Schwamberg] für 700 Schock böhmische Groschen. — [ob. rechts]: Relacio Friderici de Kolowart. — o. R! — Or. Wien H. H. u. St.-A. ⚬ Kop. Prag Böhm. Mus. (sequenti die post circumcis.)	4409
"	Mies (Misa)	verpfändet 500 Schock Groschen der Einkünfte aus den Dörfern Gross-Luzenycz u. Lhotta mit dem Hofe u. Walde Skassow mit allen Rechten, welche bisher die Propstei Chotieschau u. das Kapitel zu Wyšegrad gehabt hat, dem Wenzel Sekacz v. Vgezdecz. — Ad m. d. r. Joh. Kyrchen. — R — Or. Wien H. H. u. St.-A. ⚬ Kop. Prag Böhm. Mus. (secunda die jan.)	4410
"	Leitmeritz	erlaubt dem Kl. Tepl Güter u. Zinse bis zum Betrag von 2000 Schock Groschen auf Lebzeiten des Käufers zu verkaufen oder zu verpfänden. — Ad relac. R. de Swamberg et Fr. Kolowrat Michael canon. Pragens. — R? — Or. Tepl Kloster-A. ⚬ Kop. Prag Böhm. Mus. (secunda die jan.)	4411
" 3	"	erteilt dem Kleriker der Mainzer Diöcese Johann Heczstete erste Bitten für die Probstei am Frauenkloster bei Nordhausen. — KU? — Not. RR. G 85ᵛ. (tercia die jan.)	4412
"	"	verpfändet dem Heinrich genannt Zyto v. Jivjan (Ivian), Burggr. zu Freyemberg [Pfraumberg], dieses Schloss zum Entgelte für seine Dienste u. erlittenen Schaden um 2000 Schock Prager Groschen. — Ad m. d. r. Michael canon. Pragens. — R. Heinr. Fye. — Or. Prag Statthalterei-A. ⚬ Kop. ib. Landes-A. (die 3 jan.); Ausz.: Summari anacräg oder Extract aus alt. khünigl. Mayestatten Verträg. f. 15ᵛ Raudnitz, Lobkowitz A. — [Reg. nach Registr. v. 1454 Arch. česky 1, 512. *Novaček*].	4413
"	"	überträgt dem Nikolaus v. Lobkowitz (tabularum terre regni Bohemie protonotarius) wegen seiner Verdienste um Kg. Wenzel u. ihn (Sigmund) das ihm von Wenzel geschenkte Schloss Hassenstein als Lehen. — KU? — Sommersberg, Silesiac. rerum SS. 1, 1001, [vgl. nr. 4307]. (3. Januarii).	4414
"	"	verschreibt dem Heinrich v. Metelsko die Burg Tachau um 1500 Schock Groschen. — KU? — Registr. v. 1454 — Reg.: Arch. česky 1, 521. *Novaček.*	4415
"	"	verschreibt dem Wilhelm v. Tupadl das Dorf Tupadl der Propstei Melnik um 100 Schock Groschen. — KU? — Registr. v. 1454 — Arch. česky 2, 454. *Novaček.*	4416
" 6	Aussig	verspricht dem Mkgr. Wilhelm v. Meissen, der ihm mit 500 Mann gegen die Hussiten in den Ländern der böhm. Krone dienen will, jegliche Schadloshaltung [vgl. nr. 4150]. — Ad m. d. r. d. F. marchione Brandeb. referente Franciscus prepos. Bolslav. — [Rᵗᵃ (!) Heinr. Fye] —	

1421		

Or. Dresden; Not. RR. G 85ᵛ — Palacky, Beitr. z. Gesch. der Hussiten-Kr. 1, 56 f.; Hieke-Horčička, Urkb. d. St. Aussig 92.   (suntag die heilig. dreyer kunig tag; der Dreikönigstag fiel aber im J. 1421 auf Montag).   **4417**

Jan. 6   Aussig   verspricht dasselbe dem Mkgr. Friedrich d. jüng. v. Meissen. — [KU. w. v.]. — Not. RR. ib. (in die trium reg.)   **4418**

»   »   belehnt Konrad v. Weinsberg mit den Graf- u. Herrschaften Falkenstein, Münzenberg u. Königstein, die nach dem Tode Philipps v. Falkenstein an das Reich gefallen sind. — [Ad m. d. r. Franc. prep. Strigon. — R. Henr. Fye — Or. u. Vid. des Eberhard v. Seinsheim u. der St. Wimpfen v. 1440 Juli 15 Öhringen; RR. G 126; Vid. v. 1426 Mai 24 Würzburg]. — Hanselmann, Diplomat. Beweis, dass dem Hause Hohenlohe die Landeshoheit ... 489 f. (an d. drei kunige t.)   **4419**

»   Leitmeritz   beauftragt den Mkgr. Bernhard v. Baden dem Konrad v. Weinsberg die 9000 ungar. bzw. 12000 rhein. Gulden, um welche dieser auf sein Geheiss seine (des Königs) Kleinodien, „die dann besser sint als 30000 gulden wert', lösen soll, aus dem Gelde, das er von des Königs wegen innehat, zu ersetzen. — [Rex. Franc.]   RR. G 85ᵛ. — Foster, Regesten d. Mkgr. v. Baden nr. 3246.   (id. dat.)   **4420**

»   »   verschreibt dem Bavůrek v. Schwamberg [vgl. nr. 4403] die Dörfer Mrtník, Líty, Lomnička u. Vrážný vom Kl. Plas um 100 Schock Groschen. — KU? — Regist. v. 1454 — Reg.: Arch. česky 2, 448. Novaček.   **4421**

»   »   entsagt aller v. ihm bis dahin gemachten Ansprüche an die Juden in den Landen des Mkgr. Wilhelm v. Meissen, Landgr. in Thüringen, da sie ihm den dritten Pfennig bezahlt haben. — Ad m. d. r. Franc. prep. Bolesl. — R. Henr. Fye — Or. Öhringen; RR. G 85ᵛ.   (dri kunig.)   **4422**

»   7   »   erklärt, dass die ihm vom Mkgr. Wilhelm v. Meissen gegebene Erlaubnis, v. den in dessen Landen wohnenden Juden den dritten Pfennig einzunehmen, dessen Privilegien keinen Nachteil bringen solle. — KU. u. R. w. v. — Or. ibid.; RR. G 85.   (dinst. nach drier kunig t.) **4423**

»   »   bestätigt dem Jaroslaus v. Blahotitz den Kauf des Gerichts der Choden [bei Taus], das Kg. Wenzel einstmals dem Ulrich v. Myrzko übertragen. — KU? — Vidim. v. 1475 Jan. 15 Prag Böhm. Mus.   (tercio die festi circumcisionis domini!)   **4424**

»   »   beglaubigt bei der St. Frankfurt den Reichserbkämmerer Konrad v. Weinsberg als seinen bevollmächtigten Unterhändler über die Münze u. die Münzmeister. — Ad m. d. r. Franc. prepos. Boleslav. — o. R — Or. Frankf. Stadt.-A.; vgl. Invent. 4, 15.   (di. nach d. obristen) **4425**

»   »   verschreibt den Brüdern Friedrich u. Hannsch v. Kolovrat die Dörfer Habrová u. Březí der Probstei Rokycan. — KU? — Regist. v. 1454 — Reg.: Arch. česky 2, 451. Novaček. **4426**

»   »   »   weist die St. Frankfurt an, die Reichssteuer pro 1419 an Konrad v. Weinsberg zu zahlen. — Rex. Franc. — Not. RR. G 85ᵛ.   (mittw. nach d. oberst. t.)   **4427**

»   »   desgl. die Reichssteuer pro 1420. — W. v.   **4428**

»   »   ernennt den Probst der Erfurter Severin-Kirche zum comes palatinus mit dem Rechte Notare zu ernennen u. Uneheliche zu legitimieren. — W. v.   (s. die jan.)   **4429**

»   »   bestätigt alle Privilegien der St. Kaaden. — Ad m. d. r. Francisc. prepos. Boleslav. — [R. Henr. Fye; Čelakovský]. — Or. Kaaden; vgl. Programm des Obergymn. zu Kaaden 1887 (Über), 17.   **4430**

»   15   Pilsen   befiehlt dem Hrz. Heinrich v. Baiern-Landshut zur Rettung der v. den Wikleflten besetzten St. Tachau unverzüglich mit aller seiner Macht nach Frimberg zu ziehen, v. wo aus ihn der dortige Burggraf weiter führen werde, verweist ihn auf die Mitteilungen seines (Sgm.) Dieners Wilhelm Paulsdorfer. — KU? — Gemeiner, Regensburg. Chronik 2, 436 — Palacky, Beitr. z. Gesch. d. Huss. Kr. 1, 57 f.   (ml. vor Antoni).   **4431**

»   20   »   verschreibt dem Lukas v. Kladno die Mühle der Prager Domherren am Lodynicer Bache um 50 Schock Groschen. — KU? — Regist. v. 1454 — Reg.: ib. 1, 526. Novaček.   **4432**

»   »   verschreibt dem Johann v. Liten um 500 Schock Groschen 8 Schock 58 Gr. Zins im Dorfe Imehan des Kl. Břevnov u. das Dorf Objejnice vom Kl. Königsaal. — KU? — Regist. v. 1454 — Reg.: ib. 1, 509. Novaček.   **4433**

1421			
Jan. 20	Pilsen	verschreibt dem Peter v. Smyslov das Dorf Dolsonice der Wyschehrader Domherren. — KU? — Registr. v. 1454 — Reg.: ib. 536. *Novaček.* (s. l.)	**4434**
»	»	verschreibt dem Wochek v. Solopisk den Wald Křisoč u. zwei Zinsbauern im Dorfe Třebotov um 100 Schock Groschen. — KU? — Registr. v. 1454 — Reg.: ib. 512. *Novaček.*	**4435**
»	»	verschreibt dem Hieronymus v. Unhoscht u. dem Johann v. Javornic 80 Schock Groschen auf gewissen Einkünften im Städtchen Unhoscht. — KU? — Registr. v. 1454 — Reg.: ib. 510. *Novaček.*	**4436**
»	»	verpfändet Einkünfte in Běloi (Bielcz) u. Litten (Lety), die dem Pfarrer zu St. Nikolaus in Prag zustehen, dem Hostilaus v. Wlenatz für 20 Schock böhm. Groschen als Ersatz für seine Kriegsdienste zur Erhaltung der Feste Karlstein. — KU? — Hds. in Raudnitz — Kop. Prag Böhm. Mus. (in festo beat. Fabiani et Sebast.)	**4437**
»	»	verpfändet dem Racek u. Johann v. Zitov für ihm bei Karlstein zu leistende Kriegsdienste dem Kl. Plass gehörige Güter (die Dörfer Březie u. Ujezdec, die Mühle Dubsky gen. in Březie u. ein Schock Groschen Zins auf eine Schenke in Ledeč) um 100 Schock böhm. Groschen. — KU? — Nach Kopialb. in Plass Kop. Prag Landes-A.; [Registr. v. 1454 — Reg.: Arch. český 2, 454. *Novaček*]. (in festo Fabiani et Sebastiani)	**4438**
» 21		erlaubt dem Wilhelm v. Pernstein, Peter v. Krawar, Johann v. Lompnic, Smil v. Bletowa die Brünner Landtafel ausgergewöhnlich zu berufen zur Schlichtung des Streites zwischen Johann v. Lompnic u. Aleš v. Sternberg. — KU? — Or. Brünn Landes-A. *Celakowský.*	**4439**
» [22?]	Mies	fordert die Egerer Hauptleute (u. a. Nikolaus Gumernuer), die vor Tachau liegen, auf, zu ihm zu kommen. Deren Brief v. 23. Jan.: Palacky, Beitr. z. G. d. Huss. Kr. 1, 61.	**4440**
» 26	»	meldet den Breslauern, er habe sich in den Pilsner Kreis begeben, um diese gegen Ziska zu schützen; er werde aber nächstens nach Weiswasser kommen, wohin er bereits auf Febr. 3 einen Tag angesagt habe; dahin befiehlt er ihnen ihre Bevollmächtigten zu senden. — [o. KU? — o. R — Or. (aufgedr. Siegel) Breslau Stadt-A.] — Script. rer. Siles. 6, 18 [zu 1422 Febr. 1] — Palacky, Beitr. z. Gesch. d. Huss. Kr. 1, 59 f., woselbst der Nachweis, dass dieser Brief nicht ins J. 1422 gehören kann. (sunt. noch convers. Pauli, ung. 35, röm. 12. böhm. 2!)	**4441**
» 27	»	verpfändet die zur Propstei Chotieschau gehörigen Dörfer Unter-Zekerzanye u. Bytkov dem Wenzel v. Blatnycz für 100 Schock böhm. Groschen zum Entgelt für seine Kriegsdienste (26 Wochen mit 3 Mann). — [ob. rechts]: Relacio Herbort de Feulsteyn — o. R! — Or. Wien H. H. u. St.-A. — Kop. Prag Böhm. Mus. (fer. 2 post f. convers. Pauli).	**4442**
» 29	Kladruby	verspricht seinem Diener Wilhelm Paulsdorfer, dem er für 3 Jahre seinen Gehalt (jährl. 200 ung. Gulden) schuldig ist, bis 1422 Jan. 25 u. v. da ab regelmässig am 25. Jan. zu bezahlen. — Per d. Fr. march. Brandeburg. Franc. — BR. G 85v. (mittwoch. vor frow. t. purificat.)	**4443**
»	»	belehnt Ulrich Laun mit einem Gütchen (jährlicher Ertrag 3 rhein. Gulden) zu Sachsenried (-rayt), das er von seinen Vettern Friedrich u. Peter Tagmann ererbt hat. — KU. w. v. — Not. ib. (id. dat.)	**4444**
Febr. 3	Weisswasser	hält hier einen Tag. — Vgl. nr. 4441.	**4444 a**
» 5	vor Kladruby	sucht Nikolaus Gumernuer u. die anderen Hauptleute der St. Eger im Feldlager vor Kladrau zur Nachtzeit auf. Deren Brief: Palacky, Beitr. z. G. d. Huss. Kr. 1, 61.	**4444 b**
» 6	Mies (Mysse)	erteilt der Judenschaft in Nürnberg einen Freibrief auf 10 Jahre, in welcher Zeit sie mit keinen Anlagen beschwert werden sollen — doch unbeschadet seiner jährlichen Zinse u. der Rechte der St. Nürnberg, insbes. des Rechts Juden aufzunehmen oder zu entlassen: bestätigt ihnen zugleich ihre übrigen Freiheiten u. gebietet, dass niemand sie vor das Reichshofgericht oder ein anderes Gericht laden solle, da sie nur vor dem Rate zu Nürnberg, dem Reichsrichter oder dem Judenrate daselbst belangt werden könnten. — [KU? — R? — Or. Nürnberg Kr.-A.; BR. G 107v u. 108v mit KU: Rex. d. C. de Winsperg referente Franc.] — Reg. Boic. 12, 361. (Dorotheen t.)	**4445**

1421			
Feb. 9	vor Kladruby	befiehlt Ulrich v. Rosenberg, mit dem Ketzer Ziska keinen Waffenstillstand einzugehen, sondern ihn energisch zu bekämpfen; auch solle er nach allen Kräften Kreyer v. Landstein, dem Hauptmann v. Budweis, gegen Ziska Beistand leisten. — Commissio propria d. regis — Or. Wittingau. — Palacky, Beitr. z. Gesch. d. Huss. Kr. 1, 63 f. (sabb. ante dom. invocavit).	4446
» 9 (?)	Miss	verpfändet die der Propstei Chotieschau u. dem Kloster zu Pivonka gehörigen Dörfer Mlýnec, Brawelna, Vlkanovo, Lesina, Sitbor, Zamilic(?) dem Johann Guthstein u. Mathias Mrblice, Brüdern v. Otov, für 400 Schock Groschen als Entgelt für ihre Kriegsdienste mit 20 Reitern — [ob. rechts]: Relacio Herborti de Fenlsteyn — o. R — Or. Wien H. H. u. St.-A. — Kop. Prag Böhm. Mus.; [Registr. v. 1454 — Reg.: Arch. česky 2, 451. Nosaček]. (invocavit).	4447
»	»	bestätigt dem Kaspar v. Waldenfels u. seinen Erben das zur Feste Wartenfels gehörige Halsgericht u. erlaubt ihnen Fried, Geleit u. Freiung im Schlosse u. auf dem Berge W. zu geben sowie Juden aufzunehmen. — KU? — [Nicht in Sigmunds RR.]: Vid. Friedrichs III v. 1489 März 10 (vgl. Chmel nr. 8389): RR. T 56ᵛ. (invocavit).	4448
»	»	verschreibt dem Wilhelm v. Pnětluk die Dörfer des Kl. Tepl: Nesihov, Prachomety, Nezjekov, Braniśov, Janovec u. Děkov für die Erhaltung derselben u. um 375 Schock Groschen für den Dienst, den er mit 30 Pferden durch 26 Wochen geleistet hatte. — KU? — Registr. v. 1454 — Reg.: Arch. česky 1, 529. Nosaček.	4449
» 10	»	erteilt dem Habart v. Adlar das Recht, die ihm vom Kl. Sedlec verpfändeten Dörfer dasselbe auslösen zu lassen oder dieselben anderweit zu verpfänden. — KU? — Registr. v. 1454 — Reg.: ib. 509 f. Nosaček.	4450
[» 10?]	»	verschreibt dem Ulrich Všerubec die Dörfer Radějovice u. Honcovice v. Kl. Kladrau um 500 Schock Groschen. — KU? — Registr. v. 1454 — Reg.: ib. 513. (s. a. et d.)	4451
»	»	verschreibt dem Wlaschek die Dörfer des Kl. Osseg: Odulice, Crnochov, Týnec, Mnichovo, Smolnice, Smuc, Dečenice um 800 Schock Groschen mit der Verpflichtung, 100 Reiter zur Verteidigung zu halten. — KU? — Registr. v. 1454 — Reg.: ib. 521. Nosaček. (s. d.)	4452
» 12	vor Kladruby	,Rex Ungariae obsedit claustrum Cladrub et audiens, quod Pragenses procedent in auxilium, fugit Litomericium, et hoc fuit in quadragesima.' Script. rer. Boh. 2, 461. Ziska hatte den Wildstein eingenommen; vgl. Aschbach 3, 98.	4452a
» 14	Leitmeritz	nimmt die Kirche zu Genf auf Bitten des Verwalters derselben, des Patriarchen Johann v. Konstantinopel, in den Reichsschutz. — Rex. Franc. — RR. G 85ᵛ u. 86ᵛ. (14. die febr.) — Vgl. nr. 4140.	4453
»	»	überträgt diesen Reichsschutz dem Hrz. v. Mailand, dem.. Grafen v. Burgund u. dem .. Vogt v. Bern. — KU. w. v. — ib. 86ᵛ. (id. dat.)	4454
»	»	beauftragt den.. Hrz. v. Mailand u. die Vögte v. Zürich u. Bern gegen die Feinde der Genfer Kirche, bzw. des Patriarchen Johann vorzugehen. — KU. w. v. — ib. 86ᵛ. (id. dat.)	4455
»	»	beauftragt den ... Vogt v. Zürich gegen Wilhelm v. Verbon u. Genossen, die hauptsächlichsten Feinde der Genfer Kirche, bzw. des Patriarchen Johannes energisch vorzugehen. — KU. w. v. — RR. G 86ᵛ u. 87ᵛ. (id. dat.)	4456
»	»	belehnt den Alsso v. Duba genannt Skopek mit Aussig (Uszti) u. bestätigt ihm die Privilegien. — Ad m. d. r. Michael can. Prag. — Prag, Lehntafel Cod. 3 p. 175. (14. d. febr.)	4457
»	»	befiehlt allen Unterthanen des Reichs u. Böhmens Peter den alt. u. Peter den jung. v. Mezeritz, Bürger v. Prag, sowie ihre Familie überall frei umherziehen zu lassen. — Ad m. d. r. Francisc. prepos. Boleslav. — o. R — Or. Breslau St.-A. (in die Valentini).	4458
»	»	verschreibt dem Bus v. Svinua das Dorf Krabčice v. der Propstei Doxan um 120 Schock Groschen — KU? — Registr. v. 1454 — Reg.: Arch. česky 1, 541. Nosaček.	4459
» 16	»	giebt seine Zustimmung dazu, dass die St. Leitmeritz das Gericht daselbst v. Peter Keppler, bzw. dessen Vertretern Wenzel v. Duba, Unterkämmerer des Reiches Böhmen, u. Henzlin v. Sullowitz (Sulejo-) käuflich erworben hat. — KU? — Leitmeritzer Kopialb. d. Privileg. Prag Böhm. Mus. f. 25ᵛ u. 61ᵛ. (sexta decima febr.)	4460
»	»	erlaubt den Prager Bürgern, welche die Stadt wegen ihres Festhaltens am Christenglauben u. an ihm als König verlassen mussten, überall mit denselben Rechten wie einst in Prag ge-	

1421		
		schäfte zu treiben. — KU? — Vid. Kg. Albrechts II v. 1439 März 1 München R.-A. (sunt. reminiscere). **4461**
Febr. 17	Leitmeritz	giebt den Leitmeritzern Indemnität dafür, dass sie das Haus des Pr. Zdislaus v. Zwieretitz [Familienname? — Swiratitz, Zvířetice, Bez. H. Prachatitz?], eines eifrigen Husaiten, zerstört haben. — Ad m. d. r. Michael can. Pragens. — R. Henr. Fye. — Or. Leitmeritz — Kop. Prag Böhm. Mus.; im Mus. auch Kopialb d. Privileg. f. 85ᵛ. (decima sept. die febr.) **4462**
„ 19	„	verspricht Güter des Augustiner-Klosters in Raudnitz in Zukunft nicht mehr zu verpfänden. — KU? — Diplomatarium in Raudnitz: Lobkovitz-A.; Registr. v. 1454 — SB. d. Böhm. Ges. d. Wiss. 1893 nr. 17, 54 f. mit Dat.: 3. März! vgl Reg.: Arch. český 2, 461 f. (quarta feria ante dominicam oculi). **4463**
		Febr. 25 Chromsier: für Nikolaus v. Gersdorf. Reg.: Aschbach 3, 436 — falsch statt 1422 März 17.
		Febr. 26 Chromsier: befiehlt den Oberlausitz. Städten die Mauern zu befestigen. Reg.: Verzeichnis oberlaus. Urkk., Heft 5, 6 — falsch statt 1422 März 18.
„ 28	Časlau	ermahnt den Mkgr. Friedrich v. Brandenburg wegen der vielen Streitpunkte zwischen ihm (Sigmund) u. dem König v. Polen, v. der beabsichtigten Vermählung seines Sohnes mit der Erbtochter des polnischen Königs abzustehen: dieser wie auch Hrz. Witold v. Litthauen nehme die böhmischen Ketzer in Schutz. — Ad m. d. r. Franciscus prepositus Boleal. — Or. Berlin Geh. H.-A. — Riedel, Cod. dipl. Brandb. 2, 3, 393 f. — Palacky, Beitr. z. G. d. Huss. Kr. 1, 64 ff. — Deutsche Übersetz. bei E. Brandenburg, Kg. Sigmund u. Krf. Friedrich I v. Brandenburg 113 ff.; vgl. auch Mon. med. aevi hist. res gest. Polon. Illustr. 11, 133. (frit. vor letare). **4464**
„	„	schreibt dem Nikolaus v. Lobkovic 800 Schock Groschen zur Pfandsumme v. Frauenberg zu. — KU? — Registr. v. 1454 — Reg.: Arch. český 1, 538 u. 539; erstere Ausfert. mit kleinem. letztere mit grossem Siegel. *Novaček.* **4465/6**
„	„	schreibt der St. Znaim, dass er nach Mähren kommen will, u. fordert Unterstützung. — KU? — Or. Mähr. Landesarch. Brünn. — Erw.: Arch. f. österr. Gesch. 80, 276. **4467**
März 1	„	verschreibt dem Hynek Hlaváč v. Dubé auf Lipé die Hauptmannschaft Lausitz um 2500 Schock Groschen. — KU? — Registr. v. 1454 — Reg.: Arch. český 2, 181 f. *Novaček.* **4468**
„ 2	„	verpfändet Dörfer, Verschreibungen, Zinse der Klöster Sedlec, Königsaal, Ostrov, Kladrub, Osek n. des slavischen Klosters in Prag einem Herren Nikolaus u. seinem Vater. — KU? — Registr. v. 1453 — Reg.: Arch. český 1, 499. *Novaček.* **4469**
		März 2 Pressburg: für Duisburg. Reg.: Annalen d. hist. Ver. f. d. Niederrhein H. 59, 104 — falsch statt 1422 März 2.
		März 3 Leitmeritz: f. Raudnitz. SB. d. böhm. Ges. d. Wiss. 1893 nr. 17, 54 f. — falsch statt Febr. 19 (nr. 4463).
„ 4	„	verschreibt dem Nikolaus v. Krchleb die Dörfer Neblich, Mifin, Daletčice u. Blasin vom Kl. Ostrov für seinen Dienst u. 560 Schock Groschen alte Schulden. — KU? — Registr. v. 1454 — Reg.: Arch. český 1, 525 f. (fer. 3 post laetare; s. l.) *Novaček.* **4470**
„	„	bekennt, dass er dem Heinrich Rohlik 2089 Gulden 14 Groschen schuldig sei. — KU? — Registr. v. 1454 — Reg.: ib. 519. (id. dat.) *Novaček.* **4471**
„	„	versichert dem Alesch v. Sternberg u. Holic 750 Schock Groschen auf der St. Slavkov (Austerlitz). — Reg.: Arch. český 7, 579. *Novaček.* **4472**
„	„	verschreibt dem Gallus v. Sychrov um 200 Schock Groschen die Dörfer Stajička, Lhota, Mokraho u. Vlčice. — KU? — Registr. v. 1454 — Reg.: Arch. český 2, 452 (fer. 3 post laetare). *Novaček.* **4473**
„ 5	„	verschreibt dem Cheal v. Dojic das königliche Dorf Karadice (sic) um 1000 Schock Groschen für den Dienst, den er mit 4 Reisigen leisten soll. — KU? — Registr. v. 1454 — Reg.: Arch. český 1, 523 (fer. 4 post laetare). *Novaček.* **4474**
„	„	verpfändet den Hof des Martin, Kannonikers von S. Appollinaris zu Prag, im Dorfe Přistoupim (Prystupym) nebst zwei Censiten dem Mykso v. Lipau [Bez. H. Böhmisch-Brod] um 60

1421			
		Schock Groschen als Entgelt für seine Dienste. — o. KU! — o. R! — Or. (besiegelt) Prag Domkap.-A. (feria quarta post letare).	4475
Mart. 5	Caslau	belehnt den Kuttenberger Münzmeister Hans v. Polenz mit Senftenberg, Finsterwalde u. Sallgast, bestätigt ihm die darüber von Kg. Wenzel erhaltenen Privilegien. — Ad m. d. r. Michael can. Prag. — R. Henr. Fye. — Or. Dresden H. St.-A. — Vgl. N. Lausitz. Mag. 70, 148. (mitwochen nach letare).	4476
» »	»	verschreibt dem Prokop u. Rudolf v. Žírov das Dorf Radlice der Prager Kirche um 64 Schock Groschen. — KU? — Registr. v. 1454 — Reg.: Arch. česky 2, 188. Novaček.	4477
» 9	Znaim	kommt hierher u. bleibt daselbst 23 Tage (mit Ausnahme des Abstechers nach Seefeld, der alten Belehnungsstadt der Habsburger). Anwesend auch seine Gemahlin Barbara, die Königin-Witwe Sophie v. Böhmen, der Kanzler B. Georg v. Passau; vom 26. März ab auch Hrz. Albrecht v. Österreich. — Aus dem Znaimer Losungsbuch Arch. f. österr. G. 80, 277.	4477 a
» 13	Caslau (sic!)	bekennt, dass er dem Anton v. Munhaim 204 Schock Groschen für Schwefel u. Salpeter schuldig sei. — KU? — Registr. v. 1454 — Reg.: Arch. česky 1, 513. Novaček.	4478
» 20	Znaim	beauftragt die Ratmannen zu Breslau, dem Konrad Neunetz von dem Gute des Münzfälschers Reuss 600 Gulden, die er ihm verschrieben, zu geben. — Ad m. d. r. Francisc. prepos. Boleslav. — R. — Or. Breslau Stadt-A. (do. in d. palmwochen).	4479
» 23	»	nobilitiert die Familie de Ambrosiis. — KU? — RR. G 87 am Rande: non exivit. (23. marcii).	4480
» »	»	giebt dem Kurfürsten Ludwig v. der Pfalz einen Geleitsbrief zu auf u. von dem Nürnberger Tag April 13. — Ad m. d. r. Franciscus prepos. Boleslav. — [o. R.] — Or. München GR. St.-A. 8, 22. (an d. h. ostertag).	4481
» 24	»	schreibt der St. Nürnberg, dass er auf April 13 zum Reichstag nach Nürnberg kommen wolle. — KU? — Erwähnt in einem Briefe der St. Nürnberg v. 1421 April 2: RTA 8, 23. (mo. in d. oster veirtag).	4482
»	Seefeld	belehnt den Hrz. Albrecht v. Österreich mit allen seinen Fürstentümern u. Herrschaften. — Ad m. d. r. d. G. episc. Patav. canc. refer. Francisc. prepos. Boleslav. — [R. Henr. Fye] — Or. (lat.) Wien H. H. u. St.-A.; [RR. G 94ʳ] — Herrgott, Monum. aug. domus Habsb. 3, 1, 23 ff.; Reg.: Lichnowsky, G. d. Haus. Habsburg 5 nr. 2009.	4483
»	»	desgl. in deutscher Sprache — KU. u. R w. v. — Or. ib.; RR. G 93ᵛ u. 94ᵛ, sowie Not. 87ᵛ.	4484
»	»	beurkundet, dass einige bei der Belehnung des Hrz. Albrecht v. Österreich unterbliebene Feierlichkeiten demselben u. seinen Nachfolgern zu keinem Nachteile gereichen sollen. — [KU. u. R w. v. — Or. ib.: RR. G 94ᵛ.] — Reg.: Lichnowsky 2010.	4485
»	»	bestätigt dem Hrz. Albrecht v. Österreich alle Privilegien seiner Vorfahren, auch die in betreff der Juden. — [KU. u. R w. v. — Or. ib.; RR. G 94ᵛ.] — Reg.: ib. nr. 2011.	4486
		März 24 Nikolsburg: an den Mkgr. v. Baden. Reg.: Aschbach 3, 438 — falsch statt 1422 März 24.	
» 25	Znaim	bestätigt der St. Znaim ihre Privilegien, befreit sie bezüglich ihrer Ortschaften u. Mühlen von der königlichen Kollekte oder Berna u. von jeder fremden Gerichtsbarkeit. — Ad m. d. r. Stanislaus prepos. Boleslav. — R. Heinricus Fye. — Or. Znaim St.-A. Skalla.	4487
» 27	»	übergiebt dem Ritter Peter Kutyeg für die ihm abgetretene Feste Slackow vorläufig das Schloss Wewerzy, bis er die Feste Brzetlaw v. dem gegenwärtigen Pfandinhaber Hertnit v. Lichtenstein eingelöst hat; weist Kutyeg auch zur Unterhaltung v. Wewerzy Beträge auf die königl. Berna der Klöster Trebitsch (-tz) Zdiar u. Zwardowicz sowie der St. (Eywanczicz) Eibenschitz an. — Ad m. d. r. d. Wenc. de Duba subcamer. et Miczone de Gemissea referentibus Mich. can. Prag. — R. Henr. Fye — Or. Wien H. H. u. St.-A. (feria quinta p. fest. pasche).	4488
» »	»	verweigert dem EH. Konrad v. Mainz die Bestätigung seines Bündnisses mit Mainz, Speier u. Worms auf Grund der Goldenen Bulle Karls IV. u. ermahnt ihn mit den Mainzern in Freundschaft zu leben. — Per d. Georium episcop. Patav. cancellarium [etc.] Francisc. prepos. Boleslav. — [o. R!] — Or. Würzburg; RR. G 95ᵛ u. 96ᵛ.] — Guden, Cod. dipl. 4, 130 ff.	4489
» »	»	bessert dem Otto v. Meissau sein Wappen. — Per d. G. ep. Patav. canc. Mich. can. Prag. — Not. RR. G 87ᶠ (donerst. nach ostert.)	4490

1421		
März 27	Znaim	desgl. dem Pilgrim v. **Puchheim**. — W. v. **4491**
» 28	»	bestätigt die Privilegien der St. **Brünn**. — Per d. G. episc. Patav. canc. Mich. Pragens. et Brunensis ecclesiarum can. — R. Henricus Fije — Or. Brünn St.-A. *Gemeinderat.* **4492**
»	»	bestätigt dem Kl. **Glandières** im Metzer Bistum die (inser.) Urkunde Ludwigs d. Fr. v. 936 Mai 15 [Fälschung; Böhmer-Mühlbacher nr. 931] über Grünstadt, Mertens u. Battenberg. — Per d. G. ep. Patav. canc. Mich. — RR. G 95; Kop. Speyer Kr.-A.; [Kop. d. 17. Jhd. Metz Bez.-A. *Wolfrum*]. (28. die marc.) **4493**
»	»	nimmt sein der St. **Speier** zu Ofen 1419 Aug. 13 [nr. 3908] gegebenes Privileg (inser.) wider den Bischof Raban v. **Speier** zurück u. bestätigt dessen Privilegien, die er bereits 1414 Nov. 8[?] u. Nov. 19 [nr. 1277 u. 1323] bestätigt hatte. («die beider brieff wir glaublich abschrifft in unsern registern und canceley haben ... so haben wir auch sonsten in unsern registern mit fleiss suchen lassen und haben desgleichen an worten und sinnen in keinen unsern brieffen, der abschrifft in unsern registern stahet und die wir dem vorgenanten Raban gegeben haben funden; so meinen wir auch nicht, dass derselbe Raban keinen unser majestat brieff fürgezogen haben oder fürziehen möchte, der nicht registriret seie, wann man in unser canceley keinen majestat brieff pfleget zu versiegeln, er sei dann registrirt und habe das ein zeichen.) — [Per d. G. ep. Patav. cancellarium Franc. prep. Bolesl. — RR. G. 96 u. 97'; Kop. Speyer Kr.-A.] — Lünig, R.-A. P. spec. Cont. 1, Forts. 3, 261 f. (fr. nach fraw. t. annunc.); latein. Uebersetzung (die veneris post festum annunciac. beate virginis) nicht Or.-Ausfert.) Dumont, Corps dipl. du droit des gens 2, 2, 153. **4494**
» 30	»	giebt dem B. Johann v. **Olmütz** die mährischen Städte Neustadt, Littau, Olmütz u. das Kl. Hradisch in seine Gewalt u. seinen Schutz, zur Verwaltung bis auf Widerruf, wie es sonst dem Landesherrn zusteht. — KU ? — Or. Kremsier erzbisch. Arch. — Erwähnt Arch. f. österr. G. 86, 280. **4495**
» 31	»	verschreibt dem Burian v. **Gutenstein** die Dörfer Žiželice, Obora, Obořicka, Újezd, Rybnice, Hradištko u. Selnice u. den Hof in Nebřasiny um 600 Schock Groschen. — KU ? — Registr. v. 1454 — Reg.: Arch. český 2, 447. *Novaček.* **4496**
»	»	verschreibt dem Burian v. **Gutenstein** die Dörfer Ledeč u. Zálužl vom Kl. Plas um 600 Schock Groschen. — W. v. — Reg.: ib. 448. *Novaček.* **4497**
»	»	schenkt dem Budweiser Stadtrichter Sigmund **Klaritz** die Güter u. Besitzungen der zum Hussitismus abgefallenen (Bürger) Pecha Stytel u. Konrad v. Wodnian. — Ad m. d. r. d. G. episc. Patav. cancell. referente Franciac. prep. Boleslav. — R ? — Or. Budweis [= Kop. Prag Böhm. Mus.] — Palacky, Beitr. z. G. d. Huss.-Kr. 1, 68 f. (ultima die marcii) **4498**
April 1	»	verläast diese Stadt; vgl. nr. 4477a. **4498a**
» 2 ?	?	bittet den B. Georg v. **Passau** die zum Reichstage auf April 13 bestellten Fürsten noch eine Woche bis zu seiner Ankunft aufzuhalten. — Ergiebt sich aus nr. 4507. Zu den Mitteilungen, welche der B. v. Passau über Sigmunds notwendige Anwesenheit in Mähren gemacht hat (feindseliges Verhalten des Peter v. Strznic) vgl. RTA 8, 39. **4499**
» 3	Brünn	versichert dem Vok u. Johann, Söhnen des Vok v. Holstein jene 1200 Schock Groschen, die er ihrem Vater Vok auf der St. Pohrlitz sichergestellt hatte, auf den Losungen der Stadt Brünn. — Reg.: Archiv český 7, 581. *Novaček.* **4500**
» 5	[Ungar.-]Hradisch (Ra-)	befreit die St. [Ungar.] **Hradisch** wegen der Kriegslasten und wegen der Kosten, die der Aufenthalt seiner Truppen daselbst veranlasst, auf 5 Jahre von allen Steuern. — Ad m. d. r. Franciac. prepos. Bolesl. — [R ?] — Or. Ungar.-Hradisch. (sabbato ante dom. misericord. domin.) [Fälschung ?] *Celakowsky.* **4501**
» 6	Brünn	bestätigt die Freiheiten der **Juden**, welchen der Aufenthalt in **Brünn** u. anderen Städten Mährens gestattet ist. — Ad m. d. r. Michael canon. Pragens. — R ? — Or. Brünn St.-A. *Gemeinderat.* **4502**
»	»	bestätigt die Privilegien des Marienklosters zu **Brünn**. — Ad m. d. r. Franc. prep. Bolesl. — Not. Hds. 973 Wien H. H. u. St.-A. f. 11. **4503**
» 7	»	verpfändet den Gebrüdern Heinrich u. Buško v. **Drahov** das dem Kl. Strahov gehörige Dorf Sveraz u. das dem Kl. Ostrov gehörige Dorf Zátes. — KU ? — Vid. v. J. 1454 Wittingau. (fer. 2. post Ambrosii). *Mareš.* **4504**

1421		
April 11	Ungarisch-Brod	verbietet auf Wunsch der Bistritzer den Geistlichen weltliche Rechtsfälle vor ihr Forum zu ziehen. — Or. (lat.) Bistritz. — Reg.: Arch. Ztschr. 12, 80; Programm des Obergym. zu Bistritz (Berger) 1893 S. 19. — In die „Regesta imperii“ des Itinerars wegen aufgenommen. **4505**
» 14	»	verschreibt dem Janek Bielf v. Artlebic das Dorf Kamenic bei Welwarn um 230 Schock Groschen. — KU? — Registr. v. 1453 — Reg.: Arch. česky 1, 496. *Novaček*. (Tiburciustag). **4506**
» 16	»	begehrt, da er durch Mitteilungen der ungar. Grossen über ein Bündnis der Türken mit den Hussiten noch weiter aufgehalten sei u. erst heut aufbrechen könne, v. B. Georg v. Passau, dass er die Fürsten nochmals [vgl. nr. 4499] bitte auf ihn zu warten; will, falls dies nicht zu erreichen sei, in Frankfurt mit ihnen tagen; meldet, dass Peter v. [Krawař auf] Strážnic sich ihm unterworfen habe. — Ad m. d. r. Franciscus prep. Boleslav. — Kopie Nördling. u. Basel. — RTA 8, 25 f. **4507**
		April 18 Schweidnitz: gebietet Kaspar Torringer. Reg. Boic. 12, 347 — falsch statt 1420 April 19 (nr. 4118).
» 18	[Ungar.-] Hradisch	bestätigt die Privilegien v. [Ungar.-] Hradisch. — Ad m. d. r. Francisc. prepos. Bolesl. — R. Henr. Fye. — Or. Ungar.-Hradisch. (18. die april.) *Celakovsky*. **4508**
» 22	Olmütz	bestätigt, dass Joh. Salzer, Olmützer Bürger, von Paulico v. Eulenburg die Weingärten gekauft hat, welche dieser einst von dem mährischen Mkgr. Prokop u. dann v. Mkgr. Jobst bestätigt erhalten hat. — Ad m. d. r. Mich. can. Prag. — R. Henr. Fye — Or. Wien H. II. u. St.-A. (feria tercia ante f. Georgii). **4509**
» 23	»	verkauft dem Hrz. Ludwig v. Brieg u. Liegnitz, dem u. dessen Gemahlin er seinerzeit Schloss Land u. St. Trentschin für 40000 rhein. Gulden verpfändet hatte, [zur Auslösung dieser Herrschaft?] Land u. St. Jägerndorf unter Vorbehalt des Wiederkaufs um 55000 rhein. Gulden, abzüglich 4000 Schock Groschen, die Hrz. Ludwig v. d. Juden zu Breslau u. Schweidnitz empfangen hat. — Ad m. d. r. Franciscus prepos. — R. Henr. Fye. — Or. Wien Arch. d. Minist. d. Innern. — Publikat. a. d. preuss. Staatsarch. 16, 500 ff. (Jorgen t.) **4510**
		verwendet sich bei dem Hochmeister des Deutschordens Michael für Niklas Schötze, Bürger v. Loben [= Loeben?], dem einige Danziger sein ihm heimgefallenes Erbe, trotzdem der Rat v. Danzig sein Recht anerkannt hat, nicht ausliefern wollen. — Ad m. d. r. Franc. prepos. Boleslav. — o. R — Or. Königsberg St.-A. (Jorgen tag). **4511**
		bestätigt die Freiheiten u. Rechte der St. Olmütz betreffs der Mauthfreiheit in Littau u. Konjetein, der Biergerechtsame innerhalb einer Meile, der Losung etc. — KU? — R? — Or. Olmütz. *Gemeinderat* Olmütz. (Georg). **4512**
		erteilt der St. Olmütz das Recht, einen Jahrmarkt 4 Tage vor u. nach Sonntag „Exsurge“ abzuhalten. — W. v. **4513**
		verspricht der St. Olmütz bis Michaeli 1000 Schock Groschen auszuzahlen, die diese Stadt seinem Küchenmeister Hanusch vorgestreckt hatte. — Per dominum Johannem episcopum Olomucensem. — Reg.: Arch. česky 7, 503. *Novaček*. **4514**
		verspricht dem Hrz. Przimko v. Troppau, dem er für sein Jahrgeld u. Dienst 15400 ung. Gulden u. dessen Dienern er 400 Schock Groschen für ihren Schaden, den sie vor Prag empfangen haben, schuldet, in 3 Jahren, nämlich je zu Weihnachten 5150 Gulden u. 150 Schock Gr. u. das dritte Mal 5100 Gulden u. 100 Schock Gr. zu bezahlen. — KU? — Kop.-B. (Registrum Wenceslai) Prag Univ.-Bibl. — Reg.: Cod. dipl. Siles. 6, 46 — *Kopetzky*, Regest z. G. d. Herzogt. Troppau 122. (Georgen t.) **4515**
» 24	»	giebt der St. Hamburg das Privileg, dass sie, ausser in bestimmten Fällen, nicht vor das Hofgericht geladen werden soll. — Ad m. d. r. Franciscus prepos. Boleslav. (gedr. Soles. etc.!) — [E. Henr. Fye — Or. u. Vid. v. 1511 Jan. 11 u. 1550 Aug. 12 Hamburg. *Hagedorn*; BR. G 88¹] — Lünig, R.-A. P. spec. Cont. 4, T. 1, 948. (do. nach Jörgen). **4516**
	»	befreit die Stadt Hamburg aus der Acht, in die sie gekommen, weil sie nicht vor das Reichshofgericht wegen Anmassung eines Mühlengerichts (Reichslehen, Vertreter des Reichs: Konrad v. Weinsberg) sich verantwortet hat. — [KU. w. v. — R. Henr. Fye — 2 Orr. Hamburg. *Hagedorn*;] BR. G 88¹. (do. nach Georgen). — Die Eintragung in RB. ist später geändert in eine Befreiung aus der Aberacht mit Dat. 1423 Mai 6. **4517**

1421

April 24	Olmütz	giebt seine Zustimmung, dass die St. Hamburg die Mühlengerichte u. die Münze zu Hamburg (Reichslehen) von dem Pfandinhaber dem Gr. v. Holstein-Schaumburg erworben hat, u. belehnt sie damit. — Reg. Franc. — RR. G 88 (do. nach Jorgen). **4518**
»	»	überträgt dem Gr. Adolf v. Holstein die Entscheidung der Klage, welche Rudolf Munter gegen die St. Hamburg vor dem Hofgericht vorgebracht hat. — KU. w. v. — ib. 88ᵛ (id. dat.) **4519**
» 25	»	gestattet den Breslauern freien Handel mit Venedig, wie er solchen auch den Nürnbergern zugestanden. — Ad m. d. r. Francisc. propos. Boleslav. — R. Henr. Fye. — Or. Bresl. Stadt-A. — Stieda, Hansisch-Venetianische Handelsbezieh. im 15. Jhd. (1894) 154 f. (fr. nach s. Jorgen). **4520**
»	»	gestattet, dass Elška, Witwe Beneš's v. Herschlag, für ihre Tochter Anna deren väterliches Erbe in Radostic u. Trojan bis zu ihrer Volljährigkeit verwalte. — Per d. Jo. episcopum Olomocensem Michael canon. Prag. — R. Henricus Fye. — Orig. Wittingau. (fer. 6 post Georgii). **4521**
» 27	»	verschreibt dem Johann v. Sovinec 15 Schock Groschen Zins von der St. Olmütz. — Reg.: Arch. český 7, 570. *Novaček*. **4522**
»	»	verschreibt dem Peter v. Sovinec 83 Schock Groschen Jahreszins der St. Uničov um 830 Schock Groschen. — W. v. **4523**
» 29	Trenčín	giebt Johann Gassar aus Strassburg ein Wappen. — Rex. Michael — Not. RR. G 91ᵛ. — Der Ort Trentschin [Ungar.] passt hier nicht ins Itinerar; vielleicht ist Třebčín = Treptschein [Bez. H. Prossnitz] zu lesen, welchen Ort Sigmund auf dem Wege von Olmütz nach Brünn berührt haben kann. (terc. fer. ante ascens. domini). **4524**
»	Brünn	erlaubt der St. Kamenz den Sedelhof zu Wiesa, der vormals Heinrich v. Bloschdorf gehörte, von Hans v. Polenz auf Senftenberg zu kaufen u. denselben zu Erbe u. Eigen zu besitzen. — Ad m. d. r. Franciscus propos. Boleslav. — R. Henricus Fye. — Or. Kamanz Stadt-A.; [Kop. Zittau u. Görlitz Bibl.] — Cod. dipl. Saxoniae regiae 2. Haupt. 7, 53 f. (di. nach Marc.) **4525**
Mai 4	»	bekennt, dass er dem Ulrich v. Brzkovic 500 Schock Groschen an Sold schuldig sei, u. schlägt dieselben zur Pfandsumme auf der Burg Nový Hrad u. verpfändet zu derselben auch den Wildenberger Wald. — Reg.: Arch. český 7, 578. *Novaček*. **4526**
» 5	»	dankt den Budweisern für ihren Beistand gegen die Hussiten u. ermahnt sie Leopold v. Kreig (Krey) u. die sonstige Mannschaft nicht zu entlassen; er selbst sammle jetzt Volk aus Ungarn, Schlesien u. Oesterreich u. werde sie für ihre Treue belohnen. — Ad m. d. r. Franc. propos. Bolesl. — Or. Budweis. — Palacky, Beitr. z. Gesch. des Huss. Kr. 1, 89. (mo. vor pfingst.) **4527**
» 6	»	übergiebt der St. Znaim das zerfallene Haus u. die Hofstätte des Abtes zu Welehrad in der Kramergasse in Znaim zu einer Wacht mit der Verpflichtung dasselbe wiederherzustellen. — o. KU — R — Or. Znaim. *Skalla*. **4528**
»	»	stellt der St. Znaim einen Schuldbrief aus über 905 ungar. Gulden, die er daselbst verzehrt, mit der Bestimmung, dass sie hiervon von den Juden, seinen Kammerknechten, zu Brünn 300, von denen zu Olmütz 205 u. von denen zu Znaim 400 eintreiben sollen unter Anwendung von Strafen an Leib u. Gut. — Ad m. d. r. Michael canon. Pragens. — R. Heinricus Fije — Or. ib. *Skalla*. **4529**
» 9	»	erlaubt dem Hertneid v. Liechtenstein u. dessen Familie auf ihren Besitzungen in Mähren Bergwerke einzurichten. — Ad m. d. r. Mich. can. [gedr. candidus!] Prag. — (Warmbrand) Collectan. genealog.-hist. (1705) 202 f. — Reg.: Dobner, Mon. hist. Boemie 4, 413 (Aschbach 3, 438 falsch). **4530**
» 12	»	soll sich noch hier befinden. Schreiben der Nürnberger: Palacky, Beitr. z. G. d. Huss.-Kriege 1, 104. **4530 a**
» 18	Trentschin	bietet die gesammte Macht der Sechsstädte Bautzen, Görlitz, Zittau, Lauban, Löbau u. Kamenz gegen die Hussiten auf; sie sollen gleichwie die Schlesier (Breslau, Schweidnitz, Jauer, Neumarkt, Namslau) unter Albrecht v. Coldits am 21. Mai an der Grenze sein u. zw. unter Führung des Hrz. Heinrich Rumpold v. Gross-Glogan. — Ad m. d. r. Franciscus prep. Boles-

1421		
		lav. — (Mscr.) Scultetus, Annales Gorlic. 2, 54ᵇ; [Kop. Zittau]. — Script. rer. Siles. 6, 3; Palacky, Beitr. z. Gesch. d. Huss.-K. 1, 95 f.; Jecht, Cod. dipl. Lus. super. 2 (1896), 44; vgl. Reg.: Verz. oberl. Urkk. Heft 5, 3 fälschlich zu 1420 Juni 2 mit Ort: Linz. (suot. uinlt.) **4531**
Mai 19	Trentschin	ermahnt die Breslauer, Neumarkter u. Namslauer, über deren Treue und Festhalten am Christenglauben er durch den Hauptmann seiner Fürstentümer Breslau u. Schweidnitz Albrecht v. Colditz unterrichtet sei, gegen die Hussiten, gegen welche er über Mähren ziehe, ins Feld zu rücken. — Ad m. d. r. Franc. prepos. Bolesl. — o. R — Or. Bresl. Stadt-A. — Script. rer. Siles. 6, 3 f. (an d. h. dryvaldickeyt t.) **4532**
» 22	»	gewährleistet den Bürgern der St. Duisburg Schutz vor Gefangenschaft, Verpfändung u. s. w., verbietet die Stadt auf Veranlassung des Gr. Gerhard v. Cleve-Mark zu belästigen. — KU? — RR. G 106ʳ am Rande: non exivit; in simili forma Wißperg habet litteram. (in die corpor. Christi). **4533**
»	»	ermahnt auf die Klagen der Polen, dass der Deutschorden den Schiedsspruch v. Breslau (nr. 3944) thatsächlich nicht erfülle, den Hochmeister Michael dafür zu sorgen, dass der Orden sich vor dem Wiederausbruch des Krieges hüte. — Ad m. d. r. referente magistro thavernicorum [vgl. nr. 4514] et Jo. de Swyhow Michael can. Pragen. — o. R — Or. Königsb. St.-A. (heil. leichnamstag). **4534**
» 27	»	sendet an die böhmischen Stände Aleš v. Sternberg alias v. Holíč u. Puota v. Častolowic auf den Landtag [v. Časlau] mit der Erklärung, dass er bezüglich der vier Prager Artikel das erbetene Gehör bewillige, jedoch bei fernerer Bestreitung seines Rechts auf den böhmischen Thron entschlossen sei, mit Hilfe seiner Getreuen u. Nachbarn die Ordnung wiederherzustellen u. sich zu behaupten. — Ad m. d. r. Michael canon. Pragens. — (aus Laurentius v. Brezina) Arch. český 3, 225 f.; Fontes rer. Austriac. 1, 2, 467 ff. mit dtscher Übersetz.; alte dtsch. Übersetz. Goldast, zwei rechtliche Bedenken v. d. Succession d. kgl. Geschlechts in Ungarn u. Böhmen (1627) 208 f.; vgl. Reg.: Palacky, Beitr. z. Gesch. d. Huss. Kr. 1, 105 (ten utery po Bozim tele post Urbani) **4535**
Juni 5	Pressburg	belehnt Friedrich v. Fleckenstein mit einem Burglehen zu Hagenau, mit Gütern u. Rechten zu Surburg, Minwersheim, Selz, Sessenheim u. s. w. — Franc. — RR. G 90. (do. nach Erasmi). **4536**
»	»	bestätigt als Kurfürst v. Böhmen die demselben 1420 Aug. 16 [nr. 4228] verliehene Urk. (inser.) über das Burglehen zu Hagenau. — Franc. — ib. 90ʳ (id. dat.) **4537**
»	»	bestätigt dem Johann v. Einenberg, Herrn zu Landskron [rheinl. Kr. Ahrweiler], die (inser.) Urk. Karls IV. v. 1355 Dez. 17 [Böhmer-Huber nr. 2344] über die Burg Landskron. — Franc. — RR. G 90ʳ u. 91ʳ. (donerst. nach Erasmi). **4538**
»	»	bevollmächtigt, da er leider wegen der Türken u. Hussiten nicht zu dem von ihm auf April 13 ausgeschriebenen Nürnberger Reichstage hat kommen können, seine Räte B. Georg v. Passau, Ludwig Gr. zu Öttingen, Hofmeister, Hans Gr. v. Lupfen, Hofrichter, Philipp Gr. v. Nassau, Albrecht v. Hohenlohe, den Erbkämmerer Konrad v. Weinsberg, Frischhans v. Bodmann, Haupt Marschall v. Pappenheim u. Heinrich Beyer zur Ausfertigung v. Urkunden, kraft welcher die Reichsstände für den Krieg mit den Hussiten u. zur Besorgung anderer nötiger Dinge einen Vikar oder einen oder mehr Hauptleute aufstellen können. — Rex. Franciscus. — RR. G 88ʳ u. 89ʳ — RTA 8, 86 f. (do. nach Erasmi). **4539**
»	»	belehnt den Burggr. Johann zu Rineck mit der Hälfte v. Landskron u. Königsfeld (Kunigsfelt), überhaupt mit dem Lehen seines Grossvaters mütterlicherseits, des Friedrich v. Tomberg (Tomburg) u. Landskron. — Franc. — Not. RR. G 90ʳ. (do. nach Erasmi). **4540**
»	»	bestätigt dem B. Wilhelm v. Strassburg u. dessen Stifte die (inser.) Urk. Karls IV. v. 1362 März 21: Einlösung des Dorfes Erstein von Johann v. Horburg [Böhmer-Huber nr. 3841]. — Ad m. d. r. Franc. prepos. Bolslav. — R. Henr. Fye. — Or. Strassburg Bez.-A.; RR. G 89. (Bonifacien t.) **4541**
»	»	bestätigt demselben alle Privilegien im allgemeinen. — KU. w. v. — Kop. ib.; RR. G 89ʳ. (id. dat.) **4542**
»	»	erhebt die Familie des Konrad Beyer v. Boppard, Herrn zu Lösenig (Loßenich), in den Stand der

1421			
		„rechten frien" (interessante Urk. für die Standesverhältnisse). — Rex. Franc. — RR. G 89ᵛ u. 90ʳ. (do. nach Erasmi).	**4543**
Juni 6	Pressburg	bestätigt demselben alle Privilegien seiner Vorfahren. — KU. w. v. — ib. 90ʳ (frit. nach Erasmi).	**4544**
»	»	gestattet dem Sigfried v. Kerpen [RD. Köln?], der von Venetianern beraubt worden ist, Repressalien. — Franc. — Not. RR. G 91ʳ. (6. die jun.)	**4545**
» 9	»	sendet Herbert v. Fulstein an Rat u. Bürgerschaft v. Breslau, Neumarkt u. Namslau, welche Hilfe gegen die Hussiten versprochen haben, behufs Mitteilung seiner Pläne. — Ad m. d. r. Michael canon. Pragensis — o. R — Or. Bresl. Stadt-A. — Script. rer. Siles. 6, 5, = Palacky, Beitr. z. Gesch. d. Huss. Kr. 1, 117 f. (mo. vor Veyt)	**4546**
»	»	belehnt Heinrich v. Fleckenstein [w. Weissenburg i. Els.] den alten mit seinen Reichslehen zu Fleckenstein, Hünenburg, Sarburg u. s. w. — Franciscus. — RR. G 90ʳ. (mo. nach Erasmi).	**4547**
»	»	ersucht allgemein um Beistand für Ludwig v. Rossel, Gr. v. Urs, dem Hrz. Friedrich v. Österreich trotz eines Spruches des Hofgerichts das Schloss und die St. Elgg (Elgow) nicht wiedergeben wolle. — KU ? — RR G 91ʳ. (mo. vor Vits t.)	**4548**
» 11	»	legitimiert den Johann v. Elter (Elderen) aus der Lütticher Diözese. — Rex. Franc. — Not. RR. G 91ʳ. (11. d. jun.)	**4549**
»	»	gestattet dem Ludwig v. Rossel (de Cavallis), Gr. zu Urs, die ihm von den Venetianern erwiesenen Feindseligkeiten mit Repressalien zu erwiedern. — Id. notar. — RR. ib. (id. dat.)	**4550**
» 13	»	verschiebt die Belehnung des B. Johann v. Lüttich bis zu seiner Ankunft in Deutschland, doch soll derselbe den Lehenseid seinem Rate Konrad Beyer v. Boppard schwören. — Franc. (id. notar.) — RR. G 91. (frit. vor Vits t.)	**4551**
»	»	fordert die St. Nördlingen u. Dinkelsbühl auf einen Fürsten- u. Städtetag zu beschicken, den seine Bevollmächtigten B. Georg v. Passau u. Gr. Ludwig v. Öttingen ausschreiben werden. [vgl. nr. 4539 u. 4563] — Ad. m. d. r. Franc. prepos. Bolaslav. — Or. Nördlingen. — RTA 8, 88. (fr. vor Veyts t.)	**4552**
»	»	desgl. die St. Köln. — KU. w. v. — Or. Köln; vgl. Mitt. a. d. Stadt-A. v. Köln Heft 24, 141. — RTA 8, 88.	**4553**
»	»	desgl. Nürnberg u. Schweinfurt. — Ergiebt sich aus RTA 8, 93.	**4554**
»	»	fordert nicht genannte Getreue auf, sie sollen ihre Machtboten senden auf einen Tag, den seine Räte B. Georg v. Passau u. Gr. Ludwig v. Öttingen im Einverständniss mit den Kurfürsten zur Beratung v. Massregeln wider die Ketzerei anberaumen werden. — KU? — RR. D 157ʳ — RTA 8, 87 f. (s. dato et l.)	**4555**
»	»	bestätigt dem Ludwig v. Chalon-sur-Saône (Cabilone), Fürsten zu Orange (Auraica), Gr. zu Genf u. Herrn des Arelats, alle Privilegien. — Franc. — RR. G 91ᵛ u. 92ᵛ. (13. d. jun.)	**4556**
» 14	»	ernennt demselben zum Reichsvikar in Burgund, der Dauphiné, Vienne, Valence, Avignon u. der Provence. — Rex. Franc. — ib. 92. (14. jun.)	**4557**
»	»	beauftragt seinen Rat Heinrich Beyer v. Boppard mit der Belehnung Ludwigs v. Chalon-sur-Saône. — Id. not. — ib. 93ʳ. (id. dat.)	**4558**
»	»	verspricht dem Ludwig v. Chalon-sur-Saône, den er durch Heinrich Beyer um eine grössere Summe Geld zum Hussitenkriege anspricht, alle Reichseinkünfte in dem ihm übertragenen Vikariat bzw., wenn dies nicht so viel einbringt, völligen Ersatz derselben sowie der Unkosten des Vikariats. — W. v.	**4559**
»	»	präsentiert den „magister in artibus' Johann Schenk für die durch Resignation seines Bruders Peter Schenk [vgl. nr. 4279] freigewordene königl. Präbende des Kl. Neuhausen bei Worms. — Franc. — Not. RR. G 91ʳ. (14. d. jun.)	**4560**
» 15	»	belehnt den Ludwig v. Chalon-sur-Saône mit dem Reichsschlosse Joigny (Joygne). — Franc. — RR. G 92ʳ. (15. die jun.)	**4561**
»	»	verleiht demselben das Recht goldene Münzen zu schlagen. — Id. not. — ib. 93. (id. dat.)	**4562**

.

1421		
Juni 13	Pressburg	fordert die St. Strassburg auf, den Fürsten- u. Städtetag zu beschicken, den seine Bevollmächtigten B. Georg v. Passau u. Gr. Ludwig v. Öttingen ausschreiben werden [vgl. nr. 4352 ff.] — Ad m. d. r. Franciscus prepos. Boleslav. — Or. Strassb. St.-A. — RTA 8, 89. (Veits t.) **4563**
» 21	»	befiehlt den Budweisern die Güter derjenigen Bürger, welche die Stadt in deren Nöten verlassen haben, einzuziehen u. zum gemeinen Besten zu verwenden. — [Ad relac. d. Joh. de Swihow Michael can. Pragens. — o. R] — Or. Budweis [= Kop. Prag Böhm. Mus.] — Reg.: Palacky, Beitr. z. G. d. Huss. Kr. 2, 496 [fälschl. zu Juni 23]. (sonnab. vor Joh. Bapt.) **4564**
» 23	»	ernennt Peter Gatz aus Basel zum Münzmeister seiner goldenen Münze in Frankfurt u. Nördlingen nach Ablauf des Privilegs für Vois v. Winterbach u. Jakob Broglin (P-) v. 1423 Aug. 10 ab auf 5 Jahre, bevollmächtigt ihn zur Wahl eines Genossen, gibt für ihn Anweisung u. setzt seine Rechte fest. — Ad m. d. r. Franc. prep. Bolesl. — RR. G 101; Kop. Frankf. St.-A.: vgl. Invent. 4, 16. (Joh. bapt. ab.) **4565**
		ernennt denselben auch zum Münzmeister der silbernen Münze in Frankfurt. — KU? — RR. G 101' u. 102'. (id. dat.) **4566**
» 24	»	teilt dem Frankfurter Rate mit, dass er an Stelle des † Münzmeisters Vois v. der Winterbach jetzt Peter Gatz aus Basel eingesetzt habe, u. dass dieser mit Jakob Broglin gleiche Rechte bis zum Ablauf des dem letztgenannten erteilten Privilegs geniessen solle. — Ad m. d. r. Franc. prepos. Bolesl. — o. R — Or. Frankf. St.-A. — Arch. f. Frankf. Gesch. N. F. 8, 144 f. (Johanns Baptisten t.) **4567**
» 26	»	befiehlt seinen Münzmeistern zu Frankfurt u. Nördlingen Jakob Broglin u. Peter Gatz den Schlagschatz ihrer Münzen (v. 2 Mark Gold, bzw. v. 10 Mark Silber 1 rhein. Gulden) so lange an die Baseler Bürger Hans Waltenheim, Klaus Wartemberg u. Heinrich Turner zu bezahlen, bis dieselben die ihm geliehenen 3000 rhein. Gulden wieder erhalten haben. — Rez. Franc. prep. Bolesl. — RR. G 102'. (do. nach Joh. Bapt.) **4568**
		verpfändet dem Peter Gatz v. Basel, dem Reichsmünzmeister zu Frankfurt u. Nördlingen, da er ihm 390 rhein. Gulden für seine Dienste schuldig ist, den Schlagschatz jener Münzstätten bis zur Höhe dieser Summe. — Ad m. d. Franciscus prepos. Strigon. — [R — Or. Öhringen] — RR. G 102']. — Jos. Albrecht, Mitteil. z. G. der Reichsmünzstätten (1835) 47 f. (id. dat.) **4569**
		verspricht seinem treuen Diener Henman Offenburg aus Basel, das für 2000 Gulden an ihn verpfändete Schultheissenamt v. Mülhausen u. die 6 Mark jährliche Rente ,ab dem gewerfe' v. Mülhausen, die Offenburg v. Götzmann Münch aus Basel käuflich an sich gebracht, nur zusammen u. nicht einzeln einzulösen zu wollen. — Ad m. d. r. Franc. prep. Bolesl. — R — Or. Mülhausen: [RR. G 102' u. 103']. — Mossmann, Cartulaire de Mulh. 2, 7. (do. nach Joh. Bapt.) **4570**
		erlaubt dem Berthold v. Stauffen den Zoll in Kembs, den er mit seinen Neffen ererbt (verpfändet v. Kg. Wenzel 1394 Nov. 23 um 2000 Gulden an Burkart Münch v. Landskron) an die St. Basel weiter zu verkaufen, doch soll die Stadt den Zoll nur als Reichspfand u. bis zur Einlösung besitzen. — [Ad m. d. r. Franc. prep. Bolesl. — B. Thommen]. — Or. Basel; [RR. G 103']. — Vgl. Ochs, Gesch. d. St. u. Landschaft Basel 3, 132 f.; (für diese Urk. bezahlte die St. Basel 80 Gulden). (do. nach Joh. Bapt.) **4571**
» 30	»	weist infolge Beschwerde Hrz. Albrechts V v. Österreich den Landrichter zu Nürnberg, Konrad Truchsess v. Pommersfelden an, eine Ladung an die Wiener Bürger zu widerrufen, da diese als Unterthanen des Herzogs vor fremden Gerichten frei seien. — KU? — Transs. Wien Stadt-A. — Geschichtsquellen d. St. Wien 1, 2. nr. 125. — Um diese Zeit soll Sigmund mit Hrz. Albrecht einen Vertrag wegen seiner Heirat mit Elisabet abgeschlossen u. ihm gegen 200000 Gulden Städte in Mähren verpfändet haben. RTA 8, 82; doch vgl. nr. 4610. **4572**
» ?	[»]	widerlegt die Beschwerdeartikel (Verbrennung des Hus u. Hieronymus, Beschimpfung des böhm. Landes) u. Forderungen des (Caslauer) Landtages vom 7. Juni: fordert Erfüllung seiner gerechten Forderungen, welche er durchsetzen wolle, auch wenn dabei das Land völlig ruiniert würde. — KU? — (Laurencius de Brezina) Arch. cesky 3, 232 f.; Fontes rer. Austriac. 1, 2, 474 ff. čechisch. u. mit moderner deutscher Übers.: ältere deutsche Übers. Goldast, Zwei rechtl. Bedenken v. d. Succession d. kgl. Geschlechts in Ungarn u. Böhmen [1627] 212 ff.: vgl. auch Reg.: Palacky, Beitr. z. G. d. Huss. Kr. 1, 121. (s. d. et l.) **4573**

1421		
Juli 4	Theben [nw. Pressbg.]	sagt den Ganerben des Busecker Thales (v. Trohe u. v. Buseck) zu, dass sie ewiglich beim Reich bleiben sollen. — Ad m. d. r. Franc. prep. Bolesl. — [MR. G 94ᵛ u. 95ᵛ.] — Memoriale an die Reichsvers. zu Regensburg ... in Sachen d. Unterthanen des Busecker Thales (1707) Beil. 91; Wettermann, Wetteravia illustr. Cod. dipl. 98; vgl. auch Scriba, Regest. d ... Urkk. z. G. d. Grossherz. Hessen 2, 162. — Nach Aschbach 3, 129 soll Sigmund am 4. Juli in Mühlenbach (Szecz Sebes in Siebenbürgen) gewesen u. mit den Türken gekämpft haben; das ist aber nach unserem Itinerar ausgeschlossen. **4574**
"	Pressburg	erlaubt dem Ulmer Bürger Ulrich Brestner u. dessen Frau Jütten Stoklerin in deren Dorfe Weilerstenmlingen (Stemsl-) eine Wassermühle zu bauen. — KU? — RR. G 102ᵛ. (Ulrich t.) **4575**
" 9	"	beglaubigt bei dem Hochmeister des Deutschordens Michael den Hans v. Schildau, den der Hochm. mit wichtigen Nachrichten zu ihm gesandt hatte. — Ad m. d. r. Franciscus prep. Boleslav. — Or. Königsberg. — Vgl. J. Voigt, G. Preuss. 7, 394 u. RTA 8, 80 A. 3. (mi. vor Margrethen). **4576**
"	"	versichert dem Grossfürsten Witold v. Litthauen, dass er keineswegs dem Polenkönig feindlich gesinnt sei, will sich dem Schiedsgerichte des P. Martin oder eines andern unterwerfen, falls er etwa aus Unkenntnis gegen das Abkommen zwischen Polen u. dem Deutschorden gehandelt habe; bedauert, dass Witold, der bisher ein treuer Christ gewesen, jetzt gemeinsame Sache mit den Wikleßten mache. — KU? — Kop. Königsberg. — Mon. med. aevi hist. res gest. Poloniae illustr. 6, 323. (9. die julii). **4577**
		Juli 16 Pressburg: erlässt einen Aufruf an die Mährer. Reg.: Aschbach 3, 439 — falsch statt Juli 23.
		Juli 18 Nürnberg: für Kaspar Schlick. Or. [Fälschung?] Colmar Bez.-A. — siehe 1430 Juli 21.
" 19	"	lobt gegenüber dem Kardinallegaten Branda die unter dessen Zuthun in Wesel gegen die böhm. Ketzer gefassten Beschlüsse u. stellt in Aussicht, dass gleichzeitig mit dem Reichsheer seine eigenen Truppen v. der andern Seite in Böhmen einbrechen u. so die Ketzer vernichtet werden würden. Auch fordert er ihn auf, durch den Deutschorden in Preussen dahin zu wirken, dass den Ketzern aus Polen u. Litthauen keine Hilfe geleistet werden könne. Kriegerische Massregeln gegen die Türken, deren Sultan [Muhamed I] am 1. Juni gestorben, verschiebe er in der Hauptsache auf später. — KU? — Kop. Königsberg. — RTA 8, 76 ff. (d. 19. julii). **4578**
"	"	schreibt dem Hochmeister des Deutschordens Michael Küchenmeister, dass die Polen den Hussiten Hilfe bringen wollen, über das Bündnis des Mkgr. v. Brandenburg mit Kg. Wladislav v. Polen, dem Grossfürsten Witold u. den Fürsten v. Masovien u. über einen event. Einfall in Polen. — KU? — Hds. d. Kgsb. Arch. — Vgl. J. Voigt, Gesch. Preussens 7, 394; poln. Reg.: Mon. med. aevi hist. res gest. Polon. illustr. 6, 525. (m. nach Margarete). **4579**
" 20	"	ersucht denselben noch bei Grossfürst Witold v. Litthauen durch eine Gesandtschaft anfragen zu lassen, ob er wirklich den Wikleßten Hilfe bringe, u. ihm, falls dies der Fall sei, den zwischen ihnen abgeschlossenen Frieden aufzukündigen. — Ad m. d. r. Mich. can. Prag. — o. R — Or. Königsberg. — Mon. ... 525. (sonst vor Mar. Magdal.) **4580**
"	"	erlaubt den St.: Bautzen, Görlitz, Zittau, Lauban, Löbau u. Kamenz dem Bündnis der Kurfürsten wider die Ketzer in Böhmen beizutreten [vgl. nr. 4547]. — Ad m. d. r. Franciscus prepositus Bolesl. — Or. (Sammlung d. Senftetus) Görlitz St.-Bibl.; Kop. ib.; [Kop. Zittau]. — Palacky, Beitr. z. Gesch. d. Huss. Kr. 1, 139; Jecht, Cod. dipl. Lusat. super. 2 (1896), 54; vgl. RTA 8, 83. (sonst nach Alexii). **4581**
"	"	befreit Bernardus de Campixiis aus Pavia u. dessen Söhne v. allen Steuern, Zöllen u. s. w. im ganzen römischen Reich. — Rex. Franc. — RR. G 103. (20. die julii). **4582**
"	"	ermächtigt Johannes de Millis aus Brixen Uneheliche zu legitimieren u. Notare zu ernennen. — KU? — Not. ib. 103ᵛ. (id. dat.) **4583**
"	"	ernennt Zillolus de Viciis aus Cremona zu seinem familiaris. — W. v. **4584**
" 21	"	erklärt, dass der Kriegsdienst, den die Lande Bautzen, Görlitz, Zittau, Löban, Lauban u. Kamenz über die Pflichtzeit hinaus gegen die böhm. Ketzer geleistet haben, kein Präjudiz

1421		
		zu ihrer späteren Beeinträchtigung schaffen soll. — Ad m. d. r. Franciscus prepos. Bolesl. — [Kop. Görlitz u. Zittan]. — Redern, Lusatia sup. dipl. (1724) 32; Lünig, R.-A. P. Spec. Cont. 2. Anh. 14; Riedel, Cod. dipl. Brandb. 2, 6, 121 (fälschl. mit Inc. J. 1431); Reg.: Verzeichnis oberlaus. Urkk. Heft 5, 3 f. (fälschl. zu 1420). (Praxedis t.) 4585
Juli 21	Pressburg	bestätigt dasselbe den St.: Bautzen, Görlitz, Zittau, Lauban u. Kamenz. — KU. w. v. — [Or. Görlitz St.-A. Heinrich]; Kop. Zittau u. Görlitz Bibl. — Palacky, Beitr. z. Gesch. d. Huss. Kr. 1, 140; Jecht, Cod. dipl. 2, 54 f. (Bragceden t.) 4586
»	»	erlaubt der St. Breslau sich mit den Kurfürsten wider die Ketzer [vgl. nr. 4591] in Böhmen zu verbinden. — KU. w. v. — Or. Bresl. Stadt-A. — RTA n. 83. (mo. nach Alexli.) 4587
»	»	bestätigt von neuem die Privilegien der St. Schweidnitz wegen deren Kriegsdienste gegen die Hussiten (über die Landesgrenze hinaus). — [KU. w. v. — R] — Or. Schweidnitz. — Reg.: Scriptor. rer. Siles. 6, 9 (Praxedis t.) 4588
» 23	»	fordert allgemein zur Hilfe gegen die Hussiten auf. — KU? —
		an die Baiern. — Citiert bei Buchner, Gesch. v. Baiern 6, 242 (z. J. 1420!).
		an die Mährer. — Citiert bei Gemeiner, Regensb. Chronik 2, 433 (z. J. 1420.) (mi. nach Mar. Magd.) — Einen Text dieses Anrufs (vgl. auch Bezold, Kg. Sigmund u. die Reichskriege geg. d. Huss. 1. 54 A. 3) habe ich nicht aufgefunden. 4589/90
» 24	»	erlaubt dem Franciscus de a. Carro (parrochie Gresiaci, Diöz. Genf) Münzen zu schlagen. — — Rex. Franc. — RR. G 102ᵛ (24. die jul.) 4591
»	»	beauftragt Brunoro della Scala zu Unterhandlungen mit Thomas de Campofregoso, dem Dogen v. Genua [vgl. nr. 4623]. — Rex. Franc. — RR. G 103ᵛ durchgestrichen, mit der Randnotiz: emendatum est. (24. d. jul.) 4592
» 26	»	bestätigt der St. Siegen das Privilegium, dass sie für niemanden gepfändet werden soll; inser. die Urk. K. Ludwigs d. B. v. 1346 März 17 [Philippi, Siegener Urkb.: 1, 183 ff.]; Karls IV. v. 1349 Juli 4 [ib. 198] u. eine undatierte Urk. Kg. Wenzels. — KU? — RR. G 93ᵛ. (sampst. nach Jacobs t.) 4593
		Aug. 17 Kuttenberg: dankt den Breslauern, dass sie den Hinko v. Goldstein aufgefangen. Reg.: (nicht richtig) Mon. med. aevi hist. res gest. Polon. illustr. 11, 136 — falsch statt 1420 Aug. 11. (nr. 4203).
Aug. 23	Ofen	ersucht Hrz. Albrecht v. Österreich den aus den Händen des Hrz. Heinrich v. Baiern u. des Kanzlers B. Georg v. Passau zu lösenden königl. Schmuck nur ihm persönlich oder seiner Gemahlin auszuhändigen. — [Rex. Franc.] — RR. G 94ᵛ. — vgl. Reg.: Arch. f. österr. G. 80, 286 A. 2. 4594
»	»	ersucht denselben von dem ihm versprochenen Gelde seiner Gemahlin Barbara die 3500 ung. Gulden, welche er von ihr geliehen, zurückzuzahlen. — KU? — RR. ib. (Bartholomes ab.) 4595
» 25	»	ladet, da er nach Mähren zu ziehen beabsichtigt die Landherren, Ritter u. Städte dieser Markgrafschaft für den 4. Sept. nach Strażnic zu einer Versammlung. — KU? — Nach d. Or. [wo?] an die St. Znaim: Dudik, G. d. Benediktinerstiftes Raygern 1, 475 f. (Ausz.); vgl Arch. f. österr. G. 80, 256. 4596
» 26	»	verleiht dem Pisaner Bürger Antonius Francisci Novi de Grandonibus ein Wappen. — Rex. Franc. — Not. RR. G 95ᵛ. (26. d. aug.) 4597
»	»	nimmt denselben unter seine familiares auf. — W. v. 4598
» 27	»	verspricht den Städten des Fürstentums Breslau, insbs. Breslau, Namslau u. Neumarkt, dass ihre Kriegshilfe gegen die Hussiten über die Landesgrenze hinaus ihren Privilegien unschädlich sein solle. — Ad m. d. r. Franciscus prep. Bolesl. — [Rᵗᵃ] — Or. Bresl. Stadt-A. — Scriptor. rer. Siles. 6, 9. (mi. nach Barthol.) 4599
»	»	dankt dem Hochmeister des Deutschordens Michael Küchenmeister für gute Aufnahme des ehrsamen Meisters Seyfried, seines Arztes, u. empfiehlt ihm denselben aufs neue. — KU. w. v. — o. R — Or. Königsb. St.-A. (mittwochen nach Bartholomeus). 4600

1421		
[Aug.]	Ofen	bevollmächtigt den EB. Bartholomäus v. Mailand zu Unterhandlungen mit dem P. Martin V. u. den Kardinälen. — Rex. Franc. — RR. G 100ᵛ u. 101ᵛ s. d. mit der Randnotiz: revocata est. **4601**
Aug.:Sept.	?	schreibt aufgeregt u. erbittert an den Kg. Wladislaw v. Polen, er könne es nur für ruchlose Verleumdung halten, wenn ihm gemeldet worden sei, dass der König heimlich Frieden u. Bündnis mit den Türken geschlossen habe; sein Gewährsmann pflege aber sonst nicht zu verleumden. — KU ? — Hds. d. Kgsb. Univ.-Bibl. (liber. canc. Ciolek, bis 1423 reichend). — Arch. f. öst. G. 174 ff. (s. a. d. et. l.; da in diesem Schreiben der Sultan Amurad vorkommt, kann es frühestens 1421 geschrieben sein; erwähnt wird ferner ein Schreiben des Polenkönigs v. 5. Aug.; hier eingereiht wegen des Schreibens Sigmunds v. 2. Okt. worin er erwähnt, dass ihm der Polenkönig Hilfe gegen die Türken angeboten habe; ich nehme an, dass dieses Anerbieten die Antwort auf obige Vorwürfe gewesen ist.) **4602**
Sept. 1	Ofen	nimmt den Ofener Bürger Stefan Degen unter seine familiares auf. — Rex. Franc. — Not. RR. G 95ᵛ. (prima die sept.) **4603**
		Sept. 4: Die nach Strassnitz in Mähren anberaumte Versammlung [vgl. nr. 4596] hat nicht stattgefunden. Vgl Arch. f. österr. Gesch. 80, 287. **4603 a**
» 16	Tirnau	bestätigt alle von den Königen Johann Karl IV. u. Wenzel herrührenden Privilegien der St. Glatz. — KU ? — Kopialb. d. Steueramt. zu Glatz. — Reg.: Geschichtsquell. d. Grafsch. Glatz 2, 114. — In Tirnau trafen die Zmimer Gesandten, welche am 13. Sept. zurückkehrten, Kg. Sigmund, welcher also mindestens schon am 12. in T. gewesen sein muss; vgl. Arch. f. österr. G. 80, 287 A. 2. **4604**
» 17	»	nimmt den treuen Diener des Hrz. Albrecht v. Österreich Stefan v. Pöll[a] unter seine Diener u. Hofgesinde auf. — Per d. Hermannum comitem Cili etc. Mich. can. Prag. — RR. G 97. (mi. nach crews t. exaltat.) **4605**
» 20	»	an alle Bürger v. Köln u. Mainz, die jetzt in Böhmen im Felde liegen: dankt für Teilnahme an der Bekämpfung der Hussiten; meldet, dass er, durch Botschaften des Königs von Polen u. Hrz. Witolts bisher aufgehalten, nunmehr gegen Böhmen aufbricht zusammen mit Hrz. Albrecht v. Österreich; letzteres soll Joh. Richardi, Domherr zum h. Kreuz in Breslau, bezeugen. — Ad. m. d. r. Franc. prepos. Boleslav. — o. R — Or. Köln St.-A. — Reg.: Mitteil. a. d. Stadtarch. v. Köln 24, 141. (s. Matheus abd.) **4606**
	Methmarkt	befiehlt dem B. [Konrad] v. Breslau u. dem Hrz. Ludwig v. Brieg, die Hrz. Rupert, Wenzel u. Ludwig in seinem u. ihrem Namen zu ermahnen, dass sie den Breslauern keinen Schaden durch Wegnahme v. Ländereien zufügen, sondern sie ungestört lassen sollen. — Commissio propria domini regis [oben rechts]. — o. R — Or. Breslau Stadt-A. (in vigilia Mathei). — Der Ort Methmarkt heute abgegangen? **4607**
» 22	»	trägt Ulrich v. Rosenberg u. Joh. v. Leskovic als Testamentsexecutoren des Ulrich Vavák v. Neuhaus auf, die v. Vavák der Witwe u. den Waisen des Johann v. Neuhaus entrissenen Güter denselben zurückzustellen. — Ad mandatum domini regis Michael canonicus Pragens. — o. R — Or. Wittingau. (die s. Mauriti). Mareš. **4608**
» 23	Theben	befiehlt dem Hrz. Albrecht v. Österreich von dem Gelde, das er ihm 1422 April 23 zahlen sollte, 5230 ung. Gulden an den Gr. Hermann v. Cilly zu zahlen. — KU ? — Not. RR. G 99ᵛ. (sont. vor Mich.) **4609**
	Pressburg	beurkundet dem Hrz. Albrecht v. Österreich seine Tochter Elisabet zur Gemahlin gegeben zu haben, schlägt ihm 200000 Dukaten für seine Mühe, Kosten u. Zehrung auf die Schlösser u. Städte Budweis, Iglau, Jamnitz, Znaim u. Pohrlitz u. weist 100000 Dukaten Heiratsgut u. Heimsteuer auf denselben an, wie auch die baar v. Hrz. Albrecht erhaltenen 100000 Dukaten Widerlage. Diese 400000 Dukaten sollen bei kinderlosem Ableben Albrechts auf Elisabet fallen. — {Ad m. d. r. d. G. ep. Patav. canc. referente Franc. prep. Bolesl. — R. Heor. Fye. — Or. Wien Haus-A.; RR. G 98]. — Herrgott, Monum. aug. dom. Habsburg. 3, 1, 23 ff. — Auszug: Kurz, Österreich unter Albrecht II., Bd. 2, S. 37 f.; Reg.: Lichnowsky, G. d. Haus. Habsburg 5 nr. 2035. **4610**
»	»	bestimmt seiner Tochter Elisabet u. ihrem Gemahl Hrz. Albrecht v. Österreich die Erbfolge in Ungarn, Böhmen u. Mähren, wenn er ohne männliche Erben stirbt; bekommt er aber

1421		
		noch eine Tochter, so kann Elisabet entweder Ungarn oder Böhmen mit Mähren wählen. — KU. u. R. w. v. — Or. Wien H. H. u. St.-A.; [RR. G 97ᵛ u. 98ʳ; Kop. d. 16. Jhrd. Wien Arch. d. Minist. d. Innern]. — Katona, hist. crit. regum Hung. stirpis mixtae 12, 362 = Reg.: Lichnowsky, nr. 2036 (nicht ganz richtig; vgl. Arch. f. österr. G. 80, 287 A. 3). **4611**
Sept. 28	Pressburg	vereinigt sich mit seinem Schwiegersohne Hrz. Albrecht v. Österreich dahin, dass einer des andern eheliche Erben bei ihrem väterlichen Erbe zu erhalten suche. Falls Hrz. Albrecht mit Elisabet einen Sohn oder mehrere erzeugt, will er diesen bezw. den erstgebornen dem Kg. Sigmund auf Verlangen zur Erziehung übergeben, bezw. falls Sigmund nicht mehr am Leben sein sollte, der Königin Barbara oder dem Gr. Hermann dem Alt. v. Cilly oder dem Palatin Nikolaus v. Gara. — [KU. u. R. w. v.] — Or. Wien ib.; [RR. G 97ᵛ] — Ausz.: Kurz 41 f.; Reg.: Lichnowsky, nr. 2039. (cont. vor Michaelis t.) **4612**
"	"	einigt sich mit demselben über die im Kriege gegen die böhm. Ketzer zu leistende Hilfe u. die dafür anzuweisende Entschädigung [u. a. Pfandbesitz der Städte Bodwais, Iglau, Znaim, Jamnitz, Pohrlitz. — KU. u. R. w. v.] — Or. ib.; [RR. G 98ᵛ u. 99ʳ] — Frz. Kurz, Österreich unter K. Albrecht II., Bd. 2. 321 ff.; Reg.: Lichnowsky, nr. 3040; vgl. Arch. f. österr. Gesch. 80, 288. (cont. vor Michaelis t.) **4613**
"	"	benachrichtigt den Papst Martin V., dass er ein grosses Heer nach Böhmen vorausgesandt habe u. jetzt mit Hrz. Albrecht v. Österreich, dem er seine Tochter Elisabet vermählt, dorthin ziehe; die deutschen Fürsten seien mit ihm in dieser Sache verbunden. — KU? — Erwähnt in der Antwort des Papstes bei Raynaldus, Annales eccles. 18 (1693), 35; vgl. Bezold, Kg. Sigmund u. die Reichskriege gegen die Hussiten 1. 55 A. 2. **4614**
" 30	"	nimmt den Jakob Spinola (de Spinolis) aus Genua, Archidiakonus zu Pavia, unter seine familiares auf. — Canc. Franc. — Not. RR. G 99ᵛ. (ultima die sept.) **4615**
"	"	desgl. den Karl Spinola. — W. v. **4616**
"	"	desgl. den Lucas de Derneriis aus Parma. — W. v. **4617**
"	"	bessert dem Friedrich v. Stubenberg sein Wappen. — Canc. Mich. — Not. RR. G 99ᵛ. (in die Jeronimi). **4618**
"	"	ernennt den Omnebonus de Scola zum lateranensischen Pfalzgrafen mit der Befugnis Notare zu ernennen u. s. w. — Ad m. d. r. d. G. ep. Pat. canc. Franc. — RR. G 104ᵛ u. 105ʳ. (ultima die sept.) ausgestrichen, darauf umgeändert (ohne Namen) mit neuem Dat. (ohne eine neue KU.): 1424 Jan. 1 Ofen. **4619**
"	"	beauftragt den Brunoro della Scala, den Gr. Wilhelm v. Prata u. den Rechtsgelehrten Omnebonus de Scola aus Padua mit Unterhandlungen mit den Florentinern, vor allem mit Bestätigung der zwischen Genua u. Florenz abgeschlossenen Verträge. — Rex. Franc. — RR. G 99ᵛ durchstrichen, am Rande: restituta. (ultima die sept.) **4620**
"	"	beauftragt dieselben den Hrz. Amadeus v. Savoyen mit der Grafschaft Genf zu belehnen. — — Rex. Franc. — ib. 100ʳ durchstrichen, am Rande: restituta sunt [vgl. hierzu nr. 4626]. (id. dat.) **4621**
"	"	beauftragt dieselben mit Unterhandlungen mit Genua. — W. v. **4622**
"	"	beauftragt dieselben den Dogen v. Genua Thomas de Campofregoso zum Reichsvikar zu ernennen [vgl. nr. 4592]. — W. v., doch ib. 100ᵛ. **4623**
"	"	beauftragt dieselben den Paulus de Guinisiis zum Reichsvikar v. Lucca zu ernennen. — W. v. **4624**
"	"	beauftragt dieselben die inneren Unruhen in Genua beizulegen u. ernennt den Bruno zum „gubernator" u. „defensor" des genuesischen Volkes. — W. v., doch ib. 101ᵛ. **4625**
Okt. 1	"	beauftragt den Antonius [Bartholomaei Franchi] aus Pisa, seinen Familiaris, Sekretär u. Notar des kaiserl. Hofes, den Streit Ludwigs v. Chalon-sur-Saône, Herrn v. Orange, mit Hrz. Amadeus v. Savoyen um die Grafschaft Genf zu untersuchen u. zu entscheiden. — Rex. Franc. — RR. G 105. (prima d. oct.) **4626**
"	"	präsentirt den Johann v. Lahnstein nochmals [vgl. nr. 4235] dem EB. Konrad u. dem Domkapitel zu Mainz für die durch den Tod des Gottfried Hirtz erledigte königliche Vikarstelle u. erklärt die dem Jakob Slupf [vgl. nr. 4237] aus Versehen für dieselbe Stelle erteilten

1421		

ersten Bitten für ungiltig. — Hen. d. G. ep. Patav. referente Franc. — RR. G 106ᵛ u. 107ᶜ. (prima die oct.) **4627**

Okt. 1 | Pressburg | ersucht den Hrz. Albrecht v. Österreich an Leopold v. Kreyge unverzüglich 3000 ung. Gulden zu zahlen u. schlägt diese Summe auf den Pfandbesitz v. Budweis [vgl. 1421 Dez. 10]. — Per d. G. episc. Pat. canc. ac d. Herm. comitem de Cili Mich. can. Prag. — RR. G 99ᵛ. (Remigii t.) **4628**

Okt. 1 Gran: Der königliche Kanzler B. Georg v. Passau als Bevollmächtigter des Kgs. Sigmund zur Erhebung des demselben v. P. Martin V. bewilligten Zehnten von den Einkünften der Geistlichkeit der deutschen Nation beauftragt — für sich u. für die Mitbevollmächtigten zur Zeit abwesenden den Erzbischof v. Riga u. den Bischof v. Brandenburg — den Bischof v. Lebus u. a. die Erhebung des Zehnten in den Diözesen Magdeburg, Schleswig, Halberstadt u. Hildesheim vorzunehmen. — Publikat. a. d. preuss. Staatsarchiven Bd. 40, 611. **4628a**

» 2 | » | teilt den Budweisern mit, er sei eben im Begriff nach Böhmen zu ziehen; nach seiner Ankunft werde er sie nicht nur von der Schuld gegen die Juden, seine Kammerknechte, ledig machen, sondern auch sonst ihre Treue belohnen. — Per d. Joh. d. Swihow Franc. prepos. Strigon. — Or. Budweis. — Palacky, Beitr. z. Gesch. d. Hus. Kr. 1, 155 f.   (do. nach Jeronimi.) **4629**

» | » | teilt dem Hochmeister des Deutschordens Michael Küchenmeister mit, dass der Polenkönig u. Grossherzog Witold v. Litthauen ihm Hilfe gegen die Böhmen u. Türken angeboten unter der Bedingung, dass er ihnen gegen den Deutschorden beistehe: er habe aber dies Anerbieten abgelehnt, den Boten den Brief des Hochmeisters über die Samaiten gezeigt; er warte auf neue Botschaft vom Polenkönig u. werde darüber dann dem Hochmeister Mitteilung machen. — Ad m. d. r. Franc. prepos. Strigou. — Kop. Königsberg. — Citiert J. Voigt, G. Preussens 7, 396; Poln. Reg. (falschl. zu 1422 Okt. 1): Mon. med. aevi hist. res gest. Poloniae illustr. 6, 573.   (donrst. nach Michaelea). **4630**

» | » | giebt Kaspar v. (Ekch) E c k [Krain] ein Wappen. — Per d. G. ep. Pat. canc. Franc. — Not. RR. G 100ᵛ.   (fer. quinta post Mich.) **4631**

» 4 | » | giebt dem Hrz. Albrecht v. Österreich Vollmacht reuige Ketzer wieder zu Gnaden aufzunehmen. — [Ad m. d. r. F. prepos. Strigon. — R — Or. Wien H. H. u. St.-A.; nicht RR] — Ausz.: Prz. Kurz, Österreich unter K. Albrecht II., Bd. 2, 48 f.; Reg.: Lichnowsky, G. d. Haus. Habsburg 5 nr. 2401.   (in die Francisci). **4632**

» | » | nimmt den Sekretär u. Notar des kaiserl. Hofes Antonius Bartholomaei Franchi aus Pisa unter seine Familiares auf. — Canc. Franc. — Not. RR. G 103ᵛ.   (quarta die octob.) **4633**

» | » | desgl. den Genueser Bürger Raphael de Spinolis. — Ad m. d. r. Franc. — Not. ib.   (id. dat.) **4634**

» | » | überträgt nach dem Tode des bis dahin damit beauftragten Burggr. Johann v. Nürnberg dem Reichserbkämmerer Konrad v. Weinsberg das Amt, alle dem Reiche zustehenden Abgaben der Juden in deutschen u. wälschen Landen, soweit sie nicht verpfändet sind, einzuziehen und Judenmeister (Rabbi) nach Bedürfnis zu ernennen. — Ad m. d. r. Franc. prep. Bolesl. — R. Henr. Fye. — Or. u. 2 Vid. des Landrichters zu Franken u. Domherrn zu Würzburg Friedrich Schoder v. 1421 Nov. 5 Öhringen; RR. G 104: Kop. Wien H. H. u. St.-A.   (Francisci t.) **4635**

» | » | teilt dem Konrad v. Weinsberg mit, dass er den Mkgr. Friedrich v. Brandenburg angewiesen ihm (dem Konrad) über die von seinem † Bruder Johann vereinnahmten Judensteuern Rechenschaft abzulegen, u. bittet ihn sich dieser Mühe zu unterziehen. — [KU. w. v.] — 2 Vid. w. v. Öhringen.   (id. dat.) **4636**

» | » | macht bekannt, dass nach dem Tode des Burggr. Johann v. Nürnberg jetzt Konrad v. Weinsberg v. allen Juden in deutschen u. wälschen Landen eintreiben soll, was sie der kgl. Kammer jährlich pflichtig sind, doch unbeschadet derer, welchen solche Steuer bereits verschrieben ist. — Ad m. d. r. Francisc. prep. Boleslav. — [o. R — Or. Öhringen.] — Hansselmann, vertheid. Landeshoheit d. Haus. Hohenlohe, Beilag. 87 ff. **4637**

1421

Okt. 8	Trenčin	ernennt die Söhne des † Ritters Antonius de Mapheis aus Verona Andreas u. Leonhard zu lateranensischen Pfalzgrafen. — Canc. Franc. — Not. RR. G 105ᵛ. (s. d. oct.)	**4638**
»	»	desgl. den Zeno, Sohn des Matheus de Capitiferis aus Verona. — W. v.	**4639**
»	»	nimmt den Bernhard, Sohn des Johannes de Rotariis aus Revigliasco [d'Asti] unter seine Familiares auf. — W. v.	**4640**
»	»	desgl. den Princivalus de Rotariis. — W. v.	**4641**
»	»	dasgl. den Franciscus de Rotariis. — W. v.	**4642**
»	»	desgl. den Benedictus de Venturis aus Asti. — W. v.	**4643**
»	»	desgl. den Jacobus Paganeli Aycante aus Pisa. — W. v.	**4644**
»	»	befiehlt dem Hochmeister des Deutschordens Michael Küchenmeister, den Kg. v. Polen u. den Hrz. Witold v. Litthauen anzugreifen, sobald diese den böhm. Ketzern Hilfe leisten wollten, was nach beifolgender Mitteilung des Hrz. Hans v. Troppau-Ratibor zu erwarten sei. — Ad m. d. r. Franciscus prepositus Strigoniens. — Or. Königsberg St.-A.; Kop.-B. Prag Böhm. Mus. — Palacky, Beitr. z. Gesch. d. Huss. Kr. 1, 156; Mon. med. aevi hist. res gest. Poloniae illustr. 6, 534 f. (m. nach Francisci).	**4645**
» ?	»	fordert v. einem Ungenannten, dass er den Kg. v. Polen u. den Grossfürsten v. Litthauen beim Papste u. den Kardinälen verklage, weil sie die Hussiten unterstützen, was nach den beifolgenden Briefen, die Hrz. Johann v. Troppau-Ratibor aufgefangen, unzweifelhaft sei. — KU? — RR. D 157ᵛ. — Mon. med. aevi hist. res gest. Poloniae illustr. 6, 535. (s. d.)	**4646**
» [9]	»	fordert unter Hinweis auf die kürzlichen Abmachungen vom Kg. v. Polen, dass er nicht gemeinsam mit Witold v. Litthauen in das Land des Hrz. Johann v. Troppau einfalle, weil dieser Hussiten (Prager) gefangen genommen habe. — KU? — RR. D 158. — ibid. 536. (s. a. d. et l.)	**4647**
» 9	»	ruft die Breslauer u. andere Schlesier zum Schutze des v. dem Kg. v. Polen u. Hrz. Witold [v. Litthauen] wegen Abfangung der hussitischen Boten bedrohten Hrz. Johann v. Troppau-Ratibor auf; er selbst ziehe jetzt nach Mähren in die Nähe v. Olmütz; den Deutschorden habe er auch zur Hilfe aufgefordert. — Ad m. d. r. Franciscus prepos. Strigon. — Or. Breslau Stadt-A. — Scriptor. rer. Siles. 6, 14 = Palacky, Beitr. z. Gesch. d. Huss. Kr. 1, 157 f. (do. nach Francisci).	**4648**
»	»	beauftragt den Breslauer Rat, dem Hauptmann Albrecht Kolditz das Gut des Mörders Hans Merbot u. auch das Recht an ihn, sowie des [gemordeten] Juden Geld u. Kleinod, das auf dem Rathhause liegt, zu überantworten. — KU. w. v. — o. R — Or. Breslau Stadt-A. (Dionysien tag).	**4649**
» 11	»	befiehlt der St. Augsburg die Martini fällige Reichssteuer an Hrz. Ulrich v. Teck zu zahlen. — KU? — Not. RR. G 105ᵛ. (sampst. vor Gallen).	**4650**
» 13	»	trägt dem Hrz. Albrecht v. Österreich auf, an Anna, Georg Eckerleins Wittwe, die Hofmeisterin seiner Gemahlin Elisabet, 600 Gulden am 23. Apr. 1422 zu zahlen. — KU? — RR. G 105ᵛ. — Vgl. Reg.: Arch. f. österr. Gesch. 80, 287 A. 4.	**4651**
» 16	Brumov [Bz. H. Ung.-Brod]	giebt dem Presbyter der Mainzer Diözese Heinrich Burgheimer erste Bitten auf eine Pfründe des Cistercienserinnen-Kl. Marienschloss (Merginsloß) bei Rockenberg [bei Butzbach] in der Mainzer Diözese. — Rex. Franc. — Not. RR. G 105ᵛ. (16. d. octob.)	**4652**
» 17	»	nimmt den Eberhard Rode aus Bentheim, Kanonikus zu Waitzen (Wacien.), unter seine familiares auf. — Rex. Michael. — Not. ib. (17. d. oct.)	**4653**
» 18	»	bittet die St. [Eger] um Auskunft, weshalb das deutsche Kreuzheer, das vor Saaz gelagert, den Feldzug aufgegeben habe; Pipo v. Ozora u. der Erzbischof v. Olmütz lagere vor Olmütz; er habe bereits ein Heer vorausgesendet u. beabsichtige am nächsten Tage nach Mähren u. v. da nach Böhmen zu ziehen; erwarte starken Zuzug aus Ungarn; hofft auch ohne die Kurfürsten im Bunde mit Hrz. Albrecht v. Österreich mit den Böhmen fertig zu werden. — Ad m. d. r. Mich. prepos. Bolesl. — Or. Eger — Berold, Kg. Sigmund u. die Reichskr. wider die Hussiten (1), 144 f.; Palacky, Beitr. z. G. d. Huss. Kr. 1, 162. (Lucas t.)	**4654**
» 19	»	schreibt dem Hochmeister des Deutschordens, dass er genügend Truppen gegen die Hussiten habe, u. bittet ihn nochmals, in Polen einzufallen, falls Kg. Wladislaw u. Grossfürst	

1421		
		Witold die Husiten unterstützte. — [Ad m. d. r. Franc. prep. Strigon. — o. B] — Or. Königsberg. — Poln. Reg.; Mon. med. aevi hist. res gest. Poloniae illustr. 6, 536. (cont. nach Lucas). **4655**
Okt. 24	Im Felde bei [Ung.]-Hradisch	ersucht den Hochmeister des Deutschordens Michael Küchenmeister, dem Meister Sigfried Degenberg, seinem obersten Arzt, dem er erste Bitten auf das Stift Heilsberg gegeben, zur Erlangung einer Pfründe in Frauenburg (Stift Heilsberg) behilflich zu sein. — KU. w. v. — o. R — Or. Königsberg. (do. nach der eilftausent magde tag). **4656**
" 26	Bromow	richtet an Bischof u. Domkapitel zu Ermland [Heilsberg] erste Bitten für Sigfried Degenberg (mag. in artibus u. Dr. med.) — Rex. Franc. — Not. RR. G 105ᵛ. (26. d. oct.) **4657**
		Okt. 28 Ung.-Hradisch: Hzt. Přemek v. Troppau u. Benesch v. Kravař bestimmen die Bedingungen, unter denen der hussitisch gesinnte Baron Peter v. Kravař, Herr auf Stralnitz, die Verzeihung Kg. Sigmunds erlangen könne. — (Czech.) Or. Wien H.-H. u. St.-A. — Arch. f. österr. G. 80, 335 f. **4657 a**
		Okt. 30 Kuttenberg: f. Nikolaus v. Lobkowitz. Reg.: Aschbach 3, 440 — falsch statt 1420 Okt. 30 (nr. 4307).
Nov. 12	Brünn	bestätigt der Glatzer Landschaft für erwiesene Treue das (inner.) Privileg Karls IV v. 1350 Jan. 10 [fehlt bei Böhmer-Huber]. — KU? — Privilegienbuch: Glatz St.-A.; [altes Kopialb. Prag Böhm. Mus.] — Reg.: Geschichtsquell. d. Grafsch. Glatz 2, 115. **4658**
" 15	Brünn	verleiht dem Joh. Huser Krumpein zwei Dreilinge (terrarios) Wein auf Zidlothowitz, die seiner kgl. Kammer zustehen, u. beauftragt seinen Burggrafen zu Spielberg [bei Brünn] alljährlich diesen Wein anzuliefern. — Ad m. d. r. Mich. can. Prag. — N. Henr. Fye. — Or. Wien H.-H. u. St.-A. (15. die nov.) **4659**
" 17		schliesst mit Hzt. Premko v. Troppau u. den Ständen Mährens einen Landfrieden u. Bund gegen die Husiten; zu diesem Zwecke wird das Land in 4 Kreise eingeteilt mit den Versammlungsorten: Olmütz, Brünn, Znaim u. Troppau. — KU? — Kop. Wittingau Arch: [dsgl. Königsberg St.-A.] — Reg.: Archiv česky 3, 244 ff. — Kopetzky, Regesten z. G. d. Herzogthums Troppau 122 f. (auch Arch. f. österr. G. 45, 218). **4660**
"	"	bestätigt den vom B. Friedrich v. Utrecht am 20. März ernannten Freigr. Hermann v. Anssem. ("Specialiter, quod nobis et successoribus nris Rom. imp. et regibus fidelis esse et in judicio juste judicare debeat, prout super hoc coram majestate nostra corporale prestitit juramentum"). — Ad m. d. r. Mich. prepos. Bolesl. — [RR G 106ᵛ] — Dumbar, Analecta 2, 290. **4661**
"	"	legitimiert den Ritter Theoderich v. Mersen (Maerssin). — Rex. Franc. — Not. RR. G 106ᵛ. (17. die nov.) **4662**
" 18	"	beauftragt den Mkgr. Wilhelm v. Meissen den Abt Leutolt des Benedictiner-Kl. Sankt-Petersberg zu Saalfeld (Mainz. Diözese) mit den Regalien zu belehnen. — Rex. Franc. — RR G 103ᵛ u. 106ᵛ. (Elizabeth ab.) **4663**
"	"	giebt dem B. Johann v. Olmütz volle Gewalt an seiner Statt gegen die Schädiger der Olmützer Kirche vorzugehen u. die damit zusammenhängenden Streitsachen zu entscheiden. — KU? — Kop. Olmütz Kapitelarch. — Erw.: Arch. f. österr. G. 80, 290. **4664**
"	"	befiehlt dem Gr. Friedrich v. Toggenburg das Schloss u. die Herrschaft Feldkirch niemandem (besonders dem Hrz. Friedrich v. Österreich nicht) zu lösen zu geben [vgl. nr. 4033 sowie 1424 Juli 11]. — Ad m. d. r. Franciscus prep. Strigon. — [o. R] — Or. Wien H.-H. u. St.-A. — Arch. f. Kunde österr. Geschichtsquell. 1, 4, 10 f. (Elsbeten abd., fälschl. zu 1422). **4665**
" 19	"	befiehlt Bürgermeister u. Rat v. Breslau, sein kgl. Haus daselbst für den Kg. v. Polen, den er dort zu Unterhandlungen erwarte, in Bereitschaft setzen zu lassen. — KU. w. v. — o. R — Or. Breslau Stadt-A. — Script. rer. Siles. 6, 16 — Palacky, Beitr. z. Gesch. d. Huss. Kr. 1, 173. (Elizabet). **4666**
"	"	fordert dieselben auf, das auf ihrem Rathause liegende Judengeld nebst einigen Kleinodien [vgl. nr. 4649] nicht ohne seine Erlaubnis auszugeben u. verweist sie wegen ihres Einmarsches in Böhmen auf die Mitteilungen seiner Hauptleute Niklas Sübitz zu Breslau u. Georg Zeteris zu Schweidnitz. — KU. w. v. — o. R — Or. ib. — Script. rer. Siles. 6, 16 f. — Palacky, Beitr. 1, 172 f. (Elizabet). **4667**

1421		
[Nov. 19]	Brünn	fordert einen nicht näher bezeichneten Hrz. zum Kriege gegen die böhmischen Ketzer auf. — KU? — Gleichz. Kop. Breslau Stadt-A. — Script. rer. Siles. 6, 17. (s. a. d. l.) **4668**
"	"	fordert einen (nicht genannten) J u d e n auf, dass er die Geldschuld der Breslauer vorläufig stehen lassen solle, bis die Bürger u. nach der Hauptmann v. Breslau zu ihm kommen; er wolle mit diesem um das Geld, das auf dem Rathause liegt [vgl. nr. 4649]. so überein kommen, dass er ihm danken solle. — W. v. **4669**
Nov. 19	"	befiehlt den Einwohnern der Städte S c h w e i d n i t z, S t r i e g a u, L ö w e n b e r g (Lemb-), wie überhaupt der Fürstentümer Schweidnitz u. Jauer, gleich den Breslauer Bürgern in Breslau ein Ungeld zu zahlen, damit diese Stadt ihre Schulden bezahlen u. sich befestigen kann. — [Ad m. d. r. Francisc. prepos. Strigon. — o. R — Or. Breslau Stadt-A.] — Lünig, R. A. P. spec. Cont. 4, T. 2. Forts. 315 f. (nicht 1422). (Elisabet t.) **4670**
" 23	"	bestätigt u. erneuert die Privilegien des Kl. K a m e n z. — KU, w. v. — [R. Henr. Fye]. — Or. Bresl. Stadt-A. — Cod. dipl. Siles. 10, 270 f. (in die Clementis pape) **4671**
" 24	"	verpfändet dem Hanusch v. P o l l ö k a die Mühle bei Redleius an der Zell um 250 Schock Groschen. — Reg.: Arch. český 7, 585. Noraček. **4672**
" 24	"	verpfändet dem Nikolaus v. D o m a n a p l i č u. seiner Mutter Dorothea dafür, dass sie ihm die Burg Sarvo freiwillig abgetreten hatten, 30 Mark Zins v. den Losungen der St. Brünn um 300 Mark Prager Groschen. — Reg.: Arch. český 7, 596. Noraček. **4673**
		Nov. 29 Kuttenberg: f. Nikolaus v. Lobkovic. Reg.: Arch. český 1, 538 f. — falsch statt 1420 Nov. 29 (nr. 4539).
[Dez. 7]	Iglau	bestätigt u. erneuert der St. I g l a u die v. K. Karl IV u. v. Mkgr. Jobst v. Mähren erteilten Privilegien. — KU? — Kop. Iglau. — Reg.: v. Chlumecky, Die Regest. d. Archive in Mähren 1, 23. **4674**
" 9	"	gebietet der St. N ü r n b e r g, die am Martinstag 1422 fällige Reichssteuer an seinen Hofmeister Ludwig d. Alt., Grafen zu Oettingen zu bezahlen. — [KU? — R? — Or.° Nürnberg Kr.-A.; Not, RR. G 106 a. d.] — Vgl Reg. Bole. 12, 378. (di. nach fraw. t. concept.) **4675**
" 10	"	schlägt dem Hrz. Albrecht v. Ö s t e r r e i c h 6000 Gulden, die derselbe an seiner Statt dem Leupold v. Kreig bezahlt hat [vgl. nr. 4628], auf die Pfandsumme der St. Budweis [vgl. nr. 4613]. — [P. d. G. ep. Patav. canc. Mich. prep. Boleol. — R. Henr. Fye — Or. Wien H.-H. u. St.-A.; RR. G 106°]. — Reg.: Lichnowsky, G. d. Haus. Habsburg 5 nr. 2049. **4676**
" "	"	schlägt d e m s e l b e n 500 Schock böhmische Groschen, die er Johann v. Leuchtenberg alias v. v. Czorstein, der damit auf die St. Jempaicz gewiesen war, bezahlt hat, auf die Pfandsumme der mähr. Städte [vgl. nr. 4610]. — [KU. u. R. w. v. — Or. ib.; RR. G 106°]. — Reg.: ib. nr. 2050. **4677**
" 11	"	befiehlt dem Breslauer Rate, das Geld des Mörders Merbot [vgl. nr. 4649] doch endlich dem Landeshauptmann Albrecht v. Coldiz, wie er befohlen, auszuliefern: solchen ungewöhnlichen u. unmenschlichen Mord habe nur er zu richten. — Per d. G. ep. Patav. cancell. Francisc. prep. Strigon. — o. R — Or. Breslau Stadt-A. (do. nach fraw. tag concept). **4678**
" "	"	verwendet sich nochmals bei dem Hochmeister des D e u t s c h o r d e n s Michael Küchenmeister für Meister Sigfried, dem er Anspruch auf eine Pfründe im Bistum Heilsberg verliehen [vgl. nr. 4656]. — Ad m. d. r. Michael prep. Boleslavien. — o. R — Or. Königsb. (do. vor Lucie). **4679**
" "	"	erklärt dem Hochmeister des D e u t s c h o r d e n s Michael Küchenmeister seine Zustimmung, dass der Orden sich nicht am Kriegszuge gegen die Böhmen beteilige, da derselbe genügend zu thun habe, um seine Grenzen gegen die Böhmen zu sichern. — Rex. Franc. — BR. G 106°. (fer. quinta post conc. Marie). **4680**
" "	"	an die Städte F r e i b u r g, B r e i s a c h, E n d i n g e n u. andere Städte im Breisgau: hat vernommen, dass einige Misshellung zwischen Mkgr. Bernhard v. Baden u. ihnen auferstanden ist, u. gebietet ihnen ihre Räte mit Vollmacht auf 1422 März 22 zu ihm zu schicken, damit er diese u. die ebenfalls vor ihn beschiedenen Räte des Mkgr. v. Baden verhöre u. nach Recht u. Billigkeit verfahre. — KU ? — Kop.° Kolmar Stadt-A. — Fester, Reg. d. Mkgr. v. Baden nr. 3338. **4681**

1421		
Dez. 11	Iglau	gebietet der St. Nürnberg den Nov. 11 fällig gewesenen Kammerpfennig der dortigen Juden an seinem Kammermeister u. Rat Albrecht v. Colditz zu bezahlen. — [KU ? — R — Or.° Nürnberg Kr.-A.; Not. RR. G 106ʳ mit KU: Rex. Franc.] — Reg. Boic. 12, 378. (do. für Lucien). **4682**
» 12	»	gebietet der St. Nürnberg die halbe Judensteuer im Betrage v. 200 Gulden, die Sept. 29 fällig gewesen, an Albrecht v. Colditz zu bezahlen. — [KU ? — Or° Nürnberg Kr.-A.] — Reg. Boic. 12, 378. (fr. vor Lucie). **4683**
		Dez. 14 Brannau: benachrichtigt den Hochmeister des Deutschordens ... citiert bei J. Voigt, Gesch. Preussens 7, 396. (sont. nach Lucien) — falsch statt 1421 Okt. 19 (sont. nach Lucas) Brunov (nr. 4655).
» 21	Kuttenberg	verpfändet dem Ulrich v. Rosenberg für seine Dienste im Kampfe gegen die Hussiten die früher zur Wyšehrader Propstei gehörigen Städte Prachatic u. Wallern um 3000 Schock b. Groschen. — [Ad mandatum dni. regis Michael prepositus Boleslavien. — o. R — Or. Wittingau. *Marši*]; sog. Or. (Fälschung) Prachatitz. — Reg.: Mitt. d. Ver. f. G. d. Deutschen in Böhmen 32 (1894), 321. (in die Thome). **4684**
» 30	»	macht bekannt, dass Heinrich v. Plauen, welcher, um sich aus der Gefangenschaft zu Prag zu befreien, geschworen hatte wider die Prager u. ihre Helfer nichts zu unternehmen, nach einem Fürstenspruche, an dem EB. Otto v. Trier u. EB. Dietrich v. Köln, sowie Pfalzgraf Ludwig III. teilgenommen, diesen Schwur, da er den Ketzern u. Reichsfeinden geleistet sei, nicht zu halten brauche, u. entbindet ihn auch als König davon. — Rex. Franc. — RR. G 109ʳ — Thüring. Geschichtsquellen 5 (N. F. 2), 2, 571 [fälschl. zu 1420] (Silvestersabend). **4685**
» 31	»	verspricht Ulrich v. Rosenberg, ihn für alle zu seinen Diensten erlittenen Verluste schadlos zu halten. — Ad m. d. r. Michael prepos. Boleslav. — Vid. v. J. 1454 Wittingau. (in die Silvestri). *Marši*. **4686**
»		giebt sein Recht u. die königliche Berna am Städtchen Wesseli an Ulrich v. Rosenberg. — KU ? — Or. (Fälschung ?) ib. — Reg.: Mitt. d. Ver. f. G. d. Deutsch. in Böhmen 32 (1894), 321. **4687**
»		bekennt, Ulrich v. Rosenberg 7000 Schock Pr. Groschen für den Verkauf der Herrschaft Žibelic schuldig zu sein, u. verpfändet ihm für diese Summe das Schloss Hluboka (Frauenberg). — KU ? — R ? — Or. Frauenberg; [gleichzeitig. Kop. Wittingau. *Marši*.] — Reg.: ib. (tu středu před obřezováním syna božieho). **4688**
?	?	stellt Forderungen an die Böhmen betr. Abstellung der Häresie. — Aus e. Kurniker Hds. (unvollst.) Mon. med. aevi hist. res gest. Polon. illustr. 6, 1044. (s. a. d. et l.) **4689**
?	?	befiehlt dem B. Johann v. Brandenburg die den Konstanzer Bürgern Penzen Kelner u. Jakob Höffe um 1000 Schock Groschen verpfändeten Kleinodien auszulösen u. zwar von dem Gelde, das er noch von der Einnahme des Zehnten in Verwahrung hat, wovon er ihm kürzlich angewiesen den Thorner Kaufmann Kocken Fasan [vgl. nr. 4235] zu bezahlen. — KU ? — RR. G 95ʳ. (zw. Sept. 1 u. März 28.) **4690**
?	?	schreibt (an die polnischen Barone?) König Wladislaw v. Polen begünstige, anscheinend ohne ihr Wissen, die Hussiten; er habe ihn vor solch schmachvollem Verhalten gewarnt u. bitte sie, auf ihn in demselben Sinne zu wirken. Zugleich erbittet er Geleit für seine Gesandten, da dieses im Gegensatz zu früheren Zeiten auch für die polnischen Gesandten gefordert worden sei. — KU ? — Hds. d. Kgsb. Univ.-Bibl. (liber canc. Ciolek) — Arch. f. österr. Gesch. 52, 178. (s. a. d. et l.) **4691**
?	?	bekennt, dass er dem Ulrich u. Hrdibor Slavic u. Zerovic an Sold 1264 ung. Gulden schuldig sei. — KU ? — Registr. v. 1454 — Reg.: Arch. česky 1, 520. *Novaček.* (s. d. et l.) **4692**
?	?	verpfändet Wilhelm Svihovsky v. Riesenberg das Kloster Zderazer Gut Bor, das Kloster Břevnover Gut Nezamyšl u. das Kloster Kladrauer Gut Přeštic u. Sobekur. — KU ? — Alt. Reg. Wittingau. *Marši.* (s. d. et l.) — Vgl. nr. 4236. **4693**
?	?	gibt den Gebrüdern Johann u. Wilhelm Svihovsky v. Riesenberg die Macht, dass die mit ihrem Siegel versehenen Verträge von Personen weltlichen Standes im Pilsner Kreise dieselbe Kraft haben sollen, wie wenn sie in der Landtafel eingetragen wären. — W. v. **4694**

1422		
Jan. 1	Kuttenberg	gebietet der St. Nürnberg, die am Martinstag fällig gewesene Steuer nur an Hermann v. Breitenstein zu bezahlen; blos irriger Weise habe er auch Erkinger v. Seinsheim eine Urkunde darüber (nr. 4328) gegeben. — [KU? — Or.° Nürnberg Kr.-A.] — Reg. Boic. 12, 379. (am newen jars t.) **4695**
» 2	Birkenstein vor Kuttenberg	verpfändet dem Pfalzgr. Johann [v. Neumarkt], dem er für die Teilnahme an dem Zuge vor Prag 2536 Schock böhm. Groschen schuldig ist, die Reichssteuer v. Nürnberg vom Jahre 1423 ab, bis die Schuld getilgt ist. — Rex. Mich. — RR. G 109. (frit. nach newen jars t.) **4696**
» »		verspricht Hermann v. Breitenstein, der ihm von der ihm verpfändeten Reichssteuer v. Nürnberg pro 1421 300 rhein. Gulden geliehen hat, diese Summe bis Nov. 11 zu bezahlen, bzw. durch den Hofmeister Ludwig d. Ält. v. Öttingen v. der Nürnberger Stadtsteuer bezahlen zu lassen. — Rex. Mich. — RR. G 109'. (id. dat.) **4697**
»	im Felde vor Časlau	befiehlt den Städten:
		Biberach **4698**
		Buchhorn **4699**
		Kaufbeuren **4700**
		Leutkirch **4701**
		Memmingen — Ad m. d. r. Mich. prep. Bolesl. — R. Henr. Fye — Or. München R.-A. **4702**
		Ravensburg **4703**
		ihre vergangenen Martinstag fällig gewesene Reichssteuer an Ritter Frischhans v. Bodman zu zahlen. — Rex. Mich. — Not. RR. G 109'. (frit. nach d. newen jars t.; bezw. in RR.: fer. sexta post circomcis.)
»	»	befiehlt den Städten:
		Dinkelsbühl u. **4704**
		Weil **4705**
		ihre [vergangenen Martinstag fällig gewesene?] Reichssteuer an Wilhelm v. Homburg zu zahlen. — KU. w. v.? — Not. RR. G 109'. (fer. sexta post circume.)
»	»	gebietet allen Reichsstädten, da er wolle, dass die Juden, seine Kammerknechte, überall bei den ihnen vom Reiche verliehenen Gnaden bleiben sollen, die daselbst wohnenden Juden in Frieden zu lassen. — Ad m. d. r. Mich. prep. Bolesl. — o. R — Or. Öhringen. (fr. nach des newen jars t.) **4706**
» 13	Žač (In villa Schath, Olomuc. dioc.)	protestiert gegen die Bemühungen des päpstlichen Legaten Antonius Zeno aus Mailand den Breslauer Schiedsspruch v. 1420 Jan. 6 [nr. 3944] umzustossen: der Streit zwischen Polen u. dem Deutschorden über die Lande Pommern, Kulm u. Michelau sei längst beigelegt; übrigens sei Zeno wegen naher Beziehungen zu dem Polenkönig verdächtig. Zeugen: Nikolaus v. Peren Sigmunds Marschalk, Ladislaus v. Chap Sigmunds Vicekanzler, Georg filius Lorandi de Bérzeuche Vicekapitän. — KU? — Kop. eines Notariatsinstr. des Herm. Hecht v. demselb. Datum Königsberg. —Ausz.: J. Voigt, Gesch. Preussens 7, 399. (13. d. Jan.; der Ort Čač liegt nach Palacky, Gesch. v. Böhmen 3, 2, 303 A. zwischen Iglau u. Telč.) **4707**
		Jan. 13 Pressburg: befiehlt dem Rate zu Breslau alle, welche sich allda niederlassen wollen, anzunehmen. (klose) Von Breslau 2, 1, 360 — falsch statt 1423 Jan. 12.
» 20	?	fordert Hrz. Ludwig v. Baiern [-Ingolstadt], zu welchem er seinen Rat Albrecht v. Colditz. Hauptmann zu Breslau zu Schweidnitz sendet, auf, zwei Jahre Frieden zu halten. — KU? — Kop.° (Neuburger Kopb. 41 f. 27ca) München R.-A. — Not. RTA 8, 115 A. 3. **4708**
» 24	[Ungar.-] Hradisch	befiehlt den Ratmannen v. Breslau, dass sie, wenn der Hrz. v. Münsterberg dem Kl. Kamenz die genommenen Güter u. Dörfer nicht zurückgeben sollte, dem Hrz. Johann v. Ratibor zur Wiedereinnahme derselben auf sein Ansuchen Hilfe leisten sollen. — Commissio propria d. r. [oben rechts]. — o. R — Or. Breslau Stadt-A. (sabb. ante fest. convers. Pauli). **4709**
»	im Felde v. Kladerub (Cladrab)	verschreibt dem Materna v. Ronov das Dorf Sverat (des Kl. Strahov) und das Dorf Zaten (des Kl. Ostrov.) — KU? — Vid. v. J. 1454 Wittingau. (sab. post Fabiani). *Mareš.* **4710**

1422		
Jan. 27	Brünn	giebt dem Wormser Kleriker Johann v. La(n)denburg ein Wappen. — KU? — Not. RR. G 110ʳ. (fer. terc. post f. Pauli). **4711**
» 28	»	ernennt den Wormser Kleriker Johann v. Ladenburg zum öffentlichen Notar u. belehnt ihn der Sitte gemäss „per pennam et calamarium", nachdem er den Treueid an den königl. Vicekanzler Franz, Propst zu Gran geleistet. — KU? — RR. G 109ᵛ u. 110ʳ. (28. die jan.) **4712**
» 29	»	beruft die Vertreter v. Breslau, Namslau, Neumarkt u. den zugehörigen Orten für den 17. Febr. zu einem Tage nach Olmütz, wohin er auch die Fürsten u. Prälaten v. Schlesien sowie der Fürstentümer Schweidnitz u. Jauer bescheide, zur Beratung wegen ihres Schutzes gegen die böhm. Ketzer. — Ad m. d. r. Franciscus prep. Strigon. — Or. Breal. Stadt-A. — Script. rer. Siles. 6, 17. — Palacky, Beitr. z. Gesch. d. Huss. Kr. 1, 174 f. (do. nach Pauli t. convers.) **4713**
»	»	desgl. die Prälaten u. Fürsten v. Schlesien. — Ergiebt sich aus nr. 4713. **4714**
»	»	desgl. die Vertreter der Lande u. Städte Schweidnitz u. Jauer. — W. v. **4715**
»	»	desgl. die Stände v. Görlitz, Zittau, Bautzen, Löbau, Lauban u. Kamenz. — Ergiebt sich aus nr. 4722. **4716**
Febr. 1	Mies:	wünscht, dass die St. Breslau Gesandte zur Beratung über den Feldzug nach Weisswasser schicke. Scriptor. rer. Siles. 6, 18. — s. 1421 Jan. 26 (nr. 4441).
Febr. 1	Prag (sic!)	erlaubt dem Hans Gross v. Meckenhausen, jetzt wohnhaft auf der Altenburg, das Schloss Meckenhausen, das vom Reich zerstört worden war, unter günstigen Bedingungen wieder aufzubauen u. bestätigt ihm u. allen künftigen Inhabern des Schlosses die alten Rechte. — [KU? — Or.? München R.-A.? nicht in RR] — Reg. Boic. 12, 382. (fraw. ab. lichtmess) Fälschung? **4717**
» 2	Brünn	weist die Breslauer nochmals an „keinen Domniken noch Neysser" in den Rat zu wählen, sondern erbare u. fromme Leute. — Ad m. d. r. Franc. prep. Strigon. — Or. Breal. Stadtarch. — Cod. dipl. Siles. 11, 185. (fraw. t. lichtmess. do. J.) **4718**
» 5	»	verbietet dem Hochmeister des Deutschordens Michael Küchenmeister, der zu ihm den Lehrer der geistlichen Rechte Jodokus behufs Information über das Verhalten des päpstlichen Nuntius Antonius Zeno gesandt, „auch bei unsern und des heiligen richs hulden und bei beheltnusse deines ordens lande und güters, das du on unsern wissen und willen keinen anlasse oder teiding mit dem kunig von Poln unserm bruder und dem Wytolden seinem bruder anslahest aufnemest oder des ordens lant übergebest in dhein weis, sunder wer es sache, das der Anthonius desselben babsts botte ichtes handeln oder tun wollte, das uns dem heiligen reiche und deinem orden schedlich were, das du dich dann davon rüffest und appellierest zu unserm heiligen vatter dem babst, der uns auch embotten hat, das er wider unsern anspruch zwischen dir und dem von Polen nichtz verneuwen oder verendern on unserm wissen und willen wolle, als wir im auch in den sachen schreiben, als du wol sehen wirdest in der abschrift [nr. 4720] hierinne verslossen. Auch so verkunde uns alle gewalte handlung und macht, die der selb Anthonius von dem babst hat, das wir in den sachen rate haben und uns dernach richten mögen nach gelegenheit und ausweisung derselben sachen." — KU. w. v. — Or. Königsberg. (do. nach lichtmesse). — Vgl. Ausz.: J. Voigt, G. Preussens 7, 401. **4719**
»	»	verbittet sich beim P. Martin V. wiederholt jede Einmischung in die Verhältnisse des Deutschordens u. Polens u. verlangt Abberufung des bei dem Deutschorden u. Polen beglanbigten päpstlichen Gesandten Dr. Antonius Zeno v. Mailand. — KU? — Kop. (wohl Konz?) Königsberg, inliegend in nr. 4719; die in eckigen Klammern stehenden Worte später eingefügt. — Sanctissime pater, domine reverendissime. Memoramur crebro sanctitati vestre tam litteras quam nuncios cum interclone nostra super arbitrio [et sententia nostra] inter regem Polonie et Vitoldum fratres suos ab una et venerabilem magistrum ordinis et totum ordinem Theutonicorum Prussie emanatis ipsam materiam continentes plenius divvisse et signanter quod eidem regi Polonie et Witoldo obtulimus, quod sanctitatem vestram et reverendissimos patres collegii cardinalium ac eciam futarum concilii seu quemcunque regem seu principem katholicum, qui non esset dei et ecclesie ac noster publicus inimicus, vellemus permittere cognoscere, quod, si per sententiam nostram in aliquo a tramite justicie cessissemus, parati essemus [circa] huiusmodi sentenciam nostram [dahinter ausgestrichen: juxta informationem] sanc-

1422		
		titatis vestre dominorum cardinalium [futuri consilii] seu hujusmodi regia vel katholici principis sequi consilia [statt sequi consilia ursprünglich reformare], quod adhuc eisdem offerimus et parati sumus, quantum in nobis est deducere ad effectum. Et quia sanctitas vestra nobis eciam clarius intimavit, quod in hac materia sentencie vestra sanctitas nollet aliquid attemptare, quod in nostri honoris et fame posset vergere prejudicium, nichilominus intellaximus, quod ipsa vestra sanctitas quendam Antonium [Zeno de Mediolano] cum auctoritate apostolica ad prefatos regem et Witoldum ac ordinem Prussie destinaverit, qui se pro utriusque partis concordia, cum tamen sue simus auctoritatis ignari, debeat immiscere, in quo verisimilitar formidamus in regii dedecoris ignominiam posse procedi, quod tamen moleste ferremus. Idcirco sanctitati vestre devotissimo studio supplicamus, quatinus ipsa vestra sanctitas prefatum Antonium ad se revocet sibique inhibeat, ne [ex officio s. v. sibi injuncto seu aliter quovismodo] in facto hujusmodi quidquam attemptet prosequatur seu finiat, presertim cum inter dictos regem Polonie Witoldum et magistrum ordinis vias amicabiles teneamus, per quas speramus ipsas partes ad perpetue tranquillitatis comodum deducturas. [personam etc.] Datum Brunne in die sancte Agathe virginis. Sigismundus etc. **4720**
		Febr. 5 Kittsee: überträgt Mähren an Hrz. Albrecht v. Österreich. Arch. f. österr. G. 80, 345 — Druckfehler für 1423 Febr. 5.
Febr. 6	Brünn	widerruft die dem Heinrich v. Byel, Peter Hans Wentikän u. Dietrich v. Ziel, Bürgern zu Basel, u. ihrer Gesellschaft, Haus Schriber, Wilhelm v. dem Ziel, Lorenz Tobenel, welchen Wein v. Leuten der Frau v. Holland u. des Hrz. v. Brabant auf der See abgenommen ist, gegebene Erlaubnis [nr. 3444] mit Repressalien gegen die Räuber vorzugehen, da sie im Lande des Mkgr. v. Baden an ihren Händeln unbeteiligten holländischen u. brabant. Kaufleuten Waaren im Werte v. 10000 rhein. Gulden abgenommen u. v. den Gefangenen noch Lösegeld v. 20000 französ. Kronen beansprucht hätten. — Ad m. d. r. referente d. Conr. de Winsperg camerario etc. Franc. prep. Strigon. — RR. G 110ʳ u. 111ʳ; gleich. Kop. (Konzept?) Öhringen. (Dorothee). · **4721**
	»	bescheidet die Vertreter der Stände v. Görlitz, Zittau, Bautzen, Löbau, Lauban u. Kamenz, welche er früher auf Febr. 17 nach Olmütz geladen [nr. 4716], da er eine Unternehmung gegen Steinitz plant, nunmehr auf März 2 dahin. — KU? — Aus der Sammlung des Scultetus (Görlitzer Bibliothek) Palacky, Beitr. z. G. d. Huss. Kr. 1, 177; Jecht, Cod. dipl. Lusat. super. 2, 103 f. (fr. nach fraw. t. lichtmasse). — Gleiche Schreiben werden wohl an die in nr. 4713 ff. genannten Adressaten ergangen sein. **4722**
	»	erklärt, dass Konrad v. Randeck der jüng. der eheliche Sohn Konrads des ält. ist, erklärt ihn für fähig alle Rechte des Adels in Anspruch zu nehmen, belehnt ihn mit einem Anteil an Schloss Randeck u. befiehlt ihm den Lehnseid für das Reich vor Konrad v. Weinsberg abzulegen. — KU? — RR. G 110ʳ. (Dorothee). **4723**
	»	erteilt den Gr. Johann u. Michel v. Wertheim, sowie deren Erben das Privilegium de non evocando. — Per d. Conradum de Winsperg camerar. Franc. — RR. G 110ʳ durchgestrichen; vgl. Juli 28. (Dorothee). **4724**
» 10	Dürnholz (Dürrenh-)	ernennt Leonhard v. Laimingen (Lei-), Domherrn zu Passan u. Propst zu Mattighofen (Maticen.) zu seinem Kaplan. — Rex. Franc. — Not. RR. G 110ʳ. (decima die febr.) **4725**
»	»	verbietet dem Eberhard v. Neuhausen (Nüwenhuse) u. allen v. Neuhausen mit den Bürgern v. Weinsberg, welche auf Veranlassung v. Konrad v. Weinsberg geächtet sind, Gemeinschaft zu haben [vgl. die Aberachtserkl. v. 1425 Jan. 29]. — Petrus Wacker — Or. Öhringen. — Württemberg. Vierteljahrshefte f. Landesgesch. 7, 227 f. (di. nach Doroth.). **4726**
»	»	desgl. der St. Nördlingen. — KU. w. v. — Or. München K.-A. (id. dat.) **4727**
»	»	desgl. der St. Strassburg. — KU. w. v. — Or. u. Abschr. eines Vid. v. 1423 Febr. 15 Strassburg St.-A. (id. dat.) **4728**
»	»	desgl. der St. Windsheim. — KU. w. v. — Or. Nürnberg Kr.-A. (id. dat.) **4729**
» 14	Brünn	quittiert der Halberstädter Geistlichkeit (die einzelnen Abteien u. s. w. aufgezählt) den Empfang des ihm von P. Martin V. zugestandenen Jahreszehnten durch den Lebuser Kan. Johann Kemenitz u. den Tangermünder Kan. Heinrich Sumendorpe, die Unternehmer des mit der Zehnteinziehung beauftragten B. Georg v. Passau. — Ad m. d. r. Michael prepos.

1422		
		Boleal. — [o. R] — Or. u. Vid. v. 1422 März 24 Magdeb. Staats-A.; [nicht in RR.] — Publikat. a. d. preuss. Staats-A. 40, 612 f. (14. die febr.) **4730**
Febr. 14	Brünn	bescheinigt der **Magdeburgischen** Geistlichkeit (die einzelnen Abteien aufgezählt) den Empfang des ihm v. P. Martin V zugestandenen Jahreszehntem durch den Lebuser Kan. Johann Kamentz [sic!], Untereinnehmer des B. Georg v. Passau, u. durch den Tangermünder Kan. Nikolaus Jerchel, Untereinnehmer des B. Johann v. Brandenburg (nunmehr B. v. Lebus). — KU? — Transs. v. 1422 April 26 [nicht Or.] Dresden. — Geschichtsquellen d. Prov. Sachsen, Bd. 9 (Holstein, Urkb. des Kl. Berge bei Magdeburg 1879), 199. (id. dat.) **4731**
[Febr. ?]	?	befiehlt dem Lebuser Kan. Johann **Kempnitz** u. dem Tangermünder Kan. Heinrich Sumerdorf, welche vom B. Johann v. Lebus mit der Einziehung des dem König (Sigm.) v. Martin V. verliehenen Zehnten in den Diözesen Meissen, Naumburg u. Merseburg betraut sind, den Ertrag an seinen Boten Jakob Huffly aus Konstanz abzuliefern. — Michael — RR. G 111ʳ. (a. d.; zw. Febr. 6 u. März 3). **4732**
März 1	[Ungar.-] Hradisch	überträgt dem Burggrafen in Eichhorn Peter **Kutyeg** die Criminaljustiz (das Popravcenamt) daselbst u. beauftragt ihn gegen die Ketzer mit aller Strenge einzuschreiten. Ebenso befiehlt er ihm auf die Wegelagerer Acht zu haben u. dafür zu sorgen, dass geraubte Sachen den rechtmäßigen Eigentümern zugestellt werden. — Ad m. d. r. Michael prepos. Boleslav. — [o. R] — Or. Wien II.-H. u. St.-A. — Arch. f. österr. G. 30. 337 f. (w nedyeli massopustne = Fasznachtszonntag; doch wohl März 1, nicht Febr. 22). **4733**
" 2	Pressburg (Pozonii)	verbietet allgemein, die St. Duisburg auf Veranlassung Gerhards v. Cleve u. Mark oder des Hrz. Adolf v. Cleve irgendwie zu belästigen, u. erneuert der Stadt ihre Privilegien [vgl. nr. 4533]. — [Per d. G. episc. Pat. cancell. et Conradum de Winsperg camerarium Francisc. prepos. Strigon. — R. Henr. Fye] — Or. Duisburg; [RR. G 127ʳ]. — Reg. (zu 1421): Annal. d. hist. Ver. f. d. Niederrhein H. 59, 194. (secunda d. marcii). **4734**
" 3	Skalitz (in Ung.)	verleiht dem B. Friedrich v. **Bamberg** die Regalien, ohne dass er anwesend ist, u. gestattet ihm die Belehnung binnen Jahresfrist oder bei seiner (Sigmunds) Anwesenheit in Deutschland nachzuholen. — Per d. G. episc. Patav. cancell. Francisc. prepos. Strigon. — R. Henr. Fye. — Or. u. Vid. v. 1432 Dez. 9 Bamberg Kr.-A.; RR. G 111. (di. nach ... invocavit). **4735**
"	"	gestattet dem Ulrich **Meiger** v. Weschenegg (Wassenecke) in dessen Dorfe Holzgerlingen (Konstanzer Diözese) einen Wochenmarkt abzuhalten. — Cancell. Franc. — RR. G 111ᵛ. (di. nach invoc.) **4736**
"	"	nobilitiert den Konrad **Seps** aus Reutlingen u. verleiht ihm ein Wappen. — KU. w. v. — ib. 111ᵛ u. 112ʳ. (id. dat.) **4737**
		März 3 Skalitz: beauftragt den Mkgr. v. Baden, dem Konrad v. Weinsberg Kenzingen zu übergeben. Fester, Reg. d. Mkgr. v. Baden nr. 3372 — falsch statt März 8 (nr. 4750).
" 7	"	bestätigt den Herren v. Kastel (C-) Dietrich u. Heinrich **Beyer** v. Boppard ihre Privilegien. — Rex. Franc. — RR. G 113ʳ. (sampst. vor reminiscere). **4738**
"	"	belehnt den Heinrich **Beyer** v. Boppard mit dem Salmenfang zu Logen am Lurleyberg (Lurle-), den sich Johann Pyner angemasst, obwohl ,von alters redlichen herkommen und recht ist, das niemand, in welchem wesen oder wirden der sei, dheine salmenfank an des Reins strom haben solle oder möge, er habe dann denselben salmenfank von uns und dem heiligen riche zu lehen und auch als lehensrecht ist wissentlich empfangen.' — Rex. d. G. ep. Pat. canc. refer. Franc. — RR. ib. (id. dat.) **4739**
"	"	bevollmächtigt den EB. Dietrich v. **Köln** alljährlich die Freigrafen v. ganz Westfalen um sich zu versammeln. — Per d. Georg. episc. Patav. cancell. Franciscus prep. Strigon. — RR. G 112ᵛ; Kop. Münst. St.-A.; [Kop. Speier Kr.-A.; vgl. Ztschr. f. d. G. d. Oberrheins 7, 417]. — Index lect. acad. Monaster. p. mens. aest. 1884, 7 f.; Lindner, Veme 635. (id. dat.) **4740**
"	"	ermächtigt den EB. Dietrich v. **Köln** die vom Reiche verpfändeten Ortschaften Sinzig u. Remagen für das Erzstift einzulösen, unter Vorbehalt der Wiederauslösung durch d. Reich. — [KU. w. v. — R. Henr. Fye]. — Or. Düsseldorf; RR. G 112ʳ; Abschr. d. 15. Jahrhd. Coblenz. Becker]. — Lacomblet, Urkb. f. die G. d. Niederrheins 4, 160. (sa. vor reminiscere). **4741**

1422		
März 7	Skalitz	befiehlt den Unterthanen zu Sinzig u. Remagen dem EB. Dietrich v. Köln zu huldigen. — [KU. w. v. — Abschr. d. 15. Jhdts. Koblenz. *Beyer*] — Erw.: Lacomblet ib. (id. dat.) 4742
»	»	befiehlt dem Hrz. Reinald v. Geldern u. Jülich, der Besitzergreifung v. Sinzig u. Remagen seitens des EB. Dietrich v. Köln sich nicht zu widersetzen. — W. v. 4743
»	»	erlaubt dem EB. Dietrich u. allen künftigen Erzbischöfen v. Köln an ihren Landzollstätten zu Rheinbach, Königsdorf u. Neuss (Nüssen) v. jedem Fuder Wein einen rhein. Gulden u. v. ,aller kaufmanschaft nach dem und sich das nach markzal gebärt' zu nehmen. — Per d. G. ep. Pat. canc. Franc. — RR. G 112ᵛ. (sa. vor reminiscere). 4744
»	»	belehnt den Junggr. Johann v. Nassau u. dessen Brüder mit ihrem Anteil an Cleve, Mark, Dinslaken, Neuenstadt [RB. Wiesbaden, Kr. Westerburg] u. der Hälfte der Grafschaft Diez. — Per d. G. episc. Patav. cancell. Francisc. prepos. Strigon. — R. Henr. Fye — Or. u. 2 Kop. Wiesbad.; RR. G 118ᵛ. (sampßtag vor ... reminiscere). 4745
»	»	fordert den B. Rabau v. Speier, den Kanzler Kg. Ruprechts, auf ,kunig Ruprecht unsers vorfarn an dem riche register' u. alle andere des richs register', die er inne habe, an seinen Bevollmächtigten Konrad v. Weinsberg auszuliefern [vgl. nr. 5048]. — Ad m. d. r. d. G. episc. Patav. referente Franciscus. — RR. G 113ᵛ. — Mittheilung. d. Inst. f. österr. Geschichtsforsch. 2, 116. 4746
»	»	an Mkgr. Bernhard v. Baden: hat den Tag, den er dem Mkgr. einer- u. den Städten Freiburg, Breisach u. Endingen andererseits auf März 22 [vgl. nr. 4681] angesetzt hatte, auf Mai 31 verlegt, weil er zu diesem Tage alle Reichsstände zu sich nach Regensburg entboten hat, u. fordert ihn auf, zum Recht dahin zu kommen. — KU? — Kop.ᵃ Kolmar Stadt-A. — Fester, Reg. d. Mkgr. v. Baden nr. 3379. 4747
»	»	desgl. an die Städte Freiburg, Breisach u. Endingen. — W. v. 4748
»	»	befiehlt der St. Kenzingen im Breisgau dem Konrad v. Weinsberg zu huldigen, da sie demselben wegen seiner Geldforderungen v. den Hrzz. Friedrich u. Ernst v. Österreich abgetreten sei. — D. canc. Franc. — RR. G 114ᵛ. (reminiscere). 4749
»	»	befiehlt dem Mkgr. Bernhard v. Baden dem Weinsberg Kenzingen zu übergeben u. dafür zu sorgen, dass die Stadt demselben huldigt. — KU. w. v. — RR. ib. (id. dat.) — Vgl. Fester, Reg. d. Mkgr. v. Baden nr. 3372 (fälschl. zu März 3). 4750
»	»	belehnt Heinrich Roder, Unterlandvogt im Breisgau, mit dem Lehen des Wernher v. Wiswir [= Weisweil] sel. — Per d. G. episc. Patav. cancell. Franciscus prepos. Strigon. — R. Henr. Fije. — Or. Karlsruhe; [RR. G 114ᵛ]. — Reg.: Ztschr. f. G. d. Oberrheins N. F. 3, 440. 4751
»	»	belehnt Dietrich u. Heinrich Beyer v. Boppard, Herren zu Kastel, mit 2 Turnosen auf dem Zoll zu Boppard u. mit Turnosen auf dem Zoll zu Hachenburg. — Rex. Franc. — RR. G 113. (reminiscere). 4752
»	»	gestattet dem Dietrich u. Heinrich Beyer, den Gemeinden zu Ehrenberg (Er-), Schöneck (Scho-), Waldeck [im Rheingau], Konrad u. Gerlach Kolbe aus Boppard u. Konrad v. Hasselstein ihren Wein u. ihre Feldfrüchte zollfrei u. ungehindert in ihre Häuser zu Boppard zu führen; befiehlt der St. Boppard sich hiernach zu richten. — KU. w. v. — ib. 113ᵛ. (id. dat.) 4753
»	»	gestattet dem Heinrich Beyer v. Boppard die im Pfandbesitze Walters v. Hohen-Geroldseck u. Folmars v. Ochsenstein (Oss-) befindlichen Dörfer [Reichslehen]: Hochfelden (Hof-), Marlenheim (Marlle), Nordheim (Norteim) u. Romansweiler (Romoltzwilr) einzulösen. — W. v. 4754
»	»	erneuert u. genehmigt den Boppardern die (inser.) Schöffengerichtsordnung v. 1291 Aug. 23. — [Ad relac. d. G. episc. Patav. canc. Franciscus prepos. Strigon. — R? — Or. Koblenz *Becker*; RR. G 113ᵛ u. 114ᵛ]. — P. Wigand, Wetzlarsche Beitr. f. Gesch. u. R Altert. 2 (1845), 88 ff. (die octava m. martii). 4755
»	»	verbietet allen Reichsunterthanen mit Brabant fernen Verkehr zu treiben, da Johann v. Böven, Propst zu Aachen, u. Joh. v. Loen, Vater u. Sohn, Herren zu Heinsberg, in Brüssel überfallen u. gefangen worden seien u. die Brüseler auf seine Vorladung sich nicht zur Verantwortung gestellt haben. — KU? — Trans. v. 1426 April 10 Düsseldorf. (am sent. reminiscere). 4756
»	»	verändert die 3600 rhein. Gulden, um welche die Stadtsteuer v. Reutlingen seinem Protonotar Joh. Kirchen verpfändet ist [vgl. nr. 3397] in 600 Mark Silber (6 Gulden zu einer Mark

1422		
		lötigen Silbers gerechnet]. — Ad m. d. r. d. Conrado de Weinsperg referente Franciscus prepos. — [RR. G 114ᵛ u. 115ʳ, dabei auch eine getilgte erste Fassung]. — (Harpprecht), Staats-A. d... Cammer-Gerichts 3, 504 ff. 4757
März 8	Skalitz	erklärt zur Beruhigung des noch immer besorgten Kölner EB. Dietrich, dass alle etwa der St. Köln gegebenen Privilegien, welche dem Erzstift schädlich wären, ungültig sein sollen. — [Per d. G. ep. Pat. canc. Franc. — RR. G 112]. — Apologia d. Erz Stiffts Cöllen (Bonn 1657) 151 f.; Securis ad radicem posita (d. gründl. Ber. loco libelli, worin der St. Cöllen... Ursprung ...(Bonn 1657, 1729) 318; Lünig, R.-A. Spic. eccl. 1, Forts. 576. (sont. reminisc.) 4758
"	"	befiehlt der St. Köln bei Strafe v. 1000 Mark Gold, das mit dem Hrz. Adolf v. Berg gegen den EB. Dietrich geschlossene Bündnis aufzukündigen. — [Ad m. d. r. Franc. prep. Strigon. — R. Henr. Fye. — Or. Düsseldorf; RR. G 112ᵛ]. — Lacomblet, Urkb. f. d. Gesch. d. Niederrheins 4, 160; vgl. Reg.: Mitteil. a. d. Stadt-A. zu Köln, Heft 24, 141. (ld. dat.) 4759
"	"	erteilt, da die Hussiten in Kuttenberg falsche Groschen u. Denare prägen, dem Ulrich v. Rosenberg das Recht Münzen nach herkömmlichem Schrot u. Korn zu prägen. — [Ad m. d. r. Francisc. prepos. Strigon. — R. Henr. Fye. — Or. Wittingau — Kop. Prag Böhm. Mus.] — Sternberg, G. d. böhm. Bergwerke, Urkb. (1, 2) 107. 4760
"	"	belehnt den Johann v. Rineck (Rey-) mit der halben Herrschaft Landskron, die nach dem Tode [Friedrichs] v. Tomberg (Tonenburg) an das Reich gefallen ist, da dessen Erbe Kraft v. Saffenberg die Belehnung nicht nachgesucht. — Rex. Franc. — RR. G 114ʳ. (reminiscere). — Vgl. ur. 4540. 4761
"	"	ernennt den Xantener Domherrn Tilmann v. Uden zu seinem Kaplan. — Canc. Franc. — RR. G 113ᵛ u. getilgt 114ʳ. (s. die marc.) 4762
"	"	ladet Reichsstädte auf den zu Beratungen über Vernichtung der böhm. Ketzer angesetzten Reichstag zu Regensburg für den 31. Mai; inzwischen sollen sie auf Einladung der Kurfürsten eine Beratung halten. — Ad m. d. r. Michael prep. Bolesl.
		an Strassburg. — Or. Strassb. St.-A. 4763
		an Frankfurt, Gelnhausen, Friedberg u. Wetzlar. — Or. Frankf. St.-A. 4764
		an Köln. — Or. Köln St.-A. (vgl.: Mitteil. a. d. Stadt-A. v. Köln, Heft 24, 141). 4765 RTA 8, 122. (sont. reminiscere).
"	"	ladet noch folgende Reichsstände auf diesen Regensburger Reichstag:
		den Grafen v. Lupfen 4766
		den Bischof v. Augsburg 4767
		den Bischof v. Lausanne 4768
		die St. Schwyz u. ihre Eidgenossen 4769
		die St. Konstanz u. die Städte am Bodensee 4770
		die St. Bern u. ihre Eidgenossen 4771
		die St. Ulm u. die mit ihr verbündeten Städte 4772
		die St. Schaffhausen 4773
		den Bischof v. Basel 4774
		die St. Basel 4775
		den Bischof v. Konstanz 4776
		den Bischof v. Chur 4777
		die St. Zürich u. ihre Eidgenossen 4778
		die Hrz. Heinrich, Ernst, Wilhelm, Stefan, Hans u. Otto v. Baiern 4779/84
		den Bischof v. Freising 4785
		die Hrz. Ernst u. Friedrich v. Österreich 4786/87
		den Bischof v. Trient 4788
		den Bischof v. Brixen 4789
		den Mkgr. v. Baden 4790

1422

März 8	Skalitz	den Bischof v. Strassburg	4791
		die St. Freiburg, Breisach, Neuenburg u. Endingen	4792
		die St. Speier	4793
		die St. Mainz	4794
		die St. Worms	4795
		den Gr. Philipp v. Nassau	4796
		den Bischof v. Würzburg	4797
		den Bischof v. Speier	4798
		den Bischof v. Worms	4799
		den Bischof v. Eichstädt	4800
		den Bischof v. Bamberg	4801
		den Erzbischof v. Magdeburg	4802
		den Bischof v. Meissen	4803
		den Bischof v. Naumburg	4804
		den Bischof v. Lübeck	4805
		den Bischof v. Merseburg	4806
		den Bischof v. Halberstadt	4807
		den Erzbischof v. Bremen	4808
		den Bischof v. Havelberg	4809
		die Mkgr. Friedrich, Wilhelm u. Friedrich d. jüng. v. Meissen	4810
		den Hrz. Albrecht v. Sachsen	4811
		den Hrz. Erich v. Sachsen	4812
		den Landgr. Ludwig v. Hessen	4813
		die Hrz. Otto, Bogislaw u. Kasimir v. Pommern	4814
		den Hrz. Johann v. Mecklenburg	4815
		die St. Lübeck u. alle Hansestädte	4816
		die St. Hamburg	4817
		die St. Wismar	4818
		die St. Rostock	4819
		die St. Erfurt	4820
		die St. Magdeburg	4821

Verzeichnis der durch Konrad v. Weinsberg beförderten königl. Einladungsschreiben zu dem Regensburger Reichstag: RTA 8, 123 f. (Nicht immer ersichtlich, welcher Reichsstand einzeln für sich das königl. Schreiben erhalten hat.) Auf diesem Verzeichnis fehlt Köln (vgl. nr. 4765), jedoch nicht Strassburg (nr. 4763) u. die Frankfurter Gruppe (nr. 4764).

» 7 » verbietet den Reichsunterthanen des Stiftes Verdun dem dortigen B. [Ludwig I.] Gehorsam u. Abgaben zu leisten, da derselbe bisher noch immer nicht sich mit den Regalien hat belehnen lassen. — KU? — RE. G 113^r. (s. die). 4822

» 15 Kremsier bestätigt die Privilegien der St. Namslau. — KU? — Alte Kop. Breslau Staats-A. (sont. oculi). 4823

» » quittiert der St. Olmütz über 100 Mark von der künftigen Georgstag fälligen Losung. — KU? — Or. Olmütz. (sont. oculi). Gemeinderat. 4824

» » belehnt den Hrz. Johann zu Troppau u. Ratibor mit Jägerndorf. — Ad m. d. r. Franciscus prepos. Strigon. — [B. Henr. Fye.] — Or. Wien Arch. d. Minist. d. Innern. — Publikat. a. d. preuss. Staatsarch. 16, 502 f. (sont. oculi). 4825

» 16 » verpfändet dem Johann Hanowec v. Schwamburg fünf Dörfer des Kl. Chotěschau für 1000 Schock Prager Groschen unter der Bedingung, dass er auf eigene Kosten die St. Mies verteidigt. — Archiv česky 4, 37 = Reg.: Palacky, Beitr. z. G. d. Hussiten Kr. 1, 189. 4826

1422			
März 16	Kremsier	giebt denen, die Weingärten um u. bei Sommerfeld haben, die Gnade, dass sie nach Magdeburger Recht gerichtet werden sollen. — [Per d. ducem Rampoldum Maioris Glogovie Francisc. prepos. Strigon. — R. Henr. Fye — Or. Sommerfeld] — Worbs, Invent. dipl. Lusat. infer. 1, 233.	4827
" 17	"	verleiht dem Nikolaus v. Gersdorf das Gut Tauchritz (Tucheris), welches dieser dem Wenzel v. Biberstein zu Friedland abgekauft, mit der Bestimmung, dass er die Benitzer dieses Guts von den Oberlausitz. Städten nicht trennen wolle. — [Per d. ducem Rampoldum etc. Mich. prep. Boleal. — R. Heinr. Fye — Kop. Görlitz Bibl. u. Zittau] — Reg.: Verzeichn. oberlans. Urkk. H. 5, 8. (di. nach oculi).	4828
" 18	"	erteilt den Mannen, Rittern u. Landsleuten im Namslauischen die Freiheit, bei Kauf oder Verkauf von Gütern keine Auffahrt oder Abfahrt zu entrichten. — KU? — Neuere Abschr. Breslau Stadt-A. (mi. nach oculi).	4829
"	"	befiehlt den Räten der Städte Bautzen, Görlitz, Zittau, Löbau, Lauban, Kamenz die Mauern zu befestigen u. zu bewahren. — Ad m. d. r. d. Rumpoldo duce referente Mich. prep. Boleal. — Or. Bautzen — Jecht, Cod. dipl. Lusat. sup. 2 (1896), 106 f.; Reg. z. J. 1421: Verzeichn. oberlans. Urkk. Heft 5, 6; Neues Laus. Mag. 72, 133. (mi. nach oculi).	4830
" 20	Novosedly (Neusedlitz)	verleiht der St. Neusiedl — Novosedly (Neusedlitz) die dortige Maut nach dem Tode der gegenwärtigen Inhaberin Elska Repin. — Ad m. d. r. Mich. prep. Boleal. — Kop. v. 1708 Wien Arch. d. Minist. d. Innern. (fr. vor letare).	4831
"	Austerlitz	erteilt der St. Austerlitz (Slavkov) die Maut in derselben Stadt. — Reg.: Arch. česky 7, 581 Novaček.	4832
" 21	Nikolsburg	trifft hier mit Hrz. Albrecht v. Österreich zusammen. — Nach dem Znaimer Losungsbuch u. RTA 8, 117 Not.: Arch. f. öster. G. 80, 298. — Erwartet wurde S. in Nikolsburg bereits am 20. März: RTA 8, 118.	4832a
" 22	"	schlägt auf die 600 Gulden, um welche Zoll u. Vogtei zu Basel dieser Stadt versetzt sind, noch 600 Gulden, die sie ihm geliehen. — Rex. Mich. — RR. G 115ᵛ u. 116ᶠ; am Rande: non exivit. (letare). — Vgl. 1422 Juli 31.	4833
"	"	schlägt die 100 Gulden, welche Henmann Offenburg für ihn an einige Gläubiger bezahlt hat, auf die 2000 Gulden, um welche ihm das Schultheissenamt zu Mülhausen verpfändet ist, mit dem Versprechen, dass die ganze Summe bei einer etwaigen Einlösung auf einmal bezahlt werden muss. — Per d. Comr. de Weinsperg Mich. prep. Boleal. — R. Henr. Fye — Or. Mülhausen; [RR. G 117ᶠ] — Mossmann, Cartulaire de Mulhouse 2, 10. (sunt. letare). — Zur Reise Henmann Offenburgs vgl. RTA 8, 117 f.	4834
" 23	"	ermächtigt den Henmann Offenburg das Mülhausener Schultheissenamt für denselben Preis, um den es ihm verpfändet ist, weiter zu verpfänden; die Mülhausener sollen dem etwaigen neuen Pfandinhaber ohne Widerspruch Eid u. Huldigung leisten; dieser betw. Offenburg soll noch nicht verpflichtet sein, in Mülhausen zu leben, sondern einen Vertreter einsetzen zu dürfen. — KU. w. v. — R. Henr. Fye — Or. Mülhausen; [RR. G 117ᶠ] — Mossmann 2, 11 f. (mo. nach letare).	4835
"	"	giebt dem Henmann Offenburg, Bürger zu Basel u. Schultheiss zu Mülhausen, sowie dessen Nachkommen das Recht, Wein, Korn, Holz u. s. w. zollfrei nach Mülhausen bringen zu können. — Per d. C. de Winsperg Mich. — RR. G 116ᶠ u. 117ᶠ. (mont. nach letare).	4836
"	"	bestätigt der St. Breisach die Reichspfandschaft der Dörfer Hochstetten, Rimsingen, Achkarren u. Lussheim mit der Bedingung, dass in Zukunft nur das Reich diese Herrschaft wieder an sich lösen dürfe. — [Per d. C. de Winsperg Michael.] — Or. [nicht gefunden] Breisach: [RR. G 116ᵛ] — Reg.: Mitteil. d. bad. hist. Kom. 11, 16. (id. dat.)	4837
"	"	nimmt den Junggrafen Johann v. Nassau unter sein Hofgesinde auf u. verschreibt ihm für seine Dienste jährlich 500 rhein. Gulden. — KU? — RR. G 115ᵛ mit KU: D. canc. Franc.; mod. Kop. Wiesbaden nach Or. (?) im Haager A. (mo. . . . nach letare).	4838
"	"	desgl. den Wilhelm v. Buschfelt (100 Gulden). — KU. w. v.? — Not. RR. G 115ᵛ (id. dat.)	4839
"	"	desgl. den Bernd v. Hurde (100 Gulden) — W. v.	4840

43*

1422		
März 23	Nikolsburg	desgl. dem Johann Scherffgin (100 Gulden) — W. v. **4841**
"	"	übergiebt dem Hrz. Albrecht v. Österreich die Statthalterschaft von Mähren, bis dessen Geldforderungen sämmtlich befriedigt sind. (Brünn, Spielberg, Eichhorn, Eibenschitz, Trebitsch werden dem Hrz. in Pflegschaft gegeben; für deren Besatzungen erhält er jährlich 12000 Schock Groschen; Sigmund verpflichtet sich zur dauernden Unterstützung des Hrz. mit 1000 Spiessen, die er auf eigene Kosten im Lande hält, u. zu weiterer Hilfe, wenn Mähren vom Feinde überzogen würde; ohne Wissen des Königs darf der Hrz. keine Vergebung oder Verpfändung vornehmen, jedoch die Amtsleute u. Burggrafen ein- u. absetzen). — Ad m. d. r. Franciscus prep. Strigon. — R. Henricus Fije. — Or. Wien H. H. u. St.-A.; RR. G 117ᵛ u. 118ᶠ — Arch. f. österr. Gesch. 80, 339 ff. (nur vor frowen t. annunciac.) **4842**
"	"	belehnt Adelberg v. Rotberg (Roperg), Rudolf v. Ramstein u. Arnold v. Rotberg mit den Reichslehen ihrer Vorfahren: Metzerlen, Hofstetten, Witterswil (-liri, Blauen (Blowen), Tittungen, Nenzlingen u. Brislach. — Per d. C. de Winsperg Mich. — RR. G 116ᶠ (mont. nach letare). **4843**
"	"	übertragt auf Bitten des Hermann Schaber dessen Reichslehen zu Möhlin (Melin) an die Brüder Peter u. Wilhelm Truchsessen v. Rheinfelden. — W. v. **4844**
"	"	befiehlt der St. Speier die Richtung u. Sühne mit B. Raban zu halten, sowie ihn u. seine Pfaffheit bei ihren Rechten u. Freiheiten ungestört zu lassen. — Per d. Georium ep. Patav. cancell. Franciscus prepos. Strigoniens. — o R — Or. Karlsruhe. — Reg.: Ztsch. f. G. d. Oberrheins N. F. 3, 440. **4845**
"	"	befiehlt B. Raban v. Speier seine u. der Pfaffheit Rechte u. Freiheiten gegenüber der St. Speier aufrecht zu erhalten. — KU. w. v. — R. Henr. Fije [!] — Or. ib. [nicht in RR] — Reg.: ib. **4846**
"	Austerlitz	verleiht dem Markus, Johanns v. Hodetic Sohne u. seinen Nachkommen die Vogtei in Austerlitz (Slavkov). — Reg.: Arch. český 7, 580. *Novaček.* **4847**
" 24	Nikolsburg	ladet den Mkgr. Bernhard v. Baden, da er den auf März 23 [nr. 4747] angesetzten Tag nicht halten konnte, auf Mai 31 nach Regensburg, um daselbst seine Streitigkeiten mit den St. Freiburg, Breisach u. Endingen, deren Reichsvogt der Markgraf ist, zu entscheiden, befiehlt ihm auch den von ihm im Breisgau neu eingerichteten Zoll wieder abzuschaffen. — Per d. C. de Weinsberg camerarium Michael prepos. Boleslav. — [o. R — Or. Freiburg *Albert*] — Jac. Wencker, Continuat. d. Berichts v. den Auss-Burgern 68; Schreiber, Urkb. v. Freiburg 2, 316 f.; vgl. Fester, Reg. d. Mkgr. v. Baden nr. 3387. (fraw. ab. annunc.) **4848**
"	"	bestätigt der St. Colmar die ihr von Karl IV. verliehene Befreiung von dem Landgericht im Elsass. — Per d. C [de] Weinsberg camerarium Michael prepos. [gedr. episcop.!] Boleslav. — [R. Henr. Fye — Or. u. Vid. v. 1431 März 21 Colmar Stadt-A.; RR. G 118ᵛ] — Lünig, R. A. P. spec. Cont. 4 T. 2, 716. (frauen ab. annunc.) **4849**
"	"	befiehlt der St. Colmar nicht zuzulassen, dass irgend jemand einen der um sie gelegenen Höfe kaufe u. ihn befestige, um von dort aus das Land zu plagen; sein Landvogt im Elsass u. die Reichsstädte sollten dies auch nicht dulden. — KU. u. R. w. v. — Or. ib.; RR. G 118ᵛ. (frawen ab. annunc.) **4850**
"	"	giebt dem Johannes v. Rin [zu Rhein, Baseler Familie] erste Bitten auf das Stift Rheinfelden. — Per d. C. de Winsperg Michael — RR. G 115ᵛ. (24 marcii). **4851**
"	"	desgl. dem Konrad Haward auf das Stift Mönster im Aargau. — KU? — Not. ib. (id. dat.) **4852**
" 25	"	belehnt Heinrich Blumberg (Blomen-) mit dem dem Reiche verfallen gewesenen Schlosse [Hohen-] Karpfen (C-), gelegen uf der Schert in Schwaben'. — D. canc. Mich. — RR. G 118ᵛ. (frow. t. annunc.) **4853**
"	"	beglaubigt bei dem Mkgr. Johann Jakob v. Montferrat seinen Notar Simon Aseman v. Aspern (-ren), mit dem er wegen der bei ihm von dem B. Georg v. Passau, dem Hofmeister Gr. v. Öttingen u. dem Reichsvikar v. Verona u. Vicenza Brunoro della Scala hinterlegten Gnadenbezeugungen für Filippo Maria v. Mailand u. zwar über ihre Rücknahme, Vernichtung u. s. w. sich einigen soll. — KU? — RR. D 164ᵛ u. 165ᶠ. (fer. quarta post letare). **4854**

1422

März 25 Nikolsburg befiehlt allen Fürsten u. Behörden des Reichs dem B. Raban v. Speier gegen die St. Speier behülflich zu sein, wenn diese die zwischen beiden vereinbarte Sühne nicht halten wollte. — Per d. Georium ep. Patav. cancell. Franciscus prepos. Strigoniens. — o. R. — Or. Karlsruhe. — Reg.: Ztschr. f. G. d. Oberrheins N. F. 3, 440. **4855**

[»] » befiehlt dem Mkgr. Bernhard v. Baden keine Abgabe v. den Laienzehnten der den Zürichern gehörenden Leute zu fordern. — KU? — Kop. Zürich St.-A.: 5. Stadtbuch f. 52. *Schweizer.* (s. die). **4856**

April 8 Wessely (-e) befiehlt Peter Kutyeg, Burggrafen auf Eichhorn, die Güter der Wiklefiten u. anderer Ketzer **[an d. March]** in Mähren in des Königs Namen zu confiscieren u. die aus dem Heimfall dem König erwachsenden Rechte zu wahren. — Ad m. d. r. Michael propos. Boleslav. — H*tte* — Or. Wien H.-H. u. St.-A. — Arch. f. österr. Gesch. 80, 338 f. (quarta fer. ante f. pasche). **4857**

» 14 » schickt dem Deutschordensmeister eine Abschrift des Briefes des B. Konrad v. Breslau v. 1422 April 5 über die Pläne Witolds v. Litthauen; dieser rüste gegen den Palatin des Moldaulandes, wolle Sigmund Korybut unterstützen u. den Orden v. Litthauen aus angreifen; ersucht den Deutschorden auf der Hut zu sein u. evant. Polen u. Litthauen anzugreifen; warnt vor dem päpstlichen Legaten Zeno. — [KU. w. v. — o. R]. — Or. Königsberg. — Poln. Reg.: Mon. med. aevi hist. res gest. Polon. illustr. 6, 547; vgl. J. Voigt, Gesch. Preussens 7, 428. (dienst. nach ostern; bei Aschbach 3, 441 == April 9!). **4858**

» vor Steinitz erlaubt den Breslauern das Gepräge ihrer Heller zu ändern. — Ad m. d. r. Michael prep. Boleslav. — R. Henricus Fye. — Or. Bresl. Stadt-A. — Cod. dipl. Siles. 12, 39. (di. in d. h. osterfeyrtagen). **4859**

» » teilt dem B. Konrad v. Breslau mit, dass er den Breslauer Abgesandten geboten habe, ihn als Hauptmann aufzunehmen, sie hätten dies ihm auch zugesagt; er befehle ihm die Hauptmannschaft so zu führen, dass weder Mannschaften noch Städte an ihren Privilegien verletzt würden, verbiete ihm auch weltliche Sachen vor das geistliche Gericht zu ziehen. — KU. w. v. — o. R — Or. ib. — Reg.: Publik. a. d. preuss. Staats-A. 7, 538. (di. in den ostertagen). **4860**

» 15 » beauftragt den Johanniter-Komthur Johann in Villingen die Strafsumme einzuziehen, welche dadurch verwirkt ist, dass die Schenkung der Kirche in Hagenau an die Komthurei zu Dorlisheim (Dorols-) durch Karl IV [nicht bei Böhmer-Huber] nicht respectiert würde. — KU? — Vid. v. 1423 Feb. 28 Strassburg Bez.-A. (fer. quarta infra octavas pasche). **4861**

» 16 » urkundet, nachdem er B. Konrad v. Breslau zum Hauptmanne des Fürstentums Breslau gemacht, u. die v. Breslau auf seinen Befehl denselben zu ihrem Hauptmanne angenommen haben, dass dies ihren Privilegien u. Freiheiten für künftig unschädlich sein solle. — [Ad m. d. r. Michael prepos. Boleslav. — R. Henr. Fye] — Or. Bresl. Stadt-A. — Reg.: Publikation. a. d. preuss. Staats-A. 7, 82. (do. nach ostern). **4862**

» » verordnet, dass alle, welche in der St. Breslau ihren Unterhalt haben u. suchen, auch mit der Stadt leiden sollen. — [KU. w. v. — o. R — Or. ib.] — Vgl. (Klose) Von Breslau 2, 1.361. (do. nach ostern). **4863**

» » nimmt die St. Speier in seinen u. des Reiches Schutz. — Ad m. d. r. Mich. prep. Bolesl. — R. Henr. Fye — Or. Speier Stadt-A.; RR. G 118ᵛ n. 119ᵛ. (do. nach ostert.) **4864**

April 19 Wien: Die Vermählung v. Kg. Sigmunds Tochter Elisabet mit Hrz. Albrecht v. Österreich (Ebendorfer, Chronicon Austr. bei Pez, SS. rer. Austriac. 2, 851 f.) hat bereits 1421 Sept. 28 stattgefunden; vgl. Arch. f. österr. Gesch. 80, 287 A. 4. **4864 a**

Apr. 22 Pressburg: gebietet Rothenburg a. T. ihre Stadtsteuer für die letzten zwei Jahre an Erkinger v. Seinsheim zu zahlen. Reg. Boic. 12, 390 — falsch statt 1429 April 22.

» 23 Wessely verschreibt dem Johann v. Sovinec 4 Mark Jahreszins vom Dorfe Pawo erblich. — Reg.: Arch. česky 7, 570. *Novaček.* **4865**

» 26 Weisskirchen bestätigt der St. Göding [Vertreter: der Fleischer Peter, Mathias, Petrus Sohn des Nikolaus, **[in Mähren]** Joh. Kolarz, der Fischer Michael] seinen Brief v. 1404 [Juli 26], in welchem er die Bürger dieser Stadt, so lange sie dem König v. Ungarn angehören würde, v. der Bezahlung des Dreissigsten befreit. — KU? — Vid. v. 1747 Wien H.-H. u. St.-A. — Reg.: Arch. f. österr. G. 80, 298 A. 4. **4866**

1422		

April 29 Kenzingen: **Konrad v. Weinsberg**, des hl. röm. Reichs Erbkämmerer, verspricht die v. Kenzingen, welche ihm auf Geheiss des röm. Königs u. der Herrschaft Österreich gehuldigt haben [vgl. nr. 4749]u. als Pfand in seine Hände gekommen sind, zu schützen u. sie nicht ohne der Herrschaft Österreich Willen zu verpfänden. — Or. Kenzingen. — Reg.: Mitt. d. bad. hist. Komm. 7, 94.   **4866a**

Mai 1   Theben   an den Bischof v. **Dorpat**: Hrz. Sigmund v. Litthauen, vom Grossfürsten Witold u. den Tartaren unterstützt, rücke zum Schutze der böhmischen Ketzer heran; der Bischof soll daher mit dem Meister v. Livland vereint dem Deutschorden Hilfe bringen u. wider die Beschützer der Hussiten ziehen. — KU? — Kop. Königsberg Univ. Bibl. — Liv.-, Estl.- u. Curl. Urkb. 5, 814 ff.; (Caro) Arch. f. österr. G. 45, 416 ff.; Palacky, Beitr. z. d. Huss. Kr. 1, 194 f. — Nach Kop. in d. Korniker Bibl. Mon. med. aevi hist. res gest. Polon. illustr. 6, 549 f. (prima d. mai).   **4867**

»   »   ladet Reichsstädte auf den Regensburger Reichstag, Juli 1 zu Beratungen v. Massregeln wider die böhm. Ketzer u. fordert zu Rüstungen auf:

     Frankfurt. — Or. Frankf. St.-A.   **4868**

     Strassburg. — Or. Strassburg St.-A.   **4869**

     Köln. — Nachweis RTA 8, 124 A. 2.   **4870**

     Ad m. d. r. Franc. prep. Strigon. — RTA 8, 124.   (Philipps u. Jacobs t.)

»   »   befiehlt den Städten **Ulm** u. **Augsburg**, der Reichsstadt Donauwörth gegen die Angriffe des Hrz. Ludwig v. Ingolstadt beizustehen. — KU. w. v. — (Kop. München R.-A.: Gerichtslitt.) — (v. Lori), Gesch. d. Lechrains 2, 107.   (id. dat.)   **4871**

[»]   »   an die **Pfalzgrafen** Ludwig III, Stefan u. Otto Hrzz. v. Baiern, Mkgr. Bernhard v. Baden, Hrz. Ulrich v. Teck, die Gräfin Henriette v. Würtemberg u. die Verweser der Grafschaft Würtemberg, Johann v. Lupfen, Heinrich u. Egon v. Fürstenberg, Rudolf u. Wilhelm v. Montfort, Heinrich u. Hans v. Werdenberg zu Sigmaringen, Hans u. Friedrich v. Helfenstein, Eberhard v. Kirchberg, Rudolf v. Sulz gesessen zu Hohenberg, Hermann v. Sulz Hofrichter zu Rottweil, Johann Truchsess zu Waldburg Landvogt in Schwaben, die Rittergesellschaft im Hegau u. Algäu, an der Donau, die Brüder Georg, Heinrich u. Walter v. Geroldseck, Hrz. Reinolt v. Urslingen, Friedrich v. Emsberg, die Städte Ulm, Augsburg, Biberach, Ravensburg, Memmingen, Konstanz, Lindau, Überlingen, Reutlingen, Esslingen, Weil: Ritter Heinrich v. Hörningen u. dessen Sohn Kaspar haben den Prozess um eine Morgengabe gegen Wolf u. Konrad v. Bubenhofen, deren Schwester Ursula v. Haulfingen, Volz v. Weitingen u. Merklin v. Haulfingen, vor P. Martin V gewonnen; ihre Gegner wollen trotzdem sich nicht fügen; weist auf Wunsch des Papstes die Adressaten an, den beiden Hörningen beizustehen. — Canc. Franc. — RR. G 119. — Vgl. Fesler, Reg. d. Mkgr. v. Baden nr. 3406.   **4872**

» 3   Iłow?   verpfändet dem Wenzel Lžička v. Unter-Dubnany das Dorf Husčenovice vom Kl. Velehrad um 300 Schock Prager Grosch. — Reg.: Arch. česky 7, 595. Novaček.   **4873**

»   Pressburg   schlägt dem Janko Malerzik, der jetzt für ihn nach Deutschland reisen soll, noch 300 ung. Gulden auf die Pfandschaft des Schlosses Hartenberg. — Ad m. d. r. Franc. prep. Bolesl. — R. Henr. Fye — Or. Wien H.-H. u. St.-A.   (crewr t. invenc.)   **4874**

» 4   ?   sendet einen Boten v. Znaim aus nach Wien zu Hrz. Albrecht v. Österreich. — Erw. nach d. Znaimer Losungsbuche 141ᵛ: Arch. f. österr. G. 80, 299 A. 4.   **4874a**

» 5   Pressburg   belobt den Hochmeister des Deutschordens Paul v. Russdorf wegen seiner Haltung gegen den päpstlichen Nuntius Antonius [Zeno], hofft, da nur wegen seines Verhältnisses zu dem Orden Sigmund Korybut mit den Hussiten sich verbündet hat, dass der Orden treu bei ihm ausbalten u. keinen Frieden mit Polen schliessen werde; begehrt Beschickung des Regensburger Tages, giebt Nachrichten über Rüstungen u. kriegerische Ereignisse in Mähren u. in der Moldau. „Wir haben deinen brief am sonabend vor palmarum zu Marienburg gegeben eigentlich verhort und wol vernomen und nemlich in dem ersten, als du schriebst, wie unser heiliger vatter der babst einen seinen sendebotten genant Antonium zu dir mit einer credencie und sust mit anderen zwen offen bullen gesant habe, dieselben bullen inhaldund sint, das in seine heilickeit macht gegeben habe solche schelung zwischen dir und deiner widerpartie in frauschaft hinzulegen, umb des willen er dich anmudend gewest sei, das du mit dem kunig von Polan und herzogen Witolden soldest zusamen komen etc.; und die andere bulle haldet inne, das er macht hab beide teile zu laden gegen grossen Glagow und do die sachen in rechtes weise zu handeln biß zum urteil, das unser heiliger vatter der babst zu sprechen im behalden habe, so verr er euch uf die macht der ersten bullen in frauenschaft nicht vereinen moge etc. und wie du im ouch uf dieselben starke geantwortt hast, (die antwort gefellet uns wol), wie dann derselb Antonius dir zu erkennen geben hat, das er von unserm heiligen vatter sunderliche gewerb und schrift habe von denselben sachen an den hochgebornen Fridrichen marggraven zu Brandenburg etc. unsern lieben oheimen und kurfursten, der du noch nicht weist, und sei dorumb zu im gereiset. Ouch so hab dir derselb Antonius gesagt, wie der kunig von Polan nach den heiligen ostertagen meinet uf die Koyaw zu komen, dahin derselb Antonius ouch komen solle, und meinet ouch ausrichtung von dir zu haben, ob du mit den deinen der wege einen entzwer der fruntlichait odir des rechten woltest ufnemen. Und als du furbas schreibest, wiewol du dich mit allen den deinen richten wollest nach unser inhibicion und wollest ouch bei unserm ausspruche bleiben und von dem nicht treten noch keines tun on unsern wissen, dannoch so getruwest du wol mit den deinen einen furzog hieunder inzubrengen, als ferr uns gefiele, das man teidingete umb den tag stat und anderr bestendickeit der sachen, wo die solten gehandelt werden, und das ouch herzog Witolts insigel dazu qweme, das ettewas zeit nemen werde umb des willen, das sich die Lytlender dester baß zu dem kriege geschicken mochten. Und als du furbas schreibest, geschech es, das der tag verramet werde, des du dich doch nicht versehest und meinest den nicht anders zu folfuren dann durich deines ordens procuratores zu verbieten, worumb unser ausspruch angefochten und nicht gehalden werde, die ouch dieselbs solten den weg der ersten bullen absagen und wider seine macht excipieren und appellieren so wol uf den tag als zu grossen Glagow etc.: der sein bedunket uns gut und tuglich sein; und dein andacht nach unserm bedunken hat sich domit wol besorget. Ouch als du uns besunder uf das letste schreibest, wie der selb Antonius noch andre gewerb und befelhung habe, der er sich noch nicht emblösset hat, und wie versenlich sei, das er von bebstlicher macht einen fride indicieren werde per censuras beiden teilen und wie euch allen bedunket, das ir die nicht ufslaget, sunder die annemet doch mit solichen clauseulen als verr, als kein teil in einicherlei weise tete wider die heiligen kirchen das heilige reiche und den kristenglauben, und das ouch uf ein soliches annemete das andere teil einen solichen fride und das wir ouch also wol sicher weren; were aber das sie die clauseulen ufslugen, so mochte dann unser heiliger vatter der babst und derselb sendebotte und die ganze kristenheit wol erkennen, was ire ufsacz und meinung were. Lieber andechtiger, alle obgeschriben puncte haben wir eigentlich gewegen und betrachtet und lassen dich wissen, das herzog Sigmund uns nu in unser land zu Mehern gevallen ist und die Wiclessen von Behem, die im entkegen gekomen sein, zusammen gekomen und haben nu eine stat ingenomen und die Wiclessen steen im bei adir die Bickarten, und die von Prag wollen sein mit nichte ufnemen. Nu magst du und deine gebietigere wol merken, beschehe das es herzog Sigmunden zu Behem ietz gelucke, das ob got wil sol gewendet werden, wie dann ewer stat und wesen zu Prewssen gewendet wurde, und was euch dovon komen mochte. Ouch so weist du und dein orden wol, das wir alle feintschaft mit herzogen Witolden und demselben teile von ewern wegen haben umb den willen, das wir der gerechtickeit und euch beigestanden sein, das sie uns nu so herticlichen zusetzen und nachstellen, wie sie uns von leib und erbe brengen. Dorumb ermanen wir deine andacht und begeren von dir uf das hoheste und gebieten dir ouch ernstlich und vesticlich von Romischer kuniglichen macht mit disem brieve, das du dise sachen die ganze kristenheit antriffende mit deinen gebietigern wegen und mit herzogen Witolden keinen fride ufnemen wollest noch sollest, sunder dich zu kriege richten, sunder uns hulf und beistand mit aller deiner und deines ordens macht tun wollest und beweisen sollest; und gedenke doran, das die sache die ganzen kristenheit anruret und du uns pflichtig bist uns in den sachen nicht zu lassen. Und wir getruwen dir, du werdest dich mit solicher hulf bei uns also beweisen, das wir merclich und sichticlich erkennen ewer hulf und beistand. Ouch als wir vormals vorschriben hatten den hochgebornen Ludwigen herzogen zu Brige unsern lieben oheimen und fursten zu dir und deinen gebietigern zu senden, also haben wir nu ganz beschossen, das wir den tag mit den kurfursten und fursten zu Regenspurg [vgl. RTA 8 nr. 108 ff.: der Tag fand aber später zu Nürnberg statt] wollen leisten, mit der rate und hulf wir der

1422

kristenheit mache meinen ganz ußtragen, umb des willen wir den vorgenant herzog Lud-
wigen mit unser botschaft enthalden haben. Darumb begeren wir von deiner lieb und ermanen
dich ouch ernstlich mit disem brieve, das du deine erbere und mechtige botschaft uf den tag
gen Regenspurg ouch on sawmen senden wollest uns zu helfen aud zu raten und ouch mit
anderen fursten die sachen die kristenheit zu wegen und dorzu zu helfen und zu gedenken,
das die ganze kristenheit nicht also gar unredlich geswechet und gedrungen und die rech-
tickeit nicht underdruckt werde, wann wir dich und deinen orden nicht meinen zu lassen.
Desgleichen wir euch ouch glauben und uns zu euch des versehen. Ouch so haben wir nu be-
stellet, so wir uf den tag gen Regenspurg ziehen, das wir dann zweitausent spieß und etwas
mer und zweitausent zu fuß guter leute gen Merhern legen wollen, die (uf) uns uf heut ein teils
und alle tag zukomen, an das volk, das unser lieber sun der von Osterreich ouch in das land
legen werde, das uns die ketzer als wir hoffen in Merhern nicht vil schaffen sollen. So tun
wir letz unsere trefliche botschaft zu allen fursten in die Slesyen, das sie uberkomen und ire
volk an die grenz schicken zu einem teglichem kriege, das unsern feinden ie geweret wirt,
das sie nicht mogen uß und ein geziehen und freie straße haben mogen. Ouch als herzog Witold
den herzogen von der Moldaw, der sich wider an uns geslagen hat, mechticlich zu uberzihen
meinet, also haben wir mit unsern lantherren von Ungern uberkomen und hoffen demselben
herzogen von der Moldaw solche hulfe zu tün, das herzogen Witolden an seinen zuge nichs vil
gutes geschehen sol. Und was nns furbaß newer mer furkomen, die wollen wir deine andacht
ouch wol wissen lassen'. — Ad mandatum domini regis Michael prepositus Boleslaviensis.
Or. Königsberg.   (di. nach Philippen u. Jacobi).   **4875**

Mai 5   Pressburg   verklagt den Kg. Wladislaw v. Polen u. den Grossfürsten Witold v. Litthauen beim Papste,
weil sie die Hussiten unterstützen; berichtet, dass Witold gegen den Palatin des Moldau-
landes rüste u. bittet um Hilfe. — KU? — Kop. Königsberg. — Poln. Reg.: Mon. med. aevi
hist. res gest. Poloniae illustr. 6, 550.   (die quinta mayi).   **4876**

»   6   »   verspricht den Friedrich u. Johann Kolovrat (Co-brat) Ersatz für den Schaden, den sie im
Kriege gegen die Hussiten erleiden werden. — De m. d. r. d. Joh. de Swihow referente. —
Or. Hradčanek — Kop. Prag Böhm. Mus.   (6. die mai).   **4877**

»   »   ernennt den Peter Kravař u. Strážnice zum Hauptmann der Markgrafschaft Mähren. — KU?
— Wittingau. — Reg.: Arch. česky 3, 494 f.   *Novaček*.   **4878**

Mai 8 Pressburg: Königin Barbara erinnert die Breslauerin Anna Rötin daran, dass sie noch
keine Antwort v. ihr auf einen Brief erhalten habe. — o. KU. — Or. Breslau Stadt-A. **4878a**

Juli 4   [Ungar-]   giebt auf Wunsch der mährischen Herren den Landeshauptmann Peter v. Krawar volle Gewalt
      Altenburg   statt seiner Recht zu sprechen in allen Dingen, die nicht unmittelbar dem Könige zustehen,
u. Gütergemeinschaften zu erteilen; doch sollen diejenigen, die gegen die christliche Kirche
u. gegen den König sind, v. jeder Freiheit u. vom Rechte ausgeschlossen sein u. die Landes-
ordnung für sie nicht gelten. — KU? — Or. Wittingau. — Arch. f. österr. Gesch. 80, 344.
(Čech.)   **4879**

»   Schwadorf   giebt dem päpstlichen Protonotar Benedikt, Propst zu Stuhlweissenburg (Alba regalis), das
      [sö. bei Wien]   Recht 10 öffentliche Notare zu ernennen. — Canc. Franc. — Not. RR. G 120ᵛ.   (quarta
die jul.)   **4880**

»   7   Wien   bestätigt dem Sigmund Claritz, Richter zu Budweis, u. der Margarete, Tochter des † Wenzel
Claritz, wegen treuer Dienste gegen die Hussiten ihre Privilegien; inseriert die Urk. Wenzels
v. 1407 März 17. — Ad m. d. r. Francisc. prepos. Strigon. — R. Henr. Fye — Or. Budweis.
(di. nach Ulrichstag). *Celakovsky*.   **4881**

»   »   »   bestätigt die Privilegien der St. Budweis. — W. v.; auch Kop. Wittingau. *Morel*   **4882**

»   »   »   nimmt den Andreas Dalen gen. v. Erkel, Domherrn zu St. Amarin (s. Ammarini) in der Baseler
Diözese, unter seine Familiares auf. — Per d. G. ep. Pat. canc. Franc. — Not. RR. G 119ᵛ.
(7. julii).   **4883**

»   »   »   giebt dem Hans Mausenreuter v. Pakenstein [— Pottenstein?] ein Wappen, das dem des
ausgestorbenen Geschlechts Gutinger nachgebildet ist. — Rex. Mich. — RR. G 138ᵛ.   (di.
nach Ulrich).   **4884**

»   »   »   adelt Anton Tallanderll, sonst genannt Herr Dorra aus Aragonien, seinen Intimen Familiaris
[Hofnarr] u. verleiht ihm ein Wappen (,,te tam fidelem quam benivolum prebuisti et quodam

1422		
		acuto studio sub simulata quadam curiositate, que summa Kathone teste dinoscitur esse prudencia, crebro nos a corporis periculis exemisti et quandoque in perplexitatibus constitutos et animi mutacione perlesos leticie jubilo ad prioris jucunditatis gaudium reduxisti'). — KU? — RR. G 127ᵛ. (7. Julii). — Über diesen Hofnarr (auch Porro genannt) vgl. auch Windecke ed. Altmann S. 113. **4885**
Juli 10	Wien	verlässt diese Stadt, um nach Passau zu ziehen: RTA 8, 132. **4885a**
" 14	Enns	bestimmt, dass sein Marschall Heinrich v. Lyppa alias v. Tempelstein zusammen mit den Kindern des † Ilinko v. Lettowitz (Letho-) bis zu deren Volljährigkeit das Schloss Lettowitz mit allem Zubehör besitzen soll; sollten die Kinder aber minderjährig sterben, so verzichtet S. auf den ihm nach mährischem Recht zustehenden Anfall zu Gunsten des Lyppa. — Ad m. d. r. Franc. prep. Strig. — R. Henr. Fye. — Or. Wien II.-H. u. St.-A. (feria tercia post Marg.) **4886**
"	Ebelsberg (Ebersberg)	fordert Ulrich v. Rosenberg auf, mit ihm zu dem nach Regensburg angesetzten Fürstentage zu kommen, u. dem er sich eine ergiebige Kriegshilfe für seine Getreuen verspreche. — Ad m. d. r. Franc. prepos. Strigon. — Or. Wittingau. — Arch. Česky 1, 16 = Reg.: Palacky, Beitr. 1, 218. **4887**
" 15	"	verspricht zusammen mit seiner Gemahlin Barbara dem Bertold v. Mangen, Hubmeister in Österreich, der ihnen durch seine Bürgschaft v. Nürnberger Kaufleuten 4000 ung. Gulden verschafft hat, unter Verpfändung einiger Kleinodien diese Summe bis Nov. 25 zu bezahlen, widrigenfalls Mangen diese Kleinodien verkaufen darf. — KU? — RR. G 119ᵛ. (mi. nach Marger.) — Am 15. Juli wollte S. ursprünglich in Passau sein: RTA 8, 132. **4888**
" 16	Nürnberg (sic!)	erhebt den Edlen Kaspar Schlick, Herrn zu Neuhaus (Weiskirchen), u. dessen Nachkommen in den Freiherrnstand u. erlaubt ihm in sein Wappen das seiner Mutter Constantia, Gräfin v. Colalto, aufzunehmen. — [Ad m. d. r. Mich. Dolesl. prepos. — o R! — Or. Kopidlno. *Dworak;* nicht in RR. Sigmunds]. RR. O 164: vgl. Chmel, Regesta Friderici IV n. 946. (die 16. julii). — Wahrscheinlich Fälschung. **4889**
" 19	Straubing	kommt hierher. (Quelle?) Gemeiner, Regensb. Chron. 2, 444. (so. vor Marie Magd.) **4889a**
" 20	Regensburg	kommt hierher (mit der Königin Barbara): Andreas v. Regensb.: Fontes rer. Austr. SS. 6, 413; Windecke, hrsg. v. Altmann S. 151; vgl. RTA 8, 134. **4889b**
" 21	"	ernennt den Licenciaten beider Rechter Egidius Acarie zum öffentlichen Notar u. investiert ihn „per pennam et calamarium", nachdem derselbe den Treueid in die Hände des Kanzlers, des B. Georg v. Passau geschworen. — Per d. G. ep. Patav. canc. Mich. — RR. G 119ᵛ u. 120ᵛ. (21. julii). **4890**
"	"	überträgt seinem treuen Diener Eberhart Windecke aus Mainz die Aue bei Ginsheim an der Gerau [jetzt Schwartzbach], ein Lehen, welches nach dem Tode des Henne zum Gelthus des alten gen. Echzeller verfallen ist [vgl. nr. 4968]. — Rex cancellario [Georgio] referente Michael. — RR. G 134ᵛ u. 135ᵛ. — Windecke, hrsg. v. Altmann 472 f. (di. vor Mar. Magdal.) **4891**
" 23	"	bestätigt die durch den Gr. Amadeus v. Savoyen seinerzeit erfolgte Legitimation des Johannes v. Challant alias v. Usseaux (de Usello). — Canc. Mich. — RR. G 120. (23. julii). **4892**
" 24	Nürnberg	belehnt Konrad Steinacker mit einem Hofe zu Heinrichsdorf [welches?]. — Luppfen. Michael. — Not. RR. G 120ᵛ. (Jacobs ab.) — Sigm. ist erst am 26. Juli (mit seiner Gemahlin) nach Nürnberg gekommen: RTA 8, 136 A. 1; vgl. auch nr. 4896 a. **4893**
?	?	belehnt Albrecht Liechtensteiner mit einem Fischwasser u. einer Mühle zw. Sulzbach u. Hersbruck u. einer Burghut zum Rosenberg [ad v. Sulzbach] (Rote-). Sine littera. — Not. ib. (s. d.) **4894**
?	?	belehnt Sebastian Hangg aus Augsburg als Lehnsträger für Georg, Hartmann u. Peter Langenmantel mit der Burg Hiltenfingen an der Wertach, der Fischerei zu Hirblingen u. dem Gericht zu Bonstetten (Bun-). — KU? — Not. ib. (s. d.) **4895**
" 26	?	verpfändet dem Johann v. Neuhaus das Gut Lomnic um 1400 Schock Groschen. — KU? — Altes Regest Wittingau. (s. l.) *Marek.* **4896**
"	Neumarkt [Oberpfalz]	gewährt dem Ludwig v. Lansee, Deutschordenskomtur zu Brandenburg, eine Audienz u. zieht dann nach dem Mittagessen weiter nach Nürnberg, wo er noch an demselben Tage eintrifft.

1422

		RTA 8, 13* u. 136 A. 1. — ib. 232 die Geschenke, die Sigmund u. seinem Hofe gemacht werden. **4896a**
Juli 27	Nürnberg	verhandelt mit den Reichsständen über Hilfe für den Deutschorden. — ib. 138. **4896 b**
»	»	belehnt Henne v. Holzhausen [sw. Friedberg, Hess.] mit Renten zu Ginnheim (Gynneheim). Eschersheim (Escherh-) u. Bergen. — Rex. Michael. — Not. RR. G 121ᵛ. (mo. nach Jacobs t.) **4897**
»	»	giebt dem Lausanner Bürger Johann Borgeis u. dessen Nachkommen das Recht Münzen zu schlagen. — Canc. Mich. — RR. G 120ᵛ. (27. julii). **4898**
»	»	desgl. dem Lausanner Bürger Stefan Borgeis. — [KU. w. r.] — Not. ib. **4899**
» 25	»	desgl. dem Antonius Goylley. — W. r. (28. julii). **4900**
»	»	quittiert der St. Aalen den Empfang der Reichssteuer (jährl. 100 Pfund Heller) pro 1419. 1420 u. 1421, welche sie in seinem Auftrag an Haupt Marschall v. Pappenheim gezahlt hat. — Winsperg. Franc. — Not. RR. G 121ᵛ. (dinst. nach Jacob). **4901**
»	»	belehnt Heinrich v. Fleckenstein mit der Burg Fleckenstein, sowie Rechten u. Gütern zu Schönenburg (Hon-), Surburg, Ober-Kützenhausen (Ko-) u. s. w. u. gestattet die Vererbung auf die weibliche Linie. — Per d. C. de Winsperg Mich. prep. Boleel. — RR. G 121ᵛ. (dinst. nach Jacobs t.) **4902**
»	»	befiehlt den Erfurter Juden ihren goldenen Opferpfennig an Hans Nuremberger zu zahlen. Rex. Franc. — RR. ib. durchgestrichen. (id. dat.) **4903**
»	»	befiehlt den Züricher Juden ihren goldenen Opferpfennig an Hans Schreiber v. Basel zu zahlen. — KU? — Not. ib. (id. dat.) **4904**
»	»	belehnt Sytz Osterricher, Bürger zu Nürnberg, mit einem Gut zu Niederheckenhofen [= Niederbatzkofen, niederbair. B.-A. Rottenburg?] — Lupfen. Franc. — Not. RR. G 125ᵛ. (dinst. nach Jacob). **4905**
»	»	belehnt Hermann Offenburg mit dem Pfaffenhofe auf dem Petersberg zu Basel u. mit Grundstücken in der Baseler Neustadt, welche früher die v. Frik innegehabt. — Per d. G. ep. Pat. canc. Mich. — Not. RR. G 121ᵛ. (di. nach Jacob). — Nicht erwähnt in Offenburgs Chronik. **4906**
»	»	erteilt den Gr. Johann u. Michel v. Wertheim Freiheit v. fremden Gerichten. — [Per d. Conrad. de Winsperg cameral. Franc. prepos. Strigon. — R. Heinr. Fye] — Or. Wertheim: [RR. G 121ᵛ u. 122ᵛ]; Vidimus des Abtes Joh. v. Bronnbach v. 1519 Juni 13 in Karlsruhe G.-L.-Arch.; vgl. Ztschr. f. d. G. d. Oberrheins 9, 59. — Aschbach, Gesch. d. Grafen v. Wertheim 2, 211 ff. **4907**
»	»	belehnt den Gr. Johann v. Wertheim mit den böhm. Lehen (Wertheim, Kreuzwertheim, Burg Kennig. — [Per d. G. episc. Patav. cancell. Michael prepos. Boleel. — R. Henr. Fye] — Or. [u. Vidim. v. 1453 Febr. 14] Wertheim; [Vid. v. 1424 Okt. 20 Wien H.-H. u. St.-A.] — Reg.: Aschbach, Gesch. K. Sigmunds 3, 442. **4908**
»	»	belehnt Bernhard Vener mit dem Aichamt zu Gmünd, das vorher dessen Vetter Gerwig Vener [vgl. nr. 2359] gehabt hatte. — Rex. Franc. — Not. RR. G 121ᵛ. (dinst. nach Jacob). **4909**
»	»	giebt seine Zustimmung, das Albrecht v. Venningen seinen Anteil an Neidenstein (Nyd-) an seine Vettern Hans d. Alt. u. Hans d. jüng. verkauft hat, u. belehnt diese damit. — Winsperg. Franc. — Not. ib. (id. dat.) **4910**
»	»	stimmt zu, dass Konrad v. Venningen seinen Neidensteiner Anteil an seinen Bruder Hans v. Venningen verkauft hat. — KU? — R? — Or. Eichtersheim. Venning. A.; [nicht in RR.] — Reg.: Mitt. d. bad. hist. Komm. 18, 69. **4911**
» 29	»	widerruft seine Bestätigung [nr. 636] der durch Kg. Ruprecht [Chmel, Reg. Ruperti nr. 1127] erfolgten Verleihung des Amtmannsamts zu Gmünd an die Leibeserben des nunmehr † Konrad v. Freiberg [vgl. nr. 4951]. — Per d. G. ep. Pat. canc. Jo. Kirchen. — RR. G 127ᵛ. (mi. nach Jacobs). **4912**
»	»	belehnt Hans Ulrich v. Stoffeln mit dem vierten Teil des Zehnten zu Mägden (Magdon) bei Rheinfelden. — Winsperg. Franc. — Not. RR. G 121ᵛ. (mittw. nach Jacob). **4913**
»	»	belehnt Hans Ulrich [v. Stoffeln] mit Burgstal u. Bauhof zu Hombull (Honbol) u. der Fischerei im Binninger (Boni-) See. — W. r. **4914**

1422		
Juli 29	Nürnberg	belehnt Peter Haller d. jüng. zu Nürnberg mit der Weidenmühle an der Schwabach, einer Anzahl Höfe u. Wiesen zu Eckenhaid, Elterstorf (A-) u. Bucherhwabach (Puchew-). — Winsperg. Michael. — Not. RR. G 121ʳ. (id. dat.) **4915**
ˮ ˮ	ˮ	belehnt Ruprecht v. Wolffring [vgl. 1434 Sept. 19] mit den Lehen, die Konrad Ehrenfelser u. dann Hans Koterl v. Amberg in den Landgerichten Amberg, Nabburg u. [Berg-] Lengenfeld (Lengfelden) gehabt haben. — Per d. Jo. comitem de Lupfen judicem curie Mich. prepos. Bolesl. — R. Henr. Fye — Or. München R.-A.; Not. RR. G 121ʳ. (mittwoch. nach Jacobs t.) **4916**
ˮ 30	ˮ	bestätigt dem Konrad v. Stein, gen. v. Klingenstein die (inser.) Urk. Karls IV v. 1368 mont. nach Marg. [nicht bei Böhmer-Huber]. — Ad relac. Houpt marschalk de Bappenheim Mich. — RR. G 123. (do. nach Jacobs t.) **4917**
ˮ 31	ˮ	schlägt zu den auf des Reiches Zoll u. der Vogtei zu Basel stehenden 7500 Gulden noch 700 Gulden, die ihm die St. Basel wieder geliehen. Zoll u. Vogtei sollen v. ihm nur zusammen um 8200 Gulden eingelöst werden können [vgl. nr. 4833]. — [Per d. C. de Weinsperg camerarium Franc. prep. Strigon. — R. Heinr. Fije; Thomman] Or. Basel; [RR. G 124(b)ʳ u. 125ʳ]. — Vgl. Ochs, Gesch. d. St. u. Landschaft Basel 3, 135; Heusler, Verfassungsgesch. d. St. Basel 326 u. 333. (freit. vor Peters t. ad vincula). **4918**
ˮ	ˮ	belehnt Eberhart v. Heusenstamm (Husinstain) mit 62 Morgen Wiesen zu Dortelweil (Durkelwile), 4½ Pfund Geld auf Frankfurt, mit dem Heusenstammer Zoll zu Frankfurt u. dem Heusenstammer Wald. — Per d. Joh. comitem de Luppfen judicem curie Mich. — Not. RR. G 123ʳ. (fr. vor Peters t. ad vincula). **4919**
ˮ	ˮ	bestätigt dem Kl. Nellingen (zu St. Blasien gehörig) einen (inser.) Ausspruch, der zwischen dem Kloster u. dessen Unterthanen v. Friedrich Propst zu Denkendorf, Pfaff Albrecht Dechant zu Esslingen, Marquart Lutram Ratsherr u. Richter zu Esslingen u. Werner Nöre Vogt zu Stuttgart 1354 April 20 gethan ist. — Per d. C. de Weinsperg camerarium Franc. prepos. Strigon. — R. Henr. Fye — Or. Stuttgart; RR. 124 a u. b. (freit. nach Jacobs t.) **4920**
ˮ	ˮ	erhebt mit Zustimmung der zu Nürnberg versammelten Kurfürsten u. Fürsten den Freiherrn Hans v. Theugen (Te-), Herrn zu Eglisau (-zaw), sowie dessen Kinder (Gemahlin: die Gräfin Anna v. Tierstein) in den Grafenstand. — Rex. d. G. ep. Pat. canc. referente Joh. Kirchen. — RR. G 131ʳ u. 132ʳ. (frit. nach Jacob). **4921**
Aug. 1	ˮ	verleiht dem Ritter Johann Brendel v. Homberg 12 Morgen Wiesen Reichslehen bei Dortelweil (Dockelwill), die Richwin v. Winden [sw. Usingen?] u. dessen Bruder bisher vom Reiche zu Lehen hatten. — Per d. Albertum de Hohenloch Francisc. prepos. Strigon. — R. Henr. Fye — Or. Wiesbaden; Not. RR. G 122ʳ. (Peters t. ad vincula) **4922**
ˮ	ˮ	entlässt den Würzburger Bürger Heinz Bigner, der, als er noch zu Bamberg wohnte, dort den Kunz Treppendorfer erschlagen u. desshalb auf Veranlassung v. dessen Söhnen Fritz u. Kunz geächtet worden ist, nachdem eine Einigung stattgefunden, aus der Acht u. giebt ihm die bürgerliche Ehre wieder. — Per d. C. de Winsperg et Erkinger de Sanshaim Franc. — RR. G 123ʳ. (Peters t. ad vincula). **4923**
ˮ	ˮ	giebt der Elisabet, der Tochter des Ewald v. Düdelsheim (Dudelßh-), erste Bitten auf das Frauenkloster zu Padershausen (Padenthusen). — KUʳ — Not. RR. G 188ʳ. (in die Petri ad vincula). **4924**
ˮ	ˮ	belehnt Hans Ehinger, Bürger zu Ulm, als Lehnsträger des Hans Rott, des Sohnes v. Otto Rott, mit einem Drittel der Mühle zu Ulm hinter dem deutschen Hause. — Per d. Houpten de Pappenheim Mich. prepos. Boleslav. — Not. RR. G 123ʳ. (Peters t. ad vinc.) **4925**
ˮ	ˮ	befiehlt der St. Frankfurt ihre Reichssteuer pro 1422 (Martini fällig) an Konrad v. Weinberg zu zahlen, der davon die Baseler Oswald Wartemberg, Hans Waltenheim u. Klaus v. Möse bezahlen solle. — Rex. Michael — RR. G 122ʳ u. 123ʳ. (Peters t. ad vincula). **4926**
ˮ	ˮ	desgl. die Reichssteuer pro 1423. — Not. ib. 123ʳ. **4927**
ˮ	ˮ	desgl. die Reichssteuer pro 1424. — W. v. **4928**
ˮ	ˮ	desgl. die Reichssteuer pro 1425. — W. v. **4929**
ˮ	ˮ	giebt seine Zustimmung, dass Heinrich v. Helmstadt seinen Anteil an Helmstadt (Reichslehen) an seine Vettern Andreas v. H. u. Hans v. H. gen. v. Rosenberg (Rozem-; bei Adelsheim)

1422

verkauft hat, u. belehnt diese damit. — Ad relac. d. Alberti de Hohenloch Michael. — RR.
G 122.   (Peters t. ad vincula).   **4930**

Aug. 1   Nürnberg   giebt dem Ritter Walter Lapols aus England das Recht 20 öffentliche Notare zu ernennen. —
Canc. Mich. — Not. RR. G 126ᵛ.   (prima die aug.)   **4931**

»   »   ermächtigt den Heumann Offenburg das ihm verpfändete Schultheissenamt zu Mülhausen v.
den Bürgern dieser Stadt einlösen zu lassen. — Per d. Conradum de Weinsperg camerarium
Michael. prep. Boles.L — B. Henr. Fye — Or. Mülhausen; [RR. G 122ᵛ]. — Mossmann.
Cartulaire de Mulh. 2, 13 f.   (Peters t. ad vincula.   • **4932**

»   »   ermächtigt denselben den „banwin" v. Mülhausen (Reichslehen) für 300 Gulden an Bürger-
meister u. Rat dieser Stadt zu verpfänden oder zu verkaufen, welche dann verpflichtet sein
sollen, dafür die Belehnung v. Kaiser u. Reich nachzusuchen, so oft dies erforderlich ist. —
KU. u. R w. v. — Or. ib.; [RR. G 122ᵛ]. — Mossmann 2, 14 f.   (id. dat.)   **4933**

»   »   belehnt Sigfrid v. Stromberg mit dem halben Zehnten zu Wolfskehlen. — Per d. Jo. comitem
de Lupfen jud. cur. Mich. — Not. RR. G 121ᵛ.   (Peters t. ad vincula.)   **4934**

[• ?]   belehnt Werner Fulleschüßel v. Nierstein (Ner-) mit einer Aue im Alsheimer (Asch-) Ge-
merke. — KU? — Not. ib.   (s. d.)   **4935**

» 1   »   giebt dem Deutschordenskomtur zu Brandenburg, Ludwig v. Landsee mündliche Zusicherungen
betreffs der Hilfe für den Deutschorden u. macht ihm Mitteilungen über die Art, wie der
Mkgr. v. Brandenburg u. der Bischof v. Würzburg Frieden zwischen dem Polenkönig u. Hrz.
Witold v. Litthauen einer- u. dem Deutschorden andererseits vermitteln sollen. RTA 8, 141.
                                    4935 a

» 3   »   belehnt den B. Friedrich v. Augsburg mit den Regalien [vgl. nr. 4735]. — Ad m. d. r.
d. G. episc. Patav. cancell. referente Francisc. prepos. Strigon. — o. R (sic!) — Or. Bamberg
Kr.-A.; nicht in RR.   (die tercia aug.)   **4936**

»   »   belehnt auf Bitten des Gr. Günther v. Schwarzburg dessen Gemahlin Mathilde [geb.] v.
Henneberg, bzw. deren Lehnsträger den Gr. Wilhelm v. Henneberg mit Gütern u. Rechten
zu Königsee (Kunigesee), Blankenburg, Breitenbach, Herschdorf (Hertwigs-) u. a. (Leibge-
ding). — KU? — RR. G 126ᵛ.   (mont. nach Peters t. ad vinc.)   **4937**

» 4   »   bestätigt dem Bernhardiner-Kl. Arnsburg (Mainzer Diözese) seine Rechte, Privilegien u. Be-
sitzungen. — [Per d. episc. Pat. canc. Franc. — RR. G 125]. — Alte Drucke angef. bei
Scriba, Reg. der... Urkk. z. G. d. Grossherz. Hessen 2, 162.   **4938**

»   »   quittiert der St. Nördlingen den Empfang der Reichssteuer pro 1420 u. 1421. — Ad relac.
Houpt marschalk de Bappenheim Michael. — RR. G 123ᵛ.   (dinst. nach Peters t. ad
vincula).   **4939**

» 5   »   befiehlt der St. Donauwörth ihre künftigen Martinstag fällige Reichssteuer an Diepolt Hel
zu zahlen. — Otingen. Michael. — Not. RR. G 125ᵛ.   (mi. nach Peters t. ad vinc.)   **4940**

»   »   beraubt die Söhne Lawtos Georg u. Drudel, weil sie sich dem Häretikern in Beraun ange-
schlossen, ihrer Güter u. giebt diese dem Bavor v. Schwamberg. — [Per d. Joh. de Swihav
Michael. prepos. Boleslav. — o. R]. — Or. [schlecht erhalten] — Prag Domkapitel-A. — Reg.:
Arch. Česky 3, 495; vgl. auch ib. 2, 202 Reg. nach Registr. v. 1454.   (feria 4. ante f.
Laurentii).   **4941**

»   »   belehnt Agnes Trostler u. deren Sohn Ulrich Trostler mit Wiesen u. Äckern in Klein-Gründlach
(Geyn-). — Lupfen. Michael. — Not. RR. G 124(b)ᵛ.   (mi. nach Peters t. ad vinc.)   **4942**

» 6   »   giebt seine Zustimmung, dass die St. Gelnhausen das Recht Juden daselbst zu halten, welches
den Edlen v. Isenburg-Büdingen verliehen war, diesen abgekauft hat. — Rex. Franc. — RR.
G 126ᵛ.   (donerst. vor Laur.)   **4943**

»   »   belehnt Friedrich zu Heldeck mit der Feste Heldeck (Lehen der Krone Böhmen). — [Per d.
L. comitem de Otingen magistrum curie Franc. prepos. Strigon. — R. Henr. Fye — Or. u.
Vid. v. 1424 Jan. 20 München R.-A.] — Reg. Boic. 12, 394.   (id. dat.)   **4944**

»   »   belehnt Kunz Menger v. Schwabach (Swab-) als Lehnsträger seiner Frau Kunigunde mit einem
Hofe daselbst. — Lupfen. Mich. — Not. RR. G 125ᵗ.   (id. dat.)   **4945**

1422			
Aug. 6	Nürnberg	belehnt Sebold Halbwachs mit dem halben Zehnten zu (Puchswobach) Buchschwabach. — Wimsperg. Franc. — Not. ib. (id. dat.?)	**4946**
„	„	belehnt Wilhelm Hulein mit einem Hofe zu Hailer (Heiller) gelegen im Selbolder (Selbuder) Gericht, einem Drittel des Zehnten ,an des konigs stucke u. in der widdehube' gelegen vor Gelnhausen u. den Wiesen an der Lutterlachen. — Per d. B. march. Bad. Franc. — Not. ib. (id. dat.)	**4947**
„	„	belehnt Seitz Schilher, Bürger zu Nürnberg, mit dem Gibitzhof (Gigitzenhofe), den ihm sein Eidam Fritz Feyrlin aufgegeben. — Rex. Michael. — Not. RR. G 125ᵛ. (Sixtus t.) **4948**
„	„	belehnt den Ritter Burkart v. Seckendorf zu Frankenberg [= Frankenfeld bei Neustadt a. d. A.?], dessen Tochtersohn Georg Fusch u. Schwiegersohn Albrecht v. Maassbach (Maspach) mit dem Zoll zu Frankenberg, sowie mit Bann u. Halsgericht zu Ipsheim (Ipis-). — Otingen. Franc. — Not. RR. G 125ᵛ. (Sixti tag). **4949**
„	7	„	belehnt Michel Lürler mit einem Viertel des Weilers Grynhart [= Gründelhardt oder Grön-hart?] u. dem halben Zehnten daselbst. — Per d. Houpten de Bappenheim Mich. prepos. Bolesl. — Not. RR. G 125ᵛ. (frit. vor Laurenzien). **4950**
„	„	überträgt das Ammanamt zu Gmünd [vgl. nr. 4912] dem Kaspar Turner. — Canc. Joh. Kirchen. — RR. G 127ᵛ u. 128ᵛ. (id. dat.) **4951**
„	8	„	giebt bei einer Unterredung dem EB. Konrad v. Mainz u. dem Gr. Adolf v. Nassau den Auftrag, den Hrz. Adolf v. Berg, der aus der Gefangenschaft des Hrz. v. Lothringen kürzlich befreit ist, aufzufordern, dass er unverzüglich nach Nürnberg komme. Schreiben des Erzbischofs: RTA 8, 144. **4951 a**
„	9	„	verleiht Philipp v. Isenburg, Herrn zu Grenzau (-aowe) einen Turnos auf dem Zoll zu Lahn-stein. — Per d. G. episc. Pat. canc. et Joh. de Luppfen jud. cur. Mich. — Not. RR. G 126ᵛ. (sont. vor Laurencien). **4952**
„	„	belehnt Eberhart v. Seinsheim, Maister Deutschen Ordens in deutschen u. welschen Landen, mit dem Bluthaus in seinen u. des Ordens Städten, Schlössern u. Dörfern. — KUT — RR. G 126. (Laurenz. ab.) **4953**
„	„	verleiht Albrecht v. Rechberg einen Wochenmarkt u. zwei Jahrmärkte zu Ober-Aichen (Obern-Aichem). — Per d. Houpt marschalk de Bappenheim Franc. — Not. ib. 126ᵛ. (Laurenz. ab.) **4954**
„	10	„	bestätigt der St. Dietfurt das Privilegium de non evocando u. verbietet den Landrichtern der Burggrafschaft Nürnberg u. der Grafschaft zu Hirschberg die Dietfurter vor ihre Gerichte zu ziehen. — Canc. Franc. — RR. G 126ᵛ. (Laurenz.) **4955**
„	„	verleiht für den Fall, dass Heinz Pawren, Mülner zu Bruck [bair. B. Erlangen?] sterben sollte, den Zehnten daselbst dem Henne Gelnheimer [dieser Name getilgt] aus Mainz. — Rex. G. ep. Pat. canc. referente Mich. — RR. G 130ᵛ. (Laurenzen tag). **4956**
„	„	legt die Streitigkeiten bei zwischen dem Abt v. Kempten u. Friedrich v. Freiberg ,von der hohen Freiberg': das Schloss Wolkenberg [im Allgau] erhält der Abt zurück. — Per d. L. comitem de Otingen mag. cur. Franc. — RR. G 129ᵛ. (mo. vor frow. t. assumpt.) **4957**
„	„	belehnt Hans Plod... aus Rothenburg [a. T.] mit der sog. Eckleins-Mühle daselbst. — Luppfen. Mich. — Not. RR. G 126ᵛ. (Laurenc.) **4958**
„	„	befiehlt der St. Rothenburg a. T. die Martini fällige Reichssteuer zu Händen seines Erb-kammermeisters Konrad v. Weinsberg auszuzahlen. — Per d. Conr. de Winsperg camer. Mich. prep. Bolesl. — RR. G 130ᵛ. (Laurenc.) **4959**
„	„	belehnt den Abt Heinrich v. St. Gallen mit den Regalien. — Ad m. d. r. Michael prepos. Bolesl. — R. Henr. Fye — Or. u. alt. Einzel-Druck St. Gallen Stifts-A.; RR. G 128ᵛ u. 129ᵛ. (decima die augusti). **4960**
„	„	erlaubt den Brüdern Bernolt u. Eberhart v. Velbach [= Auerbach?] das Dorf Mundels-heim, das v. Mkgr. Bernhard v. Baden zu Lehen herrührt, unschädlich diesem zu befestig-u u. den Bann daselbst auszuüben, sowie daselbst einen Wochenmarkt zu halten. — [Per d. l. comitem de Otingen mag. cur. Franc.] — RR. G 130ᵛ u. 131ᵛ. — Fester, Reg. d. Mkgr. v. Baden nr. 3439. (Laurenzen t.) **4961**

1422		
Aug. 10	Nürnberg	erklärt, dass das Benedictiner-Kl. zu Wilzburg (Valtz-) im Eichstädter Bistum beim Reiche u. dem Amt zu Weissenburg [im Nordgau] bleiben solle. — KU? — RR. G 126ʳ. (Laurenc.) **4962**
» 11	»	legitimiert den Hermann, Sohn des Hermann Loeschofs aus Essen. — Canc. Franc. — Not. ib. 127ʳ. (dinst. nach Laurentien). **4963**
»	»	belehnt Hans Tewrl v. Lauf am Holz (Laufenholz) mit einem Gute zu Tauchersreuth. — Leppfen. Michael. — Not. RR. G 127ʳ. (id. dat.) **4964**
»	»	unterhandelt mit den Boten der St. Speier wegen Beilegung ihres Zwistes mit B. Raban v. Speier. Bericht der Strassburger Gesandten: RTA 8, 146. **4964 a**
» 12	»	nimmt Heinrich Budel, Kleriker der Utrechter Diözese, unter seine Familiares auf. — Rex. Franc. — Not. RR. G 138ʳ. (12. die aug.) **4965**
»	»	belehnt Epchin v. Dorfelden mit dem Wegegeld zu Nieder-Dorfelden (v. jedem Wagen 6, v. jedem Karren 3 alte Heller). — Rex. Alberto de Hohenloch referente Michael. — Not. RR. G 135ʳ. (mittw. nach Laurencii). **4966**
»	»	befiehlt der St. Duisburg, dem Hrz. Adolf v. Cleve zu huldigen u. sagt sie, wenn sie das gethan, der Huldigung ledig, welche sie Gerhart v. Cleve geleistet, doch unter Vorbehalt der Rechte des Reichs. — [Per d. G. episc. Pat. canc. et Conradum de Weinsperg camerarium Francisc. propos. Strigon. — E. Henricus Fije —] Or. Duisburg Stadt-A.; [RR. G 127ᵛ]. — Reg.: Annal. d. hist. Ver. f. d. Niederrhein H. 59, 195. (mi. nach Laurent.) **4967**
»	»	belehnt den Arnold zum Gelthus mit der Kemmers-Aue bei Ginsheim auf dem Flusse Gerau (Graw) [vgl. nr. 4891]. — Per d. Jo. comitem de Lupfen Jud. cur. Mich. prop. Bolesl. — Not. RR. G 126ʳ. (mi. nach Laurencii). **4968**
»	»	befreit [auf Bitten des B. Otto v. Konstanz] die St. Markdorf v. fremden Gerichten. — [Per d. G. ep. Pat. canc. Mich. — R?] — Or. Markdorf; [RR. G 129ʳ]. — Vgl. Mitteil. d. bad. hist. Komm. 9, 31. **4969**
»	»	weist die St. Nürnberg an, die Michaeli fällige halbe Judensteuer (200 Gulden) an Albrecht v. Colditz zu zahlen. — Per d. G. ep. Pat. canc. Mich. — Not. RR. G 129ʳ. (mi. nachLaur.) **4970**
» 13	»	giebt seine Zustimmung, das Eberhard v. Heusenstamm den seiner Familie als Reichslehen gehörenden Zoll zu Frankfurt, der zwischen dem 24. Aug. u. 1. Sept. erhoben wird, um 400 Pfund an die Stadt mit dem Recht des Wiederkaufs versetzt, wie dies schon Eberhards Vater gethan hat. — Per d. Ladov. comitem de Otingen magistrum curie Michael propos. Boleslav. — [R. Henr. Fye] — Or. Frankf. St.-A.; vgl. Invent. 3, 29; [RR. G 128ᵛ]. — (Orth) Von den 2 Reichsmessen … in Frankfurt 638. **4971**
		Aug. 13 Nürnberg: bestätigt auf Bitten des Hrz. Albrecht v. Sachsen-Lüneburg dessen Gemahlin Offka v. Öls deren Leibgeding, die Schlösser u. Städte Liebenwerda (Libin-e) Schlieben, (Slyw-), Schweinitz (Swyn-), Prettin u. Klöden (Klod-). — Canc. Mich. — RR. G 160ʳ durchgestrichen. (donerst. vor fraw. t. himelfürt). — Wohl ersetzt durch die Urk. v. 1422 Dez. 21. **4971a**
» 14	»	befiehlt der St. Augsburg die Martini fällige Reichssteuer an den Hrz. Ulrich v. Teck zu zahlen. — KU. w. v. — o. R — Or. Augsburg Stadt-A.; nicht in RR. (frawen ab. assumpc.) **4972**
»	»	beauftragt, da v. dem Reichstag zu Nürnberg beschlossen worden sei, gemeinsam gegen die Böhmen zu Felde zu ziehen, u. alle Fürsten sich bereits dazu rüsten, den Pfalzgrafen Johann [v. Neumarkt] v. den Juden zu Regensburg, Regensburg, Rothenburg, Nördlingen, Weissenburg u. Schwäbisch-Hall eine ausergewöhnliche Kriegssteuer zu erheben, sich selbst aber für die hergeliehenen 2500 Gulden durch die gewöhnlichen Steuern jener Juden bezahlt zu machen. Er solle auch das Recht der Ernennung eines Rabbi haben. Bevor er nicht völlig entschädigt sei, dürfen die Judensteuern nicht verpfändet werden. — KU? — RR. G 147ᵛ u. 148ʳ. — Durchstrichen u. mit der gleichzeitigen Kanzleinotiz: reddita et annullata. — Reg.: RTA 8, 156. **4973**
»	»	desgl. auch v. den Juden zu Augsburg. — RR. G 148ʳ gleichf. durchstrichen. **4974**
»	»	ermächtigt den Pfalzgrafen Johann [v. Neumarkt], da dieser ihm seinen Anteil v. dem Nürnberger Judengeld im Betrage v. 1500 Gulden abgetreten, v. dem ihm, dem Könige, zustehenden Halbteile der übrigen Juden sich bezahlt zu machen. — Per d. L. comitem de Otingen mag. cur. Mich. — RR. G 148ʳ, durchgestrichen; am Rande: reddita et annullata. (s. d.) **4975**

1422		
Aug. 14	Nürnberg	gebietet der St. Rothenburg a. T., den Pfalzgr. Johann [v. Neumarkt], der v. den dortigen Juden gemäss des Nürnberger Anschlags eine Steuer zum Zug wider die Ketzer erheben soll, dabei zu unterstützen. — Ad m. d. r. domino Ludovico comite de Otingen referente Michael prep. Boleslav. — Or. Nürnberg Kr.-A. — RTA 8, 155 f. (fr. vor fraw. t. assumpc.) **4976**

befiehlt dem Rat der St. Rothenburg a. T., unter Hinweis auf die Vollmacht für Pfalzgraf Johann v. Neumarkt dafür zu sorgen, dass die Juden weder Leib noch Gut aus der Stadt führen oder entfremden, ehe der Pfalzgraf seine Botschaft in die Stadt gesandt u. den Anschlag mit der Judenschaft vereinbart haben werde, doch solle mit derselben glimpflich u. gütlich verfahren werden. — Per d. L. comitem de Otingen magistrum curie Mich. prep. Bolesl. — o. R — Or. im Besitz des Generalkonsuls v. Wilmersdörfer in München. — Vgl. Zeitschrift f. G. d. Juden in Deutschland 3 (1889), 311 f. (id. dat.) **4977**

befiehlt der St. St. Gallen, ihren Mitbürger Konrad Paygrer anzuhalten, dass er dem B. Otto v. Konstanz die Lösung v. Arbon nicht länger verweigere. — Per d. Patav. cancell. Michael prepos. Bolesl. — o. R — Or. St. Gallen Stadt-A. — Vgl. Geschichtsfreund 48, 92 (fälschl. zu 1423 Aug. 14). (fr. unser frawen assumpt. ab.) **4978**

befiehlt dem Reichslandvogt in Schwaben Hans Truchsess v. Waldburg u. allen Getreuen in Schwaben das Kl. St. Gallen gegen die Appenzeller in Schutz zu nehmen. — Per d. episc. Pataviens. cancell. Michael prepos. Bolesl. — [Kop. St. Gallen Stifts-A.]; Haller'sche Dok.-Samml.: Bern Bibl. — Zellweger, G. d. appenzell. Volkes. Urkk. 1, 2, 354. **4979**

Aug. 14 Nikolsburg: für Colmar. Reg.: Aschbach 3, 442 — falsch statt 1422 März 24 (nr. 4849).

| | 15 | | weist die St. Aalen an, die Reichssteuer pro 1422 (Martini fällig) an Haupt v. Pappenheim zu zahlen. — Otingen. Franc. — Not. RR. G 128ᵛ. (frow. t. assumpt.) **4980** |

desgl. die Reichssteuer pro 1423. — W. v. **4981**

desgl. die Reichssteuer pro 1424. — W. v. **4982**

weist die St. Weissenburg [im Nordgau] an, die Reichssteuer pro 1422 an Haupt v. Pappenheim zu zahlen. — W. v. **4983**

desgl. die Reichssteuer pro 1423. — W. v. **4984**

desgl. die Reichssteuer pro 1424. — W. v. **4985**

befiehlt dem Mkgr. Bernhard v. Baden das Benedictiner-Kl. Schwarzach (Strassburger Diözese) gegen Ludman v. Lichtenberg zu schirmen. — Ad m. d. r. d. Georio ep. Patav. cancell. referente Michael prepos. Bolesl. — R Henr. Fije — Or. Karlsruhe; [RR. G 129ᵛ]. — Vertheidigte Landeshoheit d. Kl. Schwarzach, Urkk. 1; der Landesfürst des Kl. Schwarzach, Beil. 88; Aktenmässige Geschichtserzähl. (1728) 99; vgl. Reg.: Ztschr. f. G. d. Oberrheins N. F. 3, 440; Fester, Reg. d. Mkgr. v. Baden nr. 3440. **4986**

versichert den Deutschordensmeister seines u. des Reiches Beistand, hat auf seinen Wunsch die preussischen Hansestädte aufgefordert den Orden zu unterstützen; ferner den Bischof v. Kammin u. die Hrz. v. Stettin ermahnt, dem Polenkönige nicht zu helfen, sowie den Mkgr. Friedrich v. Brandenburg bewogen denen, welche dem Orden zu Hülfe ziehen, den Durchzug durch sein Land wieder zu gewähren. — KU? — Kop. Königsberg. (frawen t. assumpt.) **4987**

fordert die Hrz. Otto u. Wratislaw v. Pommern-Stettin, zu denen er Hrz. Erich v. Lauenburg schickt, auf, dem Deutschorden Hülfe gegen die vom Grossbrz. Alexander Witold v. Litthauen unterstützten Ketzer zu gewähren. — Ad m. r. proprium domino Ludovico comite de Otingen [magistro curie referente] Joh. Kirchen — Dähnert, Sammlung pommerscher Landesurkk. Suppl. 1, 11 f.; vgl. RTA 8, 151. (frawen t. assumpt.) **4988**

desgl. die Hansestädte. — Erwähnt in einem Briefe Ludwigs v. Lansee an den Deutschordensmeister: RTA 8, 150 f.; vgl. auch nr. 4987 — siehe aber nr. 4998.

desgl. den Hrz. v. Mecklenburg. — W. v. **4989**

desgl. den Bischof v. Kammin. — W. v. **4990**

desgl. den E.Bischof v. Riga. — W. v. **4991**

desgl. den Bischof v. Dorpat. — W. v. **4992**

| | 16 | | spricht die Elbogener v. allen ihren Freiheitsbriefen entgegenstehenden Bedrückungen seitens ihres Burggr. [Puota v. Ilburg] ledig u. befiehlt diesem die Elbogener in Frieden zu |

1422

lassen. — Ad m. d. r. Michael propos. Boleslav. — R. Heinr. Fye — Or. Elbogen — Kop. Prag Böhm. Mus. — Erw.: Pelleter, Denkwürdigk. d. St. Falkenau 1, 19. (sunt. nach frawen tag assumpt.) 4993

Aug. 16 Nürnberg fordert die St. Frankfurt auf, den Streit zwischen den Frankfurter Bürgern Klaus Lemdin (Leunchin?) u. Hert Weiss in Güte zu schlichten. — [Per d. G. episc. Patav. canc. Michael propos. Bolesl. — o. R]. — Or. Frankfurt; vgl. Invent. 3, 70. — Reg.: Janssen, Frankf. Reichskorr. 1, 338. (sunt. nach fraw. t. assumpt.) 4994

» » belehnt Sebold Potzlinger u. Stefan Culer mit Gütern zu Leinburg, Heidelbach, Heimendorf u. Breitenbrunn. — Per d. Jo. de Lappfen jud. cur. Mich. — Not. RR. G 130º. (sunt. nach frow. t. assumpt.) 4995

» 17 » fordert die Städte Colmar, Schlettstadt u. Hagenau auf, dem Mkgr. Rudolf v. Hachberg zu helfen gegen Hartung v. Wangen, Heinrich Graf v. Lützelstein (Bastard) u. Hans v. Vassenheim genannt v. Stutzen, die dem Mkgr. das Schloss Sennheim weggenommen. — [Per d. G. episc. Patav. cancell. Francisc. propos. Strigon. — o. R] — Or. Mainz Stadt-A. — Reg.: (falsch) Aschbach 3, 442 f. 4996

» » desgl. die St. Strassburg. — KU. w. v. — o. R — Or. Strassburg St.-A. — Fester, Reg. d. Mkgr. v. Hachberg nr. 1054. (mo. nach frawn t. assumpt.) 4997

» » befiehlt den Hansestädten dem Deutschen Orden Hilfe zu leisten u. beglaubigt Hrz. Erich v. Sachsen-Lauenburg als seinen Abgesandten in dieser Angelegenheit [vgl. nr. 4987 ff.]. — Ad m. d. r. d. L. comite de Otingen magistro curie referente Johannes Kirchen. — Wismar, Hds. der Hanserecesse. — Hanserecesse 7, 345 f. (mo. nach frow. t. assumpt.) 4998

» » erklärt, dass infolge der Abtretung der St. Kenzingen seitens Hrz. Friedrichs v. Österreich an das Reich nicht jenem, sondern ihm (dem Könige) die Besetzung der Pfarre in Kenzingen zustehe; daher sei der v. seinem Vogt, Mkgr. Bernhard v. Baden in seinem Namen ernannte Johannes Kuntel u. nicht der v. Hrz. Friedrich präsentierte Joh. Löser der rechtmässige Pfarrer. — [Rex. Per d. C. de Winsperg camerario referente Franc.] — RR. G 130. — Fester, Reg. d. Mkgr. v. Baden nr. 3441. (17. mens. august.) 4999

Aug. 17 Nürnberg: erneuert das Bündnis mit Kurmainz u. s. w. Reg. Boic. 12, 396 — falsch statt Aug. 21 (nr. 5015).

» » fordert die St. Nürnberg auf, die baufällige königl. Feste daselbst in Stand zu setzen u. zu befestigen; verspricht, dass die Feste nie v. der Stadt gesondert werden solle u. dass sie, wenn er oder seine Nachkommen nicht in Nürnberg wohnen, nur im Besitz des Rats der Stadt bleiben soll. — [Ad m. d. r. Michahel propos. Bolesl. — R. Henr. Fye — Or. u. Vid. v. 1422 Sept. 14 Nürnberg Kr.-A.; RR. G 129¹]. — (Wölcker), Hist. Norimb. dipl. 2, 557 f.; Lünig, R. A. P. spec. Cont. 4 T. 2, 10■ = Ausz.: Moser, reichsstädt. Hdb. 2, 325 f.; vgl. Reg. Boic. 12, 395 f. (mo. nach fraw. t. . . . assumpt.) 5000

» » entlässt die St. Rothenburg a. T. aus der Reichsacht [vgl. nr. 4253], nachdem sie den Achtschatz erlegt u. sich bereit erklärt, dem Gr. Johann v. Wertheim vor dem Hofgericht zu Recht zu stehen. — [Pe. Wacker — o. R — Or. Nürnberg Kr.-A.] — Reg. Boic. 12, 396. (mo. nach fraw. t. assumpt.) 5001

» » bestätigt die Privilegien des Benedictiner-Kl. Steinach [d. i. Münchsteinach w. v. Erlangen]; inser. die Urk. Friedrichs I v. 1181 April 20. [Stumpf nr. 4318]. — Per d. G. ep. Pat. canc. Franc. — RR. G 131. (17. mens. aug.) — Nach RM. N 187 (Chmel, Reg. Friderici IV nr. 1497) zum 27. Aug. 5002

» » belehnt Hans v. Thengen, Freiherrn zu Eglisau, als nächsten „Mangen" der ausgestorbenen Grafen v. Nellenburg mit der Landgrafschaft Nellenburg u. mit der Landgrafschaft im Hegau u. Madach. — Ad m. d. r. d. Georio ep. Patav. cancell. referente Joh. Kirchen. — R. Henricus Fije — Or. Karlsruhe; [RR. G 132]. — Reg.: Ztschr. f. d. G. d. Oberrheins (1. 84 u.) N. F. 3, 440; vgl. auch Mitt. d. Ver. f. G. in Hohenzollern 5, 40. (mo. nach fraw. t. ass.) 5003

» » präsentiert Hartmann v. Valdek [= Waldegg, Kt. Bern?] für eine Präbende an der Kollegiatkirche zu Münster [Kant. Bern?] — Canc. Franc. — Not. RR. G 125º. (17. augusti). 5004

1422		
		Aug. 18 Nürnberg: Der Hofrichter Gr. Johann v. Lupfen macht Mitteilungen über den Prozess des Johann Krüger gegen die St. Zerbst. — Vidim. v. 1423 Mai 7 Zerbst Stadt-A. (di. nach una. fr. tag assumpt.) **5004 a**
Aug. 19	Nürnberg	schlägt 200 Gulden auf die Pfandsumme, um welche dem Ritter Marquard v. Schellenberg die Kellnerhöfe vor Lindau verpfändet sind. (vgl. 1430 Dzbr. 8) — [Per d. G. episc. Patav. canc. Michael prep. Bolesl. — R. Henr. Fye — Or. Innsbr.; RR. G 131ᵛ]. — (Heider) Gründl. Ausführung, wessen sich des H. Reichs Stadt Lindau ... (1643) 494. **5005**
"	"	schlägt 100 Gulden auf die Pfandsumme, um welche dem Ritter Marquard v. Schellenberg die Mühle zu Leutkirch verpfändet ist. — KU. u. R. w. v. — Or. Stuttgart; Not. RR. G ib. (mittwoch. nach fraw. t. assumpt.) **5006**
		Aug. 19 Nürnberg: legt den Zwist zwischen dem Klerus und den Bürgern von Speier bei. Reg.: Ztschr. f. G. d. Oberrheins N. F. 3, 440 — s. nr. 5013.
" 21	"	erlaubt der St. Eger im Egerlande von allem Vieh nach Bedürfnis die Klauensteuer zu erheben. — Ad m. d. r. d. G. episc. Patav. cancell. referente Michael prepos. Boleslav. — R? — Or. Eger — Kop. Prag Böhm. Mus. (freit. vor Barthol.) — Vgl. Am.: Gradl, die Privil. d. St. Eger 22. **5007**
"	"	erlaubt der St. Eger als Belohnung für ihre Kriegsdienste sich einen Trompeter halten zu dürfen. — KU. w. v. — R. Henr. Pye. — Or. ib. — Kop. ib. — Vgl. Gradl 23. **5008**
"	"	widerruft die Verpfändung von 11 Schock Groschen Zins auf den Hof Kola (im Elbogenschen) an Hans von der Kager u. befiehlt dem Elbogener Pfleger Puota v. Illburg dafür zu sorgen, dass dieser Zins an den rechtmässigen Eigentümer, das Spital zu Eger, gezahlt wird. — KU? — vgl. Bienenberg, Analekt. z. G. d. Militärkreuzordens (1787) 74; Gradl, G. d. Egerlandes 348. **5009**
"	"	belehnt Hans Lengenfelder, Bürger zu Nürnberg, mit einem Gut, „do der Spörer ufsiczt", mit einem Gut, „do der Kytler ufsiczt" mit einem Gut, „do der Saherlein ufsiczt", mit einem Gut, „do der Zeiner ufsiczt" u. dem Zehnten zu Weiler [Ober- u. Nieder-, Bez. Bamberg] u. Leutzdorf (Lew-) — Lupffen. Franc. — Not. RR. G 134ᵛ. (fr. vor Barthol.) **5010**
"	"	belehnt denselben als Lehnsträger seiner Tochter Katharine mit dem Zehnten zu Buch-Schwabach (Puchschw-) — W. v. **5011**
"	"	genehmigt, dass Sebold Pfinzig von Nürnberg seiner Frau Elsbet als Morgengabe 1000 rhein. Gulden auf den Lichthof [s. Nürnb.] (Lichten-, Reichsleben) verschreiben darf, u. belehnt ihn mit Gütern zu Wintersdorf [bei Fürth] u. Wetzendorf (Wötzelsd-). — Rex. d. G. ep. Pat. canc. refer. Mich. — RR. G 134ᵛ. (frit. vor Barthol.) **5012**
"	"	bestätigt die Richtung zwischen Pfaffheit u. Bürgerschaft zu Speier u. befiehlt der St. Speier dem B. Raban 18000 u. zur Wiederherstellung des St. Germanstiftes 15000 Gulden zu erlegen. — Ad. m. d. r. Joh. Kirchen. — R. Henr. Fye — Or. Karlsruhe: [RR. G 132ᵛ u. 133]. — Reg.: Ztschr. f. d. G. d. Oberrheins N. F. 3, 440 (z. 19. Aug.); Auszug bei Christ. Lehmann, Chronica d. St. Speyr (1612) 894 mit Datum Freitag nach Barthol. (= 28. Aug.), dagegen s98 das richtige Dat. (freitag vor Barthol.) **5013**
"	"	entscheidet die Streitigkeiten zwischen dem Pfalzgrafen bei Rhein Ludwig III. u. der St. Speier (Parteilichkeit des Pfalzgrafen zu Gunsten des B. Raban; Ueberfall seines Rates Joh. Kirchen d. jüng. durch die Bürger; Geleitsbruch derselben an Ulrich Steinhuser) u. überträgt die definitive Entscheidung dem EB. EB. Konrad v. Mainz u. Otto v. Trier. — Ad. m. d. r. Joh. Kirchen — R. Henr. Fye — Or. München Geh. St.-A.; RR. G 133ᵛ u. 134. (frit. vor Bartholomeus). **5014**
"	"	erneuert mit EB. Konrad v. Mainz, dem B. Johann v. Würzburg und dem Mkgr. Friedrich v. Brandenburg das Erb-, Schutz- u. Trutzbündnis, welches K. Karl IV. 1366 Aug. 20 [Böhmer-Huber nr. 4348] mit dem Erzstift Mainz (EB. Gerhard) u. dem Stift Würzburg (B. Adolf) u. sein Sohn Wenzel für sich u. ihre Erben u. Nachkommen, die Könige v. Böhmen u. Mkgr. v. Brandenburg, geschlossen haben. — [u. KU! — R. Henr. Fye — Or. München R.-A.; RR. G 149ᵛ u. 150ᵛ ohne Schluss: ein 2. Or. mit KU.: Ad m. d. r. Joh. Kirchen, aber o. R! Würzburg: neuere Kop. Wien Arch. d. Min. d. Innern — Kop. Prag Landes-A.] — Reg. Holc. [zu Aug. 17?] 12, 395. (fr. vor Barthol.) **5015**

1422		
Aug. 21	Nürnberg	belehnt Kunz Sibentrid u. Ulrich Salmon als Lehensträger der Agnes Laihlin u. ihres Sohnes Hans mit einem Teil des Zehnten zu Kottensdorf (uf der Seiden). — Luppfen. Mich. — Not. RR. G 120ᵛ. (frit. vor Bartholomes). **5016**
»	»	belehnt Sebolt Verlin zu Dinkelsbühl mit Gütern zu Eichlach [doch wohl nicht = Aichelau, würt. OA. Münsingen]. — Otingen Mich. — Not. RR. G 125ᵛ. (frit. vor Barthol.) **5017**
» 22	»	bestätigt der St. Tyn [Bischofteinitz] das (inserierte) Zollprivileg Karls IV. v. (Prag) 1375 März 15 [nicht bei Böhmer-Huber], weil die Einwohner der Stadt von den Wikleffiten viel erlitten haben. — Per d. H. de Kisterberg magistrum curie Franc. prepos. Strigon. — R. Henr. Fye — Or. früher Horšuv Tyn — Kop. Prag Böhm. Mus., [dann im Besitz des Dr. Schebek zu Prag. Dvorak, jetzt?] (sabbato ante Barthol.) **5018**
» 23	»	belehnt den B. Wilhelm v. Lausanne mit den Regalien. — Ad m. d. r. d. G. ep. Pat. canc. referente Franc. — RR. G 134ᵛ. (23. mens. aug.) **5019**
»	»	widerruft im Einverständnisse mit den Ständen des Reiches u. Böhmens die Verpfändung u. Schenkung v. Gütern des Benediktiner-Kl. Chladrub an Johann Hanowetz v. Swamberg alias v. Trzebell. Wilhelm v. Latioz alias v. Necztyn u. Habard v. Adlar u. giebt jene Güter dem Kloster (Abt Martin) wieder zurück. — Ad m. d. r. d. G. ep. Patav. canc. referente Franc. prep. Strigon. — R. Henr. Fye — Or. Wien Inst. f. österr. Geschichtsf. (die dominico ante festum s. Bartholomei). **5020**
»	»	widerruft seine ehemals dem Wilhelm v. Swihow, Johann Hanowecz v. Trziebel, dem Ritter Johann Hradyaczko u. einigen anderen gemachten Verschreibungen v. Gütern des Prämonstratenser-Kl. zu Chotieschau (Propst Hinkot. — Per dom. G. episc. Patav. canc. Franciscus prep. Strigon. — R. w. v. — Wien H. H. u. St.-A. — Palacky, Beitr. z. G. d. Huss.-Kr. 1, 222 f.; vgl. Arch. česky 4, 38. (domin. ante Barthol.) **5021**
»	»	widerruft die von ihm dem Ulrich v. Rosenberg u. anderen gethanen Verschreibungen und Vergabungen von Gütern des Kl. Goldenkron. — Ad m. d. r. domino G. episcopo Pataviensi cancellario referente Franciscus prepos. Strigon. — R. w. v. — Or. ib. [= Kop. Prag Böhm. Mus.] — Fontes rer. Austr. 2. Abt. Bd. 37, 410 ff. (id. dat.) **5022**
»	»	widerruft die Verpfändungen von Gütern des Cistercienser-Klosters zu Plass an die Brüder Friedrich u. Hanuš v. Colowrat, Beneš v. Rabstein, Raworko v. Biela, Borian v. Gutstein u. giebt diese Güter dem Kloster (Abt Gottfried) wieder zurück — KU. u. R. w. v. — Or. ib. (dom. ante fest. Bartholm.) **5023**
»	»	widerruft die Entziehung von Gütern der Prager Kirche. — Ad m. d. r. d. Georgio episc. Pataviensi cancell. [etc.] referente Franciscus prepos. Strigon. — [R. Henr. Fye — Or. Prag Arch. d. Domkap.] — Balbinus, Miscell. histor. regni Bohem. Dec. 1, 56, 159 f; J. P. Ludewig (resp. W. H. Herold; Halle 1713): Norimbergam insigaiam imperialium tutelarem. Syllab. monument. 5 ff. (id. dat.) **5024**
»	»	widerruft alle in den hussit. Unruhen von ihm gemachten Schenkungen der Güter des Johanniterordens am Fusse der Brücke in Prag u. ertheilt dem Orden das Recht diese Güter zu reindicieren. — [Ad m. d. r. d. Georigo episc. cancellario referente Franciscus prepos. Strigon. — o. R. Marsů.] — Or. Wittingau. — Reg.: Palacky, Urkdl. Beitr. z. G. d. Hussitenkrieges 2, 496. (dom. ante f. s. Barthol.) **5025**
»	»	hebt die Verschreibungen auf die Güter des Kl. Sedlec auf u. giebt dem Kloster das Recht, dieselben mit Hilfe der Freunde wieder an sich zu bringen. — KU. w. v. — R. Henr. Fye. — Or. Prag Statthalt.-A. — Arch. česky 14, 406. Novaček. **5026**
»	»	widerruft die Verpfändungen von Gütern des Cistercienser-Kl. Tissnow. — u. KU. — R. Henr. Fye. — Or. Wien H. H. u. St.-A. — Kop. Prag Böhm. Mus. **5027**
»	»	widerruft die Vergebung von Gütern des Kl. Vyzovič (Smilheim), Olmützer Diöcese. [— Ad m. d. r. d. Georgio ep. Pat. canc. refer. Franc. prepos. Strigon. — R. Heurie. Fije — Or. Breslau Staats-A.] — Erw.: Sedláček [SB. d. Prag. Akad. Jg. 1887] nr. 66. (dominica ante Barthol.) **5028**
» 24	»	legitimirt Masc de Albisis aus Florenz. — Hex. d. G. ep. Pat. canc. referente Franc. — Not. RR. G 140ᵛ. (24. aug.) **5029**

1422		
Aug. 24	Nürnberg	giebt dem Magister **A n t o n i u s** Guidonis aus Avignon das Recht Notare zu ernennen u. Uneheliche zu legitimieren (littera comitatus). — Rez. G. ep. Pat. canc. referente Franc. — Not. RR. G 144ᵛ. (24. die aug.) **5030**
„	„	verleiht dem Domkapitel zu **H a m b e r g** für dessen St. Staffelstein, welche B. Friedrich v. Bamberg v. seinem Landgericht zu Lichtenfels befreit hat, Stock u. Galgen sowie 4 Jahrmärkte. — Canc. Franc. — RR. G 136ᵛ n. 137ᵛ. (Bartholomeus t.) **5031**
„	„	befiehlt den Angehörigen der Grafschaft **F a l k e n s t e i n** u. der Herrschaften **M ü n z e n b e r g** u. **K ö n i g s t e i n**, den Konrad v. Weinsberg als ihren Lehensherrn aufzunehmen. — Ad m. d. r. Franc. prep. Strigon. — o. R — Or. Öhringen. (Bartholmeus t.) **5032**
„	„	desgl. nur den Angehörigen der Grafschaft **F a l k e n s t e i n**. — W. v. **5033**
„	„	desgl. nur den Angehörigen der Herrschaft **K ö n i g s t e i n**. — W. v. **5034**
„	„	belehnt Hans v. **H a u s e n** [mittelfr. B.-A. Hilpoltstein] den jüng. mit Äckern zu Weiboldshausen (Weypoltshausen). — Lappfen. Michael. — Not. RR. G 140ᵛ. (Bartholomeus t.) **5035**
„	„	verschreibt dem EB. Dietrich v. **K ö l n**, der ihm bei seiner Königskrönung 23000 rhein. Gulden geliehen u. ihm, seiner Gemahlin u. Gefolge während des Aufenthaltes im Kölner Bistum Unterhalt gewährt hat, um 32000 rhein. Gulden die Reichssteuern der elsässischen Reichsstädte, sobald diese Steuern, welche noch den Städten selbst bis zum Ertrage v. 26000 Gulden verpfändet sind, frei geworden; gebietet den Städten Hagenau, Colmar, Weissenburg, Schlettstadt, Mülhausen, Oberehnheim, Kaysersberg, Türkheim, Rosheim u. Münster im Gregorienthale sich darnach zu richten. — Ad relac. d. C. de Winsperg camerarii etc. Joh. Kirchen — R. Henr. Fye — Or. Strassburg Bez.-A.; RR. G 135ᵛ u. 136ʳ. (Bartolmeus t.) **5036**
„	„	versieht mit bezüglicher Weisung	

die elsäss. Städte insgesamt: **5037**

C o l m a r	**5038**
H a g e n a u	**5039**
K a y s e r s b e r g	**5040**
M ü l h a u s e n	**5041**
M ü n s t e r	**5042**
O b e r e h n h e l m	**5043**
R o s h e i m	**5044**
S c h l e t t s t a d t	**5045**
T ü r k h e i m	**5046**

— KU. w. v.? — Not. RR. G 136ʳ, an Schlettstadt vollständig (Weissenburg?).   (id. dat.)

1422		
„	„	verleiht den „armen sunder sichen" im Siechgraben zu **N ü r n b e r g** den Acker „Weir', ein Reichslehen, welches die Pirkhaimer ihnen abgetreten. — Per d. Haupt marsch. de Bappenheim Franc. prep. Strigon. — RR. G 135ʳ. (Bartholomeus tag). **5047**
„	„	entbindet den früheren Kanzler Kg. Ruprechts den B. Raban v. **S p e i e r** v. den ihm nach seiner Thronbesteigung erteilten Auftrage die Register Ruprechts „ettliche register und bucher solicher sachen und handelung, die sich bey den obgenanten kunig Ruprechtes seligen zyten in dem heiligen Romischen ryche und von demselben rychs wegen ergangen und erlassen hand') weiter aufzubewahren u. erklärt, dass derselbe auf seinen Befehl [nr. 4746] diese Register nunmehr an den Kanzler B. Georg v. Passau abgeliefert habe. — Ad m. d. r. Michael prepos. Boleslav. — R. Henr. Fje. — Or. Karlsruhe; [Not. RR. G 153ᵛ] — Remling, Urkb. z. G. d. Bischöfe v. Speier 2, 126 ff.; Reg. (ungenau): Ztschr. f. G. d. Oberrheins N. F. 3, 440 f. **5048**
„	„	gebietet nochmals [vgl. nr. 4042] auf Klage v. Strassburg, Hagenau, Colmar, Schlettstadt, Weissenburg, Mülhausen u. Türkheim dem B. Wilhelm v. **S t r a s s b u r g**, den v. ihm unberechtigt eingerichteten Zoll zu Hüttenheim u. das gleichfalls unberechtigte Geleit zu Matzenheim abzustellen. — Per d. G. spisc. Patav. cancell. Franc. prepos. Strigon. — o. R — Or. Colmar Stadt-A.; Kop. Strassburg Bez.-A.; [Vid. Hagenau *Hanauer*]. (Bartolmeus t.) **5049**

1422			
Aug. 24	Nürnberg	befiehlt den Städten Strassburg, Hagenau, Colmar, Schlettstadt, Weissenburg, Mülhausen u. Türkheim dem B. Wilhelm v. Strassburg kein Zollgeld zu Hüttenheim u. kein Geleitsgeld zu Matzenheim zu verabfolgen. — KU. w. v. — Or. Colmar Stadt-A.; Vid. v. 1422 Sept. 16 u. Kop. Strassburg St.-A.; Kop. Strassburg Bez.-A. (id. dat.) **5050**	
»	»	erteilt Geleit den dem Deutschorden gegen die Polen zu Hilfe ziehenden Reisigen aus den Stiften Köln, Münster, Utrecht u. aus den Landen Jülich, Geldern, Brabant, Holland, welche sich zu Paderborn oder Soest sammeln. — KU? — Or. Schleswig. (am Bartholomeus t.) Hille. **5051**	
» 25	»	giebt den Brüdern Jost u. Ulrich Arczte [Ärzte?] aus Augsburg ein Wappen. — Otingen. Franc. — Not. RR. G 134ᵛ. (fer. terc. post Barthol.) **5052**	
»	»	befiehlt dem Albrecht v. Egloffstein v. dem Juden David Dawtz zu Regensburg, der v. den Judenmeistern in den jüdischen Bann gethan ist, das Strafgeld einzuziehen u. davon seinen ihm zustehenden Jahressold v. 300 rhein. Gulden zu nehmen, den Rest aber an die königl. Kammer abzuliefern. — Winsperg. Mich. — RR. G 135ᵛ. (dinst. nach Bartholomeus) **5053**	
»	»	teilt mit, dass er EB. Konrad III v. Mainz zum ordentlichen u. gemeinen Statthalter durch ganz Deutschland ernannt habe u. zwar auf die zehn nächsten Jahre seiner Regierung u. v. da auf Widerruf unter Aufführung der demselben zustehenden sehr umfassenden Machtbefugnisse. — Ad m. d. r. Johannes Kirchen. — R. Henr. Fye — Or. Wien H.-H. u. St.-A.; [RR. G 140ᵛ u. 141(b)ʳ]. — RTA 8, 187 ff. (di. nach Barthol.) **5054**
»	»	desgl. kürzere Ausfertigung. — Per d. Georg. episc. Patav. canc. Michael prep. Boleslav. — R. w. v. — Or. ib.; RR. G 159. — RTA 8, 193 f. (id. dat.) **5055**	
»	»	befiehlt dem EB. Konr. v. Mainz, dass derselbe dem Konrad v. Weinsberg, den er mit der Grafschaft Falkenstein u. den Herrschaften Münzenberg u. Königstein belehnt habe, den Turnos zu Lahnstein, der ihm v. diesen Herrschaften her zukommt, ungehindert nachfolge. — Ad m. d. r. Franc. prep. Strigon. — o. R — Or. Öhringen. (di. nach Barthol.) **5056**	
»	»	befiehlt dem EB. Otto v. Trier, dass derselbe den v. Kappeln gen Engers unterhalb Koblenz verlegten Turnos dem Konrad v. Weinsberg überlasse. — W. v. **5057**	
»	»	verleiht dem Kunz Pütner u. dessen Mutter Gertrud aus Geschaid ein Gütlein daselbst. — Bez. d. Jo. de Luppfen jud. cur. Mich. — Not. RR. G 135ᵛ. (dinst. nach Barthol.) **5058**	
»	»	belehnt den Hrz. Amadeus v. Savoyen mit der Grafschaft Genf, nachdem dessen Boten Petrus Marchiandi [aus Chambéry] u. Johannes Marescalli ihm den Lehnseid geleistet. — Ad m. d. r. d. G. ep. Pat. canc. referente Franc. — RR. G 135. — Vgl. RTA 8, 230 A. 3 u. nr. 5079 u. 5109. (die 25. aug.) **5059**	
»	»	bestimmt, dass kein Unterthan des Hrz. Amadeus v. Savoyen gegen in dessen Auftrag oder v. ihm gefällte Urteile appellieren darf. — KU. w. v. — ib. 135ᵛ. (id. dat.) **5060**	
»	»	belehnt den Hrz. Amadeus v. Savoyen mit allen dem Reiche auf die Grafschaft Genf zustehenden Rechten. — W. v. **5061**	
»	»	giebt dem Prof. der Rechte Petrus Marchiandi, dem Rate des Hrz. Amadeus v. Savoyen, das Recht Notare zu ernennen u. uneheliche Kinder v. Bürgerlichen zu legitimieren. — W. v. **5062**	
»	»	giebt Wilhelm Serlaborsa aus Chambéry in Savoyen das Recht Münzen zu schlagen. — KU? — Not. RR. G 120ᵛ. (25. d. aug.) **5063**	
		Aug. 25 Nürnberg: verpfändet dem Grafen v. Stolberg Schöneck. Falsches Regest: Aschbach 3, 443 — u. nr. 5083.	
» 26	»	bestätigt dem Bernhardiner-Kl. Ebrach (Würzburger Diözese) alle Privilegien u. Besitzungen. — Per d. G. ep. Pat. canc. Joh. Kirchen — RR. G 145. (mittw. vor Egidii) **5064**	
»	»	verleibt dem B. Nicodemus v. Freising alle Regalien u. Lehen. — [Per d. G. ep. Pat. canc. Franc. prep. Strigon. — R. Henr. Fye — Or. München R.-A; Not. RR. G 138ᵛ]. — Reg. Boic. 12, 396. (die 26. aug.) **5065**	
»	»	ersucht den Hrz. Amadeus v. Savoyen von dem Gelde, das dieser ihm zugesagt, 3500 Dukaten an seinen Vertrauten Antonius Tallanderii gen. Borra zu zahlen. — Ad m. d. r. d. G. episc. Pat. cancellario referente Franc. — RR. G 135ᵛ. (26. die aug.) **5066**	

1422		
Aug. 26	Nürnberg	ernennt den Ritter Dr. Omnebonus de Scola aus Padua zum Internuentischen Pfalzgrafen mit allen Rechten eines solchen. — KU. w. v. — RR. G 148ᵛ u. 149. (id. dat.) 5067
„ 27	„	fordert v. der St. Frankfurt Geleit u. Förderung für den Prager Bürger Antonius v. Manheim. — [Ad m. d. r. Franc. prep. Strigon. — o. B] — Or. Frankf. St.-A.; vgl. Invent. 3, 7]. — Reg: Janssen, Frankf. Reichskorr. I, 338. (do. nach Bartholomes). 5068
„	„	weist die Juden zu Bern, Freiburg im Üchtland, Solothurn, Luzern, Burgdorf — Berthoud (Burtolff) u. überhaupt in der Eidgenossenschaft u. dem Aargau, doch mit Ausnahme der v. Zürich, Mellingen u. Lenzburg, an, den goldenen Opferpfennig an Henmann Offenburg v. Basel zu zahlen [vgl. nr. 5085]. — Rex. C. de Winsperg refer. Franc. — Not. RR. G 136ᵛ. (do. nach Barthol.) 5069
„	„	bestätigt dem Hadamar Herrn zu Laber u. dessen Brüdern die Lehen ihres † Vaters, den Bann u. das Gericht zu Breitenegg (Praiteneck). — Ad relat. Houpt marschalk de Happenheim Franc. — RR. G 137ᵛ. (id. dat.) 5070
„	„	betraut den Hrz. Albrecht V. v. Österreich mit dem Schutze des Kl. Goldenkron u. ersucht ihn nach, dasselbe wieder in den Besitz der verpfändeten Stiftsgüter einzusetzen. — Ad m. d. r. Franciscus prep. Strigon. — Kop. d. 15. Jh. Krummau. — Fontes rer. Austr. 2 Abt. 37, 412 f. (phincat. nach Bartholomei). 5071
„	„	belehnt Anna v. Seckendorf, die Frau des Hans v. S., mit Besitzungen zu Kornburg, Rüttenbach, im Nürnberger Walde, Schwabach u. der Fischereigerechtigkeit in der Schwarzach. — KU ? — RR. G 145ᵛ. (do. nach Barthol.) 5072
		Aug. 27 Nürnberg: schenkt dem Ritter Hans v. Seckendorf zu Dettelau (T-w) den Hof zu Roettenbach (Rottenbach). — RR. G 145ᵛ. (do. nach Barthol.) — nach Or. Sept. 3 ausgestellt (nr. 5112).
		Aug. 27 Nürnberg: bestätigt die Privilegien des Kl. Steinach (Würzburger Diözese). RR. N 187; Chmel. Reg. Fridr. IV. nr. 1497. — s. nr. 5062.
„ 28	„	verbietet den St. Augsburg, Ulm, Kaufbeuren, Kempten, Isny, Leutkirch u. Memmingen wie überhaupt den Reichsstädten in Schwaben das Kl. zu Stams im Brixener Bistum zu schädigen, besonders an der Pfarrkirche zu Kettershausen (Kettrishausen). — Canc. Mich. — RR. G 136ᵛ. (Augustini.) 5073
„	„	versieht die Gr. v. Montfort Rudolf (Herrn zu Rotenfels) u. Wilhelm (Herrn zu Tettnang) sowie die Landvögte obiger Städte [in nr. 5073] mit entsprechender Weisung. — W. v. 5074
„	„	erlaubt der St. Freiburg im Üchtland die Prägung silberner Münzen. — Ad m. d. r. d. Georio episc. Patariensi canc. referente Franciscus prepos. Strigon. — B ? — Or. Freiburg i. d. Schw.; [RR. G 139ᵛ] — Recueil dipl. du cant. de Fribourg 7, 126 ff. 5075
„	„	gestattet den Baslern die Verlegung der Zollstätte in Kembs [vgl. Basler Chroniken 5, 229] — Ad m. d. G. ep. Pat. canc. ref. Joh. Kirchen. — R. Henr. Fye. — Or. Basel; [RR. G 137ᵛ]. (frit. nach Barth.) Thommen. 5076
„	„	erlaubt dem Maria-Magdalenen-Kloster zu Basel den Kirchensatz zu Frick v. Rudolf zum Last einzulösen. — RR. G 137 mit demselben Datum, später geändert in: Ofen 1424 s. d. 5077
„	„	hebt die von dem Juden Lewen Colner über die Jüdin Goltgensin verhängte Acht auf, da dieselbe vor dem Gericht des Juden-Hochmeisters Natan zu Eger Recht stehen wird. — Winsperg. Michael. (Augustini t.) 5078
„	„	übergiebt dem Sebold Pfinzig, Wilhelm Rumel d. ält., Hans Tetzel u. Konrad Kress, Bürgern zu Nürnberg, welche ihm 4000 rhein. Gulden geborgt, die Urkunden, welche er für Hrz. Amadeus v. Savoyen über die Grafschaft Genf (nr. 5059 ff.) ausgestellt hat, zum Pfande, u. bedankt ihnen dieselben nur dann herauszugeben, wenn Thomas Vischer v. Nördlingen für ihn jenes Geld bezahlt hat [vgl. auch nr. 5109]. — Rex. Mich. — RR. G 137ᵛ. (Augustine t.) 5079
		Aug. 28 Nürnberg: entscheidet den Streit zwischen der Stadt u. dem Klerus zu Speier. Christ. Lehmann, Chronik d. St. Speyer (1612) 894 — s. nr. 5013.

1422		
Aug. 28	Nürnberg	verleiht dem Wirich v. Trenchtilingen (Trent-) einen Wochenmarkt in dem Dorfe Geiselwind (Geyselbynd) u. den Blutbann daselbst; bestätigt ihm das Ungeld zu Geiselwind u. Trenchtlingen. — Per d. Albert. de Hohenloch Mich. — Not. RR. G 137ʳ. (Augustins t.) **5080**
» 29	»	überträgt der St. Augsburg den Schutz des dortigen St. Ulrich-Klosters. — Per d. C. de Weinsberg camerar. Mich. propos. Boleal. — Kop. Augsb. St.-A. Collect. Herwart. 3; Not. RR. G 142ʳ. (sambst. nach Bartholomäus). **5081**
»	»	belehnt die Nürnberger Bürger u. Brüder Heinz. Fritz u. Hans Camermeister mit dem Zehnten „über den grossen hoff zum dorfleins unter dem hain gelegen bei Koburg". — Luppfen. Michael. — Not. RR. G 140ʳ. (sampzt. nach Barthol.) **5082**
»	»	verpfändet — gemäss dem von gen. 6 Kurfürsten zwischen ihm u. den 3 Mkgr. v. Meissen Friedrich d. ä., Wilhelm u. Friedrich d. j. getroffenen Übereinkommen — für eine Summe v. 90000 rhein. Gulden Schlösser im Voigtlande (Stollberg, Schönsck u. s. w.), die teilweise erst v. Gr. Heinrich v. Schwarzburg ausgelöst werden müssen; die Mkgr. sollen Hilfe leisten bei der Unternehmung zur Rettung des Karlsteins u. im täglichen Krieg u. während der Bekämpfung der Ketzer bei dem König ausharren, der keinen Pakt mit letzteren schliessen will, ohne die Markgrafen einbegriffen zu haben. — Ad m. d. r. domino Georio ep. Patav. canc. referente Franciscus prep. Strigon. — R. Henr. Fye. — Or. Dresden H. St.-A.; [RR. G 138 u. 139ʳ; Vid. v. 1437 Apr. 19 Weimar Ges.-A.] — RTA 8, 204 ff.; vgl. Schlesinger, Stadtbuch v. Brüx 82; Hieke-Herčička, Urkb. d. St. Aussig 92. (zz. nach Barthol.) **5083**
»	»	verspricht von dem Ertrage des Zolles in Franken seinem Diener dem Gr. Adolf v. Nassau jährlich 1000 Gulden u. zw. in Wertheim oder Aschaffenburg durch den B. Johann v. Würzburg auszahlen zu lassen. — Ad m. d. r. d. G. ep. Pat. canc. refer. Franc. — RR. G 142ʳ. (Johanns t. als er enthonbt wart). **5084**
» 30	»	befiehlt den Juden zu Zürich, Bern, Freiburg, Luzern, Solothurn, Burgdorf u. überhaupt in der Eidgenossenschaft u. dem Aargau den bisher fälligen goldenen Opferpfennig sowie denselben die nächsten 5 Jahre (mit Ausnahme „was sich vor diser zit in der stat Czurch vergangen hat") an Rudolf v. Baldeg [vgl. nr. 5069!] zu zahlen. — Winsperg. Mich. — RR. G 137ʳ u. 138ʳ. (sont. vor Egidii). **5085**
»	»	verschreibt dem Haupt v. Pappenheim, der ihm während des Konstanzer Konzils treu und „alle wege uf sin selbs cöste" gedient, aber sein Jahrgeld nicht erhalten u. noch 3945 Gulden an Hans Truchsess v. Waldburg u. 550 Gulden an die St. Augsburg für ihn bezahlt hat, die (am Niklas-Tage fällige) Reichssteuer (400 Pfund Heller) u. das Ammansgeld (60 Pfund Heller) der St. Donauwörth u. giebt ihm freie Verfügung darüber, unter Vorbehalt der Einlösung durch das Reich um 4500 Gulden. — Rex. d. G. ep. Pat. canc. refer. Joh. Kirch. — RR. G (mit Korrekturen) 139ʳ u. 140ʳ. (sont. nach Barthol.) **5086**
»	»	giebt der St. Donauwörth diesbezügliche Anweisung. — KU. w. v. — ib. 140; Kop. München R.-A. Gerichtslitt. (id. dat.) **5087**
»	»	erlaubt dem Ulrich v. Schrozberg seiner Gemahlin Anna Petrinn als Morgengabe u. Heimsteuer 1200 Gulden auf Schrozberg (Reichslehen) zu verschreiben. — KU ? — Not. RR. G 137ʳ. (sont. nach Barthol.) **5088**
»	»	befiehlt den Reichsständen die Anzahl Gewaffneter, die ihnen das Anschreiben der Kurfürsten [RTA 8, 171] vorgeschrieben, zu der dort bestimmten Zeit zum Kriege gegen die Hussiten zu senden. — Ad m. d. r. Franc. prep. Strigon.
		dem Hrz. Adolf v. Berg. — Or. Düsseldorf. — RTA 8, 169. **5089**
		dem Hrz. Erich v. Sachsen-Lauenburg. — Or. Schleswig. *Hille.* **5090**
		dem B. Johann v. Regensburg. — Erhalt. bei Andreas v. Regensburg — RTA 8, 170. **5091**
		den St. Freiburg, Neuenburg, Breisach, Kenzingen, Endingen. — Or. Freiburg. — RTA 8, 169. **5092**
		den St. Mülhausen, Colmar, Münster im Gregorienthale, Kaysersberg, Türkheim, Schlettstadt, Oberehnheim, Rosheim, Hagenau u. Weissenburg. — Kop. Strassburg St.-A. — RTA 8, 169. **5093**

1422		

der St. Quedlinburg. — Or. Magdeburg Staats-A. — Geschichtsquell. d. Prov. Sachsen 2, 2 (Janicke, Urkb. d. St. Quedl. 2), 180 f. **5094**

der St. Strassburg. — Or. Strassburg St.-A. — RTA 8, 160. **5095**

(sont. vor Egidien; in der Ausfertigung für Strassburg fehlt „sont.", desgl. in der Kop. nr. 5093, wo dann das „vor" durch „an" ersetzt ist.) — Solche Schreiben werden natürlich auch an die anderen auf dem Würzburger Reichstage nicht vertretenen Stände ergangen sein.

Aug. 31	Nürnberg	bedauert, dass Hrz. Adolf v. Berg nicht an den Nürnberger Verhandlungen teilgenommen hat; hofft, dass er dem daselbst getroffenen Anschlage gegen die Ketzer, worüber andere Briefe ihn unterrichten würden, beitreten werde. — Ad m. d. r. Franc. prep. Strigon. — o. R — Or. Düsseldorf. — RTA 8, 169. (mo. vor Egidi). **5096**
»	»	gebietet den Mannen im Voigtland Huldigung u. Gehorsam zu leisten den Mkgr. Friedrich d. ä., Wilhelm u. Friedrich d. j. v. Meissen, denen er das Land verpfändet habe. — Ad m. d. r. d. Georgio ep. Patav. canc. referente Franciscus prep. Strigon. — Or. Dresden. — RTA 8, 207. (mo. vor Egidien). **5097**
Sept. 1	»	macht der St. Dortmund bekannt, dass Konrad v. Weinsberg in seinem Auftrage die Reichsacht über die St. Groningen verhängt habe. — Pe. Wacker — Or. Dortmund. (di. vor fraw. t. nativ.) Hübel. **5098**
»	»	schreibt wegen der Kaicher Grafschaft. Frankf. St.-Archiv.¹ Reg.: Aschbach 3, 443 — nicht in den Inventaren dieses Arch. enthalten. **5099**
»	»	gebietet allen Reichsunterthanen den v. ihm zum Reichsstatthalter für die nächsten 10 Jahre ernannten EB. Konrad v. Mainz aufzunehmen u. ihm gehorsam, treu u. hold zu sein. — Ad m. d. r. Johannes Kirchen — R — 6 Orr. Wien H.-H. u. St.-A.; [nicht in RR.; vgl. nr. 5055]. — RTA 9, 197 f. (Egidii t.) **5100**

Sept. 1 Nürnberg: an Strassburg u. die elsäss. Städte. — RTA 8, 169 ff. — s. nr. 5095 u. nr. 5093.

»	»	beauftragt den EB. Konrad v. Mainz, da er seine Absicht, die Streitigkeiten zwischen Mkgr. Bernhard v. Baden u. den Städten Freiburg, Breisach u. Endingen zu entscheiden, der Reichs- geschäfte wegen nicht ausführen kann, dies zu thun u. beiden Parteien kurze unverzogene Tage vor sich anzusetzen. — KU? — Kop* Colmar St.-A. — Fester, Reg. d. Mkgr. v. Baden nr. 3446. **5101**
»	»	zeigt den Städten Freiburg, Breisach u. Endingen an, dass er den EB. Konrad v. Mainz an seiner Statt mit dem Austrag ihrer Spänne mit Mkgr. Bernhard v. Baden beauf- tragt habe. u. gebietet ihnen die Tage, die der EB. ihnen ansetzen wird, unverzüglich zu beschicken. — KU? — Kop.* ib. — Fester nr. 3447. **5102**
»	»	beauftragt seinen Statthalter, den EB. Konrad v. Mainz die Irrungen zwischen der St. Fried- berg u. den dortigen Burgmannen, (auf deren Übergriffe ihn kürzlich wieder Gr. Heinrich v. Schwarzburg-Sondershausen aufmerksam gemacht hat) beizulegen. — o. KU! — o. R — Or. (kleines Majestätssiegel) Würzburg. (Egidii tag). **5103**

Sept. 1 Nürnberg: belehnt Gr. Adolf v. Nassau; RR. G 154ʳ u. 155ʳ — nach Or. Sept. 4 aus- gestellt (nr. 5130).

| » | » | verordnet auf 4 Jahre vom Sept. 8 ab einen Waffenstillstand im Kriege zwischen den bair. Hrzz. Ernst, Wilhelm, Johann, Heinrich u. Albrecht, dem B. Johann v. Eichstätt, den Gr. Ludwig u. Friedrich v. Öttingen, dem Herrn Hans v. Heidek u. den Reichsstädten Rothenburg a. d. T., Donauwörth, Nördlingen, Dinkelsbühl, Weissenburg u. Bopfingen auf der einen Seite, dem Hrz. Ludwig v. Baiern [-Ingolstadt] u. dessen Sohn auf der andern Seite, da dieser Krieg den Kampf gegen die Ketzer hindere. Die Gefangenen (auch Gr. Friedrich d. j. v. Öttingen u. Balthasar v. Waldenfels) sollen gegenseitig gegen Sicherheit freigelassen werden, alle noch unerhobenen Brandschatzungen sollen unerhoben bleiben. Bis zum Ablauf der 4 Jahre soll aller Krieg durch Vergleich gänzlich abgethan sein. — Ad m. d. r. d. Georgio episc. Patav. canc. referente Franciscus prep. Strigon. — R. Henricus Fije — Or. Münch. R.-A.; [RR. G 141(b)ʳ u. 142ʳ]. — RTA 8, 200 ff. (Egidii t.) **5104** |

1422		
Sept. 2	Nürnberg	waist v. dem ihm zugehörigen Viertel des Zolles im Stift Würzburg dem EB. Konrad v. Maint 10000 Gulden an zur Bestreitung der demselben aus der Verwaltung des Reichsstatthalter- amtes erwachsenden Ausgaben u. verspricht Ergänzung bei etwaiger Mindereinnahme. — Ad m. d. r. d. Georgio episc. Patav. cancellario referente Michael prep. Boleslav. — B. Henr. Fije. — Or. Würzburg; RR. G 147. — RTA 8, 198 ff. (mi. nach Egidii). 5105
»	»	bestätigt die Privilegien des Kl. St. Maximin bei Trier. — Per d. G. episc. Paviens. cancell. Michael prepos. Boleslav. — [nicht in RR; Kop. Paris Bibliothèque nation. Daliole]. — Länig. R.-A. Spic. eccl. 1. Forts. 289 f.; Bertholet, hist. du duché de Louxemb. 8. Preuv. 4 (aus Zyllenius, defensio abb. imp. S. Maximini); Reg.: Publications de la soct. hist. de l'inst. de Luxemb. 26, 15. (secunda d. sept.) 5106
»	»	gestattet der Markgräfin Mathilde v. Baden, (geb.) Gräfin zu Heuneberg, in dem Dorfe (Sull) Sohl [bad. A. Pfullendorf] 3 Jahrmärkte zu halten. — Per d. G. ep. Pat. canc. Mich. (Idem relat. et. not.) — Not. RR. G 135'. (donerst. nach Egid.) 5107
»	»	erlaubt, um dem in Not geratenen Bistum Bamberg aufzuhelfen, dem B. Friedrich v. B. in allen Städten u. Dörfern des Bistums während der nächsten 10 Jahre Ungeld ,odir toeze' zu erheben. — Ad m. d. r. G. episc. Pat. canc. etc. referente Franc. prepositus Strigon. — R. Henr. Fye — Or. Würzburg (sic!); Not. RR. G 144' mit Dat.: sampst. nach frowen t. nativ. = Sept. 12. (do. nach Egidien). 5108
»	»	versetzt die für Hrz. Amadeus v. Savoyen bestimmten Urkunden über die Grafschaft Genf [nr. 5059 ff.], welche bereits an Sebold Pfinzig, Wilhelm Rumel d. ält., Hans Tetzel u. Konrad Kress um 4000 rhein. Gulden versetzt sind [vgl. nr. 5079], ausserdem noch an Stefan Coler u. Georg Stromer für 3500 rhein. Gulden: Peter Steinberger, Bürger zu Nürnberg soll diese Urkunden für ihn einlösen. — Rox. d. L. de Otingen mag. cur. referente Michael — RR. G 145'. (donerst. nach Egidii). 5109
»	»	berichtet dem Deutschordens-Hochmeister Paul v. Russdorf, was er bisher im Interesse des Ordens indirekt u. direkt (Hilfesendung der Lausitzer unter Johann Polenz, Anfforderung an die Hansestädte, die Schlesier) auf dem Reichstage gethan, bittet noch kurze Zeit die Lasten des Krieges mit Polen zu tragen u. entschuldigt den Komthur v. Brandenburg Ludwig v. Lansee wegen seines langen Verweilens in Nürnberg. — Ad m. d. r. Michael prepos. Boleslav. — Or. Königsb. — RTA 8, 214 f. (do. nach Egidii). 5110
»	»	belehnt Rudolf v. Sachsenhausen mit einem Teil v. Rödelheim, mit Gütern zu Sachsen- hausen, Frankfurt, dem kleinen Zoll der Herbstmesse zu Frankfurt u. 2 Wassermühlen auf dem Main. — [Hax. Jo. de Lupfen referente Mich. — Not. RR. G 145']. — Vgl. Reg. nach Or. (Frankenstein A.; verbrannt) Aschbach 3, 443. 5111
»	»	befreit auf Bitten des Ritters Hans v. Seckendorf in Dettelsau einen Hof zu Röttenbach vom Reichs-Lehensverbande u. erlaubt ihm u. seiner Gemahlin Anna, diesen Hof als freies u. lediges Gut zu einer Frühmesse zu vergeben. — KU? — Or.° Nürnberg Kr.-A.; [RR. G 145' z. 27. Aug.!] — Reg. Boic. 12, 398. (do. nach Egidii). 5112
»	»	erneuert dem B. Raban v. Speier die Zollfreiheit für alle Bedürfnisse seines Bistums. — Ad m. d. r. Franciscus prepos. Strigon. — R. Henricus Fije. — Or. Karlsruhe; [RR. G 170' j. — Remling, Urkb. z. G. d. Bischöfe v. Speyer 2, 128 ff.; vgl. Reg.: Ztschr. f. G. d. Ober- rheins N. F. 3, 441. 5113
»	»	erlaubt dem B. Raban v. Speier allenthalben innerhalb seines Bistums Festungsbauten zu er- richten. — KU. u. R w. v. — Or. ib.; [RR. G 170] — Länig, R.-A. P. spec. Cont. 1. Forts. 3. 263; Remling, Urkb. 2, 130 ff.; lat. Übers. Dumont, Corps dipl. du droit des gens 2, 2, 172; vgl. Reg. ib. (do. nach Egidii). 5114
»	»	empfiehlt die St. Worms, die sich beklagt, dass ihre Privilegien vielfach missachtet würden, dem Schutze des EB. Konrad v. Mainz. — Winsperg. Francisc. — RR. G 144'; Kop.: (s.d.): Ingross.-Buch 16 p. 256 f. Würzburg. (do. nach Egidii). 5115
»	»	bestimmt, dass an den Zollstätten des Bistums Würzburg künftig 10 Jahre lang ausser den alten Zollsätzen v. jedem Fuder Wein noch 1 rhein. Gulden u. v. jedem Malter Getreide noch 8 Pfennige zum Besten des Reiches u. des Christenglaubens entrichtet werden sollen, u. beauf- tragt mit der Verwaltung dieses neuen Zolles den EB. Konrad v. Mainz, den Mkgr. Friedrich

1422		

v. Brandenburg u. den B. Johann v. Würzburg. — KU? — RR. G 142ʳ u. 143(a)ʳ. (do. nach Egidii). **5116**

Sept. 3 Nürnberg übertragt den 4. Teil dieses neuen Zolles [nr. 5116] in Franken auf 10 Jahre dem Mkgr. Friedrich v. Brandenburg, Burggrafen zu Nürnberg, u. erlässt nähere Bestimmung über die Erhebung dieses Zollanteils. — Ad m. d. r. Franc. [prepos.] Strigon. [gedr.: Stym?]. — [RR. G 143(a)] — [Vorlage?] Minutoli, Friedrich I Kurf. v. Brand. 76 ff. (do. nach Egident.) **5117**

" " bestimmt, dass das in Not befindliche Würzburger Stift die Hälfte der dortigen Reichszölle auf Wein u. Getreide 10 Jahre lang für sich einziehen, dass dem B. Johann v. Würzburg ein Jahrgeld v. 2000 rhein. Gulden haben soll; trifft noch nähere Bestimmungen über die Würzburger Zölle. — Ad m. d. r. d. G. episc. Pat. canc. referente Franc. prep. Strigon. — R. Henr. Fye — Or. Würzburg; RR. G 143(a)ʳ u. 143(b)ʳ. (do. nach Egidian). **5118**

" " erlaubt dem B. Johann v. Würzburg in Ermangelung v. Rittern, das Landgericht mit edeln Knechten zu besetzen, unbeschadet der Freiheiten seines Stifts. — [Ad m. d. r. d. G. ep. Pat. canc. etc. referente Franc. prepos. Strigoniens. — R. Henr. Fye — Or. Würzburg ; RR. G 142]. — Ausz.: Ludewig, Geschichtschreiber v. d. Bischoftum Wirtzburg 2. 701 f. (id. dat.) **5119**

" " verspricht die 10000 rhein. Gulden Jahrsgehalt, die er dem B. Johann v. Würzburg für seine Dienste schuldig ist, v. dem Ertrage des neuen Reichszolls, den er auf 10 Jahre im Bistum Würzburg errichtet, nach Ablauf dieser Zeit zu zahlen. — KU. u. R w. v. — Or. ib.; RR. G 143(b)ʳ. (do. nach Egidii). **5120**

" " erlaubt, um die Einnahmen des Würzburger Hochstifts zu erhöhen, dass der B. Johann in allen Städten u. Dörfern des Stifts während 10 Jahre ein Ungeld oder ,tecze' erheben darf. — KU. u. R w. v. — Or. ib.; RR. G 144ʳ. — (An diesem Tage sollten nach RR. dem Würzburger auch Urkk. wegen Neidingsfeld u. Bernheim gegeben werden, doch wurde deren Datum geändert in: 1424 Ofen). **5121**

" 4 " befiehlt der St. Memmingen, die am nächsten Martinstag fällige Reichssteuer an Frischbans v. Bodman zu bezahlen. — [Per d. G. episc. Patav. cancell.] Michael prepos. Bolsel. — R. Henr. Fye — Or. München K.-A.; Not. RR. G 155ʳ]. — Reg. Boic. 12, 398. (frit. nach Egidyt.) **5122**

" " desgl. auch den Städten :

Biberach **5123**
Buchhorn **5124**
Kaufbeuren **5125**
Leutkirch **5126**
Ravensburg. **5127**

Canc. Mich. — Not. RR. ib. (fer. sexta post Egidii, aber dtsch. Urkk.)

" " befiehlt den Städten :

Dinkelsbühl u. **5128**
Weil **5129**

ihre am nächsten Martinstag fällige Reichssteuer an Albert u. Burghard v. Homberg zu zahlen. — KU. w. v.? — Not. RR. ib. (id. dat.)

" " belehnt Gr. Adolf v. Nassau mit der früher v. der Familie v. Epstein besessenen Hälfte der durch das Ableben des Gr. Gerhard v. Diez erledigten Grafschaft Diez. — Per d. Georium episc. Patav. cancell. Mich. prep. Bolesl. — R. Henr. Fye — Or. Wiesbaden; RR. G 154ʳ u. 155ʳ mit Dat.; dinst. vor frow. t. nat. — Sept. 1. (frit. vor frawen t. nativit) **5130**

" " giebt als König v. Böhmen die Erlaubnis, dass Georg Scheufeler (oder Scheufer), Bürger zu Bautzen (Budissin), seine Leben im Lande Bautzen für den Fall, dass er kinderlos stirbt, an seine Vettern Gregor, Peter, Heinrich, Wenzel u. Kaspar vererben darf. — Canc. Mich. — RR. G 147ʳ. (frit. vor frow. t. nativ.) **5131**

" " verleiht Peter Steinberger aus Nürnberg ein Wappen. — Rax. canc. referente Franc. — Not. RR. G 136ʳ. (fer. sexta post Egidii). **5132**

	1422		
Sept.	4	Nürnberg	

Sept. 4 Nürnberg erhält v. dem päpstlichen Legaten dem Kardinal Branda v. Piacenza die geweihte päpstliche Fahne, die er dann an Mkgr. Friedrich v. Brandenburg weiter giebt, der den Oberbefehl gegen die Hussiten übernommen hat. — v. Bezold, Kg. Sigmund u. die Reichskriege (1), 96 f.; vgl. auch RTA 8, 154.   **5132 a**

» 5 » ernennt den Mkgr. Friedrich v. Brandenburg mit Rat des Reichstags zum obersten Hauptmann mit Reichs- u. Böhmischem Panier in dem beschlossenen Zug u. täglichen Krieg wider die Hussiten u. zwar bis 1423 Mai 23 (Pfingsten) u. weiter bis auf königl. Widerruf oder beider Teile Wohlgefallen, giebt ihm die betr. Vollmachten, auch zur Wiederaufnahme reuiger Böhmen, fordert für ihn allgemeinen Gehorsam. — Ad m. d. r. Joh. Kirchen — R. Henr. Fije — Or. Berlin. kgl. Haus-A.; RR. G 154ᵛ. — RTA 8, 184 f.   (sampst. vor frauw. t. nativ.)   **5133**

» » verleiht dem Kaspar v. Clingenberg in Betracht seiner treuen Dienste das Gericht zu Biberach, [d. h. im Gebiet des Biber, des oberhalb Diessenhofen mündenden Nebenflusses des Rheins]. anstossend an Bußlingen [aarg. B. Baden]. — Canc. Mich. — RR. G 146ᵛ.   (sampst. vor frow. t. nativ.)   **5134**

» » schlägt dem Kaspar v. Clingenberg u. Hans Konrad v. Bodman, welchen er je 1000 rhein. Gulden schuldig ist, diese auf die Summe, um welche ihnen die Feste Hinter-Stoffeln verpfändet ist. — Cancell. Mich. — RR. G 146.   (sampst. vor frawen t. nativ.)   **5135**

» » nimmt das Cistercienserkl. Heilsbronn in seinen besonderen Schutz, u. bestätigt ihm alle Rechte, besonders das Gericht über die Eigenleute u. die Befreiung vom weltlichen Gericht, v. Steuern, Auflagen u. s. w. — [Ad m. d. r. d. G. ep. Pat. canc. referente Franc. prep. Strigon. — R. Henr. Fye — Or. Nürnberg Kr.-A.; RR. G 143ᵛ u. 146ᵛ; Vid. v. 1424 März 24 Würzburg Kr.-A.] — Reg. Boic. 12, 398.   (die quinta sept.)   **5136**

» » verschreibt den Brüdern Friedrich u. Hanusch v. Kolowrat 14400 Gulden rhein. für ihren einjährigen Dienst mit 200 Pferden u. weitere 7200 Gulden auf der Burg Dobříš u. überträgt die Pfandsumme 1500 Schock Groschen v. Taus auf Dobříš. — KU? — Registr. v. 1454. — Reg.: Arch. česky 2, 449. Novaček.   **5137**

» » verschreibt den Brüdern Burghard u. Kobik v. Kolowrat 820 Schock Groschen, um die sie ein Jahr lang mit 30 Pferden dienen sollen, u. bekennt, dass er ihnen weitere 400 Schock Groschen an Sold schuldig sei. — KU? — Registr. v. 1454 — Reg.: ib. 188.   (s. L) Novaček. **5138**

» » gibt dem Hrz. Heinrich Rumpold v. Schlesien-Glogau Vollmacht zwischen Kg. Dänemark einer-, dem Hrz. Heinrich v. Schleswig Gr. zu Holstein u. den Hansastädten andrerseits einen Frieden zu vermitteln, der sehr nötig sei angesichts der der Christenheit v. Seiten der Ketzer drohenden Verderbens, welche nach den Beschlüssen des Nürnberger Reichstags bekämpft werden sollen. — Rex. Michael. — RR. G 146ᵛ. — RTA 8, 215 f.   (aa. nach Egidii).   **5139**

» » verschreibt dem Aleš v. Sternberg u. Holic 3960 Schock Groschen auf Hrádek u. Tytov. — KU? — Registr. v. 1454. — Reg.: Arch. česky 1, 522. Novaček.   **5140**

» » verschreibt dem Aleš v. Sternberg 14400 Gulden rhein. dafür, dass er ein Jahr lang 200 Pferde halten solle. — KU? — Registr. v. 1454. — Reg. ib. 523.   (sabbato ante nativ. Mar.) Novaček.   **5141**

» 6 » erlaubt Hugnard Aymeline aus Chambery (de Chamberiaco) Münzen zu schlagen. — Per d. G. ep. Pat. canc. Franc. — Not. RR. G 145ᵛ.   (sexta die sept.)   **5142**

» » weist den EB. [Konrad] v. Mainz an, dem Konrad v. Bickenbach v. dem Ertrage des Würzburger Reichszolles jährlich 500 rhein. Gulden auszuzahlen. — Canc. Franc. — Not. RR. G 147ᵛ.   (sont. vor frow. t. nativ.)   **5143**

» » verschreibt dem Stefan Kobšhan die Burg Hauenstein um 400 Schock Groschen. — KU? — Registr. v. 1454 — Reg.: Arch. česky 2, 179. Novaček.   **5144**

» » bevollmächtigt seinen Hofmeister den Gr. Ludwig v. Öttingen an seiner Statt die Huldigung der Reichsstadt Donauwörth zu empfangen. — Ad m. d. r. Francisc. prep. Strigon. — [RR. G 145ᵛ; Kop. München R.-A.: Gerichtslitt.] — (v. Lori) Gesch. des Lechrains 2, 109. **5145**

» » verpfändet dem Hans v. Polenz, dem er 7859 Schock Groschen schuldig ist, das Fürstentum Lausitz mit der Bestimmung, dass derselbe bei Lebzeiten oder auf dem Totenbette diese Summe

1422		

» auf dem egenanten unsern lande zu Lusitz vorgeben und vorscheiden mag einem erbern unsern und der krone zu Behmen inwoner, ußgenomen doch fursten und geistlichen luden". — [Ad m. d. r. d. G. ep. Pat. canc. referente Franc. prepos. Strigon. — R. Henr. Fye. — Or. Wien H. H. u. St.-A.; Vid. v. 1450 Mai 25 Berlin Geh. St.-A.]; 2 Vid. Luckaa — Raumer, Cod. dipl. Brand. cont. 1, 90 f.; vgl. Worbs, Invent. dipl. Lusat. infer. 1, 235 u. N. Laus. Mag. 46, 87 f. (sont. vor fraw. t. nat.) **5146**

Sept. 6	Nürnberg	belehnt den Gr. Günther v. Schwarzburg-Sondershausen auf Bitten von dessen Vetter Heinrich, dem gegenwärtigen Lebensinhaber für den Fall, dass dieser kinderlos stirbt, mit dem Schlosse Blankenburg. — [Per d. G. episc. Patav. canc. Michael prepos. Boleslav. — R. Henr. Fye. — Or. Rudolstadt; RR. G 146ᵛ u. 147ʳ mit KU.: Rex Mich.!] — Lünig, R.-A. Spic. sec. 2, 1223 f. (id. dat.) **5147**
»	»	giebt seine Zustimmung zu der Verpfändung v. Schwarzburg n. Königsee (Kun-) (Reichslehen) seitens des Gr. Günther v. Schwarzburg an dessen Vetter Heinrich. — Rex. Canc. — RR. G 146ᵛ. (sont. vor fraw. t. nativ.) **5148**
»	»	erteilt der zu Schweinfurt wohnenden Judenschaft eine Anzahl Freiheiten auf 10 Jahre (wie den Nürnberger Juden 1421 Febr. 6). — [Michael — Not. RR. G 108ʳ]; Kop. Würzburg Kr.-A. (Stepf. Urk.-Samml.) — Ausz: F. Stein, Mon. Suinfurt. hist. 207 f. **5149**
»	»	desgl. den Juden zu Windsheim — KU? — Not. RR. ib. (dom. ante nativ. Marie). **5150**
» ?	»	bestätigt die Privilegien des Benedictiner-Klosters zu Aura (Awrach, Bamberger Diöcese); inser. die Urk. K. Friedrichs I. v. 1158 Jan. 28. [Stumpf nr. 3797] — Ad m. d. r. d. G. ep. Pat. canc. referente Franc — RR. G 151ʳ. (d. 7. sept.) **5151**
»	»	befiehlt allen Kaufleuten, sobald sie mit ihrer Waare das Fürstentum Breslau berühren, das übliche Ungeld an die St. Breslau zu entrichten. — Per d. episc. Pataviens. cancell. Franciscus prepos. Strigon. — [P. Henr. Fye. — Or. Breslau Stadt-A.] — Lünig, R.-A. P. spec. Cont. 4, T. 2, Forts. 815. (mo. vor fraw. t. nativ.) **5152**
»	»	erlaubt der St. Donauwörth einen Pfleger zu wählen, der sie von Reichs wegen schütze; auch verspricht er, dass die Stadt beim Reich bleiben soll. — Per d. L. comitem de Otingen magistrum curie Francisc. prepos. Strigon. — [R. Henr. Fye — Or. München R.-A.; RR. G 148ᵛ] — (v. Lori) Gesch. d. Lechrains 2, 108 f.; vgl. Reg. Boic. 12, 398. (mo. vor fraw. t. nativ.) **5153**
»	»	erlaubt der St. Donauwörth 10 Jahre lang unwiderruflich von da ab bis am Widerruf ein Ungeld u. einen Pflasterzoll zu erheben. — [KU. w. v. — Idem relator et prothonotarius. — RR. G 148ᵛ] — Lünig, R.-A. P. spec. Cont. 4 T. 1, 415 f. (id. dat.) **5154**
»	»	bevollmächtigt Albrecht v. Kolditz, Nikel v. Bibenicz u. Janko v. Schweidnitz mit B. Konrad v. Breslau u. den Herzogen in Schlesien zusammen ein Bündnis zwischen ihm u. dem Deutschorden in Preussen abzuschliessen. — KU? — Nach Or. [wo?] Reg.: Palacky, Beitr. z. G. d. Hussitenkrieges 2, 497. (fraw. ab. nat.) **5155**
»	»	befiehlt dem EB. Konrad v. Mainz von dem königl. Anteil am Ertrage des Reichszolles in Franken dem Wilhelm Paulsdorfer 1000 ungar. Gulden für dessen Dienste auszuzahlen. — Canc. Franc. — RR. G 153ᵛ. (mont. vor fraw. t. nativ.) **5156**
»	»	belehnt den Ritter Franz v. Peterswaldau u. seine Erben im Mannesstamme mit den zwei Vorwerken, die Niklas Heinig u. Christian Goldschmid haben, u. mit dem Reichenbacher Burglehen. — Per d. G. episc. Patav. cancell. Michael prepos. Boleslaviens. — Rᵐ Henricus Fye. — Or. Breslau Staats-A. (mo. vor frawen tag nat.) **5157**
»	»	bestätigt der St. Rothenburg a. d. T. das Privileg der gefreiten Richter. — [Per d. G. episc. Pat. canc. Mich. prep. Bolesl. — R. Henr. Fye. — Or. München R.-A.; RR. G 153ᵛ]. — Lünig, R.-A. P. spec. Cont. 4, T. 2, 341 f. — Ausz: Moser, reichst. Hdb. 2, 614; vgl. Reg. Boic. 12, 398. (mo. vor fraw. t. nat.) **5158**
»	»	bestätigt derselben Stadt die (inser.) Urk. Karls IV. v. 1355 Juli 13 [Böhmer-Huber nr. 2179], durch welche ihr das Privilegium de non evocando u. der Nichtveräusserung seitens des Reichs erteilt wird. — Ad m. d. r. d. G. episc. Patav. canc. referente Mich. prepos. Bolesl. — R. Henr. Fye. — [Or. ib.; RR. G 151ᵛ u. 152ʳ mit Dat.: fraw. ab. nativ.] — Reg. Boic. ib. (id. dat.) **5159**

1422		
Sept. 7	Nürnberg	verbietet dem Hofrichter Gr. Johann v. Lupfen, weiter in der Forderungssache des Gr. Johann v. Wertheim gegen Rothenburg a. d. T. klagen u. urteilen zu lassen, bis er mit den Kurfürsten u. Fürsten über die von Rothenburg erlangte Freiheit vom Hofgericht zu Rate gegangen sei. — [Per d. G. ep. Pat. canc. Mich. propos. Bolesl. — o. R — Or. ib.] — Reg. Boic. 12, 399 = Reg.: Ztschr. d. Gesellsch. f. Geschichtsk. v. Freiburg 3, 383. (id. dat.) **5160**

quittiert dem Hrz. Amadeus v. Savoyen, der ihm 15000 Dukaten versprochen, den Empfang von 11500 Dukaten zu Händen des Konrad v. Weinsberg u. des Haupt v. Pappenheim. — KU? — RR. G 155ʳ.   (7. die sept.)   **5161**

verträgt sich mit Krušina v. Schwamberg, dass er ihm um 2840 Gulden rhein. ein Jahr lang mit 40 Pferden dienen soll. — KU? — Regist. v. 1454 — Reg.: Arch. česky 2, 190. Novaček.   **5162**

bevollmächtigt den Mkgr. Bernhard v. Baden u. Kaspar v. Klingenberg zur Erhebung des hundertsten Pfennigs von den im Nürnberger Anschlag nicht aufgeführten Geistlichen und Weltlichen in den Bistümern Konstanz, Basel, Strassburg u. Speier, dann auch zur Umwandlung der in jenem Anschlag ausgesprochenen Verpflichtung Mannschaft zu stellen in die Auflage des hundertsten Pfennigs. — Canc. [Georg. ep. Pat.] Mich. — RR. G 153 — ETA 8, 173 ff.; Fester, Reg. d. Mkgr. v. Baden nr. 3451.   (frow. abd. nativ.)   **5163**

stellt dem Mkgr. Bernhard v. Baden einen Schuldschein aus über 13467 ½ Gulden, die er ihm nach erfolgter Abrechnung über Vereinnahmung u. Verwendung bezw. Ablieferung der Schuld des Hrz. Friedrich v. Österreich (16220 Gulden), der Zehnten in den oberrheinischen Bistümern (Konstanz 22971, Basel 4022, Strassburg 6624 ½, Speier 7805 ½, Worms 2284 Gulden, dazu für „gruntrur" zu Breisach 2637 ¾ Gulden) u. a. noch schuldet. — Per d. Georium episc. Pataviens. cancell. Michael propos. Boleslav. — R. Henricus Fije. — Or. Karlsruhe; [RR. G 155] — Reg.: Ztschr. f. G. d. Oberrheins. N. F. 3, 441; Fester nr. 3451.   **5164**

verweist dem Mkgr. Bernhard v. Baden wegen vorstehender Schuld auf die noch ausstehenden Zehnten der Bistümer Metz, Toul u. Verdun: — etwaige Mehreinnahmen soll der Mkgr. an ihn (den König) abliefern, Mindereinnahmen nachgezahlt erhalten. — KU. u. R w. v. — Or. ib.; [RR. G 155ʳ] — Reg.: Ztschr. ib.; Fester nr. 3452.   **5165**

bestätigt dem Zeisolf v. Adolzheim u. seinem ganzen Geschlecht das von seinen Vorfahren ererbte Wappen. — KU? — Or. Adelsheim. Familien-A.; [nicht in RR] — Reg.: Mitteil. d. bad. hist. Komm. 3, 84.   **5166**

erhebt Martinus de la Cruce, Bürger zu Mailand, u. dessen Nachkommen zu „comites palatini". — Rex cancell. referente Franc. — RR. G 156ʳ u. 157ᶠ.   **5167**

empfiehlt die St. Frankfurt dem Schutze des EB. Konrad v. Mainz (wurde laut Aufschrift dem EB. nicht insinuiert) — [Per d. Conrad. de Weinsp. Franzisc. propos. Strigon. — o. R] — Or. Frankfurt, vgl. Invent. d. Frkf. St.-A. 3, 30.   (frawen t. nativ.)   **5168**

stellt von seinem Bruder Kg. Wenzel zur Nutzniessung innegehabte Dörfer des Kl. Goldenkron demselben wieder zurück. — Ad m. d. r. domino G. episc. Patav. canc. refer. Michael prep. Boleslav. — R. Henr. Fye. — Or. Wien H. H. u. St.-A. [= Kop. Prag Böhm. Mus.] — Fontes rer. Austr. 2. Abt. Bd. 37, 414 f.   (die 8. sept.)   **5169**

bestätigt die Privilegien des Benedictinerklosters St. Aegid zu Nürnberg. — RR. G 157ʳ mit KU.; Canc. Franc.; Vidimus Friedrichs III. v. 1444 s. d. RR. O 191; vgl. Chmel, Reg. Friderici IV. nr. 1824.   (8. d. sept.)   **5170**

empfiehlt seine Kammerknechte, die Juden zu Nürnberg, dem Schutze der St. Nürnberg. — KU? — RR. G 145ʳ.   (di. nach Egidii.)   **5171**

verpfändet den Pilsnern für ihre Forderung von 2000 Schock böhmischer Groschen wegen in seinem Dienste empfangener Schäden verschiedene Güter, die bisher im Besitze v. Hussiten gewesen. — Ad m. d. r. Michael propos. Boleslav. — Vid. v. 1433 April 17 Pilsen Mus. — Publikaci městského historického musea v. Plzni 1, 303 f.; vgl. 360.   (sont. vor fraw. t. nativ.)   • **5172**

Sept. 9   gibt seinem Hofmeister Gr. Ludwig XII. v. Öttingen die Vollmacht, von den nicht mittelst Schreiben durch ihn (den König) u. die Kurfürsten zur Entrichtung einer Steuer für den Reichs-

1422

krieg gegen die Hussiten aufgeforderten Bewohnern des Bezirks zwischen Ulm u. Wassertrüdingen den hundertsten Pfennig zu erheben, u. befiehlt sich der Steuerforderung des Grafen zu fügen. — Per d. Georg. episc. Patav. cancell. Michael prepositus Boleslav. — R. Henr. Fye — Or. Wallerstein; RR. G 156. — RTA 8, 175 f. (mi. nach fraw. t. nat.) **5173**

Sept. 9 | Nürnberg | belehnt Wilhelm v. Wolfstein mit Schloss Hausack (Husack) u. Lehen zu Schmidstadt u. Hirschbach (Hyrtzp-) [Oberpfalz. B.-A. Sulzbach] zugleich für seine Brüder u. seinen Vetter Kaspar (Lehen der Krone Böhmen). — KU? — Not. RR. G 155f. (mi. nach frow. t. nat.) **5174**

" 10 | " | gestattet dem Konstanzer Bürger Johann Dinslac, dem er fünf v. den zur Zeit des Konzils angefertigten Schiffen um 180 rhein. Gulden versetzt hat, diese in Köln zu verkaufen, doch soll ein etwaiger Mehrertrag an die königl. Kammer abgeführt werden. — Rex. Mathia Lemmel referente Mich. — RR. G 156ᵛ. (do. nach frow. t. nat.) **5175**

" | " | giebt den Nürnberger Bürgern Konrad Erk alias Muller u. Johann Degen ein Wappen. — KU? — Not. RR. G 144ᵛ [2 Urkk.?] (fer. quinta post nativ. Mar.). **5176**

" | " | befiehlt Bürgermeister u. Rat v. Hagenau, die armen Leute der Reichsdörfer im Elsass, welche zur Hagenauer Pflegschaft gehören, gegen die Überbürdung mit Steuern u. andern Lasten seitens des Landvogts u. seiner Amtsleute zu schützen u. dafür zu sorgen, dass sie bloss die herkömmlichen Steuern zu zahlen brauchen. — Per d. D. margravium de Baden Franciscus prep. Strigon. — [R. Henr. Fye — Or. Hagenau St.-A. Hanauer; RR. G 154ᵛ]; Kop. aus d. 2. Hälfte des 16. Jahrh. Strassburg Bez.-A. — Schöpflin, Als dipl. 2, 336 f.; Mossmann, Cartulaire de Mulh. 2, 16 f. (do. nach frow. t. nat.) **5177**

" | " | verschreibt dem Johann Hanovec v. Schwamberg 1800 Schock Groschen auf den Steuern des Kl. Kladrub. — KU? — Registr. v. 1454 — Reg.: Arch. česky 1, 498. Novaček. **5178**

" | " | erlaubt der St. Heidingsfeld zur Belohnung für die der Krone Böhmen geleisteten Dienste nach Abgang oder Tod des gegenwärtigen Richters den Richter fortan selbst zu ernennen. — Ad m. d. r. d. G. ep. Pat. cancellario referente Michael propos. Bolvslav. — R. Heinr. Fye — Or. Würzburg. (donrstag nach u. fraw. tag nativitatis). **5179**

" | " | befiehlt dem ED. Konrad v. Mainz als seinem Statthalter die Städte Heidingsfeld u. Bernheim, welche sich bei ihm darüber beschwert, dass ihr Privilegium de non evocando u. a. v. dem B. Johann v. Würzburg nicht beachtet werde, bei ihren Privilegien zu schützen. — KU. w. v. — o. R — Or. ib. (id. dat.) **5180**

" | " | bevollmächtigt den Heinrich v. Motelsko (-ka) den Ernst v. Metelsko, Kanonikus zu S. Apollinaris zu Prag, für eine im Königreiche Böhmen frei werdende Präbende zu präsentieren. — Rex. Michael. — Not. RR. G 146ᵛ. (10. die sept.) **5181**

" | " | verhängt auf Klage Reinharts Lerbeck die Aberacht über Johann Beckerholte u. Erhart Holtmeyr [vgl. nr. 3504] welche sich aus der vor Jahresfrist über sie verhängten Acht nicht gelöst haben. — [P. Wacker; so auch KU in den folgenden nrr.]. — Not. Achtbuch 22ᵛ. (donrst. nach frawen t. nativit.) **5182**

" | " | desgl. auf Klage des Wedekin Proff [vgl. nr. 3497] über Johann Brauweiler (Brawylr) u. Zelis Himmelstoß. — Not. ib. 22ᵛ. **5183**

" | " | desgl. auf Klage des römischen Königs [vgl. nr. 3498] über Ocko v. dem Bruch, Fokko Uckoma, Häuptling zu Leer, Hain v. Westerwalde u. die übrigen in nr. 3498 genannten. — Not. ib. 22ᵛ. **5184**

" | " | desgl. auf Klage der Magdeburger Bürger Tile u. Bete Lose [vgl. nr. 3514] über Dietrich de Brön, Zöllner zu Geervliet. — Not. ib. 22ᵛ. **5185**

" | " | desgl. auf Klage Gerharts v. Cleve-Mark über die Städte Cleve, Calkar, Emmerich, Uedem, Sonsbeck u. a. w. [vgl. nr. 4247]. — Not. ib. 22ᵛ. **5186**

" | " | desgl. auf Klage Dietrichs Polch u. des Wedekin Proff [vgl. nr. 2949] über die Bürger zu Bodenwerder: Brun Eilmann, Cord Albrecht, Hans Bessel. — W. v. **5187**

" | " | desgl. auf Klage Heinrichs Kalthenhuser [sic! vgl. nr. 2954] über Lang Erkinger v. Seinsheim. — W. v. **5188**

" | " | desgl. auf Klage des Henne v. Banna [vgl. nr. 2957] über die St. Fulda. — Not. Achtbuch 22ᵛ. **5189**

1422		
Sept. 10	Nürnberg	erklärt die St. Hamburg in die Aberacht [vgl. nr. 4516 u. 1423 Mai 6]. — Not. ib. 16ʳ. (for. quinta post fest. nat. Marie). **5190**
"	"	teilt den Hrzz. Otto u. Wilhelm v. Braunschweig mit, dass er über die St. Hamburg die Reichsaberacht verhängt habe. — Or. Hamburg. *Hagedorn.* **5191**
"	"	desgl. dem Landgr. Friedrich v. Thüringen. — W. v. **5192**
"	"	desgl. der St. Lübeck. — W. v. **5193**
"	"	desgl. der St. Lüneburg. — W. v. **5194**
"	"	verhängt auf Klage des Hofmeisters Gr. Ludwig v. Öttingen [vgl. nr. 2962 u. nr. 4015] über Thomas Hinderkircher u. Burkart Hufner die Aberacht. — Not. Achtbuch 22ʳ. **5195**
"	"	desgl. auf Klage des Henne Baune des ält. [vgl. nr. 2964] über die Gemeinde zu Horsten bei Seligenstadt. — Pe. Wacker — o. R — Or. Marburg St.-A.; Not. Achtbuch 22ʳ. (donrstags nach frawen t. nativit.) **5196**
"	"	desgl. auf Klage des Reinhart Fuchs [vgl. nr. 3528] über die St. Metz. — [Vid. v. 1425 Dez. 1 Metz Boz.-A.; *Wolfram*]; Not. Achtbuch 22ʳ. **5197**
"	"	verbietet den Gr. Konrad u. Johann v. Freiberg, sowie Ritter Konrad Dybolt, jeden Verkehr mit der auf Klage des Reinhart Fuchs, Bürgers zu Köln, u. seiner Frau Hudial in die Aberacht erklärten St. Metz. — Petrus Wacker — o. R — Or. Karlsruhe. — Ztschr. f. d. G. des Oberrheins 36. 112 f.; Reg. (!) ib. N. F. 3, 441. **5198**
"	"	desgl. der St. Frankfurt. — Pe. Wacker — Or. Frankf. St.-A.; vgl. Invent. 4, 76. **5199**
"	"	verhängt auf Klage Reinharts Lerbeck [vgl. nr. 3805] über die St. Minden die Reichsaberacht. — Not. Achtbuch 23ʳ. **5200**
"	"	desgl. auf Klage des Nikolaus Berwer [vgl. nr. 2974] über den Juden Nathan zu Känsperg [Künsperg = Königsberg?] — Not. ib. 22ʳ. **5201**
"	"	desgl. auf Klage des Wedekind Proff [vgl. nr. 3533] über den Eimbecker Bürger Dietrich Nydeck, Heinrich v. Uelzen (Ylsen), Martin v. der Brücken — Not. ib. 22ʳ. **5202**
"	"	desgl. auf Klage des Hrz. Heinrich v. Baiern [vgl. nr. 2980] über Thomas v. Rosenberg, sowie Erhart u. Wilhelm Dottenheim. — Not. ib. 22ʳ. **5203**
"	"	desgl. auf Klage des Luxemburger Bürgers Klaus Bischof v. Lintzeren [vgl. nr. 3354] über den Junggrafen Wilhelm v. Sain, Herrn zu Achterrode, Ritter Arnolt v. Craynoye u. Ritter Wilhelm Blöndel. — Not. ib. 22ʳ. **5204**
"	"	desgl. auf Klage der Margerete v. Tocken [vgl. nr. 3807] über die St. Stade. — Not. ib. 23ʳ. **5205**
"	"	desgl. auf Klage des Meisters Johann Statfelt [vgl. nr. 3363] über die Stadt Treysa. — Not. ib. 22ʳ. **5206**
"	"	desgl. auf Klage des Haupt-Marschall v. Pappenheim [vgl. nr. 3698 u. nr. 4246] über Jost v. Utenrode, Gr. Friedrich v. Helfenstein, die Gemeinde zu Weissenstein (Wysenstaig), Hartnit v. Rammingen. — Not. ib. 22ʳ. **5207**
"	"	desgl. auf Klage des Jakob Lochorst, Johann v. dem Spigel u. deren Gesellschaft [vgl. nr. 4016] über die St. Utrecht. — Not. ib. 23ʳ. **5208**
"	"	zeigt Frankfurt an, dass er die St. Utrecht, die mehr als Jahr u. Tag in der auf Klage des Jakob Lochorst, Johann v. d. Spigel, Dietrich v. Zalen, Joh. v. Damaschen u. ihrer Freunde verhängten Acht liegt, in die Aberacht gethan. — Pe. Wacker — Or. Frankf. St.-A.; vgl. Invent. 4, 77. (donrstags nach fraw. t. nativit.) **5209**
"	"	verhängt auf Klage des Meisters Heinrich Statfelt [vgl. nr. 2995] über die St. Weimar die Reichsaberacht. — Not. Achtbuch 22ʳ. **5210**
"	"	desgl. auf Klage des Hans Krüger [vgl. nr. 4252] über Dietrich v. Werdesleben, Weakre v. Hornhausen, Heinrich Buckennowe, Hans v. Quitzow, Heinrich v. Wobeck. — W. v. **5211**
"	"	erklärt die St. Wetzlar, welche sich aus der auf Klage des Kölner Bürger Johann Dinslach verhängten Reichsacht [vgl. 2999] nicht gelöst hat, in die Aberacht. — Pe. Wacker. — o. R — Or. Wetzlar Stadt-A.; Not. Achtbuch 22ʳ. (donrstags nach frawen t. nativ.) **5212**

1422		
Sept. 10	Nürnberg	teilt dies Frankfurt mit. — Pe. Wacker. — Or. Frankf. St.-A.; vgl. Invent. 4, 76. **5213**

, , erklärt die St. W e t z l a r, welche sich aus der auf Klage der „Tritirbin ettwann Volkquin Hacken v. Lonepe seligen wittwe", Bürgerin aus Köln, verhängten Reichsacht [nr. 3554] nicht gelöst hat. In die Aberacht. — Pe. Wacker. — Or. Wetzlar Stadt-A. (düxerst. nach fraw. t. nativit.) **5214**

, , erklärt die St. Wetzlar, welche sich aus der auf Klage des Frankfurter Bürger Lutz Weiß vom Wedel verhängten Reichsacht [vgl. nr. 3558] nicht gelöst hat, in die Aberacht. — Pe. Wacker. — o. R — Or. u. Vid. des Frankf. Schultheiss Rudolf Geiling v. 1423 Jan. 22 Wetzlar Stadt-A.; Not. Achtbuch 22ᵛ. (donrstag nach frawen t. nativit.) **5215**

, , teilt dies der St. Speier mit. — Pe. Wacker. — o. R — Or. ibid. (id. dat.) **5216**

, , desgl. der St. Worms. — W. v. **5217**

, , desgl. dem Pfalzgrafen Ludwig bei Rhein. — W. v. **5218**

, , desgl. dem Dietrich v. Isenburg-Büdingen. — W. v. **5219**

, , desgl. der St. Frankfurt. — Pe. Wacker. — Or. Frankf. St.-A.; vgl. Invent. 4, 76. **5220**

, , verhängt auf Klage des Sigfried Veckinghausen die Reichsaberacht [vgl. nr. 3002] über die Gr. Johann u. Gottfried v. Ziegenhain-Nidda u. die St. Treysa. — Not. Achtbuch 22ᵛ. **5221**

, , zeigt dies Frankfurt an. — [Pe. Wacker. — o. R] — Or. Frankf. St.-A.; vgl. Invent. 4, 76. **5222**

, , verhängt auf Klage des Rates v. Erfurt [vgl. nr. 3364] über die Gr. Johann u. Gottfried v. Z i e g e n h a i n - Nidda die Reichsaberacht. — Not. Achtbuch 22ᵛ. **5223**

, , desgl. auf Klage der Elsbet Hofstal, der Wittwe des Nikolaus Christofer, u. des Meisters Johann Steffelt [vgl. 3363] über die Gr. Johann u. Gottfried v. Ziegenhain-Nidda. — W. v. **5224**

, 11 , bevollmächtigt den Mkgr. Bernhard I. v. B a d e n zur Bestreitung der Kosten des Kriegs mit den Ketzern, von den Juden in Schwaben u. am Bodensee, unter den Eidgenossen, im Elsass und auf beiden Seiten des Rheins bis Köln hinab den dritten Pfennig von aller ihrer Habe zu erheben, u. erlässt zu seiner Unterstützung die erforderlichen Befehle. — Per d. Georium episc. Patav. canc. Michael prep. Bolesl. — R. Henricus Fije. — Or. Karlsruhe; RR. G 155ᵛ. — RTA 8, 176 f. (nach RR); Reg.: Ztschr. f. G. d. Oberrheins N. F. 3, 441; Foster, Reg. d. Mkgr. v. Baden nr. 3454. (fr. nach fraw. t. nativ.) **5225**

, , verschreibt dem Wilhelm v. Luditz 1200 Schock Groschen auf der königl. Steuer des Kl. Kladran. — KU ? — Registr. v. 1454 — Reg.: Arch. Český 1, 522. Novaček. **5226**

, , erlaubt den N ü r n b e r g e r n, so oft sie nur wollen, Juden u. Jüdinnen aufzunehmen u. wieder zu entlassen, befiehlt ihnen diese Juden zu schützen u. will sie niemandem verschreiben; falls dies geschehen wäre oder geschehen würde, so sollen diese Verschreibungen ungiltig sein; doch hat die St. Nürnberg die Hälfte der Einnahmen von den Juden an die königl. Kammer abzuliefern, ausserdem von jedem erwachsenen Juden u. jeder erwachsenen Jüdin jährlich 1 Gulden Opferpfennig. — [Ad m. d. r. d. G. ep. Patav. canc. referente Franc. prep. Strigon. — R. Henr. Fye. — Or. u. Vid. Sigmunds v. 1433 Mai 31 Nürnberg Kr.-A.; RR. G 160ᵛ.] — Reg. Boic. 12, 399. (fr. nach fraw. t. nativ.) **5227**

, , ernennt den Ritter Peter Truchsess v. Pommersfelden zum Beisitzer an seinem u. des Reichs Hofgerichte mit einer jährl. Besoldung v. 500 rhein. Guld. — [Per d. Canr. de Winsperg magistrum camere Mich. prepos. Bolesl. — R. Henr. Fye.] — Or. Nürnberg Nat.-Mus.; [RR. G 157ᵛ] — Reg.: Mittheilung. a. d. germ. Nationalmus. 1890, 99. (freit. nach fraw. t. nativ.) **5228**

, , verpflichtet sich dem Krušina v. S c h w a m b e r g 1960 rhein. Gulden zu zahlen, wenn er ihm 12 Monate mit 40 Pferden dienen würde. — KU ? — Registr. v. 1454 — Reg.: Arch. Český 2, 190. Novaček. **5229**

, , erlaubt dem Nürnberger Bürger Peter V o l k e y m e r (am Rande: Volkmar) sein Haus zu Burgfarrnbach zu befestigen und bestätigt ihm seinen Anteil an dem Dorfe Burgfarrnbach. — Rex. d. G. ep. Pat. canc. refer. Franc. — RR. G 156ᵛ. (frit. nach frowen t. nat.) **5230**

, , ernennt den Dr. iur. J o h a n n Propst zu Saulx (Sanceyum) in der Diözese Besançon [doch wohl kann = Sauges Kant. Neuenburg] zu seinem Rat. — Rex. Franc. — RR. G 167ᵛ u. 168ᵛ (undecima septembris; vielleicht, worauf die Ortsangabe Pressburg weist, Schreibfehler für d e - cembris). **5231**

1422		
Sept. 12	Nürnberg	erlaubt dem Ritter Heinrich v. Aufsess (Ufsoß) den Wolkenstein bei Schwarzbrunn zu befestigen. — KU? — RR. G 158ʳ (sampst. nach nat. Mar.) **5232**
"	"	ernennt auf Bitten des Abtes Moritz v. Corvey den Tepel Balstarckenboger zu einem Freigrafen des Stuhls auf dem Wolhagen zwischen Marsberg u. Horhausen (Hoyhusen). — Rex. d. B. marchione Bad. refer. Mich. — Not. RR. G 158ʳ. (sampst. nach nat. Mar.) **5233**

Sept. 12 Nürnberg: erlaubt dem B. v. Bamberg ein Ungeld zu erheben. — Not. RR. G 144ʳ. (sampst. nach frowen t. nat.) — nach Or. am 3. Sept. ausgestellt (nr. 5108).

"	"	bekennt, dass er dem Wilhelm v. Bukovine 540 Gulden rhein. schuldig sei. — KU? — Registr. 1454 — Reg.: Arch. česky 1, 529. Novaček. **5234**
"	"	verpflichtet sich, dem Wilhelm v. Bukovine den Schaden, den er an seinen 12 Pferden leiden würde, zu ersetzen. — W. v. **5235**
"	"	verleiht bis auf Widerruf dem Gr. Albrecht v. Hohenlohe, seinem Rate, das Gut zu Steinheim an der Murr mit dem nach Steinach [würt. O.-A. Weiblingen] gehörenden Zubehör. — [Ad m. d. r. Mich. prep. Bolesl. — R. Henr. Fye. — Or. u. Vid. des Erasmus Neustetter, gen. Stürmer, Dechant zu Komburg v. 1557 Dez. 15 Öhringen; RR. G 157ʳ.] — Hansselmann, Beweis, dass d. Hause Hohenlohe die Landeshoh.... 490. (sampst. nach fraw. nat.) **5236**
"	"	nimmt Nicolaus, den Sohn des Franciscus de Justinianis aus Genua, unter seine Familiares auf. — Rex. Franc. — Not. RR. G 147ʳ. (12. die sept.) **5237**
"	"	beauftragt den EB. Konrad v. Mainz dem Georg Schenk v. Geyern seinen rückständigen Lohn (700 rhein. Gulden) aus dem Ertrage des Reichszolles zu Würzburg zu bezahlen. — Per d. L. comitem de Otingen mag. cur. Franc. — Not. RR. G 158ʳ. (sampst. nach nat. Mar.) **5238**
"	"	beauftragt den Gr. Adolf v. Nassau mit der Entscheidung des Streites zwischen Johann Kube u. der St. Frankfurt. — Canc. Joh. Kirchen. — Not. RR. G 153ʳ. (sampst. nach frowen t. nat.) **5239**
"	"	befiehlt der St. Nürnberg den Mehrertrag der halben Judensteuer über die dem Albrecht v. Colditz verpfändeten 200 Gulden am 29. Sept. an Wigleis Schenk v. Geyern zu zahlen. — Otingen. Franc. — RR. G 158ʳ. (sampst. nach nat. Mar.) **5240**
"	"	befiehlt der St. Nürnberg ihre 1423 Nov. 11 fällige Reichssteuer an seinen Hofmeister den Gr. Ludwig v. Öttingen zu zahlen. — Rex. d. G. ep. Pat. canc. referente Franc. — RR. ib. (id. dat.) **5241**
"	"	desgl. die 1424 Nov. 11 fällige Reichssteuer. — [KU. w. v.] — Not. ib. (id. dat.) **5242**
"	"	nimmt Rondinellus aus Florenz unter seine Familiares auf. — Rex. Franc. — Not. RR. G 143(b)ʳ. (12. die sept.) **5243**
"	"	beauftragt den EB. Otto v. Trier mit der Entscheidung über die Appellation der Jaqueta, der Witwe des Johann Besange alias v. Montigny (-ney), Bürgers zu Metz, gegen das Urteil, welches in ihrem Erbstreite mit Ritter Pontius Legornaix in seinem Auftrage Pfalzgraf Ludwig durch seinen Stellvertreter den Prof. der Theologie Konrad v. Soest (de Sosato) hat fällen lassen. — Rex d. G. ep. Patav. canc. referente Franc. — RR. G 157ʳ. (12. die sept.) **5244**
" 13	"	bewilligt den Nürnbergern, dass sie neben dem hergebrachten Goldgulden von 22½ Karat auch einen zu 19, wie ihn die Reichsfürsten jetzt schlagen, prägen dürfen, ferner Pfennige zur Hälfte aus Silber, deren 32 auf ein Lot gehen, u. Heller, zum Drittel aus Silber, wovon 47 ein Lot wiegen, doch solle die Hälfte des Schlagsatzes an die kgl. Kammer geliefert werden — Ad m. d. r. Francisc. prepos. Strigon. — [R.] Henr. Fije. — Or. [u. Vid. des Georg, Abtes des Egidienklosters v. 1422 Nov. 24 sowie Vid. des Abtes Sebaldus desselben Kl. v. 1466 Mai 17] Nürnberg Kr.-A.; [RR. G 158ʳ.] — Chronik. d. dtsch. Städte 1, 246 f.; vgl. Reg. Boic. 12, 399. (sont vor crewz t. exaltac.) **5245**

Sept. 13 Nürnberg: bevollmächtigt den Gr. v. Öttingen. Material z. Öting. Gesch. 1 (1771). 316 ff. — falsch statt Sept. 9 (nr. 5173)

"	"	erlaubt der Ritterschaft in Deutschland zum Schutze ihrer Rechte sich zu verbinden und Reichsstädte in ihren Bund aufzunehmen. — Ad m. d. r. Michael prep. Boleslav. — R. Hen-

1422		

		ricus Fije. — Or. München R.-A.; [RR. G 158; Kop. Stuttgart]. — RTA 8, 219 f. (sont. vor creuz t. exaltae.)
Sept. 13	Nürnberg	erlaubt dem Ulrich v. Heimenhofen zu Obersdorf [= Oberndorf, schwäb. B.-A. Donauwörth] ein Gericht über Unzucht u. Geldschuld zu besetzen. — Ad m. d. r. d. Haupt Marschalk de Pappenheim refer. Michael prep. Bolesl. — [R. Henr. Fye — Or. ib.; Not. RR. G 158°.] — Mon. Boica 34, 281 f. (id. dat.) **5246**
»	»	desgl. dem Ritter Konrad v. Schellenberg zu Salzberg [bair. B.-A. Kempten]. — [KU. u. E w. v. — Or. ib.; RR. G 157° u. 158°]. — Reg. Boic. 12, 399. (id. dat.) **5248**
»	»	gibt dem Dr. med. Johann Rosenbusch ein Wappen. — Rex. Franc. — RR. G 146°. (dominica ante exalt. cruc.). **5249**
» 14	»	bekennt, dass er dem Wilhelm v. Bukovina 180 Schock Groschen schuldig sei. — KU? — Registr. v. 1454. — Reg.: Arch. česky 1, 529. Novašek. **5250**
»	»	beauftragt Sebold Pfinzig mit der Einziehung der ihm zustehenden Hälfte des Schlagschatzes von der Nürnberger Münze. — Rex. Franc. — RR. G 158° u. 159°. (creuz t. exalt.) **5251**
»	»	erlaubt dem Nürnberger Bürger Peter Volkeymer u. dessen Erben zu Burgfarrnbach „die alt grosse masse au win und an bier au den schenkstuben bestellen und geben" zu lassen sowie v. jedem ausgeschenkten Eimer Wein einen Pfennig u. vom Eimer Bier einen Heller zu nehmen. — Rex. Franc. [Idem ut in alia, oder dieselbe KU. wie in nr. 5231?]. — RR. G 160°. (creuz t. exaltae.) **5252**
»	»	erlaubt Wilhelm u. Wigleis v. Wolfstein zur Belohnung für ihre Dienste in ihrem Gericht zu Salzburg (Solzburg?) 6 Judenwirte zu halten. — KU? — ib. 159°. (id. dat.) **5253**
»	»	erlaubt Jakob Wolfsteiner in seinem Markt Allersberg beliebig viele Juden halten zu dürfen. — KU? — Not. ib. (id. dat.) **5254**
» 15	»	belehnt den Nürnberger Bürger Georg Dorner mit einem Gütlein u. Renten zu Reutlein [= Reutles, B.-A. Fürth?] — Rex. Jo. de Luppfen refer. Mich. — Not. RR. G 163°. (dienst. nach creuz t.) **5255**
		Sept. 15 Nürnberg: f. Donauwörth. Reg.: Aschbach 3, 444 — falsch statt Sept. 7 (nr. 5154).
» 17	»	erhebt Simon Amman v. Asparn (Passauer Diöz.) u. dessen Bruder Gerung in den Adelstand u. verleiht ihnen ein Wappen. — KU? — RR. D 141° u. 142 u. s. d. RR. G 156°. (fer. quinta post exaltac. crucis.) **5256**
» 18	Wien [sic!]	erklärt dem Hrz. Ludwig v. Baiern, Grafen v. Mortagne, u. dessen Sohn Ludwig, dass er, weil sie den v. ihm auf vier Jahre vermittelten Frieden mit Mkgr. Friedrich v. Brandenburg, den bair. Hrz. Ernst, Wilhelm, Johann, Heinrich u. Albrecht, B. Johann v. Eichstädt, den Gr. Ludwig u. Friedrich v. Öttingen, Hans v. Heideck, den Städten Rothenburg a. T., Nördlingen, Donauwörth, Weissenburg u. Bopfingen nicht halten, v. Reichs wegen ihr Feind sein will. — Ad m. d. r. Joh. Kirchen — R. Henr. Fye — Or. [Würzburg Kr.-A.; RR. G 144°]. — Guden, Sylloge var. diplomatariorum (1728) 668 ff. (fr. vor Matth.) **5257**
»	Nürnberg	bestimmt, dass in der Streitsache Kaspar Törringers gegen Hrz. Heinrich v. Baiern dieser bis Nov. 11 sich mit Törringer „rechts vertragen' soll, widrigens die definitive Entscheidung dem EB. Eberhart v. Salzburg zustehen soll. — Ad m. d. r. d. Jo. comite de Lupfen et Haupt Marschalk [de Pappenheim] referent. Michael prep. Bolesl. — Freyberg, Sammlung hist. Schriften u. Urkk. 1 (1827), 228 f. (fr. nach creitz t. exalt.) **5258**
» 19	»	belehnt den Nürnberger Bürger Hans Kraft mit Gütern u. Renten zu Tambach, Obersdorf u. bei Kirchfarrnbach u. Eltersdorf. — Rex. Jo. comite de Luppfen referente Franc. — Not. RR. G 161°. (sampst. vor Matheus). **5259**
»	»	bestätigt der St. Nürnberg den Empfang ihrer erst künftigen Martinstag fälligen Reichssteuer, „die wir durch grosser notdurft wegen itzund in unser selbs hand genommen und empfangen haben.' — Rex. Mich. — RR. ib. (id. dat.) **5260**
» 20	»	bekennt dem Gr. Wilhelm v. Castell für Wein u. geborgtes Geld 191 Schock böhm. Groschen a. 45 Groschen schuldig zu sein u. gelobt diese Summe bis 1423 April 23 zu bezahlen. — [Rex. Mathia Lemmel referente Michael]. — RR. G 161. — Ausz: Wittmann, Monumenta Castellana 247 f. **5261**

1422		
Sept. 20	Nürnberg	sagt die N ü r n b e r g e r, die nach dem Nürnberger Anschlag 200 Mann zur Rettung des Karlsteins u. 30 Spiesse u. 30 Schützen zum täglichen Krieg wider die böhm. Ketzer zu stellen gehabt hätten, v. diesem Dienste los, weil er auf ein Jahr die Stellung dieser Mannschaften gegen Entgelt selbst übernommen habe. — Ad m. d. r. Michael prep. Bolesl. — R. Henr. Fije — Or. Nürnberg Kr.-A.; RR. G 159ᵛ. — RTA 8, 238. (Matheus ab.; was in RTA mit Sept. 19 aufgelöst ist). **5262**
„	„	verspricht der Anna B o s s h a u p t, die 1000 Gulden, die er ihrem ersten Manne Ulrich v. Friedingen schuldig geblieben ist, unweigerlich bis nächste Pfingsten zu bezahlen. — Ad relac. Joh. de Lupfen Mich. prep. Bolesl. — R. Henr. Fye — Or. Nürnberg; RR. G 161ᵛ; 2 Kop. Frankf. St.-A.; vgl. Invent. 4, 17. (Matheus abd.; Röm. 12). **5263**
[Aug.- Sept. ?]	„	übergiebt dem Mkgr. Bernhard v. B a d e n für die v. ihm dem Reiche geleisteten u. künftig noch zu leistenden Dienste das Schloss Kagenfels im Strassburger Bistum, das ihm u. dem Reich verfallen u. ledig geworden ist. — KU? — RR. G 155ᵛ. — Fester, Reg. d. Mkgr. v. Baden nr. 3455. (s. d.) **5264**
„	„	nobilitiert die Brüder Balduin, Gerhard u. Rutger v. D y c k aus der Kölner Diözese u. verleiht ihnen ein Wappen. — KU? — RR. G 155ᵛ u. 156ᵛ. (s. d.) **5265**
„	„	belehnt Lorenz u. Albrecht G o t s m a n n mit 2 Mass Honig auf einem Gute zu Bruck u. mit den Mannlehen an der Schwabach u. der Pegnitz, welche Lorenz G. v. Albrecht Lichtensteiner, sowie v. Hans u. Hartmann Rindmaul gekauft hat. — Per d. Fr. march. Brand. etc. Mich. — Not. ib. 145ᵛ. (s. d.) **5266**
„	„	belehnt Hans H a m e r l (am Rande: Harmel) mit einem Gütchen zu Ober-Rieden. — Otingen. — Not. ib. 144ᵛ. (s. d.) **5267**
„	„	belehnt den Nürnberger Bürger Hans H u b n e r als Lehnsträger der Kinder des Berthold Deisler mit Gütern zu Zirndorf (Czeren-) u. Tenew [?] bei Schwabach. — Rez. Jo. de Lupfen referente Mich. — Not. ib. 156ᵛ. (s. d.) **5268**
„	„	trifft ein Abkommen über die J u d e n zu Nürnberg u. die Juden unter der Herrschaft des B. Johann v. Würzburg, des B. Friedrich v. Bamberg u. des Mkgr. Friedrich v. Brandenburg, Burggrafen zu Nürnberg. — KU? — ib. 144ᵛ. (s. d.) **5269**
„	„	befreit den Kunz L a w v. Erlach [bei Ochsenfurt, Unterfranken], nachdem derselbe sich mit Kunz Tannolt geeinigt, aus der Acht, in welche derselbe durch das Landgericht zu Winterhausen gekommen war. — KU? — ib. 130ᵛ. (s. d.) **5270**
„	„	verleiht Ulrich L o c h e n e r ein Haus u. ein Gärtlein in der [Nürnberger] Vorstadt vor dem Laufenthor an dem „Treyperg." — KU? — Not. ib. 127ᵛ. (s. d.) **5271**
„	„	belehnt Sebolt P f i n z i g als Lehnsträger der Anna, der Wittwe des Jakob Grolant, mit Gütern zu Schweinau (Sw-w), Zirndorf (Cziren-), Rückersdorf (Huo-), Leinburg, dem halben Walde Hegnech u. der Vogtei zu Gersberg (Germersperg). — Rez. Mich. — Not. ib. 126ᵛ. (s. d.) **5272**
„	„	giebt dem Johann S e d l a c z k o aus Komotau (Chomutaw) ein Wappen. — KU? — Not. ib. 129ᵛ. (s. d. et s.) **5273**
„	„	befiehlt dem Konrad v. W e i n s b e r g Urkunden, welche seiner früheren Verfügung, die Baseler Kaufleute mit der Reichssteuer v. Frankfurt für die nächsten vier Jahre zu bezahlen, widersprechen, „als untüchtige brieve" zu „verslahen" [vgl. nr. 4926]. — KU? — ib. 130. (s. d.) **5274**
„	„	belehnt eine Anzahl Leute, ohne denselben eine Urkunde zu geben („sine littera; nota: non habent litteras desuper) [vgl. auch nr. 4894 ff.], nämlich:
		Ulrich B e r l e n mit Renten u. Gütern zu Aichach, die er v. Hans Berlen gekauft. — Not. RR. G 134ᵛ. (s. d.) **5275**
		Michel C r e n c e r als Lehnsträger seiner „swiger" Margarete Perpeck mit einem Acker zu Telpergk [= Dehnberg?] — Not. ib. 125ᵛ. **5276**
		Fritz H a c k auf dem Brand (vom Prant) mit 3 Morgen Acker zu Klein-Geschaidt. — Not. ib. 122ᵛ. **5277**
		Kunz H u l f e l d e r mit einem Gut bei Lauf (Laff) in dem Dorfe Heuchling (Hei-gen). — W. v. **5278**

1422		

Hans **Kun** mit einem Gut zu Oberrieden. — Not. ib. 144ᵛ. **5279**

Lang Heinrich v. Grossgeschaidt mit Wiesen zu [Ober-] Schölenbach (Scheul-) u. Gross-Geschaidt. — Not. ib. 122ᵛ. **5280**

Ullen **Luff** mit einem Gut zu Heuchling. — Not. ib. 123ᵛ. **5281**

Markart **Mendel** u. dessen Bruder mit Gütern zu [Klein- oder Gross-] Schwarzenlohe (-loch) u. Ebersdorf. — W. v. **5282**

Peter **Mendel** mit einem Gut zu [Ober- oder Unter-] Weiersbach. — W. v. **5283**

Albrecht **Neusesser** mit Wiesen zu Sendelbach. — RR. G 123ᵛ. **5284**

Kunz **Rot** mit einem Gütchen zu Oberrieden (Obern-Riten). — Not. ib. 144ᵛ. **5285**

Götz **Schuster** v. Kalchreut (Kalkreut) mit einem Morgen Acker zum Käswasser (Keswaßer). — Not. ib. 125ᵛ. **5286**

Hans **Simon** mit Äckern u. Wiesen zu Pergersdorf [= Behringersdorf nd. Nürnberg?] — Not. ib. 134ᵛ. **5287**

Otto **Tewerl** v. Tauchersreuth mit Äckern u. Wiesen zwischen Heroldsberg u. Gross-Geschaidt. — Not. ib. 122ᵛ. **5288**

Otto **Tewrl** v. Tauchersreuth als Lehnsträger v. S. Niklas zu Beerbach (Perpach) mit Wiesen zwischen Eschenau u. Groß-Geschaidt an dem ‚kronperg.‘ — Not. ib. 125ᵛ. (s. d.) **5289**

Sept. 24	Regensburg	verspricht dem Kardinal **Branda** v. Piacenza, die v. ihm entliehenen 6000 venetian. Dukaten bis 1423 April 23 in Dukaten oder in entsprechender Münze bestimmt zurückzuzahlen. — Bez. Franc. — RR. G 162ᵛ. (24. die sept.) **5290**
„	„	giebt dem Hrz. **Ludwig** v. **Baiern**, Grafen zu Mortain, der sich vor seinem Hofgericht verantworten soll, Geleit dahin u. wieder heim. — KU. w. v. — RR. ib. (do. nach Mauric.) **5291**
„	„	nimmt den **Bernardus de Castellione** unter seine Familiares auf. — Bez. Franc. — Not. RR. G 161ᵛ. (24. d. novbr.; die Monatsangabe Novbr. der Hds. ist wohl Schreibfehler für Sept., wozu die Ortsangabe passt). **5292**
„	„	giebt dem Freisinger Kleriker Johann **Schossler** erste Bitten auf das Frauenkl. Niedermünster zu Regensburg. — Canc. Mich. — Not. RR. G 166ᵛ. (24. d. sept.) **5293**
„	„	giebt Martin **Wagner** aus Nürnberg einen Schuldbrief über 100 Schock Groschen ‚fur salviter und swebel, das er Jacob Munczschriber uf dem berge zum Chutten geantwort hat.‘ — Bez. Mathia Lemmel referente Mich. — Not. RR. G 161ᵛ. (donerst. nach Mauricii). **5294**
„	„	verspricht Heinz **Neugebauer** (Newgepawr) aus Neustadt an der Aisch die ihm für Fuhrlohn u. Dienst schuldigen 113 Schock bis April 23 zu bezahlen. — W. v. **5295**

Sept. 25 Regensburg: vermittelt einen vierjährigen Waffenstillstand zwischen Hrz. **Ludwig** v. **Baiern** u. seinen Gegnern. — Reg. Boic. 12, 400. (fer. sexta proxima Michaeli) — ist gleich Okt. 2 (nr. 5307).

„ 26	„	befiehlt den Städten **Heidingsfeld** u. **Bernheim** die 4000 Gulden, welche er seines Bruders Kg. Wenzel wegen künft. Febr. 22 an B. Johann v. Würzburg (der diese Summe seinerzeit für Wenzel an den u. Thüngen bezahlt hatte) zu zahlen hat, für ihn anzulegen; diese Summe soll v. ihrer ‚Pfandung‘ abgehen; auch verspricht er sie bald einzulösen. — Ad m. d. r. Franc. prep. Strigon. — o. R — Or. Würzburg. (sampst. nach Mauric). **5296**
„	„	belehnt Hadmar d. J., Herrn zu **Laber** mit der Herrschaft Laber sowie den Lehen, welche vormals die Ehrnfelzer in der Lengfelder Schrann u. die Breitenegger (Prai-) gehabt haben. — Bez. Franc. — Not. RR. G 141ᵛ. (sampst. vor Michels). **5297**
„	„	will seine u. des Pfalzgr. Johann [v. Neumarkt] Ansprüche an die zu **Regensburg** gesessenen **Juden** nicht weiter verfolgen, bevor er sich mit dem Pfalzgrafen auseinandergesetzt [vgl. nr. 5318]. — Ad m. d. r. Franc. prep. Strigon. — [Rᵗᵃ] — Or. München R.-A.; [nicht in RR.] — RTA 8, 240 f. (sa. vor Michelst.) **5298**

Sept. 28 Donauwörth: verbietet dem Bischof v. Strassburg. Reg.: Ztschr. f. G. d. Oberrheins N. F. 3, 441 — falsch statt 1418 Sept. 26 (nr. 3587).

1422		

Sept. 29   Regensburg   überträgt Thomas u. Ludwig v. Nottenstein (Rote-) das Gericht in ihren Dörfern Altaoried (Altisrydst) u. Grönenbach (Gron-). — Rex. Houpt marschalk de Bappenheim referente Franc. — Not. RR. G 161ᵛ.   (Michels t.)   **5299**

» 30   »   giebt seinem Hofrichter, dem Gr. Hans v. Lupfen, Landgrafen zu Stühlingen, welcher vorgebracht, dass in den an seine Landgrafschaft stossenden Wäldern unbefugt gejagt würde, die Randenmundat, (welche zwischen den Grafschaften Nellenburg, Habsburg, Fürstenberg u. Stühlingen liegt) u. die darin befindlichen Wälder Westerholz u. Gatterholz mit allen Rechten, Gerichten u. Wildbännen zu Lehen vom Reich. — KU? — RR. G 159ᵛ (o. O. u. T.); Kopialb. Höwen 1, 71 f.; Donaueschingen Arch. — Reg.: Ztschr. d. Ges. f. Geschichtsk. v. Freiburg 3, 383 u. 384.   (mi. nach Michels t.)   **5300**

» »   »   bestätigt dem Schotten-Kl. St. Jakob zu Regensburg alle Rechte u. Privilegien; inser. das Privileg Friedrichs II. v. 1213 (1212) März 16 [Böhmer-Ficker nr. 691]. — Ad m. d. r. Francisc. prepos. Strigon. — [RR. G 120ᵛ u. 121ᵛ]. — Hund-Gewold, Metrop. Salisb. (1719) 2, 275 f.; vgl. Reg. Boic. [Vorlage?] 12, 400.   (die ultima sept.)   **5301**

» »   »   gestattet dem Juden Strolin nebst dessen Familie, welcher ohne seine Erlaubnis vom Nürnberger Rat aus der Stadt verbannt ist, die Rückkehr. — KU? — RR. G 161.   (mi. nach Michels).   **5302**

Okt. 1   »   gelobt dem Landgr. Leopold v. Leuchtenberg allen Schaden zu ersetzen, den er etwa im Kriege gegen die Ketzer haben werde. — [Ad m. d. r. referentibus d. Joh. comite de Lupfen et Haupt marschalco Mich. prepos. Bolesl. — Rᵗᵃ — Or. München R.-A.; Not. RR. G 162ᵛ]. — Reg. Boic. 12, 400.   (Remigy t.)   **5303**

» »   »   ist mit demselben übereingekommen, für die Schulden seines Bruders Kg. Wenzels u. seine eigenen bei demselben, sowie für dessen Hilfe beim Karlstein 3000 rhein. Gulden zur Hälfte 1423 April 23 u. 1423 Sept. 29 zu bezahlen. — KU. w. v. — RR. G 161ᵛ u. 162ᶠ.   (Remigii).   **5304**

» »   »   belehnt den B. Johann v. Regensburg mit den Regalien. — [Ad m. d. r. Franc. prep. Strigon. — NB. links auf dem Buge: Acta per dnm. Joh. de Streitperg episcopum! — R — Or. München R.-A.; Not. RR. G 161ᵛ mit Dat.: ut supra — tercia octob?] — Ried, Cod. chronol.-dipl. episcop. Ratisbon. 2, 990 f.   (d. prima oct.)   **5305**

Okt. 1 Pressburg: teilt dem Deutschordensmeister die Bedingungen mit, unter denen er Hilfe v. Polen erhalten kann. Poln. Reg.: Mon. med. aevi hist. res gest. Poloniae illustr. 6, 573 — falsch statt 1421 Okt. 2 (nr. 4630).

» 2   »   macht einen Frieden auf 4 Jahre zwischen dem Mkgr. Friedrich v. Brandenburg, dessen Sohn Johann, den bair. Hrzz. Ernst, Wilhelm, Heinrich, Albrecht, dem B. Johann v. Eichstädt, den Gr. Ludwig u. Friedrich v. Oettingen, Hans v. Heideck u. den Reichsstädten Rothenburg a. T., Donauwörth, Nördlingen, Dinkelsbühl, Weissenburg u. Bopfingen einer- u. dem Hrz. Ludwig v. Baiern u. dessen gleichnamigen Sohn Ludwig andererseits. Binnen Jahresfrist sollen die Streitpunkte durch königl. Spruch beigelegt werden; mit den Landstrassen soll es wie v. Alters her gehalten werden; die Landgerichte Graisbach, Hirschberg u. Höchstädt sollen ruhen bis auf den königl. Ausspruch, Hrz. Ludwig, wie dessen Gegner mögen alle ihre Rechte geltend machen; das galt auch für Donauwörth. Gegen Friedensbrecher wird der päpstliche Legat Branda, Kardinal v. Piacenza den Bann sprechen. — Ad m. d. r. Franc. prep. Strigon. — [R. Henr. Fye — 2 Orr. München R.-A.; RR. G 152; Vid. v. 1422 Okt. 7 u. 1437 Mai 17 München R.-A.; Vid. v. 1426 März 26 ib. Geb. St.-A.] — Friedr. Christ. Joh. Fischer, kleine Schriften 2, 136 ff. (Dat.: fr. sant Michels t.); vgl. Reg. Boic. 12, 401.   (fr. nach Michels).   **5306**

» »   »   desgl. latein. Fassung. — KU. w. v.? — Or.ᵃ ib? — Reg. Boic. 12, 400.   (feria sexta prox. Michaeli).   **5307**

» »   »   gelobt nach Abschluss des Friedens zwischen Hrz. Ludwig in Baiern u. seinen (genannten, vgl. nr. 5306) Gegnern, dass er spätestens in Jahresfrist alle Länderstreitigkeiten beilegen wird, dass er die Lande des gleichnamigen Sohnes Ludwigs in seinen u. des Reiches Schutz nehmen u. ihm als Verweser u. Vormund einen Hofmeister zur Seite setzen will, dass die Entscheidung über Donauwörth auch in Jahresfrist erfolgen soll. — [Ad m. d. r. Franc. prep.

1422

Strigon. — RR. G 152' u. 153'; Vid. v. 1423 Okt. 7 u. 1437 Mai 17 München R.-A.] — Friedr. Christ. Joh. Fischer, Kleine Schriften 2, 150 ff.   (frit. nach Remigii).   **5308**

Okt. 2 Regensburg | gebietet der St. Donauwörth mit Hrz. Ludwig v. Baiern Frieden zu halten. — KU? — Or. München R.-A.: Gerichtslitt.   (fr. nach Remigius). *Rieder.* — Ergingen solche Einzeln-Friedensgebote auch an die übrigen in nr. 4306 genannten Gegner des Hrz. Ludwig v. Baiern?   **5309**

erlaubt dem Egerer Bürger Niklas Gumerawer u. dem Sighart Trost im römischen Reiche u. in Böhmen Gold, Silber, Kupfer, Blei u. alle andern Erze zu graben. — Rex. Mich. — RR. G 159'.   (frit. nach Michels i.)   **5310**

Okt. 2 Regensburg: Der Hofrichter Gr. Hans v. Lupfen spricht die Brüder Heinrich u. Bruno die Jungen aus Köln des Söhnebruchs gegen die St. Nordhausen frei, da diese vor Gericht nicht erschienen. — Petr. Wacker. — Or. Nordhausen.   (fr. nach Mich.)   **5310a**

» 3 » übernimmt für die St. Augsburg die Verpflichtung zur Rettung des Karlsteins u. zum Kriege wider die Ketzer auf ein Jahr die im Nürnberger Anschlag festgesetzte Mannschaft zu stellen gegen empfangene Entschädigung, u. spricht die Stadt für diese Zeit vom Kriegsdienst frei. — Ad m. d. r. Haupt marschalk referente Michael prep. Dobsl. — [R. Henr. Fye] — Or. München R.-A.: Not. RR. G 159'. — RTA 8, 245 f.   (sa. nach Remigii)   **5311**

» » erklärt hinsichtlich der dem Dietrich v. Stauf verliehenen Lehen, welche die Ehrenfelser früher vom Reiche gehabt haben, dass deren nunmehrige Verleihung an Hadamar v. Laber dem Stauf keinen Schaden bringen soll. — [Ad relac. Joh. de Luppfen Franc. prep. Strigon.] — s. R — Or. München R.-A.]. — Reg. Boic. 12, 401.   (id. dat.)   **5312**

» » nimmt den Johann v. Caster [= Kesteren, niederländ. Prov. Gelderland?] unter seine Familiares auf. — Rex. Franciscus — Not. RR. G 159'.   (tercia oct.)   **5313**

» » bevollmächtigt den Pfalzgrafen Johann [v. Neumarkt], der v. den Juden in „etlichen" Reichsstädten die schuldigen Abgaben u. eine Geldsteuer zu erheben hat zur Bestreitung der Kosten des bevorstehenden täglichen Kriegs mit den Böhmen [vgl. nr. 4973], gegen die Widerspenstigen mit Gewalt vorzugehen. — Rex. Franciscus. — RR. G 160. — RTA 8, 177 f.   (sa. nach Remigii)   **5314**

» » bekennt, dass er den Pfalzgrafen Johann [v. Neumarkt] bevollmächtigt habe, v. den Juden zu Heilbronn die schuldigen Abgaben u. eine Geldsteuer für den täglichen Krieg mit den Böhmen zu erheben, u. erlässt die erforderlichen Weisungen an diese Juden, sowie an die St. Heilbronn. — Rex. Franciscus. — RR. G 160' durchstrichen; restituta et annullata. — RTA 8, 244 f.   (id. dat.)   **5315**

» » beauftragt den Hrz. Amadeus v. Savoyen mit der Beilegung der Streitigkeiten zwischen der Valence in Vienne u. dem B. Johann v. Vienne. — Rex. Franc. — RR. G 161'.   (die terc. octobr.)   **5316**

Okt. 3 Regensburg: belehnt den B. v. Regensburg. Not. RR. G 161' — s. nr. 5305.

» 4 » bestätigt das Abkommen des Gr. Heinrich v. Löwenstein (Le...) mit dessen Bruder Georg, Domherrn zu Bamberg, wonach dieser, falls Heinrich kinderlos sterbe, die Grafschaft L. nebst allen Rechten u. Lehen übernehmen solle. — Rex. Mich. — RR. G 159.   (sont. nach Mich.)   **5317**

» » widerruft seine Verfügung, wonach er auf seine Ansprüche an die Regensburger Juden bis zu seiner Auseinandersetzung mit Pfalzgraf Johann, Hrz. in Baiern u. Grafen zu Holland, verzichtet [nr. 5298], u. fordert Wiedergabe jener Urkunde. — Rex. Mich. — RR. G 160'.   (Francisci).   **5318**

» 5 » erlaubt den Brüdern Johann u. Jakob v. Beelz je 20 Notare zu ernennen u. ebenso viele uneheliche zu legitimieren. — Rex. Michael. — Not. RR. G 159'.   (quinta die oct.)   **5319**

» » giebt der St. Heidingsfeld zu ihrer Befestigung einen Zoll (v. einem geladenen Wagen 4, v. einem geladenen Karren 2, v. einem Pfund Eisen auf dem Main 2 Pfennige, v. einem geladenen Schiff auf dem Main ,einen ört eines gulden', das 30. Holz auf dem Main, v. einem Schwein 1 Heller, v. einer Kuh 1 Pfennig). — Ad m. d. r. Franc. prep. Strigon. — R. Henr. Fye — Or. u. Vid. v. 1423 März 17 Würzburg; RR. G 159' u. 160'.   (mo. nach Francisci).   **5320**

1422		
Okt. 5	Regensburg	verhängt auf Klage des Tile u. Bete Losen die Reichsacht über die Städte Amsterdam u. Leiden, die Gr. Vollrad, Gebhart u. Bosse zu Mannsfeld, den Bergvogt der Mannsfelder Albrecht Helmschmidt, Ludwig v. Wanzleben (Wantsleven), welche trotz dreimaliger Vorladung vor dem Hofgericht nicht erschienen sind [vgl. Aberachterkl. 1425 Jan. 29]. — [P. Wacker]. — Not. Achtbuch 17ᵛ. (mo. vor Dionysii). **5321**
»	»	zeigt dies dem Rate v. Lübeck an. — Petrus Wacker — Or. Lübeck. — Urkb. d. St. Lübeck 6, 468 f. (id. dat.) **5322**
»	»	desgl. der St. Frankfurt. — Pe. Wacker — Or. Frankf. St.-A.; vgl. Invent. 4, 77. **5323**
»	»	verhängt auf Klage des Luxemburger Bürgers Klaus Bischof v. Lintzeren die Reichsacht über die Städte Antwerpen u. Brüssel — [KU. w. v., auch in den folgenden Nrr.] — Not. Achtbuch 17ᵛ. **5324**
»	»	desgl. auf Klage des Heinrich v. Ghoer gen. Schütttrupp über Gr. Bernt v. Bentheim u. Everlin v. Guterwick. — Not. ib. 17ᵛ. **5325**
»	»	desgl. auf Klage des Patriarchen Ludwig v. Aquileja über den Kölner Bürger Cornelius [Veckinghausen; vgl. die Aberachterkl. 1425 Jan. 29]. — Not. ib. 17ᵛ. **5326**
»	»	desgl. auf Klage des Michael Schenk, Bürgers zu Wien, über Philipp d. Alt. u. Philipp d. jüng., die Söhne des † Franken v. Cronberg, Hans Nenniger, Bürger zu Gmünd u. die Gemeinde zu Bulach [vgl. die Aberachterkl. 1425 Jan. 29]. — W. v. **5327**
»	»	desgl. auf Klage des Wentsch v. Dohna (Donen) über Heinz u. Hans v. Dohna, Herren zu Grafenstein. — W. v. **5328**
»	»	desgl. auf Klage des Gr. Konrad v. Freiburg über die St. Endingen. — W. v. **5329**
»	»	desgl. auf Klage Dietrichs v. Weitenmühl (der Wytenmulen) über die St. Endingen. — W. v. **5330**
»	»	desgl. auf Klage des Ritters Gerhart Grüb über Dietrich v. Freckleben, Hennig Schenck, Diedolf v. Benzingerode u. dessen Sohn Jordan [vgl. die Aberachterkl. 1425 Jan. 29]. — Not. Achtbuch 16ᵛ. **5331**
»	»	desgl. auf Klage des Johann v. der Heiden über Johann Geißmar, Eberhart Eninch gen. Bumkist, Heinrich vor dem Markde gen. Nishuse, Reinike Mus, Hermann de Böse u. Johann Dürkopp, Bürger zu Bochem. — Not. ib. 17ᵛ. **5332**
»	»	desgl. auf Klage Martin Vorstmeisters über alle zu Gelnhausen wohnhaften Juden, besonders Gumprecht, Hens, Aaron u. Gottschalk. — Not. ib. 17ᵛ. **5333**
»	»	desgl. auf Klage des Kölners Thomas Tagrot über Colngron Grongon, den Sohn des † Nickel Grongon, wohnhaft zu Metz [vgl. die Aberachterkl. 1425 Jan. 29]. — Not. ib. 16ᵛ. **5334**
»	»	desgl. auf Klage der Kölner Bürger Gerhart v. der Hosen u. Johann v. Rode über Lukas Hochsangk, Heinrich Marckstro, Konrad Krich, Albrecht Czink, Albrecht Gottewitz, Konrad Kieseling, wohnhaft zu Bernburg (Bernemberg), den Juden Jakob aus Quedlinburg, den Stadtdiener Tiel Teufel aus Aschersleben, Heinrich u. Tiel Schenk zu Schnellin (Snellingen) auf der Burg, Wilhelm v. Hoym des alten Friedrichs Sohn zu Westdorf, Otto Wrige zu Welsleben u. die Gemeinde zu Güsten [vgl. die Aberachterkl. 1425 Jan. 29]. — W. v. **5335**
»	»	desgl. auf Klage der Baseler Bürger Hans Schriber u. Wilhelm v. Syel, sowie des Lorenz Tabenei v. Aschaffenburg über den Ritter Johann v. Memstet u. die Städte Brüssel, Löwen, Tienen, Hertogenbosch, Antwerpen, Herenthals, Lier, Villfurt, Steenbergen, Breda, Arukot, Leiden, Delft, Rotterdam, Bergone, Oudewater, Schönhofen, Gertruidenberg, Höchstan u. Utrecht [vgl. die Aberachterkl. 1425 Jan. 29]. — Kop. Frankf. St.-A.: vgl. Invent. 4, 77; Not. Achtbuch 17ᵛ. (mo. vor Dionysii). **5336**
»	»	teilt dies Frankfurt mit. — Pe. Wacker — Or. ib.; vgl. ibid. **5337**
»	»	verhängt auf Klage des Wedikin Proff v. Göttingen [später in Köln] über Coman Jacob, Wilhelms Sohn, aus Leiden, Konrad Kraebeck, Heinrich v. Aechte u. Ernst Krebs, Bürger zu Göttingen, Walter Vaerwer, Peter Bode, Bürger zu Zwolle (Swoll) [vgl. die Aberachterkl. 1425 Jan. 29] die Reichsacht. — Not. Achtbuch 16ᵛ. **5338**

1422		
Okt. 5	Regensburg	desgl. auf Klage Friedrichs Kragekircher v. Hiddenhausen über Friedrich v. Kallendorf, Heinrich v. Went u. Otto v. Twergen. — Petrus Wacker. — [Or. Hanover Staats-A. *Janicke*]; Not. Achtbuch 17ᵛ. **5339**
»	»	desgl. auf Klage Adolfs v. Affeln über die St. Kiel. [vgl. die Aberachtserkl. 1425 Jan. 29]. — P. Wacker. — [Or. Schleswig *Hille*.]; Not. Achtbuch 17ᵛ. **5340**
»	»	desgl. auf Klage des Hans Otterwasch, Bürgers zu Frankfurt a. O., über Ritter Hans v. Kottbus d. ält. [vgl. die Aberachtserkl. 1425 Jan. 29]. — Not. Achtbuch 16ᵛ. **5341**
»	»	desgl. auf Klage des Hofrichters Gr. Johann v. Lupfen über den Gr. Wilhelm v. Montfort-Tettnang, den Gr. Hans v. Tierstein, Ulman v. Masmünster u. Konrad Trötschler [vgl. die Aberachtserklärung über die beiden letzteren 1425 Jan. 29] — Pe. Wacker. — Kopialb. v. Stühlingen 14 f. 20 ff. Stuttgart; Not. Achtbuch 18ᵛ. **5342**
»	»	desgl. auf Klage des Göttinger Bürgers Giselher v. Münden über Johann Mulhusen, wohnhaft zu Luckau. — Not. Achtbuch 17ᵛ. **5343**
»	»	desgl. auf Klage des Protz v. Querfurt über Eckart v. Osla [= Assel?], Hans v. Wintzingerode (Wissigenr-), Kaspar Germersleben u. die Gemeinde zu Salza (Saltz). —· W. v. **5344**
»	»	desgl. auf Klage Burkarts v. Reischach (Ry-) über Rüf v. Reischach u. Hans v. Stein gen. Snellinger. — W. v. **5345**
»	»	desgl. auf Klage des [Bambergers] Brun Ingram über Ritter Konrad Marschalk zu der Schnai (Sny), die Brüder Adam u. Martin Marschalke zu Redwitz u. Hans v. Gych d. ält. zu Krottendorf [vgl. die Aberachtserkl. 1425 Jan. 29] — W. v. **5346**
»	»	desgl. auf Klage des Gr. Otto d. jüng. (Sohn Ottos) v. Hoya über Gr. Klaus v. Tecklenburg (Tekeneborch) — Not. Achtbuch 16ᵛ. **5347**
»	»	desgl. auf Klage des Kölner Bürgers Heinrich Edalkint über Heinrich Tegeldecker, Bürger zu Saint-Trond (Sandtrüden). — Not. ib. 17ᵛ. **5348**
»	»	desgl. auf Klage Johanns Lüneburg (Lünenberg) über Otto u. Johann Viereck u. Johann Bantzko, Bürgermeister zu Wismar. — W. v. **5349**
»	»	desgl. auf Klage des Godeke Kremstorf über die Gemeinde der neuen St. Warburg (Wartberg). — W. v. **5350**
»	»	desgl. auf Klage des Wend v. Eulenburg (Ylb-) über Albrecht Wirt v. Leisnig (Lyßnick), Herrn zu Penig (Penicke) — Not. Achtbuch 16ᵛ. **5351**
		verlässt diese Stadt (mo. vor Dionysi) und zieht über Straubing, wo er übernachtet, nach Passau. (Quelle?) Gemeiner, Regensb. Chronik 2, 446. **5351a**
		Okt. 7: erlässt ein Friedgebot in der bairischen Streitsache. Reg.: Aschbach 3, 444 (Missverständnis) — falsch statt Okt. 2 (nr. 5308).
» 11	Passau	erläutert noch einige zweifelhafte Punkte, welche dem Hrz. Ludwig v. Baiern nach seiner Angabe aus dem Nürnberger Waffenstillstand erwachsen sind: betr. der Strassen in den Gerichten Graisbach, Hirschberg u. Höchstädt soll es bei der alten Gewohnheit bleiben; er selbst fühle sich nicht verpflichtet, zu der Gerichtsverhandlung über den Herzog Kurfürsten u. Reichsfürsten, die dessen Feinde seien, hinzuziehen; aus blossem Versehen sei der Sohn des Mkgr. Friedrich v. Brandenburg in den Vertrag nicht einbegriffen. — [KU ? — Or.ᵉ München R.-A.?] — Reg. Boic. 12, 402. (dom. ante f. Galli) — Vgl. die deutsche Ausfertigung nr. 5354. **5352**
» 15	»	bestätigt die (innere) Verschreibung der Bergwerke am Rammelsberge seitens der St. Goslar und des Kl. Walkenried an den Böhmen Michael v. Broda von 1418 Juli 1. — Ad m. d. r. Franc. propos. Strigon. — RR. G 163ʳ; begl. Abschrift Weimar Ges.-A. (15. die octobris) **5353**
» 17	»	erläutert noch einige zweifelhafte Punkte in dem zu Nürnberg von ihm auf 4 Jahre vermittelten Frieden zwischen Hrz. Ludwig v. Baiern-Ingolstadt u. Mkgr. Friedrich v. Brandenburg, nachdem er bereits einige Zusätze in Regensburg [vgl. nr. 5308] gemacht. (Die Zweifel betr. u. a. die Landgerichte zu Graisbach, Hirschberg u. Höchstädt, den Sohn des Markgrafen). Erklärt auf einen Einwand des Hrz. Ludwig, „daz er daran beschwerdt sey, als die churfürsten

1422		
		u. ander fursten des h. reichs, die sein entsagt feindt sein, an dem rechten sitzen u. urteilen sollen, daz wir im recht than wöllen u. wir sein dann mit pflichtig dieselben churfursten u. fursten sein feind dazu zu setzen". — KU. w. v. — R. Henr. Fye. — Or. München R.-A.; RR. G 162ʳ u. 163ʳ. (sampst. nach Gallen). — Vgl. nr. 5352 u. das unvollst. Reg. nach neuerer Abschr. im Münch. R.-A.; Oberbayer. Arch. f. vaterl. Gesch. 32, 73. **5354**
Okt. 17	Passau	schlägt dem Gr. Philipp v. Nassau-Saarbrücken die ihm an Jahresgehalt noch schuldigen 4000 rhein. Gulden auf die ihm bereits verpfändete Reichssteuer [vgl. nr. 1367] der St. Wetzlar. — [Ad m. d. r. domino G. ep. Patav. cancellario referente Franciscus prep. Strigon. — R. Henricus Fye. — Or. Koblenz St.-A. *Becker*; RR. G 162]; Kop. Wiesbad. St.-A.: Kopialb. 16 f. 427ʳ u. 485. — Reg.: Quidde, K. Sigmund u. das dtsch. Reich 1. (1881) 28. (id. dat.) **5355**
»	»	erlaubt dem B. Johann v. Regensburg, die Feste Donaustauf (Tumstauff) nebst Zubehör, die v. Bischof u. Kapitel zu Regensburg einst an Karl IV. um eine genannte Summe Geldes verpfändet worden war [1361 Nov. 5; vgl. Böhmer-Huber n. 3770], nach einem Ausspruche des Pfalzgrafen Ruprecht [1361 Okt. 28] um 21000 Gulden von ihm als böhmischem König zu beliebigem Zeitpunkt wieder einzulösen. — [Ad m. d. r. d. Georgio Path. episc. canc. referente Franc. prepos. Strigon. — R. Henr. Fye — Or., Vid. v. 1424 Juli 31 u. Kop. München R.-A.; RR. G 162ʳ]. — Reg. Bolca 12, 403. (m. nach Gallen). **5356**
»	»	verschreibt dem Materna v. Ronov anders v. Wožic u. dem Mrakeš v. Noskov für ihren Dienst u. erlittenen Schaden 1100 Schock Groschen. — KU? — Registr. v. 1453 — Reg.: Arch. český 1, 497. *Novaček*. **5357**
»	»	verpflichtet sich, dem Ulrich v. Rosenberg die ihm rücksichtlich seiner Dienste u. des hiebei erlittenen Schadens schuldige Summe v. 3500 Schock böhm. Groschen in bestimmten Raten zu bezahlen. — Ad m. d. r. Michael prepos. Boleslav. — R. Henricus Fye. — Or. Wittingau. — (sabb. post f. Galli). *Mareš*. **5358**
»	»	verpflichtet sich, dem Ulrich v. Rosenberg die ihm rücksichtlich seiner Dienste und als Entschädigung schuldige Summe v. 8000 Schock böhm. Groschen in bestimmten Raten zu bezahlen. — Ad m. d. r. Franciscus prepos. Strigonien. — R. Henricus Fye. — Or. ib. (id. dat.) *Mareš*. **5359**
»	»	verpflichtet sich nach Abrechnung durch Ulrich v. Rosenberg, Mixo v. Gemišt u. Janke v. Chotiemitz dem Johann v. Swyhow für seine Dienste 3000 Schock Groschen in 3 Raten zu bezahlen. — o. KU. — R. Henr. Fye — Or. Prag Domkap.-A. (sabbato post f. Galli). **5360**
» 18	»	verbietet den Budweisern, die Annahme der v. Ulrich v. Rosenberg mit seiner Bewilligung geschlagenen Silbermünze ferner zu verweigern. — Ad m. d. r. Michael prep. Bolesl. — Or. Budweis. — Palacky, Beitr. z. G. d. Hussit. Kr. 1, 254. (sont. nach Galli). **5361**
		Okt. 18 Wien: betr. Hrz. Ludwig v. Baiern. Reg.: Aschbach 3, 445 — falsch statt Sept. 18 (nr. 5257).
		Okt. 19 Brünn: weist die Einwohner der Fürstentümer Jauer u. Schweidnitz an … Reg.: Aschbach 3, 445 — falsch statt 1421 Nov. 19 (nr. 4670).
		Okt. 22 o. O.: erlaubt dem B. Johann v. Würzburg für die nächsten 10 Jahre ein Ungeld in seinem Stift zu erheben. Erw.: Ludewig, Geschicht-Schreiber v. d. Bischoftum Wirtzburg 701. (do. nach Gallen). — Verwechslung mit ,do. nach Egidii', s. nr. 5118.
» 26	Wien	ernennt den Brunoro della Scala zum Hauptmann des v. ihm in den Reichsschutz genommenen Hrz. Ludwig d. j. v. Baiern, des Sohnes des Hrz. Ludwigs v. B., Grafen zu Mortain, nachdem er zwischen diesem u. dessen Gegnern, dem Mkgr. Friedrich v. Brandenburg, den Hrz. Ernst, Wilhelm, Hans, Heinrich u. Albrecht v. Baiern, dem B. Johann v. Eichstädt, den Gr. Ludwig u. Friedrich v. Öttingen, Hans v. Heideck, den Städten Rothenburg a. T., Donauwörth, Nördlingen, Dinkelsbühl, Weissenburg u. Bopfingen Frieden vermittelt hat [vgl. nr. 5306]. — [Reg. Franc. — RR. G 164; hier später umgeändert: Ernennung des Paul della Scala zum Hofmeister des Hrz. Ludwig 1425 Juni 28]. — Nach Kop. München R.-A. Friedr. Christ. Joh. Fischer, Kleine Schriften 2, 154 ff. (mo. vor Simon u. Jude). **5362**
Nov. 5	»	erlaubt dem Stephan v. Drauburg (Trab-), welcher im Auftrage des Cristamberius Bangus, Mostardus de Buncio u. Johannes de Camis, Bürger zu Verona, zu Venedig wohnhaft, durch

1422		

Baudiolus de Comis überfallen u. beraubt worden ist, sich an den Gütern jener schadlos zu halten. — Rex. Franc. — RR. G 163ʳ.   (quinta nov.)   **5363**

Nov. 5 | Passau | fordert die EDB. v. Besançon u. Vienne, den Fürsten Ludwig v. Orange, die Städte Bern, Freiburg, Luzern, Solothurn, Zürich auf, der Gräfin v. Avellino Helipdis v. Les Baux (Baucium) gegen Humbert v. Villars (de Villariis) Beistand zu leisten. — Rex. d. G. ep. Pat. referente Franc. — RR. G 163ᵛ u. 164ʳ. (id. dat.)   **5364**

Nov. 5 Wien: Der Hofrichter Gr. Johann v. Lupfen benachrichtigt den Hans Murow, belehnten Richter des Fürsten Albrecht v. Anhalt in Zerbst, dass Hans Kröger mit dem ihm vom Hofgericht erteilten Geleitsbrief Missbrauch zu treiben beabsichtigt; derselbe dürfe sich seiner Schulden in Zerbst nicht entziehen. — Pe. Wacker — Or. Zerbst Stadt-A. (do. nach allerheiligen tag).   **5364 a**

Nov. 5 Wien: Derselbe macht Mitteilung v. den neuen Verhandlungen über die Klage des Hans Kröger gegen Zerbst. — W. v.   **5364 b**

» 6 | Wien | legitimiert Peter Altschaff. — KU? — RR. G 163ʳ. (6. nov.)   **5365**

» » | » | befiehlt den Zittauern jetzt keine neuen Strassen über Kratzau, Friedersdorf u. Waltersdorf zu eröffnen, jedenfalls aber zu verhindern, dass auf diesen den Hussiten Speise u. Notdurft zugeführt werde. — Per d. G. ep. Patar. cancell. Michael prepos. Bolesl. — [Kop. Zittau]; Kop. Görlitz oberlaus. Ges. — J. B. Carpzow, Analecta fastorum Zittav. 4, 147; Palacky, Beitr. z. G. d. Huss. Kr. 1, 265 f. (fr. nach allerheilig.)   **5366**

» » | » | übergiebt der St. Zittau den dritten Teil des Gerichts daselbst, das Görglein Richter gehabt hat u. infolge v. dessen Tode an ihn (den König) gefallen ist. — KU? — [Kopp. ib.] — Carpzow, Analecta 2, 291; Reg.: Verzeichn. oberlaus. Urkk., Heft 5, 9. (id. dat.) **5367**

» 7 | » | antwortet [dem Kurfürsten v. Köln u. dem Pfalzgrafen Ludwig], welche den Frieden zwischen dem Deutschorden u. Polen als der ganzen Christenheit schädlich bezeichnet u. Wend v. Eulenborg (Ilb-) deswegen zu ihm gesandt haben, er hätte den Deutschordens wegen den böhmischen Feldzug aufgegeben, worüber viele verstimmt seien: der Deutschorden hätte schon öfters ohne sein Wissen Frieden mit den Polen geschlossen; ermahnt die Adressaten für das Wohl des Reiches u. der Christenheit zu sorgen. — KU? — Kop. Königb. (sambztag vor Mertens tag).   **5368**

» » | » | setzt den EB. Konrad v. Mainz in Kenntniss, dass er den Reichsschutz über die Lande des Hrz. Ludwig v. Baiern -Ingolstadt u. dessen Sohnes dem Brunoro v. der Leiter übertragen habe, u. fordert auf diesem dabei behülflich zu sein. — KU? — Nach Kop. München R.-A. Friedr. Christ. Jon. Fischer, Kleine Schriften 2, 162 f. (sa. vor Martins t.) **5369**

» 8 | » | befiehlt den Beamten des Bamberger Bistums zu Villach u. allen Bamberger Unterthanen, die diesseits der Drau n. in dem „Chanal' wohnen, das Salz u. dass der EB. v. Salzburg durch ihr Gebiet führt, nicht ferner zu besteuern, da damit die salzburgischen Privilegien verletzt würden. — Ad m. d. r. Franc. prep. Strigon. — o. B — Or. u. Kop. Wien H.-H. u. St.-A. (sunt. vor Martins t.)   **5370**

» » | » | giebt Lienhart, Sigmund u. Ulrich Ratich ein Wappen. — Rex. Mich. — Not. RR. G 165ʳ. (id. dat.)   **5371**

» » | » | beauftragt den Brunoro v. d. Leiter, Hauptmann zu Baiern, Frieden zwischen Ludwig d. jüng. v. Baiern, Grafen zu Graisbach einer- u. den Hrzz. Johann, Ernst u. Wilhelm v. Baiern, B. Johann v. Eichstädt, den Gr. Ludwig u. Friedrich v. Öttingen, Johann v. Heideck, den Städten Rothenburg a. T., Nördlingen, Dinkelsbühl, Weissenburg, Bopfingen, Donauwörth andererseits zu vermitteln. — [Rex. Franc. — RR. G 165ᵛ n. 166ʳ; wurde später umgeändert in den gleichen Auftrag für Paul v. der Leiter: Blindenburg 1425 donerst. vor Peter u. Paul = Juni 28]. — Nach Kop. München R.-A. Friedr. Christ. Jon. Fischer, Kleine Schriften 2, 158 ff. (sont. vor Martin).   **5372**

» 9 | » | widerruft auf Bitten Hrz. Ludwigs in Baiern die Aufhebung der Landgerichte zu Hirschberg, Graisbach u. Höchstädt u. giebt ihm u. seinem Sohne die Gerichtsbarkeit bei diesen zurück; doch soll jedem die Appellation v. diesen Gerichten an den König unverwehrt sein. — [Ad m. d. r. Franc. prepos. Strigon. — R. Henr. Fye — Or. u. 2 Vid. v. 1422 Dez. 14, sowie Vid. v. 1423 Jan. 29 München R.-A.; RR. G 164ᵛ]. — Reg. Boic. 12, 404. (mo. vor Martins t.) **5373**

1422			
Nov. 9	Wien	macht bekannt, dass der Streit zwischen Hrz. Ludwig v. Baiern, Grafen zu Mortain u. Otto v. Meissau, oberstem Marschalk u. oberstem Schenk in Österreich um die Feste Spitz, da diese österreichisches Lehen ist, nunmehr endgiltig am 6. Dez. v. Hrz. Albrecht v. Österreich beigelegt werden wird. — Rex. d. G. ep. Pat. canc. refer. Franc. — RR. G 166ᵛ. (id. dat.) **5374**	
» 10	»	bestätigt dem Ludwig v. Chalon sur-Saône, Fürsten zu Orange, die jura marchiarum et successiones bastardorum' in allen seinen Territorien. — Rex. d. G. ep. Pat. canc. refer. Franc. — RR. G 165ᵛ. (decima nov.) **5375**	
»	»	nimmt Johannes Navareti, Bürger zu Besançon, mit allen seinen Besitzungen in den Reichsschutz. — KU. w. v. — ib. 165. (id. dat.) **5376**	
»	»	beauftragt den Brunoro v. der Leiter, Hauptmann in Baiern [vgl. nr. 5362], Ludwig d. jüng. v. Baiern, Grafen zu Graisbach, der nicht zu ihm kommen kann, zu belehnen; zur persönlichen Belehnung soll aber Ludwig zu ihm kommen, wenn er (Sigmund) wieder nach Baiern, Schwaben oder Franken kommt. — Rex. Franc. — RR. G 164ᵛ. (Marteins ab.) — Ist auch wie nr. 5372 für Paul v. der Leiter mit Dat. 1425 Juni 28 umgeändert, doch ist diese Umänderung dann wieder getilgt worden. **5377**	
» 11	»	erteilt dem Gr. Wilhelm v. Montfort-Tettnang die Bestätigung aller Rechte u. Freiheiten seiner Vorfahren. — [Per d. G. ep. Pat. canc. Mich. — RR. G 166]. — Nach Kop. [wo?] Reg.: Vanotti, Gesch. d. Graf. v. Montfort 497. **5378**	
»	»	ersucht Hrz. Ernst v. Österreich, der die Güter des verstorbenen Otto v. Ehrenfels an die Krieger verliehen, da Ottos Schwager Hans v. Ebersdorf für seine Kinder darauf Ansprüche erhebt, diesen Erbstreit gütlich beizulegen. — Ad m. d. r. d. G. episc. Patav. canc. referente Franc. propos. Strigon. — o. R — Or. Wien Nied.-Österr. Landes-A. mod. Abschrift ib. H.-H. u. St.-A. (Marteins t.) **5379**	
» 12	»	bessert dem Johann v. Winden sein Wappen. — KU? — Not. RR. G 166ᵛ. (donerat. nach Marteins t.) **5380**	
»	»	verhängt auf Klage Johanns v. Brüne d. ält. die Reichsacht über Albert u. Arnd v. Brüne, welche trotz dreimaliger Vorladung vor dem Hofgericht nicht erschienen sind. — [Pr. Wackor] — Not. Achtbuch 18ᵛ. (donerst. nach Marteins t.) **5381**	
»	»	desgl. auf Klage des Konrad Ghyris über die St. Detmold. — W. v. **5382**	
»	»	desgl. auf Klage Johanns vom Rode d. jüng. u. des Cord Vosse über Arnd Donow, Burgmann zu Lübeck, u. Hermann Nagel. — W. v. **5383**	
»	»	desgl. auf Klage des Nürnberger Bürgers Fritz Habelsheimer über Lang Erkinger v. Seinsheim [vgl. die Aberachtserkl. 1425 Jan. 29]. — Not. ib. 19ᵛ. **5384**	
»	»	desgl. auf Klage des Ulrich Berthold u. dessen Frau Künne über Nickel Forster zum Newenhause [vgl. die Aberachtserkl. 1425 Jan. 29]. — W. v. **5385**	
»	»	desgl. auf Klage der St. Frankfurt u. wegen Nichterscheinens vor dem Hofgericht über Schultheiss u. Schöffen des Gerichts in Götzenhain — Pr. Wacker — Or. Frankf. St.-A.: vgl. Invent. 4, 77; Not. Achtbuch 18ᵛ. (do. nach Marteins t.) **5386**	
»	»	desgl. auf Klage der St. Frankfurt über Schultheiss u. Schöffen des Gerichts in Sprendlingen. — W. v. **5387**	
»	»	desgl. auf Klage der St. Frankfurt über Schultheiss u. Schöffen des Gerichts in Nieder-Wöllstadt. — W. v. **5388**	
»	»	desgl. auf Klage Winands vom Rode über Dietrich v. Herse, den Sohn Lodolfs, Hermann Berwinckel, Albrecht Swinde, Christian Sönekel. — Not. Achtbuch 18ᵛ. **5389**	
»	»	desgl. auf Klage des Siverd Sedler über Friedrich Kraemer, Bürger zu Herford. — Not. ib. 18ᵛ. **5390**	
»	»	desgl. auf Klage der Elsbet, der Wittwe Bernds v. Huckenhusen [=?] über die St. Luede. — Not. ib. 18ᵛ. **5391**	
»	»	desgl. auf Klage des Johann Löseking über die St. Lüdenscheid. — Not. ib. 18ᵛ. **5392**	
»	»	desgl. auf Klage Johanns vom Rode des ält. über Ludolf (den Sohn Dietrichs) v. Münchhausen u. Bernd Kann v. Lüde. — Not. ib. 18ᵛ. **5393**	

1422		
Nov. 12	Wien	desgl. auf Klage des Abtes Johann des Benediktiner-Kl. S. Ulrich u. Afra zu Augsburg über Heinrich Ostheimer. — o. KU! — o. R — Or. München R.-A.; Not. Achtbuch 18ᵛ. (donrst. nach Martins t.) **5394**
"	"	desgl. auf Klage des Bamberger Bürgers Paul Kliber über Engelhard v. Streitberg [vgl. die Aberachtserkl. 1425 Jan. 29]. — [P. Wacker] — Not. Achtbuch 18ᵛ. **5395**
" 14	Pressburg	befiehlt den Städten in der Reichslandvogtei Schwaben, dem Johann Truchsess v. Waldburg, dem er die Landvogtei verpfändet hat [vgl. nr. 5399], gehorsam zu sein. — KU? — RR. G 166ᵛ. (dat. ut supra [Pressburg] sampst. nach Martin). **5396**
" 17	"	fordert verschiedene Städte auf, gemäss dem v. den Kurfürsten zu Nürnberg gemachten gemeinen Anschlag ihr Kontingent endlich nach Böhmen zu dem Kriegshauptmann Mkgr. Friedrich v. Brandenburg zu schicken (vgl. nr. 5402). — Ad m. d. r. Franciscus prep. Strigon.
		an Strassburg. — Or. Strassb. St.-A. **5397**
		an Köln. — Or. Köln (vgl. Mitteil. a. d. Stadt-A. v. Köln, Heft 24, 143). RTA 8, 258 f. (di. vor Elyzabeth). **5398**
		verpfändet dem Truchsessen Johann v. Waldburg, der ihm 13200 rhein. Gulden geliehen, dafür die Landvogtei in Ober- u. Nieder-Schwaben, sowie die Burg oberhalb Regensburg [= Regensberg, Zürch. U.-O.] mit allem Zubehör. — Rex. Franc. — RR. G 166ᵛ. (di. vor Elsbet.) **5399**
		Nov. 18 Brünn: befiehlt dem Grafen v. Toggenburg.. Arch. f. Kunde österr. Geschichtsquell. 1, 4 S. 10 — falsch statt 1421 (nr. 4665).
" 19	"	teilt der St. Basel mit, dass er ihre Bitte um Befreiung v. dem gemeinen Anschlag nicht gewähren könne, u. ermahnt sie, sofort ihr Kontingent nach Böhmen zu schicken. — Ad m. d. r. Franciscus prep. Strigon. — Kop. Basel u. Strassburg St.-A. — RTA 8, 259. (au Elizabethen t.) **5400**
"	"	bestätigt dem Benedictiner-Stifte St. Mang zu Füssen (Augsburger Diöcese; Abt Iwan) alle Rechte u. Freiheiten. — [KU. w. v. — Rᵗᵃ — Or. München R.-A.; RR. G 168ᵛ]. — Mon. Boica 34, 282 ff. (Elizabeth). **5401**
"	"	fordert den Rat zu Lübeck auf, das nach dem Reichstagsbeschluss v. Nürnberg auf die Stadt fallende Kontingent v. 30 Glefen u. 30 Schützen für den böhmischen Krieg unverzüglich zu dem Oberbefehlshaber Mkgr. Friedrich v. Brandenburg [vgl. nr.5397] zu senden. — KU. w. v. — Or. Lübeck. — Urkb. d. St. Lübeck 6, 809 f.; vgl. RTA 8, 258. (an s. Elizabeth t.) **5402**
		Nov. 19 Brünn: gebietet den Einwohnern der Fürstentümer Schweidnitz u. Jauer. Lünig. R. A. P. spec. Cont. IV. T. 2. Forts. 816 f.; vgl. [Klose] Von Breslau 2, 1, 361 f. — falsch statt 1421 Nov. 19 (nr. 4670).
" 21	"	giebt dem Oswald v. Wolkenstein einen Geleitsbrief durch alle seine Lande. — Ad m. d. r. Franciscus prep. Strigon. — [o. R] — Or. früher im Besitze v. Dr. Schebek in Prag, jetzt? — Mitteilungen d. nordböhm. Exkursions-Clubs 14, 33 f. (sa. nach Elsbethen). **5403**
		Nov. 24 Regensburg: nimmt den Bernardus de Castellione unter seine Familiares auf. Not. RR. G 161ᵛ. — s. nr. 5292.
" 25	"	bestimmt, dass die Lehengüter, welche die Bürger v. Bautzen, Görlitz, Zittau, Lauban, Löbau u. Kamenz auf dem Lande kaufen, „mit den mannen in allen sachen leiden sollen." — [Ad m. d. r. Franc. prepos. Strigon. — Kop. Görlitz u. Zittau.] — Reg.: Verzeichn. oberlaus. Urkk. Heft 5, 10. (Katherinen t.) **5404**
		beglaubigt seine Räte Albrecht Schenk v. Landsberg u. Konrad v. Nimptsch bei den Städten des Kurfürstentums Sachsen, besonders bei Wittenberg u. Herzberg. — KU? — Schöttgen et Kreysig, dipl. et script. hist. Germ. 3, 487. (id. dat.) **5405**
" 27	"	überweist die jährliche Reichssteuer der St. Lübeck auf so lange Zeit dem Albrecht Schenk v. Landsberg, als dieser in seinen Diensten bleiben werde. — Rex. Franc. — RR. G 167ᵛ. — Urkb. der St. Lübeck 6, 481. (fr. vor Andres). — RR. ib.: eine durchstrichene Anweisung an die St. Lübeck, die Martini (sic!) fällig gewesene Reichssteuer an Albrecht Schenk zu zahlen sub dat.: Andreas ab. = Nov. 29. **5406**

48*

1422		
Nov. 27	Pressburg	verschreibt dem Sigmund v. Wartenberg u. Tetschen 2000 Schock Groschen auf dem Kammerzins v. Leitmeritz u. auf Kalich, Panna u. Pitschkowitz. — KU? — Registr. v. 1454 — Reg.: Arch. česky 1, 545. *Novaček*. **5407**
» 30	»	verschreibt dem Heinrich v. Walstein u. Rukstein 1300 Schock Groschen auf den Einkünften des Kl. Trebitsch, von denen er jährlich 80 Mark zu 64 Groschen einnehmen soll, bis zur Erschöpfung der Pfandsumme. — KU? — Registr. v. 1453 — Reg.: ib. 1, 498. *Novaček*. **5408**
Dez. 3	»	überträgt, um zu verhindern, dass sich nicht wieder jemand wie weiland Gr. Philipp v. Burgund die Schutzherrschaft über Besançon anmasst, diese v. Reichswegen an Ludwig v. Chalon-sur-Saône, Fürsten v. Orange, Reichsvikar in Gallien (per partes Gallicanas) — KU? — RR. G 167 (tercia dec.) **5409**
» 3	»	beauftragt Ludwig v. Chalon-sur-Saône die Besitzungen des † Hrz. Philipp v. Burgund, welche Reichslehen waren, für das Reich in Besitz zu nehmen. — KU? — RR. G 167ᵛ. (id. dat.) **5410**
» 6	»	ermahnt die St. Dortmund sich der Erhebung der für den Krieg gegen die böhmischen Ketzer bestimmten Judensteuer (des 3. Pfennigs) durch den Mkgr. Bernhard v. Baden bei Vermeidung v. Zwangsmassregeln nicht länger zu widersetzen. — [Ad m. d. r. Franc. prep. Strigon. *Lindner*.] — Or. Dortmund. — Reg.: Fahne, Urkb. v. Dortmund 1, 268 (falsch zu 1423); Fester, Reg. d. Mkgr. v. Baden nr. 3478. **5411**
» 6	»	macht bekannt, dass der Anspruch des Hrz. Friedrich v. Österreich an Oswald v. Wolkenstein auf Zahlung v. 6000 Gulden, für welche dieser, um sich aus der Gefangenschaft des Herzogs zu lösen, Bürgen gestellt hat, [nach Urteil der Herzöge Ernst u. Albrecht v. Österreich] unbegründet u. der Herzog gehalten sei, Oswald u. seinen Bürgen ihre Verschreibungen wiederzugeben. — [Per d. Jo. comitem de Lupfen judicem curie Franc. prep. Strigon. — o. R] — Or. Nürnberg Nat. Mus. — Reg.: Mitteilungen a. d. German. Nationalmus. 1890, 99. (Niclas t.) **5412**
		Dez. 7 Pressburg: bestätigt die Privilegien des Kl. Nohr. Reg.: Aschbach 3, 445 — falsch statt 1429 Dez. 10.
» 10	»	verleiht dem Artlub v. Vlčnov das Dorf Polichma. — Ad m. d. r. Franc. prepos. Strigon. — Rᵗᵃ — Or. Wittingau. (fer. 5 post Nicolai). *Morsi*. **5413**
» 11	»	verbietet den St. Bautzen, Zittau, Görlitz, Lauban, Löbau u. Kamenz den Hussiten Lebensmittel, Pulver u. sonstige Notdurft zuzuführen. — KU, w. v. — Or. Bautzen — Jecht, Cod. dipl. Lusat. super. 2, 128 f. Reg.: Verzeichnis oberlaus. Urkk. H. 5, 10; Neues Laus. Mag. 72, 133. (fr. vor Lucie). **5414**
		Dez. 11 Pressburg: ernennt den Propst Johann v. Saulx zu seinem Rat. — s. nr. 5231.
» 15	»	befiehlt der St. Augsburg den goldenen Opferpfennig ihrer Juden, der Weihnachten fällig wird, an Hrz. Hans [Pfalzgr. Johann zu Neumarkt] zu zahlen. — Rex. Franc. — Not. RR. G 166ᵛ. (di. nach Lucie). **5415**
» 18	»	gebietet den Brüdern Michael u. Lienhart v. Wolkenstein dem Ulrich v. Starkenberg u. Oswald v. Wolkenstein, welche Hrz. Friedrich v. Tirol mit Unrecht vergewaltige, auf ihren Wunsch Beistand zu leisten. — Ad m. d. r. Franc. prepos. Strigon. — Vid. v. 1430 Sept. 21 Innsbr. (fr. vor Thomas t.) **5416**
» 21	»	bestätigt der Herzogin Offka v. Sachsen das ihr von ihrem verstorbenen Gemahl Hrz. Albrecht v. Sachsen-Lüneburg verschriebene, um 20000 rhein. Gulden einlösbare Leibgeding [vgl. nr. 4971 a]: die Schlösser u. St. Liebenwerda, Schlieben (Slywen), Schweinitz (Swyn-), Prettin, Kleiden (Klo-), Lebusa (Lobbase), den Zoll zu Herzberg (Hercze-), die Renten auf den Rathäusern zu Wittenberg, Herzberg u. Jessen; verbietet allen Fürsten u. zw. insonderheit dem Herzog zu Sachsen, „der in ziten sein wirdet" der Offka ihr Leibgeding streitig zu machen. — Canc. Mich — RR. G 169ᵛ. (Thomas t. des zwölfboten) **5417**
» 22	»	macht die Breslauer Ratmannen geschossfrei. — Ad m. d. r. Francisc. prep. Strig. — R. Henricus Fye. — Or. Bresl. Stadt-A. — Cod. dipl. Siles. 11, 186. (di. nach Thomas t. d. zwölfboten). **5418**

1422		
Dez. 22	Pressburg	bestätigt der St. Breslau den Besitz der wieder erbauten Ohlau-Mühlen, bestimmt das Innungsrecht der Wollenweber, erteilt den revidierten Statuten Genehmigung, verspricht Verschonung mit ungewöhnlichen Lasten. — [KU. u. K w. v. — Or. u. Transl. v. 1437 Juli 14 u. Nov. 20 Breslau Stadt-A.] — Ausz.: (Klose) Von Breslau 2, 1, 362 f. (id. dat.) **5419**
		Dez. 28 Brüx: Lehnbrief f. Dohna, Ldnig. R.-A. P. spec. Cont. 1. Forts. 73. — falsch statt 1420 Dez. 28. (nr. 4345).
" 29	"	befiehlt dem Hrz. Friedrich v. Österreich-Tirol die Feindseligkeiten gegen seinen (Sigmunds) Diener Wilhelm v. Starhenberg u. dessen Bruder Ulrich, den Rat des Hrz. Albrecht v. Österreich, einzustellen, da diese sich nicht gegen das Tiroler Landrecht vergangen haben; Hrz. Friedrich solle seine Ansprüche gegen die Starhenberg vor ihn oder vor Hrz. Ernst u. Hrz. Albrecht v. Österreich bringen. — Ad m. d. r. Franc. prepos. Strigom. — Alte Kop. Innsbruck. (Thomasdag vor Kandwerg; v. J.) **5420**
[Dez.]	"	verbündet sich mit den schlesischen Fürsten (B. Konrad v. Breslau, den Hrz. Johann v. Ratibor, Przimko v. Troppau, Bolko v. Teschen, Bolko u. Bernhard v. Oppeln, Ludwig v. Brieg-Liegnitz, Johann v. Münsterberg, Konrad Kanthner v. Öls, Johann v. Sagan, Ruprecht v. Lübben, Heinrich J. Alt. v. Gr.-Glogau, Konrad v. Steinau, Kasimir v. Auschwitz, Konrad d. Weissen zu Kosel, Wenzel u. Ludwig v. Nimptsch-Ohlau, Wenzel v. Krossen), den St. Breslau, Namslau, Neumarkt, Schweidnitz, Jauer, der Niederlausitz u. den Landen Bautzen, Görlitz, Zittau, Kamenz, Löbau u. Lauban, um dem Deutschorden wider den König v. Polen u. Hrz. Witold v. Litthauen (deren Streitigkeiten u. Sigmunds Vermittlungsversuche in der Einleitung beizustehen. — KU? — Ilds. (Kloss) d. Bresl. Stadt-A.; Scultetus, Annales Gorlic. (hds.). — Scriptor. rer. Siles. 6, 30 ff. ⨯ Ausz.: Palacky, Beitr. z. G. d. Huss. Kr. 1, 275 ff. (s. d. et l.; vielleicht 1423 Anf.; vgl. nr. 5428). **5421**
?	?	bestätigt einem gewissen Paul einen Pfandbrief des Abtes v. Plas Gottfried dd. 1422 Jun. 28. — KU? — Registr. v. 1454 — Reg.: Arch. český 2, 471. *Novaček.* **5422**
?	?	sichert dem Wilhelm v. Riesenberg u. Švihau einen Gehalt v. 2000 Schock zu. — KU? — Altes Regest Wittingau. *Mareš.* **5423**
?	?	stellt Wilhelm Švihovský v. Riesenberg eine Verschreibung auf 3000 Schock aus. — W. v. **5424**
		o. T. u. O.: verschreibt für eine Schuld v. 1800 Schock Groschen die 180 Schock Gr. austragende Berna des Kl. Kladrau dem Johann Hanovec v. Schwanberg. — Angeführt in der Orig. Urkunde v. J. 1488, Wittingau. *Mareš.* — s. nr. 5178.
		o. T. u. O.: ermächtigt den EB. v. Köln die westfäl. Freigrafen zu versammeln. — Not. bei Thiersch, Hauptstuhl d. westf. Vehmegerichts 110 — s. nr. 4740.
		o. T. Pressburg: erneuert die Erbverbrüderung mit Mkgr. Friedrich v. Meissen. — Nach J. G. Horn. Lebens- u. Heldengesch. Friedrichs d. Streitbaren 866. Reg.: Aschbach 3, 445 — s. nr. 5431.
		o. T. u. O.: empfiehlt die vielfach bedrängte St. Worms dem Schutze d. EB. Konrad v. Mainz. — Ingross. B. 16 p. 256 f. Würzb. Kr.-A. — s. nr. 5115.
1423		
Jan. 1	Pressburg	erteilt dem Poto v. Častolovic das Recht über die ihm v. Ulrich v. Čerucic abgetretenen Güter frei zu verfügen. — KU? — Registr. v. 1454 — Reg.: Arch. český 1, 535. *Novaček.* **5425**
"	"	verbietet dem Deutschorden (Paul v. Russdorf) mit dem Kg. v. Polen u. Hrz. Witold v. Liefland einen Frieden abzuschliessen, der „ein tilgung eines so merklichen ordens ist"; zu einem „guten u. fridlichen frid" biete er gerne seine Hand. — Res. Franc. — Deutsch u. lat. RB. G 168ᵛ u. 169ᶠ. (newen jars t.) **5426**
" ?	"	ersucht den Kg. Wladislaus v. Polen die noch nicht erfolgte Auslieferung der Friedensurkunde seitens des Deutschordens diesem nicht übel zu nehmen; er habe den Orden auch zu der Zusammenkunft auf Febr. 21 beschieden. — KU? — RB. G 187ᶠ. (s. d.) **5427**
Jan. 5	"	verspricht dem Deutschorden, zu dessen Unterstützung er bereits die verbündeten schlesischen Fürsten u. Städte aufgerufen, dass er, auch wenn diese ihrem Worte untreu würden, doch mit seinem Königreich Ungarn den Orden treulich unterstützen werde. (… als uns der

1423		

erwirdig Ladwig oberster marschalk des Tütschen ordens zu Preussen angeruffen hat dem homeister u. demselben Dentschen orden und dem ganzen lande zu Preussen zu hilfe zu kommen ... und als uns der hochgeborn Ladwig pfalzgrave bei Rin ... und der vorgenannt marschalk underricht und furbracht haben, was grosses gewalts unrechts und schadens demselben orden beschehen ist etc. und das si, als si durch die Slesie geritten sind, mit etlichen fursten und ouch stetem daselbs geredt haben nach außweisung einer zedeln zu Nurenberg begriffen, darauf ouch dieselben Slesischen fursten den erwirdigen Conraten bischof zu Breslaw ... und den hochgebornen Przemko herzogen zu Troppaw ... her zu uns gesant und in macht gegeben haben mit uns und unserm kunigrich zu Ungern und mit andern unsern stetem, die in die buntnusse gehoren sollen, nach außweisung einer zedel zu Nurenberg begriffen etc. uf eine und dem vor genant marschalk vor des vor genant ordens zu Preussen wegen uf die andern siten zu besliessen, doruf ouch ein nottel begriffen ist, der wir uns fur uns und unser kunigrich zu Ungern eine behalten und dem vorgenant marschalk eine gegeben haben dem vorgenant homeister gen Preussen zu senden, dem also furbaß nachzugeen und zu besliessen, und dem vor genant bischof Conraten der ouch eine gegeben haben, die uf einen tag zu füren und fursten herren stetem und andern, die in die buntnüsse gehören, zu hören lassen und furbaß dorin zu tun nach außweisung der machtbrief, die wir im doruber gegeben haben. Nu haben wir dem vor genant marschalk gesagt: wollen die, die in die buntnusse gehoren, alle buntnusse also augeen, sowoll en wir mit unserm kunigriche zu Ungern dem ouch also nachgeen; were es aber, das si das nicht alle und doch ir ein teile tun wolten, weliche es dann also tun wolten, mit dem wolten wir das ouch tun; were es ouch, das sie alle das nicht tün wolten, so wolten wir es doch mit unserm kunigrich zu Ungern tün und solich buntnüsse mit in augeen, nach dem und der vor genant orden uns und dem heiligen riche zugehöret und zu versprechen steet, und im haistendig und beholfen sein und in gewalt und unrechte behuten und beschirmen nach unserm besten vermögen). — [Ad m. d. r. Franc. prepos. Strigon. — B] Or. Königsberg; [RR. G 174ᵛ durchgestrichen]. — Vgl. auch Anm.: Kotzebue, Preussens ältere Gesch. 3, 456 f.   (di. vor der h. drei kunig).   **5428**

Jan. 6	Prassburg	nimmt Stanislaus Pawlawsky, Archidiacon zu Plock n. Kanzler v. Mazovien u. Russland, unter seine Familiares auf. — KU? — RR. G 175ᵛ. (6. die Jan.) **5429**
„	„	übertragt, da Hrz. Albrecht v. Sachsen ohne Leibeserben gestorben, dem Mkgr. Friedrich v. Meissen das Kurfürstentum Sachsen mit Ausnahme des Schlosses Kalau n. des Kl. Dobrilugk, welche Besitztümer als zum Königreich Böhmen gehörig er sich vorbehält; zugleich verspricht er dem neuen Kurfürsten Hilfe gegen etwaige Ansprüche anderer, insbesondere des Mkgr. Friedrich v. Brandenburg. — Ad m. d. r. Franc. prepos. Strigon. — [R. Henr. Fye Or. n. Vid. v. 1434 Dez. 25 Dresden; ein 2. Or. mit KU: Ad m. d. r. Georius episc. Patav. cancellarius n. Rᵗᵃ Schleswig. Hille; RR. G 172]. — J. G. Horn, Lebens- u. Heldengesch. Friedrichs d. Streitbaren 866 ff.; J. J. Müller, Reichstagstheatrum unter K. Friedrich V, 2, 448 f. = Riedel, Cod. dipl. Brand. 2, 3, 437 f.; Lünig, Corp. iur. feud. 1, 591 ff.; Facsimile: O. Posse, die Hausgesetze der Wettiner (1889) Taf. 62 u. A. Mennell, Goldene Chronik der Wettiner (1889) Taf. 13. (dreyer kunig t.) **5430**
„	„	verbindet sich u. seine Erben mit Hrz. Friedrich v. Sachsen. — Ad m. d. r. Francisc. prep. Strigon. — [R. Henr. Fye — Or. Dresden; RR. G 173ᵛ]. — Horn 866. (id. dat.) **5431**
„	„	eröffnet den Ständen der Oberlausitz, dass er seinen Hofrichter Gr. Hans v. Lupfen beauftragt habe, das Herzogtum Sachsen für das Reich in Besitz zu nehmen u. den Mkgr. Friedrich v. Meissen damit zu belehnen, u. befiehlt ihnen dem Mkgr. behilflich zu sein. — [KU. w. r. — v. R — Or. Dresden; Kop. Görlitz n. Zittau]. — Horn 868 f. — Reg.: Worbs, invent. Lusat. sup. 236; Ztschr. d. Ges. f. Geschichtsk. v. Freiburg 3, 384; Jecht, Cod. dipl. Lusat. sup. 2, 154; vgl. auch Verzeichn. oberlaus. Urkk., Heft 5, 10. (drier kunig) **5432**
„ 7	„	verweist seinen Diener Stefan v. Pöll, dem er erlaubt hat sich in Ungarn niederzulassen, nachdem dieser geklagt, dass ihm v. Leuten aus Österreich in Ungarn Schwierigkeiten gemacht würden, an seinen Schwiegervater Herman v. Cilly, der über ihn richten soll; dagegen sollen ungarische Unterthanen ihre Ansprüche an Stefan vor ihm (dem König) oder einem v. ihm bestellten ungarischen Richter geltend machen. — Rex. Mich. — RR. G 173. (do. nach drier kunig). **5433**

1423			
Jan. 7	Pressburg	bestätigt den Gr. Johann u. Gottfried (Brüder) zu Ziegenhain-Nidda den Zoll zu Treysa u. Gemünden [a. W.] — Per d. G. episc. Patav. cancell. Michael prepos. Boleal. — R. Henr. Fye — Or. (sehr schlecht erhalt.) Marburg Hess. Samt-A.; RR. G 172ʳ. (do. nach d. heilig. drei kunig t.) **5434**	
» 11	»	bevollmächtigt den Albrecht v. Colditz (Hofmeister u. Hauptmann zu Schweidnitz), den Dr. decret. Nicolaus Czeiselmeister (Propst zu Tyn) u. den Konrad v. Gingelfingen (Pfarrer in Nelib), dem Ludwig v. Chalon-sur-Saône, Fürsten v. Orange u. Reichsvikar in Gallien, alle Rechte u. Ansprüche des Reiches in der Grafschaft Valenciennes (-tienensis) zu übertragen. — Ad m. d. r. d. G. episc. Patav. cancell. referente Francisc. prepos. Strigon. — R. Henr. Fye — Or. Prag Landes-(Wenzels-)A. (die 11. jan.) **5435**
»	»	beauftragt dieselben den Ludwig v. Chalon-sur-Saône u. alle Reichsunterthanen in Gallien zur Erfüllung ihrer Pflichten gegen das Reich anzuhalten. — W. v.; Not. RR G 174ʳ. **5436**
»	»	bevollmächtigt dieselben den Ludwig v. Chalon mit der Grafschaft Genf zu belehnen. — KU. w. v. — RR. G 174ʳ. (id. dat.) **5437**
»	»	bevollmächtigt dieselben Ludwig v. Chalon-sur-Saône anzuhalten, die Reichshofgerichts-sprüche gegen Ritter Jakob Mocheti u. Johannes Michaelis, Bürger zu Besançon, zu vollziehen. KU. w. v.? — Not. RR. ib. **5438**
»	»	beauftragt dieselben, den Ludwig v. Chalon-sur-Saône an seinen früheren Befehl [nr. 5410] zu erinnern, Burgund zu Händen des Reichs zu nehmen. — KU. w. v. — Not. ib. **5439**
»	»	verleiht Ludwig v. Chalon-sur-Saône, Fürsten zu Orange, u. dessen Erben die Grafschaft Genf [vgl. nr. 5061] (non per errorem aut improvide sed animo deliberato, sane fidelium nostrorum accedente consilio et de certa nostra scientia prefato Ludovico comitatum Gebennensem ad ipsum et heredes suos ex successione progenitorum suorum legitime pertinentem in feudum contulimus et conferimus per presentes omneque jus nostrum, quod nobis veluti Romanorum regi in dicto comitatu Gebennensi et pertinenciis suis hactenus potuisset competere seu in antea sive per sentencias fisci nostri seu alia occasione quacumque posset competere quomodolibet in futurum, in ipsum Ludovicum et heredes suos transferimus ipsis auctoritate Romana regia tenore presencium damus in feudum . . . jure feodi legitime possidendum) u. befiehlt ihm den Lehnseid in die Hände des Albrecht v. Colditz, Hauptmanns v. Schweidnitz u. Jauer, seines Hofmeisters, abzulegen. — Ad m. d. r. d. G. episc. Patav. canc. referente Franc. prep. Strigon. — R. Henr. Fye — Or. [nicht ausgeliefert] Prag Landes-(Wenzels-)A.; RR. G 173ʳ u. 174ʳ mit KU: Rex. Franc. (11. die jan.) **5440**
»	»	verleiht demselben die Grafschaft Valenciennes. — KU. w. v. — RR. G 174ʳ; auch RR. D 165ʳ u. 169ʳ. (id. dat.) **5441**
»	»	verzichtet auf die Herrschaften Höwen u. Engen im Namen des Reichs zu Gunsten der v. Hans v. Lupfen einst v. Österreich erworbenen Pfandrechte u. überlässt ihm diese Herrschaften als unablösliches Besitztum unter einzigem Vorbehalt des Öffnungsrechtes zu Höwen u. Engen während seiner (Sigmunds) Lebzeiten. — [Rex. d. G. ep. Pat. refer. Franc.] — RR. G 173ʳ u. 174ʳ: Kopialb. v. Höwen 1, 44 f. zu Donaueschingen. — Reg.: Zeitschr. d. Ges. f. Geschichtkd. v. Freiburg 3, 385. (mo. nach dreikönigt.) **5442**
»	»	bevollmächtigt seinen Hofrichter, den Gr. Johann v. Lupfen, zur Erhebung des dritten Pfennigs u. der für den Reichstag gegen die Hussiten zu steuern verpflichteten Hülfe in den Landen u. Städten der Landgrafen v. Thüringen u. Mkgr. zu Meissen, Friedrichs d. Alt., Wilhelms u. Friedrichs d. jüng. — Rex. Michael — RR. G 175ʳ. — RTA 8, 182 f. (mo. nach drier kunig). **5443**
»	»	desgl. in dem Stift u. der St. Köln, Elsass, Thüringen, Meissen, im Osterlande, Sachsen u. Franken. — [Rex. Franc.] — RR. G 173ʳ. — Reg.: Ztschr. d. Ges. f. Geschichtkd. v. Freiburg 3, 385. (mo. nach dreikönigst.) **5444**
»	»	bestellt seinen Hofrichter Hans v. Lupfen u. Heinrich Beyer v. Boppard zu seinen Prokuratoren mit der Anweisung, den ihm vom P. Martin V. [vgl. nr. 2851ᵃ] verliehenen, v. der Priesterschaft noch nicht gezahlten Zehnten in den Stiften Lüttich, Utrecht, Münster, Osnabrück u. Paderborn einzunehmen u. dafür zu quittieren. — [Ad m. d. r. Franc. prep. Strigon.] — RR. G 173ʳ; Kopialb. v. Stühlingen 14, f. 17ʳ—19ʳ in Stuttgart. — Reg.: ib. 386. **5445**

1423		
Jan. 11	Pressburg	giebt dem Mkgr. Friedrich d. Alt. v. Meissen umfassende Vollmacht, gegen die Hussiten nach seinem Gutdünken zu verfahren. — Ad m. d. r. domino Georgio episc. Patav. cancel. referente Michael prep. Bolesl. — [R. Henr. Pye] — Or. Dresden; [RR. G 173; alte Abschr. Weimar Ges.-A.] — Horn, Lebens- u. Heldeng. Friedrichs d. Streitb. 869 f.; Palacky, Beitr. z. G. d. Huss. Kr. 1, 279 ff. (mo. nach dreier kunig) 5446
Jan. 11 Pressburg		Sigmunds Kanzler, B. Georg v. Passau verspricht dem Mkgr. Friedrich d. Alt. v. Meissen, dass er für die Lehenbriefe über Sachsen der kgl. Kanzlei nichts bezahlen brauche. Horn 870. 5446 a
	»	verpfändet dem Pfalzgrafen Ludwig III. u. dessen Erben, soweit sie Kurfürsten sind, die Landvogtei des Elsass um 50000 rhein. Gulden v. dem Zeitpunkt ab, dass die dem EB. Dietrich v. Köln verpfändete [1422 Aug. 24] Steuer der Landvogtei im Elsass abgelöst ist. — Ad m. d. r. d. G. episc. Pat. canc. referente Franc. prep. Strigon. — R. Henr. Pye — Or. Strassburg Bez.-A.; [RR. G 173ᵛ, sowie 175ᵛ u. 176ᵛ]; Vid. Kgs. Friedrichs III. v. 1440 Mai 17 ib.; RR. O 2ᵛ; vgl. Chmel, Regesta Friderici IV nr. 19. (mant. nach der drei beil. kunig L) 5447
» 12	»	gestattet dem Breslauer Rato wegen Erweiterung der Stadt u. Befestigung der Neustadt die dortigen Häuser mit dem gewöhnlichen Schosse zu belegen. — [Per d. G. episc. Patav. cancell. Michael prep. Boleslav. — R. Henr. Pye — Or. Breslau Stadt-A.] — Ansz.: (Klose) Von Breslau 2, 1, 363 f. (falsches Reg.: Aschbach 3, 446). (dinst. nach dreier kunige). 5448
»	»	befiehlt, da Hrz. Ludwig v. Liegnitz dem Peter Ungeraten u. dessen Söhnen nebst anderen, die aus seinen Landen nach Breslau verzogen seien, ihre Renten sperre u. die Verzogenen wieder unter seine Herrschaft fordere, dem Breslauer Rato jene, sowie alle, welche sich auswärts in Breslau niederlassen, zu schützen. — [KU. w. v. — o. R — Or. ib.] — Ansz.: ib. 360 (falschl. zu 1422). (id. dat.) 5449
»	»	befiehlt dem Hauptmann u. den Ratmannen zu Breslau, die Breslauer Grenzen, besonders Schwoltsch u. Schweinern, vor allen Übergriffen zu schirmen. — KU. w. v. — o. R — Or. u. 2 Kop. ib. (di. nach dreyer kunig). 5450
»	»	ersucht den Hrz. [Filippo Maria] v. Mailand um Hilfe gegen den Reichsfeind Hrz. Friedrich v. Österreich u. um Aufnahme seiner Bevollmächtigten Ulrich u. Wilhelm v. Starkenberg u. Oswald Wolkenstein in des Hrz. Schlössern, damit diese v. dort aus gegen Hrz. Friedrich vorgehen können. — KU? — RR. G 187ᵛ. (12. januaril). 5451
»	»	giebt dem Kaplan des B. [Georg] v. Passau Johann Burgker erste Bitten auf das Kollegiatstift in Schliersee (Slyers, Freising. Diöz.) — Rex. Franc. — Not. RR. G 188ᵛ. (id. dat.) 5452
» 13	»	giebt Dominicus Hamann, Pfarrer in Greuellaris, erste Bitten auf die Kollegiatkirche St. Die (s. Deodati, Diöz. Toul.) — Rex. Franc. — Not. RR. G 169ᵛ. (13. d. jan.) 5453
» 14	Misczämberg am ungar. Gemercke	teilt dem Hrz. Adolf v. Berg mit, dass auf Veranlassung des Mkgr. Friedrich v. Brandenburg die Reichsacht über die Städte Lüttich, Huy, St. Trond, Hasselt, Tongern u. Maastricht verhängt sei [vgl. die Aberachtserkl. v. 1425 Jan. 29]. — Petr. Wacker — o. R — Or. Düsseldorf. (donrst. vor Anthoni). 5454
»	»	desgl. der St. Nürnberg. — Ad m. d. r. (I) Petr. Wacker. — Nach? Minutoli, Friedr. I v. Brandenb. 207 f. (KU?) 5455
»	»	desgl. allen Reichsunterthanen. — KU. w. v. — [Not. Achtbuch 14ᵛ]. — Minutoli 206 f. 5456
» 15	Pressburg	beauftragt den Brunoro della Scala, Reichsvikar zu Verona u. Vicenza, wegen der Einziehung des dritten Pfennigs v. den Juden, welche zum Kriege gegen die Ketzer zu Nürnberg beschlossen worden ist, mit EB. Eberhart v. Salzburg, B. Johann v. Eichstädt, dem B. . . . . v. Augsburg, den Hrz. Ludwig, Heinrich, Ernst, Wilhelm u. Hans v. Baiern, dem Landgr. Hans u. Leupolt v. Leuchtenberg, Jost v. Abensberg, Heinrich Gumpenperger (nicht Hnm-) u. dem v. Heideck in Unterhandlungen zu treten. — Rex. d. G. op. Pat. canc. referente Franc. — RR. G 176ᵛ. — RTA 8, 183 f. (fr. vor Antonii). 5457
»	»	beauftragt Brunoro della Scala, da wieder Friedensbrüche zwischen Hrz. Ludwig v. Baiern-[Ingolstadt] u. seinen alten Gegnern, dem Mkgr. Friedrich v. Brandenburg, den Hrzz. Ernst, Wilhelm, Johann, Heinrich u. Albrecht v. Baiern, dem B. Johann v. Eichstädt, den Gr. Ludwig u. Friedrich v. Öttingen, Hans v. Heideck, den Städten Rothenburg a. T., Donauwörth, Nörd-

1423		
		lingen, Dinkelsbühl, Weissenburg u. Bopfingen vorgekommen sind, die Klagen zu unter- suchen u. beizulegen — KU. w. v. — RR. G 176 [vgl. 1425 Juni 28]. (frit. vor An- thonii). **5458**
Jan. 16	Pressburg	beauftragt den Brunoro (von der Leiter) della Scala, den er zum Hauptmann v. Baiern einge- setzt hat, die Streitigkeiten zwischen Kl. Kaisheim u. Hrz. Ludwig v. Baiern, Gr. zu Mortain, nochmals zu untersuchen, da Hrz. Ludwig gegen das früher gegen ihn gefällte Urteil appel- liert habe. — [Ad m. d. r. d. G. ep. Pat. canc. refer. Franc. — RR. G 175ᵛ u. 176ᵛ; vgl. 1425 Juni 28] — Lünig, R.-A. Spic. eccl. 3, 807 f. (sampst. vor Anton.) **5459**
» »	»	ernennt den Mailänder Bürger Peter, den Sohn des Jacobus de a. Georgio aus Piacenza, so- wie deren Nachkommen zu lateranensischen Pfalzgrafen mit den üblichen Befugnissen. — Rez d. G. ep. Pat. canc. ref. Franc. — RR. G 176ᵛ u. 177. (16. die jan.) **5460**
» 17	»	bessert Matthias Johann Erhard u. Michael Honinger ihr Wappen. — Rez. Mich. — Not. RR. H 19ᵛ. (in die Antonii). **5461**
» 18	»	verpfändet dem Matthias Dompnig für 3000 Mark Groschen verschiedene Güter, Renten u. Zinsen im Neumarktschen u. Breslauischen. — Ad m. d. r. Francisc. prepos. Strigon. — [R?] — Nach Or. (früher Breslau Dombibliothek, jetzt?) Hds. Klose 109 nr. 40 Breslau Stadt-A. — Ausz. bei (Klose) Von Breslau 2, 1, 364 ff. (mo. nach Antonii). **5462**
» 21	»	ersucht die St. Frankfurt um Förderung des Wieners Johannes v. Goh in dessen Geschäften zu Frankfurt. — [Per d. G. epiisc. Patav. Michael prepus. Bolesl.] — o. R — Or. Frankf.; vgl. Invent. d. Frkf. Stadt-A. 3, 71 (fälsch. zu Jan. 23). (donerst. nach Antonii.) **5463**
» 24	Zolein(=Zolern, Kom. Vitzovitis, Bz. Raneg?)	giebt dem Zittauer Bürger Lorenz Czerrenkittl die Ermächtigung zu Repressalien gegen die Polen. — Rez. Franc. — RR. G 181; am Rande: non transivit. (sont. nach Agnes). **5464**
» 25	Blindenburg	verschreibt Haupt v. Pappenheim für dessen treue Dienste jährlich 200 Gulden auf das Am- manamt zu Nördlingen. — Rez. Franc. — RR. G 179ᵛ. (mo. nach Vincencii). **5465**
» »	»	quittiert der St. Nördlingen den Empfang des Martini 1423 fälligen Ammangeldes (200 Gulden). — KU. w. v. — RR. G 179. (id. dat.) **5466**
» »	»	desgl. den Empfang des Martini 1424 fälligen Ammangeldes. — [KU. w. v.] — Not. ib. 179ᵛ. (id. dat.) **5467**
» 27	?	bestätigt dem Beneš Hertemberger u. Bohuslav Taatt die Erbeinigung mit den Waisen Habard u. Dorothea des verstorbenen Habard Hertemberger v. Maschau. — KU? — Registr. v. 1454 — Reg.: Arch. česky 2, 195. (fer. 4 post convers. Pauli; s. l.) Novaček. **5468**
» 30	Zolein (Zoleni)	an die Räte der oberlausitzischen St. Bautzen, Görlitz, Zittau, Lauban, Löbau u. Kamenz: er sei gerne bereit die Zwistigkeiten zwischen ihnen u. den Mannen der Oberlausitz beizulegen, doch müsse er sie auf spätere Zeit vertrösten: die Ketzer, der König v. Polen, Grossfürst Witold v. Litthauen u. die Heiden machten ihm so viele Schwierigkeiten, dass er sich jetzt der Sache der Adress. nicht annehmen könne. — Ad m. d. r. Franc. prop. Strigon. — Or. Bautzen — Jecht, Cod. dipl. Lunat. sup. 2, 154 f.: Reg.: Verzeichn. oberlaus. Urk. Heft 5, 12 u. N. Lausitz. Magaz. 72, 133. (sa. nach convers. Pauli; wohl Schreibfehler für „vor" convers.) **5469**
Febr. 5	Kittsee	überträgt Mähren an Hrz. Albrecht v. Österreich (I. Fassung der Übergaburk. v. 1423 Okt. 1). Ausgeschlossen bleiben folgende Schlösser u. Herrschaften an der ungarischen Grenze, welche Sigmund gekauft hat: Ung.-Hradisch, Ung.-Brod, Wessela, Göding, Bisenz, Bochlau, Střílek, Orlovic, Cimburg; infolge dessen wird die bisherige Grenze zwischen Mähren u. Ungarn geändert; nur wenn Sigmund ohne männliche Erben stirbt, sollen diese Schlösser u. s. w. an Hrz. Albrecht u. dessen Gemahlin Elisabet fallen; dann soll auch die alte Grenze zwischen Mähren u. Un- garn wiederhergestellt werden. — KU? — RR. G 177ᵛ u. 178ᵛ — Arch. f. österr. Gesch. 80, 345 f, vgl. 362 f. (do. nach frawen t. parif.) **5470**
» 8	Konstanz(?)	bekennt, dass er dem Svojše v. Ustupenic, dem Reinhard u. seinem Onkel Heinrich 8560 Schock u. 40 Groschen schuldig sei. — KU? — Registr. v. 1454 — Reg.: Arch. česky 1, 524. Novaček. — Wahrscheinlich beruht die Ortangabe auf einem Versehen. **5471**
» 14	Blindenburg	bedauert der St. Zürich ihre Bitte, sie von der zu Nürnberg beschlossenen Hilfe gegen die Hussiten zu befreien, nicht erfüllen zu können, begehrt genaue Erfüllung des Nürnberger An- schlags u. spricht seine Freude darüber aus, dass die Stadt mit dem zu Mailand zu keinem

1423		

Frieden gekommen sei. — Ad m. d. r. Franc. prepos. Strigon. — o. R — Or. Zürich Staats-A.   (sunt. des h. Valentins t.) *Schweizer.*   **5472**

Febr. 18   Blindenburg (Wissegrad)   belehnt den Niklas von der Damm (Dhame) mit dem Dorfe Bockna, das nach dem Tode des Hrz. Albrecht v. Sachsen ihm heimgefallen ist, sowie mit dem Anfall des Dorfes Rehfeld (Refeld). — Rev. d. G. ep. Pat. canc. ref. Mich. — RR. G 180ᵛ.   (don. vor invocav.) **5473**

»   »   befreit das Kl. Dobrilugk auf Bitten des Abtes Peter mit Rücksicht auf seine Schulden u. erlittene Beschädigungen von der Zahlung des an Sachsen zu entrichtenden Schutzgeldes v. 16 Schock Groschen u. verbietet das Kloster zu belästigen. — Ad m. d. r. [referente] Alberto Schenk de Landsperg Franc. prepos. Strigoniens. [nicht Prag.] — R. Henr. Fye — [Or. n. Transs. Weimar Ges.-A.; RR. G 178ᵛ mit dat. ut supra; davor aber do. vor ocul = März 4; vor diesem freilich do. vor invocavit = Febr. 18]; Kopialb. d. Kl. D. Jena Univers.-Bibl. f. 107ᵇ. — J. P. Ludewig. reliquiae manuscript. 1, 455 f.; Ausz.: Scheltz, Gesamt-G. d. Ober-u. Niederlausitz (= Neues lausitz. Mag. 57) 2, 104.   (do. vor invocav.)   **5474**

»   »   giebt, da Sachsen an ihn als Römischen König gefallen, der St. Herzberg [vgl. auch nr. 5485] gewisse Freiheiten, besonders die Wahl der Bürgermeister u. Ratmannen betreffend. — Ad m. d. r. d. Alberto Schenk de Landsperg referente [Franciscus. — RR. G 179?] — Nach Or. [wo?] Schöttgen et Kreysig. Diplomat. et scripter. hist. German. 3, 488.   **5475**

»   »   giebt den Brüdern Kune, Nikel u. Heinrich v. Hohndorf (Hon-) das halbe Dorf Bockau (-kow), das nach dem Tode des Hrz. Albrecht v. Sachsen an ihn als Römischen König gefallen, zu Lehen u. verspricht ihnen, falls Paul v. Eulenau (Ulnaw) ohne Erben sterben sollte, die in dessen Besitz befindlichen Zinsen u. Gerechtsamen zu Borken (Vo-) Kaxdorf (Kaksod-), Beyern (Beyg-), Neudeck (Ni-), Zeckrita (Czekeritz) u. Birkenthal. — Ad m. d. r. d. Alberto Schenk de Landsperg referente Francisc. prepos. Strigon. — R. Henr. Fye — Or. Dresden; RR. G 178ᵛ u. 179ᶠ.   (do. vor invocavit).   **5476**

»   »   verleiht dem Hans Wilmer zu Herzberg Renten in dem Dorfe Döbrichau (Dobrchaw), die ihm mitsamt Sachsen heimgefallen sind. — KU. w. v. (Idem relator et prothonotarius). — RR. G 179ᶠ.   (id. dat.)   **5477**

»   »   befiehlt der St. Nürnberg die halbe [Sept. 29 fällige] Judensteuer pro 1423 an Wigleis Schenk v. Geyern zu zahlen. — Rex. d. G. ep. Pat. canc. refer. Mich. — Not. RR. G 180ᵛ. (do. vor. invoc.)   **5478**

»   »   desgl. die halbe Judensteuer pro 1424. — W. v.   **5479**

»   »   desgl. die halbe Judensteuer pro 1425. — W. v.   **5480**

»   »   befiehlt dem Magistrat v. Passau dem Peter Holtzhaimer seinen Brief zurückzustellen, ihre Ansprüche bei dem B. Georg v. P. seinem Kanzler geltend zu machen. — [Ad m. d. r. Francisc. prepos. Strigon. — o. R] — Or. Passau. — Reg.: Verhandl. d. hist. Ver. f. Niederbayern 15, 75.   (do. vor invocavit).   **5481**

»   »   verleiht Konrad v. Schlieben (Sliwin) als Mannlehen Wüstenhain [abgeg. Ort?] u. Gräfendorf in der Lausitz, sowie Sercha (Serethen) bei Görlitz nach dem Tode seiner Gemahlin Margarete u. belehnt auch seinen Bruder Offe damit. — [Ad m. d. r. Alberto Schenk de Landsperg referente Franc. prepos. — R. Henr. Fye — Kop. Görlitz u. Zittau] — vgl. Verzeichn. oberlaus. Urkk. Heft 5, 11.   (do. vor invoc.)   **5482**

»   »   verleiht das Gut Lebuse (Lobuss) für den Fall, dass es an ihn den römischen König nach dem Ableben der Herzogin Offka v. Sachsen fällt, dem Hans v. Schlieben (Slywen) — KU? — RR. G 178ᵛ.   (dat. ut supra, davor steht aber do. vor oculi = März 4 u. wieder davor do. vor invocavit = Febr. 18: hier eingeweiht wegen nr. 5482).   **5483**

»   23   »   schreibt wegen der Kaichergrafschaft an die St. Frankfurt. — Reg.: Aschbach 3, 446 aus dem Frankfurter Arch. — Dort nicht vorhanden.   **5484**

Febr. 23 s. l.: Der Hofgerichtsschreiber Peter Wacker ladet Hans Krüger auf Klage der St. Zerbst vor das nächste Hofgericht nach April 23. — Or. Zerbst Stadt-A.   (di. vor Mathias).   **5484 a**

Febr. 25 Blindenburg: für Kl. Dobrilugk. Reg.: Aschbach 3, 446. — s. nr. 5474.

Febr. 25 Blindenburg: f. d. St. Herzberg in Sachsen. Reg.: Aschbach ib. — s. nr. 5475.

1423		
		Febr. 25 Blindenburg: f. Konrad v. Sliwin. Reg.: Aschbach ib. — s. nr. 5482.
März 4	Blindenburg	verleiht, da Sachsen an ihn als röm. König gefallen ist, das Geleitsgeld zu Herzberg (Hertzeb-) dieser Stadt [vgl. auch nr. 5475] — D. Alberto de Landsperg referente Franc. — RR. G 178ᵛ. (do. vor oculi). **5485**
		März 4 Blindenburg: f. Kl. Dobrilugk u. Hans v. Schlieben. — RR. ib. (id. dat.?) — s. nr. 5474 u. 5483.
		März 7 Pressburg: nimmt den Stanislaus Pawlowsky unter seine Familiares auf. — RR. G 180ᶜ ausgestrichen. (7. d. marcii.) — s. nr. 5429.
» 10	Kesmark im Zips	unterhandelt bis März 13 mit einem Gesandten des Polenkönigs; sendet den Bischof v. Passau u. Nikolaus v. Gara nach Altendorf, um die Antwort des Polenkönigs betr. des Friedensab-schlusses zu erwarten. Schreiben des Breslauer Abgesandten. Scriptor. rer. Siles. 6, 36 = Palacky, Beitr. z. G. d. Huss. Kr. 1, 282. **5485a**
» 12	»	giebt die Einwilligung, dass Gr. Friedrich v. Toggenburg an dem Schlosse zu Feldkirch 2000 rhein. Gulden, welche auf die Pfandsumme geschlagen werden, verbaue. — Ad m. d. r. d. G. episc. Patav. canc. referente Franciscus prep. Strigon. — B — Or. Wien H.-H. u. St.-A.: [RR. G 179ᵛ] — Arch. f. Kunde österr. Geschichtsquell. 1, 4, 11 f. (fr. vor letare; nicht = März 11). **5486**
» 14	»	giebt dem B. Albert v. Krakau, dem B. Johann v. Kujavien (Wladislavia), dem Krakauer Dekan u. poln. Vicekanzler Johann, dem Palatin Johann v. Tharnow, dem Hauptmann Nicolaus v. Michalow u. den polnischen Edelleuten Geleit für die nach Szramowice verlegte Zusammenkunft. — KU? — Or. Moskau: Arch. minist. spraw zagran. — Mon. med. aevi hist. res gest. Polon. illustr. 12, 163 f. **5487**
» 19	Altendorf [= Szepes-Olaszi, Kom. Zips]	desgl. dem Kg. Wladislaw v. Polen. — Ad m. d. r. d. G. episc. Patav. cancell. referente [nicht: referens] Francisc. prepos. Strigoniens. — Or. ib. — Mon. med. aevi hist. res gest. Polon. illustr. 12, 164 f. **5488**
» 21	»	kommt hier mit Kg. Wladislaw v. Polen zusammen. — Vgl. Sigmunds Erklärung v. 9. April [nr. 5501]. **5488a**
» 22	»	nimmt den Posener Archidiakonus Nikolaus v. Glamboczecz unter seine Familiares auf. — Rex. canc. referente Mich. — Not. RR. G 180ᶜ. (22. marcii). **5489**
» 25	»	verspricht dem Kurfürsten Friedrich I v. Sachsen u. dessen Erben, dass seine Unterthanen vor keine auswärtigen Gerichte gezogen werden dürfen. — Ad m. d. r. Francisc. prepos. Strigon. — R. Heinr. Fije — [Or. Dresden H. St.-A.; RR. G 179ᵛ; Kop. Weimar Ges.-A. u. Innsbr. Statth.-A.] — Lünig, R.-A. P. spec. 2, 258; J. G. Horn, Lebens- u. Heldengesch. Friedrichs d. Streitb. 872 f. **5490**
»	»	erteilt demselben u. seinen Erben die Erlaubnis, als Kurfürsten u. Herz. v. Sachsen mit rotem Wachs siegeln zu dürfen. — KU. w. v. — [R. Henr. Fye — Or. Dresden; RR. G 179ᵛ u. 180ᶜ; Kop. Weimar]. — Horn 874. **5491**
» 26	»	befreit (als Kg. v. Böhmen u. Mkgr. der Lausitz) das Kl. Dobrilugk (Abt Peter) v. allen Zöllen u. Ungelten. — Ad m. d. r. Franc. prepos. Strigon. — R. Henr. Fye — Or. Weimar Ges.-A. (fr. vor dem palmt.) **5492**
» 30	»	verbindet sich von neuem wie einst in Liblo [nr. 199] mit dem Kg. Wladislaw v. Polen u. dem [nicht anwesenden] Grossfürsten Witold v. Litthauen zum Schutz u. Trutz; [v. der Bestätigung des Friedens am Melnosee zwischen Polen u. dem Deutschorden seitens Sigmunds; v. der Abberufung Korybuts u. Kriegshilfe gegen die Hussiten seitens Wladislaws steht nichts in dieser Urk.] — Zeugen: der kgl. Kanzler B. Georg v. Passau, Verwalter des Erzbistums Gran; B. Thomas v. Agram, B. Peter v. Corbavia; Stephan Despot v. Rascien, Gr. Hermann v. Cilly, der Palatin Nikolaus Gara, Pipo v. Ozora u. a. ungar. Grosse u. Beamte [kein Deutscher]. — Or.? — [RR. G 180 mit KU.: Rex. Franc. u. Dat.: fer. sec. post ramis palmarum = März 29]. — Dogiel, Cod. dipl. regni Polon. 1, 52 f.; vgl. auch Mon. med. aevi hist. res gest. Polon. illustr. 11, 151; Windeck, hrsg. v. Altmann 153. (fer. tertia post dom. ramis palmarum). **5493**
		März 30 Leutschau: f. d. Polenkönig. Mon. med. aevi hist. res gest. Polon. illustr. 6, 583 f. — falsch statt 1428 April 9.

1423		
März 31	Kesmark	befiehlt dem Burggrafen v. Brüx Nitzen v. G o r e n z das Schloss dem Kurfürsten Friedrich v. Sachsen zu übergeben, dem er auf Bitten der Brüxer die Stadt u. das Schloss zu Brüx anvertraut habe. — Ad m. d. r. Michael prepos. Bolesl. — Gleichz. Kop. Dresden. — L. Schlesinger, Stadtbuch v. Brüx 82 f. **5494**
»	»	teilt Peter v. K r a v a ř auf Strašnic u. anderen Landesbaronen Mährens mit, dass er mit Kg. Wladislaw v. Polen u. Hrz. Witold v. Litthauen sich ausgesöhnt; diese hätten ihm sogar versprochen gegen die Ketzer zu Felde zu ziehen; Hrz. Sigmund [Korybut] sei bereits aus Böhmen zurückberufen; ersucht denselben auf seiner Heimreise nicht zu belästigen; stellt Boten in Aussicht. — KU? — Kop. Wittingau (jetzt vermisst). — Reg.: Palacky, Beitr. z. G. d. Huss. Kr. 2, 504. (fer. 4. post domin. palmarum). **5495**
[»] »	»	teilt dem Hrz. Albrecht v. Österreich, der seinen Schreiber dem Prager Domherrn Nikolaus zu ihm gesandt, mit, dass er mit dem König v. Polen u. dem Hrz. v. Litthauen völlig einig geworden sei; diese würden am 24. Juni gegen die Böhmen im Felde stehen, einer v. ihnen sogar persönlich die Truppen führen; auch Mkgr. Friedrich d. Alt. v. Meissen u. dessen Vettern hätten gleiches versprochen; Albrecht möge nur diesem Beispiele folgen. Die Erledigung der mährischen Angelegenheiten müsse unter diesen Umständen auf später verschoben werden. — KU? — Kop. Wittingau. — Palacky, Beitr. z. G. des Huss. Kr. 1, 268 f. (s. dato). **5496**
		April 4 Leutschau: Ob Sigmund hier das Osterfest gemeinsam mit Kg. Wladislaw v. Polen gefeiert hat, wie Aschbach 3, 179 u. 447 auf Grund v. Dlugoss, hist. Polon. 1 (1711), 470 annimmt, lässt sich aus diesem Schriftsteller nicht ersehen. (Rex Wladislaus per Sigismundum rogatus in Lubovcza descendit et illic pascha domini celebravit a Sigismundo rege omnibus necessariis cum omni caria sua procuratus). **5496a**
April 5	Neuendorf im Zips	verbietet den s c h l e s i s c h e n Herzogen, den Niklas Rempel u. andere Breslauer, welche wegen Missethaten flüchtig u. geächtet sind, bei sich aufzunehmen. — Ad m. d. r. Franc. prepos. Strigon. — o. R — Or. Breslau Stadt-A. (mo. nach ostertag). **5497**
»	»	verbietet der St. Breslau dem Niklas Rempel u. Paul Wiener jemals wieder ein Amt zu übertragen. — W. v. **5498**
» 6	Leutschau (Lewtsch)	giebt dem Gr. F r i e d r i c h VI v. Toggenburg einen Zuschlagbrief über 3000 rhein. Gulden, die ihm derselbe geborgt hat, auf die Pfandschaft über Feldkirch. — Ad m. d. r. d. G. episc. Patav. canc. [etc.] referente Michael prep. Boleslav. — R. Henricus[!] — Or. Wien H. H. u. St.-A.; [RR. G 183ᶜ d. durchgestrichen 183ᵛ]. — Arch. f. Kunde österr. Geschichtequell. 1, 4, 12 f. (di. nach ostertag). **5499**
» »	»	teilt Kardinal B r a n d a v. Piacenza mit, dass er unterstützt v. Kg. Wladislaw v. Polen, dem Kurfürsten v. Sachsen u. Hrz. Albrecht v. Österreich am 24. Juni den Feldzug gegen Böhmen eröffnen wolle, bittet bei den Kurfürsten, insbesondere bei EB. Konrad v. Mainz u. in ganz Deutschland dafür zu wirken, dass die Streitkräfte des Reichs zu der bestimmten Zeit im Felde seien; beglaubigt bei dem Kardinal die Gr. Adolf v. Nassau u. Michael v. Wertheim. — Ad m. d. r. d. Georgio ep. Patav. (nicht: presente) canc. etc. referente Franciscus prepos. Strigon. — RR. D 174ᵛ u. 175ᵛ. — RTA 8, 383 f. (fer. 5 post fest. pasche). **5500**
» 9	»	spricht den König v. Polen, mit dem er am 21. März zusammen gekommen, v. dem Verdacht die Hussiten zu unterstützen frei. — Ad m. d. r. d. G. episc. Pataviensi cancell. referente Franciscus prepos. Strigon. — [RR. G 180ᵛ dem Zusatz: triplicata est; das Konzept zwischen f. 175 u. 181 eingeklebt]. — Aus e. Hds. d. Kurniker Bibl.: Mon. med. aevi hist. res gest. Polon. illustr. 6, 583 f.; vgl. wegen des Datums ibid. 11, 132 [nach Sommersberg Silesiac. rer. SS. 2, Anh. 86; April 8]. **5501**
» »	»	zeigt dem P a p s t e [Martin V] an, bittet ihn, den Kg. Wladislaw für einen treuen Christen zu betrachten. — [KU. s. v.Y] — RR. ib. (nona die apr.) **5502**
» 15	Bartfeld	gebietet den Bewohnern v. Brüx u. Aussig, dem Hrz. Friedrich v. Sachsen, dem sie zum Pfande verschrieben, zu huldigen. — Ad m. d. r. d. G. episc. Patav. cancellar. referente Franciscus prepos. Strigon. — [o. R] — Or. Dresden. — Palacky, Beitr. 1, 294 f.; Schlesinger, Stadtbuch v. Brüx 84 f.; Hiecke-Horčicka. Urkb. d. St. Aussig 94. (do. nach quasimodo gen.) **5503**
»	»	verpfändet dem neuen Kurfürsten v. Sachsen Friedrich, Mkgr. v. Meissen, Schloss Brüx u. die Städte Brüx u. Aussig in Böhmen, doch unschädlich der Ansprüche des Albrecht Schenk v.

1423		

Landsberg, die diesem v. Kg. Wenzel auf Aussig zugewiesen sind. — [Bex. d. G. ep. Pat. canc. referente Franc. — RR. G 181ʳ mit Dat. s o n t. nach quasimodogeniti ≈ April 18]; Vid. v. 1437 a. Kop. Dresden. — J. G. Horn, Lebens- u. Heldeng. Friedrich d. Streitb. 873 f.; Palacky, Beitr. z. Gesch. d. Huss.-Kr. 1, 291 ff.; Schlesinger, Stadtb. v. Brüx 83 f., Hiecke-Horčička 95. (do. nach quasimodogeniti).   **5504**

| April 18 | Hartfeld (Bartfa) | ermächtigt d e n s e l b e n alle Güter, die er den Ketzern in Böhmen abgewinnen werde, bis auf auf weiteres für sich zu behalten; Kloster- u. Kirchengüter soll er aber jedenfalls gleich nach Beendigung des Krieges den Eigentümern zurückgeben. — Ad m. d. r. d. Geo. episc. Patav. cancel. referente Franciscus prep. Strigoniens. — [R] — Or. Dresden; [RR. G 181ʳ mit demselb. Dat. wie bei nr. 5504]. — Palacky, Beitr. 1, 293 f.   (id. dat.)   **5505** |
| | | beauftragt den Gr. Friedrich v. T u g g e n b u r g von den 3000 rhein. Gulden, die derselbe ihm Juli 25 in Konstanz auszahlen will, 1386 rhein. Gulden (schuldiges Jahrgeld) an Wilhelm Paulsdorfer für ihn zu bezahlen u. seine diesem zu Kladrub (Chl-) [nr. 4443] u. Nürnberg [nr. 5156] gegebenen Schuldurkunden damit einzulösen. — KU? — RR. G 184ʳ.   (do. nach quasimodogeniti).   **5506** |

April 18 Bartfeld; f. Hrz. Friedrich v. Sachsen. — RR. G 181ʳ. — s. nr. 5504 f.

| , 22 | Kaschau | teilt verschiedenen Reichsständen mit, dass der Kg. v. Polen u. der Grossbrz. v. Litthauen mit ihm versöhnt seien, dass Hrz. Friedrich v. Sachsen, Hrz. Albrecht v. Österreich u. er selbst auf Juni 24 mit gewaffneter Macht gegen die Hussiten ziehen würden; Adressat soll dies auch thun auf Juni 24, längstens Juli 25. — Ad m. d. r. Franciscus prep. Strigon. — |

an K ö l n. — Or. Köln St.-A. (vgl. Mittell. a. d. Stadtarch. v. K. Heft 24, 144).   **5507**

an S t r a s s b u r g. — Kop. Strassb. St.-A.   **5508**

an B. Joh. v. R e g e n s b u r g bei Andreas v. Regensb.   **5509**
RTA 8, 285 f.   (do. vor Jorgen).

| , , | , | desgl. an H a g e n a u. — KU. w. v. — Or. Hagenau. *Hanauer.*   **5510** |

April 23: ersucht Strassburg um Hilfe für Mkgr. Rudolf v. Hachberg. Foster, Regest, nr. 1043 — falsch statt April 30 (nr. 5525).

, 24	,	erlaubt dem Herrn Reinhart v. W e s t e r b u r g seiner Gemahlin Margarete v. Leiningen zwei Turnose auf den ihm verliehenen Zoll zu Boppard als Wittum zu verschreiben. — Patav. Mich. — RR. G 181ʳ. (schwab. nach Georgen). **5511**
, 25	,	präsentiert als ungar. König der Marienstiftskirche zu A a c h e n den Graner Presbyter Petrus Laurentii v. Somodi für die dortige ungarische Vikarie (ad vicariam seu capellam Hungaricam). — Ad m. d. r. Francisc. prepos. Strigon. — o. R — O. Düsseldorf. (25. die aprilis). **5512**
, ,	,	giebt den St. H e i d i n g s f e l d u. B e r n h e i m die Gnade, dass sie Juden nur auf sein Gebot bei sich aufzunehmen brauchen. — [Ad m. d. r. d. G. ep. Pat. cancellario referente Francisc. prepos. Strigon. — R. Heinr. Fije — Or. Würzburg; RR. G 185ʳ s. d.] — Heffner, die Juden in Franken (1855) 59 f. **5513**
, 27	,	gebietet der St. F r a n k f u r t, dem EB. Konrad v. Mainz die Einlösung des Ungelds zu Frankfurt, das dem Mainzer Stifte zusteht u. das v. Konrads Vorgängern der Stadt verpfändet ist, zu gestatten. — Per d. G. episcop. Patav. cancellarium Michael prepos. Holeslav. — R. Heynr. Fije. — Or. Frankf. St.-A., vgl. Invent. 3, 30; [RR. G 181ʳ u. 182ʳ; Kop. Würzburg.: Mainz. Ingrossaturb. Nr. 17 f. 89ᵃ]. — Lünig, R. A. Spic. eccl. 1, Forts. 60 f. = (Orth) Von den 2 Reichsmessen... in Frankfort 657 f. (di. nach Georgen). **5514**
, ,	,	bestätigt die Verschreibung Kg. Wenzels IV. durch die dem Bavor v. S v a m b e r k der Kammerzins der St. Mies um 1200 Schock Groschen verpfändet wird. — KU? — Registr. v. 1454 — Reg.: Arch. Česky 2, 188 (s. L) *Novaček.* **5515**
, 28	,	verspricht dem Mkgr. Bernhard dem Jungen v. B a d e n seine Grossnichte Elisabet, die Tochter des verstorbenen Gr. Eberhard v. Würtemberg u. Enkelin der † Margarete v. Luxemburg, der Gemahlin des Burggr. Johann v. Nürnberg, zur Ehe. — Ad m. d. r. d. Georio episc. Paraviensi canc. referente Franciscus prepos. Strigon. — o. R — Or. Karlsruhe. — Reg.: Ztschr. f. G. d. Oberrheins N. F. 3, 441 (ungenau); Foster, Reg. d. Mkgr. v. Baden, nr. 3545. **5516**

1423		
April 28	Kaschau	begehrt v. der St. Frankfurt Unterstützung des Mkgr. Bernhard v. Baden bei der Erhebung des dritten Judenpfennigs, der als Steuer zum Feldzug gegen die Ketzer in Böhmen v. den Fürsten zu Nürnberg jüngst projectiert worden sei. — KU. w. v. — Or. Frankf. — RTA 8, 274 L; vgl. Foster, Regesten nr. 3542. (mi. v. Philipp a. Jacobs). **5517**
"	"	begehrt von den Strassburgern, dass sie die St. Freiburg, Breisach a. Endingen anhalten, doch endlich den wegen ihres Streites mit Mkgr. Bernhard v. Baden v. EB. Konrad v. Mainz, seinem Statthalter, angesetzten Sühnetermin zu besuchen. — [KU. w. v. — o. R] — Or. Strassburg St.-A. — Foster nr. 3540. (m. nach Jorgen). **5518**
"	"	schlägt 10000 Gulden, die er dem EB. Konrad v. Mainz „von sins stathalters ampts wegen diß jere fallende" nicht zahlen kann, auf den halben Teil der einst im Pfandbesitz der (ausgestorbenen) Reichsmarschkämmerer Falkenstein gewesenen Schlösser Kalimünz (Calimünd) u. Petersheim (Poddriesheim), welche EB. Konrad in Sigmunds Auftrag v. den Falkensteinschen Erben Anna v. Solms, verwittweten Gräfin Sayn, u. Dietrich v. Isenburg, Herrn v. Büdingen, eingelöst hat. — Per d. G. ep. Patav. cancell. Francisc. prepos. Strigon. — R. Henr. Fye — Or. Würzburg; RR. G 182ʳ. — Vgl. Ausz.: Joannis, rerum Mogantiac. 1, 738. (mit wachen vor Philipps u. Jacobs tag). **5519**
"	"	gestattet dem Gr. Adolf v. Nassau das Dorf Erbenheim zu befestigen u. daselbst alle Samstag einen Wochenmarkt halten zu lassen. — Ad m. d. r. d. G. episc. Patav. cancell. referente Franc. prepos. Strigon. — R. Henr. Fye — Or. Wiesbad.; Not. RR. G 182ʳ. (mi. nach Jorgen t.). **5520**
⟍	"	gestattet demselben das Dorf Breithardt zu befestigen u. daselbst alle Donnerstag einen Wochenmarkt abhalten zu lassen [vgl. 1418 März 10 nr. 3039]. — KU. u. R w. v. — Or. ib.; RR. G 182ʳ. (id. dat.) **5521**
" 29	"	befiehlt dem Mkgr. Bernhard v. Baden dem Gr. Adolf v. Nassau aus dem eingegangenen Zehnt der Pfaffheit u. der Juden das diesem schuldige Jahresgehalt im Betrage v. 5000 Gulden zu bezahlen. — Per d. Georium ep. Pataviens. cancell. Franciscus prep. Strigon. — R. Henricus Fye. — Or. Karlsruhe; [RR. G 182ᵛ.] — Reg.: Ztschr. f. G. d. Oberrheins N. F. 3, 441; Foster nr. 3543. **5522**
"	"	gestattet auf Bitten des Gr. Johann v. Sponheim, dass dieser den Mkgr. Bernhard v. Baden in alle seine Schlösser Land u. Leute mit Zugehör als seinen Nachfolger für den Fall seines kinderlosen Ablebens einsetzt. — [Rex. d. G. ep. Pat. canc. refer. Franc.] — RR. G 182ᵛ. — Foster nr. 3544. (don. vor Phil. u. Jacobs t.) **5523**
" 30	"	belehnt den EB. Konrad III. v. Mainz erblich mit den beiden Dörfern Soden u. Salzbach in der Wetterau. — Ad m. d. r. d. G. episc. Patav. cancell. referente Michael prepos. Boleslav. — R. Henr. Fye — Or. Wiesbaden; RR. G 182ᵛ u. 183ʳ. (fr. vor Philipps u. Jacobs t.) **5524**
"	"	ersucht Strassburg nochmals [vgl. nr. 4997] um Unterstützung des Mkgr. Rudolf zu Hachberg, Herrn zu Röteln u. zu Sausenberg, welcher v. Bastard Heinrich Gr. v. Lützelstein u. andern „wider got u. recht bekrieget" wird. — [Ad m. d. r. d. G. episc. Patav. cancell. etc. referente Franc. prepos. Strigon. — o. R] — Or. Strassburg St.-A. — Foster, Regest. d. Mkgr. v. Hachberg nr. 1063 [fälschl. zu April 23]. (freit. vor Phil. u. Jacobs t.) **5525**
Mai 1	"	verschreibt etlichen Mannen im Lande zu Bautzen 1676 Schock Groschen, die er ihnen schuldig geblieben. — KU? — Reg.: Verzeichn. oberlaus. Urkk. Heft 5, 11. (Phil. u. Jac.) **5526**
"	"	giebt seine Zustimmung dazu, dass Matth. Dompnig, Kanzler des Fürstentums Breslau, die Hälfte der seinem Vater seinerzeit v. Kg. Wenzel verschriebenen 20 Schock Groschen („des buwgeldes zu Breslau jerlicher gulde vor dreihundert schock groschen Prager manze") an den Breslauer Rat verkauft hat. — Ad m. d. r. Francisc. prepos. Strigon. — Rᵘ [sic!] Henr. Fey [sic!] — Or. [Fälschung?] Breslau Stadt-A. — Vgl. (Klose) Von Breslau 2, 1, 368. (Philipps- u. Jacobst.) **5527**
"	"	befiehlt dem Rate v. Lübeck die 1423 Sept. 8 fällige Stadtsteuer an Albrecht Schenk v. Landsberg zu bezahlen. — KU. w. v. — Or. Lübeck; [RR. G 183ʳ.] — Urkb. d. St. Lübeck 6, 519. (Philipps u. Jacobst.) **5528**
"	"	beglaubigt bei dem Rate v. Lübeck den Ritter Heinrich Oln u. seinen Kaplan Lorenz Hezlieht als Berichterstatter über seine Versöhnung mit Kg. Wladislaw v. Polen u. dem Gross-

1423		
		hrz. v. Litthauen u. über seinen Plan gegen die Hussiten zu Felde zu ziehen. — Ad m. d. r. Michael prepos. Boleslav. — Or. Lübeck. — ib. 519 f. — Reg.: ETA 8, 286. (Philippi u. Jacobi t.) **5529**
Mai 1	Kaschau	bestätigt dem Hrz. Konrad genannt Canthner zu Oels u. Kosel für dessen Herzogtum die v. früheren Königen v. Böhmen erhaltenen Briefe u. Privilegien. — Ad m. d. r. Franciscus prepos. Strigon. — [E. Henricus Fye.] — Or. Breslau Staats-A. (früher Oels.) — Reg.: Publikat a. d. preuss. Staatsarch. 16, 49. (Philipps- u. Jacobs t.) **5530**
» 2	»	genehmigt die v. † Hrz. Rudolf v. Sachsen vorgenommene Uebertragung des ihm v. Kg. Wenzel einst verliehenen Pfandbesitzes v. Peitz (3377 Schock Groschen) an Albrecht u. Hans Schenk v. Landsberg genannt v. Seidan; gestattet die Weiterverpfändung aber nur an einen „landmann" der Lausitz, „der uns u. der cron zu Beheim nicht feind", nicht etwa an einen Ausländer. — [Ad m. d. r. d. G. ep. Pat. cancell. etc. refer. Franc. prepos. Strigon. — R. Henr. Fye. — Or. Berlin Geh. St.-A.; RR. G 183ᶠ.; Kop. Dresden H. St.-A.] — Nach Kop. Berlin Joachimsthalsches Gymnas. Riedel, Cod. dipl. Brand. Suppl.-B. 56 ff. (sunt. nach Philippi u. Jacobi). **5531**
» 3	»	befiehlt der St. Durbuy nicht mehr dem Johann v. Montjoie (Monj-) gehorsam zu sein, da er demselben nunmehr zum zweiten Male befohlen D. dem Eberhart v. d. Mark(en) zu lösen zu geben. — Rex. d. G. ep. Pat. canc. refer. Mich. — RR. G 183ᶠ. (mont. nach Phil. u. Jacobs t.) **5532**
»	»	bestätigt der Breslauer Bürgerin Margarete Gloczynne eine (inser.) Urk. des Meisters der Kreuzherren (Mathiaskl.) zu Breslau Georg v. Nymands v. 1407 Nov. 26, worin dieser dem Niclas Glata einen jährlichen Zins verschrieben. — Per d. G. episc. Patav. cancell. Francisc. prepos. Strigon. — R. Henr. Fye — Or. Breslau Staats-A.; ein 2. Or. Breslau Stadt-A. mit KU: Ad m. d. r. d. G. ep. Pat. cancell. referente Francisc. p. St. — R. w. v. (erewrtag invanc.) **5533**
»	»	schenkt dem Kurfürsten Friedrich I. v. Sachsen das sog. Nasenhaus zu Prag, das einst Hrz. Albrecht v. Sachsen gehört hatte. — Ad m. d. r. domino Georgio [nicht: dei gracia] episc. Pataviens. cancell. referente Michael prepos. Boleslav. — [R. Henr. Fye — Or. Weimar Ges. A.; RR. G 184ᶠ] — J. G. Horn, Lebens- u. Heldengesch. Friedrich d. Streitb. 876. **5534**
»	»	weist Friedrich d. jüng., dem Sohne des Kurfürsten Friedrich v. Sachsen, dafür, dass er ihm mit 40 Pferden stets persönlich dienen soll, ein Jahrgeld v. 3000 ungar. Gulden an. — KU. w. v. — R. Henr. Fye — Or. Weimar Ges. A.; RR. G 184ᶠ. (mo. nach Philipps u. Jacobe tag). **5535**
»	»	stellt Appel Vitztum für sich u. die 200 Ochsen, die er zu Krakau t. d. Hrz. Friedrich v. Sachsen kaufen u. nach Meissen bringen soll, einen Geleitsbrief aus. — Per d. G. episc. Patav. canc. Michael prep. Bolesl. — [o. R] — Or. Dresden A. — Palacky, Beitr. z. G. d. Huss. Kr. 1, 298 f. (mo. nach Phil. u. Jacob.) **5536**
» 5	»	macht bekannt, dass Hrz. Heinrich v. Baiern, der in seinem Auftrage zu Gunsten des Deutschen Ordens nach Preussen gezogen, statt der ausbedungenen Erstattung seiner Unkosten v. 6761 ungar. Gulden bisher nur 1400 (nach RR.: 900) erhalten hat. — KU. w. v. — R. Henr. Fye — Or. [ohne Ortsang.] München R.-A.; RR. G 185ᶠ. (mi. nach d. h. crewzes t. sic!) **5537**
»	»	mahnt bei dem Hochmeister des Deutschordens Paul v. Russdorff für Hrz. Heinrich v. Baiern die rückständige Zehrung ein für den in seinem Auftrage zu Gunsten des Ordens nach Preussen unternommenen Zug: von den ausgelegten 6761 ungar. Gulden habe der Hrz. bisher nur 1400 erhalten. — o. R. — Or. Michael prep. Boleslav. — Or. Königsberg. — Vgl. J. Voigt, G. Preussens 7, 461. (mi. nach Philipps u. Jacobs t.) **5538**
»	»	bekundet, dass er Konrad Nempcz, da dieser ihm treue Dienste geleistet, für 200 Schock Groschen sein Recht an dem Burgleben zu Hirschberg verkauft hat. — KU. w. v. — R. — Or. Breslau Staats-A. (mi. nach Philipp. u. Jacob.) **5539**
»	»	beauftragt Niklas v. Reibnitz mit der St. Hamburg wegen Lösung derselben aus der Acht u. Aberacht zu unterhandeln u. abzuschliessen. — [KU. w. v. — R. Henr. Fye — Or. Hamburg, Hagedorn]: RR. G 184ᶠ. (mi. nach Phil. u. Jacobs t.). **5540**

1423		
Mai 5	Kaschau	befiehlt dem Hrz. v. Sachsen an Christof v. Gersdorf 270 u. an Heinr. Olen 200 rhein. Gulden von der Judensteuer in Meissen auszuzahlen. — Rex. Mich. — Not. RB. G 187ᵛ. (id. dat.) **5541**
" ?	"	befiehlt dem Appel Vitzthum, Hauptmann zu Bautzen, von der Judensteuer an Christof v. Gersdorf 1000 u. an Konrad Nompczen 500 ung. Gulden zu zahlen. — KU ? — Not. ib. (a. d.) **5542**
"	"	befiehlt demselben 100 Schock böhm. Groschen von dem Judengelde an Albrecht Schenk v. Landsberg zu zahlen. — W. v. **5543**
" 6	"	befreit die St. Hamburg aus der Reichs-Acht u. Aberacht [vgl. nr. 5190 u. 5540], in die sie gekommen, weil sie sich wegen Anmassung eines Mühlengerichts (Reichsleben; Vertreter des Reichs der Erbkämmerer Konrad v. Weinsberg) nicht vor dem Hofgericht verantwortet. — [Ad m. d. r. Mich. prepos. Bolesl. — R. Henr. Fye — Or. Hamburg *Hagedorn*]; RB. G 88ᵛ mit KU: Rex. Franciscus. (donerst. nach Philippi u. Jacobi). **5544**
"	"	bestätigt der St. Horáöv Tyn [Bischofteinitz] wegen ihres Widerstandes gegen die Wikleßten ihre Privilegien. — KU. w. v. — R. Henr. Fye — Or. Horáöv Tyn = Kop. Prag Böhm. Mus. (feria 5. post Invenc. crucis). **5545**
" 12	"	nimmt Johann Brantpacher aus Erfurt unter seine Familiares auf [vgl. nr. 5549]. — Rex. Franc. — Not. RB. H 1(b)ᵛ. (in vigil. asc. domini). **5546**
" 15	"	verleiht der St. Schweidnitz einen Jahrmarkt. — Ad m. d. r. Francisc. prepos. Strigon. — R. Henr. Fye — Or. Schweidnitz. (samst. nach uns. herren auff.) **5547**
" 16	"	bekennt dem Hrz. Heinrich in Baiern für geleistete Dienste während eines Jahres weniger 6 Wochen 1840 Schock Prager Groschen schuldig zu sein u. verspricht ihm diese Summe v. 1424 Nov. 11 ab zu bezahlen. — Ad relat. Hermanni comitis Cili Franc. prep. Strigon. — Rᵗⁱ — Or. u. Vid. v. 1497 Mai 22, 1531 März 27 München Geh. St.-A.; RB G 184ᵛ. (sunt. nach gotes auffart L.) **5548**
"	"	nimmt den Johannes Brantpacher aus Erfurt [s. nr. 5546] unter sein Hofgesinde auf. — KU ? — Not. RB. ib. (id. dat.). **5549**
"	"	bestätigt der St. Reichenbach [in Schles.] den Salzmarkt. — Ad m. d. r. Francisc. prepos. Strigon. — R. Henr. Fye — Or. u. Kop. d. 17 Jhdts. Breslau Staats-A. (sont. nach gotes auffart). **5550**
"	"	schreibt dem Hauptmann, den Mannen, den Bürgermeistern u. s. w. der Herzogtümer Schweidnitz u. Jauer, sie sollten die neuen Märkte, Malzhäuser, Salzmärkte, neuen Brauhäuser, welche zur Schwächung seiner Städte aufgerichtet worden seien, wieder abstellen. — KU. w. v. o. R — Or. u. Vid. v. 1497 April 24 Schweidnitz; Vidim. v. 1612 Okt. 26 Breslau Staats-A. (id. dat.) **5551**
"	"	verbietet den Laien in den Fürstentümern Schweidnitz u. Jauer ihre weltlichen Sachen vor die geistlichen Gerichte u. an den Papst zu bringen. — KU. w. v. — o. R — Or. Schweidnitz. (sont. nach uns. herren auffart). **5552**
"	"	befiehlt dem Hauptmann, der Ritterschaft u. den Städten der Fürstentümer Schweidnitz u. Jauer, diejenigen, welche sich an den Rechten u. Gerichten der Fürstentümer nicht genügen lassen, mit gesamter Macht nach Landrecht zu bestrafen. — W. v. **5553**
" 25	"	schenkt den Brüdern Burghard u. Johann v. Kolovrat die Dörfer Skaly, Male, Hošešovice u. Telce nach dem Tode des Prokop v. Skaly u. seiner Gemahlin Dorothea. — KU ? — Reg. v. 1454; Cod. d. Lehntafel zu Prag 25 f. 10. — Reg.: Arch. česky 2, 201 n. 3, 495. Nušᵃᵉᵏ. (fer. 3 post pentecost.) **5554**
		Mai 27 o. O.: Peter Wacker (Hofgerichtschreiber) ladet auf Klage Heinrichs u. Brunes der Jungen die St. Nordhausen vor das nächste Hofgericht nach Sept. 29. — Or. Nordhausen. (do. nach Urban.) **5554a**
Juni 3	"	an Dortmund: Hrz. Johann v. Baiern-Holland habe ihm geschrieben, dass er u. sein Tresorier v. Heinrich Ludwigs, Freigrafen des Stuhls zu Bock, auf Klage des Gr. Joh. v. Nassau vorgeladen sei; Johann u. sein Schatzmeister seien „anwissende des heimlichen gerichts" u. der Graf schlage alle Anerbietungen des Herzogs aus. Da aber Hrz. Johann „unser u. des reichs fürst

1423

u. nothaft unser u. demselben richs manne", habe er dem Freigrafen bei der höchsten Pene verboten gegen jene beiden Urteil zu sprechen, ehe er nicht Unterweisung von Dortmund erhalten habe, „wann wir nu wol wissen, daz euch die stücke, darumb man pfleget für das heimlich gerichte zu heischen, zumal kunt und wissentlich sind." Darum sollen die Adr. erkennen, ob es billig sei, Fürsten u. andere ehrbare Leute um solche Geldschuld vor die freien Stühle zu laden u. über sie zu abzuurteilen. — Ad m. d. r. Mich. prepos. Bolesl. — o. R — Or. Dortmund.   (mi. nach dreifaltigk.) *Lindner*.   **5555**

Juni	2	Kaschau	ernennt auf Bitten des Hermann u. Gerhard v. Merfeld (Merselde) den Johann Roderdink alias Schwarte zum Freigrafen v. Merfeld, Hastehausen (Harstehausen), Freienhagen (Vreihen-) u. Flamschen (Vlamesheim). — Rex. Mich. — RR. G 183^r. (die sec. jun.) **5556**
	•	•	verschreibt dem Aleš v. Sternberg u. Holic u. dem Zdenko v. Sternberg u. Veselé für die Burgen Veselé u. Světlov, den erlittenen Schaden u. a. 11960 Schock Groschen auf Hrádek u. Tyrov. — KU? — Registr. v. 1454 — Reg.: Arch. český 1, 522. *Novaček*. **5557**
•	4	•	befreit auf Bitten des Pr. Hinko das Kl. Chotleschan, das v. den Hussiten zerstört worden war, damit es sich wieder erholen könne, auf 10 Jahre v. allen Abgaben u. Steuern, mit Ausnahme des an Wilhelm Dupowetz verpfändeten Anteils der Berna. — Per d. Heinr. de Elsterberg magistrum curie Michael prepos. Boleslav. — R. Henr. Fye — Or. Prag Univ.-Bibl. (feria 6. post f. corp. Christi). **5558**
•	8	Nadpatak [Kohrbach] in Ungarn	verpfändet dem Ritter Niclas Stibitz für ihm an Jahrgeld schuldige 2750 rote ungar. Gulden die Hauptmannschaft zu Namslau [vgl. 1426 Dez. 3]. — Ad m. d. r. Francisc. prepos. Strigon. — R. Henr. Fye — Or. Breslau Stadt-A. — Vgl. (Klose) Von Breslau 2, 1, 368. (die nach gutten leichnam t.) **5559**
•	15	Diosgiör	ermächtigt den Bürgermeister v. Konstanz, welcher Stadt die Vogtei zu Frauenfeld mitsamt der Landgrafschaft u. dem Landgericht im Thurgau verpfändet ist, dem dortigen Vogt während der nächsten 4 Jahre den Bann zu verleihen. — Rex. Franc. — RR. G 185^r. (mi. nach Veit). **5560**
•	22	Kaschau [?]	nimmt Jacob Colonna (de Columpna) unter seine Räte u. Familiares auf. — KU? — Not. RR. G 182^r (184^r ausgestrichen). (22. d. jun.) **5561**
Jul.	2	Kaschau	verpfändet dem Alesch v. Sternberg u. Holic um 2940 Schock Groschen Burg u. Stadt Slavkov (Austerlitz). — Reg.: Arch. český 7, 579. *Novaček*. **5562**
			Sommer?: schreibt dem Grossfürsten Witold v. Littauen, dass er dem Bischof v. Dorpat den Termin zum Empfange der Regalien hinausschiebe. Arch. f. österr. Gesch. 52, 204 — siehe 1424 [Juli 24].
[Juli ?]		Altsohl	antwortet dem Kg. Wladislaw v. Polen auf die Vorschläge, die Zavisius Niger v. Garbow überbracht, will an dem auf Juni 24 festgesetzten, dann aber auf Juli 25 verschobenen gemeinsamen Einbruch in Böhmen laut der Kesmarker Abmachung durchaus festhalten u. teilt schlimme Neuigkeiten aus Mähren (einen Brief Slibors v. Bolundoch) mit u. verlangt energischen Beistand gegen die Hussiten. — Franc. prep. Strigon. — Hds. d. Kurniker Bibl. — Mon. med. aevi hist. reg. gest. Polon. illustr. 6, 599 f.; vgl. Mitteil. d. Inst. für österr. Gesch. Jg. 1895, 226 A. 3 (vielleicht ist dieses Schreiben schon Ende Juni abgesandt). (a. d.) **5563**
•	16	•	beauftragt den Hrn. Friedrich v. Sachsen, den B. Johann v. Naumburg (Newen-) mit den Regalien zu belehnen. — Ad m. d. r. d. Georio ep. Pat. canc. referente Franc. — RR. H 1(c)^r u. 2^r. (freit. nach Margr.) **5564**
•	•	•	nimmt, da Hrz. Friedrich v. Österreich seinen Verpflichtungen gegen ihn u. das Reich nicht nachkommt, auf Grund der Vertragsurkunde dessen Besitzungen, das Land an der Etsch u. das Innthal, sowie alle Lehen der Grafschaft Tirol an das Reich u. verleiht diese Lehen den Brüdern Ulrich u. Wilhelm v. Starkenberg für deren treue Dienste, sowie die Gerichte zu Imst (Vinbet) u. Pfuns (Phanaß). — KU. w. v. — RR. H 2^r. (id. dat.) **5565**
•	•	•	bestätigt auf Bitten Ulrichs v. Starkenberg den Landständen an der Etsch u. im Innthal (Tirol) ihre Landesrechte u. Privilegien. — [KU. w. v.] — ib. 2. (id. dat.) **5566**
•	•	•	gelobt das Land an der Etsch u. das Innthal, das Hrz. Friedrich v. Österreich verwirkt, an das Reich zu bringen u. ständig beim Reiche zu erhalten. — [KU. w. v.] — ib. 2^r. (id. dat.) **5567**

1423

Juli 16	Altsohl	giebt dem Gr. Johann v. Lupfen die Vollmacht, die Gr. Friedrich v. Toggenburg u. Heinrich v. Sargans für ihn (Sigmund) gegen Hrz. Friedrich v. Österreich in Dienste zu nehmen. — [Ad m. d. r. d. O. ep. Pat. canc. referente Franc. prep. Strigon.] — RR. H 3ʳ; Kopialb. v. Stühlingen 5, f. 329ᵛ: Stuttgart St.-A. — Reg. (fälschlich zu Juli 23): Ztschr. d. Ges. f. Geschichtsk. v. Freiburg 3, 387 f. (fr. nach Margar.) **5568**
» 17	»	ruft den Adel, namentlich die Gr. Hans v. Lupfen u. Friedrich v. Toggenburg gegen Hrz. Friedrich v. Österreich, der gegen Kaiser u. Reich ungehorsam ist u. die Edlen Ulrich u. Wilhelm v. Starkenberg hart bedrängt, in Waffen: L. soll in das Inn- u. Etschthal marschieren. — [KU. w. v. — RR. H 2ᵛ u. 3ʳ (dat. ut supr.); Kopialb. v. Stühlingen 5, f. 330ᵛ f.: Stuttgart. — Reg.: ib. 387 (u. zwar nach RR. z. 16. Juli u. nach Kopb. z. 17, obwohl ident.) (samst. nach Marg.) **5569**
»	»	befiehlt dem Reichs-Erbmarschall Haupt v. Pappenheim das Reichspanier wider den Friedensstörer Hrz. Friedrich v. Österreich zu führen. — Ad m. d. r. [d. G. episc. Pat. canc. refer. Franc. prepos. Strigon. — Rᵗᵃ — Or. Pappenheim; Not. RR. H 3ʳ (dat. ut supra = Juli 16)]. — Lünig, R.-A. P. Spec. Cont. 2, Forts. 3, 6. Abt. 5ʰ7 f. (id. dat.) **5570**
?	»	verpfändet dem Wenzel Lžička [v. Unter-Dubřany] zwei Wiesen vom Dorfe Hučenovice des Kl. Velehrad um 100 Schock Prager Groschen. — KU? — Arch. český 7, 595. *Novaček.* **5571**
» 22	Schemnitz (Schebnicie Strigon. dioc.)	ladet die Schöffen der St. Cambray sowie Thomas Pryere u. Gerard Cuvech auf April 23 vor sich, um ihren Streit mit dem Kapitel des h. Gangaricus zu entscheiden. — Rex. Franc. — RR. H 3ᵛ. (22. julii). **5572**
		Juli 23 Altsohl: giebt dem Grafen v. Lupfen Vollmacht. Reg.: Ztschr. d. Ges. f. G. v. Freiburg 3, 387 f. — s. nr. 5568.
» 28	Blindenburg (Visegrad)	befiehlt den Fürsten Bernhard, Georg, Johann, Woldemar u. Adolf v. Anhalt dazu zu helfen, dass die St. Halle zum Gehorsam des EB. Günther v. Magdeburg zurückkehrt. — Ad m. d. r. Joh. episc. Zagrab. cancell. — o. R — Or. Magdeb. Staats-A. (mi. nach Jacobs tag). **5573**
		desgl. dem EB. [Nikolaus] v. Bremen. — KU. w. v. — Or. ib. **5574**
		desgl. dem Landgr. Ludwig v. Hessen. — W. v. **5575**
		desgl. den Landgr. Wilhelm u. Friedrich v. Thüringen. — KU. w. v. — Kop. ib. **5576**
		desgl. dem Heinrich v. Hohenstein. — KU. w. v. — Or. ib. **5577**
		desgl. den Gr. Fulrad, Gebhard u. Busse v. Mansfeld. — W. v. **5578**
		desgl. den Gr. Friedrich d. ält. u. Friedrich d. jüng. v. Beichlingen (Bichel-) — W. v. **5579**
		desgl. dem Breslauer Hauptmann Albrecht v. Colditz. — W. v. **5580**
		desgl. den Herren Johann u. Heinrich v. Oberg. — W. v. **5581**
		desgl. dem Rate v. Salzwedel. — W. v. **5582**
		desgl. dem B. [Johann] v. Brandenburg. — [KU. w. v.] — Not. auf Kop. ib. **5583**
		desgl. den Hrz. v. Mecklenburg. — W. v. **5584**
		desgl. dem Hrz. Bogislaw v. Pommern. — Not. in Kopb. 11 f. 43 Magdeburg Staats-A. **5585**
		desgl. Gebhard v. Alvensleben. — W. v. **5586**
		desgl. Heinrich v. Alvensleben. — W. v. **5587**
		desgl. Burkart v. Marnholz. — W. v. **5588**
		desgl. Kaspar Gans v. Putlitz. — W. v. **5589**
		desgl. Werner u. Erich Schenk. — W. v. **5590**
		desgl. dem Gr. Botho v. Stollberg. — W. v. **5591**
		desgl. Heinrich, Gumpl, Ludolf u. Hans v. Veltheim [Kr. Halberstadt]. — W. v. **5592**
		desgl. Ludolf v. Warberg. — W. v. **5593**
Juli 28	Ofen	bestätigt das (inser.) Privileg Kg. Wenzels v. 1390 April 26, wonach die Mannen der Landschaft Bautzen Sold erhalten sollen, wenn sie ausser Land geführt werden. — [Ad m. d. r. Mich. prep. Bolesl. — Kop. Görlitz u. Zittau]. — Bedern, Lusat. sup. dipl. (1724) 29 f.; Lünig, R.-A. P. spec. Contin. 2, Anh. 18; vgl. Reg.: Jecht, cod. dipl. Lusat. super. 168. (mi. nach Jacobs t.) **5594**

1423

Juli 28	Gran	legitimiert den Paciens, den Sohn des Guilelmus Medicus de Monte alto, wohnhaft zu Metz. — KU? — Not. RR. H 2ʳ. (28. Julii). **5595**
„	„	legitimiert den Martin, Gerhard u. Nicolaus, die Söhne des Presbyter Johann Wynnemann zu Esch an der Alzette (super aquam Alsotze, Diözese Trier). — Cancell. Franc. — Not. ib. (id. dat.) **5596**
„ 29	„	verleiht den Nürnbergern Peter Haller d. jüng. u. dessen Schwager Peter Rietter den Blutbann in dem Gericht zu Stopfenheim. — KU? — RR. II 3ʳ. (donerst. nach Jakobs t.) **5597**
Aug. 4	„	veröffentlicht das Testament (inser.) seines Kanzlers des B. Georg v. Passau u. Verwesers des Erzbistums Gran („als der erwirdig Jorig ... seliger gedechtnuss in gute banden lag und dannoch in guten creften u. guter vernünft was, hat er uns durch got und einer getrewen dienst etc. willen, das wir und der wolgeborn Niclas von Gara großgraf in Hungern zu im kommen sinen letzten willen und geschefft alles sines guts von im zu vorhoren woltan") u. verlangt, dass den Testamentsvollstreckern Erhart Venk (Kammermeister) u. Simon, Pfarrer zu Harkirchen (Sekretär des Verstorbenen) keine Schwierigkeiten gemacht würden. — Rat. Franc. — RR. II 1ᶜ. (mi. vor Laurencii). **5598**
„ 5	Wissegrad = Blindenburg	befiehlt dem B. Johann v. Agram die Burgen u. Besitzungen des Erzbistums Salzburg (EB. Eberhard), welche in der Mark Steier an der ungar. Grenze liegen, in Schutz zu nehmen. — a) [ob. rechts] De commissione propria d. r. — b) Ad m. d. r. Franc. prep. Strigon. — o. R — 2 Orr. Wien H. H. u. St.-A. (feria quinta ante f. s. Sixti.) **5599**
„ „	„	befiehlt dem B. Georg v. Passau [vgl. aber nr. 5598] den Administrator des Graner Erzbistums, u. allen seinen Suffraganen, Äbten u. s. w. im Königreich Ungarn, die v. EB. Eberhard v. Salzburg gegen Hrz. Ernst v. Österreich an sie gelangenden Exkommunikations- u. Interdikts-Sentenzen zu vollziehen. — [Ad m. d. r. Franc. prep. Strigon. — o. R — Or. u. Vid. v. 1657 Febr. 5 ib.] — Reg.: Lichnowsky, G. d. Haus. Habsburg 5, nr. 2134. **5600**
„ 6	„	belehnt Christine (v. Frankenberg), Äbtissin des Gertrudenstiftes zu Nivelles, Diöz. Lüttich, bzw. deren Bevollmächtigten den Cistercienser-Profess Heinrich Küffen aus Jülich mit den Regalien. — Rex. Franc. — RR. II 8ʳ. (sexta aug.) **5601**
„ 8	„	richtet an EB. Dietrich v. Köln, B. Johann v. Lüttich, Johann v. Buren Propst der Marienkirche zu Aachen, Heinrich Propst der Severinkirche zu Köln u. Heinrich Embermont Dekan der Marienkirche zu Aachen erste Bitten für seinen Notar Peter Kalde aus Setterich, welcher, da er seit vielen Jahren in der königl. Kanzlei thätig ist, die nächste im Kölner Stifte frei werdende Pfründe erhalten soll. — KU? — RR. II 3ʳ. (octava augusti.) **5602**
„ 14	„	fordert die St. Frankfurt auf, den Peter Gatz v. Basel, den er schon früher zum Münzmeister in Frankfurt auf 5 Jahre ernannt habe, laut den Bestimmungen dieser Ernennung anzunehmen u. zu behandeln. — Ad m. d. r. Franc. prep. Strigon. — o. R — Or. Frankf. St.-A.; vgl. Invent. 4, 18. (frowen abend assumpt.) **5603**
		Aug. 14: fordert St. Gallen auf. Erw.: Geschichtsfreund 48, 92 — falsch statt 1422 Aug. 14 (nr. 4978).
„ 16	Gran	benachrichtigt alle Unterthanen in Alemannien, Italien u. Tuscien, dass er unter Aufrechterhaltung des Handelsverbot mit Venedig den Handel mit Genua, welche Stadt durch Thomas Sophias ausreichende Zusicherungen gemacht habe, freigebe. — Rex. Franc. — RR. II 3ʳ u. 4ʳ. (16. m. aug.) **5604**
„ „	„	erinnert die Bürger v. Passau, dass sie bei seiner kürzlichen Anwesenheit daselbst seinem Hofmeister, dem Gr. Ludwig v. Öttingen u. seinem Hofrichter, dem Gr. Hans v. Lupfen versprochen haben, seinen lieben Getrewen Peter Holtzhaymer seinen Brief zurückzugeben, u. befiehlt ihnen, da B. Georg v. Passau leider gestorben sei, ihr Recht beim Hofgerichte zu suchen. — [Ad m. d. r. Franc. prepos. Strigon. — o. R]. — Or. Passau. — Reg.: Verhandl. d. hist. Ver. f. Niederbayern 15, 75. (mo. nach fraw. t. assumpt.) **5605**
		Aug. 19 Totis: betr. Erhebung des 3. Pfennigs v. den Juden. Reg.: Aschbach 3, 448 — falsch statt 1424 Aug. 17.
		Aug. 21 Nürnberg: gebietet den Städten Colmar, Schlettstadt u. Hagenau, dem Mkgr. Rudolf v. Hachberg beizustehen. Schaab, Rheinischer Städtebund 2, 397 f. — falsch statt 1422 Aug. 17 (nr. 4996).

30*

1423		
		Aug. 21 Totis: beglaubigt bei Frankfurt den Walter Schwarzenberg. Reg.: Aschbach 3, 448 u. Jansson. Frankf. Reichskorr. 1, 339 — falsch statt 1424 Aug. 19.
Aug. 24	Ofen	bestätigt das Privileg der Mailänder Domkirche, wonach nur Adelige aus alten Mailänder Familien (de nobili genere procreatas et de antiqua prosapia civitatis vel diocesis Mediolanensis) Pfründen daselbst erhalten dürfen. — Ad m. d. r. Franc. prep. Strigon. — RR. H 4. (in die Barthol.) **5606**
» 25	»	nimmt den Arzt Johann v. Hammelburg unter seine Familiares auf. — Rex. Franc. — ib. 4'. (25. m. aug.) **5607**
» 25	»	verleiht Heinrich Spiess aus Schwäbisch-Hall ein Gericht zu Braunsbach (Brun-). — Rex. d. Jo. op. Zagrabiensi canc. referente Franc. — RR. H 4'. (sampst. nach Barthol.) **5608**
Sept. 3	Langendorf [in Ung.]	verbietet den elsässischen Reichsstädten bes. Hagenau, Weissenburg, Kolmar, Schlettstadt den Mkgr. Bernhard v. Baden angesichts der Hussitengefahr ferner zu befehden; beglaubigt bei ihnen den Wigleis v. Sattelbogen. — [Ad m. d. r. Francisc. prepos. Strigon. — Kop. Mainz Stadt-A. u. München R.-A.] — Schaab, rhein. Städteb. 2, 399 f.; vgl. Reg.: Aschbach 3, 448; Mossmann, Cartal. de Mulhouse 2, 546; Fester, Reg. d. Mkgr. v. Baden nr. 3581. (fr. nach Egidien). **5609**
»	»	verbietet dasselbe der St. Basel. — KU. w. v.? — Kop. Basel. — Fester nr. 3582. **5610**
» 14	Blindenburg	ist hier mit Hrz. Albrecht v. Österreich, dem Kardinal Branda, Botschaftern v. fremden Ländern. Schreiben d. Bresl. Gesandten: Script. rer. Siles. 6, 38 — Palacky, Beitr. z. G. des Huss. Kr. 1, 306. **5610a**
»	»	fordert den König v. Polen auf, dahin zu wirken, dass Grossfürst Witold v. Litthauen die v. ihm gefangenen Matthias Leukenar u. Andreas Erlenhaubt aus Namslau sowie Franz Gowitz aus Wohlau frei lasse. — KU? — Hds. der Kurniker Bibl. — Mon. hist. med. aevi res gest. Poloniae illustr. 6, 610 f. (s. d. mit der Zeitbest. Ende 1423). **5611**
» 17	Ofen	beauftragt die St. Nürnberg ihre Sept. 29 fällige halbe Judensteuer (200 rhein. Gulden) an seinen Kammermeister Albrecht v. Colditz zu zahlen. — Rex. Mich. — RR. H 5' durchgestrichen u. ib. 11'°, KU. mit der Bemerkung am Rande: non valet. (freit. vor Matheus) **5612**
» 20	Blindenburg → Wissegrad	trägt Reinhard Herrn zu Hanau die Untersuchung u. Schlichtung der wegen u. in dem Kaichergerichte (Wetterau) entstandenen Irrungen auf. — [Per d. Conrad. de Winsperg Michael prepos. Boleslav. — o. R! — Or. Marburg St.-A.; RR. H 5'.] — Lünig, R.-A. P. spec. Cont. 2. Forts. 3, 6. Abt. 527 f.; vgl. auch Scriba, Reg. d... Urkk. z. G. d. Grossherzogtum Hessen 2, 163. (am abend s. Matthaeus t.) **5613**
» 21	»	an den Hochmeister des Deutschordens Paul v. Russdorf: die Polen beklagen sich, dass ihnen Schloss Draheim noch nicht übergeben sei; rät auch in diesem Punkte die angenommene Richtung zu erfüllen, damit die Entschuldigung fortfalle, mit der Hilfe gegen die Ketzer werde nur deshalb verzogen. — Ad m. d. r. Michael prep. Boleslav. — o. R — Or. Königsberg. (Matheus t.) **5614**
» 24	»	bestätigt seinem Familiaris Johann Prantbacher u. dessen Bruder Wernher ihr Wappen. — KU. w. v. — RR. H 4' u. 5'. (24. d. sept.) **5615**
» 25	Ofen	beauftragt Kaspar v. Klingenberg gemäss des Nürnberger Anschlags die Stellung v. Kontingenten, bzw. Auszahlung des dritten Pfennigs v. den Prälaten des Konstanzer Bistums zu verlangen. — Rex. Math. Lemmel referente Mich. — RR. H 5'. (sampst. vor Michels). **5616**
» 27	»	belehnt den Jos. Weyer mit den Reichslehen v. der Rheinbrücke zu Kunstanz bis gegen Lon u. v. Kuhorn bis in den Untersee. — Ad m. d. r. Math. Lemel referente Michael prep. Boleslav. — R'°— Or. Karlsruhe; [RR. H 5' mit Dat.: Wenzlaws t. — Sept. 28]. — Reg.: Ztschr. f. d. G. d. Oberrheins N. F. 3, 441. **5617**
» 28	»	setzt die St. Konstanz v. der Belehnung des Jos. Weyer in Kenntnis u. befiehlt ihn in Besitz der Lehen zu schützen. — Ad m. d. r. Math. Lomel referente Francisc. prepos. Strigon. — o. R — Or. ib. — Reg. ib. **5618**
» 29	»	übergibt der St. Nürnberg für alle Zeiten die Reichskleinodien: Karls d. Gr. Schwert, des h. Moritz Schwert, Karls d. Gr. Krone, einen Span v. der Krippe Gottes in einem goldenen Behältnisse, drei Glieder der Ketten S. Peters, S. Pauls u. S. Johanns in einem silbernen u.

1423		

vergoldeten Kessel, S. Annas Arm in einem silbernen u. vergoldeten Behältnisse, S. Johanns des Evangelisten Rock, S. Johanns des Täufers Zahn, den Speer Gottes u. einen Span des heil. Kreuzes mit einander in einem grossen Kreuze mit Edelsteinen u. Perlen, des Reichs u. der Krone Böhmen Wappen geziert, eine braune Dalmatica Karls d. Gr. mit Adler, eine schwarze Dalmatica desselben mit Perlen, desgl. eine weisse mit Perlen, eine lange Stola mit Adler u. Perlen, eine rote Kappe mit einem goldenen Löwen u. einem Kamel mit Perlen gesteppt, Karls d. Gr. Gürtal, zwei silberne, ein übergoldetes u. ein schlechtes Scepter desselben, zwei silberne vergoldete Äpfel mit einem Kreuz, Karls d. Gr. Apfel v. Holz, aber vergoldet, seine Sporen, Handschuhe, Sandalen u. Niederschuhe, seinen Gürtel. Verordnet dabei, dass diese Reichskleinodien (Heiligtümer) jährlich am 14. Tage nach dem Charfreitag durch die vom Rat bestimmten Priester öffentlich gezeigt werden; falls sich jemand im Reiche wider ihn erheben sollte, sollen ihm die Reichskleinodien sofort nach Eger oder Ellbogen geschickt werden. Vom Tage der öffentlichen Vorzeigung ab soll vierzehn Tage lang ein Markt in Nürnberg stattfinden, dessen Gefälle die Stadt geniessen soll. — Ad m. d. r. Franciscus prepos. Strigon. — [R — Or. Nürnb. Kr.-A.; nicht in ER.] — (v. Murr) Journal f. Kunstg. u. x. allg. Litt. 12 (1784), 76 ff.; Reg. Boic. 13, 17. — Vgl. z. Übertragung d. Reichskleinod. nach Nürnberg Chronik. d. dtsch. Städte 2, 42 ff.   **5619**

| Sept. 29 | Ofen | bestätigt dem Frauenkl. St. Clara zu Eger alle Privilegien, besonders die (inser.) Kg. Wenzels v. 1382 Okt. 28 u. 1403 Okt. 11. — Ad m. d. r. d. Joh. episc. Zagrab. cancell. referente Michael prep. Boleslav. — R. Henr. Fye — Or. Wien H. H. u. St.-A. = Kop. Prag. Böhm. Mus.; RR. H 5v u. 6 [sic! obgleich Urk. f. Böhmen]; Vidim. v. 1450 Sept. 14 Prag Univ.-Bibl.   (Michelst.)   **5620** |

| Okt. 1 | » | schenkt Hrz. Albrecht v. Österreich u. dessen Gemahlin Elisabet das Land, das Fürstentum u. die Markgrafschaft Mähren. Von der Zugehörigkeit zu Mähren bleiben ausgenommen der Bischof v. Olmütz u. der Hrz. v. Troppau, welche bei Böhmen bleiben, dem Mkgr. aber, falls Sigmund ohne Söhne sterben sollte, ihre Stimme bei der Wahl zum böhmischen König geben sollen. Die Verschreibung der Schlösser Iglau, Znaim, Jamnitz u. Pohrlitz bleibt in Kraft. Stirbt Albrecht vor Elisabet ohne Hinterlassung v. Erben, so bleibt ihr das Land bis zu ihrem Tode u. fällt dann an Sigmund, bzw. dessen Erben; stirbt Elisabet vor Albrecht, ohne ihm Kinder zu hinterlassen, so behält Albrecht das Land u. kann es auch an Kinder zweiter Ehe vererben; stirbt die habsburg. Linie aus, so fällt das Land an Sigmund, bzw. dessen Erben. Als sein Eigentum behält sich Kg. Sigmund für sich u. etwaige Söhne die Schlösser Brumow u. Swětlow vor. — Ad m. d. r. Joh. episc. Zagrab. — RR. H 6v u. 7v. — Arch. f. österr. G. 80, 346 ff.; vgl. 303 f.   (fr. nach Michels t.)   **5621** |

| » 3 | » | befiehlt den Breslauer Ratsmannen in Sachen Niklas Rempels u. Paul Wieners nach gehörter Klage u. Antwort einen endlichen Ausspruch zu thun. — Ad m. d. r. d. Jo. episc. Zagrab. cancell. referente Francisc. prepos. Strigon. — R [! obwohl Mandat]. — Or. Breslau Stadt-A. (annt. nach Michels).   **5622** |

| » 4 | » | bessert Georg v. Aychperg u. dessen Söhnen ihr Wappen. — Michael — RR. H 7v u. 8v. (mont. nach Michels).   **5623** |

| » » | » | erlaubt dem Gr. Emicho v. Leiningen zur Belohnung für seine treuen Dienste Bergwerke in seinem Lande anzulegen, welche die üblichen Freiheiten haben sollen. — [Per d. Joh. episc. Zagrab. cancell. Francisc. prepos. Strigon. — R. Henr. Fye — RR. H 7v; Kop. Amorbach. — Lünig, R.-A. Spic. sec. 1, 392 f.   (Francisci t.)   **5624** |

| » » | » | belehnt als König v. Böhmen den Hrz. Albrecht v. Österreich u. dessen Gemahlin Elisabet mit der Markgrafschaft Mähren als rechtem Fürstenlehen der Krone Böhmen [vgl. nr. 5621]. — [Ad m. d. r. Joh. episc. Zagrab. cancell. — R. Henr. Fye — Or. Wien H. H. u. St.-A.; RR. H 7; Privilegbest. v. 1547, Bd. 2 f. 9 u. Vidim. v. 1754 Mai 11 Prag Landes-A.] — Goldast, Zwei rechtl. Bedenken v. d. Successio d. kgl. Geschlechts in Ungarn u. Böhmen 218 f.; Lünig, R.-A. P. spec. Cont. 1, Forts. 260 f.; Lünig, Corp. jur. feud. 2, 49 f.   (wo. nach Michaelis).   **5625** |

| » » | » | bestätigt als römischer König vorstehende Belehnung. — [KU. u. B. w. v. — Or. ib.; RR. H 7v; Privilegienbest. ... Prag ib.] — Goldast 219 f.; Lünig 261, bzw. 50 f.   (id. dat.)   **5626** |

1423		
		Okt. 4 Ofen: besiehlt dem Reichserbmarschall Haupt v. Pappenheim unter dem Reichspanier gegen den Friedensstörer Friedrich v. Österreich zu ziehen. Reg.: Lichnowsky, Gesch. des Hans. Habsburg 5, nr. 2149. — Identisch mit unserer nr. 5570.
		Okt. 4 Ofen: ladet den Kurfürsten Friedrich v. Brandenburg vor wegen seines Streites mit Hrz. Ludwig v. Baiern. Reg.: Aschbach 3, 448 — falsch statt Okt. 11 (nr. 5645).
Okt. 5	Ofen	verleiht Hans v. Weingarten die früher im Besitz seiner Eltern gewesenen Reichslehen: das Dorf Freimersheim u. den Zoll zu Rheinzabern. — Rex. canc. refer. Franc. — Kop. Speyer Kr.-A.; Not. RR. H 7ᵛ mit Dat. fer. sec. p. Mich. — Okt. 4! (di. nach Michaels t.) **5627**
» 6	»	ernennt den Pfarrer Simon v. Harkirchen, den Sekretär des † Kanzlers Georgs, des B. v. Passau, zu seinem Kaplan u. erteilt ihm Geleit u. Zollfreiheit. — Rex. Franc. — RR. H 8. (s. d. oct.) **5628**
» 8	»	verpfändet dem Johann Kapler v. Sulevič die Steuern der St. Schlan um 1000 Schock Groschen. — KU? — Registr. v. 1453 — Reg.: Arch. český 1, 502. (s. l.) Novaček. **5629**
» 9	»	bestätigt die Privilegien der St. Besançon [auch vidimiert 1434 Jan. 31]. — Ad m. d. r. Jo. ep. Zagrab. canc. — RR. H 8ᵛ. (nona octobr.) **5630**
»	»	widerruft die einstige Abtretung v. Besançon durch Kg. Wenzel an Hrz. Johann v. Burgund u. bestätigt den Vertrag, durch welchen sich die Stadt v. Hrz. Philipp v. Burgund wieder losgekauft hat, weil sie beim Reich bleiben wolle. — KU. w. v. — ib. 9ᵛ. (id. dat.) **5631**
»	»	erlaubt dem EB. Theobald v. Besançon, woselbst Karl IV. silberne Münzen zu schlagen gestattet hatte, nunmehr auch goldene zu schlagen. — W. v. — Vgl. auch Not.: Gallia christ. 15, 90. **5632**
»	»	hebt die gegen den EB. Theobald v. Besançon u. gegen die Rectoren dieser Stadt v. Albert v. Colditz, Nikolaus Zeiselmeister u. Konrad v. Gingelfingen in seinem Auftrage erlassenen Sentenzen sowie auch die Ludwigs v. Chalon-sur-Saône auf, da sich jene neuerdings seine Gunst verdient haben. — [KU. w. v.] — ib. 9. (id. dat.) — Vgl. auch Gallia christ. 15, 90. **5633**
»	»	beauftragt den EB. Theobald u. die St. Besançon den Jacobus Macheli u. Johannes Michaelis gegen Ludwig v. Chalon-sur-Saône, Fürsten v. Orange, in Schutz zu nehmen. — [KU. w. v.] — ib. 9ᵛ. (id. dat.) **5634**
»	»	nimmt Johannes v. Goch unter seine Familiares auf. — Rex. Mich. — Not. RR. H 11ᵛ. (in die Dionisii). **5635**
» 10	»	gebietet dem Hrz. Ludwig in Baiern, den B. zu Eichstädt, dessen Kapitel u. Pfaffheit, deren Lande u. Leute so lange nicht mehr vor sein Landgericht zu laden, bis der EB. Eberhart v. Salzburg bezw. er (der König) erkannt habe, ob dies ferner geschehen solle. — [Ad m. d. r. Franc. prep. Strigon. — o R. — Or. München R.-A.] — Reg. Boic. 13, 18. (sunt vor Gallen). **5636**
»	»	belehnt den Gr. Georg v. Henneberg-Römhild mit dem halben Gericht zu Benshausen, einem Teile des Wildbannes am Thüringer Walde, mit Zoll, Zent u. Halsgericht zu Römhild u. Männerstadt. — Ad m. d. r. (Folpus Zagrabiens! sic!) Joh. eplac. Zagrab. cancell. — [RR. H 9ᵛ]; Vidim. v. 1549: Meiningen Henneb.-Arch. — Henneberg-Urk.-B. 6, 141. (sunt. vor Gall.) **5637**
»	»	bestätigt demselben alle Privilegien. — [KU. w. v.] — RR. H 10ᵛ. (id. dat.) **5638**
»	»	befiehlt der St. Rothenburg a. T. die am Martinstag fällige Reichssteuer an Konrad v. Weinsberg zu zahlen. — [KU? — R? — Or. Nürnberg Kr.-A?] Not. RR. H 11ᵛ s. d.] — Reg. Boic. 13, 18. (sunt vor Gallen). **5639**
» 11	»	begehrt Besendung eines v. EB. Konrad v. Mainz auf Nov. 30 nach Frankfurt oder anderswohin auszuschreibenden Tages, auf welchem auch seine Gesandten erscheinen werden. — Ad m. d. r. Johannes ep. Zagrabiens. canc.
		an Basel u. dessen Verbündete. — Or. Basel St.-A. **5640**
		an Strassburg u. alle Städte im Elsass u. Breisgau, nämlich Colmar, Schlettstadt, Mülhausen, Hagenau, Kaysersberg, Weissenburg, Türkheim, Ober-Ehnheim, Freiburg, Breisach u. Endingen. — Kop. Basel. **5641**

1423		

an Ulm, Augsburg, deren Verbündete u. s. w. — Kop. München. R.-A. **5642**

an Nürnberg, Rothenburg, Windsheim, Schweinfurt, Heilbronn u. Wimpfen. — Not. Nürnberger Briefbuch (Kr.-A.) 6 f. 45ᵛ. **5643**

RTA 8, 328 f. (mo. nach Dionysi).

Okt. 11 — **Ofen** — beglaubigt bei allen Reichsstädten Albrecht v. Hohenlohe u. Konrad v. Weinsberg [deren Instruktion an die Kurfürsten betr. polnische u. böhmische Angelegenheiten u. Münzwesen: RTA 8, 342 ff.] als seine Vertreter auf dem wegen der Hussiten nach Frankfurt ausgeschriebenen Reichstag. — Ad m. d. r. Johannes episc. Zagrab. canc. — Or. Frankf. St.-A. — Janssen, Frankfurter Reichskorr. 1, 339. — Palacky, Beitr. z. G. d. Huss. Kr. 1, 307 f.; Reg.: RTA 8, 329. (mo. nach Dionysi.) **5644**

» — » — ladet den Kurfürsten Friedrich v. Brandenburg u. dessen Sohn [nicht Bruder] den Mkgr. Johann v. Plassenburg auf Klage des Hrz. Ludwig v. Baiern [Ingolstadt] wegen Friedensbruches zur Verantwortung vor sein Hoflager. — KU? — Not. bei Lang, Gesch. d. Hrz. Ludwig d. Bärt. 119. **5645**

» — » — benachricht die Judenschaft in deutschen Landen, dass er mit der Einziehung des goldenen Opferpfennigs u. der halben Judensteuer (Weihnachten fällig) den Juden Josef aus Würzburg beauftragt habe, und befiehlt nur an diesen Zahlung zu leisten. — Per d. Conradum de Winsperg camerar. Michael. — RR. H. 10. (mo. vor Gallen.) **5646**

Okt. 12 Ofen: befiehlt dem Mkgr. Friedrich v. Brandenburg etc. Reg. Boic. 13, 19 — falsch statt Okt. 14 (nr. 5653).

» 12 » nimmt den Prediger-Orden in seinen u. des Reiches Schutz. — Ad. m. d. r. Franciscus prep. Strigon. — R. Henr. Fije. — Or. Karlsruhe u. München R.-A. [RR. H 12ᵛ; Kop. Stuttg.; Vid. v. 1424 März 29 Wien H. u. St.-A.] — Reg. Boica 13, 19; Reg.: Ztschr. f. G. d. Oberrheins N. F. 3, 441 (die Ortsangabe lautet in den Orr. Baden statt Ofen). **5647**

» — » erneut, nachdem die Amtsperiode der Münzmeister zu Frankfurt u. Nördlingen Jakob Brugk [= Broglin] u. Foys v. Winterbach abgelaufen ist, zu ihrem Nachfolger auf 5 Jahre den Peter Gatz v. Basel, giebt ihm als Gesellen Konrad Schanbach [nicht: Crambach] u. Fritz Reinmann u. trifft nähere Bestimmungen über das Prägen der Goldmünzen. — Ad m. d. r. [d.] Johanne episc. Zagrab. cancell. et Conrado de Winsperg referentibus Franciscus propos. Strigon. — [RR. H 10ᵛ u. 11ᵛ mit KU: Max. Franc]; Kop. Frankf. St.-A.; vgl. Invent. 4, 18; Kop. Öhringen] — Jos. Albrecht, Mittheil. z. G. d. Reichs-Münzstätten (1835), 48 ff. **5648**

» 13 » sagt den Nürnberger Bürger Sebold Pfinzig, welcher für ihn v. Gr. Friedrich v. Toggenburg 3000 rhein. Gulden vereinnahmt hat, dieser Summe ledig, da derselbe in seinem Auftrage an Konrad Riemenstein 1600 rhein. Gulden für einen Leuchter u. an Wilhelm Paulsdorffer 1400 Gulden bezahlt hat. — Rex. Mich. — RR. H 10ᵛ. (mittw. vor Gallen.) **5649**

» — » nimmt Erhard Venk(en) zu seinem Diener u. Hofgesind mit einem Gehalt v. 300 ung. Gulden an. — Rex. Franc. — ib. 11ᵛ. (id. dat.) **5650**

» — » befiehlt dem Konrad v. Weinsberg u. dem Rat der St. Frankfurt den Schutz der dortigen Gold- u. Silbermünze den auf 5 Jahre eingesetzten Münzmeister Peter Gatz u. seiner Gesellen Konrad Schanbach u. Fritz Reinmann. — Ad m. d. r. Franc. prep. Strigon. — Or. Frankf. — Arch. f. Frankf. Gesch. N. F. 8, 147. (mi. vor Gallen). **5651**

» — » befiehlt der St. Frankfurt den Peter Gatz u. seine Gesellen Konrad Schanbach u. Fritz Reinmann in Frankfurt münzen zu lassen u. einen Wardein anzustellen, der keinen Gulden unter 19 Karat ausgeben lasse. — KU v. w. — Or. ihid; vgl. Invent. 4, 18. (mi. vor Gallen). **5652**

» 14 » befiehlt dem Mkgr. Friedrich v. Brandenburg, den Hrrn. Ludwig dem alt. u. dem jüng., Ernst u. Wilhelm, Heinrich, Johann u. Albrecht v. Baiern, dem B. Johann v. Eichstädt u. dem Gr. Ludwig v. Öttingen den Klöstern alle abgenommenen Güter zurückzustellen u. den Schaden zu ersetzen. — KU? — Kop. (Cod. d. Münch. B. 7841); Hundt, Urkk. d. Kl. Indersdorf 1 (1863), 199; vgl. Reg. Boic. 13, 19 nach einem Transsumpt.° [falschl. zu Okt. 12]. (do. vor Gallen). **5653**

1423		
Okt. 14	Ofen	belehnt Hans v. G r o l a n t mit Gütern zu [Gr.- u. Klein-] Reut, Bislohe (Pialo) u. Euchenbach [— Röttenbach sw. Nürnberg, n. Eibach?] — Reg. Mich. — Not. RR. H 11ᵛ. (do. vor Gallen). **5654**
» 15	»	verleiht Peter u. Makart M e n d e l v. Nürnberg einige Reichslehen: ein Gut in Höfen („zu den Hoffen"), ein Gut zu Bertholsdorf (Perchtolts-), ein Gut zu [Ober- u. Unter-]Weiherbuch (Weirspuch), ein Gut zu Ober-Reichenbach, zwei Güter zu Pingersdorf [= Puscheldorf?], ein Gut „bien" Ottensoos (-sorz), ein Gut u. einen Zehnten zu Traunfeld, ein Haus u. einen Acker auf dem Dreiberg zu Nürnberg, fünf Güter u. die Wiese zu Eltersdorf, die zur Hälfte Reichslehen ist. — Ad m. d. r. Mich. prep. Boleal. — R. Henr. Fye — Or. u. Vid. des Abtes Georg des Nürnberger Egidienkls. v. 1433 Jan. 24 Nürnberg Stadt-A.; Not. RR. H 10ᵛ. (fr. vor Gallen). **5655**
» 18	»	beglaubigt bei Strassburg, Basel, Colmar, Schlettstadt, Freiburg, Breisach u. den anderen Reichsstädten im Elsass u. Breisgau seine Räte Albrecht v. H o h e n l o h e u. Konrad v. W e i n s b e r g, um wegen ihrer Fehde mit Mkgr. Bernhard v. Baden zu intervenieren. — [Ad m. d. r. Franc. prepos. Strigon.] — Or. Strassburg St.-A.; [gleichz. Kop. Mainz Stadt-A.] — Reg.: RTA 8, 329 A. 1: Fester, Reg. d. Mkgr. v. Baden nr. 3603. (mant. noch Gallen). **5656**
» 19	»	bestimmt die Grenzen des A a c h e n e r Gebiets gegen das Hrzgtm Limburg. — KU. w. v. — R. Henr. Fyᵉ — Or. Aachen; [RR. H 13]. (di. nach Lucas). Lindner. **5657**
»	»	giebt auf Ansuchen v. Rat u. Bürgerschaft zu A a c h e n Verordnungen über die Geblüts-Erbfolge in Mobilien etc. — [KU. u. R w. v. — Or. ib. Lindner; RR. H 13ᵛ u. 14ᵛ]. — Lünig, R.-A. P. spec. Cont. 4, T. 1, 1452 f. = Ausz.: Moser, Reichsstätt. Hdb. 1, 45 f.; vgl. Gengler, cod. iur. municip. 1, 6 f. (id. dat.) **5658**
»	»	stellt den Missbrauch ab, dass diejenigen, welche vor dem A a c h e n e r Richterstuhl den vorgelesenen Eid nicht genau u. deutlich nachsagen können, ihr Recht verlieren. — KU. u. R w. v. — Or. ib.; [RR. H 14]. (di. nach Lucas). Lindner. **5659**
		Okt. 20 Ofen: belehnt den Gr. Georg v. Henneberg-Römhild. Ausz.: Schultes, G. des Hauses Henneb. 1, 544 — fälschl. statt Okt. 10 (nr. 5637).
» 20	»	giebt dem Gr. Georg v. H e n n e b e r g [-Römhild oder Aschach] das Privilegium de non evocando. — [Ad m. d. r. Franc. prepos. Strigon. — Or. Weimar Ges. A.; RR. H 11]. — Reg.: Geschichtsforscher hrsg. v. Mensel 7, 191. (mi. nach Lukas). **5660**
» 22	»	erlaubt dem Nürnberger Bürger Peter H a l l e r d. jüng., dass, im Falle derselbe stirbt, seine Frau Agnes Vormund der Kinder u. Verweser aller seiner Güter u. Lehen (sowohl der v. Reiche wie der v. der Krone Böhmen) sein darf, so lange sie Wittwe bleibt. — RR. H 11ᵛ u. 12ᵛ. (freit. vor Simon u. Jude). **5661**
» 25	»	verbietet den Wiederaufbau des Schlosses [Hohen-] Zollern (Czolr) u. ermächtigt den schwäbischen Städtebund einen Wiederaufbau zu verhindern. — Rex. Franc. — RR. H 12ᵛ. (mont. vor Simons u. Jude). **5662**
»	»	erklärt, dass Urban, der Sohn des † Dr. iur. Martin u. dessen Ehefrau Katharina der einzige rechtmässige Erbe ist u. nicht ein gew. Jakob, den Martin mit Margarete, der Ehefrau eines gewissen Bernhard, gezeugt hat. — Rex. Franc. RR. 24ᵛ. (die 25. oct.) **5663**
» 26	»	gebietet dem Brunoro v. d. L e i t e r n, Reichsvikar zu Verona u. Vicenza u. Hauptmann zu Baiern, nachzuforschen, ob die von ihm dem Mkgr. Friedrich v. Brandenburg u. den beiden Ludwig, Heinrich, Ernst, Wilhelm, Johann u. Albrecht, Herzögen in Baiern, dem B. Johann v. Eichstädt, dem Gr. Ludwig v. Öttingen u. den Erben Friedrichs v. Öttingen anbefohlene [vgl. nr. 5653] Zurückgabe der Klostergüter geschehen u. der Schadenersatz geleistet sei, u. trägt ihm auf, die genannten Fürsten unter Androhung des Banns zur Vollziehung des kgl. Befehls anzutreiben. — KU? — Nach einem Transsumpt* [wo?] Reg. Boic. 13, 20. (erytag vor Symon u. Judas). **5664**
» 28	»	nimmt Lambert v. A r c h e s unter seine Familiares u. Schildträger auf. — Rex. Franc. — Not. RR. H 12ᵛ. (28. d. octobr.) **5665**
» 30	»	dankt dem Hrn. Adolf v. B e r g, dass er sich der St. Aachen angenommen habe, u. bittet ihn sie auch ferner zu schirmen, besonders gegen Adam v. Palant u. dessen Helfer. — Ad m. d. r. Franc. prepos. Strigon. — o. R — Or. Düsseldorf] — Lacomblet, Urkb. f. d. Gesch. d. Niederrheins 4. 174. (sa. vor allerheiligen). **5666**

1423		
Okt. 30	Ofen	teilt allen Reichsunterthanen mit, dass er den Florentiner Kaufleuten Antonius Frontis, Philippus de Caponibus, Zenobius de Panzaciis, Petrus u. Nikolaus de Lamborteschis u. deren Genossen Erleichterungen für ihren Handelsverkehr, namentlich mit Ungarn gewährt habe. — KU? — RR. D 48. (penultima oct.) **5667**
Nov. 1	"	macht bekannt, dass gemäss des Ausspruches des † Hrz. Rumpolt [v. Schlesien] der Kg. Erich v. Dänemark, Schweden u. Norwegen zwar genügend bevollmächtigte Boten an seinen Hof gesandt habe, doch sei keine Beilegung seines Zwistes mit den Gr. Heinrich, Adolf u. Gerhard v. Holstein erfolgt, da deren Boten (u. a. der Bischof v. Lübeck) dazu nicht bevollmächtigt waren. — Rex. Franc. — RR. H 12ᵛ u. 13ᵛ. (allerheiligen). **5668**
" 2	"	befiehlt dem Hrz. Adolf v. Jülich u. Berg dem Aachener Bürger Jakob v. Falkenburg zu den ihm v. Wilhelm Grasser vorenthaltenen Äckern zu verhelfen. — Ad. m. d. r. Franc. prepos. Strigon. — o. R — Or. Düsseldorf. (di. nach aller heiligen tag). **5669**
		Nov. 7 Wien: schreibt an den Erzbischof v. Köln wegen des Deutschordens. Not. bei Voigt, Gesch. Preussens 7, 463 A. 1 — falsch statt 1422 Nov. 7 (nr. 5368).
" 13	Nyarad (Nyrad) i. Bist. Veszprim	belehnt Peter v. Nenningen mit dem Bergwerk „von den swarzen ackrstein' zu Mittelbronn (-brun) zwischen Schwäb.-Hall u. Schwäb.-Gmünd. — Rex. Franc. — RR. H 14ᵛ. (sampst. nach Martini). **5670**
" 24	Stuhl-weissenburg (Weissenb. in Ung., bzw. Alba regalis)	gebietet folgenden Städten:
		Biberach — Not. RR. H 14ᵛ. **5671**
		Buchhorn — Not. ib. **5672**
		Kaufbeuren — Not. ib. **5673**
		Leutkirch — Not. ib. **5674**
		Memmingen — [Or. Memmingen St.-A. *Magistrat*]; Not. ib. **5675**
		Ravensburg — RR. H 14ᵛ **5676**
		die Martini fällige gewesene Reichssteuer an Frischhans v. Bodman zu zahlen. — Rex. Franc. (Katherinen abend).
"	"	gebietet den Städten:
		Dinkelsbühl u. **5677**
		Weil **5678**
		die Martini fällig gewesene Reichssteuer an Albert u. Burchard v. Homburg zu zahlen. — [KU. w. v.] — Not. RR. ib. (id. dat.)
"	"	befiehlt Ulrich v. Rosenberg, den in Böhmen beschlossenen Traktaten nicht beizutreten, bevor er (der König) nicht durch seine Boten Johannes v. Opočna u. Puota v. Častolowitz über die Lage genauer unterrichtet sei u. ihm Weisungen habe zukommen lassen. — Ad m. d. r. Franciscus prep. Strigon. — Or. Wittingan A. — Palacky, Beitr. z. G. d. Huss. Kr. 1, 308 f.; vgl. 2, 505. (in vig. Katharine). **5679**
"	"	erlässt einen Landfrieden für Franken u. Baiern, den genannte Fürsten u. Städte (B. Friedrich v. Bamberg, B. Johann v. Würzberg, B. Johann v. Eichstädt, Pfalzgr. Ludwig, Mkgr. Friedrich v. Brandenburg u. Burggr. zu Nürnberg, Pfalzgr. Johann v. Neumarkt, die Städte Nürnberg, Rothenburg, Windsheim u. Weissenburg) unwiderruflich auf drei Jahre u. dann weiter nach besonderer Vereinbarung zu halten geloben. — KU. w. v. — R. Henricus Fije — Or. Nürnberg Kr.-A.; RR. H 16 (3 Blätt.) u. 17ᵛ; [Kop. München R.-A.] — RTA 8, 318 ff. (Katherinen abend). **5680**
" 25	"	verleiht dem zum Obermann des Landfriedens in Franken u. Baiern bestellten Gr. Wilhelm zu Henneberg den Blutbann auf die dreijährige Dauer dieses Landfriedens. — KU. w. v. — R. Henr. Fije — Or. Nürnberg Kr.-A.; [RR. H 17]. — RTA 8, 325 f. (Kathrein t.) **5681**
		Nov. 25 Weissenburg in Ungarn: betr. den letzten fränkischen Landfrieden festgesetzten Zölle. RR. H 17ᵛ. (Katherinen) — nach Or. Nov. 29 ausgestellt.
"	"	quittiert der St. Frankfurt den Empfang der Martini fällig gewesenen Stadtsteuer im Betrage v. 1100 Pfund Heller weniger 3¹/₂ Schilling Heller Frankfurter Währung. — Rex. Franc. — RR. H 15ᵛ. (Katherinen). **5682**

1423

		Nov. 25 Pressburg: an die Sechsstädte, betr. Besteuerung der Lehngüter. Sculteti Annales (Bibliothek der oberlaus. Gesellsch. d. Wissensch. in Görlitz) 2 Bl. 61ᵇ — falsch statt 1422 (nr. 5404).
Nov. 27	Stuhl-weissenburg	erlaubt den **Frankfurter** Bürgern, welche wegen ihrer ausserhalb der Stadt befindlichen Güter, Zinse u. s. w. an fremden Gerichten zu thun haben, vor denselben nicht persönlich zu erscheinen, sondern sich durch Bevollmächtigte vertreten zu lassen. — [Ad m. d. r. Franc. prepos. Strigon. — R. Henr. Ffye] — Or. Frankf. St.-A.; vgl. Invent. 3, 30; [RR H 14ᵛ n. 15ʳ]. — Lünig, R.-A. P. spec. Cont. 4, T. 1, 612 f. — Ausz.: Moser, reichsstädt. Hdb. 1, 50ⁿ; Privilegien u. Pacta d. Reichsstadt Frankfurt (1728) 262 f. (m. vor Andreas). **5683**
ˮ 29	ˮ	erlaubt den **Frankfurter** Bürgern in Fehde- u. Kriegssachen vor willkürlichen Richtern ihre Unschuld durch den obersten Richter ihrer Stadt darzuthun; die Stadt soll überhaupt bei altem Herkommen belassen werden. — [KU. w. v. — R. Henr. Ffye] — Or. u. 2 Vidim. v. 1479 ib.; [RR H 15ʳ]. — Lünig, a. a. O. 611 f.; Privilegia u. Pacta 263 f. (Andreas ab.) **5684**
ˮ	ˮ	verfügt, dass für den Landfrieden in **Franken** etc., die v. ihm früher [nr. 1227] angeordneten Zölle gelten sollen, aber nur während der Dauer des Landfriedens v. den Städten Nürnberg, Rothenburg, Windsheim u. Weissenburg (am Sande) erhoben werden dürfen. — KU. w. v. — R. Henricus Fije — Or. Nürnb. Kr.-A.; [RR H 17ᵛ z. 25. Nov.] — RTA 8, 326. (Andres ab.) **5685**
ˮ 30	ˮ	benachrichtigt Ulrich v. **Rosenberg**, er habe den auf dem Landtage zu Prag versammelten Böhmen, auf ihre durch Johann v. Opotno u. Puota v. Castolowic überbrachte Bitte um Gehör u. freies Geleit solches für künftige Lichtmess nach Brünn erteilt; ermahnt Ulrich, ihm in jedem Falle treu zu bleiben. — KU. w. v. — Or. Wittingau. — Arch. česky 1, 17; vgl. Reg.: Palacky, Beitr. 1, 309 (mit d. Ortsangabe Belgrad!) **5686**
[ˮ ˮ]	ˮ	erteilt Alesch v. **Daba** u. andern, insbesondere den Pragern Geleit nach Brünn, wo über die kirchlichen u. weltlichen Verhältnisse Böhmens beraten werden soll. — KU? — Hds. d. Kgrb. Univ.-Bibl. (liber canc. Ciolek). — Arch. f. österr. Gesch. 45, 343 ff. (a. d. et l., wohl nur Entwurf). **5687**
[ˮ ˮ]	ˮ	schreibt dem Kg. Wladislaw v. **Polen**, es scheine ihm, als ob die Professoren der Krakauer Universität die Bedeutung der mit den böhm. Ketzern in D(runn) abzuhaltenden Disputation verkännten, da sie sich weigerten sie zu beschicken. Es handle sich nicht um kirchlich festgestellte Fragen, sondern nur um Information v. Schwachen, da sich die Hussiten nicht zum Konzil nach Siena begeben wollten. — KU? — Dieselbe Hds. — Arch. f. österr. Gesch. 52, 230 f. (a. a. d. et l.) **5688**
		Dez. 6 Pressburg: ermahnt die St. Dortmund sich nicht länger der Judenabgabe zu widersetzen. Reg.: Fahne, Urkb. d. Reichsst. Dortmund 1, 268 — falsch statt 1422 Dez. 6 (nr. 5411).
Dez. 8	Totis	belehnt Friedrich v. **Schönburg** (Schon-) mit der v. seinem Vater ererbten Grafschaft Hartenstein. — KU? — RR H 15ᵛ. (fraw. t. concept.) **5689**
ˮ	ˮ	belehnt **denselben** mit der Veste Glauchau u. mit Waldenburg, Lehen der Krone Böhmen. — Relator [Henricus de] Plawen. — Not. ib. (id. dat.) **5690**
ˮ 10	ˮ	teilt dem Friedrich **Krage**, Kirchherrn zu Hiddeshusen [Hiddenhausen, vgl. nr. 5339] mit, dass die im vorigen Jahre aus Anlass seiner beim Hofgericht angestrengten Klage geächteten Friedrich v. Kallendorf, Heinrich v. Went u. Otto v. Twergen aus der Acht entlassen sind u. ihm zu nächsten Hofgericht zu Recht stehen werden. — Petrus Wacker. — Or. Hannover Staats-A. (fr. vor Lucien). *Janisko.* **5691**
ˮ	ˮ	schreibt wegen des **Kalchergerichts**. — Reg.: Aschbach 3, 449 aus dem Frankfurter Arch. — Dort nicht mehr vorhanden. **5692**
ˮ 15	ˮ	bestätigt, dass Margarete, Wittwe des Leonhard v. **Zesstow** einen Altar in der Kirche zu Krumau (Crumpnau, -low) gestiftet u. mit 12 Schock Prager Groschen Zinsen v. zwei Dörfern ausgestattet, sowie zum Kaplan dafür den Notar Nicolaus Michaelis v. Chwalssyn bestimmt hat. — Ad relac. d. Joh. de Swyhow Michael prepos. Boleslav. — R. Heinr. Ffye — Or. in Burg Krumau — Kop. Prag böhm. Mus. (4. feria ante f. Thome). **5693**

1423		

Dez. 16 Totis ladet den Kg. Erich v. Dänemark, Schweden u. Norwegen zu sich nach Ofen 3 Monate nach Empfang dieser Ladung, um seinen Streit mit den Brüdern Heinrich, Adolf u. Gerhard, Herzögen v. Schleswig u. Grafen zu Holstein, Stormarn u. Schauenburg zu entscheiden. — Rex. Franc. — RR. H 18ᵛ.   (donerst. vor Thomas). **5694**

,,   ,, ladet die Herzöge v. Schleswig in derselben Angelegenheit vor sich. — KU. w. v. — ib. 18ᵛ u. 19ᶠ.   (id. dat.) **5695**

,, 17   ,, zeigt dem Rate v. Lübeck an, dass er zur Schlichtung des Streits zwischen Kg. Erich v. Dänemark etc. u. den Hrzn. Heinrich, Adolf u. Gerhard v. Schleswig etc. einen Rechttag zu Ofen halten wolle u. fordert sie auf, seinen Abgesandten an beide Parteien, den Propst zu Tyn Niclas Creiselmeister durch zwei Ratmänner begleiten zu lassen. — Ad. m. d. r. Franciscus prepos. Strigon. — o. R — Or. Lübeck. — Urkb. d. St. Lübeck 6, 545 f.   (fr. nach Lacie) **5696**

,,   ,, fordert auf zum nächsten Pfingstfest Kriegsvolk wider die Ketzer nach Böhmen zu senden. — KU. w. v.
    an Lübeck, (welche Stadt das Schreiben an die Hansastädte weiter befördern sollte). — Or. Lübeck St.-A. **5697**
    an die Hansastädte — Or. ib. **5698**
    RTA 8. 331 f.   (fr. vor Thomas).

,,   ,, verpfändet dem Macek Buben 30 Schock Groschen Kammerzins vom Städtchen Evanovic um 400 Schock Groschen. — KU ? — Reg.: Arch. česky 7, 586. Nováček. **5699**

,, 18   ,, belehnt Ulrich u. Hans Ortlieb mit dem Zehnten zu Lewdersheim [= Leutershausen?] u. Roßstall (Rostal). — Rex. Franc. — Not. RR. H 18ᵛ.   (sampst. vor Thomas). **5700**

,, 21   Ofen erlaubt auf Bitten des EB. Konrad v. Mainz, des Vormunds der Brüder Simon, Wecker u. Friedrich Grafen v. Zweibrücken u. Herrn zu Bitsch, denselben, dass sie erst, wenn sie majoren geworden, die Belehnung mit ihren Reichslehen nachzusuchen brauchen. — Rex. Franc. — RR. H 17ᵛ.   (Thomas t.) — Vgl. Windeck, herausg. v. Altmann 174. **5701**

,, 22   ,, lässt die Reichskleinodien hierher bringen. Windeck 173. **5701a**

,, 25   ,, hebt die auf Klage des Johannes Schreiber, des Adam u. Elias Zyl, Bürger zu Basel, u. Lorenz Tubeney v. Aschaffenburg im Contumacialverfahren verhängte Acht über die Städte Löwen, Brüssel, Antwerpen, Hertogaubosch, Tienen [= Tirlemont], Lier, Steenbergen, Herenthals, Villfurt, Arskot u. Breda auf, da deren Gesandte sich zur Rechenschaft erboten u. behaupten nur aus Nachlässigkeit früher nicht erschienen zu sein [vgl. nr. 5336 u. 5720]. — Ad m. d. r. d. Jo. ep. Zagrab. canc. refer. Michael — RR. H 21.   (25. d. dec.) **5702**

,,   ,, hebt die Acht auf, welche auf Veranlassung des Nikolaus Bischof zu Luxemburg über Brüssel u. Antwerpen verhängt worden ist, weil sie mit den geächteten Gr. Wilhelm v. Sain (Zein), Ritter Arnold v. Krenheny u. Wilhelm Blondel verkehrt hatten. — KU. w. v.? — RR. H 21ᵛ u. 22ᶠ.   (id. dat.) — Vgl. nr. 5324. **5703**

,, 27   ,, belehnt Herman v. Hirschberg mit den Lehen des † Heinrich v. Hirschberg zu Walpernreuth, Poppenreuth, Fleissnitz u. s. w. — Per d. Joh. ep. Zagrab. canc. Mich. — RR. H 15ᵛ u. 16ᶠ.   (Joh. t. ewangel.) **5704**

,, 28   ? ersucht den Breslauer Rat, dem Kg. Erich v. Dänemark eine gute Aufnahme in Breslau zu bereiten. — KU ? — Not. (Klose) Von Breslau 2, 1, 364.   (28. dec.) **5705**

,, Dez. 28 (am Tage d. unschuld. Kinder) Brüx: belehnt die Burggrafen v. Dohna. Aufzeichnung über die erloschenen Linien der Familie Dohna (1876) 325 f. — Ist == 1420 Dez. 28 (ur. 4385).

?   ? erteilt einem aus seinem Dienste scheidenden S. ein Wohlverhaltungszeugnis. — KU? — Hds. d. Königsb. Univ.-Bibl. (liber canc. Ciolek). — Arch. f. österr. Gesch. 52, 95.   (s. d. et l.; kann aus d. J. 1417—23 stammen); doch wohl nicht identisch mit nr. 3789. **5706**

?   ? bestätigt dem Sigmund v. Malobrattic die Erbeinigung mit den Söhnen des Gregor Čeněk v. Prag auf Hostovice. — KU? — Registr. v. 1454 — Reg.: Arch. česky 2, 199 (nr. 402). Nováček.   (s. d. et l.) **5707**

?   ? erteilt den v. Penzig einen Lehnbrief über Penzig. — KU? — Vorlage? — Reg.: Verzeichn. oberlaus. Urkk., Heft 5, 12.   (s. d. et l.) **5708**

1424		

[1423 a. d. et l.]: schreibt an Frankfurt über das zum Kampf gegen d. Hussiten v. den Juden zu zahlende Drittel ihres Vermögens, das Mkgr. Bernhard v. Baden erheben soll. Reg.: Inv. d. Frankf. Stadt-Arch. 1, 108 — nach Or. 1424 Aug. 17.

Jan. 1 ? [Ofen] fordert die ihm ergebenen treuen Böhmen, u. a. Puota [v. Častolowič] auf, den Gesandten des Kg. Wladislav v. Polen, welcher die Streitigkeiten mit den Hussiten beilegen will, u. deren Boten freien Durchgang durch ihr Gebiet zu gewähren. — KU? — Hds. d. Königsb. Univ.-Bibl. (liber canc. Ciołek). — Arch. f. österr. G. 45, 465.   (s. a. d. et l.)   **5709**

„ 1 Ofen ernennt [den Omnebonus de Scola aus Padua? vgl. nr. 4619] zum lateranens. Pfalzgrafen. KU? — RR G 104ᵛ u. 105ᵣ.   (prima jan.)   **5710**

„   „   desgl. den Johann v. Phalisen, Pfarrer der Peterskirche zu Löwen. — KU? — Not. RR. H 32ᵛ. (id. dat.)   **5711**

„   „   desgl. den Alard v. Wyringen [= Worringen, s. nr. 5715]. — W. v.   **5712**

„   „   legitimiert Johann u. Heinrich de Calstris, Söhne des Ritters Johannes de Calstris aus Löwen. — W. v.   **5713**

„   „   desgl. Johann v. Hofstade (der Hofstat), Sohn des Franko v. Hofstade. — W. v.   **5714**

„   „   desgl. den Paul v. Worringen, Sohn des Presbyters Lubert. — W. v.   **5715**

„   „   beauftragt den Pfalzgrafen Johann [v. Neumarkt] Geld v. den Juden für den Hussitenkrieg zu nehmen. — Ad m. d. r. d. Joh. ep. Zagrab. canc. ref. Mich. — RR. H 17ᵛ u. 18ᵣ reddita et annullata. (novem jan t.)   **5716**

„   „   sagt alle Teilnehmer am Hussitenkriege ihrer bei Juden gemachten Schulden ledig. — KU? — RR. H 18ᵣ restituta et annullata. (id. dat.)   **5717**

Jan. 1 Ofen: f. B. Johann v. Würzburg (Heidingsfeld u. Bernheim) RR. G 143ᵇ — s. nr. 5723.

„ 3   „   verlangt v. den Dortmunder Freischöffen Auskunft, ob ein Freigraf ,unwissende' Leute vorladen dürfe, wie dies Hans Freigraf v. Hundem mit der St. Strassburg (wegen des Walter Erbe] gethan. — KU? — Kop. Strassb. St.-A. (mo. vor d. h. drier künig t.)   **5718**

„   „   befiehlt dem Freigrafen Hans v. Hundem die Massregeln gegen die Strassburger einzustellen, da diese ,unwissende' Leute wären u. vor sein Gericht gehörten; die Ansprüche des Walter Erbe an die Strassburger würden vor seinem Gericht entschieden werden. — W. v.   **5719**

„ 5   „   teilt der St. Frankfurt mit, dass er die auf Klage des Johann Schriber u. der Brüder Elye u. Adam v. Zyl, Bürger zu Basel, sowie des Lorant Tubeney v. Aschaffenburg geächteten [vgl. nr. 5336] Brabantinschen Städte Löwen, Brüssel, Antwerpen, Hertogenbosch, Tienen, Lier, Steenbergen, Herenthals, Vilfurt, Arskot, Breda aus der Acht [vgl. nr. 5702] gethan hat, nachdem sie bewiesen haben, dass sie am Hofgerichte versäumt worden seien. — Ad m. d. r. d. Jo. ep. Zagrab. cancell. referente Mich. prep. Bolesl. — o. R — Or. Frankf. St.-A.; vgl. Invent. 4, 77. (drier künig abent)   **5720**

„   „   verbietet dem Rat u. (vielen genannten) Bürgern v. Köln den EB. Dietrich ferner in seinen Gerechtsamen, besonders in betreff der dortigen Judenschaft zu kränken u. ladet sie im Fall des Ungehorsams auf den 40. Tag nach Empfang dieses Schreibens zur Verantwortung vor sich. — [Ad m. d. r. Mich. prep. Boleslav. — R. Henr. Fye — Or. Düsseldorf; RR. H 20]. — Lacomblet, Urkb. f. d. Gesch. d. Niederrheins 4, 175 f.; ältere Drucke s. Gengler, cod. iur. municip. 1, 584; nicht im Kölner Arch.; vgl. Mitteil. a. d. Stadt-A. zu K., Heft 24, 145. (dryer künig abd.)   **5721**

„   „   erlaubt Heinrich Kupfer, dessen Forderungen die Venetianer nicht befriedigen, mit Repressalien gegen sie vorzugehen. — KU? — RR. H 20ᵣ. (dreier künig abend).   **5722**

„   „   erklärt, dass Kg. Wenzel die Städte Heidingsfeld u. Bernheim an B. Johann v. Würzburg für 4100 rhein. Gulden, (welche dieser für ihn an Hilprant v. Tungen bezahlt hat) verpfändet, ferner noch 4000 Gulden (die B. Johann an den EB. Johann v. Mainz für ihn bezahlt), sowie noch 2000 Gulden für die Dienste B. Johanns v. Würzburg darauf geschlagen; dass ferner derselbe noch an Sigmunds Diener Karl v. Hessburg für schuldigen Gehalt 1500 Gulden u. noch 800 Gulden, die ihm Kg. Wenzel schuldig geblieben war, gezahlt hat; zu der Gesammtsumme, welche der Würzburger für den Pfandbesitz v. Heidingsfeld u. Bernheim gezahlt hat (12400 Gulden), schlägt Kg. Sigmund noch demselben schuldig gebliebene 12000

1424		
		Gulden Jahresgehalt. — Rex. Joh. ep. Zagr. canc. — Gleichz. Abschr., Vid. v. 1424 März 13, Okt. 17 u. Okt. 22 (zwei versch.) Würzburg; RR. G 143ᵇ mit Dat. newen jar t. (offenbar urspr. 1422 Sept. 3); RR. H 57ᵛ u. 59ᵛ ausradiert; am Rande: ,Ista littera reddita est et cassata Nüremberge anno 1430 mense octobris.' (drei kunig ab.) 5723
Jan. 6	Ofen	verspricht dem Hrn. Ludwig v. Baiern, Grafen zu Mortagne, dass er mit dem B. Johann v. Würzburg nur unter bestimmten (inser.) Bedingungen ein Bündnis abschliessen werde. — KU? — RR. H 23ᵛ. (dreier kunig t.) 5724
»	»	verschreibt die Burg Platten u. die St. Kommotau mit ihren Dörfern um 4000 Schock Groschen [an?] — KU? — Registr. v. 1454 — Reg.: Arch. česky 1, 495. Novaček. 5725
»	»	erlaubt der St. Strassburg, welcher er das Dorf u. die Fähre zu Grafenstaden, sowie die Dörfer Illkirch u. Illwickersheim um 9000 u. 2600 rhein. Gulden verpfändet [vgl. nr. 4051] hat, etwaige Pfandschaften oder Eigen, die zu diesen Dörfern gehören, durch Lösung an sich zu bringen. — Ad m. d. r. Mich. prepos. Bolesl. — R. Henr. Ffye — Or. Strassb. St.-A.; RR. H 20ᵛ u. 21ᵛ. (dreier kunig t.) 5726
»	»	bestätigt den Herzogtümern Limburg u. Brabant eine Urkunde Karls IV. [Böhmer-Huber nr. 1819?] u. verleiht ihnen das Privileg de non evocando. — Ad m. d. r. d. Joanne episc. Zagrabiensi cancell. referente Michael prepos. Boleslav. — R. Henr. Ffje — [KU. u. R sehr falsch gedruckt]. — RR. H 22; Kop. Wien II.-H. u. St.-A. — (Le Lustre° et la gloire du duché de Brabant 2, a. 1424, 49 ») Roussel, Suppl. au corps dipl. du droit des gens 1, 2. 349. (sexta d. jan.) 5727
» 7	»	befiehlt, das vorstehende Privilegium streng zu beachten. — KU. u. R w. v. — [RR. H 22ᵛ; Vid. v. 1542 Jan. 11 u. Kop. Wien ib.] — (Le Lustre... p. 46 ») Roussel 349 f.; Lünig, Cod. Germ. dipl. 2, 1301 ff. (sept. die jan.) 5728
» 8	»	gebietet den Städten Heidingsfeld u. Bernheim dem B. Johann v. Würzburg, dem er auf sie 12000 rhein. Gulden v. neuem verschrieben [nr. 5723], zu huldigen. — Ad m. d. r. Joh. episc. Zagrab. cancell. — o. R — Or. u. Vid. v. 1424 Okt. 20 Würzburg. (sambßtag nach... drier kunig). 5729
» »	»	legitimiert Johann, den Sohn des Johann Tilmann v. Looz (Los); Diöz. Lüttich. — Canc. Mich. — Not. RR. H 23ᵛ. (octava jau.) 5730
		Jan. 8 Ofen: betreffend d. schleswigsch. Streit. Reg.: Aschbach 3, 449 — falsch statt 1424 Febr. 18.
» 10	»	erlaubt dem Strassburger Bürger Hans Harpfenning u. dessen Schwiegersohn Gerhart Schöp das Dorf Gressweiler für ihre Lebtage in Pfandbesitz zu haben. — Rex. Michael. — RR. H 21ᵛ. (mont. nach drier kunig). 5731
» »	»	belehnt Gerhart Schöp mit dem Schultheissen- u. Henkeramt zu Oberehnheim, Reuten daselbst, dem Ungeld zu Rosheim u. dem Dorfe Blodelsheim (Blediss-), welche Reichslehen vormals im Besitze des Heinrich Metzger v. Oberehnheim waren. — Rex. Jo. ep. Zagrab. canc. referente Mich. — RR. ib. (id. dat.) 5732
» 12	»	an die Strassburger: er warte auf ihre Boten, welche ihn weiter v. ihren Bemühungen, zwischen dem Mkgr. Bernhard v. Baden u. den Städten des Breisgau zu vermitteln, unterrichten sollen; Wiglasch Satelboger, den er in dieser Angelegenheit zu ihnen, den Breisachern u. anderen Reichsstädten geschickt, habe bei seiner Rückkehr ihm gemeldet, dass sie (die Strassburger) ihm gehorsam sein u. auch keinen Bund eingehen wollten; bittet dringend mit Rücksicht auf den böhm. Feldzug dafür zu sorgen, dass der Zwist zwischen dem Markgrafen u. den Städten des Breisgau beigelegt werde; beglaubigt bei ihnen in dieser Angelegenheit den Gerhart Schob ihren Diener u. bittet, dass dieser mit seinem Rate Heinrich Bayer in dieser Angelegenheit reiten darf. — [Ad m. d. r. d. Jo. ep. Zagrab. canc. referente Mich. prep. Bolesl. — o. R] — Or. Strassburg St.-A. — Vgl. Fester, Reg. d. Mkgr. v. Baden nr. 3624. (mi. nach d. h. drier kunig t.) 5733
» »	»	schlägt den Strassburgern die durch Gerhart Schob vorgebrachte Bitte, offenbare Ächter ,halten' zu dürfen, ab; die Angelegenheit mit der ,gruottrüre' sollen sie anstehen lassen, bis er mit der Botschaft des Mkgr. v. Baden darüber verhandelt. — o. KU! — o. R — Or. ib. — Vgl. Fester nr. 3625. (id. dat.) 5734

1424		
Jan. 12	Ofen	befiehlt Wilhelm v. Vlatten genannte Kölnische Bürger [vgl. nr. 5721] in seinem Namen zum persönlichen Erscheinen vor ihn zu laden. — [Ad m. d. r. Michael prepos. Boleal. — o. R — Or. Düsseldorf]. — Erwähnt (falschl. zu Jan. 11): Lacomblet, Urkb. f. d. G. d. Niederrheins 4, 175 A. (ml. nach dryer kunig). **5735**
» 13	»	nimmt Nicolaus de Prata unter sein Hofgesinde auf. — Rex referente Onoffrio [Bardi] Michael — Not. RR. H 23ᵛ. (in octav. epiphanie). **5736**
» 14	»	ladet den Kurf. Friedrich v. Brandenburg auf Veranlassung des Hrn. Ludwig v. Baiern-Ingolstadt zum 4. Mai nochmals vor sein Hofgericht. — KU? — Or. wo? — Erwähnt: Lang, Gesch. Ludwigs d. Bärt. 120. **5737**
[»]		ladet die St. Halle auf Klage des EB. Günther v. Magdeburg auf 6 Wochen nach Empfang dieser Citation vor sein Hofgericht: zum Beweise ihrer Ansprüche an die St. Magdeburg sollen die Hallenser die betr. Urkunden des EB. Burkart u. zwar in Transsumpten des B. Johann v. Halberstadt u. des Fürsten Georg v. Anhalt mitbringen. — KU? — RR. H 23ᵛ. (u. d.) **5738**
» 14	»	befiehlt dem Niclas v. Trotha, Georg v. Lubtiz u. Kuno v. Ammendorf, dem Rate v. Halle die Citation vor sein Gericht wegen Klage des EB. Günther v. Magdeburg zu überbringen. — Ad m. d. r. d. Joh. episc. Zagrab. cancell. referente Francisc. prepos. Strigon. — Or. u. Kop. Magdeb. Staats-A. (fr. vor Anthoni tag). **5739**
		befiehlt dem B. Johann v. Halberstadt u. dem Fürsten Georg v. Anhalt Transsumpte der Briefe des EB. Burchards v. Magdeburg u. andere, die sich im Besitz des EB. Günther u. der St. Magdeburg befinden u. für deren Streit v. Interesse sind, anfertigen zu lassen. — KU. w. v. — Kopialb. 11 f. 45 ib. (fr. vor Anthonii). **5740**
		erlaubt der Helipis v. Les Baux (de Baucio), Gräfin v. Avellino, Freiburg, Neuchâtel u. Beaufort (Belleforti) [Dep. Savoie] in den Städten Les Baux, Thor (Tor), Caumont [bei Cavaillon], Carombe je einen Jahrmarkt zu halten. — Ad m. d. r. Jo. ep. Zagrab. canc. — RR. H 24ᵛ. (14. d. jan.) **5741**
» 15	»	verschreibt Hans v. Bodman für Dienste bis auf Widerruf die Stadtsteuern v. Ravensburg, Memmingen, Leutkirch, Buchhorn, Biberach u. Kaufbeuren, u. befiehlt diesen Städten ihre Reichssteuern fortan an jenen zu zahlen. — Rex. d. Jo. ep. Zagrab. canc. referente Franc. — RR. H 23ᵛ. (sampst vor Anthonii). **5742**
» 16	»	weist die St. Ravensburg an, die nächsten Martinstag fällige Reichssteuer an Hans v. Bodman zu zahlen. — KU? — RR. H 23. (sont. vor Anthonii). **5743**
»	»	desgl. die St. Biberach. — KU? — Not. ib. H 23ᵛ. (id. dat.) **5744**
»	»	desgl. Buchhorn. — W. v. **5745**
»	»	desgl. Kaufbeuren. — W. v. **5746**
»	»	desgl. Leutkirch. — W. v. **5747**
»	»	desgl. Memmingen. — W. v. **5748**
» 18	Wissegrad[=Blindenburg]]	nimmt Hilarius de Aurea, Familiaris des Kaisers Manuel v. Konstantinopel, unter seine Familiares auf. — KU? — RR. H 18ᵛ. (decima octava jan.) **5749**
» 20	»	beauftragt Ulrich v. Rosenberg nach Kräften dafür zu sorgen, dass die Verhandlungen mit den Pragern, trotzdem sie seinem Berichte nach das ihnen angebotene Gehör verschmähen u. die mit dem Adel verabredeten Punkte nicht halten wollen, zu einem glimpflichen Ende geführt werden; er berichtet ihm ausserdem, dass er Heinz v. Pirkstein zu einer Besprechung zu sich beschieden habe, u. ermahnt ihn, die St. Bechin nicht preiszugeben. — De m. d. r. — Or. Wittingau — Arch. česky 1, 17 f.; vgl. Ausz.: Palacky, Beitr. z. G. d. Huss. Kr. 1, 321. **5750**
» 21	»	belehnt Hans v. Bodman auch für seine Brüder mit dem Freigericht u. dem Blutbann zu Bodman, dem Moore zwischen Bodman u. Wahlwies (Walwys), der Fischereigerechtigkeit zu Konstanz im Rhein am Andreasabend, 'die man nennet die hünn.' — Or. Bodman; [Not. RR. H 23ᵛ mit KU: Rex. Jo. ep. Zagrab. canc.] — Vgl. Reg.: Schriften d. Ver. f. Gesch. d. Bodensees 24 (1895), Auh. 143. (Agnesen t.) **5751**
» 22	»	bestätigt der Helipis v. Les Baux, Gräfin v. Avellino, Freiburg, Neuchâtel u. Beaufort [vgl. nr. 5741] ihre Privilegien, insbesondere das Recht in der St. Orange (Aurasica) Münzen schlagen zu lassen. — Ad m. d. r. Jo. ep. Zagrab. canc. — RR. H 24. (die 22. jan.) **5752**

1424		
Jan. 22	Wissegrad = Blindenberg	gestattet auf Bitten der brabantischen Städte (Antwerpen, Hertogenbouch, Tienen u. s. w.; vgl. nr. 5720), dass ohne Schaden für die betr. Stadt die vom Reiche genehmigten Jahrmärkte auch v. Ächtern besucht werden können. — KU. w. v. — RR. H 24ᵛ u. 25ʳ. (ld. dat.) **5753**
» 23	»	ladet die Budweiser auf Pfingsten vor, um sich darüber zu verantworten, dass sie dem Heinrich v. Plauen schuldiges Geld nicht wiedergeben wollen. — Ad m. d. r. Joh. episc. Zagrab. cancell. — o. R — Or. Budweis = Kop. Prag böhm. Mus. (runt. vor Pauls tag). **5754**
» 26?	»	schreibt dem König v. Polen, dass besonders v. dem Kurfürsten v. Brandenburg das Gerücht ausgesprengt werde, dass er, der König v. Polen, nicht als Bruder, sondern als Vasall ihm (Sigmund) Hilfe gegen die Hussiten leiste. — Ad m. d. r. Franciscus prep. Strigon. — Aus einer Karniker Hds. Mon. hist. med. aevi res gest. Poloniae illustr. 6, 617 f. (feria quarta etc.) **5755**
» 27	»	belehnt Johann Herrn v. Rheidt (Reyd) mit der ihm v. Gumprecht v. Alphen vermachten Erbvogtei der Stadt u. des Stiftes Köln (Reichslehen). — Rex. Franc. — RR. H 25ʳ. (donerst. nach Pauls t. convers.) **5756**
» 28	»	ernennt die Brüder Georg u. Guichard Coste, Bürger zu Avignon, zu Reichsmünzmeistern u. erlaubt ihnen Münzen zu schlagen. — Ad m. d. r. Jo. ep. Zagrab. canc. — RR. H 25ᵛ. (28. januarii). **5757**
»	»	desgl. den Avignoner Bürger Antonius, den Sohn des Marcus Luttus aus Florenz, u. dessen Bruder Blasius, wohnhaft zu Florenz. — [KU. w. v.?] — Not. ib. (id. dat.) **5758**
»	»	desgl. den Franciscus Bonetti aus Narbonne, wohnhaft zu Avignon. — W. v. **5659**
»	»	desgl. den Heinrich v. Richa aus Löwen. — W. v. **5960**
»	»	giebt dem Antonius, dem Sohn des Marcus Luttus aus Florenz, u. dem Martinus de Cario, Bürgern zu Avignon das Recht Notare zu ernennen u. Uneheliche zu legitimieren (littera comitatus). — KU. w. v. — Not. ib. (id. dat.) **5661/2**
		Jan. 29 Zeleni: an die Räte der oberlausitz. Städte. Reg.: Verzeichn. oberlaus. Urkk., Heft 5, 12 u. nr. 5469.
» 30	»	beauftragt Onofrius Bardi, Kämmerer zu Ofen, den Thomasinus de Narducio aus Florenz u. den Hofgerichtsnotar Peter Wacker mit allen in der Acht u. Aberacht befindlichen Städten u. Personen über die Lösung aus der Acht zu verhandeln u. abzuschliessen. — Rex. Franc. — RR. H 36. (penultima jan.) **5763**
»	»	desgl. deutsche Ausfertigung ib. 36ᵛ mit Dat. sont. nach fraw. t. purific. = Febr. 6, was sicher nur Schreibfehler für: sont. vor fraw. t. purific. = Jan. 30. **5764**
Febr. 1	»	beglaubigt bei Hrz. Adolf v. Jülich den Onofrius Bardi, Kämmerer zu Ofen, Thomasin v. Narducio aus Florenz u. den Hofgerichtsschreiber Peter Wacker. — Ad m. d. r. Francisc. prepos. Strigon. — o. R — Or. Düsseldorf. (trowen ab. purif.) **5765**
»	»	desgl. bei Frankfurt. — KU. w. v. — o. R — Or. Frankf. St.-A.; vgl. Invent. 4, 71. **5766**
» 2	»	ernennt seinen Familiaris Thomas v. Narducio, Bürger zu Avignon, lateranensisch. Pfalzgrafen u. Schildträger, zum Richter u. Vorgesetzten über alle Münzmeister in der Grafschaft Venaissin (Venayssinum), dem Fürstentum Orange (Auraycae), der Grafschaft Valence u. in der Provence. — Rex. Canc. — RR. H 25ᵛ u. 26ʳ. (sec. d. febr.) **5767**
» 3	»	nimmt den Gabriel v. Roussillon (de Rossilono) unter seine Familiares auf. — KU? — Not. RR. H 26ʳ. (tercia febr.) **5768**
»	»	erhebt das Dorf Pebsovice zu einer Stadt auf Bitten des Bohuslaus v. Horsov u. verleiht ihr einen Wochenmarkt. — KU? — Böhm. Landtafel Cod. 127 N. 10 = Kop. Prag Landes-A. (tercia die febr.) **5769**
» 5	»	verschreibt dem Heinrich Žito v. Jivján weitere 1600 Gulden auf der Burg Pfraumberg [vgl. nr. 4413]. — KU? — Registr. v. 1454; [Ausz.: Summari auszzüg oder Extr. aus etlichen gar alten khünigl. Majestatten Verträgen f. 16 im Lobkowitz. Arch. zu Raudnitz]. — Reg.: Arch. česky 1, 512. (samst. nach purific. Mar.) Novaček. **5770**
»	»	verschreibt dem Heinrich v. Metelsko weitere 1400 Gulden auf der Burg Tachau. — KU? — Registr. v. 1454 — Reg.: Arch. česky 1, 521. Novaček. **5771**

1424		
Febr. 6	Blindenburg	eignet dem Spital zu Wemding den Zehnten zu Huisheim, welchen Gr. Ludwig v. Öttingen, sein Hofmeister, v. Wilbot Waler für dasselbe gekauft hat. — [KU? — RR. H 26; Kop. München R.-A.] — Reg. Boic. 13, 28. (Dorothea tag). **5772**
		Febr. 6 Blindenburg: beauftragt den Onofrius Bardi, Thomasius v. Nardusio u. Peter Wacker... RR. H 36ᵛ — s. nr. 5764.
		Febr. 8 Ofen: betr. den schleswig-holst. Streit. Langebek u. Suhm, SS. rer. Danic. 7, 264 ff. — s. nr. 5804.
» 9	Ofen	gebietet allen Kurfürsten, Fürsten, Grafen etc., die Bewohner Nürnbergs u. alle anderen Leute, die, um die dort aufbewahrten Reichskleinodien zu sehen, oder zur Messe nach Nürnberg ziehen, mit ihrem Hab u. Gut ruhig ziehen zu lassen bei einer Pön v. 50 Mark lötigen Goldes. — Ad m. d. r. Francisc. prep. Strigon. — [Rᵗᵃ Henr. Fye — Or. Nürnberg Kr.-A.; RR. H 39]. — (Wölcker) hist. Norimberg. dipl. 559 ff.; (v. Murr) Journal z. Kunstg. u. z. allg. Litterat. 12, 86 ff. (Dat. 10. Febr. falsch); vgl. Reg. Boic. 13, 28. (mi. nach Dorothen). **5773**
»	»	erlaubt dem Lande Schwyz, dass es nach seinem Belieben Münzen, solche mögen v. wem immer geprägt sein, nehmen oder in seinen Gerichten verbieten dürfe. — Ad m. d. r. Johannes Zagramus (sic! Lesefehler) ep. canc. — R? — Or. Schwyz Kantons-A.; [RR. H 38ᵛ mit KU: Ad m. d. r. d. Joh. ep. Zagr. canc. refer. Franc. prep. Strigon.] — Arch. f. schweiz. Gesch. 18, 319 f. (mi. nach Dorotheen). **5774**
»	»	giebt dem Lande Schwyz zur Besserung seiner Strassen zwei Zollstätten für Kaufmannsgut, Rosse u. Wagen. — [Ad m. d. r. Joh. Zagrab. episc. cancell. — R. Henr. Fije. Kölin]. — Or. Schwyz Kantons-A.; [RR. H 39ᵛ]. — Reg.: Arch. f. schweiz. Gesch. 18, 320. (id. dat.) **5775**
»	»	spricht den Schwyzern die Vogtei u. den Bann über das Kl. Einsiedeln zu zur Belohnung für ihre treuen Dienste. — KU? — [RR. H 38ᵛ durchgestrichen; am Rande: cassata est; Kop. Einsiedeln Ringholz] — Libertas Einsidl. (1640) Dok. 158 f.; vgl. v. Mohr, Regesten d. Arch. in der Schweiz. Eidg. 1, 1 nr. 680. **5776**
»	»	erlaubt der St. Zürich, die v. dem Hause Österreich dem Gr. Friedrich v. Toggenburg versetzten Herrschaften u. Güter zu Windegg, Wesen u. Gaster einzulösen. — Ad m. d. r. Joh. Zagrab. episc. canc. — [B. Henr. Fije. P. Schweizer] — Or. Zürich; [RR. H 38ᵛ] — Arch. f. Schweiz. Gesch. 10, 244 f.; Blumer, Urkundensamml. z. Gesch. d. Kant. Glarus 1, 568 ff. (mi. nach Dorotheen). **5777**
»	»	befiehlt dem Gr. Friedrich v. Toggenburg die Herrschaften Windegg, Wesen u. Gaster v. der St. Zürich lösen zu lassen. — Ad m. d. r. Joh. Zagrab. episc. cancell. — [o. R]. — Or. Zürich. — Arch. f. Schweiz. Gesch. 10, 245 f. (id. dat.) **5778**
»	»	erlaubt der St. Zürich auch, was an andere als an den Grafen v. Toggenburg v. der Herrschaft Windegg, Wesen u. Gaster versetzt ist, einzulösen. — KU. w. v.? — [RR. H 38ᵛ u. 39ᵛ]: Kop. ib. — Arch. f. Schweiz. Gesch. 10, 247 f. (id. dat.) **5779**
»	»	erlaubt der St. Zürich, das Schloss Kiburg mit allen zugehörigen Rechten u. Besitzungen v. der Gräfin Kunigunde v. Montfort, die dasselbe v. der Herrschaft Österreich pfandweise inne hat, im Namen des Reichs einzulösen. — [Ad m. d. r. Johannes Zagrab. episcop. cancell. — R. Henr. Fije — Or. Zürich; [RR. H 34ᵛ]. (mitwoch nach Dorotheen) P. Schweizer. **5780**
»	»	erlaubt der St. Zürich alles, was v. der Herrschaft Kiburg verpfändet oder verkauft ist, an sich zu lösen. — KU. u. R w. v. — Or. ib.; [Not. RR. H 39ᵛ] (id. dat.) P. Schweizer. **5781**
»	»	befiehlt der Gräfin Kunigunde v. Montfort, dass sie den Zürichern die Herrschaft Kiburg auf deren Verlangen zu lösen geben soll, um die Summe, um welche sie selbst die Herrschaft v. Österreich inne hat. — KU. w. v. — o. R — Or. Zürich. P. Schweizer. **5782**
» 10	»	erlaubt dem Marien-Magdalenen-Kloster zu Basel (Prediger-Orden) den Kirchensatz zu Frick (Fryk) v. Rudolf zum Luft, Bürger v. Basel, einzulösen, dem derselbe einst v. Hrz. Friedrich v. Österreich, später v. ihm (Sigm.) verpfändet war. — Ad relac. d. Jo. episc. Zagrab. cancellarii Franc. prep. Strigon. — R. Henr. Fye — Or. Aaran Staats-A.; Herzog]; RR. H 26ᵛ u. 27ᶠ, vgl. RR. G 137, woselbst das ursprüngl. Dat. „Nürnberg 1422 frit. nach Barthol." == Aug. 28ᵗ geändert ist in Ofen [14] 24°. s. d. (do. vor Valent.) **5783**

1424		
Febr. 10	Ofen	giebt Johann zu **Heideck** das Recht, in den Wäldern u. Holzmarken, die zu den v. dessen Ahnherrn erkauften Besitzungen Dollnstein u. Wellheim gehören, jedermann das Jagen zu verwehren. — [Per d. Jo. ep. Zagr. canc. Franc. prep. Strigon. — R. Henr. Fye — Or. (mehrfach durchschnitten) u. Vid. v. 1424 Mai 20 München R.-A.; RR. H 26ᵛ]. — Reg. Boic. 13, 29. (do. vor Valentin.) **5784**
»	»	giebt **demselben** das Recht, im Weissenburger Walde allein zu jagen. — [KU. w. v.] — R. Henr. Fye — Or. u. Vid. v. 1424 Mai 20 ib.; RR. H 26ᵛ]. — Reg. ib. (id. dat.) **5785**
»	»	bestätigt **demselben** seine Privilegien im allgemeinen. — [KU. w. v.] — Not. RR. ib. (do. vor Valent.) **5786**
»	»	nimmt Eberhard **Hyltelingen** aus Basel unter seine Familiares auf. — Cancell. Franc. — Not. RR. H 26ᵛ. (decima febr.) **5787**
»	»	verleiht dem Itel **Reding**, Landammann v. Schwyz, das Leben in der March [am Zürichsee] für sich u. seine Nachkommen, mit der besonderen Gnade, dass Reding, so lange er lebt, den Lehenleuten in der March ihre vorher österr. Lehen in des Königs Namen leihen u. reichen solle. — [Ad m. d. r. Joh. Zagrab. ep. canc. — R. Henr. Fye — Or. Arch. der Familie Reding in Schwyz — Kop. Luzern Staats-A.; RR. H 27ʳ; Kop. Strassburg St.-A.; Kop. Schwyz Kantons-Arch. *Kilin*]; Kop. Einsiedeln. — Vgl. auch v. Mohr, Reg. d. Arch. d. schweiz. Eidg. I n. 681. (Scolastica tag). **5788**
»	»	verleiht dem Adelberg v. **Rotberg** (Roperg), Arnolt v. **Rotberg** u. Rudolf v. **Ramstein** das Gericht auf ihren Reichslehen, den Dörfern Metzerlen, Hofstetten, Witterswil, Blauen (Blowen), Tittingen, Neuzlingen u. Brislach. — Canc. Franc. — RR. H 27ʳ. (do. vor Valentin). **5789**
» 11	»	verleiht (als König v. Böhmen) dem Johann zu **Heideck** die Feste Heideck; den Lehneid soll derselbe zu Händen des Gr. Ludwig v. Öttingen, des Hofmeisters Sigmunds, leisten. — [Per d. Jo. episc. Zagrab. canc. Franc. prepos. Strigon. — R. Henr. Fye — Or. München R.-A.; nicht in RR.] — Reg. Boic. 13, 29. (freit. vor Valent.) **5790**
»	»	bestätigt der St. **Kaysersberg** das Recht, dass sie allein im Umkreis einer halben Meile Montags einen Wochenmarkt halten darf, sowie das Privilegium de non evocando, erklärt das Vorgehen des Schlosses Kienzheim (Kon-) ungerechtfertigt u. befiehlt den Städten Colmar, Schlettstadt, Münster, Mülhausen, Türkheim für Aufrechthaltung der Privilegien v. Kaysersberg zu sorgen. — Canc. Franc. — RR. H 27ᵛ u. 28ʳ. (freit. vor Valentini). **5791**
»	»	belehnt Heinrich u. Walter v. **Moos** aus Luzern mit dem Blutbann in den Gerichten zu Malters, die sie vom Reiche pfandweise inne haben. — Ad m. d. r. d. Jo. episcopo (nicht — us) Zagrab. cancell. referente Franciscus prepos. Strigon. — Or.ᵃ Luzern Staats-A.; [RR. H 27ʳ]. — Geschichtsfreund 11, 230. **5792**
» 12	»	verleiht dem Heinrich **Kotwitz** die Dörfer Sänitz, Dobers u. Leipe [Kr. Sorau].— [Per d. Henricum de Plawen Franzisc. prepos. Strigon. — R. Henr. Fye — Or. Görlitz Stadt-A. *Heinrich*; Kop. Görlitz Bibl. u. Zittau]. — Reg.: Verzeichn. oberlaus. Urkk., Heft 5, 13. (samst. vor Valent.) **5793**
» 13	»	gestattet der Herzogin v. Österreich Katherina (v. Burgund) für ihre Lebtage in ihren Städten Thann u. Ensisheim eine goldene Münze wie diejenige der rheinischen Kurfürsten schlagen zu lassen. — Canc. Franc. — RR. H 28ʳ. (sont. vor Valtin). **5794**
» 14	»	beauftragt den Kg. Erich v. **Dänemark**, Schweden u. Norwegen die Klage der Talke Vorwarnschen aus Greifswald gegen die Brüder Everhart, Erasmus, Hans u. Jaspar Rubenow (Rubenaw) zu Greifswald, Gottschalk u. Heinrich v. Lübeck, Werner Hagmeister v. Greifswald, die Brüder Martin u. Fycke Bole zu Wieck auf Wittow zu entscheiden; er wolle die Angelegenheit nicht vor seinem Hofgericht verfolgen, da Talke zu ihm gekommen u. vorgebracht hat, ,wie das ir als einer weiblichen persone gar sware mit der zerung und arbeit und die zeit noch lang sei unserm kuniglichen hove und hofgericht nachzuvolgen.' — KU? — RR. H 35ʳ. (Valentin). **5795**
»	»	entzieht dem treulosen Filippo Maria v. **Mailand**, welcher sich mit den Venetianern verbündet hat, das Schloss Vigonium mit allem Zubehör u. belehnt damit, mit dem Auftrag es jenem wegzunehmen, den Richard v. Ragogna (Rarognia), Hauptmann v. Valvasone (Valisium),

1424		
		den Kaspar Schlick (seinen notarius specialis) u. den Kaspar Torner; befiehlt Zürich, Bern, Solothurn, Luzern, Schwyz, Uri, Unterwalden, Zug, Glarus, Sursee u. Wallis bei der Eroberung jenes Schlosses behilflich zu sein. — Ad m. d. r. d. Jo. ep. Zagrab. canc. referente Mich. — RB. H 28ᵛ. (14. d. febr.) **5796**
Febr. 14	Ofen	schlägt 600 ungarische Gulden, welche die St. Zürich ihm gezahlt hat, auf die Pfandschaft Kiburg, welches Schloss sie v. der Kunigunde v. Montfort eingelöst. — [Ad m. d. r. Johannes Zagrabiens. cancell. — R. Henr. Fije — Or. Zürich; [RB. H 29ᶠ]. (Valentinstag). *Schweizer.* **5797**
"	"	befiehlt der St. Zürich diese 600 Gulden an Kaspar Torner, Schultheissen zu Gmünd, zu zahlen. KU? — RR. ib. (id. dat.) **5798**
" 17	"	bestätigt den Hrzz. Kasimir u. Otto v. Pommern-Stettin das (inser.) Privileg Karls IV. vom 4. März 1357 [Böhmer-Huber nr. 2622] u. bezeugt, dass diese Herzöge die Belehnung ihrer Lande von ihm selbst zu Konstanz empfangen haben. — Ad m. d. r. Job. episcop. Zagrabiens. cancellarius. — R. Henr. Fije — Or. Stettin; [RB. H 30 u. 31ᶠ; Kop. München R.-A.] — Kaiserurkk. in Abbild., Lief. 5, Taf. 20 u. Text S. 104 f. (die 17. m. febr.) **5799**
		bestätigt denselben alle Rechte u. Freiheiten, welche ihnen von römischen Königen u. Kaisern erteilt sind; inser. die Urk. Karls IV. v. 1357 März 4 [Böhmer-Huber nr. 2623]. — KU. w. v. — [R. Henr. Fije — Or. Stettin, *Bär*]; RB. H 32; Kop. München R.-A. (do. nach Valentins t.) **5800**
"	"	bestätigt denselben die (inser.) Urk. Karls IV. [Böhmer-Huber nr. 2187] v. 1355 Juli 24 [deutsche Ausfert.], worin derselbe auf Bitten Barnims d. alten Herzog zu Stettin den Inhalt eines von diesem mit Ludwig dem Römer, Mkgr. v. Brandenburg abgeschlossenen Vergleiches bestätigt: Abtretung v. Angermünde, Schwedt, Brüssow, Stolpe u. anderer gen. ukermärkischer Städte. — KU. w. v. — [R. w. v. — Or. ib. *Bär*]; RB. H 32ᵛ u. 33ᶠ; Kop. München R.-A. (id. dat.) **5801**
"	"	bestätigt denselben die (inser.) Urk. Karls IV. v. 1355 Okt. 2 [Böhmer-Huber nr. 2259] desselben Inhalts wie die Urk. v. 1355 Juli 24 [lat. Ausfert. v. Böhmer-Huber nr. 2187]. — KU. w. v. — [R. w. v. — Or. ib. *Bär*]; RB. H 31 u. 32ᶠ; Kop. München R.-A. (die 17. mens. febr.) **5802**
"	"	bestätigt denselben ihre Städte Alt-Stettin (Alse!), Garz (Gardze), Greifenhagen (Grif...) u. Alt-Damm (zum Damme). — KU. w. v. — RB. H 33ᵛ u. 34ᶠ. (do. nach Valent.) **5803**
" 18	"	beauftragt den Dr. iur. Ludwig de Cattaneis aus Verona, seinen Rat, u. den Notar Antonius [Franchi] aus Pisa (cancellarie nostre prothonotar.) die (früher in seinem Auftrag v. Hrz. Heinrich Rumpold v. Gross-Glogau untersuchten) Erbstreitigkeiten zwischen Kg. Erich v. Dänemark u. den Hrzz. Heinrich, Adolf u. Gerhard v. Schleswig-Holstein an Ort u. Stelle zu untersuchen. Beigegeben werden den Beauftragten noch zur Abfassung der Instrumente in deutscher Sprache der Notar Johannes Emelbus (nicht Emeshick) u. Eberhard Rode (nicht Gebhard Bode). — [Rez. Franc. — RB. H 29ᶠ]. — Langebek & Suhm, SS. rer. Danic. 7, 264 ff. (zu Febr. 8). (die dec. oct. febr.) **5804**
"	"	beauftragt den Gr. Hermann v. Cilly u. den ungar. Grossgr. Niklas v. Gara, sobald seine Abgesandten aus Dänemark zurück sind, auf Grund deren Untersuchung obigen Erbstreit nach dänischem Recht zu entscheiden, falls das gemeine Recht mit diesem nicht übereinstimme. — KU? — RB. H 29ᶠ. (s. d.) **5805**
"	"	beauftragt dieselben für den Fall, dass er nicht in Ofen sein sollte, wann Kg. Erich v. Dänemark u. die Grafen v. Holstein seiner Vorladung [vgl. nr. 5694 f.] Folge leisten, deren Streit statt seiner zu entscheiden. — KU? — ib. 30ᶠ. (s. d.) **5806**
"	"	ernennt Antonius Bartholomaei Franchi aus Pisa zum Protonotar seiner Kanzlei mit allen den Rechten, welche seine Protonotare haben. — Canc. Franc. — RB. H 30ᶠ. (die 18. febr.) **5807**
" 19	"	gebietet den Eidgenossen, die seinerzeit in Baden gefundenen österr. Urkk., soweit sie die Besitzungen der Katharina v. Burgund, Herzogin v. Österreich beträfen, derselben herauszugeben; sie habe ihm, als sie wieder zu ihren Landen Elsass u. Sundgau gekommen sei, ihren Mangel an Urbarbüchern, Registern u. Briefen geklagt. — Per d. Joan. episc. Zagrab. cancell.

Francisc. prepos. Strigon. — o. R — Or. Luzern Staats-A. — Reg.: Samml. d. Alt. eidgen. Abschiede 2, 94. **5808**

Febr. 20 . Ofen · giebt Heinrich Falkennawer, sowie dessen Söhnen Bernhard, Jakob u. Sebold ein Wappen. — Rex. cancellario referente Franc. — Not. RR. H 30ʳ. (domin. die post Valent.) **5809**

» » desgl. Johann Geyer u. dessen Söhnen Nikolaus, Jakob, Paul, Peter, Erhard u. Johann. — W. v. **5810**

» 22 » gebietet dem Mkgr. Bernhard v. Baden bei der Teiding. welche die Boten der Städte Strassburg, Basel u. der Reichsstädte im Elsass im Beisein der Räte des Hrz. Karl v. Lothringen zuletzt in Strassburg zwischen ihm u. den Städten Freiburg, Breisach u. Endingen gemacht haben, zu bleiben. — KU ? — Vid. v. 1424 April 3 Strassburg St.-A. — Fester, Reg. der Mkgr. v. Baden nr. 3635. **5811**

» » belobt Strassburg, Basel, Colmar, Schlettstadt u. die anderen Reichsstädte im Elsass, welche Henmann Offenburg an ihm gesandt, für ihre Bemühungen im Beisein der Räte des Hrn. Karl v. Lothringen Frieden zwischen Mkgr. Bernhard v. Baden u. den Städten Freiburg, Breisach, Endingen zu vermitteln u. befiehlt ihnen dafür zu sorgen, dass es nicht zum Kriege käme. — Per d. Joh. episc. Zagrabiens. cancell. Franciscus prepos. Strigon. — Jac. Wencker, de aseburgeris (1698) Continuat. 83 f.; vgl. Fester, Reg. d. Mkgr. v. Baden nr. 3624. (Peters t. ad kathedram). **5812**

» » belehnt Henman Offenburg mit der früher ihm verpfändeten halben Fischereigerechtigkeit in der Bissel bei Laufenburg [vgl. nr. 2665 u. 1425 Jan. 13]. — KU. w. v. — RR. H 34ʳ. (Peters t. ad cathedra). **5813**

» » gestattet den Freiburgern ihre Juden zu vertreiben u. entbindet sie von der Verpflichtung neue aufzunehmen. — [Per d. Joh. episc. Zagrab. canc. Franc. prep. Strigon. — R Henr. Fye — Or. Freiburg. Albert; RR. II 34]. — Schreiber, Urkb. v. Freiburg 2, 358 f. (id. dat.) **5814**

» » übergiebt der St. Freiburg das dortige Schultheissenamt unter Vorbehalt der Wiedereinlösung am 900 Gulden. — Ad relac. d. Jo. episc. Zagrabiens. cancell. Franc. prepos. Strigon. — R. Henr. Fije — Or. Karlsruhe; [RR. II 34ʳ]. — Reg.: Ztschr. f. d. G. d. Oberrheins N. F. 3, 441. **5815**

» » gestattet die Verpfändung des Zolles in Freiburg, den bisher Konrad v. Weinsberg vom Reich inne hatte, an Haus Waltenheim von Basel. — Per d. Joh. episcop. Zagrab. cancell. Franc. prep. Strigon. — R. w. v. — Or. ib.; [RR. II 34ʳ]. — Reg.: ib. **5816**

» 23 » befiehlt den Breslauer Ratmannen die Verwaltung des arg verschuldeten Hospitales zu St. Matthias auf Veranlassung des Meisters Peter Stubichen zu übernehmen u. für Abzahlung der Schulden zu sorgen. — Ad relac. Jancouis de Chotiemicz Francisc. prepos. Strigon. — o. R — Or. Breslau Stadt-A, (mi. nach Peters tag ad kathedram). **5817**

» » befiehlt der Judenschaft zu Rapperswil u. Winterthur während der nächsten drei Jahre ihren goldenen Opferpfennig an Rudolf v. Waldeck zu zahlen. — Ad m. d. r. Jo. ep. Zagrab. canc. — RR. H 35ʳ. (mittw. vor Mathias). **5818**

» 24 » überweist dem Hinczik Stoss für eine Schuld von 273 Schock 37 ½ Groschen die Nutzung der Dörfer Střelitz u. Reinharti [— Einoth, čech. Řenoty], die zu den Mähr. Neustadt (Unčov) gehören. — Ad m. d. r. Math. Lemel relacionem faciente Michael prepos. Boleslav. — R. Henr. Fye — Or. Breslau Staats-A. (Mathias abend). **5819**

» » desgl. (in čechischer Sprache). — Or. Brünn Staats-A. — KU ? — R ? Čelakowsky. **5820**

» 25 » präsentiert Mathias Kupfernagel aus Basel für eine Pfründe der Michaelis-Kirche zu Bern (Verona; vgl. 1425 Jan. 18). — Canc. Mich. — Not. RR. II 34ʳ. (25. mens. febr.) **5821**

» » giebt dem Nürnberger Bürger Sigmund Stromer, der „nach seinen geschäften ietzund aus unsern kunigl. hof reuthet und im auch sunst oft und dick hin und her wieder zu uns zu ziehen gebüret", einen Geleitsbrief. — KU ? — Or ? — v. Murr, Beschreibung d. Merkwürdigk. in Nürnberg, 2. Aufl. (1801) 235. **5822**

» » verleiht seinem Hofschreiber u. Protonotar Peter Wacker, der ihm seit seiner Wahl zum römischen König in Ungarn, Friaul, der Lombardei, bei der Krönung in Aachen, auf dem Kon-

1424		
		stanzer Konzil, in Aragonien, Frankreich, England u. wider die Hussen zu Böhmen, sowie im ganzen Reiche so treulich gedient, die Anwartschaft auf die Lehen (zu Rödelheim, Sachsenhausen, Frankfurt, an der Nidda) des Rudolf v. Sachsenhausen, falls dieser ohne Leibeserben stärbe. — Ad m. d. r. d. Jo. ep. Zagrab. canc. referente Franc. — RR. H 35ᵛ. (Mathes t.) **5823**
März 1	Schramovitz	erhält hier durch Kg. Erich v. Dänemark, den B. Sbigneus v. Krakau u. den Marschall des Polenkönigs Sbigneus v. Brzezie Geleit seitens des Polenkönigs, zu dem er reisen will, zugesichert. — Dlugoss, hist. Polon. 1, 474. **5823 a**
» 2	Novitarg	kommt hierher (auch in Begleitung seiner Gemahlin Barbara), um zu übernachten. — Dlugoss ib. **5823 b**
» 3	Myslenice	wird hierher vom König v. Polen geleitet. — Dlugoss 1, 474 f. **5823 c**
	Krakau	kommt hierher mit der Königin Barbara, um den König v. Polen zu besuchen. — Windeck S. 175. Nach Dlugoss 475 kam S. über Wieliczka erst am 4. März nach Krakau. **5823 d**
» 5	Ofen [!]	nimmt Sigmund Stromer (Strasser) v. der Rozen aus Nürnberg unter seine Familiares auf. — KU? — Not. RR. H 36ᵛ. (esto michi). **5824**
	Krakau	nimmt Teil am Beginn der Krönungsfeierlichkeit der Königin Sophie v. Polen. — Dlugoss 1, 475 (daselbst esto mihi = Febr. 12 berechnet!) **5824 a**
» 11	»	ist zu Gaste bei dem Ritter Zawissius Niger v. Garbow. — Dlugoss 1, 476. **5824 b**
» 17	»	erteilt dem Hrz. Albrecht v. Österreich die Vollmacht, Schloss u. St. Ostrau (-rob), zur Markgrafschaft Mähren gehörig, u. einige Schlösser, welche dem Bistum Mähren [Olmütz] gehören, von Hassiko v. Walstein in seine Gewalt auf jede Weise zu bringen. — [Ad m. d. r. Michael prepos. Bolesl. — o. R! — Or. Wien H.-H. u. St.-A.; RR. H 35ᵛ u. 36ᵛ]. — Reg.: Lichnowsky, Gesch. d. Haus. Habsburg 5 nr. 2178. **5825**
» 18	»	befiehlt den Ständen v. Bautzen, Görlitz, Zittau, Lauban, Löbau u. Kamenz, den Zittauern zur Wiedereroberung u. Behauptung des von den Hussiten genommenen Neuenhauses (b. Zittau) Hilfe zu leisten; die Anordnungen im einzelnen überbringe ihnen Bernhard v. Dowischicz. — Per d. Janconem de Chotiemicz Michael prep. Bolesl. — Or. Bautzen. — Palacky, Beitr. z. G. d. Huss. Kr. 1, 323 f. (sa. vor reminiscere). **5826**
»	»	beauftragt den B. Stefan v. Brandenburg, da B. Johann v. Brandenburg gestorben sei, ohne für ihn den ihm v. P. Martin V. verliehenen Zehuten in den Diözesen Kammin u. Schleswig eingezogen zu haben, damit. — Rex Mich. — RR. H 36ᵛ. (sabb. ante reminiscere). **5827**
»	»	stellt dem Sigmund v. Wartenberg auf Tetschen für die geleisteten Dienste eine Schuldverschreibung über 1000 Schock Groschen aus u. verpfändet demselben bis zur Tilgung dieser Schuld den Kammerzins der St. Aussig im Betrage von 100 Schock Groschen. — KU? — Registr. v. 1454 — Arch. česky 1, 545 = Hieke-Burčička, Urkundenb. der St. Aussig 95. Noraček. **5828**
»	»	verschreibt dem Sigmund v. Wartenberg weitere 300 Schock Groschen auf dem Kammerzins von Laun. — KU? — Reg. v. 1454 — Arch. česky 1, 545. Noraček. **5829**
» 19	»	verlässt diese Stadt. Windeck S. 175. — Nach Dlugoss 1, 477 war Kg. Sigmund 15 Tage in Krakau. **5829 a**
» 23	Sandetz (Czans)	beauftragt seinen Kammermeister Albrecht v. Colditz, Hauptmann zu Breslau u. Schweidnitz, u. seinen Rat Janko v. Chotiemitz mit der St. Stade wegen Lösung derselben aus der Acht zu unterhandeln u. abzuschliessen. — Rex. Michael — RR. H 36ᵛ. (do. vor frow. t. annunc.) **5830**
» 27	Leutschau	belehnt Wilhelm v. Dürrwangen (Turw-) mit dem Haus u. dem Markt Dürrwangen. — Rex. Michael — RR. H 36. (mo. nach oculi). **5831**
» 30	»	befreit auf die ihm durch den Grosscomtur Walrabe v. Hunsbach übermittelte Bitte des Hochmeisters Paul v. Russdorf alle Unterthanen des Deutschordens in Preussen u. Livland von der Jurisdiction des kaiserl. Hofgerichts, abgesehen von offenbarer Rechtsverweigerung durch die Ordensgerichte. Zeugen: Kardinal Branda v. Piacenza, Mathias ungar. Vizekanzler Propst zu Agram, Georg Propst montis s. Martini, Benedikt Propst v. Stuhlweissenburg, Konrad Kantner Hrz. v. Öls, Heinrich Hrz. v. Gross-Glogau, Johannes Banus, Albrecht v. Colditz Kammer-

1424		
		meister, Stefan v. Rozgon, Johann v. Risenberg, Mathias v. Paloz, Johann v. Colowrat. — [Ad m. d. r. Michael prep. Boleal. — R. Henr. Fye — Or. Stuttg.: ein 2. Or. Königsb.]; RR. H f. 36ʳ u. 37ᶠ; Kop. Reval Rats-A. — Liv-, Estl. u. Curl.-Urkb. 7, 82 ff.; vgl. auch Reg.: Mon. med. aevi hist. res gest. Polon. illustr. 11, 159. (penultima d. marcii). **5832**
März 31	Dioszgyör (Dyoszsur)	giebt, da er die Beilegung seiner Streitigkeiten mit Böhmen dem Kg. Wladislaw v. Polen anvertraut hat, dessen Gesandten u. allen Böhmen, die zum Zwecke der Verhandlungen zwischen Polen u. Böhmen hin- u. herreisen würden, Geleit. — KU? — Vid. des Polenkönigs v. 1424 nach April 18: Hds. d. Königsb. Univ.-Bibl (liber Cancell, St. Ciolek). — Arch. f. österr. Gesch. 45, 458 f. — Palacky, Beitr. 1, 329; nach einer Kurniker Hds.: Mon. med. aevi hist. res gest. Polon. illustr. 6, 622 f. (fer. sexta ante Ambros.) **5833**
[⸱ 31]	»	schreibt dem Hrz. Albrecht v. Österreich, dass er dem Polenkönig Vollmacht gegeben, mit den Hussiten zu verhandeln, u. ersucht ihn, den dazu Bevollmächtigten freien Durchzug durch Mähren zu gewähren. — KU? — Aus e. Kurniker Hds.: Mon. med. aevi hist. res gest. Polon. illustr. 6, 622. (s. d. et l.) **5834**
»	»	übersendet dem Kg. Wladislaw von Polen Schreiben des P. Martin V. und der Kardinäle [v. 1424 Febr. 14], die noch grösseren Eifer gegen die Hussiten fordern, u. bittet um Mitteilungen über die Art u. Stärke der beabsichtigten Hilfeleistung gegen die Böhmen, sowie um Verhinderung jeder Unterstützung derselben durch seine Unterthanen. — KU? — Hds. d. Kgsb. Univ.-Bibl (liber Ciolek). — Arch. f. österr. G. 45, 365 ff. — Palacky, Beitr. 1, 333 ff. s. d.; (vielleicht erst Anf. April, jedenfalls nicht vor März 31 geschrieben). **5835**
Apr. 14	Gran	drückt dem Ulrich v. Rosenberg sein Bedauern über dessen Missgeschick im böhm. Kriege aus u. ruft ihn an das kgl. Hoflager, wo auch Hrz. Albrecht v. Österreich nächstens eintreffen werde. — Ad m. d. r. Michael prepos. Boleslav. — Or. Wittingau. — Arch. Čeaky 1, 18; vgl. Reg.: Palacky, Beitr. z. G. d. Huss. Kr. 1, 333. **5836**
» 23	Blindenburg =· Wissegrad	empfängt bald nach Ostern die Gesandten der Kurfürsten (u. a. die BB. Johann v. Würzburg u. Raban v. Speier). Windeck, hrsg. v. Altmann S. 175. **5836a**
Mai Anfg.	»	empfängt eine Gesandtschaft des Mkgr. Bernhard v. Baden, der sich über den Pfalzgr. Ludwig beklagen lässt ... ib. 176. **5836b**
» 9	»	belehnt Otto den ältesten des Geschlechts Vestenberg mit den Reichslehen seines Geschlechts u. beauftragt ihn den Lehnseid in die Hände des Konrad v. Weinsberg abzulegen. — KU? — RR. H 37. (nud. t. d. meyen). **5837**
»	»	giebt seine Zustimmung, dass Heinrich v. Helmstadt seinen Anteil an Helmstadt (Reichslehen) an seine Vettern Andreas u. Hans v. H. gen. v. Rozemberg verkauft hat. — Per d. Jo. ep. Zagrab. canc. Franc. — ib. 37ʳ. (id. dat.) **5838**
» 10	»	bestätigt die von Kg. Wenzel 1399 [Juli 26] dem Abt des Klosters zu Hellabronn erteilte Erlaubnis [inser.], das Dorf Merkendorf mit Gräben zu befestigen u. einen Jahrmarkt dort abzuhalten. — [Ad m. d. r. d. Jo. ep. Zagrab. canc. referente Mich. prep. Bolesl. — H. Henr. Fye — Or. Nürnberg Kr.-A.; RR. H 37ᶠ.] — Reg. Boic. 13, 35. (an d. zehenden t. d. meyen). **5839**
» 12	»	teilt seinem Hofrichter Hans v. Lupfen die den Unterthanen des Deutschen Ordens in Preussen u. Livland gewährte Befreiung [nr. 5832] von der Jurisdiction des Hofgerichtes mit. — Ad m. d. r. Michael prep. Boleslav. — (o. R) — Or. Königsberg. — Liv-, Estl. u. Curl. Urkb. 7, 93 f. (fr. vor Sophie). **5840**
» 13	»	giebt seinem Diener Burkart v. Ellorbach [Oberpfalz] u. dessen Bruder Hans auch für seine Unterthanen, bes. für das Haus Macrensuß [?] u. den Markt Thumhausen (Tumhusen) das Privileg de non evocando. — Per d. Joh. ep. Zagrab. canc. Mich. — RR. H 53ʳ. (sampst. vor Sophie). **5841**
»	»	desgl. dem Heinr. v. Randeck. — Not. ib. **5842**
» 14	»	bestätigt auf Bitten des Abtes Hugo die Privilegien des Kl. Alpirsbach: inser. das Privileg Karls IV. v. 1361 Mai 2 (a. non. mal; sic!), in das wieder das Privileg Heinrich V. v. 1123 Jan. 23 inserirt ist [vgl. Böhmer-Huber nr. 3479]. — [Ad m. d. r. d. Jo. episc. Zagrab. cancell. referente Mich. prepos. Bolesl. — R. Henr. Fye] — Or. Stuttgart; [RR. H 54ʳ u. 55]. —

1424

(Besold) Documenta monaster. in ducatu Wirtemb. sitor. 270 ff.; vgl. Reg.: Glatz, G. d. Kl. Alpirsbach 322.   (J. decimo quarto mai).   **5843**

Mai 15 Blindenburg = Wissegrad — gebietet dem P f a l z g r a f e n Ludwig, die Streitsache zwischen Walther Erbe u. der St. Strassburg bis Sept. 29 beizulegen; die Stadt habe seine Intervention angerufen, da sie von Erbe bereits zweimal vor das heimliche Gericht geladen sei; er habe die Freigrafen v. Arnsberg angewiesen nichts gegen Strassburg bis Sept. 29 zu unternehmen. — KU? — Vid. v. 1424 Aug. 21 Strassburg St.-A.   (Sophien l.)   **5844**

» 16 » — erlaubt Raban H o f f w a r t v. Kirchheim seiner Hausfrau Sewfeln v. Dorne 1000 Gulden auf sein Reichslehen, das Dorf Eibelstadt (Eyf-) als Wittum zu verschreiben u. giebt ihr das Recht, dasselbe zu verpfänden, zu verkaufen u. s. w. [vgl. 1424 Aug. 2]. — KU? — RR. H 54ᶠ. (dinst. nach jubilate).   **5845**

» 17 » — präsentiert dem Viktorstift in X a n t e n für die durch Resignation Balwins v. Dyk freigewordene königl. Kaplanstelle den Rutger v. Dyk. — KU? — RR. H 41ᶠ u. ausgestr. Not. ib. 44ᶠ. (17. m. mai).   **5846**

» » » — befiehlt dem Rat zu R e g e n s b u r g, er solle nach früheren Anordnungen u. gemäss den Setzungen des Konzils zu Siena seinen Mitbürgern u. Kaufleuten ernstlich verbieten, die böhm. Ketzer irgendwie durch Hab u. Gut zu unterstützen oder überhaupt mit ihnen zu verkehren. Nachschrift: Wer den Ketzern etwas abnehme, der dürfe es behalten. — Ad m. d. r. Franciscus prep. Strigon. — Andreas v. Regensb. (Supplem. f. 413—14). — Palacky, Beitr. z. G. d. Huss. Kr. 1, 339 f.   (mi. nach Sophie).   **5847**

» » » — befiehlt dasselbe den schlesischen Städten, insbes. B r e s l a u, S c h w e i d n i t z u. J a u e r. — KU. w. v. — Or. Breslau Stadt-A. — Script. rer. Siles. 6, 42 f. — Palacky, Beitr. 1, 340 f.   **5848**

» » » — befiehlt dem EB. Johann v. R i g a u. allen andern Prälaten in Preussen u. Livland von der Verkürzung der päpstl. u. kaiserl. Privilegien des Deutschen Ordens abzustehen; er habe den Orden zur Abwehr dagegen ermächtigt. — Ad m. d. r. Franciscus. — RR. H 53; Kop. Stockholm Reichs-A. — Liv.-, Esth.- u. Curl.-Urkb. 7, 94 f.   (mi. nach jubilate).   **5849**

» 19 » — erklärt, dass gemäss einem schon früher von ihm erlassenen Spruche zwischen dem Hrz. Ludwig v. Baiern u. dessen Widersachern, da beide Parteien deutsche Fürsten seien, in Deutschland u. nicht in Ungarn Recht gesprochen u. baldmöglichst ein Gerichtstag darüber angesetzt werden soll. — [Ad m. d. r. Franc. prep. Strigon. — R. Henr. Fye — Or. München R.-A.; ein 2. Or. ib. mit KU: Perd. Jo. ep. Zagrab. canc. Franc. prepos. Strigon. o R; Vid. v. 1437 Dec. 19 ib.; RR. H 40ᵛ]. — Reg. Boic. 13, 36.   (fr. nach jubilate).   **5850**

» » » — beauftragt die EBB. Konrad v. M a i n z, Dietrich v. K ö l n u. Otto v. T r i e r die Misshelligkeiten zwischen dem Pfalzgr. Ludwig, den Städten Freiburg, Breisach u. Endingen einer-, dem Mkgr. Bernhard v. Baden andererseits, sobald als möglich zu Worms beizulegen, damit der Zug gegen die böhm. Ketzer nicht Hindernisse dadurch erleide. — [Ad m. d. r. Franc. prepos. Strigon. — R. Henr. Fye] — Or. Würzburg; [RR. H 40ᵛ u. 41ʳ]; Kop. Karlsruhe — Foster, Reg. d. Mkgr. v. Baden nr. 3660.   (frit. nach Zophien).   **5851**

» » » — erlaubt dem Mkgr. Manfred v. S a l u z z o in anbetracht von dessen Kriegsgefahren den Zoll zu Mulazzano, der seiner Familie von röm. Königen einst verliehen worden ist, in der einst festgesetzten Höhe zu erheben, nachdem zeitweilig in nicht vollwertiger Münze der Zoll entrichtet war. — Rex. Franc. — RR. H 41ᵛ.   (19. m. mai).   **5852**

» » » — ermahnt die St. S c h w ä b i s c h - H a l l dem R. Johann v. Würzburg, der gegen sie vor dem Landgericht zu Franken u. auch vor dem Hofgericht Recht erhalten, doch endlich Genugthuung zu geben. — Ad m. d. r. Franc. prepos. Strigon. — o. R — Or. Würzburg.   (frit. nach jubilate).   **5853**

» 20 » — belehnt den Philipp v. Levis, Herrn v. T h o i r e [Schloss gelegen in der St. Matafelon] u. V i l l a r s [Dep. de l'Ain] (Bote: Johannes Herbilkonny de Werd) mit den durch den Tod seines Onkels Humbert v. Thoire u. Villars erledigten Reichslehen, obgleich derselbe später als binnen Jahr u. Tag die Belehnung nachgesucht hat. — Rex. Franc. — RR. H 41.   (20. d. mai).   **5854**

» 22 » — widerruft dem B. Joh. v. Würzburg gegenüber die Abmachung eines Darlehens auf die Städte Heidingsfeld u. Bernheim von 12000 rhein. Gulden, welche er zur Rettung des Karlsteins mit ihm durch dessen Rat Albrecht v. Egloffstein geschlossen, da der Karlstein nicht gerettet

1424		

worden ist, u. sagt die Städte Heidingsfeld u. Bernheim der Verpfändung ledig. — o. KUl — o. Rl — Or. Würzburg. (mo. vor Urbans tag). **5855**

Mai 22 · **Blindenburg = Wissegrad**
widerruft dies öffentlich. — Ad m. d. r. d. Jo. de Swihow referente Mich. prep. Bolesl. — R. Henr. Fyo — Or. ib.; RR. H 40ᶠ. — Vgl. Ladewig, Geschicht-Schreiber von dem Bistum Wirtzburg 703. (id. dat.) **5856**

" " zeigt dem B. Joh. v. Würzburg an, dass er (als König v. Böhmen) die Städte Heidingsfeld u. Bernheim um 12400 rhein. Gulden von ihm wieder einlösen will, u. ersucht ihn nach Empfang des Geldes darüber zu quittieren, die Städte der Pfandschaft ledig zu erklären u. s. w. — KU. w. v. — o. R — Or. Würzburg. (mo. vor Urbans tag). **5857**

" " erlaubt den Städten Heidingsfeld u. Bernheim sich mit 12400 rhein. Gulden aus dem Pfandbesitz des B. Joh. v. Würzburg zu lösen, verspricht sie nimmermehr zu verpfänden oder von der Krone Böhmen zu entfremden u. giebt ihnen noch einige andere Freiheiten. — Ad m. d. r. Franc. prepos. Strigon. — R. Henr. Fye — Or. Würzburg; RR. H 39ᵛ u. 40ᶠ. (id. dat.) **5858**

" **24** **Ofen**
giebt Quilicus Bertachini aus Verona u. dessen Erben das Recht Münzen zu schlagen. — — Canc. Franc. — Not. RR. H 42ᶠ. (24. m. mai). **5859**

" " legitimiert Nicodemus, den Pflegsohn des † Johannes aus Saint-Symphorien-de-Marmague (de s. Simphoriano supra Morgiam) in der Diöz. Lausanne. — Rax. Franc. — RR. H 41ᵛ. (24. d. mai). **5860**

" **25** "
befiehlt der St. Augsburg ihre nächsten Nov. 11 fällige Reichssteuer an Hrz. Ulrich v. Teck zu zahlen. — Rex. Franc. — RR. H 41ᶠ. (Urbans t.) **5861**

" " erlaubt dem Hrz. Heinrich in Baiern, dass Schloss Donaustauf, das Karl IV. einst den Vorfahren der Herzöge in Baiern verpfändet hatte, diese aber der St. Regensburg ,verkümmerten', wieder einzulösen u. zu besitzen [vgl. 1424 Okt. 24], doch mit Vorbehalt ewiger Lösung seitens der Könige v. Böhmen u. mit Ersatz der etwaigen Baukosten. — [Ad m. d. r. Mich. prep. Bolesl. — R. Henr. Fye — Or. München R.-A.; RR. H 40ᵛ]. — Reg. Boic. 13, 36 f. (Urbans t.) **5862**

" " versieht die St. Regensburg mit diesbezüglicher Anweisung. — [KU. w. v.?] — Or. [?] München R.-A.: Gerichtslitt. (id. dat.) *Rieder.* **5863**

" " bestätigt dem Prämonstratenser-Kl. in Windberg (Regensb. Diöz.) die Schenkung v. Albrechtsried durch K. Karl IV. [Böhmer-Huber nr. 356? nicht inser.] — Ad m. d. r. d. Jo. de Swihow referente Franc. prep. Strigon. — Rᵗᵃ — Or. ib.; nicht in RR, da A. in Böhmen liegt]. — Reg. Boic. 13, 37. (die vicesima quinta m. mai). **5864**

" **26** "
giebt Jodocus Habaung ein Wappen. — Rax. Mich. — Not. RR. H 43ᵛ. (sexta fer. ante ascens.) **5865**

" **27** "
verspricht die 3222½ ung. Gulden, die er ursprünglich dem † B. Georg v. Passau geschuldet, jetzt aber dem Hrz. Albrecht v. Österreich schuldet, für die dem Bischof seinerzeit übergebenen Pfandstücke ausgelöst u. sie ihm bereits übergeben hat, bis Pfingsten 1425 zu zahlen. — KU? — RR. H 44ᵛ; am Rande: restituta et annichillata. (sampst. vor Petronellen). **5866**

" " giebt Kg. Wladislaw v. Polen Vollmacht, mit den Hussiten über den Frieden zu verhandeln. — Ad m. d. r. Francisc. prepos. Strigon. — [RR. H 37ᵛ u. 38ᵛ]; Kop. Arch. Czartorysk. Krakau. — Mon. med. aevi hist. res gest. Polon. illustr. 12, 175 f. **5867**

" **28** "
gebietet der St. St. Gallen den Juden Lewen festzunehmen, welcher aus Konstanz nach St. Gallen trotz seines Schwures geflohen, ohne ihm den 3. Pfennig aller seiner Habe gegeben zu haben, womit der Übereinkunft zu Nürnberg mit den Kurfürsten Genüge gethan werden sollte, u. gegen seinen (Sigmunds) Willen mit Ulrich Meyer ein Abkommen getroffen hatte. — o. KU! — o. R — Or. St. Gallen Stadt-A. (so. vor naff.) **5868**

" **30** "
befiehlt dem EB. Günther v. Magdeburg, dem Konrad v. Stein, der die Bedrückungen von Einwohnern der St. Halle durch Coppe Pischker abstellen soll, behiflich zu sein. — Ad m. d. r. Jo. episc. Zagrab. cancell. — o. R — Or. Magdeb. Staats-A. (di. vor auffart tag). **5869**

1424		
Mai 31	Ofen	verlangt von allen Reichsunterthanen Unterstützung für Konrad v. Stein, welcher von Coppe Bischker die Busse wegen Verletzung der Privilegien der St. (Sächs.-) Halle u. für Erich v. Kolkowitz die ihm vom Hofgericht zugesprochenen Güter einziehen soll, sowie für seinen Kaplan Johann Kesselring, Pfarrer zu Dillingen u. Wilhelm v. Stein, welche das Interesse des Erich gleichfalls wahrnehmen sollen. — Rex. canc. refer. Franc. — RR. H 41ᵛ u. 42ᵛ. (mi. vor herren uffart). 5870
„	„	bestätigt dem Walther v. Geroldseck den Pfandbesitz der Reichsdörfer Hochfelden, Marlenheim (Marley), Kirchheim, Nordheim, Romansweiler, Goxweiler (Goßwilr), Thann (Danne) u. [Hoch-]Barr(e). — Rex. Mich. — RR. H 44ᵛ. (herren uffart ab.) 5871
„	„	sichert dem Ludwig v. Lichtenberg 7½ Fuder Weingelts in dem Dorfe Ballbronn u. das halbe Dorf Tränheim (Tren-) als Reichslehen nach dem Tode des gegenwärtigen Inhabers Gosse Schonppe zu u. befiehlt dem Mkgr. Bernhard v. Baden in diesem Falle den Lichtenberg statt seiner zu belehnen. — Ad m. d. r. Mich. prepos. Bolesl. — Rᵗᵃ — Or. Darmstadt; RR. H 44ᵛ; Kop. Strassb. Bez.-A. (herren auffart ab.) 5872
„	„	verleiht demselben 4 Fuder Weingelts auf dem Zehnten zu Ballbronn, welches Reichslehen durch den Tod des Hans Stülle erledigt ist, u. befiehlt dem Mkgr. Bernhard... — KU. w. v. — Rᵗᵃ — Or. Darmstadt; RR. H 44. — Vgl. Fester, Reg. d. Mkgr. v. Baden nr. 3662. (id. dat.) 5873
„	„	befiehlt dem Mkgr. Hernhart v. Haden, der trotz seines Gebotes die Streitigkeiten zwischen der St. Strassburg u. Claus Zorn v. Bulach um die Fähre zu Grafenstaden, die Dörfer Illkirch, Grafenstaden u. Illwickersheim beizulegen u. trotzdem die streitenden Parteien sich an ihn gewandt, dies nicht gethan hat, nochmals seinem Befehle nachzukommen. — KU. w. v. — Kop. Strassb. St.-A. (uffart abend). 5874
„	Blindenburg	an Strassburg u. Basel: angesichts der Fehde zwischen Pfalzgr. Ludwig u. den Städten des Breisgaus einer- u. Mkgr. Bernhard v. Baden andererseits habe er dem B. Johann v. Würzburg, sowie seinen Räten Albrecht v. Hohenlohe u. Konrad v. Weinsberg befohlen, dass sie „von hewt uber dry wochen" (21. Juni) in Heidelberg sein u. dort die streitenden Parteien bestimmen sollen, die Beilegung des Zwistes den EBB. Konrad v. Mainz, Dietrich v. Köln u. Otto v. Trier oder zweien derselben zu übertragen (vgl. nr. 5851). — [Ad m. d. r. Franc. prepos. Strigon. — o. R] — Or. Strassburg St.-A. — Fester, Regesten nr. 3663. (Petronellen t.) 5875
„	Ofen	hält eine Ansprache vor den bei ihm versammelten Fürsten (nachdem eben der EB. v. Magdeburg u. der Hrs. Premko v. Troppau eingetroffen), um sich von dem Verdacht, er sei ein Hussit, zu reinigen. Windeck S. 186. 5875a
Juni 2	„	giebt als König v. Kurfürst v. Böhmen auf Bitten Nürnbergs seinen Willen dazu, dass die Stadt die Reichskleinodien ewig behalten u. verwahren möge. — Ad m. d. r. Michael prepos. Bolesl. — [Rᵗᵃ — Or. Nürnberg Kr.-A.; RR. H 39ᵛ]. — (v. Marr) Journal z. Kunstg. u. Litt. 12, 98 ff.; vgl. Reg. Boic. 13, 37. (fr. nach uns. herren auffart). 5876
„	„	verleiht die Aue bei Nackenheim (Nackh-) bei Scha[r]fenstein obwendig Mainz, welches Reichslehen Peter Gensfleisch widerrechtlich inne hat, seinem Protonotar Michel v. Priest, Propst zu Bunzlau (Boleslav) u. seinem Schreiber Kaspar Schlick. — KU? — RR. H 43. (freit. nach herren uffart). 5877
„	„	verleiht denselben den Knoblauchshof bei Frankfurt, welches Reichslehen Fols v. der Winterbach widerrechtlich inne hat. — KU? — Not. ib. 43ᵛ. 5878
„	„	desgl. die Aue bei Ginsheim, welche Henmann Speinshart v. Mainz widerrechtlich inne hat. — W. v. 5879
„	„	entlässt [auf Bitten des Hermann Ballod] die Bürger der St. Stade (Stadin), aus des Reiches Acht u. Aberacht [vgl. nach 1424 Sept. 29], worin sie lange Zeit ihres Ungehorsams wegen gewesen sind. — [Rex. Michael. — RR. H 44ᵛ u. 45(aᵛ)]; Kop. Konstanz. — Reg.: Marmor. Urkundenauszüge z. G. d. St. Konstanz 57. (fr. nach herren auffart). 5880
		berichtet verschiedenen Reichsständen von den Verhandlungen zwischen ihm u. den Gesandten der Kurfürsten (u. a. B. Johann v. Würzburg u. B. Raban v. Speier) in betreff der Bekriegung der Hussiten, mahnt um ihren Zuzug, sobald die Kurfürsten (zu denen er die Gr. Adolf v.

1424		

Nassau u. Michel v. Wertheim, sowie später Albrecht v. Hohenlohe u. Konrad v. Weinsberg gesandt) sie besenden u. ihm zu Hilfe ziehen werden. Zusatz für die Städte: heischt ihre Gesandten zu sich, um mit denselben von seinen u. des Reichs Sachen zu reden. — Ad m. d. r. Michael prep. Boleslav.

an Strassburg, Mülhausen, Colmar, Schlettstadt, Hagenau, Weissenburg, Rosheim, Türkheim, Oberehnheim, Kaisersberg. Münster. — Or. Strassburg St.-A.; [Kop. Hagenau. *Hanauer*]   5881

an Köln u. Dortmund. — Or. Köln (vgl. Mitteil. a. d. Stadt-A. zu K., Heft 24, 145) 5882

an Hrz. Adolf v. Berg. — Or. Düsseldorf.   5883

an Lübeck, Hamburg, Wismar, Stralsund, Rostock u. die andern Hansestädte. — Or. Lübeck.   5884

an Regensburg bei Andreas v. Regensb.   5885
RTA 8, 378 ff.   (fr. nach herren uffart).

Juni 6	Ofen	schliesst einen Waffenstillstand mit den Türken auf 2 Jahre. Windeck 186. 5885 a
» 8	»	an Strassburg, Basel u. die Reichsstädte des Elsass: dankt für ihre Bereitwilligkeit den auf Juni 1 zu Worms angesetzten Söhnetag wegen der Fehde mit Mkgr. Bernhard v. Baden zu besuchen; nach Beratung mit den BB. Johann v. Würzburg u. Raban v. Speier, die bei ihm gewesen, habe er den Pfalzgrf. Ludwig. den Mkgr. v. Baden u. sie (die Adressaten) aufgefordert die Entscheidung ihres Streites den EBB. Konrad v. Mainz, Dietrich v. Köln u. Otto v. Trier (oder zweien derselben) zu übertragen; verlangt, dass die Fehde endlich beigelegt werde (vgl. nr. 5875). — [Ad m. d. r. Ffranc. prepos. Strigon. — o. R]. — Or. Strassburg St.-A. — Vgl. Fester, Reg. d. Mkgr. v. Baden nr. 3671. (donerst. vor pfingst.) 5886
» 9	»	beauftragt seine Räte Wend v. Eulenburg (Ub-) u. Apel Vitztum v. der Judenschaft in den Landen Wilhelms, Landgrafen v. Thüringen u. Markgrafen in Meissen, den dritten Pfennig, der nach Reichstagsbeschluss von allen Juden in Deutschland einzuziehen ist, einzuziehen. — Rex. Mich. — HR. H 44ᵛ. (freit. vor pfingst.) 5887
»	»	bittet den P. Martin V. zu billigen, dass die Reichskleinodien in Nürnberg bleiben sollen, u. zu gestatten, dass bei diesen Reichskleinodien Ablass erteilt würde. — KU? — (v. Murr) Journal z. Kunstg. u. Litt. 12, 101 ff. 5888
» 12	»	sendet an die Eidgenossen Philipp Delbene v. Florenz, laternens. Pfalzgrafen u. Philipp v. Heimgarten, um sie nochmals zum Kriege gegen den Herzog v. Mailand zu bewegen, da sein erster Bote Kaspar Dorner (Turner), der nach Savoyen u. Wallis weiter gereist ist, mit der Antwort zu lange ausbleibt: der König v. Aragonien u. die Florentiner lägen schon im Felde. — Ad m. d. r. Michael prepos. Boleslaviens. (gedr. propositionis Boieslamensis!) — Or. Luzern Staats.-A. — Samml. d. ält. eidg. Abschiede 2, 39. 5889
»	»	nimmt den päpstlichen Abbreviator Nikolaus Volrat unter seine Familiares auf. — Ad relac. Nicolai de Peria marescalci Franc. — Not. RK. H 54ᵛ. (12. d. jun.) 5890
		Juni 20 o. O.: Der Hofgerichtsschreiber Peter Wacker ladet die St. Minden vor das Hofgericht auf die Klage des Friedrich Kragen, Kirchherren zu Hildenhusen. — Or. Münster. — Kaiserurkh. in Abbild. 5, 21ᵃ u. Text S. 105. 5890a
» 22	»	verlangt von dem Frankfurter Rat, dass er den Fels v. Winterbach anhalte, dass dieser den als Reichslehen erkannten, aber verschwiegenen Knoblauchshof (Saalhof) an die neuen Lehnsträger Michel Priest u. Kaspar Sligk herausgebe [vgl. auch nr. 5873]. — KU? — Or. früher Frankf. Stadt-A., jetzt? — Reg.: Aschbach 3, 450; vgl. hierzu Invent. d. Frankf. Stadt-A. 4, 96 (nr. 44). 5891
»	»	nimmt teil an der Frohnleichnamsprozession mit seiner Gemahlin, dem K. Johann v. Griechenland u. dem Kardinal Branda; erhält die Nachricht von dem Vertrage Ziskas mit den Pragern. Windeck 198. 5891 a
» 24	»	legitimiert Gerhard Steigreiff, den Sohn des Aachener Bürgers Gerhard Steigreiff. — Rex. Franc. — Not. RK. H 54ᵛ. (d. 24. jun.; s. L) 5892
		Juni 25 Ofen: an die wetterauischen Städte. Or. Frankfurt Stadt-A. Reg.: Aschbach 3, 450 — falsch statt 1425 Juni 10. (sont nach gots lichnams t.)

1424		
Juni 27	Ofen	gestattet Hermann **Falck** aus Friesach (Frisacum) u. Andreas **Zeringer** aus Judenburg, welche auf offenem Meere von den Venetianern beraubt worden sind, Repressalien gegen diese, da die Intervention des EB. Eberhard v. Salzburg u. des Hrz. Ernst v. Österreich erfolglos geblieben. — Rex. Franc. — RR. H 43ᵛ u. 44ʳ u. ausgestr. ib. 34ᵛ. (27. d. Jun.) 5893
" 28	"	entscheidet die Streitigkeiten zwischen Kg. Erich v. Dänemark, Schweden u. Norwegen u. den Grr. Heinrich, Adolf u. Gerhard v. Holstein (vgl. nr. 6019). — Anwesend: EB. Ferdinand v. Lucca, Ludwig (v. Teck) Patriarch v. Aquileja, Günther EB. v. Magdeburg, Georg EB. v. Gran, Nikolaus Bischof v. Waitzen, Petrus v. Beegon Bischof v. Veszprim, Joh. Reagon ungar. Schatzmeister, Pipo Span, Nikolaus Gara, Benedict Propst v. Stuhlweissenburg u. päpstl. Protonotar, Johann Propst v. Ofen, Franz Propst v. Gran Vicekanzler, Peter Paul v. Capo d'Istria (Justinopolis), Zimborius v. Padua Ritter, Dr. Nicolaus Zeislmeister, Dr. Ludovicus de Cataneis, Dr. Joh. de Melanensibus; der Notar Antonius v. Pisa. (Die Namen im Drucke verderbt). — Ad m. d. r. Franciscus prepos. Strigon. — H. Hoinr. Fije. — [RR. H 55ᵛ — 57ʳ]. — Pontanus, rer. Danic. hist. (1651) 371 ff. 5894
"	"	giebt Georg **Mann** v. Goldberg sowie dessen Brüdern Nikolaus u. Martin ein Wappen. — Rez. Mich. — Not. RR. H 43ᵛ. (s. l.) 5895
"	"	Juni: beantwortet ausführlich einen durch den Kg. Wladislaw v. Polen ihm übermittelten Vorschlag der Hussiten zu einer Disputation zwischen hussitischen u. katholischen Doktoren. — Arch. f. österr. Gesch. 45, 460 ff. — ist kein Brief Sigmunds, sondern an diesen gerichtet.
[nach Juni]	?	schreibt an ungenannte geistliche Fürsten, [die BB. v. Hildesheim, Paderborn u. Halberstadt], dass sie die Gebrüder Heinrich u. Gunzel v. Veltheim dazu zwingen sollen, benannte Frankfurter Bürger, die sie auf einer Wallfahrt zum heiligen Blute widerrechtlich gefangen genommen, in Freiheit zu setzen. — Reg.: Janssen, Frankf. Reichskorr. I, 340 — ist wahrscheinlich, da ohne Datum, Entwurf des Frankfurter Rat für Sigmund. 5896
Juli 2	Ofen	nimmt den Mag. artium, Dr. med. u. Arzt Johann **Stock** unter seine Familiares auf. — Rez. Mich. — Not. RR. H 57ʳ. (in d. visitac. Marie). 5897
" 7	"	belehnt den B. Johann [VI. v. Waldau] v. Lebus (Lubicensis) mit den Regalien. — Rex. Franc. — RR. H 30ʳ. (sept. julii). 5898
" 8	"	bittet um Rückgabe des österr. Urbars u. der Briefe über den Elsass u. Sundgau an die Herzogin Katharina v. Österreich. — Ad m. d. r. Johanne ep. Zagrab. canc. ref. Franciscus prepos. Strigon. — Kop.* Luzern Staats-A. — Liebenau an Thommen. 5899
" 11	"	befiehlt dem Rate zu Lübeck die am nächsten Sept. 8 fällige Stadtsteuer an Albrecht Schenk v. Landsberg zu bezahlen. — Ad m. d. r. Franciscus prepos. Strigon. — R? — Or. Lübeck: [Not. RR. H 42ʳ]. — Urkb. d. St. Lübeck 6, 597. (di. vor Marg.) 5900
"	"	befiehlt dem Gr. Friedrich VI. v. Toggenburg, dass er die Grafschaft Feldkirch u. die Landschaft Sargans nicht dem Hrz. Friedrich IV. v. Tirol, sondern nur ihm (dem Könige) u. dem Reiche zu lösen geben soll. — Ad m. d. r. Michael prepos. Boleslav. — [o. R] — Or. Wien H.-H. u. St.-A. — Arch. f. Kunde österr. Geschichtsquell. 1, 4, 13 f. (id. dat.) 5901
"	"	schreibt der St. Feldkirch, sie wüsste wohl, dass er sie zum Reich genommen u. am ihres Schutzes u. Schirmes willen dem Gr. Friedrich v. Toggenburg verpfändet habe, was die dem Grafen eingehändigten Briefe auswiesen; befiehlt daher dem Grafen als seinem Statthalter zu schwören; die Stadt soll auch bei seiner u. des Reichs Ungnade mit Hrz. Friedrich v. Österreich zu schaffen haben; der Graf v. Toggenburg u. dessen Erben sollen sie bei ihren Freiheiten u. Rechten bleiben lassen. — Ad m. d. r. Michael prepos. Bolesl. — o. R — Or. Feldkirch. (di. vor Margar.) Thommen. 5902
"	"	Juli 11 Blindenburg: betr. den Streit zwischen der St. Halle u. dem EB. v. Magdeburg. Schöttgen, Invent. dipl. historiae Saxonicae super. 376 — falsch statt Juli 21 (nr. 5911).
" 12	"	erlaubt, dass Konrad v. Weinsberg, der die Verhängung der Acht über die St. Weinsberg wegen Ungehorsam seitens des Hofgerichts erwirkt hat, statt mit dem Schwerte vorzugehen, die Hilfe der Geistlichen u. zwar des Dekans v. Würzburg in Anspruch nehmen darf, um die Stadt zur Nachgiebigkeit zu bewegen. — KU? — RR. H 42ʳ. (12. d. jul.) 5903
" 13	"	teilt dem Hochmeister des Deutschordens Paul v. Russdorf mit, dass er dessen durch den Grosskomtur Walraf v. Hunsbach übermittelte Bitte, die Breslauer zu ermahnen, den Ordens-

1424		
		mitgliedern die schuldigen Zinsen zu zahlen, erfüllt habe, doch müsse er auf Veranlassung der Breslauer bitten, dass sie mit der Münze, „die bei in gang leuffig und werd ist" zahlen können, da sie keine grossen böhm. Münzen auftreiben können. — Ad m. d. r. Mich. prepos. Boleal. — Or. Königsb. (Margrethen tag). **5904**
Juli 13	Ofen	verleiht dem Johann **Goldiner**, Protonotar des EB. Günther zu Magdeburg, Domherrn zu M. u. Propst zu Wörlitz (Wert-), sowie dessen Bruder Pecton Goldiner ein Wappen. — KU? — Not. RR. II 42ʳ. (Margareten). **5905**
[?]	»	bessert den Brüdern Wilhelm u. Johann **Mednetzer** ihr Wappen. — KU? — Not. ib. (s. d.) **5906**
» 14	»	fordert, anknüpfend an den Auftrag, den er den BB. Johann v. Würzburg u. Raban v. Speier gegeben, von dem Kurfürsten Friedrich I. v. **Brandenburg**, derselbe solle in Rücksicht auf den Hussitenkrieg eine Vertagung der Fehde des Mkgr. Bernhard I. v. Baden mit gen. Reichsständen (den Pfalzgrafen Ludwig, Hans u. Otto, den Städten Strassburg u. Basel, den Städten im Elsass u. Breisgau, dem EB. Dietrich v. Köln, der Herrschaft Würtemberg, dem Gr. Hans v. Lupfen) bewirken. — Ad m. d. r. Michael prep. Boleal. — Or. Nürnberg Kr.-A. — ETA 8, 363 ff.; vgl. Fester, Reg. d. Markgrafen v. Baden nr. 3734. (fr. nach Margar.) **5907**
»	»	befiehlt den Städten Brüx, **Budweis** u. **Kaadan** zur Entscheidung ihres Streites mit Heinrich v. Plauen [vgl. nr. 5754 u. 5927] eine Urk. K. Wenzels bis Nov. 25 beizubringen, bis dahin aber auch Frieden zu halten. — [Ad m. d. r. Francisc. prepos. Strigon. — o. R] — Or. Budweis — Kop. Prag Böhm. Mus. — Reg.: Palacky, Urk. Beitr. z. G. d. Huss. Kr. 2, 505. (fr. nach Margar.) **5908**
»	»	gestattet dem Anton v. **Monheim** (Mu-), Bernhart **Falkenawer** u. deren Gesellschaft, welche vor Jahren von Leuten des Mkgr. v. Baden u. des Burggr. v. Nürnberg beraubt worden sind, mit Repressalien gegen diese vorzugehen, da sie auf gerichtlichem Wege Schadenersatz nicht erreichen können. — KU? — RR. H 43ʳ. (freit. nach Margar.) **5909**
»	»	belehnt Herdeg **Tucher** mit Gütern in dem Erlach [? Oberfr.], in dem Heidelbach [?], auf dem Geisenfeld [= Geisfeld, Gensfeld?], Langenau (Oberfränk. B.-A. Kronach?), früher im Lehnsbesitze des Heinr. Mayr, Kunz Sind, Merkel Smyd, Seitz Mulner u. a. — Rex. Mich. — RR. H 52ʳ. (freit. nach Margar.) **5910**
» 21	Wissegrad[= Blindenburg]	entscheidet die seit längerer Zeit bestehenden Streitigkeiten des EB. Günther v. **Magdeburg** (Boten: die Magdeburger Domherren Johannes de Barbi u. Johann Goldiner) mit der St. Halle zu Gunsten des ersteren, nachdem in seinem Auftrage bereits sein Kanzler der B. Johann v. Agram, sein Vicekanzler der Pr. Franz v. Gran u. der B. Ferdinand v. Lucca die Angelegenheit untersucht haben [vgl. auch nr. 5922]. — Ad m. d. r. Job. episc. Zagrabiens. cancell. — B. Henr. Fije — Notar: Paul Hetteler. — Zeugen: Ferdinand Bischof v. Lucca, päpstl. Legat; Johann Bischof v. Agram, Kasimir Herzog v. Stettin, der Palatin Nikolaus [Gara]; Pipo Span v. Ozora, Johannes Morot, Albert v. Kolditz, Johann u. Wilhelm v. Swihow, Albrecht u. Johann Schenk v. Seydaw; die Drr. Peter Paul, Nikolaus Czeiselmeister, Omnebonus v. Padua, Ludwig v. Verona, Johann de Melanensibus. — Or. Magdeburg Staats-A. [RR. H 49ʳ u. 50 mit Dat. 24. Juli!] — Ludewig, reliquiae manuscr. 2, 483 ff.; Kaiserurkk. in Abbild., Lief. 5, Taf. 22. (die vices. prima jul.) **5911**
» 23	»	bestätigt den Brüdern Jakob, Eberhart u. Georg Truchsessen zu **Waldburg**, seinen u. des Reichs Landvögten in Ober- u. Nieder-Schwaben, das privilegium de non evocando. — Rex. d. Jo. ep. Zagrab. canc. referente Mich. — RR. H 42ʳ u. 43ʳ; vgl. auch Vid. Sigmunds v. 1434 Aug. 7. (sunt. nach Marien Magd.) **5912**
» 24	»	belehnt die Brüder Jakob, Eberhart u. Georg Truchsessen v. **Waldburg** mit ihren Reichslehen, der Feste Waldburg, dem Altdorfer Wald, Gütern zu Lindau, Wildbann, Gerichten u. ersucht sie den Lehnseid seinen Räten Hans Konrad v. Bodman u. Kaspar v. Klingenberg zu leisten. — KU? — R? — Or. Zeil; [RR. II 42]. — Vgl. Reg. [z. Juli 25]: Schriften d. Ver. f. Gesch. d. Bodensees 24 (1895), Anh. 143. (mo. nach Mar. Magdal.) **5913**
»	»	bestätigt denselben die Reichspfandschaft der Feste Zeil (Zilen). — KU? — RR. ib. 42ʳ. (id. dat.) **5914**

1424		
Juli 24	Blindenburg	verbietet auf Wunsch derselben den Bürgern v. Ravensburg im Altdorfer Walde zu fahren u. zu hauen, da diese Rechte allein den Truchsessen v. Waldburg zustehen. — KU? — RR. H 42ᵛ. (Jacob ab.) **5915**
»		verlängert auf Bitten des Grossfürsten Alexander (Witold) v. Litthauen dem B. Dietrich v. Dorpat (Tarbaten) die Frist zum Empfang der Regalien auf ein halbes Jahr. — Rex. Mich. — RR. H 43ᵛ. (fer. sec. post Mar. Magd.) **5916**
[» 24]		erwidert dem Grossfürsten [Witold] v. Litthauen auf dessen Bitte, dem Erzbischof v. Riga u. dem Bischof v. Dorpat den Termin ihrer Belehnung zu verlängern, dass er, nachdem inzwischen der EB. Johann v. Riga gestorben, nunmehr dem B. Dietrich v. Dorpat eine Frist von einem halben Jahre bewillige. — KU? — Hds. Königsberg Univ.-Bibl. — (Caro) Arch. f. österr. G. 52, 204 (zu 1423); Liv.-, Esth.- u. Curl.-Urkb. 7, 120 f. (a. a. d. et l) **5917**
» 24	»	giebt dem Magister Nikolaus Konecken u. dessen Bruder Nicolaus [sic!] ein Wappen. — Rex. Joh. ep. Zagrab. canc. referente Franc. — Not. RR. H 54ᵛ. (fer. sec. ante f. Jacobi). **5918**
»		desgl. dem Domherrn zu Halberstadt Dietrich Domenitz. — W. v. **5919**
		Juli 24 Ofen: f. den Erzbischof v. Magdeburg, betr. Halle. RR. H 49ᵛ u. 50 — nach Or. am 21. Juli ausgestellt (nr. 5911).
Aug. 2	Ofen	belehnt den (nicht anwesenden) B. Johann v. Halberstadt mit den Regalien u. befiehlt ihm, den Lehnseid in die Hände des EB. Günther v. Magdeburg abzulegen. — Rex. cancell. referente Franc. — RR. H 51ᵛ. (2. d. aug.) **5920**
»		giebt seine Zustimmung, dass Raban Hofwart v. Kirchheim auf das Dorf (Reichslehen) Eibelstadt, das er von Irmela v. Berlichingen, der Wittwe des Hans Zobel, gekauft hat, seiner Frau Sewfeln v. Borne 1000 rhein. Gulden als Wittum verschreiben darf [vgl. nr. 5845]. — KU? — RR. H 47ᵛ u. 49ᵛ. (mittw. nach Peters t. ad vinc.; s. l) **5921**
» 3	»	giebt allen Reichsunterthanen (sehr viele einzeln genannt) ausführlich Mitteilung von seiner Entscheidung [nr. 5911] über die Streitigkeiten zwischen dem EB. Günther v. Magdeburg u. der St. Halle. — Ad m. d. r. Joh. episc. Zagrab. cancell. — R. Henr. Fije — [Or. u. Transs. v. 1424 Sept. 25 Magdeburg Staats-A.; RR. H 50ᵛ u. 51ᵛ; auch RR. D 11 u. 12ᵛ]. — Ludewig, reliquiae mssc. 11, 473 ff. (die tertia aug.) **5922**
» 4	»	nimmt Petrus Spinelli unter seine Familiares auf. — KU? — Not. RR. H 49ᵛ. (d. 4. aug.) **5923**
»		desgl. Urbanus de Frachno, den Sohn des Genuesers Ambrosius. — Rex. canc. referente Franc. — Not. ib. (id. dat.?) **5924**
» 5	Czepel (Czapel) bei Ofen	beruft die St. Strassburg zu einem Tage nach Wien, zu dem die Kurfürsten kommen werden, ohne Zeitangabe, um mit ihnen zu reden wegen der Hussiten u. ihres Streites mit dem Markgrafen v. Baden. — Ad m. d. r. Michael prep. Boleslav. — Or. Strassb. St.-A. — RTA 8, 380 f. (sa. nach Peters t. ad vincula). **5925**
» 8	(in Capel insula)	verschreibt dem Galbota v. Hořovic, dessen Brüdern u. dem Onkel Bohuněk die Burg Rabstein um 2000 Schock Groschen. — KU? — Registr. v. 1454 — Reg.: Arch. česky 2, 191. (octava d. aug.) *Novaček.* **5926**
» 9	S. Niklas in dem Werdo bei Ofen	ladet die Budweiser [vgl. nr. 5908] nach Wien auf Sept. 29 zur Entscheidung ihres Streites mit Heinrich v. Plauen. — [Ad m. d. r. Michael prepos. Boleslav. — o. R] — Or. Budweis Stadt-A. — Kop. Prag Böhm. Mus. — Reg.: Palacky, Beitrr. z. G. d. Huss. Kr. 2, 506 [fälschl. zu Aug. 10]. (Laurentii abend). **5927**
»	»	erlaubt Luzern, Uri, Unterwalden u. Zug Eroberungen in der Lombardei auf Kosten des Filippo Maria Visconti zu machen. — Rex. Mich. — RR. H 45(h)ᵛ u. 46ᵛ. (id. dat.) non transivit; vgl. 1425 April 9 u. 10. **5928**
»	»	überträgt dem Eberhart Windecke den bisher dem Petergin zum Flosse gehörigen Anteil an dem Zoll zu Mainz. — Rex. canc. [Johanne] referente Michael. — RR. H 46ᵛ — Windecke, hrsg. v. Altmann 474 f. (Laurencien ab.) **5929**
»	»	gestattet der St. Zürich Juden aufzunehmen, die an ihn bloss die halbe Judensteuer u. den goldenen Opferpfennig zu zahlen brauchen. — Rex. Mich. — RR. H 46ᵛ durchgestrichen. (Lorenzen ab.) **5930**

1424

Aug. 9	S. Niklas bei Ofen	bestätigt die Privilegien des Kl. [Rottenmünster?] Frowenmünster im Konst. Bistum. — KU. w. v. — ib. 46ᵛ durchgestrichen. (id. dat.) **5931**
„ 15	Totis	erhebt Johann v. Egmond u. dessen Kinder in den Grafenstand. — KU? — RR. II 45(b)ᵛ durchgestrichen, am Rande: non transivit; gleichz. Kop. Öhringen (sic.) (frauw. t. assumpt.) **5932**
„ 16	„	belehnt Arnold [v. Egmond] mit den durch den Tod des Hrz. Reinald erledigten Herzogtümern Geldern u. Jülich, sowie der Grafschaft Zütphen. — Rex. Canc. — RR. H 45(a); durchgestrichen; am Rande: non transivit. (mittwoch nach frawen t. assumpt.) — Vgl. unten nr. 5959; Pontanus, hist. Geldrica 423; Nijhoff, Geschied. v. Gelderland 4, 15. **5933**
„	„	bestätigt demselben alle Privilegien von Geldern, Jülich u. Zütphen. — [KU. w. v.] — ib. 45(a)ᵛ w. v. **5934**
„	„	erteilt demselben das Privileg de non evocando. — W. v. **5935**
„ 16	„	legitimiert Heinrich, Elbert u. Walram, die Söhne des Heinrich Frausoys. — Rex. Canc. — Not. RR. H 48ᵛ. (16. m. aug.; a. l.) **5936**
„	„	fordert die St. Bern, Zürich, Solothurn, Schwyz, Luzern u. deren Eidgenossen auf, unter dem Reichsbanner gegen den von Mailand zu Felde zu ziehen; der von ihnen gewählte Hauptmann solle das Reichsbanner von seinem Boten Brunoro della Scala, Graf Wilhelm v. Prata u. Johann de Melanensibus empfangen. — Rex. Mich. — RR. H 46ᵛ durchgestrichen. (mittw. nach frawen t. assumpt.) **5937**
„ 17	„	zeigt den Gemeinden im lombardischen Gebirge an, dass er die Eidgenossen zum Kriege gegen den Reichsfeind Filippo Maria v. Mailand u. zur Aufnahme der von diesem Bedrückten zu Händen des Reiches aufgefordert. — KU. w. v. — RR. H 46 non transivit; das Datum u. einiges andere dann in 1425 April 9 umgeändert. (die 17. aug.) **5938**
„	„	fordert die Herzöge v. Baiern Ludwig, Heinrich, Ernst u. Wilhelm auf, dem B. Johann v. Regensburg u. seinem Kapitel die Lösung des einst an Karl IV. als böhmischen König verpfändeten [vgl. 5356] Schlosses Donaustauf zu gestatten u. entbindet sie deshalb von dem ihm wegen der Lösung geleisteten Eide [vgl. auch nr. 5862]. — [Ad m. d. r. Franc. prep. Strigon. — o. H — Or. München R.-A.] — Vgl. Reg. Boic. 13, 40. (do. nach frauw. t. assumpt.) **5939**
„	„	desgl. die St. Regensburg. — W. v. **5940**
„	„	bestätigt die von Karl IV. [1366 Dez. 4; Böhmer-Huber nr. 4448] der St. Frankfurt erteilten Messfreiheiten u. Geleitsprivilegien. — [Ad m. d. r. d. Jo. episc. Zagrab. cancell. referente Franc. prepos. Strigon.] — R. Henr. Fye] — Or. u. Vidim. v. 1431 Frankf. St.-A.; vgl. Inventare 3, 30; [RR. H 49ᵛ]. — Lünig, R.-A. P. spec. Cont. 4, T. 1. 613 f.; Privil. et Pacta d. Reichs St. Frankfurt 264 f. = (Orth) Von den 2 Reichsmessen in Frankfurt 599 f.; vgl. Janssen, Frankf. Reichskorr. 1, 342. (do. nach frauwen t. assumpt.) **5941**
„	„	urkundet, dass er vormals [1423 April 28] Mkgr. Bernhard v. Baden befohlen habe, zur besseren Niederlegung der böhmischen Ketzerei von den Juden im Reiche den dritten Pfennig zu nehmen; der Markgraf habe daraufhin auch die Juden zu Frankfurt besteuert, obwohl diese durch Karl IV. 1349 Juni 25 [Böhmer-Huber nr. 1035] dieser Stadt verpfändet sind; bestätigt auf Beschwerde der Stadt diese Pfandschaft u. erklärt, dass die Forderung des Markgrafen u. etwaige künftige Forderungen der Stadt u. ihrer Judenschaft keinen Schaden bringen sollen. — Ad m. d. r. Franc. prepos. Strigon. — [R. Henr. Fye] — Or. u. Kop. ib. (vgl. Invent. 3, 30 u. 71); [RR. H 49]. — Olenschlager, Neue Erläuterung der Guld. Bulle Carls IV. Urkb. 88 f.; Janssen, Frankf. Reichskorr. 1, 341 f.; vgl. Fester, Reg. d. Mkgr. v. Baden nr. 3754. (id. dat.) **5942**
„	„	nimmt den Simon Pieri de Melanensibus aus Prata, Bürger zu Florenz, unter seine Familiares auf. — Rex. Mich. — Not. RR. H 54ᵛ. (d. 17. aug.) **5943**
„	„	beauftragt den Reichsvikar v. Verona u. Vicenza Brunoro de la Scala, den Gr. Wilhelm v. Prata, sowie den Dr. Johannes de Melanensibus aus Prata die Strafsumme einzuziehen, welche Hrz. Amadeus v. Savoyen, der EB. Johann v. Tarentaise u. der B. Wilhelm v. Lisieux (Loxan.) in seinem Auftrage in der Streitsache zwischen Bern u. Richard v. Ragogna einer- u. Wallis andererseits verhängt haben. — Rex. Mich. — RR. H 45(b)ᵛ durchgestrichen. **5944**

1424		
Aug. 17	Totis	beauftragt dieselben mit Hrz. Amadeus v. Savoyen, den Städten Bern, Freiburg im Üchtland, Zürich, Solothurn, Luzern, Schwyz, Uri, Unterwalden, Zug u. Glarus über Reichsangelegenheiten zu unterhandeln. — W. v. 5945
» 18	»	hebt auf Bitte des EB. Günther v. Magdeburg die auf Klage der Magdeburger Bürger Bethe u. Tyle Lose über die Grr. Wolrat u. Gebhart v. Mansfeld wegen Nichterscheinens vor dem Hofgericht verhängte Acht auf, unter der Voraussetzung, dass dieselben auf dem nächsten Hofgericht nach Sept. 29 zur Verantwortung erscheinen. — Canc. Franc. — RR. H 48ʳ. (fr. nach frew. l. assumpt.) 5946
»	»	befiehlt den Reichsunterthanen in Schwaben, die Annahme der in seinem Auftrag zu Heilbronn geprägten silbernen Münze nicht ferner zu verweigern. — Ad m. d. r. Franc. prepos. Strigon. — o. R — Or. Öhringen. (fr. nach frew. l. assumpt.) 5947
»	»	befiehlt der St. Rothenburg a. T. ihre [Martini fällige] Reichssteuer an Konrad v. Weinsberg zu zahlen. — Reg. — Not. RR. H 47ʳ. (id. dat.) 5948
» 19	»	beglaubigt Walther v. Schwarzenberg aus Frankfurt bei verschiedenen Städten. — [Ad m. d. r. Franc. prepos. Strigon. — o. R]
		bei Frankfurt, Friedberg, Gelnhausen u. Wetzlar. — Or. Frankf. St.-A. (falsches Datum; Janssen Frankf. Reichskorr. 1, 338) 5949
		bei Strassburg. — Or. Strassb. St.-A. 5950
		bei Nürnberg, Schweinfurt, Rothenburg, Windsheim u. Weissenburg [am Rande] — nicht erhalten. 5951
		Reg.: RTA 8, 381 u. ib. A. 1. (sa. nach assumpt. Mar.)
»	»	befiehlt dem Gr. Friedrich v. Mörs u. Saarwerden, Gr. Gerhard v. Cleve u. Mark, den Herren Johann v. Heinsberg u. Konrad v. Weinsberg, die beiden Hrz. Johann u. Philipp v. Burgund (Brüder) wegen Besitzergreifung des Herzogtums Brabant auf den 60. Tag nach Wien oder Brünn, wo er seinen Hof hält, zu laden; diese Citation soll in Aachen, Lüttich u. anderen Städten angeschlagen werden. — KU. w. v. — R. Henr. Ffye — Or. Öhringen; RR. H 48. (die decima nona augusti). 5952
»	»	bevollmächtigt dieselben, Antwerpen wegen ihrer Unterwerfung unter die Hrz. Johann u. Philipp v. Brabant nach Wien zu laden. — KU. w. v. — R. Henr. Fye — Or. ib.; Not. RR. H 48ʳ. (id. dat.) 5953
»	»	desgl. auch die Städte Löwen, Brüssel, Hertogenbosch, Tienen, Lier, Steenbergen, Herenthals, Villfort, Arskot, Breda vorzuladen. — KU. w. v. — Not. RR. ib. 5954
» 20	»	ernennt Antonius Widonis (am Rande: Guidonis) zum Notar. — Max. canc. referente Franc. Not. RR. H 48ʳ. (d. 20. aug.) 5955
»	»	schreibt an die St. Frankfurt, dass er sich über ihre Anliegen (Keuchergericht, Knoblauchshof, Ansprüche des Mkgr. Bernhard v. Baden auf Erhebung des dritten Pfennigs von den zu Frankfurt gesessenen Juden, Bestätigung der Messefreiheiten u. Geleitsprivilegien) durch Walther Schwarzenberg Vortrag habe erstatten lassen u. ihn verabschiedet, wie sie von ihm hören würde; zugleich habe er ihn mit einer Mission an die Reichsstädte betraut, zu deren Ausführung er von Frankfurt ausgefertigt werden möge. — KU? — Or.* Frankf. — Reg.: RTA 8, 381. (sont. nach assumpt. Mar.) 5956
»	»	erklärt, dass die Befreiung der Städte Magdeburg u. Halle von auswärtigen Gerichten den Gerechtsamen des Erzstifts Magdeburg (EB. Günther) zu keinem Nachteil gereichen solle. — [Rex. Canc. — RR. H 51; versch. Kop. Magdeb. Staats-A. u. Stadtbibl. — Länig, R.-A. P. Spec. Cont. 2. Forts. 3, 162 = Dreyhaupt, Pagus Neletici od. Beschreibung des Saalkreises 2, 292 f.; Geschichtsquell. d. Prov. Sachsen 27, 102 f. (die vices. aug.) 5957
»	»	nimmt den EB. Günther v. Magdeburg gegen ein Jahrgehalt von 3000 ung. Gulden zu seinem Diener an. — KU? — RR. H 51ʳ. (dat.?) 5958
» 22	»	Notariatsinstrument des Avignoner Klerikers Antonius Guidonis. — Kg. Sigmund u. die Boten des Hrz. Arnold v. Geldern (Johann v. Graysbeke u. Rüdiger v. Tefelen), welche sich über die Belehnung Arnolds mit den Herzogtümern Geldern u. Jülich, sowie der Grafschaft Zütphen nicht einigen können, übertragen die definitive Entscheidung über die Streitpunkte dem EB.

1424		

Konrad v. Mainz, welcher sein Urteil bis Dez. 25 abgeben soll. Sobald dies geschehen u. der Herzog alle ihm von EB. Konrad vorgeschriebenen Verpflichtungen erfüllt hat, sollen ihm die Belehnungs-Urkunden über die Herzogtümer ausgeliefert werden; bis dahin bleiben diese bei Sebald Pfinzig in Nürnberg aufbewahrt. — Zeugen: der kgl. Kanzler B. Johann v. Agram, der kgl. Protonotar Propst Franz v. Gran u. der vertraute Diener des Erzbischof v. Mainz Eberhart Windeck. — Nijhoff, Gedenkwaardigheden uit de Geschiedenis van Gelderland 4 (1847), 22 ff. (die viges. sec. aug.) — Vgl. nr. 5932 ff. u. Windeck 196: „also wart es doch beslossen, das der Römsch und Ungersch konig Sigemunt den von Egmont die laut Gelre Gulch Zutphen zu leben lihe, und sie solten dem konige in die kanzelige 14 tusent Ungerscher guldin; und man solt die briefe füren gen Nürenberg und man solte daz gelt do geben; und wanne daz gelt gefallen were, so solt man die brief antwurten. Also gefiel daz gelt nit und wart ein langer verzug dorus, daz der konig als zornig wart und sante den Heupel marschalg von Ungern gen Nürenberg und ließ die brief wider zerrissen." **5959**

Aug. 22	Totis	belehnt Kaspar T o r n e r mit dem Fischlehen bei Konstanz, [das demselben Jos. Wygg v. Konstanz abgetreten hat]. — Ad m. d. r. d. Johanne episcopo Zagrabiensi cancell. referente Michael prepos. Boleslav. — R. Heinr. Fije. — Or. Karlsruhe; [RR. H 49ᵛ]. — Reg.: Ztschr. f. G. d. Oberrheins, N. F. 3, 442. **5960**
	„	„	giebt, da er bisher die Bitte der St. Nymwegen (Nuemagen) ihre Privilegien zu bestätigen nicht erfüllt hat, seinem Diener Eberhart W i n d e c k Vollmacht, jener Stadt die Bestätigung ihrer Privilegien zuzusichern, falls sie mindestens 3000 ungar. Gulden, bzw. dieser Summe entsprechende rhein. Gulden zahlt. — KU? — RR. H 46ᵛ u. 47ᵛ ausgestrichen. (di. vor Bartholomes). **5961**
„ 23	„	befiehlt der St. N ü r n b e r g die [Michaeli im Betrage von 200 Gulden fällige] halbe Judensteuer an Albrecht v. Colditz zu zahlen. — KU? - - Not. RR. H 47ᵛ. (Bartholomes ab.) **5962**
„ 24	„	befiehlt dem Dr. Johann v. G r o y s b e k e, Domherrn zu S. Servatius [in Utrecht] u. dem Rädiger v. T e f e l e n, [den Gesandten Arnolds v. Egmond] gemäss ihres Übereinkommens 6000 ungar. Gulden an die Königin Sophie v. Böhmen zu bezahlen. — Rex. Franc. — RR. H 45(b)ᵛ durchgestrichen. (Bartholmes). **5963**
„	„	befiehlt demselben von dem ihm für die Belehung [Arnolds v. Egmond] mit Geldern, Jülich u. Zütphen zugesagten Gelde 10000 ungar. Gulden an Gr. Georg v. Pausing (Pos-) u. zwar in Wien zu bezahlen. — Canc. Mich. — RR. ib. durchgestrichen. (s. d.) **5964**
„ 25	Huwasgenös [bei Komorn]	(Kabiskuss-, Hozgenss bei Gran): kommt hierher, um zu jagen. Bericht der kurfürstlichen Gesandten: RTA 8, 373. **5964 a**
„ 27	„	empfängt die kurfürstlichen Gesandten Konrad v. Bickenbach u. Meister Peter im Beisein des Erzbischofs v. Gran, des Bischofs v. Veszprim, der Hrz. Ludwig u. Wilhelm v. Baiern, des Nikolaus Gara, der Herren v. Saida u. Colditz: RTA 8, 373 ff. **5964 b**
„ 28	„	fordert die St. S t r a s s b u r g auf, zur Besendung eines Reichstags, der in Wien Nov. 25 stattfinden solle, nachdem die rheinischen Kurfürsten erklärt haben, nicht zu dem auf Sept. 29 ebendahin wegen der Fehde mit dem Mkgr. v. Baden ausgeschriebenen Tage zu kommen. — Ad m. d. r. Franciscus prep. Strigon. — Or. Strassb. St.-A. — RTA 8, 383. (Augustins t.) **5965**
„	„	desgl. Z ü r i c h u. die Eidgenossen. — KU. w. v. — Or. Luzern Staats-A. (id. dat.) **5966**
		schreibt verschiedenen Städten, er habe die Kurfürsten für den 25. Nov. zu sich nach Wien berufen; sie sollen gleichfalls ihre Vertreter zu diesem Tage zu notwendigen Beratungen über Reichssachen entsenden. — Ad m. d. r. Franciscus prep. Strigon.
		an Frankfurt. — Or. Frankf. St.-A. **5967**
		an Trier. — Kop. Trier Stadtbibl. **5968**
		RTA 8, 382 f. (Augustins t.)
„	„	desgl. an Hrz. Adolf v. J ü l i c h. — KU. w. v. — Or. Düsseldorf. (id. dat.) **5969**
		Aug. 28 Blindenburg: soll hier geurkundet haben, wie Aschbach 3, 451 nach Schöttgen, Invent. 376 angiebt; doch steht hier nichts davon.
„ 29	„	nimmt den Pfalzgrafen bei Rhein u. Herzog in B a i e r n Wilhelm zu seinem Diener gegen ein Jahrgehalt von 2600 ungar. Gulden an. — Cancell. Franc. — RR. H 47ᵛ. (Johans t. decollat.) **5970**

1424

Aug. 29	Rawusgessó	beauftragt den Ritter Konrad v. Stein mit der Einziehung der von Copp Wischer u. Lorenz Grefe (früher Bürger zu Halle) verwirkten Busse u. giebt ihm dazu weite Befugnisse, doch unschädlich der Rechte des Erzbischofs v. Magdeburg. — KU. w. v. — ib. 47. (id. dat.) **5971**
[„ ?]	?	giebt dem Zavisius Niger, den er zum Polenkönig sendet, einen Geleitsbrief. — KU? — Hds. d. Prager Univ.-Bibl. — Mon. med. aevi hist. res gest. Polen. illustr. 6, 643 f. (Röm. 14. Böhm. 5). **5972**
Sept. 1	Totis	giebt dem Edmund, dem Sohne des Johannes [sic!] ein Wappen. — KU? — Not. RR. H 59ᵛ. (prima d. sept.) **5973**
„	„	desgl. dem Johannes Tannworht. — KU? — Not. ib. 60ᶠ. (id. dat.) **5974**
„	„	desgl. dem Robert Cok. — W. v. **5975**
„	„	desgl. dem Johann Hamtun. — W. v. **5976**
„	„	desgl. dem Johann Iwary. — W. v. **5977**
„	„	desgl. dem Dieffred Berbyk. — W. v. **5978**
		Sept. 3 Langendorf: verbietet den Städten des Elsass den Mkgr. v. Baden zu bekriegen. Erw.: Schaab, G. d. rhein. Städtebunds 2, 399 — falsch statt 1423 Sept. 3 (nr. 5609).
„ 9	Stuhl-weissenburg (Weissenburg in Ungarn, Alba regalis)	benachrichtigt die Mannen u. Städte der Oberlausitz (Bautzen, Görlitz, Zittau, Löbau, Lauban, Kamenz) u. der Niederlausitz, dass die zum Hussitenkrieg ausgeschriebene Steuer (der 10. Pfennig) durch Wend v. Eulenburg u. Hans v. Polenz vorläufig noch nicht erhoben werden soll. — Ad m. d. r. Francisc. præpos. Strigon. — [Kop. Görlitz u. Zittau]. — Worbs, Arch. f. G. Schles., der Lausiz (1798) 324 = Reg.: Verzeichn. oberlaus. Urkk., Heft 5, 14. (sa. nach frawen t. nativ.) **5979**
„ 10	„	bevollmächtigt seinen Rat, den Dr. iur. Nicolaus Creiselmeister, Propst zu Tien, mit der Einziehung der Bussen, welche auf Grund des Urteilsspruches des Ludwig v. Chalon-sur-Saone die Bürger v. Besançon Jacobus Macheti u. Johannes Michaelis an die königl. Kammer zu zahlen haben, u. verweist ihn auf die Hilfe des Erzbischofs v. Besançon, des Ludwig v. Chalon u. der St. Besançon. — Rex. Franc. — RR. H 59ᵛ. (decima d. sept.) **5980**
„	„	bevollmächtigt denselben von der St. Toul Strafgelder einzuziehen u. verweist ihn auf die Hilfe des Herzogs v. Lothringen. — [KU. w. v.] — Not. ib. (id. dat.) **5981**
„ 11	„	thut kund, dass Gr. Wilhelm v. Montfort auf Grund der Klagen des Gr. Hans v. Lupfen in die Acht erklärt, nunmehr aber aus derselben entlassen sei, jedoch dem Gr. v. Lupfen vor dem kaiserlichen Gerichte zu Wien oder sonst wo zu Recht stehen solle. — [Rex. Franc]. — RR. H 52ᶠ. — Reg.: Ztschr. d. Ges. f. Geschichtsk. v. Freiburg 3, 390. (mo. nach frauen t. nativ.) **5982**
		Sept. 11 Nürnberg: erlaubt der Ritterschaft in Deutschland ... Würdtwein, Nova subsid. dipl. 11, 83 f. — falsch statt 1422 Sept. 13 (nr. 5246).
„ 18	Totis	fordert die Hrzz. Ernst, Wilhelm u. Albrecht v. Baiern auf, zum nächsten Gerichtstag nach dem 25. Nov., zu welchem Termine er einen Rechtstag ausgeschrieben, sich daselbst einzufinden, um sich auf die Klage des Hrz. Ludwig v. Baiern[-Ingolstadt] zu verantworten. — Ad m. d. r. Franc. præp. Strigon. — Or. [?] München R.-A. — Friedr. Christ. Jon. Fischer, Kleine Schriften 2, 164 ff. (mo. vor Mathei t.) **5983**
		ladet den Kurfürsten Friedrich v. Brandenburg zum dritten Male auf Veranlassung des Hrz. Ludwig v. Baiern-Ingolstadt auf Nov. 25 nach Wien vor sein Hofgericht. — KU? — Or. wo? — Erw.: Lang, Gesch. Ludwigs d. Bärt. 120. **5984**
„ 22	Langendorf (Longavilla) (Kom.-Szeben. Bez. Szász-Sebes)	verpfändet den Kaufleuten David Rozenfelt u. Johann Falbrecht, welche für ihn an Johann v. Calisskow, Kastellan zu Kalisch, 3000 ungar. Gulden zahlen sollen, die „officia urbararum" in Kremnitz (Krempnicia), Sohl (Solium), Libethen (Libeta), in den unteren Bergen (in inferioribus montibus) u. Kaschau mit dem Rechte goldene u. silberne Münzen zu schlagen. — Ad m. d. r. Michael. — RR. H 54. (fer. sexta post Mathei) **5985**
„	„	„Similis famoso Michaeli Longo de Czerla advocato de Bieliczka [Wielicka]" u. dessen Sohn Michael auf 5700 Goldgulden. — KU. w. v. — Not. ib. 54ᵛ. **5986**
„	„	desgl. dem Johann Waluch v. Chmelik, Kapitän zu Sandetz auf 3400 Goldgulden. — W. v. **5987**

1424		
Sept. 22	Langendorf	desgl. dem Sbigneus B r z e s y, dem Marschalk des Königs v. Polen, um 5760 Gulden (floreni camere). — W. v. **5988**
„	„	desgl. dem Nicolaus v. M i c h a l o w, Palatin zu Sandomiers (Sandomiriensis) u. Kapitän zu Krakau auf 3072 Gulden (floreni camere). — W. v. **5989**
„	„	desgl. den Hrz. Kasimir u. Otto v. Stettin auf 6000 Goldgulden. — W. v. **5990**
„ 24	Totis	verleiht Christof v. S i l e n e n den von seiner Mutter Verena v. Hunwil herrührenden Lämmerzehnten zu Schwyz. — Ad m. d. r. Franciscus prepos. Strigon. (gedr. Brigon?) — Vidim. d. Hofrichters Joh. v. Lupfen v. 1433 Okt. 3 (früher Segesserschos Famil.-Arch.) Luzern Staats-A.; [Not. RR. H 52ᵛ.] — Geschichtsfreund 15, 286 f. **5991**
„ 27	„	an Hrz. Witold v. L i t t h a u e n: beruft sich auf ein früheres, durch den Edeln Zawisza Czarny v. Garbow überbrachtes Schreiben, fordert ihn auf, seine Gesandten zu einem Reichstag nach Wien auf Nov. 25 zu schicken, lehnt die Einladung zu einer persönlichen Zusammenkunft vorläufig ab, berichtet über ein neues, von Kg. Heinrich v. England durch seinen Gesandten Johann Stokes angeregtes Konzil u. bittet Witold diesen Gedanken bei der Curie zu unterstützen. — KU? — Kop. Königsb. Univ.-Bibl. — RTA 8, 385 ff. (for. 4 ante Mich.) **5992**
„ 29	„	belehnt den Hans S w a r t z aus Nürnberg mit einem Gute zu [Ober- u. Unter-]Weiherabach (Weyrspuch). — Rex. Franc. — Not. RR. H 60ᵛ. (Michels t.) **5993**
„	„	entlässt auf Bitten des Hermann Wallad [vgl. nr. 5880] die Stadt S t a d e aus des Reiches Acht u. Aberacht. — [o. KU] — o. R] — Or. Nürnb. Nationalmus. — Reg.: Mitteilung. a. d. germ. Nationalmus. 1890, 99. (Michels t.) **5994**
Okt. 9	„	macht bekannt, dass, als er in Nürnberg war, Hrz. Heinrich v. B a i e r n den Kaspar Torringer aufgefordert habe, seine Ansprüche an ihn vor seinen Räten geltend zu machen, während Torringer den Herzog aufgefordert, seine Ansprüche an ihn vor EB. Eberhart v. Salzburg geltend zu machen; darauf sei Hrz. Heinrich in seinem (S.) Auftrage dem Deutschen Orden zu Hilfe nach Preussen geritten. — KU? — RR. H 53ᵛ. (Dionisii t.) **5995**
„ 10	„	antwortet dem Ulrich v. R o s e n b e r g auf dessen Bericht über das Begehren der Taboriten um ein Gehör, dass er dazu gern seine Einwilligung gebe; das Versprechen aber, das er ihm gegeben habe, könne er für den Augenblick noch nicht erfüllen. — Ad m. d. r. d. Joh. de Swihow referente Michael prepos. Boleslav. — Or. Wittingau. — Arch. Česky 1, 18 f.; vgl. Reg.: Palacky, Beitr. z. G. d. Huss. Kr. 1, 364. **5996**
„ 14	„	ladet Ulrich v. R o s e n b e r g auf Nov. 25 zum Reichstag nach Wien. — KU? — Or. Wittingau. — Arch. Česky 6, 412 = Reg.: Palacky, Beitr. z. G. d. Huss. Kr. 2, 507. **5997**
„ 15	„	quittiert den St. N ö r d l i n g e n den Empfang der erst Martini fälligen 200 Gulden Ammanamtsgeld. — Rex. Mich. — Not. RR. H 59ᵛ. (sont. vor Gallen.) **5998**
„	„	d e s g l. den Empfang dieses Geldes pro 1426 [—1425 nur vergessen?] — W. v. **5999**
„	„	d e s g l. pro 1427. — W. v. **6000**
„ 16	„	giebt dem Mkgr. Friedrich v. B r a n d e n b u r g Geleit für dessen Reise an seinen Hof. — Ad m. d. r. Michael prep. Bolesl. — [o. R] — Or. Bamberg Kr.-A. — Riedel, Cod. dipl. Brandb. 3, 1, 186; Minutoli, Friedr. I. v. Brandb. 78 [KU!] (Gallen t.) **6001**
„	„	beauftragt seinen Hofmeister den Gr. Ludwig v. Ö t t i n g e n, den Streit der St. Weissenburg mit dem Komthur von Ellingen über zwei Bäche zu entscheiden. — Ad m. d. r. Michael prepos. Boleal. — o. R — Or. Wallerstein. (Gallen tag.) **6002**
„	„	giebt dem Markte B e i l n g r i e s (Peilngrieß unter Hirsperg) zwei Jahrmärkte. — KU. w. v. — Not. RR. H 52ᵛ. (id. dat.) **6003**
„	„	giebt dem Konrad H o r n ein Wappen. — W. v. (in d. Galli). **6004**
		Okt. 23 Ofen: beglaubigt bei Strassburg … Albrecht v. Hohenlohe u. Konrad v. Weinsberg des Mkgr. v. Baden wegen. Foster, Regesten d. Mkgr. v. Baden nr. 3767 — falsch statt 1423 Okt. 18 (nr. 5656).
„ 24	„	sendet dem Hrz. Heinrich v. B a i e r n [vgl. nr. 5862 u. 5939] sein ihm wegen der Feste Donaustauf unter Sekret auf Papier gegebenes Reversal mit dem Bemerken zurück, dass er das andere gleichlautende Reversal mit anhangendem Insigel nicht mitsenden könne, weil es verlegt worden sei oder vielleicht in den Händen seines abwesenden Kanzlers sich befinde; er erklärt

1424		
		es jedoch für vernichtet. — [Ad m. d. r. Mich. prep. Bolesl. — 3 Kop. München R.-A.] — Reg. Boic. 13, 45. (di. vor Symonis u. Jude).
Okt. 24	Totis	bestätigt dem B. Johann v. Regensburg das (inser.) Privileg Kg. Rudolfs v. 1285 Jan. 28 über die Grafschaft Stauf nebst Blutgericht u. Bann, die Fischerei von der Regensburger Brücke bis zur Kinsach, das Geleit auf der Donau von Regensburg bis Kinsach u. durch das Land auf der andern Seite der Donau nach [Regen-]Stauf. — [KU. w. v. — R^ta — Or. ib.: BR. H 52^v u. 53^r]. — Reg. Boic. 13, 45. (die octob. vicesima quarta). 6006
» 28	»	überträgt dem Johann Landgrafen zu Leuchtenberg u. Grafen zu Hals den Blutbann in dem Gericht zu Vilshofen (Filshoven). — KU? — RR. H. 53^r. (Simonis u. Jude t.) 6007
»	»	bessert dem Konrad v. Wildungsmauer (-awr) sein Wappen. — Rex. Franc. — Not. RR. H 52^r. (in die Simonis et Jude). 6008
»	»	äussert gegen Ulrich v. Rosenberg seine entschiedene Unzufriedenheit über die zu Zdic mit den Hussiten eingeleitete Vereinbarung u. verlangt, da diese gegen die Kirche, die Rechte des Königs u. die Prärogative des Adels gerichtet sei, Rosenbergs Rücktritt von ihr. — Ad m. d. r. Michael prep. Bolesl. — Or. Wittingau. — Arch. česky 1, 19 f.; vgl. Reg.: Palacky, Beitr. z. G. d. Huss. Kr. 1, 365. 6009
»	»	befiehlt Ulrich v. Rosenberg, die mit den Hussiten eingeleitete Vereinbarung nicht abzuschliessen u. beruft ihn auf den Reichstag, der in Wien Nov. 25 wegen der böhm. Angelegenheiten stattfinden solle. — KU. w. v. — Or. ib. — Arch. česky 1, 21 — Reg.: Palacky, Beitr. z. G. d. Huss. Kr. 1, 366. 6010
» 30	»	überträgt die Besitzungen des erblos gestorbenen Wenzel v. Dubrawan [= Dubrav?], die nach böhm. Recht an ihn gefallen sind, dem Janko v. Dubrawau u. Bohusch v. Kowau u. befiehlt die Eintragung dieser Schenkung in die Landtafel. — Ad m. d. r. d. Joh. de Swihow et Jancone de Chotiemicz referentibus Michael prepos. Boleslav. — R^ta — Or. Prag Landes-(Wenzels-)A. (feria 2. ante f. omn. sanct.) 6011
?	»	nimmt den Magister Nikolaus aus Iglau unter seine Familiares auf. — Rex. Franc. (idem prothonotarius). — Not. RR. H 60^r. (s. d.) 6012
Nov. 20	Ofen	belehnt Georg Turrigel mit Gütern zu Erlangen, Eschenau, Rückersdorf u. s. w. — Rex. Mich. — RR. H 75^r. (mont. nach Elsbet). 6013
» 22	»	erlaubt Frischhans v. Bodman d. jüng. (Sohn des † Frischhans v. B.) u. Lienhart v. Jungingen die in ihrem Pfandbesitz befindlichen Reichsbesitzungen, Schloss u. Städtchen Rheineck, Altstätten, das Rheinthal u. den hintern Teil des Bregenzer Waldes dem Gr. Friedrich v. Toggenburg zu lösen zu geben. — Rex. Franc. — RR. H 52. — Vgl. Schriften d. Ver. f. Gesch. d. Bodensees 24 (1895) Anh. 143 f. (mitw. nach Elizabeth). 6014
» 23	»	sendet dem Hochmeister des Deutschordens Paul v. Russdorf das Dokument, aus dem hervorgeht, dass in der Verschreibung der Kurmark Brandenburg, welche an Mkgr. Friedrich nicht erblich, sondern auf Wiederkauf erfolgt sei, von der Neumark nicht die Rede, demnach der Anspruch Friedrichs auf diese unberechtigt sei, u. sichert Entgegenkommen bezüglich anderweitiger Regelung der Verhältnisse der Neumark zu. — Ad m. d. r. Mich. prep. Bolesl. — Kop. Königsberg — (demnächst:) Mitt. d. Inst. f. österr. Geschichtsforsch. Bd. 18. (do. vor Kathrein). 6015
» 25	»	schreibt dem Grossfürsten Witold v. Litthauen, dass er als Pate zur Taufe des neugebornen [Okt. 31] Thronfolgers v. Polen wenn möglich selbst erscheinen, sonst aber durch Gesandte vertreten sein werde; Witold habe noch Zeit, den Wiener Reichstag zu beschicken, da dessen Abhaltung durch seine Verhandlungen mit dem Sultan Murad verzögert worden sei; sendet Schriftstücke über den Burggr. Friedrich v. Nürnberg als Besitzer der Mark Brandenburg; bittet Witold an den Papst eine Gesandtschaft wegen der von England angeregten Konzils zu schicken u. diese über Wien reisen zu lassen. — KU? — Kop. Königsb. St.-A. — RTA 8, 392 f. (hodierna hodie f. Katherine). 6016
		Nov. 25: Die Vorschläge die Sigmund auf dem Wiener Reichstage [vgl. nr. 5967 ff.] den Städten vorlegen liess: RTA 8, 391 f. 6016a
» 28	»	tritt dem Hrz. Albrecht v. Österreich zur Vergütung der Kosten auf seinem jetzigen Zuge gegen seine (Sigmunds) Feinde jene 20000 Gulden ab, die er einst dem Hrz. Ernst v. Öster-

1424		
		reich als Heiratsgut seiner Gemahlin Margarete v. Stettin gegeben n. die nach deren Tod ihm (Sigmund) wieder beimgefallen. — [Ad m. d. r. Mich. prop. Bolesl.] — RR. H 53ᵛ; Kop. Wien Hans-A. — Reg.: Chmel, Material. z. österr. G. 1, 11; Lichnowsky, G. d. Haus. Habsburg 5 nr. 2243. **6017**
Nov. 29	Ofen	befiehlt dem Hrz. Friedrich v. Österreich das weil. dem Hrz. Ernst zu seiner Gemahlin erfolgte Heiratsgut, das nach deren Ableben ihm (dem Könige) beimgefallen, an Hrz. Albrecht zu zahlen. — [KU. w. v. — o. R] — Or. ib. — Reg.: Chmel, Mater. 1, 11; Lichnowsky ib. nr. 2244. **6018**
Dez. 5	»	macht bekannt. dass gegen das Urteil v. Juni 28 [nr. 5894] in der Schleswigschen Angelegenheit weder von Kg. Erich v. Dänemark noch von den Gr. Heinrich, Adolf u. Gerhart v. Holstein Appellation eingelegt worden ist. — Rex. Mich. — RR. H 57ᵛ. (Niclaus ab.) **6019**
» 6	»	bessert dem Johann Reymstain v. Granfelt [==?] sein Wappen. — Rex. Mich. — Not. RR. H 60ᵛ. (in die Nicolai). **6020**
» 8	»	giebt dem Breslauer Bürger Peter Ungeraten ein Wappen. — KU? — Not. RR. H 79ᵛ. (in die concept. Mar.) **6021**
» 15	»	verspricht dem Oswald v. Wolkenstein ihm seine Bitte um Fürsprache bei Hrz. Friedrich IV. v. Österreich zu erfüllen. — KU? — Or.ᵃ Nürnberg Nationalmus. — Reg.: Mitteil. a. d. germ. Nationalmus. 1890, 22. **6022**
		Dez. 17 Aichach: schafft auf Bitte der Augsburger den von den Marschalken v. Biberach neuangelegten Zoll ab. Erwähnt: Stetten, Gesch. d. Stadt Augsburg 1, 152. — So sicherlich falsch. **6022 a**
» 22	Totis	wird hier von Konrad v. Weinsberg aufgesucht. Bericht desselb.: RTA 8, 391. **6022 b**
?	Ofen	bestätigt die Privilegien des Kl. Oibin. — KU? — Vorlage? — Reg.: Verzeichn. oberlaus. Urkk. Heft 5, 14. (s. d.) — Vielleicht identisch mit 1425 Sept. 5. **6023**
?	»	empfiehlt [dem Polenkönige] den Ritter Franz vom Orden des hl. Jacob v. Spata [?], einen Spanier, der vom hl. Grabe zurückkehrend sich eine Zeit lang ausserhalb Spaniens aufhalten will. — KU? — Hds. d. Königb. Univ.-Bibl. (liber Ciolek). — Arch. f. österr. Gesch. 45, 411. (s. d.) **6024**
?	?	giebt dem Johann Molsberg, Richter zu Mainz, ein Wappen. — KU? — Not. RR. H 53ᵛ. (s. d. et L) **6025**
?	?	desgl. dem Nikolaus Stals. — W. v. **6026**
?	?	weist die St. Weissenburg [im Nordgau] an, ihre Reichssteuer (100 Pfund Heller) pro 1425 an Haupt Marschalk v. Pappenheim zu zahlen. — Rex. Mich. — Not. RR. H 60ᵛ. (s. d. et l.) **6027**
?	?	weist die St. Aalen an, ihre Reichssteuer pro 1425 an Haupt v. Pappenheim zu zahlen. — W. v. **6028**
?	?	desgl. die Steuer pro 1426. — W. v. **6029**
?	?	desgl. die Steuer pro 1427. — W. v. **6030**
		a. d. et L: schreibt Frankfurt wegen des durch Walter Schwarzenberg bei ihm Vorgebrachten. Reg.: Inv. d. Frankf. Stadt-Arch. 1, 112 — a. 1424 Aug. 20 (nr. 5956).